Brozović Laura

Thieme

verstehen & pflegen

verstehen & pflegen 2

Wahrnehmen und Beobachten

Herausgegeben von
Annette Lauber und Petra Schmalstieg

unter Mitarbeit von
Panajotis Apostolidis
Eva Eißing
Sigrid Flüeck
Marion Weichler-Oelschlägel

285 Abbildungen
135 Tabellen

Georg Thieme Verlag
Stuttgart · New York

Fotografen

argum/Bert Bostelmann und Fritz Stockmeier, Frankfurt

Gestaltung und Layout

Arne Holzwarth, Büro für Gestaltung, Stuttgart

Illustrationen

Barbara Gay, Stuttgart
Christine Lackner-Hawighorst, Ittlingen

Comics
Regina Hartmann, Witten

Die Deutsche Bibliothek – CIP-Einheitsaufnahme

Schmalstieg, Petra:
Wahrnehmen und beobachten / Petra Schmalstieg.... –
1. Aufl.. – Stuttgart ; New York : Thieme 2001
(Verstehen & Pflegen ; 2)
ISBN 3-13-128591-5

Rüdigerstraße 14, D-70469 Stuttgart

Unsere Homepage: http://www.thieme.de

Printed in Germany
Satz und Druck: Druckhaus Götz GmbH, Ludwigsburg

ISBN 3-13-128591-5 1 2 3 4 5 6

Wichtiger Hinweis

Wie jede Wissenschaft ist die Medizin ständigen Entwicklungen unterworfen. Forschung und klinische Erfahrung erweitern unsere Erkenntnisse, insbesondere was Behandlung und medikamentöse Therapie anbelangt. Soweit in diesem Werk eine Dosierung oder eine Applikation erwähnt wird, darf der Leser zwar darauf vertrauen, dass Autoren, Herausgeber und Verlag große Sorgfalt darauf verwandt haben, dass diese Angabe **dem Wissensstand bei Fertigstellung des Werkes** entspricht.
Für Angaben über Dosierungsanweisungen und Applikationsformen kann vom Verlag jedoch keine Gewähr übernommen werden. **Jeder Benutzer ist angehalten,** durch sorgfältige Prüfung der Beipackzettel der verwendeten Präparate und gegebenenfalls nach Konsultation eines Spezialisten festzustellen, ob die dort gegebene Empfehlung für Dosierungen oder die Beachtung von Kontraindikationen gegenüber der Angabe in diesem Buch abweicht. Eine solche Prüfung ist besonders wichtig bei selten verwendeten Präparaten oder solchen, die neu auf den Markt gebracht worden sind. **Jede Dosierung oder Applikation erfolgt auf eigene Gefahr des Benutzers.** Autoren und Verlag appellieren an jeden Benutzer, ihm etwa auffallende Ungenauigkeiten dem Verlag mitzuteilen.

Herausgeberinnen
Dipl. Pflegepädagogin (FH) Annette Lauber
Winterstraße 39
55246 Mainz-Kostheim

Petra Schmalstieg
Lehrerin für Pflegeberufe
Hinterer Brühl 20
31134 Hildesheim

Autorinnen
Panajotis Apostolidis
Lehrer für Pflegeberufe
Hilsstr. 25
31073 Delligsen

Eva Eißing
Lehrerin für Pflegeberufe
Im Steeler Rott 22
45276 Essen

Sigrid Flüeck
Kinderkrankenschwester
Lehrerin für Pflegeberufe
Herrenwiesen 98
30916 Isernhagen

Marion Weichler-Oelschlägel
Lehrerin für Pflegeberufe
Nordstraße 27
38226 Salzgitter

Reihenvorwort

Liebe Leserin, lieber Leser,

Lehrbücher verfolgen im Allgemeinen das Ziel, wesentliche Lehr-/Lerninhalte eines Fachgebietes in strukturierter Form schriftlich zu dokumentieren und diese didaktisch sinnvoll und benutzerfreundlich aufzubereiten. Diese Grundsätze gelten selbstverständlich auch für die Lehrbuchreihe *verstehen & pflegen*. Darüber hinaus gibt es jedoch einige zusätzliche Aspekte, die die konzeptionelle Arbeit dieser Reihe maßgeblich beeinflusst haben und sich in der konkreten Umsetzung niederschlagen.

verstehen & pflegen liegt eine Konzeption zugrunde, bei der die einzelnen Bände einen speziellen inhaltlichen Schwerpunkt abhandeln, der entsprechend ausführlich und umfassend dargestellt ist.

Jeder Band ist als in sich abgeschlossenes Werk zu betrachten; die Bände sind jedoch inhaltlich aufeinander bezogen und bilden als Gesamtwerk einen wesentlichen Teil des Spektrums pflegerischer Tätigkeit ab.

Gesellschaftliche Entwicklungen und ein sich stark veränderndes pflegerisches Berufsfeld sowie beschränkte finanzielle Ressourcen im Gesundheitswesen und der Erkenntniszuwachs in der Pflegewissenschaft sind Bezugspunkte und Rahmenbedingungen für die pflegerische Berufsausübung – aber auch für die Ausbildung in den Pflegeberufen, die unumstritten das Fundament für berufliches Handeln und berufliche Entwicklung legt.

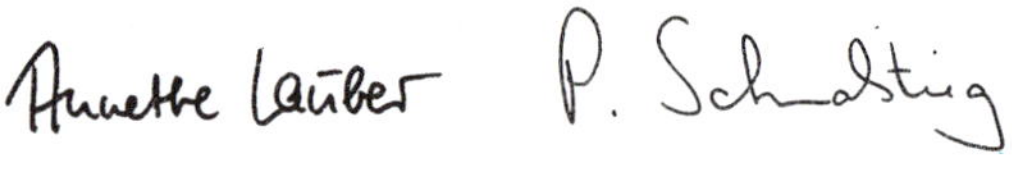

Unser Anliegen ist es, mit *verstehen & pflegen* einen Beitrag zu einer qualitativ hochwertigen Pflegeausbildung zu leisten, die Lernenden in der Pflege Wissen und Erkenntnisse vermittelt, mit dem sie ihren beruflichen Alltag nicht nur bewältigen, sondern auch aktiv mitgestalten können.

Nicht zuletzt aus diesen Überlegungen heraus verfolgen wir insgesamt einen integrativen Ansatz, der einerseits Gemeinsamkeiten und verbindende Elemente der Pflegeberufe Altenpflege, Kinderkrankenpflege und Krankenpflege aufzeigt, andererseits ihre jeweils spezifischen Elemente herausarbeitet. Wir sehen in dieser Vorgehensweise eine große Chance, vor dem Hintergrund eines sich stark verändernden Berufsfeldes, wechselseitiges Lernen der Pflegeberufe voneinander und gegenseitige Akzeptanz zum Wohl der Pflegeempfänger zu unterstützen.

Für Autorinnen, Autoren und Herausgeberinnen dieser Reihe waren diesbezügliche Diskussionen eine mit Herausforderungen verbundene, aber vor allem sehr bereichernde Lernerfahrung. Es ist uns ein Anliegen, diese Erfahrungen weiter zu geben, aber auch zu erweitern. Konstruktive Kritik ist aus diesem Grund ausdrücklich erwünscht.

verstehen & pflegen richtet sich in erster Linie an Lernende in den Pflegeberufen, d.h. an angehende Altenpflegerinnen und Altenpfleger, Kinderkrankenschwestern und Kinderkrankenpfleger sowie Krankenschwestern und Krankenpfleger. Nun wird berufliches Lernen zwar mit der Entscheidung für einen Beruf und dem Beginn der Berufsausbildung eingeleitet – aber es endet erfahrungsgemäß nicht mit dem Abschluss derselben.

Ebenso wie Lernen als kontinuierliche Entwicklung und lebenslanger Prozess betrachtet werden kann und muss, unterliegt auch Fachwissen ständiger Neruerung und Erweiterung.

Unser Bild der pflegerischen Berufsausübung ist das einer theoriegeleiteten Berufspraxis. Wir wünschen uns, mit dieser Lehrbuchreihe auch erfahrenen Pflegepersonen Impulse für ihre tägliche Arbeit mit pflegebedürftigen Menschen geben zu können.

Als wir vor geraumer Zeit die Gelegenheit bekamen, eine Lehrbuchreihe für die Pflege zu konzipieren, ahnten wir nicht, auf welches Abenteuer wir uns damit einlassen sollten. Allen, die dieses Abenteuer mit uns durchgestanden haben, sei an dieser Stelle herzlich gedankt. Die konstruktive und bereichernde Zusammenarbeit mit den Autorinnen und Autoren und die „tragende" Funktion unseres sozialen Umfeldes, haben uns während der Arbeit an der Reihe auch in schwierigen Phasen durchhalten lassen.

Danken möchten wir auch dem Georg Thieme Verlag für das uns entgegengebrachte Vertrauen, und den Mitarbeiterinnen und Mitarbeitern der Programmplanung Pflege, insbesondere der Programmleiterin, Frau Christine Grützner, die uns sowohl bei der Konzeption als auch bei der Realisierung unserer Vorstellungen großartig unterstützt hat.

Vorwort Band 2

Liebe Leserin, lieber Leser,

mit Band 2 der Lehrbuchreihe *verstehen & pflegen* haben Sie ein Buch vor sich liegen, das den Schwerpunkt auf Wahrnehmen und Beobachten in der Pflege legt. Der Wahrnehmungs- und Beobachtungsfähigkeit kommt in der pflegerischen Berufsausübung berechtigterweise traditionell wie aktuell eine große Bedeutung zu: Sie ist sowohl die Voraussetzung für das Ermitteln des Pflegebedarfs eines Menschen und das Erkennen seiner Ressourcen als auch für die Formulierung einer individuellen pflegerischen Zielsetzung und die Evaluation der pflegerischen Interventionen. Die Fähigkeit zu detaillierter und umfassender Wahrnehmung und Beobachtung gilt folglich als eine grundlegende und aus der pflegerischen Praxis nicht weg zu denkende Kompetenz von Pflegepersonen, an deren Vermittlung die Pflegeausbildung einen wesentlichen Anteil hat.

Wahrnehmungs- und Beobachtungsfähigkeit wird von zwei Dingen entscheidend beeinflusst: Sie setzt grundsätzliche Bereitschaft einer Pflegeperson zur Aufmerksamkeit in der pflegerischen Beziehung voraus und bedarf detaillierter pflegerischer Fachkenntnis, damit Wahrnehmungs- und Beobachtungsergebnisse eingeordnet und korrekte Schlussfolgerungen abgeleitet werden können.

Da Sie, liebe Leserinnen und Leser, sich für einen Beruf entschieden haben, der sich unmittelbar am pflegebedürftigen Menschen und seinen Fähigkeiten und Bedürfnissen orientiert, setzen wir Ihre Bereitschaft zu einer aufmerksamen Haltung in der pflegerischen Beziehung voraus. Band 2 der Lehrbuchreihe *verstehen & pflegen* unterstützt Sie in erster Linie, pflegespezifische Fachkenntnisse im Bereich der Wahrnehmung und Beobachtung zu erwerben, damit Sie Ihre Beobachtungsergebnisse einordnen und auf eine solide theoretische Basis stellen, Zusammenhänge erkennen und folgerichtige Schlüsse ziehen können.

Zwei Überlegungen waren für uns bei der Arbeit an diesem Buch handlungsleitend: Es sollte ein umfassendes Werk zum Thema „Wahrnehmen und Beobachten in der Pflege" entstehen, welches erstens praxis- und anwendungsbezogene Elemente enthält und zweitens sowohl die gemeinsamen als auch die spezifischen Aspekte bei der pflegerischen Beobachtung von Kindern, Erwachsenen und älteren Menschen gleichermaßen berücksichtigt. Diese Überlegungen spiegeln sich in Aufbau und didaktischer Konzeption des Buches wider: Allgemeine Ausführungen zum Wahrnehmungs- und Beobachtungsprozess, zur Datenerhebung und zur Informationsweitergabe in der Pflege schließt sich die detaillierte Ausarbeitung von 24 Beobachtungsbereichen mit ihren spezifischen Beobachtungskriterien an. Gemäß der oben beschriebenen Intention des Buches werden hier gemeinsame und spezifische Aspekte der pflegerischen Beobachtung bei Kindern, Erwachsenen und älteren Menschen integriert, was den Blick über den „berufsspezifischen Tellerrand" ermöglicht und wechselseitiges Lernen der Pflegeberufe voneinander unterstützt. Ergänzende Beobachtungskriterien verdeutlichen, dass Ergebnisse von Einzelbeobachtungen gegebenfalls Indikationen für weitere Beobachtungen darstellen bzw. immer auch im Zusammenhang mit Beobachtungsergebnissen aus anderen Beobachtungsbereichen zu sehen sind. Fallstudien aus dem Berufsfeld der Altenpflege, der Kinderkrankenpflege sowie der Krankenpflege verdeutlichen sowohl die praktische Anwendung des Pflegprozesses als auch die mögliche Integration von Pflegediagnosen. Pflege ist ein Beruf, in welchem vielfach eine Gruppe von Pflegepersonen in Zusammenarbeit anderer Berufsgruppen um das Wohl eines Menschen bemüht ist. Aus diesem Grund kommt sowohl der mündlichen als auch der schriftlichen Weitergabe von Informationen eine große Bedeutung zu, die durch die Verwendung von Fachtermini effektiv und präzise ausgestaltet wird.

Allen, die uns bei der Konzeption des Buches und der Umsetzung unserer Ideen begleitet und unterstützt haben, möchten wir an dieser Stelle für Ihr Engegement herzlich danken. Sie, liebe Leserinnen und Leser, für die dieses Buch konzipiert wurde, und die es in der konkreten Anwendung erproben, bitten wir um konstruktive Rückmeldung.

Inhalt

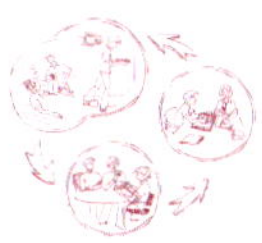

I Grundlagen der Wahrnehmung und Beobachtung in der Pflege

1 Wahrnehmung 4
Eva Eißing
Einleitung 4
1.1 Wahrnehmungsprozess 5
1.2 Grundlagen der Wahrnehmung 6
1.2.1 Entwicklung der Wahrnehmung 6
1.2.1 Physiologische Grundlagen der Wahrnehmung 7
1.2.3 Psychologische Grundlagen der Wahrnehmung 18
1.3 Beeinflussende Faktoren bei der Wahrnehmung 19
1.3.1 Physische Einflussfaktoren 19
1.3.2 Psychische Einflussfaktoren 25
1.3.3 Soziale Wahrnehmung 28
1.4 Wahrnehmung und Wirklichkeit 31

2 Beobachtung 33
Eva Eißing
Einleitung 33
2.1 Beobachtung als Prozess 34
2.1.1 Beobachtungsarten 36
2.2 Beobachtung in der Pflege 37
2.2.1 Zeitpunkt 37
2.2.2 Hilfsmittel 37
2.2.3 Systematik 39
2.3 Beeinflussende Faktoren bei der Beobachtung 41
2.4 Bedeutung der Beobachtung in der Pflege 42
2.4.1 Beobachtung als Grundlage für pflegerisches Handeln 42
2.4.2 Ziele der Beobachtung in der Pflege 43
2.4.3 Qualität der Beobachtung 44
2.4.4 Dokumentation 44
2.4.5 Anforderungen an das Pflegepersonal 45

3 Datenerhebung im pflegerischen Alltag 47
Marion Weichler-Oelschlägel
Einleitung 47
3.1 Methoden der Datenerhebung 47
3.1.1 Beobachtung 47
3.1.2 Gespräche 48
3.2 Datenquellen 48
3.3 Datenarten 49
3.4 Reliabilität und Validität von Daten 49

4 Informationsweitergabe 51
Marion Weichler-Oelschlägel
Einleitung 51
4.1 Bedeutung und Funktionen der Informationsweitergabe 51
4.2 Sprache als Instrument der mündlichen und schriftlichen Informationsweitergabe 56
4.2.1 Umgang mit der Fachsprache 57
4.2.2 Medizinische Terminologie 57

II Beobachtung des gesunden und kranken Menschen

5 Allgemeinzustand 64
Panajotis Apostolidis
Einleitung 64
5.1 Beobachtungsbereiche 64
5.2 Bewertung 64

6 Haut und Schleimhäute 67
Eva Eißing
Einleitung 67
6.1 Allgemeine Beobachtungskriterien und Beschreibung des Normalzustandes 72
6.1.1 Hautfarbe 73
6.1.2 Hautspannung 74
6.1.3 Hauttemperatur 74
6.1.4 Hautoberfläche 74
6.1.5 Mundschleimhaut und Analschleimhaut 74

6.2 Abweichungen und Veränderungen und deren Ursachen 75
6.2.1 Veränderungen der Hautfarbe . 75
6.2.2 Veränderungen der Hautspannung 77
6.2.3 Veränderungen der Hauttemperatur 78
6.2.4 Veränderungen der Hautoberfläche 79
6.2.5 Veränderungen der Mund- und Analschleimhaut 95
6.3 Ergänzende Beobachtungskriterien 101
6.4 Besonderheiten bei Kindern 102
Sigrid Flüeck
6.5 Besonderheiten bei älteren Menschen . 106
6.6 Fallstudien und mögliche Pflegediagnosen 107

7 Hautanhangsgebilde 111
Eva Eißing
Einleitung 111
7.1 Aufbau und Funktion 111
7.2 Allgemeine Beobachtungskriterien und Beschreibung des Normalzustandes ... 113
7.2.1 Haare 113
7.2.2 Nägel 115
7.2.3 Hautdrüsen 116
7.3 Abweichungen und Veränderungen und deren Ursachen 116
7.3.1 Haare 116
7.3.2 Nägel 118
7.3.3 Hautdrüsen 121
7.4 Ergänzende Beobachtungkriterien 122
7.5 Besonderheiten bei Kindern 122
Sigrid Flüeck
7.5.1 Haare 122
7.5.2 Nägel 123
7.5.3 Hautdrüsen 123
7.6 Besonderheiten bei älteren Menschen . 124
7.7 Fallstudien und mögliche Pflegediagnosen 125

8 Puls 129
Panajotis Apostolidis
Einleitung 129
8.1 Technik der Pulsmessung 130
8.2 Allgemeine Beobachtungskriterien und Beschreibung des Normalzustandes ... 132
8.2.1 Pulsfrequenz 132
8.2.2 Pulsrhythmus 133
8.2.3 Pulsqualität 133
8.3 Abweichungen und Veränderungen und deren mögliche Ursachen 133
8.3.1 Veränderungen der Pulsfrequenz 133
8.3.2 Veränderungen des Pulsrhythmus 136
8.3.3 Veränderungen der Pulsqualität 137
8.4 Ergänzende Beobachtungskriterien 138
8.5 Besonderheiten bei Kindern 138
Sigrid Flüeck
8.6 Besonderheiten bei älteren Menschen . 140
8.7 Fallstudien und mögliche Pflegediagnosen 140

9 Blutdruck 144
Panajotis Apostolidis
Einleitung 144
9.1 Technik der Blutdruckmessung 145
9.1.1 Direkte Blutdruckmessung 145
9.1.2 Indirekte Blutdruckmessung .. 145
9.2 Allgemeine Beobachtungskriterien und Beschreibung des Normalzustands 150
9.2.1 Systolischer Blutdruck 150
9.2.2 Diastolischer Blutdruck 150
9.2.3 Mitteldruck 150
9.2.4 Blutdruckamplitude 151
9.3 Abweichungen und Veränderungen des Blutdrucks und deren mögliche Ursachen 151
9.3.1 Hypertonie 151
9.3.2 Hypotonie 153
9.4 Ergänzende Beobachtungskriterien 154
9.5 Besonderheiten bei Kindern 154
Sigrid Flüeck
9.6 Besonderheiten bei älteren Menschen . 156
9.7 Fallstudien und mögliche Pflegediagnosen 156

10 Körpertemperatur 159
Panajotis Apostolidis
Einleitung 159
10.1 Technik der Temperaturmessung 162
10.1.1 Thermometerarten 162
10.1.2 Indikationen zur Messung der Körpertemperatur 163
10.1.3 Durchführung der Körpertemperaturmessung 164
10.1.4 Dokumentation der Messergebnisse 166

10.2 Allgemeine Beobachtungskriterien und Beschreibung des Normalzustands 166
10.3 Abweichungen, Veränderungen der Körpertemperatur und deren mögliche Ursachen 167
10.3.1 Erhöhte Körpertemperatur 167
10.3.2 Verminderte Körpertemperatur 173
10.4 Ergänzende Beobachtungskriterien 174
10.5 Besonderheiten bei Kindern 176
Sigrid Flüeck
10.5.1 Technik der Temperaturmessung bei einem Frühgeborenen 177
10.5.2 Technik der Temperaturmessung bei Neugeborenen, Säuglingen und Kleinkindern 177
10.5.3 Abweichungen vom Normalzustand 177
10.6 Besonderheiten bei älteren Menschen . 178
10.7 Fallstudien und mögliche Pflegediagnosen 179

11 Atmung 182
Panajotis Apostolidis
Einleitung 182
11.1 Technik der Atemerfassung 184
11.1.1 Dokumentation 184
11.1.2 Indikationen zur Atmungserfassung 184
11.2 Allgemeine Beobachtungskriterien und Beschreibung des Normalzustands 185
11.2.1 Atemvolumina 185
11.2.2 Atemfrequenz 187
11.2.3 Atemtiefe (Atemintensität) 187
11.2.4 Atemrhythmus 187
11.2.5 Atemmechanik (Atembewegungen) 187
11.2.6 Atemgeräusche 188
11.2.7 Atemgeruch 188
11.3 Abweichungen und Veränderungen beim Atmen und deren mögliche Ursachen 189
11.3.1 Dyspnoe 189
11.3.2 Atemfrequenz 190
11.3.3 Atemtiefe (Atemintensität) 191
11.3.4 Atemrhythmus (pathologische Atemtypen) 192
11.3.5 Atemmechanik (Atembewegungen) 194
11.3.6 Atemgeräusche 195
11.3.7 Atemgerüche 197
11.4 Ergänzende Beobachtungskriterien 197
11.5 Besonderheiten bei Kindern 198
Sigrid Flüeck
11.5.1 Abweichungen und Veränderungen der Atmung 198
11.5.2 Die besondere Situation des Früh- und Neugeborenen 199
11.6 Besonderheiten bei älteren Menschen . 200
11.7 Fallstudien und mögliche Pflegediagnosen 200

12 Schlaf 204
Marion Weichler-Oelschlägel
Einleitung 204
12.1 Allgemeine Beobachtungskriterien und Beschreibung des Normalzustands 206
12.1.1 Schlafzyklus und Schlafstadien 207
12.1.2 Schlafbedarf 209
12.1.3 Schlaftypen 209
12.1.4 Physiologische Veränderungen während des Schlafs 210
12.2 Abweichungen und Veränderungen beim Schlaf und deren Ursachen 211
12.2.1 Hypersomnie 211
12.2.2 Hyposomnie 212
12.2.3 Insomnie 212
12.2.4 Chronobiologische Störungen . 213
12.2.5 Parasomnien 213
12.2.6 Nächtliche Myoklonien 214
12.2.7 Narkolepsie 215
12.2.8 Schlafapnoe 215
12.3 Ergänzende Beobachtungskriterien 217
12.4 Besonderheiten bei Kindern 217
Sigrid Flüeck
12.4.1 Abweichungen und Veränderungen beim Schlaf 218
12.5 Besonderheiten bei älteren Menschen . 219
12.6 Fallstudien 220

13 Bewusstsein 223
Marion Weichler-Oelschlägel
Einleitung 223
13.1 Allgemeine Beobachtungskriterien und Beschreibung des Normalzustands 224

13.2 Abweichungen und Veränderungen im Bewusstsein und deren mögliche Ursachen ... 224
13.2.1 Störungen des Bewusstseins ... 224
13.2.2 Störungen der Wahrnehmung ... 227
13.2.3 Störungen der Bewegung und des Handelns (Apraxien) ... 230
13.2.4 Störungen der Orientierung ... 231
13.2.5 Störungen des Erkennens (Agnosie) ... 234
13.2.6 Störungen des Denkens ... 235
13.2.7 Störungen des Gedächtnisses ... 238
13.2.8 Störungen der Aufmerksamkeit ... 239
13.2.9 Störungen der Affektivität ... 240
13.2.10 Störungen des Ich-Erlebens ... 241
13.2.11 Störungen des Antriebs ... 242
13.3 Ergänzende Beobachtungskriterien ... 243
13.4 Besonderheiten bei Kindern ... 244
Sigrid Flüeck
13.5 Besonderheiten bei älteren Menschen ... 245
13.6 Fallstudien und mögliche Pflegediagnosen ... 246

14 Körpergröße ... 250
Eva Eißing
Einleitung ... 250
14.1 Ermittlung der Körpergröße ... 250
14.1.1 Indikationen zur Messung der Körpergröße ... 250
14.1.2 Ermittlung der Körpergröße beim Erwachsenen ... 251
14.2 Allgemeine Beobachtungskriterien und Beschreibung des Normalzustands ... 251
14.2.1 Entwicklung der Körperlänge ... 252
14.3 Abweichungen und Veränderungen der Körpergröße und deren mögliche Ursachen ... 253
14.3.1 Abweichungen der Körpergröße nach „oben“ ... 253
14.3.2 Abweichungen der Körpergröße nach „unten“ ... 254
14.4 Ergänzende Beobachtungskriterien ... 255
14.5 Besonderheiten bei Kindern ... 255
Sigrid Flüeck
14.5.1 Somatogramm ... 255
14.5.2 Perzentilenkurve ... 257
14.5.3 Ermittlung der Körpergröße ... 257
14.5.4 Abweichungen und Veränderungen der Körpergröße ... 258
14.5.5 Ergänzende Beobachtungskriterien ... 259
14.6 Besonderheiten bei älteren Menschen ... 259
14.6.1 Osteoporose ... 259
14.7 Fallstudien und mögliche Pflegediagnosen ... 260

15 Körpergewicht ... 264
Eva Eißing
Einleitung ... 264
15.1 Ermittlung des Körpergewichts ... 265
15.1.1 Indikation ... 265
15.1.2 Verschiedene Messwaagen ... 265
15.1.3 Bedingungen für die Gewichtsmessung ... 266
15.1.4 Dokumentation ... 266
15.1.5 Ermittlung der Körperoberfläche ... 266
15.2 Normalzustand ... 266
15.2.1 Broca-Formel ... 266
15.2.2 Body-Mass-Index (BMI) ... 266
15.2.3 Subjektives Normgewicht ... 267
15.2.4 Beeinflussende Faktoren ... 267
15.2.5 Energiebilanz ... 268
15.3 Abweichungen und Veränderungen des Körpergewichts sowie deren Ursachen ... 268
15.3.1 Übergewicht ... 270
15.3.2 Untergewicht ... 273
15.4 Ergänzende Beobachtungskriterien ... 275
15.5 Besonderheiten bei Kindern ... 275
Sigrid Flüeck
15.5.1 Indikation zur Ermittlung des Körpergewichts ... 275
15.5.2 Ermittlung des Körpergewichts ... 276
15.5.3 Normalzustand ... 276
15.5.4 Abweichungen und Veränderungen des Körpergewichts ... 277
15.6 Besonderheiten bei älteren Menschen ... 277
15.7 Fallstudien und mögliche Pflegediagnosen ... 278

16 Ernährungszustand ... 281
Eva Eißing
Einleitung ... 281
16.1 Allgemeine Beobachtungskriterien und Beschreibung des Normalzustands ... 282
16.1.1 Nahrungs- und Flüssigkeitsaufnahme ... 282

16.1.2 Gewicht in Abhängigkeit von der Körpergröße 285
16.1.3 Haut und Hautanhangsgebilde 285
16.1.4 Zähne 285
16.1.5 Nährstoffaufnahme und -verwertung 285
16.2 Abweichungen und Veränderungen des Ernährungszustands sowie deren Ursachen 286
16.2.1 Störungen der Nahrungs- und Flüssigkeitsaufnahme 286
16.2.2 Störungen der Nährstoffaufnahme und -verwertung 290
16.2.3 Mangelerscheinungen 291
16.2.4 Über-/Falschernährung 294
16.2.5 Vergiftungen 296
16.3 Ergänzende Beobachtungskriterien 296
16.4 Besonderheiten bei Kindern 297
Sigrid Flüeck
16.4.1 Störung der Nahrungsaufnahme 299
16.4.2 Störung der Flüssigkeitsaufnahme 299
16.4.3 Malabsorption und Maldigestion 300
16.5 Besonderheiten bei älteren Menschen . 300
16.6 Fallstudien und mögliche Pflegediagnosen 302

17 Urin 307
Panajotis Apostolidis
Einleitung 307
17.1 Allgemeine Beobachtungskriterien und Beschreibung des Normalzustands 308
17.1.1 Miktion 308
17.1.2 Urinmenge 308
17.1.3 Urinfarbe, Aussehen 308
17.1.4 Urinzusammmensetzung 309
17.1.5 Uringeruch 309
17.1.6 Spezifisches Gewicht des Urins 309
17.1.7 Urinreaktion 309
17.2 Abweichungen, Veränderungen des Urins und deren mögliche Ursachen ... 310
17.2.1 Miktionsstörungen 310
17.2.2 Veränderungen der Urinmenge 314
17.2.3 Veränderungen der Urinfarbe . 316
17.2.4 Veränderungen der Urinzusammensetzung, Beimengungen 316
17.2.5 Veränderungen des Uringeruchs 317
17.2.6 Veränderungen des spezifischen Gewichts des Urins 317
17.2.7 Veränderungen der Urinreaktion 317
17.3 Ergänzende Beobachtungskriterien 318
17.4 Besonderheiten bei Kindern 318
Sigrid Flüeck
17.5 Besonderheiten bei älteren Menschen . 319
17.5.1 Funktionelle Inkontinenz 319
17.5.2 Iatrogene Inkontinenz 320
17.6 Fallstudien und mögliche Pflegediagnosen 320

18 Stuhl 324
Panajotis Apostolidis
Einleitung 324
18.1 Allgemeine Beobachtungskriterien und Beschreibung des Normalzustands 324
18.1.1 Stuhlentleerung 325
18.1.2 Stuhlmenge 325
18.1.3 Stuhlfarbe 325
18.1.4 Stuhlkonsistenz 325
18.1.5 Stuhlgeruch 325
18.1.6 Stuhlzusammensetzung 325
18.1.7 Chemische Stuhlreaktion 325
18.2 Abweichungen, Veränderungen des Stuhls und deren mögliche Ursachen .. 325
18.2.1 Störungen der Stuhlentleerung 326
18.2.2 Veränderungen der Stuhlmenge 330
18.2.3 Veränderungen der Stuhlfarbe . 331
18.2.4 Veränderungen der Stuhlkonsistenz 331
18.2.5 Veränderungen des Stuhlgeruchs 331
18.2.6 Veränderungen der Stuhlzusammensetzung 332
18.2.7 Veränderungen der chemischen Stuhlreaktion 332
18.3 Ergänzende Beobachtungskriterien 332
18.4 Besonderheiten bei Kindern 333
Sigrid Flüeck
18.5 Besonderheiten bei älteren Menschen . 335

18.6 Fallstudien und mögliche Pflegediagnosen ... 335

19 Schweiß ... 339
Panajotis Apostolidis
Einleitung ... 339
19.1 Allgemeine Beobachtungskriterien und Beschreibung des Normalzustands ... 340
19.1.1 Schweißmenge ... 340
19.1.2 Aussehen ... 340
19.1.3 Geruch ... 340
19.1.4 Lokalisation ... 341
19.2 Abweichungen, Veränderungen des Schweißes und deren möglichen Ursachen ... 341
19.2.1 Veränderungen der Menge ... 341
19.2.2 Veränderungen des Aussehens ... 342
19.2.3 Veränderungen des Geruchs ... 342
19.2.4 Lokalisation ... 342
19.3 Ergänzende Beobachtungskriterien ... 343
19.4 Besonderheiten bei Kindern ... 343
Sigrid Flüeck
19.5 Besonderheiten bei älteren Menschen ... 344
19.6 Fallstudien und mögliche Pflegediagnosen ... 344

20 Menstruation und Fluor ... 347
Panajotis Apostolidis
Einleitung ... 347
20.1 Beschreibung des Normalzustands ... 348
20.1.1 Menstruation ... 348
20.1.2 Fluor genitalis ... 348
20.2 Abweichungen, Veränderungen bei Menstruation und Fluor und deren mögliche Ursachen ... 348
20.2.1 Menstruationsstörungen ... 348
20.3 Ergänzende Beobachtungskriterien ... 353
20.4 Besonderheiten bei Kindern ... 353
Sigrid Flüeck
20.4.1 Abweichungen, Veränderungen und deren mögliche Ursachen ... 353
20.5 Besonderheiten bei älteren Menschen ... 354
20.6 Fallstudien ... 354

21 Erbrechen ... 357
Panajotis Apostolidis
Einleitung ... 357
21.1 Vorgang des Erbrechens ... 357
21.2 Ursachen des Erbrechens ... 359
21.3 Formen des Erbrechens ... 359
21.3.1 Einteilung nach dem Zeitpunkt des Erbrechens ... 359
21.3.2 Einteilung nach der Reizung des Brechzentrums ... 360
21.4 Beobachtung des Erbrechens ... 361
21.4.1 Art und Weise des Erbrechens ... 361
21.4.2 Farbe des Erbrochenen ... 361
21.4.3 Menge des Erbrochenen ... 361
21.4.4 Geruch des Erbrochenen ... 362
21.4.5 Zusammensetzung, Beimengungen des Erbrochenen ... 362
21.4.6 Zeitpunkt und Häufigkeit des Erbrechens ... 362
21.4.7 Begleiterscheinungen des Erbrechens ... 363
21.5 Ergänzende Beobachtungskriterien ... 364
21.6 Besonderheiten bei Kindern ... 365
Sigrid Flüeck
21.7 Besonderheiten bei älteren Menschen ... 367
21.8 Fallstudien ... 367

22 Sputum ... 370
Panajotis Apostolidis
Einleitung ... 370
22.1 Beobachtung des Sputums ... 370
22.1.1 Sputummenge ... 371
22.1.2 Sputumfarbe ... 371
22.1.3 Sputumgeruch ... 372
22.1.4 Sputumkonsistenz ... 372
22.1.5 Sputumzusammensetzung und Beimengungen ... 372
22.1.6 Zeitpunkt des Auswurfes ... 372
22.2 Ergänzende Beobachtungskriterien ... 372
22.3 Besonderheiten bei Kindern ... 373
Sigrid Flueck
22.4 Besonderheiten bei älteren Menschen ... 373
22.5 Fallstudien und mögliche Pflegediagnosen ... 373

23 Schmerz ... 377
Eva Eißing
Einleitung ... 377
23.1 Schmerzentstehung, -leitung und -wahrnehmung ... 378
23.1.1 Schmerzhemmsysteme ... 378
23.1.2 Gestörte Schmerzempfindung ... 380
23.1.3 Beeinflussende Faktoren ... 380
23.1.4 Bedeutung von Schmerz ... 381

23.2 Schmerzarten ... 381
23.2.1 Nozizeptorschmerz ... 381
23.2.2 Neurogener Schmerz ... 383
23.2.3 Zentraler Schmerz ... 383
23.2.4 Phantomschmerz ... 383
23.2.5 Psychogener Schmerz ... 384
23.3 Akuter und chronischer Schmerz ... 384
23.3.1 Akuter Schmerz ... 384
23.3.2 Chronischer Schmerz ... 384
23.4 Beobachtungskriterien ... 385
23.4.1 Schmerzäußerungen ... 385
23.4.2 Schmerzlokalisation ... 387
23.4.3 Schmerzzeitpunkt ... 387
23.4.4 Schmerzdauer und -verlauf ... 387
23.4.5 Schmerzintensität ... 387
23.4.6 Schmerzqualität ... 387
23.4.7 Schmerzbegleitende Symptome ... 388
23.5 Dokumentation ... 388
23.6 Ergänzende Beobachtungskriterien ... 389
23.7 Besonderheiten bei Kindern ... 389
Sigrid Flüeck
23.8 Besonderheiten bei älteren Menschen . 392
23.9 Fallstudien und mögliche Pflegediagnosen ... 392

24 Bewegungen ... 397
Marion Weichler-Oelschlägel
Einleitung ... 397
24.1 Allgemeine Beobachtungskriterien und Beschreibung des Normalzustandes ... 398
24.2 Abweichungen und Veränderungen der Bewegungen und deren mögliche Ursachen ... 399
24.2.1 Störungen der Beweglichkeit .. 399
24.2.2 Störungen der Koordination und Zielgerichtetheit ... 401
24.2.3 Störungen des Körperschemas . 402
24.3 Ergänzende Beobachtungskriterien ... 402
24.4 Besonderheiten bei Kindern ... 403
Sigrid Flüeck
24.4.2 Abweichungen und Veränderungen der Bewegung und deren mögliche Ursachen ... 404
24.5 Besonderheiten bei älteren Menschen . 406
24.6 Fallstudien und mögliche Pflegediagnosen ... 407

25 Mimik und Gestik ... 410
Marion Weichler-Oelschlägel
Einleitung ... 410
25.1 Allgemeine Beobachtungskriterien und Beschreibung des Normalzustands ... 412
25.1.1 Gestik ... 412
25.2 Abweichungen und Veränderungen der Mimik und Gestik und deren mögliche Ursachen ... 415
25.2.1 Abweichungen und Veränderungen der Mimik ... 415
25.2.2 Abweichungen und Veränderungen der Gestik ... 417
25.3 Ergänzende Beobachtungskriterien ... 418
25.4 Besonderheiten bei Kindern ... 418
Sigrid Flüeck
25.4.1 Mimikveränderungen bei Kindern ... 419
25.4.2 Gestikveränderungen bei Kindern ... 419
25.5 Besonderheiten bei älteren Menschen . 419
25.6 Fallstudien und mögliche Pflegediagnosen ... 421

26 Körperhaltung ... 425
Marion Weichler-Oelschlägel
Einleitung ... 425
26.1 Allgemeine Beobachtungskriterien und Beschreibung des Normalzustands ... 429
26.1.1 Körperhaltung im Sitzen ... 429
26.1.2 Körperhaltung im Stehen ... 429
26.1.3 Körperhaltung im Liegen ... 429
26.2 Abweichungen und Veränderungen der Körperhaltung und deren mögliche Ursachen ... 429
26.2.1 Haltungsstörungen ... 430
26.2.2 Haltungsschäden ... 430
26.2.3 Zwangs- und Schonhaltung ... 432
26.2.4 Kontrakturen ... 432
26.3 Ergänzende Beobachtungskriterien ... 433
26.4 Besonderheiten bei Kindern ... 433
Sigrid Flüeck
26.4.1 Angeborene Haltungsstörungen ... 435
26.4.2 Angeborene oder erworbene Haltungsschäden ... 435
26.5 Besonderheiten bei älteren Menschen . 435
26.6 Fallstudien und mögliche Pflegediagnosen ... 437

27 Gang 441
Marion Weichler-Oelschlägel
Einleitung 441
27.1 Allgemeine Beobachtungskriterien und Beschreibung des Normalzustands 442
27.2 Abweichungen und Veränderungen des Ganges und deren mögliche Ursachen 443
27.2.1 Spastischer Gang 443
27.2.2 Hinken 444
27.2.3 Steppergang 444
27.2.4 Watschelgang 444
27.2.5 Ataktischer Gang 444
27.2.6 Brachybasie 446
27.2.7 Paretischer Gang 446
27.2.8 Zerebraler Gang 446
27.2.9 Apraktischer Gang 446
27.2.10 Abasie 446
27.3 Ergänzende Beobachtungskriterien 446
27.4 Besonderheiten bei Kindern 447
Sigrid Flüeck
27.4.1 Physiologie des Gehens 447
27.4.2 Gehstörungen 447
27.5 Besonderheiten bei älteren Menschen 449
27.6 Fallstudien und mögliche Pflegdiagnosen 450

28 Stimme und Sprache 453
Marion Weichler-Oelschlägel
Einleitung 453
28.1 Allgemeine Beobachtungskriterien und Beschreibung des Normalzustands 453
28.1.1 Stimme 453
28.1.2 Sprache 454
28.2 Abweichungen und Veränderungen in Stimme und Sprache und deren mögliche Ursachen 455
28.2.1 Veränderungen der Stimme 455
28.2.2 Veränderungen der Sprache 456
28.3 Ergänzende Beobachtungskriterien 460
28.4 Besonderheiten bei Kindern 460
Sigrid Flüeck
28.4.1 Entwicklungsmäßige Voraussetzungen 460
28.4.2 Normale Sprachentwicklung des Kinds 461
28.4.3 Kindliche Sprachstörungen 462
28.5 Besonderheiten bei älteren Menschen 465
28.6 Fallstudien und mögliche Pflegediagnosen 465

Glossar 469

Sachverzeichnis 494

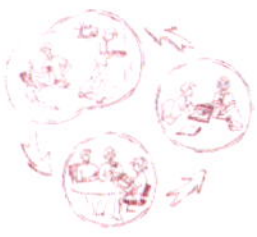

I Grundlagen der Wahrnehmung und Beobachtung in der Pflege

II Beobachtung des gesunden und kranken Menschen

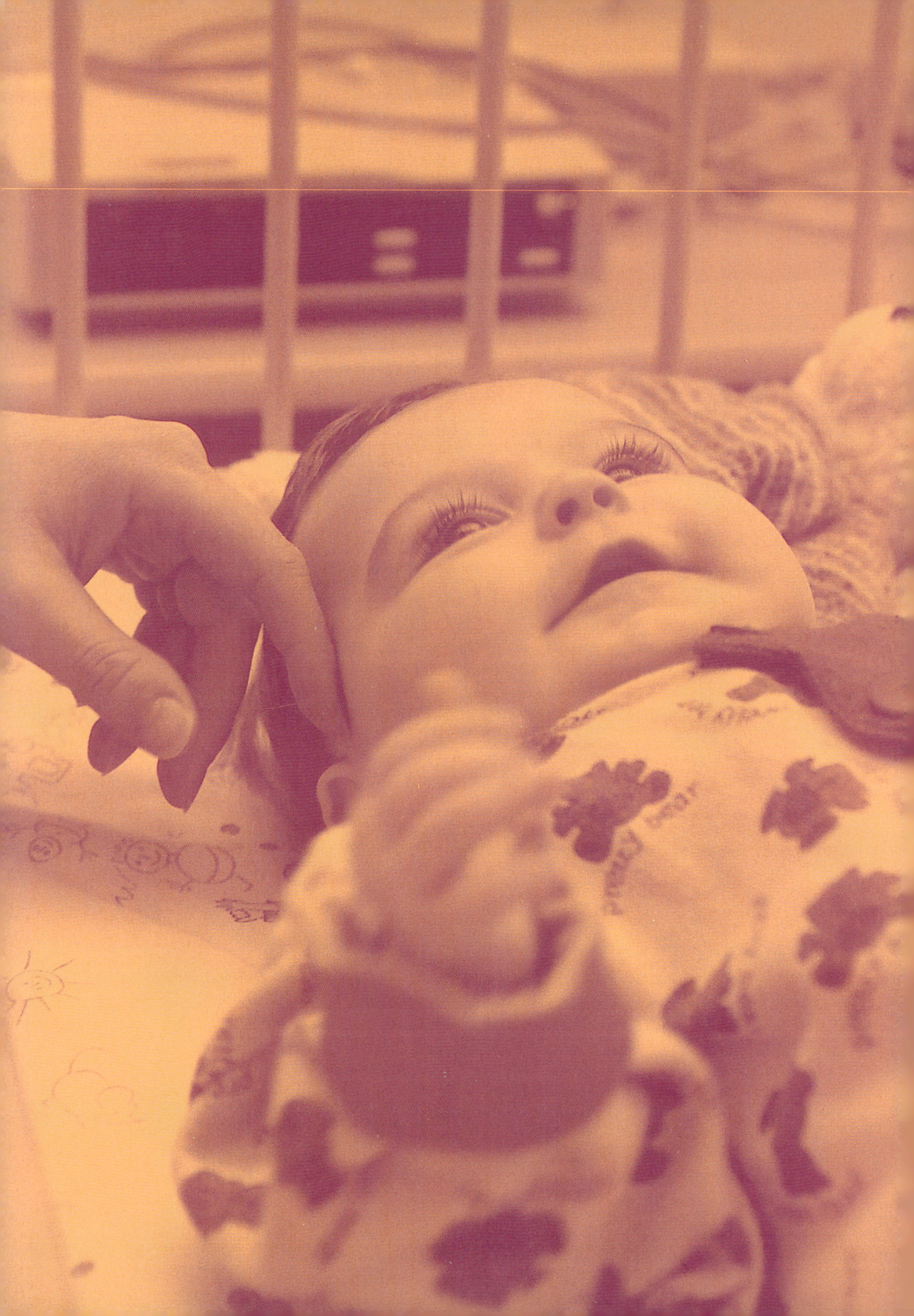

I Grundlagen der Wahrnehmung und Beobachtung in der Pflege

Übersicht

1 **Wahrnehmung** · 4
2 **Beobachtung** · 33
3 **Datenerhebung im pflegerischen Alltag** · 47
4 **Informationsweitergabe** · 51

Der detaillierten und umfassenden Beobachtung von pflegebedürftigen Menschen kommt im Rahmen pflegerischen Handelns eine fundamentale Bedeutung zu. Die durch Wahrnehmung und Beobachtung gewonnenen Daten sind der Ausgangspunkt für jegliches pflegerisches Handeln: Sie bilden sowohl die Basis für die Formulierung der Pflegeprobleme und der Ressourcen eines Menschen als auch für das Festlegen individueller Pflegeziele und die Evaluation pflegerischer Interventionen. Wahrnehmen und Beobachten sind prozesshafte Vorgänge, welche einer Reihe von Einflussfaktoren unterliegen, die die Wahrnehmungs- und Beobachtungsergebnisse verzerren können. Da es in der beruflich ausgeübten Pflege darüber hinaus zu einem großen Teil um soziale Wahrnehmung und die Beobachtung von gesunden und kranken Menschen aller Altersstufen geht, ist es für Pflegepersonen von besonderer Bedeutung, diese Einflussfaktoren zu kennen und sich der Subjektivität ihrer Wahrnehmungs- und Beobachtungsergebnisse bewusst zu sein. Im Rahmen der Erhebung pflegerelevanter Daten kommt aus diesem Grund der Objektivierung von Daten eine wichtige Rolle zu. Beruflich ausgeübte Pflege findet zudem in der Regel in einem Pflegeteam statt, bei dem mehrere Pflegepersonen und Angehörige anderer Berufsgruppen um das Wohl eines Menschen besorgt sind. Eine detaillierte, umfassende und effiziente Weitergabe von Informationen ist für die Kontinuität der Pflege, das Sicherstellen von Qualität und die gesetzlich geforderte Dokumentation der pflegerischen Leistungen unerlässlich.
In den vier Kapiteln des ersten Abschnitts werden grundsätzliche Überlegungen zum Wahrnehmungs- und Beobachtungsprozess sowie deren Einflussfaktoren angestellt. Weiter wird auf die Methoden der Datenerhebung und auf Instrumente und Stellenwert der Informationsweitergabe in der Pflege eingegangen.

1 Wahrnehmung

Eva Eißing

Übersicht

Einleitung · 4
1.1 **Wahrnehmungsprozess** · 5
1.2 **Grundlagen der Wahrnehmung** · 6
1.2.1 **Entwicklung der Wahrnehmung** · 6
1.2.2 **Physiologische Grundlagen der Wahrnehmung** · 7
1.2.3 **Psychologische Grundlagen der Wahrnehmung** · 18
1.3 **Beeinflussende Faktoren bei der Wahrnehmung** · 19
1.3.1 **Physische Einflussfaktoren** · 19
1.3.2 **Psychische Einflussfaktoren** · 25
1.3.3 **Soziale Wahrnehmung** · 28
1.4 **Wahrnehmung und Wirklichkeit** · 31
Fazit · 31
Literatur · 32

Schlüsselbegriffe:

- *Wahrnehmung*
- *Wahrnehmungsprozess*
- *Soziale Wahrnehmung*

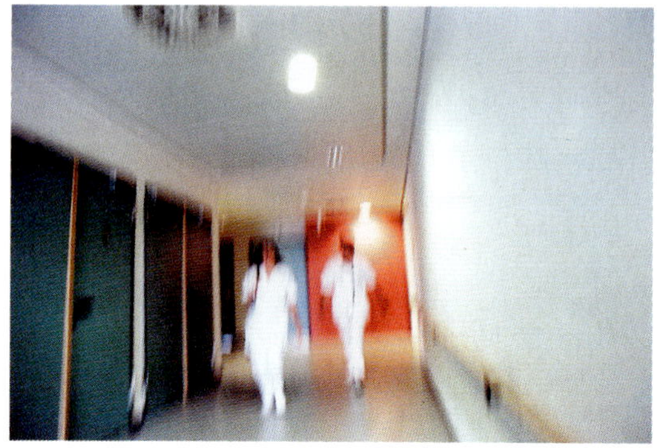

Einleitung

Die Wahrnehmung von Reizen über die Sinne ist ein komplexer und prozesshaft ablaufender Vorgang, der sowohl bewusst als auch unbewusst geschieht. Hierbei werden sowohl angenehme als auch unangenehme Reize wahrgenommen und verarbeitet. Sie erzeugen vielfältige Reaktionen im emotionalen Bereich und auf der Handlungsebene und sind eng verbunden mit dem eigenen Empfinden und Erleben. Ohne die Wahrnehmung von Reizen ist weder Wachstum und Entwicklung noch Leben möglich. Somit spielt die Wahrnehmung im menschlichen Leben eine zentrale Rolle. Sie unterliegt jedoch einer Reihe von beeinflussenden Faktoren, die zu Wahrnehmungsverzerrungen führen können.

Eine besondere Problematik ergibt sich hieraus für die Wahrnehmung anderer Personen, die sog. soziale Wahrnehmung, bei der verzerrte Wahrnehmungen zu vorschnellen und falschen Urteilen über andere Menschen führen können. Ein Beruf wie die Pflege, in dem soziale Beziehungen nicht nur im therapeutischen Team, sondern auch und vor allem zwischen Pflegepersonen und den ihnen anvertrauten Menschen eine zentrale Bedeutung haben, verlangt eine professionelle Einstellung zum menschlichen Miteinander. Zur Ausübung der Pflege ist der bewusste Umgang mit der eigenen Wahrnehmung und der Wahrnehmung anderer Menschen unerlässlich. Hierzu sind Kenntnisse über die verschiedenen Wahrnehmungsvorgänge sowie die unterschiedlichen Einflussfaktoren notwendig.

Die ▸ *Wahrnehmung* dessen, was um uns herum passiert, geschieht selbstverständlich und automatisch. Sehen, riechen, schmecken, fühlen, hören – mit all diesen Wahrnehmungen erschließt sich der Mensch seine Welt. Die vielfältigen Informationen, die die Sinnesorgane aufnehmen, müssen weitergeleitet, aussortiert, verglichen, verknüpft und verarbeitet werden, um schließlich mit einer Antwort, z. B. über Muskeln oder Drüsen, zu reagieren. Dem Körper und besonders dem Gehirn stehen für diese Leistungen mehr als 100 Millionen hochspezialisierte Nervenzellen zur Verfügung, die zusammen mit den Sinnesorganen die Verbindung mit der Außenwelt ermöglichen, ohne die weder Kommunikation noch Orientierung möglich wäre.

1.1 Wahrnehmungsprozess

Die klassische Definition von Wahrnehmung ist die Aufnahme von Reizen aus der Umwelt mit Hilfe der Sinnesorgane.

Der Mensch braucht Wahrnehmungen, damit er sich in seiner Umwelt orientieren kann. Die Wahrnehmungsreize sind zunächst unspezifisch, d. h. sie werden unsortiert über unsere Sinneszellen zum Gehirn weitergeleitet und lösen eine Reaktion aus.

Prof. Dr. A. D. Fröhlich (1994), Sonderpädagoge und heilpädagogischer Psychologe, definiert Wahrnehmung als die sinngebende Verarbeitung von inneren und äußeren Reizen unter Zuhilfenahme von Erfahrung und Lernen.

Wahrnehmung ist demzufolge ein zentraler Prozess, der das Informationsmaterial der Sinnesorgane verarbeitet. Dadurch entsteht für den Menschen Bedeutung. Diese Bedeutung kann unterschiedlich ausfallen und schließt z. B. soziale, emotionale und andere Faktoren ein.

Wahrnehmung ist ein ganzheitliches Geschehen und Erleben.

Die vielfältigen Informationen, die unser Gehirn erhält, werden verarbeitet und z. T. miteinander verknüpft. Wahrnehmung findet nicht isoliert statt, es folgt immer eine Reaktion mit nachfolgender Anpassung. Die Verarbeitung des über die Sinnesorgane gewonnenen Informationsmaterials wird als ▸ *Wahrnehmungsprozess* bezeichnet. Er beinhaltet folgende Schritte (**Abb. 1.1**):

1. Die Aufnahme eines Reizes erfolgt über Sinneszellen. Die Sinneszellen werden auch Rezeptoren genannt und befinden sich in den entsprechenden Organen, z. B. Auge, Ohr, Haut oder Darm. Sie haben eine ganz spezielle Struktur. Die Riechzellen in der Nase sind z. B. so geartet, dass sie ganz spezielle Moleküle aus der Einatemluft aufnehmen können.
2. Nachdem das Aufnahmeorgan erregt ist, erfolgt die Weiterleitung über Nervenbahnen zum sensorischen Rindenfeld der Großhirnrinde. Reize

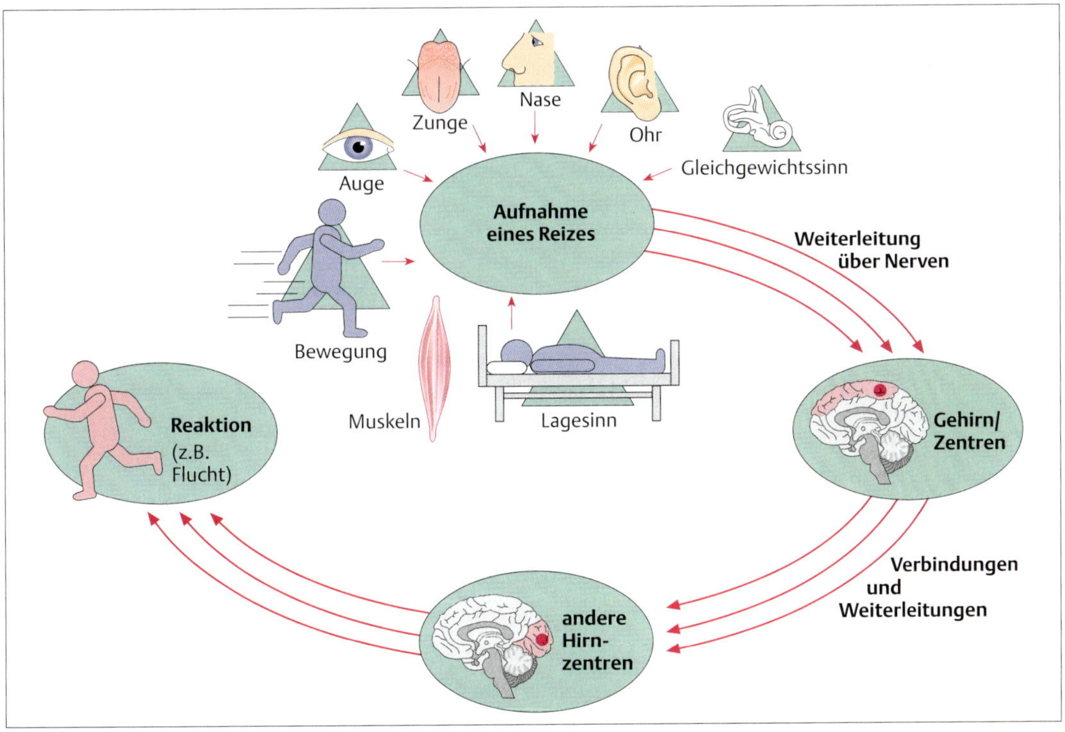

Abb. 1.1 Wahrnehmungsprozess

der Riechschleimhaut werden z.B. über den Riechnerv an das Riechzentrum übermittelt.
3. Erreicht der Reiz das Zielorgan wird er von den Hirnzentren verarbeitet. Die Impulse aus der Riechschleimhaut werden im Riechzentrum zusammengesetzt und wir können einen spezifischen Geruch wahrnehmen. Bei diesem Vorgang werden die ankommenden Reize gruppiert und mit Mustern verglichen, die bereits in nahe gelegenen Erinnerungsfeldern des Riechzentrums abgespeichert sind.
4. Der Reiz kann auch an andere Zentren des Gehirns weitergeleitet werden, da sie teilweise untereinander verbunden sind. Das Riechzentrum ist z.B. mit dem Hirnstamm, dem limbischen System und dem Großhirn verbunden. Erkannte Gerüche werden über diesen Weg als angenehm, unangenehm oder gefährlich empfunden, je nachdem, mit welchen Erfahrungen und Erinnerungen der Geruch in Verbindung gebracht wird.
5. Es folgen Reaktionen in Form von Empfindungen wie Ekel, Angst, Freude, Schweißausbruch. Sie verfolgen den Zweck der Anpassung bzw. der Veränderung.

Theoretisch kann jeder Reiz, der auf unsere Sinnesorgane trifft, den oben genannten Prozess durchlaufen. In der Praxis erreicht jedoch nur ein Bruchteil sämtlicher auf den Organismus treffenden Reize das Bewusstsein. Bevor sie in die verarbeitenden Zentren der Großhirnrinde gelangen, passieren sie den Hypothalamus. Der Hypothalamus filtert die aktuell benötigten Informationen heraus und sperrt den Rest aus der bewussten Verarbeitung aus. Er stellt demnach eine wichtige Schaltstelle in unserem Gehirn dar. Diese Filterung bewahrt vor einer Reizüberflutung.

Prinzipiell lässt sich die Wahrnehmung äußerer Reize von der Wahrnehmung innerer Reize abgrenzen. Während die äußeren Reize direkt über die Sinnesrezeptoren in den Körper einströmen, gehen innere Reize von den inneren Organen wie z.B. Darm oder Magen aus.

1.2 Grundlagen der Wahrnehmung

Der ungestörte Ablauf des Wahrnehmungsprozesses ist an intakte und funktionierende Sinnesorgane und -zellen, beteiligte Nerven und Gehirnzentren gebunden. Die Wahrnehmungen sind komplex und die Empfindungen so vielseitig wie es Menschen gibt. Sie können sowohl körperlicher oder psychischer Art sein als auch eine Kombination aus beidem darstellen.

1.2.1 Entwicklung der Wahrnehmung

Lange ging man von der Annahme aus, dass Säuglinge reine Reflexwesen seien. Das bedeutet, sie kommen auf die Welt und sind mit Reflexen ausgestattet, die zum Überleben notwendig sind, wie z.B. dem Saugreflex und dem Umklammerungsreflex. Untersuchungen der frühen Embryonalzeit deuten darauf hin, dass ein Embryo über ein eigenes Wahrnehmungssystem verfügt, worüber er mit der Mutter in Verbindung steht.

Die Entwicklung des Wahrnehmungssystems verläuft stufenförmig. Bis zur 12. Schwangerschaftswoche bildet sich die sensorische Basis. Dazu gehören die vibratorische (Vibrationen), die vestibuläre (Gleichgewicht) und die somatische (Körper) Wahrnehmung. Die Körperwahrnehmung geschieht über die Haut und die inneren Organe.

Abb. 1.2 zeigt die Abfolge der Entwicklung der Sinne in aufeinander folgenden Entwicklungsstufen.

Mit Hilfe des Ultraschalls kann dargestellt werden, wie sich ein Embryo auf Bewegungen der Mutter einstellt, indem er versucht, Lageveränderungen auszugleichen, was durch den vestibulären Sinn ermöglicht wird. Berührung und Druck sind stark an Bewegung gebunden. Der Bewegungsspielraum wird im weiteren Verlauf der Schwangerschaft immer enger und die Wahrnehmung von Druck und Berührung intensiver. Sie ist während der Geburt am höchsten.

Die Hörwahrnehmung wird stark beeinflusst durch die Bauchdecke und Gebärmutter sowie das Fruchtwasser, wodurch die Frequenzen ausgefiltert bzw. ihre Intensität verringert werden. Die Hörqualität ist verändert, da die Frequenzen statt über Luftschwingungen über den ganzen Körper das Ohr erreichen. Diese werden als auditiv-vibratorische Reize bezeichnet. Beispiele für sog. Doppelreize sind der

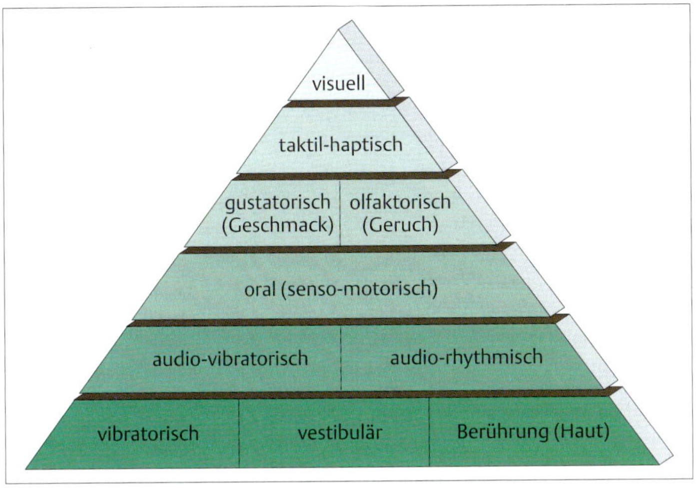

Abb. 1.2 Entwicklungsstufen der Wahrnehmung (modifiziert nach Bienstein/Fröhlich)

Herzschlag der Mutter oder ihre Darm- und Atemgeräusche.

Melodien nimmt das ungeborene Kind als audiorhythmische Schwingungen wahr, für die es ein Gedächtnis entwickelt. Sobald das Kind geboren ist, erreichen Geräusche über Luftschwingungen das Ohr. Innerhalb weniger Minuten nach der Geburt stellt sich das Neugeborene auf die veränderte Situation ein. Eine Art Gedächtnis wird ebenfalls bereits in der Embryonalzeit für alle anderen Wahrnehmungen der sensorischen Basis gebildet.

Der Geruchssinn ist an die Einatmung durch die Nase gebunden. Ein neugeborenes Kind kann bereits nach ein paar Tagen die Mutter am Geruch erkennen und die Muttermilch schmecken. Das visuelle System bildet sich innerhalb der ersten Monate aus.

Nach der Geburt entwickelt sich das Wahrnehmungssystem weiter und überlagert schrittweise die Basiswahrnehmungen des noch ungeborenen Kindes. Da sie aber im sensorischen Gedächtnis gespeichert sind, verlieren sie nie ihre emotionale Bedeutung. Der Vorgang des Tröstens liefert hierfür ein gutes Beispiel:

Nicht nur Kinder sondern auch erwachsene Menschen umarmen sich, so dass sich die Körper berühren (= Hautsinn). Unterstützend streichen die Hände über den Kopf oder den Rücken. Beruhigend wirkt außerdem ein Hin- und Herwiegen des Körpers (= vestibulärer Sinn). Tröstende Worte werden durch die körperliche Nähe auditiv und vibratorisch wahrgenommen.

Prof. Dr. paed. Andreas Fröhlich hat in den 70er-Jahren das Konzept der basalen Stimulation entwickelt. Im Rahmen der Basalen Stimulation® werden besonders die früh entwickelten (basalen) Wahrnehmungssysteme stimuliert mit gleichzeitiger Förderung der Reaktionsfähigkeit. Mit Hilfe dieses Konzeptes hat er die Persönlichkeit schwerstbehinderter Kinder fördern können. In Zusammenarbeit mit Ch. Bienstein wurde die basale Stimulation in pflegerische Bereiche integriert. Sie wird besonders bei Menschen mit Wahrnehmungsstörungen erfolgreich angewendet (s. a. Bd. 3, Kap. 4.2).

Grundlagen der Wahrnehmung:

- Wahrnehmung ist ein prozesshaftes Geschehen.
- In mehreren Schritten findet die Aufnahme über Rezeptoren, die Weiterleitung über Nervenbahnen und die Verarbeitung in Hirnzentren von Reizen aus der Umwelt mit Hilfe der Sinnesorgane statt.
- Im Hypothalamus wird die Aufnahme von Reizen gefiltert.
- Die Entwicklung des Wahrnehmungssystems verläuft in Stufen und beginnt bereits im Mutterleib.
- Das Konzept der basalen Stimulation (Fröhlich) wird bei Menschen mit Wahrnehmungsstörungen erfolgreich angewandt.

1.2.2 Physiologische Grundlagen der Wahrnehmung

Die Wahrnehmung ist an intakte Sinnesorgane und Nerven gebunden.

In der traditionellen Vorstellung wird mit 5 Sinnesorganen wahrgenommen: Auge, Ohr, Nase, Zunge, Haut. Heute ist bekannt, dass Rezeptoren in Muskeln und Gelenken sowie in inneren Organen ebenfalls Reize aufnehmen und weiterleiten (**Tab. 1.1**).

Die einzelnen Sinneserregungen werden in den spezifischen Hirnarealen verarbeitet und mit anderen Hirnzentren derart verknüpft, dass die vielen Einzelwahrnehmungen wie zu einem Mosaik zusammengesetzt werden und eine Gesamtempfindung erlebbar wird. Man spricht daher auch von einem Wahrnehmungssystem.

Die einzelnen Sinne werden unterschieden in Nahsinne und Fernsinne.

Die Nahsinne vermitteln dem Körper Informationen aus dem eigenen Körper, der Eigenwahrnehmung. Sie werden auch als propriozeptive Rezeptoren bezeichnet. Hierzu gehören die Rezeptoren der Muskeln, Sehnen, Gelenke, des Gleichgewichtsorganes und einige Hautrezeptoren (s. a. S. 17).

Tab. 1.1 Wahrnehmungsmöglichkeiten

Wahrnehmungsmöglichkeit	*Organ und Rezeptor*	*Funnktion und Wirkung*
1. Sehsinn: visuelles System	Auge: Fotorezeptoren	• Raumorientierung und Sicherheit • Mitwirkung am Bewegungssinn • positive und negative visuelle Erlebnisse
2. Hörsinn: auditives System	Ohr: akustische Sensoren in Form von Haarzellen	• Raum- und Richtungsorientierung • Gefahrerkennung • positive und negative Hörerlebnisse
3. Gleichgewichtssinn: vestibuläres System	Gleichgewichtsorgan: vestibuläre Sensoren in Form von Haarzellen	• Raum- und Richtungsorientierung • Mitwirkung an der Bewegungswahrnehmung
4. Geruchssinn: olfaktorisches System	Riechschleimhaut der Nase: olfaktorische Sensoren in Form von Zilien (fadenförmige Ausläufer)	• Kontrolle der Einatemluft • Schutz und Orientierung • positive und negative Geruchsempfindungen
5. Geschmacksinn: gustatorisches System	Zunge: Chemorezeptoren der Geschmacksknospen auf der Zunge	• Kontrolle der Nahrung • Schutz und Orientierung • positive und negative Geschmacksempfindungen
6. Berührungssinn: haptisch-taktiles System	Haut: a. Mechanorezeptoren b. Nozizeptoren c. Thermorezeptoren	a. Druck und Vibrationen: Orientierung u. Körpereigenwahrnehmung b. Schmerzregistrierung: Schutz, Vorbereitung zur Flucht c. Temperaturwahrnehmung Wärme und Kälte: Schutz, Orientierung, positive und negative Empfindungen
7. Muskel- und Gelenksinn: kinästhetisches System	Muskeln, Sehnen und Gelenke: a. Propriozeptoren b. Nozizeptoren	a. Körpereigenwahrnehmung, Beteiligung am Gleichgewichtssinn und Bewegungssinn, Tonusregulation b. Schmerzwahrnehmung: Schutz, Flucht
8. Bewegungssinn: kinästhetisches System	Gleichgewichtsorgan, Muskeln, Sehnen, Gelenke und Augen sowie deren Rezeptoren (s. o.)	• Wahrnehmung von Beschleunigung • Orientierung und Abschätzungsmöglichkeiten bei Bewegung • Tonusausgleich • positive und negative Empfindungen durch Beschleunigung
9. Innerer Organsinn: viszerales System	Organe des Brust- und Bauchraumes: Viszerozeptoren, Nozizeptoren	• Vegetative Regulation der Organfunktionen

Die Wahrnehmung der inneren Organe wird als viszerale Wahrnehmung bezeichnet, die entsprechenden Rezeptoren als Viszerozeptoren.

Exterozeptive Rezeptoren übermitteln so genannte Fern- oder Umweltreize wie schmecken, riechen, hören, sehen, tasten und spüren durch Berührung. Durch sie ist der Mensch unmittelbar mit der Umwelt verbunden.

90% aller Informationen erreichen über Auge und Ohren das Gehirn, und die restlichen über die anderen Wahrnehmungskanäle.

Auge und Ohren sind demnach die wichtigsten Schnittstellen zwischen Außen- und Innenwelt.

Für Pflegende hat diese Erkenntnis eine zentrale Bedeutung in der Wahrnehmung und Beobachtung des Menschen. Auf Intensivstationen werden diese Wahrnehmungen durch Elektroden ersetzt und die Ergebnisse auf Monitoren sichtbar gemacht. Diese Form der Patientenüberwachung, auch Monitoring genannt, hat seine Stellung in der modernen Medizin etablieren können, ist aber für die Gesamteinschätzung der Patientensituation nicht ausreichend. Stattdessen ist die Nutzung mehrerer Wahrnehmungskanäle notwendig, z.B. zusätzlich der Hör-, Geruchs- und Tastsinn. Es genügt nicht, die Fieberhöhe lediglich anhand des Fieberthermometers zu ermitteln. Vielmehr muss auch die rote Hautfarbe gesehen, die heiße, evtl. schweißige Haut gefühlt, eine beschleunigte Atmung gehört und eine gesteigerte Pulsfrequenz getastet werden.

Ähnlich verhält es sich bei der Atembeobachtung. Hier reicht es nicht aus, die Atemfrequenz exakt mittels Elektroden aufzunehmen und am Monitor anzuzeigen. Erst in Kombination mit der Wahrnehmung von Atemgeräuschen und Atemgerüchen wird die Atembeobachtung sinnvoll.

Für die Pflegekraft ist die Kenntnis von Anatomie und Physiologie der Sinnesorgane wichtig, um Wahrnehmungsverluste bei Menschen gezielt feststellen zu können.

Sehsinn (visueller Sinn)

Das Auge liegt in der Augenhöhle und ist zusammen mit dem Augenlid vor schädlichen Einwirkungen und Austrocknung geschützt. Insgesamt 6 Augenmuskeln ermöglichen dem Augapfel Bewegungen in allen 3 Raumachsen. Lähmungen der Augenmuskeln führen zu Einschränkungen der Blickwinkeleinstellungen und demzufolge zu einem veränderten Seheindruck.

Das Auge selbst ist aufgebaut wie eine Kamera. Durch die Pupille treten Lichtstrahlen in das Auge und werden von der Linse gebündelt und auf die Netzhaut (Retina) am hinteren Augapfel gelenkt, die die lichtempfindlichen Fotorezeptoren in der Gestalt von Stäbchen und Zapfen enthält. Von der Netzhaut gelangen die Impulse über den Sehnerv ins Gehirn, genauer zum Sehzentrum. Vorher wechseln jeweils die Hälfte der Sehnervenfasern eines jeden Auges auf die gegenüberliegende Seite. Im Sehzentrum werden die Einzelimpulse verarbeitet und zu einem (Ab-)-Bild zusammengesetzt.

Durch das Sehen mit beiden Augen, wird der zu sehende Gegenstand aus 2 leicht unterschiedlichen Blickwinkeln wahrgenommen; in Kombination mit der Sehnervenkreuzung ist das Gehirn in der Lage, ein dreidimensionales Bild zu konstruieren. Ist das Sehfeld verändert, leidet das räumliche Einschätzungsvermögen. Betroffene greifen z.B. an Gegenständen vorbei.

Für die Wahrnehmung einer Gestalt genügen dem Gehirn allerdings einige wenige Konturen, auch Schlüsselkonturen genannt. Das Gehirn fügt den größten Teil aus der Erfahrung und Fantasie hinzu. Werden Schlüsselkonturen isoliert angeboten, ergänzt das Gehirn die fehlende Struktur. Auf diese Art entstehen optische Täuschungen. **Abb. 1.3** zeigt die „Müller-Lyer-Täuschung", die darauf beruht, dass ge-

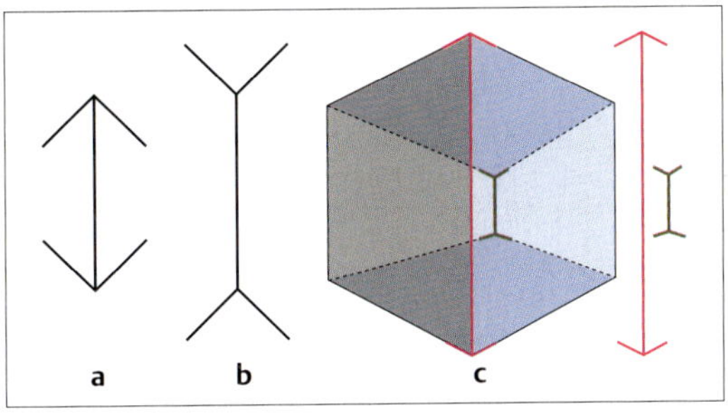

Abb. 1.3 Wahrnehmungstäuschung: Müller-Lyer-Täuschung. Gerade Linien mit konvexen Kanten (**a**) erscheinen trotz gleicher Länge kürzer als solche mit konkaven Kanten (**b**). Die Ursache liegt darin, dass ein rechter Winkel in geringer Entfernung eine konkave Perspektive annimmt, in größerer Entfernung manchmal aber konvex erscheint (**c**)

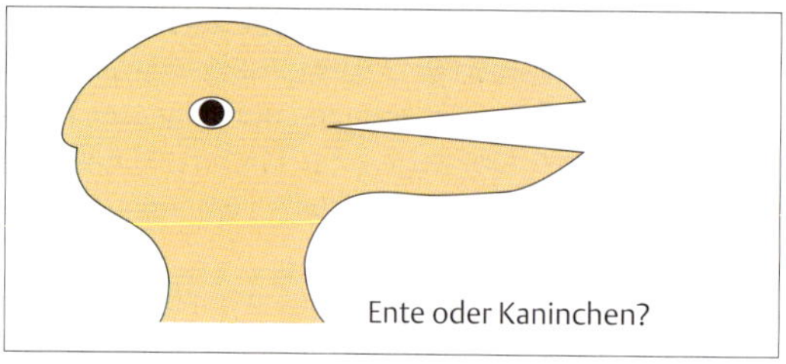

Abb. 1.4 Wahrnehmungstäuschung: Ente oder Kaninchen?

Abb. 1.5 Wahrnehmungstäuschung: junge oder alte Frau?

rade Linien mit konvexen Kanten länger wirken als gerade Linien mit konkaven Kanten. Optische Täuschungen stellen demnach Fehlinterpretationen im Wahrnehmungssystem dar (s.a. **Abb. 1.4** und **1.5**).

Der Eindruck von visueller Bewegung entsteht durch Verschiebung der Bildlage auf der Netzhaut. Er wird in der Literatur als Bewegungswahrnehmung bezeichnet, steht aber in Abgrenzung zur kinästhetischen (= Bewegungs-)Wahrnehmung (s.a. S. 18) in welcher der Körper Bewegung erfährt.

Hörsinn (auditive Wahrnehmung)

Schallwellen werden durch die Ohrmuschel aufgefangen und durch den äußeren Gehörgang über das Trommelfell zum Mittelohr geleitet. Im Mittelohr verstärken 3 fein aufeinander abgestimmte und gelenkig miteinander verbundene Gehörknöchelchen (Hammer, Amboss und Steigbügel) die Schallwellen und lenken sie zum Hörorgan ins Innenohr.

Das Hörorgan wird aus der Schnecke gebildet und besteht aus 3 mit einer lymphähnlichen Flüssigkeit gefüllten Gängen. Schwingungen lösen wellenartige Bewegungen innerhalb der Flüssigkeit aus, die je nach Schwingungsgröße unterschiedliche Regionen des Schneckenganges erreichen. Akustische Sensoren in Form von Haarzellen, die in die Schneckengänge hineinragen, nehmen die Schwingungen auf und leiten die Impulse zum großen Teil über den Hör-Gleichgewichtsnerv (N. vestibulo-cochlearis) zum Hörzentrum ins Gehirn.

Wie alle anderen Reize auch, werden die akustischen Reize filtriert, sortiert und zu einer Hörganzheit organisiert. Auf diese Art ist es auch möglich, sich auf bestimmte Hörreize zu konzentrieren und andere auszuschalten.

Zum Beispiel hört ein Mensch, der lange an einer Hauptstrasse wohnt, den Autoverkehr nicht mehr. Auf einer geräuschvollen und lauten Party ist durch Konzentration auf den Gesprächspartner trotz vieler Stimmen im Hintergrund ein Gespräch möglich.

Das Ohr nimmt Geräusche und Töne in Form von Schallwellen oder Schwingungen auf. Die Anzahl der Schwingungen wird in Hertz (Hz) gemessen. Menschen können Schwingungen zwischen 20 und 17000 Hertz wahrnehmen. Während im jugendlichen Alter der wahrnehmbare Frequenzumfang noch sehr groß ist, lässt die Sensibilität mit zunehmenden Alter nach.

Im Gegensatz zum räumlichen Sehen, das sich auf das Gesichtsfeld beschränkt, ist die akustische Raumwahrnehmung zu jedem Zeitpunkt aus allen Richtungen möglich. Die Schallwellen werden mit beiden Ohren aufgefangen, haben dabei z.T. unterschiedlich lange Wege zurückzulegen, was zu Zeitunterschieden führt.

Die Schallwelle erreicht beispielsweise das der Schallquelle zugewandte Ohr früher als das andere Ohr.

Durch den Zeitunterschied ändert sich zudem die Schallamplitude und damit die Lautstärke. Sowohl die Zeit- als auch die Amplitudendifferenz sind zwar ganz geringfügig, tragen jedoch entscheidend zur Lokalisation der Schallquelle und somit zur auditiven Raumwahrnehmung und -orientierung bei.

Visuelle und auditive Wahrnehmung:

- 90% aller Informationen erreichen über Auge und Ohr das Gehirn.

- Zur Patientenüberwachung ist neben dem Sehsinn auch die Nutzung von Hör-, Geruchs- und Tastsinn notwendig.
- Für die visuelle Wahrnehmung genügen Schlüsselkonturen, der Rest wird vom Gehirn aus Erfahrung und Fantasie hinzugefügt.
- Akustische Reize werden wie alle anderen Reize filtriert. Im Gegensatz zum räumlichen Sehen ist die akustische Raumwahrnehmung jedoch zu jedem Zeitpunkt aus allen Richtungen möglich.

Gleichgewichtssinn (vestibuläre Wahrnehmung)

Das Gleichgewichtsorgan befindet sich in unmittelbarer Nachbarschaft zur Schnecke im Innenohr und besteht aus 3 senkrecht zueinander, also in 3 Dimensionen, stehenden Bogengängen. Innerhalb der Bogengänge befinden sich, wie in den Gängen der Schnecke, eine lymphartige Flüssigkeit und Haarzellen. Durch Bewegungen des Kopfes wird die Flüssigkeit in den 3 Bogengängen ebenfalls bewegt und mit ihr die Haarzellen. Diese leiten die Impulse über den Gleichgewichtsnerv (N. vestibulo-cochlearis) zum Gehirn.

Aus der Stellung der Härchen in den Bogengängen errechnet das Gehirn die Richtung, die Stärke der Drehbewegung und die Stellung des Kopfes. Gleichzeitig erhält das Gehirn Informationen aus den Muskel- und Gelenkrezeptoren und schließt sie in die Berechnung ein. Auf diese Art entsteht eine ziemlich genaue Lageempfindung.

Das Zusammenspiel aus vestibulärem, visuellem und auditivem Sinn ermöglicht eine relativ genaue Orientierung innerhalb eines Raumes.

Geruchssinn (olfaktorische Wahrnehmung)

Im oberen Teil der Nasenhöhle ist die Nasenschleimhaut mit einem speziellen Riechepithel ausgestattet (Regio olfactoria). Die Nervenzellen besitzen fadenförmige Ausläufer (Zilien), die in die Schleimhaut ragen. Sämtliche Geruchsstoffe werden durch den Schleim gelöst und erregen die Sinneszellen. Die Weiterleitung der Reize geschieht über Nervenbahnen direkt zum Riechkolben (Bulbus olfactorius). Dort erfolgt eine Umschaltung auf den eigenlichen Riechnerv (N. olfactorius).

Der Riechnerv zieht in weitere Teile der Großhirnrinde und zu weiteren Hirnnervenkernen. Dazu gehören u.a. der Hypothalamus und die Nervenkerne des limbischen Systems. Diese Verbindungen und Verknüpfungen erklären die emotionale Bedeutung des Geruchs. Gerüche lösen unwillkürlich unangenehme und/oder angenehme Gefühle aus. Menschen mit einem „unangenehmen" Körpergeruch werden deshalb häufig bereits von Anfang an als unsympathisch eingestuft, während Menschen, die gut riechen, als sympathisch empfunden werden. Die gesamte Industrie, die mit Pflegemitteln und Duftstoffen zu tun hat, hat sich auf dieses Phänomen eingestellt. Interessanterweise wird beim Kauf einer Hautcreme oftmals zuerst der Geruch und danach die Wirkung beurteilt.

Der Mensch kann ca. 10.000 verschiedene Stoffe und Stoffgemische unterscheiden. Da für die Benennung von Gerüchen kein eigenes, differenziertes Begriffssystem entwickelt wurde, ist es äußerst schwierig, zwischen unterschiedlichen Geruchsqualitäten zu unterscheiden. Sie werden deshalb gruppiert und ähnlichen Gruppen zugeordnet. In der Fachliteratur werden 7 Primärgerüche unterschieden, von denen sich die vielen anderen ableiten lassen: blumig, faulig, ätherisch, moschusartig, schweißig, kampferartig und stechig. Die meisten Gerüche entstehen aus Duftgemischen.

Der Geruchssinn zeigt, im Gegensatz zu den anderen Sinnen eine sehr hohe Anpassung (Adaption). Der Mensch gewöhnt sich an einen bestimmten Geruch und nimmt ihn bereits nach kurzer Zeit der Einwirkung nicht mehr oder stark abgeschwächt wahr. Dies erklärt beispielsweise, warum beim Betreten eines ungelüfteten Zimmers zuerst ein unangenehmer Geruch wahrgenommen wird, der nach einiger Zeit verschwindet.

Gerüche besitzen einen sehr hohen Wiedererkennungswert, da sie mit Erlebnissen und Erfahrungen in Verbindung gebracht werden. Zum Beispiel stellen sich Menschen beim Riechen von Sagrotan oder Formalin Bilder vor wie sterile Räume, Krankenhaus, Krankheit und Leiden. Lebkuchengewürz dagegen erinnert an die Weihnachtszeit und Oregano an Pizza und Urlaub. Dieser Effekt sollte in der Pflege berücksichtigt werden.

Bei wahrnehmungsgestörten Menschen können z.B. bekannte, vertraute Gerüche als Erinnerungsauslöser benutzt werden, um auf diese Art die Orientierung zu fördern. Aber auch bei allen anderen Menschen sind bei der Pflege Geruchsvorlieben zu beachten, z.B. durch Benutzen eigener Pflegemittel und Duftartikel.

Der Geruchssinn wird teilweise vom Geschmack überlagert, da Gerüche durch Diffusion über die Mundschleimhaut des Rachens zum Riechepithel gelangen können.

Geschmackssinn (gustatorische Wahrnehmung)

Beim Menschen begrenzen sich die Geschmacksempfindungen auf 4 verschiedene Geschmacksqualitäten: süß, sauer, bitter, salzig. Jede diese Geschmacksqualitäten wird durch bestimmte chemische Moleküle ausgelöst. Viele Geschmacksreize der Nahrung bewirken eine Mischempfindung. Eine Pampelmuse schmeckt z.B.: süß-sauer-bitter.

Die Wahrnehmungsrezeptoren für den Geschmack sind die Geschmacksknospen (Caliculi gustatori) der Zunge (s.a. Kap. 6, **Abb. 6.3**). Ihre Reize erreichen das Gehirn über 3 Nerven:

1. den Fazialisnerv (N. facialis),
2. den Zungen-Schlundnerv (N. glossopharyngeus) und
3. den Vagusnerv (N. vagus).

Der Geschmackssinn ist dem Geruchssinn sehr ähnlich. Beide Sinne haben u.a. die Aufgabe, chemische Stoffe zu überprüfen, bevor sie in den Körper gelangen.

Bei der Geschmackswahrnehmung gibt es unterschiedliche Wahrnehmungsschwellen. Bitter schmeckende Stoffe werden bereits bei sehr niedriger Konzentration wahrgenommen. Die Schwellen für Zucker, Salz und Säure liegen deutlich höher. Die hohe Empfindlichkeit gegenüber Bitterstoffen bildet eine Schutzwirkung, da diese oft giftig sind und in höherer Konzentration leicht Brech- und Würgereflexe auslösen.

Ähnlich wie beim Geruchssinn kommt es bei langandauernden Reizen zur Abnahme der Empfindungsstärke. Das bedeutet, dass sich auch der Geschmackssinn anpasst wie z.B. bei der Gewöhnung an bestimmte Gewürze.

Hautsinn

Die Haut grenzt den menschlichen Körper von seiner Umwelt ab. Berührungen der Haut sind für die meisten Menschen ein intensives Erlebnis. Als sinnliche Erfahrungen können sie beruhigend, entspannend, erotisch anregend aber auch unangenehm und abstoßend sein. Berührung ist eine Möglichkeit der Kontaktaufnahme. Bei der Pflege von schwer kranken Menschen kommt es immer wieder, z.B. während der Ganzkörperwaschung, bei Einreibungen und häufig auch anstelle von verbaler Kommunikation zu Hautberührungen.

Die Haut ist besonders empfindlich für mechanische Reize. Bereits das Bewegen eines Haares kann eine deutliche Empfindung auslösen. Verantwortlich für Empfindungen sind Rezeptoren unterschiedlicher Typen, die sich überall in der Haut befinden und auf Druck, Berührung, Vibration, Wärme, Kälte und Schmerz reagieren.

Diese Impulse werden über Nervenbahnen zum Rückenmark und von dort zur sensorischen Rinde im Großhirn geleitet. Die sensorische Rinde, auch hintere Zentralwindung (Gyrus postcentralis) genannt, empfängt alle Signale aus der Peripherie und einigen Organen. Der „sensorische Homunkulus“ skizziert landkartenartig die Zuordnung der einzelnen Körperteile bzw. -gebiete entlang der sensorischen Rinde (**Abb. 1.6**). Die einzelnen Körperregionen sind nicht gleichmäßig verteilt und demnach gibt es auch unterschiedliche Sensibiltitätsverteilungen.

Je größer das Areal eines Körperteils in der hinteren Hirnwindung präsentiert ist, desto stärker wird er von sensiblen Fasern versorgt. Überprüft wird die sensible Versorgung eines Körperteils mit einer Zwei-Punkt-Diskriminationsschwelle. Hierbei wird die Wahrnehmungsfähigkeit zweier unterschiedlicher Berührungspunkte eines Körperteils gemessen: Ein Zirkel sticht leicht gleichzeitig mit beiden Spitzen in die Haut. Je besser ein Hautareal sensibel versorgt ist, desto mehr Rezeptoren besitzt es und desto enger kann der Zirkel gestellt sein, damit die beiden Piekpunkte als 2 Reize wahrgenommen werden.

Die größte Sensibilität weisen Finger und Lippen auf. Hier werden bereits Abstände von weniger als 5 mm als 2 verschiedene Punkte unterschieden, während im Bereich der Waden ein Abstand bis zu 45 mm noch als eine Berührung empfunden wird.

Der Hautsinn betrifft die Oberfläche und wird demnach auch als Oberflächensensibilität bezeichnet im Gegensatz zu den Muskeln, Gelenken und Organen, die der Tiefensensibilität zugeordnet werden.

Entsprechend der unterschiedlichen Rezeptorentypen gibt es unterschiedliche Wahrnehmungsqualitäten, die zusammen ein System von Hautsinnen bilden. Daraus ergeben sich die folgenden Wahrnehmungen:

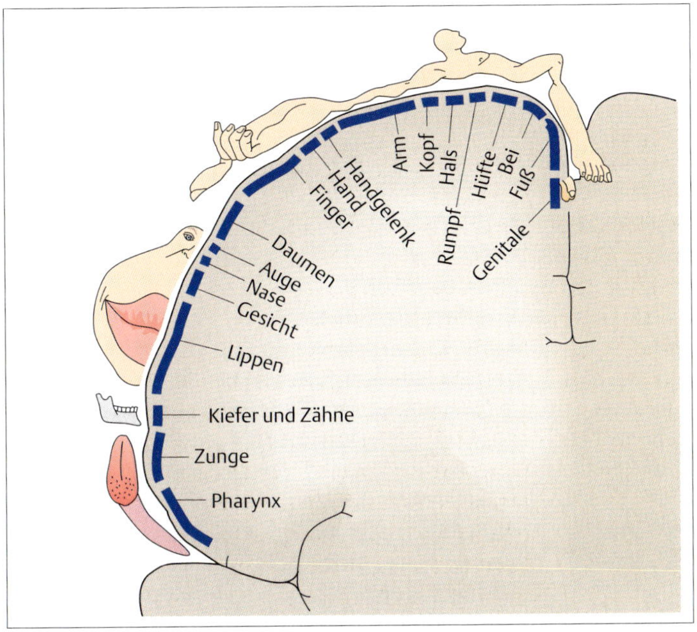

Abb. 1.6 Sensorische Rinde – sensorischer Homunkulus

- Haptisch-taktile Wahrnehmung,
- Temperaturwahrnehmung: Kälte- und Wärmesinn,
- Schmerzwahrnehmung.

Haptisch-taktile Wahrnehmung

Haptisch-taktil bedeutet greifbar, den Tastsinn betreffend.

Für das Tasten und Fühlen sind 4 verschiedene Mechanorezeptoren verantwortlich, die sich in den verschiedenen Hautschichten befinden und jeweils nach ihrem Entdecker benannt sind:

1. Die Merkel-Zellen reagieren auf mechanische Verformung der Haut und Druck.
2. Die Meissner-Körperchen sprechen hauptsächlich auf Druckveränderungen an. Sie sind besonders zahlreich an den Fingerspitzen, Hand- und Fußsohlen, Lippen und äußeren Genitalien vorhanden.
3. Ruffini-Kolben „antworten“ auf Druck- und Dehnungsreize und vermitteln z.B. Richtung und Stärke von Scherkräften zwischen Oberhaut und Unterhaut. Scherkräfte entstehen typischerweise bei bettlägerigen Menschen, wenn sie im Bett bei hochgestelltem Kopfteil in Richtung Fußende „rutschen“.
4. Vater-Pacini-Körperchen reagieren nur auf sich schnell ändernde Reize wie Vibrationen. Sie befinden sich in der Unterhaut, aber auch in Muskeln, Sehnen und Gelenken.

Haarwurzeln sind spiralförmig von Nervengeflechten umgeben, die durch Haarbewegungen mechanisch gereizt werden. Schwache Reizung führt zu einer Berührungsempfindung, während stärkere Reizungen die Vater-Pacini-Körperchen miterregen und somit Druck- und Vibrationswahrnehmungen auslösen.

Mit den Mechanorezeptoren ist der Mensch in der Lage, sich einen Teil der Umwelt zu ertasten. Die Wahrnehmung wird erst vollständig durch die bewusste Zuordnung und Interpretation. Die sensorische Wahrnehmungsleistung wird ausgedehnt und verglichen mit Informationen, die im Gedächtnis gespeichert sind. Ein im Dunkeln ertastetes Treppengeländer kann deshalb als solches erkannt werden.

Ein blinder Mensch, der nie zuvor Kontakt mit einer Schnabeltasse hatte, kann diese als Trinkgefäß durch Tasten allein nicht sofort einordnen. Dazu bedarf es erst einmal der Trinkerfahrung.

Olfaktorische, gustatorische und haptisch-taktile Wahrnehmung:

- Durch Geruchsstoffe erregte Reize werden über den Richnerv zum Hypothalamus und zu Nervenkernen des limbischen Systems geleitet. Dadurch erklärt sich die emotionale Bedeutung des Geruchs.
- Gerüche besitzen einen hohen Wiedererkennungswert, der Geruchssinn unterliegt einem starken Gewöhnungseffekt.
- Bei der Geschmackswahrnehmung gibt es unterschiedliche Wahrnehmungsschwellen.
- Die Haut ist besonders empfindlich für mechanische Reize. Nach unterschiedlichen Rezeptorentypen wird haptisch-taktile Wahrnehmung, Temperatur- und Schmerzwahrnehmung unterschieden.
- Die Wahrnehmung durch Mechanorezeptoren muss durch im Gedächtnis gespeicherte Informationen vervollständigt werden.

Temperaturwahrnehmung: Kälte- und Wärmesinn

In der Haut konnten bisher keine spezifischen Kälte- bzw. Wärmerezeptoren ausfindig gemacht werden. Es sind lediglich freie Nervenendigungen, die auf Kälte- oder Wärmereize zwischen 10 °C und 45 °C reagieren. Ober- und unterhalb dieser Temperaturwerte werden Schmerzrezeptoren stimuliert. Extreme Kälte-, aber auch extreme Wärmeeinwirkung lösen ähnliche Schmerzempfindungen aus und sind deshalb schlecht zu unterscheiden.

Wärme- und Kälterezeptoren sind in der Haut unterschiedlich verteilt und treten insbesondere im Mund- und Nasenbereich zahlreich auf. Die Hand besitzt zwar ebenfalls vermehrt Thermosensoren; die Temperaturwahrnehmung wird dort aber vom Tastsinn überlagert und eignet sich deshalb zur Überprüfung von Temperaturen weniger gut. Meist wird die Badewassertemperatur durch den Handrücken oder den Unterarm geprüft. Diese Art der Temperatureinschätzung kann mitunter gefährlich sein, da die Temperaturempfindung sehr wechselhaft ist und zudem schnell adaptiert.

Beeinflusst wird die Temperatur durch die Ausgangstemperatur der Haut und die Größe des Hautbezirks, auf den der Reiz einwirkt. Ein warmes Bad von 39 °C wird anfangs noch als heiß und nach ein paar Minuten als warm empfunden.

Der Temperaturbereich, in dem eine vollständige Adaption der Temperaturempfindung stattfindet, wird als die Zone der Indifferenztemperatur bezeichnet.

Oberhalb oder unterhalb dieser Temperatur kommt es zu dauernder Wärme- bzw. Kältempfindung; sie liegt zwischen 33 und 35 °C beim unbekleideten Menschen.

Schmerzwahrnehmung

Schmerzrezeptoren werden auch als Nozizeptoren bezeichnet und befinden sich überall in der Haut und in Körperorganen.

Ihre Erregungen sind lebensnotwendig, wenn auch unangenehm. Der Mensch würde sterben, würde er nicht durch Schmerz vor schädigenden Einflüssen wie z. B. Hitze, Kälte, Verletzungen usw. gewarnt. Die Schmerzrezeptoren nehmen ebenfalls Juck- und Kitzelreize auf. Ab einer gewissen Intensität können auch Mechanorezeptoren Schmerzempfindungen auslösen. Auch extreme Geräusche werden nicht mehr als laut oder sehr helle Lichtreize nicht mehr als hell, sondern als schmerzhaft wahrgenommen.

Die Schmerzrezeptoren bestehen wie die Thermorezeptoren aus freien Nervenendigungen und reagieren auf chemische Stoffe, die bei Gewebeschädigungen oder Störungen im Gewebestoffwechsel entstehen, wie z. B. das Histamin. Der Schmerz entsteht durch Ausschüttung von Neuropeptiden, besonders der Substanz P und Prostaglandin. Sie steigern die Empfindlichkeit der Nozizeptoren. Im Gehirn gibt es daneben Neuropeptide, die die Schmerzweiterleitung hemmen, wie z. B. das Endorphin oder das Serotonin. Diese Substanzen werden ausgeschüttet, damit lebensnotwendige Handlungen nicht auf Grund des Schmerzes unterbrochen werden, wie z. B. der Fluchtreflex oder das Wegziehen des Fußes beim Tritt auf eine Glasscherbe.

Die Schmerzwahrnehmung der Haut, Muskeln, Sehnen und Gelenke wird als somatischer Schmerz bezeichnet, der Schmerz in den Organen als viszeraler Schmerz (s. a. Kap. 24).

Wahrnehmung über Muskeln und Gelenke

In den Muskeln, Sehnen und Gelenken befinden sich Mechanorezeptoren, auch Propriozeptoren genannt, Thermorezeptoren und Schmerzrezeptoren. Sie werden der Tiefensensibilität zugeordnet, da sie im Gegensatz zur Haut Impulse aus tieferen Körperschichten übermitteln.

Zu den Mechanorezeptoren gehören die Muskelspindeln, die Golgi-Sehnenorgane und die Vater-Pacini-Körperchen.

Die zwischen den Muskelfasern liegenden Muskelspindeln werden bei jeder Dehnung gereizt und informieren das Gehirn über Ausmaß und Geschwindigkeit der Muskeldehnung. Die Golgi-Sehnenorgane befinden sich zwischen Muskeln und Sehnen, reagieren ebenfalls auf Dehnungsreize, verhindern allerdings durch einen speziellen Rückkopplungsmechanismus (Feed-back) die Überdehnung von betreffenden Muskeln und Sehnen.

Vater-Pacini-Körperchen nehmen mechanische Verformungen in den Gelenken wahr. Dadurch kann das Gehirn die jeweilige Gelenkstellung errechnen. Zusammen mit dem Gleichgewichtsorgan ist die Orientierung im Raum möglich und der Körper weiß, in welcher Stellung sich die jeweilige Extremität befindet.

Die Wahrnehmung über Muskeln, Sehnen und Gelenke wird auch als „verborgener sechster Sinn" bezeichnet, da mit ihm Bewegungen, Muskeltonus und Haltung der beweglichen Teile unseres Körpers ständig überwacht und den jeweiligen Umständen angepasst werden.

Nur durch diese Eigenwahrnehmung unseres Körpers ist es möglich, ihn als zu uns gehörig zu erleben.

Bewegungssinn (kinästhetische Wahrnehmung)

Die Bewegung stellt eine grundlegende Voraussetzung für sämtliche menschliche Funktionen und Interaktionen dar. Jede Augenbewegung, jede Reaktion des Körpers, jegliches Verhalten ist mit Bewegung verbunden.

Der Bewegungssinn ist die Fähigkeit zur Wahrnehmung von Richtung und Geschwindigkeit von Bewegung.

Eine Bewegung kommt zustande durch Bewegungsimpulse von der vorderen Zentralwindung (Gyrus präzentralis) zu den einzelnen Muskeln in der Peripherie. Für die meisten Bewegungen ist ein Zusammenspiel mehrerer Muskeln, sog. Muskelgruppen, erforderlich. Während ein neugeborenes Kind sich noch sehr unkoordiniert bewegt, entwickeln sich in den ersten Lebensjahren koordinierte, den Bedürfnissen angepasste Bewegungsmuster wie z.B. das aufrechte Gehen und Laufen und zielgerichtetes Greifen.

Im Laufe der Entwicklung werden je nach Bedarf und Übung komplexe Bewegungen erlernt wie z.B. Schreiben, Tanzen, Klavierspielen etc. Die Entwicklung eines Bewegungsmusters, d.h. wie viel und welche Muskeln wie lange und mit welcher Kraft und Ausdehnung an einem Bewegungsablauf beteiligt sind, ist individuell verschieden und von unterschiedlichen Faktoren abhängig.

Bewegungsabläufe laufen wie ein Programm ab und werden nicht als Einzelbewegungen, sondern als ganzheitlicher Ablauf wahrgenommen, z.B. das Laufen, Atmen, Schreiben usw. Ein Großteil der Motorik dient aber nicht der Bewegung, sondern der Haltung und Stellung des Körpers im Raum, was für den ungehinderten Bewegungsablauf unentbehrlich ist. Die aufrechte Haltung mit der relativ kleinen Standfläche der Füße ist nur möglich durch ständige Muskelveränderungen.

Neben physiologischen Bedingungen sind psychische Einflüsse nicht unerheblich an Bewegungsabläufen beteiligt. Unterschiede werden besonders an der Handschrift deutlich, die eine starke individuelle Ausprägung aufweist sowie am Gang, der sich durch psychische oder körperliche Erkrankungen verändert (s.a. Kap. 28).

Ohne Bewegung ist keine Bewegungswahrnehmung möglich.

Die Lehre von der Bewegungsempfindung/-wahrnehmung wird auch als Kinästhetik bezeichnet und leitet sich aus dem Wort Kinästhesie ab.

Kinästhetik ist aus verschiedenen Blickwinkeln untersucht und beschrieben worden, und es fließen wichtige Erkenntnisse aus der Verhaltenskybernetik, der humanistischen Psychologie und aus modernen Tanzformen ein.

Die Bewegungsempfindung unterliegt wie alle anderen Wahrnehmungen auch dem Wahrnehmungsprozess. Das Gehirn erhält Signale über Mechanorezeptoren der Tiefensensibilität aus Muskeln, Sehnen und Gelenken. Die Informationen aus den Propriozeptoren, denen des Gleichgewichtsorgans und der visuellen Wahrnehmung werden zusammen zu einer einzigen Empfindung gekoppelt und anderen Hirnzentren zur weiteren Verarbeitung zugeleitet, z. B. dem Bewusstsein.

Mit dem Bewegungssinn eng verbunden ist die Empfindung von Kraft. Der Kraftsinn lässt uns die erforderliche Muskelspannung abschätzen, die notwendig ist, einen Widerstand zu überwinden, z. B. das Tragen eines Gewichtes.

Damit Pflegende bewegungsgestörte Menschen mobilisieren können, ist die Wahrnehmung der eigenen Bewegungsabläufe wichtig.

Werden die eigenen Bewegungen und Bewegungsmuster erkannt, können sie sinnvoll und ökonomisch eingesetzt werden, ohne negative Folgen für den eigenen Bewegungsapparat, z. B. Rückenschmerzen. Zudem wird die Wahrnehmungsfähigkeit für gestörte Bewegungsabläufe behinderter Menschen sensibilisiert und somit positiv in den pflegerischen Beziehungsprozess eingegriffen.

F. Hatch und L. Maietta entwickelten ein kreatives Handlungskonzept für Pflegende, auf deren Grundlage Interaktionen mit Pflegebedürftigen durch individuelle, der Situation angepasste Bewegung möglich werden. Dieses Handlungskonzept ist bekannt als „Kinästhetik in der Pflege".

Die Anwendung kinästhetischer Prinzipien ermöglicht Pflegenden kräfteschonendes und rückenschonendes Arbeiten.

Temperaturwahrnehmung, Schmerzwahrnehmung und Bewegungssinn:

- Die Zone der Indifferenztemperatur liegt zwischen 33 und 35°.
- Temperaturempfindungen können sehr wechselhaft sein und schnell adaptieren.
- Schmerzrezeptoren sind lebensnotwendig, um den Körper vor schädigenden Einflüssen zu schützen.
- Die Mechanorezeptoren der Tiefensensibilität, Schmerz- und Thermorezeptoren in Muskeln, Sehnen und Gelenken ermöglichen die Eigenwahrnehmung des Körpers.
- Ein Großteil der Motorik dient der Haltung, nicht der Bewegung des Körpers.
- Die Wahrnehmung eigener Bewegungsabläufe ist bei der Mobilisation bewegungsgestörter Menschen wichtig.
- Die „Kinästhetik der Pflege" ermöglicht kräfteschonendes und rückenschonendes Arbeiten.

Wahrnehmung über innere Organe (viszerale Sensibilität)

Ähnlich wie die Haut, Skelettmuskeln, Sehnen und Gelenke enthalten auch die inneren Organe im Brust- und Bauchraum Rezeptoren, die Viszerozeptoren.

Die viszerale Sensibilität dient in erster Linie der Homöostase, d. h. dem Gleichgewicht der physiologischen Körperfunktionen.

Die über die Viszerozeptoren kommenden Informationen werden hauptsächlich über das vegetative Nervensystem geleitet und dazu genutzt, Abweichungen von Sollwerten des Körpers zu erkennen und Gegenmaßnahmen einzuleiten.

Ein niedriger Blutdruck wird durch Dehnungsrezeptoren in der Arterienwand „erkannt" und die Informationen werden zum Kreislaufzentrum (vasomotorisches Zentrum) des Gehirns geleitet. Das vasomotorische Zentrum aktiviert den N. sympathicus, der mit einer blutdruckregulierenden Gegensteuerung reagiert und das physiologische Gleichgewicht wieder herstellt.

Die Vorgänge der viszeralen Sensibiltät werden meist gar nicht oder nur zu einem geringen Teil bewusst wahrgenommen.

Folgende viszerale Organsysteme werden unterschieden:

- Sensoren des Herz-Kreislauf-Systems (kardiovaskuläres System),
- Sensoren des Lungensystems (pulmonales System),
- Sensoren des Magen-Darm-Systems (gastrointestinales System),
- Sensoren des Nierensystems (renales System).

Sensoren des Herz-Kreislauf-Systems

Die Herztätigkeit wird uns nur in extremen Situationen bewusst, z. B. bei körperlicher Anstrengung oder bei starker psychischer Anspannung, und zwar in Form von Herzklopfen. Das liegt zum einen an der Form-, Volumen- und Lageveränderung des Herzens im Laufe eines Herzzyklus, zum anderen an der Reizauslösung anderer Rezeptoren.

Mit der Herztätigkeit wird beispielsweise der Brustkorb mechanisch erschüttert und infolgedessen werden zahlreiche Mechanorezeptoren der Muskeln, Sehnen, Gelenke und Haut aus dem Brustkorb miterregt. Der Herzspitzenstoß kann an der linken Brustwand in Höhe des 5. Zwischenrippenraumes gefühlt und häufig auch gesehen werden, besonders bei Zunahme der Herztätigkeit.

Auch die Pulswelle löst Miterregungen zahlreicher Mechanorezeptoren in der Peripherie aus, besonders der Pacini-Körperchen (s. a. S. 15), sodass Pulswellen in extremen Situationen ebenfalls wahrgenommen werden können. Im Alltag werden uns die Erregungen nicht bewusst. Erst eine erhöhte Herztätigkeit und damit ein verbundener erhöhter Reizzustrom wird als Herzklopfen wahrgenommen.

Sensoren des Lungensystems

Die Atembewegungen werden vom Atemzentrum im verlängerten Mark des Gehirns gesteuert. Viszerozeptoren des Brust- und Bauchraumes sowie Mechanorezeptoren der Atemmuskulatur und des Zwerchfells melden den Dehnungszustand der Atemmuskulatur, Chemorezeptoren den Kohlendioxid- und Sauerstoffgehalt des Blutes. Das Atemzentrum reguliert entsprechend der Informationen die Impulse für die Ein- und Ausatmung. Die Atemtätigkeit ist uns, wie die Herztätigkeit, bei normaler Rhythmik nicht bewusst, es sei denn, die Aufmerksamkeit wird gezielt auf sie gelenkt. Eine willkürliche Beeinflussung des Atemablaufs ist begrenzt möglich.

Sinkender Sauerstoff- und steigender Kohlendioxidgehalt des Blutes wird von den Chemorezeptoren registriert und als Luftnot bzw. Lufthunger und Erstickungsgefühl wahrgenommen.

Nozizeptoren und Mechanorezeptoren in den Schleimhäuten der Atmenwege reagieren auf schädigende mechanische und chemische Reize, z. B. Fremdkörper in der Luftröhre oder giftige Gase, und lösen Hustenreflexe aus.

Sensoren des Magen-Darm-Traktes

Der Magen-Darm-Kanal gehört zur Körperoberfläche und ist mit Schleimhaut ausgekleidet. Mechanische, thermische und chemische Reize werden deshalb auch intensiver wahrgenommen, als in anderen inneren Organen.

Im gesamten Magen-Darm-Kanal befinden sich Mechanorezeptoren. Allerdings werden Berührungsreize nur am Anfang, nämlich im Mundbereich und am Ende, dem Analkanal wahrgenommen. Bei stärkerer Reizung, z. B. durch Aufblasen eines Ballons oder Füllen mit Luft, können jedoch Empfindungen im gesamten Magen-Darm-Kanal ausgelöst werden.

Der Dehnungszustand der Magenwände löst Hunger-, Sättigungs- oder Völlegefühl aus; eine Dehnung des Mastdarms verursacht Stuhldrang. Überdehnungen und Spasmen werden im gesamten Magen-Darm-Bereich als typische (Bauch-)Schmerzen empfunden. Warm- und Kaltempfinden ist lediglich in der Speiseröhre und im Analkanal möglich. Im Magen kann ein schmerzhaftes Brennen durch bestimmte Reize ausgelöst werden, z. B. durch Alkohol.

Die an der Verdauung beteiligten Organe Leber, Gallenblase und Bauchspeicheldrüse werden nur bei krankhaften Veränderungen wahrgenommen. Die Leber selbst ist schmerzunempfindlich, kann aber ein Druckgefühl hervorrufen infolge starker Vergrößerung und Verdrängung von in der Nähe befindlichem Gewebe. Die Bauchspeicheldrüsengang- und Gallengangmuskulatur enthält Mechano- und Nozizeptoren, die bei Überdehnung, z. B. durch Steine oder Entzündungen, schmerzhaft reagieren.

Sensoren des Nierensystems

Die Urinproduktion in den Nieren und der Transport durch das harnableitende System in die Harnblase lösen keinerlei Empfinden aus. Dehnungsrezeptoren in der Blasenwand informieren über den Füllungszustand. Ab einem Füllungszustand von 300 – 400 ml wird Harndrang ausgelöst. Allerdings kann die Wahrnehmungsschwelle teilweise willkürlich beeinflusst werden und ist vom Aufmerksamkeitsgrad abhängig. In extremen Fällen können sogar kleine Mengen bereits Harndrang auslösen oder erst sehr große Mengen.

Stauungen von Urin und Entzündungen lösen kolikartige Schmerzen aus, wie sie besonders häufig bei Nierensteinbildung entstehen. Blasenentzündungen können zu einem dauernden Harndrang führen.

Die Viszerozeptoren der inneren Organe dienen dem Gleichgewicht der physiologischen Körperfunktionen/Homöostase). Sie werden uns nur in Extremsituationen bewusst.

Die Wahrnehmung ist ein Vorgang, der über verschiedene Wege abläuft. Dies zeigt die folgende Übersicht:

Wahrnehmungswege

- Sehsinn,
- Hörsinn,
- Gleichgewichtssinn,
- Geruchssinn,
- Geschmackssinn,
- Hautsinn,
- Muskeln und Gelenke,
- Bewegungssinn,
- innere Organe.

1.2.3 Psychologische Grundlagen der Wahrnehmung

Der Wahrnehmungsprozess beginnt mit dem physiologischen Vorgang der Reizübermittlung zum verarbeitenden Zentrum im Gehirn. Aus den Reizinformationen entstehen subjektive Wahrnehmungserlebnisse mit entsprechenden Reaktionen. Da der Organismus nicht in der Lage ist, alle angebotenen Reize verarbeiten zu können, greifen neben physiologischen auch psychologische Einflüsse in den Wahrnehmungsprozess ein. Folgende Mechanismen werden eingesetzt:

- Selektion,
- Ergänzung,
- Organisation und Strukturierung,
- Interpretation.

Selektion

Auf der Ebene der Sinnesangebote besteht ein ständiges Überangebot an sensorischen Informationen. Die beteiligten Organe sind nicht in der Lage diese Reizflut zu bewältigen und zu verarbeiten. Die Folge ist, dass nicht alles bewusst wahrgenommen werden kann.

Es ist notwendig, dass einige Informationen ausgeblendet werden zugunsten anderer bewusster Wahrnehmungsinhalte. Bei diesem Vorgang der Reduktion und Auswahl der Informationen setzen wir gezielt unsere Aufmerksamkeit ein und orientieren uns an entsprechenden Notwendigkeiten oder Interessen. Das Gehirn kann über das Großhirn zu einem Teil mitbestimmen, wie viel Reize es zulässt.

Selektion bedeutet, dass bestimmte Reize gezielt ausgeblendet werden, um andere Wahrnehmungsinhalte bewusst wahrnehmen zu können. Für unseren Alltag bedeutet die Selektion, dass wir nur das wahrnehmen, was wir wahrnehmen wollen.

Pflegekräfte, die auf einer dermatologischen Station arbeiten, werden verstärkt Hautveränderungen bei Menschen wahrnehmen. Sind sie hingegen in der Psychiatrie eingesetzt, ist die Wahrnehmung besonders hinsichtlich Haltung, Gang, Mimik, Sprache und Verhalten sensibilisiert.

Ergänzung

Der Wahrnehmende fügt seiner tatsächlichen Wahrnehmung neue Informationen hinzu. Dies geschieht, weil ihm die tatsächliche Wahrnehmung zu wenig Informationen liefert, und das Wahrgenomme als unvollständiges oder lückenhaftes Element erlebt wird. Diese Lücken werden durch zusätzliche Informationen nach dem Prinzip des Vertrautseins ergänzt. Die Informationen stammen aus vertrauten Bildern und Vorstellungen.

Zum Beispiel, wenn zur Einschätzung einer Person die Merkmale „Übergewicht“ und „langsam“ nicht ausreichen, sie aber eingeschätzt werden soll, werden u.a. die Eigenschaften „gemütlich“ und „geduldig“ ergänzt, um den Menschen ganzheitlicher erleben zu können. Die ergänzenden Eigenschaften „gemütlich“ und „geduldig“ stellen Rückschlüsse dar, die nicht stimmen müssen.

Organisation und Strukturierung

Die einzeln aufgenommenen Informationen werden organisiert und strukturiert, damit sie als zusammengehörig wahrgenommen werden können. Der Wahrnehmende strebt ein einheitliches Bild an.

Der Reiz „rot“ kennzeichnet noch kein Blut. Erst das Verarbeiten der einzelnen Reize Farbe, Konsistenz, Menge, Hintergrund, Lokalisation, usw. sowie Synthese der Einzelinformationen ermöglicht die Wahrnehmung einer Blutung. Die Bedeutung Lebensgefahr ist an die Interpretation gebunden (s.u.).

Interpretation

Die strukturierten Informationen werden an verschiedene Instanzen weitergeleitet und erkannt. Das Erkennen eines Gegenstandes erfordert nicht nur das Sehen oder Fühlen, sondern auch eine Vielzahl von Verknüpfungen im Gehirn, damit die Bedeutung klar wird.

Das Sehen einer pulsierenden Blutung am Unfallort allein bedeutet noch keine Gefahrenerkennung, sondern erst die Verknüpfung mit dem Bewusstsein und das Wissen der Folgen, die eine pulsierende (arterielle) Blutung nach sich ziehen kann. Hierbei spielt die Erfahrung, das Wissen und das Gedächtnis bzw. Erinnern eine große Rolle. So bedeutet beispielsweise auch das Sehen einer Kanüle noch keine Schmerzauslösung. Erst die Verknüpfung mit der Erinnerung an eine schmerzhafte Injektion löst Reaktionen aus wie z. B. Angst.

Selektion, Ergänzung, Organisation und Strukturierung sowie Interpretation sind psychologische Vorgänge des Wahrnehmungsprozesses.

Psychologische Grundlagen der Wahrnehmung:

- Neben physiologischen greifen auch psychologische Einflüsse in den Wahrnehmungsprozess ein, da der Organismus nicht in der Lage ist, alle angebotenen Reize verarbeiten zu können.
- Psychologische Einflüsse auf den Wahrnehmungsprozess: Selektion, Ergänzung, Organisation und Strukturierung, Interpretation.

1.3 Beeinflussende Faktoren bei der Wahrnehmung

Die Wahrnehmung kann sowohl physisch als auch psychologisch mehr oder weniger stark beeinflusst werden. Auf der einen Seite setzt der menschliche Körper den Sinnesorganen Grenzen, innerhalb derer Reize aufgenommen und weitergeleitet werden können. Auf der anderen Seite gelingt es dem Gehirn bei der Reizverarbeitung nicht, ein ganz genaues Abbild entsprechend den aufgenommenen Reizen zu reproduzieren. Es entstehen lediglich ähnliche Abbilder, die zudem mehr oder weniger stark von der wahrnehmenden Person samt ihrer Befindlichkeit beeinflusst werden.

1.3.1 Physische Einflussfaktoren

Den physischen Einflussfaktoren der Wahrnehmung liegen physiologische oder pathologische Ursachen zugrunde.

Physiologisch-physische Einflussfaktoren

Reize werden über die Sinneszellen in physiologische Erregungen umgewandelt und durch die Nerven weitergeleitet. Die Wahrnehmung ist an gesunde Sinnesorgane, das gut funktionierende periphere und zentrale Nervensystem gebunden. Da aber die Sinnesorgane ein begrenztes Fassungsvermögen haben, können nicht alle Reize übermittelt werden. Der Sehnerv kann z. B. nicht mehr als 30 – 50 Reize pro Sekunde weiterleiten. Sämtliche Informationen werden vom Sinnesorgan in einen sog. sensorischen Speicher für ca. 10 Sekunden „zwischengeleitet". Werden diese Reize nicht weiter verarbeitet, gehen sie verloren.

Daneben ist das Gehirn in der Lage, viele Reize zu gruppieren und zu einer Ganzheit zusammenzusetzen. Das erfordert Übung für das verarbeitende Sinnesorgan. Zunächst werden Wörter aus einzelnen Buchstaben zusammengesetzt. Nach mehrmaligem Wiederholen können die (gleichen) Wörter gelesen werden, ohne dass man darüber nachzudenken braucht, aus welchen Buchstaben sie bestehen, obwohl die Anzahl der Reize gleich groß geblieben ist wie beim ersten Lesen.

Während die oben beschriebenen Grenzen der Wahrnehmung angeboren sind, verändern sie sich im Alter durch den Alterungsprozess, wovon sämtliche Körperorgane betroffen sind.

Durch Müdigkeit ist die gesamte Sinneswahrnehmung herabgesetzt wie auch durch den Einfluss von Medikamenten, vor allem Schlaf-, Beruhigungsmittel und Neuroleptika. Besonders spürbar ist die Beeinflussung der Reizverarbeitung durch Drogen- und Alkoholkonsum.

Zu den allgemeinen physiologischen Einflussfaktoren auf die Wahrnehmung gehören:

- Gewöhnungseffekt,
- Entfaltung der Sinne,
- Wahrnehmungsschwelle,
- Verschmelzung,
- Assimilation,
- Kontrastierung.

Gewöhnungseffekt

Beim Betreten eines Raumes kann man sofort den Parfumduft oder Zigarettenqualm riechen. Nach einiger Zeit des Aufenthaltes wird der Unterschied weniger oder je nach Reizstärke gar nicht mehr wahrgenommen. Den gleichen Effekt gibt es auch beim Eintreten in ein ungelüftetes Zimmer. Anfangs riecht die „verbrauchte" Luft noch muffig, später kaum noch. Die Nase „gewöhnt" sich regelrecht an den Geruch.

Bei der Geräuschwahrnehmung ist es ähnlich. Menschen, die in der Nähe eines Flughafens wohnen, nehmen nach einer bestimmten Zeit die Geräusche beim An- und Abflug kaum noch wahr. Das Ohr hat sich an die Geräuschkulisse „gewöhnt".

Auch die Augen passen sich unterschiedlicher Lichtstärke an. Weil das Auge für die Anpassungsvorgänge Zeit benötigt, sollte der Übergang von einer hellen zu einer dunklen Umgebung oder umgekehrt schrittweise erfolgen. Die normale Zimmerbeleuchtung kann, wenn sie aus der Dunkelheit heraus eingeschaltet wird, als sehr grell und für die Augen schmerzhaft empfunden werden. Wird die Lichtintensität nach und nach erhöht, ist es für das Auge angenehmer. Beim morgendlichen Wecken sollte deshalb nicht gleich die helle Deckenbeleuchtung eingeschaltet werden, sondern zunächst eine kleinere Lichtquelle wie z. B. die Leselampe.

Der Gewöhnungseffekt wird auch als Adaption bezeichnet und ist von den Eigenschaften der Sensoren eines Sinnesorgans abhängig. Mit Ausnahme des Schmerzes kann eine Adaption bei allen Sinnesorganen beobachtet werden, wobei das Ausmaß und der Zeitfaktor bei der Eingewöhnung unterschiedlich ausfallen.

Manche Sinne adaptieren rasch, wie z. B. die Tastempfindung der Haut, manche langsamer wie z. B. das Ohr. Nach Beendigung des Reizes kommt es zum Wiederanstieg der Empfindlichkeit, auch als Deadaption bezeichnet.

Entfaltung der Sinne

Genauso wie sich Sinne an bestimmte Reize „gewöhnen" können, ist eine Entfaltung bestimmter Sinne möglich.

Beispielsweise entwickelt ein Blinder seinen Gehör- und Tastsinn besonders weiter. Ein Blinder „sieht" mit seinen Ohren und Händen. Umgekehrt entwickelt ein gehörloser Mensch verstärkt seinen visuellen Sinn. Er „hört" mit den Augen.

Die Hirnzellen brauchen offensichtlich eine Aufgabe. Fällt ein Wahrnehmungsbereich im Gehirn aus, bilden sich unter den Nervenzellen, je nach Anforderung, neue Verknüpfungen mit einem neuen Informationsfluss. Untersuchungen haben ergeben, dass auf diese Art z. B. Hirnzellen im Sehzentrum bei Blindheit keineswegs verkümmern, sondern Höreindrücke verarbeiten. Wenn Blinde zuhören oder auch mit ihren Fingern die Blindenschrift ertasten, ist ihre Sehrinde aktiv.

Wahrnehmungsschwelle

Die Leistungen der Sinnesorgane weisen Grenzen in ihrer Empfindlichkeit auf. Das menschliche Auge z. B. sieht Lichtwellenlängen, die zwischen 380 und 750 Nanometer liegen. Das menschliche Ohr hört Töne, die zwischen 20 und 17 000 Hertz liegen. Besonders empfindlich ist das Ohr im Bereich zwischen 3000 und 4000 Hertz. In diesem Bereich liegt auch die menschliche Stimme. Die Temperaturrezeptoren reagieren auf Reize, die zwischen 10 und 45 °C liegen.

Die Wahrnehmungsschwelle wird beeinflusst durch das Verhältnis von Reizstärke zum Ausgangsreiz. Ist der Ausgangsreiz niedrig, wird der hinzukommende Reiz stärker wahrgenommen und umgekehrt. Deutlich wird dies am Beispiel einer Party-Geräuschkulisse. Kommt bei ca. 20 miteinander sprechenden Menschen nun ein Gesprächspaar hinzu, wird der zusätzliche Hörreiz kaum wahrgenommen im Gegensatz zu einem leeren Raum, in dem eine Unterhaltung zweier Menschen deutlich lauter wirkt.

In der Nacht ist die Geräuschkulisse insgesamt herabgesetzt. Eine Nachtwache kann deshalb z. B. Atemgeräusche, akustische Warnsignale von Infusomaten usw. viel intensiver wahrnehmen, als Pflegekräfte im Tagdienst.

Verschmelzung

Viele Reize hintereinander werden nicht einzeln wahrgenommen, sondern verschmelzen zu einer Ganzheit (s. o.). Auf diese Art können Verfälschungen entstehen, da einzelne Reize überdeckt werden oder eine neue „Ganzheit" entsteht.

Z. B. überdeckt Parfum auf der Haut die körpereigenen Duftstoffe; die einzelnen Düfte können nicht mehr differenziert werden. Gleichzeitig vermischen sich aber die Duftstoffe und es entsteht ein neuer Geruch.
Ein weiteres Beispiel stellen die Einzelbilder eines Filmes dar. Das Auge kann die einzelnen Bilder nicht mehr wahrnehmen, sondern nur noch mehrere Einzelbilder als Ganzes und durch die leichten Veränderungen in der Bildfolge als Bewegung. Der Verschmelzungseffekt wird z. B. in der Kinderkrankenpflege bei der Medikamentengabe benutzt, wo bittere Tropfen auf Zucker geträufelt werden und somit der Gesamtgeschmack süß wird.

Assimilation

Assimilation bedeutet Angleichung bzw. Anpassung, auf die physiologische Wahrnehmung bezogen die Angleichung von Reizen.

Trifft auf das Auge beispielsweise ein Reiz, der aus verschiedenen Schattierungen einer Farbe besteht, gleicht das Auge an, es macht die Schattierungen ähnlich, mit dem Ergebnis, dass einzelne Farbschattierungen übersehen werden und eine einzige Farbe wahrgenommen wird.

Assimilation findet ebenso in psychologischen Bereichen bzw. in der Lerntheorie statt. Hier werden neue Situationen mit bekannten verglichen und angeglichen.

Auf diese Art werden beispielsweise Einzelheiten eines Gerüchtes mit eigenen Vorurteilen verglichen und entsprechend modifiziert, bevor es weiterverbreitet wird.

Kontrastierung

Die Kontrastierung ist das Gegenteil von der Assimilation. Das Auge verstärkt Farbunterschiede vor einem hellen oder dunklen Hintergrund, was als Kontrast bezeichnet. In **Abb. 1.7** kann man entweder 2 Gesichter in gelb vor einem blauen Hintergrund oder einen blauen Pokal vor einem gelben Hintergrund erkennen. Die Wahrnehmung kippt und wir können immer nur eine Figur erkennen, nicht beide gleichzeitig.

Abb. 1.7 Wahrnehmungstäuschung: Vase oder Gesichter?

Spezielle pathologisch-physische Einflussfaktoren

Viele körperliche Erkrankungen greifen beeinflussend in den Wahrnehmungsprozess ein. Neben speziellen Erkrankungen des Nervensystems sind es vor allem Begleitsymptome allgemeiner Erkrankungen, die die Sensibilität verändern wie z. B. fieberhafte Infekte, Brechdurchfälle mit Exsikkose, Stoffwechselentgleisungen, Verletzungen der Haut usw.

Eine Besonderheit der Wahrnehmungsveränderungen stellen die Synästhesien dar. Ungeregelte Querverbindungen im Gehirn sind dafür verantwortlich, dass Sinnesreize Hirnzentren erreichen, die für diese Sinnesreize im eigentlichen Sinne nicht zuständig sind.

Zum Beispiel gelangen auf diese Art Sehreize zum Geruchs- oder Hörzentrum oder umgekehrt. Unter physiologischen Bedingungen kennen viele die Bildung einer Gänsehaut bei Quietschgeräuschen oder beim Hören einer besonders schönen Melodie.

Bei den Synästhesien bleibt es nicht bei einmaligen Erlebnissen. Betroffene hören oder riechen Farben, andere wieder fühlen Geräusche. Ähnliche Wahrnehmungsveränderungen können durch Einnahme von Drogen, z. B. LSD, entstehen.

Die Einschränkung einer Wahrnehmung bzw. eines Wahrnehmungskanals zieht häufig komplexe Veränderungen anderer Wahrnehmungen nach sich.

Ist beispielsweise eines der beiden Innenohren erkrankt, kommt es häufig zu einer Mitbeteiligung des Gleichgewichtsorgans. Das bedeutet, dass nicht nur der Höreindruck vermindert ist, sondern möglicherweise auch Schwindel und eine veränderte Raumwahrnehmung entsteht.

Sämtliche Sinnesorgane können pathologischen Einflussfakoren unterliegen.

Sehsinn

Störungen des Sehsinns sind sehr vielfältig. Sehr häufig verbreitet sind die Kurz- und Weitsichtigkeit, die durch spezielle Brillengläser bzw. Kontaktlinsen korrigiert werden können.

Die Kurzsichtigkeit wird als Myopie, die Weitsichtigkeit als Hyperopie bezeichnet.

Im Alter verändert sich die Linse, sie wird unelastisch, mit verminderter Anpassungsfähigkeit besonders für das Nahsehen. Die Folge ist die Alterssichtigkeit, auch Presbyopie genannt, und bedeutet, dass eine Lesebrille erforderlich wird.

Eine Beeinträchtigung des Farbensehens ist besonders bei Männern sehr verbreitet. Oft besteht eine Rot-Grün- oder Blau-Gelb-Verwechslung. Eine völlige Farbenblindheit ist selten und lässt die Welt wie einen Schwarz-Weiß-Film wahrnehmen.

Lähmungen der Augenmuskeln führen zu Doppelbildern und das räumliche Sehen wird unmöglich. Die Menschen greifen häufig neben Gegenstände, z. B. das Wasserglas oder verhalten sich scheinbar im Umgang mit ihnen ungeschickt, indem sie sie umwerfen.

Eine Einschränkung des Gesichtsfeldes kann durch einen Schlaganfall, Gehirntumor oder eine Hirnblutung entstehen. Das Auge kann zwar in diesem Fall die Lichtimpulse empfangen, aber die Weiterleitung ist z. B. durch Druck auf den Sehnerv bzw. die Sehnervenkreuzung oder beide Sehnerven behindert. Je nachdem, an welcher Stelle die Weiterleitung gestört ist, ist der Seheindruck tunnelförmig oder in der Mitte wie durch einen Balken unterbrochen.

Ein rechtsseitiger bzw. linksseitiger Ausfall des Gesichtsfeldes wird als Hemianopsie bezeichnet.

Blindheit entsteht durch Funktionsausfall des Auges oder des Sehzentrums. Bei den Augenerkrankungen sind meist Hornhaut-, Netzhauterkrankungen oder das Glaukom für Blindheit, auch Amaurosis genannt, verantwortlich. Ist die Ursache der Blindheit eine krankhafte Veränderung des Sehzentrums, können optische Eindrücke nicht verarbeitet und erkannt werden. Diese Form der Blindheit wird als Seelenblindheit oder visuelle Agnosie bezeichnet.

Je nach Ausmaß einer der oben genannten Sehstörungen kann die Orientierung hinsichtlich Lage, Raum und Bewegung mitbeeinträchtigt sein und einen Einfluss auf die Lebensqualität haben. Es ist deshalb wichtig, den Betroffenen angemessene Hilfen anzubieten und Sicherheit zu vermitteln, damit Orientierung und Kommunikation möglich sind, sowie Ressourcen, z. B. körperliche Mobilität, wirksam werden können.

Hörsinn

Es gibt viele Ursachen, die zu Hörstörungen führen können. Sie reichen von leichter Schwerhörigkeit bis zur völligen Taubheit. Im Bereich des Ohres sind in erster Linie Schallleitungsstörungen und Schallverarbeitungsstörungen für Hörbeeinträchtigungen verantwortlich. Schallleitungsstörungen entstehen durch Trommelfellschäden oder Mittelohrentzündungen. Auch Veränderungen der Gehörknöchelchen verhindern eine Schallverstärkung im Mittelohr. Die durch Schallleitungsstörungen ausgelöste Schwerhörigkeit kann durch ein Hörgerät, das den Schall verstärkt, ausgeglichen werden.

Dagegen entstehen Schallverarbeitungsstörungen durch Schädigung der Hörsinneszellen im Hörorgan, z. B. infolge chronischer Lärmbelästigung oder gestörter Innenohrdurchblutung (Hörsturz). Im Alter führen meist degenerative Veränderungen der Sinneszellen zur eingeschränkten Hörempfindung, besonders der der hohen Frequenzen. Die Schallverarbeitungsstörungen und die Verständigung werden weder durch Hörgeräte noch durch die Erhöhung der Sprechlautstärke verbessert. Stattdessen sollte eine Unterhaltung in normaler Lautstärke möglichst modulationsarm und unterstützt durch Blickkontakt mit dem Betroffenen erfolgen.

Eine dritte Ursache für eine beeinträchtigte Hörwahrnehmung liegt in der gestörten Verarbeitung der Hörreize im Hörzentrum. Die akustischen Reize können zwar vom (intakten) Hörorgan aufgenommen und weitergeleitet, allerdings vom Hörzentrum nicht zu einem Hörerlebnis, z.B. zu einer Melodie, zusammengefügt werden.

Diese Art der Taubheit wird als Seelentaubheit oder auditive Agnosie bezeichnet.

Tinnitus sind Geräusche in Form von Klingeln, Sausen, Brummen, Pfeifen oder immer wiederkehrenden Melodien. Sie können dauerhaft auftreten oder nur in bestimmten Situationen, z.B. bei Stress. Die Ursache ist nicht geklärt, allerdings werden Störungen des Hörnervs, Stress und Lärm als Risikofaktoren für die Entstehung in Betracht gezogen. Für den Betroffenen sind ständige Hörgeräusche sehr quälend.

Die Taubheit ist die Unfähigkeit, akustische Signale wahrzunehmen. Sie kann angeboren oder erworben sein. Die Unterscheidung ist für die Sprachentwicklung von Bedeutung. Bei einer angeborenen oder frühkindlichen Taubheit ist auch die Sprachentwicklung gestört. Hieraus kann eine Taubstummheit resultieren.

Gleichgewichtssinn

Das Gleichgewichtsorgan reagiert empfindlich auf bestimmte Reize. Z.B. lösen thermische Reize in Form von warmem oder kaltem Wasser im Gehörgang rotatorische Augenbewegungen aus, die auch als Nystagmus bezeichnet werden. Beim Tauchvorgang kann durch Druck auf das Innenohr und Gleichgewichtsorgan ein Verlust der Raum- und Richtungsorientierung entstehen.

Innenohr und Gleichgewichtsorgan sind räumlich und nerval eng miteinander verbunden, wodurch es nicht selten bei Störungen des einen Organs zu Mitbeteiligung des anderen Organs kommt. Ein Labyrinthausfall im Innenohr, z.B. nach einem Hörsturz, führt nicht nur zu einer Hörbeeinträchtigung, sondern auch zu einem Drehschwindel mit Fallneigung.

Da das Gleichgewichtsorgan stark vom vegetativen Nervensystem beeinflusst wird, sind Störungen häufig von Übelkeit, Erbrechen und Schweißausbrüchen begleitet.

Bewegungskrankheiten, auch Kinetosen genannt, entstehen durch ungewohnt starke Erregung des Gleichgewichtsorgans, z.B. durch ein schwankendes Schiff. Verstärkt wird dieses Missempfinden durch einen widersprüchlichen visuellen Eindruck: Das Auge vermittelt dem Gehirn einen schrägen Seheindruck im Gegensatz zu den Propriozeptoren der Muskeln und Gelenke, die eine aufrechte Körperhaltung registrieren und weiterleiten. Der Körper reagiert mit Schwindel und oben genannter vegetativer Symptomatik, was je nach Vorkommen als Seekrankheit, Flugkrankheit oder Autokrankheit bezeichnet wird.

Der Gleichgewichtssinn ist eng verbunden mit der Körper- und Bewegungswahrnehmung; sie beeinflussen sich gegenseitig. Das bedeutet, dass Bewegungseinschränkungen Gleichgewichtsstörungen auslösen können, z.B. bei einer Querschnittlähmung. Umgekehrt führen Störungen des Gleichgewichtsorgans je nach Ausprägung zu Bewegungseinschränkungen bis hin zur Unfähigkeit, koordinierte Bewegungen auszuführen.

Das Gleichgewichtsempfinden kann auch bei Menschen, die längere Zeit gelegen haben, verändert sein. Sie sollten deshalb, und wegen einer möglichen Kreislauflabilität, schrittweise mobilisiert werden, damit sie ihr Gleichgewicht wiederherstellen können.

Auch gelähmte Menschen, die ganze Muskelgruppen nicht mehr für ihren Lageausgleich benutzen können, müssen ihr Gleichgewicht ganz neu organisieren und erlernen. Erschwerend ist hierbei, dass möglicherweise wichtige Informationen aus der Tiefensensibilität der Muskeln und Gelenke durch die Lähmung nicht mehr zur Verfügung stehen und der motorische Feed-Back-Mechanismus zusammenbricht. Das führt zu einem völlig veränderten Körpergefühl bis hin zur Verleugnung der gelähmten Körperteile und Störungen des Gleichgewichtes, wie z.B. bei der Hemiplegie.

Geruchssinn

Der Geruchssinn kann durch meist harmlose Erkältungskrankheiten mit Schnupfen beeinträchtigt sein. Sehr häufig ist die Riechfähigkeit durch chronisch allergische Rhinitiden herabgesetzt. Auch Hirnverletzungen und -erkrankungen oder Komplikationen nach HNO-Operationen können den Geruchssinn verändern.

Eine herabgesetzte Geruchsempfindlichkeit wird als Hyposmie bezeichnet, ein Fehlen des Geruchssinns als Anosmie. Parosmien sind geruchliche Fehlwahrnehmungen, d.h. Gerüche werden wahrgenommen, ohne dass Geruchsstoffe vorhanden sind.

Geschmackssinn

Störungen des Geschmackssinns führen zum Funktionsausfall, nämlich der Nahrungsprüfung auf evtl. unverdauliche oder giftige Stoffe. Es gibt Wirkstoffe, die den Geschmack vorübergehend ausschalten, wie z. B. das Kokain. In Zeiten hormoneller Veränderung, wie z. B. in der Schwangerschaft, kann es ebenfalls zu Geschmacksveränderungen kommen. Hauptsächlich entstehen sie jedoch durch Tumore oder über eine Durchtrennung der Geschmacksnerven im Rahmen einer Mandel- oder Ohroperation. Verschiedene Hirnerkrankungen können ebenfalls zu Geschmacksausfällen führen.

Eine herabgesetzte Geschmacksempfindung wird als Hypogeusie, keine Geschmacksempfindung als Ageusie bezeichnet.

Eine Dysgeusie ist eine unangenehme Geschmackswahrnehmung und kann auch bedeuten, dass der Geschmack nicht dem Reiz entspricht. Sie tritt am häufigsten bei Karzinomen auf.

Geschmacksstörungen wirken sich auf die Nahrungsauswahl aus und beeinflussen den Ernährungs- und Allgemeinzustand.

Hautsinn

Störungen der Hautsensibilität umfassen die Bereiche haptisch-taktile Wahrnehmung, Temperatur- und Schmerzwahrnehmung. Viele Erkrankungen bzw. Verletzungen der Haut, des peripheren und zentralen Nervensystems sind mit Veränderungen in allen 3 Bereichen verbunden. Die Wahrnehmungsbeeinträchtigung ist dabei abhängig vom Erkrankungsausmaß bzw. der Verletzungstiefe. Die Sensibilitätsprüfung der Haut nach Verletzung durch Verbrennung gibt beispielsweise Aufschluss über die Schädigungstiefe.

Durchblutungsstörungen der Haut, z. B. durch Gefäßveränderungen oder Kälte, führen zu Missempfindungen und Schmerzen sowie Taubheitsgefühlen bis hin zur Gefühllosigkeit.

Veränderte Hauttemperaturempfindungen entstehen durch Schädigungen der Thermorezeptoren oder der die Temperatur leitenden Nervenbahnen. Meist ist der Schmerzsinn (Nozizeption) mitbetroffen, da die schmerzleitenden Nervenbahnen der Haut über den gleichen Weg Richtung Zentrum ziehen.

Bei der Schmerzüberempfindlichkeit ist die Sensibilität der Nozizeptoren gesteigert, wie z. B. bei Entzündungsprozessen, und wird als Hyperalgesie bezeichnet, eine verringerte Empfindlichkeit als Hypoalgesie. Eine Analgesie ist das völlige Fehlen von Schmerz und kann sowohl krankhaft als auch medikamentös, durch Analgetika, verursacht sein.

Einer angeborenen völligen Schmerzunempfindlichkeit liegt ein Defekt innerhalb des Nervensystems zugrunde. Betroffene Menschen nehmen gewebeschädigende Reize nicht wahr. Die Folge sind zahlreiche Schäden und Verstümmelungen, die bereits in der Kindheit entstehen, oder ernsthafte innere Erkrankungen, die nicht frühzeitig erkannt werden, weil das Alarmsystem „Schmerz" nicht funktioniert und zum frühen Tod führt.

Störungen der Hautsensibilität beeinflussen den Menschen ganzheitlich und greifen besonders in die Körperorientierung, die Kommunikation, das Warn- und Schutzsystem vor schädigenden Substanzen ein.

Muskel- und Gelenksinn

Sind Muskeln, Sehnen und Gelenke sowie deren leitende Nervenfasern krankhaft verändert, z. B. durch Entzündungen, Verletzungen oder Lähmungen, sind die Mechanorezeptoren meist mitbetroffen und somit auch der Informationsfluss zum verarbeitenden Gehirn mit Auswirkung auf eine veränderte Körperhaltung und einen veränderten Bewegungsablauf. Menschen mit schmerzhaften Muskeln, Sehnen oder Gelenken nehmen typische Schonhaltungen ein. Unter Stressbedingungen erhöht sich der Muskeltonus bis hin zu einem schmerzhaften Spannungsgefühl.

Zentrale Störungen, z. B. die Halbseitenlähmung infolge eines Schlaganfalls, führen zu einer komplexen Orientierungsstörung des eigenen Körpers. Da sensorische Hirnanteile krankhaft verändert oder zerstört sind, können Impulse aus der Peripherie, z. B. aus den Beinen oder den Armen, nicht mehr verarbeitet werden, auch wenn die aufnehmenden Sinneszellen intakt sind. Die Betroffenen haben Schwierigkeiten, die Begriffe oben und unten sowie rechts und links am Körper zu empfinden oder aber ihre Körperachse „verschiebt" sich zur nicht gelähmten Seite und sie versuchen infolge ihrer „verschobenen" Wahrnehmung ihr Gleichgewicht in Richtung zur gelähmten Seite hin zu korrigieren.

Bei Verlust der Eigenwahrnehmung haben Betroffene das Gefühl, Teile ihres Körpers gehören nicht mehr zu ihnen. Die Ursachen liegen hauptsächlich in krankhaft veränderten Propriozeptoren sowie dem propriozeptiven System (leitenden Nervenbahnen, verarbeitendes Zentrum).

Bewegungssinn

Sowohl periphere Störungen der Muskeln, Sehnen und Gelenke als auch deren verarbeitende Reize im Gehirn haben einen unmittelbaren Einfluss auf die Bewegung und den Bewegungssinn.

Da das Bewegungsprogramm teilweise unbewusst abläuft, besonders sog. Mitbewegungen wie beispielsweise das Pendeln der Arme beim Gehen oder die Gestik und Mimik beim Sprechen, werden in erster Linie Bewegungsausfälle oder gestörte Bewegungsabläufe wahrgenommen, wie z. B. beim Morbus Parkinson. Treten bei Bewegungen Schmerzen auf, werden sie unterlassen bzw. notwendige Bewegungen schmerzvermindert ausgeführt. Psychische Erlebnisse wirken sich sowohl steigernd als auch mindernd auf die Motorik und ihre Wahrnehmung aus. Depressive Menschen erleben Bewegungen häufig als schwer und bleiern. Das Gefühl kann sich bis zur Lähmungsempfindung steigern.

Krankhafte Störungen im Gehirn und Rückenmark beeinflussen die Sensorik, d. h. die Information von Bewegung wird auf dem Weg zum Gehirn verändert und als verfremdet wahrgenommen, z. B. „wie auf Watte laufen" oder „Blei an den Füßen" zu tragen. Solche Empfindungen treten typischerweise bei der Multiple Sklerose auf, eine Entzündung der zentralen Nervenbahnen. Aber auch durch Drogeneinnahme können ähnliche Phänome entstehen.

Lähmungen führen zum Ausfall der motorischen und sensorischen Fähigkeiten im betroffenen Gebiet. Bei der Halbseitenlähmung kommt es infolge von Nervenzellschädigungen in der motorischen und sensorischen Großhirnrinde zu spastischen Lähmungen oder Bewegungsmustern sowie deren gestörter Wahrnehmung.

Die Auswirkungen auf die Körper- und Raumorientierung wurden bereits oben beschrieben. Entsprechend dem Bobath-Konzept wird versucht, durch gezieltes Bewegungstraining neue Bewegungsmuster zu entwickeln, dadurch die Sensibilität und das Gleichgewicht zu fördern mit dem Ziel, durch veränderte Bewegungsabläufe Selbständigkeit zu erreichen.

Unkoordinierte Bewegungsabläufe, z. B. unkontrollierte Armbewegungen sind oft die Folge von Kleinhirnerkrankungen oder spastischen Lähmungen. Die Menschen können sich leicht verletzen, da sie die Bewegungen nicht willkürlich stoppen können.

Organsinn

Die inneren Organe funktionieren nach dem homöostatischen Prinzip und werden erst wahrgenommen, wenn die Aufmerksamkeit auf sie gelenkt wird oder z. B. bei entsprechender Dehnung.

Schmerzen in den Organen entstehen durch Reizung von Nozizeptoren oder Überdehnungen sowie Spastiken. Sie stellen einen Schutzmechanismus dar und motivieren zur Beseitigung der Ursache.

Veränderungen viszeraler Wahrnehmungen, z. B. durch Lähmungen, können demnach gefährliche Folgen für den Gesamtorganismus nach sich ziehen. Wird eine Blinddarmentzündung wegen Schmerzunempfindlichkeit nicht erkannt, kann dies tödlich enden. Eine Überblähung des Darmes kann zu einem Zwerchfellhochstand mit eingeschränkter Atmung führen und eine überfüllte Blase reflektorisch zu vegetativen Kreislaufstörungen, besonders bei Menschen mit Querschnittlähmungen.

Die meisten krankhaften Veränderungen der inneren Organe werden nicht durch ihre bewusste Wahrnehmung, sondern durch Begleitsymptome oder andere diagnostische Methoden erkannt.

1.3.2 Psychische Einflussfaktoren

Wahrnehmung ist ein bewusster Prozess und von Empfindungen begleitet. Sie ist individuell und abhängig von Erfahrungen und Erlebnissen in der Vergangenheit. Eine Pflegekraft kann z. B. ausgeruht und ausgeglichen oder müde und überreizt sein und entsprechend unterschiedlich wird sie Menschen oder Situationen wahrnehmen.

Auch im psychischen Bereich finden unterschiedliche Filtervorgänge bzw. Wahrnehmungsverstärker statt.

Psychische Einflussfaktoren:

- aktuelle Bedürfnisse,
- aktueller emotionaler Zustand,
- Motivation,
- Interesse,

- Biografie und Lebenserfahrung,
- persönliche Charaktereigenschaften,
- Einstellungen und Wertvorstellungen,
- soziale Situation,
- Reizentzug (Reizdeprivation),
- Reizüberflutung,
- Habituation.

Aktuelle Bedürfnisse

Je nach Intensität der eigenen aktuellen Bedürfnislage, wird die Aufmerksamkeit auf das entsprechende Bedürfnis gelenkt. Je stärker das Bedürfnis wächst, desto mehr rücken andere Wahrnehmungen in den Hintergrund oder werden gar nicht mehr wahrgenommen.

Hunger lenkt z.B. die Aufmerksamkeit mehr und mehr auf alles Essbare. In hungriger Verfassung wird häufig wesentlich mehr im Supermarkt eingekauft, als im satten Zustand.

Aktueller emotionaler Zustand

Stimmungen wie Wut, Depression, Freude und Sorgen haben einen ganz erheblichen Einfluss auf die Wahrnehmung.

Ein zorniger Mensch nimmt eher negative Reaktionen seiner Mitmenschen wahr, als ein entspannter und zufriedener Mensch. Ein verliebter Mensch sieht die Welt sprichwörtlich durch eine „rosarote" Brille. D.h., dass das Verliebtsein die negativen Eigenschaften des Partners wegfiltert.
Trauernde Menschen sind häufig in ihrem psychischen Antrieb blockiert; sie ziehen sich sozusagen in sich zurück und sind für Reize aus der Umwelt weniger empfänglich. Eine Pflegekraft, die sich um ihren kranken Partner sorgt, wird weniger empfänglich sein für Probleme im Pflegeteam und sich möglicherweise durch Routinearbeiten ablenken.

Motivation

Motivation ist die Summe der Beweggründe, die das menschliche Handeln hinsichtlich Inhalt, Intensität und Richtung zum Erfolg beeinflusst und kontrolliert.

Die Aufmerksamkeit wird auf bestimmte Reize, die zum Erfolg führen, gelenkt und stärker wahrgenommen. Motivationsgeleitete Aufmerksamkeit kann zu einer Wahrnehmungsverzerrung führen, weil viele Reize neben dem Erfolg nicht wahrgenommen werden, bzw. herausgefiltert werden.

Eine Pflegekraft, die Psychiatrie-Fachpflegekraft werden möchte, ist motiviert, ihre Beobachtungsfähigkeit hinsichtlich psychischer Verhaltensweisen zu schulen und wird ihre Wahrnehmung und Aufmerksamkeit entsprechend lenken.

Interesse

Interessen und Vorlieben greifen in die Wahrnehmung lenkend ein.

Eine Pflegekraft, die sich besonders für eine gesunde Lebensweise interessiert, wird bei den zu Pflegenden besonders auf ausgewogene Ernährung und körperliche Mobilität achten.

Biografie und Lebenserfahrung

Die Wahrnehmung wird beeinflusst durch erlebte Ereignisse und bewusst in eine bestimmte Richtung gelenkt.

Hat eine Pflegekraft vermehrt Erfahrung mit alkoholabhängigen Menschen gemacht, reagiert sie besonders sensibel auf Alkoholgeruch. Hat eine weibliche Pflegekraft vorwiegend männliche Pflegekräfte als besonders rau erlebt, wird sie diese Eigenschaften verstärkt bei allen männlichen Pflegekräften wahrnehmen.

Persönliche Charaktereigenschaften

Je nachdem welche Eigenschaft sich ein Mensch wünscht oder welche er besitzt, wird er diese verstärkt bei anderen wahrnehmen. Ein extrovertierter Mensch, der sich lieber ruhiger erleben möchte, wird bevorzugt ruhige Menschen wahrnehmen. Demgegenüber achtet ein introvertierter Mensch, der gerne mehr aus sich herausgehen möchte, eher auf Menschen, die offen und temperamentvoller sind.

Einstellungen und Wertvorstellungen

Werte und Normen sind für unsere Sozialisation wichtig, um uns in der Gesellschaft, in der wir leben, zurecht zu finden und orientieren zu können. Sie sind je nach Kultur unterschiedlich. Während in asiatischen Ländern das Essen eines Hundes eine Delikatesse darstellt, wird Hundefleisch als Nahrungsmittel bei einem Europäer eher Ekel hervorrufen. Die Farbe schwarz assoziiert in westlichen Ländern Trauer während die Farbe weiß das gleiche in asiatischen Ländern darstellt.

Soziale Situation

Da wir als soziale Wesen leben, werden persönliche und familiäre Ereignisse unseren Erlebnisspielraum beeinflussen.

Eine Mutter, die sich um ihr krankes Kind sorgt, wird eine andere sich sorgende Mutter ganz anders wahrnehmen als eine Frau, die keine Kinder hat. Oder eine Pflegekraft, die selbst einen Angehörigen zu Hause pflegt, wird Angehörige von Pflegebedürftigen auf einer Pflegestation anders wahrnehmen als ihre alleinlebende Kollegin.

Reizentzug (Reizdeprivation)

Reizentzug bedeutet, dass der Mensch nur sehr wenig bis gar keine Reize von außen empfängt.

Es gibt Untersuchungen, die aufzeigen, dass eine reizarme Umgebung im Laufe der Zeit Trugwahrnehmungen und Halluzinationen entstehen lässt. Die Menschen sehen Bilder oder Situationen, die nicht real vorhanden sind. Auch Umdeutungen von vorhandenen Gegenständen sind eine mögliche Folge von Reizentzug. Diese Reaktionen stellen eine Art Selbstreizung des Gehirns dar, die auch als sensorische Reizdeprivation bezeichnet wird.

Zur Reizdeprivation wurden einige Experimente, Untersuchungen durchgeführt.

Studenten nahmen an einem Isolationsexperiment in einer völlig reizarmen Umgebung teil. Nach spätestens 72 Stunden traten die ersten intensiven Wachträume und Halluzinationen ein. Die Studenten sahen Lichtpunkte, einfache geometrische Figuren aber auch gelbe Männchen usw. Auch Stimmen, Geräusche und immer wiederkehrende Melodien wurden gehört.

Zu ähnlichen Reaktionen kann es auch in Situationen extremer Monotonie kommen. Pflegebedürftige, bettlägerige Menschen, die sich kaum bewegen können, sind gezwungen, überwiegend an die weiße Decke oder an die Wand zu starren. Das Auge erlebt zu wenig Stimulation. Das Gehirn produziert eigene Impulse wie z. B. Bildung von schwarzen, sich bewegenden Pünktchen. Patienten können diese auch mit Fliegen oder Insekten verwechseln. Dies ist zu beachten, bevor Menschen mit solchen oder ähnlichen Phänomenen als verwirrt oder psychotisch werden, u. a. durch Gabe von Psychopharmaka behandelt, die ihrerseits wiederum erheblich in die Wahrnehmungsvorgänge eingreifen.

Reizüberflutung

Das Gegenteil vom Reizentzug ist die Reizüberflutung, bei der offensichtlich die Filtermechanismen ankommender Reize nicht oder nicht ausreichend funktionieren.

Es gibt Hinweise, dass beim Autismus dieses Selektionssystem versagt und das Gehirn von unsortierten Reizen überflutet wird. Außerdem fällt es, Beobachtungen zufolge, Autisten schwer, Reize unterschiedlicher Wahrnehmungskanäle zu verknüpfen wie z. B. Geschmack und Geruch oder Auge und Bewegung, und sie zu einem sinnvollen ganzheitlichen Erlebnis zu integrieren. Die Folge einer Reizüberflutung reicht von Nervosität, Aggressivität über gestörte Orientierung bis hin zum sozialen und psychischen Rückzug.

Autosuggestive Verfahren beruhen auf dem Prinzip, äußere Reize weitgehend auszuschalten und zur Ruhe zu gelangen. Diese Ruhe ist die Voraussetzung, körpereigene Reize wahrzunehmen bzw. intensiver zu erleben.

Habituation

Mit Habituation wird eine fortschreitende Abnahme motorischer und sensorischer Reaktionen sowie das veränderte Körpergefühl auf einen gleich bleibenden Reizzustand bezeichnet.

Informationen über die körperliche Beschaffenheit erhält das Gehirn durch Bewegung. Verminderte Bewegung oder Bewegungslosigkeit, z. B. durch Immobilität verursacht, reduziert den Informationsfluss mit Auswirkung auf die körperliche Wahrnehmung. Gleichermaßen nimmt die Aufmerksamkeit für andere, z. B. visuelle oder akustische Reize ab. Bei bewegungseingeschränkten, bettlägerigen Menschen führen lange Liegezeiten entsprechend zu Störungen des Körperbildes und veränderter Koordinationsfähigkeit. Auch räumliche und zeitliche Desorientiertheit, beeinträchtigte intellektuelle Fähigkeiten und Kommunikationsstörungen können u.a. Folgen der Habituation sein. Betroffene Menschen greifen am Wasserglas vorbei oder können es nicht zum Mund führen. Häufig zu beobachten ist auch das Festkrallen an Pflegepersonen.

In einigen Fällen werden Geräusche und Stimmen fehlinterpretiert und auch die eigene Identität verwechselt. Diese Zustände der Verwirrtheit, unter dem Aspekt der Habituation betrachtet, können durch Anwendung der Basalen Stimulation, Lagerung und Bewegung gemindert, beseitigt oder vermieden werden.

Beeinflussende Faktoren bei der Wahrnehmung:

- Informationen werden in einen sensorischen Speicher „zwischengeleitet".
- Die angeborenen Grenzen der Wahrnehmung verändern sich im Alter.
- Physiologischen Einflussfaktoren sind Gewöhnung, Entfaltung, Wahrnehmungsschwelle, Verschmelzung, Assimilation und Kontrastierung.
- Alle Sinnesorgane können pathologischen Einflüssen unterliegen.
- Psychische Einflussfaktoren der Wahrnehmung sind: Aktuelle Bedürfnisse, aktueller emotionaler Zustand, Motivation, Interesse, Lebenserfahrung und persönliche Charaktereigenschaften, Einstellungen und Wertvorstellungen, soziale Situation, Reizentzug, Reizüberflutung, Habituation.

1.3.3 Soziale Wahrnehmung

▸ *Soziale Wahrnehmung* bedeutet die Wahrnehmung von Personen aus der Umgebung in Abhängigkeit von der Selbstwahrnehmung, von sozialen Vergleichsprozessen und Faktoren aus der Umgebung. Sie wird wesentlich geprägt durch die Persönlichkeitsentwicklung, individuelle Eigenschaften und kulturelle Besonderheiten.

Auch die oben genannten psychologischen Faktoren beeinflussen die Wahrnehmung unseres sozialen Umfeldes. Wir machen uns ein Bild von einem Menschen, welches die weitere Umgangsweise und Beziehung beeinflusst.

In den Wahrnehmungsprozess fließen Bewertungen ein; entsprechend sind uns Personen sympathisch oder unsympathisch. Auf der anderen Seite können wir uns Bewertungen anderer nicht entziehen.

Die soziale Wahrnehmung ist das Resultat der Sozialisation und beschäftigt sich mit folgenden Fragen:

- Wie entstehen Eindrücke von anderen Personen?
- Wie verlässlich sind diese Eindrücke?
- Welche Faktoren beeinflussen unsere Eindrücke?
- Welche Konsequenz haben diese Einflüsse?

Das Problem des ersten Eindrucks

In der Regel reichen wenige Informationen aus, um sich ein Bild über einen fremden Menschen zu machen. Das Erinnerungsvermögen für die ersten Informationen ist besonders gut. Es sind meist einzelne Eigenschaften, die häufig unbewusst wahrgenommen werden wie z.B. die äußere Erscheinung mit der Kleidung, dem Körperbau, die Haltung, die Mimik, die Stimme usw. Jeder kennt den Ausdruck „Kleider machen Leute". Für die Wahrnehmung hat die Darstellung des Äußeren, z.B. die Kleidung, einen informativen Charakter.

An der Kleidung werden Gruppen erkannt, z.B. Soldaten durch die Uniformen oder Pflegepersonal und Ärzte durch Tragen weißer Dienstkleidung. Weiße Kittel werden unterschiedlich wahrgenommen und interpretiert. Kranke Kinder, die bereits schmerzhafte, negative Erfahrungen mit Ärzten oder Pflegepersonal gemacht haben, reagieren häufig ablehnend, aggressiv oder zurückgezogen auf alle Menschen, die einen weißen Kittel tragen. Andererseits flössen Menschen in weißen Kitteln Respekt ein. Ärzte werden z.T. auch heute noch als „Götter in Weiß" bezeichnet.

Die Mode gibt den Ton an, bestimmt, was „in" ist. Entsprechend wird jemand, der sich modisch kleidet, als fortschrittlich und modern beurteilt.

Aber nicht nur die Kleidung, sondern auch der Körperbau beeinflusst den ersten Eindruck. Je nachdem, ob ein Mensch groß oder klein ist, dick oder dünn, eine große Nase hat oder einen breiten Mund, immer wieder nehmen wir diese Eindrücke auf und vergleichen sie mit Personen, die wir schon kennen oder mit uns selbst. Die Erfahrungen, die wir mit den bereits bekannten Personen gemacht haben, fließen in den ersten Eindruck ein.

Ensprechend dem eigenen Wertemaßstab werden Menschen bereits im Rahmen des ersten Eindrucks als ungepflegt, intelligent usw. bewertet. Bei einer Pflegekraft, die einen kranken Menschen zum ersten Mal sieht, kommen noch die Verhaltensweisen in speziellen belastenden Situationen dazu wie beispielsweise Angst vor Untersuchungen und Operationen oder bei Schmerzen.

Der erste Eindruck bestimmt, obwohl er zufällig und mit vielen Verfälschungen zustande gekommen ist, die weitere Verhaltensweise und Wahrnehmung und lenkt den Beziehungsaufbau in eine Richtung. Das Problem des ersten Eindrucks ist die zunächst fehlende Bereitschaft zur Korrektur. Menschen neigen dazu, an einmal gebildeten Beurteilungen und Bewertungen festzuhalten.

Neben dem Anfangseffekt des ersten Eindrucks spielt auch der Endeffekt eine besonders prägende Rolle. Genau so wie die ersten Informationen besonders gut im Gedächtnis haften, ist auch das Erinnerungsvermögen für die letzten Informationen besonders gut ausgebildet.

Jede Pflegekraft sollte bei der Übermittlung von Informationen darauf achten, dass negative Informationen weder am Anfang noch am Ende übermittelt werden und somit der Wahrnehmungsspielraum der Kollegen weniger Einfluss erfährt.

Wahrnehmungsverzerrungen

Während des Wahrnehmungsvorganges gehen uns bereits viele Informationen durch physiologische und psychische Mechanismen verloren bzw. werden ergänzt. Die restlichen Informationen, die dann noch psychologischen Einflussfaktoren unterliegen, können die Wahrnehmung erheblich verändern. Auch bei noch so intensiver Anstrengung ist es nicht möglich, ein wahres Abbild der Wirklichkeit eines anderen Menschens zu erhalten. Es entstehen Wahrnehmungsfehler, deren Auswirkungen die gesamte Interaktion dynamisch beeinflussen, im Sinne von Wirkung und Wechselwirkung.

Zu den häufig auftretenden Wahrnehmungsfehlern und -verzerrungen gehören:

- Halo-Effekt,
- logische Fehler,
- Kontrastfehler,
- Attribuierungsfehler,
- soziale Urteile.

Halo-Effekt

Halo bedeutet einen Hof um eine Lichtquelle, die durch Reflexion und Brechung der Lichtstrahlen hervorgerufen wird. Der Haloeffekt wird auch als Hofeffekt bezeichnet.

Auf die Wahrnehmung bezogen bedeutet der Halo-Effekt eine positive oder negative Beeinflussung der Personenbeurteilung durch Wahrnehmung einiger weniger markanter Eigenschaften, die herausragen und andere überdecken. Die Wahrnehmung wird in erster Linie auf die markanten Eigenschaften gerichtet.

Eine ordnungsliebende Pflegekraft wird von ebenfalls ordentlichen Kollegen und Kolleginnen einen positiven Eindruck haben und geneigt sein, ihnen auch andere positive Eigenschaften zuzuschreiben und negative zu übersehen. Umgekehrt wird sie unordentliche Kollegen und Kolleginnen eher negativ beurteilen und auch andere negative Eigenschaften bemerken.

Logische Fehler

Der logische Fehler ist dem Halo-Effekt ähnlich. Er unterscheidet sich dadurch, dass der Beurteilende annimmt, dass bestimmte Eigenschaften immer zusammen auftreten. Diese Vorstellung ist an Erfahrungen gebunden und individuell unterschiedlich.

Gebildete Menschen scheuen körperliche Arbeit; unordentliche Menschen sind faul und schlampig, türkische Frauen, die Kopftücher tragen, sind demütig.

Kontrastfehler

In diesem Fall werden Eigenschaften mehrerer wahrgenommener Personen miteinander verglichen und beurteilt. Die Ergebnisse beeinflussen sich gegenseitig.

Eine Pflegekraft nimmt nacheinander mehrere Personen auf, die am nächsten Tag operiert werden sollen. Die Personen reagieren unterschiedlich. Die aufnehmende Pflegekraft nimmt die erste Person wahr und vergleicht die nächste Person mit den wahrgenommen Eigenschaften der ersten. Ist die erste Person aufgeregt und ängstlich, wird die Pflegeperson die weiteren Personen im Vergleich als noch aufgeregter oder als gefasst beurteilen.

Der Vergleich kann aber auch durch Eigenschaften der beurteilenden Person entstehen.

Ist die Pflegekraft selbst sehr beherrscht in ihren emotionalen Äußerungen, wird sie diese Eigenschaft im Vergleich zu sich selbst beurteilen und ängstliches Verhalten bei anderen Menschen überinterpretieren.

Soziale Urteile

Soziale Urteile verfolgen den Zweck, die auf uns einströmende Fülle an Informationen zu ordnen und komplizierte Verknüpfungsvorgänge bei der Beurteilung zu vereinfachen. Auf diese Weise wird unsere Handlungsfähigkeit und Verständigung beschleunigt. Soziale Urteile beeinflussen die soziale Wahrnehmung wechselseitig. Sie erleichtern Menschen die Integration in eine Gruppe mit ähnlichem Denken. Hier erfahren sie Zugehörigkeit und Akzeptanz und können ihr Verhalten legitimieren.

Ein Mensch, der gegen Ausländer ist, kann sich in entsprechenden Gruppen ausländerfeindlich verhalten und erfährt dort Zuspruch. Auf der anderen Seite wird sich ein Gegner von Rassismus solchen Gruppen fern halten.

Nachteilige Auswirkungen haben soziale Urteile, insbesondere durch die fehlende Bereitschaft zur Überprüfung des Urteils, „Schwarz-Weiß-Malerei" und Verhinderung einer Integration anders denkender oder fremder Menschen.

Häufige soziale Urteile sind Einstellungen, Stereotype und Vorurteile.

Einstellungen: Einstellungen entstehen durch positive oder negative Bewertungen von Personen oder Objekten mit Gefühlsbeteiligung und die Bereitschaft, sich in bestimmten Situationen entsprechend der Einstellung zu verhalten. Die Einstellung ist eng mit dem Begriff der Meinung verwandt. Während die Einstellung von längerer Dauer und tiefer in die Person eingeschlossen ist, orientiert sich die Meinung eher an konkreten Fragestellungen.

Eine Pflegekraft vertritt die Einstellung, dass die Funktionspflege gut ist, weil sie zeitlich nicht so aufwendig und die Stationsarbeit dadurch schneller erledigt ist. Sie fühlt sich gut bei dem Gedanken, alle anfallenden Arbeiten schnell erledigt zu haben. Sie wird den Argumenten der ganzheitlichen Pflege eher negativ gegenüberstehen, wenn sie die Erfahrung gemacht hat, dass auf diese Art und Weise nicht alle Stationsarbeiten geschafft worden sind und sie in solchen Situationen ein schlechtes Gewissen bekommen hat. Das bedeutet, dass sie an ihrer Einstellung festhalten und sich anderen Wahrnehmungen verschließen wird, z. B. der Zufriedenheit der Patienten durch eine ganzheitliche Versorgung.

Der Einstellung muss nicht zwangsläufig ein ihr angezeigtes Verhalten folgen. Wie oft erfahren wir, dass Menschen, die eine postive Einstellung für eine gesunde Lebensweise aufweisen, dies auch hinsichtlich Ernährung und Sport umsetzen, andererseits nicht aufs Rauchen verzichten.

Stereotype: Stereotype sind vorgefasste Meinungen und Einstellungen über Merkmale von Mitgliedern einer Gruppe. Das heißt, einer bestimmten Person werden bestimmte Eigenschaften zugeschrieben, weil sie einer bestimmten sozialen Gruppe angehört. Stereotype können sowohl positiv auch negativ bewertet sein.

Alle Pflegekräfte haben ein Helfersyndrom oder alle alten Menschen im Altenheim sind hilflos, alle Ordensschwestern sind barmherzig und gutmütig.

Vorurteile: Vorurteile sind negative, herabsetzende Einstellungen gegenüber Merkmalen einzelner Menschen oder Gruppen.

Ein pflegebedürftiger Mensch möchte sich nicht von einer dunkelhäutigen Pflegekraft waschen lassen, weil er das Vorurteil hat, dass diese Menschen schlecht riechen und faul sind.

Die Wahrnehmung von Personen wird als soziale Wahrnehmung bezeichnet. Sie wird von verschiedenen Faktoren beeinflusst, die den Eindruck von anderen Menschen entscheidend prägen.

Soziale Wahrnehmung:

- Soziale Wahrnehmung wird durch äußere Eindrücke (Kleidung, Körperbau etc.) beeinflusst.
- Anfangs- und Endeffekt des ersten Eindrucks bleiben besonders haften und sollten deshalb möglichst frei von negativen Informationen sein.

- Wahrnehmungsverzerrungen können durch Halo-Effekt, logische Fehler, Kontrastfehler, Attribuierungsfehler und soziale Urteile entstehen.

1.4 Wahrnehmung und Wirklichkeit

Der chinesische Weise

Ein chinesischer Weiser führte einmal vor den Augen seiner Schüler vier Blinde zu einem Elefanten. Den ersten führte er zum Rüssel, den zweiten zu den Beinen, den dritten zum Bauch und den vierten zum Schwanz des Tieres. Sie sollten das Tier betasten und daraufhin beschreiben.

„Ein Elefant", sagte der erste, nachdem er den Rüssel sorgsam betastet hatte, „ein Elefant ist eine langes, weiches, bewegliches Rohr so dick wie mein Oberarm".

„Unsinn", sagte der zweite, „ein Elefant ist viel dicker; etwa wie ein Baum, den ich mit beiden Armen gerade noch umfassen kann".

„Ein Baum?" sagte der dritte, der am Bauch des Elefanten stand, „eine Tonne, so groß, dass ich mit ausgestreckten Armen noch nicht einmal ihren halben Umfang ermessen kann".

„Ihr irrt alle", sagte der vierte, „ein Elefant ist vielmehr wie ein kurzer, biegsamer Stock, an dessen Ende ein Büschel Reisstroh befestigt ist." Der Weise lächelte – die Schüler schwiegen (Konfuzius zitiert nach Sitzmann, 1995).

Mit Hilfe der Wahrnehmung bildet sich unsere Wirklichkeit. An der Geschichte von der Beschreibung eines Elefantens wird deutlich, dass wir nur einen kleinen Ausschnitt aus der Gesamtwirklichkeit wahrnehmen und diesen zu unserer Wirklichkeit erklären. Wahrnehmungen sind immer nur (ähnliche) Abbilder von bestimmten Situationen oder Zuständen. Wir glauben, dass das, was wir sehen, fühlen, riechen usw. die Realität ist. Die Tatsache, dass wir jemanden aus einem Glas trinken sehen, bedeutet aber nicht, dass der Trinkende Durst hat. Es kann auch die Einnahme eines in Wasser aufgelösten Medikamentes sein oder der Genuss eines gut schmeckenden Getränkes. Die Wirklichkeit stellt sich erst durch Nachfragen heraus. Besteht jeder Mensch starr auf seiner erlebten Wirklichkeit, ohne die Wirklichkeit der anderen mit einzubeziehen, entstehen Missverständnisse und mit ihr Probleme in der Kommunikation sowie im Gesamtverständnis der Menschen füreinander.

Die Wirklichkeit ist wie die Wahrnehmung ein Prozess, der sich im Austausch zwischen Menschen entwickelt. Die Wahrnehmung bildet immer den ersten, das Überprüfen den zweiten Schritt. Ein weinender Mensch muss nicht zwangsläufig traurig sein, es können auch Freudentränen fließen. Erst das Hinterfragen klärt die Situation. Ist das Bemühen um Wirklichkeitsfindung groß, nähert sich die eigene Wirklichkeit der des Gegenübers.

Für Pflegepersonen nimmt deshalb die Schulung der Wahrnehmungsfähigkeit eine zentrale Bedeutung ein, da sie in ihrem beruflichen Alltag häufig Menschen in außergewöhnlichen Lebens- und Krisensituationen mit uneindeutigen Reaktionen begegnen.

Leidende Menschen reagieren ganz unterschiedlich auf Sorgen, Ängste oder Trauer, z. B. mit Aggressionen, Depressionen oder auch mit Verdrängungsmechanismen. In je größerem Maße die Pflegeperson bereit und in der Lage ist, die Wirklichkeit des anderen wahrzunehmen und zu überprüfen, desto konkreter können Probleme erkannt und Ziele entwickelt werden. Dieses Bemühen stellt eine der wichtigsten Voraussetzungen für die effektive Planung sinnvoller Pflegemaßnahmen dar. Je weniger Missverständnisse bei der Problemformulierung, desto weniger wird an den Bedürfnissen der betroffenen Menschen „vorbeigepflegt". Somit nimmt eine gute Wahrnehmungsfähigkeit auch Einfluss auf die Pflegequalität.

Fazit: Die Wahrnehmung ist ein Prozess, bei dem innere und äußere Reize verarbeitet werden. Um wahrnehmen zu können, sind physiologische Voraussetzungen notwendig: Aufnahmeorgane mit spezifischen Sensoren, Weiterleitungen über Nerven sowie verarbeitende Zentren im Gehirn. Die vielfältigen Informationen, die das Gehirn erhält, werden gefiltert, aussortiert, verglichen, mit anderen Zentren verknüpft und zu einer ganzheitlichen Empfindung verarbeitet.

In der traditionellen Vorstellung wird über die fünf Sinne Auge, Ohr, Nase, Zunge und Haut wahrgenommen. Inzwischen sind weitere Wahrnehmungssysteme bekannt, die Informationen über die Körperlage, die Körperbewegungen und die Körpergrenzen übermitteln und wichtige Elemente für die Orientierung im Raum und die Eigenwahrnehmung darstellen. Spezifische Sensoren der inneren Organe sorgen in erster Linie für ein Gleichgewicht vegetativer Regulationsvorgänge.

Die Wahrnehmung kann sowohl physisch als auch psychisch beeinflusst werden und es kann zu vielfältigen Formen von Wahrnehmungsausfällen, -täuschungen, -verzerrungen aber auch zu -verstärkungen kommen.

Die soziale Wahrnehmung bezieht sich auf die Personenwahrnehmung in Abhängigkeit von der Selbstwahrnehmung. Sie dient u.a. dazu, sich innerhalb der Gesellschaft zu bewegen und zu orientieren, sowie sich Zugehörigkeit und Akzeptanz zu verschaffen.

Für Pflegepersonen ist das Wissen um die Wahrnehmungsvorgänge sowie deren Beeinflussung von Bedeutung, besonders im Umgang mit wahrnehmungsbeeinträchtigten Menschen und bei der Auseinandersetzung mit interaktionalen Prozessen sowohl in der Pflegesituation als auch im Team.

Bauer, R.: Beziehungspflege, Ullstein Mosby, Berlin 1997

Bienstein, Chr., A. Fröhlich: Basale Stimulation in der Pflege, Pflegerische Möglichkeiten zur Förderung von wahrnehmungsbeeinträchtigten Menschen, 7. Aufl. Selbstbestimmtes Leben, Düsseldorf 1995

Birbaumer, N., R.F. Schmidt: Biologische Psychologie, 2. Aufl. Springer, Berlin 1991

Buchholz, Th., A. Gebel-Schürenberg, P. Nydahl, A. Schürenberg: Der Körper: eine unförmige Masse – Wege zur Habitationsprophylaxe. Die Schwester/Der Pfleger 7 (1998) 570

Deutsches Rotes Kreuz (Hrsg.): Psychologische Grundlagen der Altenarbeit, Gerontologische Grundlagen, Handlungskompetenzen, Aktuelle Spannungsfelder. F. Dümmlers, Bonn 1995

Eberlein, F.: Wahrnehmung, Lerntypen, Lernhilfen. Die Schwester/Der Pfleger 8 (1998) 642

Fröhlich, A.D. (Hrsg.): Wahrnehmungsstörungen und Wahrnehmungsförderung, 8. Aufl. Edition Schindele, Heidelberg 1994

Grubitzsch, S., K. Weber (Hrsg.): Psychologische Grundbegriffe, Ein Handbuch, Rowohlt Taschenbuch GmbH, Reinbek bei Hamburg 1998

Henglein, M.: Die heilende Kraft der Wohlgerüche und Essenzen, Gustav Lübbe Verlag GmbH, Bergisch Gladbach 1989

Hornung, R., J. Lächler: Psychologisches und soziologisches Grundwissen für Krankenpflegeberufe, 5. Aufl. Psychologie-Verlags-Union, München 1986

Hülshoff, T.: Das Gehirn, Funktionen und Funktionseinbußen; eine Einführung für pflegende, soziale und pädagogische Berufe. Hans Huber, Bern 1996

Kebeck, G.: Wahrnehmungspsychologie, Kurseinheit 2, Organisationsprinzipien in Wahrnehmung und Vorstellung, Fernuniversität Gesamthochschule in Hagen, Fachbereich Erziehungs-, Sozial- und Geisteswissenschaften, Hagen 1991

Lück, E.: Einführung in die Psychologie sozialer Prozesse, Kurseinheiten 1–4, Fernuniversität Gesamthochschule in Hagen, Fachbereich Erziehungs-, Sozial- und Geisteswissenschaften, Hagen 1987

Lück, E.: Wahrnehmungspsychologie, Kurseinheit 1, Aufbau und Funktion der Wahrnehmungssysteme, Fernuniversität Gesamthochschule in Hagen, Fachbereich Erziehungs-, Sozial- und Geisteswissenschaften, Hagen 1991

Nolting, H.P., P. Paulus: Psychologie lernen – eine Einführung und Anleitung, 4. Aufl. Psychologie Verlags Union, Weinheim 1993

Ohloff, G.: Irdische Düfte – Himmlische Lust – Eine Kulturgeschichte der Duftstoffe, Birkhäuser Verlag, Basel 1992

Ostermann, B.M.: Psychologie für Krankenpflegeberufe. Beltz, Weinheim 1997

Peters, U.H.: Wörterbuch der Psychiatrie und medizinischen Psychologie, 4. Aufl. Urban & Schwarzenberg, München 1990

Sacks, O.: Der Mann, der seine Frau mit einem Hut verwechselte. Rowohlt Taschenbuch, Reinbek bei Hamburg 1991

Schäffler, A., S. Schmidt (Hrsg.): Mensch, Körper, Krankheit; Anatomie, Physiologie, Krankheitsbilder; Lehrbuch und Atlas für die Berufe im Gesundheitswesen. Jungjohann, Neckarsulm 1994

Schwegler, J.S.: Der Mensch, Anatomie und Physiologie. Thieme, Stuttgart 1996

Seel, M.: Die Pflege des Menschen, 3. Aufl. Brigitte Kunz, Hagen 1998

Sitzmann, F.: Mit wachen Sinnen wahrnehmen und beobachten, Teil 1 – Grundlagen einer Schulung der Beobachtungsfähigkeit. Recom, Basel 1995

Willke, T.: Zukunftsvision – Sehen mit dem Chip. GEO Wissen 9 (1997) 56

Zimbardo, P.G.: Psychologie, 6. Aufl. Springer, Berlin 1995

2 Beobachtung

Eva Eißing

Übersicht

2.1 Beobachtung als Prozess · 34
2.1.1 Beobachtungsarten · 36
2.2 Beobachtung in der Pflege · 37
2.2.1 Zeitpunkt · 37
2.2.2 Hilfsmittel · 37
2.2.3 Systematik · 38
2.3 Beeinflussende Faktoren bei der Beobachtung · 41
2.4 Bedeutung der Beobachtung in der Pflege · 42
2.4.1 Beobachtung als Grundlage für pflegerisches Handeln · 42
2.4.2 Ziele der Beobachtung in der Pflege · 43
2.4.3 Qualität der Beobachtung · 44
2.4.4 Dokumentation · 44
2.4.5 Anforderungen an das Pflegepersonal · 45
Fazit · 45
Literatur · 46

Schlüsselbegriffe:

- *Beobachtung*
- *Beobachtungsprozess*

Einleitung

Beobachtung ist im Gegensatz zur bloßen Wahrnehmung von Situationen und Gegebenheiten ein bewusster, systematischer und zielgerichteter Vorgang, bei dem die Aufmerksamkeit auf einzelne Phänomene gerichtet wird. Durch ihn werden Informationen gewonnen, die eine Anpassung des Handelns an aktuelle Situationen ermöglichen.

Die Beobachtung pflegebedürftiger Menschen gehört zu den wichtigsten pflegerischen Aufgaben, da die hierbei gewonnenen Informationen die Basis für alle weiteren Schritte im Pflegeprozess darstellen. Sie ist sowohl auf gesunde als auch auf beeinträchtigte Anteile eines Menschen gerichtet und berücksichtigt darüber hinaus dessen physische und psychische Verfassung.

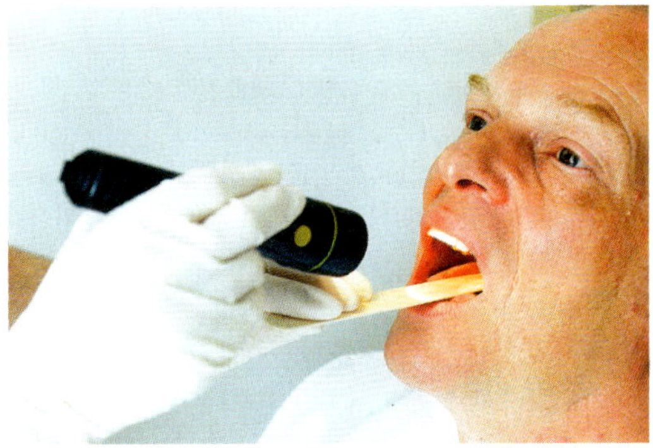

Gelegenheiten zur Beobachtung ergeben sich in der Pflege bei jedem Kontakt zwischen pflegebedürftigen Menschen und Pflegeperson.

Beobachtung ist eine Kunst, die neben theoretischem Wissen und praktischen Fähigkeiten auch Einfühlungsvermögen, Kombinationsfähigkeit und Erfahrung erfordert.

Die Wahrnehmung ist ein Prozess, bei dem innere und äußere Reize auf das sensorische System einströmen, verarbeitet werden und Empfindungen auslösen. Ein Filtersystem bewirkt, dass nicht alle Reize, die auf unsere Sinneszellen bzw. -organe treffen, die verarbeitenden Zentren im Gehirn erreichen (s.a. Kap. 1.1). Die Wahrnehmung wird durch physische und psychische Faktoren beeinflusst und entsprechend unterschiedlich erlebt. Demzufolge bilden sich bei den Menschen individuelle Wirklichkeiten (s.a. Kap. 1.3).

Geht die zunächst unspezifische Wahrnehmung in untersuchendes und auf Veränderung hin gerichtetes Betrachten über, entsteht Beobachten.

Das bedeutet, die Sinne werden bewusst auf ein Objekt oder beobachtbares Kriterium hingelenkt, um es intensiver wahrzunehmen.

Beobachten ist eine systematische und planmäßige Form der Wahrnehmung mit dem Ziel, neue Erkenntnisse zu gewinnen und Entscheidungen zu treffen.

Bei der speziellen ▸ *Beobachtung* in der Pflege richtet sich die Aufmerksamkeit insbesondere auf die gesunden und beeinträchtigten Anteile eines Menschen. Dabei werden Krankheitssymptome, Verhaltensweisen sowie das Befinden mit einbezogen. Außer der Wahrnehmung mit unseren Sinnesorganen ist der Einsatz spezifischer Methoden wie z. B. das Benutzen von Messinstrumenten, Befragungen der Betroffenen und Angehörigen oder weiterer Pflegekräfte notwendig. Die Begriffe Wahrnehmung und Beobachtung werden häufig synonym verwendet. Folgendes Beispiel soll den Unterschied verdeutlichen:

Das Sehen eines gehbehinderten Menschen, der sich mehr humpelnd und mit Hilfe einer Gehstütze fortbewegt, wird als Wahrnehmung bezeichnet. Wird unsere Aufmerksamkeit durch das Humpeln auf weitere Merkmale gelenkt, wie beispielsweise auf die Körperhaltung, das Gleichgewichtsverhalten oder die Mimik des Gehenden, handelt es sich bereits um einen Beobachtungsvorgang.

Bei der speziellen Beobachtung in der Pflege beginnt die Suche nach vergleichbaren Merkmalen, Interpretationsmöglichkeiten und Bewertungen wie z. B.: Handelt es sich um eine Verschleißerscheinung des Hüftgelenks? Trägt der humpelnde Mensch eine schlecht sitzende Beinprothese? Ist die Gehbehinderung Folge einer Poliomyelitis? Hat der Gehbehinderte Schmerzen?, usw.

2.1 Beobachtung als Prozess

Beobachtung ist kein starrer Vorgang, sondern vollzieht sich, ähnlich wie die Wahrnehmung, dynamisch und prozesshaft. Das bedeutet, dass die Ergebnisse der Beobachtung neue Fragen aufwerfen, nach denen weiter gezielt beobachtet wird.

Innerhalb des ▸ *Beobachtungsprozesses* verändern sich die Daten und das Befinden der Pflegebedürftigen, wie z. B. in Notfallsituationen oder während der Genesung. Diese Veränderungen erfordern eine flexible Gestaltung der Arbeitsabläufe bzw. eine Anpassung an die Bedürfnisse des Menschens innerhalb des Pflegeprozesses.

Abb. 2.1 verdeutlicht die Struktur des Beobachtungsprozesses:

1. Zunächst wird aus der Fülle der Wahrnehmungsreize die Aufmerksamkeit auf einzelne, beobachtbare Kriterien oder Symptome gelenkt. Dieser Auswahlvorgang wird auch als Selektion von Wahrnehmungsreizen bezeichnet, das Lenken auf bestimmte Symptome als Fokussierung.

Einer Pflegekraft fällt das stark gerötete Gesicht eines spielenden Kindes auf; sie lenkt ihre Aufmerksamkeit auch auf die Haut weiterer Körperteile. Dabei rücken andere Wahrnehmungen, wie beispielsweise das Schreien und Toben anderer Kinder oder das Verhalten beim Spiel in den Hintergrund.

2. Im nächsten Schritt folgt die Suche nach vergleichbaren, bereits bekannten Merkmalen aufgrund von vorhandenen Erfahrungen oder Fachwissen. Je größer das Fachwissen ist, desto umfangreicher sind Vergleichsmöglichkeiten.

Die rote Gesichtshaut kann Aufregung, Freude, Hitze durch Fieber oder Anstrengung, aber auch ein hoher Blutdruck, ein allergischer Hautausschlag oder ein Sonnenbrand sein.

3. Daraus entsteht der Wunsch nach Erklärung. Weitere Fragestellungen grenzen Interpretationsmöglichkeiten und Überlegungen zur Überprüfung ein.

Fühlt sich die gerötete Haut heiß und/oder feucht an? Ist die Hautoberfläche verändert? Wie ist der Bewusstseinszustand? Wie lange hat das Kind gespielt oder war es intensiver Sonnenstrahlung ausgesetzt? Wie ist die Atmung, der Puls etc. ...?

4. Entsprechend der Fragestellung folgt die Überprüfung. Bei der speziellen Beobachtung in der Pflege setzt dieser Schritt theoretisches Fachwissen voraus.

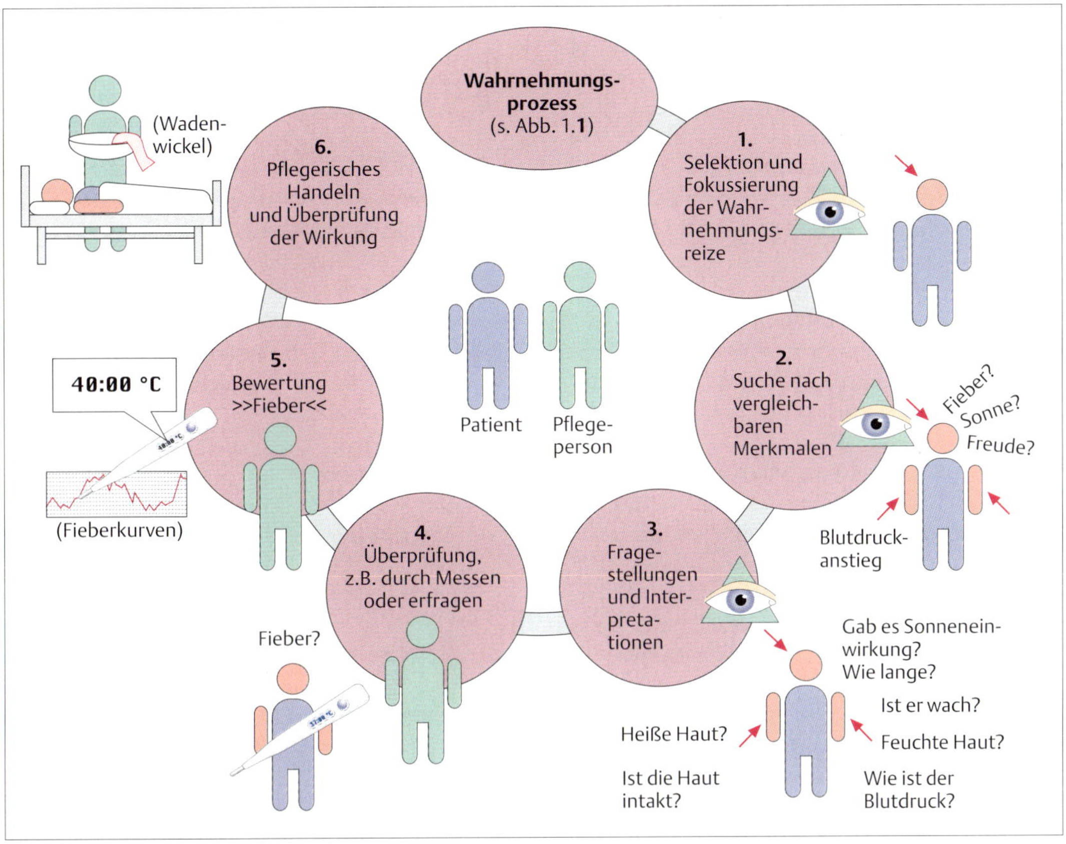

Abb. 2.1 Beobachtungsprozess

Die Pflegekraft wird entsprechende Maßnahmen ergreifen wie Hauttemperatur fühlen, Messen der Körpertemperatur mit einem Fieberthermometer, Hautoberfläche genauer betrachten, Atemfrequenz und -tiefe messen, Bewusstsein und Reaktion beobachten etc…

5. Nach der Überprüfung folgt die Bewertung der beobachteten Ergebnisse. Sie stellt die entscheidende Voraussetzung für professionelles, pflegerisches und therapeutisches Handeln dar.

Die Überprüfung hat ergeben, dass die Körpertemperatur 39,5 °C rektal beträgt, das Kind schläfrig wirkt, die Atmung und der Puls beschleunigt sind, die Haut feucht, aber glatt ist. Die daraus resultierende Bewertung stellt Fieber fest, begleitet von einer Tachykardie und Tachypnoe.

6. Die anschließenden pflegerischen und therapeutischen Maßnahmen werden sorgfältig und mit spezieller Aufmerksamkeit geplant und durchgeführt. Eine permanente Beobachtung und Überprüfung der durchgeführten Maßnahmen sowie deren Wirkung schließt hier den Kreis des Beobachtungsprozesses.

Der Arzt ordnet die Gabe eines fiebersenkenden Medikamentes und Wadenwickel an. Die Pflegekraft wird die Wirkung der fiebersenkenden Maßnahmen überprüfen, indem sie in angemessenen Abständen die Körpertemperatur nachmisst. Sie wird weiterhin auf zusätzliche fiebersenkende (Neben-)Wirkungen achten, z. B. Kreislaufveränderungen. Schwitzt das Kind sehr stark, wird die Pflegekraft für einen Flüssigkeitsausgleich sorgen und genügend zu trinken anbieten oder auf die Anordnung einer Infusionstherapie achten.

2.1.1 Beobachtungsarten

Die Beobachtung kann auf unterschiedliche Art und Weise geschehen. Je nachdem, aus welchem Blickwinkel Beobachtung stattfindet, handelt es sich um:

- subjektive Beobachtung,
- objektive Beobachtung,
- Selbstbeobachtung,
- Fremdbeobachtung.

Subjektive Beobachtung

Subjektive Beobachtung bedeutet, dass einseitig aus dem Blickwinkel der eigenen Person beobachtet und beurteilt wird, d. h., eine einzige Person beobachtet eine andere.

Eine leicht pflegebedürftige, 85 Jahre alte Frau wird morgens von einer Pflegekraft der Sozialstation versorgt. Seit einiger Zeit beobachtet die Pflegekraft eine zunehmende Vergesslichkeit und Konzentrationsschwäche. Um ihren subjektiven Eindruck zu überprüfen, entsteht bei der Pflegeperson der Wunsch nach einem Gespräch mit den Angehörigen.

Objektive Beobachtung

Eine objektive Beobachtung ist im Gegensatz zur subjektiven Beobachtung sachlich, d.h. nicht von Gefühlen und Vorurteilen bestimmt.

Letztlich können Menschen nicht vollständig objektiv beobachten, weil ihre Wahrnehmung kontinuierlich beeinflussenden Faktoren unterliegt (s.a. Kap. 1); messbare und nachprüfbare Beobachtungen erreichen jedoch eine größtmögliche Objektivität. Objektive Beobachtungsergebnisse können durch Messen bestimmter Beobachtungsmerkmale ermittelt werden, z.B. die Körpertemperatur mittels Fieberthermometer oder die Pulsfrequenz mit Hilfe der Pulsuhr (s.a. Kap. 1.3.2, Kap. 8.2).

Eine annähernde objektive Beobachtung von menschlichem Verhalten und Reaktionen kann erreicht werden, wenn mehrere Personen, unabhängig voneinander aufgrund eindeutiger Kriterien zum gleichen Ergebnis kommen.

In Bezug auf das Beispiel, könnte bei dem anschließenden Gespräch mit den Angehörigen festgestellt werden, dass auch ihnen die zunehmende Vergesslichkeit und Konzentrationsschwäche aufgefallen ist und Sorgen bereitet.

Fremdbeobachtung

Fremdbeobachtung ist die Beobachtung eines anderen Menschen, seines Verhaltens und seiner Äußerungen.

Pflegende sollten bemüht sein, ihre Beobachtungsergebnisse so objektiv wie möglich darzustellen. Es gestaltet sich häufig schwierig, Reaktionen und Verhaltensweisen zu beobachten und wertfrei zu dokumentieren oder im Team zu besprechen, da Wahrnehmungseinflüsse und -verzerrungen die Beobachtung beeinflussen und die Ergebnisse nicht selten wenig über die tatsächliche Befindlichkeit des Pflegebedürftigen aussagen.

Selbstbeobachtung

Die Selbstbeobachtung ist im Gegensatz zur Fremdbeobachtung auf den eigenen Bewusstseinsablauf gerichtet. Sie wird auch als Introspektion bezeichnet.

Wissenschaftlich betrachtet bietet die Selbstbeobachtung keine genauen Ergebnisse. Ursache dafür sind die vielen psychischen Einflüsse und die unterschiedlichen Darstellungen von Erlebnissen, die eine objektive Überprüfung verhindern.

Im Umgang mit pflegebedürftigen Menschen bildet die Selbstbeobachtung jedoch eine elementare Basis für den Aufbau einer pflegerischen Beziehung sowohl für die Pflegekraft als auch für den Pflegebedürftigen. Der Pflegebedürftige trägt durch die bewusste Wahrnehmung und Darstellung seiner Empfindungen zur Ermittlung seiner individuellen Bedürfnisse und Befindlichkeit bei. Die Pflegekraft ist folglich in der Lage, Pflegemaßnahmen unter der Berücksichtigung der individuellen Situation zu planen. Diese Vorgehensweise hilft, Missverständnisse zwischen der Pflegekraft und dem Pflegebedürftigen zu vermeiden und die Zufriedenheit der Beteiligten zu steigern.

Für die Pflegekraft stellt die Selbstbeobachtung eine notwendige Voraussetzung dar, ihr pflegerisches Handeln zu reflektieren. Je differenzierter sie ihre positiven und negativen Gefühle im Umgang mit hilfsbedürftigen Menschen und ihren individuellen Reaktionen wahrnehmen und zulassen kann, desto gründlicher lernt sie, sich mit ihnen auseinander zu setzen und sie zu verarbeiten.

Die Auseinandersetzung mit den eigenen Gefühlen ist erforderlich, um psychische Einflussfaktoren und Wahrnehmungsverzerrungen zu erkennen sowie deren Beeinflussungen zu mindern (s. a. Kap. 1). Daraus folgend kann sich eine solide Grundlage entwickeln, in der eine empathische und offene Begegnung zwischen Pflegepartnern, d. h. Pflegekraft und Pflegeperson, möglich wird.

Abhängig vom Blickwinkel der Beobachtung wird zwischen subjektiver und objektiver sowie Fremd- und Eigenbeobachtung unterschieden.

Beobachtung als Prozess:

- Beobachten ist im Gegensatz zu Wahrnehmen ein systematischer, zielgerichteter und selektiver Prozess.
- Beobachtung ist ein prozesshafter Vorgang, der Selektion von Wahrnehmungsreizen, Suchen nach vergleichbaren Merkmalen, Fragestellungen und Interpretationsmöglichkeiten, ihre Bewertung sowie Überprüfung der pflegerischen Maßnahmen beinhaltet.
- Beobachtung kann auf verschiedene Weise stattfinden: Subjektive Beobachtung, objektive Beobachtung, Selbstbeobachtung, Fremdbeobachtung.

2.2 Beobachtung in der Pflege

Die Beobachtung in der Pflege stellt eine der wichtigsten pflegerischen Aufgaben dar. Der Pflegealltag bietet vielfältige Möglichkeiten. Die systematische Beobachtung in der Pflege richtet sich nach bestimmten Kriterien und Fragestellungen:

- Zeitpunkt (Wann erfolgt Beobachtung?),
- Hilfsmittel (Womit erfolgt Beobachtung?),
- Systematik (Wie erfolgt Beobachtung?).

2.2.1 Zeitpunkt

Beobachtung in der Pflege erfolgt im Rahmen des Pflegeprozesses. Sie beginnt mit dem Erstkontakt und wird intensiviert während der Informationssammlung bzw. der Pflegeanamnese.

Spezielle Beobachtung von pflegebedürftigen Menschen ist nomalerweise eine kontinuierliche, in den Pflegealltag integrierte Maßnahme, z. B. während der Körperpflege oder der Hilfestellung bei der Nahrungsaufnahme. Im Laufe dieser komplexen Pflegehandlungen lenkt die Pflegeperson ihre Aufmerksamkeit gleichzeitig auf mehrere Merkmale wie z. B. den Bewusstseinszustand, die Sprache, die Haut, die Körperhaltung usw.

Beobachtung kann aber auch planmäßig auf einzelne Kriterien gerichtet sein, wie z. B. die postoperative halbstündliche Blutdruck-, Puls und Bewusstseinskontrolle oder auch die Stundenurinmessung. Spezielle, meist standardisierte Überwachungsbögen helfen, einen angeordneten Zeitrhythmus korrekt einzuhalten. Sie dienen ferner dazu, den Verlauf der Beobachtungen zu dokumentieren und entsprechend den gesetzlichen Forderungen nachvollziehbar zu machen.

2.2.2 Hilfsmittel

An der Beobachtung in der Pflege sind in erster Linie unsere Sinnesorgane beteiligt, die jedoch häufig durch Hinweise von Betroffenen oder durch Benutzen von Hilfsmitteln komplettiert werden müssen. Eine umfassende Beobachtung kann erreicht werden durch:

- Einsatz der Sinnesorgane,
- Informationen von Pflegebedürftigen und ihren Angehörigen,
- Anwendung spezifischer Instrumente,
- Anwendung spezifischer Teststreifen,
- Anwendung von Skalen,
- Informationen aus dem Pflegeteam.

Einsatz der Sinnesorgane

Es sind primär die Fernsinne, die bei der Beobachtung in der Pflege von Bedeutung sind, besonders die Augen, Ohren, Nase und Haut (s. a. Kap. 1). Die Augen nehmen eine dominante Stellung ein, da sie für fast alle Beobachtungsbereiche benötigt werden (s. a. Kap. 5 ff.). Sie sind unersetzlich sowohl beim Betrachten einzelner körperlicher Merkmale als auch beim Ablesen von Daten, die mit Hilfe von Messinstrumenten ermittelt werden.

Aufmerksames Hören wird erforderlich bei der Beurteilung von Sprache und Stimme. Auch die Unterscheidung verschiedener Geräusche beispielsweise bei der Atmung oder beim Gehen stellt oftmals hohe Anforderungen an den Beobachter.

Die Nase hilft uns, Veränderungen bei Ausscheidungen und Atmung näher zu differenzieren.

Die Haut ist in ihrer Funktion als Tastorgan fähig, den Spannungszustand eines Muskels zu fühlen und Bewegungen zu spüren. Die Fingerkuppen tasten den Pulsschlag an den Arterien, die Hände fühlen die

Hauttemperatur. Tasten, berühren und bewegen ermöglichen zudem einen Wechsel von der verbalen auf die nonverbale Kommunikationsebene. Die nonverbalen Äußerungen können besonders bei bewusstseinseingeschränkten Menschen als wertvolle Informationsquelle genutzt werden.

Der Geschmackssinn spielt bei der Beobachtung in der Pflege heute nahezu keine Rolle mehr. Er wurde in Zeiten eingesetzt, in denen es noch keine Laborinstrumente gab; z.B. war es üblich, den Urin zu schmecken, um Zucker im Urin nachzuweisen.

Informationen von Pflegebedürftigen und ihren Angehörigen

Gewöhnlich wird der pflegebedürftige Mensch im Rahmen des Pflegeprozesses kontinuierlich nach seinen Bedürfnissen sowie seiner Befindlichkeit befragt. Durch den häufigen Kontakt der Pflegekräfte zum Pflegebedürftigen entwickelt sich nicht selten eine intensive Kommunikation mit entsprechendem Informationsaustausch. Dabei fließen wesentliche Anhaltspunkte in die bereits ermittelten Beobachtungsergebnisse ein und vervollständigen das Gesamtergebnis.

Bei Menschen, die sich nicht oder kaum mitteilen können, stellen Informationen von begleitenden Angehörigen bzw. Einweisungsberichte/Übergabeberichte von betreuenden Einrichtungen oder einweisenden Ärzten eine wertvolle Hilfe dar.

Eine postoperativ auftretende Unruhe und Desorientiertheit eines Menschen kann verschiedene Ursachen haben. Die Befragung der Angehörigen nach üblichen Lebensgewohnheiten, z.B. auch Alkoholkonsum der erkrankten Person in der Vergangenheit, kann frühzeitig Aufschluss geben und ermöglicht effektives pflegerisches Handeln. Die Pflegekraft wird daraufhin ihre Aufmerksamkeit auf spezifische Beobachtungskriterien richten. Dazu gehören u.a. die Kontrolle von Blutdruck und Puls, die Beurteilung der Schweißsekretion und die Hautbeobachtung.

Diese Vorgehensweise bietet die Möglichkeit, nachfolgende Pflegemaßnahmen konstruktiv und effektiv zu gestalten.

Anwendung spezifischer Instrumente

Bestimmte Messkriterien, die durch die Sinne nicht oder nur ungenau erfasst werden, machen den Einsatz von Hilfsmitteln oder Instrumenten erforderlich. Diese dienen der annähernd objektiven Sicherung von Beobachtungsergebnissen. Instrumente, die häufig eingesetzt werden sind das Blutdruckmessgerät, eine Uhr mit Sekundenzeiger, das Fieberthermometer oder die Waage. In speziellen Pflegebereichen, z.B. auf einer Intensivstation, gibt es viele spezifische Instrumente. Diese messen, entsprechend den krankheitsbedingten Erfordernissen, ausgewählte Beobachtungsmerkmale und stellen sie auf Monitoren dar, wie z.B. eine Hirndruckmessung oder Atemkurve. Dadurch werden engmaschige Kontrollen unabhängig vom Befinden, der Konzentration und der Aufmerksamkeit der beobachtenden Pflegekraft möglich.

Zwar können Apparate einzelne Beobachtungsmerkmale exakter messen und die Pflegekräfte entlasten, die Erfassung des Menschen in seiner Ganzheitlichkeit kann allerdings allein durch Apparate niemals erreicht werden.

Anwendung spezifischer Teststreifen

Mittels Teststreifen können hauptsächlich Blut und Ausscheidungen untersucht werden. Sie geben Auskunft über die Mengen an physiologischen und pathologischen Inhaltsstoffen, wie z.B. Blut, Zucker, Eiweiß, Harnstoff etc. im Urin. Die Handhabung richtet sich jeweils nach den Empfehlungen des Herstellers. Von den Normwerten abweichende Ergebnisse müssen zusätzlich im Labor überprüft werden. In einigen Fällen werden Teststreifen in Verbindung mit elektronischen Geräten ausgewertet, so z.B. bei der Blutzuckermessung.

Anwendung von Skalen

Skalen erleichtern die objektive Einschätzung individuell und subjektiv ermittelter Beobachtungsdaten. Sie kommen häufig bei der Einschätzung eines Risikos für bestimmte Veränderungen zum Einsatz, z.B. die erweiterte Norton-Skala zum Einschätzen des Dekubitusrisikos.

Informationen aus dem Team und der Dokumentation

Die Ergebnisse der Beobachtung müssen dokumentiert und im Team ausgetauscht und besprochen werden. Zum Team gehören alle an der Pflege und Therapie beteiligten Personen. Erst die Auswertung aller Beobachtungsdaten führt zu einem annähernd objektiven Gesamtbeobachtungsergebnis. Die Dokumentation sollte so genau und wertfrei wie möglich sein, damit jeder einen ungefähr gleichen Informationsstand besitzt (s. a. Kap. 2.4.4).

Hilfsmittel für die Beobachtung:

- Beobachten ist eine der wichtigsten pflegerischen Aktivitäten, die kontinuierlich während des Pflegealltags, aber auch planmäßig durch Überprüfung bestimmter Kriterien stattfindet.
- Die eigenen Sinnesorgane und der Informationsaustausch mit den Pflegebedürftigen und ihren Angehörigen sind wichtige Beobachtungsmöglichkeiten.
- Messinstrumente wie Uhr, Fieberthermometer, Waage und Blutdruckgerät, aber auch spezifische Teststreifen und Skalen sind weitere Hilfsmittel der Beobachtung.

2.2.3 Systematik

Beobachtung bedeutet Selektion und Sortieren von wahrgenommenen Informationen kranker Menschen. Damit die Ergebnisse der Beobachtung sinnvoll verarbeitet werden können, ist eine Systematisierung notwendig. Verschiedene Möglichkeiten kommen je nach Bedarf zur Anwendung:

- „Von Kopf bis Fuß“,
- Körperorgane,
- Pflegetheorien,
- Klassifikationssystem der Pflegediagnosen,
- Beobachtungsbereiche.

„Von Kopf bis Fuß“

Bei der „Von Kopf bis Fuß“-Methode wird der gesamte Körper des Menschen abschnittsweise inspiziert und untersucht.

Beginnend am Kopf werden die Haare, das Gesicht, die Mimik, die Augen, der Mund, die Nase, die Ohren etc. sowohl anatomisch als auch physiologisch untersucht. Die Sprache und der Höhreindruck sind hierbei ebenso wichtig wie das Sehen, das Riechen und der Schluckvorgang.

Auf diese Art werden sämtliche Teile des Körpers gezielt beobachtet. Der Vorteil dabei ist, dass kein Körperteil übersehen oder vergessen wird. Es besteht allerdings die Gefahr der verminderten Gesamteinschätzung.

Körperorgane

Eine anderes Beobachtungsschema orientiert sich an einzelnen Körperorganen oder Organsystemen wie z. B. dem Bewegungs- und Stützapparat, dem Nervensystem, dem Atmungssystem, dem Herz-Kreislaufsystem oder den Organen des Verdauungssystems. Da die Organsysteme in vielen Fällen der äußerlichen Inspektion nicht zugänglich sind, werden andere diagnostische Möglichkeiten herangezogen. Die Anordnung und Auswertung dieser Untersuchungen unterliegen überwiegend dem ärztlichen Bereich. Dazu gehören beispielweise

- Röntgen- und Laboruntersuchungen,
- das Aufzeichnen elektrischer Aktionsströme von Herz und Gehirn (EKG und EEG),
- Punktionen einzelner Organe oder
- endoskopische Untersuchungen.

Die auf die Organe gerichtete Beobachtung führt zu einer krankheitsbezogenen, medizinischen Betrachtungsweise. Im Vordergrund stehen Funktionen, Teil- bzw. Restfunktionen und Versagen der Organsysteme. Der Mensch in seiner körperlich-geistig-seelischen Gesamtsituation rückt hierbei in den Hintergrund. Die derart ermittelten Beobachtungs- und Untersuchungsergebnisse können demnach nur einen Ausschnitt der ganzheitlichen Betrachtungsweise des Menschen darstellen.

Pflegetheorien

Die Orientierung an Pflegetheorien bzw. Pflegemodellen bietet eine weitere Möglichkeit, Beobachtung zu systematisieren (s. a. Bd. 1, Kap. 4.3.8).

Ein besonders im deutschsprachigen Raum bekanntes und angewandtes Modell ist das von Nancy Roper, Winifried Logan und Alison Tierney. In ihrem Werk „Die Elemente der Krankenpflege“ beschreiben sie ein „Modell des Lebens“. Basierend auf menschlichen Aktivitäten, enthält es alle Elemente der Pflege. Die menschlichen Aktivitäten sind in 12 Lebensaktivitäten (LA) unterteilt:

- für eine sichere Umgebung sorgen,
- kommunizieren,
- atmen,
- essen und trinken,
- ausscheiden,
- sich sauber halten und kleiden,
- die Körpertemperatur regulieren,
- sich bewegen,
- arbeiten und spielen,

- sich als Mann und Frau fühlen und verhalten,
- schlafen,
- sterben.

Anhand dieser Kategorien können Beobachtungen sowohl der gesunden als auch der beeinträchtigten Anteile eines Menschen durchgeführt und dokumentiert werden.

Klassifikationssystem der Pflegediagnosen

Die Analyse aus den Informationen der Pflegeanamnese sowie der Beobachtung führt zur Problemformulierung bzw. Pflegediagnosestellung. Pflegediagnosen dienen dazu, gesundheitliche Probleme von Menschen zu erkennen, zu benennen und Lösungsmöglichkeiten zu erarbeiten. Gleichzeitig stellen sie auch eine Abgrenzung zu medizinischen Diagnosen dar. Pflegediagnosen sind feststehende, standardisierte Begrifflichkeiten und national einheitlich verwendbar (s. a. Bd. 1, Kap. 7).

Marjorie Gordons „Handbuch Pflegediagnosen" basiert auf der Arbeit der Nordamerikanischen Pflegediagnosenvereinigung (NANDA). Sie hat die Pflegediagnosen nach 11 funktionalen Verhaltensmustern innerhalb eines pflegerischen Bezugsrahmens geordnet:

- Wahrnehmung und Umgang mit der eigenen Gesundheit,
- Ernährung und Stoffwechsel,
- Ausscheidung,
- Aktivität und Bewegung,
- Schlaf und Ruhe,
- Kognition und Perzeption,
- Selbstwahrnehmung und Selbstkonzept,
- Rollen und Beziehungen,
- Sexualität und Reproduktion,
- Bewältigungsverhalten (Coping und Stresstoleranz),
- Werte und Überzeugungen.

Je systematischer und klarer die Ergebnisse der Informationssammlung und der Beobachtung sind, desto einfacher und zuverlässiger kann eine Pflegediagnose gestellt werden. Informationssammlungen sowie Beobachtungen können methodisch strukturiert werden durch Informationssammlungs- bzw. Beobachtungsbögen. Sie erlauben einen Überblick für Sammlung und Überprüfung pflegerischer Grundinformationen. Die von M. Gordon vorgeschlagenen Formblätter für die Beobachtung bei Erwachsenen und Kindern sehen wie folgt aus:

Formblatt für die körperliche Untersuchung/ Beobachtung bei Erwachsenen

(aus: Gordon, M.: Handbuch Pflegediagnosen, 2. Aufl., Ullstein Medical Verlagsgesellschaft & Co, Wiesbaden 1998)

(Sie können weitere Indikationen für Verhaltensmuster zur Ausweitung der Untersuchung/Beobachtung hinzufügen)

Allgemeines Erscheinungsbild, gepflegtes Äußeres, Körperpflege ____________
Mundschleimhaut (Farbe, Feuchtigkeit, Läsionen) ____
Zähne: Zahnprothese ____ Löcher ____ Lücken ____
Hört Geflüster? ____________
Liest Zeitung? ____________
Puls (Frequenz) ____ (Rhythmus) ____ (Stärke) ____
Atmung ____ (Tiefe) ____ (Rhythmus) ____
Atemgeräusche ____________
Blutdruck ____________
Händedruck ____ Kann einen Bleistift aufheben? ____
Bewegungsfähigkeit (Gelenke) ____ Muskultonus? ____
Haut: Knochenvorsprünge ____ Läsionen ____
Farbveränderungen ____________
Gang ____________ Haltung fehlende Körperteile/ Gliedmaßen ____________

Zeigt die Fähigkeit zur Selbstversorgung in Bezug auf: (Kennzeichnen Sie den Selbstversorgungsgrad)

Essen/Trinken ____ Pflegen der äußeren Erscheinung __
Körperpflege ____ Allg. Beweglichkeit ____
Ausscheiden ____ Kochen ____
Mobilität im Bett __ Haushaltsführung ____
Sich kleiden ____ Einkaufen ____
Intravenöse Zugänge? Drainagen? Sonden? Stoma? (spezifizieren Sie) ____________
Aktuelles Körpergewicht ____________
Angegebenes Körpergewicht ____________
Körpergröße ____ Körpertemperatur ____

Während des Pflegeassessments festzustellen:

Orientierungsfähigkeit ____ Verständnis für Gedanken und Fragen (abstrakt, konkret)? ____
Muttersprache ____ gesprochene Sprache ____
Stimm- und Sprachmuster ____ Wortschatz ____
Blickkontakt Konzentrationsvermögen (Ablenkbarkeit) ____________
Nervös oder entspannt (Skala von 1 bis 5) ____
Zustimmend/bejahend oder passiv (Skala von 1 bis 5) ____________
Interaktion mit Familienmitglied, Betreuer oder anderen (falls anwesend) ____________

Formblatt für die körperliche Untersuchung/ Beobachtung bei Kindern
(aus: Gordon, M.: Handbuch Pflegediagnosen, 2. Aufl., Ullstein Medical Verlagsgesellschaft & Co, Wiesbaden 1998)

a) Allgemeines Erscheinungsbild des Kindes ______
b) Allgemeines Erscheinungsbild der Eltern ______
c) Körpergröße und Körpergewicht ______
Entwicklungsstatus des Kindes ______
d) Hautzustand: Farbe, Ausschläge, Läsionen, Turgor ______
e) Falls erforderlich: Stuhl-/ Urinbeschaffenheit ______
f) Reflexe (altersentsprechend) ______
g) Atmung: Atemzüge, Rhythmus, Tiefe, Frequenz ______
h) Herztöne, Herzfrequenz, Pulsrhythmus ______
i) Blutdruck ______
j) Ansprechbarkeit, Reaktionsvermögen, Reaktion auf Umweltreize, kognitive-perzeptive Entwicklung ______
k) Blickkontakt, Sprechmuster, Körperlage ______
l) Reaktion auf Anlächeln (Kleinkind) ______
m) Soziale Interaktion (Kind) aggressiv/zurückgezogen? ______
n) Reaktion auf Ansprache? Nachfragen? ______

Beobachtungsbereiche
Beobachtung kann systematisch nach den in Kap. 5 aufgeführten Beobachtungsbereichen und deren Kriterien regelrecht abgearbeitet werden.

Die Haut wird systematisch hinsichtlich Farbe, Temperatur, Spannung und Beschaffung der Oberfläche inspiziert und beurteilt. Viele Veränderungen der Haut sind typisch und können einer Erkrankung zugeordnet werden.

Durch Beobachten weiterer, ergänzender Beobachtungspunkte erfolgt eine zunehmende Abgrenzung und Eingrenzung. Je sorgfältiger und exakter sowohl die Ergebnisse einzelner und ergänzender Beobachtungsbereiche zusammenhängend ausgewertet werden, je leichter und transparenter gestaltet sich auch hier die Problemformulierung und Pflegediagnosestellung.

Bei anhaltender Übelkeit und Erbrechen wird auch die Haut auf ihre Spannung hin überprüft. Gleichzeitig kann die Stuhlbeobachtung sowie der Ernährungszustand von Bedeutung sein genau so wie die Beobachtung von Blutdruck und Puls, weil Übelkeit und Erbrechen die Gesamtbefindlichkeit erheblich mindert und die Pflegeproblematik bis hin zur vitalen Bedrohung durch Austrocknung und Schocksymptomatik verschärfen kann.

Systematik der Beobachtung:

- Die Beobachtung von Pflegebedürftigen kann nach unterschiedlichen Schemata erfolgen:
- Bei der abschnittsweisen Untersuchung des gesamten Körpers besteht die Gefahr der verminderten Gesamteinschätzung.
- Die krankheitsbezogene Betrachtungsweise bezieht sich auf einzelne Organsysteme und betrachtet nur einen Ausschnitt des Menschen.
- Andere Beobachtungssysteme können auch Pflegemodelle bzw. -theorien und die Klassifikation nach Pflegediagnosen sein.
- Die in den folgenden Kapiteln behandelten Beobachtungsbereiche bilden ein weiteres Beobachtungssystem.

2.3 Beeinflussende Faktoren bei der Beobachtung

Wie die Wahrnehmung wird auch die Beobachtung durch physische und psychische Faktoren beeinflusst, die sowohl physiologischen als auch pathologischen Ursprung haben können (s.a. Kap. 1.3). Bei vielen Pflegepersonen wird die Beobachtung beeinflusst durch die eingeschränkte eigene körperliche Verfassung, oftmals bedingt durch Müdigkeit, Kräftemangel, zu wenig Schlaf oder zu lange Dienstzeiten mit wenig Freizeitausgleich. Auch Schmerzen, z.B. Rücken- oder Kopfschmerzen, lenken die Beobachtung eher auf die eigene Befindlichkeit. Der Beobachtungsradius kann durch die geistige Verfassung z.B. aufgrund fehlender Motivation, emotionale Stimmungslage und Stress ebenfalls erheblich eingeschränkt sein. In vielen Fällen entstehen aus diesen Gründen nicht nur Wahrnehmungsverzerrungen, sondern Beobachtungsfehler.

Eine Pflegekraft leidet durch die nächtliche Versorgung ihres kranken Kindes unter Schlafmangel und Konzentrationsschwäche. Im Laufe ihrer anschließenden Frühschicht übersieht sie bei der postoperativen Versorgung eines hirnoperierten Menschen eine Pupillendifferenz mit beginnender Bewusstseinstrübung. In diesem Fall ist der frischoperierte Mensch vital erheblich bedroht.

Um Beobachtungsdaten exakt auswerten und beurteilen zu können, sollten sie möglichst objektiv sein. Dieser Vorgang erfordert oftmals ein hohes Maß an Eigenreflexionsfähigkeit (s.a. 2.1.1). Besonders schwierig sind Beobachtungen zu objektivieren und zu bewerten, die das Verhalten von Menschen oder ihre Stimmungslage sowie die Selbstbeobachtung betreffen (s.a. 2.1.1). Nicht selten bestimmen Sympathie oder Antipathie zwischen den Pflegepartnern die Blickrichtung. Eine von Sympathie gesteuerte pflegerische Beziehung wirkt sich meist entspannend und offen auf den Wahrnehmungs- und Beobachtungsprozess aus, eine antipathische Begegnung häufig spannungerzeugend und zurückhaltend.

Ein Austausch innerhalb des Pflegeteams zur Verminderung von Beobachtungsverzerrungen ist bei der Auswertung subjektiver Daten unbedingt notwendig.

Es empfiehlt sich, die subjektiven Daten auf Gültigkeit (Validität) und Zuverlässigkeit (Reliabilität) zu überprüfen (s.a. Kap. 3).

Eine zuverlässige (reliable) Beobachtung muss allerdings nicht zwangsläufig auch Gültigkeit (Validität) besitzen.

Ein äußerlich ruhig und ausgeglichen wirkender Mensch, muss nicht zwangsläufig zufrieden oder ausgeglichen sein. Das ruhig und ausgeglichen wirkende Verhalten kann eine Fassade sein, hinter der sich Angst verbirgt.

Die tatsächliche Befindlichkeit kann durch ein Gespräch zwischen den Pflegepartnern herausgefunden werden. Das setzt jedoch voraus, dass der beobachtete Mensch über seine Gefühle reden kann und dies auch tun möchte.

Selektion und Fokussierung

Wie in **Abb. 2.1** dargestellt, wird bei der Beobachtung aus der Fülle der Wahrnehmungsreize die Aufmerksamkeit auf einzelne beobachtbare Merkmale gerichtet. Das bedeutet, dass einige Wahrnehmungsreize aussortiert (selektiert) und die Aufmerksamkeit auf besondere Beobachtungsschwerpunkte gelenkt (fokussiert) wird. Bei der Selektion und Fokussierung gehen Informationen verloren, die das Gesamtbeobachtungsbild der Pflegeperson verzerren können.

Die Fokussierung der Beobachtung auf ganz bestimmte Beobachtungsmerkmale ist in vielen pflegerischen Situationen notwendig und zeichnet die Professionalität einer Pflegekraft aus. Beispielsweise stehen bei einem Menschen in einer Schocksituation die Kontrolle der Vitalzeichen, der Haut und des Bewusstseins im Vordergrund und nicht die Sorge um die familiäre Situation oder z.B. rheumatisch bedingte Bewegungseinschränkungen. Damit aber auch diese wichtigen Informationen nicht verloren gehen, sollten sie zu einem späteren Zeitpunkt erfragt werden. Hilfreich ist deshalb die Durchführung der Beobachtung anhand einer Systematik (s.a. 2.2.3).

Der Beobachtungsprozess wird hauptsächlich beeinflusst durch Selektion und Fokussierung von Wahrnehmungsanteilen.

2.4 Bedeutung der Beobachtung in der Pflege

Wahrnehmung und Beobachtung nehmen einen hohen Stellenwert in der pflegerischen Berufsausübung ein. Sie bilden den Ausgangspunkt für den Beziehungsaufbau zwischen dem pflegebedürftigen Menschen und der Pflegeperson sowie für das pflegerische Handeln. Eine sorgfältige Beobachtung verfolgt vielfältige pflegerische und medizinische Ziele für den betroffenen Menschen. Eine hohe Beobachtungsqualität trägt entscheidend zur Validität und Reliabilität der Beobachtungsergebnisse bei. Damit eine möglichst umfangreiche Informationsquelle für alle an der Pflege und Therapie beteiligten Personen zur Verfügung steht, ist eine möglichst präzise Dokumentation notwendig. Eine qualitativ gute Beobachtung in der Pflege setzt pflegerische Kompetenz voraus und stellt hohe Anforderungen an die beobachtende Person.

2.4.1 Beobachtung als Grundlage für pflegerisches Handeln

Beobachtung bildet die Grundlage für pflegerisches Handeln innerhalb des Pflegeprozesses. Sie bedeutet auch die Fähigkeit und Bereitschaft, auf den Pflegebedürftigen zuzugehen, sich in ihn einzufühlen und Neugierde bzw. Interesse zu entwickeln. Aufmerksamkeit, Konzentrationsvermögen, sowie Kontrollen mindern Beobachtungsfehler.

Um den Pflegebedürftigen in seiner Gesamtsituation einschätzen zu können, sind alle am Pflegeprozess beteiligten Personen, einschließlich ärztliches und therapeutisches Personal sowie der pflegebedürftige Mensch, aufgefordert, ihre Beobachtungsergebnisse zusammenzutragen und zur Verfügung zu stellen. Auf diese Art können eine annähernd sichere Einschätzung der gesunden und kranken Anteile des Menschen erreicht, eine spezifische Pflegediagnose ermittelt und weitere Schritte des Pflegeprozesses umgesetzt werden.

2.4.2 Ziele der Beobachtung in der Pflege

Die Beobachtungsergebnisse stellen eine der wichtigsten Grundlagen für die Pflegediagnosestellung sowie für das pflegerische Handeln dar. Die Ermittlung sollte unvoreingenommen und so sachlich wie möglich durchgeführt werden. Sie ist Bestandteil der Informationssammlung und der Pflegeanamnese innerhalb des Pflegeprozesses. Durch eine aufmerksame Beobachtung und anteilnehmende Befragung können Wünsche und Bedürfnisse der erkrankten Personen ermittelt werden. Außerdem werden Fähigkeiten, Probleme und Ressourcen erkannt, auf deren Grundlage Pflegemaßnahmen gezielt geplant werden können.

Das Aufspüren von Ressourcen, die Förderung und der Erhalt geistiger sowie körperlicher Fähigkeiten kann besonders bei alten Menschen im Vordergrund stehen.

Wo Pflegemaßnahmen wirkungsvoll angewendet werden, können unnötige Belastungen durch überflüssige und ineffektive Maßnahmen für den zu pflegenden Menschen vermieden, die Gesundheit gefördert und Folgekrankheiten verhindert werden. Die spezielle Beobachtung von bewusstseinbeeinträchtigten und desorientierten Menschen zielt darauf ab, gefährdende Situationen frühzeitig zu erkennen und abzuwenden und durch besondere Maßnahmen zu fördern, z. B. durch Basale Stimulation®. Richtet sich die Beobachtung insbesondere auf die Kommunikation und Interaktion, kann durch eine aufmerksame und anteilnehmende Umgangsweise eine vertrauensvolle zwischenmenschliche Beziehung aufgebaut werden.

Um die Einschätzung der Gesamtsituation zu gewährleisten, sollten das Verhalten des Menschen, das individuelle Erleben von Krankheit und Behinderung sowie die Bewusstseinslage einschließlich der Orientierung in die Beobachtung einbezogen werden. In vielen Fällen ist es jedoch notwendig, sich konkret auf einzelne, spezifische Beobachtungsschwerpunkte zu konzentrieren, z. B. in Akut- oder Notfallsituationen.

Mittels der speziellen Beobachtung in der Pflege werden die Pflegebedürftigkeit eines Menschen eingeschätzt, Pflegeprobleme und Ressourcen ermittelt, die Wirkung durchgeführter Pflegemaßnahmen beurteilt und die Therapie einschließlich ihrer Wirkung und Nebenwirkung sowie der Krankheitsverlauf überprüft bzw. überwacht.

Nicht zuletzt trägt eine sorgfältige Beobachtung dazu bei, Komplikationen frühzeitig zu erkennen und zu verhüten. Sie unterstützt die medizinische Diagnosefindung und damit auch die Auswahl therapeutischer und rehabilitativer Möglichkeiten, weshalb Ärzte und alle an der Therapie und Pflege beteiligten Personen wie z. B. Physiotherapeuten daran teilhaben. Durch die Beobachtung und Beurteilung von Wirkungen und Nebenwirkungen therapeutisch durchgeführter Maßnahmen sind Pflegepersonen am krankheitsorientierten, medizinischen Problemlösungsprozess beteiligt.

Sämtliche Maßnahmen der Gesundheitspflege müssen wirtschaftlichen Ansprüchen gerecht werden. Da eine sorgfältige Beobachtung effiziente pflegerische, therapeutische und rehabilitative Maßnahmen ermöglichen, können unnötige Kosten und Folgekosten vermieden und die Aufenthaltsdauer in Institutionen des Gesundheitswesens verkürzt werden.

Beeinflussende Faktoren bei der Beobachtung:

- Die Beobachtung wird beeinflusst durch
  - die eigene körperliche und geistige Befindlichkeit,
  - Sym- oder Antipathie zwischen Pflegepartnern,
  - durch die Fokussierung auf bestimmte Beobachtungsmerkmale.
- Ziel der Beobachtung ist es:
  - Bedürfnisse der Patienten zu ermitteln,

- Ressourcen und Probleme zu erkennen,
- gefährdende Situationen und Komplikationen rechtzeitig zu erfassen,
- eine vertrauensvolle zwischenmenschliche Beziehung aufzubauen,
- unnötige Kosten zu vermeiden.

2.4.3 Qualität der Beobachtung

Die Aussagekraft (Qualität) eines Beobachtungsergebnisses ist von verschiedenen Faktoren abhängig. Die menschliche Beobachtung ist stark an das Funktionieren der Sinnesorgane gebunden, besonders an Augen, Ohren, Nase und Haut. Verschiedene physische und psychische Einflüsse verändern die Wahrnehmung und infolgedessen auch die Beobachtung (s. a. Kap. 1.2/1.3).

Beim Einsatz spezifischer Instrumente oder Teststreifen ist das Beobachtungsergebnis von der korrekten Handhabung und Bedienung abhängig. In vielen Fällen ist vor der ersten Anwendung eine spezielle Einweisung bzw. Anleitung notwendig oder sogar vorgeschrieben, wie z. B. bei Überwachungsmonitoren auf der Intensivstation.

Von entscheidender Bedeutung für die Qualität der Beobachtung ist das theoretische Hintergrundwissen einer Pflegekraft in den Bereichen

- Anatomie und Physiologie,
- Krankheitslehre,
- Psychologie und
- insbesondere der Pflege.

Erst dadurch können beobachtete Sachverhalte interpretiert und professionell beurteilt werden. Das bedeutet, dass die Voraussetzung für eine qualitativ hochwertige Beobachtung eine entsprechende Ausbildung ist.

Ein Maßstab für eine gute Beobachtungsqualität stellt die Überprüfung auf Gültigkeit (Validität) und Zuverlässigkeit (Reliabilität) der Beobachtungsdaten dar (s. a. Kap. 3.4.4).

Anzumerken ist, dass eine stark auf Krankheiten bezogene Beobachtung den Blick für den Menschen in seinem ganzheitlichen Erleben einengt. Das bedeutet, eine zielgerichtete Beobachtung schränkt die Wahrnehmung anderer Phänome ein oder schließt sie aus. Es ist möglich, dass dadurch Veränderungen in anderen Bereichen oder Zusammenhänge übersehen werden.

Eine leicht desorientierte, 79-jährige Frau liegt nach einer chirurgisch versorgten Oberarmfraktur seit 2 Tagen auf der chirurgischen Station. Im Vordergrund steht die Beobachtung der Wunde, des Kreislaufs, der Vitalfunktionen, der Schmerzen, der Bewusstseinslage sowie die korrekte Lagerung des operierten Armes. Da die Frau mehrmals eingenässt hat, bekommt sie auf Anordnung des Stationsarztes einen Blasenverweilkatheter gelegt.

Eine gezielte Beobachtung der Urinausscheidung und des Miktionsverhalten ist zugunsten der oben aufgeführten postoperativen Beobachtungsschwerpunkte in den Hintergrund getreten, hätte aber möglicherweise das Legen eines Blasenkatheters verhindern können.

Das bedeutet, dass eine qualitativ gute Beobachtung, die sich nur auf die kranken Anteile des Menschen richtet, nicht immer einer qualitativ hochwertigen Beobachtung der Gesamtsituation eines Menschen gerecht wird. Um dies zu erreichen, ist wiederum der Appell an das Pflegeteam zu richten, sich sowohl mit den beeinträchtigten als auch den gesunden Anteilen des betroffenen Menschen auseinander zu setzen und ihn in die Beobachtung einzubeziehen.

2.4.4 Dokumentation

Für die Dokumentation der Beobachtungsergebnisse stehen verschiedene Dokumentationssysteme zur Verfügung. Sie sind für nahezu alle Pflegebereiche anwendbar bzw. entsprechend für spezielle Belange abänderbar. Unterschiedliche Beobachtungsskalen und Einteilungen erleichtern das Eintragen von Messergebnissen wie z. B. die Temperatur-, Blutdruck- und die Pulskurve.

Während das Eintragen der objektiv gemessenen Beobachtungsergebnisse einfach erscheint, gestaltet sich im Gegensatz dazu das Beschreiben von beobachtbarem Verhalten und Wirkungen der durchgeführten Pflege- und Therapiemaßnahmen häufig problematisch.

Um zu prägnanten Beschreibungen zu gelangen, muss der Beobachtende Begrifflichkeiten verwenden, die pflegerischen und medizinischen sowie psychologischen Bereichen allgemein verständlich sind. Das heißt, dass Pflegekräfte und ärztliches Personal die gleiche Fachsprache sprechen müssen, damit alle an der Pflege Beteiligten unter den verwendeten Begriffen auch das gleiche verstehen (s.a. Kap.4).

Schwierig ist die Formulierung von Verhaltensweisen, Emotionen und Reaktionen; psychologische Kenntnisse können dabei hilfreich sein.

Die Dokumentation sollte möglichst wertfrei, d.h. so objektiv wie möglich, dargestellt werden. Da aber auch subjektive Einschätzungen häufig von diagnostischer Bedeutung sind, sollten diese ebenso dokumentiert werden, allerdings als solche gekennzeichnet werden.

Ein 45-jähriger adipöser Mann befindet sich aufgrund einer Hypertonie seit 6 Tagen auf einer medizinischen Station. Der Blutdruck weist trotz der Gabe blutdrucksenkender Medikamente hohe Schwankungen auf. Eine Pflegekraft beobachtet, dass der Blutdruck besonders nach den täglichen Besuchszeiten im hypertonen Bereich liegt. Sie äußert den Verdacht, dass der Mann möglicherweise familiäre Probleme hat.
Der beschriebene „subjektive Verdacht" kann, wenn er sich als zutreffend herausstellt, zu Veränderungen der antihypertensiven Therapie führen. Zur Unterstützung können Problemlösungsmöglichkeiten, Entspannungstechniken bzw. eine Behandlung in der Psychosomatik vorgeschlagen werden.

Hier wird ebenfalls die Notwendigkeit deutlich, den betroffenen Menschen mit in die Beobachtung einzubeziehen.

Die Dokumentation sollte vollständig sein und alle Informationen enthalten, die notwendig sind, um die Pflege eines Menschen übernehmen zu können. Besonders im ambulanten Pflegebereich stellt sie häufig die einzige Informationsquelle über wichtige Beobachtungsmerkmale dar, da dort die Pflegekräfte im Gegensatz zu stationären Einrichtungen überwiegend alleine arbeiten.

Eine lückenlose Dokumentation von Beobachtungsergebnissen garantiert zudem eine Verlaufskontrolle, da sie die Beurteilung der Wirkung von Pflegemaßnahmen auf den Pflegebedürftigen nachvollziehbar und transparent gestalten. Es ist deshalb wichtig, dass die Beobachtungsergebnisse präzise und nicht ungenau formuliert werden.

„Fr. X hat einen Blutzucker von 245 mg%" statt „Fr. X hat einen hohen BZ". „Hr. Y hat in der Nacht von 19.00 Uhr abends bis um 7.00 Uhr morgens 950 ml Urin ausgeschieden" statt „hat viel ausgeschieden". Weitere übliche Formulierung wie z.B. „hat gut gegessen" oder „hat wenig getrunken" sollten ebenfalls genau beschrieben werden, da die Mengenangaben nicht konkret sind und unterschiedlich interpretiert werden können.

2.4.5 Anforderungen an das Pflegepersonal

Die Beobachtung in der Pflege bildet den Ausgangspunkt für pflegerisches Handeln und nimmt deshalb einen hohen Stellwert ein.

Die Beobachtung der gesunden und kranken Anteile des Menschen erfordert mehr als das Begutachten und Beurteilen einzelner Merkmale. Eine gute Beobachtung in der Pflege verlangt fundiertes therotetisches Hintergrundwissen mit der entsprechenden Fähigkeit, aus Einzel-(beobachtungs)-ergebnissen eine Gesamteinschätzung zu erstellen. Sie erfordert zudem Flexibilität und das „sich einstellen können" auf wechselnde Bedingungen. Die Beobachtung von Verhaltensweisen und Reaktionen im zwischenmenschlichen Bereich setzen psychologische Kenntnisse voraus und fordert Reflexionsfähigkeit der beobachtenden Person (s.a. 2.1.1).

Berufserfahrung erleichtert die Beurteilung, kann aber auch betriebsblind machen; die beobachtende Pflegekraft sollte ihre Beobachtungsergebnisse hinterfragen und kontrollieren. Diese Vorgehensweise vermindert die Gefahr der falschen Situationseinschätzung und Interpretation sowie das Vergessen wichtiger Informationen und voreilige Schlussfolgerungen.

Anforderungen an das Pflegepersonal:

- Die Qualität der Beobachtung ist vom Funktionieren der Sinnesorgane, vom Fachwissen, von der Überprüfung der Beobachtungsdaten auf Gültigkeit und Zuverlässigkeit hin abhängig.
- Sowohl gesunde als auch beeinträchtigte Anteile eines Menschen sind in die Beobachtung zu integrieren.
- Die vollständige und präzise Dokumentation der objektiven und subjektiven Beobachtungen ist eine wichtige Informationsquelle und garantiert eine Verlaufskontrolle.

Fazit: Die spezielle Beobachtung in der Pflege ist eine systematische und zielgerichtete Form der Wahrnehmung und richtet sich insbesondere auf die gesunden und beeinträchtigten Anteile eines Menschen. Sie erfolgt durch den Einsatz der Sinnesorgane und/oder spezieller Hilfsmittel wie z. B. Messinstrumente.

Beobachtung ist ein dynamischer Vorgang und vollzieht sich prozesshaft. Sie ist in den Pflegeprozess integriert und stellt eine der wichtigsten Grundlagen des pflegerischen Handelns dar. Damit Ergebnisse der Beobachtung in der Pflege sinnvoll verarbeitet werden können ist eine Systematisierung notwendig. Hierbei gibt es verschiedene Möglichkeiten, z. B. die Orientierung an Pflegetheorien oder Beobachtungsbereichen.

Die Beobachtung unterliegt wie auch die Wahrnehmung physischen und psychischen Einflussfaktoren des Beobachters.

Die Fähigkeit zur Beobachtung kann durch Schulung der Wahrnehmungs- und Aufnahmefähigkeit erlernt werden. Ein fundiertes theoretisches Hintergrundwissen ist für eine qualitativ hochwertige Beobachtung notwendig.

Die Beobachtung sollte immer auch die gesunden Anteile eines Menschen im Blick haben. Auf diese Weise können individuelle rehabilitative und gesundheitserhaltende Maßnahmen eingeleitet und dem betroffenen Menschen die Möglichkeit gegeben werden, seinen Pflegeprozess aktiv mitzugestalten.

Arets, J., F. Obex, J. Vaessen, F. Wagner: Professionelle Pflege. Theoretische und Praktische Grundlagen. Bd. 1, Eicanos, Bocholt 1996

Arnold, W., H.J. Eysenck, R. Meili (Hrsg.): Lexikon der Psychologie, Bd. 1 – 3, genehmigte Lizenzaufl. für Bechtermünz Verlag im Weltbild Verlag GmbH, Augsburg 1997

Barmer Ersatzkasse, Pflegekasse (Hrsg.): Zu Hause pflegen, Kursleiterhandbuch für Pflegekurse. Lambertus, Freiburg i. Br. 1966

Gordon, M.: Handbuch Pflegediagnosen. Ullstein Medical, Wiesbaden 1998

Grubitzsch, S., K. Weber (Hrsg.): Psychologische Grundbegriffe. Rowohlt, Reinbek bei Hamburg 1998

Gwozdz, P.: Memorandum der Krankenbeobachtung – ausgerichtet nach den Aktivitäten des täglichen Lebens, Bd. 7, 2. Aufl. Pflegescript, Wallenhorst 1992

Jecklin, E.: Arbeitsbuch Krankenbeobachtung: als Teil der Krankenpflege, 2. Aufl., Gustav Fischer, Stuttgart 1992

Köther, I., E. Gnamm: Altenpflege in Ausbildung und Pflege, 3. Aufl., Thieme, Stuttgart 1995

Seel, M.: Die Pflege des Menschen, 3. Aufl. Brigitte Kunz, Hagen 1998

Wichmann, V.: Kinderkrankenpflege. Thieme, Stuttgart 1991

Zimbardo, P.G.: Psychologie, 6. Aufl. Springer, Berlin 1995

3 Datenerhebung im pflegerischen Alltag

Marion Weichler-Oelschlägel

Übersicht

Einleitung · 47
3.1 **Methoden der Datenerhebung** · 47
3.1.1 **Beobachtung** · 47
3.1.2 **Gespräche** · 48
3.2 **Datenquellen** · 48
3.3 **Datenarten** · 49
3.4 **Reliabilität und Validität von Daten** · 49
Fazit · 50
Literatur · 50

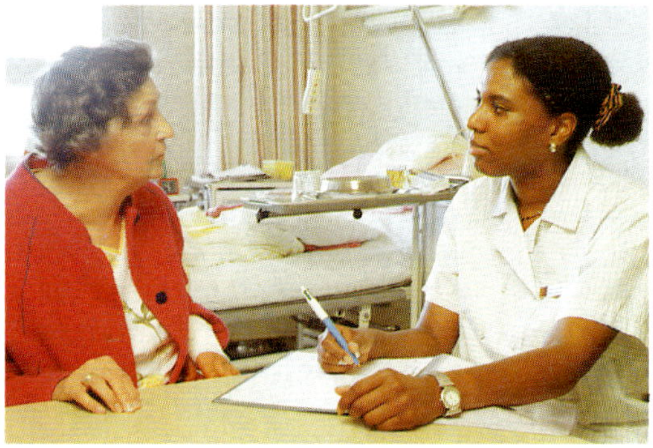

Schlüsselbegriffe:

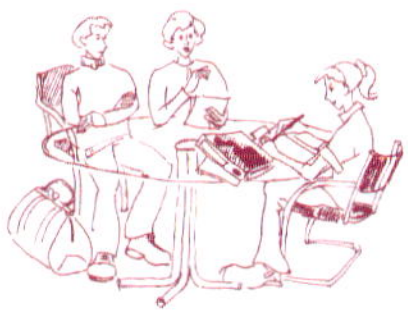

- *Objektive Daten*
- *Subjektive Daten*
- *Primäre Daten*
- *Sekundäre Daten*
- *Validität*
- *Reliabilität*

Einleitung

Der Ermittlung pflegerelevanter Informationen kommt im Rahmen des Pflegeprozesses eine entscheidende Bedeutung zu: Sie ist der Ausgangspunkt für die Bestimmung von Pflegeproblemen und Ressourcen eines pflegebedürftigen Menschen und beeinflusst darüber hinaus auch die Festlegung der Pflegeziele und -maßnahmen. Pflegerisches Handeln kann nur dann individuell und zielgerichtet erfolgen, wenn die hierfür nötigen Daten vorliegen. Wahrnehmen und Beobachten sind die zentralen Methoden der Informationsgewinnung im pflegerischen Alltag. Daneben kommt der Kommunikation in diesem Zusammenhang eine große Bedeutung zu. Das folgende Kapitel gibt einen Einblick in Methoden der Datenerhebung sowie verschiedene Datenquellen und -arten.

3.1 Methoden der Datenerhebung

Die Datenerhebung stellt eine der wichtigsten Grundlagen pflegerischen Handelns dar. Die in der Informationssammlung ermittelten Daten sind die Basis für alle weiteren Schritte im Pflegeprozess (s. a. Band 1; Kap. 6). Die Qualität der Datenerhebung ist ausschlaggebend für die Erfassung der Probleme und Ressourcen eines hilfsbedürftigen Menschen. Nur wenn vollständige und zutreffende Informationen erfasst wurden, können Probleme und Ressourcen eines zu betreuenden Menschen adäquat abgeleitet werden.

Die Ergebnisse der Erhebungen bestimmen letztlich auch die notwendigen pflegerischen Interventionen. Der Datenerhebung kommt im Rahmen des Pflegeprozesses folglich eine fundamentale Bedeutung zu. Daher ist auch die Kontinuität in der Erhebung und eine stete Aktualisierung der Daten unerlässlich. Nur so können z. B. die Wirkungen der Pflegemaßnahmen auf die Menschen registriert und Probleme und Ressourcen gegebenenfalls aktualisiert werden. Die gewonnenen Informationen können unterschiedlich klassifiziert werden: Es werden ▸ *primäre* und ▸ *sekundäre* sowie ▸ *subjektive* und ▸ *objektive Daten* unterschieden.

Informationen bzw. Daten können mit Hilfe verschiedener Methoden gewonnen werden. Im pflegerischen Alltag werden sie vor allem über die Beobachtung eines Menschen und Gespräche bzw. Befragungen gesammelt.

3.1.1 Beobachtung

Wahrnehmen und Beobachten sind die elementare Basis pflegerischen Handelns.

Im Gegensatz zur Wahrnehmung, die auch unbewusst abläuft, wird die Beobachtung als zielgerichtete und bewusste Wahrnehmung von Menschen und Situationen bezeichnet (s. a. Kap. 2). Sie erfolgt sowohl über die menschlichen Sinne (s. a. Kap. 1) als auch durch den Einsatz von Messgeräten.

Beobachtung über die Sinneswahrnehmung: Beobachtungen der Beschaffenheit der Hautoberfläche können durch Sehen und Tasten erfolgen, die akustische Wahrnehmung ermöglicht u. a. die Beobachtung von Atemgeräuschen, der Geruchssinn spielt bei der Beobachtung der Urin- und Schweißsekretion eine wichtige Rolle. Diese Liste ließe sich beliebig fortsetzen. Einige Daten lassen sich jedoch nicht unmittelbar mit Hilfe der Sinne erfassen, sondern erfordern verschiedene Messgeräte.

Beobachtung über Messungen: Hilfsmittel zur Durchführung unterschiedlichster Messungen werden bei Beobachtungskriterien verwendet, die mit Hilfe der Sinne nicht unmittelbar erfasst werden können, z. B. bei der Ermittlung der Körpertemperatur oder bei der Blutdruckmessung.

Die Spannbreite der in der Pflege und Medizin zum Einsatz kommenden Gerätschaften, die von Pflegepersonen bedient werden, ist sehr groß. Sie reicht von dem Einsatz einfacher Pulsuhren bzw. Sekundenanzeigern von Uhren zur taktilen Ermittlung der Pulsfrequenz bis hin zu hochkomplizierten, computertechnisch gestützten Geräten zur Ermittlung sehr spezifischer Daten, wie z. B. der Aufzeichnung der Hirnströme über ein Elektroenzephalogramm (EEG). Ihre korrekte Anwendung erfordert spezifisches Wissen.

Technische Geräte kommen z. B. zur kontinuierlichen venösen Injektion feindosierter Medikamente durch Injektionspumpen zum Einsatz. Verschiedenste Messgeräte, z. B. ein geschlossenes Urinableitungssystem, ermöglichen exakte Flüssigkeitsbilanzierungen; über ein Blutzuckermessgerät kann die Höhe des Blutzuckerspiegels exakt bestimmt werden. Auch Fieberthermometer, Blutdruckmessgeräte und Waagen gehören zum Pflegealltag. Die Beschreibung ihrer Handhabung erfolgt in den nachfolgenden Beobachtungskapiteln.

3.1.2 Gespräche

Informationen bzw. Daten können auch durch Gespräche gewonnen werden. Das Erstgespräch im Rahmen der Informationssammlung hat eine wesentliche Funktion für die Pflegeanamnese. Im weiteren Verlauf des Pflegeprozesses bietet jede Interaktion mit dem pflegebedürftigen Menschen Gelegenheit, über Gespräche pflegerelevante Informationen zu erfahren. Auch im Gespräch mit anderen, an Pflege und Therapie beteiligten Berufsgruppen sowie Angehörigen und Freunden des pflegebedürftigen Menschen können Informationen gewonnen werden.

Datenerhebung im Pflegealltag erfolgt im Wesentlichen über Beobachtung und Kommunikation.

3.2 Datenquellen

Nach Art der Datenquelle lassen sich primäre und sekundäre Daten unterscheiden.

Als primäre Daten werden jene Informationen bezeichnet, die Pflegepersonen durch Aussagen und Angaben des pflegebedürftigen Menschen selbst erfahren. Sie werden auch Primärquellendaten genannt und gelten als besonders wertvoll, da sie die Situation, in der sich eine betroffene Person befindet, in der Regel sehr genau wiedergeben.

Sekundäre Daten werden aus Sekundärquellen, wie z. B. aus der Befragung durch Angehörige, Freunde usw. erhoben. Auch Daten, die aus Aufzeichnungen, z. B. der Dokumentation oder früherer Krankengeschichten, erhoben werden, gelten als sekundäre Daten.

In einigen Fällen sind Sekundärquellen die einzige Möglichkeit für die Pflegepersonen und die weiteren Mitglieder des therapeutischen Teams, überhaupt an Daten zu gelangen, z. B. bei kleineren Kindern oder verwirrten Menschen.

Primäre und sekundäre Daten ergänzen sich und sind für die Pflegepersonen wichtige Informationsquellen.

3.3 Datenarten

Neben der Einteilung von Daten nach der Quelle, aus der sie gewonnen werden, können auch subjektive und objektive Daten unterschieden werden.

Als objektive Daten werden jene Daten bezeichnet, die von den Pflegenden beobachtet, gemessen und nachgeprüft werden können.

Objektive Beobachtungen gründen sich ausschließlich auf Fakten, auf messbare Informationen, die in systematischer Weise erfassbar sind. Sie bedürfen keinerlei Interpretation; Gefühle oder Vorurteile seitens der erhebenden Person spielen keine Rolle.

Objektive Daten lassen sich v. a. mit Hilfe technischer Geräte ermitteln; diese ermöglichen präzise Ergebnisse, die sich einer subjektiven Beeinflussung entziehen. Wichtig ist es, bei der Dokumentation objektiver Daten die allgemeingültigen Maßeinheiten zu verwenden, wie z. B. cm, kg, mmHg, Celsius usw.

Als subjektive Daten werden solche Informationen bezeichnet, die eng mit der jeweiligen Person verknüpft sind.

Ihre Erhebung ist sehr viel schwieriger, da sie sich in erster Linie auf die psychosoziale Situation eines Menschen und sein momentanes Erleben, seine Empfindungen, Gefühle, Stimmungen beziehen.

Subjektive Daten sind stets eng mit dem Erleben und der ihrerseits subjektiven Wahrnehmung der Erhebenden selbst verknüpft. In der Konsequenz sind sie daher nur schwer mit subjektiven Daten anderer vergleichbar. Dennoch ist ihre Erfassung von immenser Bedeutung für die Gesamtdatenerhebung, da eine alleinige Berücksichtigung der objektiven Daten in jedem Fall eine Reduktion von Komplexität und somit ein unvollständiges Bild der Gesamtsituation eines Menschen zur Folge hätte. Ein großer Teil der pflegerischen Beobachtungen hat einen subjektiven Charakter.

Bei der Dokumentation subjektiver Daten ist es wichtig, darauf zu achten, dass sie als solche gekennzeichnet werden.

Die Wahrnehmung des Problems durch den Betroffenen selbst wird als wichtigste Datenquelle innerhalb der Situationseinschätzung eingestuft. Da sie jedoch stets subjektiv ist, muss sie von den Pflegenden grundsätzlich vorsichtig interpretiert werden.

Um subjektive Daten annähernd vergleichbar und handhabbar zu machen, können Hilfsmittel zur Objektivierung eingesetzt werden. Hierzu gehört beispielsweise die Verwendung einer Skala, die das Erfassen objektiver Ausgangspunkte für eine Verlaufskontrolle und Evaluation pflegerischer Maßnahmen ermöglicht. Ein Beispiel ist die Schmerzskala, durch die die subjektive Wahrnehmung „Schmerzintensität" über Zahlen dargestellt werden kann. Die so ermittelte Schmerzintensität kann beim erneuten Auftreten von Schmerzen als Vergleichswert herangezogen werden. Diese Möglichkeit kann z. B. bei der Kontrolle der Wirksamkeit schmerzlindernder Maßnahmen eingesetzt werden (**Abb. 3.1**).

Die erhobenen Daten können in objektive und subjektive sowie primäre und sekundäre Daten eingeteilt werden.

3.4 Reliabilität und Validität von Daten

Im Rahmen der Datenerhebung durch Beobachtungen und Messungen gilt es, 2 wichtige Kriterien zu beachten: Die Messinstrumente, mit deren Hilfe Daten erhoben werden, müssen reliabel (zuverlässig) und valide (gültig) sein.

Mit ▸ *Reliabilität* wird die Zuverlässigkeit eines Messinstrumentes bei der Verwendung durch verschiedene Personen bezeichnet.

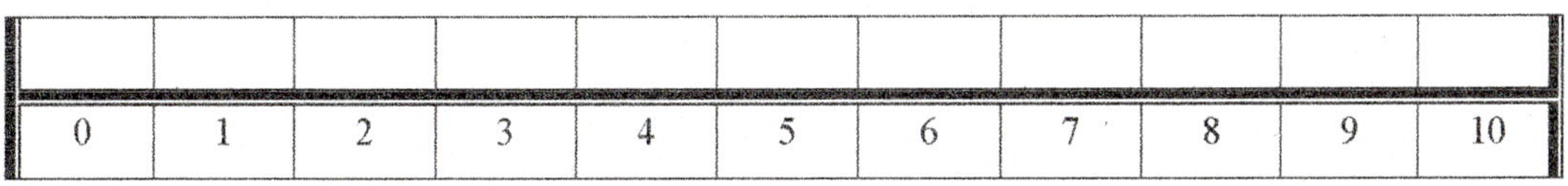

Abb. 3.1 Skala zur individuellen Einschätzung der Schmerzintensität 0 = keine Schmerzen, 10 = stärkste Schmerzen

Wiederholte Messungen durch verschiedene Pflegepersonen mit einem Messinstrument sollten zu gleichen Ergebnissen führen. Wenn beispielsweise 3 verschiedene Pflegepersonen bei einem pflegebedürftigen Menschen unter den gleichen Bedingungen den Blutdruck messen, kann das Ergebnis dann als zuverlässig gelten, wenn bei allen Messungen annähernd der gleiche Blutdruckwert ermittelt wird.

Umgekehrt ist anzunehmen, dass ein Messinstrument, welches bei wiederholten Messungen derselben Person trotz gleicher Bedingungen stark unterschiedliche Messwerte liefert, nicht reliabel ist, d.h. keine zuverlässigen Ergebnisse liefert.

Eine pflegerische Beobachtung gilt dann als zuverlässig, wenn nach wiederholten Beobachtungen nahezu das Gleiche wahrgenommen wird bzw., wenn verschiedene Beobachter im Ergebnis annähernd den gleichen Sachverhalt beobachten.

Unter Validität wird die Gültigkeit eines Messinstrumentes verstanden, d.h. in welchem Ausmaß das Messinstrument tatsächlich das misst, was es messen soll.

Beispielsweise kann der Blutdruck eines Menschen nicht mit einem Thermometer gemessen werden. In diesem Fall ist das Messinstrument Thermometer kein gültiges Instrument für die Ermittlung des Blutdrucks. Eine übliche Personenwaage wäre bei extrem übergewichtigen Personen dann nicht valide, wenn die Anzeige des maximal messbaren Gewichts das tatsächliche Körpergewicht der zu wiegenden Person unterschreitet.

Neben der Reliabilität ist die Validität das zentrale Gütekriterium einer Messung.

Fazit: Datenerhebung im pflegerischen Alltag erfolgt über Beobachtung und Kommunikation. Sie ist wesentlicher Bestandteil der Informationssammlung und stellt die Basis für alle weiteren Schritte im Pflegeprozess dar. Die erhobenen Daten können verschieden klassifiziert werden: Unterschieden werden primäre und sekundäre sowie objektive und subjektive Daten. Bei der Erhebung und Interpretation der Daten sind die Gütekriterien Validität und Reliabilität zu beachten.

Arets, J., F. Obex, J. Vaessen, F. Wagner: Professionelle Pflege. Eicanos, Bocholt 1996

Bienstein, C., G. Schröder, M. Braun, K.-D. Neander: Dekubitus. Thieme, Stuttgart 1997

Bienstein, C., G. Schröder et al.: Dekubitus. Deutscher Berufsverband für Krankenpflege, Frankfurt/Main 1990

Brobst, R.: Der Pflegeprozess in der Praxis. Hans Huber, Bern 1996

Georg, J., M. Frowein (Hrsg.): Pflegelexikon. Ullstein Medical, Wiesbaden 1999

Schnell, R. Dr., Dr. P. B. Hill, Dr. E. Esser: Methoden der empirischen Sozial-Forschung. Oldenbourg, München 1988

4 Informationsweitergabe

Marion Weichler-Oelschlägel

Übersicht

Einleitung · 51
4.1 Bedeutung und Funktionen der Informationsweitergabe · 51
4.2 Sprache als Instrument der mündlichen und schriftlichen Informationsweitergabe · 56
4.2.1 Umgang mit der Fachsprache · 57
4.2.2 Medizinische Terminologie · 57
Fazit · 61
Literatur · 61

Schlüsselbegriffe:

- ▸ *Informationsweitergabe*
- ▸ *Pflegefachsprache*

Einleitung

Neben der Ermittlung von Daten ist bei der Sicherstellung der Qualität pflegerischer Dienstleistung die Kontinuität des Informationsflusses von entscheidender Bedeutung. Die Weitergabe von Informationen in der Pflege erfolgt sowohl in schriftlicher als auch in mündlicher Form. Wesentliches Kommunikationsmittel ist hierbei das geschriebene und gesprochene Wort. Für die Kommunikation innerhalb von Berufsgruppen wird häufig eine sog. Fachsprache verwandt, die die Informationsweitergabe effektiver gestalten soll.

Das folgende Kapitel beleuchtet die Bedeutung und Funktion der Informationsweitergabe in der Pflege und geht auf die Sprache als deren wichtigstes Instrument näher ein.

4.1 Bedeutung und Funktionen der Informationsweitergabe

Eine differenzierte, umfassende und kontinuierliche Informationssammlung ist Voraussetzung für alle weiteren Schritte im Pflegeprozess (s. a. Band 1/Kap. 6). Die gesammelten Daten sind der Ausgangspunkt für die Formulierung von Ressourcen und Problemen des pflegebedürftigen Menschen. Im Rahmen der prozesshaften Pflege werden kontinuierlich neue, aktuelle Daten erhoben und die Informationssammlung vervollständigt. Gleichzeitig werden damit auch die Bedingungen für eine individuelle Pflegeplanung geschaffen, d. h. für die Anpassung der Pflege an die jeweilige individuelle Situation der betroffenen Menschen. Voraussetzung hierfür ist auch eine korrekte schriftliche und mündliche Weitergabe der Informationen.

Grundsätzlich ist eine mündliche wie auch schriftliche ▸ *Informationsweitergabe* nötig, da

- immer mehrere Personen an der Pflege eines Menschen beteiligt sind,
- die erhobenen Daten für alle Mitglieder des therapeutischen Teams von Bedeutung sind,
- sie eine Verlaufskontrolle der durchgeführten Pflege und eine Evaluation ermöglicht,
- sie ein Merkmal der Pflegequalität darstellt,
- die Dokumentation als Nachweis der pflegerischen Tätigkeit gilt,
- juristische Aspekte berücksichtigt werden müssen.

An der Pflege eines Menschen sind immer mehrere Pflegefachkräfte beteiligt. Um eine individuelle Pflege zu gewährleisten, ist es deshalb unerlässlich, dass alle Beteiligten denselben Informationsstand besitzen. Neben der mündlichen Weitergabe spielt hier vor allem die schriftliche Dokumentation eine große Rolle. Sie ermöglicht jederzeit einen einfachen Zugriff auf

alle wichtigen Daten. Missverständnisse durch Hörfehler können vermieden werden (**Abb. 4.1**).

Dadurch, dass die schriftlichen Informationen jederzeit verfügbar sind, können sich auch Pflegekräfte nach längerer Abwesenheit, z.B. durch Urlaub, schnell den notwendigen Überblick verschaffen. Die Berichtszeiten können verkürzt werden, was bei der Einführung neuer Dienstzeitmodelle mit versetztem

Abb. 4.1 Zeichnung: Fr. Hartmann. Text: Fr. Lauber, Fr. Schachting

Arbeitsbeginn vorteilhaft ist. Den Pflegefachkräften erleichtert es außerdem, die im Rahmen der Pflegeplanung erhobenen Daten (Probleme, Ressourcen, Ziele und Maßnahmen) nachzuvollziehen und umzusetzen.

Die erhobenen Daten sind häufig nicht nur für Pflegefachkräfte, sondern für alle Mitglieder des therapeutischen Teams (z.B. Ärzte, Physiotherapeuten, Seelsorger) wichtig. Das wiederholte Nachfragen bei einem hilfsbedürftigen Menschen zu ein und demselben Sachverhalt durch verschiedene Personen des therapeutischen Teams, beispielsweise bei Vorliegen einer Allergie, kann bei dem Betroffenen u.a. Gefühle der Unsicherheit hinsichtlich der professionellen Kompetenz der an Pflege und Therapie beteiligten Personen auslösen. Die umfassende und allen zugängliche Dokumentation kann solche Probleme verhindern.

Eine alte Frau mit einer ausgeprägten Pflasterallergie wird von 3 verschiedenen Personen nach eventuell vorhandenen Allergien gefragt (**Abb. 4.2**).

Anhand der Dokumentation lässt sich der Verlauf der Pflege nachvollziehen. Dies ermöglicht gleichzeitig die Evaluation, d.h. die Überprüfung der geplanten und durchgeführten Maßnahmen im Hinblick auf ihren Wert und ihre Effektivität. Aufgrund dieser Evaluation ist es dann möglich, Auswahl oder Intensität der Maßnahmen des Pflegeplans zu ändern und den Erfordernissen anzupassen.

Eine Pflegefachkraft ermittelt eine Dekubitusgefährdung bei einem alten Mann, der neu in ein Pflegeheim einzieht und bettlägrig ist. Sie plant eine 2-stündliche 30°-Lagerung zur Verhinderung eines Dekubitus im Sakralbereich und

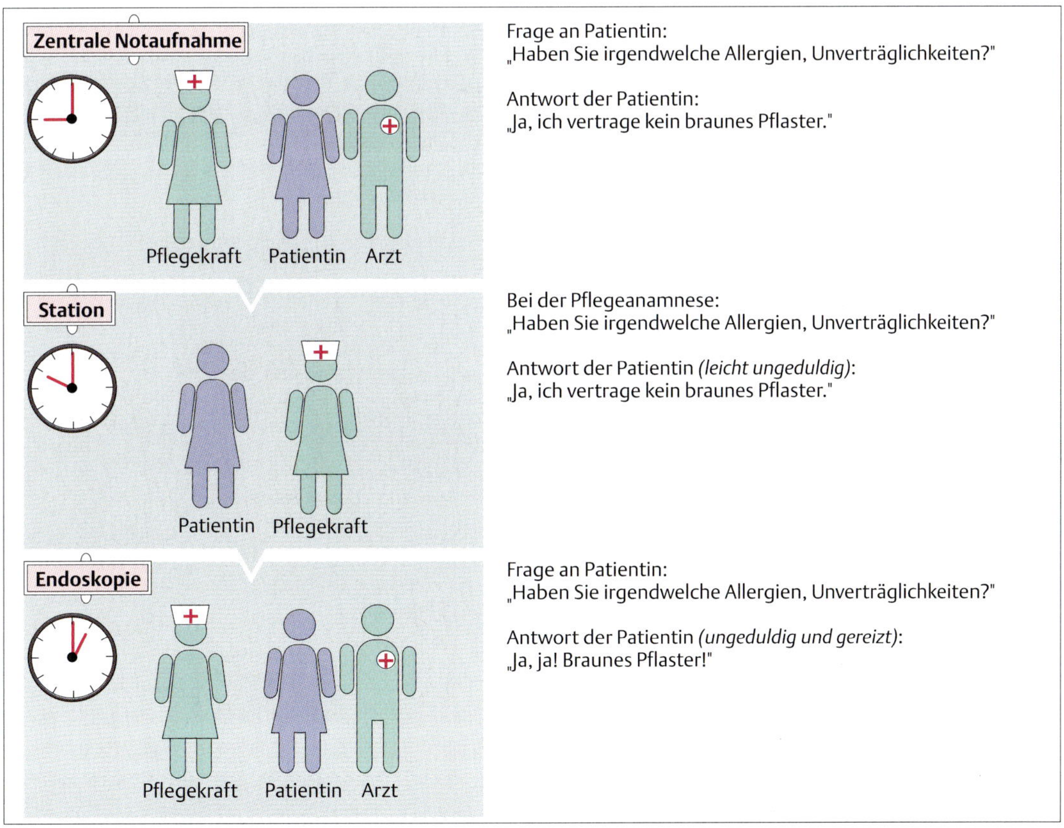

Abb. 4.2 Die Allergiefrage

hält diese Maßnahme in der Pflegedokumentation fest. Die geplante Maßnahme wird regelmäßig von allen an der Pflege Beteiligten durchgeführt und dokumentiert. Jedoch entwickelt der alte Mann bereits nach 2 Tagen seines Pflegeheimaufenthaltes eine auffällige Rötung am rechten Trochanter major. Die Pflegefachkraft evaluiert die 30°-Lagerung allein als nicht ausreichend, um Folgeschäden der Bettlägrigkeit zu verhüten. Sie plant zusätzlich eine Weichlagerung mit einer Spezialmatratze, ändert den Pflegeplan und führt die Maßnahme durch. Die Rötung entwickelt sich über Nacht zurück.

Die Informationsweitergabe ist auch ein Merkmal der Pflegequalität. Sie beinhaltet in diesem Zusammenhang vor allem 2 Aspekte: einen quantitativen und einen qualitativen Aspekt.

Unter dem quantitativen Aspekt der Informationsweitergabe wird die Weitergabe aller relevanten Informationen verstanden.

Je nach individueller Situation eines Menschen können Informationen aus dem physischen, psychischen, sozialen etc. Bereich für die Pflege relevant sein.

Bei einer Dienstübergabe auf einer Kinderstation wird den Pflegefachkräften des Spätdienstes ein 7-jähriger Junge, der in der Nacht eingeliefert wurde, vorgestellt. Die zuständige Pflegefachkraft des Frühdienstes berichtet über die Diagnose „akute Appendizitis“, den OP-Verlauf und den guten postoperativen physischen Zustand des Jungen, darüber hinaus auch über seine momentan sehr angstbesetzte psychische Situation, da die Eltern ihn bislang aus beruflichen und familiären Gründen (= sozialer Aspekt) noch nicht besuchen konnten.
Die Kenntnis von Daten aus den verschiedenen Bereichen wirkt sich direkt auf die Ableitung möglicher Pflegeprobleme aus.

Der qualitative Aspekt der Informationsweitergabe bezieht sich auf die Exaktheit, Differenziertheit und Korrektheit der angegebenen Informationen.

Ein 85-jähriger Mann leidet postoperativ unter einem leichten Durchgangssyndrom. Eine qualitativ hochwertige Informationsweitergabe verlangt die Differenzierung der vorliegenden Desorientierung.
In dem o. a. Beispiel könnte die Desorientierung folgendermaßen beschrieben werden: örtlich und zeitlich desorientiert (jedoch nicht zur Person).

Nur wenn sowohl der qualitative als auch der quantitative Aspekt in der Informationsweitergabe entsprechend berücksichtigt werden, ist eine effektive individuelle Pflegeplanung und Durchführung der Pflege möglich.

Somit sind die Qualität und Quantität der Informationsweitergabe auch maßgeblich an der Sicherung bzw. Förderung der Pflegequalität beteiligt (**Abb. 4.3**).

Im Rahmen der Finanzierung von Pflege wird es zunehmend wichtig, die erbrachten pflegerischen Leistungen nach außen sichtbar zu machen. Eine Möglichkeit des Leistungsnachweises ist die Dokumentation der ausgeführten Pflege. Erst wenn dies geschieht, ist der Umfang der Pflege nachvollziehbar und auch abrechenbar.

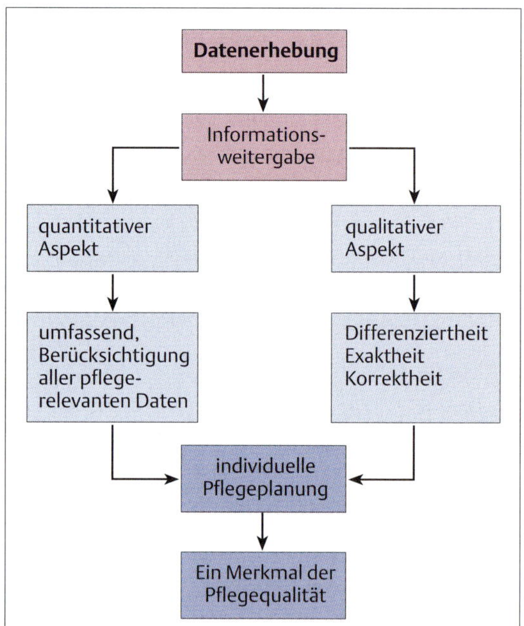

Abb. 4.3 Informationsweitergabe in der prozesshaften Pflege

Weiterhin müssen juristische Aspekte bei der Informationsweitergabe berücksichtigt werden. Im Gesundheitsreformgesetz (§ 139, 1989) wird von den Krankenhäusern verlangt, sich an den Maßnahmen zur Qualitätssicherung zu beteiligen. „Diese Maßnahmen sind auf die Qualität der Behandlung, der Versorgungsabläufe und der Behandlungsergebnisse zu erstrecken. Diese Maßnahmen sind so zu gestalten, dass vergleichende Prüfungen möglich werden.“ Auch die Einrichtungen, die unter die Vorschriften des Pflegeversicherungsgesetzes fallen, sind verpflichtet, sich an den Maßnahmen zur Qualitätssicherung zu beteiligen und die Prüfung der Qualität ihrer Leistungen zu ermöglichen (Pflegeversicherungsgesetz §80). Basis für die Erfüllung dieser Vorschriften ist die Dokumentation.

Gleichzeitig dient die Dokumentation der Pflege und Behandlung auch der Beweisbarkeit im Falle eines zivil- oder strafrechtlichen Prozesses. Durch den Bundesgerichtshof wurde 1988 der Nachweis und die Dokumentation der ärztlichen und pflegerischen Versorgung verbindlich vorgeschrieben (BGH NJW 1978, S. 2337; 1988 S. 762 f).

Als Beispiel wird hier das Bremer Dekubitusurteil vom 02.06.1987 zitiert.

Bremer Dekubitusurteil vom 02.06.1987

„Eine Entscheidung darüber, ob die Ärzte und das Pflegepersonal bei der Dekubitusprophylaxe und -behandlung etwas versäumt haben, kann nicht getroffen werden, bevor nicht geklärt ist, was im Falle des Patienten hätte angeordnet und durchgeführt werden müssen. Das wird für jede Phase der Behandlung zu erörtern sein. Für die erste Zeit (...) wird mithin aufzuklären sein, was die Ärzte zu veranlassen hatten, um eine erfolgreiche Dekubitus-Prophylaxe durchzuführen, was das Pflegepersonal insoweit zu tun hatte, und ob, wenn schon eine Lagerung auf einer Spezialmatratze oder einem Wasserbett bei diesem Patienten nicht möglich war, etwa wegen der erforderlichen Hochlagerung des Oberkörpers andere Ausgleichsmaßnahmen zu treffen waren. Dasselbe gilt für die Phase (...) bis zur Entlassung. Zusätzlich wird die beklagte Klinik darzulegen haben, wie sie die danach erforderliche intensive Pflege des Patienten organisatorisch sichergestellt hat, vor allem auch in den Zeiten, in denen der nach den Feststellungen des Gerichts besonders gewissenhafte Pfleger N. keinen Dienst hatte oder im Urlaub war. Endlich wird ergänzend (...) zu beurteilen sein, ob die Entlassung des Patienten nach Hause zu verantworten war und ob dabei vor allem die therapeutische Beratung ausgereicht hat.

Die Revision rügt ferner mit Recht (...) die mangelhafte Dokumentation der Dekubituspflege und -behandlung. Der Senat hat schon in seinem Urteil vom 18.03.1986 (der zitierte Braunschweiger Dekubitusfall, BGH NJW 1986, S. 2365) dazu Stellung genommen. Dabei waren bei einem Patienten, der ein Risikopatient war, in den Krankenunterlagen die ärztliche Diagnose sowie die ärztlichen Anordnungen hinsichtlich der Wahl der erforderlichen Pflegemaßnahmen festzuhalten, zumal nicht ersichtlich ist, dass im Krankenhaus eine allgemeine schriftliche Anweisung bestanden hat, aus der die allgemeinen prophylaktischen Maßnahmen ersichtlich waren. Die Entscheidung über das, was zu tun war, durfte nicht allein dem Pflegepersonal überlassen bleiben. Es musste organisatorisch sichergestellt sein, dass die Dekubitusprophylaxe und -pflege ärztlich ausreichend überwacht wurde, und die Durchführung der allgemein oder für den speziellen Fall angeordneten Maßnahmen musste (...) schriftlich festgehalten werden. Diesen Grundsätzen genügt die Dokumentation der beklagten Klinik im Falle des Patienten nicht. Sie fehlt für die erste Phase des stationären Aufenthaltes (...) und ist für die zweite Phase lückenhaft. Der klagenden Partei kann bei dieser Sachlage billigerweise nicht die volle Beweislast für die behaupteten Behandlungsfehler obliegen; vielmehr (hätte) die beklagte Klinik die indizielle Wirkung fehlender Krankenblatteintragungen zu entkräften.“

Auch das Krankenpflegegesetz enthält im §4 Vorschriften zur Dokumentation und Informationsweitergabe. So heißt es dort u.a. „Die Ausbildung soll insbesondere gerichtet sein auf 1. Sach- und fachkundige, umfassende, geplante Pflege des Patienten ... 4. die Beobachtung ... sowie die Weitergabe dieser Beobachtungen an die an der Diagnostik, Therapie und Pflege Beteiligten.“

Die mündliche und schriftliche vollständige und exakte Informationsweitergabe ist entscheidend für die Qualität der Pflege.

Bedeutung und Funktionen der Informationsweitergabe:

- Mündliche und schriftliche Weitergabe von Information ermöglicht eine individuelle Pflegeplanung.
- Patientendaten sind für alle Mitglieder des therapeutischen Teams informativ.

- Schriftliche, allen zugängliche Dokumentation erleichtert Evaluation und Anpassung der Pflegemaßnahmen.
- Pflegequalität beinhaltet quantitative und qualitative Aspekte der Informationsweitergabe.
- Die Dokumentation dient auch der Leistungsüberprüfung sowie evtl. als Beweisunterlage.

4.2 Sprache als Instrument der mündlichen und schriftlichen Informationsweitergabe

Wie bereits beschrieben, ist die kontinuierliche, umfassende und exakte Informationsweitergabe ein bedeutsamer Faktor für die Pflegequalität. Sie sollte in einer Weise erfolgen, die für die Pflegefachkräfte praktikabel und überschaubar bleibt. Bei der schriftlichen Informationsweitergabe soll es sich nicht um ausufernde Berichte handeln; vielmehr sollte sie sich an den Adjektiven „kurz", „knapp", „präzise", „exakt", „umfassend" und „verständlich" orientieren.

Dekubitus 3°, ∅ 8 cm mit Tasche (5 cm tief, bei 9 Uhr) am Kreuzbein.

Die Sprache hat einen hohen Stellenwert in der Pflege. Dieser wird deutlich beim Aufbau einer Beziehung zu einem pflegebedürftigen Menschen, bei der Kommunikation im therapeutischen Team, bei der Datenerhebung und Informationsweitergabe, die allesamt über das Medium „Sprache" geschehen. Insbesondere für die schriftliche und mündliche Informationsweitergabe haben sich in vielen Berufsgruppen sog. Fachsprachen herausgebildet.

Eine Fachsprache kann beschrieben werden als: „Sprache (mit einem speziellen Wortschatz und speziellen Verwendungsweisen), die für ein bestimmtes Fachgebiet gilt und (auf Grund terminologischer Festlegungen) eine genaue Verständigung u. exakte Bezeichnungen innerhalb dieses Fachgebietes ermöglicht." (Duden)

Kennzeichen und Funktionen der Fachsprache sind:

- Zweckhaftigkeit und Sachbezogenheit,
- Strukturierung von Informationen,
- Eindeutigkeit,
- Reduktion auf das Wesentliche durch Zusammenfassen von Einzelinformationen,
- Präzision,
- Standardisierung,
- geringe Anschaulichkeit.

Sie unterscheidet sich demnach von der Allgemeinsprache dadurch, dass sie nur in einem fachlich begrenzten Kommunikationsbereich Anwendung findet. Bei den Anwendern handelt es sich um Menschen, die in diesem speziellen Fachbereich tätig sind. Sie dient v. a. der Verständigung der Fachpersonen untereinander. Bedingung für das Funktionieren der Verständigung ist die eindeutige Definition der einzelnen Fachbegriffe.

Ein Beispiel für eine solche eindeutige Definition von Fachbegriffen in der Pflege sind Pflegediagnosen. Sie können auch als formal definierte Pflegeprobleme bezeichnet werden, d. h. jeder Pflegediagnosetitel ist mit einer Definition versehen und nur, wenn diese Definition auf ein Problem des pflegebedürftigen Menschen zutrifft, darf die entsprechende Diagnose verwendet werden (s. a. Band 1/Kap. 7). Der Vorteil dieser Vorgehensweise besteht v. a. darin, dass alle Pflegefachkräfte, die mit dieser vereinheitlichten Terminologie arbeiten, genau wissen, was sich hinter den einzelnen Pflegediagnosetiteln verbirgt. Gleichzeitig wird durch die Verwendung von Pflegediagnosen die mündliche und schriftliche Informationsweitergabe erleichtert und effizienter gemacht.

Die Diskussion über die Verwendung von Pflegediagnosen steckt noch in den Anfängen. Auch existiert in Deutschland derzeit noch keine anerkannte ▸ *Pflegefachsprache*. Ein großer Teil der aktuell in der Pflege verwendeten Begriffe ist aus anderen Wissenschaftsbereichen entnommen, wie z. B. den Sozial- oder Erziehungswissenschaften. Beispiele hierfür sind Begriffe wie Empathie, Bewältigungsstrategien, soziale Kompetenz, Validation u. a.

Häufig finden sich auch Begriffe, die eng mit der medizinischen Fachsprache verwoben sind, wie beispielsweise Pneumonieprophylaxe und postoperative Mobilisation. Sog. „pflegeeigene" Begriffe entstehen im Allgemeinen aus der Pflegepraxis und der Pflegewissenschaft. Beispiele hierfür sind:

- Pflegeprozess,
- Bezugspflege,
- Pflegeforschung,
- Pflegetheorien,
- Pflegebeziehung,

Für viele Begriffe fehlt allerdings noch eine eindeutige, präzise Definition. Zumeist ergibt sich die eigentliche Bedeutung der Begriffe aus ihrem Anwendungszusammenhang. Eine Fachsprache ist nicht nur von praktischem Nutzen, sondern auch ein Merkmal von Professionalität und zeigt das berufliche Selbstverständnis auf. N. Lang, eine amerikanische Pflegewissenschaftlerin, sagte einmal: „If we cannot name it, we cannot control it, finance it, teach it, research it or put it into public policy." („Wenn wir es nicht benennen können, können wir es nicht beherrschen, nicht finanzieren, nicht lehren, nicht erforschen und auch nicht zu einem Bestandteil politischer Entscheidungen machen.")

Gleichzeitig ist die Verwendung einer Fachsprache auch ein Unterscheidungsmerkmal zwischen Fachkräften und Laien. Der Umgang mit der Fachsprache gilt somit als Professionsmerkmal.

Auch in Deutschland wird seit einigen Jahren verstärkt über eine mögliche Pflegefachsprache diskutiert. Einen wichtigen Beitrag zur Etablierung einer Pflegefachsprache werden hierbei die Pflegestudiengänge leisten. Für die Pflegewissenschaft und -forschung hat die Sprache eine elementare Bedeutung, da durch sie die verschiedenen Bereiche differenziert und definiert werden. So ist beispielsweise eine Pflegeforschung nicht durchzuführen, wenn der zu untersuchende Gegenstand nicht eindeutig definiert ist und somit kein einheitliches Verständnis hierüber vorliegt. Diese Schwierigkeit zeigt sich z. B. bei Begriffen wie „Ganzheitlichkeit", „Pflegequalität" u. a., für die noch keine allgemein anerkannte Definition vorliegt. Darüber hinaus ist eine Pflegefachsprache erforderlich, um einen internationalen Austausch zu ermöglichen.

Eine Fachsprache ermöglicht die effiziente Kommunikation von Mitgliedern einer Berufsgruppe untereinander.

4.2.1 Umgang mit der Fachsprache

Die sprachliche Kommunikation spielt in der Betreuung von Menschen eine große Rolle. Um so wichtiger ist es, darauf zu achten, dass ihnen gegenüber eine angemessene Sprach- und Ausdrucksweise gewählt wird, um ein gegenseitiges Verständnis zu ermöglichen.

Die meisten Menschen und ihre Angehörigen, sofern sie nicht selbst beruflich aus der Pflege oder Medizin kommen, sprechen die Pflegefachsprache mit ihren pflegerischen und medizinischen Fachausdrücken nicht.

Der Fachjargon der Pflegefachkräfte kann also eine ausgrenzende Wirkung haben, wenn nicht differenziert wird, mit wem in dieser Sprache gesprochen wird.

Schlimmstenfalls kann der hilfsbedürftige Mensch, der im Zentrum des Pflegeprozesses steht, zur Passivität verurteilt werden, da er die Sprache nicht versteht und somit nicht am Pflegeprozess teilnehmen kann. Ein unsensibler Umgang mit fachlicher Sprache wird von Außenstehenden oft als arrogant empfunden, falsch eingesetzte Fachsprache kann zum Machtfaktor werden, der die Beziehung zwischen pflegebedürftigen Menschen und Pflegefachkräften nachhaltig stört, indem er unnötigerweise Angst auslöst und verunsichernd wirkt.

Eine Pflegefachkraft sagt zu einer älteren Frau, die in ihren Bewegungsmöglichkeiten durch eine Operation stark eingeschränkt ist:

„Guten Morgen Frau Burg. Nach dem Frühstück führe ich bei Ihnen die Kontrakturenprophylaxe durch." Dabei kann sie nicht davon ausgehen, dass die ältere Frau weiß, was unter dem Begriff „Kontrakturenprophylaxe" zu verstehen ist (**Abb. 4.4**).

Umgang mit der Fachsprache:

- Die Dokumentation der Patientendaten soll kurz, knapp und das Wesentliche abdeckend sein.
- Die Sprache hat einen hohen Stellenwert in der Pflege.
- Wichtig ist die eindeutige Definition von Fachbegriffen, z. B. mit Hilfe von Pflegediagnosen.
- Da es noch keine anerkannte Pflegefachsprache gibt, ergibt sich die Bedeutung der „pflegeeigenen" Begriffe aus ihrem Anwendungszusammenhang.
- Im Umgang mit pflegebedürftigen Menschen ist eine angemessene Ausdrucksweise wichtig, um sie nicht aus dem Pflegeprozess auszugrenzen.

4.2.2 Medizinische Terminologie

Bei der Verständigung der verschiedenen Berufsgruppen im Gesundheitswesen hat die medizinische Terminologie eine große Bedeutung.

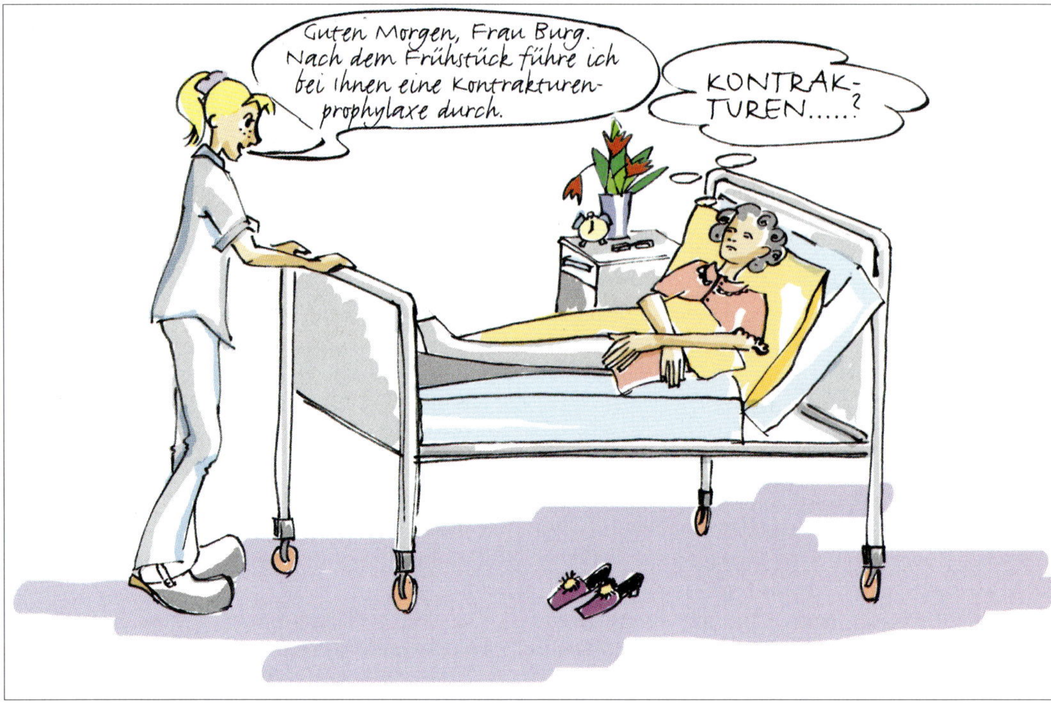

Abb. 4.4 Sprache kann ausgrenzen

Das bloße Auswendiglernen der Fülle von Fachbegriffen, die zumeist aus der lateinischen oder griechischen Sprache stammen, ist nur schwer leistbar. Werden jedoch die einzelnen Begriffe in ihre Elemente zerlegt, lassen sich die Bedeutungen der Worte ableiten. Hieraus ergibt sich eine effiziente Lerntechnik für die medizinische Fachterminologie.

Das Grundelement eines Wortes wird als Simplex bezeichnet. Diesem Element können Bausteine vorgeschaltet werden, sog. Präfixe oder Bausteine angehängt werden, die auch als Suffixe bezeichnet werden. Aus der Kombination eines Simplexes mit einem Präfix und/oder einem Suffix ergibt sich ein neuer Bedeutungszusammenhang.

Ein Beispiel hierfür zeigt die **Tab. 4.1**.

Sollen Worte abgeleitet werden, muss berücksichtigt werden, dass in den Wortverbindungen nicht jeweils der vollständige bekannte Baustein existiert, sondern, dass sich der Ausdruck oft aus Teilen von Elementen oder sogar leicht veränderten Bausteinen zusammensetzt. Wichtig ist es demzufolge zu erkennen, von welchem Wort der einzelne Baustein stammt, d. h. welchem Wortstamm er zuzuordnen ist. Um mehrere Wortstämme zu verknüpfen, wird oft ein Bindevokal, meistens ein Binde-O benutzt.

Tab. 4.1 Beispiel für die unterschiedliche Bedeutung eines Wortes in Verbindung mit einem Präfix und einem Suffix

Präfix	*Simplex*	*Suffix*	*Bedeutung*
	Cardia		Herz
Endo-	card		Herzinnenhaut
Endo-	card	-itis	Entzündung der Herzinnenhaut

Der Wortstamm lautet Aden (Drüse), das weitere Element des Wortes lautet Sarkom (bösartige Geschwulst); zusammengesetzt lautet das Wort Adenosarkom (bösartige Geschwulst aus Drüsengewebe).

Eine Übersicht über häufig benutzte Präfixe, gängige Suffixe und entsprechende Anwendungsbeispiele sind in den **Tab. 4.2** bis **4.5** aufgeführt.

Tab. 4.2 Häufig verwendete Präfixe

Präfix	*Bedeutung*
a-(gr..), an-(gr.)	= ohne, Mangel an
a-(lat.), ab-(lat.)	= von etwas weg
ad-(lat.)	= nach ... hin, zu
anti-(gr.)	= gegen
bi-(lat.)	= zwei(fach)
brady-(gr.)	= verlangsamt
de-(lat.)	= (her)ab, ent-
dia-(gr.), di-(gr.)	= durch, hindurch, zwischen
dys-(gr.)	= fehl-, miss-
en(gr.)-,	= innen, hinein, in
endo-(gr.)	= innerhalb
epi-(gr.)	= auf
ex-(lat.)	= (her) aus
hyper-(gr.)	= übermäßig, zuviel
hypo-(gr.)	= unter(-halb), zu wenig
in-(lat.), im-(lat.)	= in, hinein, nicht (Verneinung)
inter-(lat.)	= zwischen
intra-(lat.)	= innerhalb, in ... hinein
kontra-(lat.)	= gegen
mega-(gr.)	= groß
Oligo-(gr.)	= wenig
par(a)-(gr.)	= abseitig, neben, abweichend
per-(lat.)	= (hin)durch
peri-(gr.)	= um, herum
post-(lat.)	= zeitlich nach, hinter
poly-(gr.)	= viel, zahlreich
prae-(lat.)	= vor
re-(lat.)	= wieder, zurück
sub-(lat.)	= unter(halb)
supra-(lat.)	= oberhalb
syn-(gr.)	= zusammen, mit
tachy-(gr.)	= schnell, beschleunigt
trans-(lat.)	= hinüber, durch

Tab. 4.3 Beispiele für die Anwendung von Präfixen

Präfix	*Bedeutung*
*an*organisch	= nicht organbedingt
*anti*bakteriell	= gegen Bakterien gerichtet
*a*septisch	= keimfrei
*brady*card	= verlangsamte Herzschlagfolge (cardia = Herz)
*des*orientiert	= verwirrt, unorientiert
*dys*pnoeisch	= fehlerhaft atmend (pnoe = Luft)
*endo*tracheal	= innerhalb der Luftröhre (Trachea = Luftröhre)
*Hemi*plegie	= Halbseitenlähmung
*hyper*ventilierend	= zuviel Luft einatmend
*intra*peritoneal	= in das Peritoneum (= Bauchfell) hinein
*kontra*indiziert	= gegengründig
*para*venös	= neben der Vene
*post*operativ	= zeitlich nach der Operation
*Pro*phylaxe	= Vorbeugung, Verhütung von Krankheiten
*sub*lingual	= unterhalb der Zunge (lingua = Zunge)
*tachy*card	= beschleunigte Herzschlagfolge

Symptombündel

Mit Hilfe sog. Symptombündel werden Erkrankungen bzw. mehrere Symptome, die bei einer bestimmten Erkrankung parallel auftreten bzw. auftreten können, gebündelt, d.h. zusammengefasst. Anstelle von Symptombündel wird häufig auch der Begriff des „Syndroms“ verwendet. Das Wort „Syndrom“ kommt aus dem Griechischen und bezeichnet das „Zusammenspiel“ bzw. Zusammen-

Tab. 4.4 Häufig verwendete Suffixe

Suffix	*Bedeutung*
-alis (lat.)	= zugehörig zu
-gen (gr.)	= erzeugend, verursachend
-iasis (gr.)	= krankhafter Zustand
-id, (gr.) -(o)lid (gr.)	= ähnlich wie
-itis (gr.)	= entzündlich, Entzündung
-om, -oma (gr.)	= Geschwulstbildung
-ose (gr.)	= nicht entzündliche Krankheit
-penie (gr.)	= Mangel an
-phil (gr.)	= liebend, neigend zu
-zid (lat.)	= tötend

Tab. 4.5 Beispiele für die Anwendung von Suffixen

Suffix	*Bedeutung*
karzino*gen*	= krebserzeugend
mongol*oid*	= ähnlich wie ein Mongole aussehend
Paro*titis*	= Ohrspeicheldrüsenentzündung
Li*pom*	= Fettgeschwulst
Thrombo*penie*	= Mangel an Thrombozyten
bio*phil*	= das Leben liebend
fungi*zid*	= Pilze tötend

kommen verschiedener Faktoren zu einem bestimmten Krankheitsbild.

Die Bezeichnung der Symptombündel kann auf verschiedene Weise erfolgen:

- nach dem Entdecker der Erkrankung und/oder durch den Begriff „Morbus" (lat.: Krankheit), der jeweils vor dem Eigenname des Entdeckers der Erkrankung aufgeführt wird (z. B. Morbus Parkinson). Allerdings beschreibt nicht jede Kennzeichnung mit „Morbus" ein Symptombündel,
- durch die daraus entstehende Erkrankung (z. B. Präsuizidales Syndrom), oder
- durch die Kürzel der Symptome einer Erkrankung (z. B. EPH-Gestose).

Tab. 4.6 zeigt Beispiele für diese möglichen Kennzeichnungen.

In der Pflege wird mit dem Begriff „Syndrom-Pflegediagnose" eine Ansammlung von Pflegeproblemen eines Menschen verstanden.

Ein Beispiel hierfür ist die Pflegediagnose „Immobilitätssyndrom" unter der 11 verschiedene Pflegediagnosen zusammengefasst werden wie die folgende Übersicht zeigt:

Tab. 4.6 Beispiele für die Kennzeichnung von Symptombündel

Bezeichnung	*Beispiel*	*Symptome der Erkrankung*
a) nach dem Entdecker	Virchow-Trias (von R. Virchow beschriebene Trias, die zur Thromboseentstehung führt)	• Gefäßwandschaden • Hyperkoagulabilität • verändertes Stromzeitvolumen im Sinne eines verlangsamten venösen Rückstroms
a) nach dem Entdecker mit „Morbus"	Morbus Parkinson (von J. Parkinson entdeckte Erkrankung „Paralysis agitans")	• Akinese • Rigor • Tremor
b) nach der daraus entstehenden Erkrankung	Praesuizidales Syndrom (eine, dem Selbstmord vorausgehende charakteristische Befindlichkeit)	• Einengung • gehemmte und gegen die eigene Person gerichtete Aggression • Selbstmordphantasie
c) nach den Kürzeln der Symptome einer Erkrankung	EPH-Gestose (schwangerschaftsspezifische Krankheit)	• E = Ödeme (von engl. edema) • Proteinurie • Hypertonus

Pflegediagnose (PD) „Immobilitätssyndrom"

PD: Obstipationsgefahr
PD: Gefahr eines ungenügenden Atemvorganges
PD: Infektionsgefahr
PD: Gefahr einer Aktivitätsintoleranz
PD: Verletzungsgefahr
PD: Beeinträchtigte körperliche Mobilität
PD: Dekubitusgefahr
PD: Gefahr beeinträchtigter Denkprozesse
PD: Gefahr einer Körperbildstörung
PD: Gefahr von Machtlosigkeit
PD: Gefahr einer Gewebeschädigung

Medizinische Terminologie:

- Die medizinische Fachterminologie setzt sich aus bestimmten Bausteinen der lateinischen und griechischen Sprache zusammen.
- In einem Symptombündel, Syndrom, werden gemeinsam auftretende Erkrankungen bzw. Symptome zusammengefasst.
- „Syndrom-Pflegediagnosen" beinhalten die Vielzahl von Pflegeproblemen bei einem Menschen.

Fazit: Die Berücksichtigung qualitativer und quantitativer Aspekte bei der mündlichen und schriftlichen Informationsweitergabe ist für die Qualität der Pflege von großer Bedeutung. Sie sichert allen an Pflege und Therapie Beteiligten einen vergleichbaren Informationsstand. Im Rahmen der Informationsweitergabe spielt die Sprache eine herausragende Rolle. Fachsprachen dienen der Verständigung von Mitgliedern einer Berufsgruppe untereinander.

Die Diskussion über eine Pflegefachsprache wird in den letzten Jahren auch in Deutschland verstärkt geführt. Bei dem Umgang mit medizinischen Termini kann durch die Ableitung der einzelnen Wortelemente die Bedeutung des Fachausdruckes leichter erfasst und effektiver gelernt werden.

Bartholomeyczik, S.: Über die Wechselwirkung von Sprache und Beruf, Pflege aktuell 3 (1996) 170

Bienstein, C., G. Schröder, M. Braun, K.-D. Neander: Dekubitus: Herausforderung für Pflegende, Thieme, Stuttgart 1997

Bürki, Cornelia Oertle.: Professionalisierung und Sprache, Pflege aktuell 6 (1996) 438

Collier, I. C., K.E. McCash, J.M. Betram: Arbeitsbuch Pflegediagnosen, Dt. Ausgabe hersg. von J. Georg, Ullstein Medical, Wiesbaden 1998

Duden: Das große Wörterbuch der deutschen Sprache in sechs Bänden, Band 2, Duden, Mannheim 1976

Evers, G. C. M.: Theorien und Prinzipien der Pflegekunde, Ullstein Mosby GmbH & Co KG, Berlin, Wiesbaden 1997

Grün, Katharina: Die Bedeutung der Sprache im Pflegeprozess, Pflege aktuell 4 (1996) 262

Habbel, S.: Praktisches Übungshandbuch zur Kommunikation im Krankenhaus, Brigitte Kunz, Hagen 1987

Kurtenbach, Golombek, Siebers: Krankenpflegegesetz, 2. überarb. Aufl. Kohlhammer Verlag Köln 1987

Lippert-Burmester, Lippert: Medizinische Fachsprache, Schattauer, Stuttgart 1994

Pschyrembel, Klinisches Wörterbuch, 255. Aufl. Walter de Gruyter, Berlin 1986

Reinhart, Margarete: Pflegedokumentation – heute, morgen, übermorgen, Heilberufe 2 (1998) 28

Schell, Werner: Die Krankendokumentation, Heilberufe 5 (1995) 36

Zegelin, A.: Sprache und Pflege, Ullstein Mosby, Berlin 1997

Zielke-Nadkarni, Andrea: Einige Überlegungen zur Fachsprache in der Pflege, Pflege 1 (1997) 43

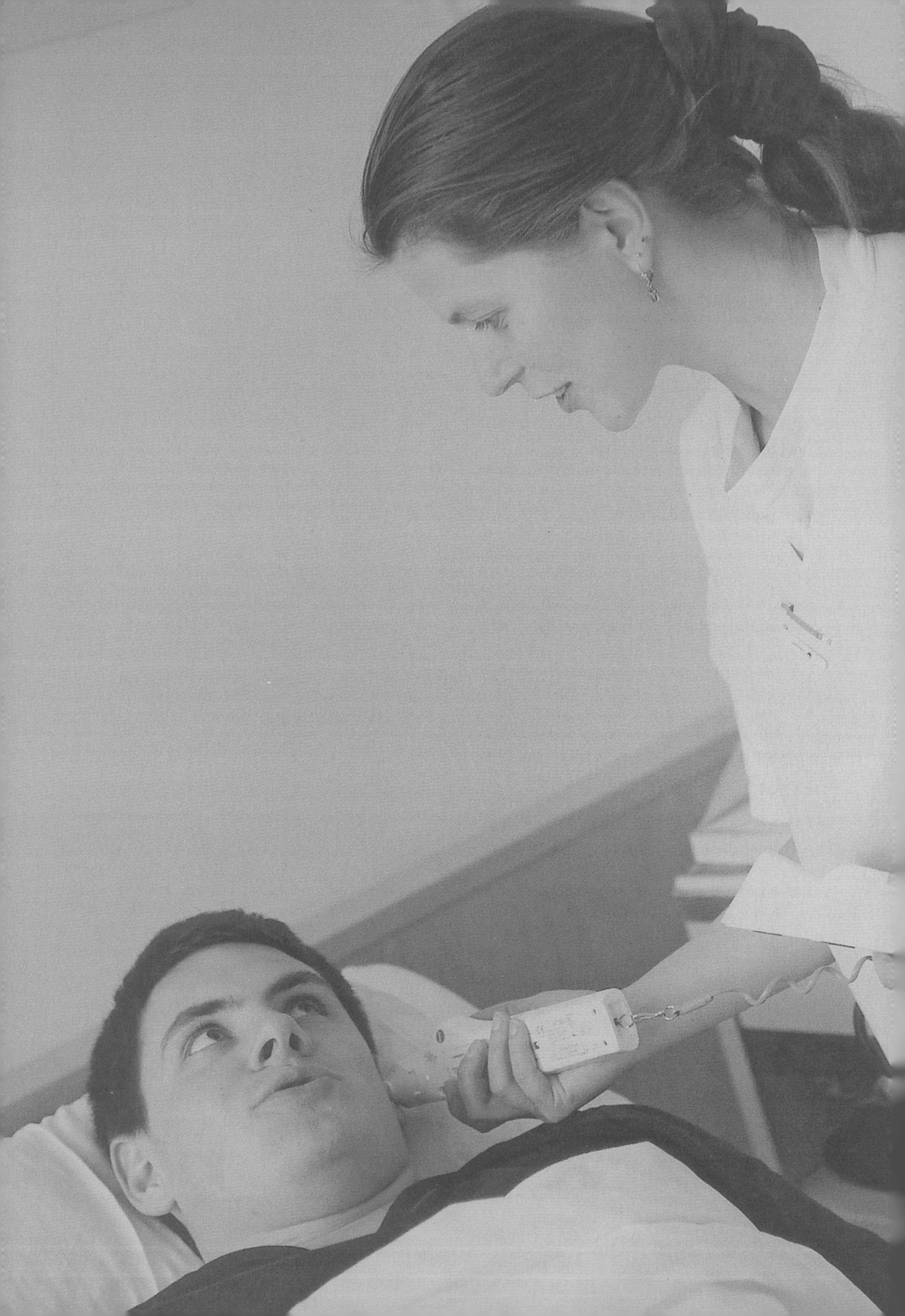

II Beobachtung des gesunden und kranken Menschen

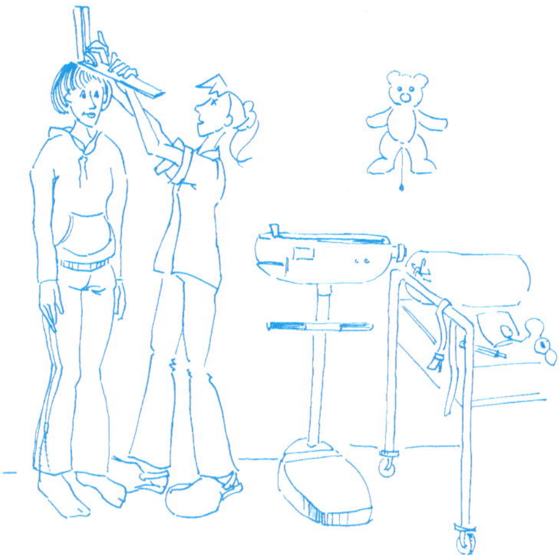

Übersicht

5 **Allgemeinzustand** · 64
6 **Haut und Schleimhäute** · 67
7 **Hautanhangsgebilde** · 111
8 **Puls** · 129
9 **Blutdruck** · 144
10 **Körpertemperatur** · 159
11 **Atmung** · 182
12 **Schlaf** · 204
13 **Bewusstsein** · 223
14 **Körpergröße** · 250
15 **Körpergewicht** · 264
16 **Ernährungszustand** · 281
17 **Urin** · 307
18 **Stuhl** · 324
19 **Schweiß** · 339
20 **Menstruation und Fluor** · 347
21 **Erbrechen** · 357
22 **Sputum** · 370
23 **Schmerz** · 377
24 **Bewegungen** · 397
25 **Mimik/Gestik** · 410
26 **Körperhaltung** · 425
27 **Gang** · 441
28 **Stimme/Sprache** · 453

Abschnitt 2 stellt vierundzwanzig pflegerelevante Beobachtungsbereiche mit den dazu gehörigen Beobachtungskriterien vor. Obwohl die Bereiche einzeln behandelt werden, ist zu beachten, dass sie sich gegenseitig beeinflussen und in enger Wechselbeziehung zueinander stehen. Nur die Berücksichtigung aller Bereiche kann ein annähernd vollständiges Bild der Situation eines Menschen ergeben. Sowohl die Einzelbeobachtung als auch die Beobachtung eines Menschen im Gesamtzusammenhang sind für die Erhebung pflegerelevanter Daten von Bedeutung. Die Kriterien der Beobachtungsbereiche gelten für alle Menschen gleichermaßen, sowohl für den normalen Zustand als auch für Veränderungen. Es muss jedoch beachtet werden, dass die subjektive Bedeutung, die sich für den einzelnen Menschen aus möglichen Veränderungen ergibt, demgegenüber sehr unterschiedlich sein kann: Einerseits stellt nicht jede Veränderung eines Beobachtungsbereiches zwangsläufig ein Problem für den betroffenen Menschen dar, andererseits können die einzelnen Veränderungen durchaus unterschiedliche Probleme verursachen. Ob und wenn ja welches spezifische, individuelle Problem für einen Menschen vorliegt, muss in der konkreten Situation sorgfältig geprüft werden.

Ausgehend vom Normalzustand werden in den einzelnen Kapiteln Beobachtungskriterien formuliert sowie Veränderungen und deren mögliche Ursachen beschrieben. Fallstudien am Ende der jeweiligen Kapitel verdeutlichen die Anwendung des Pflegeprozesses und die mögliche Integration von Pflegediagnosen.

5 Allgemeinzustand

Panajotis Apostolidis

Übersicht

Einleitung · 64
5.1 **Beobachtungsbereiche** · 64
5.2 **Bewertung** · 64
Fazit · 66
Literatur · 66

Schlüsselbegriffe:

▸ *Beobachtungsbereiche*

Einleitung

Der Allgemeinzustand beschreibt den Eindruck, den ein Mensch bei einer ersten Betrachtung, z. B. bei dem Aufnahmegespräch hinterlässt.

Bereits diese allgemeinen Beobachtungen, die bei der ersten Begegnung gemacht werden, können wichtige Hinweise bezüglich des allgemeinen Wohlbefindens, der körperlichen Verfassung und des emotionalen Befindens geben.

Da es sich bei diesen im Rahmen der ersten Betrachtung beobachteten Veränderungen oder Auffälligkeiten vielfach um subjektive Eindrücke handelt, sollten sie im weiteren Verlauf durch die spätere Beobachtung ergänzt und durch entsprechende Maßnahmen validiert werden.

5.1 Beobachtungsbereiche

Die Beobachtung sollte sich auf das Erscheinungsbild, die kognitiven Fähigkeiten, die Kommunikation und die Mobilität beziehen. **Tab. 5.1** beschreibt verschiedene Aspekte dieser ▸ *Beobachtungsbereiche*, die bei der Beobachtung des Gesamteindrucks eine Orientierungshilfe geben.

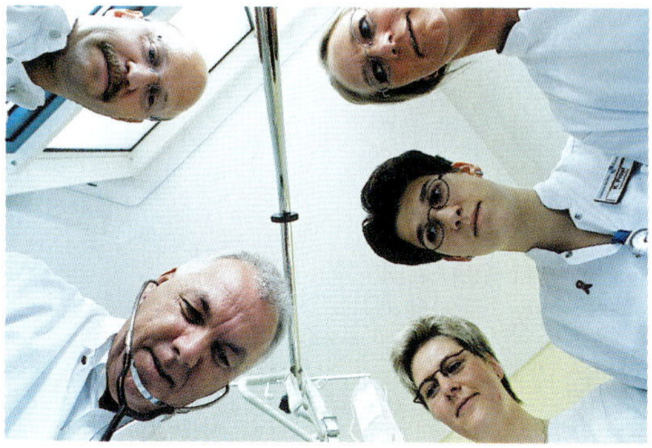

5.2 Bewertung

Zur Bewertung des Allgemeinzustandes wird folgende Einteilung verwendet:

- guter Allgemeinzustand,
- reduzierter Allgemeinzustand,
- schlechter Allgemeinzustand.

Bei der Beurteilung der verschiedenen Bereiche ist immer auch die spezielle Situation, in der sich der betroffene Mensch befindet, zu berücksichtigen. So sind z. B. die Reaktionen von einem Menschen bei einer Notfallaufnahme in ein Krankenhaus anders zu bewerten, als bei einem bereits seit längerer Zeit geplanten Krankenhauseintritt.

Ereignisse, die plötzlich eintreten, können für den betroffenen Menschen nicht nur lebensbedrohliche physische Konsequenzen haben. Sie führen in vielen Fällen auch zu enormen psychischen Belastungen. Diese können einen Menschen in seinem gesamten Verhalten stark beeinflussen und verändern, beispielsweise kann ein sonst höflicher Mensch in einer solchen Stresssituation ein ausgesprochen barsches und gegebenenfalls verletzendes Verhalten in der Kommunikation zeigen.

Ähnliches gilt bezogen auf das Lebensalter, da sich mit zunehmendem Alter physiologische Veränderungen z. B. im Bereich der Beweglichkeit oder auch des Hörvermögens ergeben. So ist eine Schwerhörigkeit bei einem Kind oder Jugendlichen anders zu bewerten als bei einem 80-jährigen Menschen.

Tab. 5.1 Beobachtungsbereiche zur Einschätzung des Allgemeinzustandes (aus: Brobst, R. et al.: Der Pflegeprozess in der Praxis. Hans Huber, Bern 1997)

Erscheinungsbild	*Kognitive Fähigkeiten*	*Kommunikation*	*Mobilität*
Alter • Altersgemäßes Aussehen • Sieht jünger oder älter aus als angegebenes Alter Körperliche Verfassung • Gute Kondition, käftig und der Körpergröße angemessenes Gewicht • Schlechte Kondition, schwach, Über- oder Untergewicht • Sichtbare Behinderung, wie Amputation oder Lähmung • Sichtbare Narben oder Ausschlag Bekleidung • Der Jahreszeit angemessene oder nicht angemessene Kleidung • Saubere, gepflegte Kleidung • Schmutzige oder zerrissene Kleidung, die nach Alkohol, Urin oder Stuhl riecht Persönliche Hygiene • Sauber und gekämmt • Ungepflegt; schmutzige Haut, Haare und Nägel; unrasiert • Körpergeruch oder auffallender Mundgeruch Hautfärbung • Blass, rötlich, bläulich, gelblich oder sonnengebräunt	Bewusstsein • Orientiert; nimmt die Umgebung wahr • Desorientiert; nimmt die Person, den Raum und die Zeit nicht wahr Stimmung • Reagiert angemessen; gesprächig • Antwortet einsilbig; antwortet nur auf direkte Fragen • Beantwortet Fragen zögernd; schaut zu den Angehörigen, bevor er antwortet • Wütend; sagt „Lassen Sie mich in Ruhe" (oder so ähnlich); spricht zu den Familienangehörigen laut und heftig • Hält oder meidet Blickkontakt Denken • Kann ein Gespräch führen; macht passende Bemerkungen; versteht Aufforderungen • Die Gedanken scheinen abzuschweifen; macht unpassende Bemerkungen; versteht Aufforderungen falsch	Sprache • Spricht in klarem Deutsch oder einer anderer Sprache • Antwortet nur mit einem Wort; reagiert nicht auf sprachliche Stimulation • Verwaschene, heisere, laute, leise, unzusammenhängende, zögerliche, langsame, schnelle oder unlogische Sprache oder Stimme • Hat Schwierigkeiten, einen Satz zu Ende zu bringen, wegen Atemnot oder Schmerzen Hören • Hört gut genug, um die Fragen zu beantworten • Hört schlecht, trägt Hörgerät; man muss ihm laut in das rechte oder linke Ohr sprechen • Taub; liest von den Lippen ab oder benutzt Zeichensprache Sehvermögen • Sieht gut genug, um Anleitungen in Deutsch oder einer anderen Sprache zu lesen • Trägt eine Brille, immer oder nur zum Lesen • Kann nicht lesen • Blind	Gehvermögen • Geht selbstständig; sicherer Gang • Benutzt einen Stock, Krücken oder Gehwagen • Schwankender, langsamer, unsicherer oder schlurfender Gang; neigt sich auf eine Seite; kann das eigene Gewicht nicht tragen • Kann sich unabhängig vom Stuhl ins Bett bewegen • Braucht Hilfe (von ein, zwei oder drei Personen), um vom Stuhl ins Bett zu kommen Bewegung • Kann alle Extremitäten bewegen • Hat eine Schwäche der linken oder rechten Körperhälfte; Lähmung • Kann sich im Bett nicht selber umdrehen • Ausfahrende oder spastische Körperbewegungen (genaue Bezeichnung)

Neben der Situation und dem Alter muss bei der Bewertung auch der Umgang mit Veränderungen und Behinderungen berücksichtigt werden. Bei bereits länger bestehenden Defiziten sind oftmals von den Betroffenen entsprechende Bewältigungsstrategien entwickelt worden, so dass diese Einschränkungen keine oder nur eine geringe Beeinträchtigung des Allgemeinzustandes bewirken. Dagegen können neu auftretende Einschränkungen, wie z. B. eine Aphasie im Rahmen einer Apoplexia cerebri, bis zur Entwicklung entsprechender Strategien den Allgemeinzustand stark beeinträchtigen.

Bei der Einstufung des Allgemeinzustandes muss weiterhin bedacht werden, dass sich die o. a. Kriterien gegenseitig beeinflussen. So kann z. B. eine Einschränkung in der Beweglichkeit auch Auswirkungen auf die Ausführung der persönlichen Hygiene, auf die Kleidung und auf die Stimmung haben. Dies bedeutet, dass nicht allein die Quantität, also die Anzahl der beeinträchtigten Kriterien, sondern insbesondere die Qualität bzw. der Ausprägungsgrad der Beeinträchtigung die Beurteilung bestimmen.

Die Einstufung des Allgemeinzustandes in „gut", „reduziert" bzw. „schlecht" ist letztlich stark vom subjektiven Empfinden der beurteilenden Person abhängig. Deshalb muss in der zu erstellenden Dokumentation unbedingt die Begründung, warum man zu dieser Beurteilung gekommen ist, anhand der oben genannten Beobachtungsbereiche angegeben weden. Nur so wird die subjektive Einschätzung für andere Personen nachvollziehbar.

Fazit: Die Beobachtung des Allgemeinzustandes erstreckt sich auf 4 Beobachtungsbereiche, bei deren Beurteilung Qualität und Quantität wichtig sind. Bei der Bewertung des Allgemeinzustandes müssen die aktuelle Situation, das Alter und vorhandene Bewältigungsstrategien berücksichtigt werden, um die Bedeutung der Situation für den betroffenen Menschen erkennen zu können.

Brobst, R. et al.: Der Pflegeprozess in der Praxis. Huber, Bern 1997

Holldack, K., K. Gahl: Auskultation und Perkussion, Inspektion und Palpation. Lehrbuch und Tonkassette mit Auskultationsbeispielen. Thieme, Stuttgart 1986

Jecklin, E.: Arbeitsbuch Krankenbeobachtung: als Teil der Krankenpflege. Gustav Fischer, Stuttgart 1998

6 Haut und Schleimhäute

Eva Eißing

Übersicht

Einleitung · 67
6.1 **Allgemeine Beobachtungskriterien und Beschreibung des Normalzustandes** · 72
6.1.1 **Hautfarbe** · 73
6.1.2 **Hautspannung** · 74
6.1.3 **Hauttemperatur** · 74
6.1.4 **Hautoberfläche** · 74
6.1.5 **Mundschleimhaut und Analschleimhaut** · 74
6.2 **Abweichungen und Veränderungen und deren Ursachen** · 75
6.2.1 **Veränderungen der Hautfarbe** · 75
6.2.2 **Veränderungen der Hautspannung** · 77
6.2.3 **Veränderungen der Hauttemperatur** · 78
6.2.4 **Veränderungen der Hautoberfläche** · 79
6.2.5 **Veränderungen der Mundschleimhaut und Analschleimhaut** · 95
6.3 **Ergänzende Beobachtungskriterien** · 101
6.4 **Besonderheiten bei Kindern** · 102
6.5 **Besonderheiten bei älteren Menschen** · 106
6.6 **Fallstudien und mögliche Pflegediagnosen** · 107
Fazit · 109
Literatur · 110

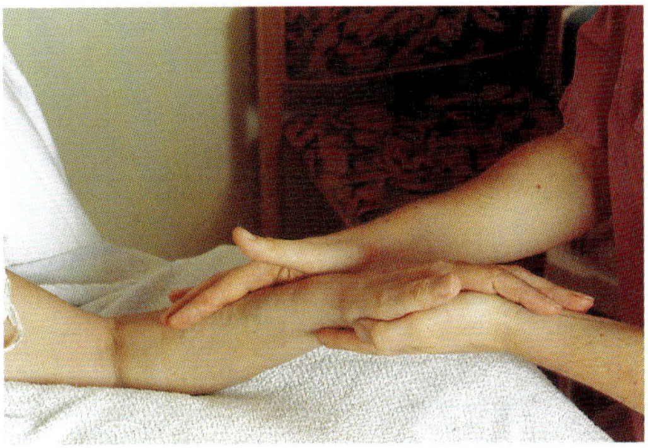

Schlüsselbegriffe:

- *Hautfarbe*
- *Hautturgor*
- *Zunge*
- *Analschleimhaut*
- *Hautspannung*
- *Hauttemperatur*
- *Hautoberfläche*
- *Mundschleimhaut*

Einleitung

Die Haut ist das größte Organ des menschlichen Körpers. Sie erfüllt wichtige Funktionen im sozialen Miteinander und steht in engem Zusammenhang mit der jeweiligen emotionalen Befindlichkeit. Viele Stimmungen sind bei anderen Menschen leicht von außen zu beobachten, wie z. B. das Erröten aus Scham oder die plötzliche Blässe in Schrecksituationen. Dies verdeutlicht die wichtige kommunikative Funktion der Haut.

Die Verbindung zwischen Haut und Emotionen ist auch an vielen alltäglichen Redewendungen zu erkennen: Ausdrücke wie „sich in seiner Haut wohlfühlen" oder „aus der Haut fahren wollen" unterstreichen ihre Rolle als Spiegel der menschlichen Seele. Große Bedeutung hat sie auch für den Empfang von „Nachrichten". Über Berührungen können Empfindungen vermittelt und ausgelöst werden.

Die Haut bestimmt darüber hinaus zu einem großen Teil das Aussehen und den ersten Eindruck, den man von einem Menschen gewinnt. Eine glatte, makellose Haut wird häufig mit „Gepflegtheit", „Sorgfalt für sich selbst" und auch Gesundheit assoziiert. Dabei unterliegt auch die Haut dem sich wandelnden Schönheitsideal: Zu Anfang des 20. Jahrhunderts galt es als Zeichen der Vornehmheit, eine blasse *Hautfarbe* zu besitzen, heute ist eher eine gebräunte Haut der erstrebte Teint.

Eine Reihe von Erkrankungen lässt sich an der Haut beobachten. Da die Haut der Inspektion so gut zugänglich ist, wie kaum ein anderes Organ des Körpers, kommt der Hautbeobachtung auch in der Pflege große Bedeutung zu. Das folgende Kapitel beschreibt die vielfältigen Funktionen der Haut und mögliche physiologische und pathologische Veränderungen.

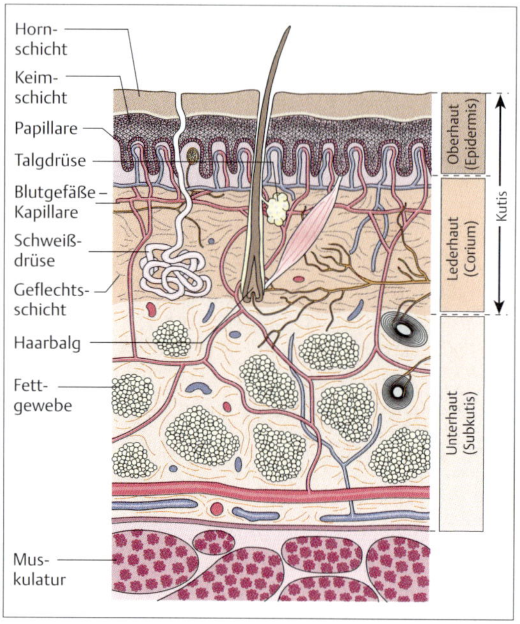

Abb. 6.1 Aufbau der Haut

Die Haut hat eine Oberfläche von ca. 1,5 – 2 m^2 bei einem Gesamtgewicht von 2,5 – 3 kg. Zählt man das Unterhautfettgewebe mit, so kann das Hautgewicht bis zu 10 kg betragen.

Die Haut ist das größte Organ des Körpers. Sie erfüllt eine Vielzahl von Funktionen.

Hautschichten

Die Haut besteht aus 3 Schichten: Oberhaut (Epidermis), Lederhaut (Korium) und Unterhaut (Subkutis). **Abb. 6.1** zeigt einen schematischen Querschnitt der Haut.

Oberhaut (Epidermis)

Die Oberhaut, auch Epidermis genannt, wird aus von unten nach oben verhornendem, mehrschichtigem Plattenepithel gebildet.

Sie ist in 2 Schichten unterteilt: der oben liegenden Hornschicht und der basal liegenden Keimschicht, die ständig neue Hornzellen produziert und die älteren Epithelien nach oben drängt. Sind die Zellen oben angelangt, schuppen sie ab. Dieser Prozess des Zellwechsels von unten nach oben dauert ca. 2 Wochen.

Die Hornzellen enthalten Keratin und sind dachziegelartig angeordnet. Dazwischen liegt ein Fettfilm, der wie Mörtel für die Festigkeit dieser Hautschicht sorgt und Wasserverdunstung verhindert. Die Oberhaut ist gefäßfrei; die Ernährung erfolgt durch die Lederhaut, mit der sie dicht verzahnt ist.

In der Keimschicht befinden sich die Melanozyten, die unter Einwirkung von UV-Licht das Pigment Melanin bilden. Es hat die Aufgabe, tiefere Hautschichten vor der schädigenden UV-Wirkung zu schützen. Die Melaninmenge ist für die Braunfärbung der Haut verantwortlich. Besonders pigmentreich sind die Warzenhöfe der Brüste, die Geschlechtsorgane und der Anus.

Die Oberhaut ist verschieden dick. An Stellen starker Beanspruchung ist sie ausgeprägter, z. B. an den Fuß- oder Handballen; an anderen Stellen wiederum weniger, z. B. an den Augenlidern. Außerdem ist die Oberhaut in der Lage, je nach Bedarf Verdickungen in Form von Schwielen zu bilden. Die Dicke der Oberhaut variiert zwischen 0,03 und 4 mm.

Lederhaut (Korium)

Die Lederhaut, auch Korium oder Geflechtschicht genannt, wird aus einem Bindegewebsgeflecht mit elastischen Fasern gebildet.

Dadurch wird die Haut dehnbar und begrenzt reißfest. Aus der Lederhaut von Tieren wird durch Gerben Leder gewonnen, daher ihr Name. Sie enthält viele Blutgefäße, die über kegelförmige Einstülpungen, auch Papillare genannt, in die Epidermis hineinragen und sie ernähren. Diese Papillare bilden die Hautleisten an den Händen und Füßen und sind für den individuellen Fingerabdruck verantwortlich.

Die Lederhaut enthält außerdem Muskel- und Nervenfasern, Lymphgefäße, Talgdrüsen und Tastkörperchen für Kälte-, Wärme-, Druck- und Oberflächensensibilität. Pro Tag werden ca. 1 – 2 g Talg produziert.

Die meisten Talgdrüsen befinden sich im Gesicht mit ca. 800 Talgdrüsen/cm^2. Die Anzahl nimmt von oben nach unten ab. Talg besteht aus Fettsubstanzen, Wasser, Salzen, Harnstoff und Eiweißkörperchen. Die Talgdrüsen münden nahe der ▸ *Hautoberfläche* jeweils in einen Haarbalg. Von dort aus gelangt der Talg entlang des Haarschaftes an die Hautoberfläche.

Duftdrüsen sind den Schweißdrüsen sehr ähnlich. Sie produzieren ein duftendes Sekret, welches für den typischen Eigengeruch eines Menschen verantwortlich ist. Die Duftdrüsen befinden sich in den Achselhöhlen, im Genital- und Analbereich sowie im Bereich der Brustwarzen und beginnen in der Pubertät mit der Sekretproduktion. Ihre Ausführungsgänge enden in den Haarfollikeln. Oberhaut und Lederhaut zusammen werden auch als Kutis bezeichnet.

Unterhaut (Subkutis)

Die Unterhaut, auch Subkutis genannt, besteht aus lockerem Bindegewebe mit Fetteinlagerungen. Sie enthält Haarbalge, Schweißdrüsen und Rezeptoren für die Vibrationsempfindungen und die Tiefensensibilität.

Der Mensch besitzt ca. 2 Mio. Schweißdrüsen, die täglich bis zu 2 l Schweiß ausscheiden.

Zusammen mit dem Talg bildet Schweiß den Säureschutzmantel, auch Hydrolipidmantel genannt. Der pH-Wert liegt zwischen 4,6 und 6,0. Dadurch ist die Haut, wenn auch begrenzt, vor chemischen Einflüssen wie z. B. Säuren und Laugen und vor Eindringen krankmachender Bakterien geschützt. Das Fettgewebe isoliert gegen Kälte, bietet den inneren Organen Polsterung gegen Druck und Stoß und speichert Energie und Wasser. Die Unterhaut befestigt die Kutis an den tiefer liegenden Gewebestrukturen.

Hauttypen

Im Wesentlichen können 4 Hauttypen unterschieden werden: fette Haut, trockene Haut und Mischhaut. Fette Haut ist das Ergebnis einer Überproduktion der Talgdrüsen, die häufig noch durch eine verstärkte Schweißbildung und Hautunreinheiten begleitet wird. Insgesamt sieht diese Haut grobporig und glänzend aus. Die Häufigkeit dieses Hauttyps liegt bei 50% der Bevölkerung.

Trockene Haut entsteht durch eine verminderte Talgproduktion. Die Haut sieht trocken und spröde aus und neigt zu Einrissen. Sehr trockene Haut ist schuppig und fühlt sich rauh an.

Die Mischhaut besteht aus fetten und trockenen Anteilen. Im Gesicht ist der fette Anteil T-förmig angeordnet, d. h. Stirn, Nase und Kinn sind fett, die Wangen und Schläfen dagegen trocken.

Die Bestimmung des Hauttyps hat große Bedeutung für die Hautpflege.

Hautfunktionen

Die Haut hat viele, ganz unterschiedliche Funktionen zu erfüllen:

- Schutz vor äußeren Einflüssen und Verlust von Wasser und körpereigenen Stoffen,
- Sinneswahrnehmung,
- Wärmeregulation,
- Aufnahme von Stoffen von außen (Resorption),
- Speicherfunktion,
- Ausscheidung,
- Formgebung,
- Kommunikation.

Schutz vor äußeren Einflüssen und Verlust von Wasser und körpereigenen Stoffen

Die Haut ist wie eine Hülle, die den Körper gegen mechanische, chemische, thermische und bakterielle Reize schützt. Die Schutzwirkung entsteht durch die Verhornung, den gebildeten Säureschutzmantel, das subkutane Fettgewebe und Pigmente (Melanin). Gleichzeitig verhindert die Haut die Verdunstung von Gewebewasser bzw. den Verlust körpereigener Stoffe.

Sinneswahrnehmung

Mit den Tastkörperchen können Körperempfindungen wie Berührung, Druck, Hitze, Kälte, Lage und Schmerz registriert werden. Mit dieser Wahrnehmungsfähigkeit ist der Mensch vor schädlichen Einflüssen gewarnt und kann sich schützen. Über die Sinneswahrnehmung ist der Körper in der Lage, Signale von Menschen zu empfangen, d. h. zu kommunizieren.

Wärmeregulation

Die Haut ist wesentlich an der Körpertemperaturregelung beteiligt. Über die Wärmerezeptoren der Haut wird die Temperatur wahrgenommen („gemessen") und dem Wärmeregulationszentrum im Hypothalamus gemeldet. Das Wärmeregulationszentrum vergleicht diesen Wert mit seinem Sollwert und leitet, falls notwendig, temperaturregulierende Maßnahmen ein. Dies geschieht durch Erhöhung oder Drosselung der kapillären Durchblutung. Unterstützt wird die Wärmeregulation durch Schweißbildung und Muskelzittern.

Aufnahme für Stoffe von außen (Resorption)

Die Haut ist in der Lage, Stoffe aufzunehmen und an die Blutbahn abzugeben wie z. B. Medikamente.

Die Aufnahme von Stoffen über Haut und Schleimhaut wird auch als Resorption bezeichnet.

Zum Beispiel können Insuline oder Impfstoffe über eine Injektion ins kutane oder subkutane Gewebe eingebracht werden. Von dort aus wird das Medikament über Blutgefäße in die Blutbahn resorbiert und an den gewünschten Wirkungsort transportiert.

Perkutan eingebrachte Medikamente, z. B. in Salben, Cremes und Pflastern werden nur begrenzt durch die Haut resorbiert.

Allerdings werden auch unerwünschte, schädliche Stoffe über die Haut aufgenommen, wie z. B. das Insektizid E 605.

Speicher

Die Haut dient als Speicherorgan für Fett, Zucker, Kochsalz und Provitamin D. Das Provitamin D wird erst durch die Einwirkung von Sonnenlicht zum wirksamen Vitamin D umgebaut.

Ausscheidung

Über die Talg- und Schweißabsonderung ist die Haut in der Lage, Soffwechselendprodukte und Flüssigkeit auszuscheiden. Die Duftdrüsen sondern spezifische Duftkörper ab, die für den individuellen Körpergeruch verantwortlich sind.

Formgebung

Durch das Unterhautfettgewebe bekommt der menschliche Körper Formen. Besonders deutlich sind die individuellen Formen im Gesicht erkennbar. An den Hüften und an der Brust hat das Unterhautfettgewebe geschlechtsspezifischen Charakter (s. a. Kap. 14).

Kommunikation

Als Grenz- und Kontaktorgan ist die Haut für unsere Körper- und Lageorientierung verantwortlich. Über die Hautrezeptoren werden Berührungen als Information zum Gehirn weitergeleitet und dort verarbeitet. Die Reaktionen können ganz unterschiedlich sein. Einige Reaktionen, wie Freude, Erregung oder Angst, sind an der Haut sichtbar, z. B. die Bildung roter Flecken im Gesicht oder Halsbereich oder die Entstehung von Herpesbläschen nach Ekelgefühlen.

Aufbau und Funktion der Haut:

- Die Haut ist das größte Organ des Körpers.
- Sie besteht aus Oberhaut, Lederhaut und Unterhaut.
- Man unterscheidet 3 Hauttypen; fette, trockene und Mischhaut.
- Wesentliche Funktionen der Haut sind: Schutz vor äußeren Einflüssen und Verlust von Wasser sowie körpereigenen Stoffen, Sinneswahrnehmung, Wärmeregulation, Aufnahme von Stoffen von außen, Speicher, Ausscheidung, Formgebung und Kommunikation.

Schleimhaut (Tunica mucosa)

Schleimhäute bedecken innere Oberflächen der Verdauungsorgane, der Harn- und Atemwege, der Geschlechtsorgane, des Mittelohrs und der Bindehaut. Sie sondern meist Schleim, auch Mukos genannt, ab.

Schleimhäute bestehen aus mindestens 2 Schichten: Einer äußeren unverhornten Epithelschicht und einer Bindegewebsschicht, auch Lamina propria genannt, mit Blutgefäßen, Nerven und Speicheldrüsen. Je nach Lokalisation der Schleimhaut können noch andere Schichten dazukommen (s. u.).

Unter der Epithelschicht befindet sich die Basalmembran mit Stammzellen, aus denen sich die Epithelzellen entwickeln. Diese werden genau wie bei der Haut durch ständige Neubildung an die Oberfläche gedrängt, wo sie dann innerhalb von 7 – 14 Tagen abschilfern.

Im Verdauungskanal kommen noch zwei weitere Gewebeschichten dazu, eine Muskelschicht, Lamina muscularis mucosae genannt, und die bindegewebige Verschiebeschicht zwischen der Muskelschicht der Schleimhaut und der Muskelwand des Organs, die sog. Submukosa. Sie hilft der Schleimhaut, sich den wechselnden mechanischen Beanspruchungen anzupassen, die durch die Nahrungsaufnahme entstehen. Eine gesunde Schleimhaut bildet eine Barriere gegen das Eindringen von Keimen. Sie kann Stoffe aufnehmen, z. B. Nahrung oder Medikamente, und Stoffe abgeben, z. B. Schleim. Ähnlich wie die Epidermis grenzt die Schleimhaut den Organismus von der äußeren Umwelt ab.

Je nach Lokalisation werden verschiedene Epithelformen unterschieden. An Stellen hoher mechanischer Beanspruchung, wie z. B. in der Mundhöhle oder im Rachenbereich, aber auch im Analbereich oder der Vagina, gibt es geschichtetes, unverhorntes Plattenepithel. Geschichtetes verhorntes Plattenepithel finden wir auf der ▸ *Zunge*. Schleimhaut mit Flimmerepithel wird im Atemtrakt benötigt, um Staub und Schleim in Richtung Rachen zu befördern. Um den wechselnden Bedingungen im Harntrakt, beispielsweise dem unterschiedlichen Dehnungszustand der Harnblase gerecht zu werden, gibt es in diesem Bereich Übergangsepithelien.

Schleimhäute besitzen Drüsen und produzieren Sekret, weswegen sie immer feucht sind. Außerdem sind sie gut durchblutet.

Intakte Schleimhäute schützen den Körper vor dem Eindringen von Krankheitserregern.

Mundschleimhaut

Die ▸ *Mundschleimhaut* kleidet die Mundhöhle aus (**Abb. 6.2**). Sie beginnt an den Lippen und besteht aus deren Innenseiten, dem harten und weichen Gaumen, den Innenseiten der Wangen, dem Mundboden sowie der Zungenunterseite. Die Haut an den Lippen geht von der verhornten Epithelschicht an der Innenseite in die unverhornte Mundschleimhaut über.

Die Mundschleimhaut wird von den speichelproduzierenden Drüsen stets feucht gehalten. Die Speicheldrüsen produzieren täglich ca. 1 – 1,5 l Speichel. Die Menge ist von der Nahrungsaufnahme abhängig. Die Speicheldrüsen sind paarig angelegt. Unterschieden werden Ohr-, Unterzungen- und Unterkieferspeicheldrüsen. Speichel hält nicht nur den Mund feucht, sondern reinigt Mundhöhle und Zähne, erleichtert das Sprechen und Essen und hält die Mundflora im Gleichgewicht. Er besteht zu 99 % aus Wasser und zu 1 % aus Mineralien, Fluoriden und Enzymen, die das Wachstum von Mikroorganismen hemmen. Außerdem enthält der Speichel Enzyme, die Kohlenhydrate spalten.

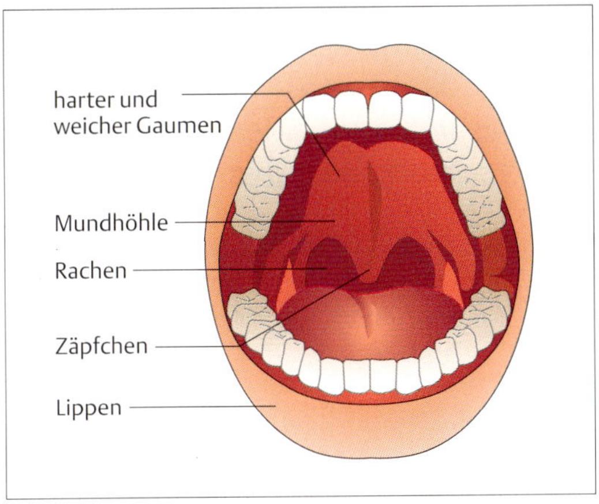

Abb. 6.2 Die Mundhöhle

In der Mundhöhle befinden sich Bakterien und Pilze, die zwar für sie selbst nicht pathogen sind, aber das Wachstum von außen aufgenommener Bakterien hemmen. Auch sie bilden einen wichtigen Bestandteil der gesunden Mundflora. Die Mundschleimhaut ist dünner als die Haut; entsprechend ist die Durchblutung leichter zu beurteilen. Eine gut durchblutete Mundschleimhaut sieht rosig aus.

Im Bereich der Zahnfortsätze von Ober- und Unterkiefer ist die Mundschleimhaut mit der Knochenhaut verwachsen. Dieser Bereich wird als Zahnfleisch oder Gingiva bezeichnet. Das Zahnfleisch ist wie eine Manschette um die Zahnkrone gelagert.

Zunge

Die Zunge ist ein muskulöses Organ, welches von einer dicken Schleimhaut bedeckt wird. Sie ist durch das Zungenband mit dem Mundboden verbunden. Durch die Muskeln ist die *Zunge* sehr beweglich und wichtig für die Sprache, den Kau- und Schluckvorgang. Mit Hilfe der Zunge wird die Nahrung mit Speichel vermengt und heruntergeschluckt und die Mundhöhle einschließlich der Zähne gereinigt. Die Zungenoberfläche ist durch zahlreiche Papillen rauh und gerieft und enthält die Geschmacksknospen für süss, sauer, salzig und bitter (**Abb. 6.3**). Die Epithelzellen der Zunge erneuern sich ca. alle 5 – 7 Tage.

Analschleimhaut

Der Gastrointestinaltrakt endet am Analkanal und schließt ihn mit dem After ab. Der Analkanal und der angrenzende Teil des Rektums bilden eine funktionale Einheit, auch Anorektum genannt. Das Anorektum enthält Schließmuskeln (Sphincter ani internus und externus) und ist dadurch in der Lage, den Gastrointestinaltrakt sicher abzuschließen und z. B. bei der Defäkation zu öffnen.

Im oberen Abschnitt des Analkanals befindet sich Dickdarmschleimhaut (mehrschichtiges Zylinderepithel), die in die äußere Haut des Afters (mehrschichtiges, unverhorntes Plattenepithel) überwechselt.

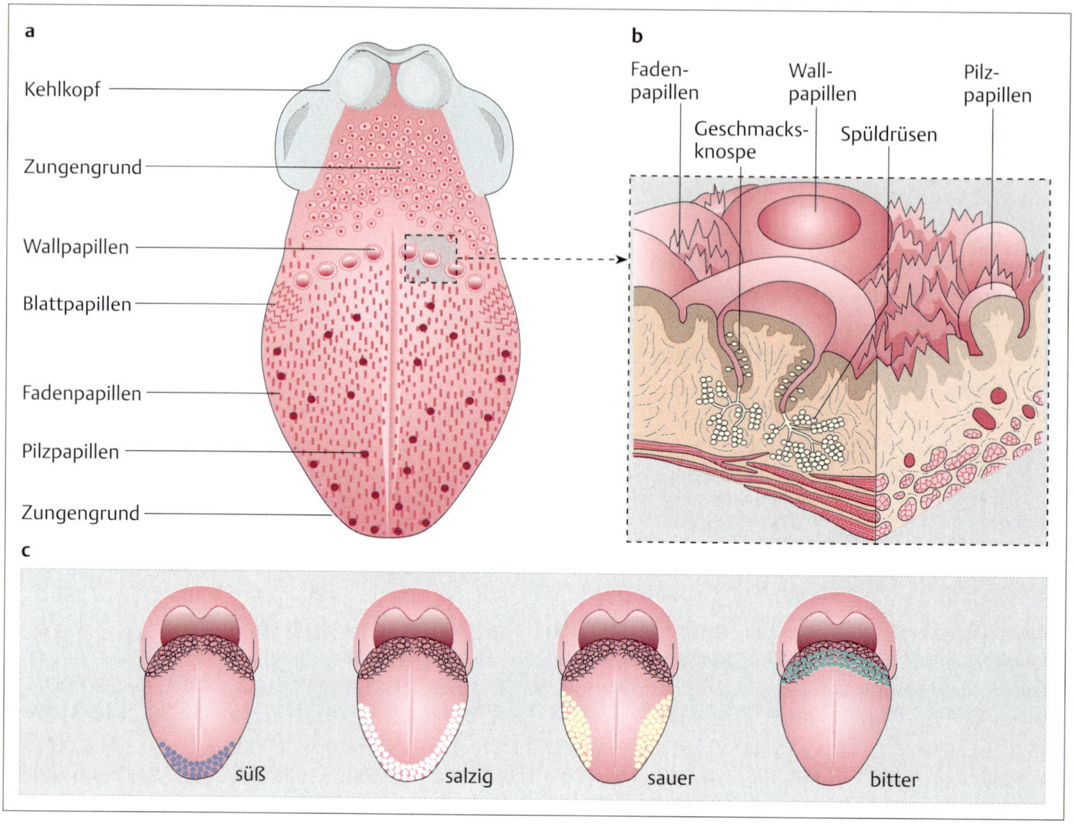

Abb. 6.3 Die Zunge **a** Zungenoberfläche **b** zerklüftete Oberfläche der Fadenpapillen **c** Verteilung der Rezeptoren für die einzelnen Geschmacksqualitäten

In der Übergangszone zwischen Darmschleimhaut und Afterhaut, auch anocutane Grenze genannt, befindet sich die Hämorrhoidalzone. Sie besteht aus einem polsterartigen Venengeflecht, dichtet den After ab und verhindert, dass flüssiger Darminhalt ungewollt austritt. Die Haut um den After ist stärker pigmentiert und sieht braun aus. Sie enthält außerdem Haare, Talg, Schweiß- und Duftdrüsen. Die Innervierung erfolgt mit den Ästen des Schambeinnervs (N. pudendus).

Schleimhaut:

- Die Schleimhaut bedeckt die innere Oberfläche der Verdauungsorgane, Harn- und Atemwege, Geschlechtsorgane, Mittelohr und Bindegewebe.
- Wie die Oberhaut grenzt die Schleimhaut den Organismus von der äußeren Umwelt ab.
- Speicheldrüsen sorgen für Feuchtigkeit im Mund, eine intakte Mundflora durch die Produktion von Enzymen, reinigen die Mundhöhle und erleichtern Essen und Sprechen.
- Im oberen Analkanal befindet sich Dickdarmschleimhaut.

6.1 Allgemeine Beobachtungskriterien und Beschreibung des Normalzustandes

Neben speziellen Hauterkrankungen äußern sich einige innere und psychische Erkrankungen durch typische Hautveränderungen, weshalb die Haut auch als „Gesundheitsspiegel des Organismus" bezeichnet wird. Für Pflegepersonen ist die Beobachtung der Haut von besonderer Bedeutung. Gelegenheit zur Hautbeobachtung ergibt sich insbesondere bei der Körperpflege. Die Haut bietet darüber hinaus Möglichkeiten der Kommunikation, besonders bei Menschen, die in ihrer verbalen Kommunikation eingeschränkt sind.

Die spezielle Hautbeobachtung orientiert sich an den Kriterien ▸ *Hautfarbe*, ▸ *Hautspannung*, ▸ *Hauttemperatur* und Beschaffenheit der ▸ *Hautoberfläche*.

6.1.1 Hautfarbe

Die gesunde Haut ist gut durchblutet und hat bei hellhäutigen Menschen eine blass-rosa Farbe. Sie ist abhängig von der Durchblutung, dem Gehalt an Hämoglobin, der Stärke der Epidermis und der Pigmentierung, d. h. vom Melaningehalt. Weil die Epidermis nicht an allen Stellen des Körpers gleich dick ist, ist auch die Hautfarbe nicht am gesamten Körper die gleiche.

Physiologische Hautrötung

Eine Hautrötung ist immer ein Zeichen einer vermehrten Durchblutung. Die Gefäße weiten sich, meist reflektorisch, um Wärme abzugeben. Dieser Vorgang dient der Temperaturregulation und wird vom vegetativen Nervensystem gesteuert.

Ebenfalls vom vegetativen Nervensystem gesteuert ist die Weit- oder Engstellung der Gefäße durch emotionale Ereignisse wie Freude, Zorn, Scham oder Aufregung, erkennbar durch Erröten im Gesicht und im Halsbereich. Da Frauen eine dünnere Haut besitzen als Männer, fällt bei ihnen eine Gesichtsrötung eher auf.

Gesunde Gefäße weiten sich reflektorisch nach einem Kältereiz und lassen die Haut rot aussehen wie z. B. die „rote Nase" im Winter. Dieser Vorgang wird als reaktive Hyperämie bezeichnet. Eine rote Hautfarbe entsteht auch bei hohen Außentemperaturen. Der Körper erwärmt sich und versucht, durch vermehrte Wärmeabgabe über die Haut ein Ansteigen der Gesamtkörpertemperatur zu verhindern. Der gleiche Mechanismus entsteht bei körperlicher Anstrengung, z. B. durch Sport oder Arbeit. Vom Körper wird vermehrt Wärme produziert und über die Haut nach außen abgegeben.

Eine Besonderheit stellen rote Hautflecken, die sog. Feuermale, dar. Sie entstehen durch lokal begrenzte erweiterte Blutgefäße und werden auch „Storchenbiss" genannt. Feuermale sind angeboren und verschwinden meist in der Kindheit wieder. Sie können aber auch lebenslang bleiben. Feuermale im Gesicht können zu kosmetischen Problemen führen.

Physiologische Hautblässe

Angst löst reflektorisch über einen gesteigerten Vagusreiz eine Kontraktion der Gefäßkapillaren aus und lässt die Haut blass erscheinen. Menschen, die sich größtenteils innerhalb von Räumen aufhalten oder bettlägerig sind, haben zumeist eine blasse Hautfarbe, da durch die fehlende Sonneneinstrahlung keine Vermehrung der melaninhaltigen Pigmente stattfindet.

Blässe kann auch anlagebedingt sein, z. B. durch eine stärker ausgeprägte Oberhaut oder eine verminderte Hautpigmentierung.

Striae

Während der Schwangerschaft kann es zu narbenähnlichen, zunächst blau-rötlichen, später gelblich-weißen, strichförmigen Hautveränderungen kommen. Sie treten infolge der starken Dehnung der Haut vor allem am Bauch, am Gesäß und an den Brüsten auf.

Physiologische Hautbräune

Durch Sonneneinwirkung kann die Haut eine bräunliche bis tiefbraune Farbe annehmen. Je nach Hauttyp vermehren sich die melaninhaltigen Pigmente unter UV-Lichteinwirkung. Menschen, die sich überwiegend draußen an der Luft aufhalten, sind deshalb leicht bis stark gebräunt.

Während der Schwangerschaft können Pigmentflecken im Gesicht oder Pigmentstreifen zwischen Bauchnabel und Symphyse entstehen. Diese lokale Hyperpigmentierung resultiert aus der hormonellen Veränderung mit Steigerung des melanozytenproduzierenden Hormons im Hypothalamus und wird als Chloasma gravidarum bezeichnet. Nach der Schwangerschaft verschwinden diese Pigmentflecken wieder.

Die gleiche Ursache haben Pigmentflecken, die durch die Einnahme der Antibabypille auftreten. Braune Pigmentflecken können auch angeboren sein und am ganzen Körper verteilt vorkommen. Sie sind ebenso harmlos wie die als Sommersprossen bekannten, kleinen Pigmentfleckchen, die besonders unter Sonneneinwirkung eine braune Farbe annehmen.

Unregelmäßig auf der Haut lokalisiert und verschieden große braune Flecken sind auch als Muttermale bekannt. Hierbei handelt es sich um eine Vermehrung von Nävuszellen, die den Melanozyten nahe verwandt sind. Diese Muttermale sind gutartig und anlagebedingt oder erworben.

Physiologische Blaufärbung

Bei Kälteeinwirkung wird die Haut aufgrund der Gefäßkontraktion blass-blau bis blau. Besonders gut sichtbar ist die Blaufärbung an den Lippen, aber auch an den Händen oder Füßen. Die Stärke der Blaufärbung ist abhängig von der Dauer und der Intensität der Kälteeinwirkung. Sie kann auch eine blaurote, netzförmige Zeichnung annehmen, was ihr ein marmoriertes Aussehen verleiht. Normalerweise erholen sich gesunde Gefäße in kurzer Zeit wieder, was an der reaktiven Hyperämie erkennbar ist.

Physiologische Gelbfärbung

Durch übermäßigen Karottengenuss lagert sich das in der Karotte enthaltene Provitamin A, das sog. Karotin, in der Haut ein und lässt sie, je nach Ausprägung, eine gelbe bis orangegelbe Farbe annehmen. Die gelbe Hautfarbe der Asiaten ist ebenfalls durch Karotineinlagerung in der Lederhaut bedingt.

6.1.2 Hautspannung

Der Spannungszustand der Haut wird auch als Turgor bezeichnet.

Man testet den ▸ *Hautturgor* auf 2 Arten:
1. indem man die Haut mit zwei Fingern abhebt und
2. indem man mit einem Finger auf die Haut drückt. Der Turgor ist dann normal, wenn sich die Falten beim Loslassen wieder glätten und sich die durch Drücken entstandenen Dellen sofort wieder ausgleichen.

Der Turgor ist abhängig vom Grad der Wasserbindungsfähigkeit der Haut, von dem Gehalt an elastischen Bindegewebsfasern und dem Anteil an Fettgewebe.

Physiologische Veränderungen des Hautturgors

Im Alter läßt die natürliche Hautspannung nach. Die Ursache ist ein Nachlassen der Wasserbindungsfähigkeit um ca. $^{1}/_{3}$. (s. a. 6.5).

Während der Schwangerschaft lagert der Körper aufgrund des hohen Östrogenspiegels vermehrt Wasser ein, was in Form von Ödemen im Gesicht, an den Armen, Händen und an den Beinen sichtbar werden kann. Nach der Geburt fällt der Östrogenspiegel und die eingelagerte Flüssigkeit wird wieder ausgeschieden.

Nach dem Weinen bilden sich häufig Lidödeme.

6.1.3 Hauttemperatur

Die *Hauttemperatur* wird auch als die Schalentemperatur bezeichnet. Sie ist abhängig von der Kapillardurchblutung, der Hautfeuchtigkeit, der Raumtemperatur und der Tageszeit. Ihr Wert liegt zwischen 28 und 32 °C.

Die Hauttemperatur dient u. a. der Beurteilung der peripheren Kreislaufsituation und der Grobeinschätzung bei Fieber.

Zur Einschätzung des Fieberverlaufs ist die Messung der Hauttemperatur jedoch ein unzuverlässiges Mittel. In diesem Fall muss unbedingt die Kerntemperatur mit einem Thermometer gemessen werden (s. a. Kap. 10).

Physiologische Hauttemperaturerhöhung

Warm wird die Haut durch eine hohe Außentemperatur und durch vermehrte körperliche Arbeit. Die Wärmebildung ist dabei das Ergebnis der erhöhten Hautdurchblutung (s. a. 6.1.1).

Physiologische Hauttemperaturerniedrigung

Kalt wird die Haut durch eine niedrige Umgebungstemperatur, bei Aufregung und nach Schwitzen. Die Gefäße stellen sich in diesem Fall eng, damit möglichst wenig Wärme abgegeben wird. Beim Schwitzen wird die Haut über Verdunstungskälte abgekühlt.

6.1.4 Hautoberfläche

Die normale Hautoberfläche ist glatt, weich und frei von Defekten. Sie wird aber auch als fett-glänzend, trocken, zart, grobporig, glatt, rauh, faltig, schuppig, pickelig, behaart und unbehaart etc. beurteilt.

6.1.5 Mundschleimhaut und Analschleimhaut

Die gesunde Mundschleimhaut ist feucht, rosig und intakt. Der harte Gaumen hat eine unregelmäßige Oberfläche und ist blasser als die übrige Mundschleimhaut. Mit der Mundschleimhaut wird auch die Zungenoberfläche beobachtet. Die *Zunge* ist normalerweise wie die Mundschleimhaut feucht, rosig und ohne Belag. Verfärbungen entstehen durch Genuss bestimmter Nahrungsmittel, z. B. Braunfärbung durch Kaffee, Rotfärbung durch Rote Beete, Blaufärbung durch Blaubeeren.

Eine intakte ▸ *Analschleimhaut* ist äußerlich nicht zu sehen, beobachtbar ist lediglich die Afterhaut. Sie ist durch die stärkere Pigmentierung braun gefärbt und faltig, wodurch eine Dehnung, beispielsweise bei der Defäkation, möglich wird. Die Analhaut enthält reichlich sensible Nervenfasern. Beim Berühren der Analhaut ziehen sich die Schließmuskeln (Sphincter ani internus und externus) reflektorisch zusammen und üben beim Versuch des Eindringens, z.B. eines Fieberthermometers, einen Widerstand aus, der willkürlich gelöst werden kann.

Allgemeine Beobachtungskriterien und Beschreibung des Normalzustandes:

- Bei der Beurteilung der Hautfarbe können physiologische Hautrötung, physiologische Hautblässe, strichförmige Veränderungen, Hautbräune sowie Blau- und Gelbfärbung unterschieden werden.
- Die Spannung der Haut (Turgor) ist von der Wasserbindungsfähigkeit, vom Anteil Fettgewebe und vom Gehalt an elastischem Bindegewebe abhängig.
- Die Hauttemperatur ist von äußeren Einflüssen abhängig, aber ungeeignet zur Einschätzung von Fieber.
- Mundschleimhaut und Zunge sind normalerweise feucht, rosig und intakt.

6.2 Abweichungen und Veränderungen und deren Ursachen

Abweichungen und Veränderungen vom Normalzustand der Haut und der Schleimhäute können vielfältige Ursachen haben. Aufgrund der zahlreichen Funktionen der Haut können aus möglichen Abweichungen komplexe Folgeprobleme entstehen.

6.2.1 Veränderungen der Hautfarbe

Pathologische Hautrötung

Bei der pathologischen Hautrötung versucht der Organismus durch eine verstärkte Hautdurchblutung vermehrt Wärme abzugeben, z.B. bei Fieber oder Verbrennungen 1. Grades; dazu gehört auch der Sonnenbrand. Auch bei längerfristiger Druckeinwirkung auf ein Gewebe kann es zur Hautrötung kommen. Die erhöhte Druckeinwirkung bewirkt eine Unterbrechung der Gewebedurchblutung, weil hierbei Blutgefäße abgedrückt werden.

Bei Druckentlastung reagieren die Gefäße wie bei der Kälteeinwirkung zunächst mit der hyperämischen Reaktion, die als Hautrötung zu beobachten ist. Diese Hautrötung ist das erste Zeichen einer Gewebeschädigung durch Druck: der sog. Dekubitus 1. Grades.

Bei einem Hypertonus werden die Gefäße durch den erhöhten Druck übermäßig beansprucht und geweitet, was häufig durch eine Hautrötung, besonders im Gesichtsbereich auch äußerlich erkennbar ist.

Viele Hautausschläge, z.B. Ekzeme, Exantheme oder Petechien sind als Hautrötung erkennbar. Ekzeme sind flächenförmige Rötungen und werden durch Überempfindlichkeiten, beispielsweise durch Kontakt mit verschiedenen Stoffen verursacht. Wichtige Auslöser von diesen sog. Kontaktekzemen sind z.B. nickelhaltige Materialien, Latex, Kosmetika, Seifen und Bekleidungsstoffe.

Exantheme haben eine typische fleckenförmige Struktur und treten häufig in Verbindung mit Infektionskrankheiten auf, wie z.B. Masern, Windpocken oder Scharlach.

Petechien sind punktförmige Blutungen in der Haut. Sie werden verursacht durch Blutgerinnungsstörungen.

Eine kirschrote Farbe erhält die Haut durch die Kohlenmonoxyd-Vergiftung mit Sauerstoffverarmung. Kohlenmonoxyd (CO) verbindet sich mit dem Hämoglobin und blockiert es sowohl für die Sauerstoffbindung als auch für die Kohlendioxydbindung. Der Organismus „erstickt innerlich". Die rote Hautfarbe entsteht durch das gebundene Kohlenmonoxyd am Hämoglobin, welches durch die Haut durchscheint. Ursache einer Kohlenmonoxydvergiftung ist häufig das gewollte Einatmen von Autoabgasen in suizidaler Absicht. Aber auch defekte Kohleöfen in der Wohnung können Kohlenmonoxyd abgeben. Durch die kirschrote Hautfarbe entsteht fälschlicherweise der Eindruck, es gehe den vergifteten Menschen gut, obwohl Lebensgefahr besteht. Weitere beobachtbare Symptome bei der CO-Vergiftung sind Kopfschmerzen, Schwindel, Ohnmacht, Herzversagen und Atemlähmung.

Bei Menschen mit einer Polyglobulie, d.h. Vermehrung der roten Blutkörperchen (Erythrozyten), ist die Haut leicht bis stark gerötet und kann auch rotblau aussehen. Die rote Hautfarbe ist auf die Menge des Hämoglobins, dem roten Blutfarbstoff, im Blut zurückzuführen. Die Ursache der Polyglobulie ist chronischer Sauerstoffmangel, den der Körper zu kompensieren versucht, indem er vermehrt Sauerstoffträger, d.h. Erythrozyten, produziert. Betroffen sind Menschen mit chronischen Lungenerkrankungen oder Menschen, die ständig in Höhenlagen mit einer sauerstoffarmen Luft leben.

Pathologische Hautblässe

Die pathologische Blässe ist zumeist Folge einer Blutzirkulationsstörung oder von Blutarmut. Eine herabgesetzte Blutzirkulation tritt reflektorisch im Schockzustand ein. Der Organismus stellt die Gefäße in der Peripherie, das heißt in Armen, Beinen und Haut eng und drosselt die Durchblutung in diesen Bereichen. Das „gewonnene" Blutvolumen steht so den lebenswichtigen inneren Organen zur Verfügung, besonders Nieren, Herz und Gehirn, um deren Funktionen zu sichern.

Eine Blutzirkulationsstörung kann auch lokal begrenzt auftreten, z.B. bei peripheren arteriellen Gefäßverschlüssen einer Extremität. Das betroffene Bein oder der Arm nimmt in diesem Fall im Vergleich zur anderen Extremität eine blasse bis weiße Hautfarbe an, da er/es aufgrund des Verschlusses nicht mehr durchblutet wird.

Blass erscheint die Haut auch bei der Blutarmut, der sog. Anämie, die durch vermindertes Hämoglobin im Blut entsteht.

Pathologische weiße Haut (Hypopigmentierung)

Bei der weißen Haut fehlen die Pigmentkörperchen. Dieser Pigmentmangel ist angeboren und wird als Albinismus bezeichnet. Die Haut ist hellrosafarben, die Kopf- und Körperbehaarung weißblond, die Augen sind lichtempfindlich mit hellblauer oder rötlicher Iris. Da das schützende Melanin fehlt, erkranken diese Menschen häufiger an Hauttumoren.

Eine Besonderheit des Albinimus ist die Weißfleckenkrankheit, auch Vitiligo genannt. Der Melaninmangel ist bei dieser Erkrankung fleckenförmig verteilt oder auf einzelne Körperteile beschränkt (**Abb. 6.4**).

Pathologische Striae treten häufig bei Kortikoidbehandlung oder bei Morbus Cushing auf. Durch die Erhöhung des Glukokortikoidspiegels kommt es hierbei zur Schädigung der elastischen Bindegewebsfasern in der Lederhaut.

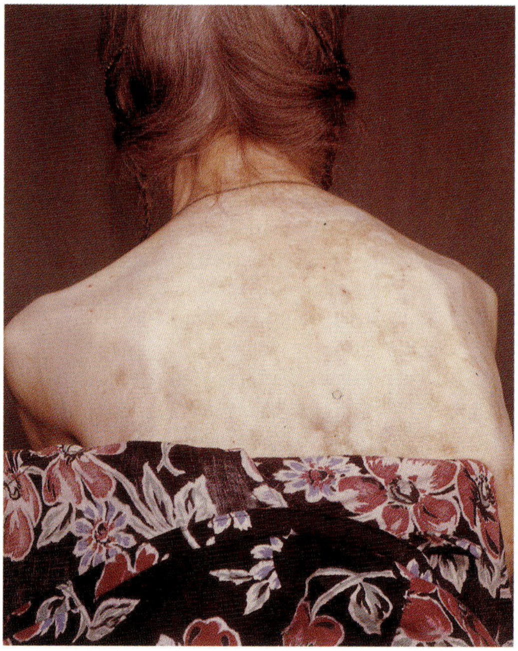

Abb. 6.4 Vitiligo (aus Steigleder, G. K.: Taschenatlas der Dermatologie, 3. Aufl. Thieme, Stuttgart 1987)

Fahle, graue Haut

Bei starkem Kräfteverfall und Auszehrung, wie z.B. bei Tumorerkrankungen, kann häufig eine graue Hautfarbe beobachtet werden.

Pathologische Hautbräunung (Hyperpigmentierung)

Dieses Symptom kommt bei Morbus Addison, einer Erkrankung der Nebennierenrinde, vor. Durch fehlende Produktion von Nebennierenrindenhormonen fällt die Hemmung der Melanozytenstimulation weg. Es folgt eine Hyperpigmentierung der Licht und Druck ausgesetzten Hautstellen. Weitere Symptome sind Müdigkeit, gastrointestinale Beschwerden und Gewichtsverlust.

Pathologische Blaufärbung

Die pathologische Blaufärbung wird auch Zyanose genannt und entsteht durch eine mangelnde Sauerstoffsättigung im Blut. Beobachtbar ist sie am häufigsten bei Luftnot oder bei chronischen Lungenerkrankungen. Für die Blaufärbung ist die Menge an mit Kohlendioxyd (CO_2) angereichertem Hämoglobin verantwortlich.

Bei einer ausgeprägten Anämie kann keine Blaufärbung entstehen, da die gesamte Hämoglobinmenge geringer ist, dementsprechend auch die mit Kohlendioxyd angereicherte.

Kreislaufstörungen oder Herzerkrankungen wirken sich ebenfalls auf den Gasaustausch in der Lunge aus. In diesem Fall führt ein verlangsamter Blutstrom zu einem verzögerten Sauerstoff-/Kohlendioxyd-Austausch mit nachfolgender unzureichender Sauerstoffversorgung des Organismus.

Die Blaufärbung ist am besten an Lippen, Mundschleimhaut und den Fingernägeln sichtbar, weil hier die Haut sehr dünn ist und die Blutgefäße durchscheinen.

Eine fahlbläuliche bis marmorierte Hautfarbe kann bei verminderter Blutzirkulation beobachtet werden, z. B. bei Sterbenden.

Pathologische Gelbfärbung

Eine krankhafte Gelbfärbung der Haut wird auch als Ikterus bezeichnet (**Abb. 6.5**). Sie entsteht, wenn Gallenfarbstoff aufgrund krankhafter Veränderungen, z. B. durch Leber- oder Gallenerkrankungen, ins Blut und in die Haut gelangt. Der normale Bilirubingehalt im Blut beträgt weniger als 1 mg%. Bei mehr als 1,5 mg% Bilirubin im Blut wird dieses an die elastischen Fasern der Haut und Bindehaut gebunden.

Die Gelbfärbung in der Bindehaut der Augen wird auch als Sklerenikterus bezeichnet. Hier ist die Gelbfärbung meist besonders früh zu sehen, weil die Bindehaut normalerweise weiß ist.

Eine Gelbfärbung der Haut ohne Gallenfarbstoffvermehrung kann z. B. bei der Vergiftung mit Arsen oder Nitrofarbstoffen beobachtet werden. Die Gelbfärbung kann verschiedene Schattierungen aufweisen und z. B. als strohgelb, gelbfahl, kupfergelb, rötlichgelb, schmutziggelb oder gelbbraun beschrieben werden.

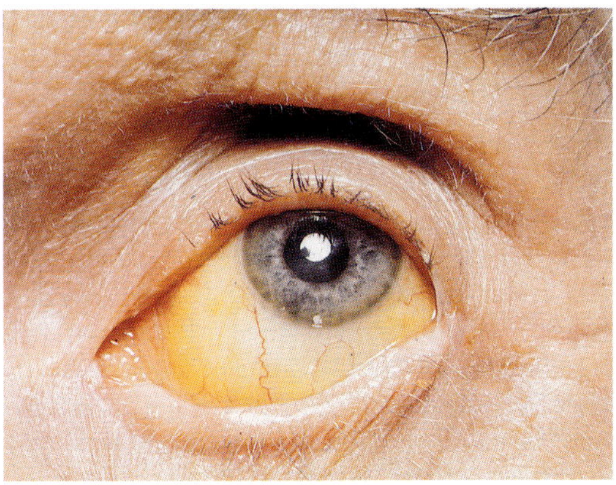

Abb. 6.5 Gelbfärbung der Skleren (Sklerenikterus)

Schmutzig gelbe Haut

Bei einer chronischen Niereninsuffizienz lagert sich Urochrom in der Haut ein. In Kombination mit einer Anämie, die ebenfalls häufig in Verbindung mit der Niereninsuffizienz auftritt, erhält die Haut ein schmutzig, gelbes Aussehen. Die Farbe wird in der Literatur als „Café-au-lait-Farbe" beschrieben.

Veränderungen der Hautfarbe:

- Ursache einer pathologischen Hautrötung kann u. a. sein: Fieber, Verbrennung, Druckeinwirkung, Hypertonus, Ausschlag, CO-Vergiftung oder chronischer Sauerstoffmangel (Polyglobulie).
- Pathologische Hautblässe ist häufig Folge einer Blutzirkulationsstörung oder von Blutarmut.
- Albinismus bezeichnet das angeborene Fehlen von Pigmentkörperchen, des schützenden Melanins.
- Hyperpigmentierung kann Zeichen von Erkrankungen der Nebennierenrinde sein.
- Zyanose tritt bei Lungenerkrankungen am häufigsten, aber auch bei Kreislaufstörungen und Herzerkrankungen auf.
- Gelbe Haut deutet auf Leber-, Gallen- oder auch Nierenerkrankungen hin.

6.2.2 Veränderungen der Hautspannung

Der Spannungszustand der Haut kann krankheitsbedingt herabgesetzt oder erhöht sein.

Pathologisch herabgesetzter Hautturgor

Die Elastizität der Haut leidet besonders stark bei Wasserverlusten, z. B. bei Magen-Darm-Erkrankungen mit Durchfall und Erbrechen.

Auch bei schweren, kräftezehrenden Erkrankungen mit hohem Gewichtsverlust und Schwund des Fettgewebes, wie z. B. bei Krebserkrankungen, verliert die Haut ihre Spannkraft.

In diesen Fällen ist die Haut mit Daumen und Zeigefinger in Falten abhebbar und bleibt auch nach Lösen des Griffes einige Sekunden in dieser abgehobenen Postition stehen. In extremen Fällen erhält sie ein pergamentartiges Aussehen. Eine sehr faltige, trockene Haut wird auch als greisenhafte Haut bezeichnet.

Pathologische Erhöhung des Hautturgors

Die Erhöhung des Hautturgors kann begrenzt oder flächenhaft auftreten. Lokal begrenzt ist die Erhöhung des Hautturgors bei Tumoren, entzündlichen Schwellungen und Hämatomen. In diesen Fällen ist eine äußere Erhabenheit der Haut sicht- und tastbar.

Eine flächenhafte Wasseransammlung im Gewebe wird als Ödem bezeichnet. Mehrere Ursachen können dafür in Betracht kommen.

In vielen Fällen ist die Herzinsuffizienz dafür verantwortlich. Durch die verringerte Herzleistung kann das angebotene Blutvolumen nicht mehr mit ausreichender Kraft in den Kreislauf gepumpt werden. Das Blutvolumen kann nicht abtransportiert werden und staut sich vor dem Herzen. Die Folge ist ein erhöhter Druck, der sich rückwirkend fortpflanzt. Dieser Druck, auch hydrostatischer Druck genannt, drückt einen Teil des Blutvolumens in das Gewebe der Beine, des Bauchraumes oder der Leber (bei Rechtsherzinsuffizienz) bzw. in das Lungengewebe (bei Linksherzinsuffizienz).

Flächenhafte Ödeme kommen auch bei der Niereninsuffizienz vor. In diesem Fall sind die Nieren nicht in der Lage, genügend Flüssigkeit auszuscheiden, die sich dann ebenfalls im Gewebe einlagert.

Eine weitere Ursache für Ödeme ist Eiweißmangel, der eine herabgesetzte oder fehlende Wasserbindungsfähigkeit, auch kolloidosmotischer Druck genannt, im Blut bewirkt. Eiweißmangel entsteht bei einer gestörten Eiweißsynthese, z. B. bei Lebererkrankungen, bei vermehrter Eiweißausscheidung, z. B. bei Nierenerkrankungen oder durch Mangelernährung (s. a. Kap. 16.2.3).

Flüssigkeitsaustritt ins Gewebe und Ödembildung kann auch durch Kapillarwandschäden, z. B. bei Allergien oder durch einen gestörten Lymphabfluss entstehen.

Je nach Ausmaß der Ödeme bekommt die Haut ein teigiges Aussehen. Nach Eindrücken der Haut bildet sich eine Delle, die sich nur langsam zurückbildet (**Abb. 6.6 a u. b**).

Beim Lungenödem steht Atemnot und die vitale Gefährdung im Vordergrund.

6.2.3 Veränderungen der Hauttemperatur

Die Hauttemperatur kann sowohl krankhaft erhöht als auch erniedrigt sein.

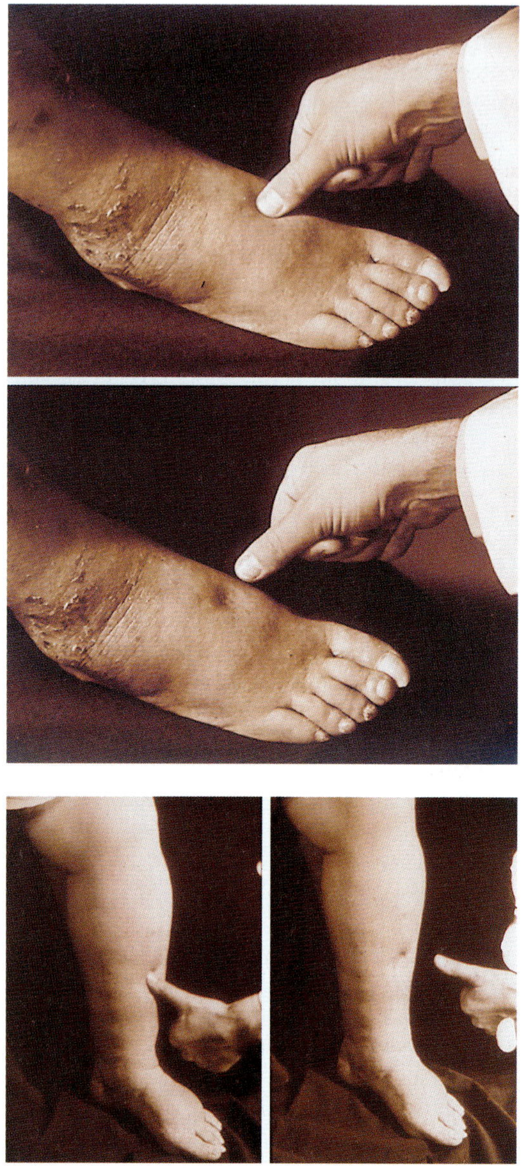

a

b

Abb. 6.6 a u. b Unterschenkelödem

Pathologische Erhöhung der Hauttemperatur

Bei Fieber ist die Haut- oder auch Schalentemperatur gleichzeitig mit der Kerntemperatur erhöht (s. a. Kap. 10). Eine Erhöhung der Hauttemperatur kann auch Folge eines gesteigerten Grundumsatzes sein, z. B. bei einer Schilddrüsenüberfunktion. In diesem Fall sind sämtliche Stoffwechselvorgänge beschleunigt und es kommt zu vermehrter Wärmebildung und -abgabe über die Haut.

Eine lokal begrenzte Temperaturerhöhung der Haut ist bei verstärkt durchbluteten Hautentzündungen, wie z. B. Abszessen zu beobachten.

Pathologische Erniedrigung der Hauttemperatur

Kalt wird die Haut, wenn sie nicht ausreichend durchblutet ist, z. B. bei erniedrigtem Blutdruck, bei Durchblutungs- und Zirkulationsstörungen (s. a. 6.2.1).

6.2.4 Veränderungen der Hautoberfläche

Veränderungen der Hautoberfläche sind häufig „auf den ersten Blick" zu erkennen. Mittels der sog. „Blickdiagnostik" können typische Veränderungen als Hinweise auf zugrundeliegende Erkrankungen wahrgenommen werden.

Veränderungen der Hautoberfläche können entstehen durch:

- Hautblüten (Effloreszenzen),
- Entzündungen,
- allergische Reaktionen der Haut,
- Wunden und Verletzungen,
- Hautblutungen und Hämatome,
- Tumore,
- Zirkulationsstörungen,
- Parasiten.

Hautblüten

Hautblüten werden auch als Effloreszenzen bezeichnet und stellen einen Oberbegriff für verschiedene Formen von Hautveränderungen dar. Die Einteilung der Efflorenszenzen in eine Typologie wird Efflorenszenzenlehre genannt.

Sie ermöglicht dem Betrachter eindeutige Beschreibungen von Hautveränderungen und erleichtert die Diagnosestellung. Unterschieden werden primäre und sekundäre Effloreszenzen.

Sekundäre Effloreszenzen treten im Anschluss an primäre Effloreszenzen auf und sind weniger charakteristisch für die zugrundeliegende Erkrankung.

Zu den primären Effloreszenzen gehören:

- Fleck (Macel, Macula),
- Quaddel (Urtica),
- Papel (Papula) bzw. Knötchen (Noduli),
- Knoten (Nodus),
- Bläschen (Vesicula),
- Blase (Vesica, Bulla),
- Pustel und
- Zyste.

Zu den sekundären Effloreszenzen werden u. a. gerechnet:

- Abszess,
- Kruste (Crusta),
- Narbe (Zikatrix),
- Schuppe (Squama),
- Schorf,
- Erosion,
- Schrunde (Exkoration),
- Geschwür (Ulkus) und
- Rhagaden bzw. Fissuren.

Auf den S. 80 – 90 sind verschiedene Formen von Effloreszenzen dargestellt.

Treten plötzlich über größere Körperabschnitte Einzeleffloreszenzen auf, wird dies als Exanthem bezeichnet, auf die Schleimhaut bezogen wird von einem Enanthem gesprochen.

Die Beschreibung der beobachteten Effloreszenzen muss so genau wie möglich erfolgen. Die Dokumentation sollte Auskunft geben über:

- Effloreszenztyp: z. B. Bläschen, Fleck oder Knoten,
- Form (Umriss, Abgrenzung, Umgebung): z. B. rund, eiförmig oder unregelmäßig,
- Oberfläche oder bei Hautdefekten die Basis: z. B. blutig, verschorft, nekrotisch,
- Größe und Ausdehnung: z. B. 0,5 – 1 cm im Durchmesser, markstückgroß, 2 mm tief,
- Menge und Gesamtverteilung: z. B. einzeln, übersät, zusammenfließend (= konfluierend),
- Lokalisation und Sitz: z. B. über den ganzen Körper verteilt, im Gesicht, beide Hände,
- Farbe: z. B. gerötet, schwarz, blass,
- Art der Beobachtung: Inspektion, tastbar (palpierbar), Befund,
- Zeitpunkt der Beobachtung: seit wann, Tageszeit,
- Verlauf, Entwicklung: Beobachtung über einen längeren Zeitraum mit Veränderungen, z. B. zuerst Blasen- dann Krustenbildung.

Je genauer die Beschreibung in der Dokumentation, desto gezielter ist die Diagnostik möglich, eine erfolgreiche Behandlung, die Verlaufsbeobachtung der Effloreszenzen und eine Evaluation der Therapie.

Beschreibung der primären Effloreszenzen	*Schematische Darstellung*	*Fotoabbildung*

Ein **Fleck**, auch Makel bzw. Makula genannt, ist eine Farbveränderung der Haut. Es kann sich um eine Pigmentveränderung und/oder eine lokale Überwärmung mit Gefäßerweiterung handeln, z. B. bei einer allergischen Reaktion. Viele Hautveränderungen beginnen mit fleckenhaften Veränderungen. Sommersprossen und Leberflecke sind Farbveränderungen durch Pigmente. Tätowierungen sind künstliche Flecken durch farbige Pigmente, die unter die Haut gebracht werden.

Fleck:

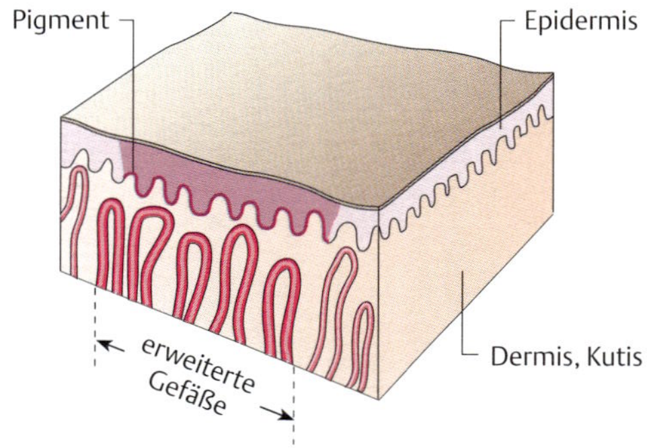

Abb. 6.7 Schematische Abbildung von einem Fleck

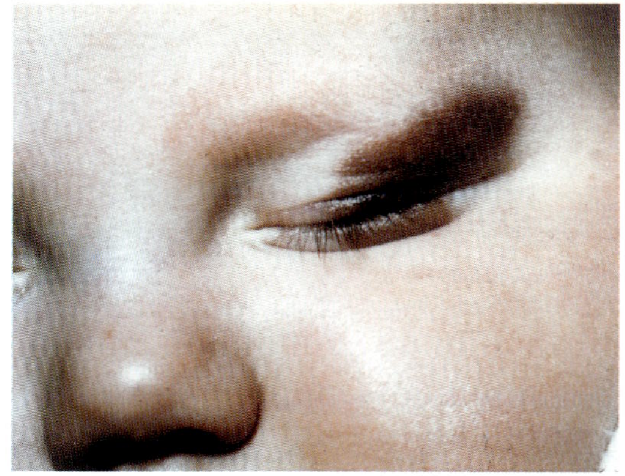

Abb. 6.8 Fleck

Die **Quaddel**, auch Urtika genannt, besteht aus einer lokalen Flüssigkeitsansammlung zwischen Epidermis und Corium. Sie ist erhaben, weich und wegdrückbar. Sie kommt z. B. als allergische Reaktion nach einem Insektenstich vor. Viele Quaddeln über den Körper verteilt, werden als Nesselsucht, auch Urtikaria genannt, bezeichnet.

Quaddel:

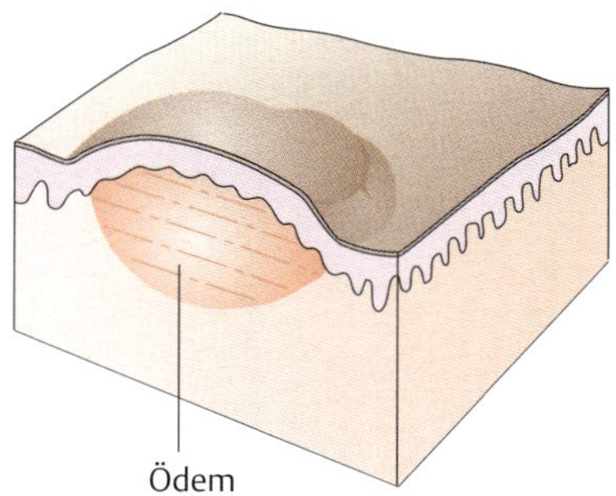

Abb. 6.9 Schematische Abbildung einer Quaddel

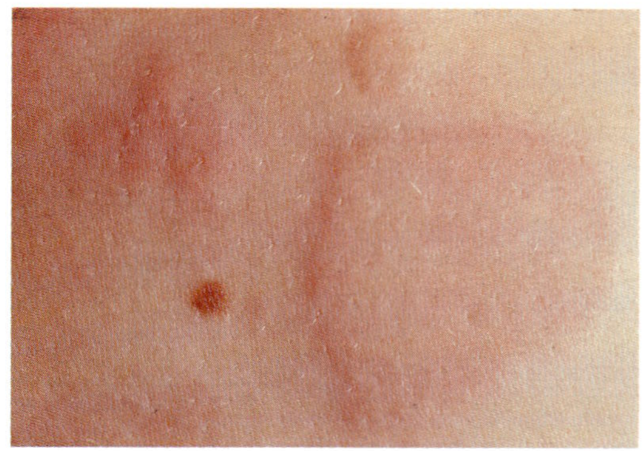

Abb. 6.10 Quaddel

Beschreibung der primären Effloreszenzen	*Schematische Darstellung*	*Fotoabbildung*
Eine **Papel** (Papula), auch **Knötchen** (Noduli) genannt, ist gekennzeichnet durch eine Vermehrung von Epithel-, Bindegewebe oder Blutgefäße. Eine Papel ist weniger als erbsgroß. Ist das Knötchen größer als erbsgroß, bezeichnet man es als **Knoten** (Nodus) bzw. Tumor. Die Beurteilung eines Knotens richtet sich nach der Tiefe, der Verschiebbarkeit und Konsistenz. Beispiele für Knoten sind Metastasen und Lipome.	Papel: 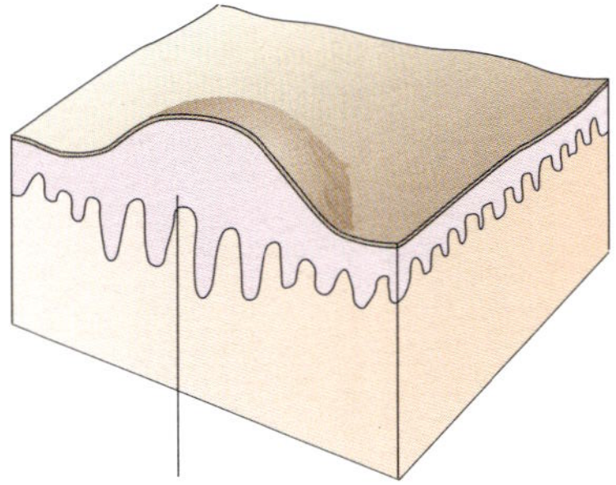 **Abb. 6.11** Schematische Abbildung einer Papel	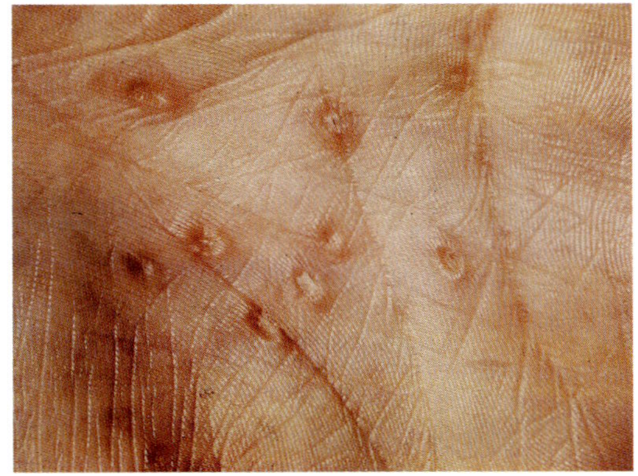 **Abb. 6.12** Papel

Forsetzung ▼

Beschreibung der primären Effloreszenzen	*Schematische Darstellung*	*Fotoabbildung*
Bei einem **Bläschen** (Vesicula) ist die Epidermis oberflächlich horizontal gespalten und mit Flüssigkeit ausgefüllt. Bläschen sind weniger als erbsgroß, wie z. B. jene bei Herpes labialis. Größere Bläschen werden als Blase (Vesica, Bulla) bezeichnet, z. B. Brandblasen. Blasen können sowohl intraepidermal als auch subepidermal vorkommen.	Bläschen/Blase:	

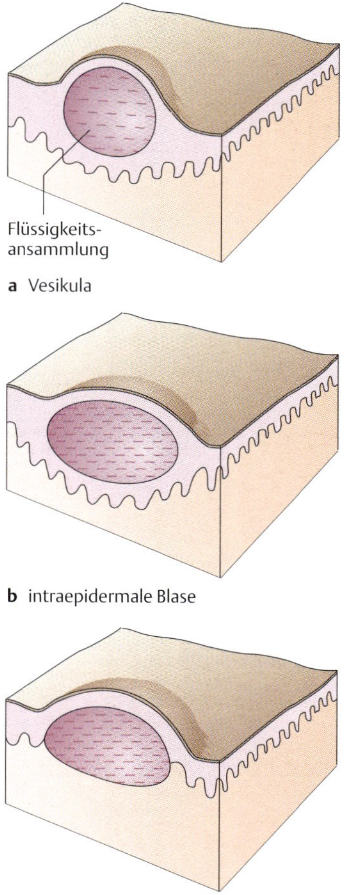

a Vesikula

b intraepidermale Blase

c subepidermale Blase

Abb. 6.13 a – c Schematische Abbildung einer Blase **a** Vesikula **b** intraepidermale Blase **c** subepidermale Blase

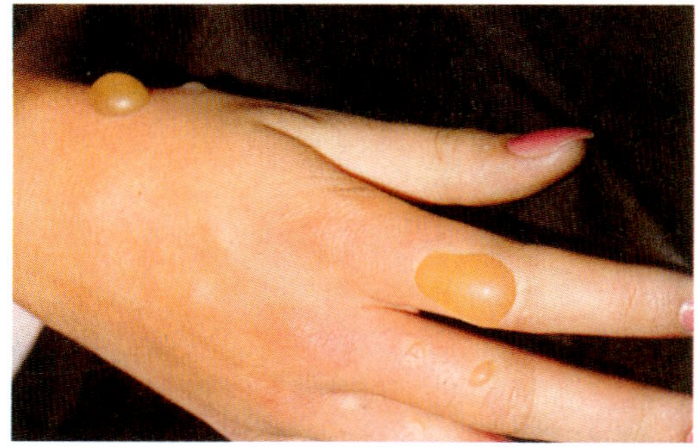

Abb. 6.14 Blase (aus Steigleder, G. K.: Taschenatlas der Dermatologie, 3. Aufl. Thieme, Stuttgart 1987)

Beschreibung der primären Effloreszenzen	*Schematische Darstellung*	*Fotoabbildung*
Die **Pustel** ist eine Blase, die mit Eier gefüllt ist (s. **Abb. 6.13** u. **6.14**)		
Eine **Zyste** ist ein von Epithel ausgekleideter Hohlraum, der Sekret enthält. Eine Zyste sieht ähnlich aus wie ein Knoten, ist beim Betasten jedoch von weicher Konsistenz. Beispiele sind Follikel- oder Talgzysten der Haut oder der Grützbeutel (Atherom).	Zyste: 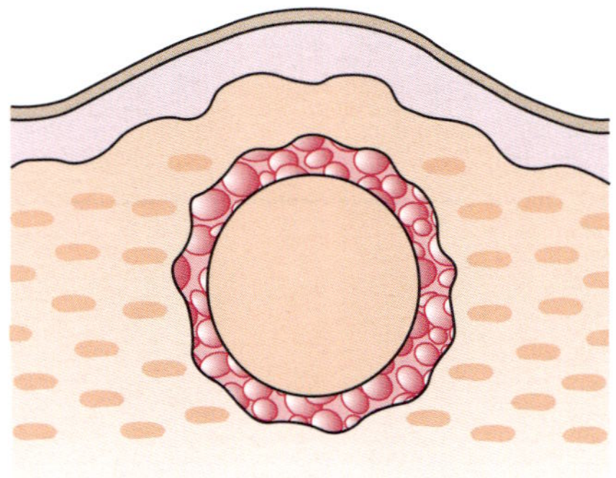 **Abb. 6.15** Schematische Abbildung einer Zyste	 **Abb. 6.16** Zyste

Fortsetzung ▼

Beschreibung der sekundären Effloreszenzen	*Schematische Darstellung*	*Fotoabbildung*
Ein **Abszess** ist eine Eiteransammlung in einer nicht vorgebildeten Körperhöhle, gebildet durch einen krankhaften Prozess. Er ist von einer Rötung umgeben und hat ein grünes bis grün-gelbes Aussehen in der Mitte. Beim Betasten des Abszesses ist ein leichtes Schwappen zu fühlen, was auch als Fluktuation bezeichnet wird.	Abszess: 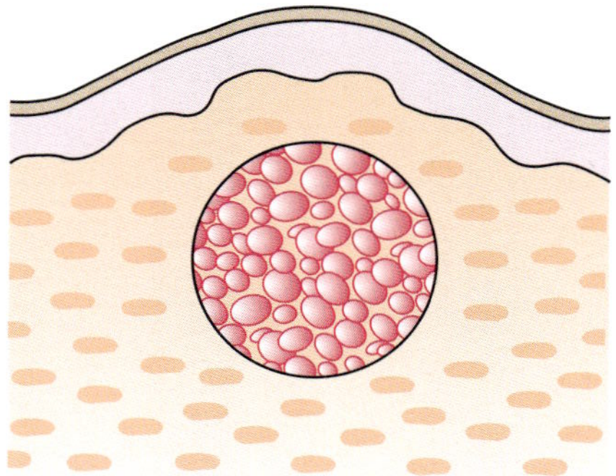 **Abb. 6.17** Schematische Abbildung von einem Abszess	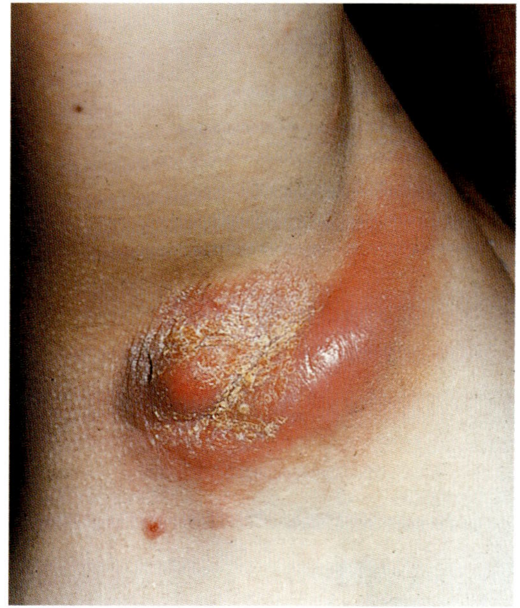 **Abb. 6.18** Abszess

Beschreibung der sekundären Effloreszenzen	*Schematische Darstellung*	*Fotoabbildung*
Eine **Kruste** (Crista) besteht aus dem eingetrockneten Sekret eines Hautdefektes. Sie kann serös oder eitrig sein. In diesem Fall variiert die Farbe von gelb oder grün bis braun. Besteht die Kruste aus Blut, sieht sie dunkelrot bis schwarz aus.	Kruste: 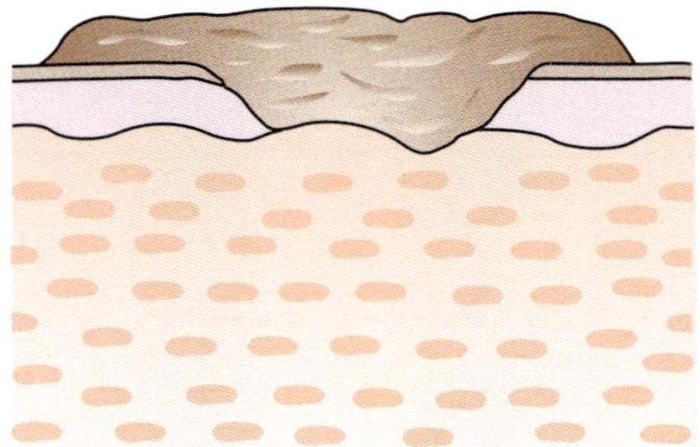 **Abb. 6.19** Schematische Abbildung einer Kruste	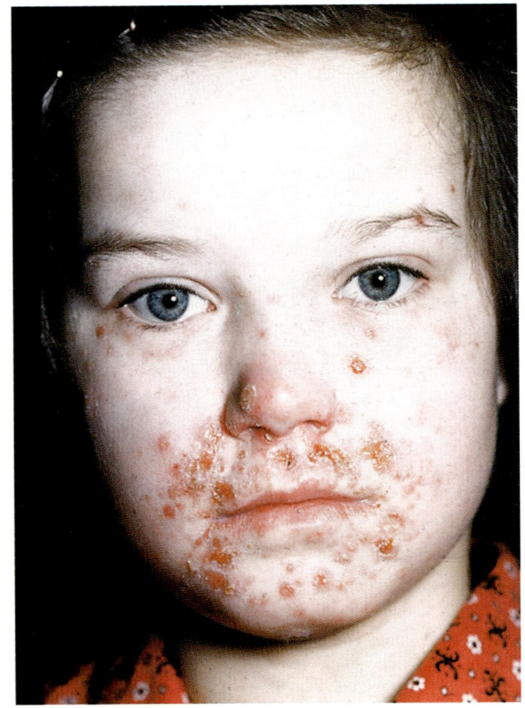 **Abb. 6.20** Kruste

Fortsetzung ▼

Beschreibung der sekundären Effloreszenzen	*Schematische Darstellung*	*Fotoabbildung*

Eine **Narbe** (Zikatrix) ist ein Hautersatz. Sie besteht aus bindegewebig umgewandeltem, geschrumpften Granulationsgewebe einer geheilten Wunde. Die Haut ist an dieser Stelle dünner. Durch Beeinträchtigung der Melanozyten kann es zu Pigmentverschiebungen kommen im Sinne von zuviel oder zu wenig Farbstoff. Narbengewebe kann auch überschießend wachsen, die Narbe erhält dann ein wulstiges Aussehen (= Wulstnarbe, Keloid).

Narbe:

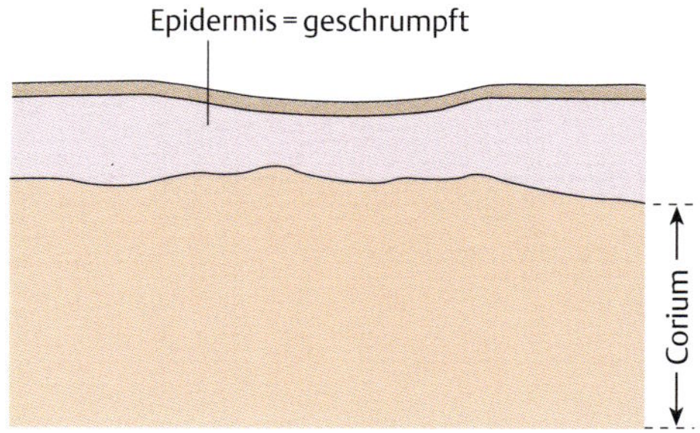

Abb. 6.21 Schematische Abbildung einer Narbe

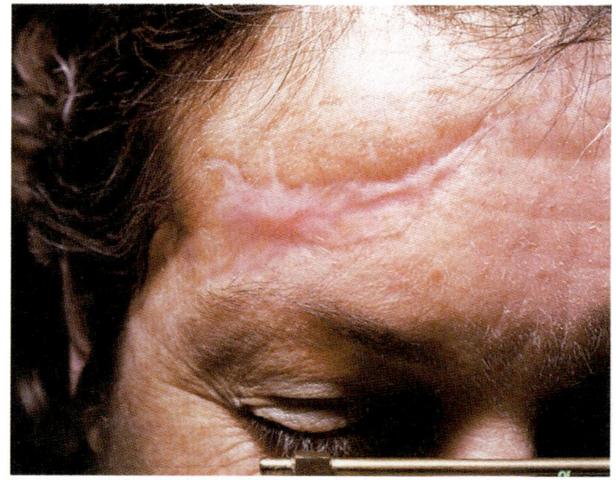

Abb. 6.22 Narbe mit Keloidbildung

Eine **Schuppe** (Squama) ist eine Hornvermehrung der obersten Epidermis; sie ist mechanisch abhebbar. Ein Beispiel hierfür ist die Schuppenflechte (Psoriasis vulgaris)

Schuppe:

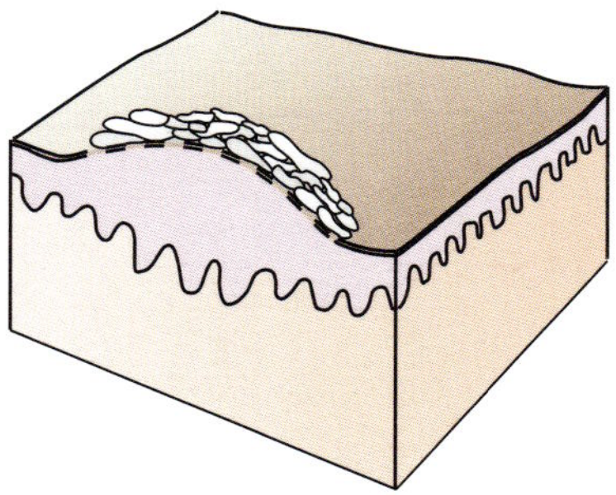

Abb. 6.23 Schematische Abbildung einer Schuppe

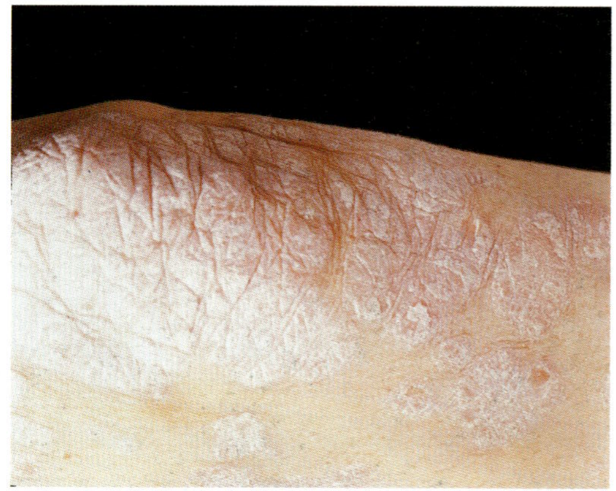

Abb. 6.24 Schuppen

Beschreibung der sekundären Effloreszenzen	*Schematische Darstellung*	*Fotoabbildung*
Schorf ist die Folge von Gewebeuntergang (Nekrose), z. B. nach Verbrennung, Erfrierung oder Durchblutungsstörungen. Die Farbe ist gelb, braun oder schwarz. Schorf ist dünn und oberflächlich und kann aber bis in die Subkutis reichen.	Schorf: 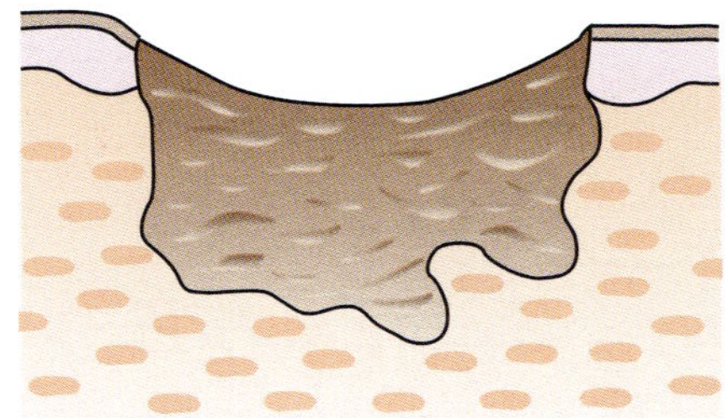 **Abb. 6.25** Schematische Abbildung von Schorf	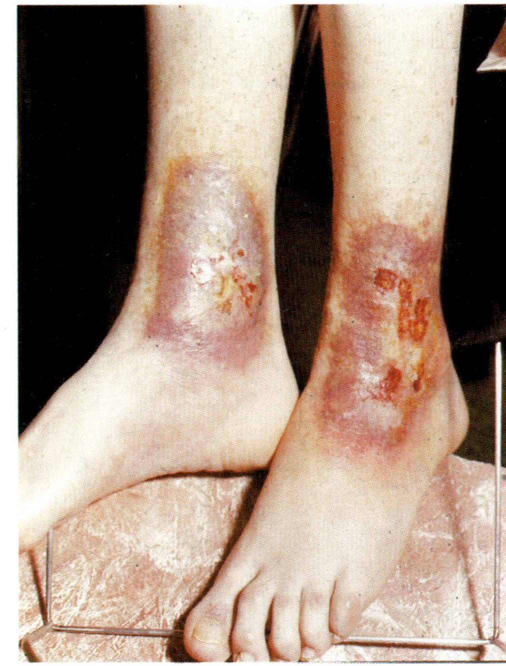 **Abb. 6.26** Schorf

Fortsetzung ▼

Beschreibung der sekundären Effloreszenzen	*Schematische Darstellung*	*Fotoabbildung*
Eine **Erosion** ist ein oberflächlicher Hautdefekt mit Gewebeverlust, der ohne Narbenbildung abheilt. Häufig entsteht eine Erosion beim Aufplatzen einer Blase oder eines Bläschens. Eine Erosion kann aber auch durch Kratzen entstehen. Reicht die Erosion bis in die oberen Anteile der Lederhaut, wird dies als Exkoriation bezeichnet, z. B. bei einer Abschürfung.	Erosion: 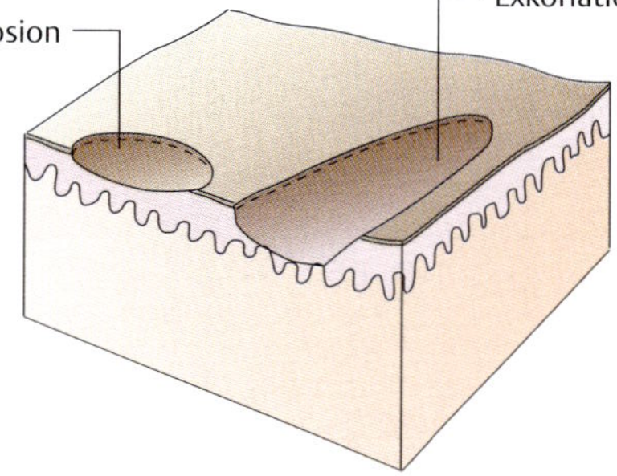 **Abb. 6.27 a** u. **b** Schematische Abbildung einer Erosion **a** Erosion **b** Exkoriation	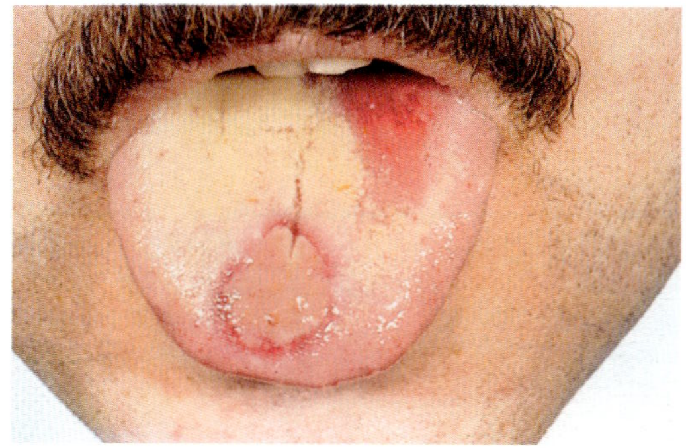 **Abb. 6.28** Erosion (aus Steigleder, G. K.: Taschenatlas der Dermatologie, 3. Aufl. Thieme, Stuttgart 1987)

Beschreibung der sekundären Effloreszenzen	*Schematische Darstellung*	*Fotoabbildung*
Ein **Ulkus**, auch Geschwür genannt, ist ein Hautdefekt, der bis in die tieferen Schichten der Lederhaut und Subkutis reicht. Charakteristischerweise entsteht ein Ulkus häufig auf vorgeschädigter Haut. Ein Ulkus weist eine schlechte Heilungstendenz auf und heilt unter Narbenbildung ab. Ein häufig vorkommendes Beispiel ist das Ulkus cruris bei chronischem Venenleiden oder das Dekubitalulkus.	Ulkus: 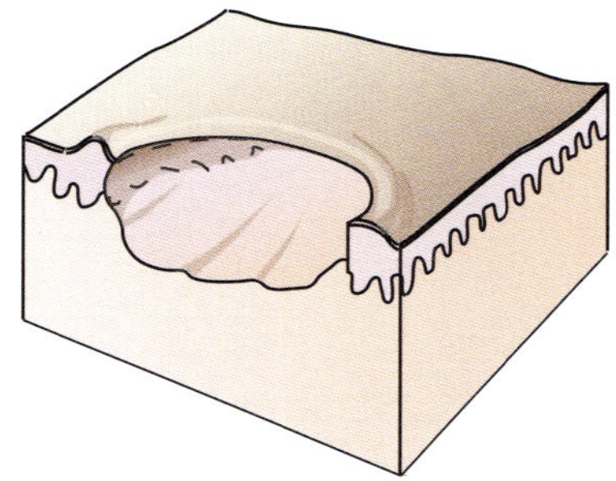 **Abb. 6.29** Schematische Abbildung von einem Ulkus	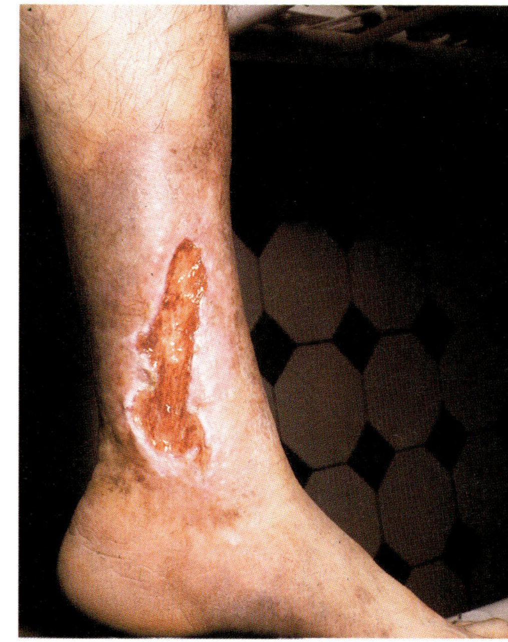 **Abb. 6.30** Ulcus cruris

Fortsetzung ▼

<table>
<tr><th>Beschreibung der sekundären Effloreszenzen</th><th>Schematische Darstellung</th><th>Fotoabbildung</th></tr>
<tr><td>Eine Rhagade (Fissur) entspricht einem spaltförmigen Hautdefekt der Ober- und Lederhaut. Rhagaden sind schmerzhaft und treten besonders in den Mundwinkeln, am After, an den Brustwarzen und Fingern auf.</td><td>Rhagade:
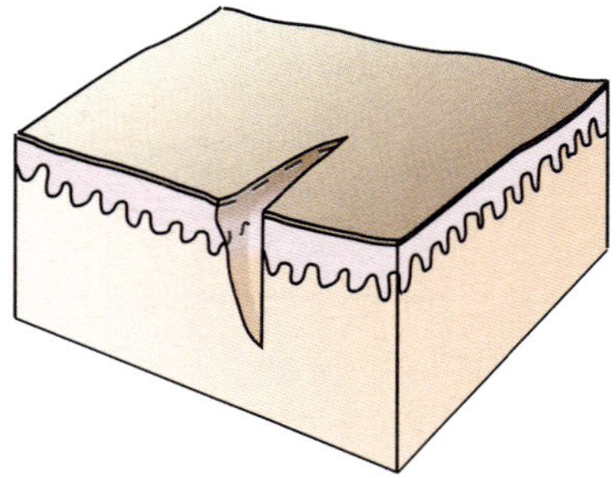
Abb. 6.31 Schematische Abbildung von einer Rhagade</td><td>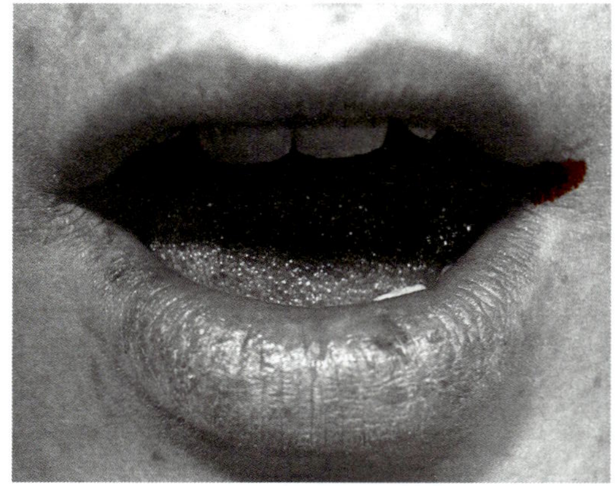
Abb. 6.32 Rhagade</td></tr>
</table>

Die differenzierte Dokumentation von Hautveränderungen ist Voraussetzung für die Verlaufskontrolle und Evaluation der therapeutischen Maßnahmen.

Entzündungen

Entzündungen der Haut können sowohl von innen als auch von außen stammen. Über die Kapillardurchblutung gelangen Keime, Toxine oder andere hautschädigende Substanzen in die Haut, die hierauf mit einer Entzündung reagieren.

Eine intakte, trockene Haut ist vor Keimen von außen durch ihre normale Hautflora geschützt. Bei bestimmten Erkrankungen, z. B. beim Diabetes mellitus oder bei Menschen mit einem geschwächten Immunsystem, ändert sich die Hautflora und sie wird angreifbar für Keime von außen.

Entzündungszeichen sind:

- Rötung (Color),
- Schwellung (Tumor),
- Überwärmung (Rugor),
- Schmerz (Dolor) und
- Funktionseinschränkung (Functio laesa).

Unterschieden werden die lokale und die flächenhafte Entzündung. Lokale Entzündungen sind auf einen bestimmten Hautbezirk begrenzt, wie z. B. ein Furunkel (s. a. **Abb. 7.13**) oder ein Abszess.

Zu den flächenhaften Entzündungen gehört z. B. die Intertrigo (**Abb. 6.33**). Hier kommt es durch Aufeinanderliegen von Hautfalten und fehlender Luftzirkulation zu sog. feuchten Kammern. Die Hautpartien weichen auf und reiben aufeinander. Die aufgeweichte oberste Hautschicht reibt sich ab und verliert ihre Schutzwirkung für die darunter liegenden Haut- und Gewebeschichten, sodass Krankheitserreger, wie Bakterien, Viren und Pilze eindringen und beispielsweise eine Phlegmone, ein Erysipel oder eine Impetigo auslösen können.

Eine weitere entzündliche Hauterkrankung ist die Schuppenflechte, Psoriasis genannt. Sie ist eine erblich bedingte Erkrankung. Die Schuppenflechte ist gekennzeichnet durch eine überstürzte Zellneubildung der Epidermis ohne Verhornung. Dadurch entsteht die charakteristische Schuppung. Häufige Lokalisationen sind der Ellenbogen, die Knie, der behaarte Kopf und die Umgebung des Anus. Es kann aber auch der ganze Körper befallen sein. (**Abb. 6.34**) Die Erkrankung verläuft in Schüben und wird häufig durch bestimmte individuelle Faktoren ausgelöst, z. B. durch psychischen Stress. Begleitsymptome können Veränderungen der Nägel oder auch Gelenkentzündungen sein.

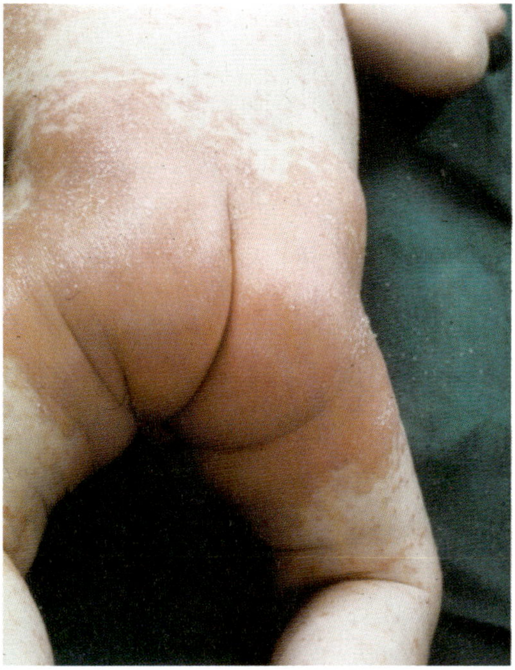

Abb. 6.33 Flächenhafte Entzündung z. B. bei Intertrigo

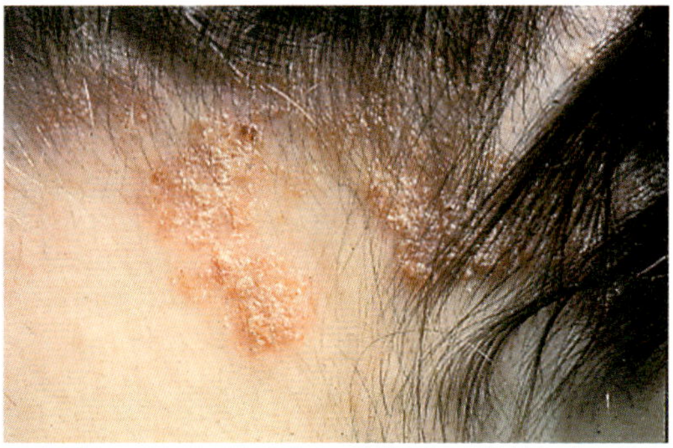

Abb. 6.34 Psoriasis der behaarten Kopfhaut

Allergische Reaktionen der Haut

Das Immunsystem dient der Abwehr des Körpers gegenüber fremden, krankmachenden Stoffen wie z. B. Bakterien und Viren. Aber auch Medikamente und viele Substanzen, die mit der Haut Kontakt haben, sind für den Organismus „fremd" und können eine immunologische Reaktion auslösen – die sog. allergische Reaktion. Allergieauslösende Substanzen werden Allergene genannt. Die Reaktion des Immunsystems kann ganz unterschiedlich sein und von einem lokal begrenzten Kontaktekzem bis zum lebensbedrohlichen anaphylaktischen Schock reichen. Allergische Hautausschläge können nahezu alle Formen von Effloreszenzen hervorbringen (s. S. 79). Die spezielle Diagnostik und Therapie gehört in den Bereich der Dermatologie.

Wunden und Verletzungen

Wunden können entstehen durch Operationen oder durch Verletzungen. Sie heilen, je nach betroffener Hautschicht, mit einer Narbe ab. Die Narbenbildung ist abhängig von der Tiefe, der Art und der Ausdehnung der Verletzung.

Manche Menschen entwickeln im Bereich von Narben, besonders nach Verbrennungen oder anderen Verletzungen, wulstige Bindegewebswucherungen im Narbenbereich. Diese sog. Wulstnarben werden auch als Keloide bezeichnet (s. S. 86).

Gewebedefekte

Gewebedefekte entstehen durch Durchblutungsstörungen. Dazu zählen der Dekubitus, das Ulcus cruris und die Gangrän.

Hautblutungen

Hämatome sind Blutungen ins Gewebe, die durch die Raumforderung das Gewebe verdrängen (**Abb. 6.35**). Ihre Menge kann mehrere Liter betragen. Petechien sind kleine punktförmige Hautblutungen. Sie entstehen bei Gerinnungsstörungen und sehen aus wie kleine rote Sommersprossen (**Abb. 6.36**).

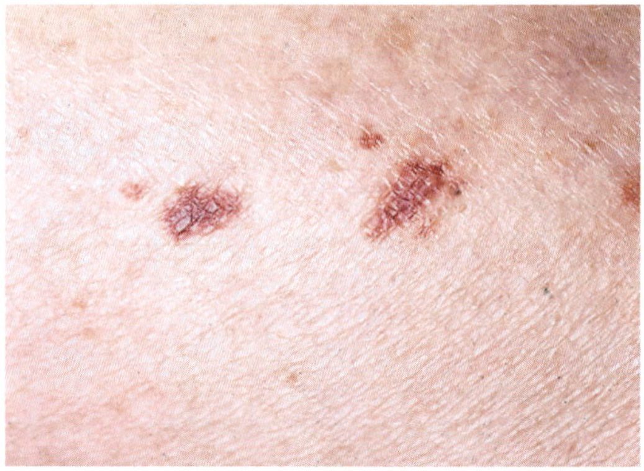

Abb. 6.36 Petechien

Tumore

Bei den Hauttumoren werden gutartige (benigne) und bösartige (maligne) unterschieden. Zu den gutartigen Tumoren gehören z. B. die Leberflecken, auch Nävuszellnävus genannt (**Abb. 6.37**). Sie sind gleichmäßig braun, von unterschiedlicher Größe und manchmal behaart. Verändern sich Leberflecken auffällig in Form und Oberflächenbeschaffenheit, sollten sie entfernt werden, da die Gefahr der bösartigen Entartung besteht.

Warzen sind gutartige, linsen- bis pfenniggroße und haut- bis braunfarbene Hauttumore.

Gutartige Bindegewebstumore werden als Fibrome (**Abb. 6.38**), Fettgewebstumore als Lipome bezeichnet. Gutartige Tumore bilden keine Metastasen, können aber je nach Lokalisation und Größe kosmetische Probleme bereiten oder behindernd wirken.

Zu den bösartigen Tumoren gehören z. B. das Basaliom und das Melanom. Das Basaliom besteht aus einem weißlichen Randwall mit glatter Oberfläche und Ulzerationen oder plattenartige Verhärtungen im Zentrum. Aber auch schuppenartige Veränderun-

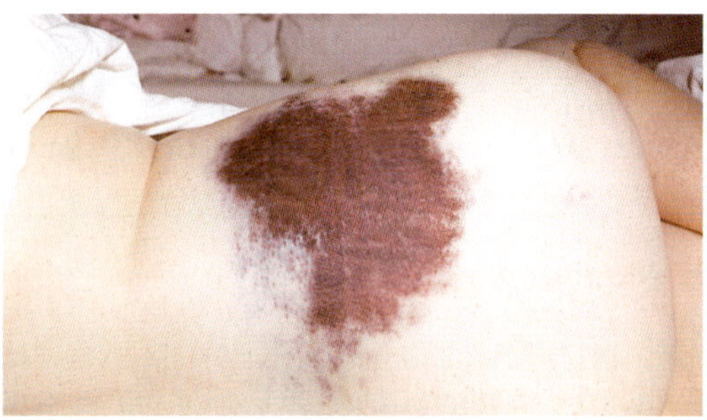

Abb. 6.35 Hämatom – nach einer intramuskulären Injektion unter der Behandlung mit gerinnungshemmenden Arzneimitteln

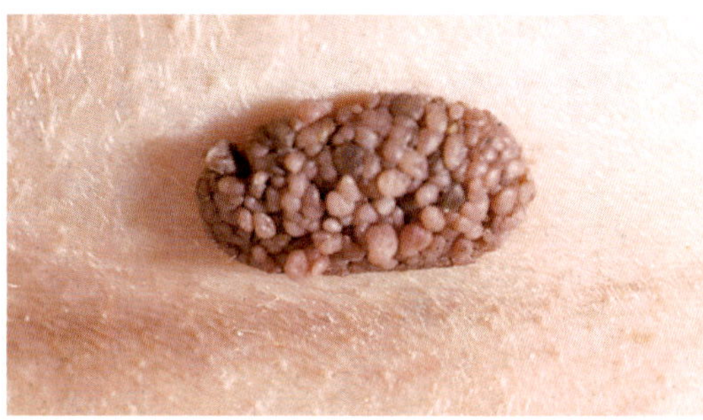

Abb. 6.37 Papillomatöser Nävuszellnävus

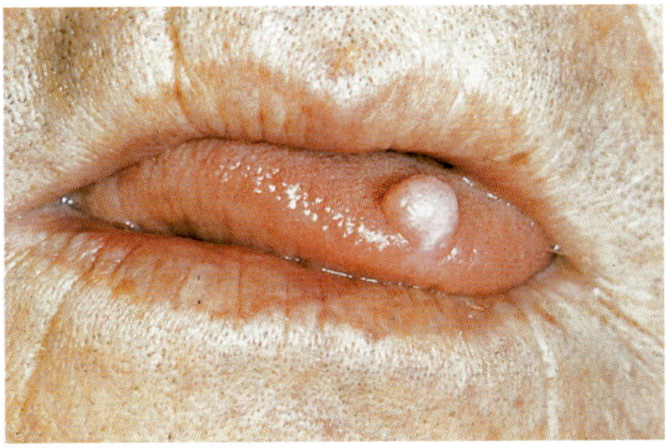

Abb. 6.38 Fibrom

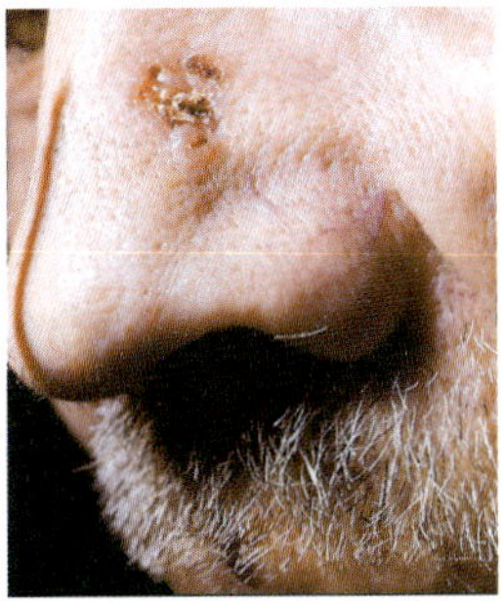

Abb. 6.39 Ulzerierendes Basaliom auf der Nase

gen mit bräunlicher Verfärbung im Zentrum können beobachtet werden. Es breitet sich in das umliegende Gewebe aus und zerstört es. Von der Haut aus dringt es in tiefere Gewebeschichten bis zum Knochen. Die bevorzugte Lokalisation ist das Gesicht (**Abb. 6.39**).

Das Melanom ist ein bösartiger Hauttumor der pigmentbildenden Zellen. Neben anderen Faktoren hat in den letzten Jahren die zunehmende Sonnenbelastung an Bedeutung für die Enstehung eines Melanoms gewonnen. Es breitet sich über die Lymphknoten und -bahnen früh aus und metastasiert in Lunge, Leber, Herz, Gehirn und Haut.

Melanome haben häufig eine tiefschwarze bis dunkelbraune Farbe, können aber verschiedene Farbnuancierungen aufweisen (**Abb. 6.40**). Da sich die Entwicklung des Melanoms unmittelbar vor unseren Augen abspielt, kann er auch früh diagnostiziert werden. Hilfreich bei der Beobachtung und Beurteilung ist die sog. ABCD-Regel, mit deren Hilfe das Melanom vom Leberfleck (Nävuszellnävus) abgegrenzt wird:

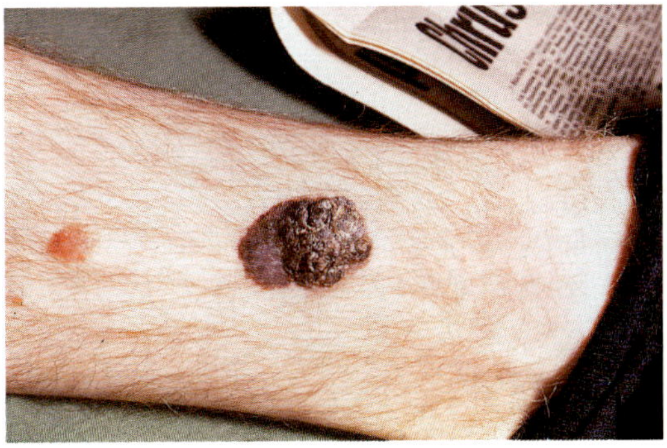

Abb. 6.40 Melanom

ABCD-Regel

A = **Asymmetrie** des Herdes: Leberflecken sind rund und symmetrisch. Melanome wachsen stärker asymmetrisch in eine Richtung

B = **Begrenzung:** Die Randzone vom Leberfleck ist scharf zur normalen Haut abgegrenzt. Die Hautbegrenzung der Melanome weisen eine zackige, unregelmäßige und unscharfe Kontur auf. Dunkel gefärbte Hautstellen können scheinbar übergangslos in helle Haut übergehen.

C = **Colorit:** Die Braunfärbung eines Leberflecks ist gleichbleibend, während das Melanom verschiedenartige Braun-, Rot-, Grau- bis Schwarzfärbungen aufweisen kann.

D = **Durchmesser:** Während Leberflecken nach ihrem anfänglichen Wachstum viele Jahre die gleiche Größe beibehalten, breiten sich Melanome immer aus.

Die Diagnose eines Melanoms kann nur durch einen histologischen Befund, d. h. Untersuchung des Gewebes, gesichert werden.

Zirkulationsstörungen

Zirkulationsstörungen sind Störungen der Durchblutung im arteriellen und venösen Bereich. In beiden Fällen ist die Hautdurchblutung mitbetroffen.

Bei den arteriellen Durchblutungsstörungen wird das betroffene Gewebe einschließlich der Haut nicht mehr oder nur ungenügend mit Sauerstoff und Nährstoffen versorgt und geht zugrunde. Die Haut wird blass bis weiß, bei Zelluntergang blau bis schwarz.

Bei Zelluntergang, auch Nekrose genannt, verschorft das Gewebe, es kommt zu einer sog. Gangrän. Dieser Prozess ist häufig Folge einer Gefäßveränderung im Sinne einer arteriellen Verschlusskrankheit

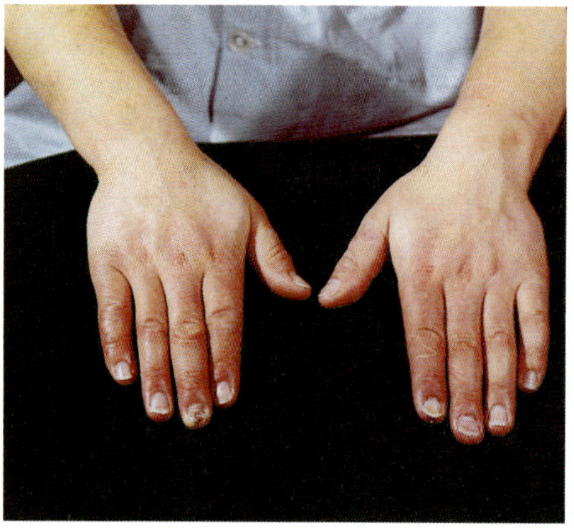

Abb. 6.41 Morbus Raynaud mit Ulzeration der Fingerkuppen unter dem Nagel

(AVK) und sehr schmerzhaft. Besonders häufig sind Diabetiker aufgrund von Gefäßsklerosen betroffen (diabetische Gangrän).

Eine andere Form der arteriellen Durchblutungsstörung ist eine anfallsweise auftretende Verengung der Fingerendarterien, ausgelöst durch Kältereiz. Die betroffenen Finger werden zunächst blass bis weiß und später blaurot mit nachfolgender reaktiver Hyperämie. In chronischen Fällen kann es zu Gefäßschäden und Nekrosen kommen. Dieses Krankheitsbild heißt Morbus Raynaud (**Abb. 6.41**).

Krampfadern, auch Varizen genannt sind sack- oder schlauchförmige, geschlängelte Venen, die durch eine Schwäche der Venenwand verursacht werden. Sie kommen besonders im Bereich der Beine vor. Die Varizen können zu einem Stauungsekzem führen mit einer nässenden, schuppenden Hautoberfläche.

Auch Stauungsödeme, geschwürige Veränderungen sowie Venenentzündungen sind möglich. Das aufgrund einer venösen Insuffizienz entstehende Unterschenkelgeschwür wird als Ulcus cruris bezeichnet (s. a. **Abb. 6.30**).

Bei der Venenentzündung ist die betroffene Vene gerötet oder knotig verändert und außerdem schmerzhaft.

Eine Venenthrombose ist ein Verschluss der tiefen Beinvenen. Es kommt zu einem Rückstau und infolgedessen zu einer Ansammlung von Ödemflüssigkeit im Gewebe. Das betroffene Bein schwillt an und verfärbt sich blaurot. Bei der Venenthrombose, auch Phlebothrombose genannt, ist häufig der Allgemeinzustand herabgesetzt. Es kommt zu Fieber und Wadenschmerz und es besteht die Gefahr einer Lungenembolie.

Veränderungen durch Parasiten

Unter parasitären Erkrankungen wird der Befall durch Läuse, Flöhe, Wanzen, Milben und Zecken verstanden. Sie werden übertragen durch direkten körperlichen Kontakt oder über Kleidung und Bettwäsche. Aber auch in Teppichen und Polstermöbeln können sich Parasiten, besonders Flöhe und Wanzen, einnisten.

Zecken halten sich in Wäldern auf und lassen sich regelrecht auf die Haut „fallen", angezogen von den körperlichen Duftstoffen (**Abb. 6.42**).

Stiche und Bisse dieser Parasiten lösen auf der Haut mehr oder weniger heftigen Juckreiz (Pruritus) aus. Die betroffenen Menschen reagieren mit starkem Kratzen, was häufig zu Kratzspuren und zusätzlicher Hautschädigung führt. In extremen Fällen kann es zu Sekundärinfektionen kommen.

Krätzmilben (Skabies) graben in der Hornschicht Gänge und lösen so den Juckreiz aus (**Abb. 6.43**).

Einige Parasiten können Infektionskrankheiten übertragen. Die Pest wird durch den Rattenfloh übertragen, die Kleiderlaus überträgt das Fleckfieber und der Zeckenbiss die Borreliose.

Veränderungen der Hauttemperatur und -oberfläche:

- Ödeme, flächenhafte Wasseransammlungen im Gewebe, entstehen häufig bei Herz- oder Niereninsuffizienz sowie Eiweißmangel.

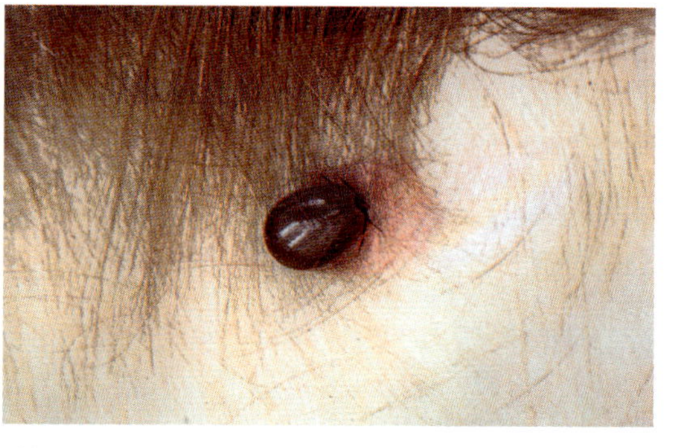

Abb. 6.42 Mit Blut vollgesogene Zecke in der Haut des Nackens (aus Steigleder, G. K.: Taschenatlas der Dermatologie, 3. Aufl. Thieme, Stuttgart 1987)

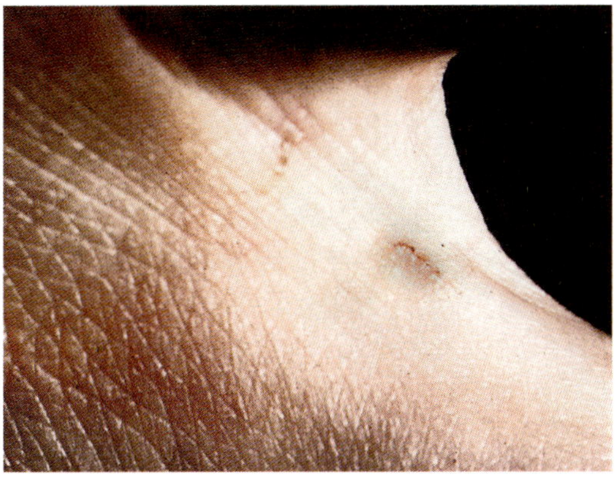

Abb. 6.43 Milbengänge

- Erhöhung der Hauttemperatur erfolgt u. a. bei Fieber oder Schilddrüsenüberfunktion, Erniedrigung bei Durchblutungs- und Zirkulationsstörungen.
- Bei Veränderungen der Hautoberfläche sind zu unterscheiden: Hautblüten, Entzündungen, allergische Reaktionen, Wunden und Verletzungen, Hautblutungen und Hämatome, Tumore, Zirkulationsstörungen und Parasiten.

6.2.5 Veränderungen der Mund- und Analschleimhaut

Veränderungen der Mundschleimhaut

Die Mundschleimhaut besitzt einen guten Selbstschutz durch ihre Speichelproduktion und den lymphatischen Rachenring. Veränderungen der Mundschleimhaut entwickeln sich daher häufig im Rahmen von Allgemeinerkrankungen, z. B. bei Fieber, bei Erkrankungen, die mit allgemeiner Abwehrschwäche einhergehen oder bei verminderter Speichelproduktion durch fehlende Kautätigkeit bei Sondenernährung oder Nahrungskarenz.

Die wichtigsten Veränderungen der Mundschleimhaut sind in **Tab. 6.1** beschrieben und abgebildet. Im Rahmen der Beobachtung der Mundschleimhaut wird gleichzeitig die *Zunge* beobachtet und beurteilt. Beobachtbare Veränderungen an der Zunge sind in **Tab. 6.2** beschrieben und abgebildet.

Veränderungen der Analschleimhaut

Veränderungen der Analschleimhaut können verschiedene Symptome verursachen. Häufig kommt es zu Juckreiz, Schmerzen bei der Defäkation (Tenesmen), pathologischen Beimengungen, wie z. B. Blut oder Änderungen der Stuhlgewohnheiten, wie z. B. Obstipation aufgrund von Stuhlverhalten.

Besonders belastend wirkt sich eine Stuhlinkontinenz aus. Diese Symptome sind für den Betroffenen

Tab. 6.1 Veränderungen der Mundschleimhaut

Beschreibung	*Ursache*	*Abbildung*
Aphthen (Schwämmchen) sind runde bis ovale Erosionen mit weißlichem-gelblichem Belag und rotem Randsaum. Sie treten in der Regel an den Schleimhautumschlagstellen und Schleimhauttaschen, gelegentlich auch an der Zugluft auf.	• häufig in Verbindung mit Allgemeinerkrankungen, Abwehrschwäche oder Verdauungsstörungen	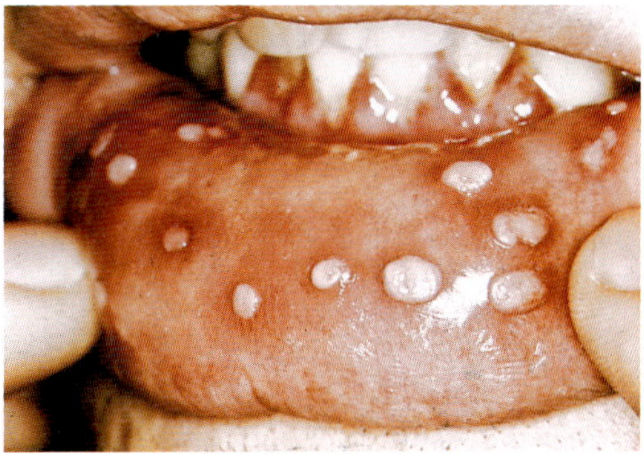 **Abb. 6.44** Stomatitis mit Aphthen
Rhagaden (Schrunden) → S. 90	• Entzündungen • Vitamin- oder Eisenmangel	**Abb. 6.31**, **6.32**

Fortsetzung ▶

Tab. 6.1 (Fortsetzung)

Beschreibung	*Ursache*	*Abbildung*
Herpes labialis sind Lippenbläschen. Es kommt zunächst zu einer Schwellung mit Spannungsgefühl und Juckreiz an den Lippen, dann zu Bläschenbildung mit starken Schmerzen. Die Bläschen eitern, öffnen sich und hinterlassen Erosionen, die u. U. von gelblichen Krusten bedeckt sind.	• Herpes simplex Viren (HSV) • rezidivierendes Auftreten bei Erkrankungen mit allgemeiner Abwehrschwäche • Fieber • Ekel • Menstruation • Magen-Darm-Störungen • Sonnenstrahlen (Herpes solaris)	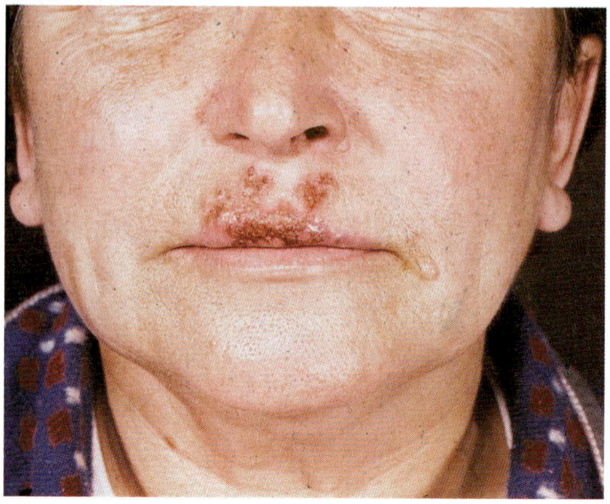 **Abb. 6.45** Herpes labialis
Eine **Stomatitis** ist eine Mundschleimhautentzündung mit geröteter und geschwollener Schleimhaut, Schmerzen, Trockenheitsgefühl und unangenehmem Geschmack im Mund sowie Mundgeruch (Foetor ex ore). Menschen mit einer Stomatitis verweigern wegen der Symptome häufig die Nahrungsaufnahme, da diese sehr starke Schmerzen verursachen kann.	• Infektionen durch Herpes-Viren oder Soor • Aphthen • Vitaminmangelzustände • fehlende Mundpflege • s. a. unter Aphthen und Soorstomatitis • häufig in Verbindung mit Soor	s. a. **Abb. 6.44**
Der Soorbefall der Mundschleimhaut und der Zunge ist eine Pilzinfektion und wird auch als **Soormykose, Kandidose der Mundschleimhaut** oder als **Soorstomatitis** bezeichnet. Kennzeichen einer Soorstomatitis ist ein weißlicher, abwischbarer Belag, der nach Abheben eine blutende Erosion hinterlässt. Eine chronische Verlaufsform mit absteigendem Soorbefall in die Speiseröhre und Atemwege ist möglich.	• veränderte Mundflora: Bakterien und Pilze hemmen sich nicht mehr gegenseitig am Wachstum und vermehren sich krankhaft • allgemeine Abwehrschwäche (z. B. Aids) • Antibiotika- und Zytostatika-Therapie • Diabetes mellitus • vorgeschädigte Mundschleimhaut: z. B. Druckstellen durch Prothesen	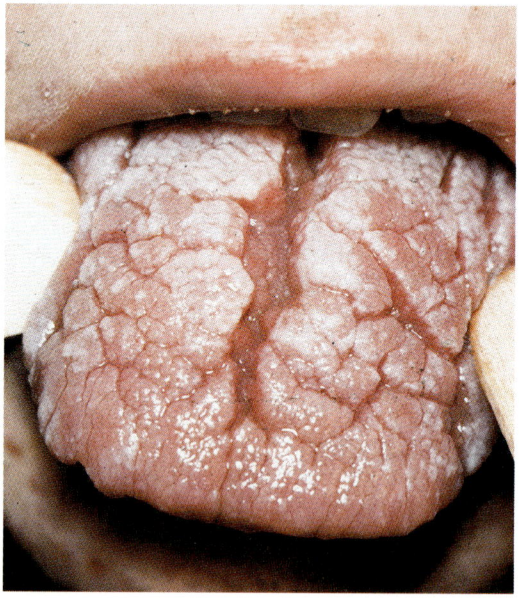 **Abb. 6.46** Mundsoor

Fortsetzung ▶

Tab. 6.1 (Fortsetzung)

Beschreibung	*Ursache*	*Abbildung*
Eine **Gingivitis** ist eine Zahnfleischentzündung mit rotem und geschwollenem und schmerzhaftem Zahnfleisch, das beim Zähneputzen blutet.	• Zahnstein • s. a. bei Stomatitis	
Eine **Xerostomie** ist eine abnorme Trockenheit der Mundschleimhaut. Sie sieht trocken und matt aus. Begleitsymptome sind Durst, brennendes Gefühl und Geschmacksstörungen. Außerdem ist das Sprechen erschwert.	• Nebenwirkungen verschiedener Medikamente, z. B. Beruhigungs- und Schlafmittel, Antiparkinsonmittel, Mittel gegen Bluthochdruck und Zytostatika • Exsikkose • Mundatmung • Strahlentherapie im Kopfbereich	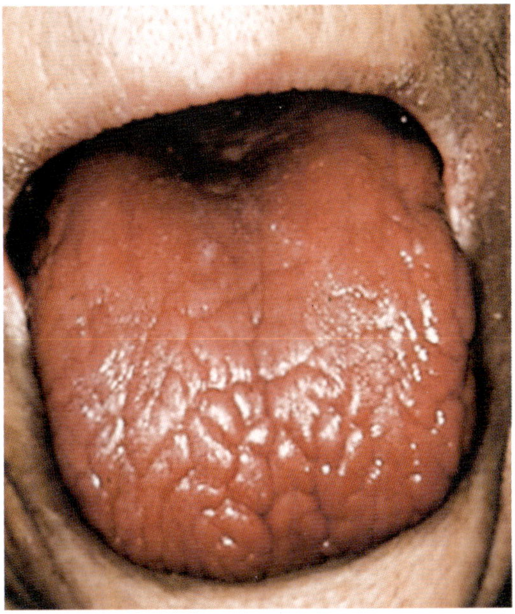 **Abb. 6.47** Xerostomie – Die gesamte Mundschleimhaut ist trocken

Tab. 6.2 Veränderungen der Zunge

Beschreibung	*Ursache*	*Abbildung*
Trocken-borkiger Belag	• Ursache s. trockene Mundschleimhaut	s. a. **Abb. 6.47**
Grau-weißlicher Belag	• ungenügende mechanische Reibung, z. B. bei Nahrungskarenz oder überwiegend flüssiger Ernährung	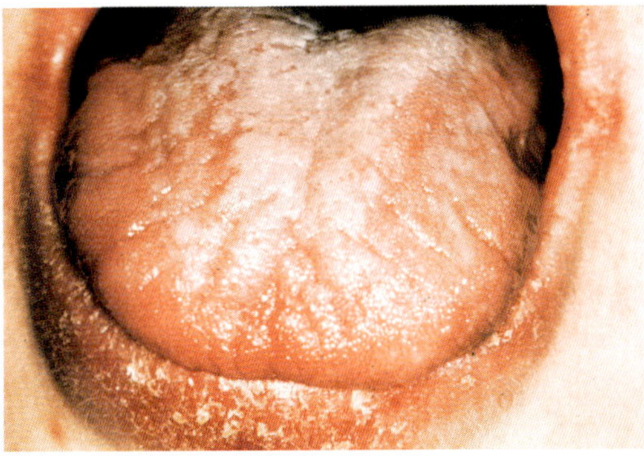 **Abb. 6.48** Grau-weißlicher Zungenbelag

Fortsetzung ▶

Tab. 6.2 (Fortsetzung)

Beschreibung	*Ursache*	*Abbildung*
Lackzunge • Zungenpapillen sind atrophiert, sodass die Zunge wie gelackt aussieht • häufiges Begleitsymptom ist das Zungenbrennen (Glossodymie), besonders beim Vitamin-B12-Mangel	• Entzündungen der Zunge • Vitamin-B12-Mangel • Eisenmangel • Morbus Crohn • Leberinsuffizienz • auch psychische Ursachen beim Zungenbrennen sind bekannt, häufig Angst vor Zungenkrebs (Karzinophobie)	
Himbeerzunge • Die Zunge sieht aus wie rot lackiert, himbeerartig	• Scharlach • chronische Erkrankungen der Verdauungsorgane • dekompensierte Herzinsuffizienz	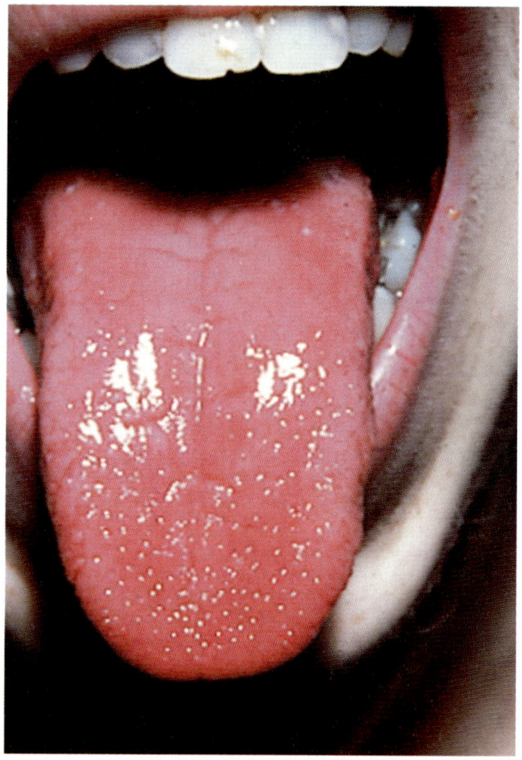 **Abb. 6.49** Himbeerzunge

Fortsetzung ▶

Tab. 6.2 (Fortsetzung)

Beschreibung	*Ursache*	*Abbildung*
Makroglossie • Vergrößerung der Zunge	• Down Syndrom • Akromegalie • Amyloidose • Myxödem	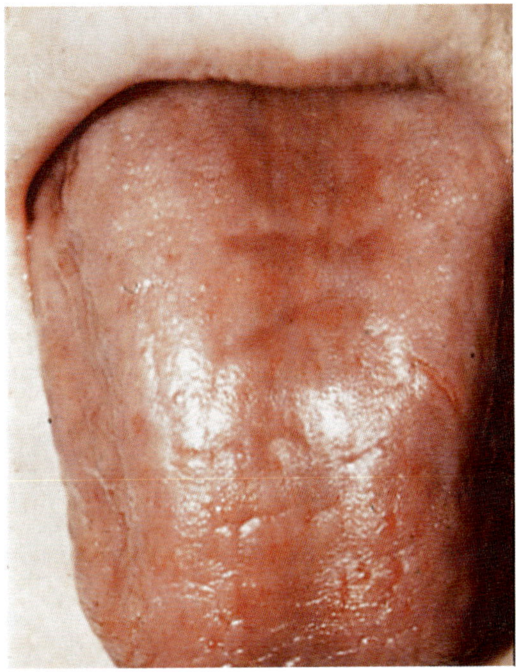 **Abb. 6.50** Makroglossie
Schwarze Haarzunge (Lingua pilosa nigra) • Hypertrophie der Papillae filiformis im mittleren Teil des mittleren Drittels der Zunge • Die schwarze Haarzunge ist eine harmlose Zungenveränderung • Die Farbe kann variieren: von schmutzig-weiß bis tiefschwarz • Begleiterscheinungen sind beeinträchtigter Geschmack und gestörte Geschmacksempfindung (Dysgeusie)	• Veränderungen der Mikroflora, z. B. bei Antibiotikatherapie • Hepatopathien • Vitamin-B-Mangel • genaue Ursache ist letztendlich nicht geklärt	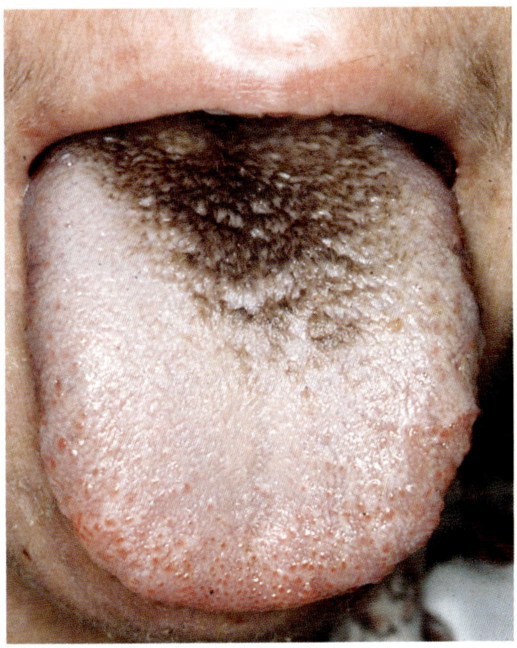 **Abb. 6.51** Haarzunge

Fortsetzung ▶

Tab. 6.2 (Fortsetzung)

Beschreibung	*Ursache*	*Abbildung*
Landkartenzunge (Lingua geographica) • herdförmige Verhornungsstörung der Zungenschleimhaut • Entstehung von rasch sich verändernden, verschieden große und belagfreie Abschilferungsbezirke der Zunge mit gelb-weißlichen Randsäumen	• unklar • Vorkommen häufig bei seelischen Belastungen	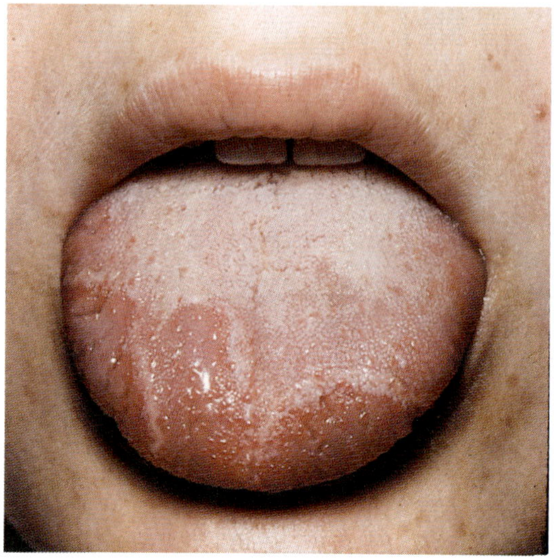 **Abb. 6.52** Landkartenzunge

unangenehm und oft mit Einschränkungen der Lebensqualität in verschiedenen Bereichen verbunden. Folgende Veränderungen der Analschleimhaut können beobachtet werden:

- Analfissur,
- Analfistel,
- Analabszess,
- Hämorrhoiden,
- Analprolaps.

Analfissur

Eine Analfissur ist ein schmerzhafter, ovaler Längseinriss der Schleimhaut des unteren Analkanals. Die Stuhlpassage verursacht einen starken brennenden Schmerz und evtl. Blutabgang, weswegen die Betroffenen nicht selten ihren Stuhl zurückhalten. Die Heilung ist häufig verzögert, da der Anus die Fissurnähte immer wieder auseinanderzieht. Die Ursache der Entstehung ist nicht endgültig geklärt. Besonders betroffen sind Menschen mit chronisch hartem Stuhlgang, aber auch solche, die anosexuelle Praktiken ausüben.

Analfistel

Eine Analfistel entsteht am häufigsten durch immer wiederkehrende Infektionen der Analdrüsen. Durch die chronischen Entzündungen bildet sich ein röhrenförmiger Gang (= Fistel) zwischen dem Entzündungsort und dem Darmlumen oder der Körperoberfläche (**Abb. 6.53**). Andere Ursachen sind Erkrankungen wie z. B. Morbus Crohn, Tuberkulose oder Karzinome. Die betroffenen Menschen klagen über perianale Schmerzen und gelegentlich Eiterabgang. Die Analfistel neigt zu akuten Entzündungen mit Abszessbildung.

Analabszess

Der Analabszess stellt die akute eitrige Entzündung der perianalen Bindegewebsräume dar. Neben starken Schmerzen und Fieber kann eine Vorwölbung der perianalen Haut beobachtet werden.

Hämorrhoiden

Hamorrhoiden sind krampfaderähnliche, knotenförmige Erweiterung der Venen im anorektalen Bereich (**Abb. 6.54**). Sie können durch einen erhöhten Druck im Analkanal, z. B. durch Obstipation mit hartem Stuhl, durch eine angeborene Bindegewebsschwäche und durch einen venösen Rückstau der Pfortader bei Lebererkrankugen entstehen. Berufe mit vorwiegend sitzender Tätigkeiten begünstigen die Hämorrhoidenbildung.

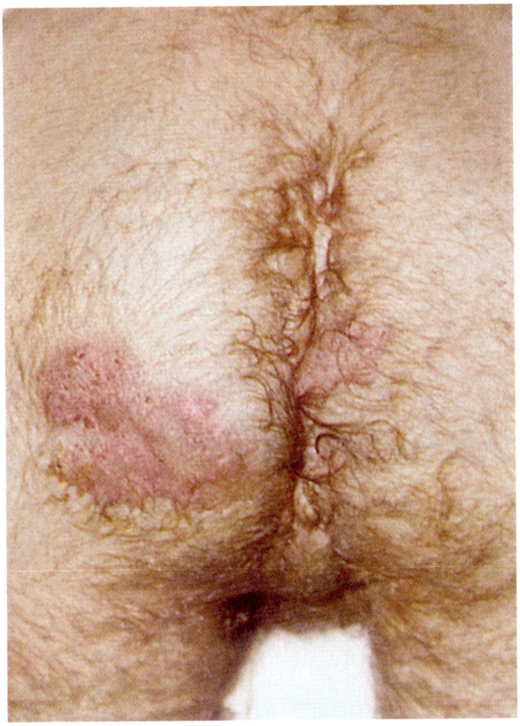

Abb. 6.53 Perianale Narben- und Fistelbildung (aus Steigleder, G. K.: Taschenatlas der Dermatologie, 3. Aufl. Thieme, Stuttgart 1987)

Die Einteilung der Hämorrhoiden erfolgt in 4 Schweregrade. Schweregrad 1 und 2 sind in erster Linie endoskopisch beurteilbar. Gelegentlich sind blutige Stuhlauflagerungen, Juckreiz und Brennen zu beobachten.

Ab Schweregrad 2 und 3 können Hämorrhoiden vorfallen (prolabieren) und sind dann äußerlich sichtbar. Meist können sie in den Analkanal zurückgedrückt (reponiert) werden.

In schweren Fällen, Schweregrad 4, ist die Reposition nicht möglich. Schmerzen, Jucken, nässende Schleimhautabsonderungen und Ekzeme sind die Folge. Eingeklemmte Hämorrhoiden schwellen ödematös an und verursachen heftige Schmerzen.

Analprolaps

Bei einem Analprolaps ist die Darmschleimhaut durch die Analöffnung vorgestülpt und äußerlich sichtbar. Die Ursachen können z. B. Hämorrhoiden, Analsphincter- sowie Beckenbodenschwäche sein und durch Pressen bei der Defäkation oder Husten entstehen.

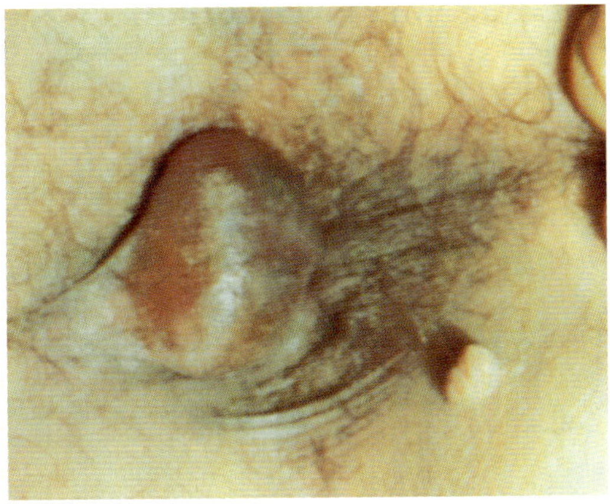

Abb. 6.54 Thrombosierte äußere Hämorrhoiden (aus Epstein, O., G. D. Perkin, D. P. de Bono, J. Cookson: Bild-Lehrbuch der klinischen Untersuchung. Thieme, Stuttgart 1994)

Stülpt sich die ganze Rektumwand durch den Analkanal, handelt es sich um einen Rektumprolaps. In diesem Fall sind Darmanteile im Analbereich zu sehen. Häufig ist eine Reposition möglich. Die betroffenen Menschen klagen über Blut- und Schleimabsonderungen und Entwicklung einer perianalen Dermatitis oder Ulzeration (Ulcus recti). Die Fähigkeit, den Stuhl zu halten (Stuhlkontinenz) ist meist beeinträchtigt bis aufgehoben.

Die Beobachtung der Analschleimhaut stellt einen Eingriff in die Intimsphäre eines Menschen dar. Sie bedarf deshalb eines besonders einfühlsamen und vorsichtigen Vorgehens.

6.3 Ergänzende Beobachtungskriterien

Neben den spezifischen Hautkrankheiten gibt es eine Reihe von Erkrankungen, die nicht nur Veränderungen an der Haut verursachen, sondern auch Auswirkungen auf andere Beobachtungskriterien haben. Deshalb müssen in diesen Fällen auch andere Beobachtungspunkte beachtet werden. Die folgenden Verknüpfungen sind ausgewählte Beispiele:

Der Hautstoffwechsel wird beispielsweise erheblich von der Ernährung und vom Flüssigkeitshaushalt beeinflusst. Mangelerscheinungen und Störungen des Flüssigkeitshaus-

haltes sind als typische Veränderungen an der Haut beobachtbar, zeigen sich z. B. aber auch bei der Menge der Flüssigkeitsaufnahme und -ausscheidung.
Die Erhöhung der Hauttemperatur kann auf eine lokale Entzündung der Haut zurückzuführen sein, möglicherweise aber auch durch eine Erhöhung der Kerntemperatur (Fieber) verursacht werden.
Eine auffallende Blässe der Haut einer Extremität kann u. U. durch einen akuten Arterienverschluss bedingt sein. Hier ist besonders auf die Schmerz- und periphere Pulsbeobachtung hinzuweisen. Eine allgemeine Hautblässe, in Kombination mit kaltem, klebrigem Schweiß auf der Haut, weist auf einen Kreislaufschock hin. Es wird in diesem Fall neben der Puls- besonders die Blutdruckbeobachtung notwendig.
Veränderungen der Haut ziehen häufig auch typische Veränderungen der Hautanhangsgebilde Haare und Nägel mit sich. Sie sollten deshalb immer gleichzeitig beobachtet werden.

Veränderungen der Mund- und Analschleimhaut:

- Veränderungen der Mundschleimhaut und der Zunge treten häufig im Zuge von Fiebererkrankungen und Abwehrschwäche auf.
- Bei Veränderungen der Analschleimhaut sind für den Betroffenen besonders belastende und häufig die Lebensqualität einschränkende Symptome zu beobachten.
- Zu den wichtigsten Veränderungen der Analschleimhaut zählen Analfissur, Analfistel, Analabszess, Hämorrhoiden und Analprolaps.
- Neben der Beobachtung der Haut müssen auch andere Bereiche berücksichtigt werden, da Hautveränderungen häufig mit anderen Erkrankungen einhergehen.

6.4 Besonderheiten bei Kindern

Sigrid Flüeck

Bedeutung der Haut für das Kind

Die Haut ist ein wichtiges Kommunikationsmittel zwischen Mutter und Kind. Das Neugeborene wird nach der Geburt auf Brust und Bauch der Mutter gelegt. Das Kind kann durch den Hautgeruch und die bereits im Mutterleib wahrgenommene Stimme Kontakt zu seiner Mutter aufnehmen. Gleichzeitig nimmt es den vertrauten Herzschlag wahr. Der Herzschlag wird im Mutterleib vom Foetus bereits als Urerfahrung erlebt und durch Vibration über die Haut als vertrautes Merkmal wiedererkannt.

Der Hautsinn ist der früheste embryonal entwickelte Sinn, er wird auch als somatovisceraler Sinn bezeichnet. Zum Hautsinn gehören die Rezeptoren der Oberflächen- und Tiefensensibilität. Die Rezeptoren sind unterschiedlich verteilt. Kinder verfügen über ca. 6000 Tastkörperchen auf den Fingerkuppen, Erwachsene hingegen nur über 3000 – 4000.

Der Hautkontakt zwischen Mutter und Kind sollte nach Möglichkeit in den ersten 2 Stunden nach der Geburt weitestgehend bestehen bleiben, um die Gefühlsbeziehung zu fördern. Gleichzeitig nimmt das Kind die Berührung durch die Hand der Mutter oder des Vaters als einen starken positiven Reiz wahr.

Physiologische Besonderheiten der Haut bei Neugeborenen und Säuglingen

Trotz zu erkennender Gemeinsamkeiten mit der Erwachsenenhaut gibt es bei der Neugeborenen- und Säuglingshaut anatomisch und physiologisch einige Unterschiede. Die gesunde Haut des Neugeborenen ist zart, prall, warm, rosig und ohne Schädigungen. Der Hautturgor ist glatt und elastisch. Die Epidermis ist sehr dünn. Im Vergleich mit einem erwachsenen Menschen besitzt ein Neugeborenes oder ein Säugling im Verhältnis zu seinem Gewicht eine viel größere Körperoberfläche. Die gesunde Schleimhaut in Mund, Zunge und Genitalbereich ist rosig, feucht, leicht glänzend und ohne Beläge.

Käseschmiere

Die Neugeborenenepidermis wird von einer Käseschmiere (Vernix caseosa) bedeckt. Sie besteht aus abgeschilferten Zellen, Haaren und Talgmassen. Die Käseschmiere stellt einen natürlichen Hautschutz gegen die aufweichende Wirkung des Fruchtwassers dar. Sie trägt dazu bei, den Wasserentzug aus der Oberhaut zu verringern. Die bei der Geburt voll aktiven Talgdrüsen bewahren die Haut vor dem Austrocknen und halten die Haut geschmeidig. Sie unterstützen durch den höheren Feuchtigkeitsgehalt der Haut das Neugeborene dabei, sich an seine Umgebung außerhalb des Mutterleibes zu gewöhnen.

Mit den ersten Bädern nach der Geburt, die je nach Standard der Entbindungskliniken zu unterschiedlichen Zeiten erfolgen, wird die Käseschmiere entfernt. Vereinzelt kommt es anschließend zu einer vermehrten physiologischen Schuppung der Neugeborenenhaut. An Nase, Stirn und Wangen des Kindes zeigen sich gelegentlich kleine weisse „Hautperlen". Es handelt sind um erweiterte und mit gelblichem Inhalt gefüllte Talgdrüsengänge (Milien), die meist innerhalb von 3 Wochen nach der Geburt von alleine verschwinden. (s. a. Kap. 7.4).

Körperoberfläche

Im Vergleich zu einem erwachsenen Menschen hat ein Neugeborenes/Säugling im Verhältnis zu seinem Gewicht eine um vieles größere Hautoberfläche, was zu einer vermehrten Wasserabgabe führt. Die Gefahr der Austrocknung wird außerdem durch die noch sehr dünne Epidermis begünstigt.

Je kleiner das Kind, desto größer ist seine Körperoberfläche im Verhältnis zu seinem Gewicht. Die Säuglings- und Kinderhaut ist insgesamt besonders vor Austrocknung zu schützen. Dabei steht die orale Flüssigkeitsaufnahme im Vordergrund.

Unausgereiftes Geflecht von Hautnerven

Weitere Unterschiede sind die noch nicht voll ausgebildeten Meissner-Tastkörperchen. Die meisten Nerven in der Säuglingshaut haben einen geringen Durchmesser und enthalten noch kein Myelin. Die Entwicklung des Hautnervengeflechts kann noch bis zur Pubertät andauern.

Geringere Melaninproduktion

Die Haut des Neugeborenen/Säuglings ist aufgrund geringerer Melaninproduktion weniger pigmentiert als die Haut älterer Kinder und Erwachsener. Melanin ist für die Haut- und Haarfarbe verantwortlich und schützt die Haut vor den potenziell schädlichen Wirkungen der Ultraviolettstrahlung. Die Haut von Neugeborenen/Säuglingen verbrennt unter direkter Sonneneinstrahlung schneller, sie muss deshalb besonders geschützt werden.

Höhere Anfälligkeit für Reizstoffe und Infekte

Die aus Keratin bestehende Hornschicht wirkt als physiologische Barriere gegen das Eindringen schädlicher Mikroorganismen und schädlicher Chemikalien. Mikroben sind unter normalen Umständen harmlos, doch jede Durchlässigkeit der Haut bedeutet ein Infektionsrisiko. Neugeborene/Säuglinge sind durch die Unterbrechung der Haut an der Nabelschnur besonders infektanfällig.

Die zum Schutz gegenüber bestimmten Bakterien notwendige Mikroflora (der pH-Wert liegt bei 6,7) und das zur Abwehr benötigte Immunsystem sind bei der Geburt noch nicht voll entwickelt. Die noch sehr dünne und empfindliche Haut reagiert auf bestimmte Konzentrationen von Substanzen wie Stuhl, Urin, Speichel und/oder bestimmte chemikalische Pflegemittel mit Hautreizungen.

Aufgrund dieser Kenntnisse ist es sehr wichtig die hygienische Hautpflege des Neugeborenen und Säuglings mit pH-neutralen Pflegeprodukten durchzuführen. Darüber hinaus führen Reizungen zwischen 2 Hautfalten oder durch Windeln zur Mazeration, dem Aufweichen der Haut und damit zu einem Zusammenbruch der epidermalen Barriere. Die Reizstoffe gelangen so in die Haut des Kindes und bewirken Reaktionen und ggf. Ausschläge.

Abweichungen und Veränderungen des Hautzustandes bei Kindern

Hauterkrankungen bei Kindern können angeboren oder erworben sein.

Angeborene Hauterscheinungen/-erkrankungen

Naevi („Flecken") sind aufgrund embryonaler Entwicklungsstörungen entstandene Fehlbildungen der Haut. Sie werden nach den Gewebeanteilen, von denen sie ausgehen, unterschieden.

Blutgefäß-Naevi

- Storchenbiss, erscheint als rosafarbener Fleck z. B. auf Stirn oder am Hinterkopf und ist auf eine Erweiterung der Kapillargefäße zurückzuführen.
- Naevus flammeus (Feuermal), erscheint als hellroter/blauroter scharf umschriebener Fleck, im Gesicht oder an den Extremitäten vorkommend, und ist auf Kapillarerweiterungen in einem bestimmten Hautbezirk zurückzuführen. Der Naevus flammeus im Gesicht, Rumpf oder auf den Extremitäten (Portweinmal) kann sich auch einseitig darstellen.
- Hämangiome (Blutschwamm) bilden sich in den ersten Lebensmonaten richtig heraus, erscheinen als rote schwammartige oberflächliche Läsionen oder als bläulich schimmernd, wenn sie tiefer liegen. Hämangiome sind gutartige geschwulstartige Wucherungen von Blutgefäßen aufgrund embryonaler Fehlentwicklungen. Sie wachsen in den ersten Lebensmonaten schnell, um später wieder zu schrumpfen. Häufig verschwinden sie bis zum Jugendalter ganz (**Abb. 6.55**).

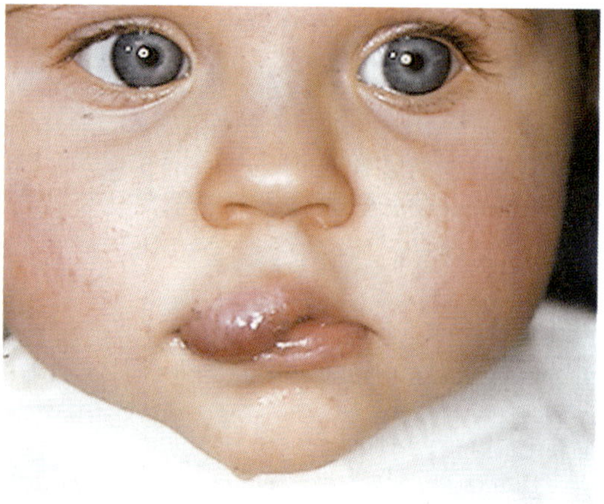

Abb. 6.55 Hämangiome

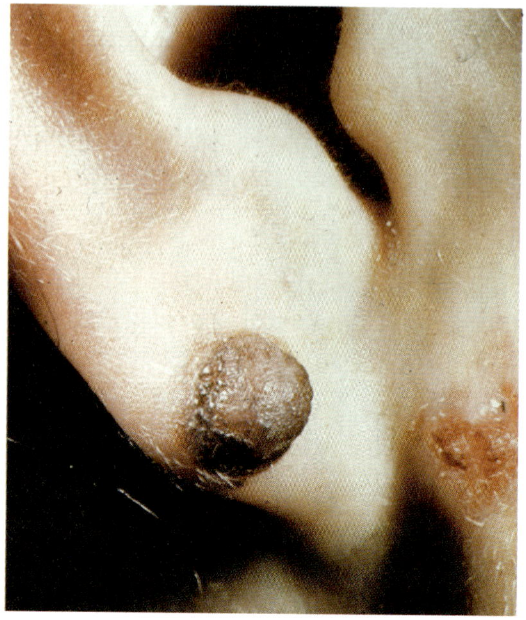

Abb. 6.56 Naevuszell Naevus

Pigment-Naevi

- Mongolenfleck, erscheint als schiefergraue bis grauschwarze Färbung, meist am lumbosarkalen Rumpf, wird ausgelöst durch tieferliegende Melanozyten, bildet sich jedoch langsam zurück.
- Cafe-au-lait-Fleck, erscheint als hellbrauner, milchkaffeeartiger meist ovaler Fleck unterschiedlicher Größe, der an jeder Stelle des Körpers auftreten kann. Er entsteht aufgrund vermehrten Pigmentgranulats in der Basalschicht der Haut, und bleibt ein Leben lang bestehen.
- Naevuszell Naevus, erscheint als scharf abgegrenzter dunkelbrauner Fleck unterschiedlicher Größe, dessen Oberfläche glatt, höckerig, warzenförmig und behaart sein kann. Er kann punktförmig über den ganzen Körper verteilt sein oder auch große Hautbezirke bedecken. Er entsteht infolge endogener oder exogener Störungen der Gewebsentwicklung. Histologisch findet man melaninhaltige Zellen mit auffallend großem Kern. Es besteht das Risiko einer Umwandlung in ein Melanom, deshalb muss eine regelmäßige Kontrolle erfolgen (**Abb. 6.56**).

Erworbene Hauterscheinungen/-erkrankungen

- Intertrigo (Windeldermatitis/-ekzem) ist eine entzündliche Reizung der Haut im Windelbereich, die bei fast allen Säuglingen ein- oder mehrmals vorkommt. Erscheinungsformen sind flächenhafte Rötung, später Papeln und/oder Bläschenbildung, ausgelöst durch z. B. bakterielle Besiedlung oder Candida albicans. Sie entsteht durch Kontakt mit Urin und Stuhl und infolge einer Mazeration durch zu seltenen Windelwechsel (**Abb. 6.57**).
- Atopische Dermatitis (Neurodermitis, endogenes Ekzem, atopisches Ekzem) erscheint als kleine juckende Hautstellen, Knötchenbildung und Verdickung der Hautoberfläche, auch flächenhaft gerötet. Die Prädilektionsstellen sind im Neugeborenen- und Säuglingsalter das Gesicht, bei Klein- und Schulkindern die Ellenbeugen, Kniekehlen, Hand- und Fußgelenke. Durch häufiges Kratzen entstehen nässende Wunden, die eine Infektanfälligkeit begünstigen und Infektionen und Superinfektionen der Haut zur Folge haben können. Die Entstehung ist weitgehend unbekannt, Ursachen werden im genetischen Bereich vermutet (**Abb. 6.58**).
- Seborrhoische Säuglingsdermatitis (Milchschorf) zeigt sich als gelblich dicke, fettige, schuppende Hautrötung vorwiegend am Kopf, Hals, in der Achselhöhle und im Windelbereich. Auch hier ist die Ursache unbekannt. Die Hauterscheinung ist in den ersten 6 Lebensmonaten zu beobachten und tritt danach nicht wieder auf (**Abb. 6.59**).
- Neonatale indirekte Hyperbilirubinämie ist eine physiologische oder pathologische Gelbfärbung der Haut (s. a. 6.2.1). Sie tritt bei einem erhöhten indirekten (unkonjugierten) Bilirubin im Blut auf.

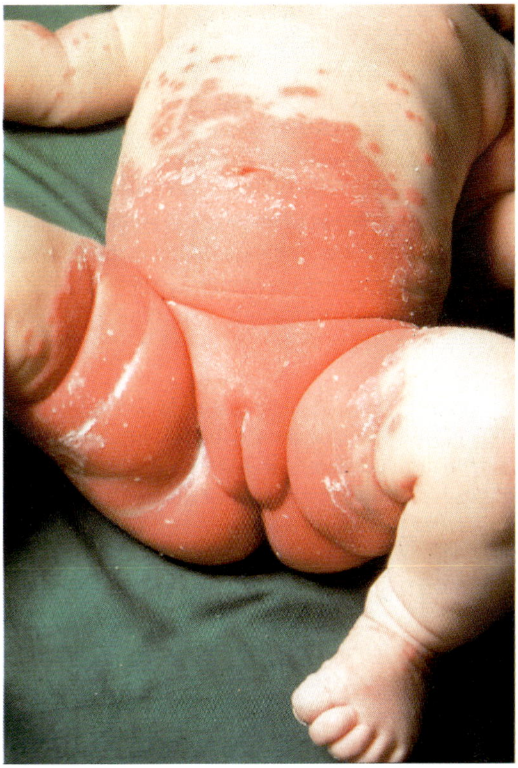

Abb. 6.57 Intertrigo (Windeldermatitis)

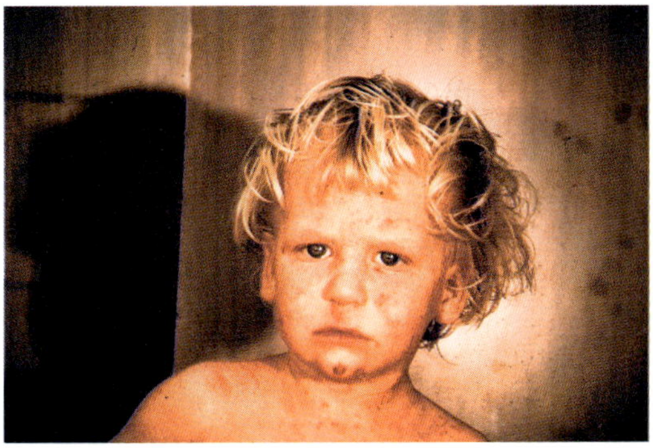

Abb. 6.58 Atopische Dermatitis

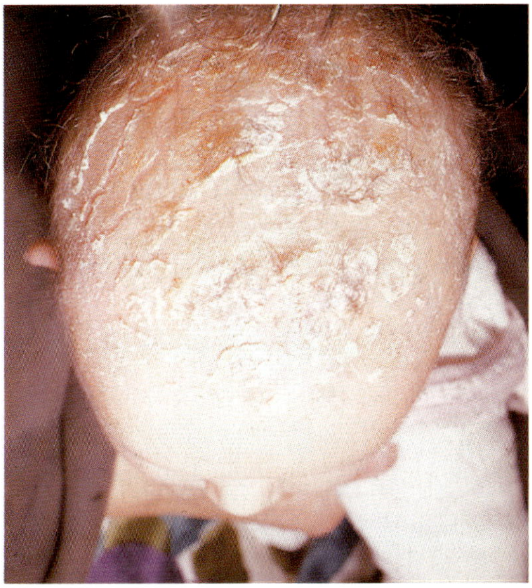

Abb. 6.59 Seborrhoische Säuglingsdermatitis (Milchschorf)

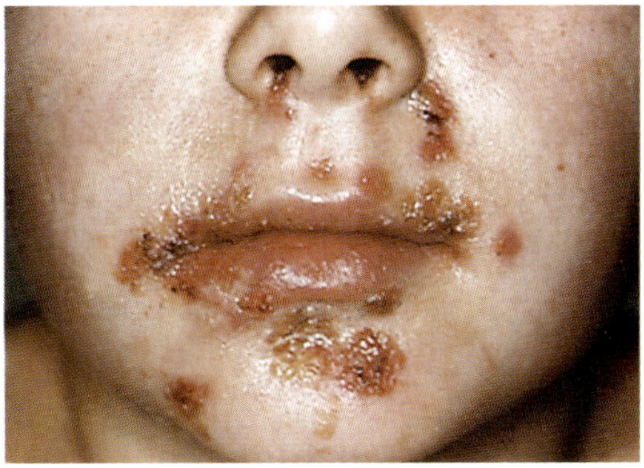

Abb. 6.60 Impetigo contagiosa

Dieses entsteht durch einen vermehrten Abbau des überschüssigen Hämoglobins und einer vorübergehenden Unreife der Leber.

Infektiöse Dermatosen

Impetigo contagiosa, ist eine durch Bakterien, meist Streptokokken und Staphylokokken, verursachte Infektion der Epidermis. Sie zeigt sich durch oberflächliche, honigfarbene, mit Schorf bedeckte Pusteln und Bläschen vorwiegend im Gesicht, an den Händen und im Genitalbereich. Durch engen Kontakt zu anderen Kindern ist die Ansteckungsgefahr sehr groß. Kinder mit dieser Erkrankung müssen bis zum Abfallen der Borken isoliert werden (**Abb. 6.60**).

6.5 Besonderheiten bei älteren Menschen

Eva Eißing

Die typische Altershaut ist welk, schlaff und durch Faltenbildung infolge nachlassender Elastizität des Bindegewebes gekennzeichnet (**Abb. 6.61**). Wesentlich verantwortlich dafür ist die verminderte Wasserbindungskapazität des Gewebes sowie die nachlassende Wirkung der elastischen und kollagenen Fasern der Lederhaut.

Durch die langsamere Zellteilung wird die Haut dünner (Atrophie von Dermis, Epidermis und Subkutis). Meist kommt es zur Abnahme von Fettgewebe, sodass die Haut nochmals an Dicke verliert. Diese Umstände führen zu einer erhöhten Gefahr für Verletzungen und Druckgeschwüre. Durch das fehlende Fettgewebe verringert sich auch die Fähigkeit der Haut zur Wärmeisolation; aus diesem Grund frieren alte Menschen leichter.

Die Anzahl der Melanozyten verringert sich und somit die Schutzwirkung vor UV-Licht. Außerdem sind in der Altershaut die Melanozyten nicht mehr regelmäßig angeordnet. Die Haut erhält eine fleckige braune Pigmentierung von unterschiedlicher Größe, besonders an den Händen, den Unterarmen und im Gesicht. Diese Pigmentierungen sind auch als „Altersflecken" bekannt (s. a. **Abb. 6.61**).

Die Anzahl der Talg- und Schweißdrüsen verringert sich. Infolgedessen nimmt auch die Talg- und Schweißproduktion ab mit entsprechend negativer Auswirkung auf den Säureschutzmantel der Haut. In Verbindung mit einer Exsikkose (s. a. Kap. 16.2.3 u. 16.5) wird die Haut trocken, spröde oder rissig. Neben einer erhöhten Verletzungsgefahr besteht eine reduzierte Fähigkeit zur Keimabwehr und eine erhöhte Infektanfälligkeit, besonders bei Bagatellverletzungen. Dieser Aspekt sollte bei der Auswahl der Pflegemittel beachtet werden, weil die Altershaut unter diesen Umständen besonders angreifbar wird für Seifen und Laugen.

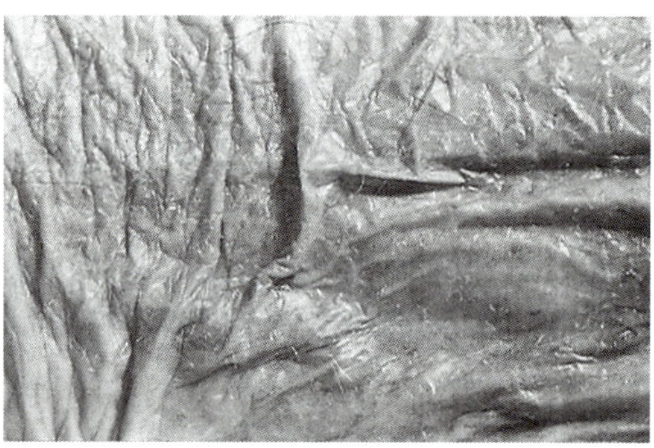

Abb. 6.61 Altershaut

Um diesem Mechanismus entgegenzuwirken, sollten zur Hautreinigung milde Reinigungsmittel verwendet werden, z. B. Ölbäder und zur Hautrückfettung Wasser in Öl-Emulsionen (W/O).

Viele ältere Menschen leiden unter Inkontinenz. Bei Frauen sind die Ursachen häufig Gebärmuttersenkungen nach Geburten, bei Männern eine vergrößerte Prostata. Zusammen mit der dünner werdenden Altershaut, dem veränderten Säureschutzmantel und einer zunehmenden Hauttrocknung, erhöht sich die Intertrigogefahr um ein Vielfaches. Die trockene Haut neigt zu Juckreiz und weist häufig Verletzungen durch Kratzspuren auf, die wiederum Eintrittspforten für Bakterien, Pilze und Viren sind.

Nachlassende Leistung der Sinnesrezeptoren im Alter bedingt Veränderungen der äußeren Wahrnehmungsfähigkeit. Eine verminderte Druckwahrnehmung z. B. kann zur Folge haben, dass erst zu spät oder gar keine Druckentlastungsbewegung durchgeführt wird und infolgedessen das Risiko für die Entstehung eines Druckgeschwürs (Dekubitus) steigt.

Insgesamt ist die Altershaut empfindlicher und die Wundheilung durch verlangsamte Zellteilung verzögert. Viele Erkrankungen, z. B. Durchblutungsstörungen oder der Diabetes mellitus, sind Ursache einer eingeschränkten, durch krankhafte Gefäße bedingten, veränderten Stoffwechsellage. Geschwürbildung, z. B. diabetische Gangrän oder Ulcus cruris und Hautdefekte bis zum Absterben ganzer Hautbezirke, können die Folge sein.

Die Altershaut weist eine geringere Wahrnehmungs- und eine eingeschränkte Regenerationsfähigkeit auf, was zu erhöhter Verletzungsgefahr und beeinträchtigter Wundheilung führen kann.

Auch die Mundschleimhaut verändert sich im Alter. Auch hier wird die Haut dünner, die Regenerationszeit länger und die Speichelproduktion geringer. Hierdurch ergibt sich eine erhöhte Soor-, Stomatitis-

und Parotitisgefahr. Durch mangelhafte Mundpflege, angetrocknetes Sekret oder auch Nahrungsreste entstehen Borken und Krusten auf der *Zunge* mit übelriechendem Mundgeruch.

Es ist darauf zu achten, dass die Prothesen gut passen und auch eingesetzt werden. Der Kiefer verformt sich sehr schnell bei längerfristig herausgenommenen Prothesen. Diese sitzen dann nicht mehr optimal, was Druckstellen in der Mundschleimhaut zur Folge haben kann.

Besonderheiten bei Kindern und älteren Menschen:

- Die Käseschmiere schützt die Haut von Neugeborenen gegenüber dem Fruchtwasser und die Talgdrüsen vor dem Austrocknen nach der Geburt.
- Die Körperoberfläche eines Säuglings ist im Vergleich zum Erwachsenen viel größer, die dünne Epidermis begünstigt zusätzlich die Gefahr der Austrocknung.
- Ein noch nicht voll ausgereiftes Geflecht von Hautnerven, geringere Melaninproduktion und das noch nicht entwickelte Immunsystem machen die Haut von Neugeborenen anfälliger für Infekte und Reizstoffe.
- Angeborene Hautveränderungen sind Blutgefäß- und Pigment-Naevi („Flecken"), zu den erworbenen Hauterkrankungen zählen u.a. Intertrigo (Windeldermatitis), atopische Dermatitis, seborrhoische Säuglingsdermatitis, neonatale indirekte Hyperbilirubinämie und infektiöse Dermatosen.
- Auch die Altershaut ist anfällig für Infektionen, Verletzungen und Druckgeschwüre, hat eine verringerte Wärmeisolationsfähigkeit und Schutzwirkung vor UV-Licht.
- Die im Alter veränderte Mundschleimhaut kann zu Mundgeruch, Soor, Stomatitis und Parotitis führen, durch schlecht sitzende Protesen entstehen leicht Druckstellen im Kieferbereich.

6.6 Fallstudien und mögliche Pflegediagnosen

Pflegeprobleme im Zusammenhang mit Haut- und Schleimhautveränderungen lassen sich im Wesentlichen 3 Bereichen zuordnen:

1. Veränderungen an Haut und Schleimhaut verursachen häufig Schmerzen,
2. Hautveränderungen, insbesondere Verletzungen, sind ideale Eintrittspforten für Krankheitserreger,
3. Veränderungen an Haut und Schleimhaut können kosmetische Probleme darstellen und die betroffenen Menschen in den sozialen Rückzug treiben.

Die folgende Fallstudie illustriert ein Beispiel aus dem ersten Bereich.

Fallstudie Fr. Üppig

Fr. Üppig ist 82 Jahre alt und lebt nach einem Schlaganfall seit 3 Jahren im Altenheim. Anfangs hatte sie Probleme, ihre Selbständigkeit aufzugeben. Inzwischen hat sie aber einen guten Kontakt zu Mitbewohnern und Pflegekräften hergestellt. Fr. Üppig ist seit 10 Jahren Witwe und hat 2 Kinder. Durch den Schlaganfall hat sie eine rechtsseitige Hemiplegie und eine Urininkontinenz. Sie trägt Windeleinlagen und Inkontinenzwäsche. Fr. Üppig ist adipös und durch ihre Körperfülle in der Mobilität eingeschränkt, kann aber mit Hilfe aufstehen. Die Pflegepersonen helfen ihr bei der Morgentoilette und setzen sie in ihren Rollsltuhl. Die Mahlzeiten nimmt Fr. Üppig gemeinsam mit den anderen Heimbewohnern im Aufenthaltsraum ein.

Seit 2 Tagen hat Fr. Üppig Fieber mit Temperaturen von über 39 °C rektal. Sie fühlt sich schlapp, hat keinen Appetit und möchte im Bett bleiben. Durch das Schwitzen und ihre Urininkontinenz hat sich die Haut, besonders unter der Brust und in den Leisten sowie in der Kreuzbeingegend stark gerötet. Fr. Üppig klagt über starkes Brennen und Juckreiz sowie Schmerzen beim Wasserlassen. Der Arzt diagnostiziert eine Harnwegsinfektion und Intertrigo der Haut, unter der Brust und in den Leisten mit Pilzbefall. Er ordnet Antibiotika oral und eine antimykotische Salbe an. **Tab. 6.3** zeigt einen Auszug aus dem Pflegeplan von Fr. Üppig.

Zu der Fallstudie kann eine Pflegediagnose gestellt werden, wie sie die folgende Übersicht zeigt:

Für Fr. Üppig könnte die Pflegediagnose folgendermaßen lauten:

Gewebeschädigung

b/d (beeinflusst durch) chemische Reizstoffe durch Urin und Schweiß

a/d (angezeigt durch) gerötete Haut, juckende Haut, brennende Haut, beschädigte Haut.

Tab. 6.3 Auszug aus dem Pflegeplan von Fr. Üppig

Pflegeprobleme	*Ressourcen*	*Pflegeziele*	*Pflegemaßnahmen*
• Fr. Üppig hat brennende und juckende Hautstellen unter der Brust, in den Leisten und in der Kreuzbeingegend aufgrund von Intertrigo-Mykose	• Fr. Üppig ist kooperativ und kratzt nicht, sie versteht die Zusammenhänge zwischen der Hautfeuchtigkeit und dem Wundsein	• Jucken und Brennen ist erträglich • trockene, intakte Haut unter Brust, in den Leisten und in der Kreuzbeingegend	• Haut vorsichtig pflegen, keine mechanische Reibung • Haut an den betroffenen Stellen trockenhalten: – Reibung vermindern durch Einlage von Mull- oder Gazestreifen – alle 2 Stunden Kontrolle auf Urinabgang – keine Gummihosen, um Wärmestau zu vermeiden – nach jedem Wasserlassen Reinigung ohne mechanische Reibung mit lauwarmem Wasser ohne Zusatz und Auftragen der antimykotischen Salbe nach Arztanordnung • Verwendung von Einmalhandschuhen zum Schutz vor Superinfektion und Selbstschutz
• Fr. Üppig fühlt sich schwach und müde wegen ihres Fiebers und ihrer Harnwegsinfektion	• Fr. Üppig kennt diese Begleiterscheinungen von früheren fiebrigen Infekten	• Fr. Üppig hat eine physiologische Körpertemperatur • Fr. Üppig hat ausreichende Ruhephasen	• für ausreichend Ruhe sorgen • Temperaturkontrolle rektal alle 4 Stunden • spezielle Pflegemaßnahmen bei Fieber: u. a. Flüssigkeitsersatz, differenzierte, leichte, kohlenhydratreiche Ernährung, ggf. fiebersenkende physikalische Maßnahmen bei Temperaturen über 39 °C etc.

Gewebeschädigung (spezifizierte Art)

(nach Gordon)

Definition

Der Zustand, bei dem ein Mensch eine Schädigung der Schleimhaut, der Hornhaut, der Oberhaut oder des Subkutangewebes erleidet.

Kennzeichen (Zeichen & Symptome)

Beschädigtes oder zerstörtes Gewebe (Hornhaut, Schleimhaut, Oberhaut oder Subkutangewebe).

Ätiologische oder damit in Verbindung stehende Faktoren

- veränderte Durchblutung,
- Ernährungsmangel, Überernährung,
- Flüssigkeitsdefizit/Flüssigkeitsüberschuss,
- Wissensdefizit,
- beeinträchtigte körperliche Mobilität,
- Reizstoffe:
  - chemische Reizstoffe (Körperausscheidungen und Sekrete, Medikamente),
  - thermische Reizstoffe (Temperaturextreme),
  - mechanische Reizungen (Druck, Scherkräfte, Reibung),
  - Strahlen (einschließlich therapeutischer Bestrahlungen).

Für den 2. Bereich ist der Fall von Stefan ein Beispiel.

Fallstudie Stefan

Stefan 3 Jahre alt, leidet seit seinem 6. Lebensmonat an einer atopischen Dermatitis, auch als Neurodermitis bekannt. Das Ekzem breitet sich nach und nach über den ganzen Körper aus. Seine Haut ist verdickt und stark gerötet. Es entstehen starke Risse. Im Vordergrund steht jedoch der Juckreiz, der besonders nachts auftritt, sodass blutende Wunden und nässende Hautbereiche entstehen. Durch die Zerstörung der Haut infolge „Kratzen", ist die Gefahr einer Superinfektion ständig vor-

Tabelle 6.4 Auszug aus dem Pflegeplan von Stefan

Pflegeprobleme	*Ressourcen*	*Pflegeziele*	*Pflegemaßnahmen*
Stefan wird durch ausgeprägten Juckreiz bei Neurodermitis mit trockener, gereizter Haut gequält	Die Eltern unterstützen und pflegen Stefan	FZ: geschmeidige, intakte Haut • Juckreiz ist gelindert und für Stefan erträglich • zusätzliche Hautdefekte durch Kratzen werden rechtzeitig erkannt • akzeptiert die Fäustlinge für die Nacht	• Fingernägel kurz schneiden • zur Nacht „Fäustlinge" anziehen • tagsüber „Kratzkissen" bereitstellen • Linola Fett® Salbe 3 × tägl. (7/15/22 Uhr) auf ganzen Körper verteilen • orale Antihistaminika nach Arztanordnung

handen. **Tab. 6.4** zeigt einen Auszug aus dem Pflegeplan von Stefan. Für Stefan könnte folgende Pflegediagnose formuliert werden:
„Hautschädigung
b/d (beeinflusst durch) atopische Dermatitis
a/d (angezeigt durch) Verletzung der Hautoberfläche und Zerstörung von Hautschichten"

Die Pflegediagnose Hautschädigung zeigt die folgende Übersicht:

Pflegediagnose: Hautschädigung
(nach Gordon)

Definition
Eine Beschädigung der Hautintegrität (falls diese in Verbindung mit Druck, z. B. durch Bettruhe oder langes Sitzen auftritt)

Hauptkennzeichen
- Verletzung der Hautoberfläche,
- Zerstörungen von Hautschichten,
- Schädigung von Körperstrukturen (tiefe Ulzeration).

Ätiologische oder beeinflussende Faktoren
- Durchblutungsveränderungen, veränderte Stoffwechsellage,
- Hypo- oder Hyperthermie,
- Feuchtigkeit,
- Veränderungen des Hautturgors, der Hautelastizität,
- Veränderungen des Ernährungszustandes (Adipositas, Kachexie),
- Pigmentveränderungen,
- entwicklungsbezogene Faktoren,
- psychogene Faktoren.

Risikogruppen
- Personen, die körperlich immobil sind,
- Personen mit Wahrnehmungs- und Bewegungsstörungen, -verlusten (z. B. Apoplexkranke, Rückenmarksverletzte),
- bewusstlose Personen,
- adipöse Personen,
- kachektische Personen,
- Personen mit immunologischen Störungen,
- Personen, die bestrahlt werden.

Fazit: Die Haut ist wie kein anderes Organ der äußerlichen Inspektion und Beobachtung zugänglich und wird hinsichtlich Farbe, Temperatur, Spannung und Oberflächenbeschaffenheit beobachtet und beurteilt. Viele Veränderungen der Haut sind typisch und können bereits durch die sog. „Blickdiagnose" einer Erkrankung zugeordnet werden. Durch die Funktionsvielfalt der Haut werden bei Hautveränderungen häufig komplexe körperliche Folgeprobleme ausgelöst.

Bedeutsam für den Menschen ist auch die kosmetische Wirkung der Haut hinsichtlich Aussehen und Kontakt; sichtbare Veränderungen können zu erheblichen Belastungen in psychischen und sozialen Bereichen führen.

Die Beobachtung der Haut schließt die Beobachtung der Schleimhäute, insbesondere der Mundschleimhaut und Analregion ein. Die Schleimhaut des Gastrointestinaltraktes ist ohne Hilfsmittel nicht beobachtbar. Spezifische Symptome lassen jedoch Rückschlüsse auf Veränderungen in diesem Bereich zu.

Die Altershaut ist dünner und weniger elastisch, die Hautfunktionen sind reduziert. In Kombination mit der verminderten Hautdrüsentätigkeit verän-

dert sich der Säureschutzmantel der Haut, wodurch sie insgesamt anfälliger gegenüber Einflüssen von innen und außen wird.

Die Hautbeobachtung nimmt bei den Pflegenden eine besondere Stellung ein. Im Pflegealltag ergeben sich vielfältige Gelegenheiten, Veränderungen frühzeitig zu erkennen und adäquat zu reagieren. Als Kontaktorgan bietet die Haut, besonders bei wahrnehmungsgestörten Menschen, Möglichkeiten der Kommunikation.

Christophers, E., M. Ständer: Haut- und Geschlechtskrankheiten. Urban & Schwarzenberg, München 1997

Epstein, O., G.D. Perkin, D.P. de Bono, J. Cookson: Bild-Lehrbuch der klinischen Untersuchung. Thieme, Stuttgart 1994

Füsgen, I. (Hrsg.): Der ältere Patient. Problemorientierte Diagnostik und Therapie, 2. Aufl., Urban & Schwarzenberg, München 1996

Gerlach, U., N. van Husen, H. Wagner, W. Wirth: Innere Medizin für Krankenpflegeberufe, 3. überarb. Aufl., Thieme, Stuttgart 1989

Gordon, M.: Handbuch Pflegediagnosen, 2. Aufl., Ullstein Mosby, Berlin 1994

Hartmann, P., AG (Hrsg.): Kompendium Wunde und Wundbehandlung. CMC Medical Information, Heidenheim 1998

Henz, B.M., H. Kerl, T. Rosenbach, W. Sterry (Hrsg.): Dermatologie und Venerologie. 2. Aufl., Walter de Gruyter, Berlin 1998

Hertl, M.: Kinderheilkunde und Pflege, 8. Aufl., Thieme, Stuttgart 1996

Hoehl, M., P. Kullick (Hrsg.): Kinderkrankenpflege und Gesundheitsförderung. Thieme, Stuttgart 1998

Illig S., S. Spranger: Klinikleitfaden/Pädiatrie, 4. Aufl., Gustav Fischer, Stuttgart 1998

Jecklin, E.: Arbeitsbuch Krankenbeobachtung. Gustav Fischer, Stuttgart 1988

Jung, E.G. (Hrsg.): Dermatologie. Hippokrates, Stuttgart 1991

Karavias, T., M. Mischo-Kelling: Chirurgie und Pflege. Schattauer, Stuttgart 1994

Klostermann, G.F., F.W. Tischendorf: Der diagnostische Blick – Atlas zur Differentialdiagnose innerer Krankheiten. Schattauer, Stuttgart 1979

Kraus, W.: Kompendium der sensitiven Krankenbeobachtung durch das Krankenpflegepersonal, 3. Aufl., Fresenius AG, Bad Homburg 1989

Kühl, G., D. Siepmann, H. Sbotta, J. Bauer, K. Fischer (Hrsg.): Klinikleitfaden Kinderkrankenpflege. Gustav Fischer, Lübeck 1997

Lippert, H.: Lehrbuch Anatomie. 4. Aufl., Urban & Schwarzenberg, München 1996

Mötzing, G., G. Wurlitzer (Hrsg.): Leitfaden Altenpflege, Begleitung, Betreuung, Beratung, Pflege, Rehabilitation. Gustav Fischer, Ulm 1998

Müller, W.: Dermadrome, Begleitsymptome der Haut bei Erkrankungen anderer Organe, Hartmann, Berlin 1970

Nieweg-Roos M.B.: Mundschleimhautveränderungen und Mundpflege bei Chemotherapie. Ullstein Mosby, Berlin 1997

Paetz, B., B. Benzinger-König: Chirurgie für Pflegeberufe. 18. Aufl., Thieme, Stuttgart 1994

Penaten-Infothek, Dialog und Service. Textbeiträge der Mitarbeiter des Penaten Beirates, Busmann, U., Dr. C. Goecke

Pschyrembel: Klinisches Wörterbuch. 257. Aufl. de Gruyter, Berlin 1994

Rassner, G., U. Steinert (Hrsg.): Dermatologie. 4. Aufl. Urban & Schwarzenberg, München 1992

Schäffler, A., N. Menche, U. Bazlen, T. Kommerell (Hrsg.): Pflege heute. Lehrbuch und Atlas für Pflegeberufe. Gustav Fischer, Ulm 1998

Schäffler, A., S. Schmidt (Hrsg.): Mensch, Körper, Krankheit; Anatomie, Physiologie, Krankheitsbilder. Lehrbuch und Atlas für die Berufe im Gesundheitswesen, Jungjohann, Neckarsulm 1994

Schönberger, W.: Kinderheilkunde. Gustav Fischer, Stuttgart 1992

Schönstein, L.: Krankenbeobachtung. Leitfaden für Krankenpflegeschüler. 3. Aufl. DBfK e.V. (Hrsg.), Verlag F.J. Henrich KG, Frankfurt am Main 1976

Schwegler, J.S.: Der Mensch – Anatomie und Physiologie. Thieme, Stuttgart 1996

Seel, M.: Die Pflege des Menschen. 3. Aufl. Brigitte Kunz, Hagen 1998

Seel, M.: Die Pflege des Menschen im Alter. Brigitte Kunz, Hagen 1997

Steigleder, G.K.: Taschenatlas der Dermatologie. Thieme, Stuttgart 1987

Tischendorff, F.W.: Blickdiagnostik – CompactAtlas. Schattauer, Stuttgart 1995

Wegmann, H.: Die professionelle Pflege des kranken Kindes. Urban & Schwarzenberg, München 1997

Zelder, O.: Lehrbuch der Chirurgie für Krankenpflegeberufe. Ferdinand Enke, Stuttgart 1993

7 Hautanhangsgebilde

Eva Eißing

Übersicht

7.1 Aufbau und Funktion · 111
7.2 Allgemeine Beobachtungskriterien und Beschreibung des Normalzustandes · 113
7.2.1 Haare · 113
7.2.2 Nägel · 115
7.2.3 Hautdrüsen · 116
7.3 Abweichungen und Veränderungen und deren Ursachen · 116
7.3.1 Haare · 116
7.3.2 Nägel · 118
7.3.3 Hautdrüsen · 121
7.4 Ergänzende Beobachtungskriterien · 122
7.5 Besonderheiten bei Kindern · 122
7.6 Besonderheiten bei älteren Menschen · 124
7.7 Fallstudien und mögliche Pflegediagnosen · 125
Fazit · 127
Literatur · 127

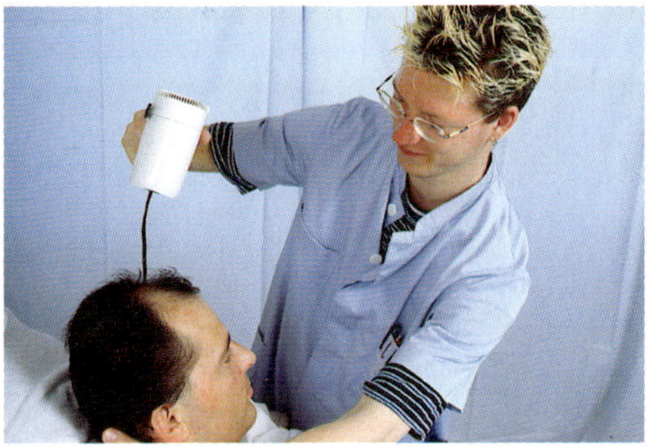

Schlüsselbegriffe:

- ▸ *Haare*
- ▸ *Nägel*
- ▸ *Duftdrüsen*
- ▸ *Talgdrüsen*
- ▸ *Schweißdrüsen*

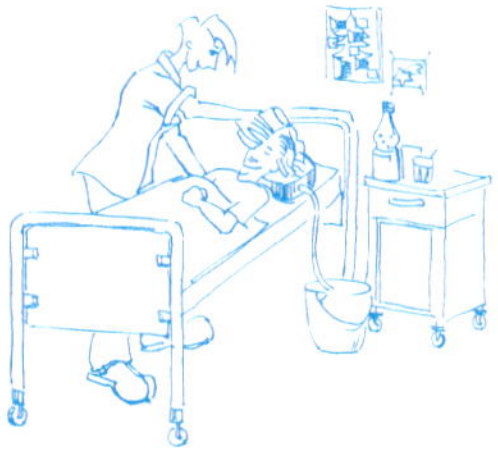

Einleitung

Haare, Nägel und Hautdrüsen werden zu den sog. Hautanhangsgebilden gerechnet. Im Gegensatz zu früheren Zeiten, in denen die Haare z.B. als Schutz vor Auskühlung dienten, besitzen die Hautanhangsgebilde heute eine eher kosmetische Funktion. Durch die Frisur wird die eigene Persönlichkeit unterstrichen. Zunehmend sind aber auch die Finger- und Fußnägel als Ausdrucksmöglichkeit der Individualität erkannt worden. Haare und Nägel runden das Gesamtbild eines Gegenübers ab, wobei gepflegte Haare und Nägel als Ausdruck eines gesunden Körperbewusstseins gelten.

Nicht vergessen werden darf bei all dem, dass aber auch die Hautanhangsgebilde durch Veränderungen auf Krankheiten oder Störungen hinweisen können. Einen Überblick hierzu liefert das folgende Kapitel.

7.1 Aufbau und Funktion

Zu den Hautanhangsgebilden gehören die ▸ *Haare*, die Hautdrüsen und die ▸ *Nägel*. Sie entspringen entwicklungsgeschichtlich gesehen aus der Haut, bahnen sich ihren Weg durch die Hautschichten und münden auf der Hautoberfläche.

Haare

Haare sind pigmentierte Hornfäden und bedecken den ganzen Körper, mit Ausnahme von Lippen, Handinnenflächen und Fußsohlen. Während im Tierreich das Haarkleid einen wichtigen Schutz vor Auskühlung bietet, dient es dem heutigen Menschen eher als „Schmuck" bzw. Unterstreichung der Persönlichkeit, vor allem die Kopf- und Barthaare. Die Kopfhaare schützen zudem vor starken Sonnenstrahlen. Die Augenbrauen verhindern, dass Schweiß in die Augen rinnt. Wimpern und Nasenhaare schützen vor Fremdkörpern und Schmutzpartikeln. Über die Nerven der Haut, sind die *Haare* indirekt am Tastsinn beteiligt.

Verschiedene Bereiche des menschlichen Körpers sind mit Haaren bedeckt, dabei wird unterschieden zwischen

- Kopfhaar (Capilli)
- Barthaare (Barba)

- Wimpern (Cilia)
- Augenbrauen (Supercilia)
- Achselhaare (Hirci)
- Schamhaare (Pubes)
- Haare am Naseneingang (Vibrissae)
- Haare des äußeren Gehörgangs (Tragi).

Das einzelne Haar besteht aus Haarschaft, Haarwurzel und Haarzwiebel (**Abb. 7.1**).

Der Haarschaft (scapus pili) ist der Teil des Haares, der aus der Haut herausragt. Die Haarwurzel (Radix pili) befindet sich in der Wurzelscheide (vagina pili) der Haut. Der unterste Teil des Haares endet als verdickte Haarzwiebel (bulbus pili) in der Lederhaut oder an der Grenze zur Unterhaut. An der Unterseite der Haarzwiebel dringt die Haarpapille (Papilla pili) ein. Hier befindet sich die Wachstumszone mit Blutgefäßen, die für die Haarneubildung verantwortlich ist. Melanozyten sondern Pigmente ab, die den *Haaren* ihre Farbe verleihen.

Ungefähr in der Mitte der Haarwurzel setzt der Haarmuskel (M. arrector pili) an. Er besteht aus glatter Muskulatur und kann das Haar bei Kälte und emotionaler Anspannung aufrichten. Gesteuert wird diese Funktion über das vegetative Nervensystem, z. B. durch Bildung der „Gänsehaut“.

Am Haarschaft mündet der Ausführungsgang einer ▸ *Talgdrüse*. Das *Haar* selbst besteht aus weichem Haarmark (Medulla pili) und der festen Haarrinde (Cortex pili). Die Haarrinde wird aus Hornsubstanz gebildet. Die äußerste Schicht (Cuticula) umhüllt das Haar wie einen Tannenzapfen. Ihre Plättchen fixieren es ähnlich wie Widerhaken in der Wurzelscheide, wodurch ein Herausreißen erschwert wird.

Die Haare wachsen abhängig von ihrer Lokalisation in unterschiedlicher Dicke, Dichte, Pigmentierung und Schnelligkeit.

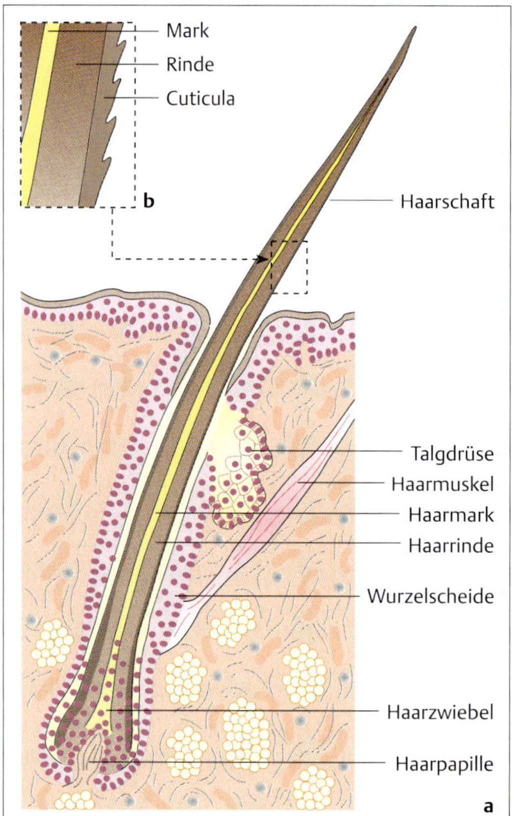

Abb. 7.1 Schnitt durch die Haarwurzel (**a**) und ein Haar (**b**)

Nägel (Ungues)

Die Nägel bedecken als gewölbte Hornplatten die Kuppen der Finger und Zehen (**Abb. 7.2**). Sie dienen

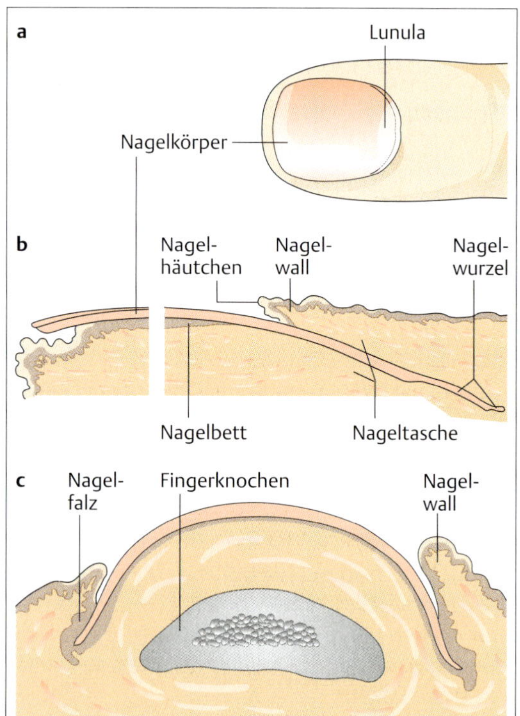

Abb. 7.2 Nagel **a** Aufsicht **b** Längsschnitt **c** Querschnitt

als Gegendruckunterlage und ermöglichen auf diese Art das Tasten. Außerdem können mit Hilfe der Fingernägel Objekte von geringerer Größe zangenähnlich gegriffen werden. Nägel sind unempfindlich und schützen das darunter liegende, schmerzempfindliche Gewebe.

Der Nagel besteht aus einem körperfernen Teil, dem Nagelkörper (corpus unguis) und einem körpernahen Teil, der Nagelwurzel (radix unguis). Der Nagelkörper wird aus Keratin gebildet und liegt auf dem Nagelbett (Hyponychium). Die Nagelwurzel befindet sich geschützt in der Nageltasche (Matrix unguis) mit dem Nagelfalz. Der halbmondförmige, weiße Teil des Nagels wird Lunula genannt. An dieser Stelle befindet sich unter dem *Nagel* die Nagelmatrix. Sie wandelt Epithelzellen durch Verhornung in tote Nagelzellen um.

Der Nagel ist U-förmig eingerahmt durch den Nagelwall. Nagelhäutchen (Cuticula) überlappen vom Nagelwall aus die Nagelplatten.

Schweißdrüsen

Die ▸ *Schweißdrüsen* (Glandulae sudoriferae eccrinae) sind knäuelförmig gewundene, tubuläre, d.h. schlauchförmige Drüsen und sind, bis auf wenige Ausnahmen, über der ganzen Körperoberfläche verteilt. Sie gehören zu den ekkrinen Drüsen. Die Sekrete der ekkrinen Drüsen enthalten keine Membranfragmente. Die Schweißdrüsen befinden sich hauptsächlich im subkutanen Fettgewebe und enden an der Hautoberfläche (**Abb. 6.1**).

Bei der weißen Bevölkerung beträgt die Anzahl der Schweißdrüsen ca. 100–350 pro cm^2, bei der schwarzen Bevölkerung ist der Anteil dagegen doppelt so hoch. Die Verteilung der Schweißdrüsen auf der Körperoberfläche ist unterschiedlich. An den Handinnenflächen und auf der Stirn ist die Anzahl größer als z.B. an den Oberschenkeln. Die Schweißdrüsen produzieren Schweiß. Er ist wesentlich an der Temperaturregulierung sowie an der Bildung des Säureschutzmantels der Haut beteiligt. Die Steuerung erfolgt über das vegetative Nervensystem. Die Schweißmenge ist von unterschiedlichen Faktoren abhängig und kann täglich 0,5–10 l betragen (s.a. Kap. 19).

Talgdrüsen

Die ▸ *Talgdrüsen* (glandulae sebaceae) (**Abb. 7.1**) gehören entwicklungsgeschichtlich zu den ältesten Drüsen überhaupt. Sie befinden sich in der Lederhaut und münden in den Haarbalg. Aber auch nicht behaarte Hautanteile enthalten *Talgdrüsen*, wie z.B. die Augenlider, die Lippen, die Glans penis, die kleinen Schamlippen und außerdem der Nasen- und Gehöreingang. Die Talgdrüsen produzieren Talg, eine halbflüssige Mischung aus Fett und Zellresten, die der Fettung von Haut und *Haaren* dient.

Duftdrüsen

Die ▸ *Duftdrüsen* (glandulae sudoriferae apocrinae) ähneln in ihrem Aufbau den Schweißdrüsen. Sie entwickeln sich erst während der Pubertät. Die Drüsenform entspricht einer apokrinen Drüse, d.h. die Zelle schnürt Teile ihres Zytoplasmas ab und scheidet sie mitsamt dem produzierten Sekret aus. Dieses Sekret ist für den individuellen Körpergeruch eines Menschen verantwortlich.

Hautanhangsgebilde:

- Die aus der Haut entstandenen Hautanhangsgebilde sind Haare, Hautdrüsen und Nägel.
- Haare sind nicht nur Schmuck, sie haben auch Schutzfunktionen.
- Nägel schützen schmerzempfindliches Gewebe und ermöglichen das Tasten.
- Die Schweißdrüsen dienen der Temperaturregulierung und der Bildung des Säureschutzmantels der Haut.
- Die Talgdrüsen produzieren Fett für Haut und Haare.
- Die Duftdrüsen sind für den Körpergeruch eines Menschen verantwortlich.

7.2 Allgemeine Beobachtungskriterien und Beschreibung des Normalzustandes

7.2.1 Haare

Haare sind wesentlich am Aussehen des Menschen beteiligt.

Sie können anhand folgender Kriterien beobachtet werden:

- Wachstum und Wachstumsgeschwindigkeit,
- Länge,
- Menge,
- Dicke,

- Form,
- Farbe,
- Beschaffenheit,
- Körperverteilung,
- Haarwuchsrichtung.

Wachstum und Wachstumsgeschwindigkeit

Haare wachsen unterschiedlich in ihrer Länge und Geschwindigkeit. Kopfhaare wachsen ca. 0,3 mm/Tag bzw. ca. 1 cm/Monat. Sie haben eine Lebensdauer von ca. 4 – 5 Jahren, Wimpern und Augenbrauen dagegen nur 4 – 6 Monate.

Die aktive Wachstumsphase wird Anagenphase genannt. Im Anschluss an die Anagenphase bildet sich die Haarzwiebel zurück (Katagenphase); es kommt zur Bildung der sog. Kolbenhaare. In der nun folgenden Telogenphase, die ca. ein halbes Jahr dauert, fällt das Haar aus und wird durch ein neues Haar ersetzt. Ungefähr 15 – 20% der Kopfhaare befinden sich in der Telogenphase, der Rest in der Anagenphase. Nur etwa 1% befindet sich in der Katagenphase.

Länge

Die Länge der Haare ist abhängig von der Wachstumsschnelligkeit, Wachstumsdauer, Lebenszeit und Lokalisation. Anlagebedingt kann die Länge variieren. Besonders bedeutsam und auffällig ist dabei die Kopfhaarlänge.

Das Kopfhaar dient dem Menschen als Schmuck und zur Darstellung der individuellen Persönlichkeit. Ob die Kopfhaare lang getragen werden oder ob eine Kurzhaarfrisur bevorzugt wird, ist stark von der Mode aber auch vom persönlichen Geschmack abhängig. Allerdings gilt, je länger das Haar ist, desto öfter wird es auch mechanischen und chemischen Belastungen wie UV-Strahlen der Sonne, Frisieren, Waschen und Föhnen, festgebundenen Zöpfen usw. ausgesetzt. Das führt nicht selten dazu, dass das Haar brüchig wird.

Menge

Am ganzen Körper besitzt der Mensch ca. 5 Mio. Haare. Davon befinden sich ca. 100 000 auf dem Kopf. Rothaarige besitzen weniger Kopfhaare, ca. 60 000. Im Vergleich dazu haben Schwarzhaarige mit ca. 150 000 Kopfhaaren mehr als die doppelte Menge. Die Haarpapillen werden im Embryonalstadium angelegt. Sind sie einmal zerstört, können sie nicht mehr erneuert werden. Dies erklärt, warum Narbengewebe meist haarlos bleibt. Pro Tag verliert der Mensch ca. 60 – 100 Haare, die dann neu gebildet werden.

Dicke

Es wird unterschieden zwischen „feinem Haar" oder als „dickem, kräftigem Haar". „Feines Haar" hat einen Durchmesser von ca. 50 μ, „dickes Haar" dagegen ist ca. dreimal so dick. Diesen geringen Durchmesser kann man natürlich nicht sehen. Beobachtbar ist die Spannkraft und Festigkeit der Haare. Im Gegensatz zu dünnen Haaren erscheint die Frisur bei dicken Haaren voluminös und locker fallend.

Form

Die Form des einzelnen Haares ist entscheidend dafür, ob das Haar glatt herunterhängt oder sich kräuselt. Beim lockigen Haar ist der Querschnitt des einzelnen Haares oval, beim glatten Haar rund.

Farbe

Die Haarfarbe wird bestimmt durch die Zahl und Aktivität der Melanozyten sowie die Abgabe von Pigmenten im Bereich der Haarwachstumszone. Je nach Menge kann die Haarfarbe von weißblond über sämtliche Blond-, Rot- und Braunschattierungen bis zum tiefen Schwarz reichen. Wer welche Haarfarbe hat, ist im wesentlichen anlagebedingt und von Rasse zu Rasse unterschiedlich. Die Haarfarbe ist künstlich veränderbar. Sämtliche Farbnuancen stehen mittlerweile zur Verfügung. Allerdings wird je nach Anwendung, ob getönt oder gefärbt, die Haarstruktur mit evtl. negativer Auswirkung auf die Beschaffenheit verändert. Auch Allergien auf der Kopfhaut werden immer häufiger beobachtet.

Graufärbung der Haare ist eine physiologische Alterserscheinung, welche allerdings bereits ab dem 20. Lebensalter beginnen kann. Die Ursache liegt in einem Pigmentschwund und einer Sauerstoffeinlagerung im Bereich der Wachstumszone.

Beschaffenheit

Normalerweise ist der Haarschaft glatt und bricht nicht. Bei langen Haaren kann mechanische Beanspruchung (s. „Haarlänge") dazu führen, dass das Haar am Schaftende der Länge nach bricht und splissig wird. Es sieht dann wie ausgefranst aus. Durch chemische Einwirkungen, besonders Dauerwellen- oder Färbemittel, kann die Haarstruktur derart verändert werden, dass die einzelnen, schützenden Schuppen nicht mehr glatt am Haarschaft anliegen und sich abspreizen. Der ganze Schopf wirkt dann strohig und spröde, der Glanz geht verloren und das Haar lässt sich nur noch mit Mühe durchkämmen. In solch einem Fall sollten die Haare gekürzt und auf chemische Zusätze verzichtet werden. Das nachwachsende Haar ist dann wieder gesund.

Die Haarbeschaffenheit wird auch durch den äußeren Fettanteil bestimmt. Bei verminderter Talgproduktion ist der Schutz vor mechanischer Reibung sowie vor dem Eindringen chemischer Stoffe und Wasser nicht mehr voll gewährleistet. Die Folge kann eine brüchige Haarstruktur sein. Bei vermehrter Talgproduktion hängt das Haar bereits einige Stunden nach der Haarwäsche wieder fettig herunter; die Spannkraft lässt nach. Physiologisch tritt eine vermehrte Talgproduktion während der Pubertät auf. Aber auch stark entfettende Haarpflegemittel wirken häufig steigernd auf die Talgproduktion.

Körperverteilung

Männer und Frauen haben eine unterschiedliche Körperbehaarung. Beim Mann kommt es durch den Einfluss der männlichen Geschlechtshormone zum Bartwuchs, zur Brustbehaarung und einer rautenförmigen Schambehaarung, deren obere Spitze bis zum Bauchnabel reicht. Darüber hinaus ist eine stärkere Behaarung der Arme und Beine, des Rückens sowie der Augenbrauen zu beobachten.

Bei der Frau ist die Körperbehaarung spärlicher. Sie hat keine Brustbehaarung, und die Form der Schambehaarung ist dreieckig. Die Entwicklung eines Damenbartes, häufig nach der Menopause auftretend, wird eher als störend empfunden. In geringer Ausprägung tritt er allerdings häufig auf. Er ist von Rasse zu Rasse unterschiedlich stark ausgeprägt. Während er bei Frauen aus dem Mittelmeerraum, aus Indien und bei negroiden Völkern häufig vorkommt, ist er bei Japanerinnen und Chinesinnen eher selten.

Haarwuchsrichtung

Haare sind am gesamten Körper in einer bestimmten Wuchsrichtung angeordnet. Haarbewegungen werden von Nerven registriert. Streichen der Haare mit der Wuchsrichtung wirkt beruhigend auf den Gesamtorganismus, streichen gegen die Wuchsrichtung hat demgegenüber eine eher anregende Wirkung. Dies ist z.B. für die Körperpflege von Bedeutung.

7.2.2 Nägel

Gesunde Nägel bedecken leicht gewölbt die Finger- oder Zehenkuppen. Sie sind glatt, scheinen rosig und besitzen eine gewisse Festigkeit. Im einzelnen können folgende Kriterien beobachtet werden:

- Wachstum und Wachstumsgeschwindigkeit,
- Länge,
- Form,
- Farbe,
- Beschaffenheit.

Wachstum und Wachstumsgeschwindigkeit

Die Nägel wachsen unterschiedlich schnell. Während der Daumen- und der Großzehennagel ca. 0,1 mm/Tag wächst, beträgt die Wachstumslänge für den kleinen Zeh nur ca. 0,05 mm/Tag. Entfernte Nägel, z.B. nach hartnäckiger Pilzerkrankung, wachsen in ca. 6–9 Monaten nach.

Länge

Je nach individuellem Geschmack werden die Nägel kurz oder lang getragen. Reicht die Nagellänge über die Finger- bzw. Zehenkuppen hinaus, kann sie störend sein oder je nach Länge sogar verletzen; dies gilt insbesondere auch für den Pflegeberuf, handwerkliches Arbeiten oder bei engem Schuhwerk. Je nach Modeerscheinung lassen sich – vor allem Frauen – ihre Fingernägel bis mehrere Millimeter über die Fingerkuppe wachsen.

Form

Die normale Nagelform ist U-förmig rund und leicht quergewölbt.

Farbe

Das Nagelbettepithel und die Nagelmatrix sind frei von Melanin, somit ist der Nagel farblos und transparent. Der Nagel sieht dennoch rosig aus, weil das gut durchblutete Nagelbett durchscheint. Beim Frieren ziehen sich die Gefäße zusammen und das Nagelbett wird bläulich, was durch den Nagel zu beobachten ist. Bei starken Rauchern färben sich die Fingernägel, die mit dem Nikotin der Zigarette in Berührung kommen, gelblich-braun.

Beschaffenheit

Nägel sind normalerweise glatt und elastisch. Erst ab einer gewissen Länge oder bei extremer mechanischer Einwirkung bricht der die Fingerkuppe überragende freie Teil der Nagelplatte. Durch chemische

Einwirkung kann der Nagel spröde und brüchig werden, wie z. B. durch häufigen Kontakt mit Spülwasser und Nagellackentferner.

7.2.3 Hautdrüsen

Schweißdrüsen

Die Schweißdrüsen sondern Schweiß ab. Die Menge, das Aussehen und die Lokalisation des Schweißdrüsensekretes kann beobachtet werden. Die einzelnen Beobachtungskriterien sind in Kap. 19 ausführlich beschrieben.

Talgdrüsen

Die Talgdrüsen produzieren täglich ca. 1–2 g Talg, der Haut und Haare, ähnlich wie eine Creme, geschmeidig hält und für Wasserdichtigkeit sorgt. Talg und Schweiß zusammen bilden den Säureschutzmantel. Die Produktion der Talgmenge wird beeinflusst durch die Geschlechtshormone. Testosteron regt die Bildung an, während Östrogene gegenläufig wirken.

Duftdrüsen

Die von den Duftdrüsen abgesonderten Duft- bzw. Geruchsstoffe sind in ihrer Zusammensetzung individuell und für den körperlichen Eigengeruch verantwortlich. Die Duftstoffe werden von der Nase, dem Sensor, aufgenommen und als Impulse zum Riechzentrum weitergeleitet. Hier entsteht die Geruchswahrnehmung. In Verbindung mit dem limbischen System bekommt der Geruchssinn einen emotionalen Charakter. Er kann wohlriechend und anregend oder übel riechend und abstoßend auf andere Menschen wirken (s. a. Kap. 1.2.1 und Kap. 19).

Allgemeine Beobachtungskriterien:

- Wachstum und Wachtsumsgeschwindigkeit, Länge, Menge, Dicke, Form, Farbe, Beschaffenheit, Körperverteilung und Haarwuchsrichtung sind Beobachtungskriterien für Haare.
- Nägel können nach Wachstum und Wachstumsgeschwindigkeit, Länge, Form, Farbe und Beschaffenheit beurteilt werden.
- Die Produktion der Talgdrüsen hängt von den Geschlechtshormonen ab.
- Die von den Duftdrüsen abgesonderten Stoffe sind individuell und für den Eigengeruch des Körpers verantwortlich.

7.3 Abweichungen und Veränderungen und deren Ursachen

7.3.1 Haare

Viele Erkrankungen beeinflussen den Haarwuchs. Die Beobachtung der Kopf- und Körperbehaarung kann über einige Erkrankungen innerer Organe Aufschluss geben. Krankhafte Haarveränderungen wirken sich auf das Aussehen aus und können besonders bei Frauen einen hohen Leidensdruck auslösen.

Pathologische Veränderungen der Haare werden insbesondere anhand folgender Beobachtungskriterien beurteilt:

- Wachstum,
- Menge,
- Farbe,
- Beschaffenheit,
- Körperverteilung.

Wachstum

Liegen Störungen im Haarwachstum vor, können diese mittels eines Haarwurzelstatus, auch Trichogramm genannt, nachgewiesen werden. Dazu wird ein Büschel von ca. 50 Haaren mit einer gummierten Klemme mit einem Ruck herausgerissen. Aus der mikroskopischen Untersuchung der Haarwurzeln lassen sich Rückschlüsse auf das Haarwachstum beeinflussende Faktoren und Erkrankungen ziehen. Haarwachstumsstörungen beeinflussen die Beschaffenheit der Haare, die Menge, Dicke, Form und letztlich auch die Haarlänge.

Menge

Die Menge der Kopf- und Körperbehaarung kann sowohl krankhaft vermehrt als auch krankhaft vermindert sein. Am auffälligsten sind dabei Veränderungen der Kopfbehaarung.

Haarausfall tritt diffus oder lokal begrenzt auf. Physiologischer Haarausfall (Alopezie) ist sowohl beim Mann als auch bei der Frau möglich. Verantwortlich dafür ist hauptsächlich der Einfluss der männlichen Geschlechtshormone. Beim Mann kann er bereits zwischen dem 20. und 30. Lebensjahr beginnen. Zunächst kommt es zur Ausdünnung der seitlichen Stirnregion und Ausbildung der sog. „Geheimratsecken“. Später fallen die Haare im Scheitelbereich aus – der Scheitel wird immer „breiter“ – bis zuletzt ein Haarkranz stehen bleibt, die Haartonsur. Es kann sich aber auch eine Vollglatze bilden. Die Anlage zur Glatzenbildung ist wahrscheinlich genetisch festgelegt. Bis heute hat man noch kein Mittel dagegen gefunden, obwohl die Werbung anderes verspricht.

Bei der Frau kann ein physiologischer Haarausfall nach der Menopause durch Östrogenmangel entstehen (s. a. 7.6). In diesem Fall kommt es zu einer starken Ausdünnung der Kopfhaare besonders im Scheitelbereich. Eine Glatzenbildung ist nicht zu beobachten. Ein stärkerer Haarausfall bei der Frau kann nach Geburten oder nach Absetzen der „Pille" beobachtet werden.

Ein diffuser Haarausfall ist häufig eine unerwünschte Nebenwirkung einiger Medikamente. Am bekanntesten sind die Zytostatika, bei deren Einnahme es nicht selten zur Glatzenbildung und Verlust der Körperbehaarung kommt. Auch eine hochdosierte Strahlentherapie schädigt das Haarwachstum und führt zu Alopezie. Schwere Allgemeinerkrankungen, bösartige Tumore, Malassimilationssyndrom (s. a. Kap. 16.2.2), fieberhafte Infektionskrankheiten wie z. B. Tuberkulose, aber auch langandauernder Stress können einen diffusen Haarausfall zur Folge haben. Bei bestimmten Vergiftungen, z. B. durch Thallium oder Arsen, fallen ebenfalls sämtliche Haare aus (**Abb. 7.3**).

Ein lokal begrenzter Ausfall der Kopfbehaarung wird als Alopezia areata bezeichnet und ist auch als kreisförmiger Haarausfall bekannt. Zu beobachten sind mehrere kahle, kreisrunde Stellen am Kopf. Sie treten bevorzugt im jungen Erwachsenenalter auf, wobei die Ursache unbekannt ist. Lokal begrenzte, kahle Hautstellen sind auch Folge von Röntgenstrahlen, Verbrennungen und Hautkrankheiten. Eine besondere Form ist die Trichotillomanie. Es handelt sich um ein psychisch bedingtes, zwanghaftes Ausreißen der Haare, am häufigsten bei Kindern.

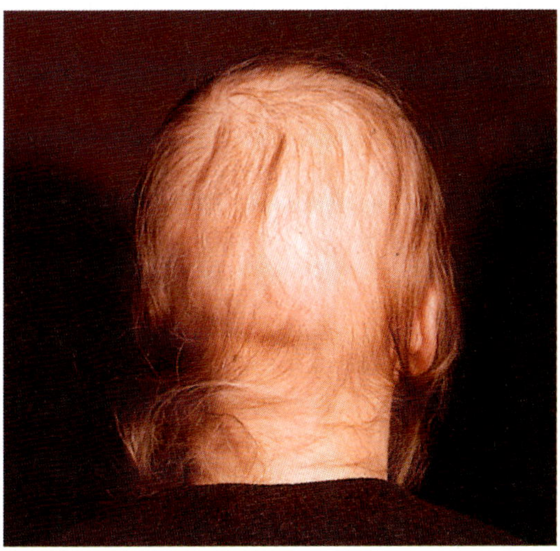

Abb. 7.3 Diffuser Haarausfall aufgrund einer Thalliumintoxikation

Eine verminderte Körperbehaarung wird als Hypotrichose bezeichnet und ist meist anlagebedingt, ebenso wie das völlige Fehlen der Körperbehaarung, auch Atrichie genannt.

Alle unphysiologischen Formen von Haarausfall sind grundsätzlich reversibel, sofern sie früh genug behandelt werden und die Haaranlage einschließlich der Wachstumszone nicht gestört ist.

Eine verstärkte Körperbehaarung bei ansonsten geschlechtstypischer Behaarung wird als Hypertrichose bezeichnet. Sie kann sowohl lokal begrenzt vorkommen und ist häufig auf Leberflecken zu beobachten, als auch generalisiert über den ganzen Körper verteilt, wie z. B. bei der Schilddrüsenüberfunktion oder auch bei Langzeiteinnahme von Kortisonpräparaten.

Farbe

Das Ergrauen der Haare im Alter wird als Canities bezeichnet und ist in der Regel nicht pathologisch. Ein vorzeitiges Ergrauen kann im Rahmen einiger Erkrankungen entstehen wie z. B. bei der perniziösen Anämie, bei der Basedow-Krankheit, beim Cushing-Syndrom und bei neurovegetativen Störungen. Bei der Vitiligo (s. a. Kap. 6.2.1) und bei der Alopezia areata (s. o.) kommt es zu lokal begrenzten grauen Stellen. Diese herdförmige Form der Ergrauung wird auch als Poliosis bezeichnet.

Beschaffenheit

Veränderungen in der Haarbeschaffenheit, auch Haarstruktur genannt, können exogene und endogene Ursachen haben. Exogene Ursachen sind Einflüsse von aussen und enstehen am häufigsten durch mechanische und chemische Beanspruchung (s. a. 7.2.1).

Bei den endogenen Ursachen liegt eine Störung der Haarbildung vor. Die Gründe dafür können z. B. eine Unterfunktion der Schilddrüse, Eisenmangel oder schwere Allgemeinerkrankungen sein. Das *Haar* sieht trocken und strohig aus, ist häufig auch brüchig und lässt sich nur schwer kämmen.

Körperverteilung

Eine Veränderung des Behaarungstyps ist meist pathologisch und geschlechtsspezifisch, d. h., bei Männern entwickelt sich ein weibliches und umgekehrt bei Frauen ein männliches Behaarungsmuster. Die Hauptursache ist eine hormonelle Fehlregulationen. Bei der Frau können hormonelle Störungen, d. h. verminderte Östrogenproduktion zugunsten einer Androgenproduktion, dazu führen, dass sie eine typisch männliche Körperhaarverteilung bekommt. Solch extreme Hormonstörungen enstehen bei Erkrankungen der Adnexen oder durch Einnahme von männlichen Geschlechtshormonen. Der typisch männliche Behaarungstyp bei Frauen wird als Hirsutismus bezeichnet (**Abb. 7.4**). Kommen zu dem männlichen Behaarungstyp noch andere Zeichen der Vermännlichung dazu, wie z. B. Entwicklung einer tieferen Stimme, Brustverkleinerung und Ausbleiben der Regelblutung, so spricht man von Virilismus.

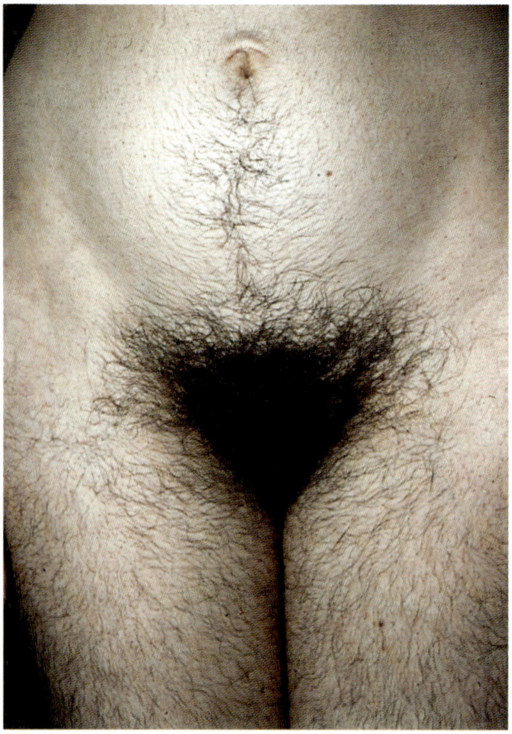

Abb. 7.4 Hirsutismus

Umgekehrt kommt beim Mann eine typisch weibliche Körperhaarverteilung z. B. bei Hodenerkrankungen oder Einnahme von weiblichen Geschlechtshormonen (Östrogene) vor.

7.3.2 Nägel

Hände und Fingernägel sind wie die Kopfhaare sichtbar und stellen ein Kriterium für ein gepflegtes Äußeres dar. Krankhaft veränderte Fingernägel sind deshalb auch kosmetisch störend.

Wie bei den Haaren, können Nagelveränderungen, neben ganz speziellen Nagelerkrankungen, Symptome für Erkrankungen innerer Organe darstellen.

Die Beobachtung der Nägel im Hinblick auf pathologische Veränderungen orientiert sich vor allem an folgenden Kriterien:

- Wachstum,
- Länge,
- Form,
- Farbe,
- Beschaffenheit,
- Nagelbett und Umgebung.

Wachstum

Das Nagelwachstum ist abhängig von der Nagelbildung der Nagelmatrix. Wachstumsstörungen werden durch Veränderungen der Nagellänge, -form, -farbe und -beschaffenheit (s. u.) sichtbar. In extremen Fällen wächst der Nagel stark verlangsamt oder gar nicht mehr.

Länge

Zu kurze Fingernägel können Folge davon sein, dass die Nägel aufgrund der Nagelbeschaffenheit abbrechen.

Aus Nervosität werden häufig Fingernägel extrem kurz abgekaut. In schweren Fällen kann sich eine psychische Erkrankung dahinter verbergen.

Form

Ein übermäßig gewölbter und vergrößerter Fingernagel wird als Uhrglasnagel bezeichnet und ist Folge von chronischem Sauerstoffmangel bei Lungen- und oder Herzerkrankungen. Gleichzeitig verdickt sich das Gewebe der Fingerendglieder. Die Finger werden der veränderten Form wegen als Trommelschlegelfinger bezeichnet (**Abb. 7.5**).

Ist die Nagelplatte löffelartig nach innen eingedellt, spricht man von Löffelnagel oder Hohlnagel.

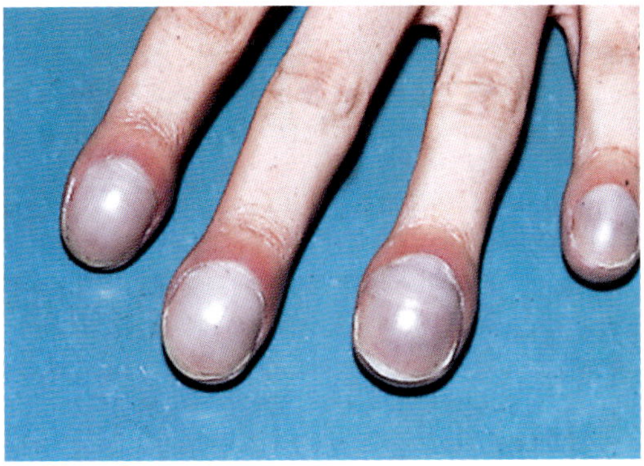

Abb. 7.5 Uhrglasnagel und Trommelschlegelfinger

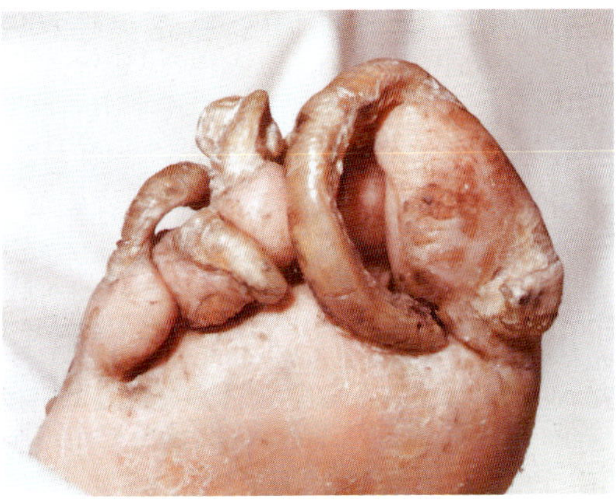

Abb. 7.6 Krallennagel beim alten Menschen

Diese Nägel sind oft zusätzlich brüchig und splittern leicht. Die Ursache kann chronischer Kontakt mit Waschmitteln oder anderen Chemikalien sowie eine Eisenmangelanämie sein.

Bei einem Krallennagel wächst die Nagelplatte krallenartig gekrümmt zur Seite und häufig auch ins Nagelbett ein (**Abb. 7.6**). Die Nägel sind sehr hart und haben oft auch eine rauhe Oberfläche. Ursächlich kommen falsches Schuhwerk, Nagelverletzungen, aber auch eine venöse Insuffizienz in Betracht.

Farbe

Wird die Nagelbildung gestört, kann stoffwechselbedingt Luft in die Hornlamelle eindringen und es entsteht eine Weißfärbung (Leukonchia totalis) der Nagelplatte. Der weiße Nagelanteil ist abhängig von der Störungsdauer. Häufig ist sie nur kurzfristig und die Weißfärbung entsprechend flecken- (Leukonchia punctata) oder streifenförmig (Leukonchia striata).

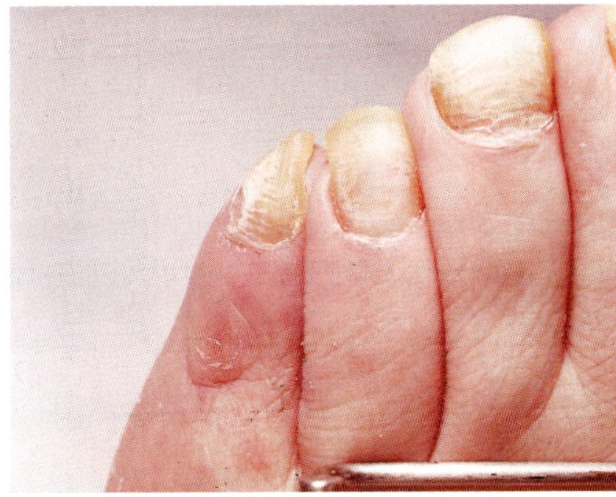

Abb. 7.7 Weiße Nägel als Begleitsymptom bei Leberzirrhose

Weiße Nagelverfärbungen können auch durch Traumen und Nagelmykosen entstehen oder im Rahmen einer Leberzirrhose auftreten (**Abb. 7.7**).

Gelbe bis gelb-graue Nägel sind Folge einer vermehrten Hornproduktion im Nagelbett bei Psoriasis und Mykosen.

Blaue bis schwarze Verfärbungen entstehen durch Hämatome im Nagelbett oder durch Melanineinlagerung beim Melanom.

Der Nagel kann sich durch Melanineinlagerung auch braun färben, wie z. B. beim Morbus Addison oder beim Melanom. Eine andere Ursache für eine Braunfärbung ist die Einwirkungen von Chemikalien, wie z. B. Nagellack.

Beschaffenheit

Die Beschaffenheit des Nagels wird auch als Nagelstruktur bezeichnet. Veränderungen werden durch Störungen der Nagelbildung im Bereich der Nagelmatrix verursacht. Das Ausmaß ist vom Befall der Matrix abhängig. Bei leichter Schädigung kommt es zu erhöhter Brüchigkeit (Onychorrhexis). Ist die gesamte Matrix befallen, bilden sich nur krümelige Hornmassen (**Abb. 7.8**).

Ursachen für brüchige Nägel sind lokale Nagelpilzerkrankungen und Allgemeinerkrankungen, wie z. B. Schilddrüsenüberfunktion sowie Kalzium- und Eisenmangel.

Bei der Schuppenflechte sind je nach Ausprägung der Erkrankung ebenfalls die Fuß- und Fingernägel betroffen.

Tüpfelungen sind bis zu stecknadelkopfgroße Einsenkungen in der Nagelplatte. Sie können einen oder mehrere Nägel betreffen und entstehen eben-

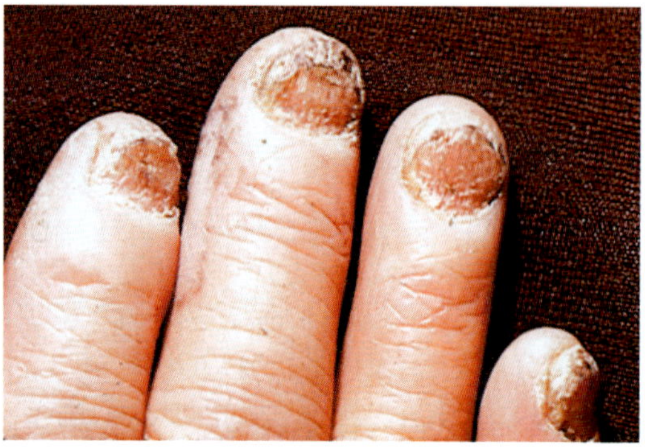

Abb. 7.8 Bröckelige Nägel

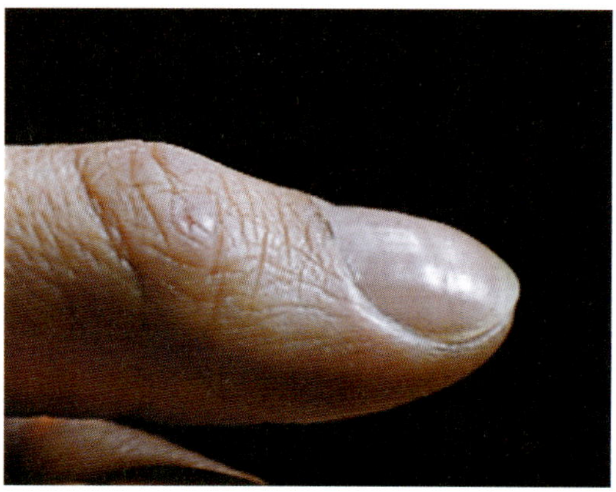

Abb. 7.9 Bau-Reil-Querfurchen

falls durch Befall der Matrix bei der Schuppenflechte.

Eine besondere Nagelveränderung stellen quer zur Wachstumsrichtung angeordnete Rillen im Nagel dar, die auch als Querrillen oder Bau-Reil-Querfurchen (**Abb. 7.9**) bezeichnet werden. Sie entstehen durch eine phasenweise Störung während der Nagelentwicklung. Ursachen dafür sind Medikamente, z. B. Zytostatika, Vergiftungen, Schockzustände, Infektionskrankheiten, schwere Allgemeinerkrankungen aber auch anhaltende psychische Belastungen.

Längsrillen können entstehen bei Durchblutungsstörungen und bei der Schuppenflechte.

Nagelbett und Umgebung

Nagelbetterkrankungen stören das Wachstum der Nagelplatte nicht. Breiten sie sich allerdings bis zur Nagelmatrix aus, kommt es zusätzlich zu einer Störung der Nagelplattenproduktion.

Eine Nagelablösung (Onycholyse) wird meist durch Einwirkung von außen verursacht, z. B. durch mechanische Belastungen mit Hämatombildung oder durch eine Nagelbettentzündung. Aber auch Schilddrüsenerkrankungen, Eisenmangel, Schuppenflechte, Zytostatikaeinnahme und Diabetes mellitus können zur Nagelablösung führen.

Wächst der Nagel in das Nagelbett hinein, entsteht ein erhöhter Druck mit Verletzungen des Nagelbettes und nachfolgender Infektionsgefahr. Der Grund ist häufig zu enges Schuhwerk. Das Nagelbett wird zusammengedrückt und „verkleinert". Der *Nagel* schiebt sich seitlich in den Nagelwall ein. Auch unkorrektes Schneiden der Nägel, besonders das Rundschneiden des Großzehennagels, kann dazu führen. Eingewachsene Nägel schmerzen stark und müssen oftmals chirurgisch gelöst werden.

Die Entzündung des Nagelbettes wird als Panaritium bezeichnet, aber auch Nagelgeschwür oder Umlauf genannt. Es ist eine gefürchtete Komplikation bei Bagatellverletzungen der Finger. Ursache sind Wundinfektionen mit Eitererregern. Die Entzündung dringt nicht selten über tiefere Gewebeschichten bis zum Knochen und zu den Gelenke vor und kann dort zu Nekrosenbildung führen.

Die Nagelwallentzündung, auch Paronchie genannt, entsteht durch Bakterien und Pilze. Sie ist, wie das Panaritium, ebenfalls häufig eine Folge von Bagatellverletzungen, z. B. bei der Maniküre. Der Nagelwall weist hierbei alle klassischen Entzündungszeichen auf und kann sich bis zu einem Abszess ausdehnen (s. a. Kap. 6.2.4).

Abweichungen und Veränderungen der Haare und Nägel:

- Erkrankungen der Haare sind vor allem bei der Kopfbehaarung zu erkennen.
- Haarausfall (Alopezie) kann durch Medikamente, Strahlentherapie, schwere Allgemeinerkrankungen oder Stress hervorgerufen werden.
- Verstärkte Körperbehaarung (Hypertrichose) kommt bei Leberflecken, aber auch generalisiert bei Schilddrüsenüberfunktion oder Medikamenteneinnahme vor.
- Erkrankungen können auch die Ursache von Ergrauen sein.
- Durch hormonelle Fehlregulationen kann es zu Hirsutismus bzw. Virilismus kommen.
- Nagelerkrankungen sind häufig Symptome für Erkrankungen innerer Organe, z. B. sind Uhrglasnä-

gel Zeichen von Lungen- oder Herzerkrankungen, weiße Nagelverfärbungen können bei Leberzirrhose auftreten, Querrillen durch Medikamente oder psychische Belastungen, Längsrillen durch Durchblutungsstörungen entstehen.

- Auch Nagelablösungen können die Ursache von Medikamenteneinnahmen oder Erkrankungen sein.

7.3.3 Hautdrüsen

Schweißdrüsen

Viele Erkrankungen beeinflussen die Schweißsekretion (s. a. Kap. 19).

In Verbindung mit starkem Schwitzen, z. B. bei Fieber, kann der Schweißdrüsenausgang blockiert sein und Entzündungen auslösen. Es entstehen hirsekorngroße, helle Bläschen, evtl. mit einem entzündeten roten Hof. Die Bläschen nennt man auch Miliara.

Ein Schweißdrüsenabszess entsteht, wo apokrine (Duft-)Drüsen vorhanden sind, meist in der Achselhöhle und in der Anogenitalregion (s. u.).

Talgdrüsen

Eine übermäßige Talgdrüsenproduktion wird als Seborrhoe bezeichnet. Haut und Haare glänzen fettig. Sie entsteht durch Stimulation männlicher Geschlechtshormone während der Pubertät oder z. B. beim Morbus Parkinson. Außerdem kann sie anlagebedingt auftreten.

Während der Pubertät ist die Seborrhoe häufig mit einer gleichzeitigen, verstärkten Verhornung der Epidermis im Haarfollikel verbunden. Durch diese Verhornung verstopfen die Talgdrüsen. Es bilden sich Talgpfropfen, die wie kleine schwarze Pünktchen aussehen und als Mitesser (Komedone) bekannt sind. Die schwarze Farbe entsteht durch Melanin und oxydierte Fettanteile.

Die Talgdrüsen können sich entzünden, wobei rote, druckschmerzhafte Knötchen oder eitrige Papeln entstehen. Diese hormonabhängige und unterschiedlich ausgeprägte, entzündliche Erkrankung des Talgdrüsen-Haarfollikelkomplexes wird als Akne vulgaris bezeichnet (**Abb. 7.10**). Sie gehört zu den häufigsten dermatologischen Erkrankungen und betrifft nahezu alle Jugendlichen. Die Erkrankung heilt in der Regel bis zum 25. Lebensjahr ab, kann bei Frauen aber auch bis zum Alter von 40 Jahren fortbestehen. In schweren Fällen kann die Akne zu Pustelbildung und sogar zur Abszessbildung führen. Eine tieferreichende, ausgedehnte Akne heilt nur unter Narbenbildung und beeinträchtigt häufig die psychosoziale Lebensqualität des Betroffenen, besonders bei Befall des Gesichtes.

Eine der Akne verwandte Erkrankung der *Talgdrüsen* ist die Rosazea (**Abb. 7.11**). Sie tritt erst im 30. – 50. Lebensjahr auf und ist lokal auf Nase und Wangen begrenzt. Es kommt durch Gefäßerweiterung zu einer blauroten Verfärbung und später zu Papel- und Pustelbildung in den Haarfollikeln. Das gesamte betroffene Gebiet vergrößert sich. Die Nase verdickt sich knollenförmig zur Knollennase, auch Rhinophym genannt (**Abb. 7.12**).

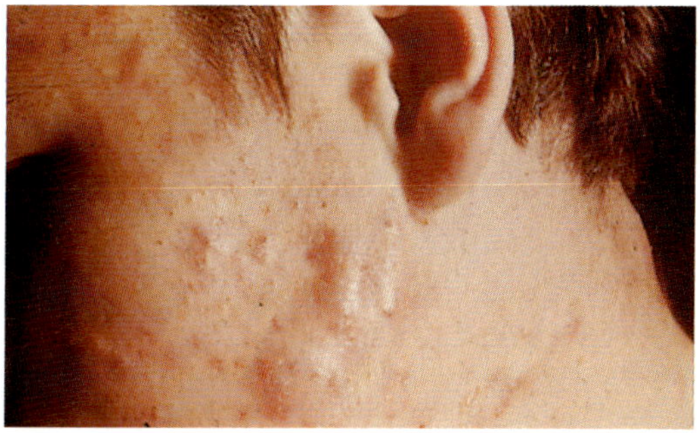

Abb. 7.10 Akne vulgaris mit schwarzen und weißen Mitessern und entzündlichen Knoten

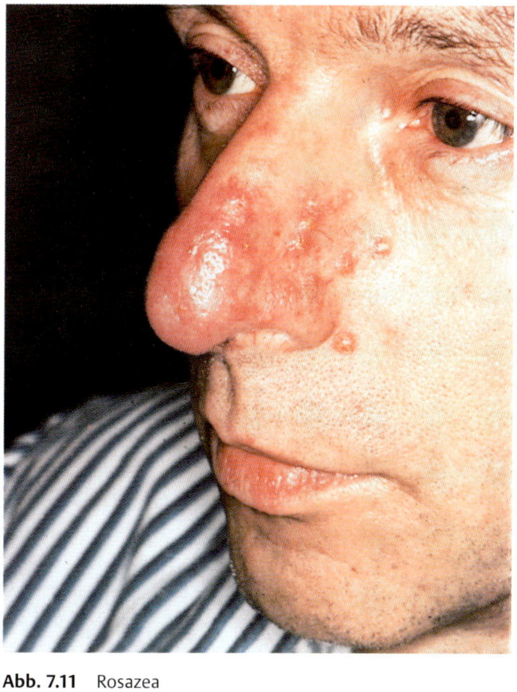

Abb. 7.11 Rosazea

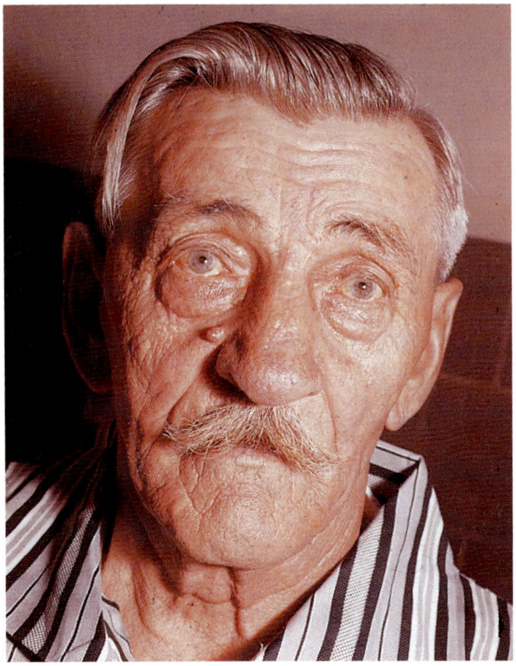

Abb. 7.12 Rhinophym

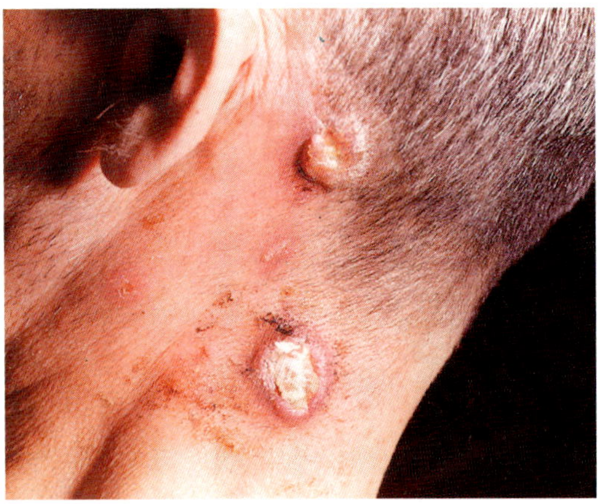

Abb. 7.13 Furunkel

Eine Entzündung des Haarbalgs mitsamt seiner Talgdrüse und Eiterbildung wird als Furunkel bezeichnet (**Abb. 7.13**).

Mehrere Furunkel nebeneinander mit Verschmelzung untereinander kennzeichnen ein Karbunkel. Häufiges Auftreten von Furunkeln bzw. Karbunkeln kann bei Menschen mit Diabetes mellitus beobachtet werden.

Duftdrüsen

Duftdrüsen sind besonders infektionsgefährdet. Ihr Sekret ist alkalisch und stört den Säureschutzmantel der Haut. Durch Einwanderung besonders von Staphylokokken kann es zur Abszessbildung kommen. Ein bekanntes Beispiel ist der Schweißdrüsenabszess in der Achselhöhle.

Abweichungen und Veränderungen der Hautdrüsen

- Bei Erkrankungen der Schweißdrüsen kommt es zu Infektionen oder Abzessbildung.
- Seborrhoe ist eine übermäßige Produktion der Talgdrüsen, die anlagebedingt oder durch Hormonstimulation bzw. Morbus Parkinson entsteht.
- Häufige Erkrankungen der Talgdrüsen sind vor allem Akne vulgaris, Rosazea und Furunkel.
- Schweißdrüsenabszesse sind die häufigste Erkrankung der Duftdrüsen.

7.4 Ergänzende Beobachtungkriterien

Die Hautanhangsgebilde sind wie die Haut in vielen pflegerischen Bereichen von besonderer Bedeutung. Sie sind von der Hautbeobachtung nicht zu trennen, da Veränderungen der Haut häufig auch Veränderungen der Hautanhangsgebilde nach sich ziehen.

Die Bildung der Hautanhangsorgane sowie deren Sekretion wird durch die Ernährung beeinflusst. Vor allem Mangelerscheinungen können an Haaren und Nägeln sichtbar werden.

7.5 Besonderheiten bei Kindern

Sigrid Flüeck

7.5.1 Haare

Die Haut des Neugeborenen trägt noch die Spuren des intrauterinen Lebens, u. a. die Lanugobehaarung. Das sind feine Haare, die ca. zu Beginn des 4. Schwangerschaftsmonats auf der Haut des Feten auftreten. 4 – 6 Wochen vor der Geburt verliert die Haut im Gesicht und am Unterleib die Behaarung. Als ein Reifezeichen des Neugeborenen gilt, dass die Lanugobehaarung nur noch am Rücken zwischen den Schulterblättern zu erkennen ist. Ein Frühgeborenes verfügt noch über lange, dicht stehende Lanugobehaarung oder Flaumhaare, vor allem am Rücken. Bis zum

6. Lebensmonat werden die Flaumhaare durch gröbere, jedoch wenig gefärbtes Wollhaar (Vellushaar) ersetzt. Zum Zeitpunkt der Pubertät entwickelt sich das Terminal oder Endhaar.

Das Kopfhaar ist kräftig, seidig und jedes einzelne Haar ist erkennbar. Bei der Geburt befinden sich die Haare in einer Ruhephase. Aufgrund der mütterlichen Hormoneinwirkung während der Schwangerschaft, fällt die Behaarung der Ruhephase nach 2–3 Monaten aus. Diese sog. Säuglingsglatze ist reversibel. Es kann jedoch bis zu 2 Jahren dauern, bis die Haare nachwachsen. Kinderhaare fetten kaum, sie müssen dennoch von Schmutz und Staub befreit werden.

Kindern, die unter einer Pollenallergie leiden, sollten täglich die Haare gewaschen werden, um die Pollen aus dem Haar heraus zu spülen.

Abweichungen und Veränderungen der Haare und Kopfhaut

- Herdförmiger vorübergehend auftretender Haarausfall am Hinterkopf kann durch eine Reibung des Hinterkopfes auf der Unterlage zustande kommen.
- Trockenes, brüchiges Haar kann auf eine Fehlernährung und/oder Hypothyreose hinweisen. Aber auch eine falsche Pflege der Kinderhaare kann die Ursache hierfür darstellen.
- Haarausfall (Alopezie) und kreisrunder Haarausfall (Alopecia areata) (s. a. **Abb. 7.4**) kann aufgrund von Dermatosen (s. a. Kap. 6.4) wie z. B. Psoriasis (s. a. Kap. 6, **Abb. 6.25**), Mykosen, Ekzeme oder aufgrund von Infektionen, wie z. B. Fieber und Varizellen entstehen. Weitere Ursachen sind u. a. chronische Erkrankungen wie z. B. Eisenmangelanämie oder hormonelle Veränderungen. Desweiteren können auch Intoxikationen (z. B. Behandlung mit Zytostatika) ursächlich für einen Haarausfall verantwortlich sein. Aufgrund neurotischer Verhaltensstörungen kann es zu einem zwanghaften Haarausreißen (Trichotillomanie) kommen, einem Symptom ähnlich dem des Nägelkauens, was als Aggression gegen sich selbst zu verstehen ist.
- Starker Juckreiz der Kopfhaut kann durch ein endogenes Ekzem ausgelöst werden, z. B. bei der Neurodermitis (s. a. Kap. 6.4). Liegt jedoch kein endogenes Ekzem vor, so ist der Juckreiz oftmals auf einen Befall von Kopfläusen zurückzuführen. Die überall auf der Kopfhaut sitzenden Läuse nehmen etwa alle 3 Stunden durch ihren Biss Blut auf. Der dabei abgesonderte Speichel löst den starken Juckreiz aus. Das blutsaugende Insekt befestigt seine Nissen mit Hilfe einer Kittsubstanz an den Haaren. Aus ihnen schlüpfen nach ca. 8 Tagen neue Läuse aus. Ein Läusebefall kann an stecknadelkopfgroßen schwarzen Punkten erkannt werden, der sich vorwiegend auf der Kopfhaut befindet. Kopfläuse sind ein ernst zunehmendes Problem, da sie sehr leicht von Mensch zu Mensch durch Körperkontakt/Kopfhaarkontakt und/oder durch die gemeinsame Benutzung von Pflegeutensilien übertragen werden können. Das Abtöten der Parasiten und das Entfernen der Nissen muss im Vordergrund stehen.
- Farblose, gelblich-weiße Haare kommen beim Albinismus (s. a. Kap. 6.2.1) vor.

Abweichungen und Veränderungen der Haare

- Auch bei Kindern kann es zu vorübergehendem Haarausfall durch Reibung, aufgrund von Dermatosen, Mykosen, Ekzeme, Infektionen oder hormonelle Veränderungen kommen.
- Juckreiz der Kopfhaut ist z. B. auf Neurodermitis oder Befall durch Kopfläuse zurückzuführen.

7.5.2 Nägel

Die Finger- und Fußnägel des Neugeborenen überragen bei der Geburt die Kuppen. Das Nagelbett ist gut durchblutet und die Nägel haben ein rosafarbenes Aussehen. Bei einem Frühgeborenen haben die Nägel die Fingerkuppen noch nicht erreicht.

Abweichungen und Veränderungen der Nägel und des Nagelbettes

Strukturveränderungen hinsichtlich Wachstum, Länge, Form, Farbe, Beschaffenheit können bei Kindern ebenso auftreten wie bei Erwachsenen.

- Brüchige Nägel kommen bei Vitamin-, Eisen- und/oder Kalkmangel vor.
- Tüpfel- und Ölnägel haben punktförmige Defekte aufgrund Dermatosen (s. a. Kap. 6.4) wie z. B. Psoriasis (s. a. **Abb. 6.24**). Der Nagelrand ist verdickt und aufgesplittert. Im Nagel erscheinen quer verlaufende Wachstumsstoplinien.
- Veränderte Nagelform kommt vor, bei angeborenen oder erworbenen Nageldystrophien oder auch aufgrund von Nägelkauen.

7.5.3 Hautdrüsen

Die zunächst bei der Geburt gut ausgebildeten Talgdrüsen verkleinern sich nach der Geburt und bleiben bis zu Beginn der Pubertät eher klein. Erst dann werden sie wieder aktiv und führen zu unterschiedlicher Zusammensetzung des Säureschutzmantels (Lipidfilm) (s. a. 7.2.3). Durch die unregelmäßige Funktionsweise der Talgdrüsen und den dadurch entstehenden veränderten Säureschutzmantel ist die Widerstandsfähigkeit gegenüber Krankheitserregern (z. B. Bakterien und Pilzen) herabgesetzt. Gleichzeitig kommt es zu einer erhöhten Resorptionsfähigkeit von auf der Haut aufgebrachten Medikamenten (Salben, Cremes), Desinfektionsmitteln und chemischen Mitteln in Hautpflegemitteln. Auf der anderen Seite kann auch schneller Wasser verdunsten. Die Austrocknungsgefahr wird verstärkt durch die noch sehr dünne Epidermis (s. a. Kap. 6.4).

Abweichungen und Veränderungen der Hautdrüsen

- Schweißdrüsenabszesse kommen bei abwehrgeschwächten Säuglingen vor. Die tiefsitzenden, walnussgroßen, rötlichen Knoten, die durch Staphylokokken hervorgerufen werden, bilden sich bevorzugt am Hinterkopf, Rücken und Gesäß des Kindes. Sie entleeren gelblich, rahmigen Eiter und heilen unter Narbenbildung ab.
- Akne entstehen wie bereits im Abschnitt 7.2.3 beschrieben, während der Pubertät und ist ausgelöst durch eine androgenabhängige Talgproduktion.

7.6 Besonderheiten bei älteren Menschen

Eva Eißing

Haare

Durch abnehmende Pigmentierung im Alter ergraut das Haar. Anlagebedingt kann dies auch schon im frühen Alter zwischen 20 und 30 Jahren beginnen. Nahezu alle Hochbetagten besitzen jedoch graues Haar.

Mit zunehmendem Alter wird das Haar dünner. Bei Männern kann die Glatzenbildung bereits früh beginnen, bei Frauen kommt es durch Östrogenmangel erst nach der Menopause zu Haarausfall. Im hohen Alter haben Männer nicht selten eine komplette Glatze oder es bleibt ein U-förmiger Haarkranz um den Kopf stehen, der auch als Tonsur bezeichnet wird. Bei Frauen dünnen die Haare oftmals so aus, dass die Kopfhaut durchscheint (s. a. 7.2.1). Bei sehr dünnem Haar oder Glatzenbildung ist der UV-Schutz herabgesetzt und die Empfindlichkeit gegenüber Hitze erhöht.

Bei der Frau verringert sich während und nach dem Klimakterium die Östrogenproduktion. Es „überwiegen" dann die Androgene, die in der Nebenniere gebildet werden. Diese Veränderungen werden unter anderem sichtbar durch die Bildung eines Damenbartes an der Oberlippe und am Kinn sowie eine Lichtung der Kopfbehaarung.

Nägel

Im höheren Alter verändern sich die Nägel. Die Fingernägel werden flacher und dünner, während die Fußnägel stärker verhornen und sich häufig gelblich verfärben. Nicht selten krümmen sich die Fußnägel und formen sich zu Krallennägeln (**Abb. 7.6**). Die Folgen sind eine erhöhte Verletzungs- und Entzündungsgefahr. Entsprechend ist auf eine sorgfältige Fußpflege zu achten.

Bei alten Menschen mit Diabetes mellitus und/oder peripheren Durchblutungsstörungen muss die Fußpflege besonders vorsichtig durchgeführt werden, um auch kleinste Verletzungen zu vermeiden, da zumeist begleitend eine Störung der Wundheilung vorliegt. Gegebenenfalls ist eine Fachkraft hinzuzuziehen.

Talgproduktion

Durch ein Nachlassen der Talgproduktion im Alter kommt es zur Veränderung des Säureschutzmantels und der Hautfeuchtigkeit, die Haut wird trockener. Besonders gut beobachtbar ist die trockene Haut an den Schienbeinen. Die Veränderung des Säureschutzmantels führt zu erhöhter Infektionsgefahr für die Haut.

Eine besondere Form der Akne kann sogar im Alter auftreten. Sie wird auch Altersakne genannt und betrifft die sonnenbestrahlten Bereiche der Augenumgebung, die Stirn sowie die Wangen. Diese Akneform entsteht wahrscheinlich durch Degeneration des Kollagens und die dadurch fehlende Elastizität der Haut und der Ausführungsgänge. Im Gegensatz zur Akne vulgaris ist die Altersakne eine nicht entzündliche Erkrankung.

Abweichungen und Veränderungen bei älteren Menschen:

- Veränderungen im Alter betreffen sowohl die Haut als auch die Nägel und die Hautdrüsen.
- Bei älteren Männern kommt nicht selten eine Tonsur oder eine Glatze vor, bei Frauen die Bildung eines Damenbartes.
- Im Alter werden die Nägel flacher und dünner, die Fußnägel verhornen und krümmen sich stärker und erfordern daher eine besonders sorgfältige Pflege.
- Die Altersakne tritt durch Degeneration des Kollagens und dadurch fehlende Elastizität der Haut besonders an den sonnenbestrahlten Bereichen auf.

7.7 Fallstudien und mögliche Pflegediagnosen

Erkrankungen der Hautanhangsgebilde können als isolierte Erkrankungen, aber auch als Begleiterscheinungen anderer Erkrankungen auftreten. Häufig ist die Haut mitbetroffen. Sind die Symptome sichtbar, stehen nicht selten soziale Probleme im Vordergrund und können, je nach Ausmaß, einen hohen Leidensdruck auslösen.

Fallstudie Fr. Bertram

Fr. Bertram ist 35 Jahre alt, seit 10 Jahren verheiratet und hat 3 Kinder im Alter von 3 – 7 Jahren. Vor einigen Wochen entdeckte sie einen ca. haselnussgroßen Knoten in der rechten Brust. Inzwischen ist Fr. Bertram operiert und die Diagnose bekannt. Der Knoten war bösartig. Die rechte Brust, sowie die regionären Lymphknoten in der Achselhöhle wurden entfernt. Seit 4 Wochen bekommt Fr. Bertram eine Chemotherapie. Sie fühlt sich sehr schlapp und ist häufig müde. Ihre Stimmungslage ist depressiv, besonders weil ihr fast alle Haare ausgefallen sind. Sie fühlt sich nicht mehr als vollwertige Frau und hat Angst, dass sich ihr Mann von ihr abwendet, da sie jetzt so unattraktiv aussieht.

Wegen ihrer ausgefallenen Haare meidet sie in der letzten Zeit sogar ihren Freundeskreis und geht nicht mehr gerne aus dem Haus. Ihr Mann sorgt sich sehr um sie und motiviert sie immer wieder, sich durch Aktivitäten abzulenken.

Die Mutter von Fr. Bertram hilft im Haushalt und bei der Kinderbetreuung. Die Kinder sind sehr unkompliziert und geben ihr viel Kraft bei der Bewältigung der Erkrankung und Therapie.

Ein Beispiel für die Unterstützung von Fr. Bertram bezüglich ihres Haarausfalles ist in dem Auszug aus dem Pflegeplan in **Tab. 7.1** dargestellt.

Die Pflegediagnose Körperbildstörung zeigt die Übersicht auf der folgenden Seite:

Tab. 7.1 Auszug aus dem Pflegeplan von Fr. Bertram

Pflegeprobleme	*Ressourcen*	*Pflegeziele*	*Pflegemaßnahmen*
Fr. Bertrams Stimmungslage ist depressiv, da sie sich aufgrund ihrer ausgefallenen Haare und der fehlenden Brust unattraktiv fühlt	• Der Ehemann ist liebevoll; • die Kinder geben ihr Kraft bei der Krankheitsbewältigung	• Fr. Bertram setzt sich mit ihrer Erkrankung auseinander • weiß, dass die Haare wieder nachwachsen • Fr. Bertram ist über Unterstützungs- und Hilfsangebote informiert und kann sie annehmen • Fr. Bertram redet über Ängste mit Ehemann/Psychologen/Frauen aus der Selbsthilfegruppe/Freunde • Fr. Bertram kennt Formen der alternativen Kopfbedeckung und kann diese für die Dauer der Therapie akzeptieren • hat eine positive Grundstimmung und ein verbessertes Selbstwertgefühl	• Informationsgespräch mit Arzt vermitteln, nach Absprache Ehemann hinzuziehen: – Nachwachsen der Haare – Möglichkeiten des Brustaufbaues • Information über: – Selbsthilfegruppe für brustamputierte Frauen, evtl. Kontakt herstellen – psychologische Hilfen – alternative Kopfbedeckungen incl. Haarersatz, nach Absprache Friseurtermin → Perücke – spezielle Büstenhalter • Gesprächsbereitschaft signalisieren, Körperkontakt bieten

Pflegediagnose Körperbildstörung
(nach Gordon)

Definition
Negative Gefühle oder Wahrnehmungen im Hinblick auf Eigenschaften, Funktionen oder Grenzen des Körpers oder eines Körperteils.

Hauptkennzeichen
- Äußerungen über tatsächliche oder wahrgenommene Veränderungen des Körpers oder eines Körperteils in Struktur und/oder Funktion,
- Äußerungen über Gefühle der Hilflosigkeit, Hoffnungslosigkeit und/oder Machtlosigkeit in Bezug auf den Körper und Äußerungen über Gefühle der Furcht vor der Ablehnung oder Reaktionen anderer,

und eines oder mehrere der folgenden Kennzeichen:
- Äußerung negativer Gefühle hinsichtlich des Körpers (schmutzig, groß, klein, unansehnlich),
- wiederholte Äußerung negativer Gefühle im Hinblick auf den Verlust oder Ersatz von Körperflüssigkeiten oder die Anwendung von Maschinen,
- wiederholte Äußerungen, die sich auf vergangene Stärke, Funktion oder Aussehen beziehen.

Nebenkennzeichen
- Äußerungen über Veränderung der Lebensweise aufgrund negativer Gefühle oder Wahrnehmungen des Körpers,
- ausschließliche Beschäftigung mit Veränderungen des Körpers oder dem Verlust eines Körperteils,
- Weigerung, tatsächliche Veränderung des Körpers oder von Körperteilen zu überprüfen,
- Veränderungen der Fähigkeit, die räumliche Beziehung des Körpers zur Umgebung einzuschätzen,
- Äußerung von Scham-/Schuldgefühlen,
- Vermenschlichung von Körperteilen oder Verlust durch Namensgebung,
- Depersonalisation von Körperteilen oder Verlust durch unpersönliche Pronomen,
- Ausdehnung der Körpergrenze auf Gegenstände der Umwelt (z. B. Dialyse-Maschine, Sauerstoffgerät, Respirator),
- Betonung der verbliebenen Kräfte oder erhöhten Leistungsfähigkeit,
- traumatisches Verhältnis zum nicht funktionierenden Körperteil (absichtlich oder unabsichtlich),
- Veränderung in sozialen Kontakten oder sozialen Beziehungen,
- Verbergen oder zur Schau stellen eines Körperteils,
- Nicht Berühren eines Körperteils,
- Nicht Ansehen eines Körperteils,
- Vermissen eines Körperteils,
- tatsächliche Veränderung des Körpers oder eines Körperteils in Struktur und/oder Funktion.

Ätiologische oder beeinflussende Faktoren
- Nicht-Integration von Veränderung (der Körpereigenschaften, Funktionen oder Grenzen),
- wahrgenommene entwicklungsbedingte Unvollkommenheit,
- Adipositas.

Risikogruppen
- Personen mit einer Hemiplegie,
- Personen, die ein Körperteil verloren haben, z. B. durch eine Beinamputation oder Brustentfernung,
- Personen mit Gesichtsverletzungen,
- Personen mit einem implantierten Herzschrittmacher,
- Personen mit angeborenen (sichtbaren) Anomalien.

Eine mögliche Pflegediagnose zu der Fallstudie von Fr. Bertram könnte folgendermaßen lauten:
Körperbildstörung
b/d (beeinflusst durch) Nichtintegration von Veränderungen
a/d (angezeigt durch):
- Angst, ihr Mann wendet sicht wegen des Haarausfalls und der Brustamputation von ihr ab,
- Angst vor Ablehnung oder Reaktionen anderer wegen des sichtbaren Haarausfalls,
- Äußerung negativer Gefühle hinsichtlich des Körpers (sie fühlt sich nicht mehr als vollwertige und attraktive Frau).

Fallstudie Marek
Marek, 5 Jahre, ist beim Spielen vom Klettergerüst gestürzt. Wegen des Verdachts einer Commotio cerebri wurde er zur Beobachtung in der Klinik aufgenommen. Während der Untersuchung durch den Kinderarzt fällt auf, dass Marek sich häufig am Kopf kratzt. Diese Beobachtung wird von der Mutter bestätigt. Auch sie hatte bemerkt, dass Marek sich in den letzten Tagen vermehrt am Kopf kratzt. Nach näherer Betrachtung des Kopfes und des dunklen Kopfhaares findet der Kinderarzt die Ursache. Die Kopfhaut von Marek ist übersät mit stecknadelkopfgroßen schwarzen Punkten, die sich als Kopfläuse identifizieren lassen.

Tab. 7.2 Auszug aus dem Pflegeplan von Marek

Pflegeproblem	*Ressourcen*	*Pflegeziele*	*Pflegemaßnahmen*
Marek leidet aufgrund eines Kopfläusebefalls unter starkem Juckreiz	Marek's Mutter verfügt über Kenntnisse der Übertragung, Vermehrung und Bekämpfung	Marek • Juckreiz ist gelindert • besitzt eine intakte Kopfhaut • ist frei von Läusen und Nissen	• Goldgeist forte (AA) auftragen und 30 min einwirken lassen, danach gründlich ausspülen (im Liegen mit Haarwaschbecken) • Nissen mit „Nissenkamm" entfernen • 1 × tgl. Kontrolle der Kopfhaut • Behandlung ggf. wiederholen • Wäschewechsel nach jeder Behandlung • Bürsten und Kämme von Marek reinigen

Mareks Mutter verfügt über Kenntnisse der Übertragung, Vermehrung und Bekämpfung der Schmarotzer. Sie unterzieht sich selbst und alle weiteren Familienmitglieder einer genauesten Kontrolle. Um die Möglichkeit der Ansteckung einzugrenzen, informiert sie die Kindergartenleiterin und die Eltern von Mareks Freunden.

Marek, der noch zur Beobachtung in der Klinik bleiben muss, wird zunächst angesichts der Übertragungsgefahr von den anderen Kindern in der Klinik ferngehalten. Eine sofortige Therapie wird eingeleitet. Ein entsprechender Auszug aus dem Pflegeplan ist in **Tab. 7.2** abgebildet.

Fazit: Die Beobachtung der Hautanhangsgebilde bei einem Patienten umfasst die Beurteilung der Haare, Nägel und Hautdrüsen. Aufgrund ihrer gemeinsamen Entwicklungsgeschichte sind sie eng miteinander verbunden.

Veränderungen der Hautanhangsgebilde ziehen häufig Veränderungen der Haut nach sich und umgekehrt. Aus diesem Grund sollten beide Beobachtungsbereiche immer zusammen beurteilt werden.

Haarveränderungen beeinflussen das Aussehen und können einen hohen Leidensdruck auslösen. Besonders betroffen sind Menschen mit (Kopf-)Haarausfall, dessen Ursachen sowohl physiologisch als auch pathologisch bedingt sein können.

Viele Erkrankungen der Haut, des Stoffwechsels und innerer Organe beeinflussen das Nagelwachstum. Nagelveränderungen geben deshalb nicht nur Hinweise auf dermatologische, sondern häufig auch auf internistische Erkrankungen.

Krankhafte Veränderungen der Hautdrüsen entstehen häufig durch Verstopfungen ihrer Ausführungsgänge und nachfolgenden Entzündungen der Drüsen wie z.B. der Schweißdrüsenabszess, der Furunkel und die Akne vulgaris.

Beim alten Menschen kommt es im Zuge allgemeiner Alterungserscheinungen auch zu Veränderungen der Hautanhangsgebilde mit zum Teil nachlassenden Funktionen. In Kombination mit altersbedingten Hautveränderungen lässt die Widerstandskraft gegenüber Infektionen dadurch deutlich nach.

Bundeszentrale für gesundheitliche Aufklärung: Kopfläuse... was tun? Köln 1995

Christophers, E., M. Ständer: Haut- und Geschlechtskrankheiten. Urban & Schwarzenberg, München 1997

Epstein, O., G.D. Perkin, D.P. de Bono, J. Cookson: Bild-Lehrbuch der klinischen Untersuchung. Thieme, Stuttgart 1994

Gordon, M.: Handbuch Pflegediagnosen, 2. Aufl. Ullstein Medical Verlag, Wiesbaden 1998

Gordon, M: Handbuch Pflegediagnosen, 2. Aufl. Ullstein Mosby, Berlin 1994

Henz, B.M., H. Kerl, T. Rosenbach, W. Sterry (Hrsg.): Dermatologie und Venerologie, 2. Aufl. Walter de Gruyter, Berlin 1998

Hertl, M.: Kinderheilkunde und Pflege, 8. Aufl. Thieme, Stuttgart 1996

Hoehl, M., P. Kullick (Hrsg.): Kinderkrankenpflege und Gesundheitsförderung. Thieme, Stuttgart 1998

Illig, S., S. Spranger: Klinikleitfaden Pädiatrie, 4. Aufl. Gustav Fischer, Stuttgart 1998

Jannek, C.: Kinderchirurgie für Pflegeberufe, 5. Aufl. Thieme, Stuttgart 1997

Klostermann, G.F., F.W. Tischendorf: Der diagnostische Blick – Atlas zur Differenzialdiagnose innerer Krankheiten. Schattauer, Stuttgart 1979

Kühl, G., D. Siepmann, H. Sbotta, J. Bauer, K. Fischer (Hrsg.): Klinikleitfaden Kinderkrankenpflege. Gustav Fischer, Lübeck 1997

Lippert, H.: Lehrbuch Anatomie, 4. Aufl. Urban & Schwarzenberg, München 1996

Nickel, A., H.U. Zenneck, O. Ungerer (Hrsg.): Altenpflege-Geriatrie. Dr. Felix Büchner – Handwerk und Technik GmbH, Hamburg 1995

Penaten – Infothek, Dialog und Service. Textbeiträge der Mitarbeiter des Penaten Beirates, Busmann, U., Dr. C. Goeke

Pschyrembel: Klinisches Wörterbuch. 257. Aufl. de Gruyter, Berlin 1994

Roche-Lexikon der Medizin. 3. Aufl. Urban & Schwarzenberg, München 1993

Schäffler, A., N. Menche, U. Bazlen, T. Kommerell (Hrsg.).: Pflege heute, Lehrbuch und Atlas für Pflegeberufe. Gustav Fischer, Ulm 1998

Schäffler, A., S. Schmidt (Hrsg.): Mensch, Körper, Krankheit, Anatomie, Physiologie, Krankheitsbilder; Lehrbuch und Atlas für die Berufe im Gesundheitswesen. Jungjohann, Neckarsulm 1994

Schönberger, W.: Kinderheilkunde. Gustav Fischer, Stuttgart 1992

Schwegler, J.S.: Der Mensch – Anatomie und Physiologie. Thieme, Stuttgart 1996

Seel, M.: Die Pflege des Menschen, 3. Aufl., Brigitte Kunz, Hagen 1998

Steigleder, G.K.: Taschenatlas der Dermatologie, 3. Aufl. Thieme, Stuttgart 1987

Tischendorff, F.W.: Blickdiagnostik – CompactAtlas. Schattauer, Stuttgart 1995

Wegmann, H.: Die professionelle Pflege des kranken Kindes. Urban & Schwarzenberg, München 1997

8 Puls

Panajotis Apostolidis

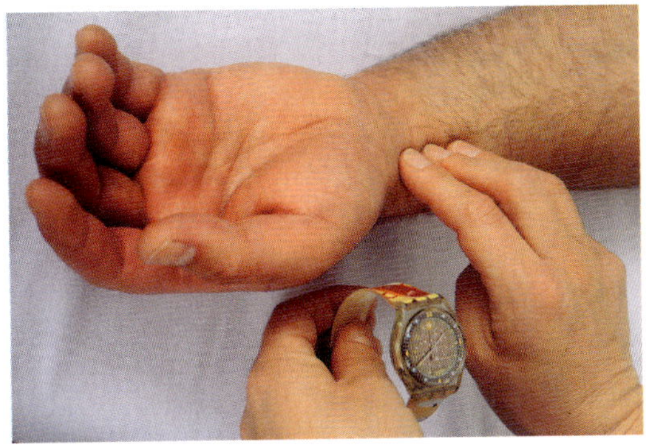

Übersicht

8.1 **Technik der Pulsmessung** · 130
8.2 **Allgemeine Beobachtungskriterien und Beschreibung des Normalzustandes** · 132
8.2.1 **Pulsfrequenz** · 132
8.2.2 **Pulsrhythmus** · 133
8.2.3 **Pulsqualität** · 133
8.3 **Abweichungen und Veränderungen und deren mögliche Ursachen** · 133
8.3.1 **Veränderungen der Pulsfrequenz** · 133
8.3.2 **Veränderungen des Pulsrhythmus** · 136
8.3.3 **Veränderungen der Pulsqualität** · 137
8.4 **Ergänzende Beobachtungskriterien** · 138
8.5 **Besonderheiten bei Kindern** · 138
8.6 **Besonderheiten bei älteren Menschen** · 140
8.7 **Fallstudien und mögliche Pflegediagnosen** · 140
Fazit · 142
Literatur · 143

Schlüsselbegriffe:

- ▸ *Pulsfrequenz*
- ▸ *Pulsrhythmus*
- ▸ *Pulsqualität*
- ▸ *Pulsdefizit*

Einleitung

Der Puls gehört neben Atmung, Blutdruck und Körpertemperatur zu den Vitalzeichen. Da Änderungen im Befinden von Menschen im Allgemeinen auch Pulsveränderungen mit sich bringen, ist der Puls ein sehr aussagekräftiges Beobachtungskriterium. Die Ermittlung der Pulswerte ist eine der ältesten und häufigsten diagnostischen Maßnahmen. Sie ist ohne großen technischen Aufwand durchzuführen, erfordert jedoch neben einer guten Messtechnik, vor allem bei der Beurteilung der Pulsqualität Übung und Erfahrung. Das Pulsfühlen bietet außerdem Gelegenheit zur Begegnung mit dem anderen Menschen.

Als Puls wird die durch den systolischen Blutauswurf des Herzens im Kreislauf entstehende Druck- und Volumenschwankung (Welle) im arteriellen Gefäßsystem bezeichnet.

Die Fortleitungsgeschwindigkeit dieser Welle ist abhängig von der Dehnbarkeit des durchströmten Blutgefäßes (Aorta 4–6 m/s; A. radialis 8–12 m/s) und nimmt mit dem Alter infolge des Elastizitätsverlustes der Blutgefäße zu.

Die Pulskontrolle ist eine vielfach durchgeführte Maßnahme bei gesunden und kranken Menschen innerhalb und außerhalb des Krankenhauses. Häufig steht bei der Pulskontrolle die Ermittlung der Herzfrequenz im Zentrum des Interesses. Neben der ▸ *Pulsfrequenz* sind zusätzlich ▸ *Pulsrhythmus* und ▸ *Pulsqualität* von Bedeutung. Die Kombination dieser 3 Beobachtungskriterien kann entscheidende Aussagen über die Vitalfunktionen und Hinweise auf mögliche Erkrankungen des Menschen geben. Da praktisch jede physische und psychische Veränderung des Menschen eine Pulsveränderung mit sich zieht, spiegelt der Puls auch die aktuelle Verfassung oder Befindlichkeit von Menschen in besonderen Situationen wider. Beispielsweise ist die Pulsfrequenz bei körperlicher Anstrengung oder freudiger Erregung erhöht, in Ruhe bzw. im Schlaf ist sie deutlich erniedrigt.

8.1 Technik der Pulsmessung

Das Tasten des Pulses, das auch als Palpation bezeichnet wird, kann überall da erfolgen, wo oberflächlich verlaufende Arterien an eine harte Unterlage, beispielsweise Knochen oder Muskulatur gedrückt werden können. Grundsätzlich können zentrale und periphere Palpationsstellen unterschieden werden. Der zentrale Puls wird entweder an der A. carotis (Halsschlagader), der A. femoralis (Oberschenkelschlagader) oder an der A. subclavia (Schlüsselbeinschlagader) palpiert oder über den herznahen Blutgefäßen auskultiert, d.h. mit einem Stethoskop abgehört. Der periphere, fern vom Herzen befindliche Puls kann an den übrigen Arterien palpiert werden (**Abb. 8.1**).

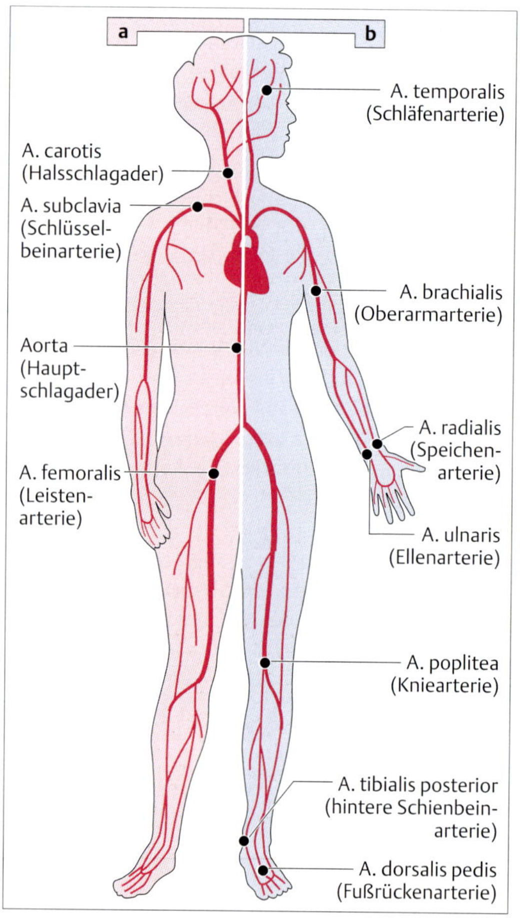

Abb. 8.1 a u. **b** Pulspalpationsstellen **a** zentrale Palpationsstellen **b** periphere Palpationsstellen

Indikationen zur Pulsmessung

- Feststellen der Vitalsituation des Menschen (z.B. bei Neuaufnahmen),
- Überwachung des Menschen bei Verabreichung bestimmter Medikamente (z.B. β-Blocker oder Digitalispräparate),
- Kontrolle der Kreislaufbelastbarkeit (z.B. bei postoperativer Mobilisation),
- Postoperative Überwachung (zum rechtzeitigen Erkennen von Komplikationen, z.B. von Nachblutungen oder Narkosenebenwirkungen),
- Diagnostik arterieller Durchblutungsstörungen,
- Reanimation.

Messtechnik am Beispiel der A. radialis

Die häufigste Palpationsstelle des Pulses ist die A. radialis (Speichenschlagader) an der Innenseite des Handgelenks. Nach dem Auffinden der A. radialis wird der Puls mit den Fingerkuppen des Zeige-, Mittel- und Ringfingers getastet (**Abb. 8.2**).

Der Daumen darf nicht benutzt werden, da er einen eigenen intensiven Puls besitzt und die Gefahr zu groß ist, dass der Beobachtende seinen eigenen Puls bei der Messung erfasst.

Die Arterie wird leicht gedrückt, darf aber nicht ganz zugedrückt werden, da sonst der Blutfluss unterbrochen wird. Der Puls muss eindeutig zu fühlen sein, bevor mit dem Zählen begonnen wird. Zum Pulszählen wird eine Uhr mit Sekundenzähler oder eine spezielle Pulsuhr benötigt (**Abb. 8.3**). Die Messung be-

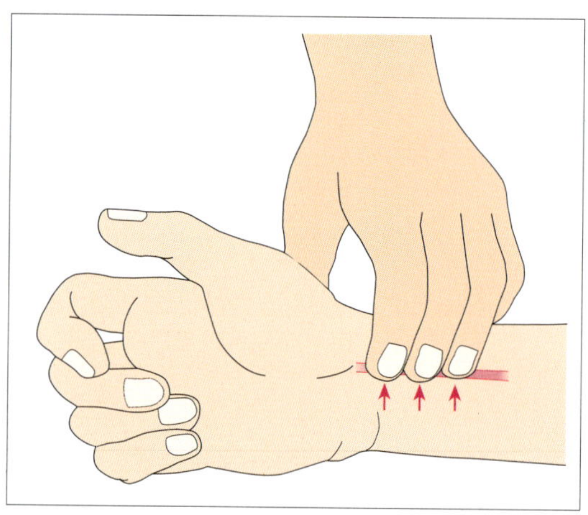

Abb. 8.2 Technik des Pulsfühlens

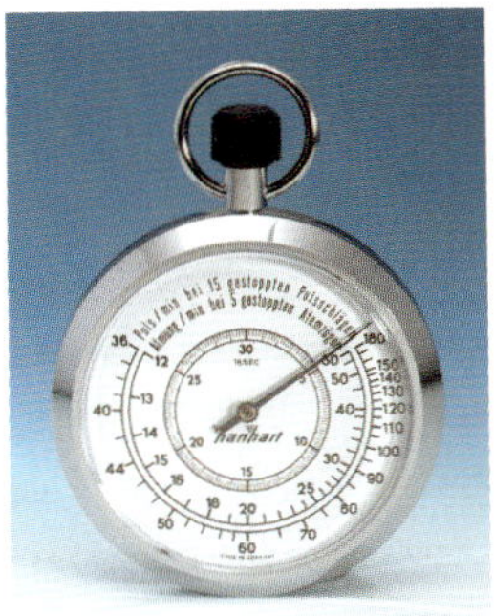

Abb. 8.3 Pulsuhr (Fa. Heiland)

ginnt mit der Erfassung des ersten Pulsschlages in der vorgesehenen Messzeit und dauert 15 Sek.; das Ergebnis wird mit 4 multipliziert, da die Zahl der Schläge/min gemessen werden soll.

Bei neu aufgenommenen Patienten muss der Puls bei der ersten Messung über eine Minute ausgezählt und an beiden Armen kontrolliert werden, um mögliche Durchblutungsstörungen der Armarterien erkennen zu können. Auch wenn Auffälligkeiten bezüglich der Pulsfrequenz oder des Pulsrhythmus erfasst werden, ist das Auszählen des Pulses über eine Minute erforderlich.

Bei der routinemäßigen Pulskontrolle sollte der Patient vorher 15–30 min geruht haben. Erneute Messungen sollten unter gleichen Bedingungen stattfinden, da nur auf diese Weise valide, d. h. gültige und vergleichbare Werte erhoben werden können.

Dokumentation der Messergebnisse

Die Ergebnisse der Pulsmessung werden sofort dokumentiert. Dabei sollte dokumentenechtes Schreibwerkzeug benutzt werden, um eine dauerhafte Lesbarkeit zu garantieren. Verschiedene Systeme können verwendet werden. In einigen Dokumentationssystemen werden die Werte in Form von Kurven eingetragen, wobei zumeist die Farbe Rot gewählt wird. Hierdurch ist eine deutliche Unterscheidung zur Temperaturkurve gegeben, die i.d.R. parallel in der Farbe Blau dokumentiert wird (**Abb. 8.4**). In anderen Dokumentationssystemen werden die ermittelten Werte in Form von Zahlen in die hierfür vorgesehenen Spalten eingetragen (**Tab. 8.1**). Dokumentiert wird:

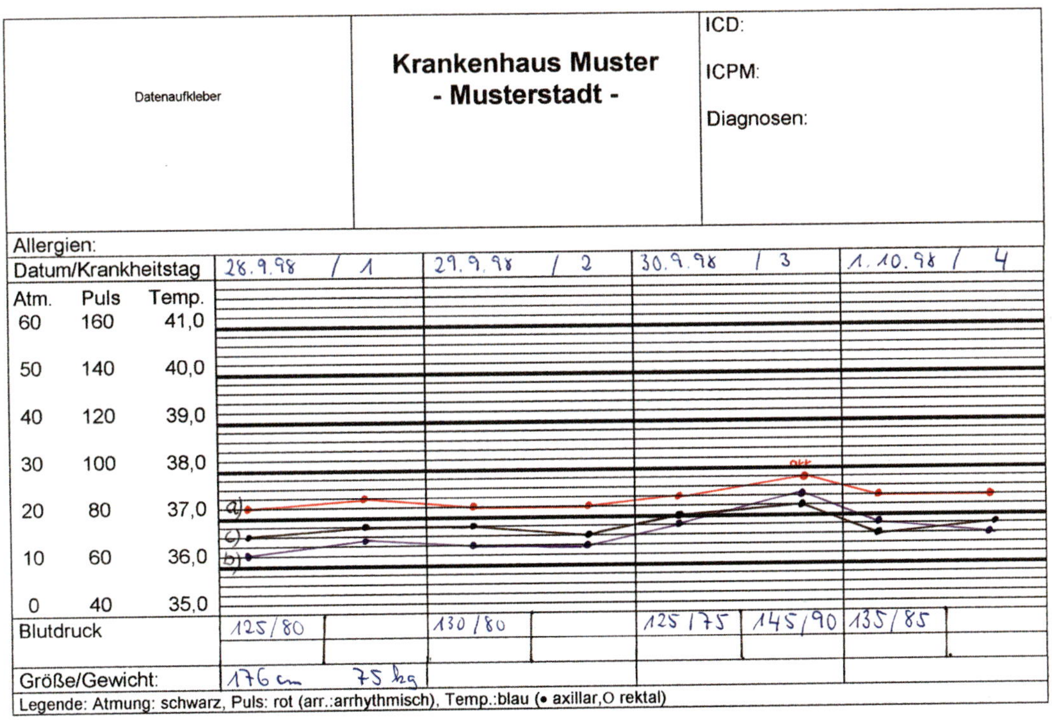

Abb. 8.4 a–c Kurvendokumentation **a** Pulskurve **b** Temperaturkurve **c** Kennzeichnung von Besonderheiten

Tab. 8.1 Spaltendokumentation

Datenaufkleber			*Krankenhaus Muster – Musterstadt –*		*ICD: ICPM: Diagnosen:*			
Allergien:								
Datum/Krankheitstag	28.9.98/1		29.9.98/2		30.9.98/3		1.10.98/4	
Vitalzeichen	Uhrzeit	Wert	Uhrzeit	Wert	Uhrzeit	Wert	Uhrzeit	Wert
RR	8.00	125/80	8.00	130/80	8.00	125/75	8.00	135/85
					16.00	145/90		
Puls (arr. = arrythmisch)	8.00	84	8.00	84	8.00	88	8.00	88
	16.00	88	16.00	84	16.00	arr. 92	16.00	88
Temperattur (axillar) (rec. = rectal)	8.00	36,2	8.00	36,4	8.00	36,8	8.00	36,8
	16.00	36,5	16.00	36,4	16.00	37,4	16.00	36,6
Atmung	8.00	12	8.00	14	8.00	20	8.00	16
	16.00	15	16.00	14	16.00	24	16.00	18
Größe/Gewicht	176 cm/75 kg							

Rot = abweichender Wert

- Uhrzeit,
- Messergebnisse,
- Besonderheiten und Veränderungen.

In beiden Systemen werden Auffälligkeiten, wie beispielsweise Arrhythmien, häufig durch Abkürzungen (in diesem Fall durch das Kürzel „arr") gekennzeichnet, die neben die ermittelten Frequenzwerte geschrieben werden. Eine weitere Möglichkeit zur Kennzeichnung von Veränderungen sind Pfeile, die auf die Veränderung hinweisen. Sie kommen überwiegend bei der Kennzeichnung von Frequenzabweichungen zur Anwendung (**Abb. 8.4**). Eine entsprechende Legende sollte im jeweiligen Dokumentationssystem enthalten sein.

Technik der Pulsmessung:
- Bei der Pulskontrolle sind Frequenz, Rhythmus und Qualität ausschlaggebend.
- Beim Tasten des Pulses werden zentrale und periphere Palpationsstellen unterschieden.
- Indikationen zur Pulsmessung sind Neuaufnahme, Überwachung, Kontrolle, Diagnostik und Reanimation.
- Pulskontrolle sollte immer unter gleichen Bedingungen stattfinden, bei der Dokumentation der Kurve wird die Farbe Rot verwendet.
- Uhrzeit, Messergebnisse und Besonderheiten bzw. Veränderungen des Pulses werden dokumentiert.

8.2 Allgemeine Beobachtungskriterien und Beschreibung des Normalzustandes

Die allgemeinen Beobachtungskriterien des Pulses sind:
- Pulsfrequenz,
- Pulsrhythmus,
- Pulsqualität.

8.2.1 Pulsfrequenz

Die Pulsfrequenz wird definiert als die Zahl der Pulswellen/min.

Tab. 8.2 Alters- und geschlechtsabhängige Anzahl der Pulsschläge bei Erwachsenen (aus Juchli, L.: Pflege, 7. Aufl., Thieme, Stuttgart 1997)

Erwachsene	*Zahl der Pulsschläge*
Männer	60–70/min
Frauen	70–75/min
Senium	80–85/min

Sie stimmt meist mit der Herzfrequenz überein und ist abhängig von den mechanischen effektiven Kontraktionen des Herzmuskels sowie beispielsweise von Alter und Geschlecht eines Menschen. **Tab. 8.2** gibt einen Überblick über die Normalwerte der Pulsfrequenz.

8.2.2 Pulsrhythmus

Unter Pulsrhythmus wird die in regelmäßigen Abständen erfolgende Schlagfolge des Herzens verstanden.

Die Pulswellen erfolgen normalerweise in regelmäßigen Zeitabständen und mit gleicher Stärke.

8.2.3 Pulsqualität

Als Pulsqualität werden die durch Palpation oberflächlicher Arterien feststellbaren Eigenschaften des Pulses bezeichnet, die Informationen über den Zustand des Herz-Kreislauf-Systems liefern können.

Die feststellbaren Eigenschaften des Pulses sind einerseits die Füllung der Blutgefäße und andererseits die Härte der Pulswelle. Beide sind insbesondere abhängig von der Höhe des mittleren arteriellen Druckes. Bei der normalen Pulsqualität ist die Spannung, d.h. der dem ausgeübten Palpationsdruck entgegengesetzte Widerstand der Pulswelle gut spürbar und das Blutgefäß ist gut gefüllt.

Frequenz und Rhythmus sind objektiv messbare Kriterien und können sowohl durch Palpation des Pulses als auch durch technische Hilfsmittel gemessen werden. Die Qualität ist ein subjektives Beobachtungskriterium des Pulses, dessen Beurteilung Erfahrung und Übung erfordert und nur durch qualifiziertes Pflegepersonal erfolgen kann.

8.3 Abweichungen und Veränderungen und deren mögliche Ursachen

8.3.1 Veränderungen der Pulsfrequenz

Die Pulsfrequenz stimmt beim gesunden Menschen mit der Anzahl der mechanischen Kontraktionen des Herzmuskels überein, da hier die Schlagkraft des Herzens groß genug ist, um die Pulswelle in die Peripherie des Körpers zu treiben. Eine Reihe von physiologischen und pathologischen Veränderungen können zur Erhöhung oder Verminderung der Pulsfrequenz führen.

Bradykardie

Als Bradykardie wird eine Form der Herzrhythmusstörungen bezeichnet, die durch einen Abfall der Herzfrequenz unter 60 Schläge/min gekennzeichnet ist (**Abb. 8.5**).

Die Bradykardie kann physiologische und pathologische Ursachen haben. Zu den physiologischen Ursachen gehört der reduzierte Stoffwechsel, wie er beispielsweise im Schlaf oder bei hungernden Menschen auftritt. Auch sportlich trainierte Menschen haben, bedingt durch das höhere Schlagvolumen des Herzens, das eine gute Sauerstoffversorgung auch bei geringer Herzfrequenz gewährleistet, einen verlangsamten Puls.

Abb. 8.5 a–c Veränderungen der Pulsfrequenz **a** normale Pulsfrequenz **b** Bradykardie **c** Tachykardie

Die pathologisch bedingte Bradykardie steht häufig im Zusammenhang mit einer Reizung des N. Vagus, die als Folge eines erhöhten Hirndrucks z. B. bei Hirntumoren, Hirnhautentzündung oder einem Hirnödem auftreten kann. Eine pathologische Bradykardie kann auch kardial bedingt sein, beispielsweise durch Störungen im Reizleitungssystem des Herzens oder einen Myokardinfarkt. Auch eine Schilddrüsenunterfunktion, die sog. Hypothyreose, die eine Verlangsamung aller Körperfunktionen zur Folge hat, kann zur Verlangsamung der Pulsfrequenz führen. Es gibt außerdem eine Reihe von Medikamenten, die eine Bradykardie verursachen können. Hierzu gehören vor allem:

- Narkose-, Schlaf- und Beruhigungsmittel,
- Digitalis in hoher Dosis,
- β-Blocker,
- Nitroglyzerin,
- Opiate.

Tab. 8.3 zeigt physiologische und pathologische Ursachen im Überblick.

Tab. 8.3 Ursachen der Bradykardie

Physiologische Ursachen	*Pathologische Ursachen*
physiologisch reduzierter Stoffwechsel (z. B. im Schlaf, bei Hunger)	pathologisch reduzierter Stoffwechsel (z. B. bei Hypothyreose)
erhöhtes Schlagvolumen des Herzens (z. B. bei Sportlern)	Vagusreiz (z. B. bei erhöhtem Hirndruck)
	Störungen im Reizleitungssystem des Herzens
	Medikamenteneinnahme (z. B. Narkose-, Schlaf-, Beruhigungsmittel, Digitalis, β-Blocker, Nitroglyzerin, Opiate)

Relative Bradykardie

Bei einer Erhöhung der Körpertemperatur um 1 °C kommt es durch den erhöhten Stoffwechsel zum Anstieg der Pulsfrequenz um ca. 8 Schläge/min. Bei einigen Infektionskrankheiten bleibt dieser Anstieg aus. In diesem Fall wird von einer relativen Bradykardie gesprochen, denn im Verhältnis zur erhöhten Körpertemperatur ist der Puls zu langsam. Die relative Bradykardie kann bei folgenden Infektionskrankheiten auftreten:

- Salmonellose,
- Brucellose,
- Typhus abdominalis,
- Hepatitis.

Pulsdefizit

Bei einem Pulsdefizit ist die an einer Körperarterie palpierte, periphere Pulsfrequenz niedriger als die zentrale, über dem Herzen auskultierte Pulsfrequenz. Zur Ermittlung eines Pulsdefizits wird der Puls an einer peripheren Arterie palpiert, während gleichzeitig mit einem Stethoskop die Herzkontraktionen auskultiert werden (**Abb. 8.6**).

Ein Pulsdefizit besteht, wenn bei einer auskultierten Herzfrequenz von beispielsweise 80 Schlägen/min eine periphere Pulsfrequenz von beispielsweise 60 Schlägen/min getastet wird. Ursache hierfür ist in

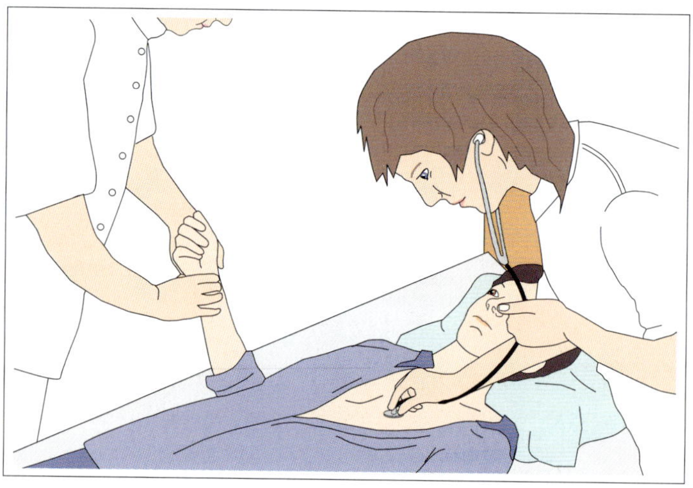

Abb. 8.6 Ermittlung eines Pulsdefizits. Gleichzeitige Auskultation der Herzfrequenz und Palpation der Pulsfrequenz an einer peripheren Arterie durch zwei Personen

den meisten Fällen, dass die Pumpleistung des Herzens nicht ausreicht, um die Pulswelle bis in die Peripherie des Körpers zu treiben, was z. B. bei einer Linksherzinsuffizienz oder bei Vorhofflimmern vorkommt.

Andere, nicht mit der Pumpleistung des Herzens in Zusammenhang stehende Ursachen für ein Pulsdefizit können auftretende Verschlüsse arterieller Blutgefäße, beispielsweise bei der Arteriellen Verschlusskrankheit (AVK) sein. Hierbei ist der Puls in den betroffenen Arterien jeweils hinter der Verschlussstelle nicht mehr zu tasten.

Bei dem angeborenen oder durch Arteriosklerose bedingten, sog. Aortenbogensyndrom, kommt es zu einem Verschluss oder Teilverschluss eines oder mehrerer, vom Aortenbogen abgehender Kopf- oder Armgefäße. In der Konsequenz entsteht hierdurch eine Differenz zwischen der Pulsfrequenz in den Arterien der oberen Körperhälfte und denen der unteren Körperhälfte bzw. eine Pulslosigkeit der Armarterien bei gleichzeitig gut tastbaren Fußpulsen.

Bei einer vorliegenden Aortenklappeninsuffizienz, die zu einer eingeschränkten Windkesselfunktion und damit zum ungenügenden Weitertransport des sauerstoffreichen Blutes in die Peripherie des Körpers führt, ist häufig die mit der Herzaktion zeitgleiche Pulsation der Hautkapillaren am Nagelbett der Finger zu beobachten.

Bradykardie:

- Bradykardie ist eine Veränderung der Pulsfrequenz, bei der der Herzrhythmus unter 60 Schlägen/min abfällt.
- Eine pathologische Bradykardie kann bei Hirn-, Schilddrüsen- oder Herzerkrankungen auftreten sowie als Folge einer Medikamenteneinnahme.
- Bei einer relativen Bradykardie infolge von Infektionskrankheiten bleibt der Anstieg der Pulsfrequenz bei erhöhter Körpertemperatur aus.
- Ein Pulsdefizit kann bei ungenügender Pumpleistung des Herzens auftreten, aber auch bei arteriellen Verschlusskrankheiten.

Tachykardie

Die Tachykardie ist eine Herzrhythmusstörung mit einem Anstieg der Herzfrequenz auf über 100 Schläge pro Minute (**Abb. 8.5**).

Tab. 8.4 Ursachen der Tachykardie

Physiologische Ursachen	*Pathologische Ursachen*
körperliche Anstrengung	pathologisch erhöhter Stoffwechsel (z. B. bei Fieber, Hyperthyreose
seelische Erregung (z. B. Angst, Stress)	Störungen im Reizleitungssystem des Herzens
Konsum von Genussgiften (z. B. Kaffee, Nikotin)	Medikamenteneinnahme (z. B. wehenhemmende Mittel)
Aufenthalt in großen Höhen (geringere Sauerstoffkonzentration in der Atemluft)	vermindertes Sauerstoffangebot (z. B. bei Herzinsuffizienz, hohen Blutverlusten, Störungen der Lungenbelüftung)

Die Tachykardie kann physiologische und pathologische Ursachen haben. Zu den physiologischen Ursachen gehören körperliche Anstrengung, seelische Erregung oder der Konsum von Genussgiften, wie beispielsweise Nikotin oder Kaffee. Auch bei einem Aufenthalt in größeren Höhen steigt die Pulsfrequenz, da die Sauerstoffkonzentration der Luft abnimmt und das Herz schneller schlagen muss, um die gleiche Menge an Sauerstoff in den Körper zu transportieren.

Die pathologische Tachykardie hängt häufig mit einem krankhaft erhöhten Stoffwechsel zusammen, z. B. bei Fieber oder einer Schilddrüsenüberfunktion. Hohe Blutverluste, Herzinsuffizienz und Störungen der Lungenbelüftung, wie sie z. B. bei Asthma bronchiale auftreten, führen zu einem verminderten Sauerstoffangebot und können ebenso einen Anstieg der Pulsfrequenz verursachen wie Störungen im Reizleitungssystem des Herzens. Auch die Einnahme verschiedener Medikamente, wie beispielsweise wehenhemmende Mittel können zum Anstieg der Pulsfrequenz führen. **Tab. 8.4** zeigt die Ursachen der Tachykardie im Überblick.

Paroxysmale Tachykardie

Als paroxysmale Tachykardie wird das anfallsweise Ansteigen der Pulsfrequenz auf 130 – 220 Schläge/min bezeichnet. Sie kann Minuten bis Stunden andauern. Als Ursachen hierfür kommen sowohl Entzündungen des Herzmuskels, Vorhofflimmern und Vorhofflattern sowie eine Schilddrüsenüberfunktion oder eine Reizung des Sympathikus in Betracht.

Relative Tachykardie

Bei einer Erhöhung der Körpertemperatur um 1 °C kommt es durch den erhöhten Stoffwechsel zum Anstieg der Pulsfrequenz um ca. 8 Schläge/min. Liegt die tatsächlich gemessene Pulsfrequenz höher als nach der Temperaturerhöhung zu erwarten, wird dies als relative Tachykardie bezeichnet.

8.3.2 Veränderungen des Pulsrhythmus

Bei einem gesunden Menschen erfolgen die Herzschläge in regelmäßigen Abständen. Eine Reihe von Erkrankungen, die sich vor allem auf das Reizleitungssystem des Herzens auswirken, können zu einer Störung der Herzschlagfolge führen.

Arrhythmie

Unter Arrhythmie wird ein unregelmäßiger oder fehlender Rhythmus, i. e. S. eine zeitliche Unregelmäßigkeit der elektrischen Herztätigkeit verstanden (**Abb. 8.7**).

Bei Jugendlichen und Rekonvaleszenten, d. h. in der Genesungsphase nach einer Krankheit befindlichen Menschen, kommt es häufig zu einer atemabhängigen Veränderung des Pulsrhythmus, der sog. respiratorischen Arrhythmie. Bei dieser physiologischen Veränderung des Pulsrhythmus ist die Pulsfrequenz bei der Einatmung, die auch als Inspiration bezeichnet wird, höher als bei der Ausatmung, dem als Exspiration bezeichneten Vorgang. Eine Arrhythmie ist in der überwiegenden Zahl der Fälle jedoch auf pathologische Ursachen zurückzuführen, die i.d.R. mit Störungen der Herztätigkeit, sog. Herzrhythmusstörungen in Zusammenhang stehen. Dieser unregelmäßige Herzrhythmus ist als arrhythmische Pulswelle zu tasten.

Verschiedene Herzerkrankungen, wie z. B. eine Entzündung des Herzmuskels, die sog. Myokarditis oder Herztumoren können eine Arrhythmie verursachen. Auch die Hypokaliämie, eine häufige Form der Elektrolytstörung mit Erniedrigung des Kaliums unter 3,5 mval/l, die meistens in Kombination mit einer Alkalose auftritt, kann als Ursache für eine Arrhythmie in Betracht kommen. Desweiteren kann eine Hypoxie, die Verminderung des Sauerstoffpartialdrucks im arteriellen Blut, die zumeist mit einer verminderten Sauerstoffversorgung im Gesamtorganismus einhergeht, eine Arrhythmie bedingen. Hinzu kommen eine Reihe von Medikamenten, die zu einer Arrhythmie führen können. Hierzu gehören vor allem:

- Chinidin,
- Digitalis,
- Dopamin.

Absolute Arrhythmie

Die absolute Arrhythmie kann als Sonderform der Arrhythmie bezeichnet werden, da hier die Schlagfolge des Herzens zumeist beschleunigt und vollständig unregelmäßig ist. Myokardinfarkte, die den Untergang von Herzmuskelgewebe nach sich ziehen, sind oft verantwortlich für das Auftreten einer absoluten Arrhythmie. Daneben werden als häufige Ursachen die Schilddrüsenüberfunktion, die sog. Hyperthyreose und die Verabreichung zu kalter Bluttransfusionen angesehen. Häufig steht das Auftreten einer absoluten Arrhythmie auch im Zusammenhang mit der als Synkope bezeichneten Bewusstseinsstörung, die einige Sekunden bis mehrere Minuten andauern kann.

Extrasystolie

Als Extrasystolie wird das gehäufte Auftreten von Herzschlägen außerhalb des regulären Grundrhythmus bezeichnet.

Diese sog. Extrasystolen können verspätet und einzeln, vorzeitig oder als Salven vorkommen (**Abb. 8.7**).

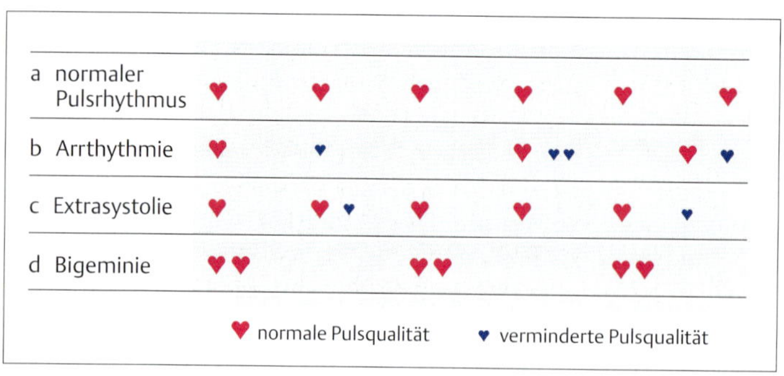

Abb. 8.7 a – d Veränderungen des Pulsrhythmus **a** normaler Pulsrhythmus **b** Arrhythmie **c** Extrasystolie **d** Bigeminie

Achtung!

Korrigierte Abb. fehlt noch!

Unterschieden werden je nach Ursprung der Erregungsreize supraventrikuläre Extrasystolen, bei denen die Erregung von den Vorhöfen des Herzens ausgeht und venrtrikuläre Extasystolen, deren Ausgangspunkt die Herzkammer darstellt. Extrasystolen können physiologisch bei Nikotinabusus oder starker psychischer Erregung auftreten; pathologisch stehen sie häufig im Zusammenhang mit einer Schädigung des Herzmuskels oder Verengung der Herzkrankgefäße.

Bigeminie

Als Bigeminie wird eine Herzrhythmusstörung bezeichnet, bei der jeder Systole über längere Zeit regelmäßig eine Extrasystole folgt.

Diese liegt zeitlich vor der zu erwartenden nächsten regulären Systole, sodass auf je 2 dicht aufeinander folgende Herzaktionen eine Pause folgt. Weil bei der Pulsmessung regelmäßige Doppelschläge palpiert werden können, wird diese Veränderung des Pulsrhythmus auch als Zwillingspuls bzw. Bigeminuspuls bezeichnet (**Abb. 8.7**). Er tritt vor allem bei einer Überdosierung von Digitalis auf.

Tachyarrhythmie

Als Tachyarrhythmie wird eine absolute Arrhythmie mit hoher Frequenz von 100 – 150 Schlägen/min bezeichnet.

Zurückzuführen ist sie häufig auf Störungen der Erregungsbildung im Reizleitungssystem des Herzens, die in den meisten Fällen durch schwere organische Herzerkrankungen, wie z. B. Herzinfarkte oder Herzkranzgefäßverengungen entstehen.

Asystolie

Als Asystolie wird die fehlende Kontraktion des Herzens, d. h. der Herzstillstand bezeichnet.

In diesem Fall kann der Puls weder an einer peripheren noch an einer zentralen Arterie palpiert werden, der betroffene Mensch ist bewusstlos, die Atmung setzt aus und es können weite, lichtstarre Pupillen beobachtet werden.

Bei einem Herzstillstand muss sofort die Reanimation mit Herzmassage und Beatmung eingeleitet werden.

8.3.3 Veränderungen der Pulsqualität

Die Spannung oder Härte des Pulses ist abhängig von dem Druck bzw. von der Intensität der Kontraktionen der Herzkammern. Das Schlagvolumen sowie die zirkulierende Blutmenge beeinflussen das Volumen bzw. den Füllungszustand der Arterien und somit auch die palpierbare Pulswelle.

Harter Puls

Beim harten Puls ist die Gefäßspannung hart und das Blutgefäß ist normal gefüllt. Der Puls lässt sich nur schwer unterdrücken. Der harte Puls tritt häufig im Zusammenhang mit einem Bluthochdruck, der sog. Hypertonie auf.

Druckpuls

Beim Druckpuls ist die Gefäßspannung hart, das Gefäß ist stark gefüllt und es kommt zur Verlangsamung der Pulsfrequenz auf bis zu 20 Schläge/min. Der Druckpuls tritt meist im Zusammenhang mit einem erhöhten Hirndruck, z. B. durch einen Tumor oder ein Trauma auf.

Weicher Puls

Beim weichen Puls ist die Gefäßspannung weich und das Gefäß ist normal gefüllt. Der Puls ist leicht zu unterdrücken. Ein weicher Puls kann z. B. während eines Fieberschubes auftreten. Andere Ursachen können ein niedriger Blutdruck, die sog. Hypotonie oder eine Herzmuskelschwäche, die sog. Herzinsuffizienz sein.

Fadenförmiger Puls

Der fadenförmige Puls, der auch als Pulsus filiformis bezeichnet wird, ist ein kaum tastbarer Puls mit kleiner Pulsamplitude und meist hoher Pulsfrequenz. Er ist typisch für Kollaps- oder Schockzustände, wie sie z. B. bei hohen Blutverlusten auftreten können.

Drahtpuls

Der Drahtpuls ist ein sehr harter Puls, der gekennzeichnet ist durch gleichzeitigen Anstieg des systolischen und diastolischen Blutdrucks. Der Drahtpuls kann z. B. bei einer Eklampsie auftreten. Hierbei handelt es sich um eine in der Schwangerschaft auftretende Erkrankung, die gekennzeichnet ist durch einen raschen Anstieg des Blutdrucks und tonisch-klonischen Krämpfen mit oder ohne Bewusstlosigkeit.

Grundsätzlich gilt: Jede auffällige Veränderung des Pulses bezüglich Frequenz, Rhythmus und Qualität ist sofort dem Arzt mitzuteilen.

8.4 Ergänzende Beobachtungskriterien

Wie in 8.2 beschrieben, sind Veränderungen und Abweichungen vom Normalzustand des Pulses häufig ein Zeichen für vorliegende Erkrankungen. Diese Erkrankungen können neben dem Puls auch andere Beobachtungskriterien beeinflussen. Weil sich aus der Kombination der verschiedenen Beobachtungen Rückschlüsse auf zugrundeliegende Erkrankungen ergeben, können die einzelnen Beobachtungskriterien nicht isoliert voneinander betrachtet werden, wenn sich ein vollständiges Bild der Situation eines Menschen ergeben soll.

Bei festgestellten Pulsveränderungen sind deshalb auch besonders die anderen Vitalzeichen Blutdruck, Atmung und Körpertemperatur zu beachten. Der Zusammenhang zwischen Pulsveränderungen und Veränderungen anderer Beobachtungskriterien ergibt sich prinzipiell aus den der jeweiligen Pulsveränderung zugrunde liegenden Ursachen. Im Folgenden soll anhand einiger Beispiele für Pulsveränderungen der Zusammenhang mit anderen Beobachtungskriterien verdeutlicht werden.

Wird bei der Pulsmessung eine Tachykardie festgestellt, sollte gleichzeitig eine Kontrolle der Körpertemperatur erfolgen, da die Tachykardie häufig durch den Anstieg der Körpertemperatur bedingt ist. Als weitere ergänzende Beobachtungskriterien kommen hier beispielsweise Schmerzen oder Nachblutungen aus Wunddrainagen vor allem in den ersten Tagen nach einer Operation in Betracht. Auch die Beobachtung der Haut bezüglich vermehrter Schweißsekretion oder Zyanose muss im Zusammenhang mit einer Tachykardie erfolgen.
Die Bradykardie steht häufig im Zusammenhang mit Störungen des Bewusstseins. Deshalb ist bei dieser Art der Pulsfrequenzveränderung immer auch die Bewusstseinslage des betroffenen Menschens und seine Fähigkeit zur Kommunikation zu beachten.

Grundsätzlich gilt: Jede empfundene Veränderung des Pulses bezüglich Frequenz, Rhythmus und Qualität kann bei dem betroffenen Menschen Angst auslösen.

Abweichungen und Veränderungen:

- Bei der Tachykardie steigt die Herzfrequenz auf über 100 Schläge/min an. Bei der Bradykardie sinkt sie auf unter 60 Schläge/min.
- Tachykardie und Bradykardie können sowohl physiologisch als auch pathologisch bedingt sein.
- Bei der paroxysmalen Tachykardie steigt die Pulsfrequenz anfallsweise auf 130 – 200 Schläge/min an.
- Zu den wichtigsten Veränderungen des Pulsrhythmus gehören respiratorische und absolute Arrhythmie, Extrasystolie, Bigemie, Tachyarrhythmie und Asystolie.
- Unter den Veränderungen der Pulsqualität unterscheidet man harten Puls, Druckpuls, weichen Puls, fadenförmigen Puls und Drahtpuls.
- Auch bei der Beobachtung des Pulses sind weitere Beobachtungskriterien wie z. B. Blutdruck, Atmung und Körpertemperatur miteinzubeziehen.

8.5 Besonderheiten bei Kindern

Sigrid Flüeck

Technik der Pulsmessung

Die Technik der Pulsmessung bei Kindern entspricht der bei Erwachsenen. Grundsätzlich ist bei Kindern wie auch bei Erwachsenen die Pulswelle überall dort zu tasten, wo die Arterien oberflächlich verlaufen und gegen einen Widerstand, wie beispielsweise Knochen oder Muskulatur, gedrückt werden können. Um valide Werte zu ermitteln, muss sich das Kind während der Pulskontrolle ganz ruhig verhalten, z. B. schlafen.

In der Regel wird der Puls an der Speichenschlagader gefühlt. Je nach Alter und Erkrankung des Kindes bietet sich die Messung des Pulses an bestimmten Palpationsstellen an. Bei Säuglingen ist beispielsweise der Radialispuls aufgrund eines Fettpolsters (Speckfalte) schlecht tastbar. Deshalb empfiehlt sich hier eine Pulskontrolle an der Fontanelle, der A. brachialis oder A. femoralis. Bei Klein- und Schulkindern kommen besonders die A. carotis, die A. femoralis oder die A. radialis in Betracht.

Wie beim Erwachsenen muss auch bei Kindern bei jeglicher Verschlechterung des Allgemeinzustandes der Puls an einer zentralen Palpationsstelle kontrolliert werden, da bei einer Kreislaufzentralisation mit Engstellung der Gefäße in der Peripherie die korrekte Pulskontrolle dort unmöglich ist.

Bei schwerkranken Kindern werden Herzfrequenz und Herzrhythmus mittels EKG-Monitor überwacht.

In der Früh- und Neugeborenenpflege ist die Ermittlung der Herzfrequenz durch Ertasten des Pulses häufig schwierig. Frühgeborene, die im Inkubator versorgt werden, werden mittels eines Pulsoxymeters überwacht (**Abb. 8.8**). Der Sensor des Pulsoxymeters wird z. B. am Finger oder am Fuß des Frühgeborenen angebracht und mittels eines Klettverschlusses fixiert. Die Messstelle sollte, um Drucknekrosen zu vermeiden, 4-stündlich gewechselt werden. Das Pulsoxymeter misst kontinuierlich die Sauerstoffsättigung des Hämoglobins, indem ein Lichtsignal das Gewebe durchdringt. Die Messung erfolgt immer dann, wenn eine periphere Pulswelle registriert wird. So überwacht das Pulsoxymeter die Pulsfrequenz und gleichzeitig die Sauerstoffsättigung.

Normalwerte

Die Normalwerte der Pulsfrequenz bei Kindern, die auch als klinische Referenzwerte bezeichnet werden, sind altersabhängig und in **Tab. 8.5** dargestellt.

Grundsätzlich können alle unter 8.3 beschriebenen Veränderungen der Beobachtungskriterien des Pulses auch bei Kindern auftreten. Bei Kindern mit einem offenen Ductus Botalli, dem sog. Ductus arteriosus Botalli apertus (**Abb. 8.9**), tritt eine Veränderung der Pulsqualität auf, die als springender Puls bezeichnet wird. Das Offenbleiben der fetalen Verbindung zwischen Aorta und Pulmonalarterie von unterschiedlicher Weite, macht 10% aller angeborenen Herzfehler aus und kommt im Verhältnis 3 : 1 vor allem beim Mädchen vor.

Tab. 8.5 Normalwerte der Pulsfrequenz bei Kindern (aus: Kraemer, R.: Berner Datenbuch der Pädiatrie, 5. Aufl., Gustav Fischer, Ulm 1997)

Alter	*Mittelwert*	*± SD*
0 – 24 Std.	133/min	22
1. Lebenswoche	120/min	16
2. – 4. Woche	163/min	20
1. – 3. Monat	154/min	19
3. – 6. Monat	140/min	21
6. – 12. Monat	140/min	19
1. – 3. Jahr	126/min	20
3. – 5. Jahr	98/min	18
5. – 8. Jahr	96/min	16
8. – 12. Jahr	79/min	15
12. – 16. Jahr	75/min	13

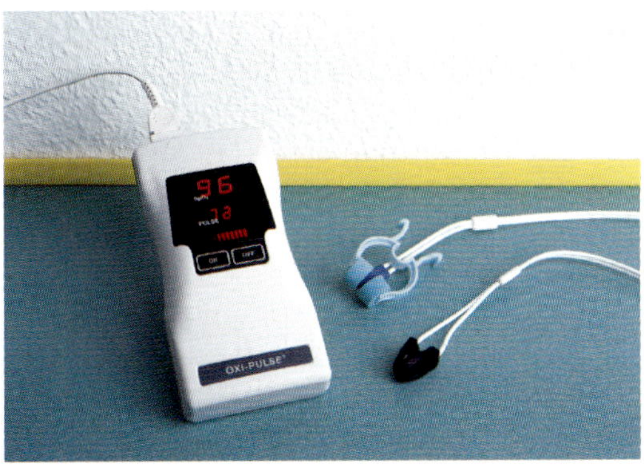

Abb. 8.8 Pulsoxymeter (aus Fa. Heiland)

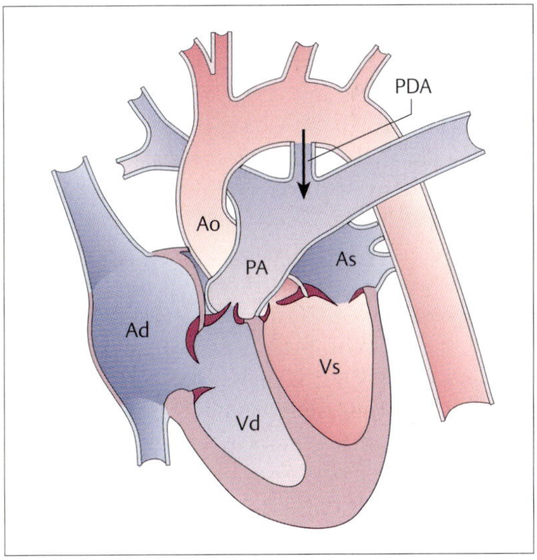

Abb. 8.9 Ductus arteriosus Botalli apertus. Persistierender Ductus arteriosus (PDA) Ao = Aorta, PA = Pulmonalarterie, Ad = Atrium dexter, As = Atrium sinister, Vs = Ventriculus sinister, Vd = Ventriculus dexter

Der Rückfluss des Blutes aus der Aorta über die Pulmonalarterie in den Lungenkreislauf, der sog. Links-Rechts-Shunt, lässt wegen des plötzlichen Abströmens des aus der linken Herzkammer ausgeworfenen Blutes durch den Ductus arteriosus Botalli, auskultatorisch ein lautes, kontinuierliches Maschinengeräusch hören und erzeugt eine große Blutdruckamplitude. Diese große Blutdruckamplitude ist bei der Pulspalpation als schnelles Ansteigen der Pulswelle zu fühlen und wird als springender Puls bezeichnet.

Ergänzende Beobachtungskriterien

Um ein vollständiges Bild der Situation eines Kindes zu erhalten, sind wie auch beim Erwachsenen ergänzende Beobachtungskriterien zu beachten. Hierzu gehören vor allem die anderen Vitalzeichen Blutdruck, Atmung und Körpertemperatur. Da kleine Kinder im Allgemeinen sensibler als Erwachsene auf Veränderungen der Umgebung, insbesondere auf einen Wechsel von Bezugspersonen reagieren, muss bei der Beurteilung der ermittelten Werte besonders die emotionale Befindlichkeit berücksichtigt werden.

8.6 Besonderheiten bei älteren Menschen

Panajotis Apostolidis

Wie aus **Tab. 8.2** zu ersehen, ist die Pulsfrequenz bei älteren Menschen im Vergleich zu Erwachsenen leicht beschleunigt. Dies hängt vor allem mit der im Alter häufig autretenden Herzmuskelschwäche zusammen, die zur Einschränkung des Herzschlagvolumens führt. Bei jedem Herzschlag kann nur eine kleinere Menge an Blut und Sauerstoff in den Kreislauf ausgeworfen werden. Um trotzdem eine ausreichende Sauerstoffversorgung des Organismus zu gewährleisten, wird die Anzahl der Herzschläge erhöht, was zum Anstieg der Pulsfrequenz führt.

Unter Belastung ist der Anstieg der Herzfrequenz bei älteren Menschen deutlich geringer als bei jüngeren, was auf die „Abnutzung", die sog. Involution des Reizbildungs- und Leitungssystems des Herzens zurückgeführt werden kann. Für ältere Menschen bedeutet dies, dass ihnen die Anpassung an körperliche und seelische Belastungen schwerer fällt. Bei der Einschätzung der Leistungsfähigkeit älterer Menschen kommt deshalb der Pulskontrolle vor, während und nach körperlichen Anstrengungen eine große Bedeutung zu.

Besonderheiten bei Kindern und älteren Menschen:

- Bei Frühgeborenen wird der Puls mit Hilfe eines Pulsoxymeters überwacht.
- Alle Veränderungen der Beobachtungskriterien des Pulses bei Erwachsenen können auch bei Kindern auftreten, jedoch muss bei der Beurteilung der Werte die emotionale Befindlichkeit stärker berücksichtigt werden.
- Bei älteren Menschen ist aufgrund der häufig auftretenden Herzmuskelschwäche die Pulsfrequenz leicht beschleunigt.
- Die Pulskontrolle vor und nach körperlichen Anstrengungen ist bei älteren Menschen wichtig.

8.7 Fallstudien und mögliche Pflegediagnosen

Fallstudie Herr Paulus

Herr P., 68 Jahre, wurde nach einem Sturz ins Krankenhaus eingeliefert. Dort wurde eine Oberschenkelfraktur diagnostiziert und anschließend operativ versorgt.

Bei der postoperativen Mobilisation sank der Blutdruck von Herrn P. auf 100/70 mmHg ab (normalerweise ca. 150/80 mmHg), sein Puls erreichte eine Frequenz von 148 Schlägen/min und war stark arrhythmisch mit vermindertem Füllungszustand. Die Mobilisation musste daraufhin sofort abgebrochen werden.

Nach dieser Erfahrung sieht Herr P. der nächsten Mobilisation angstvoll entgegen; gleichzeitig ist er aber an allen Pflegemaßnahmen sehr interressiert.

Ein Auszug aus dem Pflegeplan von Herrn P. fasst seinen Fall zusammen (**Tab. 8.6**).

Für Herrn Paulus könnte die Pflegediagnose „Aktivitätsintoleranz Grad III b/d (beeinflusst durch) Bettruhe und Ruhigstellung nach OP a/d (angezeigt durch abnormale Reaktionen von Puls und Blutdruck auf Körperbewegungen" gestellt werden, wie sie aus der Übersicht auf S. 142 resultiert:

Tab. 8.6 Auszug aus dem Pflegeplan von Herrn Paulus

Pflegeprobleme	*Ressourcen*	*Pflegeziele*	*Pflegemaßnahmen*
Angst vor der Mobilisation aufgrund orthostatischer Dysregulation	– ist interessiert an allen Pflegemaßnahmen	– hat physiologische Kreislaufverhältnisse während der Mobilisation – sieht der Mobilisation angstfrei entgegen – kennt den Mobilisationsplan	– Information über Sicherheitsmaßnahmen im Rahmen der Mobilisation (2 Personen, vorher und nachher Kreislaufkontrolle, Beobachtung während der Maßnahme, Stufenplan) – Stufenplan gemeinsam mit Herrn P. aufstellen, z. B.: 1. Tag: Sitzen am Bettrand 2. Tag: Stehen vor dem Bett mit Unterstützung 3. Tag: Gehen zum Tisch mit Unterstützung von 2 Pflegepersonen 4. Tag: Gehen mit Unterarmgehstützen und Unterstützung durch 1 Pflegeperson 5. Tag: Gehen mit Unterarmgehstützen allein, unter Aufsicht
		– kann seine Belastbarkeit einschätzen	– vor und nach jeder Mobilisationsmaßnahme RR- und Pulskontrolle durchführen, während der Mobilisationsmaßnahme Pulskontrolle und Beobachtung hinsichtlich Veränderungen (z. B. Schweiß, Blässe)
		– äußert Veränderungen im Befinden (z. B. Schwindel)	– Herrn P. darauf hinweisen, Befindlichkeitsstörungen sofort zu äußern
		– kennt Übungen zur Kreislaufaktivierung und führt diese selbständig 5 × tgl. durch	– Anleitung zu Bewegungsübungen und Übungen zur Aktivierung der Muskelpumpe (Füße kreisen, strecken und beugen lassen, Muskeln an- und entspannen). Übungen vor jeder Mobilisation und mind. 5 × tgl. durchführen lassen

Fallstudie Nora

Nora wurde vor 2 Tagen als Kind einer drogenabhängigen Mutter in der 38. Schwangerschaftswoche mit einem Geburtsgewicht von 2700 g geboren. Durch den plötzlichen neonatalen Heroinentzug ist das kleine Mädchen extrem unruhig und reizbar und weist eine Tachykardie von 176 Schlägen/min auf. Der Vater kümmert sich sehr um seine Tochter und verbringt fast den ganzen Tag bei ihr.

Ein Auszug aus dem Pflegeplan von Nora ist in **Tab. 8.7** dargestellt.

Fazit: Der Puls ist ein Beobachtungskriterium mit hoher Aussagekraft über die Herz-Kreislauf-Situation eines Menschen. Nahezu jede psychische und physische Veränderung wirkt sich auf den Puls aus. Bei der Messung wird der Puls hinsichtlich Frequenz, Rhythmus und Qualität beobachtet. Zahlreiche Erkrankungen verursachen eine Veränderung des Pulses, die bei den betroffenen Menschen Unsicherheit und Angst auslösen kann.

Pflegediagnose: Aktivitätsintoleranz
(nach Gordon)

Definition
Anormale Reaktion auf energieverbrauchende körperliche Bewegung in Verbindung mit notwendigen oder gewollten täglichen Aktivitäten.

Hauptkennzeichen
- Äußerungen über Dyspnoe/Kurzatmigkeit oder Beobachtung von Atemnot in Verbindung mit körperlicher Aktivität,
- Berichte über Erschöpfung (in Zusammenhang mit anderen Kennzeichen bewerten),
- Veränderung der Herzfrequenz (besonders bei Herz- und Atemproblemen),
- Muskelschwäche, Unwohlsein, Schmerzen (besonders bei neuromuskulären Problemen und Problemen des Bewegungsapparates),

und/oder die folgenden energieverbrauchenden Aktivitäten:
- Herzfrequenz sinkt nach ca. 3 Minuten nicht auf den Ausgangswert ab.

Sofortige Beachtung und Bewertung erfordern
- Berichte über Unwohlsein/Brustschmerzen in Verbindung mit körperlicher Aktivität (spezifizierter Grad der Aktivität),
- Arrhythmien in Verbindung mit körperlicher Aktivität,
- Anstieg des diastolischen Blutdrucks über 15 mmHg in Verbindung mit körperlicher Aktivität,
- EKG-Veränderung, die auf eine Ischämie hinweist in Verbindung mit körperlicher Aktivität,
- Blutdruck steigt unter körperlicher Belastung nicht an Ruhedyspnoe (außer, wenn dies für die betreffende Person „normal“ ist).

Grad I: Geht normales Schritttempo auf einer unbegrenzten ebenen Strecke; eine oder mehrere Etagentreppen, ist aber kurzatmiger als normal.
Grad II: Geht ca. 165 m auf ebener Strecke, steigt langsam eine Etagentreppe ohne anzuhalten.
Grad III: Geht nicht mehr als 165 m auf ebener Strecke ohne anzuhalten; ist nicht in der Lage, ohne Unterbrechung eine Etagentreppe zu steigen.
Grad IV: Dyspnoe und Erschöpfung im Ruhezustand.

Ätiologische oder beeinflussende Faktoren
- allgemeine Schwäche,
- sitzende Lebensweise.

Risikogruppen
- Personen mit einem Ungleichgewicht zwischen Sauerstoffzufuhr und Sauerstoffbedarf (z. B. kardiovaskuläre, pulmonale Veränderungen oder Altersveränderungen),
- Personen, die eine Belastungssteigerung erfahren (Herzkreislauf o. a. Rehabilitation),
- Personen mit lang anhaltender Bettruhe oder Immobilität, im untrainierten Zustand mit schlechter Kondition.

Tab 8.7 Auszug aus dem Pflegeplan von Nora

Pflegeprobleme	*Ressourcen*	*Pflegeziele*	*Pflegemaßnahmen*
Tachykardie bei Unruhe und Reizbarkeit aufgrund des Drogenentzuges	Vater kümmert sich sehr, verbringt viel Zeit bei Nora	Fernziel: – Nora hat eine physiologische Herzfrequenz und einen angemessenen Aktivitätsgrad (in 4 Wo.) Nahziel: – fühlt sich sicher und geborgen	– permanente Kontrolle der Pulsfrequenz mittels Monitor – Vater anbieten, bei seiner Tochter zu bleiben (gemeinsames Zimmer) – für eine ruhige Umgebung/Atmosphäre sorgen (z. B. Tür geschlossen halten, laute Geräusche vermeiden, schnelle, ruckartige Bewegungen vermeiden, feste Bezugsperson) – Körperkontakt → Vater zum Känguruh anleiten, hinweisen, Nora bei Unruhe/Schreien auf den Arm zu nehmen, zu tragen und/oder zu schaukeln

Catel, W.: Das gesunde und das kranke Kind. 12. Aufl. Thieme, Stuttgart 1983

Deltz, C.: Krankenbeobachtung. Springer, Berlin 1994

Füsgen, I. (Hrsg.): Der ältere Patient. Problemorientierte Diagnostik und Therapie, 2. Aufl. Urban & Schwarzenberg, München 1996

Gerlach, U., N. van Husen, H. Wagner, W. Wirth: Innere Medizin für Pflegeberufe. 4. Aufl. Thieme, Stuttgart 1994

Gordon, M.: Handbuch Pflegediagnosen, 2. Aufl. Ullstein Medical, Wiesbaden 1998

Hoehl, M., P. Kullick: Kinderkrankenpflege und Gesundheitsförderung. Thieme, Stuttgart 1998

Hoffmann-La Roche AG: Roche Lexikon Medizin, 2. Aufl. Urban & Schwarzenberg, München 1987

Illig, S., S. Spranger: Klinikleitfaden Pädiatrie, 4. Aufl. Gustav Fischer, Stuttgart 1998

Juchli, L.: Pflege. Praxis und Theorie der Gesundheits- und Krankenpflege, 7. Aufl. Thieme, Stuttgart 1994

Köther, I., E. Gnamm: Altenpflege in Ausbildung und Praxis. 3. Aufl. Thieme, Stuttgart 1995

Krämer, Dr. R.: Berner Datenbuch der Pädiatrie, 5. Aufl. Gustav Fischer, Ulm 1997

Kühl, G., D. Siepmann, H. Sobottka, J. Bauer, K. Fischer: Klinikleitfaden Kinderkrankenpflege. Gustav Fischer, Lübeck 1997

Kunze, K., J. Schofer: Herzrhythmusstörungen. Ein Leitfaden für Diagnostik und Therapie. Thieme, Stuttgart 1995

Plescher, J.: Neonataler Drogenentzug. Die Schwester/Der Pfleger 37 (1998)

Pschyrembel: Klinisches Wörterbuch 258. Auflage, de Gruyter, Berlin 1997

Seel, M.: Die Pflege des Menschen, 2. Aufl. Brigitte Kunz, Hagen 1994

Wegmann, H.: Die professionelle Pflege des kranken Kindes. Urban & Schwarzenberg, München 1997

Wichmann, V.: Kinderkrankenpflege, 3. Aufl. Thieme, Stuttgart 1991

9 Blutdruck

Panajotis Apostolidis

Übersicht

9.1 **Technik der Blutdruckmessung** · 145
9.1.1 **Direkte Blutdruckmessung** · 145
9.1.2 **Indirekte Blutdruckmessung** · 145
9.2 **Allgemeine Beobachtungskriterien und Beschreibung des Normalzustands** · 150
9.2.1 **Systolischer Blutdruck** · 150
9.2.2 **Diastolischer Blutdruck** · 150
9.2.3 **Mitteldruck** · 150
9.2.4 **Blutdruckamplitude** · 151
9.3 **Abweichungen und Veränderungen des Blutdrucks und deren mögliche Ursachen** · 151
9.3.1 **Hypertonie** · 151
9.3.2 **Hypotonie** · 153
9.4 **Ergänzende Beobachtungskriterien** · 154
9.5 **Besonderheiten bei Kindern** · 154
9.6 **Besonderheiten bei älteren Menschen** · 156
9.7 **Fallstudien und mögliche Pflegediagnosen** · 156
Fazit · 158
Literatur · 158

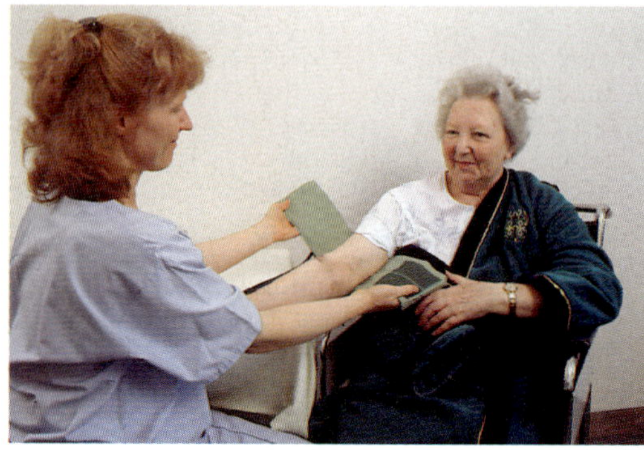

Schlüsselbegriffe:

- *Systolischer Blutdruck*
- *Diastolischer Blutdruck*
- *Mitteldruck (mittlerer Blutdruck)*
- *Blutdruckamplitude*
- *Hypotonie*
- *Hypertonie*

Einleitung

Der Blutdruck wird wie der Puls, die Atmung und die Körpertemperatur zu den sog. Vitalzeichen gerechnet. Die Blutdruckmessung geht auf den englischen Theologen und Wissenschaftler Stephen Hales zurück, der 1730 einem narkotisierten Pferd die Halsschlagader öffnete und die Höhe des Blutpegels in einem Glasröhrchen ermittelte. Erst die Entdeckungen des italienischen Kinderarztes Scipione Riva-Rocci (1896) und des russischen Militärarztes Nicholai Korotkoff (1905) ermöglichten die non-invasive Messung des Blutdrucks, ohne dass die betroffenen Menschen narkotisiert werden mussten.

Heute gehört die Blutdruckmessung zu den am häufigsten durchgeführten diagnostischen Pflegemaßnahmen, die in der Beobachtung gesunder und kranker Menschen große Bedeutung erlangt hat. Das folgende Kapitel beschreibt die verschiedenen Arten der Blutdruckmessung und zeigt mögliche Ursachen für Veränderungen auf.

Als Blutdruck (RR) wird der in den Blutgefäßen und in den Herzkammern vorherrschende Druck bezeichnet (**Abb. 9.1**).

Er kann an einer peripheren Arterie, in Millimeter Quecksilbersäule (mmHg) bzw. Kilopascal (kPa), gemessen werden. Der Umrechnungsfaktor von mmHg zu kPa beträgt 0,133

(Beispiel:
120/80 mmHg = 15,96/10,64 kPa).

Der Blutdruck bewirkt die Zirkulation des Blutes in den Blutgefäßen und ist abhängig von der Herzleistung, dem Gefäßwiderstand, d. h. von der Elastizität und vom Tonus der Gefäßwände und dem Blutvolumen. Er schwankt bei jedem Herzschlag zwischen einem Maximalwert und einem Minimalwert.

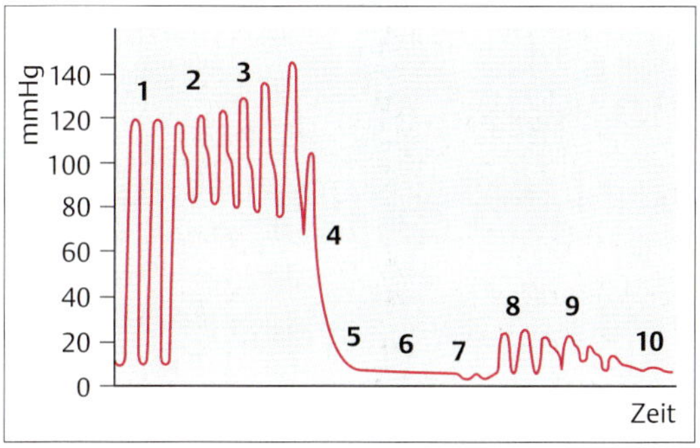

Abb. 9.1 Blutdruckwerte in den einzelnen Kreislaufabschnitten. 1 = Linker Ventrikel, 2 = Aorta, 3 = periphere Arterie, 4 = Arteriole, 5 = Kapillare, 6 = große Hohlvene, 7 = zentralvenöser Druck (rechter Vorhof), 8 = rechter Ventrikel, 9 = Lungenarterie, 10 = linker Vorhof (nach Pschyrembel).

Der Maximalwert wird auch ▸ *systolischer Blutdruck* genannt und wird während der Herzmuskelkontraktion erreicht.

Der Minimalwert oder ▸ *diastolischer Blutdruck* entsteht bei der Herzmuskelerschlaffung. Als ▸ *mittlerer Blutdruck* wird der Mittelwert zwischen diastolischem und systolischem Wert bezeichnet, die Blutdruckamplitude ist die Differenz zwischen dem diastolischen und systolischen Wert.

Neben dem Puls und der Atmung ist der Blutdruck eine der wichtigsten Messgrößen zur Beurteilung der Vitalsituation eines Menschen. Da dieser auch kontinuierlich kontrolliert werden kann, sind Verlaufsbeobachtungen möglich, und es können Rückschlüsse auf Krankheiten abgeleitet werden. Komplikationen können durch die Blutdruckmessung frühzeitig erfasst und vermieden werden.

9.1 Technik der Blutdruckmessung

Bei einigen Erkrankungen ist es notwendig, verschiedene Blutdruckwerte miteinander zu vergleichen, um die entsprechenden Rückschlüsse auf Erkrankungen daraus zu ziehen. Der Blutdruck ist jedoch keine statische Messgröße, sondern ist Schwankungen unterworfen. So kann er beispielsweise bei körperlicher Anstrengung steigen oder bei Ruhe absinken. Um valide Blutdruckwerte zu erhalten, muss die Messung unter vergleichbaren Bedingungen erfolgen, d. h. es sollte:

- immer am gleichen Ort (beispielsweise am gleichen Arm),
- immer entweder im Liegen, im Sitzen oder im Stehen,
- immer in Ruhe oder unter Belastung

gemessen werden. Grundsätzlich kann die Blutdruckmessung direkt oder indirekt erfolgen.

9.1.1 Direkte Blutdruckmessung

Bei der direkten Blutdruckmessung, die auch blutige Blutdruckmessung genannt wird, handelt es sich um Messungen des Blutdrucks über einen arteriell liegenden Katheter. Bevorzugt werden für die direkte Messung die A. radialis und die A. femoralis. Dabei wird mit Hilfe eines Katheters, der an einen Druckaufnehmer angeschlossen ist, der Druck in der Arterie registriert. Der aufgenommene Druck wird mit Hilfe eines Druckwandlers in sichtbare elektrische Signale umgewandelt.

Diese Methode wird bevorzugt während großer Operationen oder bei Intensivpatienten angewandt, weil sie eine hohe Genauigkeit aufweist und eine kontinuierliche Registrierung der Werte ermöglicht.

9.1.2 Indirekte Blutdruckmessung

Die indirekte bzw. unblutige Blutdruckmessung geht auf Scipione Riva-Rocci (1863 – 1937) zurück, der die palpatorische Methode der Blutdruckmessung entdeckte, womit die Möglichkeit der Ermittlung des diastolischen Blutdruckwertes gefunden wurde. Hieraus erklärt sich die Abkürzung RR für den Blutdruckwert.

Einige Jahre später wurden von dem russischen Chirurgen Nicolai Korotkoff (geb. 1874) Geräuschphänomene beschrieben (**Abb. 9.2**), anhand derer es dann möglich wurde, auskultatorisch neben dem diastolischen auch den systolischen Blutdruck zu ermitteln.

Zur indirekten Blutdruckmessung können folgende Geräte verwendet werden:

- Blutdruckgerät mit Quecksilbersäule nach Riva-Rocci (**Abb. 9.3**) oder Blutdruckgerät mit Federmanometer nach Recklinghausen (**Abb. 9.4**) mit Stethoskop.
- Zur kontinuierlichen Blutdruckmessung oder für eine Langzeit-24-Stunden-Blutdruckmessung gibt es kleine, tragbare Geräte (**Abb. 9.5**), die Daten speichern und durch eine Verbindung zu einem Computer alle Werte darstellen.

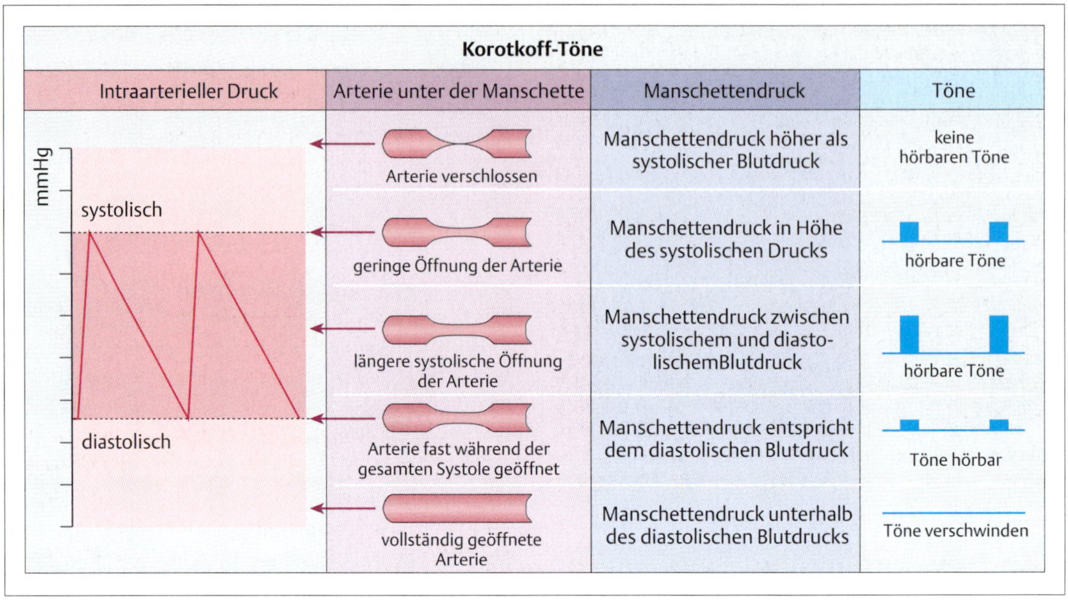

Abb. 9.2 Schematische Darstellung von Manschettendruck, Korotkoff-Tönen und Druck in der Arterie (aus: Köther/Gnamm, Altenpflege in Ausbildung und Praxis, 3. Aufl., Thieme, Stuttgart 1998).

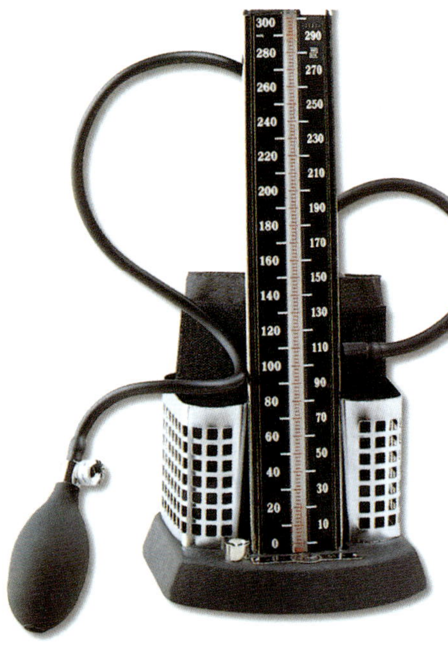

Abb. 9.3 Blutdruckapparat nach Riva-Rocci (aus: Heiland '98 Katalog, Heiland Med GmbH Postfach 700699, 22006 Hamburg, Seite 288)

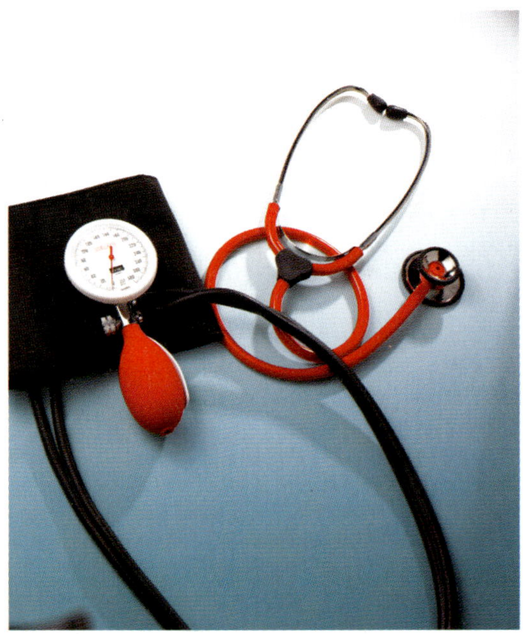

Abb. 9.4 Blutdruckgerät mit Federmanometer nach Recklinghausen mit Stethoskop

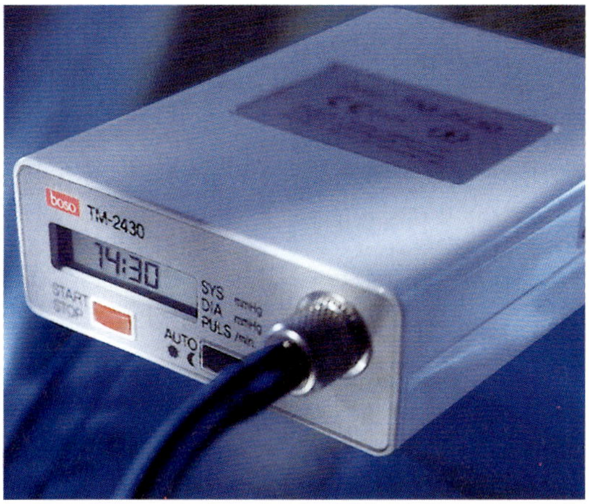

Abb. 9.5 Blutdruckmessgerät zur 24-Stunden-Messung (aus: Heiland '98 Katalog, Heiland Med GmbH, Posfach 700699, 22006 Hamburg, Seite 297)

- Halb- oder vollautomatische Oberarm- und Handgelenkmessgeräte (**Abb. 9.6**).

Indikationen zur Blutdruckmessung

Es gibt eine Reihe von unterschiedlichen Indikationen und Situationen zur Blutdruckmessung wie z. B.:

- Feststellen der Vitalsituation eines Menschen (z. B. bei Neuaufnahmen, bekannten Herz-, Kreislauf- und Atemwegserkrankungen),
- bei Menschen mit einem zu hohem Blutdruck, einem zu niedrigem Blutdruck oder Blutdruckschwankungen,
- postoperative Überwachung (zur rechtzeitigen Erkennung von Komplikationen),
- Kontrolle der Kreislaufbelastbarkeit z. B. vor, während und nach Mobilisationsmaßnahmen,
- Überwachung der Kreislaufsituation bei Verabreichung blutdruckbeeinflussender Medikamente,
- bestimmte Krisensituationen z. B. Schock, Unfall, Blut- oder Flüssigkeitsverlust.

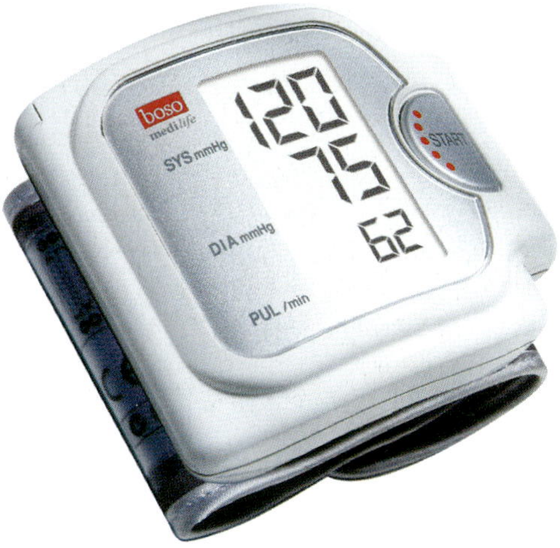

Abb. 9.6 Blutdruckmessgerät für das Handgelenk

Messtechnik am Beispiel der A. brachialis

Tab. 9.1 zeigt die Vorgehensweise der auskultatorischen Blutdruckmessung am Oberarm mit Hilfe eines Blutdruckgerätes nach Recklinghausen (s. a. **Abb. 9.7**).

Bei der palpatorischen Blutdruckmessung ist nur der systolische Wert ermittelbar. Hierzu erfolgt das Anlegen der Manschette wie in **Tab. 9.1** beschrieben. Danach wird der Radialispuls gefühlt und die Manschette so weit aufgepumpt, bis der Puls nicht mehr tastbar ist. Um sicher zu gehen, dass auch bei evtl. vorliegender Arrythmie eine korrekte Ermittlung er-

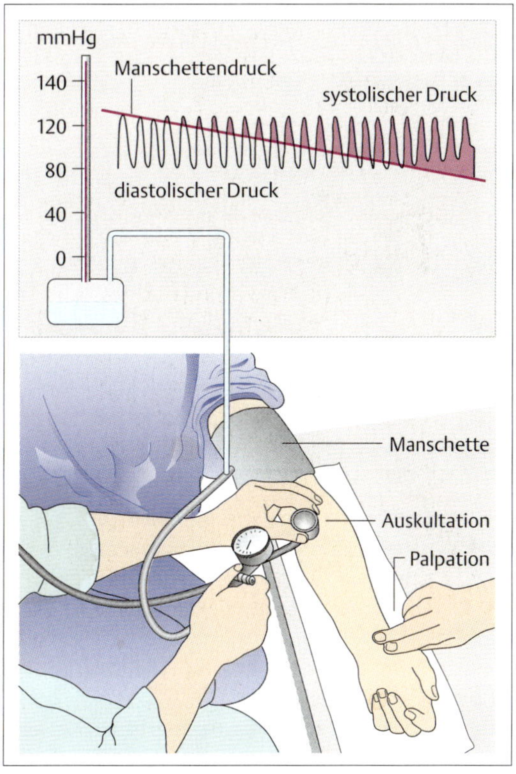

Abb. 9.7 Blutdruckmessung.

Tab. 9.1 Vorgehen bei der indirekten Blutdruckmessung (aus Juchli, L.: Pflege. Praxis und Theorie der Gesundheits- und Krankenpflege, 8. Aufl. Thieme, Stuttgart 1997)

Vorgehen	*Zum Ausschließen von Fehlerquellen ist zu beachten:*
Information und gewünschte Lage einnehmen lassen	→ vor der Messung 1/2 Stunde ruhen lassen, immer den gleichen Arm wählen (bei Aortenvitien an beiden Armen); nie messen an einem Arm mit A-Shunt, Verletzung, venösem oder arteriellem Zugang
– im Stehen	→ frei stehen, nicht anlehnen lassen (Unterarm in Herzhöhe)
– im Sitzen	→ für Armauflagefläche sorgen (Unterarm in Herzhöhe)
– im Liegen	→ entspannte Lage
Arm leicht beugen und in Herzhöhe abstützen lassen	→ keine beengenden Kleidungsstücke, Lärmquellen (Radio) abstellen
Luftleere Manschette am Oberarm anlegen. Mittelpunkt des Gummiballons genau über der A. brachialis	Manschette straff anlegen, Schläuche nicht verwickeln, am besten nach oben abgehen lassen
Ohransätze des Stethoskops in die Gehörgänge stecken	→ richtige Lage: nach vorn gegen die Nase
Schallempfänger des Stethoskops am Ort der A. brachialis (Ellenbeuge) auflegen, Palpation der A. radialis	→ Schallempfänger auf Intaktheit prüfen; er muss über der Arterie liegen, die Schläuche frei lassen
Ventil am Gebläse schließen. Manschette aufblasen, bis der Radialispuls nicht mehr tastbar ist, und noch 30 mmHg aufpumpen	→ Manschette nur wenige Sekunden aufgeblasen lassen, längere Stauungen verändern die Werte
Stethoskop unter leichtem Druck in der Ellenbeuge aufsetzen	→ richtige Lage: direkt über der A. brachialis
Langsames Öffnen des Ventils und Druckentlastung vornehmen	→ bei zu raschem Vorgehen kann der erste Ton verpasst werden: maximal 2 – 3 mm/s (normale Pulswelle ca. 0,8 s)
Beim ersten pulssynchronen Ton Wert am Manometer ablesen = systolischer Druck	→ genau ablesen
Beim letzten Ton wieder ablesen = diastolischer Druck	→ gemessene Werte sofort aufschreiben
Restliche Luft ganz entweichen lassen	→ Manometerdruck auf Null
Gesamte Luft aus der Manschette ablassen, entfernen	
Werte auf Kurve oder Überwachungsblatt schreiben oder einzeichnen	→ übliche Abkürzungen anwenden (z. B. st = stehend, l = liegend) bzw. Farben (z. B. rot = im Stehen, blau = im Liegen)
Unerwartete Werte: – Messung wiederholen; Manschette vollständig entleeren und 1 Minute warten – Werte sofort dem Arzt melden; Messung evtl. nach 15 Minuten wiederholen	→ nicht bei teilweise entleerter Manschette wieder aufblasen (Luft vor dem Wiederaufpumpen ganz ablassen) → nicht kommentarlos protokollieren

folgt, sollten nach dem Verschwinden des Pulses noch weitere 30 mmHg aufgepumpt werden. Nachfolgend kann nun der Manschettendruck durch das Öffnen des Ventils langsam wieder abgelassen werden. Sobald die erste Pulswelle tastbar ist, kann man den Wert am Manometer ablesen. Er entspricht dem systolischen Blutdruck.

Indiziert ist diese Form der Blutdruckmessung z. B. bei Notfällen, zur Überwachung bei Transporten und Kontrolle bei belastenden Maßnahmen.

Häufige, immer wieder auftretende Fehlerquellen sind in der **Tab. 9.2** aufgeführt, sowie Maßnahmen zur Vorbeugung und Vermeidung von Fehlern.

Bei der Auswahl des Messortes, in den meisten Fällen den Armen, muss bedacht werden, dass verschiedene Erkrankungen/Situationen eine Messung hier verbieten, da es hierdurch u. U. zu Schmerzen, Schädigungen des Gewebes, der Gefäße oder deren Zugänge kommen kann.

Tab. 9.2 Häufige Fehlerquellen bei der Blutdruckmessung

Mögliche Fehlerquellen	*Maßnahmen zur Vermeidung, Vorbeugung*
fehlerhafte Geräte	→ vor Gebrauch das Gerät überprüfen, ob keine Luft austritt, der Gummiballon richtig sitzt, der Nullpunkt bei leerer Manschette erreicht wird, das Eichdatum nicht überschritten ist, die Stethoskopmembran unbeschädigt ist
falsche Manschettengröße	→ Korrekte Auswahl der Manschettengröße; die Manschette soll 20% breiter sein als der Durchmesser der Extremität, an der der RR gemessen werden soll
unkorrektes Anlegen der Manschette	→ überprüfen, ob keine Kleidungsstücke unter der Manschette sind, Manschette straff aber nicht zu eng anlegen
einengende Kleidung	→ Arm freimachen lassen
Manschettendruck wird zu schnell oder zu langsam abgelassen	→ Manschettendruck mit 2–3 mm/sec absinken lassen
auskultatorische Lücke, d.h. es tritt eine Schalllücke zwischen den letzten Korotkoff-Tönen auf	→ während des Aufpumpens der Manschette den Radialispuls tasten
schwach hörbare Geräusche	→ vor dem Aufpumpen der Manschette den Arm kurz hoch-halten lassen, damit der Venendruck verringert und die Geräusche verstärkt werden

Hierzu gehören z.B.
- ein arterieller oder venöser Gefäßzugang,
- Erkrankungen des Knochen-, Muskel- und Bindegewebes,
- bestimmte Hauterkrankungen,
- Lymphödeme,
- künstliche Verbindungen zwischen einer Arterie und einer Vene, sog. Shunts.

Wenn möglich, sollte bei den ersten Messungen (z.B. Neuaufnahmen) der Blutdruck immer an beiden Armen gemessen werden, um Unterschiede, die z.B. durch Gefäßanomalien hervorgerufen werden, festzustellen.

Blutdruck:
- Neben Puls und Atmung ist der Blutdruck eine der wichtigsten Messgrößen zur Beurteilung der Vitalsituation eines Menschen.
- Der Maximalwert, der systolische Blutdruck, wird während der Herzmuskelkontraktion erreicht, der Minimalwert, der diastolische, bei der Herzerschlaffung.
- Der Blutdruck ist Schwankungen unterworfen und sollte deshalb immer unter vergleichbaren Bedingungen gemessen werden.
- Für die indirekte Blutdruckmessung stehen verschiedene Geräte zur Verfügung.
- Es gibt zahlreiche Indikationen für die Blutdruckmessung, die palpatorische Blutdruckmessung wird bei Notfällen, zur Überwachung und Kontrolle bei Belastung angewandt.

Dokumentation

Die Messergebnisse werden sofort dokumentiert. Die ermittelten Werte werden in den dafür vorgesehenen Spalten (s.a. **Tab. 8.1**) oder Kurven (**Abb. 9.8**) dokumentiert. Die Angaben des gemessenen Blutdrucks werden in der Reihenfolge systolischer Blutdruck/diastolischer Blutdruck (z.B.: 130/80 mmHg) gemacht. Dokumentiert wird:
- Uhrzeit,
- Messergebnisse,
- Besonderheiten und Veränderungen.

Besteht eine Blutdruckdifferenz zwischen dem rechten und dem linken Arm, so muss bei der Dokumentation zusätzlich angegeben werden, an welchem Arm die Messung erfolgt ist. Auffälligkeiten sind sofort dem Arzt zu melden.

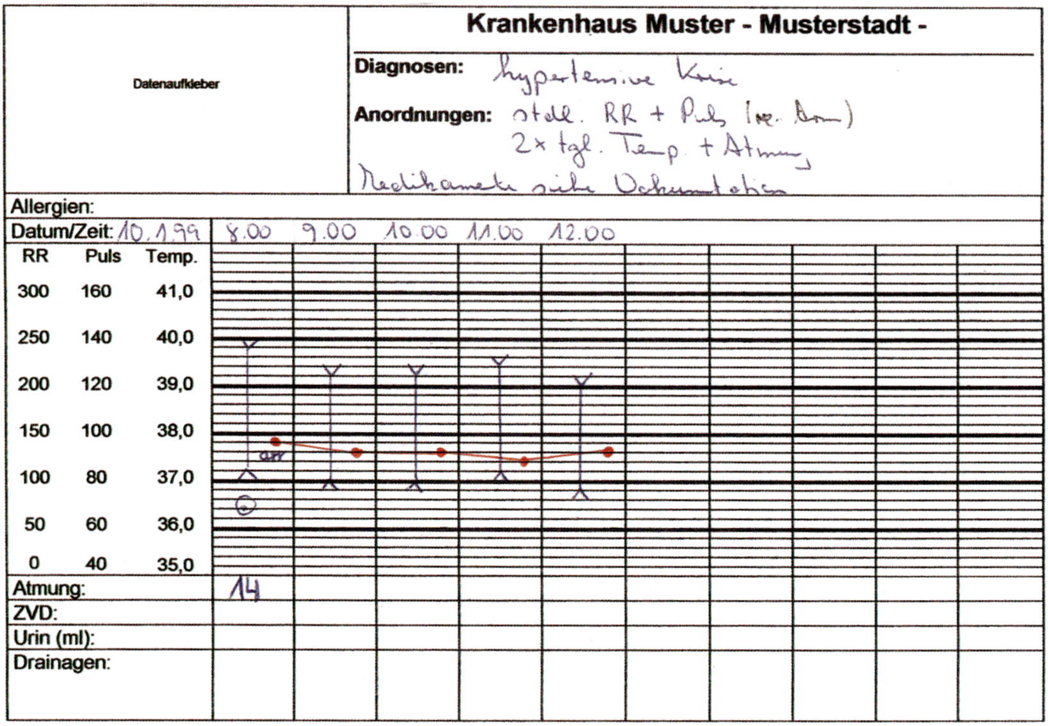

Abb. 9.8 Temperatur (= Temp.): blau (⊙ = rektale Messung), Puls: rot (arr = arrhythmisch), Blutdruck (= RR): schwarz

9.2 Allgemeine Beobachtungskriterien und Beschreibung des Normalzustands

Zu den allgemeinen Beobachtungskriterien des Blutdrucks werden gezählt:

- systolischer Blutdruck,
- diastolischer Blutdruck,
- Mitteldruck (mittlerer Blutdruck),
- Blutdruckamplitude.

9.2.1 Systolischer Blutdruck

Als systolischer Blutdruck wird der Blutdruck während der Herzsystole, also der Kontraktion des Herzmuskels, bezeichnet.

Er stellt den höchsten Punkt der Druckkurve (**Abb. 9.9 a**) dar und beträgt normalerweise etwa 130 mmHg.

9.2.2 Diastolischer Blutdruck

Der diastolische Blutdruck ist der niedrigste Punkt der Druckkurve während der Herzdiastole, also während der Erschlaffung des Herzmuskels (**Abb. 9.9 b**).

Er liegt normalerweise bei ca. 80 mmHg.

9.2.3 Mitteldruck

Der ▸ *Mitteldruck*, auch mittlerer Blutdruck genannt, ist ein zu berechnender Wert, der die Größe des Blutdrucks als treibende Kraft im Körperkreislauf angibt.

In den herznahen Arterien ist er fast identisch mit dem arithmetischen Mittel von systolischem und diastolischem Blutdruck. In herzfernen Arterien ist er etwas niedriger als das arithmetische Mittel (**Abb. 9.9 c**). Der Normalwert beträgt ca. 100 mmHg.

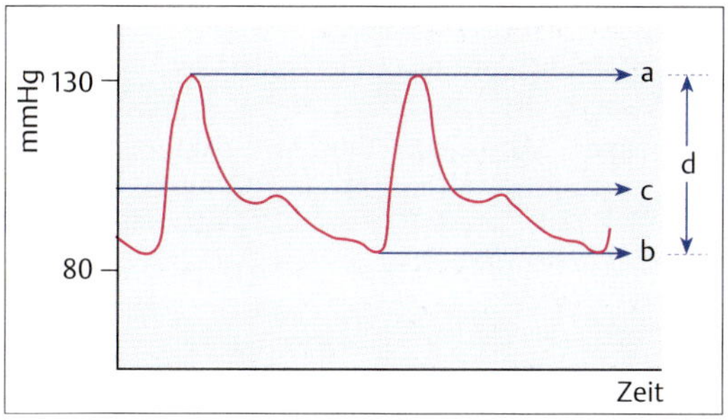

Abb. 9.9 Kriterien der Blutdruckerfassung. a) Systolischer Druck, b) Diastolischer Druck, c) Mitteldruck, d) Blutdruckamplitude.

9.2.4 Blutdruckamplitude

Die ▸ *Blutdruckamplitude* (**Abb. 9.9 d**) ist die Differenz zwischen systolischem und diastolischem Blutdruckwert einer Herzaktion.

Sie ist abhängig von der Elastizität der Gefäßwände, dies bedeutet, bei sklerosierten (verengten) Gefäßen, wie sie im Alter häufig vorkommen, ist mit einem Anstieg der Blutdruckamplitude zu rechnen. Im Normalfall beträgt die Blutdruckamplitude ca. 40 mmHg.

Tab. 9.3 zeigt die Richtwerte des Blutdruckes abhängig vom Alter und von der jeweiligen körperlichen Konstitution.

Tab. 9.3 Normalwerte des Blutdrucks

Alter		*Blutdruck in mmHg*
bis 10 Jahre		90/60
10 – 30 Jahre		110/75
30 – 40 Jahre	sys./diast.	125/85
40 – 60 Jahre		140/90
über 60 Jahre		150/90

9.3 Abweichungen und Veränderungen des Blutdrucks und deren mögliche Ursachen

Grundsätzlich kann der Blutdruck sowohl Abweichungen nach oben als auch Abweichungen nach unten aufweisen. Diese Veränderungen können wichtige diagnostische Hinweise auf bestehende Erkrankungen liefern.

9.3.1 Hypertonie

Als ▸ *Hypertonie* wird die Erhöhung des systolischen Blutdrucks mit Werten über 160 mmHg (21,3 kPa) und/oder des diastolischen Blutdruckes mit Werten über 95 mmHg (12,7 kPa) bezeichnet.

Tab. 9.4 zeigt daneben die von der Weltgesundheitsorganisation (WHO) festgelegten Norm- und Grenzbereiche.

Als Synonyme für Hypertonie gelten arterielle Hypertonie, Bluthochdruck, Hypertonus und Hochdruckkrankheit.

Der Blutdruck ist natürlichen Schwankungen unterworfen. Er kann physiologisch hyperton sein bei erhöhtem Sauerstoff- und Energiebedarf, wie dies beispielsweise bei körperlicher Arbeit, bei sportlicher Betätigung und bei seelischer Erregung der Fall ist.

Daneben gibt es verschiedene Störungen, die zu einer pathologischen Hypertonie führen können. Pathophysiologisch werden hierbei der Minutenvolumenhochdruck und der Widerstandshochdruck unterschieden.

Beim Minutenvolumenhochdruck ist ein erhöhtes Herzminutenvolumen, d.h. eine gesteigerte Herztätigkeit vorhanden. Diese Herztätigkeit führt zur Erhöhung besonders des systolischen Blutdrucks.

Der Widerstandshochdruck entsteht durch eine Erhöhung des Tonus der peripheren Blutgefäße. Die Erhöhung des Gefäßwiderstandes führt besonders zur Erhöhung des diastolischen Blutdrucks.

Aufgrund der natürlichen Schwankungen des Blutdrucks darf erst von einer Hypertonie gesprochen werden, wenn der Blutdruck bei mehrmaligen Messungen pathologische Werte aufweist.

Tab. 9.4 Norm-, Grenz- und Hypertoniewerte nach WHO

	Systolischer Wert	*Diastolischer Wert*
Normbereich	bis 139 mmHg	bis 89 mmHg
Grenzbereich	140 – 159 mmHg	90 – 94 mmHg
Hypertonie	≥ 160 mmHg	≥ 95 mmHg

Einteilung der Hypertonie nach Ursachen

Nach der Ursache werden 2 Formen, die primäre (essentielle, genuine) und die sekundäre (symptomatische) Hypertonie unterschieden.

Primäre Hypertonie

Bei der primären Hypertonie ist keine eindeutige organische Ursache feststellbar. Sie stellt mit 80–90% die häufigste Form der Hypertonie dar. Vermutet wird, dass diese Form in erster Linie auf genetische Faktoren, eine zu hohe Kochsalzzufuhr mit der Nahrung, Adipositas und andauernden Stress zurückzuführen ist.

Sekundäre Hypertonie

Im Gegensatz zur primären Hypertonie ist bei der sekundären Hypertonie, die bei ca. 10–20% aller Menschen mit Hypertonie vorliegt, eine organische Grunderkrankung festzustellen.

Renale Hypertonie: Die renale Hypertonie ist auf eine Beeinträchtigung der Nierenfunktion durch eine Glomerulopathie oder auf Stenosen der Nierenarterien zurückzuführen. Die eingeschränkte Filterfunktion bewirkt einen Anstieg des Natriumchloridspiegels im Blut. Hinzu kommt die Wirkung des Renin-Angiotensin-Aldosteron-Mechanismus, ausgelöst durch die Minderdurchblutung der Niere. Hierbei handelt es sich um Hormone, die eine gefäßverengende Wirkung besitzen und damit den Blutdruck erhöhen. Die renale Hypertonie ist mit ca. 50% die häufigste Form der sekundären Hypertonie.

Endokrine Hypertonie: Die endokrine Hypertonie entsteht hauptsächlich bei der Ausschüttung von blutdrucksteigernden Hormonen wie beispielsweise Adrenalin, Noradrenalin, Aldosteron oder Glukokortikoide. Zu einer vermehrten Ausschüttung dieser Hormone kommt es durch Tumore wie beispielsweise dem Phäochromozytom oder Organstörungen wie z. B. dem Cushing-Syndrom.

Medikamentöse Hypertonie: Es gibt verschiedene Medikamente und auch Nahrungsmittel, die zu einer Hypertonie führen können. Hierzu gehören beispielsweise Ovulationshemmer, Antidepressiva, Sympathomimetika, Antirheumatika, Hormonpräparate (s. o.) Alkohol oder Lakritze (Glycyrrhicinsäure). Sie wirken größtenteils aufgrund einer Natrium-Retention blutdrucksteigernd.

Kardiovaskuläre Hypertonie: Als kardiovaskuläre Hypertonie wird die arterielle Hypertonie infolge Erkrankung des Herzens oder großer herznaher Gefäße bezeichnet. Vor allem die Aortenklappeninsuffizienz, Aortenisthmusstenose und die Arteriosklerose werden hierzu gerechnet. Ihr vergrößertes Schlag- und Minutenvolumen und die verminderte Dehnbarkeit der Gefäße führen zu der typischen systolischen Drucksteigerung bei normalem oder erniedrigtem Mitteldruck.

Schwangerschaftshypertonie: Auch während einer Schwangerschaft kann es, zumeist im Rahmen einer Spätgestose, zu erhöhten Blutdruckwerten kommen. Der auslösende Mechanismus ist noch nicht geklärt.

Neurogene Hypertonie: Die neurogen bedingte Hypertonie entsteht durch Irritation des Gehirns bzw. Schädigung der für die Kreislaufregulation zuständigen nervalen Strukturen bei einer Hirndrucksteigerung. Die häufigsten Ursachen für die Hirndrucksteigerung liegen in Blutungen, Traumen oder Tumoren.

Allgemeine Beobachtungskriterien und Abweichungen:

- Die allgemeinen Beobachtungskriterien des Blutdrucks sind: systolischer Blutdruck, diastolischer Blutdruck, mittlerer Blutdruck, Blutdruckamplitude.
- Dokumentiert werden bei einer Messung: Uhrzeit, Ergebnis und Besonderheiten.
- Bei Hypertonie steigt der systolische Blutdruck über 160 mmHg, der diastolische über 95 mmHg; pathophysiologisch werden dabei der Minutenvolumenhochdruck und Widerstandshochdruck unterschieden.
- Es wird zwischen primärer und sekundärer Hypertonie unterschieden.
- Bei der sekundären Hypertonie liegt häufig eine organische Grunderkrankung vor wie z. B. Nierenerkrankung, Tumoren, Herz- oder Hirnerkrankungen. Sie kommt aber auch bei Schwangerschaft vor.

Einteilung nach Schweregraden

Am weitesten verbreitet ist die Einteilung der Hypertonie nach der Höhe der Abweichung vom Normalwert. **Tab. 9.5** zeigt die verschiedenen Schweregrade.

Tab. 9.5 Schweregrade der Hypertonie (aus Schäffler, A., N. Menche, U. Balzen, T. Kommerell: Pflege heute. Gustav Fischer, Ulm 1997)

	Systolischer RR	*Diastolischer RR*
Grenzwerthypertonie	140 – 159 mmHg	90 – 94 mmHg
labile Hypertonie	Hypertone Werte nur bei körperlicher und/oder seelischer Belastung	
milde Hypertonie	≥ 160 mmHg	95 – 104 mmHg
mittelschwere Hypertonie	≥ 160 mmHg	105 – 114 mmHg
schwere Hypertonie	≥ 160 mmHg	115 – 120 mmHg
maligne Hypertonie		> 120 mmHg
	Schwere Netzhautschäden (Retinopathie Grad III – IV) + Niereninsuffizienz	
hypertensive Krise	Krisenhafter RR-Anstieg auf > 230/120 mmHg mit lebensbedrohlichen neurologischen und/oder kardialen Symptomen	

WHO-Einteilung

Die WHO hat eine weitere Einteilung der Hypertonie entwickelt. Sie unterscheidet nach dem Ausmaß der hypertoniebedingten Schäden an den Endorganen, z. B. Herz, Niere, Gehirn und Augen (**Tab. 9.6**).

Die Einteilung der Hypertonie kann nach den ihr zugrunde liegenden Ursachen oder ihrem Schweregrad erfolgen.

Tab. 9.6 Tabelle der WHO-Einteilung der Hypertonie nach Endorganschäden

Grad	*Schädigung*
WHO-Grad I	klinisch keine nachweisbare Schädigung von Herz, Niere und Gehirn, normaler Augenhintergrund
WHO-Grad II	Schädigungen an Herz, Niere oder Gehirn, Augenhintergrundveränderungen
WHO-Grad III	Schädigungen mehrerer Organe, Augenhintergrundveränderungen

9.3.2 Hypotonie

Da der Blutdruck eine sich ständig verändernde Größe ist, kann er dementsprechend auch unter den Normalwert abfallen. Eine physiologische ▸ *Hypotonie* tritt z. B. bei reduziertem Stoffwechsel wie er im Schlaf oder beim Hungern vorkommt, auf.

Von einer pathologischen Hypotonie wird gesprochen, wenn bei der Blutdruckmessung unter Ruhebedingungen der systolische Druck beim Mann unter 110 mmHg (14,63 kPa), bei der Frau unter 100 mmHg (13,3 kPa) und der diastolische Druck unter 60 mmHg (8 kPa) liegt.

Folgende Formen der Hypotonie werden unterschieden:

Primäre Hypotonie

Unter einer primären Hypotonie, die auch als essentielle, idiopathische oder konstitutionelle Hypotonie bezeichnet wird, wird das dauerhafte Absinken des Blutdrucks ohne Beschwerden verstanden. Bei dieser Form der Hypotonie sind keine Grunderkrankungen zu erfassen.

Sekundäre Hypotonie

Die sekundäre Hypotonie, die auch als symptomatische Hypotonie bezeichnet wird, entsteht bei oder als Folge von Erkrankungen. Eine Ursache hierfür können Herzerkrankungen wie Herzinsuffizienz oder Herzinfarkt sein. Weitere Gründe bestehen in Organveränderungen der Hormondrüsen wie z. B. eine Insuffizienz des Hypophysenvorderlappens oder der Nebennierenrinde. Des Weiteren kann eine symptomatische Hypotonie bei einer paroxysmalen Tachykardie, Fieber, Hypovolämie und in der Schwangerschaft auftreten.

Bei allen Ursachen kommt es zur Verminderung des Herzminutenvolumens und/oder des peripheren Widerstands des Gefäßsystems.

Bei trainierten Sportlern kann es in Folge der Vagotonie ebenfalls zu einer symptomatischen Hypotonie kommen.

Orthostatische Hypotonie

Bei der orthostatischen Hypotonie, die auch als Orthostasesyndrom bezeichnet wird, liegt eine Störung der orthostatischen Regulation vor. Dabei kommt es zu einem Blutdruckabfall infolge einer Blutverschiebung in die Beine beim Übergang vom Liegen oder Hocken zum Stehen. Es entsteht eine zerebrale Mangeldurchblutung mit Schwarzwerden vor den Augen, Ohrensausen und Schwindel, die bis zu einer Synkope, also zu einer Bewusstlosigkeit, führen kann.
Diese Form der Hypotonie kommt häufig bei jüngeren Frauen und Personen vor, die sehr dünn sind.

Auch Menschen, die über längere Zeit immobil waren, z. B. nach Operationen oder infolge verordneter Bettruhe, können bei der Mobilisation einen orthostatischen Kollaps erleiden.

Hypotonie:

- Bei der pathologischen Hypotonie sinkt der systolische Druck unter Ruhebedingungen unter 110 bzw. 100 mmHg (bei Frauen), der diastolische unter 60 mmHg.
- Die sekundäre, symptomatische Hypotonie kommt bei Herzerkrankungen, Organveränderungen, paroxysmaler Tachykardie, Fieber, Hypovolämie und in der Schwangerschaft vor.
- Bei einer orthostatischen Hypotonie kommt es zu einem Blutdruckabfall infolge einer Blutverschiebung in die Beine mit der Folge einer zerebralen Mangeldurchblutung.

9.4 Ergänzende Beobachtungskriterien

Viele Hypertoniker klagen über Begleiterscheinungen wie z. B.: Kopfschmerzen, Herzklopfen, Augenflimmern, Ohrensausen und Schwindelerscheinungen. Charakteristisch ist die auffallend rote Gesichtsfarbe des Hypertonikers.

Je nach Ursache der Hypertonie müssen weitere Kriterien beobachtet werden, wie beispielsweise der Puls, die Ausscheidung und die Bewusstseinslage.

Beim Hypotoniker treten Beschwerden wie z. B. Müdigkeit, Schwäche, Leistungsminderung, Schwindel, Ohnmachtsneigung sowie Blässe und Kühle der Haut auf. Auch hier müssen weitere Kriterien beobachtet werden wie z. B. Puls und Schweiß, um einen möglichen Kollaps frühzeitig erkennen zu können. Daneben müssen je nach Situation auch die Ausscheidung und die Bewusstseinlage beurteilt werden (z. B. hypoloämischer Schock).

9.5 Besonderheiten bei Kindern

Sigrid Flüeck

Zur Beurteilung der Herz-Kreislauf-Situation eines Kinds sollte bei jeder Aufnahmeuntersuchung, insbesondere bei Behandlungen mit kreislaufwirksamen Mitteln, bei bekannten Nieren- und Herzerkrankungen, nach operativen Eingriffen und zur allgemeinen Vitalzeichenkontrolle nach ärztlicher Anordnung, der Blutdruck kontrolliert werden.

Grundsätzlich kann bei Kindern wie auch bei Erwachsenen der indirekte Blutdruck an beiden Oberarmen gemessen werden. Bei Früh- und Neugeborenen eignen sich auch die Oberschenkel. Um den Blutdruck bei Kindern zu ermitteln, stehen wie bei erwachsenen Menschen verschiedene Möglichkeiten zur Verfügung. Besonders beachtet werden muss bei Kindern die Größe der Blutdruckmanschette. Eine Übersicht der Manschettengröße (**Abb. 9.10**) in Bezug zu dem Oberarmumfang ist in der **Tab. 9.7** dargestellt.

Die elektrische, automatische Messmethode, die Oszillometrie wird häufig in der Intensivmedizin, in der Notfallversorgung und in der Früh- und Neugeborenenpflege angewendet. Der Vorteil dieser Messmethode besteht zum einen darin, dass die Manschette am Messort belassen werden kann und das Kind nicht durch Anlegen und Annahme der Manschette zusätzlich belastet wird, zum anderen kann die Blutdruckmessung in frei wählbaren Zeitintervallen und durch einstellbare Alarmgrenzen wiederholt werden.

Zusätzlich können mit dieser Methode neben dem systolischen/diastolischen Blutdruck auch der

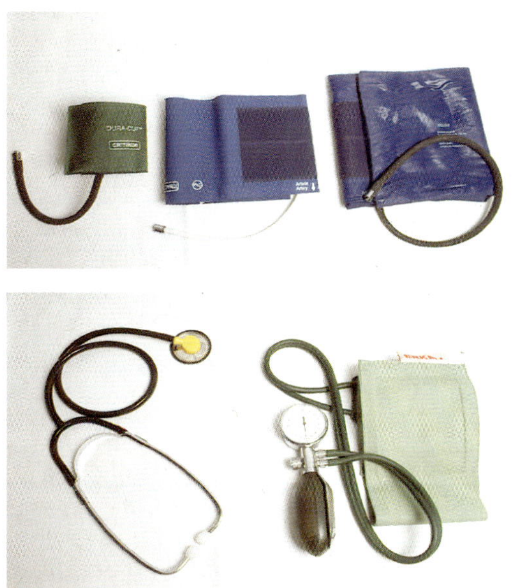

Abb. 9.10 Blutdruckmanschetten in verschiedenen Größen zur auskultatorischen Blutdruckmessung.

Tab. 9.7 Oberarmumfang und Manschettengröße für das Blutdruckmessen bei Kindern (aus Hoehl, M., P. Kullick (Hrsg.): Kinderkrankenpflege und Gesundheitsförderung, Thieme, Stuttgart 1998)

Alter	*Oberarmumfang*	*Manschettengröße*
Frühgeborenes	5 – 9 cm	3 cm
Neugeborenes	7,5 – 10 cm	4 cm
Säugling bis 1 Jahr	10 – 12,5 cm	5 cm
Kleinkind	12,5 – 15 cm	7 cm
Schulkind	15 – 20 cm	9 cm
Jugendlicher	20 – 30 cm	12 cm

mittlere arterielle Druck (MAD) sowie die Pulsfrequenz ermittelt werden. Bei dieser Methode ist es notwendig, den Hautzustand des Kinds unter der Manschette engmaschig, je nach Häufigkeit der Blutdruckmessung, zu kontrollieren.

Zur Vermeidung von Hautläsionen, z. B. bei sehr unreifen Frühgeborenen empfiehlt es sich, zwischen Manschette und Oberarm eine Stück Mullbinde zu legen.

Die Ultraschall-Dopplermessmethode ist eine Messung mittels Manschette und Ultraschalldopplergerät. Sie wird angewendet, wenn z. B. bei Säuglingen die Blutdruckmessung nach Riva-Rocci und palpatorisch unzuverlässig ist. Dies kann bei sehr schwer erkrankten Kindern, z. B. Kinder im Schock mit Kreislaufzentralisation, angezeigt sein. Anstelle eines Stethoskops wird ein mit Gel bestrichener Ultraschallkopf über die Arterie platziert. Nachdem die Manschette aufgepumpt wurde, entsteht durch Öffnen des Luftauslassventils und somit wieder nachlassendem Druck das Dopplergeräusch. Allerdings kann auch bei dieser Messmethode nur der systolische Blutdruck ermittelt werden.

Blutdruckmanschetten

Die Größe der zu wählenden Blutdruckmanschette richtet sich unabhängig von der Wahl der Messmethode nach dem Oberarm- bzw. Oberschenkelumfang und ist entweder den Herstellerangaben zu entnehmen oder anhand einer Formel: (Oberarmumfang × 0,6) – 1,25 cm = Breite der Manschette) auszurechnen. Die Auswahl reicht von 1 – 12 cm Breite. Die Wahl der richtigen Manschettengröße ist eine wesentliche Voraussetzung für eine korrekte Blutdruckmessung.

Ist die passende Größe nicht verfügbar, sollte immer der nächstgrößeren Manschette der Vorzug gegeben werden, da zu schmale Manschetten zu höheren Blutdruckwerten führen.

Die direkte Blutdruckmessung, auch als arterielle Blutdruckmessung bezeichnet, ist ein nur in der Intensivpflege eingesetztes Mittel zur Ermittlung der Blutdruckwerte, und u. a. wie bereits in 9.1.1 beschrieben, bei Früh- und Neugeborenen über die Nabelarterie möglich.

Normalwerte

Die Blutdrucknormwerte bei Kindern sind altersabhängig in **Tab. 9.8** dargestellt. In der Früh- und Neugeborenenpflege wird häufig der mittlere arterielle Druck (MAD) beobachtet.

Tab. 9.8 Blutdrucknormalwerte in der Früh-, Neugeborenen- und Kinderkrankenpflege (aus Wegmann, H.: Die professionelle Pflege des kranken Kindes, Urban & Schwarzenberg, München 1997)

Alter	*Wert in mmHg*	*MAD*
Frühgeborene bis 750 Gramm	44/24	
Frühgeborene bis 1000 Gramm	49/26	
Frühgeborene bis 2000 Gramm	53/29	
reife Neugeborene	75/45	55
1 bis 6 Monate	80/50	60
6 bis 12 Monate	90/60	70
1 bis 2 Jahre	95/60	72
2 bis 6 Jahre	100/60	73
6 bis 8 Jahre	105/65	77
8 bis 12 Jahre	110/70	83
12 bis 16 Jahre	120/75	90
Erwachsene	120/80	92

Normwerte für den arteriellen Blutdruck (MAD: mittlerer arterieller Druck, entspricht dem Perfusionsdruck in den Organen)

Besonders in der Frühgeborenenintensivpflege hilft die Faustregel: vollendete Schwangerschaftswoche plus Lebenstage = MAD Wert.

Grundsätzlich können alle unter 9.3 beschriebenen Veränderungen der Beobachtungskriterien des Blutdrucks, mit Ausnahme der Schwangerschafthypertonie, auch bei Kindern auftreten.

Blutdruckmessung bei Kindern:

- Bei Kindern ist die Größe der Manschette zur Blutdruckmessung zu beachten.
- In der Intensivmedizin wird häufig die Oszillometrie, eine elektrische, automatische Messmethode angewandt, mit der auch der mittlere arterielle Druck gemessen werden kann.
- Bei schwerkranken Kindern wird auch die Ultraschall-Dopplermessmethode eingesetzt.
- Über die Nabelarterie kann bei Neugeborenen auch die direkte, arterielle Blutdruckmessung vorgenommen werden.

9.6 Besonderheiten bei älteren Menschen

Panajotis Apostolidis

Wie aus **Tab. 9.3** zu ersehen ist, kommt es mit zunehmenden Alter häufig zu einer Erhöhung der systolischen und diastolischen Blutdruckwerte. Eine Ursache hierfür ist in der verminderten Elastizität der Gefäße, häufig aufgrund von Ablagerungen, zu sehen. Daneben kommen verschiedene Herzkreislauf- und Gefäßerkrankungen in Betracht.

Des Weiteren treten bei älteren Menschen oftmals Störungen der Blutdruckregulation auf. Erhebliche tageszeitliche Schwankungen können zu orthostatischen Problemen führen und Stürze verursachen sowie die Anpassung des älteren Menschen an körperliche und seelische Belastungen erschweren und Verwirrtheitszustände hervorrufen. Zur Einschätzung der Leistungsfähigkeit ist deshalb die Blutdruckmessung vor und nach körperlichen Anstrengungen wichtig.

Im Zusammenhang mit der verringerten Sensibilität der Osmorezeptoren im Alter und dem damit verbundenen herabgesetzten Durstgefühl kommt es vielfach zur Dehydratation mit entsprechender hypotoner Kreislaufsituation.

9.7 Fallstudien und mögliche Pflegediagnosen

Wie in 9.3 ersichtlich, gibt es verschiedene Ursachen für eine Blutdruckveränderung. Im Rahmen der Pflege kommt der Überwachung der Vitalsituation des Menschen ein wichtiger Stellenwert zu, um Veränderungen und Komplikationen frühzeitig zu erkennen sowie die pflegerischen Interventionen auf die aktuelle und individuelle Situation des Menschen abzustimmen.

Fallstudie Herr Platt

Hr. Platt, 65 Jahre, 1,74 m groß, 93 kg, wurde am Morgen durch seinen Hausarzt in das Krankenhaus eingewiesen. Die Einweisungsdiagnose lautete: hypotone Krise mit Arrythmie und Synkope. Bei der stationären Betreuung fällt die blasse Gesichtsfarbe von Hr. Platt auf. Er schwitzt leicht und muss sich nach jeder Anstrengung erholen, da ihm sehr schwindelig ist. Der Blutdruck beträgt z. Z. 100/70 mmHg. Neben einer medikamentösen Therapie wird eine engmaschige Überwachung von Blutdruck und Puls sowie eine eingeschränkte Bettruhe (d. h. Aufstehen zur Toilette ist erlaubt) angeordnet. Hr. Platt ist bewusstseinsklar und befolgt alle Anweisungen genau, wobei er jedes Mal sehr interessiert nachfragt.

Im Folgenden wird ein Auszug aus dem Pflegeplan von Hr. Platt vorgestellt (**Tab. 9.9**).

Für Hr. Platt könnte die Pflegediagnose „verminderte Herzleistung" gelten, wie sie die folgende Übersicht zeigt:

Pflegediagnose verminderte Herzleistung

Definition

Vorliegen von Anzeichen für eine Verminderung der Herzauswurfleistung.

Kennzeichen

- schwankende Blutdruckwerte,
- Jugularvenenstauung,
- Verminderung des peripheren Pulsschlags,
- Arrhythmie, Galopprhythmus,
- Farbveränderung der Haut und der Schleimhäute,
- kalte, feuchtklebrige Haut,
- Brustschmerz,
- Erschöpfung, Schwäche,

Tab. 9.9 Auszug aus dem Pflegeplan von Herrn Platt

Pflegeproblem	*Ressourcen*	*Pflegeziel*	*Pflegemaßnahmen*
Hypotonie mit Kollaps- und Sturzgefahr	Hr. Platt ist • ansprechbar • kooperativ • interessiert	Hr. Platt • kennt die Gefahren der Hypotonie und mögliche Anzeichen einer drohenden Ohnmacht • meldet sich beim Auftreten von Symptomen • akzeptiert die engmaschigen Kontrollen	• Information von Hr. Platt durch den Arzt über: – Kollapsgefahr – Anzeichen einer drohenden Ohnmacht – Sturzgefahr – Überwachungsmaßnahmen – Bettruhe • RR- und Pulskontrolle – Plan liegt im Zimmer – tagsüber stdl., nachts 2-stdl. – Beobachtung des Pulses bzgl. Frequenz, Rhythmus, Qualität • Beobachtung der Bewusstseinlage (bei allen pflegerischen Maßnahmen) • Beobachtung der Haut bzgl. Schweiß, Hautfarbe (bei allen pflegerischen Maßnahmen)
		• meldet sich zum Aufstehen • erleidet keine Verletzungen durch Stürze	• Hinweis, sich zu melden, wenn er aufstehen möchte (→ Begleitung)

- Gewichtszunahme,
- Oligurie,
- Rasselgeräusche,
- anfallsweise nächtliche Dyspnoe,
- Atemfrequenzanstieg, Gebrauch der Atemhilfsmuskulatur,
- Orthopnoe,
- Unruhe,
- Veränderung des Bewusstseinszustands,
- Synkope, Schwindel,
- Husten, schaumiger Sputum,
- Ödeme.

Ätiologische oder beeinflussende Faktoren

(Sind noch zu identifizieren)

Im vorliegenden Fall könnte die Pflegediagnose lauten: verminderte Herzleistung
a/d (angezeigt durch)
- schwankende Blutdruckwerte,
- Farbveränderung der Haut,
- kalte, feuchtklebrige Haut,
- Erschöpfung, Schwäche,
- Veränderung des Bewusstseinszustandes.

Fallstudie Kind Thorsten

Bei Thorsten (6 Monate) wurde kurz nach der Geburt eine Aortenisthmusstenose festgestellt, die u.a. zu Blutdruckdifferenzen zwischen den oberen und unteren Extremitäten führt. Die Arme weisen hierbei einen um durchschnittlich 30 mmHg erhöhten Wert auf. Zur Zeit befindet sich Thorsten zur genaueren Diagnostik (Herzkatheteruntersuchung ist geplant) in der Klinik. Die Eltern, die sich sehr um ihr Kind sorgen, sind an der Pflege interessiert und möchten das Blutdruckmessen erlernen. In **Tab. 9.10** ist ein Auszug aus dem Pflegeplan von Thorsten dargestellt. Die Pflegediagnose Durchblutungsstörung zeigt die folgende Übersicht:

Pflegediagnose Durchblutungsstörungen

Definition

Eine Reduzierung der Blutversorgung mit Sauerstoff und Nährstoffen auf zellulärem Niveau, die sich aus einem Defizit der kapillären Blutversorgung ergibt (spezifiziere zerebral, kardiopulmonal, renal, gastrointestinal, peripher).

Kennzeichen

- kalte Extremitäten,
- Extremitäten verfärben sich blau oder livide bei Tieflagerung, werden blass bei Hochlagerung; Farbe kommt nicht zurück, wenn die Extremität wieder flach gelagert wird,
- abgeschwächte arterielle Pulse,
- glänzende Hautoberfläche,

Tab. 9.10 Auszug aus dem Pflegeplan von Thorsten

Pflegeproblem	*Ressourcen*	*Pflegeziel*	*Pflegemaßnahmen*
Gefahr der Minderdurchblutung der unteren Extremitäten bei Aortenisthmusstenose mit Blutdruckdifferenzen zwischen den oberen und unteren Extremitäten	Die Eltern von Thorsten: • sorgen sich um ihn • sind an der Pflege interessiert • möchten die Blutdruckmessung erlernen	• Thorsten erfährt keine zusätzlichen Komplikationen durch frühzeitiges Erkennen von Veränderungen • Thorstens Eltern können die korrekte Blutdruckmessung durchführen (am 01. 04. 99)	• Kontrolle des Blutdruckes an Armen und Beinen nach Plan (im Zimmer), Manschettengröße: 4 cm • Anleitung der Eltern zum selbstständigen Messen des Blutdruckes – erläutern und demonstrieren am 29. 03. 99 – unter Aufsicht messen lassen am 30. u. 31. 3. 99

- Mangel an Flaumbehaarung (Lanugo),
- runde Narben bedeckt mit atrophierter Haut,
- Gangrän,
- langsam wachsende trockene, dicke, brüchige Nägel,
- Claudicatio,
- Blutdruckveränderungen in den Extremitäten,
- auskultatorisches Geräusch,
- verzögerte Wundheilung bei Verletzungen.

Ätiologische oder beeinflussende Faktoren

- Unterbrechung der arteriellen Durchblutung,
- Unterbrechung der venösen Durchblutung,
- Austauschprobleme,
- Hypovolämie oder Hypervolämie.

Die Pflegediagnose für Thorsten könnte folgendermaßen lauten:
„Gefahr der Durchblutungsstörung
b/d (beeinflusst durch) Austauschprobleme bei Aortenisthmusstenose
a/d (angezeigt durch) Blutdruckveränderungen in den Extremitäten".

Fazit: Der Blutdruck ist ein Beobachtungskriterium, das wichtige Aussagen über die Herz-Kreislauf-Situation eines Menschen ermöglicht. Die entscheidenden Abweichungen vom Normalzustand sind Hypertonie und Hypotonie, wobei jeweils primäre und sekundäre Formen unterschieden werden. Veränderungen des Blutdrucks können neben den körperlichen Symptomen auch massive Ängste bei den Betroffenen auslösen und sowohl subjektiv als auch objektiv eine vitale Bedrohung darstellen.

Delz, C.: Krankenbeobachtung. Springer, Berlin 1994
Gerlach, U., N. van Husen, H. Wagner, W. Wirth: Innere Medizin für Pflegeberufe, 4. Aufl. Thieme, Stuttgart 1994
Gordon, M.: Handbuch Pflegediagnosen, 2. Aufl. Ullstein Medical, Wiesbaden 1998
Hertl, M.: Kinderheilkunde und Pflege, 8. Aufl. Thieme, Stuttgart 1996
Hoehl, M., P. Kullick (Hrsg.): Kinderkrankenpflege und Gesundheitsförderung. Thieme, Stuttgart 1998
Hoffmann-La Roche AG, Urban & Schwarzenberg (Hrsg.): Roche Lexikon Medizin, 3. Aufl. Urban & Schwarzenberg 1993
Illig, S., S. Spranger: Klinikleitfaden Pädiatrie, 4. Aufl. Gustav Fischer, Stuttgart 1998
Juchli, L.: Pflege. Praxis und Theorie der Gesundheits- und Krankenpflege. 8. Aufl. Thieme, Stuttgart 1997
Köther, I., E. Gnamm: Altenpflege in Ausbildung und Praxis. 3. Aufl. Thieme, Stuttgart 1995
Kühl, G., D. Siepmann, H. Sbotta, J. Bauer, K. Fischer (Hrsg.): Klinikleitfaden Kinderkrankenpflege, Gustav Fischer, Lübeck 1997
Pschyrembel klinisches Wörterbuch (CD). 258. Aufl. Walter de Gruyter, Berlin 1997
Scheffler, A., N. Menche, U. Balzen, T. Kommerell: Pflege heute. Gustav Fischer, Ulm 1997
Schönberger, W.: Kinderheilkunde, Gustav Fischer, Stuttgart 1992
Schwegler, J.: Der Mensch – Anatomie und Physiologie, 2. Aufl. Thieme Verlag, Stuttgart 1998
Seel, M.: Die Pflege des Menschen. 2. Aufl. Brigitte Kunz, Hagen 1994
Silbernagel, S., A. Despopoulos: Taschenatlas der Physiologie, 4. Aufl. Thieme, Stuttgart 1991
Wegmann, H.: Die professionelle Pflege des kranken Kindes. Urban & Schwarzenberg, München 1997
Witeck, P., H.J. Veleuer: Pflegeprobleme formulieren – Pflegemaßnahmen planen. BVS, Baunatal 1996.

10 Körpertemperatur

Panajotis Apostolidis

Übersicht

10.1 **Technik der Temperaturmessung** · 162
10.1.1 **Thermometerarten** · 162
10.1.2 **Indikationen zur Messung der Körpertemperatur** · 163
10.1.3 **Durchführung der Körpertemperaturmessung** · 164
10.1.4 **Dokumentation der Messergebnisse** · 166
10.2 **Allgemeine Beobachtungskriterien und Beschreibung des Normalzustands** · 166
10.3 **Abweichungen, Veränderungen der Körpertemperatur und deren mögliche Ursachen** · 167
10.3.1 **Erhöhte Körpertemperatur** · 167
10.3.2 **Verminderte Körpertemperatur** · 173
10.4 **Ergänzende Beobachtungskriterien** · 174
10.5 **Besonderheiten bei Kindern** · 176
10.5.1 **Technik der Temperaturmessung bei einem Frühgeborenen** · 177
10.5.2 **Technik der Temperaturmessung bei Neugeborenen, Säuglingen und Kleinkindern** · 177
10.5.3 **Abweichungen vom Normalzustand** · 177
10.6 **Besonderheiten bei älteren Menschen** · 178
10.7 **Fallstudien und Pflegediagnosen** · 179
Fazit · 180
Literatur · 181

Schlüsselbegriffe:

- *Hyperthermie*
- *Hypothermie*
- *Fieber*

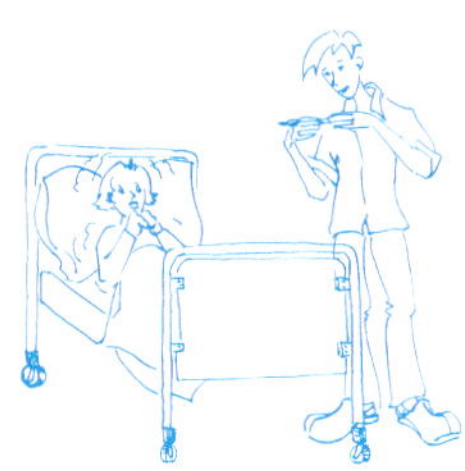

Einleitung

Der Mensch gehört zu den sog. „homothermen" Lebewesen, die ihre Körpertemperatur unabhängig von der Umgebungstemperatur über verschiedene Mechanismen der Wärmeproduktion und -abgabe

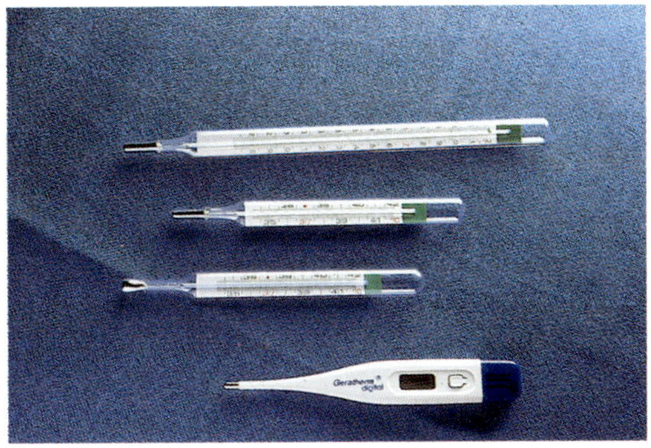

konstant halten. Die gleich bleibende Körpertemperatur von ca. 37 °C ist für den Menschen deshalb so wichtig, weil hiervon nahezu alle Stoffwechselvorgänge des Körpers abhängen. Veränderungen der Körpertemperatur nach oben bzw. nach unten sind in den meisten Fällen Ausdruck einer vorliegenden Erkrankung. Häufig weisen sie auf Störungen hin, bevor spezifische Symptome vorliegen.

Die Ermittlung der Körpertemperatur gehört zu den am häufigsten durchgeführten pflegerischen Tätigkeiten. Sie bildet die Grundlage für die Auswahl von Pflegemaßnahmen zur Unterstützung der Temperaturregulierung eines Menschen.

Die Körpertemperatur ist die zur Aufrechterhaltung aller Lebensvorgänge notwendige Wärme im Körper. Sie wird in Grad Celsius (°C) oder in Grad Fahrenheit (°F) angegeben.

Abb. 10.1 zeigt eine Vergleichsskala der verschiedenen Temperaturwerte sowie die Umrechnungsformel. Die Körpertemperatur weist aufgrund der Wärmeproduktion im Inneren des Körpers Differenzen auf. Unterschieden werden deshalb die Kerntemperatur und die Schalentemperatur (**Abb. 10.2**).

Die Kerntemperatur beinhaltet das Innere des Rumpfes und des Kopfes und beträgt im Mittel ca. 37 °C. Die Erhaltung dieser weitgehend konstanten Körperkerntemperatur ist für den menschlichen Organismus lebensnotwendig, da die inneren Organe und das Gehirn auf diese Temperatur angewiesen sind, um korrekt zu funktionieren.

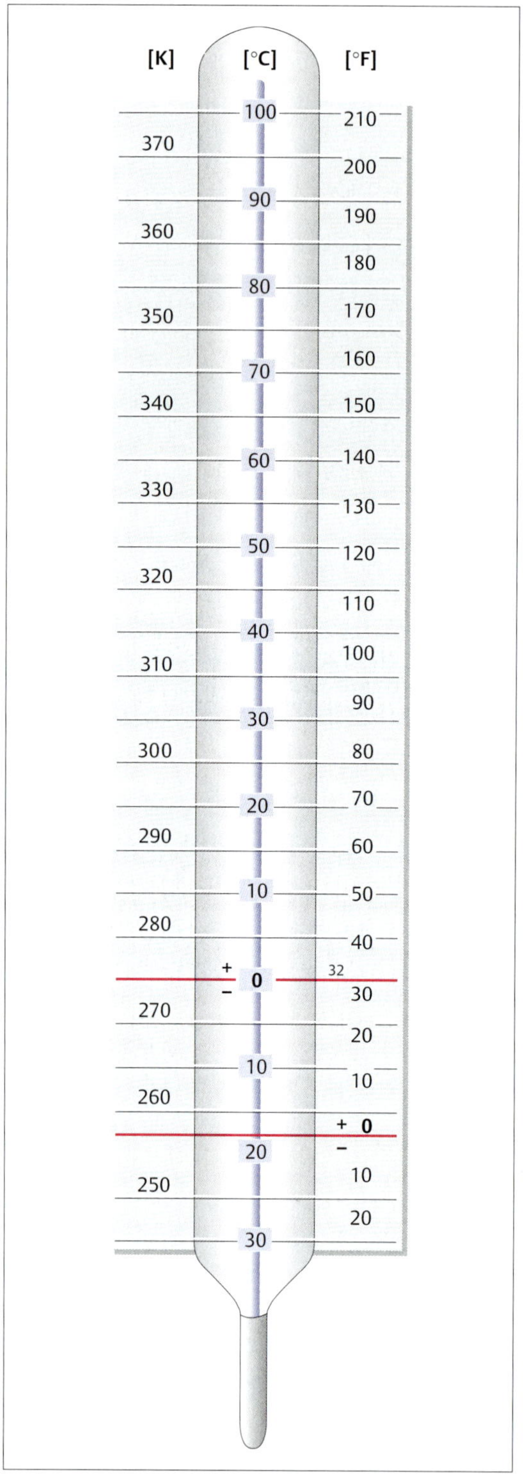

Abb. 10.1 Vergleichsskala der Temperatur gemessen in Grad Celsius und Grad Fahrenheit (aus: Der große Knaur, Band 18, Lexikographisches Institut, München 1985, Seite 7920) Umrechnungsformel (aus: Hoehl, Mechthild, P. Kullick, Kinderkrankenpflege und Gesundheitsförderung, Thieme, Stuttgart 1998).
Umrechnungsformel:
$°C = (°F - 32) \times 5/9$ oder $(°F - 32) \times 0{,}55$
$°F = (°C \times 9/5) + 32$ oder $(°C \times 1{,}8) + 32$

Die Schalentemperatur umfasst die Haut und die Extremitäten. Abhängig von der Außentemperatur und der Durchblutung weist die Körperoberfläche Temperaturen zwischen 28 °C und 33 °C auf. Die Umgebungstemperatur beeinflusst das Gefälle zwischen Kern- und Schalentemperatur. So sind beispielsweise bei hohen Außentemperaturen nur geringe Unterschiede zwischen der Kern- und Schalentemperatur feststellbar.

Die Regulation der Körpertemperatur erfolgt durch das thermoregulatorische Zentrum im Hypothalamus. Mittels Thermorezeptoren der Haut und des Körperinneren werden die aktuellen Temperaturwerte an das Regulationszentrum im Hirn gemeldet. Hier erfolgt ein Vergleich des Istwertes mit dem Sollwert. Entsprechend der Abweichung werden dann unterschiedliche Prozesse der Wärmebildung oder -abgabe aktiviert. Diese verschiedenen Mechanismen zur Regulation der Körpertemperatur sind in **Abb. 10.3** dargestellt.

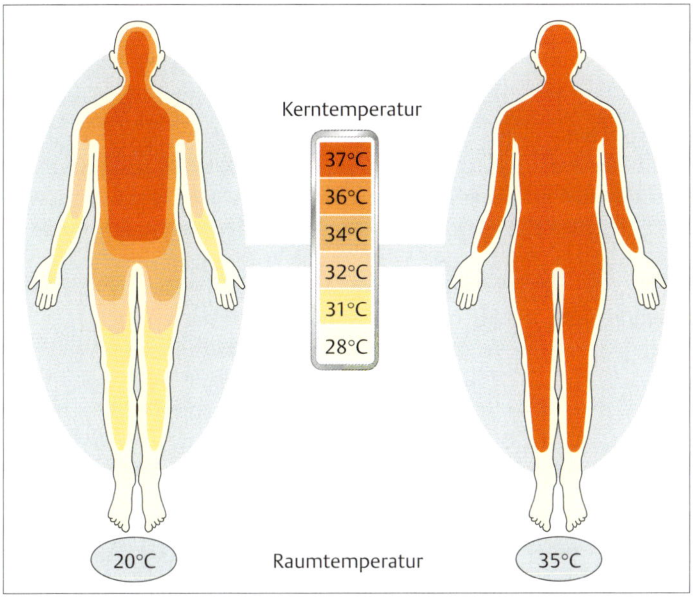

Abb. 10.2 Temperaturzonen des Körpers (aus: Silbernagel, S., Despopoulos, A.: Taschenatlas der Physiologie, 4. Auflage, Thieme, Stuttgart 1991).

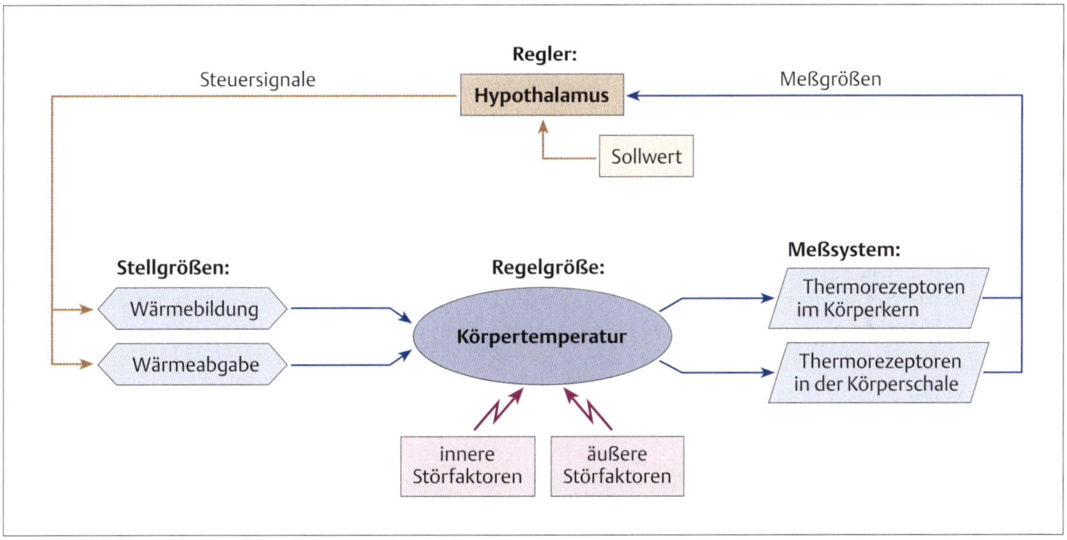

Abb. 10.3 Der Regelkreis der Thermoregulation (aus: Achterberg, H., Dick, W.: Körpertemperatur und Wärmeregulation, Intensivmedizin, 1995).

10.1 Technik der Temperaturmessung

Die Messung der Körpertemperatur ist eine der häufigsten Maßnahmen, die bei Unwohlsein und/oder dem Auftreten von anderen Symptomen durchgeführt wird.

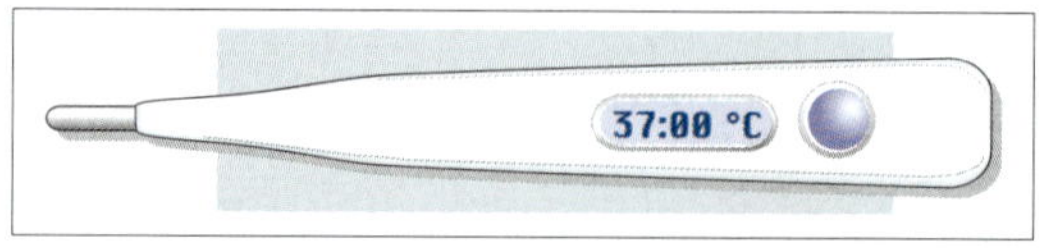

Abb. 10.5 Digitalthermometer (aus: Juchli, Liliane: Pflege – Praxis und Theorie der Gesundheits- und Krankenpflege, 8. Auflage, Thieme, Stuttgart 1997).

10.1.1 Thermometerarten

Für die Messung stehen verschiedene Temperaturmessgeräte (Thermometer) zur Verfügung:

- Maximalthermometer,
- Digitalthermometer,
- elektronisches Thermometer,
- Infrarot-Ohrthermometer,
- Thermographie.

Maximalthermometer

Bei dem Maximalthermometer handelt es sich um ein Quecksilberthermometer. Es besteht aus einer Glashülle, in der eine in Zehntelgrade eingeteilte Skala und ein Quecksilberdepot mit einer luftleeren Kapillare vorhanden sind. Die Skala reicht normalerweise von 35 – 42 °C. Für Menschen mit Unterkühlungen stehen spezielle Maximalthermometer mit einer Skala, die bei 23 °C beginnt, zur Verfügung.

Das Quecksilberdepot befindet sich in der Spitze, die je nach Wahl des Messortes unterschiedlich geformt ist (**Abb. 10.4 a – c**). Bei Erwärmung dehnt sich das Quecksilber aus und steigt die Kapillare hoch, bei Abkühlung reißt der Quecksilberfaden am Übergang vom Quecksilberdepot zur Kapillare ab. Die maximal gemessene Temperatur bleibt sichtbar und kann an der Skala abgelesen werden. Vor einer erneuten Messung muss das Quecksilber von der Kapillare in das Quecksilberdepot „runtergeschlagen“ werden.

Maximalthermometer können schnell beim Herunterfallen zerbrechen. Das hierbei freigesetzte Quecksilber stellt eine Gefährdung für den Menschen dar. Es sollte möglichst nicht mit der Haut in Berührung kommen und die entstehenden giftigen Dämpfe sollten nicht eingeatmet werden. Zur Entsorgung sollte das Quecksilber mit einer Einmalspritze oder einem speziellen Quecksilberfänger eingesammelt und in einem luftdichten Glas zur Apotheke gebracht werden.

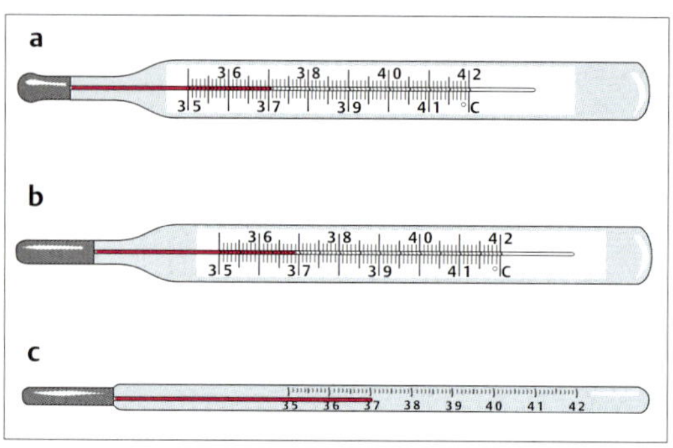

Abb. 10.4 Verschiedene Quecksilberthermometer (aus: Hoehl, Mechthild, P. Kullick, Kinderkrankenpflege und Gesundheitsförderung, Thieme, Stuttgart 1998).

Digitalthermometer

Bei den Digitalthermometern (**Abb. 10.5**) handelt es sich um batteriebetriebene Geräte, die einen Temperatursensor an der Spitze, einen Ein- und Ausschalter sowie eine digitale Temperaturanzeige besitzen. Die Dauer der Messung beträgt ca. 30 – 60 Sek. und wird durch die Betätigung des Einschalters aktiviert. Während der Messung blinkt die digitale Temperaturanzeige und zeigt den Messvorgang an. Die Temperatursignale werden hierbei in Grade umgewandelt. Das Ende des Messvorganges wird optisch durch eine nicht mehr blinkende Temperaturanzeige und akustisch durch einen Signalton angezeigt. Der gemessene Temperaturwert ist auf dem Sichtfeld des Thermometers ablesbar.

Da diese Thermometer ohne Quecksilber arbeiten, bruchsicher, wasserdicht und zudem einfach in der Handhabung sind, haben sie größtenteils das Maximalthermometer abgelöst. Vor dem Gebrauch dieser Digitalthermometer ist jedoch die Gebrauchsanweisung genau zu lesen, damit Fehler z. B. durch Nachlassen der Batterieleistung vermieden werden.

Elektronische Thermometer

Bei den elektronischen Thermometern handelt es sich um dünne Sonden mit Temperaturfühler und Monitoranschluss. Sie erlauben eine kontinuierliche

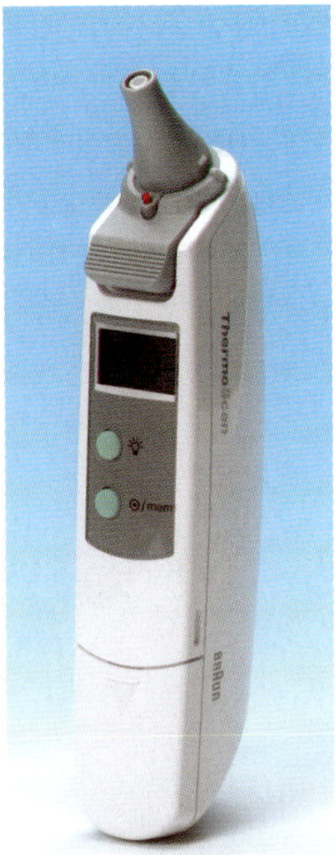

Abb. 10.6 Infrarot-Ohrthermometer

Überwachung der Körpertemperatur und finden zumeist Anwendung im Bereich der Intensivmedizin und während Operationen. Häufig werden die Sonden in das Rektum eingeführt, doch können sie auch in andere System integriert werden und die Anwendung so vereinfachen.

Infrarot-Ohrthermometer

Eine sehr präzise Messung der Körpertemperatur ist im Ohr möglich, da das Trommelfell und das Thermoregulationszentrum im Gehirn die gleiche Blutversorgung besitzen. Veränderungen der Körpertemperatur sind deshalb auch sofort, ohne Zeitverzögerung zu erfassen. Verwendet wird bei diesen Ohrthermometern (**Abb. 10.6**) die Infrarot-Technik, das heisst, es wird die vom Trommelfell abgegebene Infrarot-Strahlung mit Hilfe eines Sensors gemessen und das Messergebnis auf einem Display angezeigt.

Aufgrund der relativ hohen Anschaffungskosten finden diese Geräte zur Zeit fast nur in Kinderkliniken Anwendung. Wie bei allen anderen medizinischen Geräten muss auch hier vor Gebrauch die Bedienungsanleitung genau gelesen werden, um fehlerhafte Messungen zu vermeiden.

Thermographie

Eine weitere Möglichkeit der Temperaturmessung ist die Thermographie. Hierbei wird die Wärmestrahlung des Körpers sichtbar gemacht. Bei der Telethermographie wird die Infrarotstrahlung mittels einer speziellen Infrarot-Kamera aufgenommen.

Bei der Plattenthermographie, auch Kontaktthermographie genannt, kommen Flüssigkeitskristalle zur Anwendung, die je nach Temperatur ihre Farbe verändern. Mit solchen Kristallen gefüllte Platten werden zur Messung auf die entsprechende Körperregion aufgelegt. Die Ergebnisse sind abhängig von der Gefäßdurchblutung in dem gemessenen Gebiet.

Körpertemperatur:

- Bei der Körpertemperatur des Menschen wird die Kerntemperatur (durchschnittlich 37 °C) und die Schalentemperatur (zwischen 28 °C und 33 °C) unterschieden.
- Temperaturmessung ist eine der häufigsten Maßnahmen bei Unwohlsein oder anderen Symptomen.
- Statt der Maximalthermometer, die auf der Ausdehnung von Quecksilber bei Erwärmung basieren werden immer mehr Digitalthermometer verwendet. Sie sind batteriebetrieben, bruchsicher, wasserdicht.
- Elektronische Thermometer, Sonden mit Temperaturfühler und Monitoranschluss werden in der Intensivmedizin und bei Operationen verwendet.
- Ohrthermometer, die auf Infrarot-Technik basieren, werden vor allem bei Kindern angewandt.
- Auch mit Telethermographie und Plattenthermographie kann die Temperatur gemessen werden.

10.1.2 Indikationen zur Messung der Körpertemperatur

Die Ermittlung der Körpertemperatur erfolgt aus unterschiedlichen Gründen, z. B. zur:

- Beurteilung des aktuellen Zustands eines Menschen und Feststellung eines Ausgangswerts (z. B. bei Neuaufnahmen),
- Einschätzung der Wirksamkeit therapeutischer Maßnahmen wie z. B. Medikamentengabe und physikalische Maßnahmen,
- Erkennung typischer Fieberverlaufskurven (s. a. S. 169 – 171),

- frühzeitigen Erkennung von Komplikationen z. B. im Rahmen der postoperativen Überwachung, bei Zytostatikatherapie u. a.,
- Erfassung von Durchblutungsstörungen,
- Feststellung des Ovulationszeitpunkts.

10.1.3 Durchführung der Körpertemperaturmessung

Zur Erfassung der Körpertemperatur stehen verschiedene Körperstellen zur Verfügung. Sie sind dadurch gekennzeichnet, dass hier größere Blutgefäße verlaufen und der Messbereich weitestgehend von der Umgebungstemperatur unbeeinflusst ist.

Die Auswahl des Messorts und damit der Messart richtet sich nach dem Alter des Patienten, der Häufigkeit der Kontrolle, dem Ziel der Maßnahme, den vorhandenen Geräten und vor allem auch nach dem Wunsch des Patienten.

Die Messung der Schalentemperatur erfolgt direkt an der Hautoberfläche, wobei der Messort zumeist von der Indikation bestimmt wird.

Für alle Messarten gilt, dass möglichst alle Wärme- oder Kältespender aus der Umgebung zu entfernen sind.

Bei Thermometern, die von verschiedenen Menschen verwendet werden, sollten Einmalschutzhüllen benutzt werden. Maximalthermometer können zur Desinfektion in eine entsprechend konzentrierte Lösung eingelegt und mit kaltem Wasser abgespült werden. Bei anderen Thermometertypen sind die Hinweise der jeweiligen Hersteller zu beachten.

Im Folgenden werden die häufigsten Messmethoden vorgestellt, die im pflegerischen Alltag Anwendung finden. **Tab. 10.1** zeigt eine Übersicht der verschiedenen Messpunkte mit ihren Vor- und Nachteilen. Auf die Darstellung der Messung, z. B. im Ösophagus, in der Pulmonalarterie o. ä., sowie die Anwendung der Thermographie wurde im Folgenden verzichtet.

Messung im äußeren Gehörgang

Zur Feststellung der Kerntemperatur empfiehlt sich die Anwendung eines Infrarot-Ohrthermometers. Nach dem Einschalten des Gerätes wird die Schutzkappe aufgesetzt. Damit die Messspitze einen freien Zugang zum Trommelfell hat, muss der Gehörgang begradigt werden. Hierzu wird das Ohr bei Kindern gerade nach hinten, bei Erwachsenen schräg nach oben gezogen und dieser Zug während des gesamten Messvorganges, der ca. 1 Sek. dauert, beibehalten. Die Messspitze wird behutsam in den Gehörgang eingeführt und die Temperatur durch Drücken des Aktivierungsknopfs über 1 – 2 Sek. gemessen. Nach der Beendigung kann das Ergebnis auf dem Sichtfenster abgelesen und dokumentiert werden. Die Schutzkappe wird entfernt und verworfen, da verschmutzte und beschädigte Kappen die Ergebnisse verfälschen.

Sublinguale Temperaturmessung

Die sublinguale Temperaturmessung wird auch als orale Messung bezeichnet. Das Thermometer wird hierzu unter die Zunge rechts oder links neben dem Zungenbändchen gelegt und dann für die Dauer des gesamten Messvorganges mit den Lippen fest umschlossen. Ca. 15 Min. vor der Messung sollte der Mensch keine kalten oder heißen Getränke zu sich nehmen, um die Ergebnisse nicht zu verfälschen. Bei der Verwendung eines Maximalthermometers werden ca. 7 – 9 Min. für die Messung benötigt.

Auf Grund von Husten, Schnupfen oder anderen Erkrankungen der Atemwege sowie bei Verletzungen im Bereich des Mundes ist diese Messart oftmals nicht durchführbar, weil der Mund zumeist nicht dauerhaft geschlossen gehalten werden kann. Da die Gefahr besteht, dass die Thermometer zerbissen werden, sollten Maximalthermometer nur ausnahmsweise verwendet werden.

Axillare Temperaturmessung

Bei der axillaren Temperaturmessung wird versucht, durch das feste Andrücken des Oberarms an die seitliche Brustwand das Temperaturfeld so zu verändern, dass sich der Körperkern bis in die Achselhöhle ausdehnt bzw. verschiebt. Diese Messung ist jedoch sehr ungenau.

Für die Temperaturmessung muss die Achselhöhle trocken sein, Reste von Seifen oder Deos sollten zuvor entfernt werden. Die Thermometerspitze wird so eingelegt, dass sie vollständig umschlossen ist. Hierzu muss während der gesamten Messdauer von ca. 8 – 10 Min. (= Schalentemperatur) oder 20 – 30 Min. (= Kerntemperatur) der Arm fest an den Körper gedrückt werden. Aus diesem Grund ist diese Messart auch nicht bei allen Menschen durchführbar.

Tab. 10.1 Vor- und Nachteile verschiedener Temperaturmesspunkte

Messpunkt	*Messmethode*	*Messdauer*	*Vorteile*	*Nachteile/Gefahren*
Gehörgang	• Messspitze mit Schutzkappe in den äußeren Gehörgang einführen	1 Sek. (spezielles Ohrthermometer)	• Kerntemperatur • kurze Messzeit • kann in allen Körperlagen gemessen werden, leicht zugänglicher Messort • geringer Einfluss äußerer Faktoren • hohe Akzeptanz	• ungenauer Messwert bei unkorrekter Platzierung des Sensors • hoher Anschaffungspreis
sublingual	• Thermometerspitze unter die Zunge, rechts oder links neben dem Zungenbändchen platzieren • Mund muss während der gesamten Messdauer geschlossen gehalten werden	6 – 8 Min.*	• einfache, angenehme Methode • gute Akzeptanz	• ungenaue Werte, da leicht beeinflussbar durch Umgebungsverhältnisse • Gefahr des Zerbeißens des Thermometers, deshalb nur für wache und kooperative Menschen geeignet • ungeeignet für Menschen mit Erkrankungen im Nasen-Rachen-Raum und der übrigen Atemwege
axillar	• tief in der Axilla, Thermometerspitze muss vollständig umschlossen sein • festes Andrücken des Armes an den Oberkörper über die gesamte Messdauer	8 – 10 Min.* (Schalentemp.) 20 – 30 Min.* (Kerntemp.)	• einfache, angenehme Methode • hohe Akzeptanz	• lange Messdauer • ungenaue Kerntemperatur • leichte Dislokation durch Lageveränderung des Armes • beeinflussbar durch äußere Faktoren
rektal	• 2 – 3 cm tief in das Rektum einführen	3 – 5 Min.*	• Temperatur entspricht weitgehend der Kerntemperatur • kurze Messdauer	• Beeinträchtigung der Intimsphäre • geringe Akzeptanz • Verletzung der Analschleimhaut möglich • Perforationsgefahr des Darmes bei Säuglingen und insbesondere bei Frühgeborenen • Verfälschung der Werte durch Stuhl im Rektum

* die Angaben beziehen sich auf die Verwendung eines Maximalthermometers und verkürzen sich bei der Verwendung eines Digitalthermometers

Rektale Temperaturmessung

Um die Kerntemperatur zu erfassen, wird zumeist die rektale Temperaturmessung benutzt. Die Temperatur im Mastdarm liegt ca. 0,5 °C niedriger als die Kerntemperatur, die bei der Messung in der Pulmonalarterie festgestellt wird, reicht aber für klinische Zwecke vollkommen aus.

Zur Messung wird ein Thermometer mit abgerundeter Spitze verwendet, um Verletzungen der Analschleimhaut zu vermeiden. Häufig werden aus hygienischen Gründen Plastikschutzhüllen angewendet, wobei darauf geachtet werden muss, dass sie durch die Schweißnähte bei empfindlichen Analschleimhäuten zu Reizungen und Verletzungen führen können. Der Mensch wird bevorzugt in Seitenlage, mit angezogenen Beinen gelagert, damit sich der Anus weit öffnet und somit das Einführen des Thermometers erleichtert wird. Unter leichten Drehbewegungen wird das Thermometer ca. 2 – 3 cm tief in das Rektum eingeführt.

Bei der Verwendung eines Maximalthermometers beträgt die Messdauer ca. 3 – 5 Min. Insbesondere Kinder und unruhige, verwirrte Menschen sollten während der Messdauer nicht allein gelassen werden. Evtl. muss das Thermometer während dieser Zeit festgehalten werden. Bei der Anwendung dieser Messart ist zudem zu bedenken, dass sie einen massiven Eingriff in die Intimsphäre eines Menschen darstellt.

Vaginale Temperaturmessung

Die vaginale Temperaturmessung wird zur Feststellung der Basaltemperatur eingesetzt.

Unter Basaltemperatur wird die morgendliche, vor dem Aufstehen, rektal oder vaginal gemessene Temperatur zur Bestimmung des Zeitpunktes des Follikelsprungs verstanden.

Sie sollte täglich ermittelt werden. Dazu wird ein Thermometer so in die Scheide eingelegt, dass die Spitze vollständig umschlossen ist.

Die Messdauer bei der Verwendung eines Maximalthermometers beträgt ca. 3 – 5 Min., die Normalwerte zeigen Schwankungen bis zu 1°, je nachdem in welchem Zyklusabschnitt sich die Frau befindet (s. a. 10.2).

10.1.4 Dokumentation der Messergebnisse

Die Ergebnisse der Temperaturmessung werden im Dokumentationssystem festgehalten. Je nach Art des Systems kann es sich hierbei um eine Kurvendokumentation oder um eine Spaltendokumentation handeln. Beispiele sind in Kap. 8 in **Abb. 8.4** und **Tab. 8.1** gegeben. Für die Darstellung einer Temperaturkurve wird meist die Farbe Blau gewählt. Hierdurch ist eine deutliche Unterscheidung zur Pulskurve und Atmungskurve gegeben. Neben den ermittelten Werten müssen ggf. zusätzlich die Uhrzeit, die Messart und Besonderheiten wie z. B. Schüttelfrost und Schweißausbruch angegeben werden.

Verwendete Abkürzungen wie beispielsweise „SF" oder „≈" für Schüttelfrost müssen in der Legende des Dokumentationssystems vermerkt werden.

10.2 Allgemeine Beobachtungskriterien und Beschreibung des Normalzustands

Die normale Körperkerntemperatur beträgt bei der rektalen Messung im Tagesmittel 37,0 °C. Sie unterliegt tageszeitlichen Schwankungen, die einen endogenen zirkadianen Rhythmus darstellen (s. a. Kap. 12). Am frühen Morgen ist die Körpertemperatur am niedrigsten, das Temperaturmaximum ist am späten Abend messbar. Diese tagesrhythmischen Schwankungen betragen bis zu 1 °C.

Eine hormonell bedingte Temperaturschwankung zeigt sich im Menstruationszyklus der Frau. In dem Zeitraum zwischen Menstruation und Ovulation ist die Temperatur niedrig, mit der Ovulation

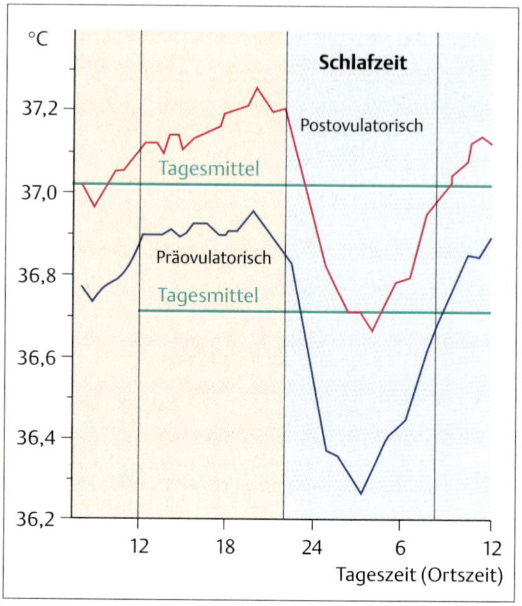

Abb. 10.7 Tagesrhythmische Schwankungen der Körpertemperatur während des menstruellen Zyklus (aus: Thews, G., E. Mutschler, P. Vaupel, Anatomie, Physiologie, Pathophysiologie des Menschen, 3. Auflage, Wissenschaftliche Verlagsgesellschaft mbH Stuttgart 1989).

steigt sie um ca. 0,4 °C an. Diese erhöhte Temperatur bleibt bis zur nächsten Menstruation erhalten und sinkt dann wieder ab (s. a. S. 165).

In **Abb. 10.7** sind die tageszeitlichen Schwankungen vor und nach der Ovulation dargestellt.

Durch körperliche Belastungen kann sich die Kerntemperatur ebenfalls erhöhen. Bei schwerer Arbeit kann es zu einem Temperaturanstieg um bis zu 2 – 3 °C kommen.

Außerdem kann ein Anstieg der Temperatur bei starker emotionaler Belastung beobachtet werden. Verantwortlich für diesen Temperaturanstieg ist sowohl bei der körperlichen als auch bei der emotionalen Belastung ein daraus resultierender erhöhter Stoffwechsel.

Die Schalentemperatur ist sehr stark abhängig von den Umgebungsfaktoren. So kann z. B. eine unsachgemäße Auswahl der Bekleidung einen Anstieg oder einen Abfall der Schalentemperatur bewirken.

Allgemeine Beobachtungskriterien:
- Die Schalentemperatur wird an der Hautoberfläche gemessen.
- Bei der Messung mit dem Infrarot-Ohrthermometer muss der Gehörgang begradigt werden.
- Die sublinguale Messung ist häufig aufgrund von Erkrankungen nicht durchführbar, die axilare Messung sehr ungenau, bei der rektalen Messung besteht Verletzungsgefahr und sie bedeutet einen Eingriff in die Intimsphäre.
- Die Temperaturkurve wird mit Blau dokumentiert.
- Tagesrhythmische Schwankungen der Temperatur betragen bis zu 1 °C. Die Temperaturschwankung kann hormonell bedingt, durch körperliche oder emotionale Belastung hervorgerufen sein.

10.3 Abweichungen, Veränderungen der Körpertemperatur und deren mögliche Ursachen

Bei den Abweichungen der Körpertemperatur vom Normalwert können sowohl Veränderungen nach oben als auch nach unten festgestellt werden.

10.3.1 Erhöhte Körpertemperatur

Bei der erhöhten Körpertemperatur wird zwischen Veränderungen, die mit einer Sollwerterhöhung im Hypothalamus einhergehen und solchen ohne Veränderung des Sollwerts unterschieden (s. a. S. 161).

Die Veränderungen der Körpertemperatur ohne Sollwerterhöhung werden als ▸ *Hyperthermie*, die mit Sollwerterhöhung als Hyperpyrexie oder ▸ *Fieber* bezeichnet.

Hyperthermie

Bei der Hyperthermie handelt es sich um eine Dysfunktion der thermoregulatorischen Möglichkeiten des Körpers.

Zu einer Hyperthermie kommt es demzufolge bei einer vermehrten Wärmezufuhr oder Wärmebildung bzw. einer verminderten Wärmeabgabe. Bei der Hyperthermie werden folgende Formen unterschieden:
- Hitzesynkope,
- Hitzemuskelkrämpfe,
- Hitzeerschöpfung,
- Hitzschlag,
- Sonnenstich.

Hitzesynkope

Die Hitzesynkope wird auch als Hitzekollaps bezeichnet. Hierbei kommt es aufgrund einer Dehydratation mit Volumenmangel und einer Vasodilatation zu einer kurzfristigen Bewusstlosigkeit. Begleitet wird diese Bewusstlosigkeit zumeist von einer Hypotonie, Bradykardie und leichter Hyperthermie. Als Ursache werden starkes Schwitzen mit mangelnder Flüssigkeitsaufnahme bei schweren körperlichen Anstrengungen und/oder zu warmer Kleidung angesehen.

Hitzemuskelkrämpfe

Bei den Hitzekrämpfen oder der Hitzetetanie handelt es sich um Muskelkrämpfe, die als Folge eines Hitzeschadens auftreten. Sie werden durch Salz- und Flüssigkeitsverluste bei starkem Schwitzen und fehlender Kompensation durch Flüssigkeitszufuhr verursacht. Häufig treten vor den Krämpfen Mattigkeit, Kopfschmerzen, Brechneigung sowie eine psychische Reizbarkeit auf. Beobachtet werden diese Hitzekrämpfe vor allem bei schwerer körperlicher Arbeit unter strahlender Hitzeeinwirkung.

Hitzeerschöpfung

Bei der Hitzeerschöpfung kommt es ebenfalls zu einem Elektrolyt- und Flüssigkeitsverlust infolge starken Schwitzens z. B. im Zusammenhang mit großen körperlichen Anstrengungen wie sportlicher Betätigung. Neben gastrointestinalen Symptomen wie Übelkeit, Erbrechen und Durchfall kommt es bei der Hitzeerschöpfung auch zu Herz-Kreislauf-Störungen, die bis hin zu einem Volumenmangelschock reichen können. Daneben besteht eine Hyperthermie, wobei die Körpertemperatur bis auf über 39 °C ansteigen kann.

Hitzschlag

Die ausgeprägteste Form der Überhitzung ist der Hitzschlag. Er stellt eine akute lebensbedrohliche Situation dar, da die Temperaturregulation im Hypothalamus aussetzt und eine extreme Hyperthermie auftritt. Gleichzeitig kommt es zum Versagen der Schweißproduktion. Die Ursache liegt in einer großen Hitzezufuhr bei gleichzeitiger Verhinderung der Wärmeabgabe, wie sie beispielsweise bei körperlicher Anstrengung in großer Hitze und gleichzeitiger hoher Luftfeuchtigkeit auftritt.

Als Symptome sind bei den betroffenen Menschen neben einer Temperaturerhöhung auf bis zu 40 °C und mehr eine heiße, rote, trockene Haut, Kopfschmerzen, Übelkeit, Erbrechen, Hypotonie und eine Tachykardie zu beobachten. Bei den Betroffenen kommt es zu einer extremen Weitstellung der Blutgefäße, die u.a. zu einer Minderversorgung des Gehirns und dadurch bedingt zu einer Bewusstlosigkeit führen.

Sonnenstich

Ein Sonnenstich entsteht durch die unmittelbare Einwirkung von Sonnenstrahlen auf den ungeschützten Körper eines Menschen, insbesondere auf den unbedeckten Kopf und Nacken. Als Folge treten ein roter, heißer Kopf, Kopfschmerzen, Ohrensausen und Schwindel auf. Dabei kann es auch zu einer generalisierten Hyperthermie, verbunden mit Kreislaufkollaps und Bewusstlosigkeit, kommen.

Fieber

Bei dem Fieber (Febris, Hyperpyrexie) handelt es sich um eine Erhöhung der Körpertemperatur als Folge einer Sollwertverstellung im Hypothalamus. Es stellt immer ein Symptom einer Erkrankung dar. Beim Fieber werden verschiedene Schweregrade unterschieden. Die verschiedenen Fiebertypen können nach ihrer Ursache und nach ihrem Verlauf eingeteilt werden.

Schweregrade des Fiebers

Je nach Höhe der Körpertemperatur werden verschiedene Schweregrade unterschieden (**Tab. 10.2**). Als Ausgangswert gilt zumeist die rektale Temperatur. Bei Körpertemperaturen über 42 °C kommt es durch die große Hitze zu einer Eiweißgerinnung im menschlichen Körper, die letztendlich zum Tod führt.

Tab. 10.2 Schweregrade des Fiebers bei rektaler Messung

Körpertemperatur	*Schweregrad*
37,5 °C – 38,0 °C	subfebrile Temperatur
38,1 °C – 38,5 °C	leichtes Fieber
38,6 °C – 39,0 °C	mäßiges Fieber
39,1 °C – 40,0 °C	hohes Fieber
> 40,0 °C	sehr hohes Fieber

Fieberursachen

Je nachdem welche Ursache dem Fieber zugrunde liegt, werden verschiedene Fiebertypen unterschieden:

Exogene Pyrogene: Bei den exogenen Pyrogenen handelt es sich um fieberauslösende Substanzen. Sie können von verschiedenen Krankheitserregern (Bakterien, Viren, Pilzen) abgegeben werden, aber auch von allergieauslösenden Medikamenten oder Fremdeiweißen stammen. Die exogenen Pyrogene regen Makrophagen und andere Zellen zur Produktion von endogenen Pyrogenen an. Diese wiederum setzen eine Reihe von Reaktionen in Gang, an deren Ende die Bildung von Prostaglandin E steht, welches eine Erhöhung des Temperatursollwerts im Hypothalamus bewirkt. **Abb. 10.8** zeigt die Pathophysiologie des Fiebers.

Stammen die exogenen Pyrogene von Bakterien ab, wird das Fieber auch als bakterielles Fieber bezeichnet, bei anderen Krankheiterregern wird die Bezeichnung infektiöses Fieber verwendet, bei Reaktionen auf Medikamente oder körperfremde Eiweiße

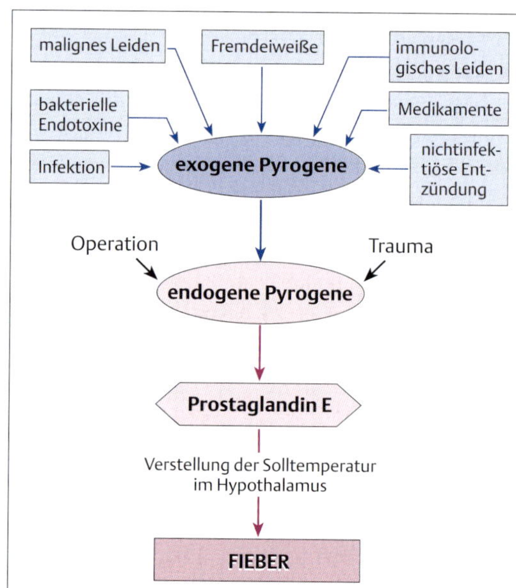

Abb. 10.8 Pathophysiologie des Fiebers (nach: Achterberg, H., Dick, W.: Körpertemperatur und Wärmeregulation, Intensivmedizin, 1995).

kommt auch der Begriff toxisches Fieber zur Anwendung.

Endogene Pyrogene: Bei der Zerstörung von Körpergeweben wie beispielsweise bei Operationen, Traumen und Nekrosen können in dem geschädigten Gebiet auch endogene Pyrogene freigesetzt werden, in deren Folge es dann zum Fieber kommt (s.a. **Abb. 10.8**). Dieses Fieber tritt ca. 24 Stunden nach der Schädigung auf, ist leicht und dauert nicht länger als 5 Tage. Fieber, das durch endogene Pyrogene hervorgerufen wird und nach Gewebsschädigungen auftritt, wird auch als Resorptionsfieber oder aseptisches Fieber bezeichnet.

Schädigung des Temperaturregulationszentrums: Bei einer Schädigung des zentralen Nervensystems, z.B. bei Schädelhirntraumen oder Hirntumoren, kann es zu einer Irritation bzw. Schädigung des Temperaturregulationszentrums kommen. Das hieraus resultierende Fieber ist sehr hoch und wird auch als zentrales Fieber bezeichnet.

Rheumatisches Fieber: Bei dem rheumatischen Fieber handelt es sich um eine Zweiterkrankung nach einem Infekt mit Streptokokken. Nach dem Abklingen der Primärerkrankung (z.B. Angina, Zahnwurzelvereiterung) kommt es zu einem beschwerdefreien Intervall, das 1–3 Wochen andauert. Bei 2 bis 3% der Betroffenen tritt anschließend ein rheumatisches Fieber auf, als Folge einer Immunreaktion auf die Streptokokkentoxine.

Flüssigkeitsmangel: Durch Flüssigkeitsmangel und einer hieraus resultierenden Störung der Wärmeabgabe kann ebenfalls Fieber ausgelöst werden. Es wird als Durstfieber bezeichnet und kommt besonders häufig bei Neugeborenen und Säuglingen vor.

Fieberverlaufsformen

Die Fiebertypen können auch nach ihrem Verlauf eingeteilt werden. Infektionen mit bestimmten Mikroorganismen haben eine charakteristische Fieberkurve, wobei häufig die Tagesschwankungen der Temperatur das Bild bestimmen. Hierzu gehören das kontinuierliche, remittierende und intermittierende Fieber. Aber auch Verlaufskurven, die über einen längeren Zeitraum aufgezeichnet werden, können charakteristische Kurven aufzeigen, wie z.B. das rekurrierende, undulierende oder biphasische Fieber.

Bevor ein genauer Erregernachweis möglich war, gaben die verschiedenen Fieberverlaufskurven wichtige diagnostische Hinweise. Heutzutage ist es fast nicht mehr möglich, einen klassischen Fiebertyp mit seiner Verlaufsform zu beobachten, da der Temperaturanstieg durch Medikamente oder physikalische Maßnahmen unterdrückt bzw. verändert wird.

Kontinuierliches Fieber: Die Verlaufskurve beim kontinuierlichen Fieber (Febris continua) zeigt eine gleichmäßig hohe Temperatur von ca. 39,0 °C. Die Tagesschwankungen betragen weniger als 1 °C (**Abb. 10.9**). Das kontinuierliche Fieber kommt bei Scharlach, Typhus abdominalis und Viruspneumonien vor.

Remittierendes Fieber: Bei dem remittierendem Fieber, das auch als Febris remittens oder nachlassendes Fieber bezeichnet wird, zeigt die Tagestemperaturkurve eine Differenz von bis zu 1,5 °C auf. Die Temperatur erreicht am Abend ihren Höhepunkt und sinkt dann bis zum Morgen ab. Sie bleibt allerdings auch auf dem Tiefstand immer über der Normaltemperatur. Diese Fieberverlaufskurve (**Abb. 10.10**) ist typisch z.B. für eine Lungentuberkulose, Pyelonephritis und Sepsis.

Intermittierendes Fieber: Das intermittierende Fieber (Febris intermittens) zeigt im Tagesverlauf fieberfreie Intervalle im Wechsel mit hohen Temperaturen. Die Tagesdifferenz beträgt 1,5 °C und mehr

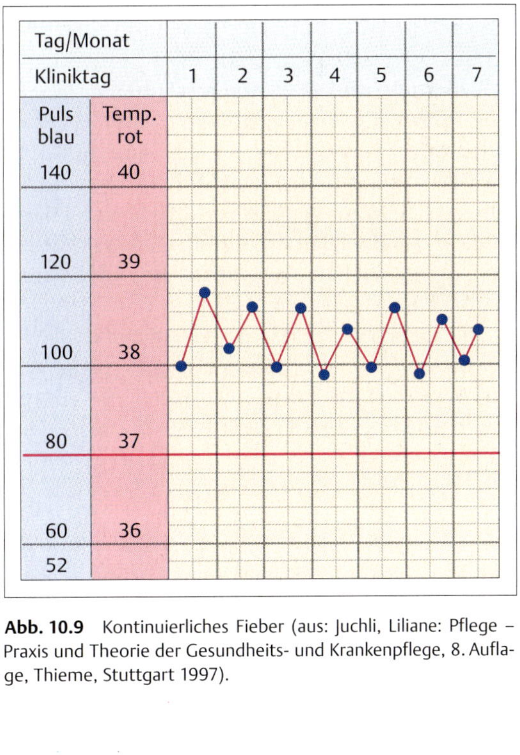

Abb. 10.9 Kontinuierliches Fieber (aus: Juchli, Liliane: Pflege – Praxis und Theorie der Gesundheits- und Krankenpflege, 8. Auflage, Thieme, Stuttgart 1997).

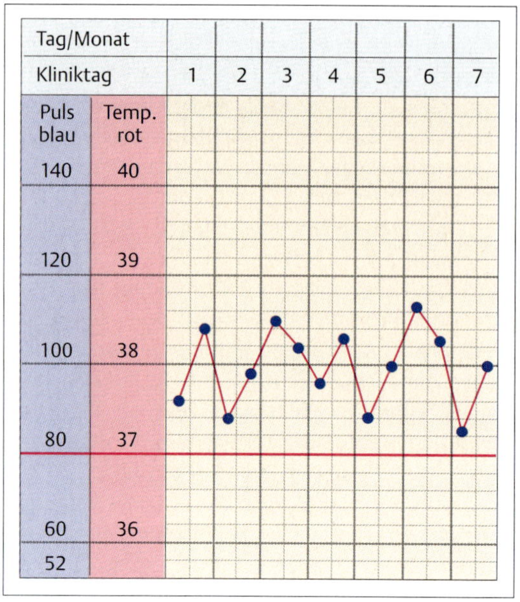

Abb. 10.10 Remittierendes Fieber (aus: Juchli, Liliane: Pflege – Praxis und Theorie der Gesundheits- und Krankenpflege, 8. Auflage, Thieme, Stuttgart 1997.

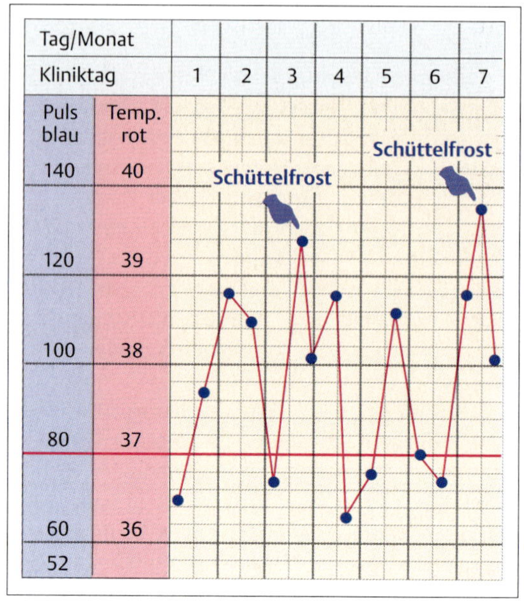

Abb. 10.11 Intermittierendes Fieber (aus: Juchli, Liliane: Pflege – Praxis und Theorie der Gesundheits- und Krankenpflege, 8. Auflage, Thieme, Stuttgart 1997).

(**Abb. 10.11**). Bei den Fieberanfällen kann es durch schubweises Einschwemmen von Erregern oder Toxinen in die Blutbahn zu einem Schüttelfrost kommen. Typisch ist ein solcher Fieberverlauf für eine Sepsis.

Rekurrierendes Fieber: Die Fieberverlaufskurve bei dem rekurrierenden Fieber (Febris recurrens) weist mehrtägige Fieberschübe, die sich mit fieberfreien Intervallen abwechseln, auf (**Abb. 10.12**). Es wird deshalb auch vom Rückfallfieber gesprochen. Typisch sind solche Verläufe bei Borreliosen, d. h. Erkrankungen die durch Borrelien (schraubenförmige Bakterien, Spirochaeten) hervorgerufen werden und für Malaria.

Undulierendes Fieber: Das undulierende Fieber (Febris undulans) zeigt einen wellenförmigen Verlauf. Es beginnt mit einem langsamen Fieberanstieg, dem sich einige Tage mit hohem Fieber anschließen. Danach fällt das Fieber wieder langsam ab und es kann zu mehreren fieberfreien Tagen kommen. Anschließend erfolgt eine Wiederholung des beschriebenen Verlaufes (**Abb. 10.13**). Brucellosen und die Lymphogranulomatose sind durch einen solchen wellenförmigen Fieberverlauf gekennzeichnet.

Biphasisches Fieber: Bei dem biphasischem Fieber ist der Verlauf durch eine zweigipflige Fieberkurve gekennzeichnet. Der Anstieg und der Abfall der Temperatur zeigen in der Fieberkurve die Umrisse eines Dromedars (**Abb. 10.14**), weshalb diese Form auch als Dromedartyp bezeichnet wird. Das biphasische Fieber ist charakteristisch für Virusinfektionen wie beispielsweise Masern oder Poliomyelitis. Die

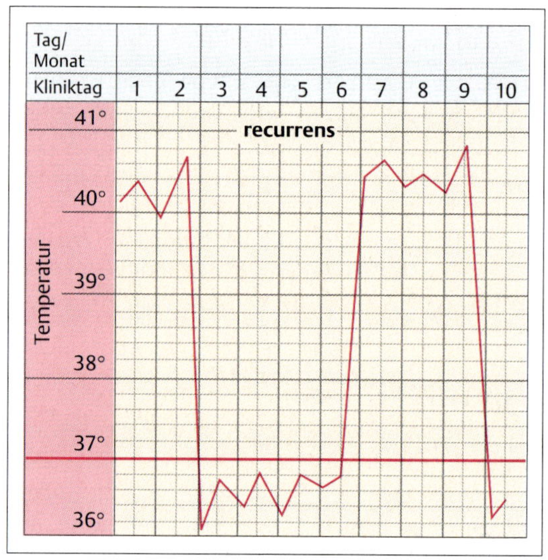

Abb. 10.12 Rekurrierendes Fieber.

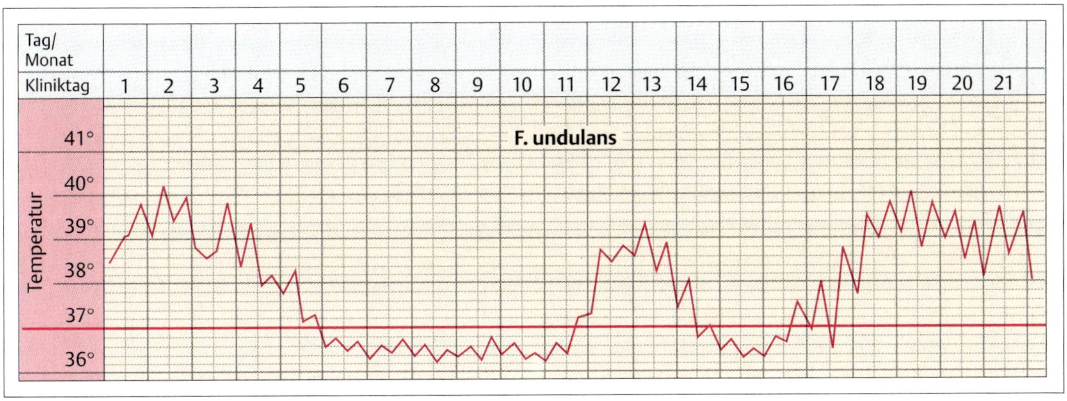

Abb. 10.13 Undulierendes Fieber.

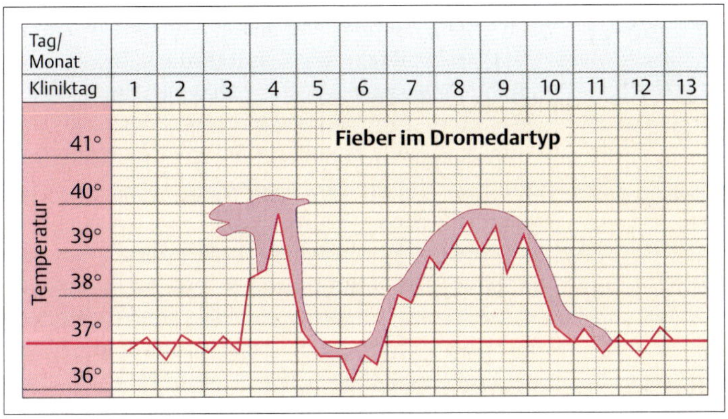

Abb. 10.14 Biphasisches Fieber.

1. Fieberphase geht zumeist mit unspezifischen Infektsymptomen einher. Nach einem kurzen Intervall tritt die 2. Fieberphase auf, die von spezifischen Organmanifestationen wie z.B. einem Exanthem begleitet wird.

Die Einteilung der Fiebertypen kann nach ihrem Verlauf oder den zugrundeliegenden Ursachen erfolgen.

Hyperthermie und Fieber:

- Bei der Hyperthermie liegt eine thermoregulatorische Störung vor.
- Formen der Hyperthermie sind Hitzesynkope (Hitzekollaps), Hitzemuskelkrämpfe (Hitzetetanie), Hitzeerschöpfung, Hitzschlag und Sonnenstich.
- Beim Fieber kommt es zu einer Sollwertverstellung im Hypothalamus.
- Nach den Ursachen werden das bakterielle, infektiöse, toxische aseptische, zentrale, rheumatische Fieber und Fieber durch Flüssigkeitsmangel unterschieden.
- Die Fieberverlaufsformen können kontinuierlich, remittierend, intermittierend, rekurrierend, undulierend und biphasisch sein.

Fieberstadien

Beim Fieber können 3 verschiedene Stadien unterschieden werden, das Stadium

- des Fieberanstiegs,
- der Fieberhöhe und
- des Fieberabfalls.

Das Stadium des Fieberanstiegs wird auch als Stadium incrementi bezeichnet. Der Fieberanstieg kann langsam oder schnell erfolgen. Bei einem schnellem Anstieg und hohem Fieber kann oftmals begleitend ein Schüttelfrost (s.u.) beobachtet werden. Der Hypothalamus verstellt in diesem Stadium seinen Temperatursollwert nach oben und der Körper versucht seine Wärmeabgabe zu vermindern, z. B. durch Engstellung der Gefäße. Gleichzeitig versucht der Körper auch durch Muskelzittern die Wärmeproduktion zu erhöhen (**Abb. 10.15**).

Das folgende Stadium der Fieberhöhe oder Hitzestadium wird Fastigium genannt.

Als drittes Stadium folgt das Stadium des Fieberabfalls, welches auch als Stadium decrementi bezeichnet wird. Hierbei normalisiert sich der Temperatursollwert wieder und die Wärmeabgabe wird durch starkes Schwitzen und eine Weitstellung der Gefäße gesteigert (**Abb. 10.16**).

Ein langsamer, über mehrere Tage andauernder Abfall wird als Lysis, ein schneller Abfall der Temperatur auf Werte unter 38,0 °C innerhalb weniger Stunden als Krisis bezeichnet. Bei der Lysis ist der Schweiß großperlig und warm. Im Gegensatz zur Lysis besteht bei der Krisis immer auch eine Kollapsgefahr, die durch eine erneutes Ansteigen der Pulsfrequenz angezeigt wird und bei dem kalter kleinperliger Schweiß auftreten kann.

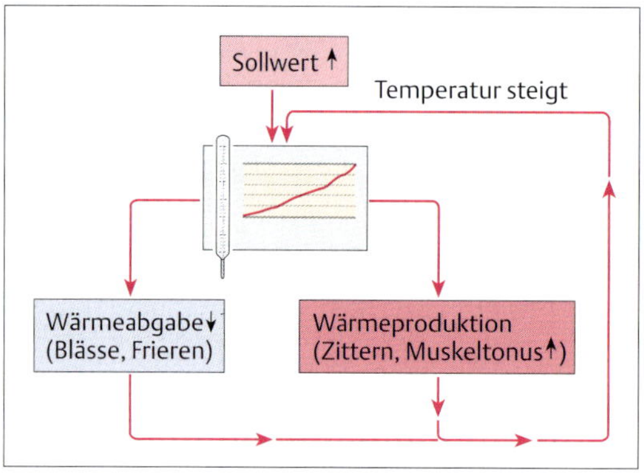

Abb. 10.15 Fieberanstieg (aus: Schwegler, J. S.: Der Mensch – Anatomie und Physiologie, 2. Auflage, Thieme, Stuttgart 1998).

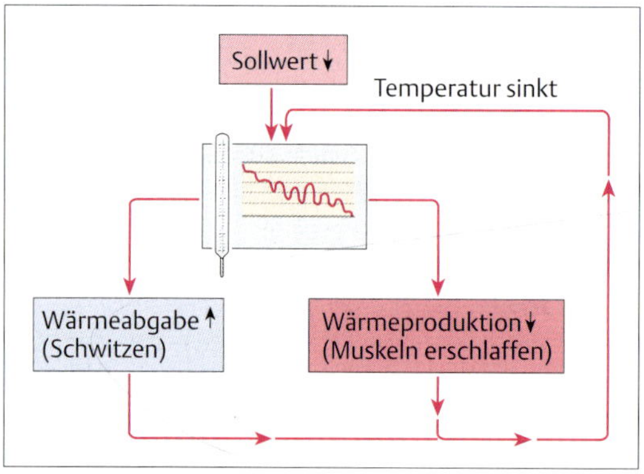

Abb. 10.16 Fieberabfall (aus Schwegler, J. S.: Der Mensch – Anatomie und Physiologie, 2. Auflage, Thieme, Stuttgart 1998).

Beim Fieberabfall werden Lysis und Krisis unterschieden.

Schüttelfrost

Unter einem Schüttelfrost werden unwillkürliche, rasche Zitterbewegungen der Skelettmuskulatur verstanden.

Sie gehen zumeist mit einem Kältegefühl einher. Physiologisch kann ein Schüttelfrost bei plötzlicher, großer Kälteeinwirkung oder langanhaltender Kälteeinwirkung auftreten (Kältezittern).

Pathologisch kommt es zu einem Schüttelfrost durch im Blut kreisende Krankheitserreger oder deren Toxine, die eine Reizung des Temperaturregulationszentrums verursachen. Diese Irritation hat eine Erhöhung des Temperatursollwerts im Hypothalamus zur Folge. Um diesen Sollwert zu erreichen, versucht der Körper durch Muskelkontraktionen Wärme zu produzieren.

Der Schüttelfrost kann in vier verschiedene Stadien eingeteilt werden (**Abb. 10.17**).

1. Stadium: Temperaturanstieg

Es kommt zum typischen Muskelzittern mit Zähneklappern, das bis zum Schütteln des gesamten Körpers führen kann. Daneben besteht ein subjektives Kältegefühl (Frösteln), die Haut ist blass bis zyanotisch.

2. Stadium: Fieberhöhe

Während dieses Stadiums ist der Betroffene unruhig und ängstlich. Er klagt zumeist über Durst. Hitzezeichen wie beispielsweise eine trockene, heiße Haut sind zu beobachten.

3. Stadium: Entfieberung

Das Stadium der Entfieberung ist durch starke Schweißausbrüche gekennzeichnet. Die Entfieberung kann sowohl lytisch als auch kritisch erfolgen (s. o.).

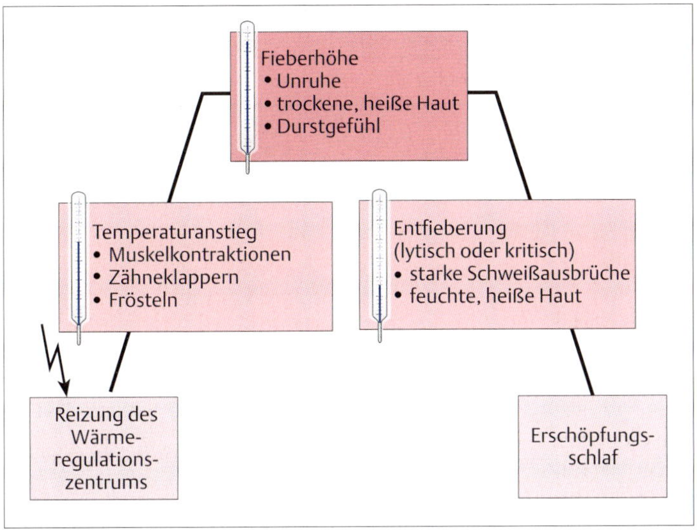

Abb. 10.17 Stadien des Schüttelfrostes.

4. Stadium: Erschöpfungsschlaf

Zur Erholung, Regeneration sinkt die betroffene Person nach dem Fieberabfall in einen tiefen Erschöpfungsschlaf.

Schüttelfrost bedeutet für den betroffenen Menschen ein dramatisches Ereignis. Deshalb ist eine intensive psychische Betreuung wichtig.

10.3.2 Verminderte Körpertemperatur

Bei der verminderten Körpertemperatur ist die ▸ *Hypothermie* von den Kälteschäden (Erfrierungen) zu unterscheiden.

Hypothermie

Unter einer verminderten Körpertemperatur oder einer Hypothermie wird das Absinken der Körpertemperatur auf Werte unter 35,0 °C verstanden.

Physiologisch kann eine Hypothermie im Schlaf auftreten.

Hinsichtlich der Schweregrade werden eine leichte, mäßige und schwere Hypothermie unterschieden. Je nach Schweregrad bzw. Höhe der Körpertemperatur treten verschiedene klinische Symptome auf, die vom Kältezittern bis zur Asystolie reichen können (**Tab. 10.3**). Nach ihrer Ursache können verschiedene Hypothermieformen unterschieden werden:

Tab. 10.3 Schweregrade der Hypothermie bei rektaler Messung und Zuordnung der klinischen Symptome

Körpertemperatur	*Schweregrad*	*klinische Symptome*
> 34,0 °C	leichte Hypothermie	Kältezittern, Engstellung der Gefäße, Schmerzen, Anstieg der Pulsfrequenz und des Blutdrucks, erhöhter O_2-Verbrauch
34,0 °C – 27,0 °C	mäßige Hypothermie	fortschreitende Schmerzunempfindlichkeit, Puls- und Atmungsverlangsamung, Arrythmien, Muskelstarre, Reflexabschwächung, Somnolenz, Bewusstlosigkeit ab ca. 32,0 °C
< 27,0 °C	schwere Hypothermie	allmähliches Erlöschen aller autonomer Körperfunktionen bis hin zum Kältetod

- krankheitsbedingte Hypothermie,
- akzidentelle Hypothermie,
- kontrollierte Hypothermie.

Krankheitsbedingte Hypothermie

Krankheitsbedingt kann eine Hypothermie im Rahmen einer schweren Hypothyreose auftreten. Durch den stark verminderten Stoffwechsel kommt es hierbei zu dem Absinken der Temperatur. Des Weiteren kann eine Hypothermie bei einer ausgeprägten Kachexie aufgrund der fehlenden Fettdepots auftreten.

Bei zentralen Regulationsstörungen, die beispielsweise bei Hirntumoren, Hirnverletzungen oder Intoxikationen auftreten können, sind ebenfalls *Hypothermien* zu beobachten. In den letzt genannten Fällen wird auch von einer zentralen *Hypothermie* gesprochen.

Akzidentelle Hypothermie

Bei der akzidentellen Form kommt es durch unbeabsichtigte Unfälle wie beispielsweise Berg- und Ertrinkungsunfälle zu einer Kälteexposition. Daneben sind besonders hilflose, immobile Menschen gefährdet, die sich längere Zeit in nasser, kalter Umgebung aufhalten.

Eine weitere Risikogruppe stellen Menschen nach Drogen-, insbesondere Alkoholkonsum dar. Der Alkohol vermindert die Kälteempfindung, bei gleichzeitiger Vasodilatation, Bewusstseinseinschränkung und reduzierter Gefahrenwahrnehmung.

Kontrollierte Hypothermie

Im Gegensatz zu der akzidentellen *Hypothermie* handelt es sich bei der kontrollierten *Hypothermie* um eine gewollte Herabsetzung der Körpertemperatur. Sie erfolgt z. B. mit Hilfe eines Wärmetauschers bei der Anwendung der Herz-Lungen-Maschine oder durch Oberflächenkühlung.

Die kontrollierte *Hypothermie* führt zu einer Herabsetzung der Stoffwechselvorgänge und ermöglicht eine Verminderung des Sauerstoffverbrauchs. Sie findet dementsprechend Anwendung bei Operationen, in deren Verlauf eine teilweise oder vollständige Unterbrechung der Blutversorgung lebenswichtiger Organe erforderlich ist. Insbesondere in der offenen Herzchirurgie, der Neurochirurgie und bei Transplantationen wird die kontrollierte *Hypothermie* eingesetzt.

Erfrierungen

Bei der Erfrierung (Congelatio) handelt es sich um eine durch Kälteeinwirkung hervorgerufene örtliche Gewebeschädigung der Haut und tieferer Gewebeschichten. Das klinische Bild gleicht dem der Verbrennung, doch fehlen bei der Erfrierung die Allgemeinerscheinungen, die bei der Verbrennung durch einen Schock und Toxine hervorgerufen werden. Besonders gefährdet gegenüber Erfrierungen sind die peripheren Abschnitte der Extremitäten, insbesondere die Finger und Zehen sowie Nase, Ohren, Jochbein und Kinn.

Tab. 10.4 Schweregrade der Erfrierung und Zuordnung der klinischen Zeichen

Schweregrad	*Klinische Zeichen*
1. Grad: (Congelatio erythematosa)	• Blässe • Abkühlung • Gefühllosigkeit • nach Wiedererwärmung Hyperämie • leichte Schmerzen • Juckreiz
2. Grad: (Congelatio bullosa)	• sofort oder nach einigen Stunden entstehende Blasen, die ohne Narbenbildung abheilen können
3. Grad: (Congelatio escharotica)	• trockene Nekrosen (Mumifikation) oder blaurote Blutblasen, nach deren Platzen nasse Nekrosen verschiedener Tiefe sichtbar werden • Abheilung unter Narbenbildung

Die Entstehung von Kälteschäden wird gefördert durch Disposition (abnorme Reaktionsbereitschaft des Gefäßsystems), Nikotinabusus, das Tragen eng anliegender, nasser Kleidung und die Einwirkung von Feuchtigkeit (Nasserfrierung) und Wind.

Nach ihrem Schweregrad wird die Erfrierung in 3 Grade eingeteilt. Die **Tab. 10.4** zeigt die Einteilung der Schweregrade mit den entsprechenden klinischen Zeichen.

10.4 Ergänzende Beobachtungskriterien

Eine Abweichung der Körpertemperatur vom Normalwert ist häufig ein Zeichen für eine vorliegende Erkrankung. Insbesondere das *Fieber* ist ein deutliches Krankheitssymptom, weist aber daneben auch selbst weitere objektive und subjektive Krankheitszeichen auf, die immer mit beobachtet werden müssen. **Abb. 10.18** zeigt diese verschiedenen Begleitsymptome des *Fiebers*, die bei der individuellen Pflege eines betroffenen Menschen berücksichtigt werden müssen.

Eine besondere Bedeutung spielen hierbei die Beobachtung des Pulses und der Atmung, die sich analog des Fieberanstiegs verändern. So steigt die Pulsfrequenz bei 1° Temperaturerhöhung um ca. 8 – 12 Schläge/min. Durch den erhöhten Stoffwechsel steigt die Atemfrequenz ebenfalls an.

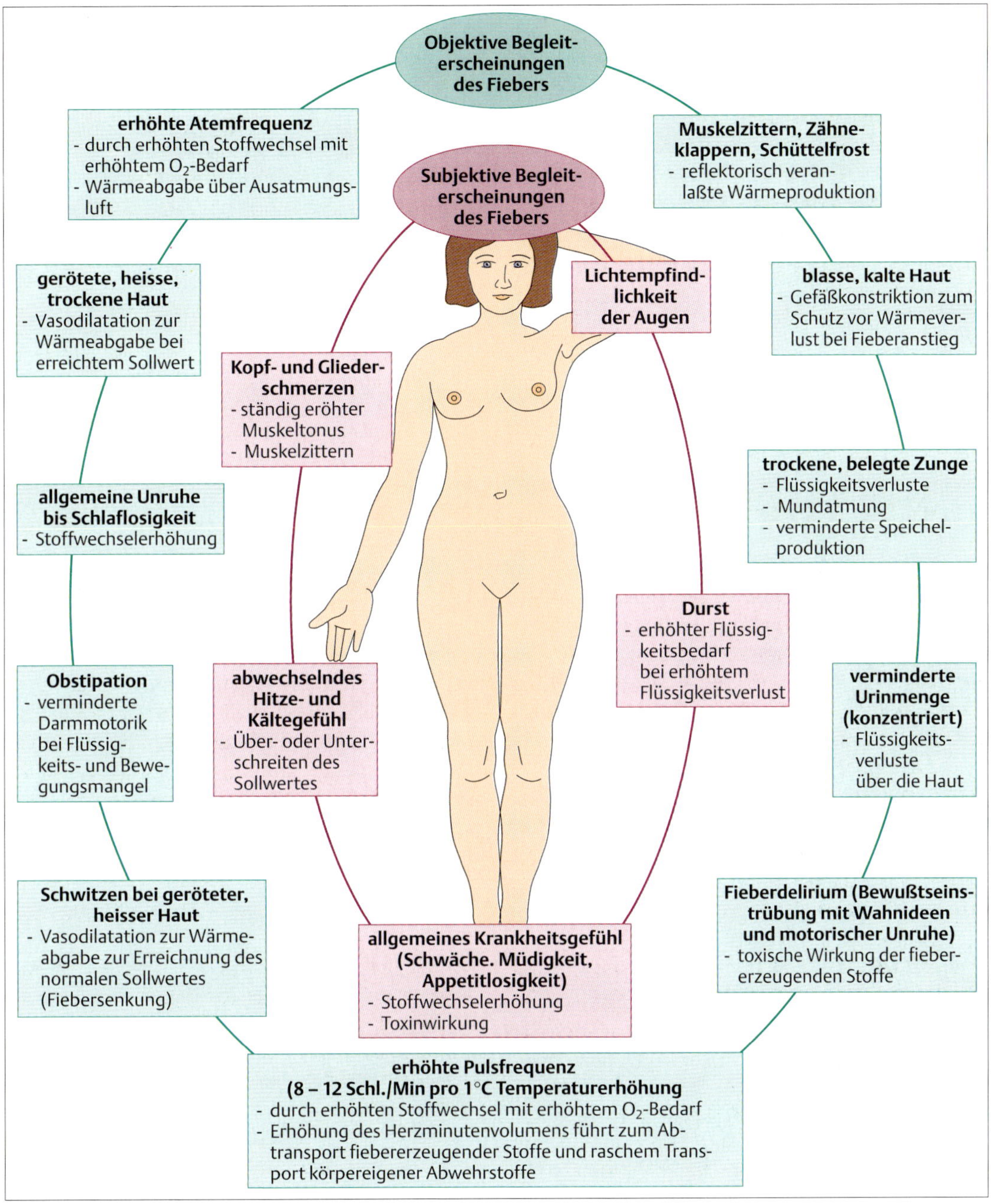

Abb. 10.18 Subjektive und objektive Begleiterscheinungen des Fiebers.

Bei allen Veränderungen der Körpertemperatur muss neben Puls und Atmung auch ein Schwerpunkt auf die Beobachtung der Bewusstseinslage und der Haut gelegt werden.

Hypothermie und ergänzende Beobachtungskriterien:

- Das Absinken der Körpertemperatur, die Hypothermie, kann krankheitsbedingt sein, durch Unfälle oder nach Drogenkonsum eintreten oder aber als kontrollierte gewollte Herabsetzung der Körpertemperatur (z. B. bei Operationen) erfolgen.
- Bei Erfrierungen handelt es sich um Gewebeschädigungen aufgrund örtlicher Kälteeinwirkung.
- Bei Abweichungen der Körpertemperatur können eine Reihe von subjektiven und objektiven Begleiterscheinungen beobachtet werden, wobei insbesondere der Puls und die Atmung beachtet werden müssen.

10.5 Besonderheiten bei Kindern

Sigrid Flüeck

Die Körpertemperatur gibt Auskunft über das Wohlbefinden oder Unwohlsein eines Kindes. Abweichungen der normalen Körpertemperatur sind im Kindesalter häufig und müssen als ein ernst zu nehmendes Symptom bewertet werden.

Die Regulierung der Körpertemperatur ist von verschiedenen Faktoren abhängig, z. B. vom Alter des Kindes, der Umgebungstemperatur, pathophysiologischen Veränderungen im Organismus.

Ein **Frühgeborenes** kann die Körpertemperatur nicht selbständig regulieren. Das im Hypothalamus liegende Wärmeregulationszentrum ist noch nicht voll ausgereift. Ein weiterer Faktor ist der hohe Wärmeverlust gegenüber einer zu geringen Wärmeproduktion. Die große wärmeabgebende Körperoberfläche des Frühgeborenen steht nicht im Verhältnis zum wärmebildenden Körpervolumen. Eine reduzierte Wärmeisolierung der Haut durch Mangel an subkutanem Fettgewebe ist ein weiteres Indiz für die schnelle Wärmeabgabe. Zum Verlust der Körperwärme des Frühgeborenen an die Umgebung führen weitere Mechanismen wie die:

- **Konvektion:** Sie entsteht durch kalte Luft/Zugluft aufgrund offen stehender Türen bzw. Inkubatorklappen.
- **Konduktion:** Sie bedeutet Wärmeleitung/Wärmeabgabe durch das Lagern auf kalten Unterlagen bei unzureichenden Wärmequellen während pflegerischer, diagnostischer und/oder therapeutischer Eingriffe wie z. B. Wickeln, Röntgen und/oder Intubieren des Frühgeborenen.
- **Evaporation:** Hier entsteht Wärmeverlust durch Verdampfung. Über die noch unreife durchlässige Haut des Frühgeborenen geht Feuchtigkeit verloren, solange sie keine angefeuchtete und angewärmte Luft erhalten.
- **Radiation:** Radition bedeutet Wärmeabstrahlung und tritt auf, wenn die Umgebung des Frühgeborenen kälter ist als seine Umgebungstemperatur. Deshalb muss die Raumtemperatur bedarfsgerecht reguliert werden (**Abb. 10.19**).

Dies erklärt den Anblick der Frühgeborenen, die häufig mit Baumollmützchen, Söckchen und Handschuhen bekleidet im Inkubator liegen. Die erwünschte und für den Reifungsprozess erforderliche Körpertemperatur eines Frühgeborenen sollte 36,7 – 37,3 °C betragen. Temperaturen über 37,0 °C sind jedoch selten.

Die Thermolabilität findet ihre Ursache in der Unreife des temperaturregulierenden Zentrums, in der herabgesetzten Muskeltätigkeit, im geringen Fettpolster und in der ungenügenden Schweißbildung (s. a. Kap. 7.4 u. 19.4).

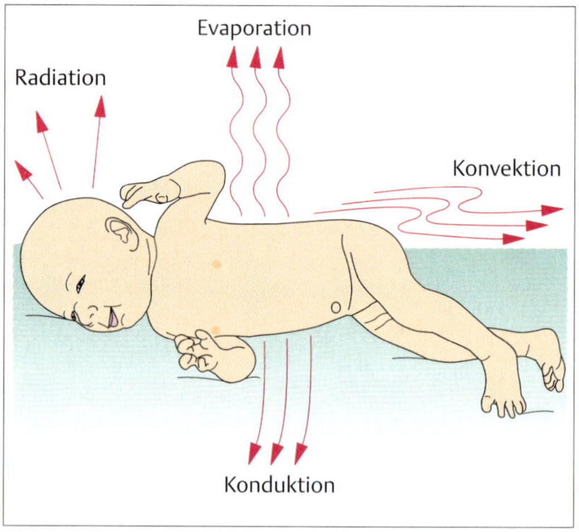

Abb. 10.19 Mechanismen des Wärmeverlustes beim Frühgeborenen (aus: Hoehl, M., P. Kullick: Kinderkrankenpflege und Gesundheitsförderung, Thieme, Stuttgart 1998).

10.5.1 Technik der Temperaturmessung bei einem Frühgeborenen

Je nach Klinikstandard werden unterschiedliche Methoden angewendet.

Bei Frühgeborenen unter 1500 g erfolgt zunächst die axillare Messung, um Verletzungen am Anus vorzubeugen. Die rektale Messung wird bei Frühgeborenen über 1500 g oder bei angeordneter kontinuierlicher Messung angewendet. Da es bei Frühgeborenen keine großen Temperaturunterschiede zwischen axillarer und rektaler Messung gibt, wird in einigen Kliniken axilliar gemessen. Lediglich bei auffälligen Temperaturen von < 36,5 und > 37,3 °C wird rektal nachgemessen.

Die Technik der rektalen Messung ist bereits in 10.1.2.1 beschrieben. Allerdings wird bei den Frühgeborenen auf die Anwendung einer Plastikschutzhülle verzichtet. Die harte Schweißnaht kann zu einer Schleimhautläsion im Darm führen.

Ein weitere Möglichkeit zur Messung der peripheren Temperatur ist eine Hauttemperatursonde, mit einer scheibenförmigen Elektrode, die peripher an Fußsohle/Fußrücken oder auch am Brustkorb/Bauch des Kindes angebracht werden kann. Diese Elektrode leitet die Temperatur an einen Monitor weiter. Es gibt Inkubatoren, die aufgrund des Temperaturergebnisses ihre Temperatur selbständig regeln können. Hier gilt es, die Anweisung des Herstellers zu berücksichtigen, an welchem Messort die Hauttemperatursonde angebracht werden soll. Diese Methode ist besonders sinnvoll bei unreifen Frühgeborenen. Je geringer das Unterhautfettgewebe ist, desto massiver unterliegen die Frühgeborenen Temperaturschwankungen, die auch zu Untertemperatur führen können. Dazu werden digitale Spezialthermometer mit erweiterter Messskala von 25 – 42 °C verwendet.

▸ Bei einem Frühgeboren gibt es keine großen Temperaturunterschiede zwischen axillarer und rektaler Messung. Rektale Messungen dürfen aufgrund der Verletzungsgefahr durch die Schweißnähte nur ohne Schutzhülle durchgeführt werden.

10.5.2 Technik der Temperaturmessung bei Neugeborenen, Säuglingen und Kleinkindern

Diese Technik unterscheidet sich im Wesentlichen nicht von der Technik der Temperaturmessung beim Erwachsenen, die bereits in 10.1 beschrieben wurde. Die Messung mit dem Infrarot-Ohrthermometer findet aufgrund der sehr kurzen Messdauer von 1 Sek. bei Kindern eine sehr hohe Akzeptanz und ist deshalb bevorzugt anzuwenden.

Die rektale Temperaturmessung ergibt zwar einen genauen unverfälschten Wert der Körperkerntemperatur, hat aber zum Nachteil, dass sie die Intimsphäre von Kindern beeinträchtigt und deshalb eher abgelehnt wird. Sie ist daher genau abzuwägen und nur sinnvoll, wenn eine exakte Messung notwendig ist. Neugeborene, Säuglinge und Kleinkinder legt man zur rektalen Messung auf den Rücken oder auf die Seite, das Gesäß auf z. B. einer Windel, da gelegentlich die Einführung der Thermometerspitze Stuhldrang und somit Stuhlabgang auslöst. In diesem Fall muss der Messvorgang wiederholt werden. Während der Messung werden mit einer Hand die Beine des Kinds in Beugehaltung fixiert und mit der anderen Hand das Thermometer festgehalten (**Abb. 10.20**).

Bei älteren Kindern entspricht der Messvorgang den Angaben unter 10.1.2.1.

Die orale sublinguale Temperaturmessung sollte nur bei älteren kooperativen Kindern, die das Thermometer nicht zerstören/zerbeißen, angewendet werden.

Bei der Anwendung der rektalen Temperaturmessung müssen die Beine des Säuglings und das Thermometer gehalten werden. Bei Verletzungen, Entzündungen oder Operationen im Anal- und Darmbereich darf keine rektale Messung durchgeführt werden.

10.5.3 Abweichungen vom Normalzustand

Allgemeine Symptome der Temperaturerhöhung sind:

- Das Kind ist antriebsarm, möchte mehr schlafen und äußert Unwohlsein.
- Das Kind hat ein rotes Gesicht, es fühlt sich heiß an, gibt jedoch an, zu frieren und hat glasige Augen.
- Das Kind ist appetitlos, trinkt viel und klagt über Übelkeit und Kopfschmerzen.
- Das Kind hat eine Tachypnoe und eine Tachykardie.

Nach Ermittlung der Körpertemperatur sollten je nach Anordnung fiebersenkende Maßnahmen eingeleitet werden.

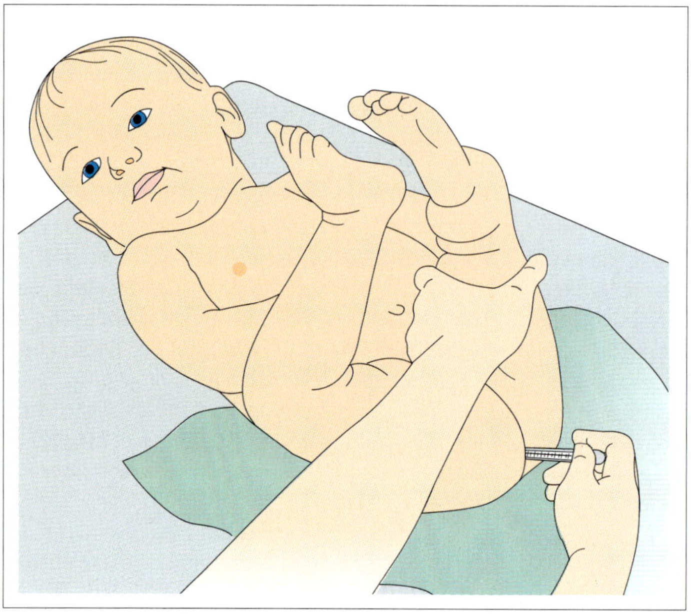

Abb. 10.20 Rektale Temperaturmessung beim Säugling (aus: Hoehl, M., P. Kullick: Kinderkrankenpflege und Gesundheitsförderung, Thieme, Stuttgart 1998).

Je nach Art und Auslösung des Fiebers und nach Ermittlung der Fiebertypen stehen folgende Möglichkeiten zur Verfügung:

- physikalische Maßnahmen, z. B. Wadenwickel,
- medikamentöse Maßnahmen, z. B. Gabe von Antipyretika,
- Therapie des Grundleidens, z. B. Gabe von Antibiotika.

Welche Maßnahmen angewendet werden, hängt im Wesentlichen vom Alter, Zustand und Ursache der Temperaturerhöhung ab. Die Indikation zur Einleitung von physikalischen Maßnahmen, z. B. Wadenwickeln beim Neugeborenen/Säugling, muss sehr streng und individuell überlegt werden.

Ein mögliches Pflegeproblem ist die Gefahr eines Flüssigkeitsverlusts durch erhöhtes Schwitzen, und/oder Erbrechen der Trinkmenge und dadurch eine zu geringe Aufnahme von Flüssigkeit. Besonders Frühgeborene, Säuglinge und Kleinkinder haben ein erhöhtes Dehydratationsrisiko und benötigen sofort Flüssigkeit. Eine Kontrolle und Dokumentation der Ein- und Ausfuhr ist angezeigt.

Ein weiteres Pflegeproblem kann sich durch die Auswirkungen eines Fieberkrampfes ergeben, dieser ist primär von einem zerebralen Krampf nicht zu unterscheiden. Er tritt häufig bei einem raschen Fieberanstieg im Säuglings- und Kleinkindalter auf und bedarf sofortiger ärztlicher Betreuung. Die Maßnahmen erstrecken sich auf die Unterbrechung des Krampfanfalles und Senkung der Körpertemperatur. Daran schließt sich eine engmaschige Überwachung des Kindes einschließlich einer kontinuierlichen Überwachung der Körpertemperatur an. In diesem Fall müssen bereits bei gering erhöhter Temperaturen fiebersenkende Maßnahmen stattfinden.

10.6 Besonderheiten bei älteren Menschen

Panajotis Apostolidis

Die Temperaturempfindung des Menschen nimmt mit zunehmendem Alter ab. Verstärkt wird dies durch altersbedingte Erkrankungen wie Arteriosklerose oder Diabetes mellitus. Es kommt hierbei zu einer Veränderung an dem Blutgefäßsystem mit Minderversorgung der Extremitäten. Hierdurch entsteht eine subjektiv und objektiv messbare Temperaturreduzierung in den Extremitäten. Dies erklärt die „kalten Füße" älterer Menschen.

Neben den Durchblutungsstörungen kommt es beispielsweise beim Diabetes mellitus auch zu Veränderungen an Nervenendigungen, die Sensibilitätsstörungen zur Folge haben und die Temperaturempfindung der älteren Menschen zusätzlich beeinflussen. Immobilität und Bewegungseinschränkungen können zu Schwierigkeiten bei der Anpassung an die Umgebungstemperatur durch eine verminderte körperliche Aktivität und Problemen beim Ankleiden führen.

Besonderheiten bei Kindern und älteren Menschen:

- Ein Frühgeborenes kann die Körpertemperatur nicht selbständig regulieren.
- Mangelndes subkutanes Fettgewebe, ein noch nicht ausgereiftes Wärmeregulationszentrum sowie Konvektion, Konduktion, Evaporation und Radiation führen zu Wärmeverlust beim Frühgeborenen.
- Bei Frühgeborenen wird die Temperatur axillar oder mit einer Hauttemperatursonde gemessen, die oral sublingual Messung ist erst bei älteren Kindern angebracht.
- Ältere Menschen haben ein geringeres Temperaturempfinden und leiden unter Minderversorgung der Extremitäten („kalten Füßen“).

10.7 Fallstudien und mögliche Pflegediagnosen

Wie aus den vorausgegangenen Ausführungen ersichtlich, gibt es zahlreiche Ursachen für Temperaturveränderungen. Ebensoviele pflegerische Probleme können sich aus diesen Temperaturveränderungen und deren Begleiterscheinungen ergeben.

Fallstudie Herr Überhitzt

Herr Überhitzt, 45 Jahre, wurde von seinem Hausarzt mit der Diagnose „rezidivierende Temperaturschübe bis 40,0 °C“ in die Klinik eingewiesen. Zur Zeit beträgt die Körpertemperatur 39,5 °C rektal. Herr Überhitzt schwitzt stark. Es besteht eine Tachykardie von 122 Schläge/min und eine leichte Tachypnoe. Da Herr Überhitzt in der letzten Zeit bereits mehrere Schübe mit teilweise sehr hohen Temperaturen erlitten hat, kennt er die verschiedenen Begleitsymptome. Er äußert Wünsche bezüglich verschiedener Maßnahmen, die ihm während solcher Fieberschübe Erleichterung und ein verbessertes Wohlbefinden verschaffen.

Tab 10.5 zeigt einen Auszug aus dem Pflegeplan von Herrn Überhitzt.

Die Pflegediagnose Hyperthermie zeigt die folgende Übersicht:

Pflegediagnose Hyperthermie (nach Gordon)

Definition

Erhöhung der Körpertemperatur über das normale Maß hinaus.

Hauptkennzeichen

Anstieg der Körpertemperatur über das normale Maß hinaus.

Nebenkennzeichen

- gerötete Haut,
- überwärmte Haut,
- erhöhte Atemfrequenz,
- Tachykardie,
- Krampfanfälle/Fieberkrämpfe (als Folgeerscheinung).

Ätiologische oder beeinflussende Faktoren

- Exposition gegenüber einer heißen Umgebung,
- übermäßige körperliche Aktivität,
- Medikamente/Anästhesie,
- unangemessene Kleidung,
- erhöhte Stoffwechselrate,
- Krankheit oder Verletzung,
- Dehydratation,
- Unfähigkeit/verminderte Fähigkeit zu schwitzen.

Die entsprechende Pflegediagnose für Herrn Überhitzt könnte folgendermaßen lauten:

Hyperthermie

- a/d einen Anstieg der Körpertemperatur über das normale Maß hinaus, erhöhte Atemfrequenz und Tachykardie.

Fallstudie Lara

Lara ist 6 Tage alt und in der 32 + 3 SSW durch Sektio entbunden. Sie wiegt jetzt 1740 g und ist 44 cm groß. Zur Zeit liegt Lara im Inkubator. Da sie schlecht trinkt, wird ihr die fehlende Nahrungsmenge über eine Magensonde zugeführt. Die Atmung ist unauffällig, das Hautkolorit rosig bis blass, die Extremitäten sind kühl. Die Körpertemperatur ist noch instabil, es zeigt sich eine leichte Hypothermie um 36,2 °C. Lara bekommt Wärme zugeführt, der Inkubator ist auf 33 °C eingestellt. Die Mutter besucht ihre Tochter regelmäßig und baut über Berührungen Kontakt zu Lara auf. Einen Ausschnitt aus dem Pflegeplan von Lara zeigt **Tab. 10.6**.

Tab. 10.5 Auszug aus dem Pflegeplan von Herrn Überhitzt

Pflegeproblem	*Ressourcen*	*Pflegeziele*	*Pflegemaßnahmen*
hohes Fieber unbekannter Genese mit starkem Schwitzen	• kennt Fieberschübe • weiß, welche Maßnahmen ihm Erleichterung und Wohlbefinden verschaffen und äußert diese	FZ: • hat Normaltemperatur NZ: • erfährt keine Komplikationen wie z. B. Kreislaufkollaps • hat verbessertes Wohlbefinden • schwitzt weniger • trinkt ausreichend (mind. 3 l/Tag)	• Information des Patienten über die geplanten Maßnahmen und Frage nach Wünschen • rektale Temperatur-, Puls-, Blutdruck- und Atmungskontrolle nach Plan (im Zimmer) • kühle Abwaschungen und frische Wäsche nach Bedarf • kühle Wunschgetränke anbieten (Trinkmenge: mind. 3 l/Tag)

Tab. 10.6 Auszug aus dem Pflegeplan von Lara

Pflegeproblem	*Ressourcen*	*Pflegeziele*	*Pflegemaßnahmen*
Temperaturschwankungen und leichte Hypothermie bei frühgeburtlicher Unreife und fehlendem Unterhautfettgewebe	• im Inkubator herrscht eine ausgeglichene Temperatur • Mutter besucht Lara regelmäßig und nimmt Körperkontakt zu ihr auf	• erfährt keine zusätzlichen Komplikationen durch frühzeitiges Erkennen von Veränderungen • Lara hat warme Extremitäten	• Temperaturkontrolle max. 4-stdl. (8.00/12.00/16.00/20.00/24.00/4.00 Uhr) • Söckchen und Handschuhe anziehen • Lagerung auf einem Fell, „Nestchen" bauen, zudecken

Die folgende Übersicht zeigt die Pflegediagnose unwirksame Wärmeregulation:

Pflegediagnose unwirksame Wärmeregulation

Definition

Schwanken der Körpertemperatur zwischen Hypothermie und Hyperthermie.

Hauptkennzeichen

Schwankungen der Körpertemperatur oberhalb oder unterhalb der Normaltemperatur (s. Kennzeichen einer Hypothermie und Hyperthermie).

Ätiologische oder beeinflussende Faktoren

schwankende Umgebungstemperatur.

Risikogruppen

- Personen mit einer Krankheit oder Verletzung, die die zentrale Wärmeregulation beeinflusst,
- Frühgeborene (Unreife),
- Hochbetagte (verminderter Grundumsatz, Verlust von Unterhautfettgewebe).

Die entsprechenden Pflegediagnose von Lara könnte folgendermaßen lauten:
Unwirksame Wärmeregulation
- b/d (beeinflusst durch) Unreife bei Frühgeburt,
- a/d (angezeigt durch) Schwankungen der Körpertemperatur unterhalb der Normaltemperatur.

Fazit: Die Körpertemperatur gehört zu den objektiven Beobachtungsbereichen. Für die Messung der Körpertemperatur stehen unterschiedliche Thermometerarten zur Verfügung, die in Abhängigkeit von der jeweiligen Indikation und dem Messort verwandt werden. Eine Veränderung der Körpertemperatur ist immer ein Hinweis auf eine Erkrankung. Die häufigste Abweichung stellt das Fieber dar. Es weist eine Vielzahl von objektiven und subjektiven Begleiterscheinungen auf, die im Rahmen der Pflege beobachtet und berücksichtigt werden müssen.

Achterberg, H., W. Dick: Körpertemperatur und Wärmeregulation, Intensivmedizin, 1995

Deltz, C.: Krankenbeobachtung, Springer, Berlin 1994

Gordon, M.: Handbuch Pflegediagnosen, 2. Aufl. Ullstein Mosby, Wiesbaden 1998

Hertl, M.: Kinderheilkunde und Pflege, 8. Aufl. Thieme, Stuttgart 1996

Hoehl, M., P. Kullick: Kinderkrankenpflege und Gesundheitsförderung, Thieme, Stuttgart 1998

Juchli, L.: Pflege – Praxis und Theorie der Gesundheits- und Krankenpflege, 8. Aufl. Thieme, Stuttgart 1997

Kendall Medizinische Erzeugnisse GmbH, Raffineriestr. 18, 93333 Neustadt/Donau

Köther, Gnamm: Altenpflege in Ausbildung und Praxis; 3. Aufl. Thieme, Stuttgart, 1998

Kühl, G., D. Siepmann, H. Sobotta, J. Bauer, K. Fischer (Hrsg.): Klinikleitfaden Kinderkrankenpflege, Gustav Fischer, Lübeck 1997

Pschyrembel: Klinisches Wörterbuch, 258. Aufl. Walter de Gruyter, Berlin

Roche-Lexikon Medizin, Urban & Schwarzenberg, 3. Aufl. München 1993

Schettler, G., H. Greten: Innere Medizin: verstehen – lernen – anwenden, 9. Aufl. Thieme, 1998

Schwegler, J.S.: Der Mensch – Anatomie und Physiologie, 2. Aufl. Thieme, Stuttgart 1998

Seel, M. : Die Pflege des Menschen, 3. Aufl. Brigitte Kunz, Hagen 1998

Silbernagel, S., A. Despopoulos: Taschenatlas der Physiologie, 4. Aufl. Thieme, Stuttgart 1991

Sittler, E., M. Kruft: Pflegeleitfaden Altenpflege, Urban & Schwarzenberg, München 1997

Thews, G., E. Mutschler, P. Vaupel: Anatomie, Physiologie, Pathophysiologie des Menschen, 3. Aufl. Wissenschaftliche Verlagsgesellschaft mbH, Stuttgart 1989

Wegmann, H.: Die professionelle Pflege des kranken Kindes, Urban & Schwarzenberg, München 1997

11 Atmung

Panajotis Apostolidis

Übersicht

Einleitung · 182
11.1 **Technik der Atemerfassung** · 184
11.1.1 **Dokumentation** · 184
11.1.2 **Indikationen zur Atemerfassung** · 184
11.2 **Allgemeine Beobachtungskriterien und Beschreibung des Normalzustands** · 185
11.2.1 **Atemvolumina** · 185
11.2.2 **Atemfrequenz** · 187
11.2.3 **Atemtiefe (Atemintensität)** · 187
11.2.4 **Atemrhythmus** · 187
11.2.5 **Atemmechanik (Atembewegungen)** · 187
11.2.6 **Atemgeräusche** · 188
11.2.7 **Atemgeruch** · 188
11.3 **Abweichungen und Veränderungen beim Atmen und deren mögliche Ursachen** · 189
11.3.1 **Dyspnoe** · 189
11.3.2 **Atemfrequenz** · 190
11.3.3 **Atemtiefe (Atemintensität)** · 191
11.3.4 **Atemrhythmus (pathologische Atemtypen)** · 192
11.3.5 **Atemmechanik (Atembewegungen)** · 194
11.3.6 **Atemgeräusche** · 195
11.3.7 **Atemgerüche** · 197
11.4 **Ergänzende Beobachtungskriterien** · 197
11.5 **Besonderheiten bei Kindern** · 198
11.5.1 **Abweichungen und Veränderungen der Atmung** · 198
11.5.2 **Die besondere Situation des Früh- und Neugeborenen** · 199
11.6 **Besonderheiten bei älteren Menschen** · 200
11.7 **Fallstudien und mögliche Pflegediagnosen** · 200
Fazit · 202
Literatur · 203

Schlüsselbegriffe:

- *Dyspnoe*
- *Tachypnoe*
- *Exspiration*
- *Inspiration*

Einleitung

Atmen ist eine grundlegende und lebensnotwendige Tätigkeit des Menschen und wird deshalb auch zu den sog. Vitalzeichen gerechnet. Darüber hinaus ist Atmen eng verknüpft mit der körperlichen, aber auch seelischen Verfassung eines Menschen. Körperliche Anstrengung, eine Reihe von Erkrankungen sowie Störungen im emotionalen Befinden wirken sich direkt auf die Atmung aus und können einem Menschen buchstäblich „die Luft abschnüren".

Die Tatsache, dass die Atmung nicht nur unwillkürlich gesteuert, sondern auch bewusst beeinflusst werden kann, wird u. a. in Programmen wie z. B. dem Autogenen Training genutzt, um über eine gezielte Steuerung der Atemtechnik einen verbesserten Zugang zum eigenen Körperempfinden zu erreichen.

Auch in der Beobachtung des gesunden und kranken Menschen kommt dem Beobachtungsbereich „Atmung" eine bedeutsame Stellung zu.

Als Atmung wird der lebenswichtige Vorgang bezeichnet, bei dem der Organismus mit Sauerstoff (O_2) versorgt und Kohlendioxid (CO_2) abtransportiert wird.

Die Atemwege werden in 2 Abschnitte eingeteilt: die oberen und unteren Atemwege. Zu den oberen Atemwegen gehören die Nase und der Rachenraum, die unteren Atemwege werden von dem Kehlkopf, der Luftröhre und den Bronchien gebildet.

Des Weiteren werden die innere und die äußere Atmung unterschieden. Die innere Atmung wird auch als Gewebeatmung bezeichnet. Sie beinhaltet den Gasaustausch zwischen dem Blut und den Zellen. Die äußere Atmung, auch Lungenatmung oder Respiration genannt, umfasst die Tätigkeit der Lungen. Hierbei nimmt das Hämoglobin des Bluts durch die Alveolarwand Sauerstoff auf und gibt die Endprodukte des Stoffwechsels, vor allem Kohlendioxid ab.

Der Transport der Luft zwischen der Umgebung und den Alveolen wird durch die Atembewegungen ermöglicht. Die Atembewegungen können willkürlich durchgeführt werden, doch fast alle Atembewegungen erfolgen unwillkürlich und werden durch das Atemzentrum im verlängerten Mark (Medulla oblongata) gesteuert. Hierzu werden über periphere und zentrale Rezeptoren der Sauerstoff- und Kohlendioxidgehalt sowie die Wasserstoffionenkonzentration (pH-Wert) des Blutes gemessen, die Werte über Nervenleitungen dem Atemzentrum übermittelt und dort mit den eingestellten Werten verglichen.

Bei einem Absinken des Sauerstoffgehalts oder einem Anstieg des Kohlendioxidgehalts werden vom Atemzentrum Nervenimpulse ausgesendet, die die Muskeln der Throraxwand und des Zwerchfells veranlassen, eine Einatmungsbewegung auszulösen. Neben dieser chemischen Steuerung der Atmung existiert noch eine nervale Steuerung. Hierbei wird über feine Äste des N. vagus in den Alveolen deren Dehnungszustand ermittelt und an das Atmungszentrum weitergeleitet. Weitere Regulationsmechanismen (**Abb. 11.1**), die auf die Atmung einwirken, sind:

- Dehnungsrezeptoren der Muskeln und Sehnen,
- Pressorezeptoren der Aorta und der A. carotis,
- Thermorezeptoren der Haut,
- Schmerzrezeptoren,
- Körpertemperatur,
- Hormone (z. B. Adrenalin),
- Einflüsse höherer Zentren des ZNS (Kortex, limbisches System, Hypothalamus, Pons) z. B. psychische Erregung.

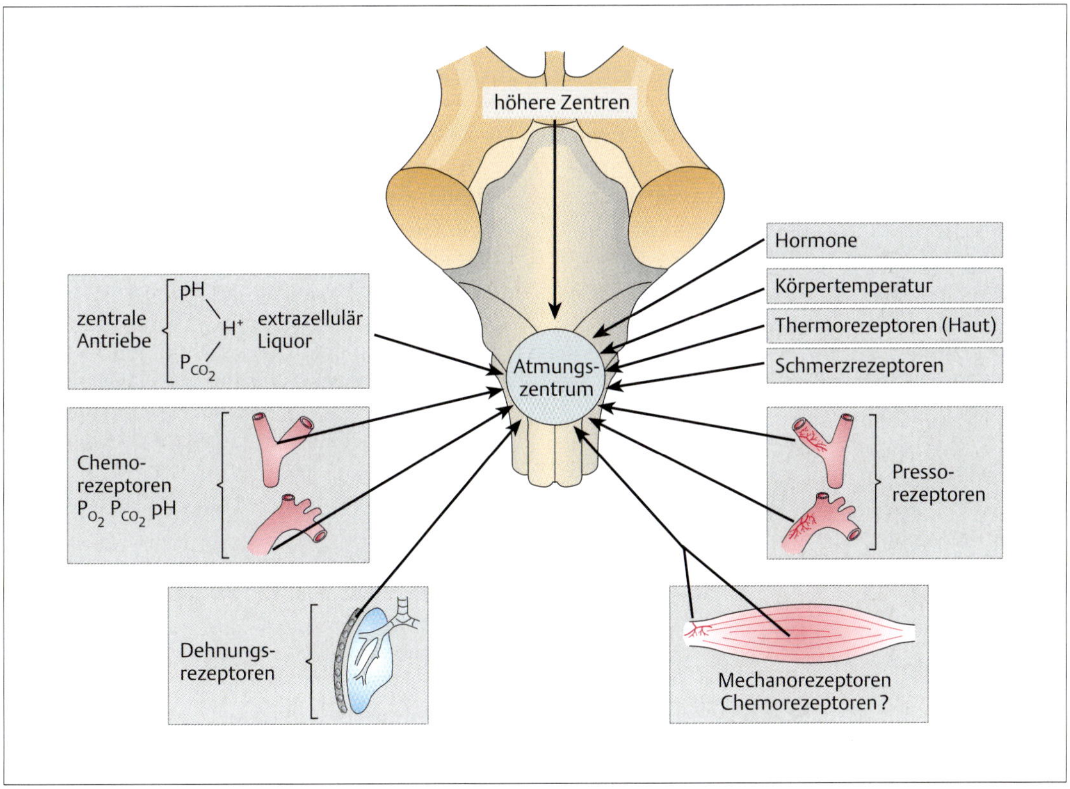

Abb. 11.1 Übersicht über die zentralen Atmungsantriebe und die peripheren Rezeptoren, von denen aus die Atmung beeinflusst werden kann.

11.1 Technik der Atemerfassung

Die Beobachtung der Atmung sollte für den Menschen unbemerkt erfolgen, da die Atmung willkürlich beeinflussbar ist. Es bietet sich an, z. B. eine Pulsmessung anzudeuten bzw. die Atmungskontrolle direkt im Anschluss an eine Pulskontrolle durchzuführen. Bei der Beobachtung der Atmung werden die ▸ *In-* und ▸ *Exspiration* als ein Atemzyklus erfasst. Unter Zuhilfenahme einer speziellen Stoppuhr (s. a. Kap. 8, **Abb. 8.3**) oder einer Uhr mit Sekundenzeiger, werden über 1 Minute die Atembewegungen (Atemzyklen) gezählt.

Da bei Menschen, deren Atmung sehr flach ist, Atembewegungen nicht zu erkennen sind, muss eine andere Technik angewendet werden, bei der die optische Erfassung der Atembewegungen durch eine taktile Erfassung unterstützt wird. Hierzu werden die Handflächen bauchwärts auf den Übergang vom Thorax zum Abdomen gelegt (**Abb. 11.2**). Auf diese Weise ist es möglich, sowohl eine Thorax- als auch eine Abdominalatmung zu erfassen.

Neben der Anzahl der Atembewegungen (Atemfrequenz) müssen gleichzeitig die Art der Atembewegungen, der Atemrhythmus und das Auftreten von Atemgeräuschen und -gerüchen registriert werden. Zusätzlich erfolgt die Einschätzung der Atemtiefe. Um vergleichbare und gültige Ergebnisse zu erhalten, muss darauf geachtet werden, dass die Beobachtung der Atmung immer unter gleichen Bedingungen stattfindet. Bei einer routinemäßigen Atmungskontrolle sollte der Betroffene zuvor 15 – 30 Minuten geruht haben.

Eine Erfassung der Atemgase und/oder der Volumina ist nur mit Hilfe spezieller Geräte möglich. Zur Feststellung der Sauerstoffkonzentration im Blut kann beispielsweise ein Pulsoximeter verwendet werden (s. a. Kap. 8.5, **Abb. 8.8**) oder eine Blutgasanalyse durchgeführt werden.

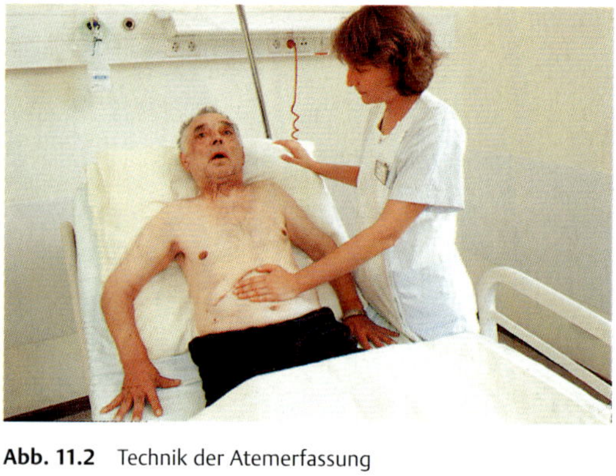

Abb. 11.2 Technik der Atemerfassung

Da die Atmung willkürlich beeinflusst werden kann, sollte die Beobachtung für den betroffenen Menschen unauffällig erfolgen.

11.1.1 Dokumentation

Die ermittelten Werte sind mit dokumentenechten Stiften direkt in das Dokumentationssystem einzutragen, die sowohl in Form einer Kurve (s. a. Kap. 8, **Abb. 8.4**) als auch in Form von Zahlen (s. a. Kap. 8, **Abb. 8.5**) erfolgen kann. Bei den Kurvensystemen wird zur Dokumentation der Atmung üblicherweise die Farbe Schwarz gewählt. Da die Temperaturkurve meist in blau und die Pulskurve in rot geführt wird, ist so eine deutliche Unterscheidung der verschiedenen Vitalzeichen möglich.

Neben der Anzahl der Atemzüge pro Minute und der Uhrzeit müssen weitere Besonderheiten angegeben werden. Dies kann direkt in der Kurve bzw. Spalte mit Hilfe spezieller Kürzel oder Zeichen geschehen, deren Bedeutung in der Legende des Dokumentationssystems verbindlich festgelegt ist.

Des Weiteren können Besonderheiten oder Auffälligkeiten im Pflegebericht niedergeschrieben werden. In diesem Fall muss ein entsprechender Hinweis in der Kurve/Spalte vermerkt und der entsprechende Abschnitt im Pflegebericht besonders hervorgehoben werden.

11.1.2 Indikationen zur Atmungserfassung

Da die Atmung vielfältigen Einflüssen unterliegt, ergeben sich eine Reihe von unterschiedlichen Indikationen, wie z. B.:

- Atemwegserkrankungen (z. B. zur Diagnostik, zur Verlaufskontrolle),
- Erfassung der Vitalsituation des Menschen (z. B. bei Neuaufnahmen, vor, während und nach Untersuchungen),
- Erkrankungen wie z. B. Herz-Kreislauf-Erkrankungen, Stoffwechselstörungen,
- Kontrolle der Belastbarkeit (z. B. Mobilisation),
- postoperative Überwachung (zum rechtzeitigen Erkennen von Komplikationen, z. B. im Zusammenhang mit der Narkose),

- Überwachung des Menschen bei der Verabreichung bestimmter Medikamente (z. B. Spasmolytika, Sedativa, Analgetika).

Atmung:

- Es wird zwischen Gewebe- und Lungenatmung, und der Abdominal- und Thoraxatmung unterschieden.
- Regulationsmechanismen für die Atmung sind Dehnungsrezeptoren der Muskeln und Sehnen, Pressorezeptoren der Aorta, Thermorezeptoren der Haut, Schmerzrezeptoren, Körpertemperatur, Hormone und Einflüsse höherer Zentren des ZNS.
- In den Kurvensystemen wird die Atmung mit Schwarz dokumentiert.
- Eine Atmungserfassung ist indiziert bei Erkrankungen, zur Erfassung der Vitalsituation, zur Kontrolle der Belastbarkeit, postoperativ, bei der Verabreichung bestimmter Medikamente.

11.2 Allgemeine Beobachtungskriterien und Beschreibung des Normalzustands

Die normale Atmung (Eupnoe) erfolgt in einer angemessenen Atemfrequenz und Atemtiefe. Der Atemrhythmus ist gleichmäßig, die Atembewegungen sind nur bei einem genauen Hinsehen erkennbar. Die Atmung erfolgt unbewusst, entspannt und beschwerdefrei. Auffällige Atemgeräusche und -gerüche sind nicht vorhanden. Aus dieser Beschreibung der normalen Atmung ergeben sich die Beobachtungskriterien.

Die Beobachtung der Atmung orientiert sich an den Kriterien:

- Atemvolumina,
- Atemfrequenz,
- Atemtiefe (Atemintensität),
- Atemrhythmus,
- Atemmechanik (Atembewegungen),
- Atemgeräusch,
- Atemgeruch.

11.2.1 Atemvolumina

Unter den Atem- oder Lungenvolumina werden verschiedene Atemgrößen verstanden. Hierzu erfolgt eine Unterteilung des maximal möglichen Gasvolumens der Lungen in statische Volumengrößen, die im weiteren kurz definiert werden und in **Abb. 11.3** dargestellt sind. Die Atemvolumina, insbesondere die Vitalkapazität werden beeinflusst durch das Alter, das Geschlecht, die Körpergröße, den Aktivitätsgrad und den Trainingszustand eines Menschen (**Abb. 11.4**). Mit Hilfe eines Spirometers (**Abb. 11.5**) können die einzelnen Lungenvolumina bestimmt werden.

Eine andere Möglichkeit besteht in der Verwendung eines Ganzkörperplethysmographen. Hierbei werden die Druckschwankungen, die in einer luftdichten Kammer bei einem Unter- oder Überdruck der Lunge um einen Menschen herum auftreten, gemessen. Veränderungen der Atemvolumina, besonders der Vitalkapazität, können Hinweise auf verschiedene Erkrankungen und die Leistungsfähigkeit der Lungen geben.

Hierzu gehören das Atemzugvolumen, das inspiratorische und exspiratorische Reservevolumen, das Residualvolumen, die Vitalkapazität, die Inspirati-

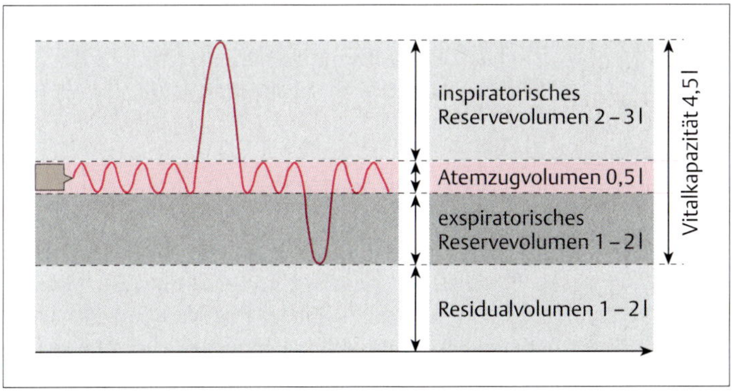

Abb. 11.3 Verschiedene Atemvolumina (aus: Schwegler, J.: Der Mensch – Anatomie und Physiologie, 2. Auflage, Thieme, Stuttgart 1998).

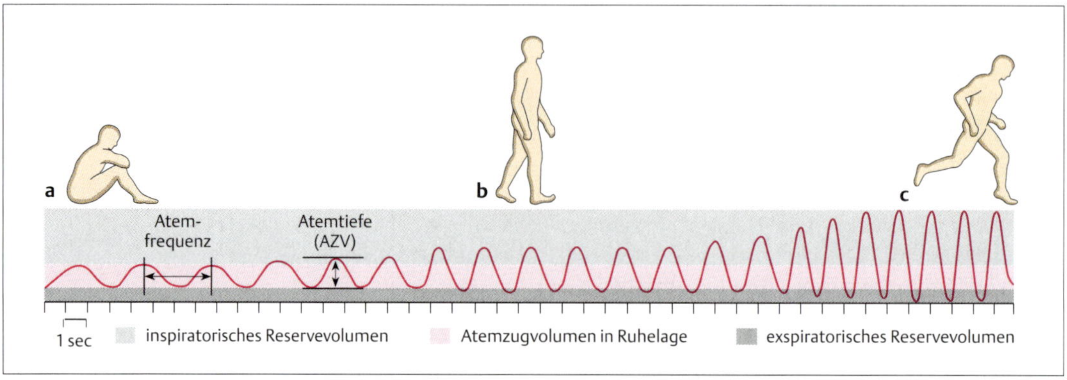

Abb. 11.4 Lungenvolumina bei Ruhe (**a**), Bewegung (**b**) und Anstrengung (**c**). In Ruhe bewegt sich die Atmung nur innerhalb eines engen Bandes. Mit zunehmender körperlicher Anstrengung atmen wir sowohl schneller als auch tiefer aus und ein. Beachten Sie auch, dass sich die Atmung immer mehr in die Richtung der Einatmung verschiebt, weil immer mehr des inspiratorischen Reservevolumens ausgeschöpft wird.

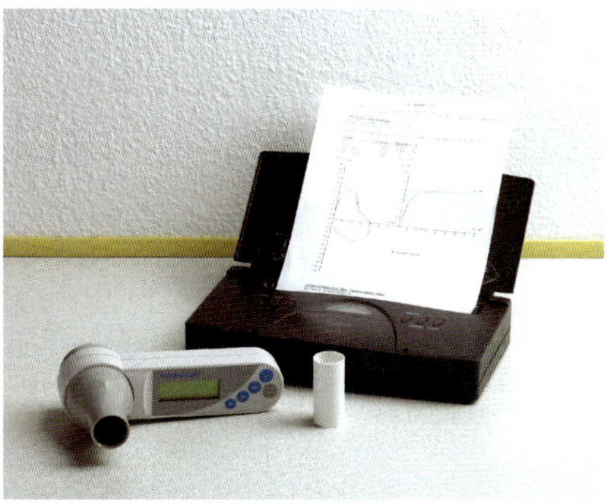

Abb. 11.5 Mit dem Spirometer werden die Lungenvolumina erfasst.

onskapazität, die funktionelle Residualkapazität und die Totalkapazität.

Atemzugvolumen (AZV, Respirationsluft)

Unter dem Atemzugvolumen wird die Luftmenge verstanden, die in Ruhe, bei normaler Ein- und Ausatmung mit einem Atemzug geatmet wird. Das Atemzugvolumen beträgt ca. 500 ml.

Inspiratorisches Reservevolumen (IRV)

Mit dem inspiratorischen Reservevolumen wird das Volumen bezeichnet, welches nach normaler ▸ *Inspiration* noch zusätzlich eingeatmet werden kann. Es beträgt zwischen 2000–3000 ml.

Exspiratorisches Reservevolumen (ERV)

Das exspiratorische Reservevolumen beschreibt die Luftmenge, die nach normaler ▸ *Exspiration* noch zusätzlich ausgeatmet werden kann. Der Normalwert beträgt ca. 1000–2000 ml.

Residualvolumen (RV)

Das Volumen, welches nach einer maximalen *Exspiration* noch in der Lunge verbleibt, wird als Residualvolumen bezeichnet und beträgt durchschnittlich 1000–2000 ml.

Vitalkapazität (VK)

Die Vitalkapazität wird auch als maximales Atemvolumen bezeichnet und beschreibt die Luftmenge, die nach maximaler *Inspiration* maximal ausgeatmet werden kann. Sie setzt sich zusammen aus dem Atemzugvolumen, dem inspiratorischen und exspiratorischen Reservevolumen. Die durchschnittliche Vitalkapazität wird mit 4500 ml angegeben.

Inspirationskapazität (IK)

Die Inspirationskapazität setzt sich aus dem Atemzugvolumen und dem inspiratorischen Reservevolumen zusammen. Sie beschreibt so das Volumen, das nach normaler *Exspiration* maximal eingeatmet werden kann. Die Inspirationskapazität beträgt ca. 2500 ml.

Funktionelle Residualkapazität (FRC)

Die Summe aus dem exspiratorischen Reservevolumen und dem Residualvolumen ergibt die funktionelle Residualkapazität und bezeichnet das Volumen, das nach normaler *Exspiration* noch in der Lunge enthalten ist. Durchschnittliches Volumen: 3000 ml.

Totalkapazität (TLK)

Als Totalkapazität wird das Volumen bezeichnet, das nach maximaler *Inspiration* in der Lunge enthalten ist. Es setzt sich aus dem Residualvolumen und der Vitalkapazität zusammen und beträgt ca. 6000 ml.

11.2.2 Atemfrequenz

Mit der Atemfrequenz werden die Anzahl der Atemzüge/Min. bezeichnet. Die altersabhängigen Normalwerte sind in **Tab. 11.1** aufgeführt.

Die Relation zwischen Puls- und Atemfrequenz beträgt vom 3. Lebensjahr an ca. 4 : 1.

Tab. 11.1 Normalwerte der Atemfrequenz

Alter	*Atemfrequenz*
Neugeborene	ca. 50 Atemzüge/Min.
6 Monate alter Säugling	ca. 40 Atemzüge/Min.
1-jähriges Kind	ca. 35 Atemzüge/Min.
6-jähriges Kind	ca. 25 Atemzüge/Min.
Erwachsene	16 – 20 Atemzüge/Min.

11.2.3 Atemtiefe (Atemintensität)

Die Atemtiefe oder -intensität ist in Ruhe gleich bleibend. Sowohl bei einem Anstieg des Kohlendioxidwerts als auch bei einem Abfall des Sauerstoffgehalts erfolgt eine automatische Regulierung. Bei einem erhöhtem Sauerstoffbedarf beispielsweise wird die Stoffwechsellage entsprechend angepasst, indem die Atemzüge tiefer werden und, wenn dies allein nicht ausreicht, steigt zusätzlich die Atemfrequenz an.

11.2.4 Atemrhythmus

Die normale Atmung stellt einen regelmäßigen und gleichmäßigen Vorgang von Einatmung und Ausatmung dar, der von einer kurzen Pause unterbrochen wird. Das zeitliche Verhältnis zwischen Einatmung und Ausatmung beträgt 1 : 2, d. h. die *Exspiration* dauert ca. doppelt so lange wie die *Inspiration*.

11.2.5 Atemmechanik (Atembewegungen)

Als Atemmechanik wird die Tätigkeit der Atemmuskulatur (**Tab. 11.2**) bei der In- und *Exspiration* bezeichnet.

Die *Inspiration* erfolgt aktiv durch das Zusammenziehen des Zwerchfells (Diaphragma) und der äußeren Zwischenrippenmuskeln. Hierdurch senkt sich die Zwerchfellkuppe und die Rippen werden angehoben, mit dem Effekt einer Brustkorberweiterung.

Im Gegensatz zur *Inspiration* erfolgt die *Exspiration* größtenteils passiv. Hierbei entspannen sich das Zwerchfell und die äußere Zwischenrippenmuskulatur, wodurch es zum Anheben der Zwerchfellkuppe und Absenken der Rippen kommt. Das Thoraxvolumen nimmt hierdurch ab. Unterstützt wird die Ausatmung durch die Kontraktion der inneren Zwischenrippenmuskeln (**Abb. 11.6**). Die Kontraktion des Zwerchfells, der Zwischenrippen- und der Bauchmuskulatur bestimmt den Atemtyp. Unterschieden werden

- die Bauch- oder Zwerchfellatmung (abdominale Atmung)
- und die Brust- oder Rippenatmung (kostale Atmung).

Tab. 11.2 Atemmuskulatur (aus Hoffmann-La Roche AG, Urban & Schwarzenberg [Hrsg.]: Roche Lexikon Medizin, 3. Aufl., Urban & Schwarzenberg, München 1993

inspiratorische Atemmuskeln	*inspiratorische Hilfsmuskeln*
Diaphragma Mm. intercostales externi Mm. intercostales interni (parasternaler Teil = MM. intercartilaginei)	M. sternocleidomastoideus Mm. scalenus anterior, medius et posterior M. pectoralis major M. pectoralis minor M. serratus posterior superior M. serratus anterior
exspiratorische Atemmuskeln	*exspiratorische Hilfsmuskeln*
Mm. intercostales interni M. transversus thoracis Mm. subcostales	M. rectus abdominis M. transversus abdominis M. obliquus externus abd. M. obliquus internus abd. M. erector spinae M. quadratus lumborum M. serratus posterior inf.

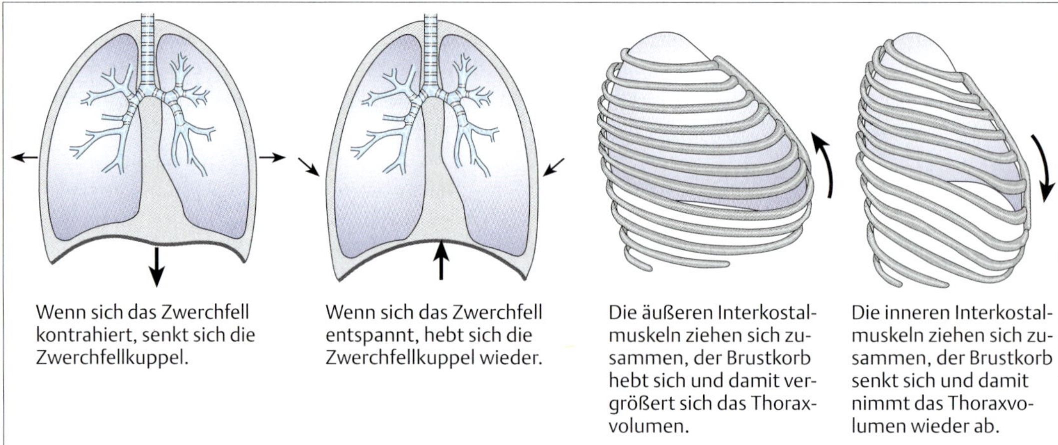

Abb. 11.6 Mechanik der In- und Exspiration. Durch Kontraktion des Zwerchfells und gleichzeitiges Anheben des Brustkorbes vergrößert sich das Thoraxvolumen. Die Lunge wird gedehnt. Durch den entstehenden Sog gelangt frische sauerstoffreiche Luft in die Lunge.

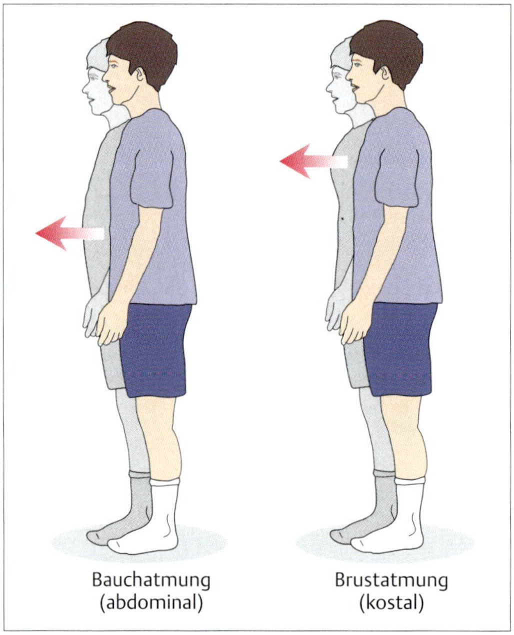

Abb. 11.7 Atemtypen (aus: Juchli, L.: Pflege – Praxis und Theorie der Gesundheits- und Krankenpflege, 8. Auflage, Thieme, Stuttgart 112).

Die abdominale Atmung ist charakterisiert durch überwiegende Bewegungen des Zwerchfells und der Bauchmuskulatur.

Kennzeichen der kostalen Atmung ist die überwiegende Betätigung der Zwischenrippenmuskulatur. Sie bewirkt ein deutlich sichtbares Heben und Senken des Brustkorbs. Vor allem bei Frauen ist dieser Atemtyp weit verbreitet (**Abb. 11.7**).

Wenn sowohl die Zwischenrippenmuskulatur als auch die Bauchmuskulatur bei der Atmung verwendet wird, handelt es sich um den sog. Mischtyp, der weit verbreitet ist und vor allem bei körperlichen Anstrengungen auftritt.

11.2.6 Atemgeräusche

Die normale Atmung erfolgt geräuschlos, doch können bei großer körperlicher Anstrengung auch physiologische Atemgeräusche wie das Keuchen auftreten.

11.2.7 Atemgeruch

Die normale Atmung weist keinen wahrnehmbaren Geruch auf.

Allgemeine Beobachtungskriterien:

- Atemvolumina sind abhängig von Alter, Geschlecht, Körpergröße, Aktivitätsgrad und Trainingszustand eines Menschen.
- Atemzugvolumen, inspiratorisches Volumen, exspiratorisches Reservevolumen, Residualvolumen, Vitalkapazität, Inspirationskapazität, funktionelle Residualkapazität und Totalkapazität sind Parameter bei der Veränderung des Atemvolumens.

- Atemfrequenz, Atemtiefe, Atemrhythmus, Atemmechanik, Atemgeräusche und Atemgeruch sind weitere Beobachtungskriterien.

11.3 Abweichungen und Veränderungen beim Atmen und deren mögliche Ursachen

Pathologische Veränderungen der Atmung können grundsätzlich alle oben beschriebenen Kriterien betreffen. Zumeist weichen mehrere Beobachtungsmerkmale gleichzeitig von der Norm ab. Im folgenden Abschnitt sind die Lungenvolumina nicht aufgeführt, da diese nur über verschiedene medizinische Geräte erfasst werden können.

11.3.1 Dyspnoe

Unter einer ▸ *Dyspnoe* wird eine Erschwerung der Atemtätigkeit, die mit einer subjektiven Atemnot einhergeht, beschrieben.

Die Atemnot ist gekennzeichnet durch Lufthunger, Kurzatmigkeit, Beklemmungsgefühle und Angst. Die *Dyspnoe* geht in der Regel mit sichtbar verstärkter Atemarbeit als Ausdruck einer Atmungsinsuffizienz einher.

Charakteristisch für die *Dyspnoe* ist eine Steigerung der Atemfrequenz, wobei die Atemzüge ungenügend tief sind und somit eine weitere Beeinträchtigung des Gasaustausches bedeuten. Neben verstärkten Atembewegungen, einer Erhöhung der Atemfrequenz, Unruhe und Angst können Kaltschweißigkeit, Tachykardie und die Inanspruchnahme der Atemhilfsmuskulatur beobachtet werden.

Die *Dyspnoe* kann unterschiedlich eingeteilt werden:
- in Bezug zur Aktivität,
- in Bezug zur In- und Exspiration,
- in Bezug zur Ursache.

Dyspnoe in Bezug zur Aktivität

Bezogen auf die Aktivität können eine Arbeits- oder Belastungsdyspnoe, eine Ruhedyspnoe und Orthopnoe unterschieden werden.

Bei der Arbeits- oder Belastungsdyspnoe tritt die Atemnot bei körperlicher Anstrengung auf. In Ruhe normalisiert sich die Atmung wieder, die Atemnot verschwindet. Mit Ruhedyspnoe wird die Atemnot bezeichnet, die auch im Ruhzustand vorhanden ist. Als Zustand höchster Atemnot gilt die Orthopnoe, bei der eine Kompensation durch Zuhilfenahme der Atemhilfsmuskulatur in aufrechter Haltung versucht wird.

Dyspnoe in Bezug zur In- und Exspiration

Bezogen auf die Ventilation können ein inspiratorische und eine exspiratorische *Dyspnoe* unterschieden werden. Bei der inspiratorischen *Dyspnoe* ist die Einatmung erschwert und verlängert, der Betroffene zieht die Luft ein, wobei in einzelnen Fällen ein inspiratorischer Stridor (s. a. 11.3.6) auftreten kann.

Ursache für eine inspiratorische *Dyspnoe* ist die Verlegung der oberen Luftwege beispielsweise bedingt durch eine Struma, Kehlkopfschwellungen oder Fremdkörperaspiration. Eine erschwerte und verlängerte Ausatmung kennzeichnet die exspiratorische *Dyspnoe*. Auch hierbei kann ein Stridor auftreten. Eine exspiratorische *Dyspnoe* wird durch Erkrankungen hervorgerufen, die zu einer Verengung der Bronchiolen führen wie beispielsweise das Asthma bronchiale.

Dyspnoe in Bezug zur Ursache

Nach der Ursache wird eine tracheale/laryngeale, pulmonale, kardiale, metabolische, zerebrale, zirkulatorische und psychische *Dyspnoe* unterschieden.

Bei der trachealen/laryngealen Form entsteht die *Dyspnoe* durch Einengung der oberen Atemwege z. B. durch Fremdkörper oder Obstruktion der Atemwege im Bereich des Kehlkopfs wie beim Krupp, einer entzündlich bedingten Kehlkopfenge.

Die pulmonale *Dyspnoe* tritt infolge Störungen des Gasaustauschs und/oder der Ventilation auf. Die Ursache liegt in Erkrankungen der Atemwege bzw. der Lunge. Als Folge einer verminderten Gasaustauschfläche tritt die *Dyspnoe* bei restriktiven Erkrankungen/Störungen wie z. B. Pneumothorax, Pleuraerguss auf. Bei obstruktiven Erkrankungen wie dem Lungenemphysem und dem Asthma bronchiale kommt es zu der Atemnot aufgrund der Ventilationsstörung durch Verengung des Lumens.

Die kardiale *Dyspnoe* tritt vielfach infolge einer Herzinsuffizienz auf, wobei das Herz nicht mehr in der Lage ist, die erforderliche Leistung (Herzminutenvolumen) zu erbringen. Die Folgen können z. B. ein Lungenödem oder eine Pleuraerguss sein, wodurch die Atemfläche eingeschränkt und die Atemnot hervorgerufen wird und/oder ein O_2-Mangel und

CO_2-Anstieg im Blut, was eine vermehrte Atemtätigkeit zur Folge hat.

Bei der metabolischen oder azidotischen *Dyspnoe* wird durch einen erniedrigten pH-Wert des Bluts (< 7,34) das Atemzentrum zu vermehrter Atemarbeit angeregt. Durch diese intensive Atmung soll CO_2 abgeatmet und somit die Übersäuerung des Bluts ausgeglichen werden (s. a. 11.3.4).

Durch eine Beeinträchtigung des Atemzentrums, wie sie beispielsweise infolge eines Schädel-Hirn-Traumas oder Schlaganfalls auftreten kann, kommt es zur zerebralen Form der *Dyspnoe*.

Die zirkulatorische *Dyspnoe* ist die Folge einer Störung des O_2-Transports. Ursache hierfür ist z. B. die Anämie, bei der zu wenig Erythrozythen für den Sauerstofftransport zur Verfügung stehen. Durch eine vermehrte Atmung versucht der Körper diesen Mangel auszugleichen.

Bei einer großen psychischen Erregung kann eine sog. psychische *Dyspnoe* auftreten. Es kommt hierbei zur Hyperventilation (s. a. 11.3.3), die zumeist von Angst begleitet wird.

Die erschwerte Atemtätigkeit mit subjektiver Atemnot wird als *Dyspnoe* bezeichnet. Die Einteilung der *Dyspnoe* erfolgt in Bezug zur Aktivität, zur In- und *Exspiration* oder in Bezug zur zugrunde liegenden Ursache.

11.3.2 Atemfrequenz

Die Atemfrequenz ist das Beobachtungskriterium der Atmung, welches vorrangig erfasst wird. Es können hierbei sowohl Abweichungen nach oben (*Tachypnoe*) als auch nach unten (Bradypnoe, Apnoe) beobachtet werden.

Tachypnoe

Unter einer ▸ *Tachypnoe* wird eine beschleunigte Atemfrequenz mit mehr als 20 Atemzügen/Min. verstanden.

Sie wird häufig von einer geringen Atemtiefe begleitet. Entsteht beispielsweise im Körper ein erhöhter Sauerstoffbedarf, so versucht der Organismus diesen erhöhten Bedarf u. a. durch eine Steigerung der Atemfrequenz auszugleichen.

Physiologisch kann dieser Regulationsmechanismus bei vermehrter körperlicher Anstrengung und großen Emotionen (z. B. Freude, Angst) beobachtet werden. Bei einem Aufenthalt in großer Höhe wird die Atemfrequenz ebenfalls gesteigert, da hier ein geringerer Sauerstoffgehalt der Luft vorliegt. Durch die erhöhte Anzahl der Atemzüge wird der verminderte O_2-Gehalt der Luft ausgeglichen und dem Körper die benötigte Sauerstoffmenge zugeführt.

Tab. 11.3 Pathologische Ursachen einer Tachypnoe

Ursache	*Beispiele*
vermehrter O_2-Bedarf	Fieber, maligne Tumore
verminderte Atemfläche	Pneumonie, Lungenfibrose, Lungenemphysem, Pneumo-, Hämatothorax
Mangel an Transportkräften	Anämie, Blutungen
Störung der Lungendurchblutung	Lungenembolie, Herzerkrankungen

Die pathologischen Ursachen einer *Tachypnoe* liegen ebenfalls in einem vermehrten O_2-Bedarf der Zellen, aber auch in einer verminderten Atemfläche, einem Mangel an Erythrozyten und in einer Störung der Lungendurchblutung (**Tab. 11.3**).

Ein vermehrter O_2-Bedarf der Zellen aufgrund eines erhöhten Stoffwechsels tritt z. B. bei Fieber, aber auch bei malignen Tumoren auf. Durch verschiedene Erkrankungen wie beispielsweise der Pneumonie oder der Linksherzinsuffizienz mit Lungenödem kann die Atemfläche eingeschränkt sein. Die Folge ist ein verminderter Gasaustausch und eine Unterversorgung des Körpers mit Sauerstoff. Bei großem Blutverlust oder Anämie stehen dem Körper zu wenig Transportzellen (Erythrozyten) für die Sauerstoffversorgung des Organismus zur Verfügung. Durch eine Lungenembolie, aber auch durch verschiedenen Herzerkrankungen kann es zu einer Störung der Lungendurchblutung und damit zu einer Unterversorgung des Körpers mit Sauerstoff kommen. Ein Ausgleich der Störung wird in allen oben beschriebenen Fällen durch die Steigerung der Atemfrequenz angestrebt.

Eine *Tachypnoe* stellt immer einen Versuch dar, ein Sauerstoffdefizit zu kompensieren.

Bradypnoe

Unter einer Bradypnoe wird eine verlangsamte Atmung mit weniger als 16 Atemzüge/Min. verstanden.

Begleitet wird die Bradypnoe fast immer von einer großen Atemtiefe. Sie kann sowohl physiologisch als auch pathologisch auftreten.

Eine physiologische Bradypnoe kann bei trainierten Sportlern und bei einem verminderten Stoffwechsel, wie er beispielsweise bei großer Entspannung, im Schlaf auftritt, beobachtet werden.

Der pathologischen Bradypnoe liegt eine zentrale Störung zugrunde. Eine mechanische Schädigung oder Reizung des Atemzentrums erfolgt z. B. bei einem erhöhten Hirndruck infolge einer Hirnblutung oder eines Hirnödems. Durch eine metabolische Azidose oder exogene Intoxikationen mit z. B. Opiaten oder Schlafmitteln kann es ebenfalls zu einer Beeinträchtigung des Atemzentrums kommen, in deren Folge dann eine Bradypnoe zu beobachten ist.

Apnoe

Mit Apnoe wird der Atemstillstand bezeichnet, der als Folge einer peripheren oder zentralen Atemlähmung oder Verlegung der Atemwege auftritt.

Die Apnoe führt innerhalb kürzester Zeit zu irreversiblen Schädigungen und nach ca. 5 Min. zum Tod.

11.3.3 Atemtiefe (Atemintensität)

Die Atemtiefe passt sich der jeweils aktuellen Stoffwechsellage (CO_2-Gehalt, O_2-Bedarf) an. Die Hyper- und die Hypoventilation stellen die pathologischen Veränderungen der Atemtiefe bzw. Atemintensität dar.

Hyperventilation

Unter einer Hyperventilation wird eine im Verhältnis zum erforderlichen Gasaustausch des Körpers übermäßig gesteigerte Atmung verstanden.

Durch diese übermäßige Atmung kommt es auch zu einem gesteigerten Abatmen von Kohlendioxid, wodurch der Kohlendioxidgehalt im Blut abfällt (pCO_2 sinkt = Hypokapnie) und eine Alkalose entsteht. Im Rahmen der Alkalose werden vermehrt Kalziumione an Eiweiße gebunden. Folge hiervon ist eine verminderte Kaliziumkonzentration im Serum, die eine gesteigerte neuromuskuläre Erregbarkeit mit anfallartiger Störung der Motorik und Sensibilität (Tetanie) auslöst.

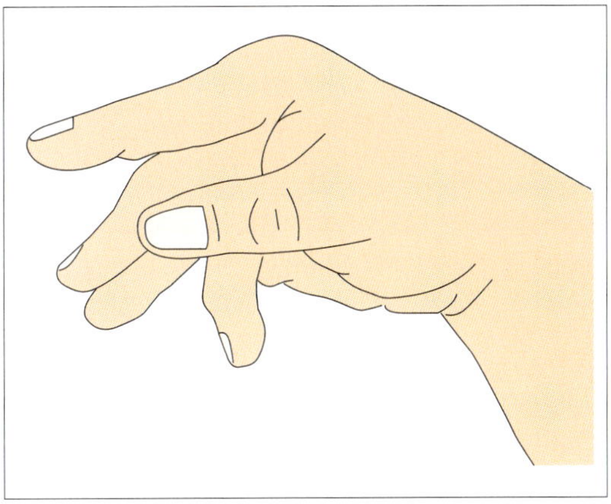

Abb. 11.8 Pfötchenstellung der Hand (Trousseau-Zeichen) (aus: Pschyrembel Klinisches Wörterbuch, 255. Auflage, Walter de Gruyter Verlag 1986).

Charakteristischerweise zeigt sich diese Erregbarkeit in einer krampfartigen Pfötchenstellung der Hände (**Abb. 11.8**), der Parästhesien an Fingern, Zehen und im Mundbereich (perioral) vorangehen. Bei Kindern zeigen sich die schmerzhaften Krämpfe auch an den Füßen und in Form von Kehlkopfkrämpfen (Stimmritzenkrämpfen) mit Erstickungserscheinungen. Die betroffenen Menschen schwitzen sehr stark, sind unruhig und ängstlich.

Die Hyperventilation kann
- psychogen,
- metabolisch,
- zentral,
- hormonell oder
- medikamentös bedingt sein.

Die psychogen bedingte Hyperventilation tritt vor allem bei Ängsten, Aufregung und Prüfungssituationen auf. Eine Hyperthyreose, aber auch Fieber können eine metabolische Hyperventilation auslösen. Bei Erkrankungen des ZNS (Läsion des Atemzentrums, Apoplexie, Meningitis, Enzephalitis, Schädelhirntrauma u. a.) wird von einer zentralen Hyperventilation gesprochen. Eine hormonelle Hyperventilation kann z.B durch Adrenalin eine medikamentöse Hyperventilation z. B. durch Salicylsäure, die zu einer Veränderung im Säure-Basen-Gleichgewicht führt, hervorgerufen werden.

Hypoventilation

Als Hypoventilation wird die im Verhältnis zum erforderlichen Stoffwechselbedarf des Körpers verminderte Atmung, bezogen auf die Atemfrequenz und -tiefe, verstanden.

Infolge des verringerten Atemminutenvolumens kommt es zu einer Minderbelüftung mit einem Absinken des pO_2- (Hypoxämie) und einem Anstieg des pCO_2-Gehalts (Hyperkapnie). Die Hypoventilation kann zu minderbelüfteten oder auch luftleeren Alveolarbereichen, sog. Atelektasen führen, die einen Risikofaktor für die Entstehung einer Pneumonie darstellen.

Ursache für die Hypoventilation ist eine Behinderung der Atmung, die entweder vom Atemzentrum, von der Atemmuskulatur oder von den Atemwegen ausgeht.

Auch eine Schonatmung, die als Folge von Verletzungen, Operationen und/oder Schmerzen auftritt, kann sich in Form einer abgeflachten, verlangsamten Atmung zeigen. Eine weitere Ursache für eine Hypoventilation stellt eine allgemeine Schwäche z. B. bei schweren Grunderkrankungen, nach großen Operationen oder im hohen Lebensalter dar.

Abweichungen und Veränderungen beim Atmen:

- Bei der erschwerten Atemtätigkeit, der Dyspnoe, unterscheidet man nach der Aktivität Arbeits- oder Belastungsdyspnoe, Ruhedyspnoe und Orthopnoe.
- Nach der Ursache wird eingeteilt in: tracheale/laryngeale, pulmonale, kardiale, metabolische, zentrale, zirkulatorische und psychische Dyspnoe.
- Eine beschleunigte Atemfrequenz, häufig begleitet von geringerer Atemtiefe, kennzeichnet die Tachypnoe.
- Bradypnoe wird eine Atmung unter 16 Atemzügen/Min. genannt, Apnoe der Atemstillstand, der zum Tod führt.
- Nach der Atemtiefe wird im Verhältnis zu erforderlicher Stoffwechselbedarf des Körpers zwischen Hyperventilation (übermäßig gesteigerter Atmung) und Hypoventilation (verhältnismäßig verminderte Atmung) unterschieden.

11.3.4 Atemrhythmus (pathologische Atemtypen)

Die normale Atmung ist durch einen gleichmäßigen Rhythmus charakterisiert. Physiologische Veränderungen können in Abhängigkeit vom aktuellen Aktivitätsgrad auftreten. Bei verschiedenen Erkrankungen ist neben dem Atemrhythmus zugleich auch die Atemfrequenz und die Atemintensität verändert, sodass sich spezielle pathologische Atemtypen beobachten lassen, die periodisch wiederkehren. Zu diesen pathologischen Atemtypen, die in **Tab. 11.4** aufgeführt sind, zählen:

- die Cheyne-Stokes-Atmung,
- die Kussmaul-Atmung,
- die Biot-Atmung,
- die Schnapp-Atmung.

Cheyne-Stokes-Atmung

Die Cheyne-Stokes-Atmung geht zurück auf die irischen Ärzte John Cheyne (1777 – 1836) und William Stokes (1804 – 1878). Sie stellt eine Form der periodischen Atmung mit rhythmisch wechselnder, zu- und abnehmender Atemfrequenz und -amplitude sowie Atempausen dar. Jede Atemperiode beginnt mit kleinen, flachen Atemzügen, die in tiefere, keuchendere Atemzüge übergehen, um dann wieder immer kleiner zu werden bis der pCO_2-Gehalt des Blutes zu gering ist, um einen Atemreiz auszuüben. Infolge des fehlenden Atemreizes kommt es zu einer Atempause, während derer der CO_2-Spiegel wieder ansteigt. Die Atmung beginnt wieder mit kleinen flachen Atemzügen und das beschriebene Atemmuster wiederholt sich.

Beobachtet wird dieser Atemtyp bei Gehirnerkrankungen und zerebralen Durchblutungsstörungen als Ausdruck einer Schädigung des Atemzentrums (Unterbrechung hemmender Nervenbahnen); bei pharmakologischer Sedierung mit Hemmung des Atemzentrums (z. B. Morphium) und bei Herzerkrankungen mit verlangsamter Blutzirkulation. Aber auch bei gesunden Personen kann nach einem kurzfristigen Aufstieg in große Höhe und im Schlaf eine Cheyne-Stokes-Atmung durch Abnahme des pO_2-Gehalts bei gleichzeitiger Dämpfung des Atemantriebs im Schlaf auftreten.

Kussmaul-Atmung

Die Kussmaul-Atmung ist nach dem deutschen Internisten Adolf Kussmaul (1822 – 1902) benannt. Sie ist gekennzeichnet durch eine rhythmische, abnorm

Tab. 11.4 Atemtypen (nach Jecklin, E.: Arbeitsbuch Krankenbeobachtung als Teil der Krankenpflege, Gustav Fischer, Stuttgart 1988)

Atmungstyp	*Atemfrequenz je Minute*	*Atemrhythmus*	*Atemtiefe (Atemintensität)*		*Atemmuster*	*Ursache bzw. Vorkommen*
normale Atmung = Eupnoe	Neugeborene: ca. 50 Säuglinge: ca. 40 Kinder: 25 – 35 Erwachsene: 16 – 20	regelmäßig	weder zu flach noch zu tief, physiologisch tiefer bei Seufzen, Gähnen, Schlafen und bei körperlicher Anstrengung	geräuschlos		gesunder Mensch bzw. Mensch mit gesunder unbeeinträchtigter Atmung
Cheyne-Stokes-Atmung	je nach Atempausen mehr oder weniger verlangsamt	pathologische Regelmäßigkeit mit Atempausen (Apnoe)	zunächst zu oberflächlich, dann zunehmend tiefer, wieder abnehmend bis Atempause	große Atmung bei tiefen Atemzügen und flache kleine Atmung bei Zu- und Abnahme, geräuschlos bis keuchend		schlechtes prognostisches Zeichen bei schweren Herz- und Gehirnerkrankungen und Vergiftungen
Kussmaul-Atmung	kann erhöht oder erniedrigt sein: zu Beginn einer Azidose erniedrigt, bei zunehmender Azidose erhöht	pausenlose regelmäßige Atmung	vertiefte Atmung starke respiratorische Bewegungen in auffälligem Gegensatz zur schlaffen Bewegungslosigkeit des (meist) bewusstlosen Patienten	große Atmung, tief und angestrengt	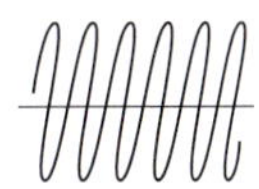	Azidose mit Erniedrigung des pH-Wertes im Blut durch verstärkte Reizung des Atemzentrums, z. B. im diabetischen und urämischen Koma
Biot-Atmung = Meningische Atmung	abhängig von der Länge der Atempausen	pathologische Regelmäßigkeit mit Atempausen (Apnoe)	plötzlich einsetzende tiefe (große) Atemzüge, dann wieder Atempausen	kräftige Atemzüge zwischen den Atempausen	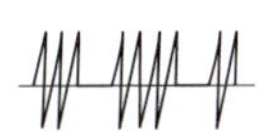	erhöhter Hirndruck, z. B. als Folge einer Hirnhautentzündung (Meningitis), eines Hirntumors oder einer Schädelverletzung
Schnappatmung	vermindert	unregelmäßig	kurze schnappende Einatmungszüge, die durch Zwerchfellkontraktionen hervorgerufen werden			tritt bei schwerster Schädigung des Atemzentrums bei zerebraler Hypoxie auf und ist Zeichen des nahenden Todes

tiefe Atmung mit normaler oder erniedrigter Frequenz. Sie bewirkt eine Hyperventilation (s. a. S. 191), wobei der Organismus versucht, durch vermehrtes Abatmen von CO_2 eine metabolischen Azidose (= Übersäuerung des Blutes infolge einer Stoffwechselstörung) zu kompensieren.

Beobachtbar ist die Kussmaul-Atmung beispielsweise bei einem Menschen mit diabetischem und urämischem Koma. Nach der Ursache, der Azidose, wird dieser Atemtyp auch Azidoseatmung genannt.

Biot-Atmung

Die Biot-Atmung geht zurück auf den französischen Physiker Camille Biot (1774 – 1862). Sie stellt eine intermittierende Atmung dar. Diese Form der periodischen Atmung ist gekennzeichnet durch kräftige Atemzüge von gleicher Tiefe, die von plötzlich auftretenden Atempausen unterbrochen werden. Das Atemzentrum reagiert als Folge einer Störung des Atemzentrums nicht mehr auf einen CO_2-Reiz, sondern nur noch auf einen O_2-Mangel-Reiz.

Beobachtet werden kann dieser Atemtyp bei Störungen des Atemzentrums durch direkte Hirnverletzung oder erhöhten intrakraniellen Druck (z. B. infolge intrakranieller Blutungen, Meningoenzephalitis, Hirnödem).

Schnappatmung

Charakteristisch für die Schnappatmung sind kurze, schnappende und unregelmäßig einsetzende Einatmungszüge, denen größere Pausen folgen. Die Einatmungszüge werden hierbei durch Zwerchfellkontraktionen und nicht durch Impulse des Atemzentrums hervorgerufen. Diese unterbrochene Atmung tritt auf bei schwerster Schädigung des Atemzentrums infolge einer zerebralen Hypoxie. Da dieser Atemtyp vor allem präfinal zu beobachten ist, wird er auch als sog. agonale Atmung bezeichnet.

11.3.5 Atemmechanik (Atembewegungen)

Wie bereits beschrieben, erfolgt die In- und *Exspiration* durch eine Vergrößerung bzw. eine Verkleinerung des Thorax, wobei die Lungen diesen Bewegungen passiv folgen. Bei verschiedenen Störungen der Atmung können übermäßige (zusätzliche) oder ungenügende Atembewegungen sowie spezielle Atembewegungen beobachtet werden.

Übermäßige Atembewegungen

Übermäßige Atembewegungen werden zumeist im Zusammenhang mit einer *Dyspnoe* bzw. Orthopnoe beobachtet. Hierbei wird zusätzlich die Atemhilfsmuskulatur in Anspruch genommen (**Tab. 11.2**), um eine Vergrößerung der Atemfläche zu erreichen. Diese forcierte Atmung mit Aktivierung der Atemhilfsmuskulatur wird auch als Auxiliaratmung bezeichnet.

Die Nasenflügelatmung, bei der die Nasenflügel bei jeder *Inspiration* weitgestellt werden, um möglichst viel Luft aufnehmen zu können, tritt neben Atemnotzuständen insbesondere bei bakteriellen Pneumonien auf.

Ist während der *Inspiration* eine Einziehung der unteren und/oder seitlichen Interkostalräume zu beobachten, so wird von einer Flankenatmung gesprochen. Zu diesen Atembewegungen kommt es bei Stenosen der oberen Luftwege.

Ungenügende Atembewegungen

Ungenügende oder verminderte Atembewegungen ergeben sich oftmals aus einer Schonatmung (S. 191). Es werden hierbei entweder das Abdomen oder der Thorax kaum an der Atmung beteiligt, sodass die Atembewegungen nicht oder nur sehr schwer zu erkennen sind.

Spezielle Atembewegungen

Zu den speziellen Atembewegungen zählen neben dem Singultus die inverse, die paradoxe und die asymmetrische Atmung.

Singultus

Der Singultus (Schluckauf) ist eine zumeist harmlose Störung der Atembewegungen. Durch eine Reizung des N. phrenicus kommt es zu einer raschen, unwillkürlichen Zwerchfellkontraktion, die zu einem ruckartigen Einströmen von Luft führt und von einem lauten Atemgeräusch begleitet wird.

Ursache eines Singultus können das Einatmen kalter Luft oder das Verzehren von sehr kalten Getränken und Nahrungsmitteln sein. Darüber hinaus kann es bei Erkrankungen/Operationen im Bereich des Mediastinums und des Abdomens sowie bei Enzephalitiden und Schädelhirntraumen zu einem Singultus kommen.

Inverse Atmung

Bei der inversen oder umgekehrten Atmung kommt es durch maximale Zwerchfellbewegungen zu einer Vorwölbung des Abdomens und einer Senkung des Thorax während der versuchten Einatmung. Bei der versuchten Ausatmung tritt dementsprechend eine Einziehung des Abdomens und eine Hebung des Thorax auf. Diese passiven Thoraxbewegungen führen zu einem funktionellen Atemstillstand mit zunehmender Zyanose und fehlenden Atemgeräuschen.

Ursache für die inverse Atmung ist ein Verschluss der Atemwege im Kehlkopfbereich oder der Trachea durch z. B. Fremdkörper, Schwellung oder einen Laryngospasmus. Da die inverse Atmung eine Lebensbedrohung darstellt, müssen Sofortmaßnahmen eingeleitet werden.

Paradoxe Atmung

Bei der paradoxen Atmung kommt es aufgrund eines Stabilitätsverlustes der Brustwand, beispielsweise bei Rippenserienfrakturen zum sog. Brustwandflattern. Hierbei erfolgt bei der *Inspiration* eine Einwärtsbewegung und bei der *Exspiration* eine Auswärtsbewegung des beweglichen Thoraxwandanteils.

Asymmetrische Atmung

Bewegt sich eine Thoraxhälfte bei der Atmung nicht oder nur in einem verringerten Ausmaß, so handelt es sich um eine asymmetrische Atmung. Ursachen hierfür können beispielsweise Thoraxverletzungen oder -missbildungen, ein Pleuraerguss oder auch starke Schmerzen sein.

11.3.6 Atemgeräusche

Bei der normalen Atmung sind keine Nebengeräusche beobachtbar, doch können unter bestimmten Bedingungen auch physiologisch Atemgeräusche auftreten. Oftmals können Atemgeräusche ohne Hilfsmittel beobachtet werden, doch zur genaueren Abklärung und Bestimmung der Lokalisation empfiehlt sich die Auskultation mittels Stethoskop. Beobachtbare Atemgeräusche sind das Schnarchen, Keuchen, Giemen, Trachealrasseln, der Stridor und der Singultus.

Schnarchen

Infolge eines Spannungsverlustes der Kiefer- und Zungenmuskulatur im Schlaf kann es physiologisch zum Schnarchen kommen. Als pathologisch wird das Schnarchen bezeichnet, wenn es zusätzlich zu Atempausen, sog. Schlafapnoen kommt (s. a. Kap. 12).

Keuchen

Physiologisch entsteht Keuchen bei großer körperlicher Anstrengung. Erfolgt die Atmung übermäßig anstrengend wie beispielsweise bei der Verlegung der Atemwege, so tritt ein pathologisches keuchendes Atemgeräusch auf.

Giemen

Als Giemen werden „trockene", hochfrequente pathologische Atemgeräusche bezeichnet. Sie werden durch Schwingungen von Schleimfäden und Luftsäulen in den Atemwegen bei Asthma bronchiale und spastischer Bronchitis hervorgerufen. Zumeist wird das Giemen, das während der *Exspiration* auftritt, von einem Brummen oder Schnurren begleitet.

Trachealrasseln

Zu den „feuchten" Atemgeräuschen gehört das Trachealrasseln. Hierunter werden grobe Rasselgeräusche über der Brust verstanden, die zum Teil bereits auf Distanz hörbar sind. Sie entstehen durch Sekretansammlungen in den Atemwegen beispielsweise bei einer Bronchitis oder einem Lungenödem. Je nach Weite der Luftröhrenzweige können groß-, mittel- oder kleinblasige, bei kleinsten Verzweigungen ein sog. Knisterrasseln (Crepitatio) unterschieden werden.

Stridor

Der Stridor ist ein pfeifendes, langezogenes Geräusch der Atmung bei Verlegung oder Verengung der oberen Luftwege. Je nachdem, ob das Geräusch bei der Ein- oder Ausatmung entsteht, werden ein inspiratorischer und/oder exspiratorischer Stridor unterschieden.

Ein inspiratorischer Stridor ist beispielsweise bei einer Verlegung der oberen Atemwege durch eine Struma oder bei Pseudokrupp beobachtbar, während ein exspiratorischer Stridor typisch für Asthma bronchiale ist.

Singultus

Oftmals gut hörbar ist der Singultus, der ebenfalls zu den Atemgeräuschen zählt und durch unwillkürliche Zwerchfellkontraktionen hervorgerufen wird (S. 194).

Husten

Neben den Atemveränderungen treten oftmals Begleiterscheinungen bei Atemwegserkrankungen auf. Hierzu zählen insbesondere der Husten, das Sputum (s. a. Kap. 6) und die Zyanose (s. a. Kap. 22). Husten entsteht durch einen reflektorisch ausgelösten oder willkürlich herbeigeführten kräftigen Ausatmungsstoß.

Die *Exspiration* erfolgt gegen die zunächst verschlossene, dann plötzlich geöffnete Glottis. Da dem eigentlichen Hustenstoß eine starke Anspannung der exspiratorischen Muskeln vorangeht, entsteht eine Druckerhöhung im Thorax. Beim Öffnen der Glottis bewirkt der Druckunterschied zwischen Thorax und umgebender Atmosphäre eine hohe Luftströmung. Die ausströmende Atemluft kann dabei Geschwindigkeiten von bis zu 1000 km/h erreichen, wobei Fremdkörper und Sekrete nach außen befördert werden.

Es sind vielfältige Ursachen von Husten bekannt, wie z. B. Atemwegserkrankungen, Fremdkörper in den Atemwegen, Zwerchfellreizungen, z. B. Lachen, das Einatmen von Reizstoffen oder -gasen sowie Kreislauferkrankungen, die mit Stauungen im Lungenkreislauf einhergehen. Aber auch psychische Ursachen können einen Husten auslösen, so beispielsweise das Verlegenheitshüsteln.

Atemrhythmus, Atemmechanik und Atemgeräusche:

- Zu den pathologischen Atemtypen hinsichtlich des Rhythmus zählen die Cheyne-Stokes-Atmung, die Kussmaul-Atmung, die Biot-Atmung und die Schnappatmung.
- In Bezug auf die Atemmechanik werden übermäßige Atembewegungen (Auxiliaratmung, Nasenflügelatmung, Flankenatmung) und ungenügende Atembewegungen abgegrenzt.
- Spezielle Atembewegungen sind der Schluckauf, die inverse oder umgekehrte Atmung, die paradoxe und die asymmetrische Atmung.
- Unter den Atemgeräuschen sind vor Schnarchen, Keuchen, Giemen, Trachealrasseln, Stridor, Singultus und Husten auffällig.

Der Husten wird beobachtet hinsichtlich:

- der Art des Hustens,
- des Auftretens des Hustens,
- des Zeitpunkts des Hustens,
- der Beziehung zur Körperlage und
- spezifischer Hustengeräusche.

Art des Hustens

Es wird zwischen zwei verschiedenen Arten, dem trockenen und dem produktiven Husten unterschieden. Bei dem trockenen Husten erfolgt, im Gegensatz zum produktiven Husten, keine Sekretentleerung. Er tritt vor allem bei einer Laryngitis, Tracheitis, beginnender Bronchitis, dem Einatmen von Reizgasen und psychischer Erregung auf.

Bei Atemwegserkrankungen mit Sekretbildung (z. B. chronischer Bronchitis, Pneumonie, Bronchiektasen, Lungenabszess) und Erkrankungen mit Stauungen im kleinen Kreislauf (Linksherzinsuffizienz, Lungenödem) kommt es überwiegend zu einem produktiven Husten.

Auftreten des Hustens

Der Husten kann plötzlich oder langsam aufbauend auftreten. Plötzlicher Husten, der direkt im Moment der Reizung, ohne jegliche Vorwarnung auftritt, ist z. B. bei einer Fremdkörperaspiration, bei Tracheitis und Pertussis zu beobachten.

Ein langsam aufbauender Husten kündigt sich in der Regel durch Kratzen, Kitzeln oder andere Missempfindungen in den oberen Atemwegen an. Zumeist handelt es sich hierbei um einen produktiven Husten wie beispielsweise bei Bronchitis und Pneumonie.

Zeitpunkt des Hustens

Der morgendliche, der nächtliche, der kontinuierliche Husten sowie der Husten bei psychischer Erregung und der Husten nach Kontakt mit Reizstoffen sind zu unterscheiden.

Bei Rauchern, Menschen mit chronischer Bronchitis und Bronchiektasen kommt es häufig, bedingt durch nächtliche Sekretansammlungen, zu einem morgendlichen Husten.

Bei einem akuten Druckanstieg im Lungenkreislauf ist oftmals ein nächtlicher Husten in Form eines Reizhustens zu beobachten.

Husten, der kontinuierlich, d. h. über 24 Stunden verteilt auftritt, ist beispielsweise bei entzündlichen Erkrankungen der Atemwege (z. B. grippale Infekte) festzustellen.

Ein sog. Verlegenheitshüsteln zeigt sich zumeist bei psychischer Erregung wie Aufregung und Angst. Reizstoffe wie Nikotin, Staub und Blütenpollen können einen Hustenreiz auslösen und auf eine eventuelle besondere Empfindlichkeit gegenüber diesen Stoffen hinweisen.

Husten in Beziehung zur Körperlage

Der Schwerkraft folgend kann z. B. eine Struma im Liegen einen vermehrten Druck auf die Trachea ausüben, wodurch ein Hustenreiz ausgelöst werden kann. Dagegen deutet ein Husten, der fast ausschließlich bei aufrechter Körperhaltung auftritt und im Liegen verschwindet, auf eine Erkrankung des Zwerchfelles hin.

Hustengeräusche

Spezifische Geräusche sind beim Husten zu unterscheiden: der aphonische, bellende, bitonale, kupierte Husten und stakkatoartige Hustenstöße.

Unter einem aphonischen Husten wird ein klangloser, heiserer Husten verstanden, der vorwiegend bei Stimmbandentzündungen und Lähmungen des N. recurrens auftritt.

Für einen bellenden Husten sind kratzige, raue Geräusche charakteristisch. Er tritt zumeist bei Krupp und Pseudokrupp auf.

Husten, der von einem metallisch pfeifendem oder krächzendem Ton begleitet wird, wird als bitonaler Husten bezeichnet. Er wird verursacht durch eine Kompression der Bronchien, die entweder durch Druckeinwirkung von außen oder durch eine Fremdkörperaspiration hervorgerufen wird.

Bei schmerzhaften Prozessen im Thorax- und Abdominalbereich wird der Husten oftmals zur Vermeidung zusätzlicher Schmerzen abgebrochen. Diese Art des Hustens wird demzufolge als kupierter, abgebrochener oder abgeschnittener Husten bezeichnet.

Typisch für Keuchhusten ist ein stakkatoartiger Husten, rasch aufeinander folgende Hustenstöße, die nachts häufiger als tagsüber auftreten. Bedingt durch eine Verengung der Stimmritze durch einen Laryngospasmus und/oder zähen Schleim ist bei dem Stakkatohusten ein verlängertes hörbares Einatmen beobachtbar. Begleitet werden mehrere Hustenanfälle durch eine zunehmende *Dyspnoe* mit Zyanose. Anschließend kommt es zur Entleerung eines zähen, glasigen Schleims und einer Periode mit verminderter Hustenreizschwelle. Die Zahl der Hustenanfälle schwankt zwischen 5 – 50 Anfälle pro 24 Stunden.

11.3.7 Atemgerüche

Der normale Atemgeruch ist unauffällig, doch können auch physiologisch Atem- bzw. Mundgerüche auftreten, die teilweise bereits beim Eintritt in einen Raum wahrgenommen werden können. Zu diesen physiologischen Gerüchen zählen die ernährungsbedingten Atem- und Mundgerüche. Die bekanntesten hiervon sind der Geruch nach dem Verzehr von Knoblauch, Zwiebeln und stark gewürzten Speisen. Des Weiteren ist ein übler Geruch bei einem längeren Nüchternzustand feststellbar.

Spezielle Atemgerüche können, zusammen mit anderen Beobachtungskriterien, wichtige Hinweise auf vorliegende Erkrankungen geben. Da mit dem Kohlendioxid auch oftmals andere Stoffwechselprodukte abgeatmet werden, liegen die Ursachen für pathologische Atemgerüche vielfach außerhalb der Atmungsorgane. Zu diesen pathologischen Atemgerüchen zählen der Aceton-, Ammoniak-, Fäulnis-, Leber- und Uringeruch sowie der üble Mundgeruch (Foetor ex ore).

Acetongeruch

Bei einer Azidose, wie sie bei länger andauernden Hungerzuständen oder einem Coma diabeticum auftritt, ist der typische Acetongeruch feststellbar. Der Atem riecht hierbei nach faulen Äpfeln.

Ammoniakgeruch

Der Ammoniakgeruch gleicht dem Geruch fauler Eier. Er entsteht bei dem Zerfall von Eiweißen, beispielsweise bei Ösophagusvarizenblutungen oder bei einem Leberkoma.

Fäulnisgeruch

Als jauchig, stinkend wird der Fäulnisgeruch beschrieben, der bei eitrigen Atemwegserkrankungen (z. B. Lungenabszess) und einem Zerfall von Lungengewebe entsteht.

Lebergeruch

Der Lebergeruch (Foetor hepaticus) ist ein charakteristischer Atem- bzw. Mundgeruch nach frischer Leber oder Lehmerde. Er ist bei schweren Lebererkrankungen mit Parenchymuntergang, Leberzirrhose und Leberkoma zu beobachten.

Uringeruch

Der urinartige Geruch der Atemluft wird auch als Foetor uraemicus bezeichnet. Er ist typisch für eine terminale Niereninsuffizienz. Wichtig bei diesem Geruch ist die Unterscheidung zwischen dem Atemgeruch und dem Körpergeruch nach Urin, der auch bei inkontinenten Menschen auftreten kann.

Foetor ex ore

Durch einen bakteriellen Abbau von Nahrungsresten, abgeschilferten Epithelien und Gewebeteilen und/oder schlecht gereinigten Zähnen kann es zu einem üblen Mundgeruch (Foetor ex ore) kommen, der bei der Ausatmung wahrgenommen wird. Darüber hinaus führen Erkrankungen der Zähne, der Mundschleimhaut und der Rachenmandeln zu unangenehmen Atem- und Mundgerüchen.

11.4 Ergänzende Beobachtungskriterien

Die Atmung gehört zu den Vitalzeichen, die sich oftmals gegenseitig beeinflussen, sodass bei Störungen oder Auffälligkeiten der Atmung immer auch der Puls, der Blutdruck und ggf. die Körpertemperatur mit beachtet werden müssen. Daneben ist insbesondere die Haut auf Zeichen einer Sauerstoffminderversorgung, d. h. auf eine Zyanose hin zu kontrollieren. Weitere Begleiterscheinungen wie eventuelles Sputum können wichtige Hinweise auf eine vorliegende Erkrankung geben.

Je nach Art der Störung bzw. der Ursache der Atemveränderung kommen als zusätzliche Beobachtungskriterien die Bewusstseinslage und vor allem auch Schmerzen in Frage.

Husten:

- Es wird zwischen trockenem und produktivem, plötzlich und langsam aufbauendem Husten differenziert.
- Je nach Zeitpunkt geschieht die Einteilung in morgendlichen, nächtlichen, kontinuierlichen Husten oder Verlegenheitshusten.
- Die Körperlage ist ein Hinweis auf eine Erkrankung sowie die Hustengeräusche, die in aphonischen, bellenden, bitonalen, kupierten oder stakkatoartigen Husten eingeteilt werden.
- Bei den Atemgerüchen kommen Aceton-, Ammoniak-, Fäulnis-, Leber-, Uringeruch und der Foetor ex ore vor.

11.5 Besonderheiten bei Kindern

Sigrid Flüeck

„Es macht seinen ersten Atemzug!" Dies ist ein Ereignis, dem alle Beteiligten bei einer Geburt voll Spannung beiwohnen. Dieser erste Atemzug eines Neugeborenen bedeutet eine wundervolle Anpassung an die neue, veränderte Umgebung. Vor der Geburt des Kindes sind die Lungen mit Flüssigkeit (ca. 40 ml/kg KG) gefüllt. Bei der normalen Geburt wird das Kind durch den Geburtskanal nach außen gedrückt. Dadurch wird der Thorax des Kindes komprimiert, die Lungenflüssigkeit entleert und die Lungenbläschen beim ersten Atemzug des Kindes mit Luft gefüllt.

Innerhalb einer Minute nach der Geburt atmet das Kind selbständig. Die Druckverhältnisse im Kreislauf sind verändert und die vor der Geburt notwendigen Kurzschlüsse verschließen sich. 3 Tage nach der Geburt sind alle Lungenbläschen voll entfaltet. Die Atemtätigkeit ist in der ersten Lebensphase unregelmäßig. Um den Gasaustausch zu sichern, passt sich die Atmung des Kindes den Notwendigkeiten der Umgebung und dem Allgemeinzustand an.

Aufgrund des geringeren Volumens der Lunge variiert die Atemfrequenz bei einem Frühgeborenen zwischen 50 und 70 AZ (Atemzüge)/Min. Beim Neugeborenen und Säugling hat die Atemfrequenz bis 30 AZ/Min. abgenommen. Durch das Lungenwachstum nimmt die Vitalkapazität zu. Die Atemfrequenz sinkt beim Kleinkind weiter auf 20 – 25 AZ/Min., beim Schulkind auf 18 – 20 AZ und erreicht beim Jugendlichen annähernd die Werte des Erwachsenen von 16 – 18 AZ/Min.

Neugeborene und Säuglinge sind obligate Nasenatmer, die durch eine Behinderung der Nasenatmung stark beeinträchtigt werden können. Bei Säuglingen ist auch die Bauchatmung zu erkennen, die in **Abb. 11.7** dargestellt ist.

Die Atemerfassung ist, je nach Alter des Kindes, durch das Auflegen eines Stethoskopes auf den Thorax, durch Auflegen der Handflächen unterhalb des Brustbeins und bei älteren Kindern unter Andeutung einer Pulsmessung möglich (s. a. 11.1).

Beim Ermitteln der Atemfrequenz bei Kindern werden immer auch alle anderen Beobachtungskriterien der Atmung beachtet. Zusätzlich wird die Haut auf eventuelle Farbveränderungen beobachtet.

11.5.1 Abweichungen und Veränderungen der Atmung

Veränderungen des Gesundheitszustandes äußern sich besonders bei einem Neu- und Frühgeborenen immer auch in der Veränderung der Atmung. Körperliche, psychogene und soziokulturelle Faktoren nehmen hier Einfluss.

Ursachen können beispielsweise Infektionen, Erregungszustände oder eine erhöhte Schadstoffbelastung der Luft sein. Durch die umfassende Beobachtung der Atmung und möglicher Thoraxveränderungen lassen sich Rückschlüsse auf die momentane Qualität der Ventilation, der O_2-Versorgung und das allgemeine Wohlbefinden des Kindes ziehen.

Veränderungen der Atmung sind je nach Ausprägungsgrad an der erschwerten Atmung (Dyspnoe) des Kindes zu erkennen. Die Dyspnoe (s. a. 11.3.1) zeigt sich der Altersstufe entsprechend unterschiedlich und kann beobachtet werden als:

- inspiratorische Dyspnoe (Atemnot bei der Einatmung, tritt bei Kindern mit verengten oder verlegten Atemwegen, bedingt durch Schwellung/Sekretstau z. B. beim Pseudokrupp auf,
- exspiratorische Dyspnoe (Atemnot bei der Ausatmung), tritt bei einer Spastik der Bronchien, z. B. beim Asthma bronchiale auf,
- Ruhedyspnoe (Atemnot auch in Ruhe),
- Orthopnoe (Atmung nur unter Einsatz der Atemhilfsmuskulatur möglich), bei Kindern mit einer Herzinsuffizienz, bedingt durch einen Herzfehler,

- Nasenflügeln (atmungssynchrone Blähbewegungen der Nasenflügel zur Erweiterung der Atemwege bei jeder Inspiration) tritt auf bei Früh-/Neugeborenen und Säuglingen mit einer akuten O_2-Mangelversorgung, beim Atemnotsyndrom sowie bei einer Neugeborenenbronchitis und kindesalterspezifischen Pneumonien,
- inspiratorische Einziehungen (sichtbares Einsinken der Zwischenrippenräume), treten als thorakale, aber auch als juguläre und epigastrische Einziehungen auf. Sie kommen u. a. bei Atemnotsyndrom und bei Asthma bronchiale vor.

11.5.2 Die besondere Situation des Früh- und Neugeborenen

Frühgeborene haben häufig einen unregelmäßigen Atemrhythmus. Einer kurzzeitig schnellen Atmung folgen Perioden, in denen langsam oder gar nicht geatmet wird. Diese sog. periodische Atmung bedarf keiner Behandlung, birgt jedoch eine große Gefahr für das Frühgeborene. Das Kind wird ggf. durch eine sanfte Stimulation an den Fußsohlen zum Atmen aufgefordert.

Ein häufiges Erscheinungsbild bei Früh- und gelegentlich auch bei Neugeborenen ist das Atemnotsyndrom (ANS). Die Symptome treten häufig während der ersten 6 Lebensstunden auf, und zeigen sich in einer Atemfrequenz von > 60 Atemzügen/Min., durch eine Nasenflügelatmung, Zyanose bei Atmung unter Raumluft, sichtbare thorakale Einziehungen und exspiratorisches Stöhnen als ein typisches Atemgeräusch.

Ein Atemnotsyndrom liegt vor,

- bei der Hyalin-Membrankrankheit (HMK), einem Mangel an oder Fehlen von oberflächenaktiven Substanzen (Surfactant-Faktor-Mangel). Der Surfactant-Faktor kleidet die Wände der Lungenbläschen aus und verhindert, dass bei der Exspiration die Lungenbläschen (Alveolen) zusammenklappen. Nur so kann der Austausch von Sauerstoff und Kohlendioxid problemlos erfolgen. Das Fehlen des Surfactant-Faktors führt u. a. zum Kollabieren der Alveolen und zu Mikroatelektasen. Die Folge ist ein gestörter Austausch von Sauerstoff und Kohlendioxid und eine reduzierte Sauerstoffsättigung im Blut, was eine frühzeitige Intubation und maschinelle Beatmung erfordert. Betroffen sind in erster Linie Frühgeborene, die vor der 30. Schwangerschaftswoche geboren werden, da die Lungenreifung mit Bildung des Surfactant-Faktore erst ab diesem Zeitpunkt beginnt,
- beim Aspirationssyndrom, durch Aspirieren von mekoniumhaltigen Fruchtwasser. Eine intrauterine Hypoxie führt zu vorzeitiger Abgabe des Mekoniums in das Fruchtwasser. Bei vorzeitigen Atembewegungen kann das mekoniumhaltige Fruchtwasser in die Lunge aspiriert werden, was zu Obstruktionen der kleinen Bronchien mit Atelektasen und Emphysem und zu Pneumonien führen kann. Bei einer Aspirationspneumonie ist durch Bakterien infiziertes Fruchtwasser mitverantwortlich. Betroffen sind meistens übertragene Neugeborene,
- beim transitorischen Atemnotsyndrom (TRANS). durch verzögerte Resorption der fetalen Lungenbläschenflüssigkeit kommt es zu einer Tachypnoe und zu leichten thorakalen Einziehungen. Gefährdet sind Frühgeborene und durch Sectio entbundene Kinder, deren Brustkorb unter der Geburt nicht ausreichend komprimiert wurde,
- als Folge angeborener Fehlbildungen der Luftwege und Lungen wie z. B. Stenosen der Trachea, ösophagotracheale Fisteln, Stenosen der Bronchien,
- bei angeborenen Herzfehlern und/oder Herzversagen. Z.B. bei Herzfehlern mit einem Rechts-Links-Shunt kommt es zu einer verminderten Lungendurchblutung und so zu einer Dyspnoe,
- bei Lungenblutungen, z. B. nach Hypoxie, bei Gerinnungsstörungen, Austauschtransfusionen,
- bei Fehlbildungen oder entzündlichen Prozessen im Gehirn, z.B. bei Hperventilation durch zerebrale Schädigung, Hirntumore oder Enzephalitis.

Veränderungen der Atmung können bei zu früh geborenen Kindern ein Zeichen der Unreife sein. Bei Neugeborenen weisen sie eher auf eine angeborene oder erworbene Erkrankung hin. Über diese Veränderungen hinaus sind auch andere Beobachtungskriterien hinzuzuziehen. Neben bestehenden respiratorischen Problemen wie das Atemnotsyndrom sind häufig kardiovaskuläre, neurologische und Temperaturregulationsprobleme festzustellen.

Ein sehr wichtiges Beobachtungskriterium ist die Haut und die kardiale Situation des Frühgeborenen. Eine Farbveränderung der Haut wie blasses, graues Aussehen bis hin zur Zyanose, eine Herzfrequenz- und Blutdruckabweichung sind immer im Zusammenhang zu sehen.

11.6 Besonderheiten bei älteren Menschen

Die Leistungsfähigkeit und die Anpassungsfähigkeit des Atmungssystems nimmt mit zunehmendem Lebensalter ab. Es kommt zu einer Erweiterung der Alveolen und zur Atrophie des Lungengewebes. Die Ringknorpel verlieren an Elastizität und es können degenerative Veränderungen an den Gelenken zwischen Wirbelsäule und Rippen auftreten. Die Lungen sind durch evtl. Verbiegungen (Kyphose, Skoliose) der Brustwirbelsäule in ihrer Entfaltung eingeschränkt. Diese Veränderungen führen gemeinsam mit einer meist parallel verlaufenden Herzinsuffizienz zu einer Leistungsminderung des alten Menschen im Alltag. Um dennoch bestimmte Aktivitäten durchführen zu können werden verschiedene Strategien angewendet, wie beispielsweise häufigeres Stehenbleiben beim Treppensteigen, um Luft zu holen.

Je weiter die degenerativen Veränderungen zunehmen, desto wichtiger ist die genaue Beobachtung der Atmung des alten Menschen. Hierdurch können Komplikationen wie z. B. eine Bronchitis, eine Pneumonie oder ein beginnendes Lungenödem frühzeitig erkannt bzw. Maßnahmen zur Vorbeugung getroffen werden. Dadurch wird es möglich, diesem Menschen zielgerichtet und seinen Möglichkeiten entsprechend zu unterstützen.

Besonderheiten bei Kindern und älteren Menschen:

- Die Atemfrequenz eines Frühgeborenen variiert zwischen 50 und 70 AZ/Min., beim Kleinkind sinkt sie auf 20 – 25 beim Erwachsenen auf 16 – 18 AZ/Min.
- Auch bei Kindern gibt die Atmung Hinweise auf das Wohlbefinden: inspiratorische Dyspnoe, exspiratorische Dyspnoe, Nasenflügeln und inspiratorische Einziehungen sind vor allem zu beobachten.
- Bei Früh- und Neugeborenen tritt das Atemnotsyndrom auf, es zeigt sich u. a. als Hyalin-Membrankrankheit, Aspirationssyndrom, transitorisches Atemnotsyndrom, infolge von Fehlbildungen, angeborenen Herzfehlern oder bei Lungenblutungen.
- Bei älteren Menschen kann durch Beobachtung der Atmung Komplikationen und Erkrankungen vorgebeugt werden.

11.7 Fallstudien und mögliche Pflegediagnosen

Fallstudie Frau Luftlos

Fr. Luftlos, 55 Jahre, liegt seit 2 Tagen auf der Abteilung für Innere Medizin. Sie wurde mit einem akuten Asthmaanfall durch den Notarzt in das Krankenhaus eingeliefert. Nach der Erstversorgung hat sich ihr Zustand zwar verbessert, doch leidet sie weiterhin an einer ausgeprägten Belastungsdyspnoe. Bereits bei leichter körperlicher Aktivität steigt die Atemfrequenz an (ca. 26 AZ/Min.) und die Atemhilfsmuskulatur wird in Anspruch genommen. Schon nach kurzer Belastung ist Fr. Luftlos sehr erschöpft. Zudem äußert sie Ängste bzgl. ihrer Atemnot. Sie leidet bereits seit Jahren an dem Asthma bronchiale und kennt Astmaanfälle, doch in den letzten Monaten sei es ihr sehr gut gegangen, sodass sie dieser Anfall umso mehr erschreckt hat. **Tab. 11.5** zeigt einen Auszug aus dem Pflegeplan von Fr. Luftlos.

Für Fr. Luftlos trifft die Pflegediagnose ungenügender Atemvorgang zu, wie sie in der folgenden Übersicht dargestellt ist:

Pflegediagnose: ungenügender Atemvorgang (nach Gordon)

Definition

Unzureichende Atmung (respiratorische Kompensationsversuche) zur Aufrechterhaltung einer ausreichenden zellulären Sauerstoffversorgung.

Kennzeichen

Hauptkennzeichen

- Berichte des Patienten über Kurzatmigkeit/Atembeschwerden,
- Belastungs-/Ruhedyspnoe,
- Atemveränderung bzgl. Atemtiefe/-frequenz (zu spezifizieren),
- Einsatz der Atemhilfsmuskulatur,
- Hypoxie,
- Unruhe,
- Hyperkapnie,
- Berichte des Patienten über Angstgefühle/Sorgen.

Nebenkennzeichen

- Atmen mit Lippenbremse,
- Reizbarkeit,

Tab. 11.5 Auszug aus dem Pflegeplan von Fr. Luftlos

Pflegeproblem	*Ressource*	*Pflegeziele*	*Pflegemaßnahmen*
Fr. Luftlos leidet unter Belastungsdyspnoe bei Asthma bronchiale	kennt Asthmaanfälle	FZ: hat auch bei Belastung eine Atemfrequenz im Normbereich • kennt ihre körperliche Belastbarkeit • kennt atemerleichternde Lagerungen und Atemübungen zur vertieften Atmung und führt diese selbstständig durch • beherrscht die dosierte Lippenbremse, kennt das Ziel der Maßnahme und wendet sie entsprechend an • wendet bei Bedarf atemerleichternde Körperhaltungen an	• Ermittlung des Grades der aktuellen Belastbarkeit durch Beobachtung der Atmung (Frequenz, Tiefe, Mechanik, Geräusche) und Haut (Zyanose) bei allen körperlichen Aktivitäten • Oberkörperhoch- und Dehnlagerung (nach Bed.) • Anleitung zur vertieften Atmung (Kontaktatmung) und der dosierten Lippenbremse • Information über Ziel der Übungen (Vergrößerung der Atemfläche, Reduktion der Bronchialobstruktion) • Atemerleichternde Körperhaltungen zeigen (Kutschersitz, Sitzen vor dem Tisch)

- verminderte Thoraxbewegungen/verlängerte Ausatmungsphase,
- Zyanose,
- Husten,
- Nasenflügelatmung,
- abnorme arterielle Blutgaswerte,
- Fremitus (Brustwandvibration),
- erhöhter Thoraxdurchmesser (Fassthorax),
- Einnehmen der Kutscherstellung.

Ätiologische oder beeinflussende Faktoren

- Angst,
- Schwinden der Körperkräfte/Erschöpfung,
- Schmerzen,
- Wissensdefizit bzgl. Kompensationsmöglichkeiten.

Risikogruppen

- Personen mit neuromuskulären Beeinträchtigungen,
- Personen mit einer Beeinträchtigung des Bewegungsapparates,
- Personen mit einer perzeptorischen/kognitiven Beeinträchtigung.

Für Fr. Luftlos könnte die Pflegediagnose lauten:
Ungenügender Atemvorgang
b/d (beeinflusst durch) Angst und Schwinden der Körperkräfte/Erschöpfung
a/d (angezeigt durch)

- Belastungs-/Ruhedyspnoe,
- Tachykardie,
- Einsatz der Atemhilfsmuskulatur,
- Angst.

Fallstudie Sonja

Sonja kommt aufgrund einer Plazentainsuffizienz in der 28. Schwangerschaftswoche auf die Welt. Sie wiegt nur 1200 g. Zu beobachten sind ein blasses Hautkolorit, leichtes Stöhnen, Dyspnoe mit Nasenflügelatmung und eine Atemfrequenz von > 60 AZ/Min. Sonja leidet unter einem Atemnotsyndrom infolge eines primären Surfactant-Faktor-Mangels. Als atemunterstützende Maßnahme erhält sie einen Nasen-CPAP (ein kontinuierlicher positiver Atemwegsdruck wird über einen Tubus in der Nasenöffnung erzeugt). Das Kind atmet dabei spontan. Die weitere Behandlung findet auf einer für Frühgeborene ausgestatteten Intensivstation statt. **Tab. 11.6** zeigt einen Auszug aus dem Pflegeplan von Sonja.

Die in Frage kommende Pflegediagnose ist in der folgenden Übersicht dargestellt:

Tab. 11.6 Auszug aus dem Pflegeplan von Sonja

Pflegeproblem	*Ressource*	*Pflegeziel*	*Pflegemaßnahme*
Sonja leidet unter einer Ateminsuffizienz aufgrund von einem Surfactant-Faktor-Mangel-Syndrom bei Frühgeburt	Sonja atmet spontan	FZ: Sonja hat eine physiologische und gleichmäßige Belüftung der Lungen • Besitzt ausreichende Lungenbelüftung und Sauerstoffsättigung	• Zufuhr von O_2 über N-CPAP (kontinuierlich) • Überwachung der O_2-Sättigung über Monitoring • Kontrolle der Tubusdurchgängigkeit und Absaugen nach Bedarf • Atmungskontrolle (Frequenz, Tiefe, Einziehung) 2-stündlich nach Plan • Hautbeobachtung (Zyanose) bei jeder pflegerischen Tätigkeit • Minimal Handling

Pflegediagnose ungenügende Spontanatmung (nach Gordon)

Definition

Verminderte Energiereserven/Ressourcen, die zur Unfähigkeit einer Person führen, die Atmung angemessen, zur Unterstützung von Lebensprozessen, aufrechtzuerhalten.

Kennzeichen

- Dyspnoe,
- erhöhte Stoffwechselrate,
- vermehrte Unruhe,
- Besorgnis,
- vermehrter Einsatz der Atemhilfsmuskulatur,
- Verminderung des Atemzugvolumens,
- Beschleunigung der Herzfrequenz,
- Verminderung von PO_2,
- Erhöhung von PCO_2,
- Verminderung der arteriellen Sauerstoffsättigung,
- verminderte Kooperation.

Ätiologische oder beeinflussende Faktoren

- Stoffwechselfaktoren (zu spezifizieren),
- Erschöpfung der Atemmuskulatur.

Für Sonja könnte die Pflegediagnose lauten:
Ungenügende Spontanatmung
b/d (beeinflusst durch) Unreife der Lungen
a/d (angezeigt durch)

- Dyspnoe,
- Nasenflügelatmung,
- Beschleunigung der Herzfrequenz,
- Verminderung der arteriellen Sauerstoffsättigung.

Fazit: Die Erfassung und Beurteilung der Atmung im Rahmen der Pflege von Menschen bietet die Möglichkeit, schnell einen Überblick über die aktuelle Vitalsituation eines Menschen zu erhalten. Bei der Beurteilung der Atmung sind insbesondere die Atemfrequenz, die Atemtiefe und der Atemrhythmus von Bedeutung. Sie geben zusammen mit weiteren Beobachtungskriterien wichtige Hinweise auf bestehende Erkrankungen bzw. zu erwartende Komplikationen und ermöglichen somit eine frühzeitige Prophylaxe.

Dahmer, J.: Anamnese und Befund: Die ärztliche Untersuchung als Grundlage der klinischen Diagnostik, 8. Aufl. Thieme, Stuttgart 1998

Delz, C.: Krankenbeobachtung. Springer, Berlin 1994

Epstein, O., G.D. Perkin, D.P. de Bono, J. Cookson (Hrsg.): Bild-Lehrbuch der klinischen Untersuchung, Thieme, Stuttgart 1994

Georg, J., M. Frowein (Hrsg.): Pflegelexikon, Ullstein Medical, Wiesbaden 1999

Gerlach, U., N. van Husen, H. Wagner, W. Wirth: Innere Medizin für Pflegeberufe. 4. Aufl. Thieme, Stuttgart 1994

Gordon, M.: Handbuch Pflegediagnosen, 2. Aufl. Ullstein Medical, Wiesbaden 1998

Heiland '98 Katalog: Heiland Med. GmbH, Postfach 700 699, 22006 Hamburg

Hertl, M.: Kinderheilkunde und Pflege, 8. Aufl. Thieme, Stuttgart 1996

Hoehl, M., P. Kullick (Hrsg.): Kinderkrankenpflege und Gesundheitsförderung. Thieme, Stuttgart 1998

Hoffmann-La Roche AG, Urban & Schwarzenberg (Hrsg.): Roche Lexikon Medizin, 3. Aufl. Urban & Schwarzenberg, München 1993

Illig, S., S. Spranger: Klinikleitfaden Pädiatrie, 4. Aufl. Gustav Fischer, Stuttgart 1998

Jecklin, E.: Arbeitsbuch Krankenbeobachtung als Teil der Krankenpflege, Gustav Fischer, Stuttgart 1988

Juchli, L.: Pflege – Praxis und Theorie der Gesundheits- und Krankenpflege, 8. Aufl. Thieme, Stuttgart 1997

Köther, I., E. Gnamm: Altenpflege in Ausbildung und Praxis. 3. Aufl. Thieme, Stuttgart 1995

Kraemer, Prof. Dr. R.: Berner Datenbuch der Pädiatrie, 5. Aufl. Gustav Fischer, Stuttgart 1997

Kühl, G., D. Siepmann, H. Sbotta, J. Bauer, K. Fischer (Hrsg.): Klinikleitfaden Kinderkrankenpflege. Gustav Fischer, Lübeck 1997

Petro, W.: Lungenfunktionsdiagnostik leichtgemacht, 2. Aufl. Novartis Pharma GmbH, Nürnberg 1998

Pschyrembel Klinisches Wörterbuch, 255. Aufl. Walter de Gruyter, Berlin 1986

Pschyrembel klinisches Wörterbuch. 258. Aufl. Walter de Gruyter, Berlin 1997

Reimer, W., F. Fueller: Der Pflegeprozess: theoretischer Hintergrund und Klassifikation mit Vorschlägen für die praktische Arbeit, Univ.-Verlag, Ulm 1998

Schäffler, A., S. Schmidt (Hrsg.): Mensch, Körper, Krankheit. Anatomie, Physiologie, Krankheitsbilder; Lehrbuch und Atlas für die Berufe im Gesundheitswesen, Jungjohann, Neckarsulm 1993

Schefler, A., N. Menche, U. Balzen, T. Kommerell: Pflege Heute, Gustav Fischer, Ulm 1997

Schettler, G., H. Greten (Hrsg.): Innere Medizin: verstehen – lernen – anwenden, 9. Aufl. Thieme, Stuttgart 1998

Schönberger, W.: Kinderheilkunde. Gustav Fischer, Stuttgart 1992

Schwegler, J.: Der Mensch – Anatomie und Physiologie, 2. Aufl. Thieme, Stuttgart 1998

Seel, M.: Die Pflege des Menschen. 3. Aufl. Brigitte Kunz, Hagen 1998

Silbernagel, S., A. Despopoulos: Taschenatlas der Physiologie, 4. Aufl. Thieme, Stuttgart 1991

Thews, G., E. Mutschler, P. Vaupel: Anatomie, Physiologie, Pathophysiologie des Menschen, 3. Aufl. Wiss. Verl.-Ges., Stuttgart 1989

Wegmann, H.: Die professionelle Pflege des kranken Kindes, Urban & Schwarzenberg, München 1997

Wieteck, P., H.J. Velleuer: Pflegeprobleme formulieren – Pflegemaßnahmen planen. BVS, Baunatal 1996

12 Schlaf

Marion Weichler-Oelschlägel

Übersicht

Einleitung · 204

12.1 **Allgemeine Beobachtungskriterien und Beschreibung des Normalzustands** · 206

12.1.1 **Schlafzyklus und Schlafstadien** · 207

12.1.2 **Schlafbedarf** · 209

12.1.3 **Schlaftypen** · 209

12.1.4 **Physiologische Veränderungen während des Schlafs** · 210

12.2 **Abweichungen und Veränderungen beim Schlaf und deren mögliche Ursachen** · 211

12.2.1 **Hypersomnie** · 211

12.2.2 **Hyposomnie** · 212

12.2.3 **Insomnie** · 212

12.2.4 **Chronobiologische Störungen** · 213

12.2.5 **Parasomnien** · 213

12.2.6 **Nächtliche Myoklonien** · 214

12.2.7 **Narkolepsie** · 215

12.2.8 **Schlafapnoe** · 215

12.3 **Ergänzende Beobachtungskriterien** · 217

12.4 **Besonderheiten bei Kindern** · 217

12.4.1 **Abweichungen und Veränderungen beim Schlaf** · 218

12.5 **Besonderheiten bei älteren Menschen** · 219

12.6 **Fallstudien und mögliche Pflegediagnosen** · 220

Fazit · 222

Literatur · 222

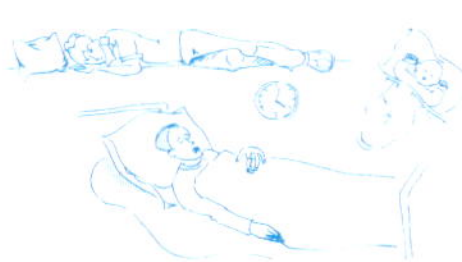

Schlüsselbegriffe:

- *REM-Schlaf*
- *NREM-Schlaf*
- *Insomnie*
- *Parasomnien*
- *Schlafapnoe*

Einleitung

Was ist eigentlich Schlaf? Viele Menschen, vor allem Dichter, Philosophen und Wissenschaftler, haben sich immer wieder mit dieser Frage beschäftigt und versucht, den Zustand zu erklären, in dem wir ungefähr ein Drittel unseres Lebens verbringen. Der Schlaf wird u. a. als „kleiner Bruder des Todes", „süßes Labsal" oder auch als eine „Gabe der Götter" bezeichnet. Von Ärzten und Wissenschaftlern werden unterschiedliche Schlaftheorien vertreten, doch eine schlüssige, abschließende Aussage konnte noch nicht gemacht werden.

Obwohl der Schlaf noch nicht endgültig erforscht ist, ist sicher, dass er kein passiver Zustand, sondern eine aktive, vom Stammhirn gesteuerte Leistung des Organismus ist. Zudem ist bekannt, dass Gesundheit und Wohlergehen jedes Menschen entscheidend von ausreichendem, gesundem Schlaf abhängig sind. Ein Mensch kann zwar mehrere Wochen ohne Nahrung, aber nur wenige Tage ohne Schlaf leben.

Im folgenden Kapitel werden verschiedene Formen der Schlafstörungen und ihre Auswirkungen auf den Menschen beschrieben.

Als Schlaf wird der lebensnotwendige, im Zirkadianrhythmus auftretende Erholungszustand, der mit einer veränderten Hirnaktivität und Bewusstseinslage einhergeht, bezeichnet.

Der Schlaf ist ein Teil des 24-Stunden-Rhythmus, eines Schlaf-Wachzyklus. Er beruht auf dem endogenen Tag-Nacht-Rhythmus des Zentralnervensystems. Der Schlaf ist ein aktiver Erholungsvorgang für die Stoffwechselvorgänge im Gehirn und ist gekennzeichnet durch eine Bewusstseinsänderung und zwar eine Bewusstseinsminderung, bei der eine gewisse Wahrnehmungsbereitschaft gegenüber der

Umwelt erhalten bleibt und der Mensch jederzeit durch einen entsprechend geeigneten Reiz erweckbar ist.

Der Schlaf stellt den physiologischen Ausgleich zum Wachsein eines Menschen dar und kehrt im Zirkadianrhythmus wieder, d.h. der Rhythmus entspricht ungefähr (lat. circa = um, ungefähr) der Dauer eines Tages (lat. dies = Tag). Auch andere Körperfunktionen unterliegen diesem Rhythmus, wie z.B. die Körpertemperatur und Stoffwechselfunktionen. Verantwortlich für die endogene Steuerung dieses Aktivitätsrhythmus ist im Wesentlichen der paarig angelegte Nucleus suprachiasmaticus (SCN) im Zwischenhirn.

Die Synchronisation, d.h. die zeitliche Abstimmung des Rhythmus auf die Tag-Nacht-Folge, erfolgt u.a. durch äußere Zeitgeber, wie das Licht und soziale Faktoren, wie beispielsweise Arbeits-, Freizeit- und Schlafphase. Das ist der Grund, weshalb wir bei Helligkeit wach sind und bei Dunkelheit schlafen. Hinzu kommt, dass die verschiedenen endogenen Rhythmen aufeinander abgestimmt sind. So kann beispielsweise festgestellt werden, dass immer dann, wenn die Körpertemperatur absinkt, sich Müdigkeit einstellt und fast gleichzeitig auch die Zahnschmerzschwelle sinkt (**Abb. 12.1**). Hierdurch wird klar, warum Zahnschmerzen nachts als besonders heftig empfunden werden.

Als Schlaf-Wach-Zentrum, welches für die Steuerung des Schlaf-Wach-Rhythmus verantwortlich ist, wird vielfach die Formatio reticularis bezeichnet. Aufgrund verschiedener Untersuchungen wird heute angenommen, dass auch der Transmitter Serotonin maßgeblich an der Steuerung des Schlaf-Wach-Rhythmus beteiligt ist, indem er u.a. die Freisetzung sog. endogener Schlaffaktoren veranlasst. Diskutiert werden hier zum einen Substanzen (Faktor S), die sich während des Wachzustands anhäufen und bei einer bestimmten Konzentration Müdigkeit auslösen. Zum anderen wird das Vorhandensein schlaffördernder Stoffe (DSIP: delta sleep inducing peptide) vermutet, die bei Schlafbeginn bzw. während der Schlafphase ausgeschüttet werden.

Im Gegensatz zu dem Zirkadianrhythmus des Jugendlichen und Erwachsenen, unterliegt der Schlaf des Neugeborenen dem sog. gastrischen oder polyphasischen Schlafrhythmus. Hierbei führen angeborene primitive Instinkte wie beispielsweise Hunger

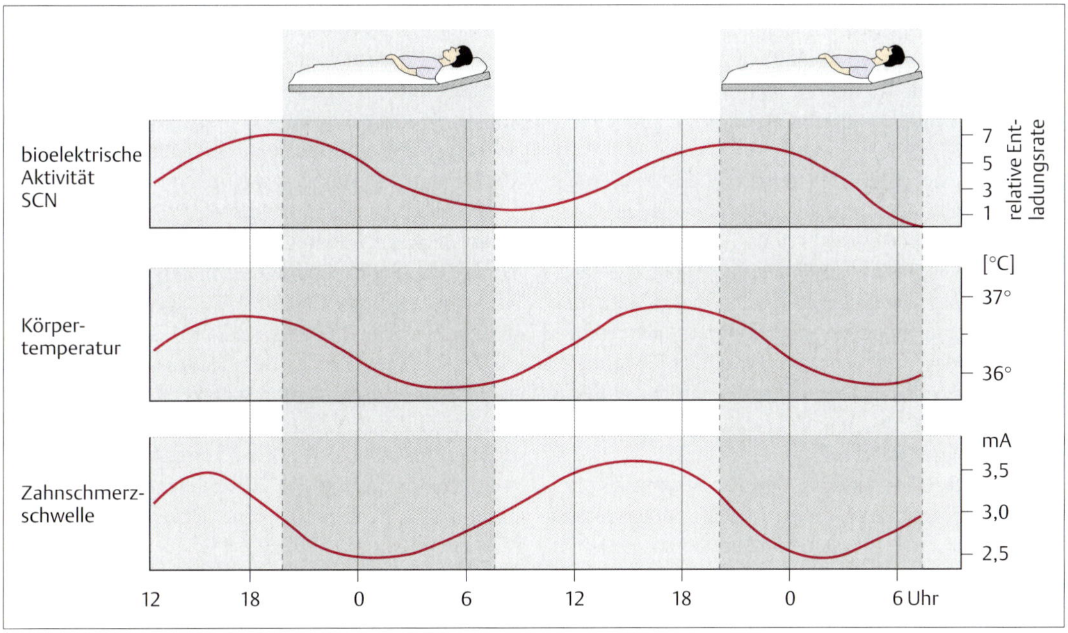

Abb. 12.1 Verschiedene endogene Rhythmen. Schlafzeiten (Bettsymbole) und tägliche Schwankungen der bioelektrischen Entladungsrate (relative Einheiten) des Nucleus suprachiasmaticus (SCN) im Zwischenhirn, der Körpertemperatur sowie der Zahnschmerzschwelle (aus: Speckmann, E.-J., W. Wittkowski: Bau und Funktionen des menschlichen Körpers, 18. Auflage, Urban & Schwarzenberg, München 1994).

und Durst zum Erwachen (s. a. 12.4). Erst im weiteren Verlauf des Lebens entwickelt sich der Zirkadianrhythmus.

12.1 Allgemeine Beobachtungskriterien und Beschreibung des Normalzustands

Als normaler, gesunder Schlaf wird im Allgemeinen der Schlaf bezeichnet, der sich kurze Zeit nach dem zu Bett Gehen einstellt, in der Dauer dem Alter angemessen ist, nicht durch mehrmaliges Aufwachen gestört und am Morgen als erholsam empfunden wird.

Der Schlaf wird von vielen unterschiedlichen Faktoren beeinflusst. Insbesondere zählen hierzu:

- das Alter (s. a. 12.1.3),
- die emotionale Befindlichkeit (z. B. Ärger, Sorgen, Glück, Aufregung),
- Umgebungsfaktoren (z. B. Helligkeit, Umgebungstemperatur, Lärm),
- die Einnahme von Genussgiften (z. B. Alkohol, koffeinhaltige Getränke),
- Erkrankungen und/oder deren Symptome und Begleiterscheinungen (z. B. Schmerzen, Bewegungseinschränkungen),
- die Einnahme von Medikamenten.

Das wichtigste Kriterium zur Beurteilung des Schlafs ist die individuelle Einschätzung des Menschen bzgl. des Erholungswertes des Schlafs.

Weitere Kriterien sind der Zeitpunkt des Einschlafens, das Vorhandensein von Wachphasen, das Auftreten von Myoklonien (periodisch auftretende Bewegungen), ▸ *Parasomnien* (z. B. Schlafwandeln, nächtliches Zähneknirschen) oder Atemstörungen (z. B. ▸ *Schlafapnoe*), der Zeitpunkt des Erwachens und die Gesamtschlafzeit.

Durch die Beobachtung des Schlafenden, die Befragung am nächsten Morgen oder Schlaftagebücher können wichtige Aussagen zum Schlaf gemacht werden. Die Beobachtung des Schlafenden bezieht sich auf die o. a. Kriterien zur Beurteilung des Schlafs. Bei der Befragung am nächsten Morgen wird u. a. zusätzlich nach dem Erholungswert des Schlafs gefragt.

Tab. 12.1 Beispiel eines Schlaftagebuchs

Datum/Wochentag	
aufgestanden	um ....h
Speisen (nach 16.00 h)	
Getränke (nach 16.00 h)	
Medikamente (Name, Zeiten)	
Aktivitäten (nach 16.00 h)	
besondere Ereignisse, Erlebnisse am Tag	
tagsüber geschlafen	von .... bis .... h
zu Bett gegangen	um .... h
nächtliche Wachzeiten	von .... bis .... h
Bemerkungen/Besonderheiten z. B. Träume, Beobachtungen des Partners	
Befindlichkeit am Morgen und Bewertung des Schlafs (1 = gut – 10 = sehr schlecht)	

Mit Hilfe eines Schlaftagebuchs kann der Schlaf über eine längere Zeit beurteilt werden. Der Betroffene wird gebeten, am Morgen nach dem Erwachen ein Schlafprotokoll auszufüllen (**Tab. 12.1**). Mit Hilfe dieser Beobachtungen und Aussagen können Hinweise auf die Art und Weise der Schlafstörung sowie deren Ursache gefunden werden.

Differenziert und objektiviert werden können diese Beobachtungen und Angaben durch verschiedene Messungen in einem Schlaflabor. Hier werden während der Nacht ein EEG (Elektroenzephalogramm), EMG (Elektomyogramm) und EOG (Elektrookulogramm) abgeleitet. Das EEG registriert die elektrischen Hirnströme, das EMG die Muskelspannung und das EOG die Augenbewegungen während des Schlafs (**Abb. 12.2**). Hinzu kommt die kontinuierliche Überwachung der Vitalzeichen und Beobachtung der Körperbewegungen.

Die individuelle Einschätzung der Schlafqualität durch die Person selbst ist das wichtigste Kriterium bei der Bewertung des Schlafs. Daneben werden folgende Punkte beobachtet:

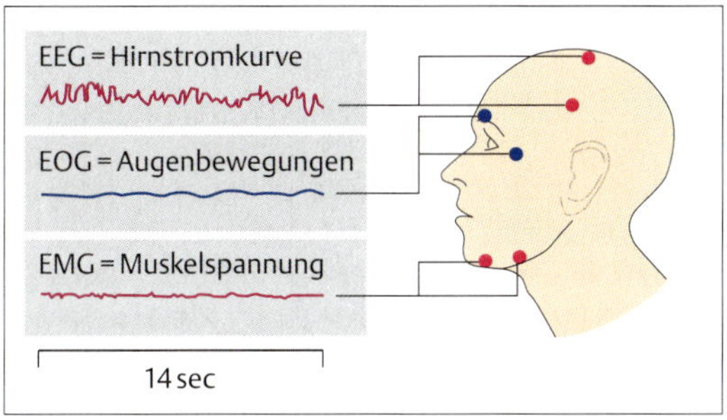

Abb. 12.2 Verschiedene Messungen im Schlaflabor. Elektroenzephalogramm (EEG), Elektrookulogramm (EOG) und Elektromyogramm (EMG) (aus: Deltz, Chr.: Krankenbeobachtung, Springer Verlag, Heidelberg 1994).

- Zeitpunkt des Einschlafens,
- das Vorhandensein von Wachphasen,
- das Auftreten von Myoklonien, *Parasomnien* und/ oder Atemstörungen,
- der Zeitpunkt des Erwachens,
- die Gesamtschlafzeit.

Schlaf:

- Schlaf ist ein aktiver Erholungsvorgang für die Stoffwechselvorgänge im Gehirn und kehrt im Ausgleich zum Wachzustand im Zirkadianrhythmus wieder.
- Für die Steuerung des Schlaf-Wach-Rhythmus wird neben der Formatio reticularis der Transmitter Serotonin verantwortlich gemacht.
- Der Zirkadianrhythmus entwickelt sich erst aus dem gastrischen oder polyphasischen Schlafrhythmus bei Neugeborenen.
- Viele Faktoren beeinflussen den Schlaf und viele Kriterien spielen eine Rolle bei seiner Beurteilung. Durch ein Schlaftagebuch und Messungen in einem Schlaflabor können Beobachtungen differenziert und objektiviert werden.

12.1.1 Schlafzyklus und Schlafstadien

Entsprechend seiner Tiefe wird der Schlaf in 5 Stadien/Stufen oder auch Phasen eingeteilt. Der schlafende Mensch erreicht jedoch nicht etwa eine dieser Stufen, um dann in diesem Zustand bis zu seinem Aufwachen zu verweilen, vielmehr pendelt er zwischen den einzelnen Stadien hin und her.

Zusätzlich werden 2 verschiedene Schlafmuster unterschieden:

1. der „Non-rapid-eye-movement-Schlaf" (▸ *NREM-Schlaf*), der die Schlafstadien 1 – 4 beinhaltet
2. und der „Rapid-eye-movement-Schlaf" (▸ *REM-Schlaf*), der durch rasche Augenbewegungen gekennzeichnet ist und auch als Stadium 5 bezeichnet wird.

Der *NREM-Schlaf* wird außerdem als orthodoxer Schlaf, der *REM-Schlaf* als paradoxer Schlaf bezeichnet, da hier die Hirnstromkurve der eines wachen Menschen sehr ähnelt.

Bei den Schlafmustern werden der *REM-Schlaf*, der durch rasche Augenbewegungen gekennzeichnet ist und der *NREM-Schlaf* unterschieden.

Stadium 1: Die sog. Einschlafphase ist gekennzeichnet durch einen Dämmerzustand. Der Mensch beginnt, sich zu entspannen, hat noch flüchtige Gedanken und „döst" vor sich hin. In diesem Zustand kann er durch geringe Reize wieder geweckt werden. Schläft er jedoch ungestört weiter, so gelangt er nach ca. 15 Minuten in das nächste Stadium.

Stadium 2: Dieses Stadium wird oftmals auch als der Beginn der Schlafphase bezeichnet. Es kommt zu einer zunehmenden Entspannung, die Gedanken sind verschwommen, traumähnlich. Der Schlafende kann in diesem Stadium noch leicht geweckt werden.

Stadium 3: Dieses Stadium des beginnenden Tiefschlafs wird nach ca. 30 Minuten erreicht. Es kommt hier zu völliger Entspannung; die Pulsfrequenz und die meisten anderen Körperfunktionen sind verlangsamt. Mäßige, zufällig auftretende Reize, wie z. B. eine Toilettenspülung, wecken den Schlafenden in der Regel nicht. Wird er nicht durch einen starken Reiz gestört, so gelangt er in das nachfolgende Stadium, den Tiefschlaf.

Stadium 4: Der Schlafende ist so entspannt, dass er sich kaum bewegt und nur schwer zu wecken ist; er ist im Tiefschlaf. In dieser Phase kann es beispielsweise zu Bettnässen und Schlafwandeln kommen.

Die Stadien 3 und 4 werden auch als Slow-wave-Schlaf bezeichnet, da während dieser Tiefschlafphasen die Hirnstromaktivitäten sehr niedrig sind und durch typische Aufzeichnungen, die sog. δ-Wellen im EEG gekennzeichnet sind.

Bevor der Schlafende das Stadium 5, den *REM-Schlaf* erreicht, durchläuft er noch einmal die vorherigen Stadien.

Stadium 5: *REM-Schlaf.* In dieser Phase kommt es zum Auftreten von schnellen und raschen Augenbewegungen, die dieser Phase auch den Namen Rapid-eye-movement-Schlaf gegeben haben. Der Schlafende träumt in dieser Phase und ist nur schwer zu wecken. Würde man ihn allerdings wecken, würde er wahrscheinlich von lebhaften Träumen voller Handlungen berichten (**Abb. 12.3**).

Es wird angenommen, dass die Träume zur psychischen Gesundheit beitragen; es werden Erinnerungen geweckt und emotionell bedeutsame Erlebnisse mit vergangenen Ereignissen verbunden.

Am meisten faszinieren die Menschen, die sich mit dem Thema Schlaf befassen, die Ereignisse während des *REM-Schlafes.* Tatsächlich zeigt der Verlauf der Hirnstromkurve eines Menschen in dieser Schlafphase ein dem Wachsein sehr ähnliches Bild. Die Körpermuskeln sind allerdings dabei völlig entspannt, der Körper selbst, bis auf die Augen und die Atmung, praktisch gelähmt.

Erklärlich wird dieser Zustand der sog. Schlafparalyse, wenn man ihn als einen biologischen Schutzmechanismus versteht, der davor schützt, das Geträumte aktiv auszuleben. Diese REM-Phasen steigern sich im Verlaufe einer Nacht gegen Morgen und können bis zu 30 Minuten lang werden. Die Träume der letzten REM-Phase sind jene, die uns als das in dieser Nacht Geträumte in Erinnerung bleiben.

Warum Menschen überhaupt träumen, unabhängig davon, ob sie sich an das Geträumte erinnern oder nicht, ob sie ihren Träumen viel oder wenig Bedeutung beimessen, sind weitere interessante Fragen bei der Auseinandersetzung mit dem Schlaf. Angeblich überwiegen unangenehme Träume: Empirische Studien wollen herausgefunden haben, dass 46% aller Träumer in ihrer nächtlichen Welt mit Unglücksfällen oder bedrohlichen Situationen beschäftigt sind. Weitere Traumgefühle setzen sich zu 17% mit Erfolg, 14% mit Angst und 10% mit Wut auseinander. Mit nur 7% rangiert Freude vor Traurigkeit (5%) und Scham (1%).

Die Hauptthemen der Träume sind bei Kindern und Erwachsenen sehr unterschiedlich. Tiere sind das große Thema bei kleinen Menschen; zwischenmenschliche Kontakte, Gefühle und familiäre Inhalte überwiegen bei träumenden Frauen, während Männer meistens von Aggressionen, Unglück und Ehrgeiz träumen. Gefühlsbetonte Menschen erinnern sich in der Regel eher an ihre Träume und sprechen auch darüber, während sehr rational eingestellte Personen sich oft nicht an ihre Träume erinnern können und standhaft bestreiten, überhaupt geträumt zu haben. Sicher ist jedoch, dass jeder Mensch träumt und dass diese Traumschlafphasen wichtig für verschiedene physische und psychische Bedürfnisse sind.

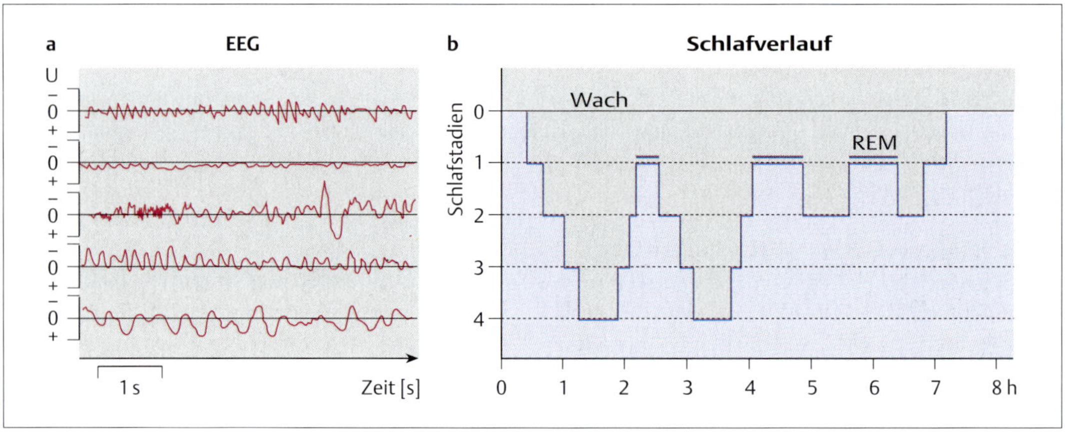

Abb. 12.3 EEG-Kurven in verschiedenen Schlafstadien. Elektroenzephalogramm (EEG) in verschiedenen Schlafstadien. a: EEG-Registrierungen im Wachzustand und während der Schlafstadien 1–4. b: Schlafverlauf. Die Schlafstadien 1–4 werden mehrfach durchlaufen. REM = paradoxe Schlafphasen mit „rapid eye movements" (aus Speckmann, E.-J., W. Wittkowski: Bau und Funktionen des menschlichen Körpers, 18. Auflage, Urban & Schwarzenberg, München 1994).

Während einer Nacht „durchschläft“ der Mensch 4–6 Schlafzyklen. Der erste dieser Schlafzyklen ist nach ca. 90 Minuten, mit Abschluss der REM-Phase beendet. Die REM-Phasen werden in den späteren Zyklen des Schlafes verhältnismäßig länger, während in den früheren Zyklen die Dauer der Stadien 3 und 4 länger ist. Der Schlaf des Säuglings hat mehr REM- als NREM-Phasen; mit zunehmenden Alter nimmt der *REM-Schlaf* ab.

12.1.2 Schlafbedarf

Der Schlafbedarf ist individuell und je nach Alter eines Menschen verschieden. Das Verhältnis von Tag und Nacht ist beim kleinen Kind 1 : 2, beim Erwachsenen genau umgekehrt. Gemessen werden kann der individuelle Schlafbedarf entweder an der Schlafdauer ohne Wecker oder an der am Tage vorhandenen Wachheit, dem Ausgeruhtsein und der Leistungsfähigkeit. Anhaltswerte des Schlafbedarfs bezogen auf das Alter zeigt **Tab. 12.2**.

Neben dem Alter spielen aber auch die aktuellen geistigen und körperlichen Anstrengungen sowie die Lichtverhältnisse eine Rolle.

Nicht nur nachts, sondern auch tagsüber kommt es regelmäßig zu einem mehr oder weniger stark ausgeprägten Schlafbedürfnis. Am Häufigsten tritt dies morgens zwischen 9.00 und 10.00 Uhr, mittags zwischen 13.00 und 15.00 Uhr sowie am frühen Abend zwischen 17.00 und 19.00 Uhr auf. Begründet sind diese Phasen des Schlafbedarfs u.a. durch die verschiedenen endogenen Rhythmen, die aufeinander abgestimmt sind (vgl. 12.1.1).

Tab. 12.2 Durchschnittlicher Schlafbedarf, bezogen auf das Alter (aus Hoehl, M., P. Kullick (Hrsg.): Kinderkrankenpflege und Gesundheitsförderung, Thieme, Stuttgart 1998)

Alter	*durchschnittlicher Schlafbedarf*
Neugeborene	15–16 Std.
Kleinkinder (3–24 Monaten)	12–15 Std.
Kinder (2–13 Jahre)	9,5–12 Std.
Jugendliche (14–18 Jahre)	8–9,5 Std.
Erwachsene (19–65 Jahre)	6–8 Std.
alte Menschen (über 65 Jahre)	5,5–6 Std.

12.1.3 Schlaftypen

Durch Untersuchungen wurde festgestellt, dass es 2 verschiedene Arten von Schlaftypen gibt, die sog. „Morgenmenschen“ oder „Lerchen“ oder die „Abendmenschen“, die auch als „Eulen“ bezeichnet werden. Diese beiden Typen unterscheiden sich durch ihre unterschiedlichen Schlaf- und Leistungsphasen (**Abb. 12.4**). Typische Kennzeichen der „Morgenmenschen“ sind:

- Frühaufsteher,
- größte Leistungsfähigkeit am Vormittag,
- weitere Leistungsphase am frühen Nachmittag, wobei die Leistungskurve zum Abend hin schnell abfällt,
- schlafen schnell und früh ein,
- gelangen schnell in den Tiefschlaf.

Im Gegensatz hierzu weisen die „Abendmenschen“ folgende Charakteristika auf:

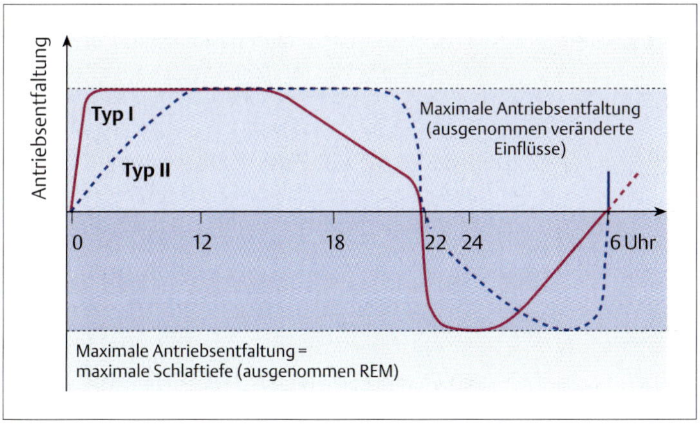

Abb. 12.4 Morgen- und Abendmenschen. Antriebsentfaltung und Schlaftiefe; ideale Tag- und Nacht-Kurve für den Typ 1 – Morgenmensch – und den Typ 2 – Abendmensch – (nach Brasch, 1978) (aus: Vescovi, Dr. med. G.: Uhren, die das Leben stellt in Deutsche Krankenpflegezeitschrift 3,1990).

- „Morgenmuffel", die schwer aufstehen können,
- langsames Ansteigen der Leistungskurve ab 10.00 Uhr vormittags, die bis kurz vor Mitternacht anhält und langsam abfällt,
- Tiefschlaf wird oftmals erst gegen Ende der Schlafphase erreicht.

Einer amerikanischen Studie zufolge ist eine bestimmte Variante des „Chromosom-4-Gens" dafür verantwortlich, wann ein Mensch aufwacht. In dieser Studie stellten die Forscher bei 9 von 10 Menschen einen genetisch bedingten frühen Weckzeitpunkt fest, der allerdings z.B. durch kräftigen Alkoholgenuss nach hinten verschoben werden kann.

12.1.4 Physiologische Veränderungen während des Schlafs

Im Rahmen des Erkennens von Problemen und Ressourcen eines Menschen kann die genaue Beobachtung des Schlafs zum einen wichtige Hinweise auf organische und/oder seelisch-geistige Störungen geben. Zum anderen lässt sich körperliches und seelisch-geistiges Unwohlsein u.U. durch beobachtete Schlafstörungen erklären.

Um Abweichungen und Veränderungen einschließlich ihrer Ursachen erkennen zu können, bedarf es zunächst des Wissens um die physiologischen Veränderungen, die der Schlaf mit sich bringt.

Durch das Vorherrschen des Parasympathicus kommt es zur allgemeinen Erholung des Organismus, was die willkürlichen und vom Sympathicus gesteuerten Lebensfunktionen betrifft (z.B. Muskulatur, Herzschlag etc.). Der Organismus hat im Schlaf seinen Schwerpunkt auf Lebensfunktionen, die dem Willen nicht zugänglich sind, also autonom ablaufen und auf den Organismus erhaltend wirken.

Da im Schlaf der Einfluss des parasympathischen Nervensystems überwiegt, lassen sich folgende Beobachtungen festhalten:

- verlangsamte Atmung,
- verlangsamte Herzfrequenz,
- herabgesetzter Blutdruck,
- erniedrigte Körpertemperatur,
- herabgesetzter Muskeltonus, v.a. der glatten Muskulatur im Magen-Darm-Kanal und der Harnblase,
- erschlaffte Skelettmuskulatur,
- reduzierte Drüsentätigkeit, mit Ausnahme der Schweißdrüsen,
- reduzierter Stoffwechsel,

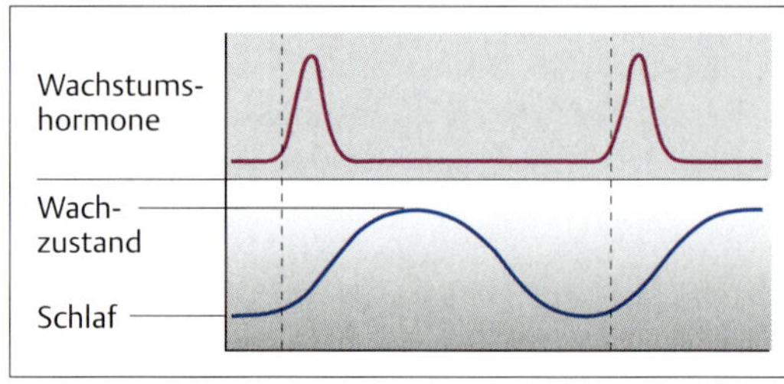

Abb. 12.5 Schlafzyklen und Freisetzung von Wachstumshormonen (aus: Ancoli-Israel, S.: Schlaf und Schlafstörungen, Ullstein Mosby GmbH & Co. KG, Berlin 1997).

- verminderte Darm- und Blasentätigkeit,
- eingeschränkte Reizaufnahme,
- Gliederektionen bei Männern während des *REM-Schlafes,*
- Klitoriserektionen und vaginale Kontraktionen bei Frauen während des *REM-Schlafes*.

Das endokrine System arbeitet ebenfalls im Schlaf weiter; gerade während der Tiefschlafphase werden im Körper Wachstums- und Schilddrüsenhormone ausgeschüttet sowie Prolaktin und Melanin freigesetzt (**Abb. 12.5**). Darüber hinaus werden Steroidhormone während des *REM-Schlafes* freigesetzt.

Das Bewusstsein eines Menschen ist, in Abhängigkeit von der Schlaftiefe, eingeschränkt bis ausgeschaltet. Die Augen bleiben geschlossen, das Hörvermögen hingegen ist uneingeschränkt funktionsfähig. Dies ist als Schutzfunktion zu erklären, um ungewohnte, bedrohliche Geräusche als Alarmsignale zu unterscheiden und entsprechend handeln zu können.

Schlafzyklus und Schlaftypen:

- Man unterscheidet 5 Schlafstadien: Einschlafphase, beginnende Schlafphase, Beginn des Tiefschlafs, Tiefschlaf und REM-Schlaf.
- Der REM-Schlaf (Rapid-eye-movement-Schlaf), durch rasche Augenbewegungen gekennzeichnet, ist die Phase, in der der Mensch träumt.
- Der Schlafbedarf ist individuell sehr verschieden, die Phasen des Schlafbedürfnisses tagsüber hängen von endogenen Rhythmen ab.
- Nach Schlaftypen unterscheidet man Morgen- und Abendmenschen.
- Im Schlaf überwiegt das parasympathische Nervensystem, was eine Vielzahl körperlicher Veränderungen zur Folge hat.

12.2 Abweichungen und Veränderungen beim Schlaf und deren Ursachen

Die Erscheinungsformen von Schlafstörungen können in 4 große Gruppen eingeteilt werden (**Tab. 12.3**). So vielfältig wie die Formen der Schlafstörungen sind, genauso vielfältig sind auch die Ursachen, die diesen zugrunde liegen.

Eine genaue Diagnostik der Schlafstörung sollte immer erfolgen, da auch falsche Schlafgewohnheiten den Eindruck von Schlafstörungen erwecken können.

12.2.1 Hypersomnie

Als Hypersomnie werden Schlafstörungen bezeichnet, die mit einem erhöhten Schlafbedarf einhergehen.

Häufig kommt es zu einer vermehrten Tagesschläfrigkeit, wodurch der Körper versucht, das entstandene Schlafdefizit auszugleichen. Die unter einer Hypersomnie leidenden Menschen klagen oftmals über ein andauerndes Gefühl der Müdigkeit und Mattigkeit sowie über Gedächtnis- und Konzentrationsstörungen. Bei einer länger andauernden Hypersomnie kann auch die körperliche Verfassung des betroffenen Menschen beeinträchtigt werden.

Eine physiologische Veränderung in Richtung eines erhöhten Ruhe- und Schlafbedarfs findet sich nach verschiedenen Belastungssituationen wie z. B.:

- nach dem Essen, sog. postprandiale Müdigkeit,
- bei seelisch-geistiger Anspannung,
- nach anstrengenden körperlichen Aktivitäten,
- in Krankheitszeiten und in der Rekonvaleszenz,
- nach Untersuchungen, Behandlungen, Operationen,
- bei vielen Frauen während der Schwangerschaft.

Bei seelischer Erschöpfung, z. B. durch andauernde familiäre und/oder berufliche Konflikte, kann es zu einem auffällig hohen Schlafbedürfnis kommen. Diese Form des vermehrten Schlafbedarfs wird auch als sog. „Flucht in den Schlaf" bezeichnet, da hierdurch u. U. eine Auseinandersetzung mit der Problemsituation vermieden wird.

Ein weitere Ursache für eine Hypersomnie liegt in einer verminderten Schlafqualität, wie sie beispielsweise im Zusammenhang mit *Parasomnien*, nächtlichen Myoklonien, Narkolepsie und der *Schlafapnoe* auftritt (s. a. 12.2.4 – 12.2.7) sowie bei ungünstigen Umgebungsbedingungen (z. B. Helligkeit, Lärm, Hitze). Aber auch ein zu spätes „zu-Bett-Gehen" oder ein zu frühes Aufstehen können den Eindruck einer Hypersomnie hinterlassen.

Schlafkrankheit

Bei der Schlafkrankheit wird zwischen der sog. europäischen Schlafgrippe, die auch Encephalitis lethargica, Encephalitis epidemica oder ECONOMO-Krankheit genannt wird und der afrikanischen Schlafkrankheit unterschieden.

Die Encephalitis lethargica ist eine epidemische Gehirnentzündung, die neben meningialen Symptomen (Fieber, Nackensteifheit, Kopfschmerzen) mit den Symptomen einer Lethargie, d. h. Teilnahmslosigkeit und einer andauernden Schläfrigkeit einhergeht. Es wird vermutet, dass es sich bei dem Erreger um einen Virus handelt, doch ist die Ursache noch nicht eindeutig geklärt.

Die afrikanische Schlafkrankheit wird durch Trypanosomen (Protozoen) hervorgerufen, die durch die Tsetsefliege übertragen werden. Erst mit dem Eindringen der Erreger in das Zentrale Nervensystem kommt es zu der eigentlichen „Schlafkrankheit". Neben der Schlafsucht sind hierbei neurologische Ausfälle und psychische Veränderungen festzustellen.

Tab. 12.3 Ursachen von Schlafstörungen

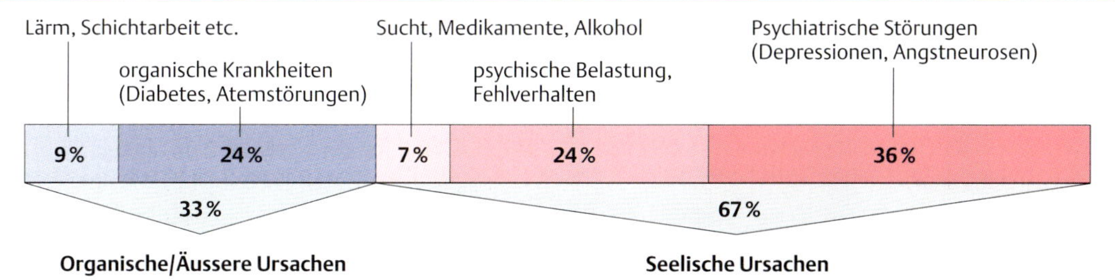

12.2.2 Hyposomnie

Als Hyposomnie wird der verminderte Schlafbedarf bezeichnet.

Physiologisch kommt die Hyposomnie bei länger anhaltender Entspannung mit verminderter körperlicher und/oder geistiger Tätigkeit sowie bei älteren Menschen vor.

Bei der Manie, einer psychischen Störung, die u. a. durch eine Antriebssteigerung und eine gehobene Stimmungslage gekennzeichnet ist, kommt es ebenfalls häufig zu einem herabgesetzten Schlafbedarf. Charakteristisch ist hierbei das Fehlen typischer Ermüdungserscheinungen.

12.2.3 Insomnie

▸ *Insomnie* bedeutet eigentlich Schlaflosigkeit, doch werden hierunter die Ein- und Durchschlafstörungen verstanden, die häufig zu einer verminderten Gesamtschlafzeit führen.

Dauert die Zeit vom „Zu-Bett-Gehen" bis zum Einschlafen länger als ca. 30 Minuten, so wird dies häufig als Einschlafstörung empfunden. Durchschlafstörungen sind durch vorzeitiges Wiederaufwachen gekennzeichnet. Der unter dieser Schlafstörung leidende Mensch bleibt entweder nach dem Erwachen wach oder aber er schläft erneut ein, um immer wieder wach zu werden.

Auch bei gesunden Menschen kann eine *Insomnie* in der sog. transitorischen oder vorübergehenden Form auftreten, bei der sie sich auf wenige Nächte beschränkt. Die Ursache ist zumeist in einer Stresssituation zu suchen, wie z. B. bevorstehende Feiern, Reisen, Examina oder andere wichtige Termine.

Von einer chronischen *Insomnie* spricht man, wenn die Störung länger als 3 Wochen anhält. Ihr liegen meist komplexe Probleme zugrunde.

Der „National Sleep Foundation" zufolge werden die nachstehenden Ursachen für eine *Insomnie* verantwortlich gemacht:

- Verhaltensstörungen,
- physische Beeinträchtigungen,
- psychische Beeinträchtigungen,
- Medikamente,
- gestörter zirkadianer Rhythmus,
- Schlafstörungen.

Zu den Verhaltensstörungen als Ursache für eine *Insomnie* zählt die schlechte Schlafhygiene, die zu unregelmäßigen und falschen Schlafmustern führt. Viele betroffene Menschen betreiben solch eine schlechte Schlafhygiene, indem sie beispielsweise mehrere Nickerchen über den Tag verteilen, einen ausgedehnten Mittagsschlaf halten, in zu hohem Maße Alkohol und koffeinhaltige Nahrungsmittel oder abends ein schwer verdauliches Essen zu sich nehmen sowie die eigene Schlafumgebung ungünstig gestalten (laut, hell, sehr warm).

Grundsätzlich kann jedes organische Leiden, das mit Unwohlsein und/oder Schmerzen einhergeht, eine *Insomnie* verursachen. Häufig tritt die *Insomnie* hierbei als Begleiterscheinung auf. Erkrankungen, die eine Insomie verursachen, gehen zumeist mit typischen Symptomen einher, wie z. B. Schmerzen, Bewegungseinschränkungen, Atemnot, Husten, Nykturie und Juckreiz.

Da nahezu alle psychisch kranken Menschen über eine *Insomnie* klagen, wird sehr deutlich, dass die Psyche einen großen Einfluss auf den Schlaf besitzt. Erkrankungen des depressiven Formenkreises gehen beispielsweise mit einem frühen Erwachen sowie mit Ein- und Durchschlafstörungen einher; bestehende Ängste, sog. Phobien, rufen gleichfalls Einschlafstörungen hervor.

Neben den organischen und psychischen Leiden können auch Medikamente eine *Insomnie* verursachen. Stimulanzien, die zu einem späten Tageszeitpunkt eingenommen werden, führen zur *Insomnie* im Sinne von Einschlafstörungen. Sedierende Medikamente, die tagsüber verabreicht werden, können zu einer vermehrten Tagesschläfrigkeit führen, die dann Durchschlafstörungen in der Nacht mit sich bringen. Selbst Schlaftabletten, über einen längeren Zeitraum eingenommen, können *Insomnie* zur Folge haben. Ein plötzliches Absetzen der Medikation führt zur sog. „Rebound-*Insomnie*" (engl. rebound = Rückschlag); es kommt zur Verstärkung der *Insomnie*. Nachfolgend sind Drogen bzw. Pharmaka aufgeführt, die eine *Insomnie* verursachen bzw. verstärken können (nach Ancoli-Israel).

- Alkohol,
- β-Blocker,
- Bronchodilatatoren,
- Kortikosteroide,
- ZNS-Stimulanzien (z. B. Koffein, rezeptfreie abschwellende Mittel, Theophyllin, Kokain),
- abschwellende Mittel,
- Antiepileptika,
- Nikotin,

- stimulierende Antidepressiva,
- Schilddrüsenhormone.

Für eine *Insomnie* werden auch Störungen im Schlaf-Wach-Rhythmus verantwortlich gemacht (s. a. 12.2.4) sowie verschiedene Schlafstörungen, die im nachfolgenden Abschnitt über Parasomnien (12.2.5) näher beschrieben werden.

12.2.4 Chronobiologische Störungen

Unter den chronobiologischen Störungen des Schlafs werden Störungen des Schlaf-Wach-Rhythmus verstanden.

Der Schlaf-Wach-Rhythmus kann durch äußere Einflüsse, wie beispielsweise Zeitverschiebungen im Tagesrhythmus durch Schichtdienst und durch Interkontinentalflüge verändert werden. Letzteres wird auch als Syndrom des Zeitzonenwechsels (Jet-Lag) bezeichnet und führt durch einen schnellen Wechsel der Zeitzonen dazu, dass der menschliche Körper nach dem alten äußeren Zeitgeber arbeitet und auch seine Grundbedürfnisse wie Schlaf, Wachsein und Hunger danach richtet.

Wenn Menschen viele Jahre ihres Lebens in Dauernachtschichten arbeiten müssen, hat dies bei fast allen Schichtarbeitern lebenslange Auswirkungen im Sinne dauerhafter Schlafstörungen. Aber auch organische Veränderungen des Gehirns nach Traumata, Hirngefäßveränderungen oder Schlaganfällen können zu einer Veränderung des Schlaf-Wach-Rhythmus beitragen. Diese Veränderungen des Schlaf-Wach-Rhythmus zeigen sich in der Regel in Form von Ein- und Durchschlafstörungen oder in Form von Tag-Nacht-Umkehr.

12.2.5 Parasomnien

Parasomnien sind vorübergehende, körperliche Abläufe während des Schlafs.

Häufigere *Parasomnien* sind das Schlafwandeln, die Nachtangst, das nächtliche Zähneknirschen, das Sprechen während des Schlafs und Einschlafmyoklonien. Zumeist sind Kinder von *Parasomnien* betroffen, doch sie können auch bei Erwachsenen auftreten.

Schlafwandeln

Das Schlafwandeln wird auch als Somnambulismus oder Noktambulismus bezeichnet. Es kommt hierbei, zumeist in den Stadien des Tiefschlafs, zu komplexen Handlungsabläufen wie z. B. durch die Wohnung gehen. Dieses Schlafwandeln dauert nur einige Minuten und tritt normalerweise nur einmal pro Nacht auf. Gehäuft wird dieses Phänomen bei Vollmond beobachtet. Es betrifft größtenteils Kinder und Jugendliche und verliert sich meistens im Laufe der Jahre.

Das Schlafwandeln geht einher mit einer retrograden Amnesie, d. h. die betroffenen Menschen können sich am nächsten Morgen nicht an den Vorgang erinnern. Weckt man den Schlafwandler während des Ereignisses, so ist dieser in der Regel völlig desorientiert.

Als Ursache des Schlafwandelns bei Erwachsenen werden Stress, Medikamente aber auch demenzielle Erkrankungen angegeben.

Nachtangst

Als Nachtangst oder Pavor nocturnus wird ein plötzlich auftretender Angstanfall bezeichnet. Dieser Anfall geht zumeist mit panikartigem Schreien und vegetativen Symptomen wie z. B. Tachykardie, Schweißausbruch, Ansteigen des Blutdrucks und einer Erweiterung der Pupillen einher. Der Zustand kann mehrere Minuten anhalten und tritt in der Regel im ersten Drittel der Nacht auf. Wacht der Betroffene während dieser Zeit auf, ist er meistens verwirrt, am nächsten Morgen besteht häufig eine retrograde Amnesie bezüglich des Angstanfalls und eventueller Trauminhalte. Die Amnesie in Hinsicht auf einen Trauminhalt ist ein deutlicher Unterschied zu Albträumen, die mit ähnlicher Symptomatik einhergehen können, deren Inhalte aber zumeist erinnert werden.

Von der Nachtangst sind häufig Kinder betroffen (1 – 6 %) und nur selten Erwachsene (< 1 %). Als Ursache wird die Verarbeitung von entwicklungsbedingten Ängsten bei Kindern angenommen. Normalerweise verschwindet die Nachtangst im Laufe der Entwicklung wieder. Bei Erwachsenen werden als Ursache für die Nachtangst Spätfolgen traumatisierender Ereignisse diskutiert.

Nächtliches Zähneknirschen

Unbewusstes nächtliches Zähneknirschen oder das nächtliche Pressen und Mahlen mit den Zähnen wird Bruxismus genannt. Diese Erscheinung tritt im

2. Schlafstadium auf, wobei eine solche Periode durchschnittlich etwa 5 Sekunden andauert. Als Folge kann es zu Schädigungen der Zähne und Kiefergelenke sowie zu morgendlichen Kieferschmerzen kommen.

Neben Stress, Skeletterkrankungen, die zu Schiefhaltungen führen und neurologischen Erkrankungen, wie z. B. Multiple Sklerose wird u. a. eine erbliche Komponente als Ursache angenommen.

Die Behandlung des nächtlichen Zähneknirschens richtet sich nach der Ursache und beinhaltet zumeist auch eine sog. Aufbissschiene, um den Grad der Abnutzungen der Zähne möglichst gering zu halten und Schädigungen an Kiefergelenken vorzubeugen.

Sprechen im Schlaf

Die Somniloquie oder das Sprechen im Schlaf ist eine weit verbreitete und harmlose *Parasomnie*, die vor allem im 2. Schlafstadium auftritt. Sie gilt als Zeichen dafür, dass Ereignisse des vorangegangenen Tages vom Gehirn verarbeitet werden. Oftmals können die Schlafenden sogar Fragen beantworten, die ihnen gestellt werden. Eine familiäre Häufung wurde beobachtet.

Einschlafmyoklonie

Kurze ruckartige Zuckungen, sog. Myoklonien kommen physiologisch, überwiegend in der Einschlafphase und bei fast allen Menschen vor. Zumeist treten diese Erscheinungen im Zusammenhang mit einem Gefühl des Fallens auf, bei dem es zu reflexartigen Bewegungen kommt, die ein Fallen verhindern sollen.

Abweichungen und Veränderungen der Schlafdauer, Schlafrhythmus und Parasomnien:

- Die Hypersomnie ist eine Schlafstörung, bei der erhöhter Schlafbedarf besteht.
- Bei der Schlafkrankheit wird die europäische – eine epidemische Gehirnentzündung – und die afrikanische – durch Trypanosomen hervorgerufen – unterschieden.
- Verminderter Schlafbedarf wird als Hyposomnie bezeichnet, Ein- und Durchschlafstörungen als Insomnie.
- Störungen des Schlaf-Wach-Rhythmus fallen unter die Gruppe der chronobiologischen Störungen.
- Zu den Parasomnien gehört Schlafwandeln, Nachtangst, nächtliches Zähneknirschen, Sprechen im Schlaf und die Einschlafmyoklonie.

12.2.6 Nächtliche Myoklonien

Die nächtlichen Myoklonien werden auch als Syndrom der periodischen Bewegungen im Schlaf bezeichnet, bei denen es zu Zuckungen oder einem ruckartigen In-die-Höhe-Schnellen der Extremitäten, vor allem der Beine, kommt.

Dies geschieht ca. alle 20 – 40 Sek. wobei die Dauer der einzelnen Bewegungen ca. 0,5 – 5 Sek. in Anspruch nimmt. Gemessen werden können diese ruckartigen Bewegungen durch Sensoren, die am M. tibialis über Nacht angebracht werden. Die Anzahl der gemessenen Muskelzuckungen wird als Myoklonusindex bezeichnet. Liegt der festgestellte Index bei ≥ 5, so wird von nächtlichen Myoklonien gesprochen.

Neben den Beinen betreffen die nächtlichen Myoklonien v. a. die Großzehen und die Knöchel, seltener treten sie auch im Hüftgelenk und in den Armen auf. Meistens führen sie zu einem kurzen Erwachen des Betroffenen, als ob ihn jemand kurz wachrütteln würde.

Als Symptome werden von den betroffenen Menschen oft Einschlafstörungen angegeben, die durch den Beginn der Beinzuckungen gerade in der Phase des Einschlafens erklärlich werden. Des Weiteren werden sehr kalte oder sehr warme Füße oder nächtliche Unruhezustände beklagt. Beobachtet wurde, dass Präparate zur Behandlung von Depressionen symptomintensivierend wirken.

Die eigentlichen Ursachen der nächtlichen Myoklonien sind nicht bekannt. Diskutiert werden u. a. Fehlschaltungen im Gehirn, Störungen im Rückenmark oder Durchblutungsstörungen. Beobachtet wird ein vermehrtes Auftreten von nächtlichen Myoklonien in Verbindung mit dem Syndrom der *Schlafapnoe* (s. a. 12.2.8) oder Narkolepsie (s. a. 12.2.7), aber auch mit Diabetes mellitus, Erkrankungen der Nieren, Anämie, Urämie, chronischen Lungenerkrankungen, Leukämie und Arthritis.

Ein den nächtlichen Myoklonien sehr ähnliches Syndrom ist das „Restless-legs-Syndrom" (Syndrom der unruhigen Beine), das tagsüber, aber auch vermehrt nachts und im Liegen auftritt. Es ist charakterisiert durch unangenehme und kribbelnde Empfindungen in Unter- oder Oberschenkeln und Füßen und geht mit einem nur schwer zu unterdrückendem Drang, die Beine ständig zu bewegen, einher. Diese Empfindungen werden auch als Parästhesien oder Dysästhesien bezeichnet und treten meist auf, wenn sich die Betroffenen in einer entspannten Lage befinden und immer wieder einnicken. Große Koffeinmengen können symptomintensivierend wirken. Menschen mit einem RLS (= Restless-legs-Syndrom) klagen in vielen Fällen über eine Schlafstörung im Sinne einer *Insomnie* oder einer vermehrten Tagesschläfrigkeit.

Gekoppelt ist das RLS häufig mit einer Schwangerschaft, Urämie, Nierenfunktionsstörung oder rheumatoider Arthritis, doch ist die eigentliche Ätiologie nicht geklärt. Das RLS verschlimmert sich mit zunehmendem Alter. Häufig liegt eine familiäre Disposition vor.

Sowohl nächtliche Myoklonien als auch das RLS treten bei den Betroffenen im mittleren Lebensalter auf. Ca. 50% aller Erwachsenen im Alter von 30–50 Jahren sowie ca. 29% aller Menschen über 50 Jahren leiden darunter.

12.2.7 Narkolepsie

Unter einer Narkolepsie werden zwanghafte minutenlange Schlafanfälle am Tag verstanden.

In vielen Fällen sind sie verbunden mit einer Katalepsie, d.h. einer plötzlich auftretenden Muskelschwäche, einem plötzlichen Verlust der Muskelspannung, sowie einer Schlafparalyse, bei der es zumeist beim Einschlafen zu einer Unfähigkeit zu willkürlichen Körperbewegungen kommt. Daneben treten bei einer Narkolepsie auch hypnagoge Halluzinationen auf, d.h. es werden optische und/oder akustische traumähnliche Phänomene wahrgenommen.

Als narkoleptische Tetralogie werden die 4 Erscheinungen (abnorme Einschlafneigung, Katalepsie, Schlafparalyse und hypnagoge Halluzinationen) zusammengefasst.

Menschen, die unter einer Narkolepsie leiden, schlafen am Tag immer wieder für Minuten ein, z.B. während eines Gesprächs, während des Essens oder in anderen Situationen. Sie haben oftmals kaum Erinnerungen daran, was sie in den zurückliegenden Stunden getan oder mit wem sie gesprochen haben. Sie sind den ganzen Tag über unsagbar müde. Verständlicherweise hat diese Schlafanomalie massive Auswirkungen auf das berufliche und soziale Leben der Betroffenen, denn meistens ist es ihnen nicht möglich, einer geregelten Arbeit nachzugehen oder regelmäßige Kontakte aufrechtzuerhalten. Hinzu kommt, dass sie von Unwissenden oftmals z.B. als faul, lahm, arbeitsscheu, phlegmatisch und willenlos bezeichnet werden.

Der eigentliche Schlaf narkoleptischer Menschen ist durch einen leichteren Nachtschlaf und häufiges Erwachen während der Nacht gekennzeichnet. Sie können zumeist die einzelnen Schlafstadien nicht vollständig durchleben, sondern treten vorzeitig in die REM-Phase ein. Daneben werden auch vermehrt nächtliche Myoklonien bei diesen Menschen beobachtet (s.a. 12.2.6). Betroffen sind von 1000 Menschen ca. 6.

Diagnostiziert wird eine Narkolepsie durch ein im Schlaflabor erstelltes Schlafprofil, durch einen multiplen Schlaflatenztest und/oder einen multiplen Wachbleibetest. Bei dem multiplen Schlaflatenztest (Multiple Sleep Latency Test = MSLT) wird der Betroffene gebeten, ca. 5 Schlafpausen während eines Tages einzulegen. Bei jeder dieser Schlafpausen wird dann die Einschlafzeit gemessen. Menschen, die unter einer Narkolepsie leiden, gelangen nach ca. 5 Minuten in den Schlaf.

Der Grad der Tagesschläfrigkeit kann ebenfalls mit dem multiplen Wachbleibetest (Maintenance of Wakefulness Test = MWT) gemessen werden. Hierzu müssen sich die Betroffenen in einem abgedunkelten Raum aufhalten und versuchen, solange als möglich wachzubleiben. Narkoleptiker sind, auch unter größter Anstrengung nicht in der Lage, einen Tag durchzuhalten.

Bis heute sind die genauen Ursachen der Narkolepsie nicht erforscht. Vermutungen gehen von genetischen Faktoren, Störungen des zentralen Nervensystems, einem gestörten *REM-Schlaf* oder einem gestörten Immunsystem aus. Die Erkrankung zeigt sich oft schon in der Pubertät oder im frühen Erwachsenenalter zum ersten Mal.

12.2.8 Schlafapnoe

Etwa 2% der Bevölkerung sind mehr oder weniger stark von einer *Schlafapnoe*, einer schlafbezogenen Atmungsstörung betroffen. Hierbei kommt es zu anfallsweisem Auftreten von mehr als 10 Sek. dauernden Atemstillständen. Bei einer Anzahl von mehr als 5 solcher Atemstillstände, wird von einer *Schlafapnoe* gesprochen.

Daneben kann es zu Hypopnoephasen kommen, d.h. es besteht eine zeitweise Verminderung des Atemflusses, ohne dass es zu einem vollständigen Atemstillstand kommt. Treten diese Hypopnoe-Phasen öfters als 10–15-mal pro Stunde auf, so spricht man von einer schlafbezogenen Hypopnoe. Bei der *Schlafapnoe* bzw. den schlafbezogenen Atemstörungen, können verschiedene Formen unterschieden werden:

- die obstruktive *Schlafapnoe,*
- die zentrale *Schlafapnoe,*
- die gemischte *Schlafapnoe.*

Bei der obstruktiven Form der *Schlafapnoe* kommt es infolge des negativen Drucks, der innerhalb der Brusthöhle während der Inspiration entsteht, zum Kollabieren der Rachenweichteile und somit zur partiellen oder kompletten Blockierung der Frischluftzufuhr. Anatomische Fehlbildungen im Nasen-Rachen-Raum und Veränderungen des pharyngealen Muskeltonus werden u. a. hierfür verantwortlich gemacht.

Im Gegensatz zur obstruktiven *Schlafapnoe*, liegt bei der zentralen *Schlafapnoe* eine Störung im Bereich des Atemzentrums vor, die zu einem Ausbleiben der Aktivierung der Atemmuskulatur führt, unabhängig davon, ob die Atemwege frei oder blockiert sind. Diese Form tritt äußerst selten auf. Als Ursache werden überwiegend neurologische und kardiologische Erkrankungen genannt.

Die gemischte *Schlafapnoe* beinhaltet sowohl Anteile der obstruktiven als auch zentralen Form der *Schlafapnoe*. Zumeist tritt zuerst eine kurze Atempause aufgrund einer Störung im Atemzentrum auf. Danach beginnt sich die Atemmuskulatur im unteren Brustkorb und im Zwerchfellbereich zu bewegen, kann aber aufgrund kollabierter Rachenweichteile keine Frischluft einatmen.

Als Folge der Apnoe oder Hypopnoe kommt es zu einer Abnahme der Sauerstoffkonzentration im Blut und einem Anstieg des Kohlendioxidgehalts. Hierdurch wird im Körper eine Alarmreaktion ausgelöst, die zu einer Stimulation der Atmung führt. Der betroffene Schläfer wird dadurch zwar nicht immer wach, doch gelangt er in kürzester Zeit aus tieferen Schlafstadien in höhere Schlafstadien, wodurch es zu einem qualitativ unzureichenden, zerstückelten Schlaf kommt.

Besonders gefährdet sind häufig stark übergewichtige Männer zwischen dem 40. und 60. Lebensjahr, sog. Obelixtypen (**Abb. 12.6**). Grundsätzlich scheint das *Schlafapnoe*risiko mit zunehmendem Alter anzusteigen. Neben einem arteriellen Hypertonus können Herzrhythmusstörungen (häufig im Sinne einer Bradykardie), Herzinsuffizienz sowie eine nächtliche pulmonale Hypertonie bei Schlafapnoeikern beobachtet werden. Daneben erhöhen Alkohol und die Einnahme von z. B. Sedativa und Hypnotika das Apnoerisiko.

Abb. 12.6 Obelixtypen.

Als Leitsymptom einer *Schlafapnoe* gilt das Schnarchen, welches bei fast allen Schlafapnoeikern beobachtet wird. Fremdanamnestisch wird ein lautes Schnarchen mit plötzlicher Unterbrechung des Geräuschs und nachfolgender absoluter Stille beschrieben.

Die Betroffenen klagen vor allem über große Schläfrigkeit während des Tages. Diese Schläfrigkeit kann zum Einschlafen etwa bei Besprechungen, beim Fernsehen, aber auch beim Autofahren führen. Viele Unfälle werden heute auf ein unerkanntes und unbehandeltes Schlafapnoesyndrom zurückgeführt. Morgendliche Kopfschmerzen, Leistungsabfall, Konzentrations- und Gedächtnisstörungen sind weitere Symptome. Daneben können Erscheinungen wie Einnässen, Schlafwandeln und halluzinatorische Eindrücke vor dem Einschlafen auftreten.

Die schlechte Schlafqualität, vor allem aber auch die verminderte Sauerstoffversorgung, können zu anhaltenden organischen Störungen führen, wie z. B. der Entwicklung einer pulmonalen Hypertension, eines Cor pulmonale oder Herzrhythmusstörungen.

Mittels einer Feststellung des Schlafprofils in einem Schlaflabor kann die Diagnose gesichert und eine auf die Ursachen ausgerichtete Therapie eingeleitet werden.

Abweichungen und Veränderungen des Schlafes bezogen auf Bewegungen und Atmung:

- Nächtliche Myoklonien sind periodische Bewegungen vor allem in den Beinen, während des Schlafs.
- Das Restless-legs-Syndrom kennzeichnet den nur schwer zu unterdrückenden Drang, ständig die Beine zu bewegen.
- Als narkoleptische Tetralogie werden abnorme Einschlafneigung, Katalepsie, Schlafparalyse und hypnagoge Halluzinationen zusammengefasst.
- Die Schlafapnoe, die schlafbezogene Atemstörung, tritt als obstruktive, zentrale oder gemischte Form auf.

12.3 Ergänzende Beobachtungskriterien

Bei der Beobachtung des Schlafs von gesunden und kranken Menschen gilt es auch den Blick auf jene Faktoren zu richten, die den Schlaf bei jedem Menschen beeinflussen. Je nach Art und Weise der Beeinflussung, kann sich diese positiv oder negativ auf die Schlafqualität auswirken.

Ein Einflussfaktor ist die Nahrungsaufnahme, deren Zusammensetzung und der Zeitpunkt der letzten Nahrungsaufnahme vor dem Schlafen. So belasten z. B. schwere, üppige Mahlzeiten, Kaffee oder Alkohol am späten Abend bei vielen Menschen den Schlaf in negativer Hinsicht, aber auch Hunger oder Durst können zu Ein- und Durchschlafstörungen führen.

Bewegung und körperliche Aktivität und die Gestaltung des Tages nehmen ebenfalls erheblichen Einfluss und stehen in konstanter, direkter Wechselwirkung zum Schlafen. Das Verhältnis von Arbeit und Freizeit, die Anzahl, die Art und Dauer von Erholungs- und Aktivitätsphasen, eine Schichtdienstätigkeit und Langeweile haben Auswirkungen auf den Schlaf.

Ein weiterer Beobachtungspunkt ist die Stimmungslage des Menschen. Sowohl Ärger, Probleme als auch Freude und der Zustand des Verliebtseins können zu Schlafstörungen führen.

Weitere schlafbeeinflussende Faktoren stellen die sog. Umgebungsfaktoren dar wie z. B. Helligkeit, Geräusche und Temperatur. Sie sollten deshalb ebenfalls beachtet werden.

Einen großen Einfluss auf die Schlafqualität haben verschiedene Erkrankungen, die mit Symptomen wie z. B. Juckreiz, Schmerzen, Bewegungsstörungen u. a. einhergehen. Auch darauf muss sich bei der Beobachtung eines Menschen das Augenmerk richten.

12.4 Besonderheiten bei Kindern

Sigrid Flüeck

Die Entwicklung des Schlaf- und Wachrhythmus eines Kindes ist von vielen unterschiedlichen Faktoren abhängig, u. a. vom Alter. In seiner Entwicklung vom Neugeborenen zum Erwachsenen variiert das Schlafbedürfnis stark. Neugeborene/Säuglinge werden, bedingt durch den angeborenen Instinkt wie Hunger und Durst, ca. zweimal in der Nacht wach und verlangen nach Befriedigung ihres Grundbedürfnisses. So ist mindestens in den ersten 12 Lebenswochen der Schlaf in erster Linie vom Gefühl der Sättigung bestimmt. Entscheidend für die Entwicklung eines Schlafmusters sind die ersten 6 Monate im Leben eines Kindes. Bereits beim Feten konnte ab der 36. SSW eine Schlaf- und Wachphase nachgewiesen werden.

In der weiteren Entwicklung vom Früh- oder Neugeborenen zum Kleinkind ist das Schlafbedürfnis abhängig vom Gesundheitszustand des Kindes, von seinen Aktivitäten und von den Auswirkungen von Reizen und Erlebnissen, die ein Kind im Laufe eines Tages erfährt.

Der Schlafrhythmus ist individuell und wird durch den Tagesablauf der Familie und durch starke emotionale Prägung mitgestaltet. Ab dem 4. – 5. Lebensjahr verringert sich die Gesamtschlafzeit des Kinds. Es benötigt keinen Mittagsschlaf mehr. Jedoch ist diese Entscheidung für oder gegen Mittagsschlaf oftmals abhängig von äußeren Gegebenheiten, z. B. ob ein Kind ganztätig zu Hause bei der Mutter/dem Vater sein kann, oder von einer Tagesmutter oder im Kindergarten betreut wird. Befindet sich ein Kind ganztägig außerhalb seiner vertrauten Umgebung, braucht es abends, wenn es nach Hause kommt, noch Zeit für Kommunikation und Aktivitäten mit seinen Eltern in seiner vertrauten Umwelt. Der Zeitpunkt des „Zu-Bett-Gehens“ ist somit abhängig vom Zeitpunkt des Zusammentreffens der Familie und von der je nach Jahreszeit bedingten Tätigkeiten.

Ein weiterer Faktor ist, wie früh das Kind morgens aufstehen muss. Die meisten Kinder zwischen 4 und 6 Jahren benötigen 11 – 12 Stunden Schlaf. Kinder, die nachts nicht genügend Schlaf bekommen, sind unkonzentriert und leicht reizbar.

Bis zur Pubertät nimmt das Schlafbedürfnis bis auf 10 Stunden ab. Der zirkadiane Rhythmus ändert sich.

Von Bedeutung sind auch der dem Kind zugewiesene Schlafplatz, die unterschiedlichen Einschlafrituale und der Zeitpunkt des Zubettgehens. Die Einstellung zum Schlaf verändert sich im Laufe des Lebens und ist u. a. von der Erziehung des Kindes und vom Kulturkreis indem es aufwächst, abhängig.

Die sich daraus entwickelnden individuellen Schlafgewohnheiten können einen hohen Stellenwert erreichen. In einigen Kulturen ist es üblich, dass alle Familienmitglieder einen Schlafplatz/-raum teilen. Das Neugeborene/Kleinkind schläft im elterlichen oder großelterlichen Bett. Oftmals ist nur ein Schlafplatz, bestehend aus Decken oder Unterlagen, für die Kinder vorhanden. In unserer Kultur ist es normal, dass Kinder über eigene Kinderzimmer oder eigene Schlafplätze verfügen. Große Bedeutung haben für Kinder Einschlafrituale, die sich allabendlich wiederholen, die gewohnte Gutenachtgeschichte, das gemeinsame Abendlied, das Berichten der neu gemachten Erfahrungen, oder auch das Gutenachtgetränk.

Die Gestaltung des Schlafplatzes durch Schlafutensilien wie z. B. Stofftiere, Lieblingsspielzeug, Kuscheldecke spielt eine ebenso wichtige Rolle wie z. B. dem Wunsch, bei Licht oder in völliger Dunkelheit zu schlafen, nachzugeben. Einschlafgewohnheiten werden häufig, wenn auch in modifizierter Form, im Erwachsenenalter beibehalten.

Der ungestörte Schlaf eines Kindes zeichnet sich u. a. durch eine entspannte Lagerung mit geschlossenen Augen, durch eine ruhige gleichmäßige Atmung und eine leicht erniedrigte Pulsfrequenz aus.

12.4.1 Abweichungen und Veränderungen beim Schlaf

Abweichungen vom kindlichen Schlafverhalten können Erziehungsfehler, d. h. falsches Verhalten der Erwachsenen im Zusammenhang mit dem „Zu-Bett-Gehen", bei nächtlichem Aufwachen oder übermäßige Zufuhr von Nahrung sein. Auch psychische oder körperliche Ursachen können den Schlafstörungen zugrunde liegen.

Psychische Störungen können Angst, Furcht vor Dunkelheit (Tiere, „Monster", Geister im Zimmer), ungeregelte Lebensweise, nicht altersentsprechende Beschäftigungen (Fernsehen), ungelöste Konflikte, Aufregung, sexueller Missbrauch, Misshandlung sein.

Körperliche Störungen sind z. B. Hunger, Durst, Völlegefühl, Fieber, Kälte, Schmerzen, behinderte Nasenatmung aufgrund von Infekten, Juckreiz und fortwährende Kratzattacken wie z. B. bei der Neurodermitis verhindern einen erholsamen Schlaf.

Eine vorangegangene Erkrankung des Kindes mit Beteiligung des zentralen Nervensystems kann ebenfalls zu Schlaf-Wach-Rhythmusstörungen führen. Hierzu zählen Hirntumore, entzündliche Erkrankungen des Gehirns, Anfallsleiden, Schädel-Hirn-Traumen, psychiatrische und psychosomatische Erkrankungen. Schwere Schlafstörungen, die mit einem Schlafentzug einhergehen, sind nach erfolglosen ambulanten Behandlungen immer ein Grund für eine Behandlung auf einer eigens dafür eingerichteten kinderpsychiatrischen/psychosomatischen Station.

Ein beobachtbares Verhalten während der Nacht ist das Hin- und Herrollen des Kopfs, das als Jactatio capitis nocturna bezeichnet wird, und das Hin- und Herwerfen des Körpers, das sog. Jactatio corporis. Diese als Jactationen bezeichneten rhythmischen Bewegungen treten häufig in der Einschlafphase auf und dienen den Kindern als Erregungsabbau. Die Bewegungen des Kopfs und des Rumpfs wirken beruhigend und tröstend.

Ein solches Verhaltensmuster ist bis zum Alter von 2 – 3 Jahren als physiologisch anzusehen. Danach sollte die Tendenz zu Jactationen abnehmen. Ein erstmaliges Auftreten nach dem 2. Lebensjahr ist als pathologisch anzusehen und deutet in der Regel auf psychische oder neurologische Probleme des Kinds hin, die gegebenenfalls einer Therapie bedürfen.

Innerhalb der ersten Stunden nach dem Einschlafen kann es zu unbeabsichtigtem nächtlichen Einnässen kommen, der Enuresis nocturna. Dieses Verhalten tritt bei Kleinkindern auf, sollte jedoch nach dem 6. Lebensjahr verschwinden. Unterschieden wird zwischen der primären und der sekundären Enuresis nocturna.

Bei der primären Form ist das Kind nachts noch nie trocken gewesen im Gegensatz zu der sekundären Enuresis, bei der es zu einem erneuten nächtlichen Einnässen kommt, nachdem das Kind bereits trocken gewesen ist. Die Enuresis ist ein Symptom, dem verschiedene Ursachen zugrundeliegen können. Hierzu zählen z. B. für das Kind belastende oder bedeutsame Ereignisse wie die Geburt eines Geschwisterkindes, der Verlust eines Elternteils oder die Einschulung. Als weitere Möglichkeit kommen urologische Probleme wie eine zu kleine Blase, Harnleiterentzündungen, Obstipation etc. in Frage.

Nach neuerlichen Erkenntnissen kommt auch eine erbliche Komponente in Betracht. Ärzte fanden heraus, das Eltern von bettnässenden Kindern in ihrer Kindheit häufig auch an Enuresis nocturna litten. Vor Beginn einer Verhaltenstherapie muss die Eventualität einer Grunderkrankung ausgeschlossen sein. Die Möglichkeiten einer Verhaltenstherapie erstreckt sich von Miktionsübungen (Unterbrechen des Urinstrahles) über Enuresis-Alarmanlagen (Behandlung mit elektrischen Weckautomaten) bis hin zu operantem Konditionieren (Belohnung der trockenen Nächte).

12.5 Besonderheiten bei älteren Menschen

Marion Weichler-Oelschlägel

Der menschliche Körper unterliegt im Laufe seines Lebens zahlreichen Veränderungen. So können auch Veränderungen, die sich auf das Schlafprofil (Schlafzyklen) und die Schlafqualität auswirken, beobachtet werden.

Die Schlafeffizienz, also die Zeit in der ein Mensch tatsächlich im Bett schläft, reduziert sich im Alter um 20 %. Die älteren Menschen verbringen mehr Zeit im 1. und 2. Schlafstadium und vermindern dafür die Tiefschlafanteile im 3. und 4. Schlafstadium, die Dauer des *REM-Schlafs* nimmt ab.

Auch der zirkadiane Rhythmus erfährt mit zunehmendem Alter eine Veränderung und zwar im Sinne einer Phasenvorverlagerung. Dies bedeutet, dass der Zeitpunkt des „Zu-Bett-Gehens“ nach vorn verschoben wird und damit auch der Zeitpunkt des Erwachens. Beeinflusst wird diese Änderung des zirkadianen Rhythmus vor allem durch veränderte Lebensumstände und einen veränderten Tagesablauf. Dazu zählen beispielsweise die bei vielen Betagten einsetzende Schwerhörigkeit und die Beeinträchtigung des Sehvermögens.

Dem Licht als stärkstem Reizauslöser des zirkadianen Rhythmus, kommt an dieser Stelle eine besondere Bedeutung zu, da ein Großteil der älteren Menschen immer weniger Zeit im natürlichen Tageslicht verbringt. Besonders betroffen von diesem Umstand sind viele alte Menschen, die in Pflegeheimen ihren Lebensabend verbringen und viel zu wenig oder gar nicht dem hellen Tageslicht ausgesetzt sind. Alarmierende Studien belegen, dass einige Betroffene lediglich 2 Minuten Tageslicht in 24 Stunden erhaschen können!

Zu beachten ist, dass eine zu kurze Lichtexposition tatsächlich zu einer beachtlichen Minderung der Schlafqualität führt.

Zudem ist zu beobachten, dass betagte Menschen tagsüber mehr Ruhepausen und sog. „Nickerchen“ machen. Diese werden auch als versteckte Schlafpolster bezeichnet. Wenn sie zu ausgedehnt in Anspruch genommen werden, führt dies natürlich zu einer geringeren Schlafdauer während der Nacht bis hin zu einer Schlaf-Wach-Rhythmusumkehr.

Die alten Menschen selbst berichten immer mehr von Durchschlafstörungen mit längeren Wachzeiten, einer reduzierten Gesamtschlafzeit sowie vermehrter Einschlafneigung am Tage. Besonders Frauen haben einen gesteigerten Schlafmittelverbrauch, da der Schlaf im Alter zumeist nicht mehr als ausreichend erholsam erlebt wird.

Da im Alter häufig verschiedene Erkrankungen auftreten, sind einige Schlafstörungen organisch bedingt. Hinzu kommen die medikamentösen Therapien, die ebenfalls den Schlaf beeinflussen können.

Besonderheiten bei Kindern und älteren Menschen:

- Den Schlaf beeinflussende Faktoren sind u. a. Nahrungsaufnahme, Bewegung, Gestaltung des Tages, Stimmungslage, Umgebungsfaktoren, Erkrankungen.
- Die Entwicklung eines Schlafrhythmus beim Kind ist u. a. von Gesundheitszustand, Aktivitäten und Auswirkungen von Reizen und Erlebnissen während des Tages abhängig.
- Für die Schlafgewohnheiten von Kindern sind Schlafplatz und Einschlafrituale wichtig.
- Als Jactationen werden rhythmische Bewegungen von Kindern in der Einschlafphase bezeichnet.
- Bei der Enuresis nocturna, dem nächtlichen Einnässen, werden eine primäre und sekundäre Form unterschieden.

- Bei älteren Menschen sind eine Schlafreduzierung, eine Phasenvorverlagerung, Durchschlafstörungen und Einschlafneigungen am Tag charakteristisch.

12.6 Fallstudien und mögliche Pflegediagnosen

Fallstudie Frau Hellmer

Frau Hellmer, 79 Jahre alt, lebt seit einem halben Jahr in einem Altenpflegeheim. Sie hat den Umzug aus ihrer geliebten Wohnung nicht überwunden. Da ihre Angehörigen im Ausland leben und ihre ehemaligen Nachbarinnen überwiegend selbst immobil sind, hat sie kaum soziale Kontakte, die über das Tagesgestaltungsprogramm des Altenpflegeheims hinaus reichen. Hierunter und unter der damit verbundenen Langeweile leidet die frühere Gymnastiklehrerin sehr, sodass sie einen großen Teil des Tages mit kleinen „Nickerchen" verbringt, was zu Ein- und Durchschlafstörungen führt und ihre Stimmungslage sehr schwanken lässt.

In **Tab. 12.4** wird ein Auszug aus dem Pflegeplan von Frau Hellmer vorgestellt.

Die auf diesen Fall zutreffende Pflegediagnose zeigt die folgende Übersicht:

Pflegediagnose Schlaf-Wach-Rhythmus-Umkehr (nach Gordon)

Definition

Veränderung des Schlaf-Wach-Zyklus, mit einem Überwiegen der Schlafzeit am Tag gegenüber der nächtlichen Schlafzeit.

Kennzeichen

Hauptkennzeichen

- häufige Schlafphasen und Nickerchen während des Tages, kombiniert mit der Unfähigkeit, nachts schlafen zu können,
- nächtliches wach Sein (und mitunter auch aktiv Sein).

Nebenkennzeichen

- Stimmungsschwankungen/-veränderungen,
- nächtliche Reizbarkeit.

Ätiologische oder beeinflussende Faktoren

- geringe körperliche Aktivität und Bewegung während des Tages,
- Beschäftigungsdefizit,
- Furcht/Wachsamkeit.

Risikogruppen

ältere Menschen.

Tab. 12.4 Auszug aus dem Pflegeplan von Fr. Hellmer

Pflegeprobleme	*Ressourcen*	*Pflegeziele*	*Pflegemaßnahmen*
• Fr. Hellmer leidet unter einer Umkehr ihres Schlaf-Wach-Rhythmus aufgrund von Langeweile und häufigen „Nickerchen" am Tag	• nimmt an den Tagesgestaltungsangeboten teil	• hat normalen Schlaf-Wach-Rhythmus, bleibt tagsüber wach • kennt den Zusammenhang zwischen Schlafpausen am Tag und vermindertem Nachtschlaf • findet angemessene Beschäftigung am Tag	• Fr. Hellmer über den Zusammenhang zwischen Schlafpausen am Tag und vermindertem Nachtschlaf informieren • bei Schlafpausen am Tag wecken • über biographisches Arbeiten Interessen von Fr. Hellmer ermitteln und gemeinsam nach Umsetzungsmöglichkeiten suchen • Fr. Hellmer zu Veranstaltungen für andere Heimbewohner anregen (z. B. Gymnastik) • Beschäftigung durch leichte Tätigkeiten (z. B. Hilfe beim Abräumen)
• Frau Hellmer leidet unter der Verminderung ihrer sozialen Kontakte		• Fr. Hellmer pflegt bestehende und findet neue Kontakte	• mit Fr. Hellmer Möglichkeiten für Besuche bei ihren ehemaligen Nachbarinnen überlegen und durchführen • Kontakte zwischen Fr. Hellmer und anderen Heimbewohnerinnen herstellen

Die für Frau Hellmer gestellte Pflegediagnose könnte folgendermaßen lauten: „Schlaf-Wach-Rhythmus-Umkehr
b/d (beeinflusst durch) geringe körperliche Aktivität und Bewegung während des Tages und ein Beschäftigungsdefizit".

Fallstudie Oskar

Der kleine Oskar ist 1 1/2 Jahre alt und zögert allabendlich das Zubettgehen hinaus. Er ist müde, findet aber über einen längeren Zeitraum keine Ruhe. Die Einschlafrituale werden abend für abend verlängert und häufig legt sich die Mutter zu ihrem Kind und streichelt es in den Schlaf. Oskar lernt nicht alleine einzuschlafen, was für die Eltern zu einer Erziehungsunsicherheit und zu emotionalen Spannungen führt und bei Oskar zu Gereiztheit und Unkonzentriertheit.
Ein Auszug aus einem möglichen Pflegeplan für Oskar zeigt **Tab. 12.5**.

Die entsprechende Pflegediagnose zeigt die folgende Übersicht:

Pflegediagnose Einschlafstörung

Definition

Die Unfähigkeit, einschlafen zu können bei einer bestehenden Erwartungshaltung, einschlafen zu wollen.

Kennzeichen

Hauptkennzeichen

wiederholte verbale Klagen über die Unfähigkeit, einschlafen zu können, bei einer über 30–40 Minuten bestehenden Erwartungshaltung, einschlafen zu wollen.

Nebenkennzeichen

- verbale Klagen darüber, nicht ausgeruht zu sein,
- Reizbarkeit,
- Erschöpfung,
- zunehmende Konzentrationsstörungen, Desorientierung sowie eine Minderung der körperlichen und geistigen Leistungsfähigkeit.

Ätiologische oder beeinflussende Faktoren

- Angst,
- Furcht (zu spezifizieren),
- mangelndes Schmerzmanagement,
- Medikamente mit einschlafstörenden Einflüssen,
- Aktivitäten, Arbeiten vor dem zu Bett Gehen,
- berufliche Belastungen,
- Schichtdienst mit häufigem Schichtwechsel.

Für Oskar könnte die Pflegediagnose lauten:
Einschlafstörung angezeigt durch
(a/d) die Unfähigkeit einschlafen zu können bei bestehender Erwartungshaltung.

Fazit: Bei Schlafstörungen handelt es sich um sehr unterschiedliche Störungen, die in ihren Auswirkungen auf den Menschen sehr individuell sind. Bei der Beurteilung des Schlafs kommt deshalb der individuellen Einschätzung des betroffenen Menschen eine besonders große Bedeutung zu.

Ebenso unterschiedlich wie die Störungen und ihre Auswirkungen sind auch die Ursachen der jeweiligen Schlafstörung. Sie beeinträchtigen die Erlebnisfähigkeit und das Wohlbefinden eines Menschen stark. Zum Teil können Schlafstörungen auch zu lebensbedrohlichen Zuständen führen.

Tab. 12.5 Auszug aus dem Pflegeplan von Oskar

Pflegeprobleme	*Ressourcen*	*Pflegeziele*	*Pflegemaßnahmen*
Oskar lernt nicht, alleine einzuschlafen	Oskar bekommt Zuwendung von den Eltern	Oskar schläft nach kurzem Einschlafritual ruhig ein (Wie stellen die Eltern sich die Einschlafsituation vor? Formulierung der entsprechenden Ziele zusammen mit den Eltern)	• Ausschluss medizinischer Ursachen für die Einschlafstörung (Arzt) • individuelle Situationseinschätzung durch genaues Befragen über die bestehende Situation – Wie sieht der Schlafplatz des Kindes aus? – Wechselt Oskar während der Nacht den Schlafplatz? – Welche Einschlafrituale favorisiert Oskar? – Sind die Lichtverhältnisse den Bedürfnissen von Oskar angepasst? – Welche Einschlafposition nimmt Oskar ein? – Welche Aktivitäten macht Oskar vor dem Zubettgehen? (Fernsehen? Spielen? Essen?) • Erarbeitung eines genauen Verhaltensmusters mit den Eltern und Begleitung bei der Durchführung
Oskar ist aufgrund der Einschlafstörung am nächsten Tag gereizt und unkonzentriert	Die Eltern halten an ihrem entwickelten Verhaltensmuster fest	Oskar kann seinen Schlaf-Wach-Rhythmus stabilisieren Oskar ist ausgeglichen	• Zusammen mit den Eltern die möglichen Probleme im häuslichen Bereich definieren und auf die Einhaltung des entwickelten Verhaltensmusters achten

Ancoli-Israel, S.: Schlaf und Schlafstörungen, Ullstein Mosby, Berlin 1997

Bölcskei, Dr. med. P.L., Dr. med. S. Höin: Die Schlafapnoe. Deutsche Krankenpflegezeitschrift 3 (1990) 190

Deltz, Chr.: Krankenbeobachtung, Springer, Heidelberg 1994

Gordon, M.: Handbuch Pflegediagnose, 2. vollst. überarb. u. erw. Aufl. Ullstein Medical, Wiesbaden 1998

Hansen, M.-L.: Schlaf- und Schlafstörungen. Deutsche Krankenpflegezeitschrift 3 (1990) 161

Hertl, M.: Kinderheilkunde und Pflege, 8. Aufl. Thieme, Stuttgart 1996

Hoehl, M., P. Kullick (Hrsg.): Kinderkrankenpflege und Gesundheitsförderung, Thieme, Stuttgart 1998

Juchli, L.: Pflege. Praxis und Theorie der Gesundheits- und Krankenpflege, 7. Aufl. Thieme, Stuttgart 1994

Kraemer, R.: Berner Datenbuch der Pädiatrie, 5. Aufl. Gustav Fischer, Stuttgart 1997

Kühl, G., D. Siepmann, H. Sbotta, J. Bauer, K. Fischer (Hrsg.): Klinikleitfaden Kinderkrankenpflege, Gustav Fischer, Lübeck 1997

Mann, U.: Für mich nur das Beste, Verlagsgesellschaft Gesundheit, Berlin 1984

Pschyrembel Klinisches Wörterbuch, 258. Aufl. Walter de Gruyter, Berlin 1997

Roche Lexikon Medizin, 3. Aufl. Urban & Schwarzenberg, München 1993

Roper et al: Die Elemente der Krankenpflege, Recom, Basel 1987

Salzgitter-Zeitung vom 14. Oktober 1998

Schönberger, W.: Kinderheilkunde, Gustav Fischer, Stuttgart 1992

Schwegler, J.S.: Der Mensch – Anatomie und Physiologie, 2. Aufl. Thieme, Stuttgart 1998

Seel, M.: Die Pflege des Menschen, 2. Aufl., Brigitte Kunz, Hagen 1994

Silbernagel, S., A. Despopoulos: Taschenatlas der Physiologie, 4. Aufl. Thieme, Stuttgart 1991

Speckmann, E.-J., W. Wittkowski: Bau und Funktionen des menschlichen Körpers, 18. Aufl. Urban & Schwarzenberg, München 1994

Thews, G., E. Mutschler, P. Vaupel: Anatomie, Physiologie, Pathophysiologie des Menschen, 3. Aufl. Wissenschaftliche Verlagsgesellschaft, Stuttgart 1989

Vescovi, Dr. med. G.: Uhren, die das Leben stellt. Deutsche Krankenpflegezeitschrift 3 (1990), 156

Wedemeyer, G.: Der Traum vom Schlaf. Stern, 49 (1998) 58

Wegmann, H.: Die professionelle Pflege des kranken Kindes, Urban & Schwarzenberg, München 1997

13 Bewusstsein

Marion Weichler-Oelschlägel

Übersicht

Einleitung · 223
13.1 **Allgemeine Beobachtungskriterien und Beschreibung des Normalzustands** · 224
13.2 **Abweichungen und Veränderungen im Bewusstsein und deren Ursachen** · 224
13.2.1 **Störungen des Bewusstseins** · 224
13.2.2 **Störungen der Wahrnehmung** · 227
13.2.3 **Störungen der Bewegung und des Handelns (Apraxien)** · 230
13.2.4 **Störungen der Orientierung** · 231
13.2.5 **Störungen des Erkennens (Agnosien)** · 234
13.2.6 **Störungen des Denkens** · 235
13.2.7 **Störungen des Gedächtnisses** · 238
13.2.8 **Störungen der Aufmerksamkeit** · 239
13.2.9 **Störungen der Affektivität** · 240
13.2.10 **Störungen des Ich-Erlebens** · 241
13.2.11 **Störungen des Antriebs** · 242
13.3 **Ergänzende Beobachtungskriterien** · 243
13.4 **Besonderheiten bei Kindern** · 244
13.5 **Besonderheiten bei älteren Menschen** · 245
13.6 **Fallstudien und mögliche Pflegediagnosen** · 246
Fazit · 248
Literatur · 248

Schlüsselbegriffe:

- ▸ *Affektivität*
- ▸ *Agnosie*
- ▸ *Antrieb*
- ▸ *Apraxie*
- ▸ *Bewusstsein*
- ▸ *Denkfähigkeit*
- ▸ *Merkfähigkeit*
- ▸ *Reaktionsfähigkeit*
- ▸ *Orientierungsfähigkeit*
- ▸ *Verwirrtheit*
- ▸ *Wahrnehmungsfähigkeit*

Einleitung

Durch das Bewusstsein wird der Mensch in die Lage versetzt, sich selbst, andere Menschen und seine Umwelt wahrzunehmen. Im Begriff „Selbstbewusstsein" oder Wendungen wie „sich etwas bewusst machen" kommt dies zum Ausdruck. Das Bewusstsein ermöglicht die Orientierung eines Menschen in der Welt und adäquate Reaktionen auf seine Umgebung, die von komplexen Prozessen gesteuert werden.

Entsprechend der Komplexität sind auch die Störungen im Bewusstseinsbereich sehr vielschichtig und zeigen sich in unterschiedlichsten Formen. Im folgenden Kapitel werden verschiedene Anteile des menschlichen Bewusstseinssystems beschrieben sowie Formen von Bewusstseinsstörungen dargestellt und deren mögliche Ursachen erläutert.

Als *Bewusstsein* kann die Gesamtheit aller gegenwärtig empfundenen psychischen Vorgänge wie beispielsweise Gedanken und Wahrnehmungen bezeichnet werden, die verbunden sind mit der Kenntnis über das subjektive Erleben („Ich bin es, der wahrnimmt").

Das *Bewusstsein* ermöglicht uns mit Hilfe der Sinnesorgane, Reize aus der Umwelt wahrzunehmen, diese zu verarbeiten und entsprechend zu reagieren. Es erlaubt uns, das Erleben von Stimmungen, Gefühlen und unseres Selbst. Als Voraussetzung für das *Bewusstsein* gilt die Aktivität komplexer neuronaler Strukturen im zentralen Nervensystem, die für ihr optimales Funktionieren Reize benötigen, die sich ständig verändern.

Zu den Funktionen des *Bewusstseins* zählen die

- die ▸ *Merk-* und ▸ *Reaktionsfähigkeit,*
- die ▸ *Denkfähigkeit* und die Vorstellungskraft,

- die Reproduktions- und Handlungsfähigkeit,
- das Orientierungs- und Durchhaltevermögen.

13.1 Allgemeine Beobachtungskriterien und Beschreibung des Normalzustands

Das Bewusstsein des gesunden Menschen ist gekennzeichnet durch seine Fähigkeit, sein Gegenüber anzusprechen sowie durch die persönliche, zeitliche, situative und örtliche Orientierung. Mit Hilfe des klaren Bewusstseins kann der Mensch die Umwelt wahrnehmen, Eindrücke verarbeiten und adäquat reagieren. Hinzu kommt das Wissen um die eigenen Gedanken und die Fähigkeit, sich selbst zu kontrollieren.

Das Bewusstsein ist kein fester Zustand, sondern auch beim Gesunden sehr variabel. Es bewegt sich zwischen Zuständen höchster Aufmerksamkeit und Zuständen des Bewusstseinsverlusts, wie beispielsweise dem Schlaf.

Kriterien für die Beurteilung des Bewusstseins sind:

- Merkfähigkeit,
- Reaktionsfähigkeit,
- Denkfähigkeit,
- Vorstellungskraft,
- Reproduktionsfähigkeit,
- Handlungsfähigkeit,
- Orientierungsvermögen,
- Durchhaltevermögen.

13.2 Abweichungen und Veränderungen im Bewusstsein und deren mögliche Ursachen

Oftmals beinhalten Veränderungen des Bewusstseins Störungen mehrerer Beobachtungskriterien und/oder Veränderungen im Gefühls- und Antriebssystem, die sich auf die oben genannten Funktionen auswirken. Im Folgenden werden deshalb neben den reinen Bewusstseinsstörungen die Wahrnehmungs-, Bewegungs- und Handlungsstörungen, Orientierungs- und Erkennensstörungen, Störungen des Denkens, des Gedächtnisses und der Aufmerksamkeit beschrieben, die alle dem Bewusstseinssystem zugeordnet werden können. Außerdem sind weitere psychopathologische Symptome und neuropsychologische Störungen aufgeführt, die vor allem im Bereich der psychiatrischen und neurologischen Pflege von Bedeutung sind.

13.2.1 Störungen des Bewusstseins

Veränderungen des Bewusstseins werden als Bewusstseinsstörungen zum einen hinsichtlich ihrer Quantität, zum anderen hinsichtlich ihrer Qualität eingeteilt. Einen Überblick zeigt die **Tab. 13.1**.

Quantitative Bewusstseinsstörungen

Quantitative Bewusstseinsstörungen werden auch als sog. „Minderung der Wachheit" bezeichnet. Besonders in der Neurologie ist die exakte Einstufung quantitativer Bewusstseinsstörungen wichtig.

Bewusstseinsstadien

Die verschiedenen Bewusstseinsstadien werden mit Benommenheit, Somnolenz, Sopor und Koma bezeichnet. Die Beobachtung der Bewusstseinsstadien, auch Bewusstseinslagen genannt, erfolgt insbesondere dadurch, dass die Reaktion auf verschiedene Fragen und Reize betrachtet wird, wobei die Sprache, die Sensibilität und die Motorik Schwerpunkte darstellen.

Die Kennzeichen der einzelnen Bewusstseinslagen sind in **Tab. 13.2** dargestellt, doch gehen sie oftmals fließend ineinander über. Eine genauere Beurteilung erfolgt deshalb mit Hilfe der „Glasgow-Koma-Skala", bei der sprachliche und motorische Reaktionen sowie das Öffnen der Augen des Erkrankten mittels eines Punktesystems benotet werden. Aus der Gesamtsumme der verteilten Punkte ergibt sich schließlich der Schweregrad der Bewusstseinsstörung (**Tab. 13.3**).

Tab. 13.1 Überblick über Bewusstseinsstörungen

Quantitative Störungen	*Qualitative Störungen*
• Bewusstseinsstadien – Benommenheit – Somnolenz – Sopor – Koma • parasomnische Bewusstseinslage	• Bewusstseinseinengungen (Reduktion der bewussten Wahrnehmung) – Dämmerzustand – Delir • Bewusstseinserweiterungen (allgemeine Intensitätssteigerung der Wahrnehmung)

Tab. 13.2 Bewusstseinsstadien und Befunde (aus Huber, A., u. a.: Checkliste Krankenpflege, 4. Aufl., Thieme, Stuttgart 1994)

Stadium	*Reaktionen des Patienten Sprache*	*Sensibilität*	*Motorik*
Ansprechbar/wach	adäquate Antwort, prompt, spontan, normal, Mimik differenziert, Befehle werden sofort ausgeführt	spürt schon leichte Berührung mit den Fingerspitzen	bewegt spontan und seitengleich
Benommen	zeitlich und örtlich desorientiert, sehr gut weckbar, oft schweigend, Befehle werden verzögert ausgeführt, Mimik differenziert, unzusammenhängende Sprache, Verständnisschwierigkeiten, Echolalie	spürt Kneifen, Stechen	bewegt seitenungleich (Spontaneität, Kraft, Widerstand), nicht gezielt auf Befehl
Somnolent	desorientiert, apathisch, antriebslos, schläft ein, keine spontanen Worte, Lallen, Artikulation schlecht, Mimik undifferenziert	spürt Kneifen, Stechen	Abwehrbewegungen, bei Schmerz gezielt
Soporös	völlig desorientiert, kein Schmerzlaut, nur mit Schmerz weckbar, Mimik nur bei Schmerz	spürt Stechen	Abwehrbewegungen bei Schmerz ungezielt
Koma	keine Reaktionen ablesbar	spürt nichts bzw. kann uns nicht mehr sagen, dass er spürt	keine Reaktion außer einigen Reflexen erkennbar

Tab. 13.3 Glasgow-Koma-Skala (aus Hoehl, M., P. Kullick: Kinderkrankenpflege und Gesundheitsförderung, Thieme, Stuttgart 1998)

	Reaktion der Augen Punkte	*Motorische Reaktion Punkte*	*Verbale Reaktion Punkte*
hohe Punktzahl ↑		6 wenn die Aufforderung: „Hebe die Hände!“ befolgt wird	
		5 wenn er sich bewegt, um einen Schmerzreiz abzuwehren, z. B. oberhalb der Augenbrauen	5 bei guter Orientierung über Person, Ort und Zeit
	4 die Augen öffnen sich spontan, wenn die Krankenschwester sich dem Bett nähert	4 wenn der Finger zurückgezogen wird, nachdem ein Schmerzreiz den Fingerspitzen zugefügt wird	4 bei wirren Äußerungen
	3 die Augen öffnen sich, wenn er angesprochen wird	3 wenn auf einen Schmerzreiz der Fingerspitzen die Ellenbogen gebeugt werden	3 bei falscher Wortwahl
	2 die Augen öffnen sich, wenn den Fingerspitzen Schmerz zugefügt wird	2 wenn auf einen Schmerzreiz der Fingerspitzen bei gebeugten Armen die Ellenbogen gestreckt werden	2 bei Wiedergabe von unverständlichen Lauten
↓ niedrige Punktzahl	1 die Augen öffnen sich nicht, wenn die Fingerspitzen Schmerz zugefügt wird	1 keine nachweisliche Reaktion auf wiederholte Schmerzzufügung verschiedenster Art	1 bei keiner verbalen Reaktion

Personen in normaler Verfassung erreichen eine Punktzahl von 15; die niedrigste Punktzahl ist 3, die einem Hirntod gleichgesetzt werden kann, aber keinen bedeuten muss. Die Punktzahl 7 wird als Definition für Koma benutzt (nach Roper et al.)

Ursachen sind Erkrankungen wie akute exogene Psychosen, Schädel-Hirn-Verletzungen als unmittelbare Gehirnschäden wie beispielsweise das Schädel-Hirn-Trauma, aber auch Durchblutungsstörungen, Epilepsien, Tumore, Blutungen, Enzephalitiden, Meningitiden, Schlaganfälle oder Stoffwechselentgleisungen. Die Stoffwechselstörungen können durch eine Entgleisung im Rahmen des Diabetes mellitus, einer Urämie oder bei Schädigungen der Leber wie z. B. Leberzirrhose oder einer Hypothyreose auftreten.

Darüber hinaus können als auslösende Faktoren Vergiftungen durch Alkohol, Schlafmittel, Kohlenmonoxid und Toxine benannt werden. Klassische Geisteskrankheiten wie die Schizophrenie oder Erkrankungen des depressiven Formenkreises können gleichfalls zu quantitativen Bewusstseinsstörungen führen.

Weitere Indikationen für die Kontrolle der Bewusstseinslage sind z. B. postoperative/postnarkotische Zustände zur frühzeitigen Erkennung von möglichen Komplikationen, hohes Fieber mit Gefahr von Fieberkrämpfen und Herzkreislaufstörungen, die mit schweren Zirkulationsstörungen einhergehen.

Parasomnische Bewusstseinslage

Als parasomnische Bewusstseinlage, apallisches Syndrom oder Coma vigile wird ein Symptomenkomplex bezeichnet, der durch eine funktionelle Trennung der Hirnrinde (Pallium) und den übrigen Hirnzentren im Hirnstamm charakterisiert ist.

Die Betroffenen liegen wach, mit offenen Augen da, der Blick ist starr geradeaus gerichtet oder gleitet ohne Fixationspunkt hin und her. Ansprechen, Berühren oder beispielsweise das Vorhalten von Gegenständen führt zu keinerlei sinnvollen Reaktionen. Reflektorische Flucht- und Abwehrbewegungen fehlen oftmals.

Beim apallischen Syndrom kann es zum Wiederauftreten von bekannten frühen Tiefenreflexen (z. B. Greif-, Saugreflex) kommen. Vegetative Elementarfunktionen wie beispielsweise das Schlucken können zum Teil erhalten sein.

Ursache für diese schwersten Schädigungen und Funktionsausfälle in verschiedenen Gehirnbezirken sind u. a. Gehirntrauma, Gehirnblutungen, zerebrale Venenthrombosen und schwere Enzephalitiden. Das apallische Syndrom kann als Dauerzustand bestehen bleiben, aber sich auch in einzelnen Bereichen zurückbilden bis hin zur vollständigen Remission.

Qualitative Bewusstseinsstörungen

Qualitative Bewusstseinsstörungen sind gekennzeichnet durch Veränderungen der Bewusstseinsinhalte eines Menschen. Hierbei können Bewusstseinseinengungen und -erweiterungen unterschieden werden.

Bewusstseinseinengungen

Bewusstseinsengungen sind Zustände, die durch eine Reduktion der bewussten Wahrnehmung charakterisiert sind. Der Betroffene ist in bestimmten Gedankengängen oder Denkschablonen so sehr verhaftet, dass er auf Außenreize nur noch vermindert reagiert. Im *Bewusstsein* ist lediglich ein kleiner Ausschnitt aus dem Gesamterleben. Bewusstseinseinengungen treten vorwiegend bei akuten Psychosen auf.

Dämmerzustand: Ein Zustand, der mit einem eingeengten Bewusstsein einhergeht. Kennzeichen eines Dämmerzustandes sind:

- Einengung des Bewusstseins auf bestimmte Gefühle, Vorstellungen und Denkinhalte. Das Bewusstsein kann getrübt sein (s. a. S. 224).
- Obwohl das Bewusstsein verändert ist, besteht Handlungsfähigkeit. Die Handlungen können aber unbesonnen sein und keinerlei Beziehung zu dem sonstigen Denken aufweisen.
- Der Zustand dauert von wenigen Minuten bis zu Monaten an, ist aber immer zeitlich begrenzt.
- Es besteht anschließend eine Amnesie für diesen Zeitraum, wobei einzelne Erinnerungsinseln vorhanden sein können.
- Der Zustand wirkt als Zerstreutheit und Unaufmerksamkeit und ist somit oftmals nur für den geschulten Blick erkennbar.

Für die Umgebung scheinen die Betroffenen klar und besonnen, wirken traumverloren oder berauscht. Sie finden sich einigermaßen zurecht, obwohl sie die Situation nicht vollständig überblicken und zumeist eine teilweise Störung der Orientierung (s. a. 13.2.4) aufweisen. Dies alles erschwert die Erkennung eines Dämmerzustands, doch kann er auch noch nachträglich anhand der teilweisen oder vollständigen Erinnerungslosigkeit diagnostiziert werden.

Nach ihrer Ursache können organische und psychogene Dämmerzustände unterschieden werden. Organische Ursachen sind z. B.: Epilepsie, Hirntrau-

ma, Arteriosklerose, Intoxikationen, zu den psychogenen Ursachen zählen u.a. Schreck, Angst und Panik.

Delirium: Das Delirium kann als eine unspezifische Reaktion des Gehirns auf Noxen verschiedenster Art bezeichnet werden. Es kommt hierbei zu einer Störung des Bewusstseins in Form einer Bewusstseinstrübung mit einem traumhaften Erleben und leichter Benommenheit, die auch als abgesunkenes Bewusstsein beschrieben wird. Typische Symptome eines Deliriums sind:

- partielle oder totale Desorientierung,
- Halluzinationen (zumeist optische Halluzinationen),
- unzusammenhängendes Denken,
- Aufmerksamkeits- und Auffassungsstörungen,
- ängstliche, aggressiv gefärbte Unruhe,
- Bewegungsunruhe (Greif- und Zupfbewegungen, „Flockenlesen"),
- Vegetative Begleitsymptome: Tremor, Tachykardie, starkes Schwitzen, Hautrötungen, Temperaturerhöhung.

Die Noxen, die zu einem Delirium führen können, können sowohl exogener als endogener Art sein. Neben dem Alkohol, der bekanntesten Noxe, gehören zu den exogenen Stoffen auch Kokain, Atropin, Antiparkinsonmittel, Antidepressiva und das Gift des Fliegenpilzes. Zu Intoxikatonen mit körpereigenen Stoffen und daraus resultierenden Delirien kann es bei hohem Fieber und Stoffwechselentgleisungen kommen.

Bewusstseinserweiterungen

Bewusstseinserweiterungen zeichnen sich durch eine allgemeine Intensitätssteigerung aus, die sich z.B. in einer gesteigerten Aufmerksamkeit, einer schnellen Auffassung und Erkenntnis, einer Verschärfung der Wahrnehmung und einer Erweiterung des Wahrnehmungsfelds zeigt. Beobachtet werden können diese Veränderungen beispielsweise bei der Einnahme von Drogen, im Rahmen der Manie und Schizophrenie.

Mit quantitativen Bewusstseinsstörungen werden Veränderungen der Wachheit, des Aktivitätszustands des zentralen Nervensystems beschrieben, mit qualitativen Bewusstseinsstörungen Veränderungen der Bewusstseinsinhalte.

Allgemeine Beobachtungskriterien:

- Bewusstsein ist die Gesamtheit aller empfundenen psychischen Vorgänge, verbunden mit der Kenntnis über das subjektive Erleben. Störungen dieser Wahrnehmung sind quantitativ und qualitativ möglich.
- Bei den quantitativen Bewusstseinsstörungen werden die Stadien Benommenheit, Somnolenz, Sopor und Koma sowie die parasomnische Bewusstseinslage unterschieden.
- Zu den qualitativen Bewusstseinsstörungen gehören Bewusstseinseinengungen wie z.B. der Dämmerzustand und das Delirium sowie Bewusstseinserweiterungen.

13.2.2 Störungen der Wahrnehmung

Unter Wahrnehmung wird ein bewusster psychischer Vorgang verstanden, der der Erfassung der Umwelt dient (s.a. Kap. 1).

Wahrnehmungsstörungen werden in quantitative und qualitative Störungen eingeteilt (**Tab. 13.4**).

Quantitative Wahrnehmungsstörungen

Unter einer quantitativen Wahrnehmungsstörung wird eine Veränderung der Intensität oder der Menge der Sinneseindrücke verstanden, sowie eine Veränderung in der Geschwindigkeit der Wahrnehmungsvorgänge.

Tab. 13.4 Überblick über Wahrnehmungsstörungen

Quantitative Störungen	*Qualitative Störungen*
• Überempfindlichkeit gegenüber Sinnesreizen – lokale oder generelle Hyperästhesie • Unterempfindlichkeit gegenüber Sinnesreizen – Anästhesie – Hypästesie – Hypalgesie • Verlangsamung der Wahrnehmungsvorgänge	• Halluzinationen →Wahrnehmung ohne entsprechende Reizquelle • Illusionen →Verkennung real vorhandener Sinneseindrücke • veränderte Sinnesempfindungen – Dysästhesie – Parästhesie • Raumsinnstörungen →Unfähigkeit zur räumlichen Lokalisation – Störung der visuell-räumlichen Wahrnehmung – Störung der Körperwahrnehmung

Überempfindlichkeit gegenüber Sinnesreizen

Eine Überempfindlichkeit gegenüber Sinnesreizen beinhaltet eine gesteigerte Wahrnehmungsintensität. Sie kann sich beispielsweise als verstärkte Geräuschempfindlichkeit oder als generelle Hyperästhesie äußern, bei der eine Verstärkung aller Sinneswahrnehmungen vorhanden ist. Diese Überempfindlichkeit kann bei nervösen Erschöpfungszuständen, bei Infektionskrankheiten, schweren Schmerzzuständen sowie bei Manien und Rauschzuständen oder Erkrankungen der entsprechenden Sinnesorgane auftreten.

Unterempfindlichkeit gegenüber Sinnesreizen

Eine Unterempfindlichkeit gegenüber Sinnesreizen kann in Form einer Herabsetzung bis hin zum völligen Fehlen der Wahrnehmung von Sinnesreizen vorkommen, z. B. aufgrund einer Schädigung des betroffenen Sinnesorgans. Als Anästhesie wird die völlige Unempfindlichkeit gegenüber Schmerz-, Temperatur- und Berührungsreizen bezeichnet. Sie tritt bei einer Störung des peripheren oder zentralen Nervensystems oder als ein erwünschtes Ergebnis einer Narkose oder Lokalanästhesie auf.

Mit Hypästhesie wird die herabgesetzte Empfindung von Sinnesreizen, im eigentlichen Sinne von Berührungsreizen bezeichnet. Die Hypalgesie beschreibt eine verminderte Schmerzempfindlichkeit.

Neben organischen Störungen können starke Erregungszustande, hysterische Reaktionen, Schizophrenien oder schwere Depressionen eine Unterempfindlichkeit gegenüber Sinnesreizen hervorrufen.

Verlangsamung der Wahrnehmungsvorgänge

Bei Erkrankungen, die mit Bewusstseinseintrübungen einhergehen sowie bei der Demenz kann eine Verlangsamung der Wahrnehmungsvorgänge beobachtet werden. Der Mensch benötigt zur Wahrnehmung eines Gegenstands mehr Zeit als ein Gesunder.

Zur Messung der Wahrnehmungszeit und damit zur Feststellung einer Störung können beispielsweise alltägliche Gegenstände an eine Wand projiziert werden und anschließend die Zeit festgehalten werden, die benötigt wird, bis der Gegenstand von dem Menschen richtig wahrgenommen wurde.

Qualitative Wahrnehmungsstörungen

Bei qualitativen Wahrnehmungsstörungen handelt es sich um eine Störung der Art der Wahrnehmung. Hierzu gehören die sog. Sinnestäuschungen wie die Halluzination und die Illusion, die veränderten Sinnesempfindungen und die Raumsinnstörungen.

Halluzination

Eine Halluzination kann als eine Wahrnehmung ohne entsprechende reale Reizquelle definiert werden. Sie kann alle Sinnesorgane betreffen und wird von dem Menschen als wirklich empfunden.

Der betroffene Mensch reagiert auf die von „innen" kommenden Wahrnehmungen so, als wären es reale Wahrnehmungen. Die häufigsten Halluzinationen sind:

- Akustische Halluzinationen: hierzu zählen das Hören von Geräuschen, Musik oder auch das Stimmenhören, wobei die Stimmen beispielsweise zum oder über den Betroffenen sprechen, Befehle geben. Sie kommen bei Schizophrenie, organischen Psychosen und Alkoholentzugsdelir vor.
- Optische Halluzinationen: Lichtblitze, Gegenstände, Feuer, Menschen und Tiere können beispielsweise im Rahmen der optischen Halluzinationen auftreten. Bei epileptischen Dämmerzuständen, deliranten Psychosen und verschiedenen Intoxikationen treten u. a. optische Halluzinationen auf.
- Olfaktorische Halluzinationen: Gerüche nach Benzin, Teer, Schwefel, Rauch, Gas und auch nach Fäulnis, Aas und Verwesung sind typische olfaktorische Halluzinationen. Die Gerüche, die zumeist ätzend, stinkend sind, kommen aus Ritzen, Löchern, aber auch aus den verschiedensten Gegenständen und treten bei Epilepsie und Schizophrenie auf.
- Gustatorische Halluzinationen: sie treten meist in Zusammenhang mit olfaktorischen Halluzinationen auf und beinhalten größtenteils einen unangenehmen Geschmack: bitter, salzig, sauer, gallig, schwefelig, seifenartig, fäkalisch.
- Taktile Halluzinationen: die Tast- und Berührungshalluzinationen werden auch als körperliche Wahrnehmungsstörung bezeichnet. Meistens handelt es sich hierbei um Halluzinationen in Form von Berühren, Angreifen, Festhalten, Krabbeln, Würgen, Brennen, Stechen. Die Betroffenen

können sich aber auch durch elektrische oder magnetische Strahlung oder andere physikalische Vorgänge beeinflusst und verändert fühlen. Hauptsächliches Vorkommen: Delirien, Schizophrenie.

- Vestibuläre Halluzinationen: hierbei handelt es sich um Trugwahrnehmungen des Gleichgewichtes, kinästhetische Halluzinationen. Empfindungen des Fallens, Fliegens, Bewegtwerdens, Schwankens sind typische Halluzinationen dieser Art. Sie kommen vor allem bei LSD-, Haschisch/Marihuana-Missbrauch und gelegentlich auch bei Schizophrenie vor.

Illusion

Bei der Illusion handelt es sich um eine Verkennung real vorhandener Sinneseindrücke.

Sie werden falsch gedeutet und zugeordnet. So kann beispielsweise ein Fleck an der Wand für ein Insekt, eine Lampe oder für den Mond gehalten werden. Eine Illusion entsteht durch das Eingreifen von Affekten, Erwartungen und Einstellungen in den Wahrnehmungsvorgang.

Veränderte Sinnesempfindungen

Werden Reize andersartig bzw. als unangenehm empfunden (z. B. eine leichte Berührung als Schmerz), so wird dies als Dysästhesie bezeichnet. Als Parästhesie wird eine subjektive Missempfindung wie z. B. Kribbeln, Ameisenlaufen oder Brennen bezeichnet, wobei kein von außen nachvollziehbarer Reiz vorhanden ist.

Raumsinnstörungen

Als Raumsinn wird die Fähigkeit zu einer räumlichen Lokalisation von Sinnesempfindungen bzw. zu einer bewussten Wahrnehmung der Lage des Körpers im Raum oder einzelner Elemente zueinander bezeichnet.

Er beschreibt den Effekt des Zusammenwirkens mehrerer Sinne.

Bei den Raumsinnstörungen handelt es sich um eine räumliche Orientierungsstörung. Eine Erfassung der dreidimensionalen Welt ist hierbei nicht möglich, d. h. die räumliche Ausdehnung, die enthaltenen Gegenstände und die räumlichen Beziehungen zwischen diesen Gegenständen oder einzelnen Elementen dieser Objekte können nicht erkannt und begriffen werden. Zu diesen Raumsinnstörungen zählen u. a. die Störungen der visuell-räumlichen Wahrnehmung und der Wahrnehmung des eigenen Körpers. Sie treten bei einer Schädigung zumeist der dominanten Hirnhemisphäre auf.

Störung der visuell-räumlichen Wahrnehmung: Die Störung ist charakterisiert durch eine Fehleinschätzung z. B. von Entfernungen und Größenverhältnissen. Sowohl die Entfernung bzw. Beziehung verschiedener Gegenstände zueinander, als auch die Beziehung einzelner Elemente eines Gegenstandes können hierbei nicht richtig erfasst werden. Dies zeigt sich beispielsweise im zu frühen Setzen auf einen Stuhl oder nicht Erkennen der Zeit bei einer Uhr mit Zeigern (der Winkel zwischen den Zeigern wird nicht korrekt erkannt und analysiert).

Eine Beeinträchtigungen der visuell-räumlichen Orientierung in Form einer konstruktiven ▸ *Apraxie* oder Ankleideapraxie tritt vielfach bei Störungen im Bereich des Scheitellappens und des Scheitelhinterhauptlappens auf. (s. a. 13.2.3 und **Tab. 13.5**).

Störung der Körperwahrnehmung:

Mit Tiefensensibilität wird die Fähigkeit zur Wahrnehmung der Stellung und Bewegung des Körpers im Raum bezeichnet.

Durch spezifische Rezeptoren (Propriorezeptoren) werden die Muskelspannung, die Muskellänge, die Gelenkstellung und -bewegung registriert und weitergeleitet. Dies erklärt, warum die Tiefensensibilität auch Bewegungs-, Kraft-, Stellungs- und Lagesinn genannt wird. Bei einer Störung der Tiefensensibilität können diese Informationen nicht mehr von dem Betroffenen wahrgenommen werden, sodass

Tab. 13.5 Formen der Apraxie

Form der Apraxie	*Störung*
• ideomotorische Apraxie	• Unfähigkeit, Bewegungen willentlich abzurufen
• ideatorische Apraxie	• Unfähigkeit, einzelne Handlungen logisch aneinander zu reihen
• konstruktive Apraxie	• Unfähigkeit zu räumlichen Strukturierungen
• Ankleideapraxie	• Unfähigkeit, räumliche Beziehungen zwischen Objekt und Körper herzustellen

dieser oftmals nicht weiß, wo und in welcher Stellung sich seine verschiedenen Körperteile befinden. Erkennbar wird dies z. B. bei Hemiplegikern an einer Verschiebung der Längsachse zur betroffenen Seite.

Quantitative Wahrnehmungsstörungen sind gekennzeichnet durch eine Veränderung der Wahrnehmungsintensität und Wahrnehmungsgeschwindigkeit, qualitative Wahrnehmungsstörungen durch Veränderungen in der Art der Wahrnehmung.

Abweichungen und Veränderungen im Bewusstsein:

- Zu den quantitativen Wahrnehmungsstörungen zählen Über- und Unterempfindlichkeit gegenüber Sinnesreizen und Verlangsamung der Wahrnehmungsvorgänge.
- Halluzinationen können sich akustisch, optisch, olfaktorisch, gustatorisch, taktil oder vestibular äußern.
- Illusion ist die falsche Deutung und Zuordnung vorhandener Sinnesreize.
- Veränderte Sinnesempfindungen werden in Dysästhesien und Parästhesien unterteilt.
- Bei den Raumsinnstörungen gibt es Störungen der visuell-räumlichen Wahrnehmung und der Wahrnehmung des eigenen Körpers.

13.2.3 Störungen der Bewegung und des Handelns (Apraxien)

Eine Störung der Fähigkeit zu koordinierten Handlungen oder Bewegungen und die Unfähigkeit, Gegenstände bei erhaltener Bewegungsfähigkeit und Wahrnehmung sinnvoll zu verwenden, wird als Apraxie bezeichnet.

Dies bedeutet, dass sowohl die Auswahl als auch die sinnvolle Aneinanderreihung von Einzelbewegungen gestört ist. Ursache ist eine Erkrankung oder Schädigung des Gehirns.

Unterschieden werden die ideomotorische und die ideatorische Apraxie sowie die konstruktive Apraxie und die Ankleideapraxie, die vor allem bei Störungen der visuell-räumlichen Wahrnehmung auftreten (s. a. S. 229). Einen Überblick über die verschiedenen Formen der Apraxien zeigt die **Tab. 13.5**.

Weitere Bewegungsstörungen sind in Kap. 24 ausführlich beschrieben.

Ideomotorische Apraxie

Bei der ideomotorischen Apraxie können Bewegungen, die teilweise spontan ausgeführt werden, nicht willentlich abgerufen und auf Aufforderung und Demonstration nachgeahmt werden. So sind betroffene Personen in der Lage, sich evtl. spontan die Haare aus dem Gesicht zu streichen, doch gelingt es ihnen nicht, dies auf Aufforderung oder nach Demonstration zu tun. Typischerweise kommt es zu parapraktischen Bewegungen wie unnötigen Bewegungen, Bewegungswiederholungen und Auslassungen.

Ideatorische Apraxie

Kennzeichen der ideatorischen Apraxie ist, dass komplexe und differenzierte Handlungen aufgrund einer Störung des Bewegungsentwurfs (Ideation) nicht richtig aneinander gereiht werden können. Trotz richtiger Einzelhandlungen kommt es zu unvollständigen Handlungsabläufen.

Neben einer Störung in der logischen Reihenfolge der Bewegungen treten Fehlhandlungen, der Fehlgebrauch von Gegenständen auf. Beispielsweise versucht der Betroffene zuerst ein Brötchen mit Marmelade zu bestreichen, um es anschließend mit einem Kaffeelöffel durchzuschneiden oder reibt eine Zigarette an einer Streichholzschachtel.

Konstruktive Apraxie

Bei der konstruktiven Apraxie misslingen räumliche Strukturierungen wie sie z. B. beim Zeichnen (**Abb. 13.1**), Schreiben oder handwerklichen Arbeiten notwendig sind, ohne dass eine Beeinträchtigung elementarer Bewegungsabläufe vorliegt. Zwei- oder dreidimensionale Gegenstände können nicht zerlegt und/oder wieder zusammengesetzt werden. Im Alltag kann sich diese Apraxieform bei Tätigkeiten wie dem Decken eines Tischs oder dem Schnüren eines Pakets zeigen.

Ankleideapraxie

Eine Störung der Fähigkeit, räumliche Beziehungen zwischen einem Gegenstand und dem Körper herzustellen, liegt bei der sog. Ankleideapraxie vor. So verwechseln die Betroffenen z. B. verschiedene Kleidungsstücke, die Vorder- und die Rückseite und Hals- und Armöffnungen der Kleidungsstücke.

Dies zeigt sich u. a. darin, dass die Kleidungsstücke in einer falschen Reihenfolge (zuerst das Oberhemd, dann das Unterhemd) angezogen werden. Daneben

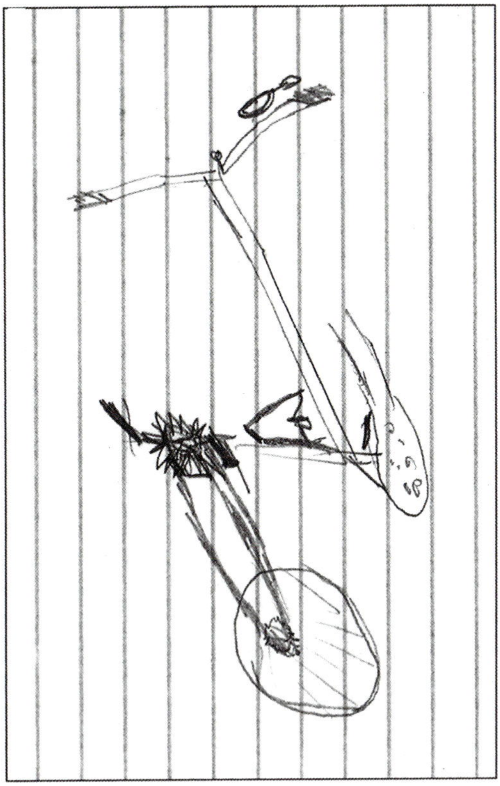

Abb. 13.1 Zeichnung eines Fahrrads von einem Patienten mit konstruktiver Apraxie

werden die Kleidungsstücke auch dem falschen Körperteil zugeordnet. Der Betroffene versucht dann z. B. einen Slip über den Kopf oder einen Pullover über die Beine zu ziehen. Bei Menschen, die eine Schädigung der rechten Hirnhemisphäre erlitten haben, ist oftmals zu beobachten, dass sie die linke Körperhälfte nicht anziehen oder aber beispielsweise versuchen, beide Beine in ein Hosenbein zu stecken.

Charakteristisch für Apraxien sind Störungen in der Auswahl und Aneinanderreihung von Bewegungen.

13.2.4 Störungen der Orientierung

Mit Orientierung wird die Fähigkeit eines Menschen bezeichnet, sich bezüglich der Zeit, des Orts, der Situation und der eigenen Person und somit in der Realität zurechtzufinden. Die Fähigkeit zur Orientierung wird insbesondere durch Aufmerksamkeit, Wahrnehmung und Gedächtnis beeinflusst.

Beeinträchtigungen innerhalb dieser 3 verschiedenen Hirnleistungen führen entsprechend auch zu einer Beeinträchtigung der ▸ *Orientierungsfähigkeit*. Unterschieden werden eine zeitliche, örtliche, situative und persönliche Desorientiertheit. Zumeist beginnt die Störung der Orientierung in Bezug auf die Zeit, dann bezüglich der Situation und den Ort, zum Schluss bezüglich der eigenen Person.

Zur Erkennung einer möglichen Orientierungsstörung können Fragen nach dem Namen, dem Alter und der Adresse des betroffenen Menschen, nach der Uhrzeit, dem Datum, der Dauer des Aufenthalts in dem momentanen Raum und dem Zweck des Aufenthalts gestellt werden (**Tab. 13.6**).

Die zeitliche Desorientierung ist gekennzeichnet durch falsche Angaben bezüglich der aktuellen Tageszeit, des Datums, des Wochentags und/oder der Jahreszahl.

Bei der situativen Desorientiertheit ist der betroffene Mensch nicht in der Lage, die Situation zu erfassen, in der er sich gerade befindet. So kann es geschehen, dass jemand nicht weiß, dass er sich aufgrund einer Oberschenkelfraktur in einem Krankenhaus befindet.

Liegt eine örtliche Desorientierung vor, kann der Betroffene keine korrekten Angaben zu seinem momentanen Aufenthaltsort machen, er glaubt sich an einem anderen Ort , z. B. sich zuhause aufzuhalten.

Bei der persönlichen Desorientierung, dem schwersten Grad der Orientierungsstörungen, kann der Mensch zum Teil keinerlei Angaben mehr zu sei-

Tab. 13.6 Überblick über die Orientierungsstörungen

Art der Störung	*Fragen zur Erkennung (z. B.)*
• zeitliche Desorientierung	• Welcher Tag, welches Datum ist heute? • Wie spät es ist jetzt?
• situative Desorientierung	• Warum sind sie hier? Was ist der Grund für Ihren Aufenthalt hier?
• örtliche Desorientierung	• Wo befinden Sie sich zur Zeit? • Wo sind sie hier? Was ist dies für ein Ort? (Adresse)
• persönliche Desorientierung	• Wie heißen Sie? • Wo sind Sie geboren? • Haben Sie Kinder? • Welchen Beruf üben Sie aus?

ner Person machen. Teilweise kann nur noch der Vorname angegeben werden, Gegebenheiten aus der Biografie sind vergessen. Orientierungsstörungen treten beispielsweise bei Arteriosklerose, Demenz, Bewusstseinsstörungen, Gedächtnisstörungen und Psychosen sowie in Rahmen von Verwirrtheitszuständen auf.

Verwirrtheitszustände

Bei den Verwirrtheitszuständen liegt neben einer Störung der Orientierung eine Störung der Besonnenheit vor. Dies bedeutet eine Einschränkung der Wahrnehmungsfähigkeit und der Fähigkeit, Gedanken und Gefühle eindeutig zu erkennen, zu erleben und sie richtig mit der Realität zu verbinden sowie eine entsprechende Handlung daraus abzuleiten.

Bei ▸ *Verwirrtheit* handelt es sich um eine Pflegediagnose und nicht um eine medizinische Diagnose, da Verwirrtheit keine eigenständige Erkrankung, sondern ein Symptom einer Erkrankung darstellt.

Sie ist eine Reaktion auf physische, psychische, soziale und/oder umweltbedingte Faktoren. Kennzeichen eines Verwirrtheitszustandes sind neben Orientierungsstörungen auch Aufmerksamkeits- und Denkstörungen (s. a. 13.2.6 – 13.2.8). Sie sind häufig begleitet von einer körperlichen Unruhe. Die Unruhe zeigt sich beispielsweise im Versuch aufzustehen und wegzulaufen, im Nesteln an der Bettdecke, in Form eines stereotypen Klopfens, dem Ziehen an Zu- und Ableitungssystemen u.v.m. Sie ist oftmals Ausdruck von Unsicherheit und Angst. Unterschieden werden akute, periodische und chronische Verwirrtheitszustände.

Akute Verwirrtheit

Bei einem plötzlichen Auftreten einer Verwirrtheit wird von einem akuten Verwirrtheitszustand, Durchgangssyndrom oder Delir gesprochen. Die akute Verwirrtheit ist reversibel und dauert von Stunden, über Tage bis zu einigen Wochen. Die folgenden Symptome treten u. a. bei akuten Verwirrtheitszuständen in unterschiedlicher Ausprägung auf:

- Orientierungsstörungen,
- Gedächtnisstörungen (insbesondere des Kurzzeitgedächtnisses),
- Aufmerksamkeitsstörungen,
- Störung des Urteilsvermögens,
- Auftreten von Halluzinationen (insbesondere visuelle und/oder akustische) und Wahnvorstellungen,
- Angst und Misstrauen,
- Nichterkennen vertrauter Personen,
- Störungen in der Durchführung bekannter Handlungsabläufe,
- Störungen im Schlaf-Wach-Rhythmus.

Die Ursachen akuter Verwirrtheitszustände sind vielfältig und reichen von einer nachlassenden Seh- und Hörfähigkeit bis hin zu Hirnfunktionsstörungen aufgrund einer Minderdurchblutung. **Tab. 13.7** zeigt Beispiele unterschiedlicher Faktoren, die einen akuten Verwirrtheitszustand bedingen können.

Periodische Verwirrtheit

Treten Verwirrtheitszustände immer wieder zu bestimmten Tages- oder Nachtzeiten oder aber bei bestimmten Anforderungen und Ereignissen auf, so wird diese Verwirrtheit als periodische Verwirrtheit bezeichnet. Ursachen können eine Hypoglykämie, Hypotonie, eine Über- oder Unterforderung sowie Langeweile sein.

Chronische Verwirrtheit

Als chronische Verwirrtheit wird ein langsamer, sich über Monate und Jahre hinweg entwickelnder Verwirrtheitszustand bezeichnet. Zu den chronischen Verwirrtheitszuständen, die irreversibel sind, zählt vor allem die Demenz.

Um von einer Demenz zu sprechen, muss der Verlust intellektueller Fähigkeiten zur Bewältigung des Alltags und eine Gedächtnisstörung sowie mindestens eine der folgenden Beeinträchtigungen vorliegen:

- Denkstörungen (Störung des abstrakten Denkens),
- Störungen des Urteilsvermögens,
- Persönlichkeitsveränderungen,
- kortikale Herdsymptome (Aphasie, Apraxie, Agnosie).

Weitere typische Symptome einer Demenz sind Orientierungs- und Aufmerksamkeitsstörungen. Bei Verdacht einer demenziellen Erkrankung können mit Hilfe des Mini-Mental-Status, wie in der folgenden Übersicht dargestellt, kognitive Störungen erfasst und differenziert werden.

Tab. 13.7 Ursachen von Verwirrtheitszuständen

Physische Faktoren	*Psychische Faktoren*	*Soziale Faktoren*	*Umweltbedingte Faktoren*
• Hirnfunktionsstörung • Hirnfunktionsschädigung • Sauerstoffmangel (z. B. bei Pneumonie, Herzinfarkt, hohem Blutverlust) • Exsikkose • Hypoglykämie • Leber-, Nieren- und Schilddrüsenfunktionsstörungen • Hypotonie • hohes Fieber • Schlafstörungen • Arzneimittelnebenwirkung (insbesondere von Beruhigungs-, Schlaf- und Schmerzmitteln) • Medikamenten- und Drogenmissbrauch • Störungen der Seh- und Hörfähigkeit	• Über- und Unterforderungen • Selbstwertkrisen • Identitätsverlust • unbewältigte seelische Probleme • Partnerverlust	• Kommunikationsstörung • Bezugspersonenverlust • Isolation	• Störung/Änderung des Tag-/Nacht-Rhythmus • Ortswechsel, Verlegung • Reizarmut • fehlende Orientierungshilfen

Mini-Mental-State (aus Borker, S.: Essenreichen in der Pflege: eine empirische Studie, Ullstein Mosby, Berlin 1996)

max. Punkte	Parameter	max. Punkte	Parameter
	1. Orientierung		**5. Sprache**
5	Welches Jahr, Jahreszeit, Monat, Wochentag, Datum von heute?		Benennen:
		1	Was ist das? (Bleistift)
5	Wo sind wir?	1	Was ist das? (Uhr)
	(Land, Bundesland, Ort, Praxis/Klinik, Arztname)	1	Nachsprechen: „Wie Du mir, so ich Dir“.
			6. Ausführen eines dreiteiligen Befehls
	2. Aufnahmefähigkeit	3	„Nehmen Sie das Blatt in die rechte Hand, falten Sie es in der Mitte und legen Sie es auf den Boden.“ (Jeder Teil ein Punkt).
3	Nachsprechen (Drei Worte: Zitrone/ Schlüssel/Ball) Ein Wort pro Sekunde		
	3. Aufmerksamkeit und Rechnen		**7. Lesen und Ausführen**
5	von 100 jeweils 7 subtrahieren		(auf separatem Blatt vorbereiten)
	(93/86/79/72/65) Jede richtige Antwort: Ein Punkt; nach fünf Antworten aufhören	1	„Schließen Sie die Augen.“ (nur für beides)
	4. Gedächtnis		
3	Frage nach den oben angesprochenen Worten (/ / /) pro Wort ein Punkt		

Fortsetzung ▶

Mini-Mental-State (Fortsetzung)

max. Punkte	Parameter	max. Punkte	Parameter
1	**8. Schreiben** Einen x-beliebigen Satz schreiben lassen. (nicht diktieren/muss spontan geschrieben werden)	1	**9. Kopieren** (konstruktive Praxis) Sich überschneidende fünfeckige Figur nachzeichnen lassen (Extrablatt vorlegen)
Auswertung:	25–30 Punkte: keine Demenz 22–24 Punkte: mäßige Demenz 0–21 Punkte: erhebliche Demenz		

Die Demenz tritt bei Hirnschädigungen auf, wobei primäre und sekundäre Demenzen unterschieden werden können.

Ursachen der primären Demenz sind beispielsweise degenerative zerebrale Erkrankungen (z. B. senile Demenz vom Typ Alzheimer) und vaskuläre Erkrankungen (z. B. Multi-Infarkt-Demenz).

Sekundäre Demenzen treten als Folge verschiedener Erkrankungen wie z. B. entzündlichen und traumatischen Hirnerkrankungen auf. **Tab. 13.8** zeigt psychopathologische Veränderungen im Rahmen einer senilen Demenz.

Tab. 13.8 Psychopathologische Veränderungen im Rahmen einer senilen Demenz (nach Michel)

Parameter	*Veränderungen*
Motorische Fähigkeiten	Unfähigkeit, einfache Sätze zu schreiben und einfache geometrische Formen zu kopieren. Evtl. Tremor.
Körperpflege	Vernachlässigtes Äußeres, mangelnde Hygiene. Kleider werden falsch angezogen.
Sprache	Sprechen und verstehen der Sprache sind oft beeinträchtigt. Wortfindungsstörungen. Wortwiederholungen und Echolalie.
Bewusstsein	Evtl. wechselhaft. Eingeschränkte Wahrnehmung der Umgebung.
Orientierung	Orientierung in Zeit, Ort, Person (eigene und andere) beeinträchtigt oder ganz aufgehoben.
Aufmerksamkeit	Schon früh gestört. Äußere Reize werden nur noch beschränkt registriert.
Gedächtnis	Das Frischgedächtnis ist am meisten beeinträchtigt, das Altgedächtnis oft noch lange erhalten.
Denken	Die Fähigkeit, abstrakt zu denken, ist erschwert (z. B. Unfähigkeit, den Sinn eines Sprichwortes zu erklären)

13.2.5 Störungen des Erkennens (Agnosie)

Als ▸ *Agnosie* wird eine Störung des Erkennens trotz intakter Wahrnehmung bezeichnet, d. h. sie beruht nicht auf einer Einschränkung z. B. des Sehens oder einer geistigen Einschränkung.

Es werden verschiedene Formen der Agnosie unterschieden, je nachdem, welcher Sinnesbereich betroffen ist (**Tab. 13.9**).

Auditive Agnosie

Die auditive Agnosie wird auch als sog. Seelentaubheit, Worttaubheit oder Hörstummheit bezeichnet. Hiermit wird die Unfähigkeit beschrieben, Gehörwahrnehmungen mit dem akustischen Erinnerungsgut zu identifizieren. Dies bedeutet, dass Geräusche oder Töne gehört werden, jedoch in ihrem Zusammenhang (z. B. als Melodie, Tierstimme) nicht erkannt werden. Die akustische Agnosie tritt vor allem bei Schädigungen im Bereich der hinteren Schläfenlappen auf.

Tab. 13.9 Formen der Agnosie

Form der Agnosie	*Störung*
• auditive Agnosie	→ Unfähigkeit, akustische Wahrnehmungen mit akustischen Erinnerungen zu verbinden
• optische Agnosie	→ Unfähigkeit, optische Wahrnehmungen mit optischen Erinnerungen zu verbinden
• taktile Agnosie	→ Unfähigkeit der taktilen Formerkennung
• Autotopagnosie	→ Unfähigkeit, Hautreize am Körper zu lokalisieren
• Anosognosie	→ Unfähigkeit, eigene Erkrankungen, Funktionsausfälle zu erkennen

Optische Agnosie

Die Unfähigkeit, Sichtwahrnehmungen mit dem optischen Erinnerungsgut zu identifizieren wird als optische oder visuelle Agnosie oder als sog. Seelenblindheit bezeichnet.

Trotz normaler Sehleistung werden, bei Schädigungen im Bereich des Okzipitallappens, Zusammenhänge einzelner Details nicht erkannt.

Eine Unterform der optischen Agnosie ist die Objektagnosie, eine Störung des visuellen Erkennens von Gegenständen. Hierbei werden die Objekte mit ihren Merkmalen normal gesehen, doch können diese einzelnen Merkmale nicht zu einem bekannten Objekt zusammengeführt bzw. mit einem Objekt aus dem Erinnerungsgut verbunden werden. Die Funktion des Objekts ist dem Betroffenen nicht bekannt. Zudem werden einander ähnliche Objekte miteinander verwechselt und falsch benannt (z. B. Zahnbürste und Kamm).

Ebenfalls zu den Objektagnosien zählt die Prosopagnosie, die Störung der Gesichtswahrnehmung. Hierbei können vertraute Gesichter nicht mehr erkannt und unterschieden werden. Über andere Merkmale, z. B. Stimme, Gestik, Kleidung können jedoch Personen identifiziert werden.

Taktile Agnosie

Die Unfähigkeit zu einem tastenden Formerkennen bei intakter Sensibilität wird als taktile Agnosie oder Astereognosie bezeichnet.

Sie gilt als Herdsymptom der Zentral- bzw. unteren Scheitelhirnregion.

Autotopagnosie

Eine richtige Lokalisation von Hautreizen am Körper ist, trotz erhaltener Oberflächensensibilität bei der Autotopagnosie nicht möglich. Diese Form der Agnosie kann vor allem bei Läsionen des Parietallappens beobachtet werden.

Anosognosie

Die Unfähigkeit, eine eigene Erkrankung bzw. Funktionsausfälle zu erkennen, wird als Anosognosie bezeichnet.

Hierbei schätzt der Betroffene seine eigene Situation und seine Fähigkeiten trotz wiederholter Misserfolge falsch ein. Für diese Misserfolge werden immer wieder Erklärungen von dem Betroffenen gefunden. Die Schweregrade der Anosognosie sind in der folgenden Übersicht aufgeführt.

Schweregrade der Anosognosie
(nach Berlit 1991)

Grad 1: Bemerkt Ausfall nicht, fühlt sich gesund.
Grad 2: Bemerkt den Ausfall nicht, aber die resultierenden Folgen (z. B. Anstoßen).
Grad 3: Bemerkt veränderte Umgebung.
Grad 4: Bemerkt Funktionsstörung, ohne sie zuordnen zu können.
Grad 5: Bemerkt Funktionsstörung, ordnet sie falsch zu („Erklärungen").
Grad 6: Volle Einsicht in die Funktionsstörung.

Vor allem im Rahmen einer organischen Hirnschädigung, z. B. als Nichtwahrnehmen einer Halbseitenlähmung nach Apoplexia cerebri, kommt diese Agnosieform vor.

Bewusstseinsstörungen:

- Unter den Apraxien, den Störungen der Bewegung und des Handelns, gibt es ideomotorische, ideatorische, konstruktive und die Ankleideapraxie.
- Störungen der Orientierung werden nach Zeit, Ort, Situation und persönlichen Desorientierungen eingeteilt.
- Bei der Verwirrtheit werden akute, periodische und chronische Verwirrtheitszustände unterschieden.
- Zu den Störungen des Erkennens rechnet man die auditive, optische und taktile Agnosie, Autotopagnosie und Anosognosie.

13.2.6 Störungen des Denkens

Mit Denken wird eine geistige Tätigkeit benannt, die darauf ausgerichtet ist, Bedeutungen zu erkennen und Beziehungen herzustellen. Hierfür sind Fähigkeiten wie Wahrnehmen, Erinnern, Entscheiden, Urteilen sowie das Ordnen und Verbinden von Informationen erforderlich.

Unterschieden werden formale und inhaltliche Denkstörungen. Beide Formen treten häufig bei Schizophrenie, aber auch im Rahmen anderer Erkrankungen wie beispielsweise organischen Psychosen, Bewusstseinsstörungen, Intoxikationen und Depressionen auf. Einen Überblick über verschiedene Denkstörungen zeigt **Tab. 13.10**.

Tab. 13.10 Störungen des Denkens

Formale Denkstörungen	*Inhaltliche Denkstörungen*
• Denkhemmung → Einschränkung des gesamten Denkablaufs • Denkverlangsamung → herabgesetzte Geschwindigkeit des Denkablaufs • Perseveration → eingeengtes Denken, Wiederholungen • Gedankenabreißen → plötzliche Unterbrechung des Denkablaufs • Zerfahrenheit → Unfähigkeit, Gedanken zu ordnen • Ideenflucht → stark beschleunigter Denkablauf ohne erkennbares Ziel	• Wahn → inhaltlich falsche Überzeugungen (subjektive Gewissheit) ohne Realitätsbezug und unkorrigierbar • Zwangsideen → Aufdrängen von Gedanken, Ideen und Handlungen, die willentlich nicht beeinflussbar sind • überwertige Ideen → stark gefühlsbetonte Überzeugung, die das gesamte Denken beherrscht

Formale Denkstörungen

Mit formalen Denkstörungen werden Veränderungen im Gedankenablauf (Geschwindigkeit, Steuerbarkeit, Abstraktionsfähigkeit, Logik, Umfang) beschrieben. Durch beispielsweise das Lösen einfacher mathematischer Aufgaben, das Erklären lassen von Redensarten und das Erläutern lassen von Unterschieden (z. B. Kugelschreiber – Füllfederhalter) können Denkstörungen erfasst werden.

Denkhemmung

Bei der Denkhemmung wird der Denkablauf (Tempo, Inhalt, Zielsetzung) subjektiv als eingeschränkt empfunden. Die Betroffenen klagen z. B. über fehlende Einfälle, oder „einem Brett vor dem Kopf", das Denken ist mühsam und schleppend. Das Denkziel kann nur schwer oder überhaupt nicht erreicht werden. Entsprechend dem Denken ist auch die Sprache verändert und kann einen wertvollen Hinweis auf eine Denkhemmung liefern. Sie ist in diesem Zusammenhang zumeist langsam, stockend und weist unmotivierte Sprechpausen auf. Beobachtet werden kann eine Denkhemmung z. B. bei allgemeiner Antriebsarmut und Depressionen.

Denkverlangsamung

Im Gegensatz zur Denkhemmung, bei der der gesamte Denkablauf eingeschränkt ist, bezieht sich die Denkverlangsamung nur auf die Geschwindigkeit des Denkablaufes. Das Denken ist hierbei schleppend und insgesamt sehr langsam. Die Sprache, aber auch die Reaktionen der Betroffenen werden als zähflüssig, haftend und stumpf beschrieben. Unter Alkoholeinfluss, im hohen Lebensalter, bei Bewusstseinseintrübung, Depressionen und Schizophrenie kann eine Denkverlangsamung auftreten.

Perseveration

Perseveration bedeutet beharrlich bei Etwas bleiben. Die Perseveration beschreibt ein eingeengtes Denken, das sog. Haften bleiben bzw. beharrliches Wiederholen von Gedanken oder Wörtern auch in unpassendem Zusammenhang.

Die Gedanken kreisen immer nur um ein und dasselbe Thema, ohne Bearbeitungs- und Erledigungsmöglichkeit. Zur Perseveration kann es im Einschlafstadium, bei Zuständen der Schlaflosigkeit, bei großen Sorgen aber auch bei Depressionen und bei organischen Psychosyndromen kommen.

Gedankenabreißen

Der Denkablauf kann plötzlich abreißen, unterbrochen werden, ohne dass dies vom Betroffenen erklärt werden kann. Nach dem Abreißen des Gedankengangs wird häufig das Thema von dem Betroffenen gewechselt. Diese Form der formalen Denkstörung wird entsprechend als Gedankenabreißen bezeichnet. Hierbei kann es sich um eine Konzentrationsstörung (s. a. S. 239), aber auch um eine Schizophrenie handeln, wobei die Menschen den Eindruck haben, dass Ihnen die Gedanken von außen entrissen werden. Hinsichtlich der Sprache fällt bei dem Gedankenabreißen ein plötzliches Stocken im Sprechen auf, das häufig mit einem anschließenden Themenwechsel verbunden ist.

Zerfahrenheit

Bei der Zerfahrenheit (inkohärentes Denken) handelt es sich um eine Störung der Logik (Ordnung) der Gedanken. Das Denken ist sprunghaft, wobei die einzelnen Gedanken keinerlei Verbindungen zueinander haben. Es treten scheinbar zufällig zusammengewürfelte Gedankenbruchstücke auf, zwischen denen kein logischer Zusammenhang hergestellt werden kann. Die Denkgeschwindigkeit kann ebenfalls verändert sein, wobei es sich dabei sowohl um eine Verlangsamung als auch um eine Beschleunigung handeln kann. Die Zerfahrenheit äußert sich in einem regelrechten Wortsalat oder in Wortneubildungen (Neologismen). Beobachtet werden kann diese Störung u. a. bei Schizophrenen.

Ideenflucht

Bei der Ideenflucht ist der Gedankenablauf sehr stark beschleunigt und enthemmt. Ein Gedanke jagt den nächsten, wobei das Ziel des Denkens nicht mehr erkennbar ist. Je nach Ausprägungsgrad sind die Betroffenen weitschweifig oder aber sie kommen vom „Hundertsten ins Tausendste". Nach außen zeigt sich die Ideenflucht in Form eines gesteigerten Rededrangs und -flusses sowie in ständigem Aufgreifen von Anregungen wie z. B. Fragen, Aussagen und Situationen, die zu einem weiteren Gedanken- und Redefluss führen.

Im Gegensatz zu der Zerfahrenheit, dem inkohärenten Denken, kann bei der Ideenflucht dem Gedanken des Betroffenen noch gefolgt werden, ist der Inhalt noch erkennbar. Beim manischen Syndrom, dem Missbrauch von z. B. Haschisch und LSD, kann die Ideenflucht beispielsweise vorkommen.

Inhaltliche Denkstörungen

Inhaltliche Denkstörungen befassen sich mit den Gedankeninhalten.

Es handelt sich um Störungen des Denkens im Sinne eines gestörten Urteils hinsichtlich der Realität. Zu den inhaltlichen Denkstörungen zählen z. B. Wahn, Zwangsideen und überwertige Ideen.

Wahn

Unter einem Wahn werden inhaltlich falsche Überzeugungen verstanden, die keinerlei Bezug zur Realität besitzen und die nicht aus anderen Erlebnissen abgeleitet werden können.

Es besteht eine subjektive Gewissheit und eine Unkorrigierbarkeit des Inhalts trotz vorhandener Intelligenz und objektiv nachprüfbarer Realität. Die beiden Kriterien subjektive Gewissheit und Unkorrigierbarkeit unterscheiden den krankhaften Wahn von sog. Wahnphänomenen, die auch bei gesunden, „normalen" Menschen vorkommen können. Der Wahninhalt, das sog. Wahnthema, auch Wahnidee oder Wahnvorstellung genannt, wird durch kulturelle und soziale Faktoren mitbeeinflusst. Häufige Wahninhalte sind:

- Beziehungswahn: Der Betroffene ist der Überzeugung, dass alles was sich in seiner Umgebung ereignet, nur seinetwegen geschieht und ihm hiermit etwas bedeutet werden soll. Aber auch das Nicht-Geschehene und das Nicht-Gesagte wird von ihm auf sich bezogen.
- Beeinträchtigungswahn: Bei dem Beeinträchtigungswahn werden von dem Betroffenen nicht nur alle Geschehnisse auf sich bezogen, sondern gleichzeitig als gegen sich gerichtet gedeutet, mit dem Ziel ihn zu schädigen oder gar zu vernichten.
- Verfolgungswahn: Harmlose Ereignisse werden als Zeichen der Bedrohung angesehen, als Zeichen eines gegen den Erkrankten geschmiedeten Komplotts oder als Zeichen für eine geplante Vernichtungsaktion. Alle Menschen werden hierbei zu Verfolgern des Betroffenen.
- Größenwahn: Beim Größenwahn werden die eigene Person, die Fähigkeiten und Fertigkeiten überschätzt, wobei sich einige für Gott, den Erretter, den Auserwählten u. a. halten.
- Kleinheitswahn: Er ist das Gegenstück zum Größenwahn und wird auch als Nichtigkeitswahn bezeichnet, da der Betroffene so weit von seiner Idee überzeugt sein kann, dass er sich für nicht wirklich existent hält.

Durch die Wahnarbeit, d. h. die Ausgestaltung der einzelnen Wahnerlebnisse, kann es zum Ausbau eines logischen Wahnsystems kommen. Zu einem solchen Wahnsystem gehören Wahnwahrnehmungen (wirklichen Wahrnehmungen werden abnorme Bedeutungen zugeordnet), Wahnerinnerungen (die Erinnerung an ein Erlebnis wird nachträglich wahnhaft umgedeutet) und wahnhafte Personenverkennung. Ein Wahn tritt vor allem bei psychischen Erkrankungen wie beispielsweise Schizophrenien, psychotischen Depressionen oder organischen Psychosen auf.

Zwangsideen

Beim Zwang drängen sich dem betroffenen Menschen Gedanken, Ideen und Handlungen immer wieder auf. Im Gegensatz zum Wahn wird beim Zwang die Unsinnigkeit erkannt, doch kann sich der zwanghafte Mensch nicht dagegen wehren, eine willentliche Beeinflussung ist nicht möglich. Bei den Zwangsgedanken oder Zwangsideen, die die inhaltliche Denkstörung darstellen, sieht sich der Mensch gezwungen, immer wieder an etwas zu denken, was er bewusst ablehnt.

Überwertige Idee

Die überwertige Idee ist geprägt durch eine starke gefühlsbetonte Überzeugung, an der hartnäckig festgehalten wird. Die Idee beherrscht das gesamte Denken und betrifft zumeist politische, religiöse oder wissenschaftliche Einstellungen.

Bei formalen Denkstörungen treten Veränderungen im Gedankenablauf, bei inhaltlichen Denkstörungen treten Veränderungen der Gedankeninhalte auf.

13.2.7 Störungen des Gedächtnisses

Das Gedächtnis besteht aus einer Einheit von Merkfähigkeit und Erinnerung. Die Merkfähigkeit beinhaltet die Fähigkeit, z. B. Erlebnisse und Eindrücke zu speichern und mit früheren Gedächtnisinhalten zu verknüpfen. Die Erinnerung ermöglicht das Zurückrufen der Wahrnehmungen und Empfindungen. Unterschieden werden beim Gedächtnis das Neu- oder Kurzzeitgedächtnis, welches unmittelbare Erfahrungen u. Wahrnehmungen speichert und das Alt- oder Langzeitgedächtnis, das lange zurückliegende Erfahrungen, Wahrnehmungen beinhaltet.

Sowohl die Merkfähigkeit als auch das Kurzzeit- oder Langzeitgedächtnis können Störungen aufweisen. Je nach dem, wie lange ein Erlebnis behalten werden kann, handelt es sich um eine Störung der Merkfähigkeit oder des Gedächtnisses. Bei Merkfähigkeitsstörungen können neue Eindrücke nicht länger als 10 Minuten behalten werden. Um eine Gedächtnisstörung handelt es sich, wenn Erlebnisse, Ereignisse, die länger als 10 Minuten zurückliegen, nicht mehr erinnert werden können. Die Störungen des Gedächtnisses werden in quantitative und qualitative Störungen unterschieden (**Tab. 13.11**).

Tab. 13.11 Störungen des Gedächtnisses

Quantitative Denkstörungen	*Qualitative Denkstörungen*
• Hypermnesie → z. T. vergessen geglaubte Erinnerungen erscheinen besonders lebhaft • Amnesie → zeitlich begrenzte Erinnerungslücke – retrograd – anterograd – psychogen • Hypomnesie → Schwächung des Erinnerungsvermögens	• Erinnerungsverfälschung → Umgestaltung von Gedächtnisinhalten • Pseudologica phantastica → krankhaftes Schwindeln • Konfabulation → Füllen von Erinnerungslücken durch Erzählungen

Quantitative Gedächtsnisstörungen

Zu den quantitativen Gedächtnisstörungen gehören die Hypermnesie, die Amnesie und Hypomnesie.

Hypermnesie

Unter der Hypermnesie wird eine Störung des Gedächtnisses verstanden, bei der bestimmte, z. T. bereits als vergessen geglaubte Erinnerungen besonders lebhaft erscheinen.

Die Hypermnesie tritt z. B. im Traum, in Trance, in Hypnosezuständen, bei Fieber oder im Rahmen einer organischen Psychose beispielsweise nach Schädel-Hirn-Trauma auf.

Amnesie

Die Amnesie stellt die häufigste quantitative Gedächtnisstörung dar und bezeichnet eine zeitlich oder inhaltlich begrenzte Gedächtnislücke.

Unterschieden werden die retrograde, anterograde und psychogene Amnesie.

Bei der retrograden Amnesie besteht eine Erinnerungslücke für die Ereignisse, die einer Bewusstlosigkeit unmittelbar vorhergegangen sind.

Im Gegensatz hierzu besteht die Erinnerungslücke bei der anterograden Amnesie für eine bestimmte Zeit nach dem Aufwachen aus einem Zustand der Bewusstlosigkeit. Während dieser Zeit ist der Betroffene ansprechbar und reagiert angemessen, kann sich jedoch später nicht daran erinnern. Häufig sind die retrograde und anterograde Amnesie im Zusammenhang mit Unfällen, die mit einem Schädel-Hirn-Trauma einhergehen, zu beobachten, aber auch im Zusammenhang mit epileptischen Anfällen, Intoxikationen und der Demenz.

Die psychogene Amnesie stellt einen „Verdrängungsmechanismus“ dar, mit Hilfe dessen unangenehme Erinnerungen vermieden werden. Zumeist tritt diese Form der Amnesie im Kontext abnormer Erlebnisreaktionen auf. Während die retro- und anterograde Amnesie eine zeitliche Erinnerungslücke darstellen, handelt es sich bei der psychogenen Form um eine inhaltliche Amnesie.

Hypomnesie

Bei organischen Psychosen und Schädel-Hirn-Traumen kann es zu einer Hypomnesie kommen. Hiermit wird eine Schwächung des Erinnerungsvermögens beschrieben, wobei zumeist das Neugedächtnis stärker betroffen ist als das Altgedächtnis. Im Gegensatz zu der Amnesie ist Hypomnesie nicht auf einen bestimmten Zeitraum beschränkt.

Qualitative Gedächtnisstörungen

Bei den qualitativen Gedächtnisstörungen werden die Inhalte umgestaltet. Zu dieser Gruppe der Störungen zählen beispielsweise die Erinnerungsverfälschung, Pseudologia phantastica und Konfabulation.

Erinnerungsverfälschungen

Bei den Erinnerungsverfälschungen (Paramnesien) handelt es sich um eine Umgestaltung von Gedächtnisinhalten z. B. durch Weglassen, Hinzufügen oder Entstellen des Erlebten. Zu den Formen der Erinnerungsverfälschung gehören u. a. das Déjà-vu-Erlebnis, die Pseudomnesie und die Wahnerinnerung.

Mit Déjà-vu-Erlebnis wird eine Erinnerungsverfälschung bezeichnet, bei der der Mensch glaubt, etwas soeben Erlebtes schon früher einmal in gleicher Weise gesehen oder erlebt zu haben.

Bei Müdigkeit, im Rahmen von Psychosen und Epilepsien kann es zu einem Déjà-vu-Erlebnis kommen.

Die Pseudomnesie stellt eine sog. positive Erinnerungsverfälschung dar, bei der sich der Mensch an vermeintlich stattgefundene Erlebnisse erinnert.

Bei der Schizophrenie und organischen Psychosen kann es zum Auftreten einer Wahnerinnerung kommen.

Diese Erinnerungsverfälschung bezeichnet eine wahnhafte Umdeutung früherer Erlebnisse oder eine scheinbare Erinnerung, d. h. eine Erinnerung, die keinem realen Erlebnis entspricht.

Pseudologica phantastica

Mit Pseudologica phantastica wird krankhaftes Schwindeln bezeichnet.

Ausgedachte Erlebnisse werden als wahre Begebenheiten erzählt, wobei der unwahre Gehalt der Erzählung von dem Berichtenden in der Regel nicht mehr realisiert wird. Beobachtet werden kann dieses Verhalten bei Menschen mit Persönlichkeitsstörungen. Ziel des Schwindelns ist bei diesen Menschen, sich Vorteile und/oder vermehrte Anerkennung zu verschaffen.

Konfabulation

Erinnerungslücken, die im Rahmen von Merkfähigkeits- und Gedächtnisstörungen auftreten, werden oftmals durch Konfabulation gefüllt. Dies bedeutet, der Betroffene erzählt etwas, ohne jeglichen Bezug zur jeweiligen Situation. Meist handelt es sich um zufällige Einfälle, Pseudoerinnerungen, die von dem Erzähler z. T. für eine echte Erinnerung gehalten werden. Die Konfabulation kann häufig beim Korsakow-Syndrom beobachtet werden.

Quantitative Gedächtnisstörungen beziehen sich auf das Ausmaß, den Zeitraum fehlender Erinnerungen, qualitative Gedächtnisstörungen auf Veränderungen der Gedächtnisinhalte.

13.2.8 Störungen der Aufmerksamkeit

Mit Aufmerksamkeit ist die Fähigkeit gemeint, das Bewusstsein gezielt auf einen Gegenstand auszurichten. Bei der willkürlichen Aufmerksamkeit ist die genaue Wahrnehmung eines Gegenstandes beabsichtigt, bei der unwillkürlichen Aufmerksamkeit dagegen gelingt es z. B. Gegenständen oder Gedanken sich aufzudrängen. Die Aufmerksamkeit hängt von der Konzentration und der Auffassung ab und kann dementsprechend durch Störungen in einem dieser beiden Bereiche ebenfalls verändert oder gestört werden.

Konzentrationsstörung

Eine Störung der Fähigkeit zur Konzentration verhindert ein Verweilen bei einem Teil der Gesamtwahrnehmung. Der Betroffene kann sich nur eine kurze Zeit mit einer bestimmten Sache beschäftigen. Die Konzentrationsstörung geht oftmals einher mit einer erhöhten Ablenkbarkeit. Sie ist zu beobachten bei Ermüdung und bei einer posttraumatischen Hirnleistungsschwäche. Geprüft werden kann die Konzentrationsfähigkeit, indem dem Menschen eine mathematische Aufgabe gestellt wird (z. B.: Ziehe hinterei-

Tab. 13.12 Störungen der Affektivität

Quantitative Affektivitätsstörungen	*Qualitative Affektionsstörungen*	*Regulationsstörungen*
• Überempfindlichkeit → gefühlsmäßig überschießende Reaktionen • Affektstarre → Fehlen der affektiven Betonung und herabgesetzte affektive Ansprechbarkeit	• Parathymie → Affekte entsprechen nicht dem Erlebten • manisch-euphorisches Syndrom → krankhaft gehobene Stimmung • depressives Syndrom → niedergeschlagene, traurige Grundstimmung	• Affektlabilität → erleichterte Auslösbarkeit und rascher Wechsel von Affekten • Affektinkontinenz → Unvermögen, Affekte zu unterdrücken

nander beginnend mit der Zahl 100 jeweils die Zahl 7 ab – 100 – 7 = 93 – 7 = 86 – 7…).

Auffassungsstörung

Die Auffassungsstörung ist dadurch charakterisiert, dass Wahrgenommenes nicht richtig begriffen werden kann. Zudem fehlt die Fähigkeit, das Wahrgenommene mit Erinnerungen und Erfahrungen zu verknüpfen. Um beide Anteile zu überprüfen, kann man diesem Menschen die Aufgabe stellen, eine erzählte Fabel nachzuerzählen (intakte Auffassung) und zu interpretieren (Verknüpfung mit Erfahrungen).

Denkstörungen und Störungen des Gedächtnisses:

- Die formalen Denkstörungen beinhalten Denkhemmung, -verlangsamung, Perseveration, Gedankenabreißen, Zerfahrenheit, Ideenflucht.
- Zu den inhaltlichen Denkstörungen zählen Wahn, Zwangsideen und überwertige Ideen.
- Subjektive Gewissheit und Unkorrigierbarkeit unterscheiden den krankhaften Wahn von Wahnphänomenen, die auch bei Gesunden vorkommen.
- Bei den Störungen des Gedächtnisses sind Hypermnesie, Amnesie und Hypomnesie quantitative Störungen, Erinnerungsverfälschungen, Pseudologica phantastica und Konfabulation qualitative Störungen.
- Störungen der Aufmerksamkeit können sich als Konzentrationsstörung oder Auffassungsstörung zeigen.

13.2.9 Störungen der Affektivität

Mit ▸ *Affektivität* (Emotionalität) wird die Gesamtheit des Gefühls-, des Gemüts- und des Stimmungserlebens bezeichnet.

Als Grundstimmung bestimmt die Affektivität auch das Ausmaß und die Qualität der Affekte, worunter kurzdauernde Gefühle verstanden werden.

Neben quantitativen und qualitativen Affektivitätsstörungen werden Regulationsstörungen unterschieden (**Tab. 13.12**).

Quantitative Affektivitätsstörungen

Die quantitativen Störungen beschreiben Störungen der Affektivität, die mit einem Zuviel (Überempfindlichkeit) oder einem Zuwenig an Gefühl (affektive Verarmung, Affektstarre) einhergehen.

Überempfindlichkeit

Bei der Überempfindlichkeit erreichen die Gefühle hinsichtlich ihrer Ausprägung Extremwerte bzw. die betroffenen Menschen reagieren gefühlsmäßig überschießend. Über einen längeren Zeitraum bestehen diese Störungen bei Manie und Schizophrenie, dagegen handelt es sich bei Infektionskrankheiten, in der Pubertät und im Klimakterium zumeist um eine vorübergehende Störung.

Affektstarre

Die Affektstarre ist gekennzeichnet durch ein Fehlen der affektiven Betonung und eine herabgesetzte affektive Ansprechbarkeit, d.h. es besteht ein Verlust der affektiven Modulationsfähigkeit. Reize oder Situationsveränderungen beeinflussen den betroffenen Menschen gefühlsmäßig nicht, Affektäußerungen werden unabhängig von der Situation beibehalten, z.B. immer gleiche misstrauische Ablehnung, immer gleiche gereizte Gehässigkeit. Bei der Affektstarre kann es sich um eine andauernde oder vorübergehende Störung handeln, die bei organischen Psychosen, Schizophrenie, depressivem Syndrom und Demenz vorkommen kann.

Qualitative Affektivitätsstörungen

Bei den qualitativen Afekktivitätsstörungen handelt es sich um Störungen der Art der Gefühle. Hierzu gehören beispielsweise die Parathymie, das manisch-euphorische Syndrom und das depressive Syndrom.

Parathymie

Mit Parathymie wird eine Affektstörung bezeichnet, bei der Affekte auftreten, die nicht dem Erlebnis entsprechen oder entgegengesetzt sind.

Ein Beispiel hierfür ist das Lachen bei einem Bericht über Folterungen oder das Weinen bei der Erzählung einer lustigen Geschichte. Die Parathymie wird auch als affektive Inadäquatheit bezeichnet. Sie kommt z. B. bei Schizophrenie vor.

Manisch-euphorisches Syndrom

Das manisch-euphorische Syndrom beschreibt im affektiven Bereich einen Zustand, der durch eine krankhaft gehobene Stimmung geprägt ist.

Die betroffenen Menschen weisen oftmals Schwung, Selbstvertrauen, Unternehmungsgeist, Zuversicht aber auch eine unrealistische oder fehlende Krankheitseinsicht auf. Daneben zeigen sie eine motorische Antriebssteigerung mit vermehrter Umtriebigkeit, ihr Denken ist voller Pläne bis hin zur Ideenflucht, bisweilen besteht eine gesteigerte Wahrnehmungsintensität.

Das manisch-euphorische Syndrom kann bei beispielsweise bei Manie, Schizophrenie, Demenz, Enzephalitis/Meningitis, Multipler Sklerose, Hyperthyreoidismus, nach Rauschdrogen (z. B. Marihuana, Haschisch, LSD, Kokain) und auch nach der Einnahme von Arzneimitteln (z. B. Appetitzügler, Schilddrüsenhormone, MAO-Hemmer) beobachtet werden.

Depressives Syndrom

Eine niedergeschlagene, traurige Grundstimmung ist Kennzeichen des depressiven Syndroms. Die betroffenen Menschen sind traurig, lustlos, freudlos, schwermütig, leiden unter Schlaflosigkeit, Appetitmangel und Obstipation. Dazu kommen häufig Kopf-, Nacken- und Gliederschmerzen, ein Druckgefühl in der Brust und/oder ein Globusgefühl im Hals.

Das Aussehen dieser Menschen ist vorgealtert, die Haut ist bleich und faltig, das Haar struppig, glanzlos, die Haltung ist vornübergebeugt, der Gang schleppend. Zumeist geht diese Stimmungslage mit Angst, einer Denkhemmung und einem vermindertem ▸ *Antrieb* einher. Bei endogenen und reaktiven Depressionen sowie bei organischen Hirnerkrankungen tritt diese Affektivitätsstörung auf.

Regulationsstörungen

Mit dem Begriff Regulationsstörungen werden Störungen in der Abstimmung der einzelnen Affektlagen bezeichnet.

Die Affektlabilität und die Affektinkontinenz werden zu dieser Gruppe von Störungen gezählt.

Affektlabilität

Die Affektlabilität kennzeichnet eine Störung, bei der es zu einer erleichterten Auslösbarkeit von Affekten und zu einem raschem Wechsel der emotionalen Stimmung kommt.

So können die Betroffenen ganz plötzlich ohne Grund vom Lachen zum Weinen gelangen. Diese Störung tritt z. B. bei Kindern, Oligophrenen, manisch-depressiven Mischzuständen und organischen Psychosen auf.

Affektinkontinenz

Unter Affektinkontinenz wird das Unvermögen verstanden, heftige Gefühle im Zaum zu halten, Affekte zu unterdrücken; es besteht eine mangelnde Affektsteuerung.

Bei geringen Anlässen kann es zu starken Gefühlsausbrüchen kommen, zudem erscheinen die Affekte stärker als normal. Bei körperlicher oder seelischer Erschöpfung und bei Menschen, die unter einem hirnorganischen Psychosyndrom leiden, kann diese Form der Affektivitätsstörung auftreten.

Quantitative Affektivitätsstörungen sind gekennzeichnet durch eine veränderte Ansprechbarkeit von Gefühlen, qualitative Affektivitätsstörungen durch Veränderungen in der Art der Gefühle. Mit Regulationsstörungen werden Störungen in der Abstimmung der Emotionen beschrieben.

13.2.10 Störungen des Ich-Erlebens

Die Fähigkeit eines Menschen, sich selbst als Individuum zu erleben und sich gegenüber anderen Menschen abzugrenzen, kennzeichnet das Ich-Erleben. Bei Ich-Erlebensstörung kommt es zu einem gestörten Erleben der eigenen Persönlichkeit mit Störung der Abgrenzung zwischen Ich und Umwelt. Zu den Störungen des Ich-Erlebens gehören die Derealisation, bei der die Umwelt als fremd, verändert und/oder unwirklich erlebt wird und die Depersonalisation, bei der das eigene Ich als fremd, verändert oder auch abgetrennt von der eigenen Person erlebt wird.

Weitere Störungen sind die Gedankenausbreitung, der Gedankenentzug und die Gedankeneingebung. Bei der Gedankenausbreitung haben die Menschen den Eindruck, ihre Gedanken würden anderen Personen ebenfalls gehören und somit auch von anderen gelesen werden können. Bei dem Gedankenentzug werden die eigenen Gedanken von anderen Menschen weggenommen, bei der Gedankeneingebung von anderen Menschen beeinflusst. Als Vorkommen werden Übermüdung und Schizophrenie benannt, aber auch seelische Belastungen.

13.2.11 Störungen des Antriebs

Der Antrieb ist eine willensunabhängige Kraft, die allen psychischen und auch motorischen Vorgängen zugrunde liegt. Er ist das sog. „treibende" Element aller Handlungen und des Denkens und führt im Sinne von Energie und Initiative zu zielgerichteten Aktivitäten. Im Volksmund wird der Antrieb auch als Vitalität bezeichnet. Bei den Störungen des Antriebs werden die Antriebsminderung und -steigerung als quantitative Störungen und der Zwangsantrieb sowie Drang- und Impulshandlungen als qualitative Störungen unterschieden (**Tab. 13.13**).

Quantitative Störungen des Antriebs

Mit den quantitativen Störungen wird das Ausmaß der Abweichung des Antriebs beschrieben.

Tab. 13.13 Störungen des Antriebs

Quantitative Antriebsstörungen	*Qualitative Antriebsstörungen*
• Antriebsminderung → Fehlen von Energie und Initiative • Antriebssteigerung → erhöhte Aktivität	• Zwangsantrieb → nicht abstellbare, zwangsweise auftretende Antriebe • Drang- und Impulshandlungen → nicht abwehrbare, unbegründbare Handlungen

Antriebsminderung

Eine Antriebsminderung oder -armut ist bei depressiven Menschen, bei Schizophrenen und beispielsweise bei Menschen nach einer organischen Hirnschädigung zu beobachten. Weitere Ursachen sind schwere, „kräftezehrende" Erkrankungen (z. B. Infektionen, maligne Tumore), Stoffwechselstörungen (z. B. Leberzirrhose, Hypothyreose) und verschiedene Pharmaka (z. B. Sedative, Hypnotika, Antidepressiva, Tranquilizer).

Es fehlt bei der Antriebsarmut an Energie und Initiative. Die Menschen wirken gleichgültig, entschlusslos, teilnahmslos, der Gesichtsausdruck ist maskenartig. Die Redeweise ist schwunglos, die Stimme ist wenig moduliert, monoton. Die Antriebsarmut ist zumeist von einer verlangsamten Motorik begleitet, die bis hin zu einer völligen Bewegungslosigkeit reichen kann.

Antriebssteigerung

Kennzeichen einer Antriebssteigerung ist eine erhöhte zielgerichtete Aktivität, wobei die Menschen vor „Energie strotzen". Sie scheinen niemals müde zu werden und befinden sich in einem Zustand ständiger Unruhe. Diese Menschen zeigen einen gesteigerten Redefluss mit einer raschen Sprache. Die Bewegungen sind ebenfalls gesteigert und können dabei fahrig, unruhig und gespannt sein.

Ursache des vermehrten Antriebs ist zumeist eine Manie, aber auch Medikamente wie beispielsweise aktivierende Antidepressiva, Neuroleptika, Appetitzügler, Rauschmittel und anregende Genussmittel können eine Antriebssteigerung hervorrufen.

Qualitative Antriebsstörungen

Nicht das Ausmaß, sondern die Abweichung in der Art und der Richtung des Antriebs werden mit den qualitativen Antriebsstörungen beschrieben.

Zwangsantriebe

Bei den Zwangsantrieben handelt es sich um nicht abstellbare, zwangsweise auftretende Antriebe. Sie drängen sich dem betroffenem Menschen immer wieder auf, ohne dass dieser es will. Zumeist enden diese Zwangsantriebe nicht in aktiven Handlungen, da sie noch unterdrückt werden können.

Ein Beispiel für einen solchen Zwangsantrieb ist der immer wiederkehrende Impuls, sich die Hände zu waschen oder zu lachen. Zwangsantriebe kommen bei einer neurotischen Entwicklung, bei Schizophrenie oder auch nach einer Enzephalitis vor.

Drang- und Impulshandlungen

Kann sich ein Mensch gegen einen Antrieb nicht wehren und führt Handlungen aus, die er nicht begründen kann und für die er keinerlei Erklärung hat, so handelt es sich hierbei um Drang- und Impulshandlungen. Hierzu zählen beispielsweise die Kleptomanie (dranghaftes Stehlen) oder die Pyromanie (triebhaftes Brandstiften).

In Dämmerzuständen, nach organischen Hirnschädigungen, bei Schizophrenie und bei Schwachsinnigen treten Drang- und Impulshandlungen auf.

Weitere Bewusstseinsstörungen:

- Störungen der Affektivität kommen quantitativ als Überempfindlichkeit oder Affektstarre zum Ausdruck, qualitativ zeigen sie sich in der Parathymie, im manisch-euphorischen Syndrom und im depressiven Syndrom.
- Zur Gruppe der Regulationsstörungen gehören Affektlabilität und Affektinkontinenz.
- Die Störungen des Ich-Erlebens treten als Derealisation, Depersonalisation, Gedankenausbreitung, -entzug oder -eingebung auf.
- Antriebsminderung bzw. Antriebssteigerung sind quantitative Störungen des Antriebs, Zwangsantriebe und Drang- und Impulshandlungen qualitative Störungen.

13.3 Ergänzende Beobachtungskriterien

Werden bei einem zu betreuenden Menschen Veränderungen der normalen Bewusstseinslage festgestellt, so gilt auch hier, dass das Ganze mehr als die Summe seiner Teile ist. Dies bedeutet, dass die isolierte Beobachtung der Bewusstseinslage nicht ausreicht, sondern dass vielmehr alle Bereiche beachtet werden müssen, die potentiell oder tatsächlich von der Beeinträchtigung des Bewusstseins mit betroffen sind oder einen ursächlichen Faktor darstellen können. **Tab. 13.14** zeigt hierfür ein Beispiel, bezogen auf die Bewusstlosigkeit.

Tab. 13.14 Beobachtungspunkte bei Bewusstlosigkeit (aus Köther, I., E. Gnamm: Altenpflege in Ausbildung und Praxis, 3. Aufl., Thieme, Stuttgart 1995)

Beobachtungen	*Verdacht auf*	*Ursachen*	*Maßnahmen*
blasses Gesicht langsamer Puls flache Atmung	Ohnmacht	zerebrale Ischämie (Blutleere)	Kranken hinlegen Beine hochlagern evtl. Kreislaufmittel
gerötetes Gesicht trockene Zunge trockene, faltige Haut pausenlos tiefe Atmung (Kussmaul) mit Acetongeruch	diabetisches Koma (Coma diabeticum)	Insulinmangel grobe Diätfehler	Blutzuckerkontrolle Arzt verständigen Insulinzufuhr
blasses Gesicht, Zittern, feuchte, schwitzende Haut Atmung normal	hypoglykämischer Schock	Blutzucker zu niedrig zuviel Insulin nach Anstrengung	Blutzuckerkontrolle Traubenzucker oder Zucker zuführen evtl. Glukoseinjektion
gerötetes Gesicht, schnarchende Atmung, hängender Mundwinkel, Halbseitenlähmung	Schlaganfall (Apoplexie)	zerebrale – Embolie – Blutung – Blutleere	Oberkörper hochlagern, Atemwege freimachen, Intensivtherapie, Krankenhauseinweisung
Blässe, schmutzig-gelbgraue Gesichtsfarbe, vertiefte Atmung, urinöser Geruch	urämisches Koma	erhöhter Harnstoff im Blut Nierenversagen (Anurie)	Oberkörperhochlagerung, Intensivtherapie (Dialysebehandlung)
gelbe Haut und Skleren (Ikterus) Ammoniakgeruch der vertieften Atmung	Leberkoma (Coma hepaticum)	Leberzerfall Versagen der Entgiftungsfunktion	Ruhigstellung Intensivtherapie Krankenhauseinweisung

Störungen im Bewusstseinssystem können sich in Auswirkungen auf die Kommunikationsfähigkeit und das Schlafverhalten zeigen. Auch die Beschäftigungsmöglichkeiten eines Menschen können durch eine veränderte Bewusstseinslage massiv eingeschränkt sein. Körperliche Symptome, die v.a. die motorischen Fähigkeiten betreffen, müssen beobachtet und eingeschätzt werden. Auswirkungen sind in vielen Fällen ebenso in Bezug auf eine veränderte Mimik und Gestik sowie auf die Körperhaltung, Bewegung und Gang zu beobachten.

Letztlich werden den Pflegenden über die Sprache eines bewusstseinsveränderten Menschen und deren Inhalte Abweichungen von der Norm vermittelt. Aber auch Kreislaufveränderungen im Sinne eines Hypertonus, eines Pulsfrequenzanstiegs und einer beschleunigten Atmung können sich im Zusammenhang mit Beeinträchtigungen des Bewusstseinssystems, z.B. bei Halluzinationen und Wahnvorstellungen, zeigen oder auch einen ursächlichen Faktor für eine Veränderung im Sinne einer Störung der Bewusstseinslage darstellen.

13.4 Besonderheiten bei Kindern

Sigrid Flüeck

Die Voraussetzung für Bewusstsein ist ein Wachzustand. Damit das Bewusstsein optimal funktionieren kann, benötigt es sich ständig wiederholende Reizeinflüsse. Durch fehlende Reize kommt es beim Kind zur Isolation.

Um die Bewusstseinslage eines Kindes zu ermitteln, müssen das Alter und der Entwicklungsstand des Kindes berücksichtigt werden.

Lange Zeit wurde das Neugeborene nur auf körperliche Unversehrtheit und hinsichtlich seines physiologischen Reifestandes untersucht und beurteilt. Mitte der 60er Jahre wurden auch neurologische Untersuchungsmethoden zur Beurteilung des Neugeborenen entwickelt und hinzugezogen. Seither gilt die Prüfung der Reflexe als eine nicht mehr wegzudenkende Möglichkeit im Rahmen der Ermittlung des Bewusstseins und des neurologischen Reifestands eines Kindes.

Zu den wichtigsten Reflexprüfungen gehört der Saug-, Schluck-, Husten- und Pupillenreflex. Bei der Überprüfung des Pupillenreflex wird gleichzeitig die Pupillenweite, -form und -position kontrolliert.

Weiterhin von Bedeutung ist die Reaktion auf Schmerzreize. Sie kann sich je nach Alter des Kindes unterschiedlich äußern. Bei Früh- und Neugeborenen sind ungezielte Reaktionen z.B. Augen öffnen, weinen, schreien sowie ungezielte Arm- und Beinbeugung als Antwort auf Schmerzreize zu erwarten. Bei älteren Kindern sollte eine gezielte Abwehr auf Schmerzreize stattfinden. Um den Grad der Aufmerksamkeit des Neugeborenen/Säuglings zu ermitteln, wird auch der Schlaf-/Wachzustand, die Bewegung der Augen und soweit möglich das Fixieren von Gegenständen berücksichtigt.

Das Einschätzen der Bewusstseinslage bei älteren Kindern erfolgt ähnlich der Methode bei den Erwachsenen. Selbstverständlich müssen Fragen zur örtlichen und zeitlichen Orientierung sowie eine mögliche Aufforderung zur Bewegung, um ein Bewegungsmuster zu ermitteln, dem Alter und Entwicklungstand des Kindes entsprechen. Die Einstufung erfolgt auch hier mit Hilfe der allerdings modifizierten Glasgow-Koma-Skala, wie sie die folgende Übersicht zeigt:

Modifizierte Glasgow-Koma-Skala (GCS) für das Kindesalter
(nach Kinderkrankenschwester 4/96)

I Verbale Antwort (über 2 Jahre)

5 verständliche Sprache, volle Orientierung
4 unverständliche Sprache, Verwirrtheit
3 inadäquate Antworten, Wortsalat
2 unverständliche Laute
1 keine verbale Äußerung

I Verbale Antwort (unter 2 Jahre)

5 fixiert, erkennt, verfolgt, lacht
4 fixiert kurz, inkonstant, erkennt nicht sicher
3 zeitweise erweckbar, trinkt/isst nicht mehr, Bedrohreflex negativ
2 motorische Unruhe, nicht erweckbar
1 keine Antwort auf visuelle, akustische, sensorische Reize

II Motorische Antwort

6 gezieltes Greifen nach Aufforderung
5 gezielte Abwehr auf Schmerzreize
4 ungezielte Beugebewegung auf Schmerzreize
3 ungezielte Armbeugung/Beinstreckung auf Schmerzreize
2 Streckung aller Extremitäten auf Schmerzreize
1 keine motorische Antwort auf Schmerzreize

III Augenöffnen

4 spontanes Augenöffnen
3 Augenöffnen auf Zuruf
2 Augenöffnen auf Schmerzreize
1 kein Augenöffnen auf jegliche Reize

IV Okulomotorik

(Kaltspülung äußerer Gehörgang, Puppenaugenphänomen)

4 konjugierte Augenbewegungen, Pupillenreaktion auf Licht beidseits erhalten
3 konjugierte tonische Augenbewegung bei oben genannten Reflexen
2 Divergenzstellung beider Bulbi bei oben genannten Reflexen
1 keinerlei Reaktion bei oben genannten Reflexen, Pupillenreaktion auf Licht erloschen

Modifizierte Glasgow-Koma-Skala für Kinder unter 24 Monaten

	Punkte:
Augenöffnung: s. GCS	max. 4
Verbale Antwort:	
– fixiert, verfolgt, erkennt, lacht	5
– fixiert und verfolgt inkonstant, erkennt nicht sicher, lacht nicht situationsbedingt	4
– nur zeitweise erweckbar, isst und trinkt nicht	3
– ist motorisch unruhig, jedoch nicht erweckbar	2
– tief komatös, kein Kontakt zur Umwelt	1
Motorische Antwort: s. GCS	max. 6

Als Absencen werden sekundenlange Bewusstseinseintrübungen oder Einengungen bei dem Krankheitsbild der Epilepsie bezeichnet.

Eine meistens bei Schulkindern vorkommende Absencen-Epilepsie wird als Pyknolepsie bezeichnet. Sie zeigt sich in einer diskreten Unterbrechung des Bewusstseins von ca. 5 – 20 Sek. Dauer. Das Kind verharrt in seiner Tätigkeit. Dabei fällt sein Kopf leicht nach hinten, die Augen sind starr, halb geöffnet, gelegentlich nach oben gestellt. Eine Beteiligung des Halteapparats (Tonusverlust) ist nur selten zu erkennen. In schweren Fällen können die Absencen aber auch mehrere Stunden, ggf. Tage anhalten. Die Kinder befinden sich dann in einem Dämmerzustand. Absencen lassen sich bei betroffenen Kindern beispielsweise auch durch Hyperventilation auslösen.

Die weiteren im Abschnitt 13.2 beschriebenen Veränderungen im Bewusstseinssystem können prinzipiell auch bei Kindern vorkommen.

Bei der Beobachtung und Beurteilung des Bewusstseinszustands eines Kindes muss besonders der jeweilige Entwicklungs- und Reifezustand beachtet werden, um mögliche Störungen des Entwicklungs- und Reifeprozesses von Störungen im Bewusstseinssystem abgrenzen zu können.

13.5 Besonderheiten bei älteren Menschen

Marion Weichler-Oelschlägel

Ein Großteil älterer und alter Menschen leidet mit zunehmendem Alter unter Störungen des Gedächtnisses und der Konzentration. Die damit verbundenen Informationsdefizite können auch ursächlich in Störungen des Kurzzeitgedächtnisses liegen.

Besonders häufig treten im Alter akute und chronische Verwirrtheitszustände auf, deren Ursachen sehr vielfältig sind. Bei den zahlreichen Demenzerkrankungen im Alter, auch als sog. senile Demenz beschrieben, muss vor der Diagnosestellung „Demenz" ausgeschlossen werden, dass eine behandelbare Hirnerkrankung oder eine Depression vorliegt.

Daneben treten gehäuft Veränderungen des Bewusstseins auf, die als chronisch organisches Syndrom (auch Psychoorganisches Syndrom, POS) zusammengefasst werden und der Diagnose „senile Demenz" entsprechen. Dieses Syndrom setzt sich aus irreversiblen Beeinträchtigungen der intellektuellen Fähigkeiten, des Frisch- und Altgedächtnisses und der Persönlichkeit zusammen. Beginnend mit einer erschwerten Auffassungsfähigkeit, einer vorzeitigen geistigen Ermüdbarkeit und einer verminderten Konzentrationsfähigkeit, kommt es im weiteren Verlauf auch zu Wortfindungsstörungen. Alltägliche Routineaufgaben, wie z. B. das Ankleiden und die Nahrungsaufnahme, können nicht mehr fehlerlos erledigt werden. Orientierungsstörungen können erschwerend hinzukommen.

In späteren Stadien der Erkrankung stellen sich schwere Sprach- und Wortfindungsstörungen ein. Die Betroffenen wiederholen einzelne Silben oder Wörter (Logoklonie) oder sie wiederholen die Aussagen ihrer Gesprächspartner (Echolalie). Weiter wird häufig eine emotionale Labilität zu beobachten sein, d. h. Lachen und Weinen wechseln sich ab, aggressive Ausbrüche können auftreten. Im letzten Stadium kommt es zur völligen Kommunikationsunfähigkeit, Gangunfähigkeit, zu Muskelkontrakturen, zur Abmagerung und Inkontinenz.

Die eigentlichen Ursachen dieser Erkrankung können in der Alzheimer-Krankheit (60%), in der Demenz vom vaskulären Typ (20 – 30%) oder in weiteren Ursachen, wie z. B. Tumoren, Alkoholismus, Schwermetallvergiftungen, Subduralhämatomen, Enzephalitiden oder seltenen Erkrankungen der Hirnzellen selbst liegen.

Besonderheiten bei Kindern und älteren Menschen:

- Bei Kindern gilt die Prüfung der Reflexe als wichtigste Möglichkeit zur Ermittlung des Bewusstseins und der neurologischen Reife.
- Sekundenlange Absencen, Bewusstseinseintrübungen, treten bei Epilepsie auf.
- Eine häufige, im Alter auftretende Bewusstseinsveränderung ist das psychoorganische Syndrom, dessen Symptome der „senilen Demenz" entsprechen.

13.6 Fallstudien und mögliche Pflegediagnosen

Fallstudie Herr Desowa

Herr Desowa ist 84 Jahre alt, seit 5 Monaten verwitwet und lebt in seinem eigenen Haus. Seine beiden erwachsenen Enkelkinder leben in der unteren Etage desselben Hauses und sind beide voll berufstätig. Den schmerzlichen Verlust seiner Ehefrau hat der bis dahin noch rüstige Rentner nicht verkraftet. Er hat massiv körperlich und geistig abgebaut, so dass er auf ambulante pflegerische Unterstützung bei seiner Körperpflege angewiesen ist. Die Versorgung mit Nahrung erfolgt über die Einrichtung „Essen auf Rädern".

Seit ca. 3 Monaten leidet Herr Desowa unter zunehmenden Orientierungsstörungen. Er ist zeitweise nur noch mangelhaft zeitlich und örtlich orientiert und kann sich schlecht auf bislang geliebte Tätigkeiten, wie etwa die Versorgung seiner Kakteen konzentrieren. Auch seine Enkel, die sich in ihrer Freizeit um ihn kümmern, stellen eine rapide Verschlechterung seines Zustands fest, wobei ihr Großvater mehr und mehr verlangsamt auf Fragen antwortet. In einer Nacht irrte er stundenlang im Pyjama ziellos umher und verließ dabei sogar Haus und Garten.

Im Folgenden wird ein Auszug aus dem Pflegeplan von Herrn Desowa vorgestellt (**Tab. 13.15**).

Die mögliche Pflegediagnose zeigt die folgende Übersicht:

Pflegediagnose Orientierungsstörung
(nach Gordon)

Definition

Ein über 3 – 6 Monate anhaltender Orientierungsmangel in Bezug auf Person, Ort, Zeit oder eigene Lebenssituation, der eine geschützte Lebensumgebung erfordert.

Kennzeichen

- anhaltende Desorientierung in bekannten und unbekannten Umgebungen über einen Zeitraum von mehr als 3 – 6 Monaten,
- chronische Verwirrtheitszustände,
- Verlust von Beschäftigung und sozialen Funktionen durch schwindende Gedächtnisleistungen,
- Unfähigkeit, einfachen Anweisungen und Anleitungen zu folgen,
- Unfähigkeit zu schlussfolgerndem Denken,
- Unfähigkeit, sich zu konzentrieren,
- verlangsamte Reaktion auf Fragen.

Ätiologische oder beeinflussende Faktoren

- Personen mit Demenzerkrankungen (Alzheimer, Multiinfarkt-Demenz, Niemann-Pick-Krankheit, Aids-Demenz),
- Personen mit Morbus Parkinson,
- Personen mit Chorea Huntington,
- Personen mit Depressionen,
- Personen mit Alkoholkrankheit.

Für Herrn Desowa kommt folgende Diagnose in Betracht:

Orientierungsstörung b/d (beeinflusst durch) Depressionen a/d (angezeigt durch):

- anhaltende Desorientierung in bekannten und unbekannten Umgebungen über einen Zeitraum von mehr als 3 bis 6 Monaten,
- Verlust von Beschäftigung und sozialen Funktionen durch schwindende Gedächtnisleistungen,
- Unfähigkeit, sich zu konzentrieren.

Tab. 13.15 Auszug aus dem Pflegeplan von Herrn Desowa

Pflegeproblem	*Ressourcen*	*Pflegeziele*	*Pflegemaßnahmen*
Herr Desowa leidet unter zunehmenden Orientierungsstörungen, insbesondere bezüglich der Zeit und des Ortes	• Enkel kümmern sich um ihn • ambulanter Pflegedienst • „Essen auf Rädern"	FZ: • Ist orientiert in allen Bereichen NZ: • erfährt eine geschützte Umgebung • erhält seine Selbstständigkeit • kann seinen Tagesablauf sinnvoll gestalten • erfährt geistige Anregungen	• Nach Absprache mit Herrn Desowa Gespräch mit Arzt, Pflegedienst und Enkeln organisieren – Sicherheit gewährleisten – Unterstützungsmöglichkeiten bei der Betreuung • vertraute Umgebung gewährleisten • kleines Nachtlicht • regelmäßigen Tagesablauf gewährleisten – Plan mit Herrn Desowa aufstellen • Anregung und Unterstützung bei der Freizeitgestaltung durch Enkel – Absprachen zur gemeinsamen Kakteenpflege – Spieleabende einrichten (2 × wöchentlich) – Kino- und Theaterbesuch u.ä. organisieren (1 × wöchentlich)

Fallstudie Thomas

Thomas, 5 Jahre, leidet seit einigen Tagen unter einer Infektion der Atemwege, die mit hohen Temperaturen einhergeht. Am gestrigen Tag wurde er bei Temperaturen von 41 °C rektal zunehmend unruhig, er weinte und schrie ängstlich. Hinzu kamen Halluzinationen (Thomas sah Elefanten auf sich zukommen).

Die Mutter von Thomas, die mit ihm ins Krankenhaus aufgenommen wurde, hat ein Bett in seinem Zimmer. Ihre Anwesenheit und seine Kuscheltiere wirken sehr beruhigend auf den Jungen. Die Mutter unterstützt die Pflegekräfte soweit möglich und hält Thomas regelmäßig zum Trinken an.

Einen Ausschnitt aus dem Pflegeplan von Thomas, der sich auf die Gefahr eines Fieberdelirs bezieht, zeigt **Tab. 13.16**.

Fazit: Das Bewusstseinssystem des Menschen ist sehr vielfältig und lässt ein breites Spektrum unterschiedlichster Formen von Beeinträchtigungen und Störungen zu. Es kann hinsichtlich der Merk- und Reaktionsfähigkeit, der Denkfähigkeit und der Vorstellungskraft, der Reproduktions- und Handlungsfähigkeit sowie der Orientierungsfähigkeit und des Durchhaltevermögens beobachtet werden.

Entsprechend der Vielschichtigkeit des Bewusstseinssystems und der Beobachtungskriterien können zahlreiche Ursachen, v.a. auch im Bereich der neurologischen und psychiatrischen Erkrankungen, zu einer Veränderung in diesem System führen und verschiedenste Auswirkungen auf den Menschen und seine Umgebung haben. Sie erfordern eine einfühlsame, sich an dem Menschen und seiner individuellen Situation orientierende Pflege.

Tab. 13.16 Auszug aus dem Pflegeplan von Thomas

Pflegeproblem	*Ressource*	*Pflegeziele*	*Pflegemaßnahmen*
Thomas leidet unter anhaltend hohen Temperaturen mit Gefahr eines Fieberdeliriums	• Mutter hat ein Bett im Zimmer von Thomas • Anwesenheit der Mutter und seiner Kuscheltiere wirken beruhigend • Mutter hält Thomas regelmäßig zum Trinken an	Fernziel (FZ): • physiologische Körpertemperatur Nahziel (NZ): • Thomas erleidet kein Fieberdelirium und dadurch bedingte Komplikationen (Sturz, Verletzungen) • Thomas hat Temperaturen < 40 °C	• stündliche Kontrolle von: – Temperatur (rektal) – Puls – RR – Atmung – Bewusstseinslage • Information der Mutter: – sofort melden bei Anzeichen (motorische Unruhe, Angst, Halluzinationen) – beim Verlassen des Zimmers die Bettgitter hochziehen • Zimmer abdunkeln • Raumtemperatur: 18 °C • Gegenstände, die bei Thomas Unruhe, Angst u. Halluzinationen auslösen können, aus seinem Blickfeld entfernen • Trinkmenge nach Flüssigkeitsbilanz → Wunschgetränke • bei Bedarf kühle Abwaschungen (Wassertemperatur: 1 °C unter Körpertemperatur) • bei Temperaturen > 40 °C feucht-warme Wadenwickel (Wassertemperatur: 5 °C unter Körpertemperatur, 10 Minuten belassen)

Borker, S. : Essenreichen in der Pflege: eine empirische Studie, Ullstein Mosby, Berlin 1996

Bosch, C.: Vertrautheit – Studie zur Lebenswelt dementierender alter Menschen, Ullstein Medical, Wiesbaden 1998

Dahmer, J.: Anamnese und Befund, Die ärztliche Untersuchung als Grundlage klinischer Diagnostik, 8. Aufl., Thieme, Stuttgart 1998

Dillinger, H., Ch. Reimer: Psychiatrie und Psychotherapie, Springer, Berlin 1995

Epstein, O., G.D. Perkin, D.P. de Bono, J. Cookson: Bild-Lehrbuch der klinischen Untersuchung, Thieme, Stuttgart, 1994

Faust, V., C. Scharfetter: Psychopathologie 1–5, Weiterbildungsserie Psychiatrie in Stichworten, Enke, Stuttgart 1997, 1998

Gehrs, M.: Altersverwirrtheit (k)ein Thema für die Krankenpflege? Die Schwester/Der Pfleger, 1 (1996) 42

Gordon, M.: Handbuch Pflegediagnosen, 2. Aufl., Ullstein Medical, Wiesbaden 1998

Haßdenteufel, H.: Der Schlaganfall – Apoplex Die Schwester/ Der Pfleger 3 (1998) 203

Haupt, W., K-A. Jochheim, H. Remschmidt: Neurologie und Psychiatrie für Pflegeberufe, Thieme, Stuttgart 1997

Hertl, M.: Kinderheilkunde und Pflege, 8 Aufl., Thieme, Stuttgart 1996

Hoehl, M., P. Kullick (Hrsg.): Kinderkrankenpflege und Gesundheitsförderung, Thieme, Stuttgart 1998

Illig S., S. Spranger: Klinikleitfaden/Pädiatrie, 4. Aufl., Gustav Fischer, Stuttgart 1998

Juchli, Sr. L.: Pflege – Praxis und Theorie der Gesundheits- und Krankenpflege, 8. überarb. Aufl., Georg Thieme, Stuttgart 1997

Kirchhefer, R.: Krankheitslehre, Psychiatrie und Neurologie, Prüfungswissen für Pflegeberufe, Gustav Fischer, Lübeck 1997

Kors, B., W. Seunke: Gerontopsychiatrische Pflege, Ullstein Medical, Wiesbaden 1997

Köther, I., E. Gnamm: Altenpflege in Ausbildung und Praxis, 3. Aufl., Georg Thieme, Stuttgart 1995

Krebs, R.: Pflegeproblem: Verwirrtheit – Pflege und Begleitung verwirrter, alter Menschen, in Die Schwester/Der Pfleger 8 (1991) 708

Kühl, G., D. Siepmann, H. Sbotta, J. Bauer, K. Fischer (Hrsg.): Klinikleitfaden, Kinderkrankenpflege, Gustav Fischer, Lübeck 1997

Michel, K.: Psychiatrie für Krankenpflegeberufe, Enke, Stuttgart 1989

Mischo-Kelling, M., H. Zeidler: Innere Medizin und Krankenpflege, 2. Aufl., Urban & Schwarzenberg, München 1992

Nickel, A., O. Ungerer, H-U. Zenneck: Altenpflege Geriatrie, Dr. Felix Büchner/Handwerk und Technik, Hamburg 1995

Paal, G.: Hexal-Lexikon Neurologie, Urban & Schwarzenberg, München 1995

Peters, U. H.: Wörterbuch der Psychiatrie und medizinischen Psychologie, 4. Aufl., Urban & Schwarzenberg, München 1994

Pschyrembel Klinisches Wörterbuch (CD-Rom), 258. Aufl., Walter de Gruyter, Berlin 1997

Salter, Mave: Körperbild und Körperbildstörungen, Ullstein Medical, Wiesbaden 1999

Schade, J.P.: Einführung in die Neurologie, 5. Aufl., Gustav Fischer, Stuttgart 1989

Schäffler, A., N. Menche, U. Balzen, T. Kommerell: Pflege heute, Gustav Fischer, Ulm, 1997

Schmid, U.: Das Unrecht der falschen Beurteilung, Die Schwester/Der Pfleger 7 (1998) 560

Schönberger, W.: Kinderheilkunde, Gustav Fischer, Stuttgart 1992

Schütz, R.-M., H.P. Meier-Baumgartner (Hrsg.): Der Schlaganfall-Patient, Huber, Göttingen 1994

Seel, M.: Die Pflege des Menschen, 3. Aufl., Brigitte Kunz, Hagen 1998

Steeger, G.: Verwirrtheitszustände beim Schlaganfallpatienten, Die Schwester/Der Pfleger 2 (1997) 127

Tölle, R.: Psychiatrie, 11. Aufl., Springer, Berlin 1996

Urbas, L.: Die Pflege des Hemiplegiepatienten nach dem Bobath-Konzept, Thieme, Stuttgart 1994

Vetter, B.: Psychiatrie – Ein systematisches Lehrbuch für Heil-, Sozial- und Pflegeberufe, 2. Aufl., Gustav Fischer, 1993

Wegmann, H.: Die professionelle Pflege des kranken Kindes, Urban & Schwarzenberg, München 1997

Wieteck, P., H.-J. Velleur: Handbuch zur Pflegeplanung, RECOM, Baunatal 1994

Zimbardo, G. Phillip: Psychologie, 5. Aufl., Springer, Berlin 1992

14 Körpergröße

Eva Eißing

Übersicht

Einleitung · 250
14.1 Ermittlung der Körpergröße · 250
14.1.1 Indikationen zur Messung der Körpergröße · 250
14.1.2 Ermittlung der Körpergröße beim Erwachsenen · 251
14.2 Allgemeine Beobachtungskriterien und Beschreibung des Normalzustands · 251
14.2.1 Entwicklung der Körperlänge · 252
14.3 Abweichungen und Veränderungen der Körpergröße und deren mögliche Ursachen · 253
14.3.1 Abweichungen der Körpergröße nach „oben“ · 253
14.3.2 Abweichungen der Körpergröße nach „unten“ · 254
14.4 Ergänzende Beobachtungskriterien · 255
14.5 Besonderheiten bei Kindern · 255
14.5.1 Somatogramm · 255
14.5.2 Perzentilenkurve · 257
14.5.3 Ermittlung der Körpergröße · 257
14.5.4 Abweichungen und Veränderungen der Körpergröße · 258
14.5.5 Ergänzende Beobachtungskriterien · 259
14.6 Besonderheiten bei älteren Menschen · 259
14.6.1 Osteoporose · 259
14.7 Fallstudien und mögliche Pflegediagnose · 260
Fazit · 263
Literatur · 263

Schlüsselbegriffe:

- *Somatogramm*
- *Perzentilenkurve*

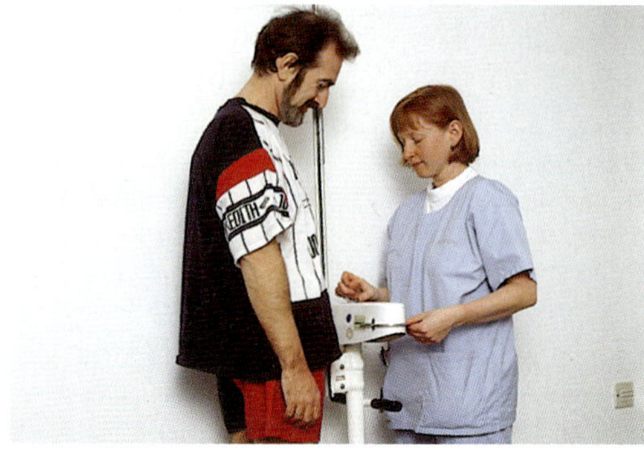

Einleitung

Die Körpergröße bestimmt zu einem erheblichen Maß die Gestalt und das Aussehen eines Menschen. Damit hat sie entscheidenden Einfluss auf den ersten Eindruck, der von einem Menschen gewonnen wird. Sie gehört zu den objektiv messbaren Daten und ermöglicht es, zusammen mit dem Beobachtungskriterium „Körpergewicht“, Aussagen über den Ernährungszustand eines Menschen zu treffen. Besondere Bedeutung erlangt die Ermittlung der Körpergröße beispielsweise im Zusammenhang mi der Beurteilung des Entwicklungszustands von Kindern. Weicht die Körpergröße eines Menschen stark vom Normalzustand ab, können für ihn vielfältige Probleme sowohl bei der Bewältigung alltäglicher Verrichtungen als auch im psychosozialen Bereich entstehen.

Unter der Körpergröße wird die gesamte Länge des Körpers, von dem Scheitel bis zur Sohle verstanden. Sie wird in Zentimetern angegeben.

14.1 Ermittlung der Körpergröße

14.1.1 Indikationen zur Messung der Körpergröße

Die Körpergröße wird zur Beurteilung des Körpergewichts, der Bestimmung der Körperoberfläche und zur Beurteilung von Wachstumsstörungen ermittelt.

Will man die Körpergröße bewerten, müssen zusätzliche Kriterien wie Alter, Geschlecht, Rasse und

Erkrankungen, die Einfluss auf die Körpergröße haben, berücksichtigt werden.

14.1.2 Ermittlung der Körpergröße beim Erwachsenen

Die Messung erfolgt an einer geeichten Messlatte, die entweder an der Wand oder an einer Waage befestigt ist. Befindet sich die Messlatte an einer Waage, so muss sie auf Tritthöhe geeicht sein (**Abb. 14.1**). Gemessen wird immer die „Scheitel-Sohlen-Länge". Für die Messung muss die Person aufrecht, mit dem Rücken zur Messlatte, mit geschlossenen Fersen und gestreckten Knien stehen. Der Hinterkopf lehnt hierbei leicht gegen die Messlatte. Die Schieberplatte wird nun auf den Scheitel der Person aufgelegt – alternativ kann auch ein Lineal verwendet werden – und die genaue Höhe abgelesen.

Bedingungen für die Größenmessung

Gültige Werte können nur bei vergleichbaren Messbedingungen ermittelt werden, deswegen sollte die Messung möglichst immer zur selben Zeit erfolgen.

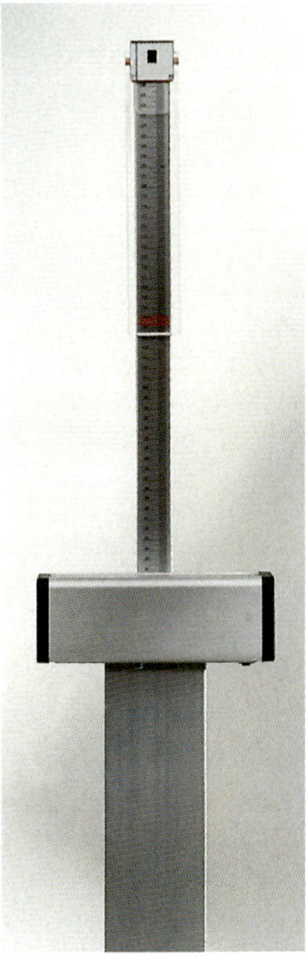

Abb. 14.1 Waage mit Messstab (aus Heiland '98-Katalog, HEILAND Med. GmbH, Hamburg)

Eine morgendliche Messung ist zu bevorzugen, da der Körper abends häufig „kürzer" ist.

Die Ursache hierfür liegt in den knorpeligen Bandscheiben, die durch die Körperlast im Laufe des Tages zusammengedrückt werden. Bei insgesamt 24 Bandscheiben kann dies einige Millimeter bis zu einem Zentimeter ausmachen. Es sollte außerdem darauf geachtet werden, dass immer ohne Schuhe gemessen wird.

Dokumentation

Die Dokumentation der ermittelten Werte erfolgt zumeist in einer festgelegten Spalte des Dokumentationssystems. Da es sich größtenteils um eine einmalige Ermittlung handelt, Ausnahmen bilden besondere Situationen in der Orthopädie und Pädiatrie (s. a. 14.6), wird die Körpergröße häufig in einer Rubrik zusammen mit dem Körpergewicht dokumentiert (**Abb. 14.2**).

Haltungsschäden wie z. B. die Skoliose, bei der es zu einer seitlichen Verbiegung der Wirbelsäule mit Verdrehung der Wirbelkörper kommt, bewirken, dass die Größenbestimmung nicht korrekt ist. Hier muss ein entsprechender Vermerk in der Dokumentation erfolgen.

14.2 Allgemeine Beobachtungskriterien und Beschreibung des Normalzustands

Unter körperlicher Entwicklung versteht man die Summe aller Wachstumsvorgänge im Organismus.

Zu den messbaren Größen der körperlichen Entwicklung zählt die Körperlänge. Diese ist abhängig von der Skelettreifung und diese wiederum vom entsprechenden Entwicklungsalter. Die durchschnittliche Körpergröße einer erwachsenen Frau wird mit 167 cm ± 11 cm angegeben, bei einem erwachsenen Mann mit 177 cm ± 13 cm.

Im ▸ *Somatogramm* sind die normalen Körperlängen in Relation zum Alter gesetzt und tabellarisch zusammengefasst (s.a. 14.5). Außer dem Somatogramm gibt es weitere sog. „Normaltabellen", bei deren Verwendung immer bedacht werden muss, dass

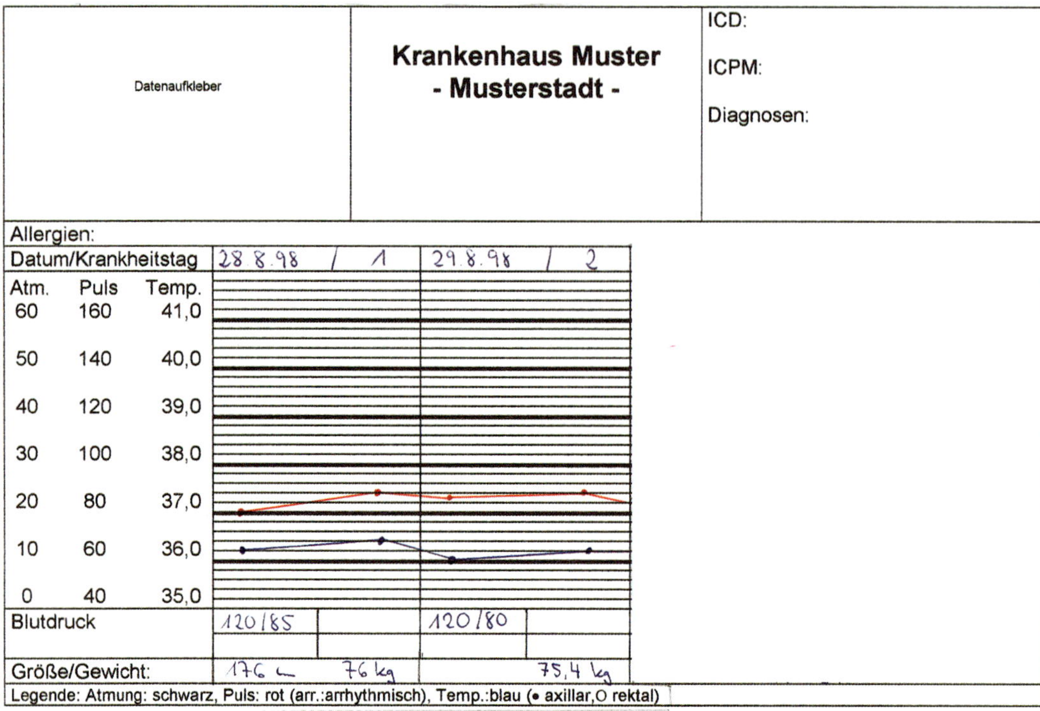

Abb. 14.2 Dokumentation der Körpergröße

die normale Körpergröße innerhalb der Bevölkerung mehr oder weniger stark schwankt.

14.2.1 Entwicklung der Körperlänge

Die Entwicklung der Körperlänge ist von nachfolgend beschriebenen Faktoren abhängig.

Skelettentwicklung

Das Längenwachstum ist an die Knochenentwicklung gebunden. Die Knochenbildung geschieht durch Umwandlung von Knorpelgewebe in Knochengewebe an der Epiphysenfuge der Röhrenknochen. Diese liegt beim Kind an der Grenze zwischen Schaft und Gelenkkörper.

Die Wachstumsfuge besteht aus Knorpelzellen. Durch Umbauvorgänge, in denen hauptsächlich die Knorpelzellen abgebaut und durch Knochenzellen ersetzt werden, entsteht Knochengewebe. Dieser Vorgang erfolgt bis zum Ende der Wachstumszeit, d.h. der Knorpel ist am Ende der Wachstumszeit vollständig durch Knochen ersetzt.

Wird dieser Prozess gestört, z.B. durch Frakturen, hormonelle Fehlregulation etc., kann der Röhrenknochen sich nicht vollständig ausbilden, was einen mehr oder weniger erheblichen Einfluss auf die endgültige Körperlänge hat.

Hormone

Auf das Wachstum fördernd wirken das Hypophysenhormon HGH (Human Growth Hormon), das früher als STH (Somatotropes Hormon) bezeichnet wurde, sowie die Schilddrüsenhormone Thyroxin und Trijodthyronin. Einen hemmenden Einfluss auf das Wachstum haben im Wesentlichen die Geschlechtshormone.

Das Ende des Wachstums ist demnach eng mit der Pubertät, zwischen 15 und 20 Jahren, verbunden. Bei Mädchen/Frauen endet das Wachstum in der Regel 2 Jahre früher als bei den Jungen/Männern. Sie sind aus diesem Grund durchschnittlich 10 – 12 cm kleiner.

Gene

Die Körpergröße bzw. -länge wird ganz entscheidend von den Genen bestimmt. So sind Männer durchschnittlich größer als Frauen (s.o.), Japaner meistens kleiner als Angehörige einer europäische Menschenrasse. Bei eineiigen Zwillingen kann man nach Abschluss des Wachstums eine gleiche Größe feststellen. Außerdem können verschiedene Knochenerkrankungen, die sich auf die Körpergröße auswirken, vererbt werden.

Ernährung

Der steigende Lebensstandard hat sich auch auf die Ernährung des Menschen ausgewirkt. In der Zeit bis nach dem II. Weltkrieg bestanden die Mahlzeiten hauptsächlich aus Kohlenhydraten (Brot und Kartoffeln) und Fetten (Schmalz und pflanzliche Öle), da Eiweiß in Form von Fleisch für viele Familien zu teuer war.

In den letzten 30 Jahren wird mehr Eiweiß in Form von Fleisch und Fisch verzehrt. Diese Veränderung der Ernährung zeigt sich u. a. in der Änderung der Körpergröße. So sind beispielsweise die Angehörigen der gut ernährten Bevölkerungsschichten im Durchschnitt größer als die der weniger gut ernährten Gruppen.

Sonstige Faktoren

Seit der Jahrhundertwende gibt es ein das Längenwachstum betreffendes Phänomen: die Menschen werden größer. Betroffen sind neben dem Längenwachstum auch Gehirn, Zähne, innere Organe sowie die Geschlechtsorgane. Dieses Phänomen ist in allen Altersstufen sichtbar. Beispielsweise sind heute Schulanfänger durchschnittlich 8 cm größer als ihre Altersgenossen um die Jahrhundertwende. Gründe hierfür sind der Wegfall wachstumshemmender Faktoren, wie eiweißarme Ernährung (s. o.), Kinderarbeit und Infektionskrankheiten. Man nennt dieses Phänomen säkulare Akzeleration.

Auch ein Mangel an UV-Licht kann sich auf die Skelettentwicklung auswirken. UV-Licht bewirkt die Umwandlung von Provitamin D, welches mit der Nahrung aufgenommen und in der Haut angereichert wird, in Vitamin D. Ein Mangel an UV-Licht, z. B. durch Dunstschichten und Fensterglas – UV-Licht wird resorbiert – hat einen Vitamin-D-Mangel zur Folge. Dies führt zu Regulationsstörungen im Kalziumhaushalt, was eine Kalkmobilisation aus dem Knochen bewirkt. Es kommt bei Säuglingen und Kindern zu einer verzögerten Skelettreifung mit typischen Verformungen und Verkrümmungen einzelner Knochen und der Wirbelsäule. Bei Kindern ist dieses Krankheitsbild unter dem Namen Rachitis bekannt. Regulationsstörungen des Kalziumhaushaltes im Erwachsenenalter können zur Osteoporose führen. (s. a. 14.6).

Körpergröße:

- Die Körpergröße muss mit einer Messlatte, immer morgens und ohne Schuhe, gemessen werden.
- Haltungsschäden müssen in der Dokumentation vermerkt werden.
- Die durchschnittliche Körpergröße ist bei der Frau 167 cm ± 11 cm, beim Mann 177 ± 13 cm.
- Skelettentwicklung, Hormone, Gene, Ernährung, UV-Licht haben Einfluss auf das Längenwachstum eines Körpers.

14.3 Abweichungen und Veränderungen der Körpergröße und deren mögliche Ursachen

Verschiedene Ursachen, in erster Linie aber die vermehrte bzw. verminderte Ausschüttung von Wachstumshormonen, führen zu Veränderungen des Körperwachstums. Für die Abweichungen nach oben bzw. nach unten, werden verschiedene Begriffe verwendet, die sich an dem Ausmaß der Abweichung in Zentimetern orientieren (**Tab. 14.1**).

14.3.1 Abweichungen der Körpergröße nach „oben"

Übersteigt die Körperlänge den Durchschnittswert wird dies als Makrosomie oder Gigantismus bezeichnet.

Makrosomie (Hochwuchs)

Als Hochwuchs wird die pathologische Steigerung des Längenwachstums bezeichnet. Hierfür ist auch der Begriff „Überlänge" gebräuchlich.

Tab. 14.1 Abweichungen der Körpergröße

	Frauen	*Männer*
Normalwerte	167 cm (± 11 cm)	177 cm (± 13 cm)
Makrosomie	ca. 180 cm	ca. 190 cm
Gigantismus	> 200 cm	> 210 cm
Mikrosomie	< 140 cm	< 150 cm
Nanosomie	< 130 cm	< 130 cm

Eine Makrosomie liegt dann vor, wenn die Körperlänge bis ca. 30% überschritten wird, d.h. bei einer Körperlänge von 180 cm bei der Frau und 190 cm beim Mann.

Die Ursache des Hochwuchses liegt in der vermehrten Bildung von Wachstumshormonen vor dem Wachstumsabschluss, beispielsweise bei Hypophysenerkrankungen, einer Hyperthyreose oder auch einem Hydrozephalus.

Gigantismus (Riesenwuchs)

Ist die durchschnittliche Körperlänge um 30% bis 40% überschritten, so liegt ein proportionaler Riesenwuchs bzw. Gigantismus vor.

Dies bedeutet, dass bei Frauen die Körpergröße 200 cm und bei Männer 210 cm überschreitet. Die Ursachen liegen wie bei der Makrosomie in der vermehrten Bildung von Wachstumshormonen.

Akromegalie

Unter einer Akromegalie versteht man die Vergrößerung der Akren, der distalen Teile des Körpers wie Finger, Hände, Füße, Nase, Kinn, Augenbrauen, Jochbein und Kehlkopf.

Entsprechend ist auch die Symptomatik. Die betroffenen Menschen stellen u. a. fest, dass sich die Schuh- und Handschuhgröße um 1–2 Nummern vergrößert, der Hut zu klein geworden ist und Ringe nicht mehr passen. Hinzu kommt ein klobiges, grobes Aussehen des Gesichts und eine tiefe Stimme (**Abb. 14.3**).

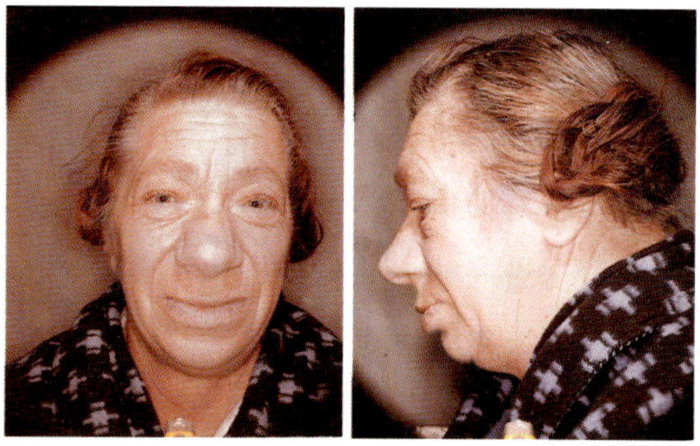

a b

Abb. 14.3 a u. **b** Akromegalie: Vergröberung der Gesichtszüge bei übermäßiger Produktion von Wachstumshormonen im Erwachsenenalter

Die Ursache liegt auch hier in einer übermäßigen Produktion von Wachstumshormonen, doch im Gegensatz zur Makrosomie und dem Gigantismus, ist die Skelettreifung bereits abgeschlossen, was bedeutet, dass die Akromegalie erst im Erwachsenenalter auftritt und lediglich die distalen Teile des Körpers weiterwachsen. Für die vermehrte Produktion der Wachstumshormone ist häufig ein Adenom in der Hypophyse verantwortlich.

14.3.2 Abweichungen der Körpergröße nach „unten“

Wie bei den Abweichungen der Körpergröße nach „oben“ werden auch bei dem verminderten Längenwachstum verschiedene Erkrankungen unterschieden, die das Ausmaß der Störung beschreiben.

Mikrosomie (Kleinwuchs)

Beträgt die Körpergröße nach Abschluss des Längenwachstums weniger als 140 cm bei Frauen und weniger als 150 cm bei Männern, so liegt eine Mikrosomie vor.

Liegt die Ursache des Kleinwuchses in dem Mangel bzw. dem Fehlen von Wachstumshormonen, so spricht man auch von einem hypophysären oder endokrinen Kleinwuchs. In der Regel wird der Wachstumsrückstand bei dieser Form erst ab dem 3. Lebensjahr auffällig. Zerebrale Geburtstraumen oder Hirntumore können beispielsweise den Ausfall bzw. Mangel an Wachstumshormonen ebenso verursachen wie schwere Allgemeinerkrankungen und Unterernährung.

Eine Hemmung der Bildung von Wachstumshormonen und damit ein Stillstand des Längenwachstums bei Kindern kann durch eine Überproduktion von Cortisol hervorgerufen werden. Cortisol ist ein Hormon, welches in der Nebennierenrinde gebildet wird, entzündungshemmend wirkt und in den Ernährungsstoffwechsel ein greift. Neben dem veränderten Längenwachstum ist deshalb auch eine veränderte Fettverteilung in Form einer Stammfettsucht, eines Vollmondgesichtes und Stiernackens auffällig.

Eine weitere Ursache für eine Mikrosomie ist auch der vorzeitige Verschluss der Epiphysenfugen, z. B. nach Frakturen oder bei Knochenmarkserkrankungen. Der betroffene Knochen kann nicht mehr weiterwachsen, die Folge ist ein Längenunterschied einzelner Gliedmaßen. Ist beispielsweise ein Bein betroffen, entwickelt sich oftmals ein Beckenschiefstand und die Wirbelsäule krümmt sich entsprechend. Sind beide Beine betroffen, so verringert sich die gesamte Körpergröße bei normaler Länge des Körperstammes.

Nanosomie (Zwergwuchs)

Die Nanosomie ist eine Wachstumsstörung, bei der nach Abschluss des Längenwachstums die Körpergröße bei Frauen und Männern 130 cm nicht überschreitet.

Die Ursachen entsprechen denen der Mikrosomie.

Chondrodystrophie (Achondroplasie)

Bei der Chondrodysthrophie, die neuerdings auch als Achondroplasie bezeichnet wird, handelt es sich um eine Störung der Knorpelbildung infolge Fehlens der Knorpel-Wachstumsfuge mit stark verzögerter Knochenbildung.

Alle Röhrenknochen bleiben kurz, das Breitenwachstum findet ungehindert statt. Dies führt zu einem disproportionierten Zwergwuchs mit kurzen Armen und Beinen, einem kurzen Hals sowie einem großen, meist deformierten Schädel. Außerdem ist das Becken verengt und die Wirbelsäule in Form einer Lordose gekrümmt. Die Chondrodystrophie wird zumeist vererbt.

Abweichungen und Veränderungen der Körpergröße:

- Wenn die Körperlänge um 30% überschritten wird, spricht man von Makrosomie, 30–40% über dem Durchschnittswert wird als Gigantismus bezeichnet.
- Durch übermäßige Produktion der Wachstumshormone im Erwachsenenalter, nach der Skelettreifung, entsteht Akromegalie.
- Mikrosomie liegt bei einer Größe von unter 140 cm bei Frauen und 150 cm bei Männern vor.
- Fehlen von Wachstumshormonen, zerebrale Geburtstraumen, Tumoren, schwere Allgemeinerkrankungen, Unterernährung, Überproduktion von Cortisol oder vorzeitiger Verschluss der Epiphysenfugen können Ursachen für Kleinwuchs sein.
- Chondrodystrophie oder Achondroplasie ist eine Störung der Knorpelbildung und führt zu disproportioniertem Zwergwuchs.

14.4 Ergänzende Beobachtungskriterien

Die isolierte Betrachtung der Körpergröße spielt im klinischen Alltag kaum eine Rolle. Um die Größe zu beurteilen und Abweichungen von der Norm festzustellen, müssen weitere Faktoren beachtet werden (s. a. 14.1). Daneben sollten auch immer z. B. die Körperhaltung und die Bewegungen beobachtet werden, um mögliche körperliche Auswirkungen der Wachstumsstörung festzustellen.

Da Wachstumsstörungen und damit verbundene Veränderungen des Aussehens häufig Auswirkungen auf die psychische Verfassung haben, ist die Beobachtung der Stimmungslage der betroffenen Menschen von Bedeutung. Bei Kindern kann ein verzögertes oder fehlendes körperliches Wachstum in Verbindung mit einer geistigen Entwicklungsverzögerung auftreten. Hier muss deshalb auch immer der geistige Entwicklungszustand beachtet werden.

14.5 Besonderheiten bei Kindern

Sigrid Flüeck

Die Körpergröße bei der Geburt und die Größenzunahme ist im Verlauf der Kindheit ein zusätzlich wichtiger Anhaltspunkt für die Beurteilung der körperlichen Entwicklung eines Kindes. Weitere wichtige Anhaltspunkte sind Alter, Kopfumfang und Gewicht. Das Wachstum eines Kinds erfolgt nicht gleichmäßig, sondern schubweise. Es kann jedoch durch verschiedene innere und äußere Faktoren beeinflusst werden (s. a. 14.2).

14.5.1 Somatogramm

Um den körperlichen Entwicklungsstand eines Kindes festzustellen, wird häufig ein Somatogramm verwendet. Es handelt sich hierbei um eine Tabelle, in der Alter, Größe und Gewicht eines Kindes in Beziehung gesetzt werden (**Tab. 14.2**). Hierzu werden die verschiedenen Daten eines Kindes in den entsprechenden Spalten markiert und durch eine Linie miteinander verbunden.

Da in den seltensten Fällen die Linie gerade verlaufen und damit einen optimalen Entwicklungsstand angeben wird, befinden sich jeweils neben den Spalten mit den Normalwerten, Spalten, die eine

Tab. 14.2 Somatogramm für Mädchen (links) und Jungen (rechts) (nach Kunze und Murken) (aus: Leonhardt, H., G. Töndury (Hrsg.): Anatomie des Menschen, Bd. I, Bewegungsapparat, Thieme, Stuttgart 1987 (S. 8)

Mädchen

Jahre	cm	± 2σ	kg	± 2σ
	177		67,5	
	176		66,8	
	175		66,1	
	174		65,4	
	173		64,7	
	172		64,0	
	171		63,0	
	170		62,0	
	169		61,0	
	168		60,0	
	167		59,0	
19	166	11	58,0	
	165		56,0	
	164		54,5	+ 19,0
	163		53,5	− 13,5
14	162	13	52,5	
	161		50,8	
	160		49,2	+ 19,9
	159		47,6	− 13,5
13	158	13	46,0	
	157		45,1	
	156		44,2	+ 19,0
	155	14	43,3	− 13,0
	154		42,4	
12	153		41,5	
	152		40,9	
	151		40,3	
	150		39,4	+ 16,5
	149	14	38,5	− 11,0
	148		37,5	
11	147		36,6	
	146		35,8	
	145		35,2	
	144		34,6	+ 15,0
	143	13	34,1	− 10,0
	142		33,6	
	141		33,0	
10	140		32,5	
	139		31,7	
	138		31,0	+ 11,0
	137	13	30,2	− 8,0
	136		29,4	
9	135		28,9	
	134		28,4	
	133		27,9	+ 10,0
	132	12	27,4	− 7,5
	131		26,8	
8	130		26,3	
	129		26,0	
	128		25,6	
	127		25,1	+ 8,0
	126	12	24,6	− 5,5
	125		24,1	
7	124		23,6	
	123		23,2	
	122		22,8	
	121		22,4	+ 5,0
	120	12	22,0	− 3,5
	119		21,5	
6	118		21,1	

Jahre	cm	± 2σ	kg	± 2σ
	117		20,9	
	117		20,6	
	115		20,2	
	114	12	19,8	4,0
	113		19,4	
	112		19,0	
5	111		18,6	
	110		18,3	
	109		18,0	
	108		17,7	
	107	10	17,4	3,5
	106		17,1	
	105		16,8	
4	104		16,5	
	103		16,2	
	102		16,0	
	101		15,6	
	100		15,2	
	99	8	14,9	3,0
	98		14,7	
	97		14,5	
3	96		14,3	
	95		14,1	
	94		13,9	
	93	7	13,6	3,0
	92		13,3	
2½	91		13,0	
	90		12,8	
	89		12,6	
	88	7	12,4	2,5
	87		12,2	
2	86		12,1	
23 Monate	85		11,9	
22	84		11,7	
21	83	7	11,5	2,5
20	82		11,3	
18	81		11,2	
17	80		10,9	
16	79		10,7	
15	78	6	10,4	2,5
14	77		10,2	
13	76		10,0	
12	75		9,8	
11	74		9,6	
10	73		9,3	
9	72		8,9	
8	70	5	8,5	1,5
7	68		8,0	
6	66		7,4	
5	64		6,7	
4	62		6,0	
3	60		5,4	
2	57	4	4,8	0,8
1	54		4,1	
0	51		3,4	

Jungen

Jahre	cm	± 2σ	kg	± 2σ
	190		77,0	
	189		76,3	
	188		75,6	
	187		74,9	
	186		74,2	
	185		73,5	
	184		72,8	
	183		72,1	
	182		71,4	
	181		70,7	
	180		70,0	
	179		69,3	
	178		68,6	
19	177	11	67,9	
	176		67,2	
	175		65,0	
	174		63,0	
	173		61,0	
	172		59,0	
	171		57,8	
	170		56,7	
	169		55,6	
	168		54,5	
	167		53,5	
	166		52,5	
	165		51,6	+ 20,0
	164		50,9	− 14,0
14	163	16	50,2	
	162		49,4	
	161		48,5	
	160		47,6	+ 20,0
	159	16	46,7	− 14,0
	158		45,8	
	157		45,0	
13	156		44,2	
	155		43,5	
	154		42,7	
	153	14	42,0	+ 17,0
	152		41,3	− 12,0
	151		40,6	
12	150		39,9	
	149		38,9	
	148		38,0	+ 15,5
	147	13	37,4	− 11,0
	146		36,8	
11	145		36,0	
	144		35,5	
	143		35,0	+ 11,5
	142	12	34,4	− 8,5
	141		33,9	
10	140		32,4	
	139		31,7	
	138		31,1	+ 10,5
	138	12	30,5	− 7,5
	136		30,5	
9	135		29,6	
	134		29,1	
	133		28,5	
	132		28,0	+ 8,5
	131	11	27,4	− 6,5
	130		26,9	
8	129		26,4	
	128		25,9	
	127		25,4	+ 7,0
	126	11	25,0	− 5,5
	125		24,5	
7	124		23,9	

Jahre	cm	± 2σ	kg	± 2σ
	123		23,5	
	122		23,1	
	121		22,7	
	120	11	22,3	± 4,5
	119		21,9	
6	118		21,5	
	117		21,0	
	116		20,6	
	115		20,2	
	114	11	19,8	4,0
	113		19,4	
5	112		19,2	
	111		18,8	
	110		18,4	
	109		18,1	
	108	9	17,8	3,5
	107		17,5	
	106		17,2	
4	105		17,0	
	104		16,7	
	103		16,3	
	102		16,0	
	101		15,7	
	100	8	15,4	3,0
	99		15,1	
	98		14,8	
3	97		14,5	
	96		14,3	
	95		14,1	
	94	7	13,9	3,0
2½	93		13,7	
	92		13,6	
	91		13,4	
	90	7	13,3	2,5
	89		13,1	
2	88		12,9	
23 Monate	87		12,7	
22	86		12,4	
21	85		12,1	
20	84	7	11,9	2,5
19	83		11,7	
18	82		11,6	
17	81		11,4	
16	80		11,2	
15	79		11,0	
14	78	6	10,8	2,5
13	77		10,6	
12	76		10,4	
11	75		10,2	
10	74		9,7	
9	73		9,2	
8	72	5	8,6	1,5
7	70		8,0	
6	68		7,6	
5	66		7,2	
4	63		6,6	
3	60		5,8	
2	57	4	5,0	0,8
1	54		4,1	
0	52		3,5	

mögliche Abweichung angeben. Diese Spalten sind mit ± 2 σ gekennzeichnet (doppelte Standardabweichung) und geben die noch in die Norm fallende Abweichung an. Sie entsprechen dem Abstand zwischen der 3. und 97. Perzentile (s. a. 14.5.2).

So würde beispielsweise ein 6,5 Jahre altes Mädchen mit einer Größe von 126 cm und einem Gewicht von 23,2 kg immer noch in der Norm liegen. Bei der Betrachtung der ermittelten Werte wird dann die Körpergröße mit dem Alter in Beziehung gesetzt und geprüft, ob ein vermindertes oder beschleunigtes Längenwachstum vorliegt. Dasselbe erfolgt mit Alter und Gewicht sowie Körpergröße und Gewicht.

14.5.2 Perzentilenkurve

Im Ergänzung und Differenzierung zu dem Somatogramm, welches den Entwicklungsstand eines Kindes beschreibt, kann mit Hilfe der ▸ *Perzentilenkurve* der Entwicklungsverlauf eines Kindes beschrieben werden.

Bei den Perzentilenkurven handelt es sich um Normalverteilungskurven, die von Carl-Friedrich Gauss (1777 – 1855 Mathematiker und Astronom) ermittelt und in Hunderstelwerte, den Perzentilen, umgerechnet wurden.

Die Perzentilenkurven werden als Diagramm dargestellt. Auf dem vertikalen Schenkel ist die Körpergröße in Zentimetern, auf dem horizontalen Schenkel das Alter in Monaten angegeben. Bei den verschiedenen Vorsorgeuntersuchungen wird nun jeweils die Größe entsprechend dem Alter eingetragen, sodass eine Kurve entsteht.

In den Kinderuntersuchungsheften, die jedes Kind zur Früherkennung von Krankheiten direkt nach der Geburt erhält, sind insgesamt 9 Untersuchungstermine (U1 – U9) für den Zeitraum vom 1. Lebenstag bis zum Alter von 5 Jahren vorgesehen. Neuerdings gibt es in einigen Bundesländern eine zusätzliche Untersuchung (J1) für Jugendliche im Alter von 13 Jahren. Werden diese Termine wahrgenommen und die Ergebnisse in der Kurve dokumentiert, kann anhand dieser Kurve der Entwicklungsverlauf eines Kindes beurteilt werden.

Um eine Abweichung von der Norm schnell feststellen zu können, sind meistens bereits die 97., 50. und 3. Perzentile eingezeichnet. Diese Perzentilen bedeuten:

- 97. Längenperzentile: von 100 Kindern eines bestimmten Alters sind 97 so groß oder kleiner und 3 größer als der abgelesene Wert,
- 50. Längenperzentile: diese Perzentile wird auch als die Medianperzentile bezeichnet, da sie den mittleren Durchnittswert angibt,
- 3. Längenperzentile: von 100 Kindern eines bestimmten Alters sind 3 so groß oder kleiner und 97 größer.

Alle ermittelten Werte, die zwischen der 3. und 97. Längenperzentile liegen, gelten als Normwerte. Abweichungen nach oben oder nach unten kennzeichnen eine vermehrtes oder vermindertes Längenwachstum.

Die Ermittlung der Körpergröße eines Neugeborenen erfolgt direkt nach der Geburt. Als Normwerte werden hier 45 – 55 cm angesehen.

Etwa 5% der Neugeborenen werden vor der 37. SSW geboren. Sie sind laut Definition „Frügeborene“, wenn auch ihr Gewicht unter 2500 g liegt. Bei Frühgeborenen misst man definitionsgemäß eine Körperlänge unter 47 cm. Sie ist abhängig von der Schwangerschaftsdauer.

14.5.3 Ermittlung der Körpergröße

Zur Ermittlung der Körpergröße kommen bei Kindern verschiedene Verfahren zur Anwendung. So kann die Messung mit einer Messmulde/Messbrett, einem Maßband oder einer Messlatte erfolgen. Die Wahl des Hilfsmittels ist abhängig vom Alter des Kindes und von dessen Fähigkeit, gerade zu stehen.

Die Messmulde, eine abwaschbare Plastikhalbschale mit seitlicher Skala zum Ablesen des ermittelten cm-Wertes, wird häufig bei Früh- und Neugeborenen, Säuglingen und Kleinkindern angewendet. Um eine korrekte Messung durchführen zu können und die Sicherheit des Kindes zu gewährleisten, werden zumeist 2 Personen benötigt. Um dem Kind die Maßnahme etwas angenehmer zu gestalten, wird die Messmulde mit einer Stoffwindel ausgelegt. Dann wird das Kind vorsichtig hineingelegt, wobei der Scheitel dem oberen, feststehenden Teil der Messmulde anliegen muss. Eine Person hält nun das Kind seitlich an den Schläfen fest. Die zweite Person streckt dann vorsichtig die Beinchen des Kindes und führt den beweglichen Schieber der Messmulde zu den Füßchen. Diese sollten sich in einer 90°-Stellung befinden. Das Anlegen des Kopfes, das Strecken der Beinchen sowie die Einstellung der Füßchen in den

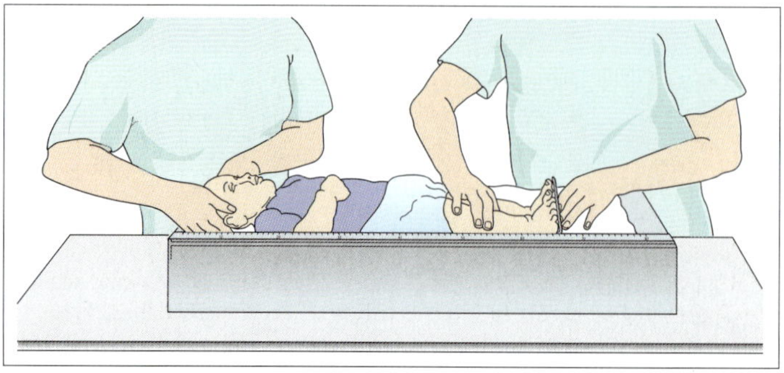

Abb. 14.4 Längenmessung mittels Messmulde

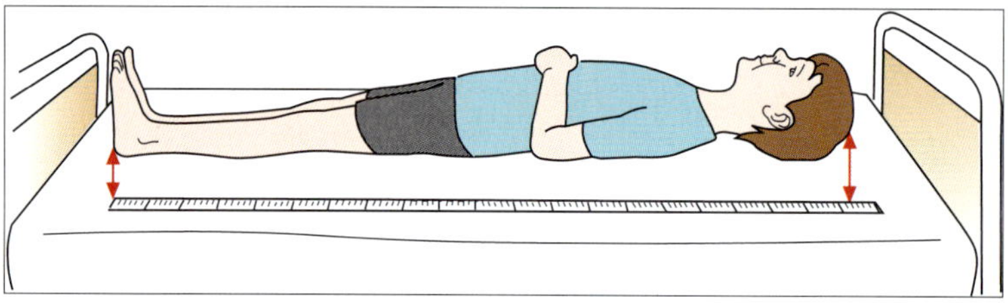

Abb. 14.5 Längenmessung bei einem liegenden Kind

90°-Winkel muss besonders bei Früh- und Neugeborenen sehr vorsichtig erfolgen, um Verletzungen besonders der Fontanelle zu vermeiden. Danach kann an der Messskala die Körperlänge abgelesen werden (**Abb. 14.4**).

Bei Früh- und Neugeborenen muss die Längenbestimmung in der Messmulde sehr vorsichtig erfolgen, um Verletzungen insbesondere der Fontanelle vorzubeugen.

Eine andere Möglichkeit der Messung der Körperlänge bei einem liegenden Kind besteht in der Verwendung eines Maßbandes. Hierzu wird das Kind auf den Rücken oder auf die Seite gelegt und das Maßband (0 cm) in Scheitelhöhe oder an der Ferse angelegt. Die Knie des Kindes werden ganz sanft durchgedrückt und die Beinchen vorsichtig ausgestreckt. Das Maßband wird zunächst nur bis zum Hüftge-
lenk angelegt, dann erfolgt ein Umgreifen und das Weitermessen. Die Körperlänge kann nun in Höhe der Fußsohlen oder der Scheitelhöhe abgelesen werden. Diese Methode der Größenmessung kann auch bei Frühgeborenen im Inkubator angewendet werden.

Ist das Kind bereits älter, kann oder darf aber nicht aufrecht stehen, erfolgt die Messung folgendermaßen:

- das Kind auf eine mit einem glatten Tuch bespannte Unterlage legen und evtl. durch eine Person gestreckt halten,
- in Scheitel- und Fußsohlenhöhe eine Markierung auf dem Tuch anbringen,
- das Kind von der Unterlage nehmen,
- die Entfernung der beiden Punkte mittels Maßband ermitteln (**Abb. 14.5**).

Die Anwendung der Messlatte entspricht dem Verfahren zur Messung der Körpergröße bei Erwachsenen (s. a. 14.1).

14.5.4 Abweichungen und Veränderungen der Körpergröße

Störungen des Längenwachstums nach oben, wie die Makrosomie und der Gigantismus (s. a. 14.3.1) zeigen sich oftmals bereits in den ersten Perzentilenwerten. Um eine genaue Diagnose stellen zu können und um eine entsprechende Therapie einzuleiten, müssen frühzeitig bei festgestellten Abweichungen verschiedene Untersuchungen durchgeführt werden.

Hierzu gehört auch die Feststellung der Körpergröße der Eltern (s. a. 14.2).

Anzeichen für eine Mikrosomie oder eine Nanosomie (s. a. 14.3.2) finden sich ca. ab dem 3. Lebensjahr, im Gegensatz zur Chondrodystrophie, die bereits bei der Geburt u. a. an kurzen plumpen Gliedmaßen und Schädeldeformierungen erkennbar ist.

14.5.5 Ergänzende Beobachtungskriterien

Da die Körpergröße allein keinen Aussagewert hat, müssen weitere Kriterien parallel beobachtet werden (s. a. 14.1 und 14.4). Bei Kindern müssen zusätzlich die Sprachentwicklung, Reflexe und Reaktionen sowie die Wahrnehmungs- und Beobachtungsfähigkeit beachtet werden, da diese u. a. Rückschlüsse auf die geistige Entwicklung eines Kindes zulassen, dessen Verzögerung oder Verminderung auch im Zusammenhang mit einem verzögerten oder fehlenden Körperwachstum auftreten kann.

14.6 Besonderheiten bei älteren Menschen

Eva Eißing

Im Alter nimmt der Wassergehalt der Bandscheiben ab, sie werden schmaler und der Abstand zwischen den einzelnen Wirbelkörpern verringert sich. Die Folge ist, dass der Mensch insgesamt kleiner wird, er schrumpft sozusagen. Hinzu kommt die zunehmende Abnahme der Knochensubstanz, wodurch der Knochen mehr und mehr zusammengepresst wird. Insgesamt verringert der alte Mensch seine Körpergröße um ca. 3 – 4 cm.

14.6.1 Osteoporose

Osteoporose ist eine Verminderung von Knochengewebe durch gesteigerten Knochenabbau und/oder verminderten Knochenaufbau.

Mit einem Anteil von ca. 6 % der Gesamtbevölkerung stellt sie die häufigste Skeletterkrankung dar. Die Ätiologie ist weitgehend ungeklärt. Es werden verschiedene Theorien diskutiert, wie z. B. eine Störung im Bereich des Calcium- und Phosphathaushalts oder ein Östrogenmangel nach den Wechseljahren, da $^2/_3$ der Erkrankten Frauen sind.

Infolge der Knochenveränderung kann es sowohl zu Schmerzen als auch zu Brüchen im betroffenen Bereich kommen. Sehr häufig ist die Verformung der Wirbelsäule mit Bildung des typischen Rundrückens (**Abb. 14.6**). Diese Verformung vollzieht sich meist über viele Jahre und entsteht dadurch, dass die Spongiosa im Bereich der Lenden- und Brustwirbelsäule zusammensackt und die Wirbelkörper die Last des Körpergewichts nicht mehr tragen können. Infolgedessen verringert sich auch die Körpergröße.

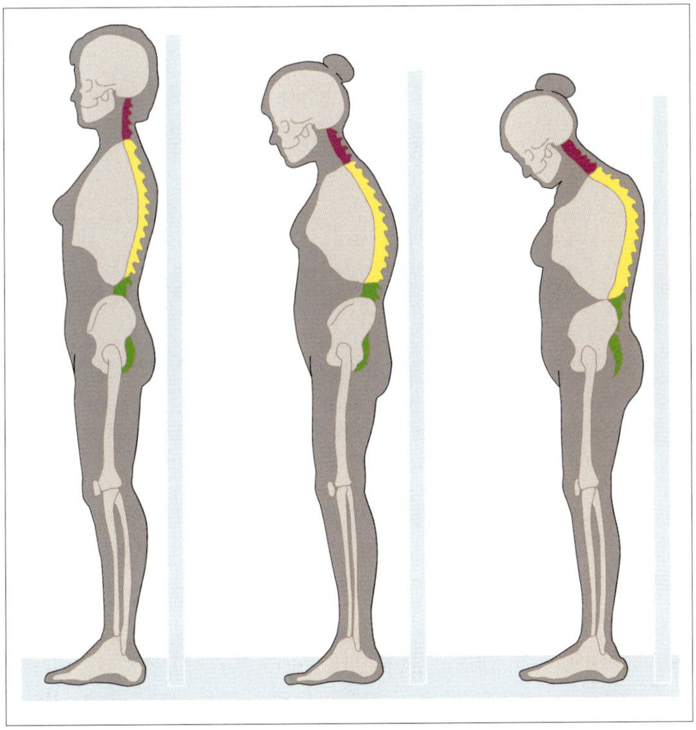

Abb. 14.6 Veränderungen des Skeletts bei Osteoporose

Besonderheiten bei Kindern und älteren Menschen:

- Der Entwicklungsstand eines Kinds wird mit Hilfe eines Somatogramms verfolgt, in dem Alter, Größe und Gewicht eines Kinds in Beziehung zueinander gesetzt werden.
- Der Verlauf der Entwicklung lässt sich auf einer Perzentilenkurve mit Normwerten und Abweichungen der Körpergröße im Verhältnis zum Alter ablesen.
- Bei Kleinkindern kann die Körpergröße durch eine Messmulde oder mit einem Maßband ermittelt werden.
- Mikrosomie oder Nanosomie sind ab dem 3. Lebensjahr, die Chondrodystrophie bereits nach der Geburt erkennbar.
- Durch abnehmenden Wassergehalt der Bandscheiben oder infolge von Osteoporose nimmt bei alten Menschen die Körpergröße ab.

14.7 Fallstudien und mögliche Pflegediagnosen

Veränderungen der Körpergröße können Auswirkungen auf verschiedene Bereiche haben. Eine besondere Rolle spielen hierbei:

- die Bewältigung der alltäglichen Verrichtungen,
- Haltungsschäden und Skelettveränderungen zumeist durch Überlastung einzelner Knochen und/oder Muskelgruppen,
- psychische Probleme aufgrund es veränderten Aussehens.

Fallstudie Frau Oswald

Fr. Oswald, 54 Jahre, leidet seit 10 Jahren an einer ausgeprägten Osteoporose. Durch die Bewegungseinschränkung und starke Schmerzen fallen ihr die alltäglichen Verrichtungen, insbesondere die morgendliche Körperpflege und das Ankleiden, zunehmend schwerer.

Fr. Oswald leidet an der bereits sichtbaren Deformierung der Brustwirbelsäule in Richtung eines Rundrückens. Ihre Angst vor verletzenden Bemerkungen bzgl. ihres Aussehens und die körperlichen Beschwerden haben dazu geführt, dass ihre sozialen Kontakte immer weniger geworden sind (**Tab. 14.3**).

Zu der oben aufgeführten Fallstudie von Fr. Oswald kann auch eine Pflegdiagnose erstellt werden, wie sie in der folgenden Übersicht dargestellt ist:

Pflegediagnose Körperbildstörung

(nach Gordon)

Definition

Negative Gefühle oder Wahrnehmungen im Hinblick auf Eigenschaften, Funktionen oder Grenzen des Körper oder eines Körperteils.

Kennzeichen

Hauptkennzeichen

- Äußerungen über tatsächliche oder wahrgenommene Veränderungen des Körpers oder eines Körperteils in Struktur und/oder Funktion,
- Äußerungen über Gefühle der Hilflosigkeit, Hoffnungslosigkeit und/oder Machtlosigkeit in Bezug auf den Körper und Äußerungen über Gefühle der Furcht vor der Ablehnung oder Reaktionen anderer,

und eines oder mehrere der folgenden Kennzeichen:

- Äußerung negativer Gefühle hinsichtlich des Körpers (schmutzig, groß, klein, unansehnlich),
- wiederholte Äußerung negativer Gefühle im Hinblick auf den Verlust oder Ersatz von Körperflüssigkeiten oder die Anwendung von Maschinen,
- wiederholte Äußerungen, die sich auf vergangene Stärke, Funktion oder Aussehen beziehen.

Nebenkennzeichen

- Äußerungen über Veränderung der Lebensweise aufgrund negativer Gefühle oder Wahrnehmungen des Körpers,
- ausschließliche Beschäftigung mit Veränderungen des Körpers oder dem Verlust eines Körperteils,
- Weigerung, tatsächliche Veränderung des Körpers oder von Körperteilen zu überprüfen,
- Veränderungen der Fähigkeit, die räumliche Beziehung des Körpers zur Umgebung einzuschätzen,
- Äußerung von Scham-/Schuldgefühlen,
- Vermenschlichung von Körperteilen oder Verlust durch Namensgebung,
- Depersonalisation von Körperteilen oder Verlust durch unpersönliche Pronomen,
- Ausdehnung der Körpergrenze auf Gegenstände der Umwelt (z. B. Dialyse-Maschine, Sauerstoffgerät, Respirator),
- Betonung der verbliebenen Kräfte oder erhöhten Leistungsfähigkeit,

- traumatisches Verhältnis zum nicht funktionierenden Körperteil (absichtlich oder unabsichtlich),
- Veränderung in sozialen Kontakten oder sozialen Beziehungen,
- Nicht Berühren eines Körperteils,
- Verbergen oder zur Schau stellen eines Körperteils,
- Nicht Ansehen eines Körperteils,
- Vermissen eines Körperteils,
- tatsächliche Veränderung des Körpers oder eines Körperteils in Struktur und/oder Funktion.

Ätiologische oder beeinflussende Faktoren

- Nicht-Integration von Veränderung (der Körpereigenschaften, Funktionen oder Grenzen),
- wahrgenommene entwicklungsbedingte Unvollkommenheit,
- Adipositas.

Risikogruppen

- Personen mit einer Hemiplegie,
- Personen, die ein Körperteil verloren haben, z. B. durch eine Beinamputation oder Brustentfernung,
- Personen mit Gesichtsverletzungen,
- Personen mit einem implantierten Herzschrittmacher,
- Personen mit angeborenen (sichtbaren) Anomalien.

In diesem Fall würde die Pflegediagnose folgendermaßen lauten:
Körperbildstörung b/d (beeinflusst durch) Nicht-Integration von Veränderung a/d (angezeigt durch):

- Verbale Äußerungen über Furcht vor der Ablehnung oder Reaktionen anderer,
- Veränderung in sozialen Kontakten oder sozialen Beziehungen,

Tab. 14.3 Auszug aus dem Pflegeplan von Fr. Oswald

Pflegeprobleme	*Ressource*	*Pflegeziele*	*Pflegemaßnahmen*
Verminderung der sozialen Kontakte aufgrund körperlicher Beschwerden und Ängste bzgl. des Aussehens		• hält bestehende Kontakte aufrecht	• motivieren, auch während des Klinikaufenthaltes Kontakte aufzunehmen und aufrechtzuhalten (z. B. Telefon, Briefe) • freie Besuchszeiten
		• akzeptiert die Veränderung ihres Aussehens	• Hilfestellung geben bei der Akzeptanz des veränderten Aussehens durch Gespräche, Beratungsangebote und Hinweis auf die Selbsthilfegruppe (Stereotypen vermeiden) • Familienangehörige zu Beratungsgesprächen hinzuziehen (mit Einverständnis von Fr. O.)
		• kennt Möglichkeiten, durch die Kleidung das Aussehen positiv zu beeinflussen	• Hinweis, dass durch ausgewählte und speziell angepasste Kleidung die körperlichen Veränderungen weniger sichtbar sind und dadurch das Aussehen verbessert wird • Kontakt zur Schneiderin herstellen
schmerzhafte, eingeschränkte Bewegung bei der Körperpflege und beim Ankleiden	• Hilfsmittel: Haltegriffe, Duschsitz vorhanden (auch zuhause)	• erlernt Technik zur beschwerdearmen Durchführung der Körperpflege und des Ankleidens	• Ermittlung von beschwerdefreien Bewegungsmöglichkeiten und daraus resultierend gemeinsam eine Technik zur beschwerdearmen Durchführung der Körperpflege und des Ankleidens entwickeln
		• erlernt physiotherapeutische Übungen zur Erhaltung der Beweglichkeit und führt diese mind. 1 ×tgl. selbständig durch • weiß, dass die Übungen auch im Alltag kontinuierlich durchgeführt werden müssen • kennt ihre Schmerzmedikation und geht verantwortungsvoll damit um	• Information über die Notwendigkeit von regelmäßigen (mind. 1 × tgl.) physiotherapeutischen Übungen (Beweglichkeit erhalten, Muskulatur stärken, Schmerzen vermindern) • Terminabsprache mit der Physiotherapeutin • Gespräch mit Arzt vermitteln bzgl. der Schmerzmedikation

- tatsächliche Veränderung in Struktur und/oder Funktion des Körpers oder Körperteils.

Fallstudie Stefan

Stefan, 6 Jahre alt, leidet an einem hypophysären Kleinwuchs. Seine Körperlänge beträgt 96 cm, dies entspricht der Normallänge eines ca. 3-jährigen Kindes. Als Ursache für die Erkrankung von Stefan gilt eine verminderte Produktion von HGH (Human-Growth-Hormon = menschliches Wachstumshormon). Seit kurzem wird Stefan mit biosynthetisch hergestelltem HGH behandelt, welches ihm von seinen Eltern jeden Abend s.c. verabreicht wird. Stefan beklagt sich sehr über diese täglichen Spritzen, vor allem, weil er deswegen nicht bei Freunden übernachten darf, und über die häufigen notwendigen Arztbesuche, zu denen ihn seine Eltern begleiten. Hierdurch fühlt er sich in seinen Freizeitaktivitäten gestört. Hinzu kommt, dass sich Stefan aufgrund seines Wachstumsrückstands von seinen Spiel- und Schulkameraden nicht akzeptiert fühlt (**Tab. 14.4**).

In diesem Fall ist die in der folgenden Übersicht dargestellte Pflegediagnose zutreffend:

Tab. 14.4 Auszug aus dem Pflegeplan von Stefan

Pflegeprobleme	*Ressource*	*Pflegeziele*	*Pflegemaßnahmen*
Störung der Freizeitaktivitäten durch häufige Arztbesuche	• Eltern unterstützen und begleiten Stefan	• Stefan kann seine Freizeitaktivitäten ungestört ausüben	• Stefan fragen, wann seiner Meinung nach die besten Tage und Zeiten für die notwendigen Kontrollen sind • zusammen mit Stefan, seinen Eltern und dem Arzt feste Termine absprechen
Stefan fühlt sich aufgrund der täglichen Injektionen von seinen Eltern abhängig	• Stefans Eltern können ihm die Injektion verabreichen	• Stefan fühlt sich freier und von seinen Eltern unabhängiger • Stefan kennt die Notwendigkeit der täglichen Injektionen • Stefan kennt den Plan zur Erlernung der s.c.-Injektion und hält diesen ein • Stefan führt die s.c.-Injektion von HGH täglich selbstständig durch (ab 10. 8. 98)	• Gesprächstermin mit Arzt, Stefan und seinen Eltern vereinbaren → Notwendigkeit der täglichen Spritzen; Folgen von nicht erfolgten Injektionen; Möglichkeit, die Injektionen selbst durchzuführen • zusammen mit Stefan und seinen Eltern einen Plan zur Erlernung der s.c.-Injektion von HGH aufstellen, z. B.: Ort: Zimmer von Stefan Zeit: 17.45 h 1.–3. Tag: Aufziehen des Medikamentes 4. u. 5. Tag: mögliche Injektionsorte (Wechsel: rechter Oberschenkel, Bauchdecke, linker Oberschenkel), Durchführung der s.c.-Injektion zeigen und erläutern 6.–8. Tag: s.c.-Injektion durch Stefan unter Anleitung 9.–11. Tag: s.c.-Injektion durch Stefan unter Aufsicht ab 12. Tag: selbstständige s.c.-Injektion von HGH • den Plan in Stefans Zimmer hängen
Stefan fühlt sich von seinen Spiel- und Schulkameraden aufgrund seines Wachstumsrückstandes nicht akzeptiert		• Stefan fühlt sich angenommen • Stefan besitzt ein angemessenes Selbstbewusstsein	• Stefan hinsichtlich seiner Fähigkeiten beobachten und ihn auf diese aufmerksam machen • die Eltern auf die Möglichkeit der Unterstützung (Beratung, Tipps, Hilfestellung) durch Selbsthilfegruppe aufmerksam machen • zusammen mit Stefan und den Eltern eine angemessene Sportart (Verein) auswählen

Pflegediagnose Ungelöster Abhängigkeits-/Unabhängigkeitskonflikt (nach Gordon)

Definition

Unentschlossenheit im Hinblick auf das Bedürfnis und den Wunsch abhängig/unabhängig zu sein, verbunden mit der mit der (therapeutischen, entwicklungsbezogenen oder sozialen) Erwartung unabhängig/abhängig zu sein.

Kennzeichen

Hauptkennzeichen

- Wiederholte verbale Äußerungen des Wunsches nach Unabhängigkeit in Situationen, therapeutischer, entwicklungsbezogener oder sozialer Natur, die etwas Abhängigkeit erfordern,

oder

- wiederholte verbale Äußerungen des Wunsches nach Abhängigkeit in Situationen, therapeutischer, entwicklungsbezogener oder sozialer Natur, die etwas Unabhängigkeit erfordern,

und eines oder mehrere der folgenden Kennzeichen:

- Äußerung von Zorn und Wut,
- Angst.

Risikogruppen

- Personen mit Rückenmarksverletzungen,
- Personen mit degenerativen chronischen Erkrankungen,
- Personen mit physischen Aktivitätsbeschränkungen,
- Adoleszenten,
- bettlägerige Personen.

Für Stefan kann die Pflegediagnose lauten:
Ungelöster Abhängigkeits-/Unabhängigkeitskonflikt b/d (beeinflusst durch) physische Aktivitätsbeschränkung a/d (angezeigt durch) wiederholte verbale Äußerungen des Wunschs nach Unabhängigkeit in Situationen therapeutischer Natur, die etwas Abhängigkeit erfordern.

Fazit: Die Körpergröße eines Menschen kann nur in Verbindung mit Alter, Rasse, Ernährungszustand/Gewicht und unter Hinzuziehung der Krankheitsanamnese beurteilt werden. Als Wachstumsstörungen werden Abweichungen von der normalen Größenentwicklung (Hoch- und Kleinwuchs) bezeichnet. Sowohl im Kindes- als auch im Erwachsenenalter können extreme Abweichungen von der Größe neben körperlichen Folgen auch zur Diskriminierung und infolgedessen zu erheblichen psychischen und sozialen Problemen führen.

Die Überprüfung des Längenwachstums ab dem Zeitpunkt der Geburt ist sinnvoll, um Störungen frühzeitig zu erkennen und ggf. zu behandeln. In vielen Fällen kann bis zum Wachstumsabschluss eine Normalgröße erreicht werden. Die kostenlos angebotenen Kinderuntersuchungen sollten Eltern verantwortungsvoll wahrnehmen.

Beim alten Menschen stehen die Bewegungseinschränkungen, Schmerzen und die sich daraus häufig entwickelnde Isolation im Vordergrund. Vorbeugende Maßnahmen dienen dazu, Skelettdeformierungen einzugrenzen.

Bundesausschuss der Ärzte und Krankenkassen: Kinderuntersuchungsheft, Dezember 1995

Gerlach, U., N. van Husen, H. Wagner, W. Wirth: Innere Medizin für Pflegeberufe, Thieme, Stuttgart 1994

Gordon, M.: Handbuch Pflegediagnosen, 2. Aufl., Ullstein Mosby, Berlin 1994

Hoehl, M., P. Kullick (Hrsg.): Kinderkrankenpflege und Gesundheitsförderung, Thieme, Stuttgart 1998

Leonhardt, H., G. Töndury (Hrsg.): Anatomie des Menschen, Bd. I, Bewegungsapparat, Thieme, Stuttgart 1987

Lippert, H.: Lehrbuch Anatomie, 4. Aufl., Urban & Schwarzenberg, München 1996

Milupa Medical Service, Order-Nr. 719070, Friedrichsdorf/Taunus

Nickel, A., H.U. Zennek, O. Ungerer (Hrsg.): Altenpflege – Geriatrie, Dr. Felix Büchner – Handwerk und Technik GmbH, Hamburg 1995

Pschyrembel, Klinisches Wörterbuch, 255. Aufl., de Gruyter, Berlin 1986

Schäffler, A., N. Menche (Hrsg.): Pflege Konkret. Innere Medizin, Lehrbuch und Atlas für Pflegeberufe, Jungjohann bei Gustav Fischer, Ulm 1996

Schäffler, A., S. Schmidt (Hrsg.): Mensch, Körper, Krankheit; Anatomie, Physiologie, Krankheitsbilder; Lehrbuch und Atlas für die Berufe im Gesundheitswesen, Jungjohann, Neckarsulm 1994

Schönberger, W.: Kinderheilkunde, Gustav Fischer, Stuttgart 1992

Siegenthaler, W., W. Kaufmann, H. Hornbostel, H.D. Waller: Lehrbuch der inneren Medizin, Thieme, Stuttgart 1992

Wegmann, H.: Die professionelle Pflege des kranken Kindes, Urban & Schwarzenberg, München 1997

Wichmann, V.: Kinderkrankenpflege, Thieme, Stuttgart 1991

15 Körpergewicht

Eva Eißing

Übersicht

Einleitung · 264
15.1 Ermittlung des Körpergewichts · 265
15.1.1 Indikation · 265
15.1.2 Verschiedene Messwaagen · 265
15.1.3 Bedingungen für die Gewichtsmessung · 266
15.1.4 Dokumentation · 266
15.1.5 Ermittlung der Körperoberfläche · 266
15.2 Allgemeine Beobachtungskriterien und Beschreibung des Normalzustandes · 266
15.2.1 Broca-Formel · 266
15.2.2 Body-Mass-Index · 266
15.2.3 Subjektives Normgewicht · 267
15.2.4 Beeinflussende Faktoren · 267
15.2.5 Energiebilanz · 268
15.3 Abweichungen und Veränderungen des Körpergewichts und deren Ursachen · 268
15.3.1 Übergewicht · 270
15.3.2 Untergewicht · 273
15.4 Ergänzende Beobachtungskriterien · 275
15.5 Besonderheiten bei Kindern · 275
15.5.1 Indikation zur Ermittlung des Körpergewichts · 275
15.5.2 Ermittlung des Körpergewichts · 276
15.5.3 Normalzustand · 276
15.5.4 Abweichungen und Veränderungen des Körpergewichts · 277
15.6 Besonderheiten bei älteren Menschen · 277
15.7 Fallstudien und mögliche Pflegediagnosen · 278
Fazit · 279
Literatur · 280

Schlüsselbegriffe:

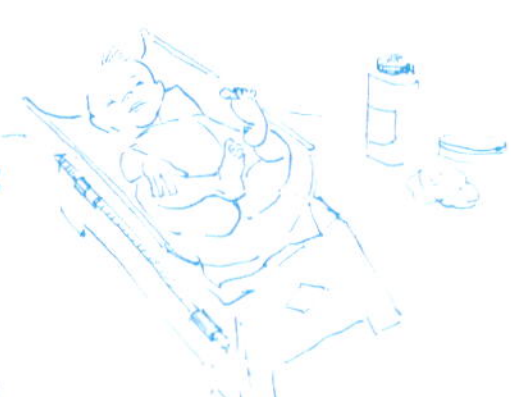

- *Adipositas*
- *Kachexie*
- *Anorexia nervosa*
- *Body-Mass-Index*

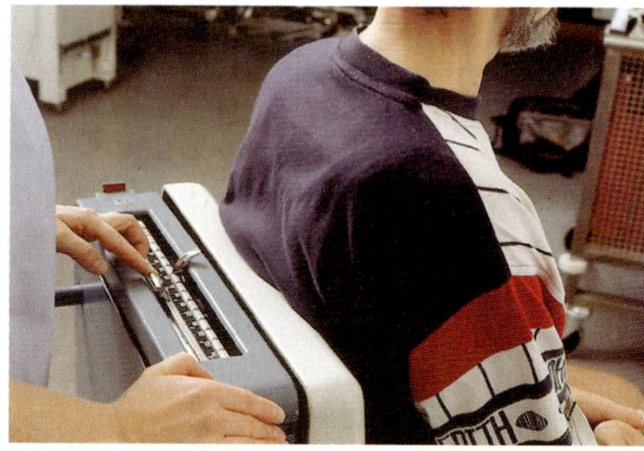

Einleitung

Das Körpergewicht ist eng mit dem ersten Eindruck, der von einem Menschen gewonnen wird, verknüpft. Veränderungen des Körpergewichts nach oben oder unten, werden häufig mit Vorurteilen verbunden, etwa „Dicke Menschen sind gemütlich" oder „Dünne Menschen sind drahtig und agil". Das Körpergewicht beeinflusst in vielen Fällen das subjektive Wohlbefinden.

Eine wesentliche Rolle bei der Beurteilung des Körpergewichts spielt das jeweilige Schönheitsideal: Je nachdem, ob gerade „runde" oder „kantige" Formen „in" sind, wird vermehrt gegessen oder gefastet. Das Körpergewicht ist jedoch nicht nur Ausdruck der psychischen Befindlichkeit, vielmehr lässt es auch Rückschlüsse auf aktuelle Erkrankungen zu.

Das Gewicht stellt eine physikalische Einheit dar und bezeichnet die Kraft, die auf eine Masse, z. B. den menschlichen Körper, infolge der Erdanziehung zum Erdmittelpunkt wirkt.

Wie groß diese Kraft ist, kann objektiv mit Hilfe von Waagen bestimmt werden.

15.1 Ermittlung des Körpergewichts

15.1.1 Indikation

Das Körpergewicht wird in der Regel bei der Aufnahme ins Krankenhaus oder im Altenheim gemessen, um einen Ausgangswert zu haben. Die Dosis vieler Medikamente, u.a. von Schmerz- und Betäubungsmitteln sowie von Antibiotika wird anhand des Körpergewichts berechnet. Die Berechnung der Körperoberfläche, des Grundumsatzes sowie des individuellen Kalorienbedarfs richtet sich ebenfalls danach.

Zur Beurteilung des Körpergewichts müssen zusätzliche Kriterien wie Körpergröße, Alter und Geschlecht berücksichtigt werden.

Die Häufigkeit der Gewichtskontrolle richtet sich nach der zugrunde liegenden Indikation. Es gibt spezielle Indikationen, z.B. die Kontrolle bei der Ödemausschwemmung z.B. bei Herz- und Nierenerkrankungen oder die genaue Bilanzierung, für die eine tägliche Gewichtskontrolle notwendig ist. Die Messfrequenz zur Kontrolle der Gewichtszu- oder -abnahme liegt bei ein- bis zweimal pro Woche.

Die Messung des Körpergewichts erfolgt mittels einer Waage. Die Waage sollte geeicht und mit einer gut ablesbaren Gewichtsskala, einer Feinteilung von 100 g und einem Wiegebereich bis mindestens 150 kg ausgestattet sein. Die für den Haushaltsbereich gebräuchlichen Waagen können häufig nicht geeicht werden und sind demnach für die exakte Messung ungeeignet. In der Klinik stehen mehrere Waagenarten zur Verfügung:

15.1.2 Verschiedene Messwaagen

- Stehwaage: Die Stehwaage (**Abb. 15.1**) wird zunächst tariert, d.h. auf 0 eingestellt. Die zu wiegende Person stellt sich möglichst wenig bekleidet und ohne Schuhe auf die Trittfläche. Durch Ausbalancieren an der Armatur kann das Gewicht bis auf 100 g genau ermittelt werden.
- Sitzwaage: Die Sitzwaage (**Abb. 15.2**) ist ein fahrbarer, arretierbarer Stuhl mit integrierter Waage. Die zu wiegende Person sollte mit dem Gesäß soweit wie möglich hinten sitzen und die Füße auf das Trittbrett stellen. Der Wiegevorgang geschieht prinzipiell genauso wie auf der Stehwaage. Es ist allerdings darauf zu achten, dass die Rollen arretiert sind, damit die Waage nicht wegrutschen kann. Die Sitzfläche sollte mit einer Unterlage geschützt werden.

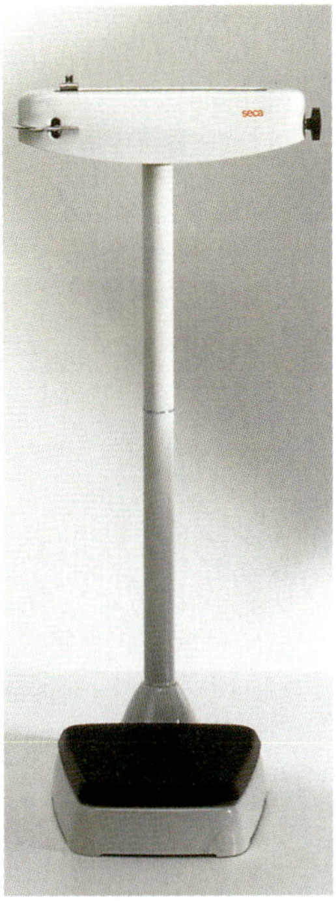

Abb. 15.1 Personenwaage mit Laufgewicht (Fa. Heiland)

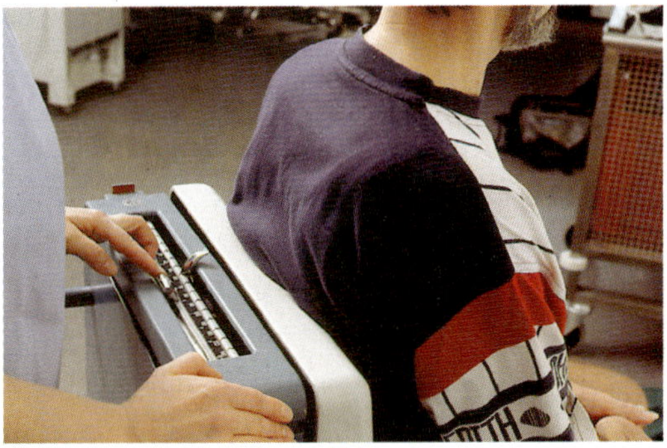

Abb. 15.2 Sitzwaage

- Bettenwaage: Die Bettenwaage ist ein fahrbares Bettuntergestell mit integrierter Waage. Hiermit werden sowohl das Bett als auch der Mensch gewogen. Das Gewicht des Betts wird nach der Messung subtrahiert, um das Körpergewicht des Menschen zu ermitteln. Die Bettenwaage findet Anwendung bei bettlägerigen, immobilen Menschen, deren Gewichtsermittlung von großer Bedeutung ist, z.B. im intensivpflegerischen Bereich und in der Dialyse.

15.1.3 Bedingungen für die Gewichtsmessung

Gültige Messwerte können nur bei vergleichbaren Messbedingungen ermittelt werden, deswegen sollte die Messung möglichst immer zur selben Zeit erfolgen, z. B. morgens nüchtern und nach dem Toilettengang und immer mit etwa gleicher Kleidung, z. B. mit oder ohne Bademantel. Es empfiehlt sich, immer die gleiche Waage zu benutzen. Die Waage muss vor der Messung unbedingt tariert werden.

15.1.4 Dokumentation

Die Dokumentation des Körpergewichtes erfolgt meist in einer festgelegten Spalte des Dokumentationssystems, häufig in Verbindung mit der Dokumentation der Körpergröße (s. **Abb. 14.2**).

15.1.5 Ermittlung der Körperoberfläche

Die Körperoberfläche ist die von der Haut bedeckte äußere Oberfläche des gesamten Körpers. Sie wird aus dem Körpergewicht und der -größe berechnet und liefert eine exaktere Bezugsgröße für die Dosierung von Medikamenten als das Körpergewicht allein.

Die Bestimmung ist z. B. notwendig zur Dosierung von Medikamenten oder in der Infusionstherapie, zur Berechnung des Energieumsatzes oder zur Ermittlung des Ausmaßes bei Hautschäden, beispielsweise bei Verbrennungen.

Es gibt Formeln, nach denen die Körperoberfläche berechnet werden kann,

z. B. die Du-Bois-Formel: (O = Körperoberfläche; P = Körpergewicht) O = P × Länge × 167,2.

Leichter ist es jedoch, ein Nomogramm zu benutzen.

Ein Nomogramm ist die Darstellung eines funktionalen Zusammenhangs mehrerer, voneinander abhängiger Größen in einem Skalensystem und zwar derart, dass, wenn nur eine der Größen unbekannt ist, diese aus dem Nomogramm entnommen werden kann.

Z. B. kann die Körperoberfläche bei bekannter Körpergröße und bekanntem Körpergewicht durch entsprechendes Verschieben einer Rechenscheibe auf einer Skala abgelesen werden.

15.2 Allgemeine Beobachtungskriterien und Beschreibung des Normalzustandes

Das „normale" Gewicht kann auf mehrere Arten ermittelt werden. Es haben sich im wesentlichen 2 Methoden durchgesetzt: Die Berechnung nach der Broca-Formel oder nach dem ▸ *Body-Mass-Index (BMI)*, der auch als Quetelet-Index bekannt ist.

15.2.1 Broca-Formel

Die Broca-Formel geht auch den französischen Chirurgen P. Broca (1824 – 1880) zurück. Nach der Broca-Formel errechnet sich das Normalgewicht in Kilogramm (kg) aus der Körpergröße in Zentimeter (cm) minus 100. Zieht man beim Mann nochmals 10 % und bei der Frau 15 % ab, so erhält man das Idealgewicht. Diese einfache Art der Berechnung des Normalgewichts hat sich vor allem bei Laien durchgesetzt. Der Nachteil ist jedoch, dass verschiedene Faktoren, wie z. B. Lebensalter, Konstitution und Knochenbau, unberücksichtigt bleiben. Hinzu kommt, dass die Ergebnisse bei sehr großen und sehr kleinen Menschen ungenau sind. Eine 120 cm große Frau hätte nach der Broca-Formel ein Normalgewicht von nur 20 kg.

15.2.2 Body-Mass-Index (BMI)

Der belgische Mathematiker und Statistiker L.A.J. Quetelet (1796 – 1874) berechnete die Körpermaße des Durchschnittsmenschen, den sog. Körpermaßindex. Er wird auch auch Quetelet-Index bezeichnet. Der BMI errechnet sich, indem man das Körpergewicht in Kilogramm (kg) durch die Körperlänge in Metern (m) zum Quadrat dividiert:
Körpergewicht (kg) : Körperlänge $(m)^2$

Beispiel: 74 kg : (1,78 m × 1,78 m) = 23,4 (BMI)

Das Normalgewicht liegt zwischen 19 und 30 BMI und ist je nach Alter und Geschlecht in Normbereiche aufgeteilt. Werte darunter gelten als Untergewicht, Werte darüber als Übergewicht (**Abb. 15.3**). Das Idealgewicht liegt jeweils an der unteren Grenze des Normalgewichts. Die Berechnung des Normalgewichts nach dem BMI ist wesentlich genauer, aber auch umständlicher als nach der Broca-Formel. Inzwischen gibt es Nomogramme zum Body-Mass-In-

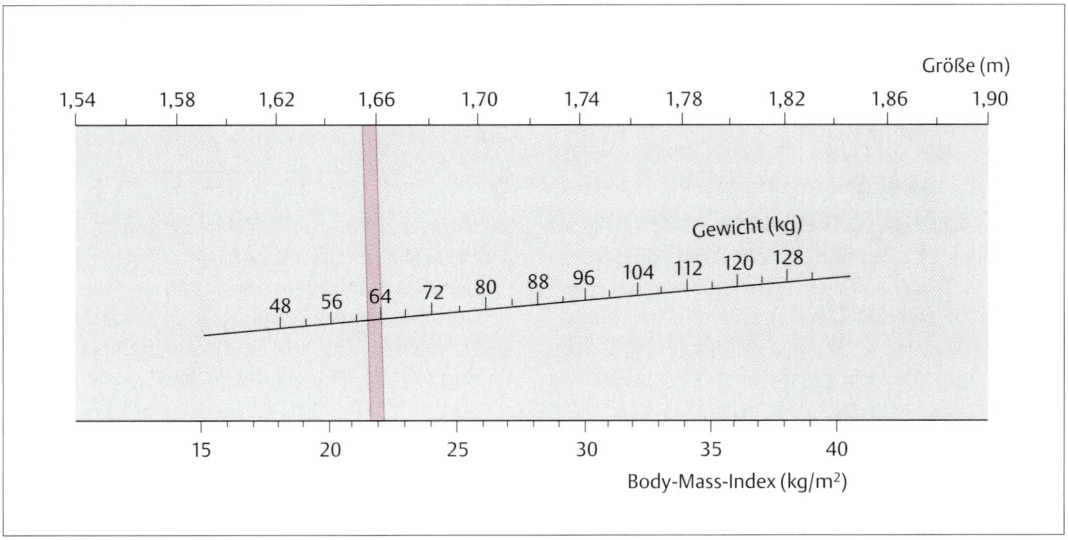

Abb. 15.3 Nomogramm zum Body-Mass-Index. Der Schnittpunkt der Verbindung zwischen der Körpergröße und dem Körpergewicht ergibt die Punktzahl des BMI

dex, sodass die entsprechenden Werte auch ohne Rechnung ermittelt werden können.

Zur Berechnung des Normalgewichts eines Menschen können die Broca-Formel und der Body-Mass-Index herangezogen werden.

Ermittlung des Körpergewichts:

- Die Ermittlung des Körpergewichts ist notwendig zur Berechnung der Dosis von Medikamenten, zur Kontrolle und Bilanzierung bei vielen Erkrankungen, zur Berechnung des Grundumsatzes und des Kalorienbedarfs.
- Für die Gewichtsermittlung eignen sich Stehwaagen, Sitzwaagen oder Bettenwaagen.
- Die Körperoberfläche lässt sich nach Formeln, z. B. nach der Du-Bois-Formel berechnen.
- Die Broca-Formel oder der Body-Mass-Index dienen der Errechnung des Normalgewichts.

15.2.3 Subjektives Normgewicht

Neben den Normgewichtsberechnungen sollte nicht vergessen werden, dass jeder Mensch sein „Wohlfühlgewicht“ hat, welches nicht immer mit dem Normgewicht übereinstimmen muss. Das „Wohlfühlgewicht“ kann sowohl über als auch unter dem Normalgewicht liegen. Problematisch kann es werden, wenn durch ein zu hohes oder niedriges „Wohlfühlgewicht“ Krankheiten entstehen.

Der Einfluss der Mode und des jeweiligen Schönheitsideals führt nicht selten dazu, dass das eigene „Wohlfühlgewicht“ oder das Normgewicht nicht mehr ausreicht, um sich schön zu finden. Als Folge hiervon wird gehungert oder gegessen, je nachdem welches Schönheitsideal gerade favorisiert wird.

15.2.4 Beeinflussende Faktoren

Das Körpergewicht eines Menschen verändert sich mit der Nahrungsaufnahme, der Urin- und Stuhlausscheidung sowie der Schweißbildung. Der Gewichtsunterschied kann im Laufe eines Tages 1 – 2 kg betragen.

Als weiterer Einflussfaktor muss der unterschiedliche Knochenbau berücksichtigt werden. Er kann das Körpergewicht um bis zu 4 kg nach oben oder unten verändern. Krankheiten, z. B. Nieren- oder Herzerkrankungen, die mit einer Ödembildung einhergehen, können bei den betroffenen Menschen eine Gewichtszunahme von mehreren Kilogramm innerhalb weniger Tage bewirken. Die Gewichtszunahme beruht in diesem Fall auf Wassereinlagerung im Gewebe. Werden die Ödeme medikamentös ausgeschwemmt, führt dies zur entsprechend hoher und schneller Gewichtsabnahme.

Während der Schwangerschaft kommt es zur physiologischen Gewichtszunahme von ca. 1,5 kg/ pro Schwangerschaftsmonat. Das ergibt bis zum Ende der Schwangerschaft eine Gesamtzunahme von ca. 8 – 12,5 kg.

15.2.5 Energiebilanz

Stehen Energiebedarf und Energiezufuhr in einem ausgeglichenen Verhältnis, hält ein gesunder, erwachsener Mensch sein Gewicht konstant. Der Energiegehalt in der Nahrung wird in der Einheit „Kilokalorien" (Kcal) bzw. seit 1992 in „Kilojoule" (Kj) ausgedrückt. Eine Kilokalorie entspricht der Wärmemenge (Energie), die notwendig ist, um 1 l Wasser von 14,5 °C auf 15,5 °C zu erhitzen. 1 Kilokalorie entspricht 4,185 Kilojoule. 1 g Fett liefert mit 9,3 Kcal (38,9 Kj) die meisten Kalorien; 1 g Eiweiß und Kohlenhydrate stellen jeweils 4,1 Kcal (17,2 Kj) bereit.

Der Energiebedarf eines Menschen ist individuell ganz verschieden und hängt von Alter, Geschlecht, Gewicht und der körperlichen Bewegung ab. Mit zunehmendem Alter nimmt der Energiebedarf ab, weil sich der Stoffwechsel allgemein verringert. Männer benötigen mehr Energie als Frauen, weil sie in der Regel mehr Muskelmasse haben, deren Stoffwechsel ebenfalls mehr Energie verbraucht.

Vereinfacht errechnet sich der Energieumsatz aus Grundumsatz und Arbeitsumsatz. Der Grundumsatz ist die Energiemenge, die benötigt wird, um den Kreislauf und die Funktion der Organe aufrechtzuhalten. Er ist abhängig von Alter, Geschlecht, Körperoberfläche, Hormonfunktion und der Ernährungsart des jeweiligen Menschen. Der Arbeitsumsatz ist die Energiemenge, die für Bewegung und Muskelarbeit benötigt wird. Es gibt Tabellen, aus denen der Kalorienverbrauch unter Berücksichtigung der genannten Faktoren abgelesen werden kann.

15.3 Abweichungen und Veränderungen des Körpergewichts sowie deren Ursachen

Das Körpergewicht des Menschen setzt sich zusammen aus den verschiedenen Gewebearten, Organen und Körperflüssigkeiten.

Für Gewichtsveränderungen ist im wesentlichen das Fettgewebe verantwortlich.

Bei einem erwachsenen Menschen besteht die Körpermasse aus ca. 16% Fettgewebe. Individuelle Schwankungen liegen zwischen 8 und 15%. Bei extremer Übergewichtigkeit kann der Fettanteil sogar 50% erreichen. Fettgewebe besteht jedoch nicht ausschließlich aus Fett, sondern zum geringen Teil auch aus Eiweißen und Kohlenhydraten sowie Mineralien und Wasser, sodass bei der Berechnung ca. $^{1}/_{4}$ geringere Werte zu veranschlagen sind.

Bei Bilanzberechnungen ist der Brennwert von Fettgewebe mit etwa 7000 Kcal/kg anzusetzen. Das heißt, mit einer 0-Diät ist eine Gewichtsabnahme von ca. 2 kg pro Woche zu erreichen.

Fettarten

Fett ist zunächst einmal lebenswichtig; es wird unterschieden zwischen Bau- und Speicherfett.

Speicherfett

Der Körper speichert seine Energievorräte in den Fettzellen des Speicherfetts. Wird dem Körper mehr Energie zugeführt als er zu diesem Zeitpunkt benötigt, schwellen die Fetttröpfchen in den Fettzellen zu großen Kugeln an und drängen Zytoplasma und Zellkern an den Rand. Viele Fettzellen bilden über Fasern Fettläppchen und viele Fettläppchen das Fettgewebe. Bei Energiemangel greift der Körper auf diese Reserven zurück und baut Fett wieder ab.

Bevorzugte Lokalisationen von Speicherfett sind Unterhaut und Bauchraum. Das Unterhautfettgewebe dient neben der Fettspeicherung auch der Wärmeisolation.

Die Fettverteilung ist abhängig von Geschlecht und Alter. Frauen haben durchschnittlich 5 – 6 kg mehr Fett als Männer. Dieses ist bei ihnen für die weiblichen Rundungen verantwortlich.

Baufett

Das Baufett dient als Füllmasse. Bei Druck verformt es sich und geht, sobald der Druck nachlässt, wieder in seine Ausgangslage zurück. Diese Druckpolster benötigt der menschliche Körper z. B. an den Fußsohlen, am Gesäß und an den Handballen. Außerdem dient Baufett zur Füllung von Hohlräumen und sichert so die Lage von Organen, z. B. die der Augen in den Augenhöhlen und der Nieren in den Nierenlagern.

Beim Säugling versteift das Baufett die Wangen, damit diese sich beim Saugen nicht eindellen, wodurch auch das „pausbäckige" Aussehen zu erklären ist. Das Baufett wird bei negativer Energiebilanz, z. B. beim Hungern, erst zuletzt angegriffen.

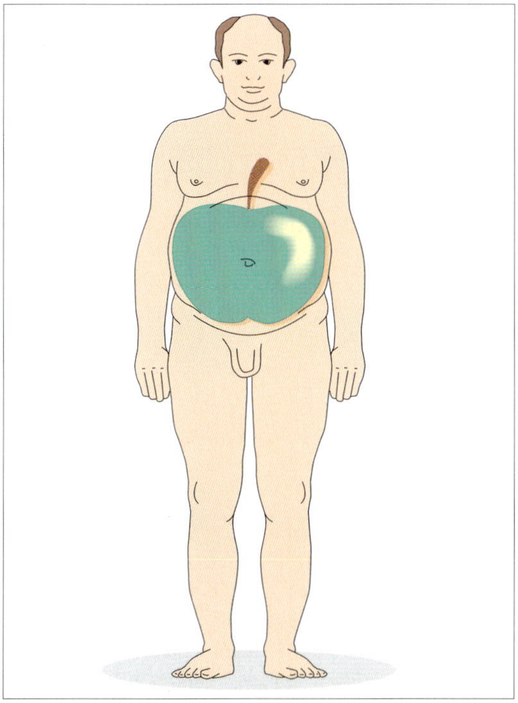

Abb. 15.4 Männlicher Fettverteilungstyp: „Apfelform“

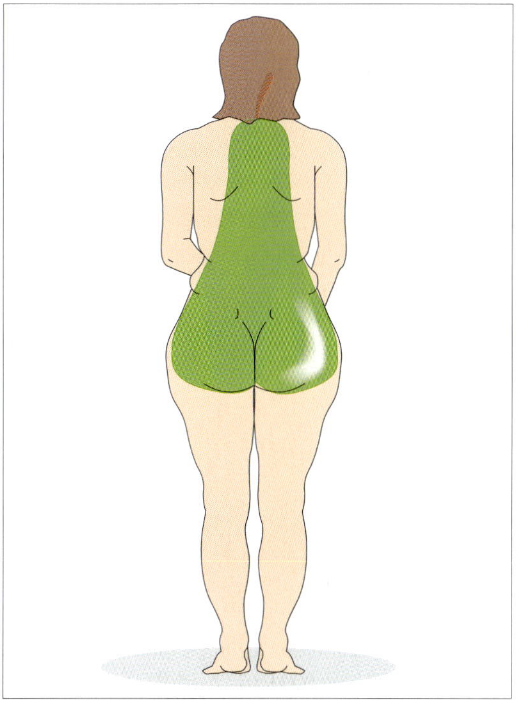

Abb. 15.5 Weiblicher Fettverteilungstyp: „Birnenform“

Fettverteilungstyp

Männer und Frauen haben eine unterschiedlich körperliche Fettverteilung. Zur Unterscheidung wird das Verhältnis zwischen Taillen- und Hüftumfang gemessen, d. h. der Taillenumfang in Zentimeter (cm) wird durch den Hüftumfang in Zentimeter (cm) dividiert.

Beim männlichen, sog. androiden Fettverteilungstyp (**Abb. 15.4**) befindet sich die Hauptfettansammlung am Körperstamm, d. h. an Bauch und Nacken. Die Extremitäten bleiben relativ schlank. Das Verhältnis zwischen Taillen- und Hüftumfang ist > 1. Da diese Form an einen Apfel erinnert, wird sie entsprechend auch als „Apfelform“ bezeichnet.

Beim weiblichen, sog. gynäkoiden Fettverteilungstyp befindet sich die Hauptfettansammlung an der Hüfte und an den Oberschenkeln. Diese Form erinnert eher an eine Birne und wird entsprechend als „Birnenform“ beschrieben (**Abb. 15.5**). Die Fettverteilung ist verantwortlich für die Risikoerhöhung von Folgeerkrankungen. Während der männliche Fettverteilungstyp ein hohes Risiko für Folgeerkrankungen darstellt, ist es beim weiblichen Fettverteilungstyp deutlich geringer.

Muskulatur

Einen weiteren großen Anteil des Körpergewichts stellt die Muskulatur dar. Bei Frauen beträgt der Muskelanteil ca. 24 kg des Körpergewichts, bei Männern dagegen ca. 30 kg. Das Hormon Testosteron ist dafür verantwortlich, dass Männer mehr Muskulatur besitzen. Die Muskulatur kann sich durch Training entsprechend vermehren, wie es beispielsweise beim Bodybuilding der Fall ist.

Zur Unterscheidung zwischen Muskel- und Fettgewebe, ist die Bestimmung der Hautfaltendicke notwendig. Dazu wird mit dem Daumen und Zeigefinger eine Hautfalte gebildet und die Hautfaltendicke mit den beiden Schenkeln des Hautfaltenmessgeräts (= Caliper) gemessen. Zur Messung werden die Körperstellen unterhalb des Schulterblatts, oberhalb des Darmbeinstachels, die Außenseite des Oberarms und des Oberschenkels gemessen (**Abb. 15.6**).

Es gibt auch spezielle Personenwaagen, mit denen der Fettanteil des Körpergewichts bestimmt werden kann. Die Körperzusammensetzung wird bei diesen Waagetypen durch einen für den Menschen nicht wahrnehmbaren Strom gemessen, der durch den Körper fließt. Bei Durchfluss durch Fettgewebe

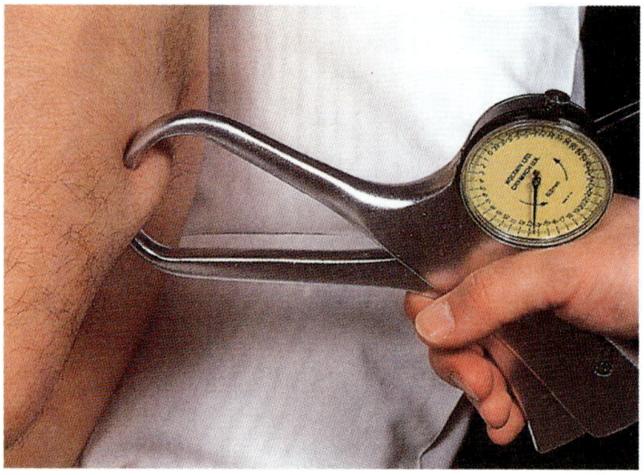

Abb. 15.6 Hautfaltenmesszange zur Messung der Hautfaltendicke über dem Trizeps (aus Epstein, O. u. a. (Hrsg.): Bild – Lehrbuch der klinischen Untersuchung. Thieme, Stuttgart 1994)

entsteht ein höherer Widerstand, der genau gemessen werden kann und hierdurch Aussagen zum Körperfettanteil zulässt.

Abweichungen und Veränderungen des Körpergewichts:

- Das „Wohlfühlgewicht" muss nicht mit dem Normgewicht übereinstimmen.
- Nahrungsaufnahme, Schweißbildung, Knochengewicht, Ödeme oder Schwangerschaft sind das Körpergewicht beeinflussende Faktoren.
- Bei ausgeglichener Energiebilanz bleibt auch das Körpergewicht konstant.
- Für Gewichtsveränderungen ist das Fettgewebe verantwortlich: Energievorräte werden im Speicherfett abgelagert, Baufett dient zur Füllung von Hohlräumen und als Druckpolster.
- Bei den Fettverteilungstypen unterscheidet man „Apfel"- und „Birnenform".
- Die Unterscheidung von Muskel- und Fettgewebe erfolgt durch die Bestimmung der Hautfaltendicke.

15.3.1 Übergewicht

Als Übergewicht wird ein Körpergewicht, welches 10% über dem Broca-Normalgewicht liegt, bezeichnet. Kennzeichen ist die Bildung großer Mengen Fett am Körper.

Adipositas

▸ *Adipositas* bedeutet übersetzt „Fettsucht" und bezeichnet ein Übergewicht von mindestens 20% über dem Broca-Normalgewicht bzw. über 30 BMI. Die Adipositas beschreibt Übergewichtigkeit infolge Vermehrung des Köperfetts mit Einschränkung des Gesundheitszustands (**Abb. 15.7**).

Da in der überwiegenden Zahl der Fälle organische Ursachen nicht erkennbar sind, wird auch von Adipositas simplex oder alimentärer Adipositas gesprochen.

In den Industrieländern ist die Adipositas eines der häufigsten Erkrankungssymptome. In der Bundesrepublik Deutschland erreicht etwa jeder 4. Bürger das Idealgewicht. 60% der Bundesbürger überschreiten das Idealgewicht, 17% hiervon überschreiten das normale Ausgangsgewicht von Broca um mehr als 15%.

Folgen des Übergewichts

Der Bluthochdruck ist die häufigste Folge einer Adipositas und betrifft bei ausgeprägter Form 70% der Fälle. Die Blutversorgung des Fettgewebes erfolgt durch sog. Kapillaren. Je mehr Fettgewebe vorhanden ist, desto mehr Kapillaren bilden sich. Durch die

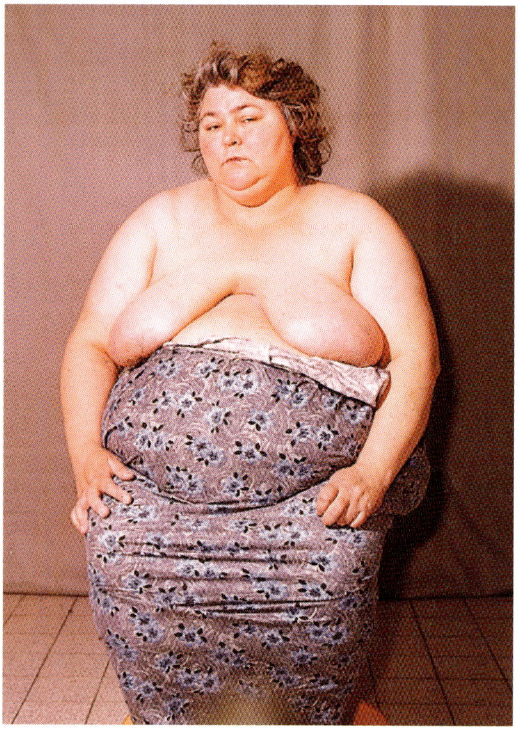

Abb. 15.7 Adipositas

Bildung vermehrten Blutvolumens entsteht ein erhöhter Blutdruck. Daraus folgt eine Mehrbelastung des Herz- und Kreislaufsystems, da das Herz mit erhöhter Schlagkraft reagiert. Die Folge ist eine Funktionsminderung des Herzens, die sich als Linksherzinsuffizienz mit nachfolgender Lungenstauung und/ oder als Rechtsherzinsuffizienz äußert. Beobachtbar sind Luftnot bei geringfügigen Belastungen und schnelle Ermüdbarkeit. Im späteren Verlauf tritt die Luftnot bereits in Ruhe auf und es kommt zu Zeichen des Sauerstoffmangels mit Zyanose.

Das Übergewicht muss bei jeder Bewegung zusätzlich „getragen" und „gehalten" werden. Dies bedeutet Mehrarbeit für den Gelenk- und Halteapparat der Wirbelsäule und der Beine. Die Folge sind Gelenkschmerzen, besonders nach körperlichen Belastungen und bei langjähriger Genese Gelenkarthrosen.

In nahezu 15% der Fälle kommt es bei Adipositas zu meist beschwerdefreier Gallensteinbildung und in fast allen Fällen zu einer Fettleber. Das erhöhte Körpergewicht, die Fettmasse und die Fettzellgröße bedingen einen veränderten Stoffwechsel in den Langerhans-Inseln der Bauchspeicheldrüse. Es wird vermehrt Insulin gebildet, aber verzögert aus den Zellen der Bauchspeicheldrüse abgegeben. Nach der Nahrungsaufnahme werden die „überschüssigen" Kohlenhydrate und Fette aufgrund „fehlenden" Insulins nicht sofort in die Körperzellen eingebracht. Eine Hyperglykämie, d. h. ein Anstieg des Zuckers im Blut ist die Folge.

Hyperglykämie wiederum stellt einen Reiz für die Langerhans-Inseln dar, vermehrt Insulin zu produzieren. Nach und nach werden, zwar verzögert, die Kohlenhydrate verarbeitet und als Fett in den Fettzellen gespeichert, es verbleibt aber eine sog. Restmenge an Insulin im Blut, die hypoglykämische Symptome auslösen und ein Hungergefühl provozieren kann. Dieser gestörte Mechanismus führt zu einer verminderten Ansprechbarkeit der Insulinrezeptoren an den Leber-, Muskel- und Fettzellen. Als Folge kommt es zu hyperglykämischen Zuständen, die ebenfalls einen Reiz zur Insulinproduktion bieten. Damit schließt sich ein circulus vitiosus. Die erhöhte Insulinproduktion kann jahrelang aufrecht erhalten werden, bis sie schließlich versiegt und sich ein Diabetes mellitus manifestiert. Diese Entwicklung ist bei entsprechender Diät bzw. Gewichtsabnahme teilweise oder vollständig reversibel.

Körperliche Bewegung führt bei Übergewichtigen zu erhöhter „Arbeitsleistung" und infolgedessen zu vermehrter Schweißbildung und schnellerer Ermüdbarkeit. Ist die Adipositas sehr ausgepägt, sind sog. „Fettschürzen" und aneinanderliegende Beugefalten bevorzugte Stellen für Hauterkrankungen, z. B. Intertrigo und Mykosen. Spezielle Probleme bei adipösen Menschen treten besonders bei Operationen und Unfällen auf.

Bei den Operationen kommt es gehäuft zu Komplikationen bei der Atmung. Die Gewebsfülle bedingt eine erschwerte operative Technik. Nicht selten ist die Wundheilung gestört und in schweren Fällen kann es zur Nahtinsuffizienz bis hin zum Platzbauch kommen. Bei der Anästhesie ist die Verwendung fettlöslicher Anästhetika nicht unproblematisch, weil sich die Medikamente im Fettgewebe „ablagern" und später wieder unkontrolliert abgegeben werden. Die Folge ist dann eine unerwünschte narkoseähnliche Nachwirkung, die auch als „Hang-Over"-Effekt bezeichnet wird.

Ein weiteres Problem von Übergewichtigen sind die ästhetischen bzw. kosmetischen Auswirkungen. Es kann ein gestörtes Verhältnis zum eigenen Körper entstehen, das bis zur Isolation führen kann. Extremes Übergewichtigkeit kann sich bis zum Pickwick-Syndrom entwickeln. Hierbei kommt es, bedingt durch massive Fettablagerungen in der Lungenumgebung, zu einer Einschränkung der Atmung, der sog. alveolären Hypoventilation. Die Folgen hiervon sind Sauerstoffmangel und Kohlendioxyderhöhung mit erhöhter Schläfrigkeit bis zur sog. Kohlendioxydnarkose.

Ursachen der Adipositas

Bei der Entstehung einer Adipositas spielen mehrere ursächliche Faktoren eine Rolle. Sie liegen im genetischen, stoffwechselbedingten und psychischen Bereich.

Untersuchungen haben ergeben, dass Kinder von adipösen Eltern zu 80% ebenfalls übergewichtig werden. Ob hierfür die Gene oder die die Ernährungsgewohnheiten innerhalb der Familie verantwortlich sind, ist noch nicht hinreichend geklärt.

Die Stoffwechsellage ist mitentscheidend für die Energieverwertung. Sie kann durch Krankheiten sowie durch äußere Faktoren beeinflusst werden. Krankheiten, wie beispielsweise die Hypothyreose, Morbus Cushing oder ein Hypothalamus-Tumor mit daraus folgender Fresssucht, sind in 3–5% der Fälle für die Entwicklung einer Adipositas verantwortlich.

Medikamente, wie z.B. einige Psychopharmaka, die Anti-Baby-Pille oder Cortison, greifen in den Energiehaushalt ein und reduzieren die Stoffwechsellage, führen zur Flüssigkeitseinlagerung im Körpergewebe oder können den Appetit steigern, sodass es ebenfalls zu einem Anstieg des Körpergewichts kommen kann. Ebenso ist eine Gewichtszunahme möglich bei Raucherentwöhnung. Mit dem Rauch wird Nikotin inhaliert, das den Stoffwechsel steigert. Fehlt dieser Stoff, normalisiert sich die Stoffwechselsituation. Außerdem wird der Appetit durch Nikotin gedämpft, was zu einer verminderten Nahrungsaufnahme führt. Entfällt die Nikotinzufuhr, wird auch der Appetit wieder größer.

Auch psychische Faktoren spielen bei der Entstehung der Adipositas eine große Rolle. Psychologischen Untersuchungen zufolge wird das vermehrte Essen bei Adipösen weniger durch Hunger und Sättigung als vielmehr durch Sehen und Riechen gesteuert. Auch dem vermehrten Essen als Reaktion nach emotionaler Belastung liegen gesicherte wissenschaftliche Erkenntnisse zugrunde.

Alle diese Ursachen bieten zwar Erklärungen für die Entstehung von Adipositas, sind aber letztlich unbefriedigend, denn hiermit ist noch nichts darüber ausgesagt, warum ein Mensch nach Aufnahme einer bestimmten Anzahl Kalorien zunimmt, ein anderer jedoch nicht. Der Grund hierfür liegt in der speziellen Stoffwechsellage adipöser Menschen. Normgewichtige haben die Fähigkeit, überschüssige Energie durch vermehrte Wärmeabgabe abzubauen. Diese Fähigkeit wird auch Thermogenese genannt. Das geschieht einerseits über die durch Noradrenalin gesteuerte Steigerung des Grundumsatzes, andererseits über spezielle Enzyme, die sogenannten ATP-Asen, die wesentlich am gesteigerten Energiestoffwechsel beteiligt sind. Bei Adipösen ist die Fähigkeit begrenzt, überschüssige Nahrungsenergie in Form von o.g. Wärmebildung abzugeben.

Diäten

Um Risikofaktoren für Folgekrankheiten zu mindern, sollten Übergewichtige ihr Gewicht reduzieren. Ineffektiv sind kurzfristige Gewichtsreduktionen bzw. Radikalkuren, die durch Einnahme von Appetitzüglern oder dergleichen unterstützt und häufig in Modezeitschriften beschrieben werden.

In vielen Fällen kommt es nach diesen schnellen Abmagerungskuren zur Wiederaufnahme der normalen Essensgewohnheiten und entsprechender Gewichtszunahme. Das liegt in erster Linie daran, dass sich der Grundumsatz des Körpers im Hungerzustand auf einen verminderten Grundumsatz einstellt, so als müsse sich der Körper auf eine „Hungersnot" vorbereiten. Entsprechend wird der Energiebedarf vorsorglich heruntergeschaltet.

Wird nun, nachdem das erwünschte verminderte Gewicht erreicht ist, wieder die normale Energiemenge wie vor der Diät zugeführt, speichert der Körper diese Energie sofort wieder, sozusagen für die nächste „Hungersnot". Die Folge ist eine rasche Gewichtszunahme, die der langsamen und oft mühsamen Gewichtsabnahme folgt, was für den Betroffenen häufig sehr frustrierend ist und die Motivation für die nächste Diät nicht gerade steigert. Dieser Effekt des Zunehmens, Abnehmens und erneuten Zunehmens wird als Jo-Jo-Effekt bezeichnet.

Für eine langanhaltende Gewichtsreduktion ist eine Umstellung der Essgewohnheiten in Kombination mit Bewegung entscheidend. Das ist zwar wesentlich langwieriger und auch schwieriger, aber der wirksamste Weg zum langfristigen Erfolg. Da sich die Essgewohnheiten über Jahrzehnte entwickelt haben, fällt den meisten Menschen die Umstellung dieser Gewohnheiten sehr schwer. Die Art und Weise der Nahrungsaufnahme, die Essenszeiten, die Menge der Nahrung und die Art der Nahrungsmittel, die Gründe, warum gegessen wird, etc., all das hat u.U. dazu beigetragen, dass der Körper über lange Zeit mehr Energie erhalten hat, als er brauchte.

Um Klarheit über das eigene Essverhalten zu bekommen, muss es zunächst bewusst gemacht werden. Als Möglichkeit hierzu bietet sich das Führen eines „Ernährungstagebuchs" an (**Tab. 15.1**). Täglich wird eingetragen, was gegessen und getrunken wurde, inklusive der Kalorien/Joule-Zuordnung. Sinnvoll ist auch aufzuschreiben, in welcher Stimmung oder Umgebung die Nahrung aufgenommen wurde. Innerhalb weniger Tage lässt sich anhand der Aufzeichnung ein Essmuster erkennen. Häufig wird zu fett gekocht oder es werden zu viele Zwischenmahlzeiten in Form von Süßigkeiten zu sich genommen.

Im nächsten Schritt sollte überlegt werden, wo Nahrungs- oder Genussmittel eingespart werden können und welches Gewichtsziel in welchem Zeitraum erstrebenswert ist. Dabei sollten ruhig Feierlichkeiten mit einbezogen werden, denn es nützt wenig, wenn die Abnehmzeit ausschließlich vom Zeiger der Waage diktiert wird. Der Vorteil dieser Methode des Abnehmens ist, dass der Körper langsam ab-

Tab. 15.1 Ernährungstagebuch (aus Wolf, D.: Übergewicht und seine seelischen Ursachen. PAL, Mannheim 1996)

Eine Eintragung im Ernährungstagebuch könnte folgendermaßen aussehen:

Datum	Was habe ich gegessen und getrunken?	Situation	Gefühle: war ich körperlich hungrig, oder hatte ich negative Gefühle? Welche?	Welche Gefühle hatte ich nach dem Essen?
5.2. abends	Schokolade, Kaffee oder Milch	In der Küche hat mein Mann alles stehen und liegenlassen	Ich war ärgerlich	Wieder ruhiger

nimmt, ohne in den sog. „Hungerstoffwechsel" zu geraten. Dadurch wird ein langfristiger Erfolg unterstützt.

Ödeme

Ödeme sind Wasseransammlungen im Gewebe (s. a. **Abb. 6.6**).

Flüssigkeit wird in diesem Fall vom Körper nicht ausgeschieden, sondern lagert sich vorwiegend in den unteren Extremitäten, aber auch im Bauchraum oder in der Lunge an. Ursachen sind häufig Nieren- oder Herzerkrankungen. Es können mehrere Liter Flüssigkeit im Gewebe eingelagert sein, die das Körpergewicht ganz erheblich beeinflussen. Eine besondere Ödemform ist der Aszites, der bei Lebererkrankungen, Karzinomen oder Entzündungen in der Bauchhöhle sowie bei Herzinsuffizienz auftreten kann.

Die Menge kann bis zu 20 l betragen, was eine entsprechende Gewichtszunahme zur Folge hat. Die Therapie erfolgt über Diuretika, NaCl-arme Kost, Beschränkung der Flüssigkeitszufuhr und Punktion der Bauchhöhle zur Ableitung des Ödems. Dabei sollte eine tägliche Gewichtsreduktion von 300 – 500 g nicht überschritten werden. Sind zusätzlich periphere Ödeme vorhanden, kann die tägliche Gewichtsabnahme auf 1 kg ausgedehnt werden. Die tägliche Gewichtskontrolle wird durch eine exakte Flüssigkeitsbilanz ergänzt.

Adipositas:

- Bei Adipositas liegt das Übergewicht mindestens 20% über dem Broca-Normalgewicht.
- Folgen der Adipositas sind Bluthochdruck, Gelenkschmerzen, Fettleber, Hyperglykämie, Diabetes mellitus, Hauterkrankungen und Komplikationen bei Operationen.
- Neben psychischen Faktoren ist vor allem eine spezielle Stoffwechsellage, eine reduzierte Thermogenese, als Ursache für Adipositas zu sehen.
- Langanhaltende Gewichtsreduktion durch Umstellung von Essgewohnheiten und Führung eines Ernährungstagebuchs ist die wirksamste Therapie.
- Auch Ödeme, besonders der Aszites, können Ursache erheblicher Gewichtszunahme sein.

15.3.2 Untergewicht

Als Untergewicht wird ein Körpergewicht, das unter dem Idealgewicht liegt, bezeichnet.

Als Ursachen für das Untergewicht kommen

- Magen-Darm-Erkrankungen,
- schwere, fiebrige Infektionen,
- Erkrankungen endokriner Drüsen (z. B. juveniler Diabetes mellitus, Hypophysenerkrankungen, Hyperthyreose),
- organische Hirnschäden mit Inappetenz,
- Hungersnot,
- psychische Essstörungen (z. B. ▸ *Anorexia nervosa*) und
- maligne Erkrankungen

in Betracht.

Kachexie

Liegt das Körpergewicht eines Menschen ca. 20% unter dem Normalgewicht, wird dieser Zustand als ▸ *Kachexie* bezeichnet.

Diese Menschen sind hochgradig abgemagert, die Fettpolster fehlen, der Hautturgor ist meist schlaff und faltig, die Wangenhaut ist eingefallen. Das führt insgesamt zu einem greisenhaften Aussehen. Knochenvorsprünge, besonders an den Rippen, am Beckenkamm, an den Armen und Beinen sind deutlich zu sehen.

Die Folgen der Kachexie sind Kreislaufbeschwerden mit Hypotonie, Nährstoff- und Vitaminmangelerscheinungen, Kräfteverfall sowie eine erhöhte Infektanfälligkeit. Durch die allgemeine Schwäche ist die Leistungsfähigkeit stark herabgesetzt und es kommt zu schneller Ermüdbarkeit und Abgeschlagenheit. Die Haut ist besonders dekubitusgefährdet, da das schützende Polster zur Druckminderung fehlt.

Durch Infektanfälligkeit und Schwäche ergibt sich eine erhöhte Pneumoniegefahr. Bei starker Schwäche, die zu Bewegungsmangel führt, ist auch das Thromboserisiko erhöht. Bei Eiweißmangel kann es zur Ödembildung kommen. Ab einer Unterschreitung des Normalgewichtes von über 50% besteht Lebensgefahr (**Abb. 15.8**).

Anorexia nervosa

Anorexia nervosa ist die „nervöse Appetitlosigkeit". Sie befällt fast ausschließlich Menschen in der Pubertät, weswegen sie auch als Pubertätsmagersucht bezeichnet wird.

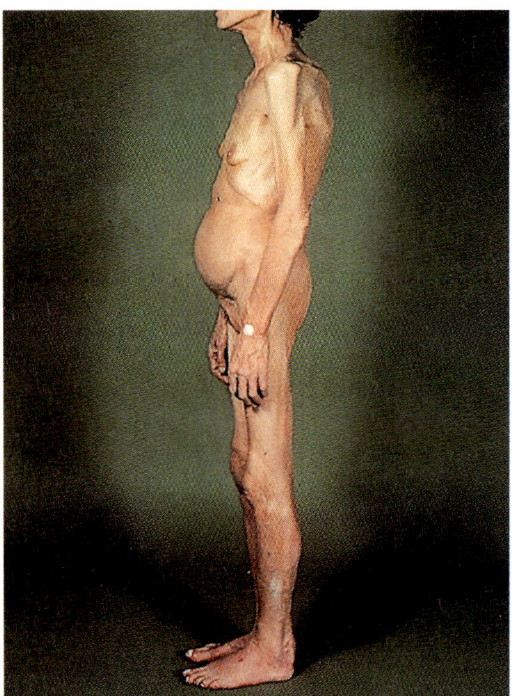

Abb. 15.8 Kachektischer Mann mit Eiweissmangel – Ödem bei Lebererkrankung (aus Epstein, O. u. a. (Hrsg.): Bild – Lehrbuch der klinischen Untersuchung. Thieme, Stuttgart 1994)

Das Körpergewicht liegt zwischen 15 und 50% unter dem Normalgewicht. Gleichzeitig besteht eine teilweise panische Angst vor Gewichtszunahme. Unterstützt wird die gewollte Gewichtsabnahme häufig durch vermehrte Bewegung, Abführmittel und provoziertes Erbrechen.

Die Folgen sind, neben dem Nährstoffmangel und der Schwäche, schwere Elektrolytverschiebungen bis hin zu lebensbedrohlichen Herz-Kreislauf-Situationen. Als Folgeerscheinungen des Nährstoffmangels schaltet der Gesamtorganismus auf einen erniedrigten Grundumsatz mit erniedrigten Körpertemperatur, erniedrigtem Blutdruck sowie herabgesetzter Puls- und Atemfrequenz um. Eine weitere Folge ist die Obstipation. Bei Frauen bleibt die Menstruation schon sehr früh aus.

Im Laufe der Gewichtsabnahme verändert sich auch die Wahrnehmung der betroffenen Menschen. Das Kälteempfinden wird ausgeprägter, Geräusche werden intensiver wahrgenommen, was zu einer erhöhten Schreckhaftigkeit führt, und die Augen reagieren empfindlicher auf Licht. Häufig tragen die Betroffenen Sonnenbrillen, auch wenn keine Sonne scheint. Die Psychodynamik kann stark eingeschränkt sein, d.h. die Fähigkeit, sich mit sich selbst und anderen auseinander zu setzen, ist reduziert.

Sämtliches Tun und Handeln ist auf das eigene Körpergewicht fixiert, genauer auf die Gewichtsabnahme. Der anorektische Mensch fühlt sich schöner und wohler, je dünner er ist. Körperfett und Gewichtszunahme lösen Ängste aus, die bis zur Depression führen können. Das bedeutet jedoch nicht, dass die betroffenen Menschen keinen Hunger verspüren. Das Ignorieren dieses Bedürfnisses wird jedoch als Sieg und Macht über den Körper empfunden.

Die Ursachen für Anorexia nervosa sind seelisch bedingt und sehr komplex. Mädchen und Frauen sind häufiger betroffen als Jungen und Männer. Es kommen verschiedene Theorien in Betracht, die einzeln oder kombiniert für die Erkrankung verantwortlich zu sein scheinen. Die in USA lebende deutsche Psychologin H. Bruch hat sich wissenschaftlich mit der *Anorexia nervosa* auseinandergesetzt. Sie stellte fest, dass sehr viele Betroffene aus der gehobenen Mittelschicht stammten, wo die Mutter zugunsten der Familie ihre Karriere aufgegeben hatte. Vielfach wurde auf strenge Tischsitten und gute Manieren großen Wert gelegt. Möglicherweise basiert die Essstörung auf einem Mutter-Tochter-Konflikt.

Eine andere Theorie besagt, dass die Zeit der Körperreifung mit Brustbildung und Menstruation nicht in das gewünschte Körperbild passt bzw. das Erwachsenwerden verhindert werden soll. Aber auch der „Schlankheitswahn" kommt sicherlich in einigen Fällen als Ursache in Betracht.

Abweichungen des Körpergewichts nach oben oder unten können sowohl durch physische als auch durch psychische Ursachen bedingt sein. Gleichzeitig verursachen diese Abweichungen häufig physische und psychische Probleme.

15.4 Ergänzende Beobachtungskriterien

Das Körpergewicht ist immer in Abhängigkeit zur Körpergröße zu sehen.

Sowohl bei der Adipositas als auch bei der *Kachexie* und der Ödembildung sind spezielle Hautveränderungen zu beobachten (s. a. Kap. 6). Gewichtsveränderungen beeinflussen die Herz-Kreislauf-Situation, die durch Beobachtung der Vitalzeichen deutlich wird. Die Bewertung des Körpergewichts wird häufig mit der Bewertung des Ernährungszustands gleichgesetzt.

Es darf jedoch nicht vergessen werden, dass das Körpergewicht lediglich den quantitativen Teil des Ernährungszustandes beschreibt. Zur Beurteilung des qualitativen Anteils, d. h. ob der Körper alle notwendigen Nährstoffe erhält und aufnimmt, sind i. d. R. laborchemische Untersuchungen erforderlich (s. a. Kap. 16.1.5).

Die Beobachtung des Körpergewichts kann durch die Kontrolle der Ein- und Ausfuhr, die sog. Bilanzierung unterstützt werden. Hierzu wird von der zugeführten Flüssigkeit und Nahrung die Menge der Ausscheidungen Urin, Stuhl, Schweiß und Erbrechen abgezogen.

Extreme Gewichtsveränderungen nach oben oder unten können mit Trägheit, Schwäche oder Schmerzen einhergehen und sich auch auf die Körperhaltung auswirken. In ganz extremen Fällen ist Bewegung nicht mehr möglich und es kommt zur Immobilität.

Gewichtsveränderungen:

- Bei einer Kachexie liegt das Körpergewicht 20% unter dem Normalgewicht.
- Die in der Pubertät auftretende Anorexia nervosa, bei der das Körpergewicht 15 – 50% unter dem Normalgewicht liegt, kann verschiedene seelisch bedingte Ursachen haben.
- Die Beobachtung von Gewichtsveränderungen kann durch Bilanzierung unterstützt werden.

15.5 Besonderheiten bei Kindern

Sigrid Flüeck

Das Geburtsgewicht und die Gewichtszunahme sind im Verlauf der Kindheit ein wichtiger Anhaltspunkt für die Beurteilung der körperlichen Entwicklung eines Kindes. Weitere Anhaltspunkte sind Alter, Kopfumfang und Größe (s. a. Kap. 14.5).

Der körperliche Entwicklungszustand eines Kinds lässt sich anhand eines Somatogramms anschaulich darstellen und beurteilen.

15.5.1 Indikation zur Ermittlung des Körpergewichtes

Das Körpergewicht eines Kinds wird erstmals nach der Geburt ermittelt und als Geburtsgewicht in den Mütterpass sowie in das Kinderuntersuchungsheft, das jedes Kind zur Früherkennung von Krankheiten direkt nach der Geburt erhält, eingetragen.

Weiterhin wird sein Körpergewicht bei der regelmäßigen Untersuchung U1 – U9 zur Verlaufskontrolle im Somatogramm eingetragen (s. a. Kap. 14.5). So lässt sich der körperliche Entwicklungsstand eines Kinds unter Berücksichtigung der Größe und unter Hinzuziehung des Alters beurteilen.

Um die Gewichtsentwicklung der Früh- und Neugeborenen im Krankenhaus verfolgen zu können, werden sie je nach hausüblichem Standard oder nach ärztlicher Anordnung einmal täglich, z. B. im Rahmen der Körperpflege, gewogen. Klein- und Schulkinder werden dies entsprechend 1 – 2-mal wöchentlich, möglichst bei gleicher Bekleidung, z. B. im Schlafanzug und zur gleichen Tageszeit gewogen.

Ferner wird das Körpergewicht eines Kinds bei jeder Aufnahme in ein Krankenhaus, vor jeder notwendigen Narkose und bei jeder Erkrankung, die einen Flüssigkeitsverlust zur Folge hat, ermittelt. Je nach Alter und Erkrankung des Kindes, kann zur genauen

Kontrolle eines Flüssigkeitsverlusts und/oder -bedarfs, die Kontrolle des Gewichtes mehrmals täglich, z.B. alle 8 Std., notwendig sein.

15.5.2 Ermittlung des Körpergewichtes

Zur Ermittlung des Körpergewichtes kommen je nach Alter und Zustand des Kindes verschiedene Waagetypen zur Anwendung. Die Stand- oder Sitzwaage (**Abb. 15.1** und **15.2**) wird bei Klein- und Schulkindern verwendet. Für die Bestimmung des Körpergewichtes bei einem Früh-, Neugeborenen und Säugling stehen die Neigungswaage (**Abb. 15.9**), die Digitalwaage (**Abb. 15.10**), sowie die integrierte Waage im Inkubator zur Verfügung.

Die Neigungswaage und Digitalwaage bestehen im Wesentlichen aus Waagschaale und Anzeigenfeld. Bei der Digitalwaage erfolgt die Anzeige des Gewichtes elektronisch, z.B. 3840 g, während bei der Neigungswaage das Gewicht auf der Grammskala abgelesen wird.

Es ist darauf zu achten, dass die jeweilige Waage auf einem ebenen, festen Untergrund steht und vor jeder Ermittlung des Körpergewichtes tariert wird. Hierzu muss bei den mechanischen Waagen der Zeiger auf Null stehen und bei der Digitalwaage die Libelle in der Anzeige im Lot sein.

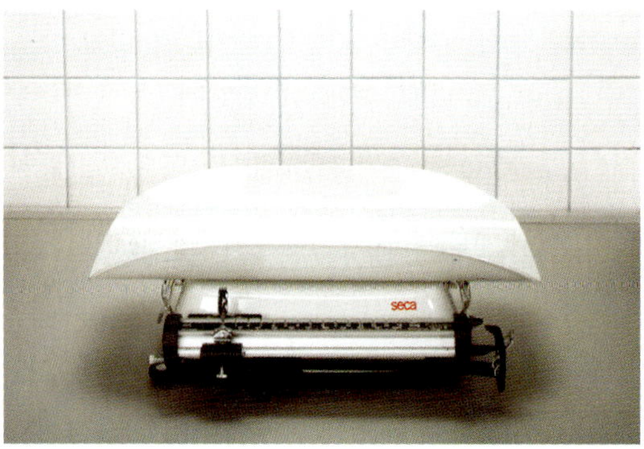

Abb. 15.9 Neigungswaage (Fa. Heiland)

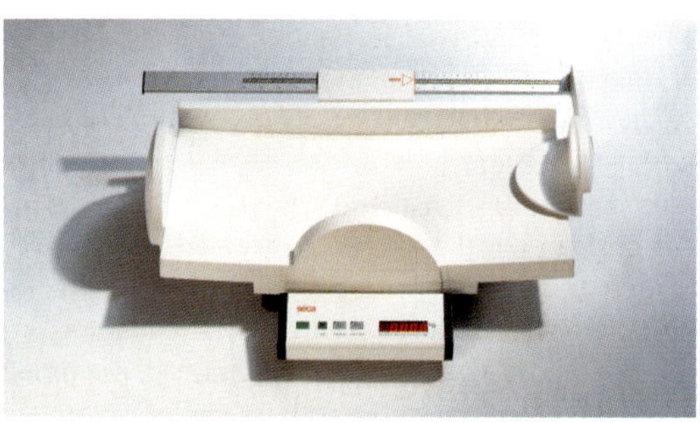

Abb. 15.10 Digitalwaage (Fa. Heiland)

Zur Gewichtsermittlung wird die Waage mit einem Tuch, z.B. einer Stoffwindel oder einem Fell ausgelegt, das Gewicht des Tuchs notiert und der Säugling unbekleidet auf die Waagschale gelegt. Um objektive Messdaten zu erhalten, sollte sich das Kind möglichst wenig/gar nicht bewegen und nicht schreien. Möglicherweise kann dem Kind ein Schnuller bzw. der eigene Daumen oder die Hand zum Saugen in den Mund gegeben werden. Nach dem Ablesen des Gewichtes wird das Gewicht des verwendeten Tuches abgezogen, und das eigentliche Gewicht des Kindes dokumentiert.

Auffällige Veränderungen des Körpergewichtes können Rückschlüsse auf die Erkrankung zulassen und müssen sofort mitgeteilt werden. Sie können ausschlaggebend für die Diagnose und die einzuleitende Therapie sein.

▸ Während des Wiegens darf ein Säugling oder Kleinkind nie unbeaufsichtigt bleiben, d.h. die Pflegeperson darf sich nicht entfernen. Sie muss direkt vor der Waagschale stehen, und immer eine ausgestreckte Hand über das zu wiegende Kind halten, um einem möglichen Sturz des Kindes vorzubeugen.

Zur Ermittlung des Körpergewichtes im Inkubator wird das Frühgeborene von einer Pflegeperson von der Unterlage gehoben, während eine zweite Pflegeperson die Waage tariert. Danach wird das Kind auf die Unterlage zurückgelegt und das Gewicht an der Anzeige abgelesen. Diese Messmethode ist sehr störanfällig. Es müssen alle Gegenstände aus dem Inkubator entfernt werden, und es ist darauf zu achten, dass nichts an der Wand des Inkubators anliegt.

15.5.3 Normalzustand

Will man das Körpergewicht eines Neugeborenen/Säugling bewerten, muss zusätzlich die Körpergröße und die Schwangerschaftswoche, in der das Kind geboren ist, berücksichtigt werden.

- Reife Neugeborene haben ein Gewicht in Abhängigkeit von der Körpergröße von 3000 – 4000 g,
- Neugeborene mit niedrigem Geburtsgewicht haben ein Gewicht von < 2500 g,

- extrem untergewichtige Neugeborene wiegen < 1500 g.

Ein Neugeborenes verliert in den ersten 3 – 7 Tagen etwa 10 % seines Geburtsgewichtes. Diese physiologische Gewichtsabnahme ist auf die geringe Aufnahme an Nahrung, die Umstellung des Körpers auf die Lungenatmung, und die Urin- und Stuhlausscheidung zurückzuführen. Nach ca. 10 – 14 Tagen sollte ein Neugeborenes das Geburtsgewicht wieder erreicht haben.

Säuglinge, die in den ersten 6 Monaten ausschließlich mit Muttermilch ernährt werden, nehmen schneller zu. Sie werden jedoch zwischen dem 6. und 12. Lebensmonat von den mit Fertignahrung ernährten Kindern überholt. Entscheidend ist die Überwachung der stetigen Gewichtszunahme, die unter Zuhilfenahme des Somatogramms im Rahmen der kinderärztlichen Untersuchung kontrolliert wird. Die weitere Gewichtsentwicklung des Kindes ist abhängig von den Ernährungsgewohnheiten und dem körperlichen Gesundheitszustand des Kindes. Sie wird auch beeinflusst von soziokulturellen Faktoren, wie z. B. der Fürsorge der Eltern. Ihre Einstellung zur Ernährung und ihr Körperbewusstsein wirkt sich prägend auf die Kinder aus.

15.5.4 Abweichungen und Veränderungen des Körpergewichtes

Eine Abweichung vom normalen Körpergewicht ist die Adipositas, (s. a. S. 270), die bei Kindern vielfach psychosomatisch/alimentär ausgelöst wird, z. B. durch fehlendes oder schlecht strukturiertes Familienleben, in dem die Kinder keine gemeinsamen Mahlzeiten kennenlernen oder durch zu geringe körperliche Betätigung, bei einseitiger, fettiger Ernährung durch „Fast Food". Seltener sind Hormonstörungen für die Adipositas verantwortlich. Adipöse Kinder und Jugendliche wachsen sehr häufig zu übergewichtigen Erwachsenen heran.

Ein Körpergewicht unter der 3. Perzentile wird als Dystrophie, extreme Abmagerung als Atrophie oder Kachexie bezeichnet (s. a. S. 273). Die Dystrophie, eine Gedeihstörung die aufgrund von chronischer Unterernährung entsteht, äußert sich durch:

- fehlende Gewichtszunahme, später Gewichtsabnahme,
- verlangsamtes Körperwachstum,
- blasse, trockene und faltige Haut,
- eingesunkene Wangen,
- hervortretende Augen,
- Vorwölbung des Bauchs durch atrophierende Muskulatur,
- Antriebsarmut,
- negative Verstimmung,
- Obstipation und Absetzen von Hungerstühlen sind möglich.

Die Ursachen für die Dystrophie/Atrophie sind vielfältig und reichen von psychosozialen Störungen, z. B. Vernachlässigung des Kindes und Kindesmisshandlung, über viele akute und chronische Erkrankungen, z. B. gastrointestinale Störungen und Stoffwechselstörungen bis hin zu Fehlbildungen der Speisewege.

Die Behandlung und Heilung hängt von den einzelnen Ursachen ab. Die Behandlungsmöglichkeiten haben je nach Ursache unterschiedliche Schwerpunkte. So müssen einige Kinder über eine Ernährungssonde ernährt werden und/oder durch Gabe von Infusionen parenteral versorgt werden. Der Nahrungsaufbau erfolgt vorsichtig nach einem genauen individuellen Plan und dauert mitunter mehrere Wochen. Neben der Dystrophie/Atrophie müssen die verursachenden Faktoren behandelt werden.

15.6 Besonderheiten bei älteren Menschen

Eva Eißing

Im Alter verlangsamt sich die gesamte Stoffwechsellage. Hinzu kommt, dass Aktivitäten und körperliche Bewegung allgemein abnehmen. Das hat zur Folge, dass der Körper einen geringeren Energiebedarf hat und weniger Kalorien verbraucht. Insgesamt braucht der alte Mensch ca. 30 % weniger Kalorien als jüngere Erwachsene.

Ein weiterer gewichtsbeeinflussender Faktor ist die schwindende Muskelmasse. Sie verringert sich beim erwachsenen Menschen jährlich um 0,5 % und wird in der Regel durch Fett ersetzt.

Viele Organe bilden sich im Alter zurück und atrophieren. An Stelle des verlorengegangenen, organspezifischen Gewebes, des sog. Parenchyms, treten flüssigkeitsgefüllte Hohlräume, Binde- und Fettgewebe. Besonders betroffen sind hiervon Muskulatur, Gehirn, Leber und Haut. Das gesamte, im Körper befindliche Wasser verringert sich um 18 %.

Neben diesen physiologischen Gewichtsveränderungen im Alter gibt es auch die pathologischen Veränderungen durch Alterskrankheiten. Zur Gewichtszunahme kann es im Alter z.B. durch Ödembildung bei der Herzinsuffizienz oder bei einer Hypothyreose kommen. Die Folge des verlangsamten Stoffwechsels ist allgemeine Schwäche mit leichter Ermüdbarkeit.

Weitere Beschwerden sind:

- ständiges Frieren,
- Kälteintoleranz,
- Apathie,
- Ödembildung und
- Gewichtszunahme.

Häufiger kommt es im Alter jedoch zur Gewichtsabnahme. Ca. 40% der älteren Menschen sind von der Kachexie betroffen. Die Ursachen hierfür sind vielfältig und reichen von Tumorleiden (Tumorkachexie) über einseitige Ernährung bis hin zur Unfähigkeit zur selbständigen Nahrungsaufnahme. Auch eine schlechte finanzielle Situation kann für Einsparungen im Bereich der Ernährung verantwortlich sein. Viele alte Menschen sind in ihrer Mobilität eingeschränkt und ziehen sich sozial zurück. Dies führt zu Einsamkeit und Depression bis hin zu Appetitlosigkeit. Bedingt durch eine reduzierte Geruchs- und Geschmackswahrnehmung wird weniger gegessen und damit dem Körper weniger Energie zugeführt.

Viele alte Menschen essen zu wenig wegen mangelnder Kaufähigkeit, z.B. durch fehlenden oder schlecht sitzenden Zahnersatz bzw. Schluckstörungen. Bei dementen Menschen ist die Nahrungsaufnahme deswegen schwierig, weil sie entweder zu viel essen, d.h. kein Sättigungsgefühl wahrnehmen, oder gar nichts, weil sie keinen Hunger spüren bzw. mit der angebotenen Nahrung nichts anzufangen wissen.

Eine besondere Problemgruppe stellen alkoholabhängige bzw. medikamentenabhängige alte Menschen dar. Die Suchtkrankheit ist häufig dafür verantwortlich, dass nicht genügend Nahrung aufgenommen und das Gewicht reduziert wird.

Nicht zuletzt sollten die alten Menschen erwähnt werden, die ihre Nahrung nicht mehr selbständig zu sich nehmen können und auf Hilfe anderer angewiesen sind. Ob genügend Energie zugeführt wird, ist dann in erster Linie häufig von Angehörigen oder Pflegepersonen abhängig (s.a. Kap. 16.5).

Obwohl ältere Menschen 30% weniger Kalorien als jüngere Erwachsene benötigen, bedingen physische, psychische und soziale Faktoren im Alter häufig ein Untergewicht.

Besonderheiten bei Kindern und älteren Menschen:

- In der Entwicklung eines Kindes ist die Gewichtskontrolle ein wichtiger Anhaltspunkt.
- Für Kinder stehen Neigungs- u. Digitalwaagen und im Inkubator integrierte Waagen zur Ermittlung des Körpergewichts zur Verfügung.
- Chronische Unterernährung, Dystrophie kann vielfältige psychische und physische Ursachen haben.
- Im Alter ist aus verschiedenen physiologischen und pathologischen Gründen eine Gewichtsabnahme häufiger als eine Gewichtszunahme.

15.7 Fallstudien und mögliche Pflegediagnosen

Fallstudie Herr Stattlich

Herr Stattlich ist 56 Jahre alt und wiegt 108 kg bei einer Körpergröße von 185 cm. Sein Gewicht hat sich seit 10 Jahren kontinuierlich nach oben hin verändert, seit er in seiner Firma die Leitung der technischen Abteilung übernommen hat. Seitdem übt er seine Arbeit überwiegend sitzend am Schreibtisch aus. Oftmals macht er Überstunden und kommt erst spät abends nach Hause. Auch geschäftliche Essen sind mindestens 1 – 2-mal pro Woche nötig. Zwischendurch stillt Herr Stattlich seinen Hunger durch Snacks, die er sich am Automaten ziehen kann. Die Hauptmahlzeit nimmt er in der Regel abends zu sich, wenn sein Arbeitstag vorüber ist.
Er gibt an, sich unbeweglich zu fühlen und dass seine Knie- und Fußgelenke schmerzen, sobald er längere Zeit laufe. **Tab. 15.2** zeigt einen Auszug aus dem Pflegeplan von Herrn Stattlich.
Zu der oben aufgeführten Fallstudie könnte die in der folgenden Übersicht dargestellte Pflegediagnose passen:

Pflegediagnose Überernährung (nach Gordon)

Definition

Eine im Vergleich zum Stoffwechselbedarf übermäßige Kalorienzufuhr.

Hauptkennzeichen

- Trizeps Hautfalte größer als 15 mm bei Männern und 25 mm bei Frauen,

- Berichte oder Beobachtungen über gestörtes Essverhalten,
- sitzende Lebensweise,
- Körpergewicht mehr als 20% über dem Idealgewicht nach Größe und Körperbau (Adipositas) oder
- Körpergewicht 10%–20% über dem Idealgewicht nach Größe und Körperbau (Übergewicht).

Ätiologische oder beeinflussende Faktoren

- Ungleichgewicht zwischen Nahrungsenergieaufnahme und Nahrungsenergieverbrauch,
- gestörtes Essverhalten (beschrieben oder beobachtet):
  - Nahrungsaufnahme gemeinsam mit anderen Aktivitäten,
  - Konzentration der Nahrungsaufnahme am Ende des Tages,
  - Essen als Reaktion auf äußere auslösende Reize (z. B.: Tageszeit, soziale Situation),
  - Essen als Reaktion auf innere auslösende Reize außer Hunger (z. B.: Angst, Depression),
- sitzende Lebensweise (im Vergleich zur Kalorienaufnahme).

Risikogruppen

- Personen mit Übergewicht/Adipositas in der Kindheit,
- emotionale Störungen; hohe emotionale Belastungen im Leben,
- verstärkte sitzende Lebensweise (z. B. durch Rollstuhlpflichtigkeit).

Für Herrn Stattlich könnte die Pflegediagnose folgendermaßen formuliert werden:
Überernährung b/d (beeinflusst durch)

- Ungleichgewicht zwischen Nahrungsenergieaufnahme und Nahrungsenergieverbrauch,
- gestörtes Essverhalten (beschrieben oder beobachtet): Konzentration der Nahrungsaufnahme am Ende des Tages

a/d (angezeigt durch)

- Körpergewicht mehr als 20% über dem Idealgewicht nach Größe und Körperbau (Adipositas).

Fallstudie Karen
Karen, 2,5 Jahre alt, war mit ihren Eltern im Urlaub in Spanien. In den letzten Urlaubstagen beobachtet ihre Mutter eine Veränderung des Ernährungsverhalten. Karen verweigert immer häufiger die Nahrung, ist quengelig, mag nicht mehr spielen und schläft auffallend viel. Wieder zu Hause, ist Karen auffallend antriebslahm und findet auch hier nicht ihren gewohnten Appetit wieder. Hinzu kommen Durchfälle und gelegentlich auch Erbrechen. Das Mädchen sieht blass aus und hat an Gewicht abgenommen. Der Kinderarzt stellt eine Gastroenteritis fest, wahrscheinlich ausgelöst durch Krankheitserreger, die Karen in Spanien mit der Nahrung aufgenommen hat. Vorsichtshalber weist er Karen in die Kinderklinik ein. Einen Auszug aus dem Pflegeplan von Karen, der sich auf die Gewichtsabnahme bezieht, zeigt **Tab. 15.3**.

Fazit: Das Körpergewicht hat entscheidenden Einfluss auf den ersten Eindruck, den man von einem Menschen gewinnt. Die Berechnung des Normalgewichts eines Menschen erfolgt nach dem BMI. Während in den Entwicklungsländern Menschen häufig unter Untergewicht leiden, erkranken in den Industrieländern immer mehr Menschen an den Folgen der Adipositas.

Neben körperlichen Problemen kann es im Zusammenhang mit Gewichtsveränderungen auch zu

Tab. 15.2 Auszug aus dem Pflegeplan von Herrn Stattlich

Pflegeprobleme	*Ressource*	*Pflegeziele*	*Pflegemaßnahmen*
Übergewicht (31,55 BMI) aufgrund gewichtssteigender Ernährungsgewohnheiten	Herr Stattlich ist offen für Informationen	• Gewichtsreduktion 1 kg/Woche in Kombination mit einer ausgewogenen, gewichtsreduzierenden Ernährung • führt Ernährungstagebuch selbstständig • kennt Zusammenhang zwischen Gewichtsreduktion und körperlicher Aktivität	• Ernährungstagebuch anlegen • Gewichtskontrolle 2 ×/Woche (Montag und Freitag 8.00 Uhr) • Diätberatung anmelden • Gesprächstermin mit Arzt und Physiotherapeut zur Erstellung eines Programms für körperliche Aktivitäten

Tab. 15.3 Auszug aus dem Pflegeplan von Karen

Pflegeproblem	*Ressource*	*Pflegeziele*	*Pflegemaßnahmen*
Karen leidet unter Gewichtsverlust und unzureichender Nährstoffaufnahme bei Gastroenteritis	Mutter ist tagsüber bei Karen in der Klinik	FZ: • besitzt altersentsprechendes Körpergewicht NZ: • hält ihr Gewicht • hat ausreichende Nährstoffaufnahme • trinkt 2 l/Tag	• 1 × tgl. (8.00 h) Gewichtskontrolle • Mutter nach Lieblingsgetränken und -speisen von Karen fragen • Getränke nach Wunsch bereitstellen (2 l/Tag) • 6 kleine Mahlzeiten (8/11/13/16/19/21 h) anbieten und Nachtmahlzeit bereitstellen (Lieblingsspeisen berücksichtigen)

psychischen Problemen kommen. Andererseits können psychische und physische Erkrankungen Gewichtsveränderungen bewirken. Der Energiebedarf eines Menschen unterliegt im Lauf des Lebens physiologischen Schwankungen; ältere Menschen haben einen geringeren Energiebedarf als junge Erwachsene.

Borgeest, B.: Im Schatten der Satten, GEO-Wissen 1 (1990) 137

Eich, A.: Enterale Ernährung: Sondenernährung in der Pflegepraxis. Ullstein Medical, Wiesbaden 1998

Epstein, O., G.D. Perkin, D.P. de Bono, J. Cookson: Bild-Lehrbuch der klinischen Untersuchung, Thieme, Stuttgart 1994

Gordon, M.: Handbuch Pflegediagnosen, 2. Aufl., Ullstein Mosby, Berlin 1998

Hoehl, M., P. Kullik.: Kinderkrankenpflege und Gesundheitsförderung, Thieme, Stuttgart 1998

Heiland MED Vertriebsgesellschaft mbH: Katalog 98. Postfach 700669; 22006 Hamburg

Illig, S., S. Spranger: Klinikleitfaden/Pädiatrie, 4. Aufl., Gustav Fischer, Ulm 1998

Kaathoven, N.v., N.v. Mierlo: Die Ernährung Gesunder und Kranker, Eicanos, Bocholt 1995

Kraemer, Dr. B.: Berner Datenbuch der Pädiatrie, 5. Aufl., Gustav Fischer, Ulm 1997

Kühl, G. et.al.: Klinikleitfaden/Kinderkrankenpflege, Gustav Fischer 1997

Lippert, H.: Lehrbuch Anatomie, 4. Aufl., München 1996

Mischo-Kelling, M., H. Zeidler: Innere Medizin und Krankenpflege, 2. Aufl., Urban & Schwarzenberg, München 1992

Mötzing, G., G. Wurlitzer (Hrsg.): Leitfaden Altenpflege, Begleitung, Betreuung, Beratung, Pflege, Rehabilitation, Gustav Fischer, Ulm 1998

Neffe, J.: Wer die Pfunde dicke hat, GEO-Wissen 1 (1990) 110

Nickel, A., H.U. Zennek, O. Ungerer (Hrsg.): Altenpflege – Geriatrie, Dr. Felix Büchner – Handwerk und Technik GmbH, Hamburg 1995

Pschyrembel: Klinisches Wörterbuch. 255. Aufl., de Gruyter, Berlin 1986

Schäffler, A., S. Schmidt (Hrsg.): Mensch, Körper, Krankheit; Anatomie, Physiologie, Krankheitsbilder; Lehrbuch und Atlas für die Berufe im Gesundheitswesen, Jungjohann, Neckarsulm 1994

seca Mess- und Wiegetechnik, Vogel & Halke GmbH & Co, Postfach 76 11 80; 22061 Hamburg

Seel, M.: Die Pflege des Menschen, 3. Aufl., Brigitte Kunz, Hagen 1998

Seel, M.: Die Pflege des Menschen im Alter, Brigitte Kunz, Hagen 1997

Siegenthaler, W., W. Kaufmann, H. Hornbostel, H.D. Waller (Hrsg.): Lehrbuch der inneren Medizin, 3. Aufl., Thieme, Stuttgart 1992

Wegmann, H.: Die professionelle Pflege des kranken Kindes, Urban & Schwarzenberg, München 1997

Wolf, D.: Übergewicht und seine seelischen Ursachen. PAL Verlagsgesellschaft, Mannheim 1995

16 Ernährungszustand

Eva Eißing

Übersicht

Einleitung · 281
16.1 Allgemeine Beobachtungskriterien und Beschreibung des Normalzustandes · 282
16.1.1 Nahrungs- u. Flüssigkeitsaufnahme · 282
16.1.2 Gewicht in Abhängigkeit von der Körpergröße · 285
16.1.3 Haut und Hautanhangsgebilde · 285
16.1.4 Zähne · 285
16.1.5 Nährstoffaufnahme und -verwertung · 285
16.2 Abweichungen und Veränderungen des Ernährungszustands und deren Ursachen · 286
16.2.1 Störungen der Nahrungs- und Flüssigkeitsaufnahme · 286
16.2.2 Störungen der Nährstoffaufnahme und -verwertung · 290
16.2.3 Mangelerscheinungen · 291
16.2.4 Über-/Falschernährung · 294
16.2.5 Vergiftungen · 296
16.3 Ergänzende Beobachtungskriterien · 296
16.4 Besonderheiten bei Kindern · 297
16.4.1 Störungen der Nahrungsaufnahme · 299
16.4.2 Störungen der Flüssigkeitsaufnahme · 299
16.4.3 Malabsorption und Maldigestion · 300
16.5 Besonderheiten bei älteren Menschen · 300
16.6 Fallstudien und mögliche Pflegediagnosen · 302
Fazit · 305
Literatur · 305

Schlüsselbegriffe

- *Hunger*
- *Durst*
- *Appetit*
- *Exsikkose*
- *Dehydratation*
- *Überernährung*
- *Unterernährung*
- *Mangelerscheinung*

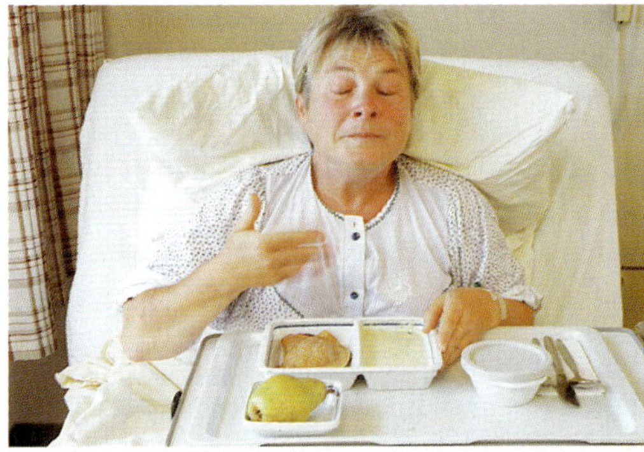

Einleitung

Die Aufnahme und Verwertung von Nahrung und Flüssigkeit sind für den Menschen einerseits lebensnotwendig – andererseits für viele Menschen auch eine ausgesprochen genussvolle Tätigkeit.

Dabei kommt sowohl der Zusammensetzung der aufgenommenen Nahrung als auch dem ausgewogenen Verhältnis der in ihr enthaltenen Nährstoffe für einen guten Ernährungszustand große Bedeutung zu. Wesentlich hierfür ist außerdem die Fähigkeit des Organismus, die zugeführten Nährstoffe entsprechend zu verwerten.

Das folgende Kapitel beschreibt die Beobachtungskriterien und geht auf mögliche Ursachen und Erscheinungsbilder eines veränderten Ernährungszustands ein.

Als Ernährungszustand (EZ) wird der ernährungsbedingte Körperzustand bezeichnet. Er wird beurteilt nach Größe und Gewicht, Stärke des Hautfettpolsters und Hautturgor.

Der Ernährungszustand gibt Auskunft über die Versorgung des Körpers mit Nährstoffen sowohl Eiweiße, Kohlenhydrate und Fette als auch Vitamine, Mineralstoffe und Flüssigkeit.

16.1 Allgemeine Beobachtungskriterien und Beschreibung des Normalzustands

Der Ernährungszustand wird dann als gut bezeichnet, wenn folgende Kriterien erfüllt sind:

- Die Menge des subkutanen Fettgewebes entspricht der Norm für Alter, Größe und Gewicht des Menschen,
- die Haut ist elastisch, d.h., wenn man mit 2 Fingern eine Hautfalte bildet und sie loslässt, glättet sie sich sofort wieder,
- die zugeführte Nahrung enthält alle Nährstoffe, Vitamine und Mineralstoffe, die der Organismus braucht und wird auch vom Körper aufgenommen,
- die Nahrungsaufnahme erfolgt mit normalem ▸ *Appetit*. Normalerweise isst und trinkt ein Mensch, wenn er ▸ *Hunger* bzw. ▸ *Durst* hat, und zwar so viel, bis er satt ist und keinen Durst mehr hat.

Über das Hunger- und Durstgefühl hinaus, ist die Nährstoffzufuhr und -aufnahme von vielen verschiedenen Faktoren wie beispielsweise Alter, Gewicht, Energieverbrauch oder Krankheiten abhängig. Um einen guten Ernährungszustand zu haben und zu halten, sollte sich die tägliche Nährstoffmenge an einer Mindestmenge orientieren, die ausreicht, um ▸ *Mangelerscheinungen* zu verhindern.

Die Deutsche Gesellschaft für Ernährung (DGE) hat diesen Mindestbedarf ermittelt. Von über 50 bekannten Stoffen, die vom menschlichen Körper benötigt werden, sind Eiweiße, Kohlenhydrate, Fette, Vitamine, Mineralstoffe und Wasser die wichtigsten. Die genauen Mengen sind in entsprechenden Lehrbüchern für Ernährungslehre ersichtlich.

Grundsätzlich hat die Ernährung in den verschiedenen Lebensaltern und -situationen unterschiedliche Aufgaben. Ein im Wachstum befindlicher Mensch braucht Nährstoffe besonders zum Aufbau seines Körpers, d.h. zur Bildung von Muskel-, Knochen-, Nerven- und Stützgewebe. In jeder Lebensphase können jedoch Verletzungen z.B. durch Unfälle oder Operationen entstehen. Hier steht die Wiederherstellung und Erneuerung von Gewebe und Zellen im Vordergrund. Energie- und Nährstoffe werden aber auch benötigt, um einen reibungslosen Ablauf von Stoffwechselprozessen im Körper und das Funktionieren der inneren Organe zu gewährleisten sowie die Aufrechterhaltung des Kreislaufsystems, der Körpertemperatur und nicht zuletzt die körperliche Arbeitsleistung zu garantieren.

Grundsätzlich ist der Organismus zum Aufbau von Gewebe und Zellen auf sog. Baustoffe (Eiweiße und Mineralien) angewiesen, während bei körperlicher Arbeit vermehrt Energiestoffe (Kohlenhydrate und Fette) verbraucht werden.

Die Beobachtung des Ernährungszustands umfasst einen quantitativen und einen qualitativen Aspekt.

Quantitative Abweichungen des Ernährungszustands sind frühzeitig zu erkennen und durch Messung des Körpergewichts, der Stärke des Hautfettpolsters und Beurteilung des Hautturgors relativ leicht zu objektivieren.

Eine falsche Nahrungszusammensetzung (Fehlernährung) oder das Fehlen eines einzelnen notwendigen Inhaltsstoffs (Mangelernährung) führen zu qualitativen Abweichungen des Ernährungszustands. Diese sog. Mangelerscheinungen werden erst spät sicht- und/oder spürbar bzw. können erst durch spezielle Laboruntersuchungen erkannt werden.

Die Nahrungs- und Flüssigkeitsaufnahme, das Gewicht in Abhängigkeit von der Größe, die Haut und Hautanhangsorgane, die Zähne und die Nährstoffaufnahme und -verwertung gelten als Kriterien für die Beobachtung und Beurteilung des Ernährungszustands; Laborparameter sind dabei außer Acht gelassen, weil sie äußerlich nicht sichtbar sind.

5 Kriterien unterstützen die Beobachtung des Ernährungszustands:

- Nahrungs- und Flüssigkeitsaufnahme,
- Gewicht in Abhängigkeit von der Größe,
- Haut und Hautanhangsgebilde,
- Zähne,
- Nährstoffaufnahme und -verwertung.

16.1.1 Nahrungs- und Flüssigkeitsaufnahme

Bei der Beobachtung der Nahrungs- und Flüssigkeitsaufnahme wird neben Appetit, Hunger und Durst auch das Ess- und Trinkverhalten eines Menschen beurteilt.

Appetit

Appetit ist das psychische Verlangen nach Nahrung, sozusagen die „Lust aufs Essen".

Er wird besonders beeinflusst durch Gerüche wie beispielsweise Kochdünste und durch optische Reize nach dem Motto „das Auge isst mit". Verantwortlich dafür sind die zahlreichen Nervenverbindungen vom Seh- und Riechzentrum zum Esszentrum, und bewirken, dass beim Riechen bestimmter Speisen das „Wasser im Mund zusammenläuft". Die Erinnerung an den Genuss weckt Vorfreude auf die Wiederholung. Diese Emotion stimuliert die Verdauungsorgane. Dies wiederum geschieht über Nervenbahnen, die vom Esszentrum zum Magen-Darm-Trakt ziehen, dem sog. Vagusnerv. Die Verdauungsorgane setzen sich in Bereitschaft und beginnen mit der Produktion der Verdauungssäfte.

Auch die Essatmosphäre spielt eine nicht unwesentliche Rolle bei der Esslust oder -unlust. Es ist ein Unterschied, ob, diktiert durch eine knapp vorgegebene Pausenzeit, das Mittagessen in einer Kantine eher heruntergeschlungen wird, oder abends in einem Restaurant bei Kerzenschein mit netten vertrauten Menschen ausgiebig gespeist wird. Oftmals kommt der Appetit erst durch eine entsprechende Atmosphäre.

Appetitmindernd bzw. -steigernd wirkt sich oft auch die persönliche Stimmung aus. Akute Krisensituationen, wie z. B. Trauer oder Trennung, hemmen häufig den Appetit, während Freude eher stimulierend auf die Esslust wirkt. Dagegen „sättigt" ein hohes Glücksgefühl, wie z. B. Verliebtsein. Langfristige seelische Konflikte lassen häufig den Appetit steigern; die so angegessenen Pfunde werden auch als „Kummerspeck" bezeichnet. Grundsätzlich sind die Auswirkungen von Emotionen in Bezug auf den Appetit individuell ganz unterschiedlich.

Weitere Faktoren, die sich besonders in Kliniken und Altenheimen auf den Appetit auswirken, sind die Essenszeiten und die Schmackhaftigkeit der Speisen. Sie finden in großen Einrichtungen häufig keine individuelle Berücksichtigung.

Hunger

Mit Hunger wird das körperliche Verlangen nach Nahrung bezeichnet. Es ist ein subjektives Allgemeinempfinden, welches sich in der Magengegend lokalisiert und nach Nahrungsaufnahme verschwindet.

Tab. 16.1 Hunger-Sättigungs-Regulation gesteuert vom Ess- bzw. Hungerzentrum im Zwischenhirn

Stimulanz (Hunger erzeugend)	*Hemmung (Sättigung)*
• Absinken des Glukosegehaltes im Blut	• Glukoseanstieg im Blut
• Registrierung des Dehnungszustands der Magenwand: leerer Magen = Hunger	• Dehnung der Magenwand: voller Magen = Sättigung
• Rückgang der Wärmeproduktion	• erhöhte Körpertemperatur

Die Nahrungsaufnahme wird durch das Esszentrum – auch Hungerzentrum genannt – im Hypothalamus durch Stimulation und Hemmung gesteuert (**Tab. 16.1**). Während kurzdauerndes Hungern, z. B. eine mehrtägige Fastenkur, entlastend auf den Organismus wirkt, kann langfristiges Hungern ernsthafte Störungen im Organismus bewirken. Bleibt der Magen mehrere Tage leer, erschöpft sich das Hungergefühl. In den Ländern der Dritten Welt, in denen chronische Hungersnot herrscht, leiden die Menschen deshalb Hungerqualen, weil sie zwischendurch immer wieder essen.

Durst

Als Durst bezeichnet man das Bedürfnis nach Wasseraufnahme.

Bei einem erwachsenen Menschen bestehen ca. 60 % seines Körpergewichts aus Wasser. Bis auf ganz geringfügige Schwankungen bleibt dieser Wasserhaushalt konstant.

In der A. carotis interna und im Hypothalamus befinden sich Osmorezeptoren, die die Osmolarität des Bluts registrieren und diese Informationen an das Durstzentrum im Gehirn senden. Bei einem Flüssigkeitsverlust von mehr als 0,5 % des Körpergewichts oder auch vermehrter Salzaufnahme stellt sich ein Durstgefühl ein, das mit verminderter Speichelproduktion und charakteristischem Trockenheitsgefühl im Mund- und Rachenraum einhergeht.

Parallel dazu wird das antidiuretische Hormon (ADH) ausgeschüttet, welches eine Reduktion der Urinbildung und -ausscheidung bewirkt.

Beeinflusst wird der Wasserhaushalt durch die Flüssigkeitsabgabe über die Haut. Bei hoher Außentemperatur, wie z. B. an heißen Sommertagen, beginnt der Körper zu schwitzen. Aber auch bei körperlicher Anstrengung, z. B. Sport oder schwere körperliche Arbeit, wird vermehrt Wasser in Form von Schweiß über die Haut ausgeschieden. Der entstandene Schweiß verdunstet und wird an die Luft abgegeben. Besonders gut funktioniert dieser Mechanismus bei trockener Luft, z. B. in der Sauna. Luft mit einer hohen Feuchtigkeitsrate, wie z. B. in tropischen Gebieten, kann weniger gut bzw. gar keine Feuchtigkeit aufnehmen.

Durch die Aufnahme von salzigen Speisen erhöht sich die Blutosmolarität und infolgedessen das Durstgefühl.

Allgemeine Beobachtungskriterien:

- Der Ernährungszustand wird nach Größe, Gewicht, Hautfettpolster und Hautturgor beurteilt.
- Der Mensch muss eine Mindestmenge an Nährstoffen zu sich nehmen, um nicht Mangelerscheinungen zu erleiden.
- Je nach Alter und Lebenssituation hat die Ernährung unterschiedliche Aufgaben.
- Es werden quantitative und qualitative Abweichungen vom gesunden Ernährungszustand unterschieden.
- Der Appetit wird durch Gerüche, optische Reize, äußere Atmosphäre und persönliche Stimmung beeinflusst.
- Hunger und Durst werden durch Hemmung bzw. Stimulation im Hypothalamus gesteuert.

Beurteilung des Ess- und Trinkverhaltens

Die Beurteilung des Ess- und Trinkverhaltens kann durch folgende Kriterien unterstützt werden:

Menge

Die Kalorienzufuhr sollte sich nach dem Energieverbrauch richten, damit das Körpergewicht konstant gehalten werden kann. Grundsätzlich brauchen junge Menschen und Menschen, die viel in Bewegung sind, mehr Kalorien als alte Menschen und jene, die sich wenig bewegen. Viele Krankheiten beeinflussen den Energiehaushalt und somit den Kalorienbedarf, wie z. B. die Hyperthyreose oder Karzinome, bei denen der Energiebedarf des Körpers durch einen erhöhten Stoffwechsel ansteigt.

Die Trinkmenge sollte unter normalen Bedingungen ca. 1,5 – 2 l/Tag betragen. In besonderen Situationen, z. B. bei vermehrtem Schwitzen an heißen Sommertagen, muss die Trinkmenge dem erhöhten Verbrauch angepasst werden.

Zeitpunkt und Häufigkeit

In unserer westlichen Welt sind 3 große Mahlzeiten/Tag üblich, nämlich morgens, mittags und abends. Für den Körper besser verwertbar sind 6 – 7 kleine, über den Tag verteilte Mahlzeiten, weil auf diese Weise der Dehnungszustand des Magens und der Blutzuckerspiegel relativ konstant gehalten werden kann.

Nahrungszusammensetzung

Fast alle Menschen haben bestimmte Vorlieben, sog. Lieblingsspeisen und Getränke, aber auch Abneigungen. Diese Entwicklung ist stark von der Sozialisation geprägt. Entscheidenden Einfluss auf den Speiseplan haben auch spezielle Ernährungsvorschriften. Diese können religiös bedingt (z. B. kein Schweinefleisch bei Angehörigen des islamischen Glaubens), diätetisch (wie z. B. beim Diabetes mellitus) oder selbst auferlegt (wie z. B. vegetarische Kost) sein.

Essverhalten

Zu beobachten ist, wie jemand isst und trinkt. Geschieht dies mit Appetit, Heisshunger oder eher lustlos? Während bei Heisshunger oder vermehrtem Appetit das Essen fast verschlungen wird, stochert der Appetitlose nur darin herum oder schiebt es sogar beiseite.

Auch kann die Essenszeit beobachtet werden, wie z. B. langsames und bedächtiges, von Pausen unterbrochenes Essen.

Begleiterscheinungen

Häufig ist die (falsche) Ernährung die Ursache dafür, dass man unter Völlegefühl oder Sodbrennen nach dem Essen leidet. Auch Übelkeit und Erbrechen können damit zusammenhängen. Bei verminderter Aufnahme von Ballaststoffen ist eine Obstipation die Folge.

Während ein Flüssigkeitsmangel schon nach kurzer Zeit an Haut- und Schleimhäuten beobachtbar ist, werden Mangelerscheinungen erst spät sichtbar.

Rückschlüsse sind zu ziehen bei Über- und Untergewicht, bei Veränderungen an Haut, Schleimhäuten, Haaren, Nägeln, Ausscheidungen, Reaktionen sowie dem allgemeinen Kräftezustand.

16.1.2 Gewicht in Abhängigkeit von der Körpergröße

Das Körpergewicht in Abhängigkeit von der Körpergröße ist das auffälligste Beobachtungsmerkmal hinsichtlich der Beurteilung des Ernährungszustands. Ein Mensch gilt als gut genährt, wenn die Knochenvorsprünge ausreichend mit Fettpolstern versehen sind. Umgekehrt handelt es sich um einen schlechten Ernährungszustand, wenn der Körper keine Fettpolster hat und die Konturen, besonders der Oberarmknochen, der Rippen und der Beckenknochen zu sehen sind.

Zur Unterscheidung zwischen Muskel- oder Fettgewebe, ist die Bestimmung der Hautfaltendicke notwendig. Diese Bestimmung ist in Kapitel 15.3 beschrieben (s. a. **Abb. 15.5**). Menschen mit einem guten Ernährungszustand besitzen meistens auch eine gut ausgebildete Muskulatur.

Häufige Folge der ▸ *Unterernährung* ist die sog. Muskelatrophie (Muskelschwund), bei der sich die Muskulatur durch die ungünstigen Ernährungsbedingungen zurückbildet. Der Muskelaufbau wird durch eine eiweißreiche Ernährung unterstützt. Deshalb bevorzugen Kraft- und Leistungssportler häufig eiweißreiche Mahlzeiten. Kohlenhydrate, die in der Muskulatur als Glykogen gespeichert werden, dienen in erster Linie als Energiespender und werden vor allem beim Ausdauersport benötigt. Eine fettreiche Ernährung verringert die Muskelarbeit, da Fett bei der Verbrennung mehr Sauerstoff verbraucht als beispielsweise Kohlenhydrate.

Allerdings kann auch bei einem normalem Körpergewicht eine Mangel- oder Unterernährung vorliegen, beispielsweise bei der Einlagerung von Wasser im Gewebe infolge von Eiweißmangel.

Weitere Ausführungen zum Thema Gewicht finden sich in Kap. 15.

16.1.3 Haut und Hautanhangsgebilde

Die Haut sagt viel über den Nahrungskonsum eines Menschen aus. Vielfach wird ein Nährstoffmangel oder die Einnahme toxischer Substanzen an Haut, Haaren und Fingernägeln erkennbar.

Auch der Flüssigkeitsgehalt ist meist deutlich an der Haut sichtbar. Haut und Schleimhäute reagieren besonders empfindlich auf einen Flüssigkeitsmangel. Die Haut wird trocken; bei Anheben einer Hautfalte bleibt diese lange bestehen. Die Schleimhäute trocknen aus und werden anfällig für Infektionen. Lagert sich Flüssigkeit unter der Haut an, bleibt nach dem Eindrücken der Haut die charakteristische Delle über längere Zeit bestehen.

Weitere Ausführungen zum Thema Haut und Hautanhangsgebilde finden sich in Kap. 6 und 7.

16.1.4 Zähne

Von schmerzhaften Gebissleiden ist die Menschheit schon seit Jahrhunderten betroffen. Auch dass Zucker dafür verantwortlich ist, ist seit langem bekannt. Genaue Kenntnis über den eigentlichen zahnzerstörenden Mechanismus haben Wissenschaftler jedoch erst seit ca. 40 Jahren.

Verantwortlich für die Entstehung von Karies sind Bakterien, hauptsächlich Streptococcus mutans, die sich von Zuckerresten auf dem Gebiss ernähren und beim Zuckerabbau Säure produzieren. Normalerweise wird die entstehende Säure durch den Speichel neutralisiert; erst bei wachsendem Zahnbelag, z. B. durch fehlendes Zähneputzen, funktioniert diese Neutralisation nicht mehr, weil der Speichel die Säure „unter dem Belag" nicht mehr erreicht. Unter diesen Bedingungen kann die Säure Mineralien aus dem Zahnschmelz lösen und somit den Zahn regelrecht „aushöhlen". Je länger Zucker an den Zähnen haftet, desto verheerender ist die Wirkung. Aber nicht nur Zucker, sondern auch alle anderen Kohlenhydrate (Brot, Haferflocken, Nudeln) werden von den Bakterien zersetzt und entfalten die gleiche Wirkung.

Fluor hingegen hemmt die Säureproduktion der Bakterien, fördert den Wiedereinbau von Mineralien in den Zahnschmelz und härtet auf diese Weise den Zahnschmelz.

Ein kariöses Gebiss lässt dementsprechend Rückschlüsse auf eine kohlehydratreiche und fluorarme Ernährung zu. Eine wichtige Rolle spielen hierbei jedoch auch die genetische Disposition und die Zahnpflege-Gewohnheiten. Beachtung verdient außerdem die mögliche Wechselwirkung zwischen Zahnstatus und Ernährungsgewohnheiten: Während einerseits eine einseitig kohlehydratreiche und fluorarme Ernährung zu Gebissdefekten bis hin zum Zahnverlust führen kann, ist andererseits ein schadhaftes und in seiner Funktion beeinträchtigtes Gebiss häufig die Ursache für eine Beeinträchtigung der Nahrungsaufnahme.

16.1.5 Nährstoffaufnahme und -verwertung

Um einen guten Ernährungszustand zu erreichen, ist nicht nur die Menge und ausgewogene Zusammensetzung der Nahrung entscheidend, sondern auch die effektive Assimilation und Resorption der in ihr enthaltenen Nährstoffe. Hierzu wird ein gut funktionierendes Verdauungssystem benötigt.

Die Nahrungsbestandteile werden zunächst im Mund zerkleinert und durch Kauen zu einem Speisebrei vermischt und geformt, sodass dieser durch den Schluckakt über die Speiseröhre in den Magen gelangen kann. Bereits im Mund werden die Kohlenhydrate durch die im Speichel enthaltenen Fermente gespalten. Im Magen wird die Eiweißverdauung eingeleitet.

Im Zwölffingerdarm mischt sich die Nahrung mit dem Gallensaft und den eiweiß-, kohlenhdyrat- und fettspaltenden Fermenten der Bauchspeicheldrüse. Die vorbereitete Nahrung wird nun in einzelne Bestandteile zerlegt und vom restlichen Dünndarm und teilweise vom Dickdarm in den Blutkreislauf aufgenommen. Von hier aus passieren die aufgespaltenen Stoffe zunächst die Leber, um danach ihr Zielorgan zu erreichen. Dieser Vorgang unterliegt einem sehr komplexen Regelkreislauf, der in enger Zusammenarbeit mit dem Gehirn, dem Hormonsystem und den an der Verdauung beteiligten Organen steht.

Normalerweise läuft die Nährstoffaufnahme und -verwertung im Körper unbemerkt und ohne Auffälligkeiten ab. Ist jedoch eine Station in diesem Regelkreislauf in ihrer Funktion gestört, wird je nach Lokalisation, Dauer und Intensität der Störung Unwohlsein oder ein Mangel entstehen. Ein entzündeter Darm kann beispielsweise die Nährstoffe nicht oder nur teilweise aufnehmen.

Wenn die Bauchspeicheldrüse die spaltenden Fermente nicht produziert, werden die Nährstoffe nicht aufgespalten und können vom Darm ebenfalls nicht resorbiert werden. Diese komplexen Vorgänge sind zunächst äußerlich nicht beobachtbar; Veränderungen sind oft nur durch laborchemische Untersuchungen nachzuweisen. Häufig kommt es bei solchen Störungen allerdings sowohl zu allgemeinen Begleiterscheinungen, wie beispielsweise Völlegefühl oder Übelkeit und Verdauungsbeschwerden, die bei oder nach der Nahrungs- und Flüssigkeitsaufnahme zu beobachten sind, als auch zu charakteristischen Veränderungen der Urin- und Stuhlausscheidung (vgl. Kap. 17 und 18).

Beschreibung des Normalzustands:

- Bei der Beurteilung des Ess- und Trinkverhaltens spielen die Menge der Kalorien- bzw. Flüssigkeitszufuhr, Zeitpunkt und Häufigkeit der Nahrungsaufnahme, die Zusammensetzung der Nahrung, das Essverhalten und verschiedene Begleitumstände eine Rolle.
- Das Gewicht muss in Abhängigkeit von der Körpergröße und von der Muskulatur gesehen werden.
- Haut, Haare, Fingernägel und Zähne lassen Rückschlüsse auf die Ernährung zu.
- Ein gut funktionierendes Verdauungssystem ist Voraussetzung für einen guten Ernährungszustand.
- Die Nährstoffverwertung unterliegt einem komplexen Regelkreislauf.

16.2 Abweichungen und Veränderungen des Ernährungszustands sowie deren Ursachen

Wie bereits beschrieben, spielt für den Erhalt eines guten Ernährungszustands die Menge und Zusammensetzung der Nahrung eine große Rolle.

Grundsätzlich können Abweichungen und Veränderungen des Ernährungszustands eines Menschen mit quantitativen (Menge der zugeführten Nahrung) und/oder qualitativen (Nahrungszusammensetzung und -verwertung) Störungen zusammenhängen.

Unterschieden werden:

- Störungen der Nahrungs- und Flüssigkeitsaufnahme,
- Störungen der Nährstoffaufnahme und -verwertung,
- Mangelerscheinungen,
- Über-/Falschernährung,
- Vergiftungen.

16.2.1 Störungen der Nahrungs- und Flüssigkeitsaufnahme

Unter Störungen der Nahrungs- und Flüssigkeitsaufnahme sollen im Folgenden sowohl Abweichungen, die mit einer vermehrten Nahrungs- und Flüssigkeitsaufnahme einhergehen, als auch solche, die zu einer verminderten Nahrungs- und Flüssigkeitsaufnahme führen, betrachtet werden.

Störungen der Nahrungs- und Flüssigkeitsaufnahme können u.a. am Ess- und Trinkverhalten be-

Tab. 16.2 Veränderter Appetit und Durst, beobachtbare Symptome, Ursachen und Folgen

Bezeichnung	*Beobachtbare Symptome z. B.:*	*Ursachen z. B.:*	*Folgen z. B.:*
vermehrter Appetit = Hyperorexie, Bulimie	• gesteigertes Essbedürfnis • gesteigerte Nahrungsaufnahme • evtl. fehlendes Hunger- und Sättigungsgefühl • evtl. unzureichende Kautätigkeit	physiologisch: • Rekonvaleszenz • Wachstum • Schwangerschaft • körperliche Anstrengung pathologisch: • Diabetes mellitus • Hyperthyreose • psychogene Essstörungen, z. B. Bulimia nervosa	kurzzeitig: • Gewichtszunahme langfristig: • Übergewicht mit verminderter Bewegungsfähigkeit • evtl. Fettstoffwechselstörungen, Gicht • Obstipation
verminderter Appetit = Anorexie, Inappetenz	• lustloses Herumstochern im Essen • evtl. Würgen • widerwilliger Gesichtsausdruck beim Anblick von Speisen	• seelische Spannungen • Widerwillen, Ekel gegenüber bestimmter Speisen aufgrund von negativen Erlebnissen • Abneigung gegenüber Fett bei Lebererkrankungen • Abneigung gegen Fleisch bei Magen-CA • schlechtes Allgemeinbefinden (Fieber, Schmerzen) • Erkrankungen im Mundbereich • Medikamente (z. B. Chemotherapie) • Bestrahlungstherapie • Hirnerkrankungen • mangelnde Schmackhaftigkeit der Speisen, z. B. bei speziellen Diäten • psychogene Essstörungen, z. B. Anorexia nervosa	kurzzeitig: • Gewichtsverlust langfristig: • Kachexie • Müdigkeit • verminderte Leistungsfähigkeit • Veränderungen der Mundschleimhaut
vermehrter Durst = Polydipsie	• übermäßige Flüssigkeitsaufnahme • u. U. Polyurie	psychogen: • Psychose reaktiv: in Folge erhöhter Plasmaosmolarität, z. B. bei • Dehydratation • Diabetes mellitus • Diabetes insipidus • vermehrter Salzzufuhr • Hyperkalzämie • Hyperosmolares Koma	
verminderter Durst = Adipsie	• verminderte Flüssigkeitsaufnahme • u. U. Oligurie	• im Alter: die Sensibilität der Osmorezeptoren lässt nach • Schädigung der Hypophyse, z. B. Hirntumore, Apoplexie • psychische Erkrankungen, z. B. Depressionen, Psychosen	• Exsikkose mit entsprechenden Symptomen

obachtet werden. Als Beobachtungskriterien fungieren vermehrter bzw. verminderter Appetit und Durst, deren beobachtbare Symptome, Ursachen und Folgen (**Tab. 16.2**).

Dysorexie/Hyperorexie

Vermehrter Appetit, Hyperorexie/Dysorexie oder Bulimie genannt, kann physiologische oder pathologische Ursachen haben. Zu einer physiologischen Appetitsteigerung kommt es häufig in der Rekonvaleszenz, im Wachstum, während einer Schwangerschaft oder nach großer körperlicher Anstrengung. Hier erfüllt der gesteigerte Appetit mit der Folge einer vermehrten Nahrungsaufnahme das Ziel, den erhöhten Energiebedarf zu decken.

Die pathologische Appetitsteigerung ist zumeist im Zusammenhang mit Diabetes mellitus, der Hyperthyreose (Schilddrüsenüberfunktion) oder psychogenen Essstörungen wie beispielsweise der Bulimia nervosa zu beobachten.

Die Hyperorexie kann mit fehlendem Hunger- und Sättigungsgefühl sowie unzureichender Kautätigkeit einhergehen. Die Folgen einer anhaltenden Hyperorexie sind Übergewicht, verminderte Bewegungsfähigkeit und – je nach Zusammensetzung der Nahrung – häufig auch Fettstoffwechselstörungen, Gicht oder Obstipation.

Adipositas

Adipositas, oder auch Übergewicht, entsteht, wenn dauerhaft mehr Energie zugeführt wird als der Körper benötigt. Der Körper speichert die überschüssige Energie in Form von Fett unter der Haut. Einerseits fungieren diese Fettdepots als Energiereserve für Notzeiten, andererseits stellt die damit einhergehende Gewichtszunahme eine erhöhte Belastung für den Körper dar, die sich u.a. auf das gesamte Skelettsystem einschließlich seines Halteapparats auswirkt.

Häufige Folge ist die Zunahme von Knochen- und Gelenkverschleißerkrankungen, besonders an den Kniegelenken und der Wirbelsäule. Adipöse Menschen klagen dementsprechend oft über Schmerzen im Rücken und in den Knien. Die Bewegungsabläufe werden beschwerlicher und infolgedessen langsamer und insgesamt weniger, was sich wiederum ungünstig auf die Gelenke auswirkt und nicht selten den Einstieg in einen Teufelskreis bedeutet.

Übergewicht von mindestens 20% über dem Normalgewicht stellt außerdem einen Risikofaktor für Gefäßsklerose mit nachfolgend erhöhter Gefahr von Kreislauferkrankungen besonders Herz- und Hirninfarkten dar.

Übergewicht ist aber nicht nur aus medizinischer Sicht betrachtet ein Problem, sondern auch aus soziologischer und psychischer Sicht, da viele adipöse Menschen ein negatives körperliches Selbstbild entwickeln (s.a. Kap. 15 S. 270).

Bulimia nervosa

Die Bulimia nervosa, die häufig auch als „Fress-Kotzsucht“ oder als „Ess-Brechsucht“ bezeichnet wird, ist eine psychogene Essstörung, bei der dem Körper exzessive, meist hochkalorische Nahrungsmengen in kürzester Zeit zugeführt werden. Heißhungeranfälle führen zu den sog. Fressattacken, bei denen alles gegessen wird, was vorher – selbstauferlegt – als verboten galt. Häufig werden dabei pro Mahlzeit mehr als 10000 Kalorien regelrecht hineingeschlungen.

Charakteristisch für die Bulimia nervosa ist, dass anschließend Maßnahmen ergriffen werden, um das Körpergewicht in einem normalen Rahmen zu halten; in den meisten Fällen besteht eine panische Angst vor einer Gewichtszunahme. Dieses Maßnahmenspektrum reicht von selbst herbeigeführtem Erbrechen bis zum Missbrauch von Laxanzien und Diuretika. Wegen des häufigen Erbrechens kommt es bei bulimiekranken Menschen häufig zur Entzündung der Speiseröhre, der sog. Ösophagitis. Der Missbrauch von Laxanzien und Diuretika führt oft zu Durchfällen mit ▸ *Exsikkose* und Elektrolytstörungen.

Der Bulimia nervosa geht zumeist extremes Übergewicht oder die Anorexia nervosa voraus. Sowohl die Bulimie als auch die Anorexia nervosa sind Essstörungen, die psychische Ursachen haben und entsprechend durch Psychotherapie behandelt werden müssen.

Inappetenz/Anorexie

Unter Inappetenz oder Anorexie wird die Herabsetzung des Triebs zur Nahrungsaufnahme verstanden.

Es gibt eine Reihe von Ursachen, die zu vermindertem Appetit führen können. Hierzu gehören neben seelischen Spannungen auch der Ekel gegenüber bestimmten Speisen aufgrund negativer Erlebnisse.

Eine Reihe spezifischer Erkrankungen kann eine Abneigung gegenüber bestimmten Nahrungsmitteln verursachen: So kommt es beispielsweise bei Lebererkrankungen häufig zur Abneigung gegenüber Fett. Ebenfalls appetitmindernd wirkt sich ein gestörter Geruchs- und Geschmackssinn aus.

Besonders ausgeprägt ist ein gestörtes Geschmacksempfinden bei Tumorerkrankungen. Es wird vermutet, dass der Tumor toxische Stoffwechselmetaboliten abgibt, die den Geschmackssinn und den Appetit beeinflussen und Auswirkungen auf die Hunger-Sättigungs-Regulation haben. Es kommt zu einer erhöhten Geschmacksschwelle für Süßes und einer erniedrigten Geschmacksschwelle für Bitterstoffe. Folge hiervon ist häufig eine Abneigung gegen eiweißhaltige Lebensmittel, vor allem gegen Fleisch, da diese viele Bitterstoffe enthalten. Auch eine mangelnde Schmackhaftigkeit der Speisen bei speziellen Diäten, wie beispielsweise bei salzarmer Diät oder einer „Gallen-Diät“, kann sich negativ auf den Appetit auswirken.

Appetithemmend können außerdem sowohl sämtliche Erkrankungen im Mundbereich, wie Entzündungen oder Druckstellen durch z. B. schlecht sitzende Prothesen, als auch Beeinträchtigungen der Befindlichkeit, beispielsweise bei Fieber, Schmerzen, Chemo- oder Strahlentherapie wirken.

Andere Erkrankungen, insbesondere solche des Muskel-, Nerven- und Skelettsystems wie Lähmungen, Gelenkveränderungen bei Rheuma oder Tremor bei Morbus Parkinson erschweren die Zubereitung und die selbständige Einnahme der Mahlzeiten.

Die Folge einer anhaltend reduzierten Nahrungsaufnahme infolge Inappetenz ist ein Gewichtsverlust mit reduziertem oder schlechtem Ernährungszustand bis hin zur Auszehrung, der sog. Kachexie. Die allgemeinen Folgen eines schlechten Ernährungszustands sind Müdigkeit und eine verminderte Leistungsfähigkeit; oft kommt eine reduzierte Abwehrlage hinzu, die das Auftreten von Infektionen begünstigt.

Auch Defekte der Mundschleimhaut deuten äußerlich auf einen schlechten Ernährungszustand hin.

Kachexie

Als Kachexie wird ein Absinken des Körpergewichts unter 20% des Normalgewichts bezeichnet.

Diese Erkrankung geht mit einer tiefgreifenden Störung aller Organfunktionen einher. Bei den hiervon betroffenen Menschen kann eine starke Abmagerung mit infolge fehlendem subkutanem Fettgewebe deutlich sichtbaren Knochenvorsprüngen über Becken, Rippen und Jochbein beobachtet werden (**Abb. 16.1**). Die Haut ist schlaff und wenig elastisch. Es kommt zu einem allgemeinen Kräfteverfall und einer apathischen Gemütsverfassung (s. a. Kap. 15 S. 273).

Die Ursachen der Kachexie liegen zumeist in einem erhöhten Energie- und Nährstoffbedarf des Körpers, wie er beispielsweise bei den sog. Konsumptionskrankheiten auftritt. Darunter werden Erkrankungen wie beispielsweise Karzinome verstanden, die den Körper regelrecht „auszehren“.

Bösartige Tumorzellen haben einen anaeroben Stoffwechsel, d. h., sie bauen die mit der Nahrung aufgenommene Glukose nicht zu Kohlendioxid (CO_2)

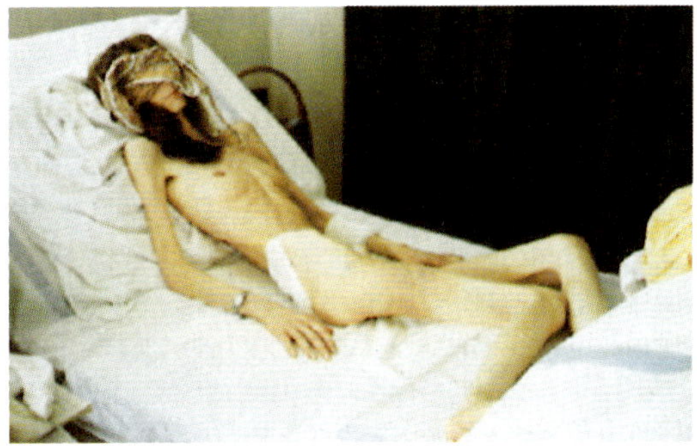

Abb. 16.1 Kachexie als Folge einer verminderten Resorptionsfähigkeit bei vollständigem Zottenverlust der Jejunalschleimhaut (aus Schettler, G., H. Greten: Innere Medizin, 9. Aufl. Thieme, Stuttgart 1998)

und Wasser (H_2O), sondern zu Laktat ab. Laktat kann jedoch nur vom Herzmuskel als Energie genutzt werden; Überschüsse werden in der Leber neu umgewandelt. Dieser Vorgang wird auch Gluconeogenese genannt und verbraucht bereits ca. $^1/_3$ mehr an Energie. Außerdem beansprucht der Tumor selbst für sein Wachstum Proteine, die er letztendlich dem Körper entzieht.

In Kombination mit verändertem Geschmack und verringertem Appetit sowie den spezifischen Nebenwirkungen der Tumortherapie wie Übelkeit und Erbrechen, kommt es bei krebskranken Menschen deshalb häufig zur sog. Tumorkachexie mit starker ▸ *Unterernährung.*

Als weitere Ursachen der Kachexie kommen chronische Infektionskrankheiten, z. B. die Tuberkulose oder Stoffwechselstörungen, besonders bei Leber- und Nierenerkrankungen oder eine Schilddrüsenüberfunktion in Betracht. Auch Verbrennungen und Vergiftungen mit Blei oder Quecksilber können zu einer Kachexie führen. Darüber hinaus kann es bei älteren Menschen zur sog. senilen Kachexie kommen (s. a. 16.5).

Anorexia nervosa

Anorexia nervosa heißt wörtlich übersetzt „Nervöse Appetitlosigkeit“. Sie wird häufig auch als Magersucht bezeichnet. Wie die Bulimia nervosa ist die Anorexia nervosa eine psychogene Essstörung, die meist in der Pubertät auftritt und mit einer verzerrten Einstellung gegenüber der Nahrungsaufnahme, Lebensmitteln, dem eigenen Körpergewicht und dem eigenen Körper einhergeht.

Die Krankheit beginnt häufig mit einer Abmagerungsdiät der meist normgewichtigen oder leicht übergewichtigen jungen Menschen. Frauen sind von der Anorexia nervosa häufiger betroffen als Männer.

Charakteristisch ist, dass anorexiekranke Menschen auch bei Erreichen des gewünschten Gewichts weiter fasten. Dies kann zahlreiche Mangelerscheinungen verursachen und in vielen Fällen bis zur Kachexie und lebensbedrohlichen Zuständen führen (s. a. S. 274). Als psychische Störung verlangt die Anorexia nervosa ebenfalls eine psychotherapeutische Behandlung. Im Akutstadium wird parallel das Körpergewicht meist über eine parenterale Ernährung rekonstruiert.

Polydipsie

Als Polydipsie wird das gesteigerte Durstgefühl mit übermäßiger Flüssigkeitsaufnahme bezeichnet. Die betroffenen Menschen weisen einen dauerhaften Drang zum Trinken auf, der sogar einen zwanghaften Charakter annehmen und die gesamte Lebensweise beeinflussen kann. Zumeist werden mehrere Liter, in Extremfällen bis zu 20 l Flüssigkeit am Tag getrunken. Die Polydipsie kann psychogen, beispielsweise durch einen akuten Psychoseschub bedingt sein. Häufiger tritt sie jedoch als Reaktion auf eine erhöhte Plasmaosmolarität im Blut auf.

Ursachen können in diesem Fall eine erhöhte Salzzufuhr oder Flüssigkeitsverluste infolge von Fieber, Durchfall oder Erbrechen sein. Aber auch spezifische Erkrankungen wie Diabetes mellitus, Diabetes insipidus oder das sog. Hyperkalzämiesyndrom kommen als Ursachen für die Polydipsie in Betracht.

Adipsie

Als Adipsie wird das fehlende Bedürfnis nach Flüssigkeitsaufnahme bezeichnet.

Die verminderte Sensibilität der Osmorezeptoren im Alter kann eine Ursache für eine Adipsie darstellen. Daneben kommen verschiedene neurologische Erkrankungen wie z. B. Hypophysentumore und psychiatrische Erkrankungen wie Depressionen und Psychosen in Frage.

Im Zusammenhang mit einer Adipsie sind eine verminderte Flüssigkeitsaufnahme und u. U. eine Oligurie zu beobachten. Die Folgen sind eine Exsikkose mit den entsprechenden beobachtbaren Symptomen.

Exsikkose/Dehydratation

Der Organismus braucht eine ausgeglichene Wasserbilanz, um seine körperlichen Leistungen aufrechtzuhalten. Die Gesamteinfuhr pro Tag sollte ca. 2 l sein, wobei ca. $^3/_4$ über die Flüssigkeitszufuhr und ca. $^1/_4$ über feste Nahrung zugeführt werden. Ca. $^3/_4$ der aufgenommenen Flüssigkeit werden wieder über die Nieren, rund $^1/_4$ wird über Haut und Atmung ausgeschieden. Wenn der Körper mehr Flüssigkeit ausscheidet als er aufnimmt, kommt es zur Austrocknung, der sog. Exsikkose oder ▸ *Dehydratation.* Hauptursache für die *Exsikkose* ist ein übermäßiger Flüssigkeitsverlust, wie er beispielsweise bei Diarrhöen, Erbrechen und Fiebererkrankungen vorkommt. Da im Alter die Sensibilität der Osmorezeptoren im Hypothalamus nachlässt, kommt es bei älteren Menschen häufig zu einem verminderten Durstgefühl und infolgedessen zu einer verminderten Trinkmenge, die bis zur Exsikkose führen kann.

Bei der Exsikkose reagiert der Körper mit Durst und Zeichen des Volumenmangels bis zur Schocksymptomatik. Beobachtbar sind ferner trockene, in Falten abhebbare Haut und trockene Schleimhäute, eine verminderte Urinausscheidung mit hoher Konzentration und Verwirrtheitszuständen.

Abweichungen und Veränderungen der Nahrungs- und Flüssigkeitsaufnahme:

- Pathologische Hyperorexie ist häufig im Zusammenhang mit Diabetes mellitus, Hyperthyreose oder psychogenen Essstörungen zu beobachten.
- Die wichtigsten Störungen, verbunden mit exzessiver Nahrungs- und Flüssigkeitsaufnahme, sind Adipositas und Bulimia nervosa.
- Anorexie/Inappetenz, Kachexie, Anorexia nervosa, Polydipsie, Adipsie, Exsikkose/Dehydratation sind Störungen mangelnder Nahrungs- oder Flüssigkeitsaufnahme.
- Anorexia nervosa und Bulimia nervosa gehören zu den psychogenen Essstörungen und bedürfen psychotherapeutischer Behandlung.

16.2.2 Störungen der Nährstoffaufnahme und -verwertung

Eine Störung der Nährstoffaufnahme und -verwertung liegt dann vor, wenn die zugeführte Nahrung und deren Bestandteile nicht vom Körper assimiliert, sondern ganz oder teilweise unverdaut wieder ausgeschieden werden. Man nennt diese Störung auch Malassimilation.

Für die Malassimilation kommen 2 Hauptursachen in Betracht: die Malabsorption und die Maldigestion.

Malabsorption

Eine Malabsorption liegt dann vor, wenn der Darm die in der Nahrung enthaltenen Nährstoffe nicht absorbieren, d.h. aufnehmen kann. Ursachen hierfür sind meist Darminfektionen, wie sie beispielsweise bei der Salmonellose, bei chronischen Dünndarmerkrankungen oder nach Strahlentherapien vorkommen.

Auch nach Darmteilresektionen kann ein Malabsorptionssyndrom auftreten. Der Darm ist hier nicht mehr lang genug, um Nährstoffe effektiv absorbieren zu können.

Maldigestion

Bei der Maldigestion sind die Nährstoffe aufgrund mangelnder Enzymzufuhr nicht oder nur teilweise gespalten, sodass der Darm sie aus diesem Grund nicht aufnehmen kann. Für die Maldigestion sind häufig Krankheiten der Bauchspeicheldrüse oder der Gallenblase verantwortlich, die dazu führen, dass die zur Aufspaltung der Nährstoffe erforderlichen Enzyme nicht in ausreichendem Maß vorhanden sind. Nach Magenteilentfernung kann ebenfalls eine Maldigestion auftreten, da eine Vorverdauung durch den Magensaft nicht genügend erfolgt.

Sowohl bei der Malabsorption als auch bei der Maldigestion gelangen die Nährstoffe nicht in das Blut oder die Lymphbahn, sondern werden unverdaut wieder ausgeschieden. Laborchemisch nachweisbar und makroskopisch beobachtbar sind dementsprechend unverdaute Nahrungsstoffe im ausgeschiedenen Stuhl (vgl. Kap. 18). Es können allgemeine Verdauungsbeschwerden wie Appetitmangel und/oder Übelkeit, sowie ein durch vermehrten bakteriellen Abbau bedingter Meteorismus und Durchfälle beobachtet werden.

In Verbindung mit Durchfällen kommt es häufig zu Elektrolyt- und Wasserverlusten mit Müdigkeit und Kreislaufstörungen sowie Exsikkose-Zeichen (s.a. S. 290). Ein langanhaltendes Malassimilationssyndrom führt zum Gewichtsverlust bis hin zur Kachexie mit den entsprechenden Mangelerscheinungen.

16.2.3 Mangelerscheinungen

Unter einer Mangelerscheinung wird das Fehlen eines bestimmten Nährstoffes über einen längeren Zeitraum mit gesundheitlich ungünstigen Folgen verstanden.

Je nach Funktion des fehlenden Nährstoffes ergeben sich entsprechende Symptome. Zu einer Mangelerscheinung kann es einerseits durch die zu geringe Aufnahme eines bestimmten Nährstoffes, andererseits durch einen erhöhten Nährstoffbedarf kommen, beispielsweise in der Rekonvaleszenz oder bei den sog. Konsumptionskrankheiten. Es gibt auch spezielle Erkrankungen, bei denen mehrere Mangelerscheinungen gleichzeitig auftreten.

Vitaminmangelsyndrome

Das Auftreten von Vitaminmangelerscheinungen ist in den Industrieländern sehr selten, da sämtliche Vitamine ganzjährig verfügbar und bei ausgewogener Ernährung in der Nahrung vorhanden sind, sofern sie nicht durch zu lange Lagerung oder eine entsprechend vitamintötende Zubereitungsart zerstört worden sind.

Es gibt dennoch Umstände, die zu einem Vitaminmangel führen können. Diese hängen zumeist mit Lebenssituationen zusammen, in denen ein erhöhter Vitaminbedarf besteht, wie beispielsweise in der Schwangerschaft und Stillzeit. Wie bereits beschrieben, kommt es auch bei bestehender Malassimilation zu einem Vitaminmangel.

Damit Vitamine überhaupt von der Darmschleimhaut resorbiert werden können, müssen bestimmte Voraussetzungen erfüllt sein. Fettlösliche Vitamine brauchen z. B. Fett, damit sie gebunden und von der Darmschleimhaut aufgenommen werden können.

Leichte Vitaminmangelerscheinungen nennt man Hypovitaminosen, die meist durch Gabe des fehlenden Vitamins reversibel sind. Als Avitaminosen werden schwere Vitaminmangelerscheinungen bezeichnet, die irreversible Schäden hinterlassen können. Die **Tab. 16.3** und **16.4** geben eine Übersicht über die wasserlöslichen und fettlöslichen Vitamine, deren Tagesbedarf (Erwachsene), Eigenschaften, Vorkommen sowie Mangelerscheinungen.

Tab. 16.3 Übersicht über wasserlösliche Vitamine (nach: Das Neue Lehrbuch der Krankenpflege, 4. Aufl., Kohlhammer, Stuttgart 1992)

Vitamin	*Tagesbedarf*	*chemische und physikalische Eigenschaften*	*Vorkommen in*	*Wirkungsweise*	*Hypovitaminose Avitaminose*
Vitamin B_1 Thiamin	1–2 mg	hitzeempfindlich, zerstörbar durch Sauerstoff und Alkalien	Hefe, Vollkornmehle, Leber, Schweinefleisch	Abbau der Kohlenhydrate, Schilddrüsentätigkeit, Nervenfunktion	Wachstumsstörungen, Gewichtsabnahme, Nervenstörungen, Depressionen, Gedächtnisschwäche
Vitamin B_2 Riboflavin	1,5–2 mg	thermostabil	Hefe, Vollkornmehle, Leber, Schweinefleisch, Eier, Milch	Bestandteil eines Coenzyms, Übertragung von Wasserstoff	Wachstumsstörungen, Gewichtsabnahme, Nervenstörungen, Schädigung der Haut und Schleimhäute
Niacin	15–20 mg Eigensynthese	stabil	Hefe, Vollkornmehle, Leber, Schweinefleisch	Bestandteil von Coenzymen, Übertragung von Wasserstoff	Pellagra, Hautentzündungen, Verfärbungen, Entzündung der Schleimhäute, Nervenstörungen
Folsäure	0,4 mg	lichtempfindlich	Hefe, Leber, Weizenkeime, dunkelgrüne Gemüse	Bestandteil von Coenzymen, Aminosäurestoffwechsel	Störungen der Blutbildung, Schleimhautentzündungen, Störungen im Magen-Darm-Trakt
Pantothensäure	6–8 mg	stabil	Hefe, Leber, Weizenkeime, Eigelb, Pilze	Teil eines Coenzyms, Aktivierung der Essigsäure und höheren Fettsäuren	Wachstumsstörungen, Gewichtsabnahme, Nervenstörung, Schädigung der Haut und Schleimhäute
Vitamin B_6 Pyridoxin	2 mg	stabil	Hefe, Schweinefleisch, Weizenkeime, Walnüsse	Bestandteil eines Coenzyms – Aminosäurestoffwechsel	Hautschädigungen, Entzündungen an Mund und Augen, Anämie, Krämpfe
Vitamin B_{12} Cobalamine	0,005–0,01 mg	relativ stabil	Leber, Eigelb, Fleisch, Fisch	Bildung von Erythrozyten, Einfluss auf den Eiweißstoffwechsel	Anämie, verminderte Zellvermehrung, Störung des Eiweißstoffwechsels, Neuralgien
Vitamin C Ascorbinsäure	75 mg	licht-, luft- und hitzeempfindlich	Paprika, Sanddorn, Zitrusfrüchte, Gemüse, Kräuter, Kartoffeln, Obst	Aktivator des Zellstoffwechsels, Bildung und Erhaltung des Bindegewebes, Funktionstüchtigkeit der blutbildenden Organe, stärkt Abwehr gegen Infektionen, entgiftet Toxine, intermediärer Stoffwechsel	Skorbut: Blutungen (Haut, Gelenke,Schleimhäute), Veränderung der Knochen- und Zahnsubstanz, Anämie, gestörte Herztätigkeit
Vitamin H Biotin	0,25 mg	–	Leber, Hefe, Sojamehl, Blumenkohl	Bestandteil eines Coenzyms, Talgproduktion, Muskeln, Haut	Appetitlosigkeit, Müdigkeit, Muskelschmerzen, Übererregbarkeit, Anämie, Veränderungen der Haut und Schleimhäute

Hypervitaminosen sind nicht bekannt.

Spurenelementmangelsyndrom

In unseren europäischen Breiten sind am häufigsten Eisen-, Jod- und Fluormangel. Beobachtbar sind bei Eisenmangel die Symptome der Anämie mit Müdigkeit, Schlappheit, Blässe; in schweren Fällen kann es zur Luftnot kommen.

Der Jodmangel kann eine Schilddrüsenunterfunktion mit Strumabildung, d. h. Kropfbildung, bewirken. Zum Aufbau des Schilddrüsenhormons wird Jod benötigt. Die Schilddrüse reagiert auf die zu geringe Jodzufuhr mit einer Drüsenvergrößerung, der sog. Adenombildung, um vermehrt Jod aufnehmen

Tab. 16.4 Übersicht über fettlösliche Vitamine (nach: Das Neue Lehrbuch der Krankenpflege, 4. Aufl., Kohlhammer, Stuttgart 1992)

Vitamin	*Tagesbedarf*	*chemische und physikalische Eigenschaften*	*Vorkommen in*	*Wirkungsweise*	*Hypovitaminose Avitaminose*	*Hypervitaminose*
Vitamin A Retinol	1–1,5 mg bzw. 5000 I.E.	hitzebeständig, licht- und luftempfindlich	Lebertran, Leber, Niere, Milchfett, Palmöl, Eigelb	Förderung der Eiweißsynthese, Zellwachstum, Sehpurpur, Haut, Haare	Verhornung von Haut und Schleimhäuten, Gewichtsverlust, Haarausfall, Nachtblindheit	Erbrechen, Durchfall, Schleimhautblutungen, Knochenbrüchigkeit, Übererregbarkeit
Provitamin: Karotin	6 mg		Karotten, Spinat, Petersilie, Eigelb			
Vitamin D Calciferole Provitamin: Ergosterin	0,05 mg	luftempfindlich, hitzestabil	Lebertran, Leber, Butter, Eigelb, Pilze	Förderung der Calciumverwertung, Verknöcherung des Skeletts	Deformierung der Knochen, Rachitis bei Kindern, Osteomalazie bei Erwachsenen	Entkalkung der Knochen, Calciumablagerungen in Blutgefäßen und Nieren
Vitamin E Tokopherol	30 mg	luftempfindlich, sonst relativ stabil	Weizenkeimöl, pflanzliche Öle, Margarine, Leber, Hühnerei	verhindert Oxidation der ungesättigten Fettsäuren, Schutz gegen Muskelschwund und Leberschäden, Einfluss auf Sexualdrüsen	nicht genügend bekannt, evtl. Muskelschwund	unbekannt
Vitamin K Phyllochinon	1 mg Darmflora: eigene Synthese	lichtempfindlich	Leber, Spinat, Grünkohl, Blumenkohl	normaler Ablauf der Blutgerinnung	Verzögerung der Blutgerinnung	unbekannt

Tab. 16.5 Essentielle Spurenelemente (aus: Thews, G., E. Mutschler, P. Vaupel: Anatomie, Physiologie, Pathophysiologie des Menschen, 3. Aufl., Wissenschaftliche Verlagsgesellschaft, Stuttgart 1989)

Element	*Körperbestand (g)*	*Tagesbedarf (mg)*	*Hauptsächliche Mangelerscheinungen*
Eisen	4,0–5,0	0,5–5[1]	hypochrome Anämie
Zink	1,4–2,3	0,4–6[1]	Wachtumsstörungen, Haarausfall, verzögerte Wundheilung
Kupfer	0,08–0,12	1–2,5[1]	mikrozytäre Anämie, Wachstumsstörungen
Mangan	0,012–0,03	2–5	Sterilität, Knochenmissbildungen
Molybdän	~ 0,02	~ 0,4	beim Menschen keine bekannt
Iod	0,01–0,02	0,1–0,2	Hypothyreose, Kretinismus
Kobalt	~ 0,01	< 1	makrozytäre Anämie[2]
Chrom	< 0,006	< 0,005	beim Menschen keine bekannt
Selen		0,05–0,1[3]	

1) Abhängig von Alter, Geschlecht und Funktionszustand des Organismus (Schwangerschaft) usw.
2) Vitamin-B_{12}-Mangel
3) Beim Tier Wachstumsstörungen, Nekrosen in Leber und Muskelgewebe. Im Tierexperiment hat Selen ähnliche antioxidative Eigenschaften wie die E-Vitamine.

zu können. Beim Mangel an Fluor kommt es zu verstärkter Kariesbildung.

Weitere spezielle Mangelerscheinungen, die auf eine Unterversorgung mit Spurenelementen zurückzuführen sind, sind in **Tab. 16.5** aufgelistet.

Eiweißmangel

Eiweißmangel liegt vor, wenn die Eiweißzufuhr den Eiweißbedarf nicht deckt. Der normale tägliche Eiweißbedarf beträgt 0,8 g/kg KG. Proteine werden im Körper nicht gespeichert, d. h. sie müssen laufend zugeführt werden. Ein Eiweißmangel kann einerseits auftreten durch eine unzureichende Eiweißzufuhr, beispielsweise bei Hungerzuständen, wie sie in den Ländern der Dritten Welt vorkommen, andererseits können ein erhöhter Eiweißumsatz, Resorptionsstörungen oder Eiweißverluste zu einem Eiweißmangel führen.

Ein erhöhter Eiweißumsatz besteht bei Krankheiten wie z. B. Verbrennungen, postoperativen Stresssituationen, chronisch rezidivierenden Infekten mit fieberhaftem Verlauf, Leber- und Tumorerkrankungen oder der Hyperthyreose.

Eiweißresorptionsstörungen stehen häufig im Zusammenhang mit Entzündungen des Darms, sog. Enteritiden oder spezifischen Erkrankungen, wie beispielsweise der Zöliakie oder der Sprue, bei denen es u. a. zur Atrophie der Dünndarmzotten und Malabsorption von Nährstoffen kommt.

Eiweißverluste sind häufig durch eiternde Wunden, Blutungen oder eine vermehrte Ausscheidung von Eiweiß mit dem Urin, der sog. Proteinurie bedingt.

Die beobachtbaren Symptome entsprechen denen des Marasmus und Kwashiorkor.

Protein-Energie-Mangelsyndrome

Als Protein-Energie-Mangelsyndrome (PEM) werden Ernährungskrankheiten bezeichnet, die mit einem Eiweißmangel einhergehen und besonders häufig in den tropischen Entwicklungsländern auftreten. Unterschieden werden Marasmus und Kwashiorkor, die jedoch häufig kombiniert und in Verbindung mit Vitaminmangel vorkommen. Die Protein-Energie-Mangelsyndrome haben eine große soziale Bedeutung, da sie über die Schwächung der Widerstandskraft gegenüber Infektionskrankheiten indirekt zu einer stark erhöhten Kinder- und Säuglingssterblichkeit beitragen.

Marasmus

Marasmus ist eine Form der kalorischen *Unterernährung*, die hauptsächlich Personen mit einem besonders hohen Eiweißbedarf betrifft. Darunter fallen Kinder, Schwangere und alte Menschen. Da diese Form der Unterernährung häufig langfristig besteht, kann die volle Ausprägung der Erkrankung an Untergewicht mit fehlenden Fettpolstern und atrophierter Muskulatur beobachtet werden. Die Haut ist faltig abhebbar. Infolge des gedrosselten Stoffwechsels ist die Pulsfrequenz verlangsamt und die Blutdruckwerte sowie die Körpertemperatur sind erniedrigt, was zu Kreislaufproblemen führen kann.

Bei länger bestehender Unterernährung kommt es auch zu Symptomen spezifischer Mangelerscheinungen. Hierzu gehören Entzündungen der Zungen- und Mundschleimhaut (Glossitiden und Stomatitiden) sowie Mundwinkelrhagaden und die Entstehung der sog. Hungerödeme infolge des Eiweißmangels. Vitamin-D-Mangel verursacht darüber hinaus Knochenschmerzen und Osteoporose.

Kwashiorkor

Als Kwashiorkor wird der schwere Eiweiß- und Vitaminmangelzustand bei älteren Säuglingen und Kleinkindern der tropischen Entwicklungsländer bezeichnet. Das normale Verhältnis von Eiweiß und Kohlehydraten in der Ernährung sollte bei 1 : 4 liegen. Der Kwashiorkor tritt auf bei Kindern, deren Ernährung ausschließlich aus Kohlenhydraten besteht, weshalb diese Erkrankung auch Mehlnährschaden genannt wird. Zum Kwashiorkor kann es auch bei ausreichender Kalorienzufuhr kommen. In der Regel liegt ein Zusammentreffen mehrer Mangelerscheinungen vor.

Infolge Fehlens von essentiellen Aminosäuren und Vitaminen kommt es zu:

- Wachstumsstörungen,
- Muskelschwäche und -atrophie,
- Apathie,
- Fettleber,
- Eisenmangelanämie,
- Ödemen,
- Hypoglyk-, Hypoprotein- und Hypoelektrolytämie,
- Osteoporose,
- schuppenden Dermatosen
- und Depigmentierung von Haut und Haaren.

Mangelerscheinungen:

- Bei der Malassimilation ist die Nährstoffaufnahme und -verwertung gestört.
- Für die Malabsorption sind meist Darminfektionen verantwortlich, bei der Maldigestion fehlen aufgrund von Erkrankungen der Bauchspeicheldrüse oder der Leber für die Aufspaltung der Nahrung erforderlichen Enzyme.
- Unter den Mangelerscheinungen sind Vitaminmangel (Hypo- und Avitaminosen), Spurenelementmangel (Eisen-, Jod- und Fluormangel), Eiweißmangel häufig.
- Die Protein-Energie-Mangelsyndrome Marasmus und Kwashiorkor sind Ursache erhöhter Kinder- und Säuglingssterblichkeit in den Entwicklungsländern.

16.2.4 Über-/Falschernährung

Es gibt weltweit ganz unterschiedliche Ernährungsprobleme: Während in den Entwicklungsländern die hohe Kinder- und Säuglingssterblichkeit und Anfälligkeit für Infektionskrankheiten einen großen Problembereich darstellen, kämpfen die Industrienationen in erster Linie gegen Folgeerkrankungen der ▸ *Überernährung* an. Hierzu gehört neben der bereits unter 16.1.2 beschriebenen Adipositas eine kleine Anzahl chronischer Krankheiten, die in Beziehung mit ungünstigen Ernährungsgewohnheiten stehen.

In wissenschaftlichen Studien ist weltweit immer wieder belegt worden, dass z. B. Herz-Kreislauf-Erkrankungen, Diabetes mellitus, einige Tumorarten, Lebererkrankungen und Erkrankungen der Verdauungsorgane mit Falsch- oder Fehlernährung in Verbindung gebracht werden müssen. Die Ernährung ist dabei als ein Risikofaktor von mehreren zu sehen.

Hypervitaminosen

Der Begriff Hypervitaminose beschreibt einen krankhaften Zustand, der durch ein Überangebot an Vitaminen in der Nahrung entsteht.

Hypervitaminosen entstehen bei vermehrter Aufnahme von fettlöslichen Vitaminen (ADEK), beispielsweise bei der überdosierten Einnahme von Vitaminpräparaten. Während überschüssige wasserlösliche Vitamine über die Nieren ausgeschieden werden, speichert der Organismus überschüssige fettlösliche Vitamine im Körper. Am häufigsten sind Vitamin-A- und Vitamin-D-Hypervitaminosen (vgl. **Tab. 16.4**).

Beobachtbare Symptome der akuten Vitamin-A-Hypervitaminose sind Kopfschmerzen, Erbrechen und Schwindelzustände; bei der chronischen Vitamin-A-Hypervitaminose kommt es u. a. zu:

- Anorexie,
- Reizbarkeit,
- Mundwinkelrhagaden,
- Haarausfall,
- Fieber,
- Vergrößerung der Leber (Hepatomegalie),
- Schmerzlähmungen sowie – äußerlich nicht sichtbare –
- Knochenhautveränderungen.

Bei der Vitamin-D-Hypervitaminose kommt es aufgrund der Kalzium-Mobilisierung zum Anstieg des Kalziumwertes im Blut und einer vermehrten Kalzium-Ausscheidung mit dem Urin (Hyperkaliurie), die zu einer Verkalkung der Nieren (Nephrokalzinose) mit einer eingeschränkten Nierenfunktion führen kann. Weitere, beobachtbare Symptome sind:

- Appetitlosigkeit; evtl. Dystrophie,
- Erbrechen,
- Obstipation,
- intensive Verkalkung der Epiphysen mit Knochenschmerzen.

Hyperlipidämie

Unter Hyperlipidämie, die auch als Fettstoffwechselstörung bezeichnet wird, wird die Erhöhung der Blutfette – Cholesterin und Triglyzeride – verstanden.

Besonders bei der Erhöhung des Cholesterins im Blut kommt es zu Blutgefäßveränderungen im Sinne einer Sklerosierung, die wie die Adipositas einen Risikofaktor für Herzinfarkt, Schlaganfall und die arterielle Verschlusskrankheit darstellen. Bei sehr hohen Blutfettwerten kann es durch Fetteinlagerungen zu gelb-rötlichen Hauttumoren, den sog. Xanthomen und Entzündungen der Bauchspeicheldrüse kommen.

Unterschieden werden können die primäre und die sekundäre Hyperlipidämie. Während die primäre Hyperlipidämie genetisch bedingt ist, tritt die sekundäre meist als Folge einer falschen, sehr fett- und alkoholreichen Ernährung auf. Bestimmte Erkrankungen, wie die Hyperthyreose und Diabetes mel-

litus, können ebenso mit einer Erhöhung der Blutfette einhergehen wie die Einnahme bestimmter Medikamente, beispielsweise Östrogene oder Diuretika.

Hyperurikämie und Gicht

Als Hyperurikämie wird der vermehrte Harnsäuregehalt des Bluts bezeichnet. Es kommt hierbei zu einer vermehrten Ansammlung von Purinstoffen im Blut.

Purinstoffe sind Bestandteile des Zellkerns, genauer der Nukleinsäuren, die beim Menschen als Harnsäuren bezeichnet werden. Harnsäuren fallen durch den Abbau von Fettzellen an, beispielsweise im Hungerzustand. Es gibt aber auch Lebensmittel, die vermehrt Purinstoffe enthalten, wie z. B. Geflügelfleisch und Innereien.

Werden über die Nahrung zuviele purinhaltige Lebensmittel zugeführt, kann es zu einem Anstieg der Harnsäure im Blut und zu Ablagerungen in Gelenken und Auslösung lokaler Entzündungen kommen. Diese Ablagerungen werden auch als Gichtknoten oder Gichttophi bezeichnet. Bevorzugte Stellen sind gering durchblutete Gewebe wie Knorpel, Sehnen, Schleimbeutel und gelenknahe Knochenbezirke.

Die akuten Gichtanfälle, die meist nach örtlicher Abkühlung, Anstrengung oder übermäßigem Alkoholgenuss bevorzugt nachts auftreten, sind mit starken Schmerzen verbunden. Anfangs ist häufig ist das Großzehengelenk betroffen, welches im akuten Anfall stark anschwillt, gerötet und extrem schmerzempfindlich ist. Bei ca. 50% der betroffenen Menschen entwickelt sich ein chronisches Stadium mit Gelenkdeformierungen, Gichtknoten und Schädigungen innerer Organe durch Uratablagerungen, z. B. Nierensteinen.

16.2.5 Vergiftungen

Mit der Nahrung gelangen nicht nur die Nährstoffe in den Körper, sondern auch Stoffe, die ihn belasten oder gar vergiften können.

Lebensmittelvergiftung

Unter einer Lebensmittelvergiftung versteht man allgemein Intoxikationserscheinungen infolge Aufnahme verunreinigter, giftiger, zersetzter oder bakteriell infizierter Nahrungsmittel.

Dabei wird grob unterschieden zwischen den chemischen und natürlichen Giften sowie Bakterien und anderen Mikroorganismen.

Zu den chemischen Giften gehören Metalle wie z. B. Blei, Kupfer, Zink und Kadmium. Diese werden u. a. aus Rohren oder Töpfen gelöst und mit der zubereiteten Nahrung oder als Rückstände aus der tierischen und pflanzlichen Nahrungskette aufgenommen. Sie können sowohl Erbrechen, Durchfälle und Leibkrämpfe hervorrufen als auch, wie beispielsweise bei der Bleivergiftung, eine Beeinträchtigung der Blutbildung verursachen. Rheumatische Beschwerden und Osteoporose können bei der chronischen Vergiftung durch Kadmium auftreten.

Zu den natürlichen Giften gehören z. B. die Pilzgifte und die Alkaloide des Mutterkorns. Die Pilzvergiftung, der sog. Myzetismus, der z. B. durch Verzehr von Knollenblätterpilzen oder Fliegenpilzen hervorgerufen wird, zeigt sich durch extreme Brechdurchfälle mit Kollaps, Delirium, Leber- und Blutbildschädigungen bis hin zum Koma und Tod.

Zur Vergiftung mit den Alkaloiden des Mutterkorns, dem sog. Ergotismus, kann es z. B. durch Verunreinigung des Mehls kommen. Zu beobachten sind hierbei Verdauungsstörungen und Missempfindungen (Parästhesien) sowie zentralnervöse Störungen, wie beispielsweise zerebrale Krampfanfälle, Lähmungen, Aphasien und psychotische Symptome. Gefäßkrämpfe können über Gangränbildung bis zur tödlichen Sepsis führen.

Am häufigsten jedoch ist die bakterielle Lebensmittelvergiftung. Sie entsteht durch den Genuss bakteriell verseuchter Nahrungsmittel und Getränke bzw. durch die von den Bakterien gebildeten Giftstoffe, die sog. Toxine. Besonders häufig betroffene Nahrungsmittel sind:

- Fleisch,
- Milch und Milchprodukte,
- Salate,
- Eier,
- Speiseeis,
- Obst,
- Trinkwasser und
- Fische.

Bedeutsame Bakterien bei den Lebensmittelvergiftungen sind Salmonellen und Staphylokokken. Beobachtbare Symptome bei Menschen mit Lebensmittelvergiftungen sind Entzündungszeichen im Magen-Darm-Trakt mit Brechdurchfällen sowie entsprechender Folgesymptomatik. Bei speziellen Bakterien kann es auch zu typischen Krankheitsbildern kommen wie z. B. Cholera, Typhus oder Ruhr.

Nicht unbedeutsam sind auch Schimmelpilze, die zum Verderb von Lebensmitteln führen können. Schimmelpilze gehören zu den Mikroorganismen, deren Sporen eingeatmet werden und zu allergischen und toxischen Reaktionen führen können. Außerdem bilden sie toxische Stoffwechselprodukte, die kanzerogen wirken können wie z. B. das Aflatoxin.

16.3 Ergänzende Beobachtungskriterien

Das augenscheinlichste Merkmal eines guten oder schlechten Ernährungszustandes ist das Gewicht in Abhängigkeit von der Körpergröße.

Die Ernährung wirkt sich sowohl auf den gesamten Organismus als auch auf die einzelnen Körperfunktionen aus. Dementsprechend haben qualitative und quantitatve Störungen des Ernährungszustandes Auswirkungen auf andere Beobachtungsbereiche. Störungen im Verdauungssystem wie z. B. die Malassimilation, die sich langfristig negativ auf den Organismus auswirken, sind häufig frühzeitig an der Stuhl- und Urinausscheidung beobachtbar sowie an Begleiterscheinungen wie Übelkeit und Erbrechen.

Mangelerscheinungen werden häufig sichtbar an Haut- und Schleimhäuten sowie an den Haaren und Nägeln. In manchen Fällen, besonders bei Lebensmittelvergiftungen, können zentralnervöse Störungen im Vordergrund stehen, die besonders beobachtbar sind am qualitativen und quantitativen Bewusstseinszustand, an Körperhaltung und -bewegung, Sprache, Sensorik sowie Krampfneigung. Quantitative Störungen der Nahrungs- und Flüssigkeitsaufnahme wirken sich auf das Herz-Kreislauf-System und auf den Bewegungsapparat aus.

Zu beobachten sind hierbei auch veränderte Blutdruck- und Pulswerte sowie Bewegungseinschränkungen durch Schmerzen oder Skelett- und/oder Gelenkveränderungen. Flüssigkeitsdefizite können sich ganz erheblich auf die Körpertemperatur und den Bewusstseinszustand auswirken, wobei bereits frühzeitig lebensbedrohliche Zustände mit Volumenmangelschock eintreten können.

Über-/Falschernährung:

- Folgeerkrankungen von Überernährung tauchen vor allem in den hochindustrialisierten Ländern auf.
- Hypervitaminosen entstehen bei einer Überdosis fettlöslicher Vitamine (am häufigsten Vitamin-A und -D.
- Die Erhöhung der Blutfette Cholesterin und Triglyzeride, die Hyperlipidämie, kann genetisch bedingt sein, aber auch sekundär, als Folge falscher Ernährung auftreten.
- Bei Hyperurikämie und Gicht sind auf erhöhte Ansammlung von Purinstoffen im Blut zurückzuführen.
- Bei den Lebensmittelvergiftungen sind chemische, natürliche Gifte, Bakterien und Schimmelpilze die Verursacher.

16.4 Besonderheiten bei Kindern

Sigrid Flüeck

Appetit und Durst unterliegen bei Kindern großen Schwankungen, die beispielsweise durch körperliche Störungen, aber auch durch belastende Situationen (z. B. vor Klausuren in der Schule), Veränderungen in der Umgebung und Ablenkung durch Spiel ausgelöst werden können. Bei Säuglingen und Kleinkindern, die ihre Bedürfnisse noch nicht verbal äußern können, sind Appetit und Durst durch bestimmte Verhaltensweisen (z. B. Schreien, Saugen an den Fingern) gekennzeichnet.

Insbesondere bei Frühgeborenen besteht die Gefahr einer Trink-/Saugschwäche aufgrund einer mangelhaften Ausbildung des Saugreflexes. Sie müssen deshalb hinsichtlich des Trink-/Saugvorganges beobachtet werden. Ein intraoraler Unterdruck, der für das Trinken an der Brust oder aus der Flasche erforderlich ist, kann nur hergestellt werden, wenn u. a. die Lippen des Kinds die Brust/den Sauger luftdicht umschließen und der Mund- und Nasenraum vollständig gegeneinander abgedichtet werden. Ein funktionierender Saugvorgang ist an Einziehungen der Wangen erkennbar.

Gesunde Neugeborene bringen einen Flüssigkeitsüberschuss mit auf die Welt, der innerhalb der ersten 2 – 3 Tage abgebaut wird. Der Flüssigkeitsbedarf eines Kindes in den ersten 10 Lebenstagen lässt sich mit verschiedenen Formeln wie folgt berechnen:

Tab. 16.6 Richtwerte für die Wasserzufuhr nach den Empfehlungen der Deutschen Gesellschaft für Ernährung (DGE 1991) (aus: Sitzmann, F.C. (Hrsg.): Pädiatrie, Hippokrates, Stuttgart 1995)

Alter	*Gesamtwasser-aufnahme*	*Oxidationswasser*	*Wasserzufuhr durch*		*Wasserzufuhr durch Getränke und feste Nahrung*
	ml/Tag	*ml/Tag*	*Getränke ml/Tag*	*feste Nahrung ml/Tag*	*ml/kg u. Tag*
Säuglinge					
0 bis 4 Monate	780	70	710	–	140
4 bis unter 12 Monate	1000	100	400	500	110
Kinder					
1 bis unter 4 Jahre	1550	150	950	450	110
4 bis unter 7 Jahre	1900	200	1100	600	90
7 bis unter 10 Jahre	2000	250	1100	650	65
10 bis unter 13 Jahre	2200	250	1200	750	50
13 bis unter 15 Jahre	2400	300	1300	800	40
Jugendliche					
15 bis unter 19 Jahre	2700	350	1450	900	35

- (Lebenstage – 1) × 70–80 = ml Trinkmenge/24 Stunden
  oder
- 20 ml × kg KG × Lebenstage = ml Trinkmenge/24 Stunden.

In **Tab. 16.6** sind Richtwerte für die Wasserzufuhr aufgeführt.

Für Neugeborene, Säuglinge stellt das Stillen die beste Ernährung dar. Durch Stillhindernisse von Seiten der Mutter (z. B. Flach-, Hohlwarzen, Rhagaden, Krankheiten mit Infektionsgefahr des Kindes, milchgängige Medikamente) oder des Kindes (z. B. Trink-/Saugschwäche, Missbildungen, schwere Krankheiten) kann das Stillen behindert oder auch unmöglich gemacht werden. In diesen Fällen müssen dann evtl. Hilfsmitteln angewendet werden oder es muss zu einer industriell hergestellten Nahrung zurückgegriffen werden.

16.4.1 Störung der Nahrungsaufnahme

Störungen der Nahrungsaufnahme, die zu einem reduzierten Ernährungszustand führen, werden bei Kindern, je nach Schweregrad als Dystrophie, Atrophie und Kachexie bezeichnet. **Tab. 16.7** zeigt eine Gegenüberstellung der beobachtbaren körperlichen Veränderungen einer Dystrophie und Atrophie.

Die Kachexie, als schwerste Form eines reduzierten Ernahrungszustands mit Gewichtsabnahme, ist dadurch gekennzeichnet, dass das Körpergewicht 20% des Normalgewichts unterschreitet, das Kind ein skelettartiges Aussehen besitzt und es zu einem allgemeinen Kräfteverfall kommt (s. a. Kap. 5.15).

Bei allen 3 genannten Formen kommt es außerdem zu einer Stimmungslabilität und einer erhöhten Infektanfälligkeit. Je nach Ausprägungsgrad der Störung kann der reduzierte Ernährungszustand bei Kindern zu Entwicklungsstörungen bis zu lebensbedrohlichen Zuständen führen.

Die Ursachen eines reduzierten Ernährungszustandes sind sehr vielfältig. Sie können in einer verminderten Nahrungszufuhr (z. B. bei Nahrungsmangel, Fehlernährung), einer gestörten Nahrungsresorption (z. B. bei anatomischen Störungen, Stoffwechselstörungen des Darms) oder einem erhöhten Kalorienverbrauch (z. B. bei chronischen Systemerkrankungen, Hypermotorik) liegen.

16.4.2 Störung der Flüssigkeitsaufnahme

Eine Störung der Flüssigkeitsaufnahme im Sinne einer verminderten Flüssigkeitszufuhr kann, ebenso wie eine vermehrte Flüssigkeitsabgabe beispielsweise durch Diarrhöen, Erbrechen und vermehrtem Schwitzen, zu einer Dehydratation führen. Die Dehydratation, auch als Exsikkose bezeichnet, wird in verschiedene Schweregrade eingeteilt. **Tab. 16.8** zeigt die verschiedenen beobachtbaren Merkmale einer leichten, mittelschweren und schweren Dehydratation. Eine schwere Dehydratation kann bei Kindern

Tab. 16.7 Merkmale von Dystrophie und Atrophie

Merkmal	*Dystrophie*	*Atrophie*
Gewicht	Beginn mit fehlender Gewichtszunahme, danach Gewichtsabnahme (< 3. Perzentile)	Gewichtsabnahme (< 3. Perzentile)
Unterhautfettgewebe	Verminderung der Fettpolster an der Bauchhaut, den Extremitäten, am Gesäß („Tabakbeutelgesäß")	vollständiger Fettschwund, einschließlich des Bichat-Fettpropfes der Wangen
Körperlängenwachstum	verlangsamt	Stillstand
Gesicht	eingesunkene Wangen, groß wirkende Augen	eingesunkene Wangen, tiefliegende Augen, dunkle Augenschatten, faltige Haut („Greisengesicht", haloniertes Aussehen)
Haut	blass, trocken	grau-blass, faltig Extremitäten: zyanotisch, kühl
Mundschleimhaut	trocken	trocken, stark gerötet
Muskulatur	Hypoton (vorgewölbter Bauch)	Hypoton mit Volumenverlust
Atmung	normal	flach (herabgesetzter O_2-Bedarf)
Puls	normal	Bradykardie
Körpertemperatur	normal	Hypothermie
Blutzucker	normal	Hypoglykämie

Tab. 16.8 Schweregrade einer Dehydratation (aus: Hoehl, M., P. Kullick: Kinderkrankenpflege und Gesundheitsförderung, Thieme, Stuttgart 1988)

Klinische Zeichen	*Leichte Dehydratation*	*Mittelschwere Dehydration*	*Schwere Dehydratation*
Allgemeinverhalten	unruhig, durstig	apathisch oder unruhig, durstig	somnolent-komatös
Atmung	normal	vertieft, leicht beschleunigt	vertieft und beschleunigt
Haut			
Verstreichen der angehobenen Hautfalte über der Clavicula	sofort	langsam	sehr langsam (> 2 Sek.)
Farbe	blass	grau-blass	grau-blass-zyanotisch-marmoriert
Augen	normal	leicht eingesunken	stark eingesunken
Große Fontanelle	normal	leicht eingesunken	stark eingesunken
Tränen	vorhanden	nicht vorhanden	nicht vorhanden
Radialispuls	normal	schnell, schwach	schnell, kaum tastbar
Systolischer Blutdruck	normal	normal bis leicht erniedrigt	< 90 mmHg, evtl. nicht messbar
Schleimhaut	trocken	spröde	brüchig
Urinproduktion	normal	vermindert, dunkler Urin	seit einigen Stunden nicht, leere Harnblase
Gewichtsverlust (%)			
Säuglinge	≤ 5	5 – 10	10 – 15
Kinder	≤ 3	3 – 6	6 – 9
Geschätztes Flüssigkeitsdefizit			
Säuglinge	≤ 50 ml/kg KG	50 – 100 ml/kg KG	100 – 150 ml/kg KG
Kinder	≤ 30 ml/kg KG	30 – 60 ml/kg KG	60 – 90 ml/kg KG

aufgrund des Volumenmangels zu einem hypovolämischen Schock führen, einem für das Kind lebensbedrohlichen Zustand.

16.4.3 Malabsorption und Maldigestion

Tab. 16.9 führt einige Ursachen der Malabsorption im Kindesalter auf. Leitsymptom ist hierbei zumeist Durchfall und ein verändertes Aussehen des Stuhls (s. a. Kap. 18). Weitere Symptome, die bei einer Malabsorption auftreten, sind Gewichtsstillstand bzw. Gewichtsabnahme, Zeichen einer Dystrophie bzw. Atrophie, Inappetenz, Erbrechen und ein geblähtes Abdomen.

Die Maldigestion mit chronischen Durchfällen und Gedeihstörung stellt ein Leitsymptom der Mukoviszidose dar und ist außerdem bei Cholestasesyndromen und Lebererkrankungen zu beobachten.

Mangelerscheinungen, Über-/Fehlernährung und Vergiftungen treten bei Kindern wie bei Erwachsenen in unterschiedlichen Schweregraden auf und können anhand derselben Kriterien beobachtet werden (s. a. 16.2.3 – 16.2.5).

16.5 Besonderheiten bei älteren Menschen

Eva Eißing

Im Alter braucht der Mensch ca. 30% weniger Kalorien als Jüngere, allerdings bei gleichem Bedarf an Ei-

Tab. 16.9 Ursachen der Malabsorption im Kindesalter (aus Schulte, F.J., J. Spranger: Lehrbuch der Kinderheilkunde: Erkrankungen im Kindes- und Jugendalter, 27. Aufl., Stuttgart, Gustav Fischer 1992)

Krankheit	*Path. Anatomie und Biochemie*	*Stuhlbefund*	*Diagnose*
a) Generalisierte Malabsorption (M)		massige, gärende Stühle	Dünndarmbiopsie (Histologie)
Zöliakie^{+++} (Z)	flache Mukosa	Steatorrhö	
M. nach Gastroenteritis^{+++}	geschädigte Mukosa	Durchfall	z. B. Nachweis von Rotaviren im Stuhl
M. bei Kuhmilchprotein-$^{+++}$ und Sojaproteinintoleranz	Mukosa geschädigt (weniger ausgeprägt als bei Z) } sekundärer Mangel an Dünndarmenzymen	Durchfall oft blutig	Klinik und Dünndarmbiopsie
Lamblia intestinalis^{+++}	Mukosa geschädigt (weniger ausgeprägt als bei Z)	Durchfall	Lamblien im Duodenalsekret (Lupenmikroskop)
Akrodermatitis enteropathica$^{\circ}$ u. Dermatitis herpetiformis	unspezifische histologische Veränderungen	Durchfall	Hautveränderungen, Zinkmalabsorption
b) Malabsorption einzelner Nahrungsstoffe			
Monosaccharidmalabsorption^{+++}	Transportstörung	wässrige Durchfälle seit Geburt	kein Blut-Glukoseanstieg nach oraler Glukose-Galactose-Gabe
Saccharase-Isomaltase-Mangel^{+++}	Saccharase- und Isomaltase-Aktivität ↓	Durchfall Stuhl-pH $< 5{,}5$	Dünndarmbiospie Enzymbestimmung
Lactasemangel^{+++}	Lactaseaktivität ↓	Disaccharide und Milchsäure im Stuhl	H_2-Atemtest
Enteropeptidase-Mangel$^{\circ}$ (Enterokinase)	Enteropeptidase-Aktivität ↓ konsekutive Erniedrigung proteolytischer Pankreasenzyme	Durchfall Kreatorrhö	Trypsinogen-Aktivierungstest
VitB_{12}-Malabsorption$^{\circ}$ (Imerslund-Gräsbeck)	Transportdefekt	Durchfall	megaloblastäre Anämie Schilling-Test

$^{+++}$ häufig $^{+}$ selten $^{\circ}$ äußerst selten

weiß, Vitaminen und Spurenelementen. Das bedeutet, der alte Mensch sollte seinen Fett- und Kohlenhydratanteil in der Nahrung um ca. 40 % senken, um nicht übergewichtig zu werden (**Abb. 16.2**).

Während es bei vielen selbstständig lebenden, geistig rüstigen alten Menschen eher keine besonderen Ernährungsprobleme gibt, zeigt sich bei hochbetagten, geriatrischen Menschen häufig eine deutliche Mangelernährung. Einer von der DGE durchgeführten Studie zufolge, sind nicht einmal 10 % der hochbetagten Menschen übergewichtig, dagegen aber bis zu 60 % untergewichtig. Die Hauptursache hierfür ist eine zu geringe Nahrungsaufnahme. Verantwortlich dafür ist sehr häufig Appetitlosigkeit, die durch nachlassenden Geruchs- und Geschmackssinn im Alter verstärkt wird.

Alte Menschen, die alleine leben und aufgrund von eingeschränkter Mobilität nur noch selten ihre Wohnung verlassen können, vereinsamen häufig. Die Folge ist eine Isolation, die die Motivation zum Essen und den Appetit zusätzlich stark einschränkt.

Viele ältere Menschen leiden unter Zahnverlust, welcher zwar durch Teil- oder Vollprothesen ausgeglichen werden kann, die allerdings durch die Rückbildung der Alveolarfortsätze, die wie Nischen die Zähne fixieren, häufig schlecht sitzen. Die Prothesen müssen entsprechend vom Zahnarzt nachgearbeitet werden, damit sie sich beim Kauen nicht verschieben oder Druckstellen und Entzündungen im Mund hervorrufen. Schlechtsitzende Zahnprothesen sind ein häufiger Grund, warum alte Menschen nur noch flüssige Kost in Form von Brei zu sich nehmen.

Viele hochbetagte Menschen leiden an mehreren Erkrankungen gleichzeitig, die die Nahrungsaufnahme entscheidend beeinflussen können. Diese sog. Multimorbidität betrifft meist typische Alterskrankheiten wie beispielsweise Verschleißerscheinungen der Gelenke, Herz-Kreislauf-Erkrankungen, Diabetes mellitus oder Lähmungen mit Schluckstörungen nach einem Schlaganfall.

Eine besondere Problemgruppe stellen stark desorientierte Menschen dar, wie beispielsweise von Morbus Alzheimer Betroffene. Der Reiz zur Nahrungsaufnahme ist in diesen Fällen häufig gestört: Sie essen entweder übermäßig, ohne dass ein Sättigungsgefühl eintritt oder sie verweigern die Nahrung und spucken sie wieder aus, weil sie gar keinen Hunger haben. Manchmal öffnen sie den Mund nicht, weil sie vergessen haben, was essen heißt oder wissen nicht, wozu ein Löffel zu gebrauchen ist. Es kann auch sein, dass die Maßnahmen zur Essensaufnahme als Bedrohung empfunden werden. In diesem Fall

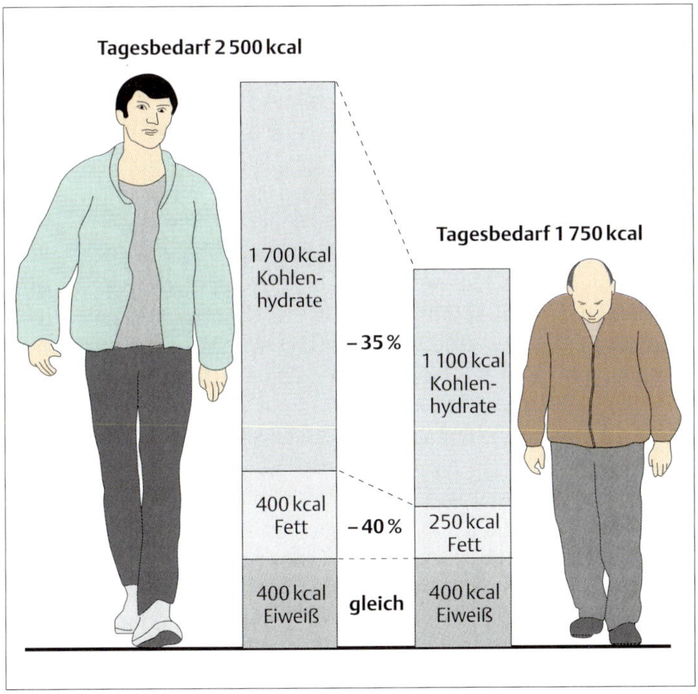

Abb. 16.2 Nährstoff-, Mineralstoff- und Vitaminbedarf

kommt es zu entsprechend ängstlichen und/oder aggressiven Reaktionen.

Ein vermindertes Durstgefühl durch nachlassende Sensibilität der Osmorezeptoren verhindert, dass alte Menschen genügend trinken. Besonders an heißen Tagen kann es dann zu einer Exsikkose mit Kreislaufschwankungen und Verwirrtheitszuständen kommen. Auch inkontinente alte Menschen trinken oft zu wenig, weil sie Angst davor haben, die Toilette nicht schnell genug zu erreichen.

Ein weiterer Grund für eine Mangelernährung kann darin liegen, dass sich alte Menschen aufgrund ihrer eingeschränkten Beweglichkeit hauptsächlich von Konserven und Fertiggerichten ernähren. Häufig steht hier steht der Wunsch im Vordergrund, so lange wie möglich selbstständig zu bleiben.

In den Institutionen des Gesundheitswesens kommen besondere Faktoren dazu, die den Appetit und Durst geriatrischer Menschen negativ beeinflussen. Hierzu gehören die veränderte, fremde Atmosphäre des Krankenhauses oder der Pflegestation im Altenheim, ungewohnte Essenszeiten und -angebote, fremdes und häufig wechselndes Pflegepersonal. Das Essen muss unter Umständen im Bett eingenommen werden; die Krankheitssituation mit z. B. Schmerzen, Unwohlsein und körperlichen Einschränkungen wird mehr oder weniger belastend erlebt.

Des Weiteren können Depressionen, Zukunftsängste und Gefühle der Abhängigkeit erschwerend hinzukommen. All diese Faktoren wirken sich negativ auf den Appetit aus.

Die Folgen des reduzierten Ernährungszustands sind gerade für den geriatrischen Menschen fatal, weil durch die Beeinträchtigung der Muskelfunktion und die damit einhergehende Schwäche ein erhöhtes Risiko für Stürze, Frakturen und dazugehörige Langzeitfolgen besteht. Außerdem erhöht sich die Infektanfälligkeit, das Dekubitusrisiko und das Risiko auftretender Komplikationen im Krankheitsverlauf mit entsprechend längerem Krankenhausaufenthalt.

Besonderheiten bei Kindern und älteren Menschen:

- Bei Neugeborenen kann die Gefahr einer Trink-/Saugschwäche bestehen.
- Ein reduzierter Ernährungszustand kann bei Kindern lebensbedrohlich sein.
- Bei der Dehydratation aufgrund z. B. von Diarrhöen, Erbrechen oder Schwitzen werden verschiedene Schweregrade unterschieden.
- Häufig leiden hochbetagte Menschen unter einer deutlichen Mangelernährung.
- Durch Multimorbidität ist häufig bei alten Menschen der Reiz zur Nahrungsaufnahme gestört.
- Nachlassende Sensibilität der Osmorezeptoren vermindert das Durstgefühl und führt häufig zu Exsikkose.
- Mangelernährung hat bei alten Menschen fatale Folgeerscheinungen wie Schwäche, beeinträchtigte Muskelfunktion, Infektanfälligkeit etc.

16.6 Fallstudien und mögliche Pflegediagnosen

Der infolge einer Mangelernährung entstehende Schwächezustand kann sich auf sämtliche Bereiche der Alltagsbewältigung auswirken. Zusätzliche körperliche Erkrankungen führen unter diesen Umständen oft zum Versagen vieler Regulationsmechanismen, die lebensbedrohliche Herz-Kreislauf-Störungen, Temperaturerhöhung und Bewusstseinsveränderungen bewirken können.

Fallstudie Frau Borgers

Frau Borgers, 82 Jahre alt, wird ins Krankenhaus eingeliefert mit der Diagnose Kachexie und *Exsikkose*. Sie war in ihrer Wohnung gestürzt und konnte aus eigener Kraft keine Hilfe herbeiholen. Die Nachbarin reagierte auf ihr Rufen und verständigte den Krankenwagen. In der Klinik gab Frau Borgers an, bereits mehrere Tage unter Durchfall zu leiden. Außerdem fühle sie sich, seit ihr Mann vor einigen Jahren gestorben ist sehr einsam und habe kaum noch Appetit. In der letzten Zeit sei sie sehr schlapp und müde gewesen.

Frau Borgers ist stark abgemagert, die Haut ist faltig und schuppig, die Mundschleimhaut trocken und borkig. Das Gewicht beträgt 45 kg bei einer Körpergröße von 165 cm. Die Blutdruckwerte liegen bei 85/50 mmHg, die Pulsfrequenz bei 112 Schlägen/Min. Die Temperatur ist mit 38,5 °C – rektal gemessen – erhöht. Am Rücken und am Ellenbogen hat Frau Borgers aufgrund des Sturzes Hämatome und Hautabschürfungen, die bei Bewegungen schmerzen. Die Röntgenaufnahmen zeigen Prellungen, keine Frakturen.

Frau Borgers ist ganz unglücklich, weil sie nicht weiß, wie dieser Sturz passieren konnte, obwohl sie doch immer so aufgepasst hat. Einen Auszug aus dem möglichen Pflegeplan von Frau Borgers zeigt **Tab. 16.10**.

Zu der oben aufgeführten Fallstudie kann auch eine Pflegediagnose erstellt werden, die die folgende Übersicht zeigt:

Pflegediagnose Flüssigkeitsmangel
(nach Gordon)

Definition
Zustand einer intravasalen, intrazellulären oder interstitiellen Dehydratation.

Kennzeichen
- veränderte Urinausscheidung,
- veränderte Urinkonzentration,
- Durst,
- plötzlicher Gewichtsverlust oder Gewichtszunahme,
- verminderte Venenfüllung,
- Eindickung des Blutes; Veränderung des Serumnatriumspiegels,
- Hypotension; verminderte Pulsfüllung, verminderter Pulsdruck,
- erhöhte Pulsfrequenz,
- verminderter Hautturgor,
- trockene Haut; trockene Schleimhäute,
- Veränderungen im Bewusstseinszustand,
- erhöhte Körpertemperatur,
- Schwäche.

Ätiologische oder beeinflussende Faktoren
- aktiver Verlust von Körperflüssigkeiten (z. B. Verbrennungen, Blutungen, Diarrhö, Fisteln, abdominelle Tumoren),
- Versagen von Regulationsmechanismen.

Tab. 16.10 Auszug aus dem Pflegeplan von Fr. Borgers

Pflegeprobleme	*Ressourcen*	*Pflegeziele*	*Pflegemaßnahmen*
Fr. B. ist vital gefährdet aufgrund der Exsikkose und der Kachexie	Fr. B. ist geistig in der Lage, ihre Situation zu begreifen, sich motivieren zu lassen	Fr. B. • hat einen physiologischen Wasserhaushalt, • kennt die Notwendigkeit einer Trinkmenge von 1,5 l/Tag und trinkt entsprechend • nimmt innerhalb einer Woche 1 kg an Gewicht zu	• Infusionstherapie auf Anordnung: 1500 ml NaCl 0,9 % • Information von Fr. B. über die Notwendigkeit einer ausreichenden (mind. 1,5 l/Tag) Trinkmenge • 1,5 l/Tag Wunschgetränke bereitstellen • Bilanzierung der Ein- und Ausfuhr (8.00 h) • Urinbeobachtung: Menge, Aussehen, Konzentration • hochkalorische Kost (2500 cal/Tag), 6 kleinere Mahlzeiten, Wunschkost • Mo. u. Fr. (8.00 h) Gewichtskontrolle
		• Kreislaufverhältnisse sind im physiologischen Bereich und Komplikationen (Kreislaufkollaps mit Oligurie) werden frühzeitig erkannt	• Vitalzeichenkontrolle: RR, Puls, Temp. alle 4 Stunden
		• hat geschmeidigen Hautzustand, feuchte Mundschleimhaut	• Hautpflege mit Pflegelotion W/Ö (bei Körperpflege) • Hautbeobachtung: Turgor • Mundpflegeutensilien nach jeder Mahlzeit anreichen • Inspektion der Mundschleimhaut (bei Körperpflege)
Appetitlosigkeit aufgrund von Einsamkeit	Fr. P. ist offen für Gespräche und für Kontakte	Fr. B. • ist über Aktivitäten in Seniorengruppen informiert	• Fr. B. ermöglichen, sich im Aufenthaltsraum aufzuhalten, evtl. zu essen • Kontakt herstellen zu Aktivitäten von Seniorengruppen über den Sozialmedizinischen Dienst
		• hat angemessenen Appetit	• Beobachtung des Appetits

Im Fall von Frau Borgers würde die Pflegediagnose folgendermaßen lauten:
Flüssigkeitsmangel
b/d (beeinflusst durch) aktiven Verlust von Körperflüssigkeiten (Diarrhö)
a/d (angezeigt durch):

- Hypotension,
- erhöhte Pulsfrequenz,
- verminderten Hautturgor,
- trockene Haut; trockene Schleimhäute,
- erhöhte Körpertemperatur,
- Schwäche.

Fallstudie Julia

Julia wurde mit einer Lippen-Kiefer-Gaumenspalte geboren und leidet deshalb an einer Saugschwäche. Gestern hat sie eine Trinkplatte angepasst bekommen. Die Mutter von Julia hat ihre Tochter seit der Geburt regelmäßig angelegt, doch aufgrund der Lippen-Kiefer-Gaumenspalte konnte Julia die Muttermilch aus der Brust nicht aufnehmen. Nachdem Julia die Trinkplatte erhalten hat, hofft ihre Mutter, dass es nun mit dem Stillen klappt. In **Tab. 16.11** ist ein Auszug aus dem Pflegeplan von Julia aufgeführt.

Eine mögliche Pflegediagnose zeigt die folgende Übersicht:

Pflegediagnose Saug-/Schluck-Störung des Säuglings (nach Gordon)

Definition

Der Zustand, bei dem der Säugling eine eingeschränkte Fähigkeit zu saugen oder einie eingeschränkte Koordinationsfähigkeit für den Saug-Schluck-Vorgang zeigt.

Kennzeichen

- Unfähigkeit des Kinds, mit dem Saugen zu beginnen oder eine Saugschwäche des Kinds,
- Unfähigkeit des Kinds das Saugen, Schlucken oder Atmen zu koordinieren.

Risikogruppen

- Frühgeborene,
- Säuglinge mit neurologisch bedingten Beeinträchtigungen/Entwicklungsstörungen (zu spezifizieren),
- verlängerte Nahrungskarenz,
- orale Überempfindlichkeit,
- anatomische Anomalien (z. B. Lippen-, Gaumen-, Kieferspalte).

Tab. 16.11 Auszug aus dem Pflegeplan von Julia

Pflegeprobleme	*Ressourcen*	*Pflegeziele*	*Pflegemaßnahmen*
Julia kann aufgrund der Lippen-Kiefer-Gaumenspalte nur ungenügend an der Brust saugen → Gefahr der mangelnden Zufuhr von Flüssigkeit und Nährstoffen	• Julia hat eine angepasste Trinkplatte • Julias Mutter ist sehr geduldig und legt Julia immer wieder an	• Julia kann gut an der Brust trinken • Julia erfährt beim Stillen Unterstützung von der Mutter (Abdichten der Lippen, Auslösen des Milchflussreflexes) • Julia besitzt einen ausgeglichenen Flüssigkeits- und Nährstoffhaushalt	Anleitung der Mutter zum Stillen (durch Stillberaterin): • häufiges (8 ×), regelmäßiges Anlegen • Stillposition ausprobieren, Julia: halbaufrechte Position • Abdichten der Lippenspalte mit den Fingern unterstützen • manuelles Auslösen des Milchflussreflexes z. B. durch: – leichte Massage der Brust (vom Brustansatz zur Brustwarze) – Wärmeapplikation (Wärmflasche oder heiße Tücher auf die Brust) – Beobachtung des Saugens (Einziehungen der Wangen) Hinweis auf Stillgruppen, Selbsthilfegruppen ruhige, entspannte Atmosphäre während des Stillens (Musik nach Wunsch, Schild „Stillzeit“ an die Tür, Hinweis auf Stillzimmer) Beobachtung des Ernährungszustands

Die Pflegediagnose für Julia könnte folgendermaßen lauten:
Saugstörung des Säuglings
b/d (beeinflußt durch) eine Lippen-Kiefer-Gaumenspalte,
a/d (angezeigt durch) eine Saugschwäche des Kindes.

Fazit: Die Beurteilung des Ernährungszustands eines Menschen ist nur durch Hinzuziehung anderer Beobachtungskriterien möglich. Besonders das Körpergewicht in Verbindung mit der Körpergröße ist ein wichtiger Beobachtungsschwerpunkt.

Neugeborene und Säuglinge, die gestillt werden, erhalten alle Nährstoffe, die sie für das Wachstum in den ersten Lebensmonaten brauchen, in optimaler Art und Weise. Der Aufbau des Immunsystems wird konkurrenzlos gefördert und beeinflusst nachhaltig, d. h. auch nach dem Stillen, die Abwehrlage. Desgleichen ist die Allergiebereitschaft bei gestillten Kindern gemindert. Mit der Muttermilchernährung werden demzufolge nicht nur Mangelernährung verhindert, sondern auch andere Krankheitsrisiken gemindert.

Mangelernährung kommt in den Industrieländern fast ausschließlich in Verbindung mit speziellen Erkrankungen vor. Sie können angeboren sein, z. B. Stoffwechselerkrankungen oder Fehlbildungen im Magen-Darm-Trakt, oder durch schwere Erkrankungen ausgelöst werden, z. B. Tumorleiden. Auch psychische Probleme können für Mangelernährung verantwortlich sein.

In den Ländern der Dritten Welt ist Mangelernährung gezwungenermaßen durch einseitige Ernährung oder Hungersnöte bedingt.

Menschen, die in den Industrieländern leben, haben dafür mit den Folgen der Über- oder falscher Ernährung zu kämpfen. Und trotz aller Möglichkeiten schließt hier das Recht auf Gesundheit auch die Pflicht ein, vorbeugend zu handeln. Wer eine gesundheitsschädliche Ernährungs- und Lebensweise favorisiert, sollte sich im Klaren sein, dass die Konsequenzen häufig von allen, z. B. Versicherten, zu tragen ist. Erziehende müssen wissen, dass Kinder durch imitierendes Verhalten Ernährungsgewohnheiten und Umgang mit Genussmittel unreflektiert übernehmen und dadurch häufig in ihrem Ernährungsbewusstsein auch im Erwachsenenalter geprägt sind.

Bierbaumer, N., R.F. Schmidt: Biologische Psychologie, 2. Aufl., Springer, Berlin 1991

Borgeest, B.: Im Schatten der Satten, GEO-Wissen 1 (1990) 137

Brost, E., J. Funke: Jede Minute verhungern 15 Kinder, WAZ Nr. 179, 31. Woche, 01.08.1998. Essen

Das Neue Lehrbuch der Krankenpflege, 4. Aufl., Kohlhammer, Stuttgart 1992

Deutsche Gesellschaft für Ernährung e.v.: Ernährungsbericht 1996. Heinrich GmbH, Frankfurt 1996

Epstein, O. et al.: Bild-Lehrbuch der klinischen Untersuchung. Thieme, Stuttgart 1994

Füsgen, I.: Der ältere Patient. Problemorientierte Diagnostik und Therapie, 2. Aufl., Urban & Schwarzenberg, München 1996

Götz, M.-L., U. Rabast (Hrsg.): Diättherapie, Lehrbuch mit Anwendungskonzepten, Thieme, Stuttgart 1987

Gordon, M.: Handbuch Pflegediagnosen, 2. Aufl., Ullstein Mosby, Berlin 1994

Heine, W.: Ernährung von Säuglingen und Kleinkindern, in Heilberufe, 47 (1995) 20

Hoehl, M., P. Kullik: Kinderkrankenpflege und Gesundheitsförderung, Thieme, Stuttgart 1998

Illig, S., S. Spranger: Klinikleitfaden/Pädiatrie, 4. Aufl., Gustav Fischer, Ulm 1998

Kaathoven, N.v., N.v. Mierlo: Die Ernährung Gesunder und Kranker, Eicanos-Verlag, Bocholt 1995

Körber, K.v., Th. Männle, C. Leitzmann: Vollwert-Ernährung, Konzeption einer zeitgemäßen Ernährungsweise, 8. Aufl., Haug, Heidelberg 1994

Kraemer, Dr. B.: Berner Datenbuch der Pädiatrie, 5. Aufl., Gustav Fischer, Ulm 1997

Kühl, G. et.al.: Klinikleitfaden/Kinderkrankenpflege, Gustav Fischer, Stuttgart 1997

Lüders, D., E. Schönau: Lehrbuch für Kinderkrankenschwestern, Band II: Das kranke Kind und seine Behandlung, 12. Aufl., Enke, Stuttgart 1997

Raue, W., B. Schneeweiß, B. Stück (Hrsg.): Kinderkrankenpflege und spezielle Krankheitslehre, 4. Aufl., Ullstein Mosby, Berlin 1995

Palitzsch, D.: Pädiatrie: Kinderheilkunde für Studenten und Ärzte, 3. Aufl., Enke, Stuttgart 1990

Paulsen, S. : Zucker und Zähne, Wehe, wenn das Speichel-Puffer-System zusammenbricht, GEO Wissen 1 (1990) 192

Pschyrembel: Klinisches Wörterbuch. 255. Aufl., de Gruter, Berlin 1986

Roche Lexikon Medizin, Hoffmann-La Roche AG und Urban & Schwarzenberg (Hrsg.), 3. Aufl., Urban & Schwarzenberg, München 1993

Schettler, G., H. Greten: Innere Medizin: Verstehen – Lernen – Anwenden, 9. Aufl., Thieme, Stuttgart 1998

Schäffler, A., N. Menche (Hrsg.): Pflege Konkret, Innere Medizin, Lehrbuch und Atlas für die Pflegeberufe. Jungjohann bei Gustav Fischer, Ulm 1996

Schäffler, A., N. Menche, U. Bazlen, T. Kommerell (Hrsg.).: Pflege Heute, Lehrbuch und Atlas für Pflegeberufe. Gustav Fischer, Ulm 1998

Schäffler, A., S. Schmidt (Hrsg.): Mensch, Körper, Krankheit; Anatomie, Physiologie, Krankheitsbilder; Lehrbuch und Atlas für die Berufe im Gesundheitswesen, Jungjohann, Neckarsulm 1994

Schulte, F.J., J. Spranger: Lehrbuch der Kinderheilkunde: Erkrankungen im Kindes- und Jugendalter, 27. Aufl., Gustav Fischer, Stuttgart 1993

Schwegler, J.: Der Mensch – Anatomie und Physiologie, 2. Aufl., Thieme, Stuttgart 1998

Siegenthaler, W., W. Kaufmann, H. Hornbostel, H.D. Waller (Hrsg.): Lehrbuch der inneren Medizin, 3. Aufl., Thieme, Stuttgart 1992

Sitzmann, F.C. (Hrsg.): Pädiatrie, Hippokrates, Stuttgart 1995

Thews, G., E. Mutschler, P. Vaupel: Anatomie, Physiologie, Pathophysiologie des Menschen, Wiss. Verl.-Ges., Stuttgart 1989

Von Harnack, G.-A., G. Heidemann: Kinderheilkunde, 8. Aufl., Springer, Berlin 1990

Wegmann, H.: Die professionelle Pflege des kranken Kindes, Urban & Schwarzenberg, München 1997

17 Urin

Panajotis Apostolidis

Übersicht

Einleitung · 307
17.1 **Allgemeine Beobachtungskriterien und Beschreibung des Normalzustands** · 308
17.1.1 **Miktion** · 308
17.1.2 **Urinmenge** · 308
17.1.3 **Urinfarbe** · 308
17.1.4 **Urinzusammensetzung** · 309
17.1.5 **Uringeruch** · 309
17.1.6 **Spezifisches Gewicht des Urins** · 309
17.1.7 **Urinreaktion** · 309
17.2 **Abweichungen, Veränderungen des Urins und deren mögliche Ursachen** · 310
17.2.1 **Miktionsstörungen** · 310
17.2.2 **Veränderungen der Urinmenge** · 314
17.2.3 **Veränderungen der Urinfarbe** · 316
17.2.4 **Veränderungen der Urinzusammensetzung, Beimengungen** · 316
17.2.5 **Veränderungen des Uringeruchs** · 317
17.2.6 **Veränderungen des spezifischen Gewichts des Urins** · 317
17.2.7 **Veränderungen der Urinreaktion** · 317
17.3 **Ergänzende Beobachtungskriterien** · 318
17.4 **Besonderheiten bei Kindern** · 318
17.5 **Besonderheiten bei älteren Menschen** · 319
17.5.1 **Funktionelle Inkontinenz** · 319
17.5.2 **Iatrogene Inkontinenz** · 320
17.6 **Fallstudien und mögliche Pflegediagnosen** · 320
Fazit · 322
Literatur · 323

Schlüsselbegriffe:

- *Miktionsstörung*
- *Dysurie*
- *Harninkontinenz*

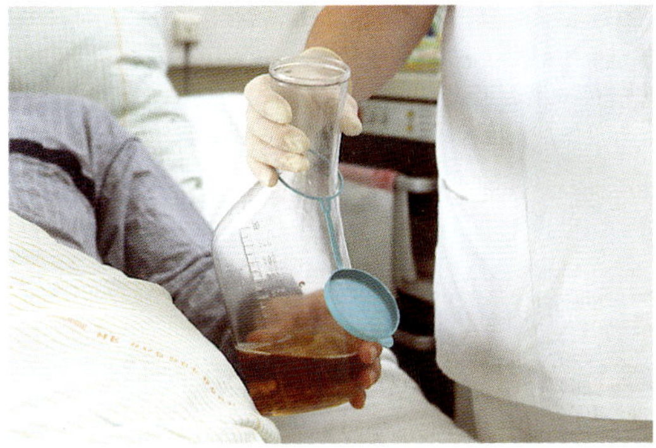

Einleitung

Die kontrollierte Ausscheidung von Urin wird im Kindesalter erlernt und gehört zu den grundlegenden und selbstverständlichen Aktivitäten von Menschen. Wie häufig der Gang zur Toilette vollzogen wird, wird Menschen oft erst dann bewusst, wenn die Miktion von unangenehmen Prozessen wie z. B. Schmerzen begleitet ist oder gar ein unwillkürlicher Urinabgang wie bei den verschiedenen Formen der Harninkontinenz geschieht. Hier wird der selbstverständliche Vorgang der Miktion zu einer störenden und unangenehmen Notwendigkeit.

Gerade die Inkontinenz wirkt sich nicht nur auf das physische, sondern vor allem auch auf das psychische und soziale Wohlbefinden der betroffenen Menschen aus und führt nicht selten aufgrund von Schamgefühlen zum sozialen Rückzug.

Die Miktion ist wie die Defäkation eine sehr private Angelegenheit, die eng mit der Intimsphäre eines Menschen verbunden ist und normalerweise nicht im Beisein anderer Menschen vollzogen wird. Pflegepersonen sind jedoch im Alltag häufig gefordert, pflegebedürftigen Menschen Hilfestellung bei der Ausscheidung zu leisten, was ein hohes Maß an Einfühlungsvermögen und Sensibilität erfordert.

Das folgende Kapitel beschreibt die Beobachtungskriterien des Urins und geht auf mögliche Ursachen für Abweichungen und Veränderungen in diesem Beobachtungsbereich ein.

Als Urin oder Harn wird die bei Menschen von den Nieren durch die Harnwege abgesonderte Flüssigkeit bezeichnet.

Über den Urin werden harnpflichtige Stoffe ausgeschieden. Die Urinausscheidung ist zudem ein wichtiger Faktor bei der Regulation des Wasser- und Elektrolythaushalts sowie des Säure-Basen-Gleichgewichts.

17.1 Allgemeine Beobachtungskriterien und Beschreibung des Normalzustands

Beobachtet wird der Urin hinsichtlich der Entleerung, der Menge, der Farbe, des Geruchs, der Zusammensetzung, des spezifischen Gewichts und bezüglich der chemischen Reaktion. Für einige Kriterien und für differenzierte Aussagen werden Hilfsmittel benötigt, die teilweise auch im ambulanten und stationären Bereich Verwendung finden.

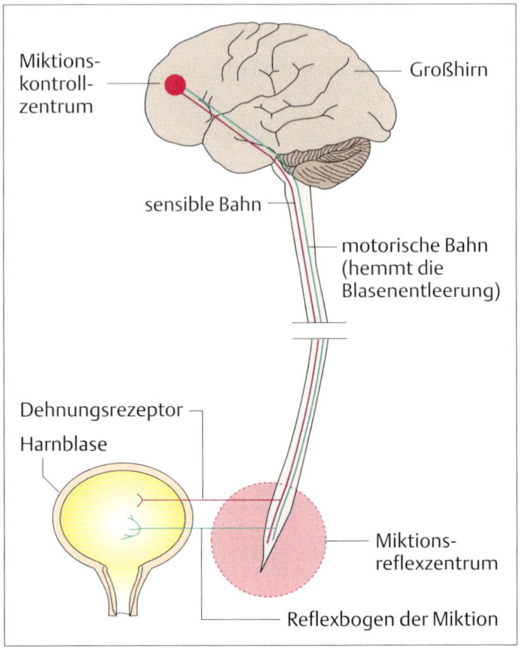

Abb. 17.1 Miktion (aus: Roper, W. Logan, A.Tierney: Die Elemente der Krankenpflege, RECOM, Basel, 1989).

17.1.1 Miktion

Mit Miktion wird der Vorgang der Blasenentleerung, die Urinausscheidung, bezeichnet.

Sie erfolgt im Normalfall willkürlich, schmerzlos und im Strahl wobei durchschnittlich eine Menge von 200 – 400 ml Urin ausgeschieden werden. Die Miktion stellt einen reflektorischen Vorgang dar, der willkürlich ausgelöst wird und über ein spezielles Nervenzentrum im Bereich des Sakralmarks, dem sakralen Miktionszentrum gesteuert wird (**Abb. 17.1**).

Durch Dehnungsrezeptoren in der Blasenwand wird der Füllungsgrad der Harnblase registriert und an das sakrale Miktionsreflexzentrum und zum zentralen Miktionszentrum (Miktionskontrollzentrum) im Stammhirn weitergeleitet. Je größer die Dehnung der Blase ist, um so mehr Impulse erreichen das ZNS, und es wird das Gefühl des Harndrangs ausgelöst. Die Harnmenge, die einen solchen Harndrang auslöst, beträgt ca. 350 ml.

Bei intakten Nervenbahnen kann nun der Miktionsreflex willkürlich unterdrückt oder zugelassen werden. Wird der Entleerungsreflex zugelassen, dann leiten efferente Nervenfasern Impulse zum sakralen Miktionszentrum. Diese Impulse wirken auf die Harnblasenmuskulatur und die Blasenschließmuskelanlage. Es kommt zu einer unwillkürlichen Kontraktion der Blasenmuskulatur und einer gleichzeitigen Öffnung des inneren Blasenschließmuskels. Um den Urin abfließen zu lassen, wird anschließend der äußere Blasenschließmuskel willentlich geöffnet. Unterstützt wird die Entleerung der Blase durch die Anspannung der Bauchmuskulatur (Bauchpresse).

17.1.2 Urinmenge

Die Urinmenge, die von einem erwachsenem Menschen durchschnittlich innerhalb von 24 Std. ausgeschieden wird, beträgt zwischen 1500 ml und 2000 ml. Sie ist abhängig von der Menge der aufgenommenen Flüssigkeit, der extrarenalen Flüssigkeitsabgabe über die Haut, die Atmung und den Darm sowie von der Funktion der Nieren. Die Funktion der Niere ist wiederum u. a. abhängig vom Blutdruck und der Wirkung bestimmter Hormone (z. B. Adiuretin, Aldosteron).

17.1.3 Urinfarbe, Aussehen

Der normale Urin besitzt eine klare hell- bis dunkelgelbe (bernsteinfarbig) Farbe, die durch verschiedene Farbstoffe (z. B. Urochrom, Urosein, Urobilin) hervorgerufen wird. Sie wird von der Konzentration des Harns und der Art der aufgenommenen Nahrung beeinflusst. Je konzentrierter der Harn, desto dunkler seine Farbe und umgekehrt.

17.1.4 Urinzusammmensetzung

Hauptbestandteil des Urins ist mit 95 – 98 % Wasser. Außerdem sind im Urin stickstoffhaltige Schlackenstoffe, Salze und Säuren, Farbstoffe, Hormone und wasserlösliche Vitamine enthalten (**Tab. 17.1**). Vereinzelt können auch Erythrozyten und Leukozyten im Urin enthalten sein. Die festen Bestandteile des Urins betragen pro Tag ca. 60 g.

17.1.5 Uringeruch

Der Geruch eines frischen Urins ist leicht aromatisch und wird durch Harnsäure und Ammoniak hervorgerufen. Wird der Urin längere Zeit stehen gelassen, so entwickelt sich aufgrund der Zersetzung von Harnstoff ein säuerlicher bis stechender Ammoniakgeruch. Zudem wird der Uringeruch durch Nahrungsmittel (z. B. Knoblauch, Spargel) beeinflusst.

Tab. 17.1 Bestandteile des Urins (aus: Pschyrembel: Klinisches Wörterbuch (CD-Rom), 258. Aufl., Walter de Gruyter, Berlin 1997)

Harn (Wichtige Bestandteile des 24-Std.-Urins gesunder Erwachsener)	*Menge*
Harnstoff	20 g
Kreatinin	1,2 – 1,8 g
Gesamtprotein	< 150 mg
Albumin	< 30 mg
Aminosäuren	800 mg
Harnsäure	500 mg
D-Glukose	70 mg
Ionen:	
Natrium	60 – 200 mmol
Kalium	30 – 100 mmol
Calcium	2,5 – 6 mmol
Magnesium	1 – 10 mmol
Ammonium	30 – 40 mmol
Chlorid	120 – 240 mmol
Phosphat	15 – 30 mmol
Sulfat	18 – 22 mmol

17.1.6 Spezifisches Gewicht des Urins

Das spezifische Gewicht (Dichte, Artgewicht) gibt die Konzentration des Urins an, d. h. es beschreibt, wieviel Gramm gelöste Stoffe in einem Liter Urin enthalten sind. Es schwankt zwischen 1,001 und 1,040, mit einem Durchschnitt von 1,020. Gemessen wird das spezifische Gewicht mit Hilfe einer Senkwaage, dem sog. Urometer, der in einen mit Urin gefüllten Messzylinder gegeben wird (**Abb. 17.2**). Das Urometer „schwimmt" auf dem Urin und das spezifische Gewicht kann in Höhe des Flüssigkeitsspiegels an der Urometerskala abgelesen werden. Das Urometer ist auf 15 °C geeicht. Liegt die Temperatur des Urins höher oder niedriger, so müssen pro 3° Temperaturabweichung jeweils 1 Teilstrich hinzugezählt (höhere Temperatur) oder abgezogen (niedrigere Temperatur) werden.

17.1.7 Urinreaktion

Mit der chemischen Reaktion, dem pH-Wert, wird der Gehalt an gelösten Säuren im Urin angegeben. Bei einer gemischten Kost reagiert frischer Urin schwach sauer (pH-Wert von 5 – 6). Die Ermittlung

Abb. 17.2 Bestimmung des spezifischen Gewichts

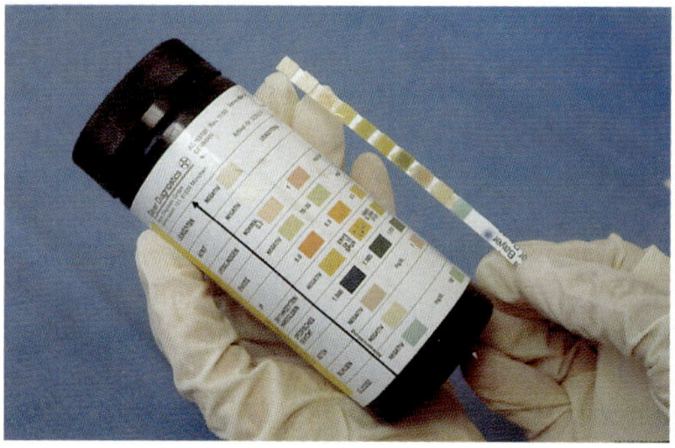

Abb. 17.3 Urin-Schnelltest

des pH-Werts erfolgt mit Indikatorpapier oder mittels Schnelltest-Streifen (s. a. 17.2.5), auf denen eine Reaktionszone der pH-Wertbestimmung dient (**Abb. 17.3**).

Die Beobachtungskriterien des Urins sind: Miktion, Menge, Farbe, Geruch, Zusammensetzung, spezifisches Gewicht, chemische Reaktion.

17.2 Abweichungen, Veränderungen des Urins und deren mögliche Ursachen

Mit dem Urin, dem Endprodukt eines komplizierten Filtrationsvorgangs des Blutes bzw. des Blutplasmas, werden eine Reihe von Stoffwechselprodukten ausgeschieden. Da der Urin auch der Regulation des Wasser- und Elektrolythaushalts und dem Säure-Basen-Gleichgewicht dient, können Veränderungen des Urins Hinweise auf zahlreiche Erkrankungen geben und teilweise auch auf den Schweregrad der Erkrankung.

17.2.1 Miktionsstörungen

Die ▸ *Miktionsstörungen* beziehen sich auf die Art und die Häufigkeit der Harnentleerungen, begleitende Schmerzen und Veränderungen des Harnstrahls (**Tab. 17.2**).

Tab. 17.2 **Übersicht über die Miktionsstörungen**

Störung	*Definition*
Pollakisurie	häufige Entleerungen kleiner Urinmengen
Nykturie	vermehrtes nächtliches Wasser lassen
Algurie	schmerzhafte Harnentleerung
Dysurie	schmerzhafte, erschwerte Harnentleerung
Strangurie	schmerzhafter Harnzwang, starke Schmerzen bei der Miktion mit nicht zu unterdrückendem Harndrang
Harninkontinenz	Unfähigkeit zur willkürlichen Steuerung der Blasenentleerung
Harnstrahl-veränderungen	

Pollakisurie

Mit Pollakisurie wird eine Miktionsstörung beschrieben, bei der es zu häufigen Entleerungen kleiner Urinmengen kommt.

Die Gesamtharnmenge, die innerhalb von 24 Std. ausgeschieden wird, ist hierbei nicht verändert. Beobachtet werden kann eine Pollakisurie u. a. bei einer Blasenreizung durch Entzündung, bei Blasenabflussbehinderungen, Verengungen der Harnröhre, Aufregung und Nervosität. Daneben kann eine Pollakisurie auch durch Druck auf die Harnblase von außen, wie er beispielsweise durch eine Schwangerschaft hervorgerufen wird, verursacht werden.

Nykturie

Mit Nykturie wird ein vermehrtes nächtliches Wasserlassen beschrieben.

Während im Normalfall, abhängig von der abendlich aufgenommenen Trinkmenge, keine oder nur eine Blasenentleerung in der Nacht erfolgt, müssen die an einer Nykturie leidenden Menschen nachts häufiger Wasser lassen. Nicht selten ist eine Nykturie bei der Pollakisurie zu beobachten.

Daneben kann eine Nykturie Zeichen einer Herz- oder Niereninsuffizienz sein, bei der die tagsüber im Gewebe angesammelten Wassermengen (Ödeme) nachts in die Blutbahn rückresorbiert und über die Niere ausgeschieden werden. Aber auch raumfordernde Prozesse der Harnwege, die sich durch eine Veränderung der Position (Liegen) verlagern und den

Harnabfluss dadurch wieder freimachen, können die Ursache einer Nykturie darstellen.

Algurie

Unter Algurie wird eine schmerzhafte Harnentleerung verstanden.

Sie kommt vor allem bei Blasenentzündungen und Blasensteinen vor. Die Miktionsfrequenz ist bei der Algurie nicht erhöht.

Dysurie

Ist die Harnentleerung nicht nur schmerzhaft, sondern auch erschwert, so handelt es sich um eine ▸ *Dysurie.*

Ursachen sind Harnabflussbehinderungen und Harnwegsinfektionen. Die Dysurie tritt oftmals in Kombination mit einer Pollakisurie auf.

Eine besondere Form der Dysurie ist die Dysuria psychica. Sie beschreibt das Unvermögen, bzw. das erschwerte Wasser lassen in Gegenwart anderer Personen. Dies ist im Krankenhaus häufig der Fall, wenn z. B pflegebedürftige Menschen Bettruhe einhalten und sich im Beisein von Zimmernachbarn entleeren müssen.

Strangurie

Die Strangurie ist gekennzeichnet durch starke Schmerzen bei der Miktion und einen nicht zu unterdrückenden Harndrang. Sie wird auch als schmerzhafter Harnzwang bezeichnet.

Die Strangurie, die meist mit einer Entleerung von nur wenig Harn einhergeht, wird hervorgerufen durch akute Entzündungen der Harnblase und Harnröhre.

Harnretention

Das Unvermögen, die gefüllte Harnblase spontan zu entleeren, wird als Harnretention, Harnverhalt oder Harnsperre bezeichnet.

Sie führt zu einem quälenden Anstieg des Blaseninnendrucks mit Blasenüberdehnung und evtl. Harnrückstau. Die Ursachen können sowohl mechanischer als auch neurogener oder psychischer Art sein. Zu den mechanischen Ursachen zählen Harnabflussbehinderungen wie beispielsweise Blasensteine und Prostatavergrößerungen oder Tumore, die eine Kompression von außen bewirken. Ein neurogen bedingter Harnverhalt kann u. a. bei Bandscheibenvorfällen und Multipler Sklerose beobachtet werden.

Besteht ein Unvermögen, in Gegenwart anderer Menschen Wasser zu lassen, so kann dies auch als psychisch bedingter Harnverhalt bezeichnet werden (s. o.).

Harninkontinenz

Unter ▸ *Harninkontinenz* wird die Unfähigkeit zur willkürlichen Steuerung der Blasenentleerung verstanden.

Bei der Harninkontinenz werden verschiedene Formen unterschieden:

- die Stressinkontinenz,
- die Dranginkontinenz,
- die neurogene Inkontinenz,
- die Überlaufinkontinenz,
- die extraurethrale Inkontinenz,
- funktionelle Inkontinenz,
- iatrogene Inkontinenz.

Die funktionelle und iatrogene Inkontinenz sind von besonderer Bedeutung für ältere Menschen, deshalb werden diese Formen unter 17.5 näher beschrieben.

Stressinkontinenz

Unter der Stress- oder Belastungsinkontinenz wird ein unwillkürlicher Urinabgang bei intraabdomineller Druckerhöhung verstanden.

Aufgrund eines Versagens des Verschlussmechanismus der Urethra verlieren die Betroffenen Urin bei Druckanstieg im Beckenraum; die Blasenmotorik ist jedoch nicht gestört. Ursachen und begünstigende Faktoren einer Stressinkontinenz zeigt **Tab. 17.3**.

Charakteristisch für eine Stressinkontinenz ist der fehlende Harndrang bei plötzlichen oder andauernden intraabdominellen Druckerhöhungen, wie sie beispielsweise beim Husten, Lachen, Stehen oder bei körperlicher Anstrengung auftreten. Der Harnabgang erfolgt tropfen- oder spritzförmig. Verschiedene Schweregrade, die bei der Stressinkontinenz unterschieden werden, sind in **Tab. 17.4** aufgeführt.

Dranginkontinenz

Die Drang- oder Urgeinkontinenz beschreibt einen unwiderstehlichen Harndrang mit unwillkürlichem Urinverlust.

Tab. 17.3 Begünstigende Faktoren und Ursachen einer Stressinkontinenz (nach Füsgen)

Begünstigende Faktoren	*Ursachen*
– Übergewicht, – Bindegewebsschwäche, – chronische Bronchitis, – Zustand nach mehreren Geburten, – schwere körperliche Belastung, – Postmenopause.	– Insuffizienz des Verschlussmechanismus an Blasenhals und Harnröhre durch Operationen, Geburten, Unfälle oder Nervenschädigungen, – Verlagerung von Blase und Harnröhre (Blasensenkung, Beckenbodenschwäche, Verziehung, Verdrängung), – Schleimhautschwund (z. B. Östrogenmangel)

Tab. 17.4 Schweregrade der Stressinkontinenz (aus: Eichenauer, R., H. Vanerpe: Klinikleitfaden Urologie: Untersuchung, Diagnostik, Therapie, Notfall, Jungjohann, Neckarsulm 1992)

Schweregrade	*Definition*
Grad I	Harnverlust nur in aufrechter Haltung bei starkem Husten, Niesen oder Lachen
Grad II	Harnverlust in aufrechter Haltung schon bei leichter körperlicher Anstrengung (Treppensteigen, Laufen, Tragen)
Grad III	Harnverlust im Stehen und auch im Liegen

Sie ist häufig kombiniert mit einer Pollakisurie und Nykturie. Es handelt sich dabei um eine Störung in der Koordination der Blasenfunktion. Im Gegensatz zur Stressinkontinenz ist der Verschlussmechanismus intakt. Bei der Dranginkontinenz werden die motorische und sensorische Dranginkontinenz unterschieden.

Bei der motorischen Dranginkontinenz bewirken bereits wenige Impulse, die in das ZNS gelangen, die Auslösung des Miktionsreflexes. Hierbei kommt es zu Kontraktionen des M. detrusor vesicae, d. h. der Muskulatur, die für die Harnentleerung zuständig ist.

Die ungenügende Hemmung durch das zentrale Nervensystem kann u. a. die Folge eines Schlaganfalls oder anderer neurologischer Erkrankungen sein sowie auf einer sog. ungehemmten neuropathischen Blase beruhen. Hierbei ist die Kontrollfunktion des Gehirns über die Miktion verloren gegangen, z. B. aufgrund einer Demenz, zerebro-vaskulärer Erkrankungen oder Hirntumoren. Daneben können psychovegetative Belastungen wie Aufregung oder Angst eine Dranginkontinenz verursachen. Durch eine vermehrte Adrenalinausschüttung wird hierbei der Tonus des Detrusors erhöht.

Bei der sensorischen Dranginkontinenz stellt eine periphere Überstimulation den auslösenden Faktor dar. Durch Veränderungen der Harnblase oder Harnröhre werden vermehrt Impulse an das ZNS gesendet, was zu einer reflektorischen Öffnung des Schließmuskels der Harnblase (M. sphincter vesicae) und nachfolgend des Harnröhrenverschlusses (M. sphincter urethrae) führt.

Ursachen für die sensorische Dranginkontinenz sind vor allem Harnwegsinfekte oder mechanische Reizungen durch Blasensteine, Tumore oder auch Blasenreizungen durch Erkrankungen der Nachbarorgane, z. B. des Darms oder der Vagina.

Neurogene Inkontinenz

Bei der neurogenen Inkontinenz erfolgt eine unwillkürliche Urinentleerung aufgrund einer Störung der nervalen Miktionskontrolle. Ursachen sind v. a. Querschnittläsionen des Rückenmarks durch Traumen, Tumore und Bandscheibenvorfälle. Je nachdem, an welcher Stelle es zu einer Störung bzw. Unterbrechung zwischen dem sakralen Miktionszentrum und dem Gehirn gekommen ist, können verschiedene Formen unterschieden werden. **Tab. 17.5** zeigt die verschiedenen Formen und ihre Charakteristika.

Die sog. kortikale ungehemmte Blase (ungehemmte, neuropathische Blase) kommt vor allem bei zerebralen Störungen vor. Sie ist gekennzeichnet durch einen Verlust der Miktionskontrolle aufgrund einer fehlenden Hemmung des Detrusors (s. o.).

Bei der Reflexblase oder Reflexinkontinenz liegt die Störung oberhalb des sakralen Miktionszentrums (im Sakralsegment S 2 – 4). Eine willkürliche Kontrolle der Blase ist somit nicht mehr möglich. Die Funktion des Blasenmuskels und die Schließmuskelfunktion können nicht mehr koordiniert werden, sodass es oftmals zu einer gleichzeitigen Kontraktion des Detrusors und des Schließmuskels kommt, mit der Folge einer geringen Harnentleerung bei hohem Blasendruck.

Eine Läsion der afferenten und/oder efferenten Bahnen zwischen der Blase und dem sakralen Miktionszentrum oder eine Läsion des sakralen Miktionszentrums führt zur autonomen Blase. Bei schlaffer Blasenmuskulatur und spastischem Sphinkter kommt es zu einer Überlaufblase (s. u.) mit großen Restharnmengen.

Tab. 17.5 Neurologische Miktionsstörungen (aus: Mumenthaler, M.: Neurologische Differentialdiagnostik, Syndrome und Leitsymptome, 3. Aufl., Thieme, Stuttgart 1988)

Syndrom	*Blasentonus*	*Harndrang bei*	*Miktionsbeginn*	*Miktionsbeendigung*	*Blasenkapazität*	*Restharn*	*Komplikationen*	*Anatomischer Läsionsort*	*Ursache Beispiele*
kortikal ungehemmte Blase	normal	mäßige Füllung	unkontrolliert	nicht willkürlich	normal	keiner	unkontrollierte Miktion	zweite Stirnhirnwindung	hirnatrophische Prozesse, Tumor, Trauma, Apoplexie, zerebrale Arteriosklerose
spinale Reflexblase („neurogene“, „automatische“ Blase)	spastisch	bei geringer Füllung (evtl. fehlend bei vollständigem Querschnittssyndrom)	unkontrolliert. Durch Manipulationen (Klopfen, Kneifen)	nicht willkürlich	klein	wenig oder keiner	(Infekt) unkontrollierte Miktion	Rückenmark oberh. S1	Rückenmarkstrauma, -tumor, multiple Sklerose
denervierte, autonome Blase	schlaff	keiner	nicht willkürlich	ständiges Abtropfen von Urin: „Überlaufblase“	sehr groß	riesige Mengen	Infekte	sakrales Blasenzentrum (S2 – S4) bzw. dessen afferente und/oder efferente Verbindungen zur Blase	Konusläsion, Kaudaläsion, Läsionen im kleinen Becken

Überlaufinkontinenz

Bei der Überlaufinkontinenz kommt es zu einer Entleerung von geringen Mengen Urin bei einer prall gefüllten Harnblase und überdehnter Blasenwand.

Ursachen können eine mechanische Obstruktion der Harnröhre durch z. B. Prostatavergrößerung und Harnröhrenstrikturen sein, sowie eine funktionelle Austreibungsschwäche durch Überdehnung des Blasenmuskels oder Nervenschädigungen (s. o.). Zu der Entleerung der Blase, die tröpfchenweise erfolgt, kommt es, wenn der Blasendruck den Harnröhrenverschlussdruck ohne Detrusorkontraktionen übersteigt. Als Folge des Harnstaus in der Blase kann es zur sog. Restharnbildung und einem Reflux des Harns aus der Blase in die Harnleiter kommen, was Blasen- und Harnwegsinfektionen begünstigt.

Extraurethrale Inkontinenz

Bei der extraurethralen Inkontinenz erfolgt der unwillkürliche Urinverlust aus anderen Öffnungen als der Urethra, z. B. durch eine Blasen- oder Urogenitalfistel.

Bei den Blasenfisteln handelt es sich um einer Verbindung der Harnblase zur Körperorberfläche oder zu anderen Hohlorganen, bei den Urogenitalfisteln um eine Verbindung zwischen dem Harn- und Genitaltrakt der Frau. Ursachen sind zumeist traumatische, entzündliche oder tumoröse Prozesse, sowie therapeutische Maßnahmen (z. B. suprapubische Harnableitung).

Bei den Formen der Inkontinenz werden die Stressinkontinenz, Dranginkontinenz, neurogene Inkontinenz, Überlaufinkontinenz, die extraurethrale, funktionelle und iatrogene Inkontinenz unterschieden.

Allgemeine Beobachtungskriterien:

- Kriterien zur Beobachtung des Urins sind die Blasenentleerung, Menge, Farbe, Zusammensetzung, der Geruch und das spezifische Gewicht sowie die chemische Reaktion.
- Zu den Störungen bei der Harnentleerung zählen Pollakisurie, Nykturie, Algurie, Dysurie, Strangurie, Harnretention und Inkontinenz.

Harnstrahlveränderungen

Zu den Harnstrahlveränderungen zählen der abgeschwächte und der gedrehte Harnstrahl sowie das Harnstottern und das Harnträufeln (**Abb. 17.4**).

Ein abgeschwächter oder schlaffer Harnstrahl geht einher mit einem verzögerten Miktionsbeginn und einer verlängerten Miktionszeit. Er ist bei Verlegungen unterhalb der Blase, z. B. durch ein Prostataadenom zu beobachten.

Strikturen, d. h. Verengungen der Harnröhre zum Beispiel durch Narbenbildung nach Harnröhrenentzündungen, verursachen einen gedrehten oder gespaltenen Harnstrahl.

Ist der Harnstrahl unterbrochen („stakkatoartige Miktion") so wird dies auch als Harnstottern bezeichnet. Er tritt u. a. bei Verlegung der Blase und/oder der Harnröhre durch Steine und Tumore auf sowie bei der Dysuria psychica (s. o.).

Mit Harnträufeln wird ein tropfenweise Abgang von Urin bezeichnet, der sowohl als andauerndes Träufeln sowie als Nachträufeln auftreten kann. Ein dauerndes Harnträufeln ist charakteristisch für eine Überlaufblase ein Nachträufeln kann Hinweis auf eine Harnröhrenerweiterung beispielsweise bei Divertikeln sein.

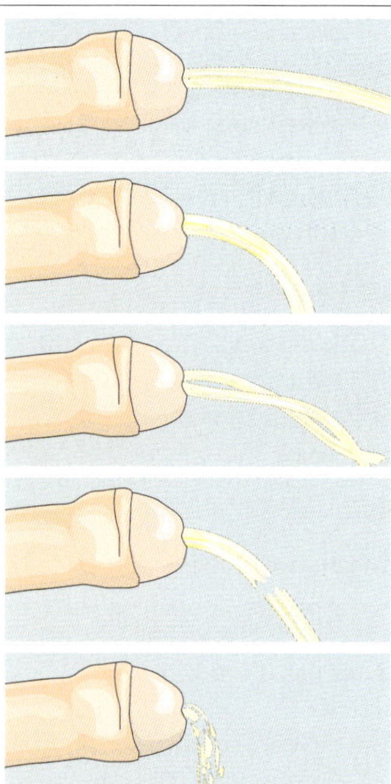

Abb. 17.4 Harnstrahlveränderungen.

Restharnbildung

Unter Restharn wird die Urinmenge verstanden, die nach spontaner Miktion noch in der Blase verbleibt. Normalerweise beträgt er zwischen 0 und 20 ml. Der Restharn stellt keine Blasenentleerungsstörung im eigentlichen Sinne dar, sondern ist zumeist die Folge einer Miktionsstörung (z. B. bei neurogener Blase, Überlaufblase, Harnverhalt). Er kann bis zu mehreren 100 ml betragen. Die Bestimmung erfolgt entweder über Ultraschall oder mittels Katheterismus.

Zu den Miktionsstörungen werden die Pollakis-, Nykt-, Alg-, Dys- und Strangurie sowie die Harnretention, die verschiedenen Formen der Harninkontinenz, Harnstrahlveränderungen und die Restharnbildung gerechnet.

17.2.2 Veränderungen der Urinmenge

Veränderungen der Urinmenge, die sich in einer vermehrten oder verminderten Urinausscheidung zeigen, können sowohl physiologisch als auch pathologisch bedingt sein.

Vermehrte Urinausscheidung

Eine vermehrte Urinausscheidung mit einer Menge von über 2000 ml in 24 Std. wird als Polyurie bezeichnet.

Die ausgeschiedene Urinmenge kann hierbei bis zu 10 l und mehr innerhalb von 24 Std. betragen. Sie kann physiologisch bei einer stark erhöhten Flüssigkeitszufuhr beobachtet werden. Ebenfalls physiologisch ist eine Polyurie nach Alkoholgenuss, da durch den Alkohol die Adiuretinausschüttung und damit die Wasserrückresorption in den Nieren vermindert wird, zumeist mit der Folge eines vermehrter Durstes („Brand").

Pathologisch kommt eine Polyurie vor allem bei einem Diabetes mellitus vor. Liegt der Blutzucker über 180 mg% wird Zucker über den Urin ausgeschieden, was über Osmose zu einem Anstieg der Harnmenge führt. Bei dem sog. Diabetes insipidus ist die Wasserrückresorption in der Niere gestört, was ebenfalls zu einer vermehrten Urinausscheidung führt. Auch bei einer Niereninsuffizienz, bei der die Fähigkeit der Niere zur Konzentration des Harns gestört ist, können vermehrte Ausscheidungsmengen beobachtet werden. Durch eine Gabe von Diuretika kann eine Polyurie z. B. zur Ausschwemmung von Ödemen, gewollt herbeigeführt werden.

Verminderte Urinausscheidung

Bei der verminderten Urinausscheidung wird die Oligurie mit einer Ausscheidungsmenge von weniger als 500 ml Urin/24 Std. von der Anurie mit einer Ausscheidungsmenge von weniger als 100 ml Urin/24 Std. unterschieden.

Physiologisch kommt es zu einer Oligurie bei einer stark verminderten Flüssigkeitszufuhr oder starkem Schwitzen. Bei Frauen kann in der prämenstruellen Phase, aufgrund von hormonellen Veränderungen, die mit einer vermehrten Flüssigkeitseinlagerung in das Körpergewebe einhergehen, eine Oligurie auftreten. Häufig liegt die Ursache nicht in der Niere, sondern außerhalb (extrarenal). Hierzu gehört die Dehydratation (s. a. Kap.16, S. 290) durch z. B. Diarrhö, Erbrechen, aber auch Blutverluste und Herzerkrankungen. Harnabflussstörungen wie sie beispielsweise durch Blasensteine, Harnröhrenstrikturen oder Prostatavergrößerungen hervorgerufen werden können, stellen ebenfalls extrarenale Ursachen dar, wobei hier die Störung hinter der Niere (postrenal), in den ableitenden Harnwegen liegt. Renale Ursachen einer Oligurie sind vor allem Infektionen oder toxisch-allergische Schäden der Niere (**Tab. 17.6**).

Die Oligurie geht oftmals einer Anurie voraus. Sie wird eingeteilt in eine prärenale, renale und postrenale Anurie, entsprechend der Lage ihrer Ursache. Die verschiedenen Formen der Anurie mit ihren möglichen Ursachen zeigt die **Abb. 17.5**.

Formen der verminderten Urinausscheidung sind die Oligurie und die Anurie, bei denen jeweils extrarenale und renale Ursachen unterschieden werden.

Tab. 17.6 Pathologische Ursachen einer Oligurie

Form	*mögliche Ursachen*
extrarenale Oligurie	• Flüssigkeitsverluste über Haut, Magen-Darm-Trakt • Blutverluste • Herzerkrankungen • Harnabflussbehinderungen
renale Oligurie	• Infektionen der Niere • toxisch-allergische Schäden der Niere • Niereninsuffizienz

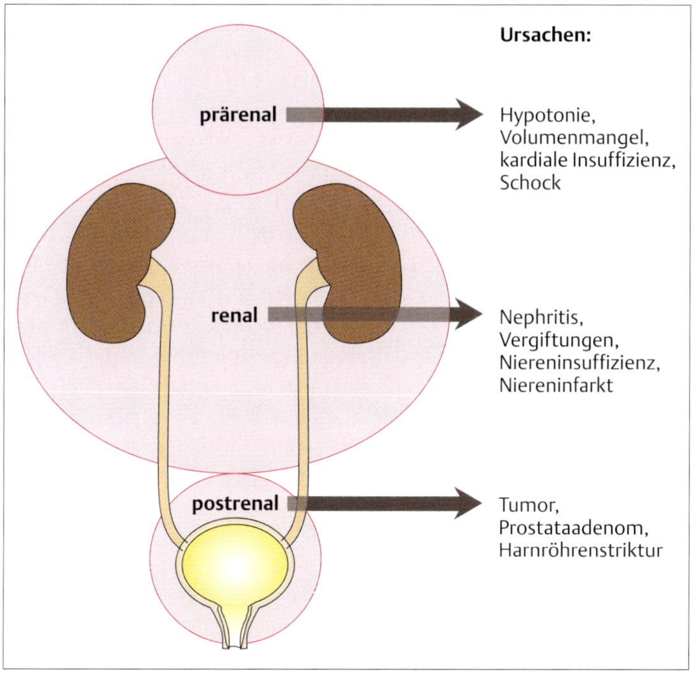

Abb. 17.5 Einteilung der Anurie nach ihren möglichen Ursachen (aus [modifiziert]: Schneider, W., F. Sitzmann: Krankenbeobachtung: Ein Arbeitsbuch zur Schulung der Beobachtungsfähigkeit, ROCOM, F. Hoffmann-LaRoche & Co. AG, Basel, 1982).

17.2.3 Veränderungen der Urinfarbe

Der Urin kann eine Vielfalt von farblichen Veränderungen aufweisen, die sowohl physiologischer als auch pathologischer Natur sein können. Einen großen Einfluss auf die Farbe des Urins besitzen auch Nahrungsmittel und Medikamente. Beispiele hierfür sind in **Tab. 17.7** aufgeführt. Physiologisch ist eine hellgelbe Farbe des Urins bei großen Ausscheidungsmengen (Polyurie). Je konzentrierter der Urin ist, umso dunkler ist seine Farbe (s. a. 17.2.6). Auch nach längerem Stehenlassen wird das Gelb des Urins dunkler und der Urin gleichzeitig trübe.

Pathologische Veränderungen werden vor allem durch verschiedene Beimengungen und Veränderungen in der Zusammensetzung hervorgerufen. Eine rötliche und gelbbraune Farbe sowie ein milchig-trübes Aussehen stellen wichtige Veränderungen des Urins dar. Nach ihrer Ursache werden die Hämaturie, Hämoglobinurie, Bilirubinurie und Phosphaturie unterschieden.

Bei der Hämaturie erhält der Urin durch eine Beimengung von Erythrozyten, z. B. aufgrund von Blasensteinen, die kleine Schleimhautverletzungen verursachen oder blutenden Tumoren ein rötliches bis fleischwasserfarbenes, trübes Aussehen.

Eine rötliche Färbung ohne Trübung ist Kennzeichen einer Hämoglobinurie. Sie entsteht durch die Beimengung von gelöstem Blutfarbstoff aufgrund einer Hämolyse beispielsweise bei hämolytischen Anämien, Transfusionszwischenfällen, Arznei- oder Nahrungsmittelallergien.

Als Bilirubinurie wird die vermehrte Ausscheidung von Bilirubin im Harn bezeichnet. Sie bewirkt eine gelbbraune („bierbraun") bis dunkelbraune Verfärbung des Urins. Beim Schütteln erhält der Urin einen gelblichen Schaum. Ursachen sind verschiedene Erkrankungen der Leber und der Gallenwege, bei denen es zu einem Übertritt des aus dem Blut stammenden Gallenfarbstoffs Bilirubin in den Urin kommt. Begleitend ist zumeist ein Ikterus zu beobachten (s. a. Kap. 6.2.1).

Ein milchig-trübes Aussehen besitzt der Urin bei einer Phosphaturie, weshalb dies auch als „Milchpisser" bezeichnet wird. Die Farbe erhält der Urin durch den Ausfall von Calcium- oder Magnesiumphosphaten als Folge von Hungerzuständen, erschöpfender Muskelarbeit oder alkalischer Kost. Aber auch bei Erkrankungen wie beispielsweise Plasmozytom, Rachitis, Osteomalazie, Hyperparathyreoidismus oder osteolytischen Metastasen, bei denen durch Abbauprozesse am Knochen vermehrt Kalzium in das Blut gelangt, kann eine Phosphaturie auftreten.

Tab. 17.7 Beispiele für Farbveränderungen des Urins, hervorgerufen durch Speisen und Medikamente

Farbveränderung	*hervorgerufen durch z. B.:*
Nahrungsmittel:	
– zitronen- bis goldgelb	Senna
– gelbbraun	Rhabarber
– rot	Rote Beete
– dunkelgrün bis schwarzbraun	Bärentraubenblättertee
Medikamente:	
– zitronengelb	verschiedene Abführmittel
– orangegelb	Vitamin-B-Präparate, Agarol
– grünlich-blau	Methylenblau
– blau	Saroten
– grün	Dytide H
– rot	Pyramidon
– dunkelgrün bis schwarz	Kohletabletten
– braungrün	Teerpräparate

Abweichungen und Veränderungen des Urins:

- Polyurie, vermehrte Urinausscheidung, besteht bei über 2000 ml in 24 Std.
- Oligurie, verminderte Urinausscheidung, mit weniger als 500 ml in 24 Std. wird von Anurie, weniger als 100 ml in 24 Std., unterschieden.
- Lebensmittel und Medikamente können die Urinfarbe beeinflussen.
- Veränderungen der Urinfarbe können durch Hämaturie, Hämoglobinurie, Billirubinurie und Phosphaturie hervorgerufen werden.

17.2.4 Veränderungen der Urinzusammensetzung, Beimengungen

Viele pathologische Zusammensetzungen des Urins und pathologische Beimengungen können nur mit Hilfe von labortechnischen Untersuchungen oder Teststreifen festgestellt werden. Bei den Teststreifen handelt es sich in der Regel um Schnellteste, die dem Nachweis von beispielsweise Leukozyten, Nitrit, Eiweiß, Glukose, Keton, Urobillinogen, Bilirubin und Hämoglobin dienen. Die Teststreifen werden in frischen Urin eingetaucht, sodass alle Reaktionszonen befeuchtet werden. Nach der angegeben Wartezeit wird der Teststreifen zum Vergleich an die Ableseskala gehalten, das Ergebnis ermittelt und dokumentiert.

Veränderungen der Zusammensetzung und Beimengungen können aber auch durch genaue Betrachtung des Urins festgestellt werden. Hierzu zählen v.a. die Makrohämaturie, Bakteriurie und Pyurie.

Mit Makrohämaturie wird eine bereits mit bloßen Auge erkennbare, Blutbeimengung im Urin beschrieben.

Im Gegensatz hierzu ist eine Mikrohämaturie nur mit Hilfe von Teststreifen oder einer mikroskopischen Untersuchung festzustellen. Die Hämaturie kann durch entzündliche Erkrankungen der Niere und ableitenden Harnwege, durch Tumore und Steine hervorgerufen werden. Bei Frauen ist immer auch an eine Verunreinigung des Urins durch vaginale Blutungen zu denken.

Durch einen hohen Gehalt an Bakterien (Bakteriurie) erhält der Urin ein trübes Aussehen, häufig zu beobachten bei Harnwegsinfektionen.

Ein schlierig, flockiges Aussehen erhält der Urin durch Eiterbeimengungen (Pyurie). Ursachen hierfür sind v.a. entzündliche Erkrankungen der Harnwege und eine Urogenitaltuberkulose.

Weitere Veränderungen der Zusammensetzungen und pathologische Beimengungen, die sich vor allem in Farbveränderungen zeigen, sind unter 17.2.3 beschrieben.

- Blutbeimengungen, die mit bloßem Auge erkennbar sind, werden als Makrohämaturie bezeichnet, Mikrohämaturie ist nur durch Teststreifen oder mikroskopische Untersuchung feststellbar.
- Fauligriechender Uringeruch kann bei malignen Prozessen auftreten.
- Veränderungen des spezifischen Gewichts bzw. der Konzentration des Urins werden in Hyper-, Hypo- und Isosthenurie unterschieden.

17.2.5 Veränderungen des Uringeruchs

Der normale, unauffällige Geruch des Urins kann sich durch längeres Stehen in einen stechenden Ammoniakgeruch verwandeln, der durch Zersetzungsvorgänge entsteht. Weitere physiologische Geruchsveränderungen können durch Speisen wie beispielsweise Spargel hervorgerufen werden. Aber auch Alkohol kann nach einem übermäßigen Genuss einen entsprechenden typischen Geruch hervorrufen.

Pathologische Uringerüche werden mit obstartig, übelriechend oder fauligriechend beschrieben. Der obstartige Geruch (nach sauren Äpfeln, Obstkellergeruch) entsteht durch die Freisetzung von Ketonkörpern bei langandauernden Hungerzuständen, anhaltendem Erbrechen oder bei Diabetes mellitus. Übelriechend ist der Urin bei Zersetzungsprozessen, die durch Bakterien hervorgerufen werden, beispielsweise im Rahmen von Harnwegsinfektionen. Bei malignen Prozessen in den Harnwegen kann ein fauligriechender Uringeruch wahrgenommen werden. Er entsteht beim Zellzerfall der bösartigen Tumore.

17.2.6 Veränderungen des spezifischen Gewichts des Urins

Veränderungen des spezifischen Gewichts und damit der Konzentration des Urins, werden als Hyper-, Hypo- oder Isosthenurie bezeichnet.

Liegt das spezifische Gewicht über 1,025 wird dies als Hypersthenurie bezeichnet. Sie ist bei einer Oligurie zu beobachten sowie bei der übermäßigen Ausscheidung von Bestandteilen (z.B. Glukose, Eiweiß), Medikamenten und anderen Beimengungen mit dem Urin.

Mit Hyposthenurie wird ein Urin mit einem spezifischen Gewicht unter 1,006 beschrieben. Ursachen hierfür stellen große Ausscheidungsmengen und ein mangelndes Konzentrationsvermögen der Niere dar. Beträgt das spezifische Gewicht zwischen 1,010 und 1,012 und verändert sich dieses auch bei vermehrter oder verringerter Flüssigkeitszufuhr nicht, so wird dies als Isosthenurie oder Harnstarre bezeichnet.

Die Isosthenurie tritt bei Niereninsuffizienz mit mangelnder Konzentrationsfähigkeit der Niere auf.

17.2.7 Veränderungen der Urinreaktion

Die Urinreaktion wird vor allem von der Nahrung beeinflusst. So kann bei einer rein pflanzlichen Ernährung eine alkalische Reaktion mit einem pH-Wert bis 7,2, bei einer eiweißreichen Ernährung ein saurer Urin mit einem pH-Wert unter 4,5 festgestellt werden.

Aber auch pathologische Einflüsse können die chemische Reaktion des Urins verändern. So ist beispielsweise eine alkalische Reaktion des Urins bei bakteriellen Infektionen der Niere und der ableitenden Harnwege, starkem Erbrechen und einer respiratorischen oder metabolischen Alkalose zu beobachten. Bei Fieber, Diarrhö, verschiedenen Azidosen und Eiweißzerfall (z.B. bei Tumorzerfall nach zytostatischer oder Strahlentherapie) ist eine stark saure Reaktion des Urins messbar.

17.3 Ergänzende Beobachtungskriterien

Bei der Beobachtung des Urins von gesunden und kranken Menschen müssen insbesondere auch immer die Faktoren mit berücksichtigt werden, die die Urinausscheidung beeinflussen. Hierzu gehören vor allem der Blutdruck, aber auch die Atmung, die Körpertemperatur, die Schweißabsonderung, die Ausscheidung über den Magen-Darm-Trakt und die Aufnahme von Flüssigkeiten. Da sich verschiedene Erkrankungen wie beispielsweise Leber- und Gallenwegserkrankungen auch in Farbveränderungen der Haut und des Stuhls zeigen, sind auch diese als zusätzliches Kriterium bei einer entsprechend veränderten Urinfarbe hinzuzuziehen.

17.4 Besonderheiten bei Kindern

Sigrid Flüeck

Die Urinausscheidung des Kindes beginnt bereits während der intrauterinen Entwicklung. Der Fetus trinkt am Ende der Schwangerschaft schon große Mengen Fruchtwasser, die über die Nieren wieder ausgeschieden werden. Bei Neugeborenen und Säuglingen besteht zunächst nur ein einfacher sakraler Reflexbogen ohne die Hemmung durch das zerebrale Miktionszentrum (**Abb. 17.6**).

Erst ca. ab dem 3. Lebensjahr ist es dem Kind möglich, einen Harndrang wahrzunehmen und mit Hilfe der Sauberkeitserziehung die Miktion willkürlich zu steuern. Die Anzahl der täglichen Miktionen ist u. a. vom Alter, dem Entwicklungsstand des Kindes und der Blasenkapazität abhängig. Entsprechend der Trinkmenge variiert bei Kindern die Ausscheidungsmenge je nach Alter. Die durchschnittliche Anzahl der täglichen Miktionen und die durchschnittliche Ausscheidungsmenge innerhalb von 24 Std. bei Kindern zeigt die **Tab. 17.8**.

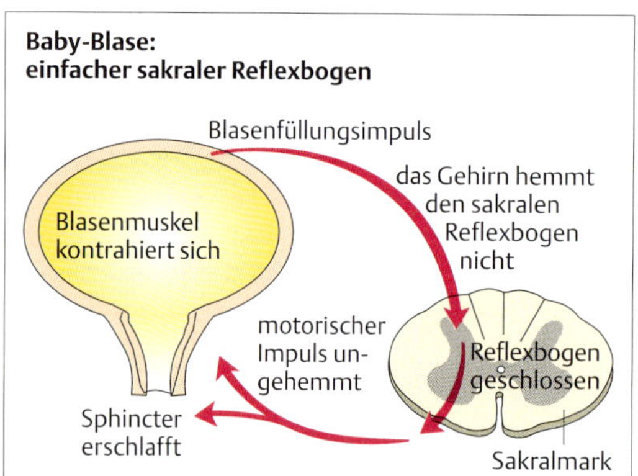

Abb. 17.6 Reflexbogen der Miktion bei Neugeborenen und Säuglingen (aus: Grond, E.: Pflege Inkontinenter: Arbeitsbuch für Unterrichtende in der Kranken- und Altenpflege und für Kontinenzberater, Brigitte Kunz Verlag, Hagen 1993).

Tab. 17.8 Durchschnittliche Anzahl der täglichen Miktionen und Ausscheidungsmenge bei Kindern

	Miktionen	*Ausscheidungsmenge*
Neugeborene	anfangs: 1 – 2 1. Lebenswoche: 6 – 8	20 – 40 ml
Säuglinge	bis zu 25	bis 500 ml
Kleinkinder	8 – 12	bis 1000 ml
Schulkinder	6 – 8	bis 1200 ml

Aufgrund der Unreife der Nieren kommt es bei Frühgeborenen zu einer geringeren Harnproduktion, weshalb der Beobachtung der Ein- und Ausfuhr eine besondere Bedeutung zukommt. Der Urin von Neugeborenen und Säuglingen ist noch schwach konzentriert (spezifisches Gewicht unter 1015), da die Niere ihre volle Funktions- und damit auch Konzentrationsfähigkeit noch nicht sofort erreicht.

In den ersten Lebenstagen kann sich in der Windel ein orange-rosa-roter Fleck zeigen. Hierbei handelt es sich um sog. Ziegelmehlsediment. Es entsteht durch den oxidativen Abbau von Hämoglobin in der Niere und stellt ein harmloses Phänomen dar.

Die häufigsten Miktionsstörungen bei Kindern stellen die Pollakisurie und Dysurie dar. Ursache ist zumeist ein Harnwegsinfekt. Wiederholte Harnwegsinfektionen können einen Hinweis auf eine Miss- oder Fehlbildung der Niere und der ableitenden Harnwege sein, weshalb eine genaue Abklärung erfolgen muss.

Eine neurogene Blasenentleerungsstörung bei Kindern ist die Folge eines angeborenen oder erworbenen Defekts der Innervation der Blasen- und Sphinktermuskulatur. Dies verhindert die koordinierte Blasenentleerung. Häufigste Ursache für eine neurogene Blasenentleerungsstörung bei Kindern ist die Meningomyelozele (Hemmungsmissbildung der Wirbelsäule mit Austritt von liquorgefüllten Meningen und Teilen des Rückenmarks).

Ein Einnässen, welches nach dem abgeschlossenen 4. Lebensjahr mindestens 1-mal pro Woche erfolgt, wird als Enuresis bezeichnet.

Folgende Formen werden nach dem Zeitpunkt des Einnässens unterschieden:

- Enuresis nocturna: Einnässen nur in der Nacht,
- Enuresis diurna: Einnässen nur am Tag, zumeist geringe Mengen,
- Enuresis diurna et nocturna: Einnässen sowohl tagsüber als auch nachts.

Je nachdem, ob das Kind bereits eine willkürliche Harnentleerung vornehmen konnte oder nicht, werden die primäre und sekundäre Enuresis unterschieden.

- Primäre Enuresis: Das Einnässen besteht seit der Säuglingszeit, ohne dass das Kind zwischendurch trocken war.
- Sekundäre Enuresis: Das Einnässen tritt erneut, nach einer Zeit der Kontrolle über die Harnentleerung, des Trockenseins, auf.

Die Ursachen der Enuresis sind vielfältig und oftmals kommt es zu einem Zusammenwirken unterschiedlicher Faktoren. Der primären Enuresis liegt fast immer eine verzögerte Entwicklung der Blasenkontrolle aufgrund einer isolierten Reifungsverzögerung des ZNS, einer allgemeinen Entwicklungsverzögerung, Anomalien der Harnwege oder aber eine emotionale Störung (z. B. Mangel an Zuwendung) zugrunde.

Die sekundäre Enuresis tritt häufig bei aktuellen Konfliktsituationen, bei Enttäuschungen, nach der Trennung von den Eltern, anderen psychisch belastenden Situationen oder als Zeichen einer Regression auf. Bei Harnwegsinfektionen, Diabetes mellitus und Diabetes insipidus sowie bei hirnorganischen Anfällen kann es zum sporadischen oder episodischen Einnässen, vor allem in der Nacht, kommen.

Eine stotternde Miktion mit einem dünnen Harnstrahl kann bei Kindern ein Hinweis auf Urethralklappen darstellen. Hierunter werden persistierende embryonale Schleimhautfalten in der Urethra verstanden. Während der Miktion werden diese segelartig aufgeblasen, wodurch es zu einer Störung des Urinabflusses kommt.

Da kleine Kinder Beschwerden bei der Miktion nicht verbal äußern können, muss beim Auftreten von Allgemeinsymptomen wie erhöhter Temperatur und Erbrechen auch immer an eine Erkrankung der Niere und der ableitenden Harnwage gedacht werden. Der Urin und die Ausscheidung müssen dann diesbezüglich beobachtet werden.

17.5 Besonderheiten bei älteren Menschen

Viele altersphysiologische Prozesse beeinflussen die Urinausscheidung älterer Menschen. So wird im Alter beispielsweise das Fassungsvermögen der Blase geringer, was zu einer erhöhten Miktionsfrequenz führt. Insgesamt geht auch die Sensibilität der Blase und Harnröhre zurück, weshalb häufig der Harndrang spät wahrgenommen wird und ein unkontrollierter Urinabgang die Folge ist. Auch kommt es bei älteren Menschen zur Insuffizienz der Beckbodenmuskulatur, was das Zurückhalten des Urins erschwert.

Allgemein ist zudem die Kontraktionsfähigkeit der Blasenmuskulatur rückläufig, was nicht selten zur Restharnbildung führt. Hinzu kommen Stoffwechsel- (z. B. Diabetes mellitus-Polyurie) und Herz-Kreislauf-Erkrankungen (z. B. Rechtsherzinsuffizienz-Nykturie), die direkte Auswirkungen auf die Urinausscheidung besitzen. Degenerative Erkrankungen des Skelettsystems gehen mit einer Beeinträchtigung der Mobilität einher und führen oft zum nicht rechtzeitigen Erreichen der Toilette. Neben den beschriebenen Prozessen spielen im Alter auch die funktionelle und iathrogene Inkontinenz eine große Rolle.

17.5.1 Funktionelle Inkontinenz

Bei der funktionellen Inkontinenz sind neben altersphysiologischen Veränderungen der Harnblasenfunktion keine pathologischen Veränderungen feststellbar. Der Tonus der Harnblase nimmt im Alter zu, wobei gleichzeitig das Fassungsvermögen der Harnblase abnimmt. Dazu kommt, dass ältere Menschen oftmals den Harndrang erst relativ spät wahrnehmen und ihn schwer unterdrücken können. Eine veränderte Miktionsfrequenz mit leichter Pollakisurie und ein- bis zweimaliger nächtlicher Urinentleerung ist die Folge. Zusammen mit einer Bewegungseinschränkung, verlangsamten Bewegungsabläufen, einer Immobilisierung, einer veränderten Umgebung oder beispielsweise einem weiten Weg zur Toilette kann dies zu einer funktionellen Inkontinenz führen. Weitere Ursachen der funktionellen Inkontinenz und deren Symptomatik sind in der **Tab. 17.9** aufgeführt.

Tab. 17.9 Ursachen einer funktionellen Inkontinenz und ihre Symptomatik (nach Füsgen)

Ursachen	*Inkontinenzsymptomatik*
– psychogene Reizblase (z. B. anfallsweise bei emotionaler Erregung), – neurohormonelle Faktoren (vegetative Dysregulation, hormonelle Störung), – vorwiegend hormonelle Faktoren (sinkende Östrogenproduktion, Urethritis, atrophicans), – psychosoziale Faktoren gemeinsam mit altersphysiologischen Veränderungen.	– gehäufter, meist gebieterischer Harndrang, – kaum Erleichterung nach der Miktion, – Beschwerden überwiegend am Tage, – Schmerzausstrahlung zur Harnröhre möglich, – Harndrang im Abstand von weniger als 2 Stunden.

17.5.2 Iatrogene Inkontinenz

Aus der häufigen Multimorbidität älterer Menschen und der damit verbundenen Medikamenteneinnahme kann ebenfalls eine Inkontinenz resultieren, die als iatrogene Inkontinenz bezeichnet wird. Beispiele für Medikamente, die einen Einfluss auf den Miktionsablauf besitzen, sind in **Tab. 17.10** aufgeführt.

Viele ältere Menschen schränken ihre Flüssigkeitsmenge bewusst oder unbewusst (verringertes Durstgefühl) ein, um der häufig vorhandenen Pollakisurie und Nykturie entgegenzuwirken. Dies zeigt sich in einer entsprechend geringen Ausscheidungsmenge mit einem hohen spezifischen Gewicht. Der gleichzeitig damit verminderte „Spüleffekt" der ableitenden Harnwege in Verbindung mit der häufig herabgesetzten Immunabwehrlage des älteren Menschen kann dann zu weiteren Erkrankungen wie beispielsweise Harnwegsinfektionen führen.

Tab. 17.10 Medikamenteneinflüsse auf den Miktionsablauf (aus: Füsgen, I.: Der ältere Patient: Problemorientierte Diagnostik und Therapie, 2. Aufl., Urban & Schwarzenberg, München 1996)

Medikamententypus	*Einflüsse auf den Miktionsablauf*
Diuretika	Polyurie, Pollakisurie
Antichlorinergika	Urinretention, Überlaufinkontinenz
Antidepressiva	anticholinerge Nebenwirkungen mit Blasenkapazitätserhöhung, ggf. Überlaufproblematik
Antipsychotika	anticholinerge Nebenwirkungen mit Blasenkapazitätserhöhung ggf. Überlaufproblematik, Sedation, Rigidität, Immobilität
Sedativa/Hypnotika	Sedation, Immoblität, Muskelrelaxation
α-Antagonisten	Urethralrelaxation
α-Agonisten	Urinretention
β-Agonisten	Urinretention
Kalziumantagonisten	Urinretention
Alkohol	Polyurie, Pollakisurie, Sedierung, Immobilisierung

Veränderungen sowie Besonderheiten bei Kindern und älteren Menschen:

- Kinder können erst ab dem 3. Lebensjahr die Miktion willkürlich steuern.
- Die Urinausscheidung wird im Alter beeinflusst durch ein geringeres Fassungsvermögen der Blase, eine herabgesetzte Sensibilität der Blase und Harnröhre und eine Insuffizienz der Beckenbodenmuskulatur.
- Bei Kindern sind die häufigsten, durch Harnwegsinfekt hervorgerufenen Erkrankungen die Pollakisurie und die Dysurie.
- Beim Einnässen wird zwischen primärer und sekundärer Enuresis sowie Enuresis nocturna oder diurna unterschieden.
- Die häufig vorkommenden Stoffwechsel- und Herz-Kreislauferkrankungen besitzen einen direkten Einfluss auf die Urinausscheidung.
- Die funktionelle und die iatrogene Inkontinenz sind die häufigsten Störungen der Urinausscheidung im Alter.

17.6 Fallstudien und mögliche Pflegediagnosen

Viele Störungen der Urinausscheidung beeinträchtigen das Wohlbefinden der Betroffenen erheblich. Hier sind an erster Stelle die verschiedenen Miktionsstörungen zu nennen. Insbesondere die Harninkontinenz kann nicht nur ein körperliches Unwohlsein hervorrufen, sondern auch zu psychischen Störungen und zur sozialen Isolation führen. Aus Angst und Scham vor unwillkürlichen Urinabgängen wird die Flüssigkeitszufuhr reduziert, soziale Kontakte und Unternehmungen werden eingeschränkt.

Ein ebenso großes Problem stellt für viele Menschen das Wasser lassen in Gegenwart anderer dar, wie es häufig in Krankenhäusern, Alten- und Pflegeheimen erwartet wird. Insbesondere der offene und feinfühlige Umgang bei der Pflege von Menschen mit Miktionsstörungen und die Rücksichtnahme auf die individuellen Entleerungsgewohnheiten stellen einen wichtigen Faktor in der Betreuung von pflegebedürftigen Menschen dar. Daneben erfordern die verschiedenen Formen der Inkontinenz ein hohes Maß an Aufmerksamkeit, individueller Beratung und Auswahl der geeigneten pflegerischen Interventionen.

Fallstudie Frau Flüssig

Frau Flüssig, 70 Jahre, bekam vor einer Woche eine Hüftgelenksprothese links eingesetzt. Noch am Abend des Operationstages wurde der intraoperativ eingelegte Blasenverweilkatheter entfernt. Inzwischen wurde Frau Flüssig auch mit Unterarmgehstützen mobilisiert, sodass sie kurze Strecken im Zimmer bereits alleine gehen kann.
Seit längerer Zeit leidet Frau Flüssig bereits an einer Pollakisurie und Nykturie, doch hat sie bis zu ihrem Krankenhausaufenthalt immer noch rechtzeitig die Toilette erreichen können. In den ersten postoperativen Tagen hat Frau Flüssig bei Harndrang immer um das Steckbecken gebeten, doch einige Male war es trotzdem zu einem unwillkürlichen Urinabgang in das Bett gekommen. Jetzt, nachdem Frau Flüssig mobilisiert wurde, versucht sie die Toilette zu benutzen. Aufgrund der eingeschränkten Mobilität gelingt es ihr jedoch nicht, rechtzeitig dort anzukommen und fast jedes Mal geht der Urin unwillkürlich vorzeitig ab.
Um Frau Flüssig in dieser Situation zu helfen, wurde der in **Tab. 17.11** aufgeführte Pflegeplan zusammen mit Frau Flüssig erstellt.

Als Pflegediagnose könnte zu dem oben angegebenen Beispiel folgende formuliert werden:
Funktionelle Inkontinenz
beeinflusst durch (b/d) Mobilitätseinschränkung aufgrund der Hüftgelenksoperation (Gehen mit Unterarmgehstützen)
angezeigt durch (a/d) einen Harndrang, der so stark ist, dass er zum Urinabgang führt, bevor ein entsprechender Auffangbehälter erreicht wurde.

Eine Pflegediagnose für dieses Fallbeispiel zeigt die folgende Übersicht:

Pflegediagnose Funktionelle Inkontinenz
(nach Gordon)

Definition

Ein unwillkürlicher, unvorhersehbarer Urinabgang.

Hauptkennzeichen

Der Harndrang oder die Blasenkontraktionen sind so stark, dass sie zum Urinabgang führen bevor ein entsprechender Auffangbehälter erreicht wird.

Ätiologische oder beeinflussende Faktoren

- Veränderte Umgebung,
- sensorische Defizite (zu spezifizieren),
- kognitive Defizite (zu spezifizieren),
- Mobilitätseinschränkungen (zu spezifizieren).

Tab. 17.11 Auszug aus dem Pflegeplan von Frau Flüssig

Pflegeproblem	*Ressource*	*Pflegeziele*	*Pflegemaßnahmen*
Frau Flüssig leidet an einer funktionellen Inkontinenz aufgrund einer Mobilitätseinschränkung bei Pollakisurie und Nykturie	hat bis zum Krankenhausaufenthalt immer noch rechtzeitg die Toilette erreicht	FZ: Fr. Flüssig ist kontinent NZ: Fr. Flüssig • führt ein Miktionstagebuch • hält den Toilettentrainingsplan ein • führt Beckenbodengymnastik selbstständig durch • akzeptiert es, vorübergehend einen Nachtstuhl zu benutzen • trägt leicht zu handhabende Kleidung • kennt Inkontinenzhilfsmittel und verwendet sie	• Anleitung von Fr. Flüssig zum Führen eines Miktionstagebuchs • Zusammen mit Fr. Flüssig einen Toilettentrainingsplan aufstellen, dabei die Intervalle der Blasenentleerung tagsüber von 1 auf ca. 3 Std. langsam ausdehnen (Plan im Zimmer) • Anleitung zur Beckenbodengymnastik (Krankengymnastin) • Nach der letzten Blasenentleerung (22.00 h) einen Nachtstuhl neben das Bett stellen • Informationsgespräch über günstige Kleidung (z. B. kurze bis halblange Nachthemden, keine engen Slips und Mieder, weite Jogginghosen oder Röcke ohne Reißverschluss und Knöpfe) und Hygieneartikel (Einmalslips, Vorlagen, Einlagen)

Fallstudie Bastian

Bastian, 7 Jahre alt, leidet zur Zeit an einer fiebrigen Harnwegsinfektion. Er klagt über Schmerzen und Brennen beim Wasserlassen und immer wieder geht auch etwas Urin in seinen Slip, worüber Bastian sehr unglücklich ist. Seine Mutter versucht ihn zu trösten und zeigt viel Verständnis. Der übelriechende Urin sieht trübe aus. Bastian besitzt keinen Appetit und auch trinken möchte er zur Zeit nicht viel, damit er nicht so häufig zur Toilette gehen muss.
Zusammen mit der Mutter wurde ein Pflegeplan erstellt, einen Auszug, der sich auf die Urinausscheidung bezieht, zeigt **Tab. 17.12**.

Eine Pflegediagnose für diesen Fall zeigt die folgende Übersicht:

Pflegediagnose Verändertes Urinausscheidungsmuster (nach Gordon)

Definition

Eine Störung der gewohnten Urinausscheidung.

Kennzeichen

- Dysurie,
- Frequenz (häufiges Wasser lassen),
- Verzögerung (verzögertes Wasser lassen),
- Nykturie,
- Harnverhalt,
- Harndrang,
- Inkontinenz.

Die Pflegediagnose bezüglich der Miktionsstörung kann lauten:
Verändertes Urinausscheidungsmuster angezeigt durch (a/d) Dysurie und Pollakisurie.

Fazit: Die von den Nieren über die Harnwege abgesonderte Flüssigkeit, die bei der Miktion ausgeschieden wird, wird als Urin bezeichnet. Die spezielle Beobachtung des Urins erfolgt anhand der Kriterien Miktion, Menge, Farbe, Geruch, Zusammensetzung, spezifisches Gewicht und chemische Reaktion.

Für das Erleben und Wohlbefinden des betroffenen Menschen sind die Miktionsstörungen von besonderer Bedeutung, da hierzu neben den verschiedenen Formen der Inkontinenz auch die mit Schmerzen einhergehenden Arten der Miktion gerechnet werden. Die Anzahl der Miktionen und die Miktionsmenge sind bei Kindern in engem Zusammenhang mit dem Alter zu sehen. Die Fähigkeit zur kontrollierten Urinausscheidung wird im Kindesalter erworben. Das Einnässen wird als Enuresis bezeichnet. Bei älteren Menschen sind die funktionelle und iatrogene Inkontinenz besonders häufig vertreten.

Für alle Formen der Inkontinenz gilt, dass sie nicht nur eine körperliche, sondern auch eine große psychische Belastung darstellen, die aufgrund von Schamgefühlen bis hin zur sozialen Isolation führen kann.

Tab. 17.12 Auszug aus dem Pflegeplan von Bastian

Pflegeproblem	*Ressource*	*Pflegeziele*	*Pflegemaßnahmen*
Bastian leidet unter einer Dysurie, Pollakisurie mit sporadischer Enuresis bei Harnwegsinfektion	Bastians Mutter zeigt Verständnis für das Einnässen und tröstet ihn	Bastian • kennt die Ursache der Dysurie und Pollakisurie • weiß, dass er trotzdem viel trinken muss und nimmt entsprechend Flüssigkeit (2 l) zu sich • akzeptiert, dass er zur Zeit immer mal wieder etwas einnässt • weiß, dass er bei Harndrang die Blase sofort entleeren muss	• Bastian und seiner Mutter die Ursachen der Miktionsstörung (Dysurie, Pollakisurie, Enuresis) und die Notwendigkeit einer vermehrten Flüssigkeitsaufnahme und sofortigen Blasenentleerung erklären • Wunschgetränke erfragen und entsprechend bereitstellen • Bastian darauf hinweisen, dass das Einnässen nur vorübergehend ist und er keine Vorwürfe oder ähnliches bekommt, Verständnis für seine Situation zeigen. • Beobachtung der Miktion (Häufigkeit, Beschwerden) und des Urins (Menge, Aussehen, Geruch)

CONSILIUM CEDIP PRACTICUM: Handbuch für Diagnose und Therapie, 24. Aufl., PMSI Cedip, Ismaning bei München 1996

Dahmer, J.: Anamnese und Befund: Die ärztliche Untersuchung als Grundlage klinischer Diagnostik, 8. Aufl., Thieme, Stuttgart 1998

Delz, C.: Krankenbeobachtung, Springer, Berlin 1994

Eichenauer, R., H. Vanerpe: Klinikleitfaden Urologie: Untersuchung, Diagnostik, Therapie, Notfall, Jungjohann, Neckarsulm 1992

Füsgen, I.: Der ältere Patient: Problemorientierte Diagnostik und Therapie, 2. Aufl., Urban & Schwarzenberg, München 1996

Georg, J., M. Frowein: Pflegelexikon, Ullstein Medical, Wiesbaden 1999

Gerlach, U., N. van Husen, H. Wagner, W. Wirth: Innere Medizin für Pflegeberufe, 4. Aufl., Thieme, Stuttgart 1996

Goerke, K., U. Bazlen: Pflege konkret Gynäkologie Geburtshilfe: Lehrbuch und Atlas für Pflegende und Hebammen, Gustav Fischer, Stuttgart 1998

Gordon, M.: Handbuch Pflegediagnosen, 2. Aufl., Ullstein Medical, Wiesbaden 1998

Grond, E.: Pflege Inkontinenter: Arbeitsbuch für Unterrichtende in der Kranken- und Altenpflege und für Kontinenzberater, Brigitte Kunz, Hagen 1993

Hertl, M.: Kinderheilkunde und Pflege, 8. Aufl., Thieme, Stuttgart 1996

Hoehl, M., P. Kullick: Kinderkrankenpflege und Gesundheitsförderung, Thieme, Stuttgart 1998

Illig, S., S. Spranger: Klinikleitfaden Pädiatrie, 4. Aufl., Gustav Fischer, Stuttgart 1998

Juchli, L.: Pflege: Praxis und Theorie der Gesundheits- und Krankenpflege, 8. Aufl., Thieme, Stuttgart 1997

Kim, M. J., G. McFarland, A. McLane: Pflegediagnosen und Pflegeinterventionen, Ullstein Medical, Wiesbaden 1999

Köther, I., E. Gnamm: Altenpflege in Ausbildung und Praxis, 3. Aufl., Thieme, Stuttgart 1995

Kraus, W.: Kompendium der sensitiven Krankenbeobachtung durch das Krankenpflegepersonal, 3. Aufl., Fresenius AG, Bad Homburg 1989

Kühl, G., D. Siepmann, H. Sbotta, J. Bauer, K. Fischer (Hrsg.): Klinikleitfaden Kinderkrankenpflege, Gustav Fischer, Lübeck 1997

Mischo-Kelling, M., H. Zeidler: Innere Medizin und Krankenpflege, 2. Aufl., Urban & Schwarzenberg, München 1992

Mumenthaler, M.: Neurologische Differentialdiagnostik, Syndrome und Leitsymptome, 3. Aufl., Thieme, Stuttgart 1988

Nickel, A., O. Ungerer, H.-U. Zenneck: Altenpflege-Geriatrie, Dr. Felix Büchner/Handwerk und Technik GmbH, Hamburg 1995

Pschyrembel: Klinisches Lexikon, 258. Aufl., Walter de Gruyter, Berlin 1997

Roche Lexikon Medizin, 3. Aufl., Urban & Schwarzenberg, München 1993

Roe, B., K. Williams: Inkontinenz: ein Handbuch für die Pflegepraxis, Ullstein Mosby, Berlin, 1997

Roper, N., W. Logan, A. Tierney: Die Elemente der Krankenpflege, RECOM, Basel 1989

Schäffler, A., N. Menche (Hrsg.): Pflege konkret Innere Medizin: Lehrbuch und Atlas, 2. Aufl., Jungjohann bei G. Fischer, Ulm 1997

Schneider, W., F. Sitzmann: Krankenbeobachtung: Ein Arbeitsbuch zur Schulung der Beobachtungsfähigkeit, ROCOM, F. Hoffmann-LaRoche & Co. AG, Basel 1982

Schönberger, W.: Kinderheilkunde, Gustav Fischer, Stuttgart 1992

Schwegler, J.: Der Mensch: Anatomie und Physiologie, 2. Aufl., Thieme, Stuttgart 1998

Seel, M.: Die Pflege des Menschen, 3. Aufl., Brigitte Kunz, Hagen 1998

Siegenthaler, W., W. Ostermayer: Krankheitsbilder, ROCOM, F. Hoffmann-La-Roche & Co, Basel 1981

Sitzmann, F.: Mit wachen Sinnen wahrnehmen und beobachten, Teil 2: Beobachtung von gesunden und veränderten Lebensprozessen des Menschen, RECOM, Baunatal 1996

Sitzmann, F.C.: Pädiatrie, Hippokrates, Stuttgart, 1995

Thews, G., E. Mutschler, P. Vaupel: Anatomie, Physiologie, Pathophysiologie des Menschen, 3. Aufl., Wissenschaftliche Verlagsgesellschaft, Stuttgart 1989

Wegmann, H.: Die professionelle Pflege des kranken Kindes, Urban & Schwarzenberg, München 1997

18 Stuhl

Panajotis Apostilidis

Übersicht

Einleitung · 324

18.1 Allgemeine Beobachtungskriterien und Beschreibung des Normalzustands · 324

18.1.1 Stuhlentleerung · 325

18.1.2 Stuhlmenge · 325

18.1.3 Stuhlfarbe · 325

18.1.4 Stuhlgeruch · 325

18.1.5 Stuhlkonsistenz · 325

18.1.6 Stuhlzusammensetzung · 325

18.1.7 Chemische Stuhlreaktion · 325

18.2 Abweichungen, Veränderungen des Stuhls und deren mögliche Ursachen · 325

18.2.1 Störungen der Stuhlentleerung · 326

18.2.2 Veränderungen der Stuhlmenge · 330

18.2.3 Veränderungen der Stuhlfarbe · 331

18.2.4 Veränderungen der Stuhlkonsistenz · 331

18.2.5 Veränderungen des Stuhlgeruchs · 331

18.2.6 Veränderungen der Stuhlzusammensetzung · 332

18.2.7 Veränderungen der chemischen Stuhlreaktion · 332

18.3 Ergänzende Beobachtungskriterien · 332

18.4 Besonderheiten bei Kindern · 333

18.5 Besonderheiten bei älteren Menschen · 335

18.6 Fallstudien und mögliche Pflegediagnosen · 335

Fazit · 338

Literatur · 338

Schlüsselbegriffe:

- *Diarrhö*
- *Obstipation*
- *Subjektive Obstipation*

Einleitung

Die regelmäßige, beschwerdefreie Defäkation hat für das Wohlbefinden von Menschen große Bedeutung. Dennoch wird die Auseinandersetzung mit diesem Thema oft vermieden, bzw. als peinlich empfunden. Die Fähigkeit zur kontrollierten Defäkation wird wie die Miktion im Kindesalter erlernt. Die individuellen Stuhlentleerungsgewohnheiten werden u. a. beeinflusst von der Art der Ernährung und dem Ausmaß der körperlichen Betätigung.

Die Beobachtung des Stuhls kann häufig Hinweise auf mögliche physische, aber auch auf psychische Störungen geben.

Das folgende Kapitel beschreibt die Beobachtungskriterien des Stuhls und geht auf mögliche Ursachen für Abweichungen und Veränderungen ein.

Als Stuhl, Kot, Fäzes oder Exkrement wird das Ausscheidungsprodukt des Darms bezeichnet.

Der Stuhl sammelt sich in der Ampulle des Rektums an und wird anschließend, nach einem nervalen Reiz, willkürlich entleert. Er besteht zum einen aus körpereigenen Substanzen wie beispielsweise abgestoßenen Epithelien und zum anderen aus Resten nicht resorbierter Nahrungsstoffe, Gärungs- und Fäulnisprodukten.

18.1 Allgemeine Beobachtungskriterien und Beschreibung des Normalzustands

Die Kriterien, anhand derer der Stuhl beobachtet wird, sind die Stuhlentleerung, die Menge, die Farbe, der Geruch, die Konsistenz, die Zusammensetzung und die chemische Reaktion des Stuhls. Zumeist erfolgt die Beobachtung über die Sinnesorgane, für ein-

zelne Beobachtungskriterien können Hilfsmittel in Form von Teststreifen verwendet werden.

18.1.1 Stuhlentleerung

Der Vorgang der Stuhlentleerung wird auch als Defäkation bezeichnet. Die Defäkation ist willkürlich beeinflussbar, erfolgt jedoch reflexmäßig. Hierzu werden Dehnungsrezeptoren im Rektum durch zunehmende Füllung mit Darminhalt gereizt und Nervenimpulse ausgelöst. Diese Nervenimpulse werden über afferente Fasern zu übergeordneten Zentren im Rückenmark und Gehirn geleitet und lösen dort eine Erregung parasympathischer Nervenfasern aus.

In der Folge kommt es zu einer Erschlaffung des inneren Schließmuskels und einer Kontraktion des äußeren Schließmuskels, was als Stuhldrang wahrgenommen wird. Zur Stuhlentleerung wird dann der äußere Sphinkter willkürlich entspannt und der Druck im Bauchraum durch Einsatz der Bauchpresse (Kontraktion der Bauchmuskulatur, Senkung des Zwerchfells) erhöht.

Die Häufigkeit der Defäkation ist sehr unterschiedlich und reicht von 1–2 mal täglich bis zu 2 mal wöchentlich. Sie ist vor allem abhängig von den individuellen Gewohnheiten und der Nahrungszusammensetzung. Die normale Defäkation erfolgt beschwerdefrei, d. h. schmerzlos und ohne besondere Anstrengung.

18.1.2 Stuhlmenge

Die durchschnittliche tägliche Stuhlmenge bei einer gemischten Kost wird mit 60–250 g pro Tag angegeben und ist abhängig von der aufgenommenen Menge unverdaulicher sog. Ballaststoffe wie beispielsweise Zellulose. Je höher der Anteil an kohlenhydrat- und zellulosereicher Nahrung ist, umso größer ist die ausgeschiedene Menge. Dementsprechend verringert sich die Ausscheidungsmenge des Stuhls bei einer überwiegend eiweißreichen Ernährung.

18.1.3 Stuhlfarbe

Der normale Stuhl besitzt eine gelblich-bräunliche Farbe, die durch den Gallenfarbstoff Sterkobilin (Abbauprodukt des Bilirubins), hervorgerufen wird. Durch Oxidation kann sich die bräunliche Farbe an der Luft vertiefen.

18.1.4 Stuhlkonsistenz

Mit der Stuhlkonsistenz wird die Beschaffenheit des Stuhls beschrieben. Im unteren Dickdarm bildet der Stuhl eine Kotsäule, wobei der normale Stuhl dickbreiig bis fest ist und eine homogen geformte Masse bildet. Beeinflusst wird die Konsistenz von der Nahrungszusammensetzung und der Dauer der Dünn- und Dickdarmpassage, wobei der Stuhl umso weicher ist, je höher der Zellulose- und Kohlenhydratanteil in der Nahrung und je kürzer die Verweildauer im Darm ist.

18.1.5 Stuhlgeruch

Der Geruch des Stuhls bei einem gesunden Menschen wird als nicht sehr angenehm riechend beschrieben und ist abhängig von der Art der Nahrungszusammensetzung und der Verweildauer im Darm. Er wird hervorgerufen durch die Gärungs- und Fäulnisprozesse im Darm und den hierbei entstehenden Produkten wie z. B. Skatol und Indol sowie Darmgasen.

18.1.6 Stuhlzusammensetzung

Der Stuhl besteht zu ca. 75 % aus Wasser, das restliche Viertel ist Trockensubstanz. Diese Trockensubstanz besteht aus Absonderungen der Schleimhäute und abgeschilferten Darmepithelien, aus Bakterien, die physiologische Dickdarmbewohner sind und aus unverdaulichen bzw. unverdauten Nahrungsresten wie beispielsweise Zellulose und Obstkerne. Daneben befinden sich im Stuhl Mineralien, Salze, Produkte der Verdauungsorgane und Gallenfarbstoffe.

18.1.7 Chemische Stuhlreaktion

Die chemische Reaktion des Stuhles ist mit einem pH-Wert von 7–8 zumeist schwach alkalisch. Sie kann mit einem Indikatorstreifen leicht gemessen werden.

Beobachtungskriterien des Stuhls sind: Defäkation, Menge, Farbe, Konsistenz, Geruch, Zusammensetzung und chemische Reaktion.

18.2 Abweichungen, Veränderungen des Stuhls und deren mögliche Ursachen

Abweichungen, Veränderungen des Stuhls können einerseits physiologisch bedingt sein und andererseits pathologische Ursachen besitzen. Veränderungen der Stuhlentleerung, der Menge, der Farbe, des

Geruchs, der Konsistenz, der Zusammensetzung und der chemischen Reaktion können dementsprechend auch wichtige Hinweise auf vorliegende Erkrankungen liefern.

18.2.1 Störungen der Stuhlentleerung

Die Stuhlentleerungsstörungen, auch Defäkationsstörungen genannt, beziehen sich auf die Häufigkeit der Stuhlentleerungen und deren Begleiterscheinungen.

Diarrhö

Eine häufige, über die Norm gesteigerte Stuhlentleerung mit mehr als 3 Stühlen/Tag, die zudem eine wässrige bis breiige Konsistenz besitzen und ein Gewicht über 250 g/Tag haben, wird als Durchfall oder ▸ *Diarrhö* bezeichnet.

Die Anzahl der Stuhlentleerungen kann bei schweren Formen der Diarrhö bis zu 30 und mehr Stühle pro Tag betragen. Zur Beurteilung des Schweregrades einer akuten Diarrhö eignet sich die WHO-Klassifikation (**Tab. 18.1**). Begleitend kommt es häufig zu Appetitlosigkeit, Übelkeit, Blähungen, Durst, Kollapsneigung, Exsikkosezeichen und evtl. heftigen Krämpfen der Darmmuskulatur.

Hervorgerufen werden die dünnflüssigen Stühle durch eine verminderte Absorption von Nährstoffen (osmotischer Durchfall), eine vermehrte Sekretion von Darmsekreten (sekretorischer Durchfall) und/oder eine Motilitätsstörung, d.h. einer Störung der Darmbewegung bzw. der sog. Darmperistaltik.

Während eine osmotische Diarrhö bei Einstellung der Nahrungszufuhr anhält, besteht sie bei einer sekretorischen Diarrhö auch beim Fasten weiter. Dieser Unterschied stellt das klassische Unterscheidungsmerkmal dieser beiden Diarrhöformen dar.

Tab. 18.1 WHO-Klassifikation akuter Diarrhön (aus: Schettler, G., H. Greten: Innere Medizin: Verstehen – Lernen – Anwenden, 9. Aufl., Thieme, 1998)

Grad	*Anzahl wässriger Stühle/Tag*	*Symptomatik*
0	normal	keine Symptome
1	2–3	keine Symptome
2	4–6	nächtliche Stühle, mäßige Krämpfe
3	7–9	Inkontinenz, schwere Krämpfe
4	> 9	großvolumige blutige Stühle, parenterale Ernährung erforderlich

Unterschieden werden außerdem akute und chronische Diarrhöen, wobei eine akute Diarrhö zeitlich auf einige Tage begrenzt ist, im Gegensatz zur chronischen Form, die mehrere Wochen bis Monate anhalten kann. Akute Diarrhöen können beispielsweise durch Infektionen, Schwermetalle, Genussmittel, Entzündungen und Strahleneinwirkungen hervorgerufen werden sowie durch psychische Belastungen (**Tab. 18.2**) Darüber hinaus sind sie häufig die Folge einer Medikamentennebenwirkung. Nachfolgend einige Medikamente, die eine Diarrhö herrufen können (nach Füsgen):

- Antibiotika,
- Antazida (mit Mg^{++})
- Chinidin,
- Gallensäuren,
- Zytostatika,
- Colchicin,
- kardiotone Glykoside (Meproscillarin),
- Lithium,
- NSAR (Indometacin, Diclofenac),
- Goldsalze,
- Guanethidin,
- Laxanzien,
- Digitalisüberdosierung.

Die Ursachen einer chronischen Diarrhö sind ebenfalls sehr vielfältig (nach Füsgen):

- funktionelle Störungen („Nervosität", irritables Kolon),
- organische Dickdarmerkrankungen (Karzinome, Divertikulitis, Colitis ulcerosa),
- Dünndarmstörungen (Malabsorptionssyndrome, bakterielle Fehlbesiedlung),
- Postgastrektomiesyndrome,
- medikamentöse Ursachen (Laxanzien, Antibiotika, Zytostatika, Digitalis usw.),
- Maldigestionssyndrome (besonders bei Pankreaserkrankungen),
- hepatobiläre Erkrankungen,
- endokrin-metabolische Störungen (Hyperthyreose, Morbus Addison, Karzinoidsyndrom, Diabetes mellitus),
- Nahrungsmittelallergien (Milch, Obst),
- Infektionen (Amöben, Lamblien).

Auch der großzügige Gebrauch von sog. Zuckeraustauschstoffen kann eine Diarrhö verursachen, da für die Verdauung dieser Substanzen im Dünndarm keine entsprechenden Enzyme vorhanden sind. Zu

Tab. 18.2 Häufige Ursachen, Klinik und Stuhlbefund akuter und subakuter Diarrhön (aus: Füsgen, I. (Hrsg.): Der ältere Patient. Problemorientierte Diagnostik und Therapie, 2. Aufl., Urban & Schwarzenberg, München 1996)

Ursache	*Befall*	*Klinik*	*Stuhlbefund*
infektiöse Diarrhö			
Samonellen	Gastroenterokolitis	Brech-/Durchfall, sub- bis hochfebril, Darmkrämpfe, Gruppenerkrankung	wässrig, schleimig, gelegentlich blutig, stinkend
Shigellen	Enterokolitis	dauernder Stuhldrang, Tenesmen, subfebril bis leicht febril	anfangs dünnfäkulent, später schleimig-blutig
Escherichia coll	Gastroenteritis	Reisediarrhö, abdominelle Krämpfe	profus-wässrige Durchfälle, Erbrechen
Yersinien	Ileitis	Fieber, Durchfälle, „Appendizitis“	wässrige Durchfälle
Choleravibrionen	Enteritis	Epidemien, kein Fieber, starke Exsikkose	farblose Reiswasserstühle
Rota-, ECHO-, Coxsackie-, Grippe-, Adenoviren	Gastroenteritis	afebril bis subfebril, häufig begleitende Atemwegsinfekte	wässrige Stühle ohne Beimengungen
toxische Diarrhö			
Staphylokokken, Streptokokken, Clostridium perfringens	Gastroenteritis	Lebensmittelvergiftung, oft mehrere Personen bei Gemeinschaftsküche, Brechdurchfall, Fieber, aber auch afebril. Zyanose, Tachykardie, Exsikkose	profus-wässrige Durchfälle
medikamentöse Diarrhö	s. S. 326		
vasal bedingte Diarrhö			
Embolien	ischämische (Entero-)Kolitis	Arteriosklerose, Thrombosen, Ileus, Herzerkrankung, Schock, Azidose	blutig
allergisch bedingte Diarrhö			
Nahrungsmittel	Gastroenteritis	Eier, Fisch, Erdbeeren, Zitrusfrüchte	wässrig
Infekte, Medikamente	Gastroenteritis	Hautblutungen, Arthritis, Fieber, Koliken	blutig
funktionelle Diarrhö (akut, situationsbedingt als Fluchtreflex, äquivalent bei Aufregungen)			

Durchfällen kann auch die sog. Astronautenkost führen, da diese hoch konzentriert ist und somit stark osmotisch wirkt.

Die Diarrhö ist keine Erkrankung, sondern stellt immer ein Symptom für eine Erkrankung dar.

Obstipation

Mit ▸ *Obstipation* oder Konstipation wird eine Stuhlverstopfung bezeichnet.

Sie ist gekennzeichnet durch eine verzögerte Kotentleerung mit weniger als 3 Stühlen/Woche und/oder einem zu kleinvolumigen Stuhl. Der Stuhl ist trocken, hart und knotig aufgrund einer zu langen Verweildauer im Darm. Begleitet wird die Obstipation häufig von einem Gefühl der inkompletten Entleerung nach der Defäkation. Zudem kann der Stuhl oftmals nur mit Mühe und unter Anstrengung, evtl. begleitet von Schmerzen abgesetzt werden.

Weitere Begleitsymptome, die bei einer Obstipation auftreten können sind: Völlegefühl, Meteorismus, Appetitlosigkeit, Kopfschmerzen, Mundgeruch, Schlaflosigkeit und eine depressive Stimmungslage. Zu einer verzögerten Darmentleerung können mechanische Hindernisse, Störungen der Darmmotorik, Störungen der neuronalen Regulation, Störungen des Defäkationsrhythmus und eine schlackenarme Ernährung führen. Unterschieden werden eine akute (passagere), chronische, habituelle und subjektive Form der Obstipation.

Die akute Obstipation tritt plötzlich auf und besteht zumeist nur vorübergehend als Begleiterscheinung vieler Erkrankungen. Ein Kennzeichen einer chronischen Obstipation ist das Vorhandensein organischer Ursachen, im Gegensatz zur habituellen Obstipation, bei der keinerlei organische Störungen vorhanden sind.

Unter einer ▸ *subjektiven* Obstipation wird die Selbstdiagnose Obstipation verstanden, die zu einer Sicherstellung der täglichen Defäkation, z. B. mit Hil-

fe von Laxanzien führt. Kennzeichen einer subjektiven Obstipation ist die Erwartung, täglich Stuhlgang zu haben. Eventuell besteht zusätzlich die Erwartung, dass der Stuhlgang jeden Tag zur selben Zeit erfolgen muss.

Es gibt verschiedene Ursachen für eine akute und chronische Obstipation:

Elektrolytverschiebungen

Bei einer Hypokaliämie oder Hyperkalzämie kann es zu einer Atonie des Darmes und damit zu einer Obstipation kommen. Ursache für eine Hypokaliämie ist häufig auch ein Laxantienabusus.

Endokrine Störungen

Im Rahmen einer Hypothyreose und diabetischen Neuropathie kann es zu einer Störung der Darmmotilität und damit zu einer Verlangsamung des Stuhltransports kommen, mit der Folge einer Obstipation. In der Schwangerschaft führt die Progesteronwirkung zu einer verringerten Darmperistaltik und damit zu einer verzögerten Darmentleerung.

Einengungen des Darmlumens

Darmstenosen, d.h. Einengungen des Darmlumens, führen zu einer Passagebehinderung und damit zu einer verlängerten Verweildauer des Stuhls im Darm. Ursachen für die Lumeneinengung können Tumore, Entzündungen (z.B. Divertikulitis, Morbus Crohn), operationsbedingte Adhäsionen oder auch Kompression von außen sein.

Neurologische und psychiatrische Erkrankungen

Hirn- und Rückenmarksverletzungen, sog. Läsionen, die sowohl vaskulärer, entzündlicher, traumatischer oder neoplastischer Genese sein können, aber auch Depressionen können Ursache einer Darmmotilitätsstörung und einer verlängerten Verweildauer des Stuhls im Darm sein.

Medikamente

Bei nachfolgenden Medikamenten stellt eine gelegentliche Obstipation eine bekannte Nebenwirkung dar (nach Füsgen):

- Analgetika (z.B. Acetylsalicylsäure),
- Antazida (speziell Aluminiumhydroxid),
- Anticholinergika,
- Antidepressiva,
- Antiepileptika,
- Antihypertensiva,
- Antiparkinsonmittel,
- Bariumsulfat,
- Colestyramin,
- Diuretika,
- Eisenpräparate,
- koffeinhaltige Medikamente und Getränke,
- Koronartherapeutika,
- MAO-Hemmer,
- Neuroleptika,
- Opiate,
- Psychopharmaka (insbesondere Sedativa),
- Spasmolytika,
- Wismutpräparate.

Aber auch Laxanzien können zu einer Obstipation führen, da es bei einer täglichen Einnahme zu Kaliumverlusten und damit zu einer Atonie des Darmes kommen kann. Die Atonie führt zu einem Wirkungsverlust der Laxanzien und damit zu einem steigendem Laxanzienbedarf, woraus ein circulos vitiosus entsteht (**Abb. 18.1**).

Unterdrückung des Entleerungsreflexes

Zu einer Unterdrückung des Entleerungsreflexes und damit einer Verlängerung der Verweildauer des Stuhls im Darm kommt es beispielsweise bei Zeitnot, Hektik, Störungen der Intimsphäre und Schmerzen bei der Defäkation (z.B. Analfissuren, Hämorrhoiden). Auch ein abgeschwächter Defäkationsreflex bei verminderter Rektumsensibilität kann zur Obstipation führen.

Reduzierte Kraft der Bauchpresse

Z.B. bei Adipositas, Gravidität, Aszites kann aufgrund des großen Bauchumfanges die Bauchpresse nicht genügend betätigt werden.

Immobilisierung

Die Dickdarmmotiliät wird durch körperliche Aktivität beeinflusst, d.h. durch vermehrte Bewegung kommt es zu einer Steigerung der Peristaltik. Dementsprechend kann Bewegungsmangel, vor allem auch langes Liegen und häufiges Sitzen zu einer Obstipation führen.

Falsche Essgewohnheiten

Vor allem eine faser- und ballststoffarme Kost führt zu einer Verlängerung der Passagezeit und kann so eine Obstipation verursachen und Motilitätsstörungen verstärken. Des Weiteren können ein Flüssigkeitsmangel, unregelmäßige Ess- und Lebensgewohnheiten die Ursache für eine Obstipation darstellen.

Formen der Obstipation

Bei der Obstipation werden die akute, chronische, habituelle und subjektive Form voneinander unterschieden.

Eine chronische Obstipation beeinträchtigt die Lebensqualität erheblich und kann schwerwiegende Folgen nach sich ziehen, z. B. die Impaktbildung des Stuhls, bei der durch den fortschreitenden Wasserentzug steinharte Kotballen, sog. Skybala entstehen. Sie reizen die Darmschleimhaut und führen zur Absonderung einer schleimigen Flüssigkeit, daneben können sie eine „paradoxe Diarrhö" verursachen. Hierbei bildet sich aufgrund der Irritation des unteren Dickdarmabschnitts durch die Kotballen eine starke Darmsaftsekretion. Bakterien hinter den Kotballen setzen einen Fäulnisprozess in Gang. Es kommt zur Entleerung wässriger Stühle, die an den harten Kotballen vorbeifließen und zum Teil einige kleine harte Kotballen enthalten können. Die Betroffenen klagen vornehmlich über Diarrhö und häufige kleine Darmentleerungen.

Weitere mögliche Folgen einer chronischen Obstipation und der Bildung von Skybala können eine Stuhlinkontinenz und ein mechanischer Ileus sein. Der Druck der prall gefüllten Rektumampulle auf den Blasenhals bzw. auf die Blase kann zu Urinretention bzw. -inkontinenz führen. Auch rektale Blutungen sind eine häufige Folge von Skybala, da sie Schleimhautverletzungen im Enddarm verursachen können.

Die subjektive Obstipation, auch Pseudoobstipation genannt, kann ebenfalls sehr schwerwiegende Folgen haben. Die Angst, sich bei nicht täglichem Stuhlgang zu vergiften (Horror autotoxicus), zu harten, zu wenig und/oder zu unregelmäßigen Stuhlgang zu haben, führt häufig zur Einnahme von Laxanzien und damit zu einem Circulus vitiosus (**Abb. 18.1** u. **18.2**).

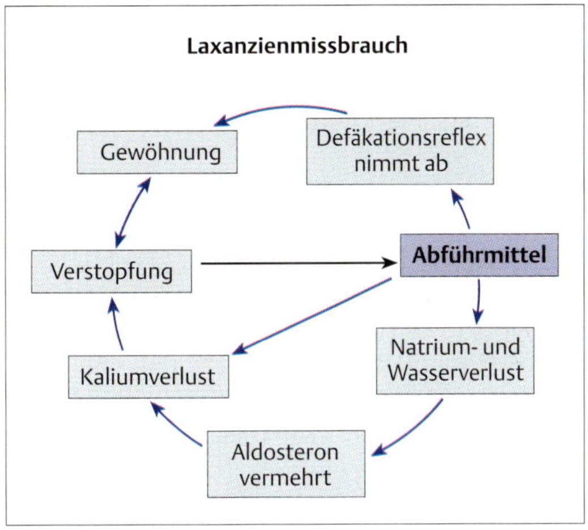

Abb. 18.1 Circulus vitiosus bei dauerndem Laxanzienmissbrauch

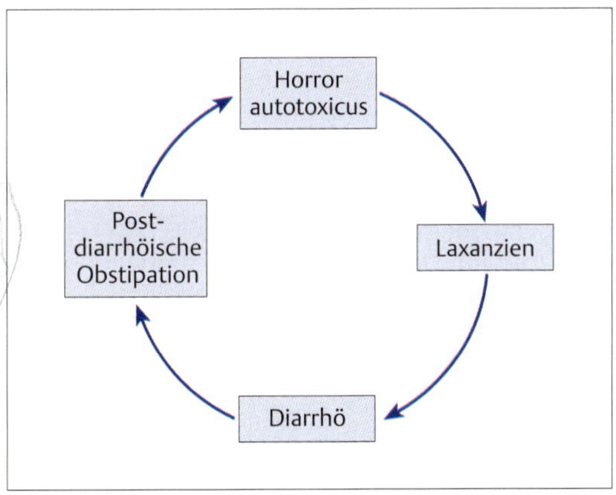

Abb. 18.2 Circulus vitiosus bei subjektiver Obstipation

Abweichungen und Veränderungen des Stuhls:

- Kriterien zur Beurteilung des Stuhls sind Menge, Farbe, Konsistenz, Geruch, Zusammensetzung und chemische Reaktion.
- Eine häufige Stuhlentleerungsstörung ist die Diarrhö; es wird zwischen osmotischer und sekretorischer, akuter und chronischer Diarrhö unterschieden.
- Diarrhö kann Symptom einer Vielzahl von Erkrankungen sein, aber auch durch psychische Belastungen, Medikamente, Entzündungen, Schwermetalle oder Strahleneinwirkung hervorgerufen werden.
- Die Stuhlverstopfung, Obstipation, tritt auf bei Elektrolytverschiebungen, endokrinen Störungen, Darmstenosen, neurologischen und psychiatrischen Erkrankungen, bei Unterdrückung des Entleerungsreflexes, infolge Medikamenteneinnahme, Bewegungsmangel und falschen Essgewohnheiten.

Stuhlinkontinenz

Unter Stuhlinkontinenz, Fäkal- oder Analinkontinenz wird das Unvermögen, den Stuhl willkürlich zurückzuhalten, verstanden.

Die Stuhlinkontinenz wird in 3 Schweregrade eingeteilt, die in **Tab. 18.3** aufgeführt sind. Die Ursachen der Stuhlinkontinenz sind sehr vielfältig (nach Grond):

- obstipationsbedingte: Schmierstuhl, dünner Stuhl und Darmschleim fließt um Kotsteine: Überlaufinkontinenz,
- funktionelle: Diarrhö, Darminfektion, Reizkolon, Malabsorption, Nahrungsmittelvergiftung,
- entzündliche: Hämorrhoiden, Fistel, Colitis, Crohn, Divertikel, Strahlenproktitis, Rektumprolaps,
- traumatische: Dammriss, Operation, Verletzung,
- tumoröse: Anal-, Rektumkarzinom, Lymphome,
- ischämische: Durchblutungsstörungen,
- medikamentöse: Laxanzien, Antibiotika, Methyldopa, Schilddrüsenhormone,
- hormonale: Diabetes, Schilddrüsenüberfunktion,
- neurogene
  - bei Multiinfarktdemenz, senile Demenz vom Alzheimer Typ, im Koma und Sterben: Defäkationsreflex nicht mehr hemmbar: geformter Stuhl in Wäsche nach dem Essen
  - bei Multipler Sklerose, Querschnittslähmung, diabetische Neuropathie, Sklerodermie,
- angeborene: Missbildung, Meningozele.

Tab. 18.3 Schweregrade der Stuhlinkontinenz (aus: Grond, E.: Pflege Inkontinenter, Arbeitsbuch für Unterrichtende in der Kranken- und Altenpflege und für Kontinenzberater, Brigitte Kunz, Hagen 1993)

Schweregrade der Stuhlinkontinenz		
Grad I	leichte Inkontinenz	Unkontrollierter Abgang von Winden bei Husten, Lachen, usw.: Stressinkontinenz Unfähigkeit zwischen Abgang von Wind und dünnem Stuhl zu unterscheiden
Grad II	mittlere Inkontinenz	Unfähigkeit, Stuhldrang und unkontrollierten Abgang von Winden, dünnen und gelegentlich festem Stuhl zu unterdrücken: Dranginkontinenz
Grad III	schwere Inkontinenz	fester Stuhl und Winde gehen völlig unkontrolliert ab, oft Überlaufinkontinenz bei Kotsteinen

Tenesmus

Ein beständiger, schmerzhafter Stuhldrang wird als Tenesmus bezeichnet.

Neben dem schmerzhaften Stuhldrang klagen die betroffenen Menschen zumeist über geringe oder fehlende Entleerungen. Häufige Ursache ist ein Krampf des Schließmuskels bei einer entzündlich bedingten Reizung, wie sie beispielsweise bei einer Entzündung des Enddarms, der sog. Proktitis vorkommen kann. Des Weiteren kann ein Tenesmus z. B. bei Divertikulitis, Colitis ulcerosa und Durchfallerkrankungen beobachtet werden.

18.2.2 Veränderungen der Stuhlmenge

Bei der Beobachtung der Stuhlmenge können sowohl kleine als auch große Stuhlmengen festgestellt werden. Die Ursachen hierfür können physiologisch, aber auch pathologisch bedingt sein.

Geringe Stuhlmengen

Wie bereits beschrieben, ist die Menge des ausgeschiedenen Stuhls abhängig von der zu sich genommenen Nahrung. Physiologisch kann eine Verringerung der Stuhlmenge (unter 100 g/Tag) bei einer sehr faser- und ballaststoffarmen Ernährung beobachtet werden. Außerdem sind kleine Stuhlmengen typisch für eine Obstipation (s. S. 327) und beim Fasten. Der Stuhl bei Hungerzuständen (Hungerkot) besteht zumeist aus Schleim und Darmzellen. Er besitzt eine schwarzbraungrünliche Farbe und ein Gewicht von ca. 3 – 4 g.

Große Stuhlmengen

Große Stuhlmengen mit einem Gewicht bis zu 1000 g sind physiologisch bei einer zellulose- und kohlenhydratreichen Ernährung. Bei einer ungenügenden Aufnahme der Nahrungsbestandteile wie beispielsweise bei der Maldigestion und Malabsorption (s. a. Kap. 16.2) kommt es ebenfalls zu einer Ausscheidung großer Mengen von Stuhl. Ein sehr großer, blasser, stark stinkender Stuhl, der beim Erkalten erstarrt, wird als Fettstuhl (Steatorrhö, Salbenstuhl, Butterstuhl, Pankreasstuhl) bezeichnet und tritt typischerweise bei einer Pankreasinsuffizienz auf.

Ebenfalls bei der Pankreasinsuffizienz kann eine Kreatorrhö beobachtet werden. Hierunter wird eine vermehrte Stuhlmenge, die infolge einer hochgradig beschleunigten Darmpassage unverdauter Fleischfasern (unverdautes Eiweiß) aufweist, verstanden. Ein

Massenstuhl kann auch eine Medikamentennebenwirkung darstellen. Medikamente, bei denen diese großen Stühle auftreten können, sind u. a.:

- Chlortetracyclin,
- Indometacin,
- Kanamycin,
- Methrotrexat,
- Neomycin,
- flüssiges Paraffin,
- Phenindion-p-Amonosalicylsäure.

18.2.3 Veränderungen der Stuhlfarbe

Der Stuhl kann eine Reihe von Farbveränderungen aufweisen, die durch Nahrungsmittel, Medikamente, aber auch durch Krankheiten verursacht werden. Neben der Beurteilung des Stuhls ist deshalb die genaue Befragung des betroffenen Menschen bzgl. seiner Ernährung, Medikamenteneinnahme und evtl. weiterer Symptome, die auf eine Erkrankung hinweisen können, wichtig. Eine Übersicht verschiedener Farbveränderungen des Stuhls und ihrer möglichen Ursachen zeigt **Tab. 18.4**.

18.2.4 Veränderungen der Stuhlkonsistenz

Die Konsistenz, d.h. die Beschaffenheit des Stuhls reicht von dünn-wässrig bis zu knotig-hart und ist abhängig von der Nahrungszusammensetzung und der Verweildauer des Stuhls im Darm. Vor allem im Zusammenhang mit der Beobachtung der Stuhlfarbe kann die Konsistenz jedoch auch wichtige Hinweise für vorliegende Erkrankungen liefern (**Tab. 18.5**).

18.2.5 Veränderungen des Stuhlgeruchs

Der Geruch des Stuhls entsteht durch die Fäulnis- und Gärungsprozesse im Darm. Bei einer überwiegend kohlenhydratreichen Ernährung besitzt der Stuhl einen leicht säuerlichen, bei einer überwiegend eiweißreichen Ernährung einen leicht fauligen, schwefelwasserstoffartigen Geruch. Liegt eine Pankreasinsuffizienz vor, ist der Geruch stark stinkend, bei einer Fäulnisdyspepsie faulig stinkend und bei einer Gärungsdyspepsie sauer riechend. Als aashaft stinkend wird der Stuhlgeruch bei einem Rektumkarzinom beschrieben.

Tab. 18.4 Veränderungen der Stuhlfarbe und mögliche Ursachen

Farbe	*Nahrungsmittel*	*Medikamente*	*Erkrankungen*
weiß		Röntgenkontrastmittel (Barium)	
hellgrau			Diarrhö (Cholera)
grau, lehmfarben (acholisch)			Hepatitis, Pankreas-, Gallenerkrankungen (durch fehlendes Sterkobilin bei fehlender Gallensekretion in den Darm)
gelbbraun	kohlenhydratreiche Kost		Diarrhö
grünlich	grünes Gemüse und Salat (chlorophylhaltig)		Diarrhö
rotbraun	Rote Beete		
rotbraun marmoriert			Blutungen im unteren Dickdarm
rotbraun bis dunkelrot			Blutungen im oberen Dickdarm
dunkelbraun	vorwiegende Fleischnahrung		
braunschwarz	Heidelbeeren, Rotwein		
schwarz (Melaena, Teerstuhl)		Kohle, Eisenpräparate, Wismut	Blutungen im oberen Verdauungstrakt (durch Zersetzung des Blutes durch Enzyme und Salzsäure im Magen)

Tab. 18.5 Veränderungen der Stuhlkonsistenz und mögliche Ursachen

Konsistenz	*Mögliche Ursachen*
Dünn-wässrig	Gastroenteritis
Erbsensuppen-ähnlich	Typhus abdominalis, Enteritis
Reiswasser-ähnlich	Cholera
Himbeergeleeartig	Ruhr
Schaumig (Gasblasen)	Gärungsdyspepsie
Schleimig	Colitis ulcerosa
Schmierig (Melanea)	Blutungen im oberen Verdaungstrakt
Salbenartig (Steatorrhoe)	Pankreasinsuffizienz, Mukoviszidose
Hart, bröckelig	Obstipation
Schafskot-artig	Dickdarmspasmen, spastische Obstipation
Bleistift-förmig	Stenosen im unteren Colon- u. Rektumbereich

18.2.6 Veränderungen der Stuhlzusammensetzung

Die Zusammensetzung des Stuhls gibt Hinweise auf die Verwertung der Nahrung und damit auch über die Funktion der Verdauungsorgane. Mit dem bloßen Auge sind Veränderungen der Stuhlzusammensetzung nicht immer zu erkennen, weshalb bei spezifischen Fragestellungen z. B. Untersuchung auf pathogene Keime, Wurmeier, Ausnutzungsgrad der Nahrung verschiedene Laboruntersuchungen durchgeführt werden müssen.

Eine häufige, auch im pflegerischen Alltag vorkommende Untersuchung stellt der Hämoccult-Test dar. Er dient der Untersuchung des Stuhls auf okkultes (verstecktes) Blut. Doch im Zusammenhang mit der Zusammensetzung des Stuhls sind auch die makroskopischen Beimengungen und Auflagerungen zu beobachten, für die Beispiele in **Tab. 18.6** aufgeführt sind.

18.2.7 Veränderungen der chemischen Stuhlreaktion

Die Veränderungen der chemischen Stuhlreaktion werden durch Störungen der Verdauungsvorgänge hervorgerufen. Bei einer Fäulnisdyspepsie, einer Störung der Eiweißspaltung und Resorption reagiert der Stuhl alkalisch. Der pH-Wert beträgt hierbei 8 und mehr. Eine saure Reaktion mit einem pH-Wert unter 7 kann bei einer Gärungsdyspepsie, einer Störung der Kohlenhydratspaltung und Resorption festgestellt werden.

Tab. 18.6 Stuhlauflagerungen und -beimengungen

Auflagerung, Beimengung	*Vorkommen, Ursache*
unverdaute Speisereste	ungenügendes Zerkauen der Nahrung, Diarrhö
Schleimauflagerungen	Reizungen, Entzündungen des Dickdarms, Dyspepsie
Schleim-Blutauflagerungen, -beimengungen	entzündliche Darmerkrankungen, Darmtumore
Schleim-Blut-Eiterauflagerungen, -beimengungen	schwere entzündliche Darmerkrankungen (Colitis ulcerosa), Dysenterie
Blutauflagerungen und -beimengungen	Darmtumore, Darmblutungen
Blutspritzer	Hämorrhoiden, Analfissuren
Fett	Pankreaserkrankungen, Einnahme von Breitbandantibiotika
Wurmglieder • einzeln, weiß, flach, fingernagelgroß • in größerer Anzahl (Knäuel), fadendünn, einige Millimeter lang • einzeln oder in geringer Anzahl, grauweiß, regenwurmähnlich, 10 – 25 cm lang	• Tänien (Bandwürmer) Enterobius vermicularis (Oxyuren, Madenwürmer) • Askariden (Spulwürmer)

18.3 Ergänzende Beobachtungskriterien

Veränderungen der Beobachtungskriterien des Stuhles ziehen in der Regel auch Veränderungen in anderen Beobachtungsbereichen nach sich. Um ein vollständiges Bild der Situation eines Menschen zu erhalten, müssen diese ebenfalls Beachtung finden. Hierzu gehören beispielsweise die Körpertemperatur und die anderen Vitalzeichen sowie die Haut bei Diarrhö, um eine infektiöse Darmerkrankung und eine mögliche Exsikkose festzustellen. Daneben weisen bei Leber- und Galleerkrankungen auch die Haut und der Urin typische Farbveränderungen auf (s. a. Kap. 6 u. Kap. 17), weshalb diese z. B. beim Auftreten eines acholischen Stuhles immer mit beobachtet werden müssen.

Erst die Gesamtheit der beobachteten Störungen lässt einen genaueren Rückschluss auf die zugrundeliegende Ursache und das Ausmaß der Störung zu. Da

Stuhlveränderungen häufig mit Verdauungs- und Ernährungsstörungen einhergehen, kommt der Beobachtung des Ernährungszustands und des Ernährungsverhaltens in diesem Zusammenhang eine besondere Bedeutung zu.

Ergänzende Beobachtungskriterien:

- Stuhlinkontinenz und Tenesmus sind neben *Diarrhö* und *Obstipation* weitere Stuhlentleerungsstörungen.
- Bei sehr faser- und ballaststoffarmer Ernährung verringert sich die ausgeschiedene Stuhlmenge, bei zellulose- und kohlenhydratreicher Nahrung steigt die Stuhlmenge.
- Der Hämoccult-Test sowie die Untersuchung makroskopischer Beimengungen und Auflagerungen geben Aufschluss über die Stuhlzusammensetzung.
- Die alkalische oder saure Reaktion des Stuhls lässt Rückschlüsse auf Fäulnis- bzw. Gärungsdyspepsie bzw. Störungen der Eiweiß- oder Kohlenhydratspaltung zu.

18.4 Besonderheiten bei Kindern

Sigrid Flüeck

Die physiologische Stuhlausscheidung beginnt nach der Geburt des Kindes. Das Kind wird bereits in den ersten Stunden zum Stillen angelegt, wodurch gleichzeitig die Darmperistaltik angeregt und das, in der Fetalperiode im Darm gebildete Mekonium ausgeschieden wird. Die Stuhlausscheidung des Neugeborenen und Säuglings erfolgt unwillkürlich und, abhängig von der Nahrungsaufnahme, ein- bis mehrmals am Tag. Säuglinge scheiden bis zu 120 g, Kleinkinder zwischen 50 – 100 g und ältere Kinder 100 – 300 g täglich aus.

Die Menge, Beschaffenheit und Häufigkeit der Stuhlausscheidung ist Schwankungen unterlegen. Sie ist abhängig vom Resorptionsvermögen des Darmes, von der Menge und Zusammensetzung der Nahrung sowie von der Bewegungsintensität. Charakteristische Stühle bei Neugeborenen, Säuglingen und Kindern sind das Mekonium, der Übergangs-, der Muttermilch-, der Nahrungs- und der Mischkoststuhl.

Mekonium, im Volksmund auch Kindspech genannt, ist die Bezeichnung für den ersten Stuhl des Neugeborenen und Frühgeborenen. Er ist grün bis schwarz, von zäher Konsistenz und geruchlos. Mekonium besteht aus Fruchtwasser, eingedickter Galle, Lanugobehaarung, abgestoßenen Epithelzellen und Darmepithelien. Gelegentlich wird bereits während des Geburtsvorganges ein Urin- und Stuhlabgang beobachtet. Ansonsten erfolgt die physiologische Defäkation innerhalb der ersten 24 – 36 bis längstens 48 Std. nach der Geburt.

Eine grüne Verfärbung des Fruchtwassers ist durch das vorzeitige Absetzen von Mekonium, aufgrund intrauterinen Sauerstoffmangels, bedingt.

Übergangsstuhl ist die Bezeichnung für den Stuhl, den die Neugeborenen frühestens ab dem 2. – 4. Lebenstag entleeren.

Er ist schwarz bis gelb bis grün, eher weich und schleimig, weniger klebrig und ebenfalls nahezu geruchlos. Er besteht aus Mekoniumresten, Stuhl, Nahrungsresten und Bakterien, je nach Ernährung. Die Defäkation findet ein- bis mehrmals täglich statt.

Der mit Muttermilch ernährte Säugling scheidet einen sog. Muttermilchstuhl aus, dessen charakteristische Farbe goldgelb bis grüngelb ist, wobei der grünliche Farbton durch Oxidation entsteht. Der Muttermilchstuhl ist eher dünn, salben- oder pastenartigen, riecht fade bis aromatisch und säuerlich. Er besteht aus Nahrungsresten, Wasser, Gallensäure und Bifidus-Bakterien. Da die Muttermilch eine besonders gute Nahrungsauswertung besitzt, werden nur wenige Restbestandteile ausgeschieden. Daher kann die Stuhlhäufigkeit zwischen null bis mehrmals täglich liegen.

Gelegentlich kommt es unter Muttermilchernährung zu einer physiologischen- oder Pseudoobstipation, d. h. es werden nur kleine Stuhlportionen alle paar Tage abgesetzt.

Bei den zunächst mit Anfangsnahrung und später mit Kuhmilch ernährten Säuglingen zeigt sich der sog. Nahrungsstuhl, der eine hellgelbe bis hellbraune Farbe besitzt. Er ist geformt und eher dickbreiig, riecht käsig und schon leicht faulig aufgrund des durch Colibakterien verdauten Milcheiweißes. Die Stuhlentleerung kann ein- bis dreimal täglich erfolgen.

Mischkoststühle von Kindern und Jugendlichen erhalten ihr Aussehen von der überwiegend aufgenommenen Nahrung. Ebenfalls nahrungsabhängig zeigen sich typische Gerüche und Bestandteile

Tab. 18.7 Physiologische Stuhlausscheidung bei Kindern (aus: Hoehl, M., P. Kullick: Kinderkrankenpflege und Gesundheitsförderung, Thieme, Stuttgart 1998)

	Farbe	*Konsistenz*	*Geruch*	*Bestandteile*	*Defäkation*
Neugeborenes	• Mekonium = Kindspech, grün-schwarz	zähklebrig	geruchlos	• eingedickte Galle • Lanugohaare • Darmepithelien • Fruchtwasser	innerhalb der ersten 24 – 36 Std. nach der Geburt
	• Übergangsstuhl, schwarz-grün-gelb	weniger klebrig	nahezu geruchlos	• Mischung aus Mekonium und Stuhl nach Nahrungsaufnahme • Nahrungsreste • Bakterien entsprechend der Ernährung	Gefahr: bei Nichtabsetzen: Mekoniumileus ein- bis mehrmals täglich
mit Muttermilch ernährter Säugling	• goldgelb • grün durch Oxidation mit Sauerstoff	häufig, dünn, salbig oder pastig	aromatisch, säuerlich	• Nahrungsreste • Wasser • Gallensäfte • Bifidus-Bakterien	1- bis 5-ml täglich
mit Kuhmilch ernährter Säugling	hellbraun	geformt, dickbreiig	• Käsegeruch • fäkulent-übelriechend	• s. mit Muttermilch ernährter Säugling • Kolibakterien	1- bis 3-mal täglich
mit Mischkost ernährtes Kind oder Jugendlicher	mittel-, dunkelbraun • Karotte: rötlich • Spinat: grün • Fleisch: dunkel • Milch: hell • Eisen, Blaubeeren, Rotwein: braunschwarz	geformt, dickbreiig, abhängig vom Wassergehalt	fäkulent-übelriechend • Eiweiß = faulig • Kohlenhydrate = säuerlich	• s. mit Kuhmilch ernährter Säugling Nahrungsreste sind abhängig von der aufgenommenen Nahrung	1- bis 2-mal täglich, abhängig von der Art der Ernährung und Bewegung

(s. a. 18.1.1 – 18.1.6). **Tab. 18.7** zeigt einen Überblick über die physiologische Stuhlausscheidung bei Kindern.

Diarrhöen können bei Kindern, insbesondere bei Säuglingen schon nach kurzer Zeit zu vitalen Bedrohungen durch den hohen Flüssigkeits- und Elektrolytverlust führen. Eine entsprechende Beobachtung auf Exsikkosezeichen hin muss deshalb immer durchgeführt werden.

Frühgeborene, die mit einer speziellen Frühgeborenennahrung ernährt werden, können aufgrund ihrer schwach entwickelten Bauchmuskulatur keine Bauchpresse zum Stuhltransport einsetzen. Die gleichfalls noch vorhandene Unreife der Organe führt zu festem Stuhlgang, der oft nur unter Anwendung von abführunterstützenden Maßnahmen ausgeschieden werden kann.

Häufige Begleiterscheinungen bei Verdauungs- und Defäkationsstörungen von Kindern, insbesondere Säuglingen, sind die sog. Dreimonatskoliken und Meteorismus.

Die Dreimonatskoliken haben ihren Namen nach dem häufigen Auftreten dieser Erscheinung innerhalb der ersten drei Lebensmonate (2. – 16. Lebenswoche). Hierbei krümmen sich die Kinder unter Schreien und Wimmern ca. 10 – 20 Min. nach der Nahrungsaufnahme. Der Bauch ist gebläht, der Kopf hochrot. Die Beinchen werden von den Kindern reflektorisch angezogen. Aus dem Anus kann sich Luft oder auch Stuhl entleeren. Eine Beruhigung der Kinder gelingt meist nicht. Die Koliken dauern von einigen Minuten bis zu 1 Std. an. Organische Störungen sind nicht zu erkennen, doch werden vielfältige Ursachen diskutiert, wie beispielsweise: die Aerophagie (Luftschlucken bei der Nahrungsaufnahme mit Blähungen), eine Kuhmilchprotein-Allergie und eine gestörte Mutter-Kind-Beziehung.

Unter Meteorismus wird ein Bläh- oder Trommelbauch verstanden, der durch eine übermäßige Gasansammlung in den Hohlorganen des Bauchraums oder in der freien Bauchhöhle entsteht.

In der Folge kommt es zu einer Auftreibung der Bauchdecke und einem Zwerchfellhochstand, mit Oberbauchschmerzen und Völlegefühl. Die Gasbildung im Darm entsteht bei der enzymatischen Aufspaltung der Nahrung im Dünndarm und durch den bakteriellen Abbau (Gärung, Fäulnis) in Dickdarm.

Als Ursachen werden Hektik und Stress bei der Nahrungsverabreichung, das Schlucken von Luft und eine falsche Ernährung mit blähenden Speisen angegeben.

Mit ca. 5 Jahren sollten Kinder die Stuhlausscheidung willkürlich steuern können, wobei die Reinlichkeitserziehung immer unter Berücksichtigung der physischen und psychischen Fähigkeiten des Kindes erfolgen sollte. Ist das Kind nach dem 5. Lebensjahr nicht in der Lage, den Stuhl willkürlich abzugeben bzw. zurückzuhalten, können hierfür neurogene Störungen wie z. B. Myelomeningozelen oder angeborene Missbildungen und Tumore im Bereich des Enddarmes verantwortlich sein sowie psychische Störungen.

Ein fortlaufendes, unkontrollierte Einkoten (Stuhlinkontinenz) nach der bereits abgeschlossenen Reinlichkeitserziehung wird bei Kindern und Jugendlichen auch als Enkopresis bezeichnet. Die möglichen Ursachen der Stuhlinkontinenz sind auf S. 330 angegeben.

Tritt bei Neugeborenen ein grau-weißer (acholischer) Stuhl auf, so muss an nicht angelegte Gallengänge gedacht werden, bei einer frischen Blutauflagerung und -beimengung an eine Invagination. Daneben finden sich bei Kindern häufig Fremdkörper (z. B. Kleinteile von Spielzeugen, Geldstücke) als Beimengungen, die beim Spielen verschluckt wurden.

18.5 Besonderheiten bei älteren Menschen

Viele Erkrankungen des Verdauungstrakts und die damit einhergehenden Veränderungen der Stuhlausscheidung sind keine altersspezifischen Erkrankungen. Sie können aber in ihren Auswirkungen eine ernstzunehmende Bedrohung für den Gesundheitszustand des älteren Menschen darstellen. Ein Beispiel hierfür ist die Diarrhö, die gerade bei Multimorbidität und häufig bestehender allgemeiner Schwäche lebensbedrohlich sein kann.

Ein weit verbreitetes Problem älterer Menschen stellt die Obstipation dar. Ursachen hierfür sind u. a. mangelnde körperliche Bewegung, eine ballaststoff- und faserarme Ernährung, eine mangelhafte Wahrnehmung des Stuhldrangs und die Einnahme von Medikamenten. Die mangelnde körperliche Bewegung rührt zumeist von degenerativen Erkrankungen und allgemeiner Schwäche her. Die Gründe für eine ballaststoff- und faserarme Ernährung liegen häufig in einer schlecht sitzenden Zahnprothese und einer damit verbundenen Einschränkung der Kaufunktion. Hinzu kommt das herabgesetzte Durstgefühl älterer Menschen. Beispielsweise bei einer dementiellen Erkrankung, nach Apoplexien und bei der diabetischen Neuropathie kann es zu einer mangelhaften Wahrnehmung des Stuhldrangs kommen, hinzu kommen eine Abschwächung des Defäkationsreizes durch schmerzhafte Analprozesse wie Hämorrhoiden und Analfissuren.

Ca. 50 % der über 65jährigen nimmt regelmäßig Laxanzien ein, in Pflegeheimen beträgt der Anteil der Bewohner, die täglich Laxanzien einnehmen, sogar bis zu 73 %. Dazu kommen weitere, z. T. obstipationsfördernde Medikamente im Rahmen der Behandlung vorliegender Erkrankungen. Die Obstipation älterer Menschen stellt auch häufig die Ursache der Überlauf-Stuhlinkontinenz dar, bei der dünner Stuhl und Schleim an harten Kotballen vorbeifließen. Weitere Ursachen für eine Stuhlinkontinenz im Alter ist der Hirnabbau bei seniler Demenz vom Alzheimer Typ und die Multi-Infarkt-Demenz.

Besonderheiten bei Kindern und älteren Menschen:

- Bei der Entwicklung des Kindes ist das Mekonium, der Übergangsstuhl, der Muttermilchstuhl und dann der Nahrungsstuhl zu unterscheiden.
- Diarrhöen können bei Kindern und alten Menschen schon nach kurzer Zeit lebensbedrohliche Auswirkungen haben.
- Dreimonatskoliken und Meteorismus sind häufige Verdauungsstörungen bei Kleinkindern.

18.6 Fallstudien und mögliche Pflegediagnosen

Veränderungen, Störungen im Bereich der Stuhlentleerung stellen für die betroffenen Menschen oftmals nicht nur ein körperliches Problem dar, sondern auch eine große psychische Belastung. Dies gilt vor allem für die Diarrhö und ganz besonders für die Stuhlin-

kontinenz. Aus Angst vor Stuhlabgängen können sie sogar zu einer sozialen Isolation führen. Aber auch die Obstipation, eine häufige Beobachtung im Zusammenhang mit der Stuhlausscheidung, kann zu einer Belastung werden und so den Tagesablauf und die Lebensqualität eines Menschen negativ beeinflussen.

Fallstudie Frau Hart

Frau Hart, 45 Jahre alt, wird zur Neueinstellung ihres Diabetes mellitus in die Klinik aufgenommen. Bei dem Aufnahmegespräch weist sie als erstes auf ihre Obstipation hin und berichtet, dass sie jeden Abend 2 Abführtabletten und zumeist am Morgen noch 1 Abführzäpfchen nehmen muss. Ansonsten hätte sie nicht jeden Morgen Stuhlgang und würde sich dann den ganzen Tag über sehr schlecht fühlen und nur an den ausgebliebenen Stuhlgang denken können. Den Stuhl beschreibt Frau Hart als hart und mengenmäßig sehr wenig. Im weiteren Verlauf des Gespräches stellt sich heraus, dass sie diese Abführmaßnahmen bereits seit vielen Jahren durchführt, wobei sie anfangs mit einer „leichten" Abführtablette ausgekommen sei, aber im Laufe der Jahre zu immer stärkeren Mitteln gegriffen habe und nun seit einiger Zeit zusätzlich die Zäpfchen benutze.

Einen Auszug aus dem Pflegeplan von Frau Hart, der sich auf die Obstipation bezieht, zeigt **Tab. 18.8**.

Die Pflegediagnose zur oben beschriebenen Fallstudie zeigt die folgende Übersicht:

Pflegediagnose Subjektive Obstipation
(nach Gordon)

Definition

Die Selbstdiagnose einer Obstipation und die Sicherstellung der täglichen Defäkation mit Hilfe von Laxanzien, Einläufen und/oder Suppositorien

Hauptkennzeichen

- Erwartungshaltung, täglich Stuhlgang haben zu müssen, mit daraus folgendem übermäßigen Gebrauch von Laxanzien, Einläufen und/oder Suppositorien,
- Erwartungshaltung, dass Stuhlgang jeden Tag zur selben Zeit erfolgt.

Ätiologische oder beeinflussende Faktoren

- Kulturelle(s)/familiäre(s) Gesundheitsvorstellungen und -verständnis,
- Fehleinschätzung,
- beeinträchtigte Denkprozesse.

Tab. 18.8 Auszug aus dem Pflegeplan von Frau Hart

Pflegeproblem	*Ressource*	*Pflegeziele*	*Pflegemaßnahmen*
Fr. Hart leidet unter einer falschen Erwartungshaltung bzgl. der Defäkationshäufigkeit und daraus resultierendem Laxanzienmissbrauch		FZ: Fr. Hart hat regelmäßigen (individuell) weichen Stuhlgang ohne Einnahme von Abführmitteln NZ: Frau Hart • kennt die normale Funktion des Darmes und Häufigkeit der Stuhlentleerungen • kennt die Gefahr (Verstärkung der Obstipation) der Laxanzien • weiß, welche Ernährung sich positiv auf die Darmentleerung auswirkt • kennt verschiedene Möglichkeiten (Kolonmassage, „Hausmittel") zur Unterstützung der Darmentleerung • reduziert die Einnahme von Laxanzien	• Beobachtung des Stuhls von Fr. Hart • Ermittlung der individuellen Stuhlentleerungsgewohnheiten • Information über die Funktion des Darmes, den Vorgang der Darmentleerung und die Faktoren, von denen die Darmentleerung abhängig ist • Aufklärung über den Circulus vitiosus bei regelmäßiger Laxanzieneinnahme • Ernährungsberatung (Trinkmenge, faser- und ballaststoffreiche Ernährung, zweckmäßiges Essverhalten, „Hausmittel") durch Diätassistentin • Ermittlung der körperlichen Aktivitäten und gemeinsam mit Fr. Hart weitere Bewegungsmöglichkeiten ermitteln • Anleitung zur Kolonmassage

Für Frau Hart kann die Pflegediagnose folgendermaßen lauten:
Subjektive Obstipation
beinflusst durch (b/d) eine Fehleinschätzung bzgl. der Defäkation angezeigt durch (a/d)

- die Erwartungshaltung, täglich Stuhlgang haben zu müssen,
- mit daraus folgendem übermäßigen Gebrauch von Laxanzien und Suppositorien.

Fallstudie Nils

Nils, 4 Jahre, wurde von seiner Mutter in die Ambulanz des Krankenhauses gebracht, da er seit 2 Tagen unter starken Durchfällen leidet. Die Mutter berichtet, dass Nils jedesmal, wenn er versucht hatte etwas zu essen, kurze Zeit später Bauchschmerzen und dünnflüssige, grünlich aussehende Durchfälle hatte. Am heutigen Tag habe er zwar nur Tee (am liebsten trinkt Nils Kamillentee) zu sich genommen und noch nichts gegessen, trotzdem sei die Windel immer wieder voll.
Ärztlicherseits wurden eine Infusionstherapie, die Untersuchung des Stuhls auf pathogene Keime und eine Teepause angeordnet.
Einen, auf die Diarrhö bezogenen Auszug aus dem Pflegeplan von Nils zeigt **Tab. 18.9**.

Die entsprechende Pflegediagnose zeigt die folgende Übersicht:

Pflegediagnose Diarrhö (nach Gordon)

Definition

Die häufig, nicht pathologisch bedingte Ausscheidung von dünnflüssigem, wässrigem und ungeformten Stuhl.

Kennzeichen

Hauptkennzeichen

- dünnflüssige, wässrige Stühle,
- häufigere Darmentleerungen,
- häufigere Darmgeräusche,
- erhöhtes Stuhlvolumen.

Nebenkennzeichen

- Defäkationsdrang,
- abdominelles Unbehagen,
- Bauchschmerzen, -krämpfe,
- Farbveränderungen der Stühle.

Ätiologische oder beeinflussende Faktoren

Nahrungsmittelunverträglichkeit.

Die Pflegediagnose zu der o. a. Fallstudie könnte folgendermaßen formuliert werden:
Diarrhoe
b/d (beeinflusst durch) Nahrungsaufnahme
a/d (angezeigt durch):

- dünnflüssige Stühle,
- häufigere Darmentleerungen,

Tab. 18.9 Auszug aus dem Pflegeplan von Nils

Pflegeproblem	*Ressource*	*Pflegeziele*	*Pflegemaßnahmen*
Nils leidet unter Diarrhö mit Bauchschmerzen nach Nahrungsaufnahme	Nils trinkt gerne Kamillentee	FZ: Nils hat regelmäßig (individuell) beschwerdefreien Stuhlgang NZ: Nils erfährt keine weiteren Komplikationen (Durstfieber, Exsikkose) durch frühzeitiges Erkennen von Veränderungen	• Beobachtung des Stuhls bei jedem Windelwechsel (Menge, Konsistenz, Farbe, Geruch) • 2 stündl. Wickeln bzw. nach Bedarf • Bei jedem Windelwechsel Beobachtung der Haut auf Wundsein, Hautreinigung und -pflege mit Penaten-Creme • 3 × tgl. (8.00/14.00/20.00 h) Temperaturkontolle (Ohr) • Nils und Mutter über Teepause (nur Tee, keine weitere Nahrung) informieren und Kamillentee bereitstellen • Auf Notwendigkeit des Trinkens, soviel wie möglich, hinweisen • Beobachtung auf mögliche Exsikkosezeichen (Haut, Schleimhäute, Urin, Bewusstseinslage) • 1 × tgl. (8.00 h) Gewichtskontrolle • Warme Leibwickel bei Bauchschmerzen

- Bauchschmerzen,
- Farbveränderung (grünlich) der Stühle.

Fazit: Die Ausscheidung von Stuhl wird als Defäkation bezeichnet. Kriterien für die Beobachtung des Stuhls sind Menge, Farbe, Konsistenz, Geruch, Zusammensetzung und chemische Reaktion. Zusätzlich kann der Defäkationsvorgang beobachtet werden.

Da die Stuhlausscheidung ein mit Scham, aber auch oftmals mit Ekel besetzter Vorgang ist, erfordert das Befragen der Patienten bzgl. der Darmentleerungsgewohnheiten und des Aussehens des Stuhls besonderes Einfühlungsvermögen.

Die häufigsten Störungen der Defäkation sind die Diarrhö und die Obstipation, die das Allgemeinbefinden erheblich beeinträchtigen und unter Umständen zu lebensbedrohlichen Situationen führen können. Die Ursachen für Abweichungen vom Normalzustand sind vielfältig und können sowohl physiologischen als auch pathologischen Ursprungs sein.

Bruggen, H. van der: Defäkation: Grundlagen, Störungen, Interventionen, Ullstein Medical, Wiesbaden 1998

CONSILIUM CEDIP PRACTICUM: Handbuch und Diagnose für Therapie, 24. Aufl., PMSI Cedip Verlagsgesellschaft mbH, Imaning bei München 1996

De Fockert, J.A., C. van der Meer, R. Schroer, F. Wagner: Grundlagen der Entstehung und Erkennung von Krankheiten für Berufe im Gesundheitswesen, EICANOS, Bocholt 1995

Delz, C.: Krankenbeobachtung, Springer, Berlin 1994

Füsgen, I. (Hrsg.): Der ältere Patient. Problemorientierte Diagnostik und Therapie, 2. Aufl., Urban & Schwarzenberg, München 1996

Georg, J., M. Frowein (Hrsg.): Pflegelexikon, Ullstein Medical, Wiesbaden 1999

Gerlach, U., N. van Husen, H. Wagner, W. Wirth: Innere Medizin für Pflegeberufe, 4. Aufl., Thieme, Stuttgart 1994

Gordon, M.: Handbuch Pflegediagnosen, 2. Aufl., Ullstein Medical, Wiesbaden 1998

Gregoire, L., Ch. Lamers, W. Schaub: Anatomie und Physiologie, EICANOS, Bocholt 1994

Grond, E.: Pflege Inkontinenter, Arbeitsbuch für Unterrichtende in der Kranken- und Altenpflege und für Kontinenzberater, Brigitte Kunz, Hagen 1993

Hehlmann, A.: Leitsymptome – ein Handbuch für Studenten und Ärzte, Mediscript, München 1982

Hertl, M.: Kinderheilkunde und Pflege, 8. Aufl., Thieme, Stuttgart 1996

Hoehl, M., P. Kullick: Kinderkrankenpflege und Gesundheitsförderung, Thieme, München 1998

Hoffmann La Roche AG: Roche Lexikon Medizin, 3. Aufl., Urban & Schwarzenberg, München 1993

Jecklin, E.: Arbeitsbuch Krankenbeobachtung: als Teil der Krankenpflege, Fischer, Stuttgart 1988

Juchli, L.: Pflege, Praxis und Theorie der Gesundheits- und Krankenpflege, 8. Aufl., Thieme, Stuttgart 1997

Köther, I., Gnamm, E.: Altenpflege in Ausbildung und Praxis, 3. Aufl., Thieme, Stuttgart 1995

Kraus, W.: Kompendium der sensitiven Krankenbeobachtung durch das Krankenpflegepersonal, 3. Aufl., Fresenius AG, Bad Homburg 1989

Mischo-Kelling, M., H. Zeidler: Innere Medizin und Krankenpflege, 2. Aufl., Urban & Schwarzenberg, München 1992

Pschyrembel, Klinisches Wörterbuch, 255. Aufl., Walter de Gruyter, Berlin 1986

Pschyrembel, Klinisches Wörterbuch, 258. Aufl., Walter de Gruyter, Berlin 1997

Schäffler, A., N. Menche, U. Bazlen, T. Kommerell (Hrsg.): Pflege Heute, Lehrbuch und Atlas für Pflegeberufe, Gustav Fischer, Ulm 1998

Schettler, G., H. Greten: Innere Medizin: Verstehen – Lernen – Anwenden, 9. Aufl., Thieme 1998

Schönberger, W.: Kinderheilkunde, Gustav Fischer, Stuttgart 1992

Schwegler, J.S.: Der Mensch – Anatomie und Physiologie, 2. Aufl., Thieme, Stuttgart 1998

Seel. M.: Die Pflege des Menschen im Alter, Brigitte Kunz, Hagen 1997

Siegenthaler, W., W. Ostermayer: Krankheitsbilder, ROCOM, Hoffmann-La Roche & Co AG, Basel 1981

Silbernagel, S., A. Despopoulos: Taschenatlas der Physiologie, 4. Aufl., Thieme, Stuttgart 1991

Sozialpädiatrische und Kinderärztliche Praxis, 16. Jg., Kirchheim und Co GmbH, Mainz, 15. Juni 1994

Thews, G., E. Mutschler, P. Vaupel: Anatomie, Physiologie, Pathophysiologie des Menschen, 3. Aufl., Wissenschaftliche Verlagsgesellschaft mbH, Stuttgart 1989

Wegmann, H.: Die professionelle Pflege des kranken Kindes, Urban & Schwarzenberg, München 1997

19 Schweiß

Panajotis Apostolidis

Übersicht

Einleitung · 339

19.1 Allgemeine Beobachtungskriterien und Beschreibung des Normalzustands · 340

19.1.1 Schweißmenge · 340

19.1.2 Aussehen · 340

19.1.3 Geruch · 340

19.1.4 Lokalisation · 341

19.2 Abweichungen, Veränderungen des Schweißes und deren mögliche Ursachen · 341

19.2.1 Veränderungen der Menge · 341

19.2.2 Veränderungen des Aussehens · 342

19.2.3 Veränderungen des Geruchs · 342

19.2.4 Lokalisation · 342

19.3 Ergänzende Beobachtungskriterien · 343

19.4 Besonderheiten bei Kindern · 343

19.5 Besonderheiten bei älteren Menschen · 344

19.6 Fallstudien und mögliche Pflegediagnosen · 344

Fazit · 346

Literatur · 346

Schlüsselbegriffe:

- *Hyperhidrosis*
- *Hypohidrosis*
- *Anhidrosis*

Einleitung

Der Schweiß erfüllt eine wichtige Funktion bei der Temperaturregelung des menschlichen Körpers. Trotz Kenntnis dieser Tatsache wird das Schwitzen in unserer westlichen Kultur häufig als unfein oder gar abstoßend angesehen. Die Werbung unterstützt diese Tendenz, indem sie Schweiß als überflüssig suggeriert und eine Reihe von Kosmetikprodukten anbietet, mit denen die Schweiß- und Geruchsentstehung reduziert werden können. Tatsächlich ist der normale Schweiß jedoch geruchlos.

Schweiß- bzw. Körpergeruch entsteht erst durch die Beimengungen der körpereigenen Duftdrüsen und/oder die bakterielle Zersetzung von Zellen auf der menschlichen Haut. Solche Gerüche erfüllen jedoch wichtige Funktionen im menschlichen Miteinander, was u. a. an Redewendungen wie „Ich kann Dich nicht riechen" deutlich wird. Die Schweißsekretion gehört zum Menschensein dazu; Menschen, die nicht schwitzen können, geraten u. U. in lebensbedrohliche Situationen. Die spezielle Beobachtung des Schweißes kann darüber hinaus wichtige Hinweise auf mögliche Störungen des Organismus geben.

Als Schweiß (lat. Sudor, griech. Hidros) wird die flüssige Sekretabsonderung der Schweißdrüsen der Haut bezeichnet.

Auf 1 cm^2 Körperoberfläche befinden sich bei der weißen Bevölkerung ca. 100 bis 350, bei Schwarzafrikanern ungefähr doppelt soviele dieser Schweißdrüsen. Die Drüsen sind nicht gleichmäßig über den gesamten Körper verteilt, sondern es gibt bestimmte Anhäufungen von Schweißdrüsen (**Abb. 19.1**). Der Schweiß besteht zu 99% aus Wasser und enthält Elektrolyte, Harnstoff, Immunglobuline, Fettsäuren, Cholesterin und bei schwerer Arbeit auch Milchsäure. Der Schweiß ist normalerweise hypoton und besitzt einen ph-Wert zwischen 4 und 5. Gemeinsam mit dem Hauttalg bildet der Schweiß den Säureschutzmantel der Haut.

Der charakteristische, individuelle Körpergeruch eines Menschen wird durch die Duftdrüsen bestimmt. Sie stellen eine besondere Form der Schweißdrüsen dar und befinden sich vorwiegend in der Genitalregion und in den Achselhöhlen.

Als Schweißsekretion, auch Perspiratio sensibilis genannt, wird die vom vegetativen Nervensystem gesteuerte Absonderung von Schweiß bezeichnet. Die Schweißzentren befinden sich im Zwischenhirn, im verlängerten Mark und im Grau des Seitenhornes im Rückenmark. Sie stehen unter dem Einfluss der Großhirnrinde, was den Angstschweiß in bedrohlichen Situationen erklärt. Die Schweißsekretion besitzt eine große Bedeutung für die Regulierung der Körpertemperatur. Hierbei bildet sich durch die Sekretion ein dünner Flüssigkeitsfilm auf der Haut. Bei der Verdunstung dieser Flüssigkeit wird dem Körper Wärme entzogen (1 l Schweiß ≙ ca. 580 kcal), es entsteht die sog. Verdunstungskälte.

Eine weitere Aufgabe der Schweißsekretion ist die Absonderung von Stoffwechselprodukten wie beispielsweise Harnstoff. Beim Schwitzen, der Transpiration, wird das thermische Schwitzen vom emotionalen Schwitzen unterschieden.

Das thermische Schwitzen ist zur Wärmeregulation des Körpers notwendig. Bei einer Überschreitung der Körpertemperatur (s. a. Kap. 5.6) durch vermehrte Wärmeproduktion wird Körperwärme durch den Schweiß abgegeben (s. o.).

Das emotionale Schwitzen dagegen tritt infolge psychischer Anspannung bei Angst, Stress oder auch Schmerzen auf.

19.1 Allgemeine Beobachtungskriterien und Beschreibung des Normalzustands

Die allgemeinen Beobachtungskriterien des Schweißes sind die Menge, das Aussehen, der Geruch und die Lokalisation.

19.1.1 Schweißmenge

Als Schweißmenge wird das Volumen des Schweißes in Liter, das während des Schwitzens ausgeschieden wird, bezeichnet. Die Schweißproduktion beträgt, abhängig von der körperlichen Aktivität und der Umgebungstemperatur, im Normalfall ca. 400–1000 ml/Tag. Die Menge kann bei schwerster körperlicher Arbeit bis zu 1,5 l/Std. ansteigen. Die Angaben bezüglich der Schweißmenge sind zumeist geschätzt. Will man genaue Daten erheben, muss zuvor die trockene Kleidung und Wäsche gewogen werden. Bei großen Flüssigkeitsverlusten durch Schwitzen kann dies bei der Erstellung einer exakten Flüssigkeitsbilanz notwendig sein.

19.1.2 Aussehen

Unter Aussehen wird die optische Darstellung des Schweißes bezeichnet. Vielfach wird in diesem Zusammenhang auch die Temperatur des Schweißes beurteilt. Der normale Schweiß ist klar und durchsichtig wie Wasser, er ist großperlig und warm.

19.1.3 Geruch

Unter dem Geruch wird die Wahrnehmung über den Geruchssinn, die sog. olfaktorische Wahrnehmung verstanden. Dabei werden die Geruchsproteine des Schweißes aufgenommen. Frischer Schweiß ist normalerweise geruchlos. Er kann jedoch durch Beimengungen oder durch bakterielle Zersetzung einen Geruch erhalten. Wie oben beschrieben, erzeugen die apokrinen Schweißdrüsen, die Duftdrüsen geschlechtsspezifische Duftstoffe.

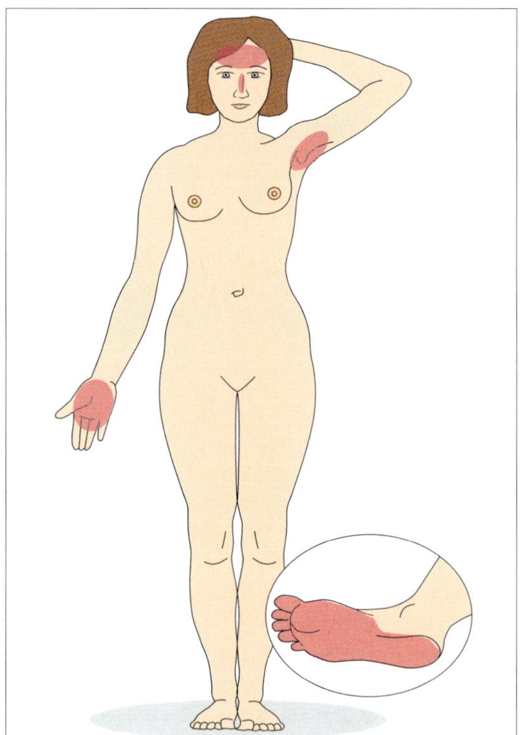

Abb. 19.1 Anhäufungen von Schweißdrüsen

19.1.4 Lokalisation

Die Schweißdrüsen sind fast über den ganzen Körper verteilt, wobei einige Körperstellen besonders betont sind. So finden sich besonders viele Schweißdrüsen auf der Stirn, am Nasenrücken, in den Achselhöhlen, an den Handinnenflächen und an den Fußsohlen (**Abb. 19.1**). An einigen wenigen Stellen des Körpers, wie z. B. Lippenrand, Nagelbett, Klitoris und Eichel, befinden sich keine Schweißdrüsen. Im Gegensatz zu Frauen schwitzen Männer besonders viel im Stirnbereich.

Menge, Aussehen, Geruch und Lokalisation stellen die allgemeinen Beobachtungskriterien des Schweißes dar.

19.2 Abweichungen, Veränderungen des Schweißes und deren möglichen Ursachen

Veränderungen des Schweißes und der Schweißsekretion können wichtige Hinweise auf Erkrankungen und akute Geschehen liefern.

19.2.1 Veränderungen der Menge

Anhidrosis

Unter ▸ *Anhidrosis* wird eine fehlende Schweißsekretion verstanden.

Sie kann durch ein angeborenes Fehlen der Schweißdrüsen (Christ-Siemens-Touraine-Syndrom) oder deren Zerstörung, beispielsweise durch Verbrennungen, bedingt sein.

Hypohidrosis

Die ▸ *Hypohidrosis* auch Oligohidrosis genannt, beschreibt die verminderte generalisierte oder lokale Schweißsekretion.

Sie kann wie die Anhidrosis erblich bedingt sein, wobei hier zu wenige und/oder zu kleine Schweißdrüsen angelegt sind. Daneben tritt eine Hypohidrosis nerval bedingt bei neurologischen Erkrankungen auf. So kann beispielsweise infolge einer Erkrankung der peripheren Nerven wie z. B. bei der Polyneuropathie oder bei Verletzung peripherer Nerven eine Hypohidrosis diagnostiziert werden. Eine weitere Ursache für eine Hypohidrosis ist die Verlegung der Ausführungsgänge der Schweißdrüsen, z. B. im Zusammenhang mit dermatologischen Erkrankungen.

Auch schwere Allgemeinerkrankungen können zu einer Hypohidrosis führen. Diese entsteht dann zumeist im Zusammenhang mit einer Exsikkose. Häufiger wird dieses Geschehen beobachtet bei Diabetes insipidus, einer Niereninsuffizienz oder einer Hypothyreose. Eine medikamentös bedingte Hypohidrosis ist nach der Applikation von Atropin festzustellen.

Menschen, die unter einer Anhidrosis oder Hypohidrosis leiden, sind besonders gefährdet für einen Hitzestau oder Hitzeschlag.

Hyperhidrosis

Mit ▸ *Hyperhidrosis* wird eine generalisierte oder lokale Steigerung der Schweißsekretion beschrieben. Physiologisch ist diese Veränderung der Schweißsekretion bei großer Hitze, bei Erregungszuständen durch Angst oder Aufregung und bei Adipositas. Als Begleitsymptom von Grunderkrankungen entsteht eine Hyperhidrosis bei endokrinologischen Erkrankungen wie beispielsweise der Hyperthyreose oder infolge eines hormonproduzierenden Tumors wie dem Phäochromozytom. Ebenfalls als Begleitsymptom tritt die Hyperhidrosis bei Fieber auf (s. a. Kap. 10). Eine medikamentös bedingte Hyperhidrosis kann nach der Einnahme von Parasympathomimetika, Kortikoiden und Salicylsäure-Präparaten entstehen.

Nachtschweiß

Eine besondere Form der Hyperhidrosis ist der Nachtschweiß. Hiermit wird eine nachts auftretende, vermehrte Schweißsekretion beschrieben. Der Nachtschweiß entsteht infolge einer vegetativen Störung und ist oftmals zu beobachten bei Tuberkulose, akuter Leukämie und AIDS.

Allgemeine Beobachtungskriterien:

- Die Schweißsekretion reguliert die Körpertemperatur und sondert Stoffwechselprodukte aus.
- Das thermische Schwitzen ist vom emotionalen Schwitzen zu unterscheiden.
- Der Schweiß wird nach Menge, Aussehen, Geruch und Lokalisation beurteilt.
- Anhidrosis, fehlende Schweißsekretion und Hypohidrosis, verminderte Schweißsekretion, können angeboren oder durch Verbrennung oder Erkrankung entstehen.

- Der Nachtschweiß ist eine besondere Form der Hyperhidrosis, der übermäßigen Schweißsekretion.

19.2.2 Veränderungen des Aussehens

Kalter, kleinperliger Schweiß

Kalter, kleinperliger zumeist auch klebriger Schweiß ist immer ein Alarmzeichen und deutet auf eine kritische körperliche Situation hin. Er tritt auf bei beginnendem Erbrechen, einem Kreislaufzusammenbruch oder einer Hypoglykämie.

Kalter, kleinperliger Schweiß kann auf einen drohenden Kreislaufzusammenbruch hinweisen.

Chromhidrosis

Als Chromhidrosis wird die Absonderung von farbigem (gelb, blau, rot) Schweiß aus den Schweißdrüsen bezeichnet.

Die Ursache ist bis heute ungeklärt. Diskutiert wird eine berufsbedingte Aufnahme von Metallverbindungen z. B. in Form von farbigem Staub bei Metallarbeitern oder eine Infektion mit Mikroorganismen wie Trichomycosis palmellina.

Seborrhö

Mit Seborrhö oder Schmerzfluss wird fettiger, glänzender Schweiß bezeichnet.

Er entsteht durch eine vermehrte Produktion der Talgdrüsen, besonders am behaarten Kopf und im Gesicht. Seborrhö tritt im Rahmen eines Parkinson-Syndroms, bei Acne vulgaris und bei Ekzemen auf.

19.2.3 Veränderungen des Geruchs

Vielfach treten Veränderungen des Schweißgeruchs zusammen mit Veränderungen des Mund- und Atemgeruchs auf. Sie zeigen damit aber auch gleichzeitig die Bedeutung des Schweißes als extrarenales Ausscheidungsorgan.

Bromhidrosis

Mit Bromhidrosis wird die Absonderung von unangenehm riechendem Schweiß beschrieben.

Aufgrund des Geruchs wird dieser Schweiß auch als Stinkschweiß bezeichnet. Er entsteht durch eine bakterielle Zersetzung der organischen Bestandteile des Schweißes, vielfach infolge mangelnder Hygiene, besonders in schlecht belüfteten Körperregionen oder auch in Kleidungsstücken.

Urhidrosis

Bei der Urhidrosis werden über den Schweiß harnpflichtige Substanzen in großer Menge ausgeschieden.

Dieser intensive Geruch nach Urin, der häufig von Juckreiz begleitet wird, tritt bei Nierenversagen mit Urämie auf.

Acetongeruch

Als Acetongeruch wird ein obstähnlicher Geruch bezeichnet, der durch eine Ausscheidung von Ketonkörpern über den Harn, aber auch über den Schweiß erzeugt wird.

Typisch ist dieser Geruch für ein Diabetisches Coma und Hungerzustände.

Fischgeruch

Ein fischartiger Geruch, bedingt durch eine vermehrte Ausscheidung von Trimethylamin über Harn und Schweiß, ist bei der Trimethylaminurie dem sog. Fischgeruch-Syndrom festzustellen. Bei Trimethylamin handelt es sich um ein farbloses Gas, welches im Scheidensekret, in Pflanzen und in der Heringslake vorkommt. Bei einem erblich bedingten Mangel des Enzyms Trimethylaminoxidase, kann aufgenommenes Trimethylamin nicht abgebaut werden, sondern muss über Urin und Schweiß ausgeschieden werden, was zu dem charakteristischen fischartigen Geruch führt.

19.2.4 Lokalisation

Wichtige Hinweise auf Erkrankungen kann auch das Auftreten von Schweiß an bestimmten Körperstellen/-zonen liefern. Vielfach handelt es sich um eine lokale Hyperhidrosis (s. a. 19.2.1)

Hemihyperhidrosis

Als Hemihyperhidrosis wird eine einseitig übermäßig gesteigerte Schweißsekretion bezeichnet. Meist ist eine Gesichtshälfte betroffen; doch es kann auch eine gesamte Körperhäfte eine Hemihyperhidrosis aufweisen. Bei gesunden Menschen kann dies nach dem Genuss von Senf und scharfen Speisen auftreten, als pathologische Ursachen werden z. B. Reizungen des Halssympathikus, Hirntumore, Enzephalitis oder eine Hemiplegie angesehen.

Bei der Hemihyperhidrosis cruciata, bei der es zur vermehrten Schweißsekretion einer Gesichtshälfte und der gegenseitigen Rumpfhälfte kommt, ist die Ursache die Syringomyelie. Hierbei handelt es sich um eine Rückenmarkserkrankung, in deren Verlauf sich eine Höhlen- und Spaltenbildung innerhalb der grauen Rückenmarkssubstanz zeigt. Eine weitere Sonderform der einseitig vermehrten Schweißsekretion ist die paradoxe Hemihyperhidrosis. Bei dieser Form kommt es nach einer ungewöhnlichen Einwirkung wie beispielsweise einem Kältereiz zu einer einseitig vermehrten Schweißabsonderung.

Hyperhidrosis axillaris

Der Achselschweiß oder Hyperhidrosis axillaris ist zumeist konstitutionell bedingt, d. h. er tritt vor allem bei Menschen auf, die genetisch veranlagt, eine große Menge Schweißdrüsen in der Achselregion aufweisen. Auch emotionale Stresssituationen, wie z. B. große Angst oder Aufregung, können zu einer vermehrten Achselschweißsekretion führen. Er kann auch in Form einer Bromhidrosis auftreten.

Hyperhidrosis manuum

Mit Hyperhidrosis manuum wird die vermehrte Schweißabsonderung an den Handinnenflächen bezeichnet.

Er tritt zumeist bei Erregungszuständen wie Aufregung, Freude und Angst auf. Häufiger beobachtet wird diese Veränderung auch bei Friseuren, während der Arbeit mit Kaltwellenentwicklerlösung.

Hyperhidrosis peduum

Der Fußschweiß, Hyperhidrosis peduum, ist in den meisten Fällen konstitutionell oder durch ungeeignete Fußbekleidung bedingt.

Durch Zersetzung in den Strümpfen kommt es hierbei oftmals zur Bromhidrosis.

Hyperhidrosis perinealis

Unter Hyperhidrosis perinealis wird die vermehrte Schweißsekretion aus der Perinealregion verstanden.

Die auch als Dammschweiß bezeichnete Hyperhidrosis perinealis tritt häufig auf nach langen Märschen und bei adipösen Menschen und ist vielfach mit einer Intertrigo kombiniert.

Anhidrosis tropica

Bei der Anhidrosis tropica kommt es zu einem schweißüberströmten Gesicht bei vollständig trockenem Körper.

Beobachtet wird diese Form der Anhidrosis bei Menschen, die in einem Hitzemilieu arbeiten.

19.3 Ergänzende Beobachtungskriterien

Wie oben beschrieben, können Veränderungen des Schweißes und der Schweißsekretion häufig ein Zeichen für eine vorliegende Erkrankung sein. Diese Erkrankungen können neben dem Schweiß auch andere Beobachtungskriterien beeinflussen. Insbesondere zählen hierzu Veränderungen der Körpertemperatur, des Pulses und des Blutdrucks.

Weiterhin sollten bei dem Auftreten von Schweißveränderungen die Bewegungen und der Muskeltonus beobachtet werden, um Hinweise auf eine mögliche neurologische Erkrankung zu bekommen. Der Zusammenhang zwischen Veränderungen des Schweißes und Veränderungen anderer Beobachtungskriterien ergibt sich prinzipiell aus den der jeweiligen Schweißveränderung zugrundeliegenden Ursachen.

19.4 Besonderheiten bei Kindern

Sigrid Flüeck

Die bereits in der Fetalzeit angelegten Hautdrüsen (s. a. Kap. 7.1.3) unterteilen sich in Schweiß- und Duftdrüsen. Da ein Säugling oder Kleinkind eine kleinere Hautoberfläche besitzt als ein Erwachsener (s. a. Kap. 6.4), liegen die Schweißdrüsen, auch ekkrine Drüsen genannt, näher beisammen. Die Dichte dieser Drüsen nimmt mit dem natürlichen Wachstum des Kindes ab. Die Schweißdrüsen werden durch das sympathische Nervensystem aktiviert. Ihre unregelmäßige Funktion kann auf das zunächst noch unorganisierte Nervengeflecht des Kindes zurückgeführt werden. Sie erlangen erst ab dem 2. – 3. Lebensjahr ihre vollständige Sekretionsaktivität.

Bei Früh- und Neugeborenen stehen die zur Wärmeabgabe durch Schwitzen benötigten Schweißdrüsen nicht zur Verfügung. Somit kann es bei zu hohen Umgebungstemperaturen oder Fieber schnell zu einem Wärmestau kommen.

Die Duftdrüsen, auch apokrine Drüsen genannt, nehmen ihre Sekretproduktion erst ab Beginn der Pubertät auf. Sie senden die geschlechtsspezifischen Duftstoffe aus, sind bei Mädchen etwas stärker entwickelt, und es bestehen funktionelle Beziehungen zum Genitalzyklus.

Wie auch bei den Erwachsenen sind die beeinflussenden Faktoren ein wichtiges Beobachtungskriterium.

Kalter, kleinperliger Schweiß ist bei Kindern mit angeborenen Herzfehlern und einer sich daraus ergebenden Herzinsuffizienz und bei Asthma bronchiale, verbunden mit Atemnot, zu beobachten. In diesem Fall müssen die Vitalzeichen engmaschig überwacht und sofortige ärztliche Maßnahmen eingeleitet werden.

Warmer, großperliger Schweiß tritt bei vermehrter Muskelarbeit, starker emotionaler Stimmung, hohen Außentemperaturen, Fieber und Störungen des zentralen Nervensystems auf.

Abweichungen und Veränderungen des Schweißes:

- Nach dem Aussehen unterscheidet man kleinperligen (kalten) Schweiß, der auf einen Kreislaufzusammenbruch hinweist, farbigen, dessen Ursache ungeklärt ist, und fett glänzenden, der bei Parkinson oder Akne auftritt.
- Hinsichtlich des Geruchs können Bromhidrosis, Urhidrosis, Aceton- oder Fischgeruch abgegrenzt werden.
- Beim Auftreten von Schweiß ist das Vorkommen von Hemihyperhidrosis, Hyperhidrosis axillaris, -manuum, -peduum, perinealis sowie Anhidrosis tropica zu beobachten.
- Bei Kindern kann es schnell zu einem Wärmestau kommen, da die Schweißdrüsen noch nicht vollständig ausgebildet sind.

19.5 Besonderheiten bei älteren Menschen

Durch häufig im Alter auftretende Erkrankungen, wie z. B. Diabetes mellitus, Morbus Parkinson oder Apoplexie, sind bei älteren Menschen vermehrt Veränderungen des Schweißes und der Schweißsekretion zu beobachten. Sie bedingen eine entsprechende Unterstützung bei der Pflege der Haut, vor allem wenn zusätzlich Einschränkungen der Beweglichkeit vorhanden sind.

19.6 Fallstudien und mögliche Pflegediagnosen

Vor allem eine vermehrte Schweißsekretion, evtl. mit zusätzlicher Veränderung des Geruches, sind für die betroffenen Menschen äußerst unangenehm. Zumeist sind diese Veränderungen für die „Öffentlichkeit" sichtbar und eventuell auch riechbar. Dies kann zu einer sozialen Isolation der Betroffenen führen.

Fallstudie Frau Schmidt

Frau Schmidt ist 45 Jahre alt und befindet sich zur Zeit aufgrund einer Beinvenenthrombose links in stationärer Behandlung. Seit 10 Jahren leidet sie unter einer Hyperthyreose, die mit einer Hyperhidrosis einhergeht. Besonders unangenehm ist dies für Frau Schmidt im Sommer, da sie dann zum Teil bereits nach einigen Stunden so durchgeschwitzt ist, dass sie ihre Kleidung wechseln muss. **Tab. 19.1** zeigt einen Auszug aus dem Pflegeplan von Frau Schmidt.

Eine Pflegediagnose, die sich speziell mit der Veränderung der Schweißsekretion in Form einer Hyper- oder Hypohidrosis befasst, wurde bisher nicht von der NANDA definiert. Würde bei dem o. a. Fallbeispiel „Frau Schmidt" allerdings die Ressource „trinkt entsprechend der Schweißsekretion" wegfallen, so könnte sich aus der vermehrten Schweißsekretion die Gefahr einer Exsikkose ergeben und die in der folgenden Übersicht dargestellte Pflegediagnose zutreffend sein:

Tab. 19.1 Auszug aus dem Pflegeplan von Frau Schmidt

Pflegeproblem	*Ressourcen*	*Pflegeziele*	*Pflegemaßnahmen*
Fr. Schmidt leidet unter einer Hyperhidrosis aufgrund einer Hyperthyreose	• kennt die Ursache • trinkt entsprechend der Schweißsekretion	• die Schweißsekretion ist vermindert • fühlt sich wohl	• Beobachtung des Schweißes bzgl. Menge und Geruch • bei Bedarf frische Kleidung und Wäsche zurechtlegen • Körperpflege: – 1 l Salbeitee auf 4 l Wasser – Wassertemperatur < Körpertemperatur – Waschung in Haarwuchsrichtung – für Intimbereich klares Wasser verwenden • Beobachtung der Haut bzgl. Defekte und Exsikkosezeichen

Pflegediagnose Gefahr eines Flüssigkeitsmangels oder Dehydratationsgefahr

Definition

Vorliegen von Risikofaktoren für die Verminderung von Körperflüssigkeiten (intravasale, intrazelluläre oder interstitielle Dehydratation).

Risikofaktoren

- Beeinträchtigte Fähigkeit, Flüssigkeit zu sich zu nehmen,
- übermäßiger Flüssigkeitsverlust auf natürlichem Wege (z. B. Diarrhö),
- Flüssigkeitsverlust über künstliche Ableitungen (z. B. Sonden, Katheter),
- übermäßiger unmerklicher Flüssigkeitsverlust durch Haut und Atmung ohne Beteiligung der Schweißdrüsen (Perspiratio insensibilis),
- körperliche oder psychische Veränderungen, die den Zugang zu Flüssigkeiten, deren Einnahme oder Absorption beeinflussen (körperliche Immobilität, Bewusstlosigkeit),
- Medikamente (z. B. Diuretika),
- Faktoren, die den Flüssigkeitsbedarf eines Menschen beeinflussen (z. B. hypermetabolische Zustände, Fieber, trockene, heiße Umgebung),
- Altersextreme,
- Wissensdefizit (täglicher Flüssigkeitsbedarf),
- erhöhte Flüssigkeitsausscheidung,
- Häufigkeit der Urinausscheidung,
- Körpergewichtsextreme.

In diesem Fall könnte die Pflegediagnose „Gefahr eines Flüssigkeitsmangels oder Dehydratationsgefahr beeinflusst durch (b/d) übermäßigen Flüssigkeitsverlust auf natürlichem Wege (Hyperhidrosis)“ gestellt werden.

Fallstudie Eva

Eva wurde aufgrund einer Plazentainsuffizienz der Mutter schon in der 33. Schwangerschaftswoche geboren. Sie wiegt nur 1650 g und ist temperaturinstabil. Zum jetzigen Zeitpunkt hat sie eine Körpertemperatur von 38,1 °C. Die Haut fühlt sich warm an, das kleine Gesicht ist leicht gerötet. Eva wird im Inkubator betreut.
Ein Beispiel für ein mögliches Pflegeproblem von Eva zeigt **Tab. 19.2**.

In diesem Fall ist die in der folgenden Übersicht dargestellte Pflegediagnose zutreffend:

Pflegediagnose unwirksame Wärmeregulation

Definition

Schwanken der Körpertemperatur zwischen Hypothermie und Hyperthermie.

Hauptkennzeichen

Schwankungen der Körpertemperatur oberhalb oder unterhalb der Normaltemperatur (s. Kennzeichen einer Hypothermie und Hyperthermie).

Ätiologische oder beeinflussende Faktoren

Schwankende Umgebungstemperatur.

Tab. 19.2 Auszug aus dem Pflegeplan von Eva

Pflegeproblem	*Ressourcen*	*Pflegeziele*	*Pflegemaßnahmen*
Gefahr eines Wärmestaus bei Frühgeburt (benötigte Schweißdrüsen stehen nicht zur Verfügung)	Wärme kann bedingt durch Abstrahlung abgegeben werden	• Körpertemperatur ist ausgeglichen • Eva erfährt keine zusätzliche Schädigung, da Temperaturschwankungen frühzeitig erkannt werden	• Temperatur im Inkubator: 31°–33°C • kontinuierliche Überwachung der Körpertemperatur (Monitoring) • Messsonde auf Bauchhaut • bei Temperatur > 38°C fiebersenkende Maßnahmen nach Anordnung

Risikogruppen

- Personen mit einer Krankheit oder Verletzung, die die zentrale Wärmeregulation beeinflusst,
- Frühgeborene (Unreife),
- Hochbetagte (verminderter Grundumsatz, Verlust von Unterhautfettgewebe).

Für Eva könnte die Pflegediagnose folgendermaßen formuliert werden:
Unwirksame Wärmeregulation

- b/d (beeinflusst durch) schwankende Umgebungstemperatur bei Unreife (Frühgeburt),
- a/d (angezeigt durch) Schwankungen der Körpertemperatur oberhalb der Normaltemperatur.

Fazit: Der Schweiß bzw. die Schweißsekretion sind Beobachtungskriterien, die bei der Erfassung von bestimmten Grunderkrankungen hilfreich sein können. Der enge Zusammenhang zwischen der Schweißsekretion und dem Kreislauf- und Nervensystem zeigt sich in dem teilweise schnellen Auftreten von Veränderungen des Schweißes.

Im Rahmen der Pflege spielt deshalb die Beobachtung des Schweißes auch eine wichtige Rolle. Einerseits können so Komplikationen, wie z. B. ein drohender Kreislaufkollaps, frühzeitig erkannt und entsprechende Maßnahmen eingeleitet werden, andererseits bietet die Überwachung der Schweißsekretion die Möglichkeit, den Zeitpunkt und den Umfang der pflegerischen Interventionen auf die aktuelle und individuelle Situation eines Menschen abzustimmen.

Delz, C.: Krankenbeobachtung, Springer, Berlin 1994

Gerlach, U., N. van Husen, H. Wagner, W. Wirth: Innere Medizin für Pflegeberufe. 4. Aufl., Thieme, Stuttgart 1994

Gordon, M.: Handbuch Pflegediagnosen, 2. Aufl., Ullstein Medical, Wiesbaden 1998

Hoehl, M., P. Kullick (Hrsg.): Kinderkrankenpflege und Gesundheitsförderung, Thieme, Stuttgart 1998

Illing, S., S. Pranger: Klinikleitfaden Pädiatrie, 4. Aufl., Gustav-Fischer, Stuttgart 1998

Juchli, L.: Pflege. Praxis und Theorie der Gesundheits- und Krankenpflege. 8. Aufl., Thieme, Stuttgart 1997

Köther, I., e. Gnamm: Altenpflege in Ausbildung und Praxis. 3. Aufl., Thieme, Stuttgart 1995

Kraemer, Dr. R.: Berner Datenbuch der Pädiatrie, 5. Aufl., Gustav Fischer, Stuttgart 1997

Kraus, W.: Kompendium der sensitiven Krankenbeobachtung durch das Krankenpflegepersonal. 3. Aufl., Fresenius AG, Bad Homburg 1989

Kühl, G., D. Siepmann, H. Sobottka, J. Bauer, K. Fischer: Klinikleitfaden Kinderkrankenpflege, 1. Aufl., Gustav Fischer, Stuttgart 1997

Paal, G.: Hexal-Lexikon Neurologie, Urban & Schwarzenberg, München 1995

Pschyrembel klinisches Wörterbuch. 258. Aufl., Walter de Gruyter, Berlin 1997

Roche-Lexikon Medizin, Herausgegeben von Hoffmann-La Roche AG und Urban & Schwarzenberg, 3. Aufl., München 1993

Schwegler, J.-S.: Der Mensch: Anatomie und Physiologie, 2. Aufl., Thieme, Stuttgart 1998

Seel, M.: Die Pflege des Menschen. 2. Aufl., Brigitte Kunz, Hagen 1994

Thews, G., E. Mutschler, P. Vaupel: Anatomie, Physiologie, Pathophysiologie des Menschen, 3. Aufl., Wissenschaftliche Verlagsgesellschaft, Stuttgart 1989

Wegmann, H.: Die professionelle Pflege des kranken Kindes, 1. Aufl., Urban & Schwarzenberg, München 1997

Witeck, P., H.J. Veleuer: Pflegeprobleme formulieren – Pflegemaßnahmen planen. BVS, Baunatal 1996

20 Menstruation und Fluor

Panajotis Apostolidis

Übersicht

Einleitung · 347
20.1 Beschreibung des Normalzustands · 348
20.1.1 Menstruation · 348
20.1.2 Fluor · 348
20.2 Abweichungen, Veränderungen bei Menstruation und Fluor und deren mögliche Ursachen · 348
20.2.1 Menstruationsstörungen · 348
20.2.2 Fluorveränderungen · 351
20.3 Ergänzende Beobachtungskriterien · 353
20.4 Besonderheiten bei Kindern · 353
20.4.1 Abweichungen, Veränderungen und deren mögliche Ursachen · 353
20.5 Besonderheiten bei älteren Menschen · 354
20.6 Fallstudien · 354
Fazit · 354
Literatur · 356

Schlüsselbegriffe:

- *Menstruationsstörungen*
- *Fluor genitalis*
- *Menarche*
- *Klimakterium*

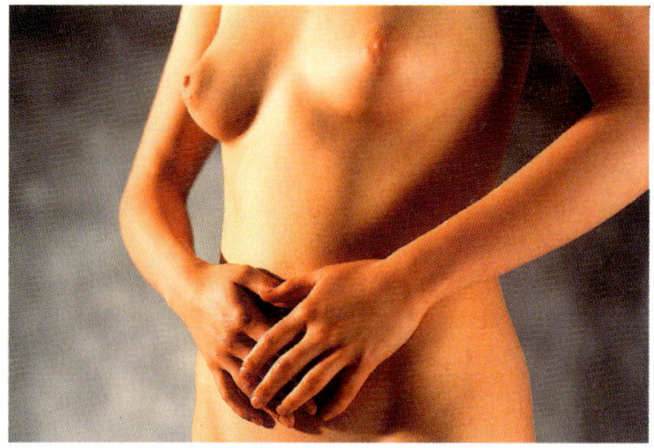

Einleitung

Trotz zunehmender Aufklärung gelten Menstruation und Fluor auch heute noch vielfach als Tabuthemen. Da beide eng mit der Intimsphäre einer Frau zusammenhängen, erfordert die Beobachtung von Menstruation und Fluor ein hohes Maß an Einfühlungsvermögen und einen sensiblen Umgang.

Störungen im Bereich der Menstruation und des Fluor sind für die betroffenen Frauen nicht nur unangenehm, sondern oftmals auch von belastenden Allgemeinsymptomen begleitet. Für viele Mädchen ist das Einsetzen der Menstruation ein Zeichen des Erwachsenwerdens. Demgegenüber wird das Klimakterium häufig als Zeichen des biologischen Alterns gedeutet.

Das folgende Kapitel beschreibt die Menstruation und den Fluor und geht auf mögliche Störungen und deren Ursachen ein.

Die Menstruationsblutungen und der ▸ *Fluor genitalis* zählen zu den vaginalen Ausscheidungen. Die vaginalen Sekrete werden hormonell gesteuert. Sie sind abhängig vom Entwicklungszustand und dem Alter der Frau.

Als Menstruation wird die monatliche Regelblutung der Frau bezeichnet, die mit einer Abstoßung der Gebärmutterschleimhaut des sog. Endometriums einhergeht. Gebräuchliche Synonyme sind Menses, Regel und Periode.

Die Blutung tritt während der Fortpflanzungsfähigkeit der Frau in regelmäßigen Abständen auf. Der 1. Tag der Blutung gilt als Beginn des sog. Menstruationszyklus, worunter ein wiederkehrender Ablauf weiblicher Körperfunktionen verstanden wird und der mit dem Tag vor der nächsten Monatsblutung endet. Ein Menstruationszyklus dauert durchschnittlich 28 Tage und unterliegt einer hormonellen Steuerung.

Während des Menstruationszyklus kommt es u. a. zu Veränderungen an der Gebärmutterschleimhaut mit dem Ziel, optimale Bedingungen für die Einnistung einer befruchteten Eizelle zu schaffen. Eine echte Menstruation liegt nur dann vor, wenn im vorangegangenen Zyklus ein Eisprung (Ovulation) stattfand.

Mit Fluor, Fluor genitalis, Fluor vaginalis oder Ausfluss wird eine meist unblutige vaginale Sekretion beschrieben.

Er unterliegt wie die Menstruation hormonellen Schwankungen. Die Sekretion erfolgt über Drüsen im Bereich des Gebärmutterhalses, im Scheidenvorhof, im unteren Drittel der großen Labien (Bartholin-Drüsen) sowie durch Transsudation. Der Fluor genitalis hält die Scheide feucht, verhindert das Wachstum von Krankheitserregern und deren Eindringen in die Gebärmutter.

20.1 Beschreibung des Normalzustands

20.1.1 Menstruation

Die normale Menstruation, die ohne wesentliche Beschwerden erfolgt, wird als Eumenorrhö bezeichnet. Sie erfolgt in einem regelmäßigen Intervall von 28 ± 4 Tage und mit einer Dauer von 3–4 Tagen. Hierbei werden 50–150 ml Blut ausgeschieden.

20.1.2 Fluor genitalis

Der physiologische Fluor genitalis ist farb- und geruchlos und besitzt ein glasig-schleimiges Aussehen. Bedingt durch die hormonellen Schwankungen während des Menstruationszyklus ist in der Mitte des Zyklus eine vermehrte Sekretion (periovulatorischer Fluor) zu beobachten.

20.2 Abweichungen, Veränderungen bei Menstruation und Fluor und deren mögliche Ursachen

20.2.1 Menstruationsstörungen

Die Menstruation wird beobachtet hinsichtlich des Rhythmus, der Menstruationsstärke und -dauer. Weitere Beobachtungspunkte im Zusammenhang mit der Menstruation sind das Auftreten von Zusatzblutungen, Dauerblutungen, das Ausbleiben der Regelblutung und das Auftreten von Begleitsymptomen.

Zur Erkennung und Differenzierung einer möglichen ▸ *Menstruationsstörung* empfiehlt sich die Führung eines Menstruationskalenders, in dem die Tage der Periode gekennzeichnet werden und evtl. Angaben über die Stärke und Begleitsymptome vermerkt werden können (**Abb. 20.1**). Zur Beurteilung der Stärke können Angaben bezüglich der Anzahl der verbrauchten Vorlagen oder Tampons herangezogen werden.

Beobachtungskriterien der Menstruation sind Rhythmus, Stärke, Dauer, Zusatz- und Dauerblutungen, das Ausbleiben der Menstruation und das Auftreten von Begleitsymptomen.

Störungen des Menstruationsrhythmus

Die Störungen des Menstruationsrhythmus stellen sog. Regeltempoanomalien dar. Sie werden durch

Monat	1	2	3	4	5	6	7	8	9	10	11	12	13	14	15	16	17	18	19	20	21	22	23	24	25	26	27	28	29	30	31	Besonderheiten
Januar																																
Februar																																
März																																
April																																
Mai																																
Juni																																
Juli																																
August																																
September																																
Oktober																																
November																																
Dezember																																

Abb. 20.1 Menstruationskalender.

unterschiedliche Dauer der einzelnen Zyklusphasen hervorgerufen. Unterschieden werden hierbei zu seltene oder zu häufige Menstruationsblutungen.

Eine zu seltene Menstruation mit Abständen von über 35 Tagen wird als Oligomenorrhö bezeichnet.

Die Follikel reifen bei einer Oligomenorrhö langsamer heran, was zu einer Verlängerung der ersten Zyklusphase (Follikelreifungsphase) führt. In der Pubertät und im ▸ *Klimakterium* sind seltene Blutungen zu beobachten. Die Stärke der Blutung und die Dauer sind bei einer Oligomenorrhö zumeist normal.

Mit Polymenorrhö wird eine Menstruation, die in Abständen von weniger als 21 Tagen auftritt, beschrieben.

Bei dieser Menstruationsstörung ist die Follikelreifungsphase oder die Gelbkörperphase (Corpus-Luteum-Phase) verkürzt. Hinsichtlich der Stärke und der Dauer sind bei der Polymenorrhö keine Abweichungen beobachtbar.

Störungen der Menstruationsstärke

Hinsichtlich der Menstruationsstärke werden zu schwache oder zu starke Blutungen unterschieden. Diese Form der Störungen werden auch als Regelstärkeanomalien bezeichnet.

Eine schwache Regelblutung, die zumeist nur 1 – 2 Tage andauert, ist die Hypomenorrhö.

Ursachen der Hypomenorrhö sind u. a. eine Endometritis und eine Ovarialinsuffizienz. Daneben können die Einnahme von Ovulationshemmern, Störungen des Körpergewichts wie Adipositas oder Anorexia nervosa zu einer Hyopmenorrhoe führen. Außerdem kann eine schwache Menstruationsblutung vor dem Beginn des Klimakteriums beobachtet werden.

Bei der Hypermenorrhö ist die Blutung verstärkt, die Dauer der Blutung normal.

Myome und Polypen stellen häufige Ursachen dar, aber auch extragenitale Ursachen wie Gefäß- und Blutkrankheiten (z. B. Hypertonie, Gerinnungsstörungen) können zu einer Hypermenorrhö führen.

Störungen der Menstruationsdauer

Zu den Störungen der Menstruationsdauer zählen die Brachymenorrhö und die Menorrhagie.

Die Brachymenorrhö beschreibt eine verkürzte Regelblutung mit einer Dauer von Stunden bis $1\frac{1}{2}$ Tage und einer zumeist schwachen Blutung.

Ursachen können die Einnahme von Ovulationshemmern, aber auch psychische Belastungen und Veränderungen im Tag-Nacht-Rhythmus sein.

Eine Menstruationsblutung, die länger als 6 Tage andauert wird als Menorrhagie bezeichnet.

Zumeist geht diese verlängerte Regelblutung mit einer vermehrten Blutung einher. Als Ursachen kommen entzündliche und infektiöse Erkrankungen des Uterus und der Ovarien, Tumore der Gebärmutter (z. B. Polypen, Myome, Karzinome), ein Hypertonus, Stoffwechselerkrankungen und Blutgerinnungsstörungen in Frage.

Zusatzblutungen

Die praemenstruelle und postmenstruelle Blutung sowie die Zwischenblutung werden als Zusatzblutungen innerhalb des Zyklus bezeichnet.

Als praemenstruelle Blutung oder Vorblutung wird eine Blutung bezeichnet, die vor der eigentlichen monatlichen Regelblutung auftritt.

Es handelt sich um eine leichte Blutung (Schmierblutung), die bis zu 10 Tage dauern kann. Häufigste Ursache ist ein vorzeitiger Abfall des Östrogens.

Erfolgt im Anschluss an eine Menstruation eine Blutung, so wird diese als postmenstruelle Blutung oder Nachblutung bezeichnet.

Neben einer verzögerten Regeneration des Endometriums stellen Myome, Polypen, Karzinome und entzündliche Veränderungen des Endometriums weitere Ursachen dar.

Die Ovulationsblutung oder Mittelblutung stellt eine weitere Form der Zusatzblutung dar. Sie stellt sich als eine geringe Blutung zum Zeitpunkt der Ovulation dar.

Die Ovulationsblutung geht häufig mit Schmerzen einher, die auch als Mittelschmerzen bezeichnet werden, da die Ovulation in der Mitte des Zyklus liegt. Die Blutung entsteht infolge eines verstärkten Östrogenabfalls.

Dauerblutungen

Alle Blutungen, die länger als die normale Menstruation (Menorrhagie – s. o.) anhalten oder nicht aufhören (Metrorrhagie), werden zu den Dauerblutungen gezählt.

Die Metrorrhagie ist eine Blutung außerhalb der Menstruation, die länger als 7 Tage andauert.

Da kein Zusammenhang mit der Menstruation besteht, wird diese Art der Blutung auch als azyklische Blutung bezeichnet. Häufigste Ursache ist eine Follikelpersistenz, d. h. ein Follikel reift heran, aber die Ovulation bleibt aus. Es wird dabei weiterhin Follikelhormon gebildet, was dann zu der Blutung führt. Weitere Ursachen sind entzündliche Veränderungen der Gebärmutterschleimhaut sowie verschiedene benigne (Myome, Polypen) oder maligne Tumore (Karzinom) der Gebärmutter.

Die **Tab. 20.1** zeigt einen Überblick über die verschiedenen Menstruationsstörungen.

Ausbleiben der Regelblutung

Das Ausbleiben der Menstruation wird als Amenorrhö bezeichnet. Eine physiologische Amenorrhö ist vor der ▸ *Menarche*, also der ersten Regelblutung, während der Schwangerschaft, der Laktation, d. h. während der Produktion und Sekretion von Muttermilch und nach der Menopause (letzte Menstruation) zu beobachten. Bei der pathologischen Amenorrhö werden 2 Formen, die primäre und sekundäre Amenorrhö unterschieden. Bleibt die erste Menstruation bis zum 18. Lebensjahr aus, so handelt es sich hierbei um eine primäre Amenorrhoe. Die häufigsten Ursachen sind chromosomale Fehlentwicklungen und Gynatresien.

Unter Gynatresien werden verschiedene Formen des angeborenen Verschlusses der weiblichen Genitalöffnung verstanden.

Als sekundäre Amenorrhö wird das Ausbleiben der Menstruation nach vorherigem regelmäßigem Auf-

Tab. 20.1 Menstruationsstörungen (aus: Roche – Lexikon Medizin, Hoffman-LaRoche AG u. Urban & Schwarzenberg, 3. Aufl., München, S. 1982)

Blutungsschema	*Beschreibung*
Eumenorrhö 	**Eumenorrhö**: normale Menstruation
Oligomenorrhö 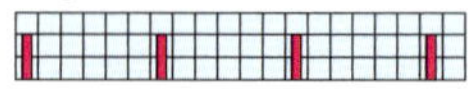	**Oligomenorrhö**: seltene Blutungen (Verlängerung des Zyklus > 35 Tage), normale Stärke und Dauer
Polymenorrhö 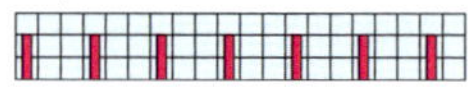	**Polymenorrhö**: häufige Blutungen (Verkürzung des Zyklus < 21 Tage), normale Stärke und Dauer
Hypomenorrhö 	**Hypomenorrhö**: schwache Blutung, Dauer von 1 – 2 Tagen
Hypermenorrhö 	**Hypermenorrhö**: verstärkte Blutung, normale Dauer
	Brachymenorrhö: verkürzte Blutung, Dauer von Stunden bis 1½ Tage, zumeist schwache Blutung
Menorrhagie 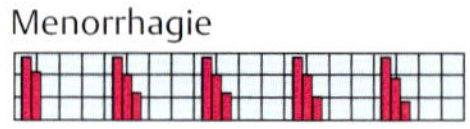	**Menorrhagie**: verlängerte Blutung, länger als 6 Tage, zumeist verstärkte Blutung
Zwischenblutung 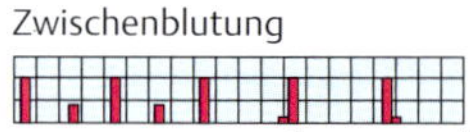 prämenstruelle Blutung	**prämenstruelle Blutung**: vor der eigentlichen Regelblutung, Dauer bis zu 10 Tagen, zumeist schwache Blutung
Zwischenblutung 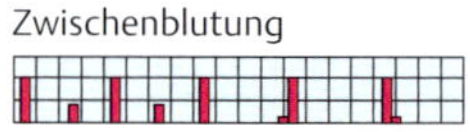 postmenstruelle Blutung	**postmenstruelle Blutung**: nach der eigentlichen Regelblutung, Dauer bis zu 10 Tagen, zumeist schwache Blutung
Zwischenblutung 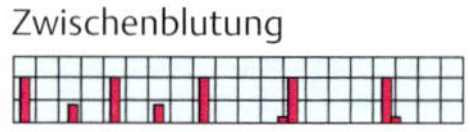 Ovulationsblutung	**Ovulationsblutung**: Mittelblutung (Ovulation), schwache Blutung, meist mit Mittelschmerz einhergehend
Metrorrhagie 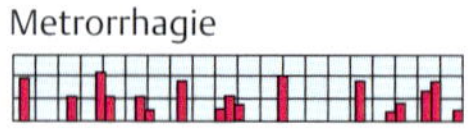	**Metrorrhagie**: Blutung außerhalb der Menstruation, Dauer > 7 Tage

treten bezeichnet. Sowohl hormonelle als auch uterine Ursachen können eine sekundäre Amenorrhö hervorrufen. Daneben können physische und psychische Belastungen oder eine Anorexia nervosa zu einer sekundären Amenorrhö führen.

Begleitsymptome

Die Beobachtung von Begleitsymptomen ist vorwiegend auf Schmerzen gerichtet, die im Zusammenhang mit der Regelblutung auftreten (Dysmenorrhö, Mittelschmerz) und auf das präemenstruelle Syndrom.

Treten Schmerzen im Zusammenhang mit der Regelblutung auf, so wird diese Blutung als Dysmenorrhö oder schmerzhafte Regel bezeichnet. Zumeist handelt es sich um krampfartige Schmerzen, die vor, während oder nach der Menstruation auftreten. Neben Unterleibsschmerzen können die Schmerzen auch um den Nabel, in den Leisten und in der Kreuzbeingegend lokalisiert sein. Die Intensität und die Dauer der Schmerzen variieren sehr stark. Nach dem zeitlichen Auftreten werden die primäre und die sekundäre Dysmenorrhö unterschieden.

Besteht die Dysmenorrhö seit der Menarche, so handelt es sich um die primäre Form. Organische Ursachen sind beispielsweise eine Hypoplasie des Uterus oder ein zu enger Zervikalkanal. Daneben können psychische und konstituionelle Einflüsse eine Dysmenorrhö bedingen.

Die sekundäre Form der Dysmenorrhö tritt erst im Verlauf der geschlechtsreifen Phasen der Frau auf. Ursachen sind u. a. chronische Unterleibsentzündungen, Myome, Polypen oder Zervixstenosen.

Der Mittelschmerz oder Ovulationsschmerz entsteht durch eine leichte Bauchfellreizung die durch das Platzen des Follikels hervorgerufen wird.

Unter dem Sammelbegriff praemenstruelles Syndrom (PMS) werden Störungen des Allgemeinbefindens und der Leistungsfähigkeit, die vor dem Beginn der Menstruation auftreten, bezeichnet. Die betroffenen Frauen leiden unter Nervosität, depressiver Stimmung, starken Spannungsgefühlen in den Brüsten, Übelkeit, Völlegefühl, Unterleibsschmerzen, die bis in die Beine ausstrahlen und unter einer kurzfristigen starken Gewichtszunahme. Umfang und Intensität der Symptome sind individuell ausgeprägt. Mit dem Einsetzen der Blutung normalisiert sich die Situation wieder.

Die eigentlichen Ursachen des praemenstruellen Syndroms sind noch weitgehend ungeklärt, doch werden endokrine und psychovegetative Faktoren diskutiert.

Abweichungen und Veränderungen bei Menstruation und Fluor:

- Bei den Störungen des Menstruationsrhythmus wird zwischen Polymenorrhö und Oligomenorrhö, hinsichtlich der Menstruationsstärke zwischen Hypomenorrhö und Hypermenorrhö unterschieden.
- Brachymenorrhö beschreibt die verkürzte Regelblutung, Menorrhagie die verlängerte (über 6 Tage).
- Als Zusatzblutungen kommen praemenstruelle, postmenstruelle und Ovulationsblutungen vor.
- Beim Ausbleiben der Regelblutung wird zwischen primärer und sekundärer Amenorrhö unterschieden.
- Unter praemenstruellem Syndrom wird eine Störung des Allgemeinbefindens und der Leistungsfähigkeit vor Beginn der Menstruation verstanden.

Fluorveränderungen

Nach seiner Herkunft wird der Fluor in vestibulären, vaginalen, zervikalen, korporalen und tubaren Fluor eingeteilt. **Abb. 20.2** zeigt eine Übersicht des Fluors mit seinem Herkunftsbereich und Ursachen. Bei der Beobachtung des Fluors ist die genaue Herkunft zumeist nicht feststellbar, doch kann eine genaue Beschreibung bereits wichtige Hinweise auf die Ursache und damit auf weitere diagnostische Maßnahmen geben.

Ein vermehrter Ausfluss, farblos bis glasig-schleimig und geruchlos, ist in der Mitte des Zyklus, bei sexueller Erregung, in der Schwangerschaft und bei psychischen Belastungen als normal anzusehen. Durch das Tragen enger Kleidung (Hosen, Slips), Kleidung aus Synthetik und die Verwendung von luftundurchlässigen Slipeinlagen kann ebenfalls ein vermehrter Fluor hervorgerufen werden. Verändert sich aber die Farbe, die Konsistenz und der Geruch des Fluor, so ist dies ein Hinweis auf pathologische Vorgänge.

Beobachtungskriterien des Fluors sind Farbe, Konsistenz und Geruch.

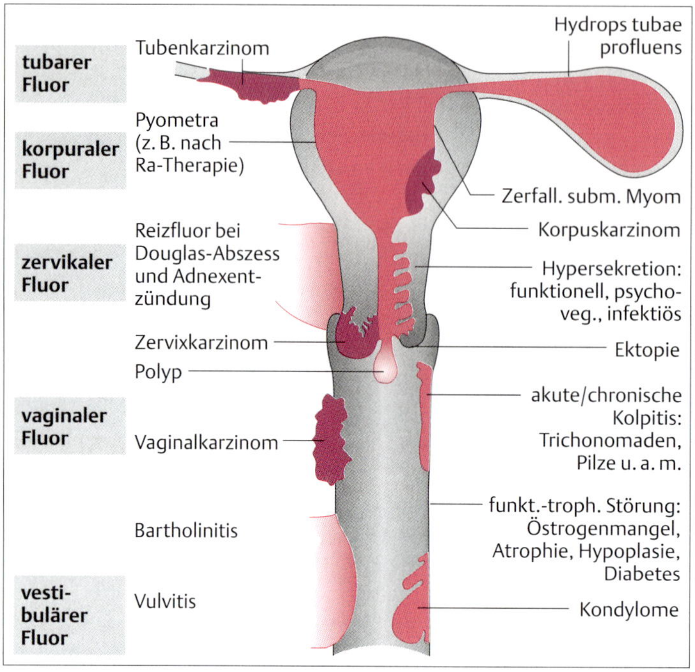

Abb. 20.2 Genitaler Fluor, Herkunftsbereich und Ursachen (aus: Dahmer, J.: Anamnese und Befund: Die ärztliche Untersuchung als Grundlage klinischer Diagnostik, 8. Aufl. Thieme, Stuttgart 1998).

Farbveränderungen des Fluors

Die Farbe des Fluors kann von weißlich bis bräunlich reichen. Ein weißlicher Fluor, der zum Teil flächig ausgebreitet ist („Soorrasen") wird bei Infektionen mit Candida albicans beobachtet. Bei einer bakteriellen Vaginose , d. h. einer atypischen Besiedlung der Scheide mit Anaerobiern (z. B. Gardnerella vaginalis) besitzt der Fluor eine grau-weißlich Farbe. Einen gelbliche Farbe erhält er bei einer Trichomonadeninfektion. Das Auftreten eines gelblich-grünen Ausflusses deutet auf eine Gonorrhö (Tripper) hin. Eine rötlich-bräunliche (blutige) Sekretion von Fluor ist immer ein Alarmzeichen, da er auf eine maligne Erkrankung hinweisen kann.

Konsistenz des Fluors

Zusammen mit der Farbe des Fluors ist die Konsistenz ein weiteres wichtiges Kriterium bei der Fluorbeurteilung. So weisen eine krümelige Konsistenz auf eine möglich Pilzinfektion, eine schaumige auf eine Trichomonadeninfektion, eine dünnflüssige auf eine Mykoplasmainfektion, eine dickflüssige auf eine Gonorrhö und eine wässrige Beschaffenheit auf einen möglichen bösartigen Tumor hin.

Geruch des Fluors

Beispiele für typische Gerüche bei Fluor sind der fischartige Geruch bei einer bakteriellen Vaginose, der fötide Geruch bei Trichomoniasis und der faulige Geruch bei malignen Tumoren.

Da die isolierte Betrachtung einzelner Kriterien nur eine geringe Aussagekraft besitzt, zeigt **Tab. 20.2** eine Übersicht über einzelne typische Fluorausscheidungen.

Tab. 20.2 Fluor bei verschiedenen Erkrankungen

Erkrankung	*Fluor*
Soorinfektion	weißlich, krümelig, flächige Ausbreitung („Soorrasen")
bakterielle Vaginose	grau-weißlich, fischig, süßlicher Geruch
Trichomonadeninfektion	gelblich, schaumig, fötider Geruch
Gonorrhö	gelblich-grün, dickflüssig
maligne Erkrankung (Karzinom)	rötlich-bräunlich, blutig, wässrig, fauliger Geruch

20.3 Ergänzende Beobachtungskriterien

Zumeist sind Menstruationsstörungen das auffälligste Symptom verschiedener Erkrankungen des Genitalbereichs der geschlechtsreifen Frau, doch können beispielsweise bei großen Myomen durch Verdrängung der Nachbarorgane auch Miktions- und Defäkationsstörungen beobachtet werden. Unregelmäßige Blutungen, die immer seltener werden sind ein Kennzeichen des Klimakteriums. Ca. die Hälfte aller Frauen leidet während dieser sog. Wechseljahre unter verschiedensten Beschwerden wie z. B. Hitzewallungen, Schwindel und Schweißausbrüchen. Daneben können auch psychonervöse Störungen in Form von Reizbarkeit, Lustlosigkeit, Leistungsabfall und Schlafstörungen vorkommen. Infektionen der Scheide mit dem jeweils typischen Ausfluss werden zudem häufig von einem starken Juckreiz, Brennen, einer entzündlichen Rötung im Bereich der Vulva und Miktionsstörungen begleitet.

20.4 Besonderheiten bei Kindern

Sigrid Flüeck

Die erste Menstruationsblutung tritt bei den meisten Mädchen in den westlichen Industrieländern zwischen dem 11. und 14. Lebensjahr auf. Sie wird als Menarche bezeichnet. Abhängig von der rassischen, regionalen, konstitutionellen und sozialen Individualität der Frauen und Mädchen sind Unterschiede bzgl. der Menarche zu beobachten. So tritt beispielsweise die erste Menstruationsblutung in Südeuropa zwischen dem 10. und 12. Lebensjahr, bei Eskimos erst etwa im 23. Lebensjahr auf.

In den ersten 1–2 Jahren nach der Menarche setzen zunächst unregelmäßige Zyklen ein. Diese Zyklen sind nur selten von einer Ovulation begleitet und werden deshalb auch als anovulatorische Zyklen bezeichnet. Erst nach einigen Jahren setzen regelmäßige ovulatorische Zyklen ein.

Die Zeit nach der Menarche bis zum regelmäßigen ovulatorischen Zyklus wird als Postmenarche bezeichnet. In dieser Zeit ist die Hormonproduktion noch sehr schwankend, was sich in unregelmäßigen Blutungsabständen und unterschiedlichen Blutungsstärken bis hin zum völligen Ausbleiben der Regelblutung zeigen kann.

Der Fluor genitalis kommt normalerweise vor Eintritt der Pubertät bei Mädchen nicht vor.

20.4.1 Abweichungen, Veränderungen und deren mögliche Ursachen

Als Pubertas praecox wird die vorzeitige Geschlechtsentwicklung (bei Mädchen vor dem 8. Lebensjahr) mit Zeichen der sexuellen Reife verstanden. Bedingt durch eine Fehlsteuerung der Hypophyse, durch die eine verführte Hormonproduktion eingeleitet wird, kommt es zu einem Einsetzen der Regelblutung vor dem 7. – 8. Lebensjahr.

Diese verfrühte Menstruation wird auch als Menstruatio praecox oder prämature Menarche bezeichnet. Die Ursache kann eine organische Hirnstörung wie Hydrozephalus oder Erkrankungen des ZNS sein, aber auch durch hormonproduzierende Tumore hervorgerufen werden. In vielen Fällen kann für das Einsetzen der frühen Menstruation jedoch keine Ursache gefunden werden.

Als Pubertas tarda wird die verspätete Pubertätsentwicklung bezeichnet. Ebenfalls bedingt durch eine Fehlsteuerung der Hypophyse, durch die eine verspätete Hormonproduktion eingeleitet wird, kommt es zum Ausbleiben der Menarche bis zum 16. Lebensjahr.

Die verspätet einsetzende Menstruationsblutung wird auch als Menstruatio tarda bezeichnet. Ursachen stellen hypothalamische, hypophysäre, ovarielle Erkrankungen oder chromosomale Störungen dar. Auch psychische Erkrankungen wie die Anorexia nervosa oder intensives körperliches Training wie bei Hochleistungssportlerinnen kann ein Grund für das Ausbleiben der Menarche sein.

Eine verfrüht einsetzende Menstruationsblutung wird als Menstruatio praecox, eine verspätet einsetzende als Menstruatio tarda bezeichnet.

Gelegentlich kann es bei neugeborenen Mädchen, aufgrund restlicher mütterlicher Hormone in ihrem Blut zu einem vaginalen Ausfluss ohne Krankheitswert kommen. Bei einigen Neugeborenen und Säuglingen schüttet die Hypophyse in den ersten 12 Monaten nach der Geburt LH und FSH aus. Der dadurch bedingte erhöhte Östriolspiegel kann zu leichtem vaginalem Ausfluss ebenfalls ohne Krankheitswert führen. Daneben kann es vor Beginn der Pubertät zu einem vaginalen Ausfluss durch intravaginale

Fremdkörper kommen, wenn Mädchen beim Spielen diese in ihre Scheide stecken.

Außerdem begünstigen andere mechanische und chemische Reize einen Fluor genitalis, der zumeist dünnflüssig, schleimig, eitrig ist oder bei Verletzung der Scheide durch z.B. sexuellen Missbrauch auch blutig sein kann. Ein übelriechender Fluor genitalis kann aber auch durch eine Infektion mit Colibakterien hervorgerufen werden.

20.5 Besonderheiten bei älteren Menschen

Das Auftreten einer vaginalen Blutung nach der Menopause stellt ein Hauptsymptom für ein Korpuskarzinom dar und bedarf deshalb einer sofortigen Abklärung.

Ein dünnflüssiger, eitriger Fluor ist oftmals ein Zeichen für eine Kolpitis senilis. Diese Scheidenentzündung ist die Folge einer Atrophie der Vagina mit Verlust des Säureschutzmantels, die durch den Östrogenmangel nach der Menopause bedingt ist. Oftmals ist die Scheide gerötet und sehr verletzlich, leicht blutend. Daneben kommt es aufgrund einer erhöhten Infektanfälligkeit älterer Menschen, bei Diabetes mellitus oder der Einnahme von verschiedenen Medikamenten (z.B. Antibiotika) zu einem vermehrten Auftreten von Pilzinfektionen.

Ergänzende Beobachtungskriterien sowie Besonderheiten bei Kindern und älteren Menschen:

- Die Herkunft des Fluor kann vestibulär, vaginal, zervikal, korporal oder tubar sein.
- Abweichungen in Farbe, Konsistenz und Geruch des Fluor können Anzeichen für Störungen sein.
- Die erste Menstruationsblutung, zwischen dem 11. und 14. Lebensjahr, wird als Menarche bezeichnet.
- Störungen bei Kindern können ein verfrühtes Auftreten, Menstruatio praecox, oder eine verspätet einsetzende Menstruation, Menstruatio tarda, sein.
- Vaginale Blutungen nach der Menopause bedürfen sofortiger Abklärung.
- Bei älteren Menschen tritt häufig eine Scheidenentzündung mit dünnflüssigem, eitrigem Fluor durch den Verlust des Säureschutzmantels der Vagina auf.

20.6 Fallstudien

Störungen der Menstruation, ein vermehrter Fluor sind für die betroffene Frau sehr unangenehm und mit einer Beeinträchtigung des Allgemeinbefindens verbunden. Häufig besteht bei einem vermehrten Fluor auch die Angst, dass der Geruch des Ausflusses von Mitmenschen wahrgenommen werden kann. In der pflegerischen Betreuung steht zumeist die Beratung der Betroffenen hinsichtlich hygienischer Verhaltensweisen im Vordergrund.

Fallstudie Frau Flora

Frau Flora, 33 Jahre, leidet unter einer rezidivierenden Soorkolpitis. Die Infektion geht mit einem weißlichen und krümeligen Fluor einher, der von Frau Flora als sehr störend empfunden wird. Sie berichtet, dass sie täglich ihre Unterwäsche wechselt, doch bereits ab Mittag den Eindruck habe, man würde ihren Ausfluss riechen. Aus diesem Grund benutzt Frau Flora jeden Morgen ein Genitalspray und führt mindestens 3 x täglich eine gründliche Intimpflege durch.

Tab. 20.3 zeigt, wie auf das Pflegeproblem von Frau Flora eingegangen wird.

Fallstudie Felicitas

Felicitas ist $7\frac{1}{2}$ Jahre alt und hat gerade ihre erste Menstruationsblutung. Sie ist darüber sehr verstört und weiß nicht, wie sie sich verhalten soll. Felicitas Eltern sind ebenfalls erschrocken über diese frühe Regelblutung. Sie bemühen sich, ihrer Tochter zu helfen und zeigen viel Verständnis für ihre Situation. Gleichzeitig äußern sie aber, dass sie Schwierigkeiten haben, mit dieser Situation umzugehen und sich überfordert fühlen.

Einen Auszug aus dem Pflegeplan von Felicitas zeigt **Tab. 20.4**.

Fazit: Die Beobachtung der Menstruation und des Fluors ist ein sehr sensibler Bereich, der die Intimsphäre der Frau berührt. Sie erfordert deshalb ein eine vertrauensvolle Atmosphäre und ein hohes Maß an Einfühlungsvermögen. Die Menstruation wird hinsichtlich Rhythmus, Stärke und Dauer beobachtet. Auch Zusatz- und Dauerblutungen, das Ausbleiben der Menstruation und das Auftreten von Begleitsymptomen stellen Beobachtungskriterien dar.

Ursachen für Menstruationsstörungen können sowohl funktionell als auch organisch bedingt sein. Der Fluor genitalis wird hinsichtlich seiner Farbe, Konsistenz und seines Geruchs beurteilt. Er kann funktionell oder entzündlich bedingt sein, aber auch durch benigne und maligne Tumore hervorgerufen werden.

Tab. 20.3 Auszug aus dem Pflegeplan von Frau Flora

Pflegeproblem	*Ressource*	*Pflegeziele*	*Pflegemaßnahmen*
Frau Flora leidet unter einem weißlichen, krümeligen Fluor bei rezidivierender Soorkolpitis → hat Angst, dass der Fluorgeruch von Mitmenschen wahrgenommen wird	Führt 3 × täglich eine Intimpflege durch	Frau Flora: • kennt Verhaltensmaßnahmen, bezogen auf die Körperpflege und Kleidung und führt diese durch • erfährt keine Reinfektion	Informations- und Beratungsgespräch bezüglich Körperhygiene und Kleidung: • zur Aufrechterhaltung des normalen Scheidenmilieus keine Scheidenspülung durchführen, kein Genitalspray und keine Seife verwenden • zur Vermeidung eines Wärmestaus und mechanischer Irritationen keine Slipeinlagen und keine enge Kleidung tragen • zur Vermeidung einer Reinfektion täglich Waschlappen und Handtuch wechseln (evtl. Einmalwaschlappen), kochbare Unterwäsche tragen und täglich wechseln Gespräch mit Arzt vermitteln bzgl. weiterer Vorbeugungsmaßnahmen und Mitbehandlung des Partners

Tab. 20.4 Auszug aus dem Pflegeplan von Felicitas

Pflegeproblem	*Ressource*	*Pflegeziele*	*Pflegemaßnahmen*
Felicitas ist verstört durch die Menstruatio praecox und weiß nicht, wie sie sich verhalten soll	Die Eltern bemühen sich, ihrer Tochter zu helfen, zeigen Verständnis für die schwierige Situation ihrer Tochter	Felicitas • weiß, wodurch es zu der Blutung kommt und kann diese einordnen • akzeptiert die Regelblutung • weiß, dass die Menstruation mit Schmerzen, Übelkeit und anderen Symptomen einhergehen kann • kennt Möglichkeiten der Monatshygiene Felicitas Eltern • können die Menstruationsblutung ihrer Tochter einordnen, akzeptieren und ihrer Tochter beim Umgang mit der Situation Unterstützung geben	• Gespräch mit Felicitas, ihren Eltern und dem Arzt vermitteln (Inhalte: Ursachen, Maßnahmen, Bedeutung) • Mit Felicitas einfühlsam und offen über die Menstruation und mögliche, damit verbundene Beschwerden sprechen • Felicitas über Möglichkeiten der Monatshygiene und allg. Körperhygiene sprechen, evtl. demonstrieren (Möglichkeiten: Vorlagen, Binden, Slipeinlagen; Entsorgung, Intimpflege) • Felicitas auffordern, bei Unsicherheit zu fragen • Verständnis deutlich zeigen • Beratungsgespräch mit Felicitas Eltern (Unterstützung von Felicitas bei der Monatshygiene, Umgang mit der Situation), und für Fragen zur Verfügung stehen, Literaturhinweise geben, Kontaktadressen zur Beratung bzgl. körperlicher Entwicklung, Sexualität, Verhütung für Kindern, Jugendliche und Eltern nennen.

Brehm, H.K.: Frauenheilkunde und Geburtshilfe für Pflegeberufe, 8. Aufl., Thieme, Stuttgart 1995

Dahmer, J.: Anamnese und Befund: Die ärztliche Untersuchung als Grundlage klinischer Diagnostik, 8. Aufl., Thieme, Stuttgart 1998

Delz, C.: Krankenbeobachtung, Springer, Berlin 1994

Geist, Chr. (Hrsg.): Hebammenkunde: Lehrbuch für Schwangerschaft, Geburt, Wochenbett und Beruf, de Gruyter, Berlin 1995

Georg, J., M. Frowein (Hrsg.): PflegeLexikon, Ullstein Medical, Wiesbaden 1999

Gerlach, U., N. van Husen, H. Wagner, W. Wirth: Innere Medizin für Pflegeberufe, 4. Aufl., Thieme, Stuttgart 1994

Goerke, K., U. Bazlen (Hrsg.): Pflege konkret Gyynäkologie und Geburtshilfe: Lehrbuch und Atlas für Pflegende und Hebammen, Gustav Fischer, Stuttgart 1998

Hofmann, H., Chr. Geist: Geburtshilfe und Frauenheilkunde: Lehrbuch für Gesundheitsberufe, de Gruyter, Berlin 1999

Hehlmann, A.: Leitsymptome – ein Handbuch für Studenten und Ärzte, Mediscript, München 1982

Hertl, M.: Kinderheilkunde und Pflege, 8. Aufl., Thieme, Stuttgart 1999

Hoehl, M., P. Kullick (Hrsg.): Kinderkrankenpflege und Gesundheitsförderung, Thieme, Stuttgart 1998

Hoffmann-La Roche AG, Urban & Schwarzenberg (Hrsg.): Roche Lexikon Medizin, 3. Aufl., Urban & Schwarzenberg, München 1993

Juchli, L.: Pflege – Praxis und Theorie der Gesundheits- und Krankenpflege, 8. Aufl., Thieme, Stuttgart 1997

Köther, I., E. Gnamm: Altenpflege in Ausbildung und Praxis, 3. Aufl., Thieme, Stuttgart 1995

Kraemer, Prof. Dr. R.: Berner Datenbuch der Pädiatrie, 5. Aufl., Gustav Fischer, Stuttgart 1997

Kraus, W.: Kompendium der sensitiven Krankenbeobachtung durch das Krankenpflegepersonal, 3. Aufl., Fresenius AG, Bad Homburg 1989

Pschyrembel klinisches Wörterbuch, 258. Aufl., Walter de Gruyter, Berlin 1997

Schönberger, W.: Kinderheilkunde, Gustav Fischer, Stuttgart 1992

Schwegler, J.S.: Der Mensch – Anatomie und Physiologie, 2. Aufl., Thieme, Stuttgart 1998

Seel, M.: Die Pflege des Menschen, 3. Aufl., Brigitte Kunz, Hagen 1998

Sitzmann, F.C.: Pädiatrie, Hippokrates, Stuttgart 1995

Warm, R.: Gynäkologie und Geburtshilfe, 8. Aufl., LAU-Ausbildungssysteme GmbH, Reinbeck 1997

Wegmann, H.: Die professionelle Pflege des kranken Kindes, Urban & Schwarzenberg, München 1997

21 Erbrechen

Panajotis Apostolidis

Übersicht

Einleitung · 357
21.1 **Vorgang des Erbrechens** · 357
21.2 **Ursachen des Erbrechens** · 359
21.3 **Formen des Erbrechens** · 359
21.3.1 **Einteilung nach dem Zeitpunkt des Erbrechens** · 359
21.3.2 **Einteilung nach der Reizung des Brechzentrums** · 360
21.4 **Beobachtung des Erbrechens** · 361
21.4.1 **Art und Weise des Erbrechens** · 361
21.4.2 **Farbe des Erbrochenen** · 361
21.4.3 **Menge des Erbrochenen** · 361
21.4.4 **Geruch des Erbrochenen** · 362
21.4.5 **Zusammensetzung, Beimengungen des Erbrochenen** · 362
21.4.6 **Zeitpunkt und Häufigkeit des Erbrechens** · 362
21.4.7 **Begleiterscheinungen des Erbrechens** · 363
21.5 **Ergänzende Beobachtungskriterien** · 364
21.6 **Besonderheiten bei Kindern** · 365
21.7 **Besonderheiten bei älteren Menschen** · 367
21.8 **Fallstudien** · 367
Fazit · 368
Literatur · 369

Schlüsselbegriffe:

- *Hämatemesis*
- *Miserere*
- *Nausea*
- *Würgen*

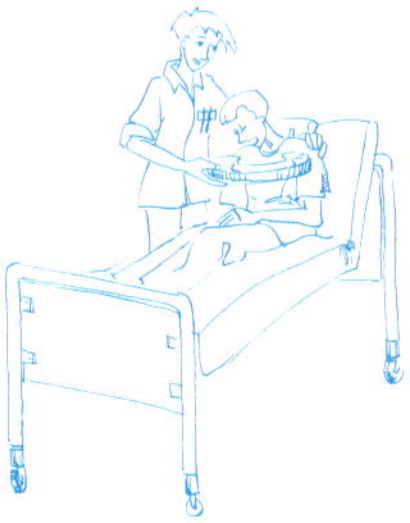

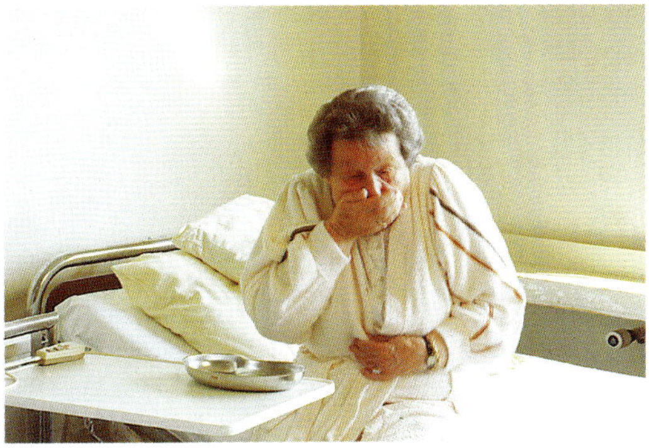

Einleitung

In der Geschichtsliteratur finden sich eine Reihe von Beschreibungen über künstlich herbeigeführtes Erbrechen bei Naturvölkern im alten Ägypten, Mesopotamien und Griechenland. Hierdurch sollten Dämonen vertrieben und der Körper von krankmachenden Stoffen befreit werden. Die „reinigende" und den Körper schützende Funktion des Erbrechens ist also schon seit langer Zeit bekannt.

Trotz seiner Schutzfunktion ist das Erbrechen ein für die betroffenen Menschen sehr unangenehmes, mit einer psychischen und auch physischen Belastung einhergehendes Ereignis. Häufig kommen noch ausgeprägte Ekelgefühle angesichts des Erbrochenen hinzu.

Das folgende Kapitel beschreibt die verschiedenen Formen des Erbrechens, deren Ursachen und geht auf die Beobachtungskriterien des Erbrechens ein.

Unter Erbrechen wird ein vom Brechzentrum gesteuerter komplexer Vorgang verstanden, bei dem es zu einem raschen Herausbefördern von Magen- bzw. Dünndarminhalt durch Ösophagus und Mund nach außen kommt. Synonyme für Erbrechen sind Vomitus und Emesis.

Erbrechen ist ein Schutzmechanismus des Körpers, der Menschen vor Schädigungen durch z. B. Giftstoffe, die mit der Nahrung aufgenommen wurden, schützen soll.

21.1 Vorgang des Erbrechens

Das Herausbefördern von Mageninhalt durch den Mund ist ein in exakt aufeinander abgestimmten Schritten ablaufender, komplexer Vorgang (**Abb. 21.1**). Beim Erbrechen kommt es zu einer plötzlichen und vehementen Kontraktion der Atemmus-

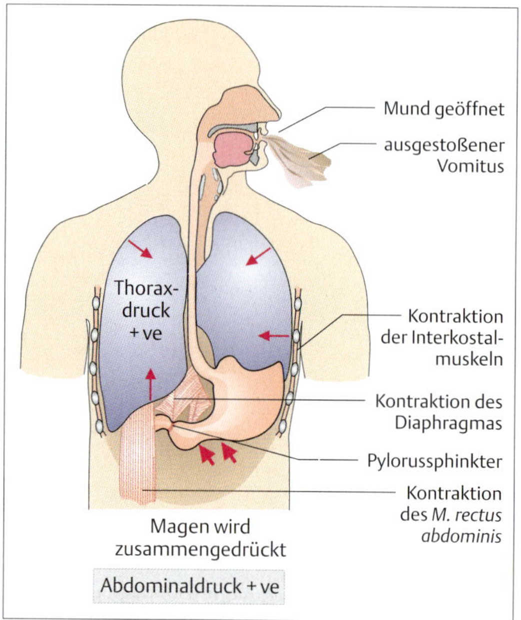

Abb. 21.1 Erbrechen (aus: Hawthorn, J.: Übelkeit und Erbrechen: Grundlagen – Ursachen – Interventionen, Ullstein Medical, Wiesbaden 1998).

kulatur und einer gleichzeitigen Relaxation des oberen ösophagealen Spinkters. Kontraktionen der Abdominal- und der Zwerchfellmuskulatur bewirken einen intraabdominellen Druckanstieg. Eine gleichzeitige Kontraktion des Pylorus und Erschlaffung des Magenfundus ermöglicht das Ausstoßen von Mageninhalt durch den Ösophagus und den geöffneten Mund.

Ausgelöst wird der Brechreflex durch eine Reizung des funktionalen Brechzentrums, welches sich im Hirnstamm befindet. Das Brechzentrum erhält Informationen im wesentlichen aus 4 Quellen: der Chemorezeptoren-Triggerzone, die sich auf dem Boden des IV. Hirnventrikels befindet, dem Vestibularapparat, dem Gastrointestinaltrakt und über die Großhirnrinde. Überall dort befinden sich Rezeptoren, die Abweichungen vom „Normalzustand" messen und über afferente Bahnen an das Brechzentrum weiterleiten. Die Chemorezeptoren-Triggerzone (CTZ) misst über Chemorezeptoren z. B. den Anstieg von lebensbedrohlichen Toxinen. Rezeptoren im Gastrointestinaltrakt, Thorax und Retroperitoneum melden funktionelle organische Störungen.

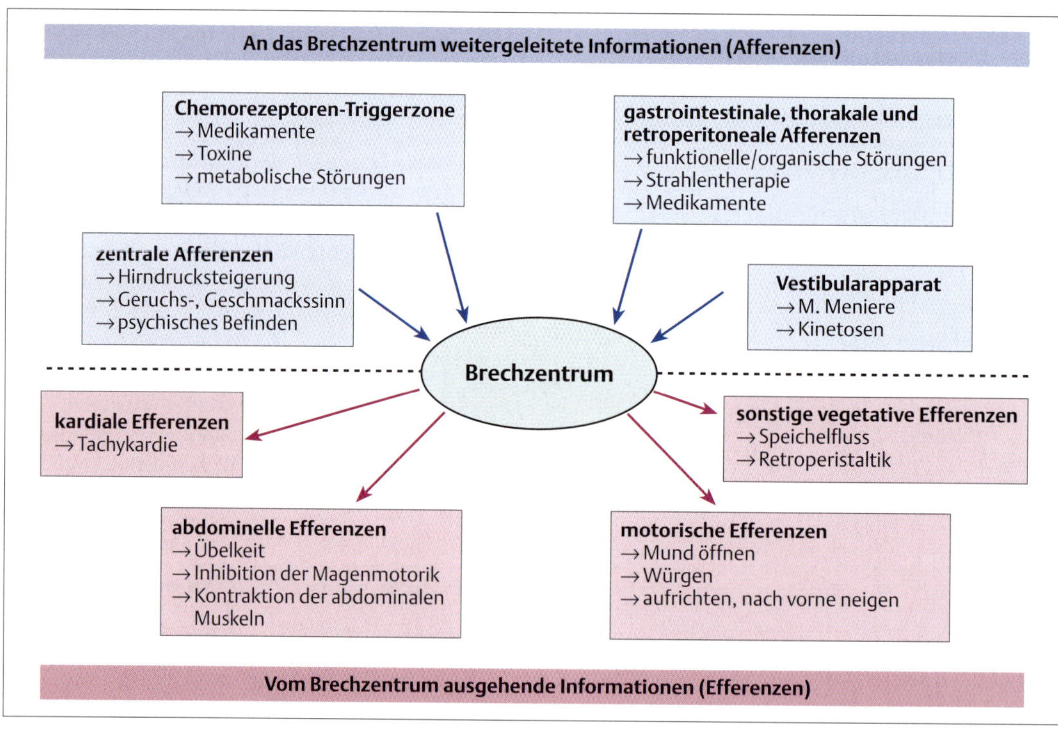

Abb. 21.2 Afferenzen und Efferenzen des Brechzentrums. (Modifiziert nach: Huchzermeyer, H. (Hrsg.). Erbrechen: ein interdisziplinäres Problem, Thieme, Stuttgart 1997).

Wichtige Informationen erhält das Brechzentrum auch über den Geruchs-/Geschmackssinn und den Vestibularapparat im Innenohr. Das Brechzentrum reagiert auf diese Informationen mit der Auslösung des Brechreflexes über efferente Nervenbahnen. Neben der Hemmung der Magenmotorik und der Kontraktion der abdominellen Muskulatur kommt es zum Mundöffnen und der Einnahme einer „brechfördernden" Körperhaltung, wobei sich die Betroffenen aufrichten und nach vorne neigen.

Darüber hinaus sorgt das Brechzentrum für einen Anstieg der Herzfrequenz und vegetative Begleiterscheinungen, wie z. B. Speichelfluss und Retroperistaltik. Einen Überblick über Afferenzen und Efferenzen des Brechzentrums zeigt die **Abb. 21.2**.

21.2 Ursachen des Erbrechens

Das Erbrechen ist keine eigenständige Erkrankung, sondern immer ein Symptom bzw. eine Begleiterscheinung einer Erkrankung. Dementsprechend sind die Ursachen für Erbrechen sehr vielfältig. Einen Überblick über mögliche Ursachen des Erbrechens zeigt die **Abb. 21.3**.

21.3 Formen des Erbrechens

Die Formen des Erbrechens können nach dem Zeitpunkt und der Dauer des Auftretens sowie nach der unterschiedlichen Reizung des Brechzentrums eingeteilt werden.

21.3.1 Einteilung nach dem Zeitpunkt des Erbrechens

Bezogen auf den Zeitpunkt des Auftretens des Erbrechens nach dem Einwirken des auslösenden Faktors und der Dauer des Erbrechens werden das akute, das verzögerte, das persistierende, das antizipatorische und das psychogene Erbrechen unterschieden.

Akutes Erbrechen

Erbrechen das innerhalb von Minuten oder Stunden nach der Einwirkung des Stoffes/der Situation, der/die das Erbrechen auslöst, auftritt, wird als akutes Erbrechen bezeichnet. Es hält bis zu 24 Stunden an. Beispiel hierfür ist das Erbrechen aufgrund von Nah-

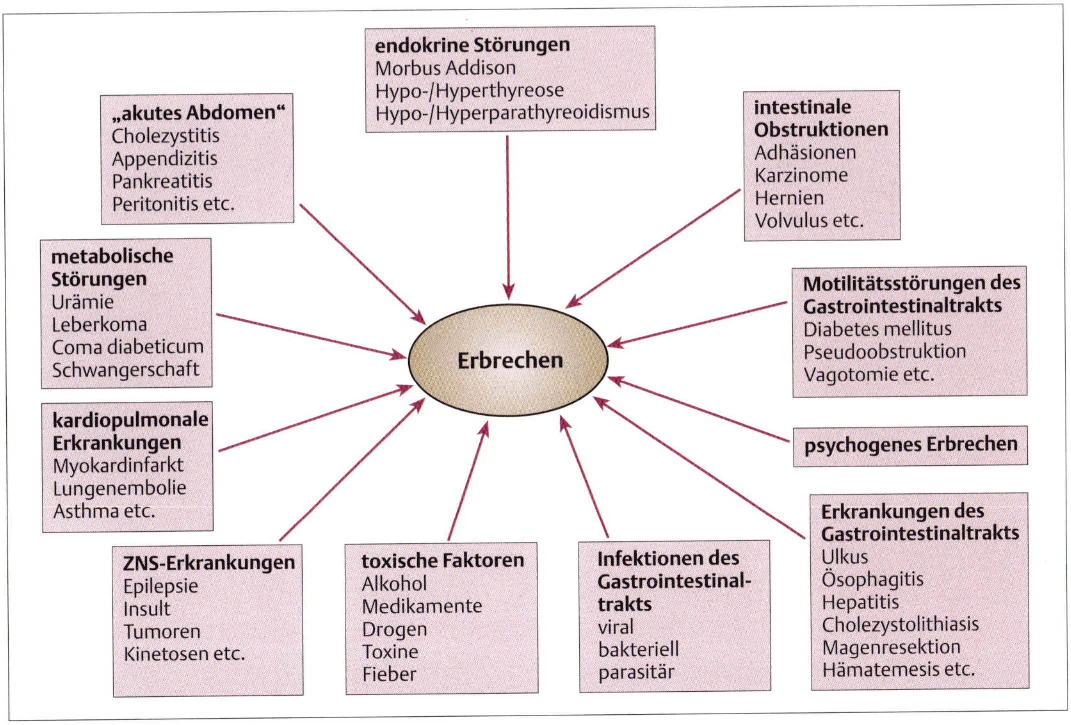

Abb. 21.3 Mögliche Ursachen des Erbrechens (aus: Huchzermeyer, H. (Hrsg.). Erbrechen: ein interdisziplinäres Problem, Thieme, Stuttgart 1997).

rungsmittelunverträglichkeiten oder starken Ekelgefühlen.

Verzögertes Erbrechen
Tritt ein Erbrechen 1 – 4 Tage nach der Exposition auf, wird dies als verzögertes oder protrahiertes Erbrechen bezeichnet. Die Dauer dieser Form des Erbrechens beträgt bis zu 7 Tage.

Persistierendes Erbrechen
Ein länger als 24 Stunden anhaltendes, rezidivierendes wird als persistierendes Erbrechen bezeichnet. Es kommt beispielsweise als Schwangerschaftserbrechen, als sog. emesis gravidarum vor.

Antizipatorisches Erbrechen
Das antizipatorische oder vorweggenommene Erbrechen stellt eine besondere Form dar. Hierbei kommt es zum Erbrechen aufgrund früherer negativer Erfahrungen mit einer Situation, die zum damaligen Zeitpunkt Erbrechen ausgelöst hat. Das antizipatorische Erbrechen setzt jedoch bereits vor dem erneuten Kontakt mit dem auslösenden Stoff ein. Es genügt z. B. allein der Anblick des auslösenden Stoffs. Ein Beispiel hierfür ist das Erbrechen, das bei vielen, mit Zytostatika behandelten Menschen bereits durch den Anblick der entsprechenden Infusion ausgelöst wird.

21.3.2 Einteilung nach der Reizung des Brechzentrums

Bezogen auf die Art der Reizung des Brechzentrums können das zerebrale und das reflektorische Erbrechen unterschieden werden.

Zerebrales Erbrechen
Bei dem zerebralen Erbrechen erfolgt die Reizung des Brechzentrums direkt, d. h. die Ursache liegt im Zentralnervensystem. Beispiele für solche Ursachen sind Schädelhirntraumen, Meningitiden, Medikamente (Narkotika, Zytostatika), Genussmittel (Alkohol) und körpereigene Stoffe (Azeton, Harnstoff). Charakteristisch für das zentrale Erbrechen ist das Fehlen von Übelkeit. Außerdem kann kein zeitlicher Zusammenhang zu einer Nahrungsaufnahme hergestellt werden. Eine Ausnahme bilden hierbei Toxine, die bei Lebensmittelvergiftungen eine direkte Reizung verursachen können.

Reflektorisches Erbrechen
Bei dem reflektorischen Erbrechen erfolgt die Reizung des Brechzentrums indirekt über das vegetative Nervensystem. Die Ursache des Erbrechens liegt hierbei beispielsweise im Gastrointestinaltrakt (Gastritis, Überdehnung des Magens) oder im Bereich des Gleichgewichtsorgans (Reisekrankheit, Morbus Meniere). Daneben können indirekte Reizungen des Brechzentrums u. a. auch durch Gerüche, Ekelgefühle oder Angst hervorgerufen werden. Auch eine Reizung der Rachenschleimhaut, wie sie beim Einlegen einer Sonde oder durch das „Finger-in-den-Hals-stecken" erfolgt, kann ein reflektorisches Erbrechen auslösen.

Dem reflektorischem Erbrechen, das auch als peripheres Erbrechen bezeichnet wird, geht typischerweise ein starkes Übelkeitsgefühl voraus, sofern es nicht durch eine Reizung der Rachenschleimhaut hervorgerufen wird.

Tab. 21.1 gibt einen Überblick über die verschiedenen Formen des Erbrechens.

Vorgang des Erbrechens:

- Erbrechen ist eine Schutzfunktion des Körpers.
- Erbrechen ist keine eigenständige Erkrankung, sondern immer Symptom oder Begleiterscheinung.
- Der Brechreflex wird durch Reizung des im Hirnstamm befindlichen Brechzentrums ausgelöst, an

Tab. 21.1 Formen des Erbrechens

Formen des Erbrechens	*Charakteristika*
Nach dem Zeitpunkt des Auftretens und der Dauer	
• akut	• innerhalb von Minuten/Stunden nach der Einwirkung des Stoffes, Dauer bis zu 24 Std.
• verzögert	• 1 – 4 Tage nach Einwirken des Stoffes, Dauer bis zu 7 Tage
• persistierend	• länger als 24 Std. anhaltend
• antizipatorisch	• Vor Einwirken des Stoffes, aufgrund früherer negativer Erfahrungen
Nach der Art der Reizung des Brechzentrums	
• zerebral	• direkte Reizung des Brechzentrums über das Zentralnervensystem, keine Übelkeit, kein zeitlicher Zusammenhang zur Nahungsaufnahme
• reflektorisch	• indirekte Reizung des Brechzentrums über das vegetative Nervensystem, Übelkeitsgefühl

das im Körper verteilte Rezeptoren organische Störungen gemeldet haben.

- Nach den Ursachen, dem Zeitpunkt, der Dauer des Auftretens und nach der Art der Reizung des Brechzentrums können verschiedene Formen des Erbrechens unterschieden werden.

21.4 Beobachtung des Erbrechens

Das Erbrechen kann hinsichtlich der Art und Weise des Erbrechens, der Farbe, der Menge, des Geruchs, der Zusammensetzung und Beimengungen, bezüglich des Zeitpunkts und der Häufigkeit beobachtet werden.

Ein weiteres Beobachtungskriterium im Zusammenhang mit dem Erbrechen stellen Begleiterscheinungen dar, die vor, während und nach dem Erbrechen auftreten können.

21.4.1 Art und Weise des Erbrechens

Erbrechen kann auf unterschiedliche Art und Weise erfolgen. Als explosionsartig, spastisch, oder schwallartig wird es bei zerebralen Schädigungen (Schädel-Hirn-Trauma, Meningitis) oder bei der Verengung des Magenausgangs, der sog. Pylorusstenose beschrieben. Im Gegensatz hierzu erfolgt das sog. Überlauferbrechen bei fehlendem Brechreflex und atonischer Muskulatur schlaff und fließend. Diese Form tritt beispielsweise bei einer Magen-Darm-Atonie auf.

Typisch für das Erbrechen bei Schwangerschaft und bei der Reisekrankheit ist das würgende Erbrechen, bei dem der Brechvorgang mit starkem Würgereiz einhergeht.

Unter Regurgitation wird das Zurückströmen von Speisebrei in den Mund verstanden, wobei es häufig zu einem anschließende Ausspucken des Speisebreis kommt.

Die Regurgitation tritt u.a. bei Verengungen oder Ausbuchtungen des Ösophagus, sog. Ösophagusstenosen oder Ösophagusdivertikeln auf und kann bei einer Kardiainsuffizienz, der teilweisen oder völligen Schließunfähigkeit des Speiseröhren-Magen-Übergangs beobachtet werden.

21.4.2 Farbe des Erbrochenen

Die Farbe des Erbrochenen ist u.a. abhängig von der Zusammensetzung des Mageninhalts, dem Füllungszustand des Magens und der zugrundeliegenden Erkrankung. Beispiele hierfür sind:

- Lichtgelb bei Erbrechen von Magensaft,
- gelbgrün bei Erbrechen von Galle,
- hellrot bei Erbrechen von frisch blutigem Magensaft,
- dunkel- bis schwarzrot (kaffeesatzartig) bei Erbrechen von durch Magensaft zersetztem Blut,
- bräunlich bei Erbrechen von Kot.

Das Erbrechen von Blut wird als ▸ *Hämatemesis* bezeichnet.

Weist das Erbrechen eine hellrote Farbe auf, muss eine vorliegende frische Blutung im Gastrointestinaltrakt vermutet werden. Nach einer längeren Verweildauer im Magen wird Blut durch den Magensaft zersetzt und erhält so eine dunklere Farbe, die auch als „kaffeesatzartig" beschrieben wird. Eine häufige Ursache hierfür ist ein blutendes Magengeschwür.

Als ▸ *Miserere* oder fäkulentes Erbrechen wird das Koterbrechen bezeichnet, welches bei einem Ileus zu beobachten ist.

21.4.3 Menge des Erbrochenen

Die Menge des Erbrochenen ist sehr stark abhängig von der Nahrungsaufnahme und dem Füllungszustand des Verdauungstrakts und gibt meist nur geringe Hinweise auf die Grunderkrankung. Eine geringe Menge kann ein Hinweis auf einen Sanduhrmagen sein, bei dem sich etwa in der Mitte des Magens eine Einengung findet, z.B. verursacht durch ein Ulcus ventriculi. Bei einer Magenatonie dagegen tritt typischerweise durch eine Ansammlung von Speisen und Flüssigkeit ein Erbrechen von großen Mengen auf.

Um Flüssigkeitsverluste und einen Verlauf festzustellen, ist es notwendig, die Menge des Erbrochenen zu dokumentieren. Hierzu wird das Erbrochene entweder gemessen und in Millilitern bzw. Litern angegeben, gewogen (Grammangabe) oder mit Hilfe von Vergleichsgrößen wie „mundvoll", oder „nierenschalevoll" dokumentiert.

21.4.4 Geruch des Erbrochenen

Ein leicht säuerlicher Geruch kann beim Erbrechen unverdauter Speisen beobachtet werden. Das Erbrechen unverdauter Speisen tritt beispielsweise im Zusammenhang mit Ösophagusdivertikeln, Mageneingangsstenosen oder auch nach zu hastigem Essen auf. Die Verweildauer der Speisen im Magen ist hierbei zu kurz, um von der Magensäure stark durchsetzt zu werden.

Demgegenüber kann ein stark säuerlicher Geruch und ein zumeist leicht schaumiges Aussehen beim Erbrechen angedauter Speisen durch die Zersetzung mit Magensäure beobachtet werden. Es kommt vor allem bei Passagebehinderungen des Magens und des Darms vor. Je länger die Speisen im Verdauungstrakt verbleiben und je mehr sie zersetzt werden, desto stärker verändert sich der säuerliche bis hin zu einem als faulig stinkend zu bezeichnenden Geruch. Bei Miserere, dem Koterbrechen, ist ein fäkulenter, d. h. „stuhlartiger" Geruch wahrnehmbar.

21.4.5 Zusammensetzung, Beimengungen des Erbrochenen

Auch die Zusammensetzung bzw. die Beimengungen des Erbrochenen können Hinweise auf die Ursache des Erbrechens geben. So kann beispielsweise das Erbrechen unverdauter Nahrung auf eine hochsitzende Ösophagusstenose oder Ösophagusdivertikel hinweisen, das Erbrechen von Schleim auf eine Gastritis. Blutbeimengungen (Hämatemesis) können durch Erkrankungen des Magen-Darm-Traktes (z. B. Ulcus ventriculi, Ulcus duodeni), Ösophagusvarizen oder auch durch Intoxikationen mit beispielsweise Formaldehyd hervorgerufen werden. Fäkalteile sind bei Miserere Bestandteil des Erbrochenen.

21.4.6 Zeitpunkt und Häufigkeit des Erbrechens

Auch die Beobachtung des Zeitpunkts und der Häufigkeit des Erbrechens stellt ein wichtiges Beobachtungskriterium dar. Beobachtet werden müssen vor allem mögliche Zusammenhänge mit:

- der Nahrungsaufnahme,
- der Tageszeit,
- der Einnahme von Medikamenten,
- speziellen Situationen (z. B. Zytostatikabehandlungen),
- Schmerzen,
- Bewegungen, Lageveränderungen,
- der emotionalen Befindlichkeit (z. B. Aufregung, Angst, Ekel).

Beispiele für zeitliche Zusammenhänge, vor allem in Bezug zur Nahrungsaufnahme und mögliche Ursachen zeigt **Tab. 21.2**. Ist keinerlei Zusammenhang zwischen dem Zeitpunkt der Nahrungsaufnahme und anderen Situationen, Ereignissen und dem Zeitpunkt des Erbrechens erkennbar, so kann dies ein Hinweis auf ein zerebrales Erbrechen sein.

Ein periodisches Erbrechen, d. h. ein in mehr oder weniger regelmäßigen Schüben auftretendes Erbrechen, ist beispielsweise bei Migräne und Morbus Meniere zu beobachten.

Ein Erbrechen, welches regelmäßig wiederkehrt, wird als zyklisches Erbrechen bezeichnet und tritt beispielsweise bei einer Pylorusstenose und nach Magenresektion auf.

Die Reihenfolge von Schmerzeintritt und Erbrechen spielt bei der Beobachtung ebenfalls eine wichtige Rolle. So folgt beispielsweise das Erbrechen bei entzündlichen Darmerkrankungen nach Bauchschmerzen.

Im Gegensatz hierzu können bei einer Gastroenteritis zuerst Übelkeit und Erbrechen und danach Bauchschmerzen und Durchfall beobachtet werden. Treten unmittelbar nach dem Erbrechen Oberbauchschmerzen auf, so lässt dies an eine Gastritis denken. Weitere Hinweise auf einen Zusammenhang zwischen Erbrechen und dem Auftreten von Schmerzen sind der **Tab. 21.3** zu entnehmen.

Tab. 21.2 Zeitpunkt des Erbrechens im Zusammenhang mit der Nahrungsaufnahme und mögliche Ursachen

Zeitpunkt des Erbrechens	*Mögliche Ursachen, z. B.:*
direkt nach dem Schluckakt	• hochsitzende Ösophagusstenose
unmittelbar nach der Nahrungsaufnahme	• akuter Reizmagen • psychisch bedingt (z. B. bei Ekel)
5 – 30 Min. nach dem Essen	• Nahrungsmittelallergie • Pylorusstenose • Tumor, Ulkus
bis etwa 1 Std. postprandial	• nach Magenresektion (Typ Billroth II)
bis etwa 12 Std. postprandial	• Postvagotomiestase • stenosierendes Magen-Karzinom
morgendliches Erbrechen (Nüchternerbrechen)	• Schwangerschaft • Alkoholismus • Stoffwechselstörungen
nachts	• Ulkus • Gallenwegserkrankungen

Tab. 21.3 Erbrechen und Begleitsymptome (aus: Dahmer, J.: Anamnese und Befund: Die ärztliche Untersuchung als Grundlage klinischer Diagnostik, 8. Aufl., Thieme, Stuttgart 1998)

Qualität	*Hämatemesis Teerstuhl okk. Blut*	*Erbrechen: Nahrungsaufnahme*	*Erleichterung*	*Krankheitsbild*	*Erbrechen: Beginn Bauchschmerzen*	*pathognomonische Begleitsymptome*
saurer Schleim Speisereste	(+)	unmittelbar danach	+	Gastritis	vor epigastrischem Bauchschmerz	saures Aufstoßen
Nahrungsreste		danach	+	infektiöse Gastroenteritis	vor epigastrischem Bauchschmerz	großvolumiger Durchfall, Fieber
uneinheitlich		unabhängig		Perforation o. ä. perakute Peritonitis	gleichzeitig bis Minuten danach bedingt	Vernichtungsschmerz, Peritonitiszeichen
gallig bis fäkulent		unabhängig	+	Ileusursachen gastrokolische Fistel	nach Bauchschmerz koliksynchron. UQ	Ileuszeichen
Nahrungsreste		nach schwerem Mahl		Pankreaserkrankungen	sofort oder bald nach Bauchschmerz, OQ	Gürtelschmerz Auftreibung
uneinheitlich		nach schwerem Mahl		Gallen-(System-) Erkrankungen	nach krampfartigen Schmerzen ROQ	Murphy-Zeichen
uneinheitlich		unabhängig		Harnwegssteine	nach UQ- oder Lendenschmerz	Hämaturie, Dysurie
uneinheitlich		unabhängig		Adnexitis	nach Bauchschmerz UQ	Druck- und Verschiebeschmerz, Entzündungs-Zeichen
wenig Flüssigkeit, wenig Speisereste	+	bald danach	+	Ulcus ventriculi	nach epigastrischem Bauchschmerz	Ulkusanamnese, Anatazida wirken
viel Flüssigkeit, viel Speisereste	+	danach	+	Ulcus duodeni	nach epigastrischem Bauchschmerz	Nüchternschmerz
mäßig übelriechend	+	lange danach	+	Pylorusstenose	danach ROQ	Erbrechen im Schwall
Speisereste oder Schleim	+	uneinheitlich	+	Magenkarzinom	epigastrischer Dauerschmerz	Gewichtsabnahme, Anämie
kleinste Mengen				Sanduhrmagen		abnormes Sättigungsgefühl
Speisereste		danach		Lebensmittel- (u. a.) Intoxikation, Urämie	vor epigastrischem Bauchschmerz	Bewusstseinsstörungen, urämischer Geruch des Erbrochenen
wässrig morgens				Azidose, Alkoholismus		
uneinheitlich		unabhängig		Hirndruck	kein Bauchschmerz	Liquorveränderungen ohne Übelkeit, Lähmungen
uneinheitlich		unabhängig		Labyrintherkrankungen	kein Bauchschmerz	Schwindel, bewegungsabhängig

21.4.7 Begleiterscheinungen des Erbrechens

Begleiterscheinungen, die beim Erbrechen auftreten können, sind vor allem Übelkeit, die auch als ▸ *Nausea* bezeichnet wird, ▸ *Würgen* und vegetative Begleitsymptome wie beispielsweise Tränen- und Speichelfluss.

Übelkeit kann als ein unangenehmes, nicht schmerzhaftes Gefühl im hinteren Bereich der Kehle und im Magen-Darm-Bereich bezeichnet werden. Häufig besteht begleitend das Gefühl, bald erbrechen zu müssen, doch folgt nicht jeder Übelkeit auch ein Erbrechen.

Die Pathophysiologie der Übelkeit ist noch nicht genau bekannt, doch sind Zusammenhänge zwischen der Magen-Darm-Motilität und dem Auftreten von Übelkeit feststellbar. So wird beispielsweise bei einer Magenentleerungsstörung ein Druckanstieg im Magen, der einen Dehnungsreiz des Gastrointestinaltrakts auslöst, als Ursache für Nausea angenommen.

Die Funktion der Übelkeit ist ebenfalls noch nicht genau geklärt, doch kann angenommen werden, dass es sich hierbei ebenfalls, wie beim Erbrechen, um ein Warnsignal des Körpers vor oder bei der Zufuhr bestimmter Stoffe handelt.

Ein weiteres, häufig beobachtbares Begleitsymptom ist das Würgen. Hierbei handelt es sich eigentlich um ein Atmen gegen die geschlossene Stimmritze (**Abb. 21.4**), wobei die thorakale Atmung und die Bauchpresse einander entgegen wirken. Im Gegensatz zum Erbrechen ist der Mund zumeist geschlossen und es besteht ein negativer Thoraxdruck. Das Würgen ist charakterisiert durch rhythmische Kontraktionen der Atem- und Abdominalmuskulatur, die plötzlich, kurz vor dem Erbrechen auftreten.

Angenommen wird, dass das Würgen dazu dient, den Inhalt des Magens und des Duodenums in eine zum Ausstoß geeignete Position zu bringen. Ist der Magen leer, so kann es auch zu einem Würgen ohne nachfolgendem Erbrechen kommen, was für den betroffenen Menschen zumeist noch unangenehmer ist als das Erbrechen selbst.

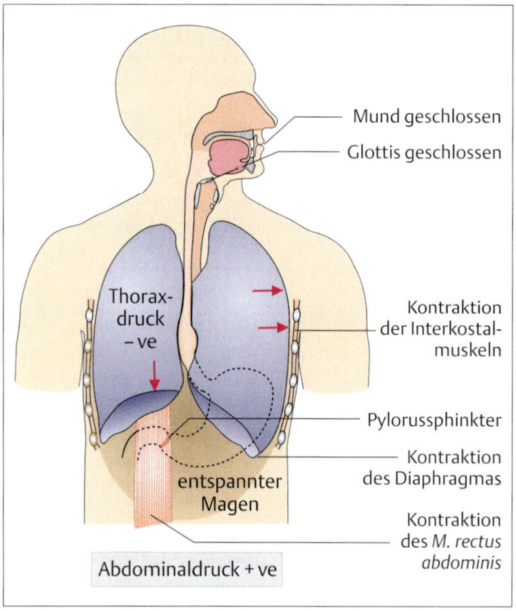

Abb. 21.4 Würgen (aus: Hawthorn, J.: Übelkeit und Erbrechen: Grundlagen – Ursachen – Interventionen, Ullstein Medical, Wiesbaden 1998).

21.5 Ergänzende Beobachtungskriterien

So verschieden die zugrundeliegenden Ursachen des Erbrechens sein können, so verschieden können auch die weiteren feststellbaren Veränderungen sein, die vor, während oder nach dem Erbrechen zu beobachten sind. Neben Blässe, starkem Schwitzen, Veränderungen der Pulsfrequenz und des Blutdrucks kann beispielsweise auch eine Veränderung der Körpertemperatur bei entzündlichen Magen-Darmerkrankungen beobachtet werden.

Bei blutigem Erbrechen sind oftmals auch Blutbeimengungen im Stuhl feststellbar, bei Erbrechen aufgrund von Labyrintherkrankungen Schwindelgefühle. Folge eines anhaltenden Erbrechens kann außer einer Gewichtsabnahme auch eine Dehydratation sein, weshalb bei Erbrechen auch immer die Haut und Schleimhäute auf entsprechende Veränderungen hin inspiziert werden müssen.

Beobachtung des Erbrechens:

- Die unterschiedliche Art und Weise des Erbrechens kann auf verschiedene Erkrankungen hinweisen.
- Regurgitation ist das Zurückströmen von Speisebrei in den Mund, das bei Ösophagusstenosen, Kardiainsuffizienz und Schließunfähigkeit des Speiseröhren-Magen-Übergangs auftritt.
- Die Farbe des Erbrochenen ist abhängig von der Zusammensetzung des Mageninhalts, dem Füllungszustand des Magens und der zugrundeliegenden Erkrankung.
- Aus der Menge von Erbrochenem lassen sich nur schwer Rückschlüsse auf Erkrankungen ziehen.
- Bei unverdauter Nahrung ist an Ösophagusstenose, bei Schleim an Gastritis, bei Blutbeimengungen an Erkrankungen des Magen-Darm-Traktes zu denken.
- Der Zeitpunkt ist ein wichtiger Faktor, z. B. periodisches oder zyklisches Erbrechen, die Reihenfolge von Schmerzeintritt und Erbrechen.
- Begleiterscheinungen von Erbrechen sind Nausea, Würgen und vegetative Begleitsymptome.

21.6 Besonderheiten bei Kindern

Sigrid Flüeck

Im Säuglings- und Kleinkindalter ist das Brechzentrum leicht irritierbar, so dass es gerade in diesem Alter häufig zum Erbrechen kommen kann. Oftmals ist dieses Erbrechen harmlos, es kann aber auch ein Symptom einer ernsten Erkrankung darstellen. Insbesondere für Kinder ist das Erbrechen ein wichtiger Schutzreflex. Bei einer Gewichtszu- oder -abnahme muss daher immer eine Untersuchung zum Ausschluss pathologischer Ursachen durchgeführt werden. Unkontrolliertes oder übermäßiges Essen zu einem falschen Zeitpunkt, z. B. vor längerer Autofahrt oder Flug, sowie Stresssituationen wie Trennung von den Eltern führen insbesondere bei kleineren Kindern meist zu einem Erbrechen. Fühlt sich das Kind anschließend wieder wohl, so ist es als unbedeutend anzusehen. Mehrmaliges Erbrechen sollte jedoch hinsichtlich möglicher physischer oder auch psychischer Ursachen untersucht werden.

Unterschieden werden muss außerdem zwischen einem Erbrechen und dem sog. Speien, das dazu dient, Luft aus dem Magen zu entfernen. Trinkt ein Baby sehr hastig oder sind die Ess- und Trinkhilfen nicht entsprechend ausgewählt (z. B. zu großes Saugloch) kann es in Verbindung mit dem Aufstoßen zu einer geringen Abgabe von Nahrungsresten aus dem Magen über den Mund kommen. Es handelt sich dabei um einen natürlichen Vorgang, der nicht als echtes organisches Erbrechen definiert werden kann. Aus dem zunächst unbedenklichen Spucken bzw. Speien kann sich ein habituelles Erbrechen entwickeln, insbesondere dann, wenn neben der Gewöhnung noch eine unruhige und/oder emotional unbefriedigende Umgebung besteht.

Des Weiteren muss zwischen einem Erbrechen und der Rumination unterschieden werden. Bei der Rumination handelt es sich um eine willkürlich ausgelöste Regurgitation wobei durch Würgen, oftmals in Verbindung mit Manipulationen wie beispielsweise Fingerlutschen oder Zungenbewegungen der Mageninhalt zurück in den Mund befördert wird. Anschließend wird der Mageninhalt erneut gekaut und hinuntergeschluckt. Es kann hierbei aber auch zum Ausspucken oder Auslaufen aus dem Mund von einem Teil des in den Mund zurückbeförderten Ma-

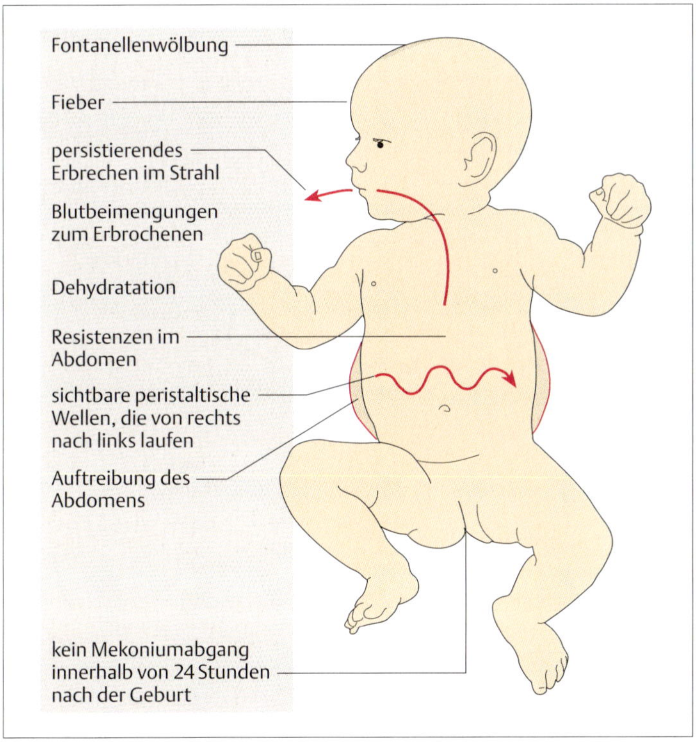

Abb. 21.5 Symptome im Zusammenhang mit Erbrechen bei Säuglingen, die auf eine ernsthafte Erkrankung hinweisen. Akutes Erbrechen bei Säuglingen, Symptome, die eine ernsthafte Erkrankung vermuten lassen und eine Hospitalisierung notwendig machen (aus: Sitzmann, F. C. (Hrsg.): Pädiatrie, Hippokrates, Stuttgart 1995).

Tab. 21.4 Typisches Erbrechen und mögliche Ursachen bei Kindern (modifiziert nach: CONSILIUM CEDIP PRACTICUM, 24. Aufl., PMSI Cedip Verlagsgesellschaft mbH, Ismaning bei München 1996)

Brechcharakter	*Zeitlicher Ablauf*	*Inhalt*	*Nebensymptome*	*Mögliche Ursachen*
Neugeborene				
schlaff	unmittelbar nach dem Trinken	Milch	–	Ösophagusatresie
schlaff	unmittelbar nach dem Trinken	Milch	Husten, Zyanose	Ösophagusstenose, Ösophagusstriktur
im Schwall	verzögert nach dem Trinken	Milch, Magensaft	Magensteifungen	Duodenalstenose, Duodenalatresie
im Schwall	unregelmäßig	Blut	blutige Stühle	verschlucktes Blut
Neugeborene, Säuglinge				
im Schwall	unmittelbar nach dem Trinken	Milch, Magensaft	Magensteifungen, Koliken, tastbare Olive	Pylorusstenose
im Schwall oder schlaff	unmittelbar nach dem Trinken	Milch, Magensaft, Galle	akutes Abdomen, Schock	Ileus bei Volvulus
im Schwall	intermittierend mit symptomfreien Phasen	Milch, Magensaft, Galle	akutes Abdomen im Wechsel mit symptomfreiem Intervall	Invagination
schlaff oder im Schwall	nach den Mahlzeiten	Mageninhalt	Erbrechen oft mit Aufstoßen	Aerophagie
schlaff oder im Schwall	nach den Mahlzeiten	Mageninhalt	–	gastro-ösophagealer Reflux (GER)
schlaff	unregelmäßig	Mageninhalt	Gedeihstörung, Gewichtsstillstand oder Verlust	Laktatazidosen, organ. Azidämien/-urien
schlaff	nach den Mahlzeiten	Mageninhalt	Gedeihstörung	Rumination
im Schwall oder schlaff	unmittelbar oder verzögert nach dem Trinken	Milch, Magensaft	Durchfälle, Hyponatriämie, Hyperkaliämie, Schock	adrenogenitales Syndrom mit Salzverlust
Klein- und Schulkinder				
schlaff oder im Schwall	unregelmäßig	Mageninhalt	–	azetonämisches Erbrechen
schlaff oder im Schwall	unregelmäßig	Mageninhalt	–	psychogenes Erbrechen
Lebensaltersunabhängig				
im Schwall	nach den Mahlzeiten	Mageninhalt ± Galle	Bauchschmerzen Durchfall ↑↑	Gastroenteritis
im Schwall	plötzlich aus voller Gesundheit	Mageninhalt ± Galle	Durchfall, neurologische Symptome: Apathie, Krämpfe, Koma	Intoxikation
im Schwall	plötzlich auftretend	Blut	Hepatomegalie, Splenomegalie	Ösophagusvarizen
schlaff oder im Schwall	nach den Mahlzeiten	Mageninhalt	Regurgitation	Ösophagusstenose, -striktur
schlaff oder im Schwall	nach den Mahlzeiten	Mageninhalt	Engegefühl, Hustenanfälle, Asthmaanfälle	Achalasie
schlaff oder im Schwall	unregelmäßig	Mageninhalt	Kopfschmerzen, Bauchschmerzen	Migräne

geninhalts kommen. Die Rumination ist vor allem im Säuglingsalter als Zeichen einer Verhaltensstörung vor allem bei vernachlässigten Säuglingen in den ersten 4 – 5 Monaten zu beobachten.

Häufige Ursachen für Erbrechen in unterschiedlichen Lebensaltern sind in **Tab. 21.4** aufgeführt. Wie bei Erwachsenen, so ist auch bei Kindern die Form des Erbrechens und der zeitliche Abstand zur Nahrungsaufnahme ein wichtiger Beobachtungspunkt. Im Zusammenhang mit der Zusammensetzung des Erbrochenen und auftretender Begleitsymptome können sie Hinweise auf die mögliche Ursache geben.

Beim Auftreten der in **Abb. 21.5** dargestellten Symptome in Verbindung mit einem akuten Erbrechen sollte eine sofortige ärztliche Abklärung erfolgen, da sie auf ernsthafte Erkrankungen hinweisen. Daneben muss bei Neugeborenen, Säuglingen und Kleinkindern ein besonderes Augenmerk auf Veränderungen des Gewichts gelegt werden und auf Mimik, Gestik und andere nonverbale Äußerungen, die auf eine starke Beeinträchtigung des Wohlbefindens und auf Schmerzen schließen lassen.

21.7 Besonderheiten bei älteren Menschen

Da ältere Menschen oftmals unter mehreren Erkrankungen leiden, die eine medikamentöse Behandlung erforderlich machen, ist bei ihnen häufiger ein medikamentös bedingtes Erbrechen zu beobachten. Medikamente, die Erbrechen als Nebenwirkung hervorrufen, sind neben Zytostatika, Digitalispräparate, Tetrazykline, Antirheumatika und Sulfonamide. Auch Wechselwirkungen verschiedener Pharmaka können Erbrechen auslösen.

Da es gerade auch im Alter vermehrt zu Hirnblutungen kommen kann, ist das zerebrale Erbrechen (akut, schwallartig, ohne vorausgehende Übelkeit) immer ein Alarmsignal, welches unbedingt abgeklärt werden muss.

Häufige metabolische Ursachen des Erbrechens im Alter stellen das diabetische Koma und die Niereninsuffizienz mit Urämie dar. Aber auch kardiale Erkrankungen wie z. B. eine Herzinsuffizienz oder ein Herzinfarkt können Erbrechen auslösen. Darüber hinaus kann bei älteren Menschen Erbrechen das alleinige Zeichen einer abdominellen Erkrankung sein.

Aufgrund der häufigen Multimorbidität älterer Menschen können verschiedene Folgen des Erbrechens wie z. B. eine Dehydratation, Elektrolytentgleisungen, eine metabolische Alkalose, aber auch Verwirrtheitszustände vermehrt beobachtet werden.

Besonderheiten bei Kindern und älteren Menschen:

- Bei Kindern ist das Brechzentrum leicht reizbar, jedoch muss bei mehrmaligem Erbrechen doch auf psychisch oder physische Ursachen hin untersucht werden.
- Unterschieden werden muss zwischen Erbrechen und dem sog. Speien und Rumination.
- Besonders muss im Zusammenhang mit Erbrechen auf Gewichtsveränderungen und Zeichen einer Dehydratation geachtet werden.
- Bei alten Menschen ist aufgrund der Multimorbidität häufiger ein medikamentös bedingtes Erbrechen zu beobachten.

21.8 Fallstudien

Einen Schwerpunkt bei der Pflege von Menschen, die unter Erbrechen leiden, stellt neben der Beobachtung des Erbrechens die Beobachtung des Betroffenen bezüglich möglicher Folgen und Komplikationen dar. Das Erkennen dieser Risiken und die entsprechende Überwachung sind die Basis für die Planung pflegerischer Interventionen. Für die Betroffenen steht zumeist die Übelkeit und das Erbrechen selbst im Vordergrund, da es als äußerst unangenehm empfunden wird. Anhaltendes Erbrechen kann daneben zu einer Einschränkung in der Ausführung alltäglicher Verrichtungen führen und die Lebensqualität erheblich beeinträchtigen.

Fallstudie Frau Gaster

Frau Gaster ist 29 Jahre alt und erwartet ihr erstes Kind. Sie befindet sich in der 8. Schwangerschaftswoche und leidet seit Tagen unter einem unstillbaren Erbrechen. Es tritt unabhängig von der Nahrungsaufnahme auf und wird begleitet von einem starken Übelkeitsgefühl. Da Frau Gaster inzwischen 2 kg an Gewicht abgenommen hat und zudem Zeichen einer beginnenden Exsikkose aufweist, wurde sie mit der Diagnose „Hyperemesis gravidarum“ in die Klinik eingewiesen. Hier wurden u. a. Bettruhe, Nahrungskarenz und eine Infusionstherapie angeordnet.

Frau Gaster gab bei dem Aufnahmegespräch an, zunächst nicht in die Klinik kommen zu wollen, doch da sie und ihr Mann sich sehr auf das Kind freuen, habe sie der Einweisung nach einem langen Gespräch mit ihrem Gynäkologen doch zugestimmt. Jetzt sei sie froh darüber, da sie sich sehr schlapp und müde fühle und keinerlei Risiko eingehen möchte, um ihrem ungeborenen Kind nicht zu schaden. Die pflegerischen Maßnahmen, die bei Frau Gaster bezüglich ihres Erbrechens durchgeführt werden, sind in dem Auszug aus ihrem Pflegeplan (**Tab. 21.5**) aufgeführt.

Fallstudie Katie

Katie, 6 Wochen alt, wurde vom Kinderarzt mit der Diagnose „hypertrophe Pylorusstenose" eingewiesen. Seit 2 Tagen erbricht Katie unmittelbar nach jeder Mahlzeit plötzlich und vehement (schwallartig), wobei die Intensität immer mehr zugenommen hat. Die Mutter berichtet zudem von „sichtbaren Darmbewegungen" (peristaltischen Wellen). Katie ist sehr unruhig und zeigt einen greisenhaften, sorgenvollen Gesichtsausdruck. Da das Kind Zeichen einer Dehydratation aufweist und eine Elektrolytverschiebung festgestellt wurde, ist eine Infusionstherapie angeordnet worden. Ein genauer Operationstermin wurde noch nicht festgelegt. **Tab. 21.6** zeigt einen Auszug aus dem Pflegeplan von Katie.

Fazit: Der vom Brechzentrum gesteuerte Brechreflex ist ein Schutzmechanismus des Körpers vor schädigenden Stoffen. Erbrechen ist somit immer ein Symptom für pathologische Ereignisse. Entsprechend vielfältig sind seine

Tab. 21.5 Auszug aus dem Pflegeplan von Frau Gaster

Pflegeproblem	*Ressourcen*	*Pflegeziele*	*Pflegemaßnahmen*
Frau Gaster leidet unter unstillbarem Schwangerschaftserbrechen, begleitet von starker Übelkeit	• Frau Gaster und ihr Mann freuen sich auf ihr Kind • Frau Gaster möchte Risiken für ihr ungeborenes Kind vermeiden	Frau Gaster • erbricht weniger • hat weniger Übelkeitsgefühle • besitzt ein verbessertes Wohlbefinden	• geeignetes Auffangbehältnis (Nierenschale) und Tücher in Reichweite bereitstellen • bei Bedarf Wandschirm aufstellen • Beobachtung des Erbrechens (Häufigkeit, Zeitpunkt, Aussehen, Menge, Begleitsymptome, auslösende Faktoren) • Informationsgespräch über Nahrungskarenz (ggf. Gespräch mit Arzt vermitteln) • Mundspüllösung nach Wunsch bereitstellen • nach jedem Erbrechen Möglichkeit geben, zumindest Gesicht und Hände zu waschen, Weiteres nach Wunsch • Wäschewechsel bei Bedarf

Tab. 21.6 Auszug aus dem Pflegeplan von Katie

Pflegeproblem	*Ressource*	*Pflegeziele*	*Pflegemaßnahmen*
Katie erbricht schwallartig nach jeder Nahrungszufuhr aufgrund einer hypertrophen Pylorusstenose	Mutter von Katie wird mitaufgenommen	Katie • erbricht weniger, kann Nahrung bei sich behalten • besitzt ein verbessertes Wohlbefinden	• Beobachtung des Erbrechens (Art, Menge, Aussehen, Zeitpunkt) • nach Erbrechen Mundpflege durchführen • 12 kleine Mahlzeiten verabreichen (siehe Plan): – Oberkörperhochlagerung – langsam verabreichen – kleines Saugloch verwenden – „Aufstoß-Pausen" einlegen – ruhige Atmosphäre • nach der Mahlzeit – rechte Seitenlage – 30°-Schräglage • Information der Mutter über Mahlzeiten und Verabreichung

möglichen Ursachen. Die Formen des Erbrechens können unterschieden werden nach dem Zeitpunkt des Auftretens in Abhängigkeit vom auslösenden Faktor und nach der Art der Reizung des Brechzentrums.

Das Erbrechen wird hinsichtlich der Kriterien Art und Weise des Erbrechens, Farbe, Menge, Geruch, Zeitpunkt und Häufigkeit sowie Beimengungen und Begleiterscheinungen beobachtet. Erbrechen bedeutet für die betroffenen Menschen eine große psychische und physische Belastung, die eine intensive pflegerische Begleitung erforderlich macht.

CONSILIUM CEDIP PRACTICUM: Handbuch für Diagnose und Therapie, 24. Aufl., PMSI Cedip, Ismaning bei München 1996

Dahmer, J.: Anamnese und Befund: Die ärztliche Untersuchung als Grundlage klinischer Diagnostik, 8. Aufl., Thieme, Stuttgart 1998

Delz, C.: Krankenbeobachtung, Springer, Berlin 1994

Füsgen, I.: Der ältere Patient: Problemorientierte Diagnostik und Therapie, 2. Aufl., Urban & Schwarzenberg, München 1996

Gerlach, U., N. van Husen, H. Wagner, W. Wirth: Innere Medizin für Pflegeberufe, 4. Aufl., Thieme, Stuttgart 1994

Hawthorn, J.: Übelkeit und Erbrechen: Grundlagen-Ursachen-Interventionen, Ullstein Medical, Wiesbaden 1998

Hertl, M.: Kinderheilkunde und Pflege, 8. Aufl., Thieme, Stuttgart 1996

Hoehl, M., P. Kullick: Kinderkrankenpflege und Gesundheitspflege, Thieme, Stuttgart 1998

Huchzermeyer, H.: Erbrechen – ein interdisziplinäre Problem, Thieme, Stuttgart 1997

Janneck, C.: Kinderchirurgie für Krankenpflegeberufe, 5. Aufl., Thieme, Stuttgart 1996

Juchli, L.: Pflege. Praxis und Theorie der Gesundheits- und Krankenpflege, 8. Aufl., Thieme, Stuttgart 1997

Köther, I., E. Gnamm: Altenpflege in Ausbildung und Praxis, 3. Aufl., Thieme, Stuttgart 1995

Kraus, W.: Kompendium der sensitiven Krankenbeobachtung durch das Krankenpflegepersonal, 3. Aufl., Fresenius AG, Bad Homburg 1989

Kühl, P. (Hrsg.): Klinikleitfaden Kinderkrankenpflege, Gustav Fischer, Lübeck 1997

Lüders, D., E. Schönau (Hrsg.): Lehrbuch für Kinderkrankenschwestern, Band 2, Das kranke Kind und seine Behandlung, 12. Aufl., Enke, Stuttgart 1997

Pschyrembel: klinisches Wörterbuch, 258. Aufl., Walter de Gruyter, Berlin 1997 (CD-Rom)

Raue, W. (Hrsg.): Kinderkrankenpflege und spezielle Krankheitslehre, 4. Aufl., Ullstein Mosby, Wiesbaden 1995

Seel, M.: Die Pflege des Menschen, 3. Aufl., Brigitte Kunz, Hagen 1998

Silbernagl, S., A. Despopoulos: Taschenatlas der Physiologie, 4. Aufl., Thieme, Stuttgart 1991

Sitzmann, C. (Hrsg.): Pädiatrie, Hippokrates, Stuttgart 1995

Wegmann, H. (Hrsg.): Die professionelle Pflege des kranken Kindes, Urban & Schwarzenberg, München 1997

22 Sputum

Panajotis Apostolidis

Übersicht

Einleitung · 370
22.1 **Beobachtung des Sputums** · 370
22.1.1 **Sputummenge** · 371
22.1.2 **Sputumfarbe** · 371
22.1.3 **Sputumgeruch** · 372
22.1.4 **Sputumkonsistenz** · 372
22.1.5 **Sputumzusammensetzung und Beimengungen** · 372
22.1.6 **Zeitpunkt des Sputumauswurfes** · 372
22.2 **Ergänzende Beobachtungskriterien** · 372
22.3 **Besonderheiten bei Kindern** · 373
22.4 **Besonderheiten bei älteren Menschen** · 373
22.5 **Fallstudien und mögliche Pflegediagnosen** · 373
Fazit · 375
Literatur · 375

Schlüsselbegriffe:

- ▸ *Auswurf*
- ▸ *Expektoration*

Einleitung

Bei schweren Erkältungskrankheiten hat fast jeder schon einmal unter Auswurf, dem sogenannten Sputum gelitten. Ähnlich wie Erbrochenes, ist auch das Sputum bei vielen Menschen mit starken Ekelgefühlen behaftet. Aus diesem Grund erfordert die Pflege von Menschen mit vermehrtem Auswurf ein hohes Einfühlungsvermögen der Pflegepersonen. Das ausgehustete Bronchialsekret kann als Krankheitssymptom darüber hinaus wichtige Hinweise auf die Art der zugrunde liegenden Erkrankung liefern.

Das folgende Kapitel beschreibt die Beobachtungskriterien des Sputums und geht auf mögliche Ursachen für eine vermehrte Bronchialsekretion ein.

Als Sputum, ▸ *Auswurf* oder ▸ *Expektoration* wird das ausgehustete Bronchialsekret bezeichnet.

Die sezernierenden Zellen der unteren Atemwege produzieren ein schleimiges Sekret. Es breitet sich als dünne, undurchsichtige Schicht aus und schützt so die Bronchialschleimhaut vor Austrocknung und vor schnellen Temperaturschwankungen.

Daneben dient es der Reinigung der Bronchialschleimhaut von inhalierten Partikeln. Flimmerhärchen verhindern, dass das Bronchialsekret in die tiefer gelegenen Bronchioli gelangt.

Die normale Bronchialsekretion ist so gering, dass sie nicht auffällt. Diese sehr kleinen Mengen, die ein helles, glasiges Aussehen besitzen, werden unbemerkt durch Räuspern oder vereinzeltes leichtes Husten aus den unteren Atemwegen nach oben in den Mundbereich befördert und oftmals mit Speichel vermischt geschluckt.

Ein vermehrtes Bronchialsekret, welches dann mit Hilfe eines produktiven Hustens (s. a. 11.3.6) ausgeworfen wird, deutet somit immer auf ein pathologisches Geschehen hin.

Bei einem gesunden Menschen tritt kein Sputum auf.

22.1 Beobachtung des Sputums

Bei der Beobachtung des Sputums muss sichergestellt sein, dass es sich um Sputum und nicht um Speichel handelt. Die Kriterien der Beobachtung sind Menge, Farbe, Geruch, Konsistenz, Zusammensetzung bzw. Beimengungen des Sputums und der Zeit-

punkt des Auswurfes. Durch die Möglichkeit, das Sputum bakteriologisch, mikroskopisch und zytologisch zu untersuchen, ist die makroskopische Beobachtung des Sputums zwar mehr und mehr in den Hintergrund getreten, gehört aber noch immer zu den ersten Routineuntersuchungen bei Menschen mit Atemwegserkrankungen.

Verschiedene medikamentöse Therapien (z.B. Antibiotika, Sekretolytika) können ebenfalls Veränderungen des Sputums, z.B. hinsichlich des Aussehens und der Menge hervorrufen. Dadurch ist das eigentliche, charakteristische Aussehen des Sputums nur noch selten zu beobachten.

Da es sich beim Sputum um potentiell infektiöses Material handelt, sind beim Umgang damit grundsätzlich Handschuhe zu tragen. Zur genauen Betrachtung des Sputums wird dieses in einem Sputumbecher (Einmalbecher mit Deckel aus durchsichtigem Material) gesammelt.

Wird in den Becher eine Desinfektionslösung gegeben, so ist dies bei der Beurteilung des Sputums zu berücksichtigen. Das bedeutet auch, dass der damit versetzte Auswurf für bakteriologische Untersuchungen nicht verwendet werden kann.

Sind die unter einer vermehrten Sekretion leidenden Menschen nicht oder nur ungenügend in der Lage, das Sekret abzuhusten, muss ggf. eine Absaugung vorgenommen werden, um eine Verlegung der Atemwege zu verhindern.

Die Beobachtungskriterien des Sputum sind Menge, Farbe, Geruch, Konsistenz, Zusammensetzung und Zeitpunkt des Auswurfes.

22.1.1 Sputummenge

Die Sputummenge wird mit Ausdrücken wie maulvoll, reichlich und spärlich beschrieben. Eine sog. maulvolle Expektoration, die zumeist morgendlich erfolgt, ist charakteristisch für sackförmige Ausbuchtungen der Bronchien, sog. Bronchiektasen. Während eines Tages kann dabei die Gesamtsputummenge bis zu 2 Litern betragen.

Aber auch bei Lungentuberkulose sind maulvolle Expektorationen zu beobachten. Reichliches Sputum tritt vor allem bei Bronchitiden und Pneumonien auf, während eine spärliche Sputummenge bei einem Bronchialkarzinom oder einer spastischen Bronchitis bei Allergie registriert werden kann.

Eine reichliche Sekretion kann zudem bei Intubierten und nach einem häufigen Absaugen des Mund-Nasen-Rachenraumes beobachtet werden. Dies ist zurückzuführen auf die Reizung der Schleimhäute, die mit einer Mehrproduktion von Sekret reagieren.

Um die Menge genau beurteilen zu können, ist die Sputummenge anhand einer Skala, die sich am Sputumbecher befindet, abzumessen und zu dokumentieren.

22.1.2 Sputumfarbe

Ein glasiges Sputum tritt bei Asthma bronchiale und Pertussis auf. Eine weißliche Farbe besitzt das Sputum beim sog. Raucherhusten und gilt als Zeichen einer chronischen Bronchitis. Bakterielle Infektionen der Atemwege, wie beispielsweise eine eitrige Bronchitis, rufen eine gelbliche bis gelbgrüne Verfärbung des Auswurfes hervor.

Bei einer Pneumonie kann der Auswurf ein schleimig-eitriges Aussehen oder ein rostfarbenes, sog. rubinöses Aussehen besitzen.

Ein Abhusten oder Ausspucken von blutigem Sputum oder von geringen Blutmengen (weniger als 50 ml) wird als Hämoptyse bezeichnet. Ursachen für eine Hämoptyse stellen Tumore im Bereich der Atemwege, Herz-Gefäßerkrankungen wie Lungenembolie und Lungeninfarkt, Infektionen wie beispielsweise Bronchitiden, Pneumonien oder Lungentuberkulose dar.

Beträgt die ausgehustete Blutmenge mehr als 50 ml, so handelt es sich um eine Hämoptoe. Sie ist u.a. bei Gefäßrupturen oder Lungenkavernen zu beobachten.

Ist das gesamte Sputum rosa bis rötlich verfärbt, so kann dies auf einen Blutaustritt aus den Alveolen oder Bronchiolen zurückgeführt werden. Durch eine Vermischung von Blut und Eiter, wie sie beispielsweise beim Bronchialkarzinom zu beobachten ist, bekommt das Sputum ein himbeergeleefarbiges Aussehen.

Hellrotes, schaumiges Sputum kann durch ein Lungenödem hervorgerufen werden. Hierbei gelangt, bedingt durch eine Stauung des Blutes in den Lungen, Blutflüssigkeit aus den Kapillaren in die Alveolen und somit in die Atemwege.

22.1.3 Sputumgeruch

Ein fader, süßlicher Geruch des Sputums tritt bei bakteriell-entzündlichen Erkrankungen auf. Als stinkend wird der Geruch des Sputums bei einer chronischen Bronchitis beschrieben. Durch Eiteransammlungen und Zersetzungsprozesse, beispielsweise bei einem Lungenabszess aber auch bei einem Bronchialkarzinom, kann ein übelriechender, fötider Sputumgeruch wahrgenommen werden.

22.1.4 Sputumkonsistenz

Die Konsistenz des Sputums reicht von zäh bis wässrig und ist abhängig von der Zusammensetzung und den jeweiligen Beimengungen. Sie kann durch eine Veränderung der Flüssigkeitszufuhr beeinflusst werden.

Der zähe Auswurf ist typisch z. B. für Asthma bronchiale, Pneumonien, Pertussis. Bei akuten katarrhalischen Erkältungsinfekten und Bronchitiden ist das Sputum oftmals schleimig. Die Konsistenz des Sputums bei einem Lungenödem kann als dünnflüssig, schaumig beschrieben werden. Ein wässriges Sputum wird bei der Legionärskrankheit beobachtet.

22.1.5 Sputumzusammensetzung und Beimengungen

Das Bronchialsekret besteht normalerweise aus Wasser, Leukozyten, Epithelzellen, Staubteilchen und Rauchpartikeln. Zu blutigen Beimengungen kommt es beispielsweise infolge von Herz-Gefäß-Krankheiten, bei Fremdkörpern in den Atemwegen und bei einem Bronchialkarzinom. Zudem können blutige Beimengungen auch bei einigen Infektionen wie Pneumonien und Tuberkulose auftreten.

Eitrige Beimengungen können vor allem bei Bronchiektasen, Lungenabszess, Tuberkulose und eitriger Bronchitis beobachtet werden.

Die Art und Weise, wie die Beimenungen im Sputum auftreten, kann daneben wichtige diagnostische Hinweise geben. So finden sich bei einem Lungeninfarkt oder einer lobären Pneumonie zumeist nur fadenförmige Blutbeimengungen, während bei einer Lungenembolie klumpige Beimengungen auftreten.

Eitrige Gebilde von Stecknadelkopf- bis Linsengröße oder eine „münzförmige“ Expektoration treten bei Tuberkulose auf. Gelblich-graue Pfröpfe weisen auf ein Lungengangrän hin, grünlich-bräunliche Pfröpfe auf eine chronische Bronchitis.

Ein sog. dreischichtiges Sputum kann bei Bronchiektasen beobachtet werden. Im Spitzglas setzt sich unten der Eiter, in der Mitte ein gelblich-grünlicher Schleim und oben eine schaumige Masse ab.

Dagegen setzt sich das Sputum bei einem Lungenabszess in zwei Schichten (Eiter, Schleim) ab.

Nach der genauen Betrachtung des Sputums hinsichtlich seines Aussehens folgt zumeist eine bakteriologische, mikroskopische und/oder zytologische Untersuchung. Bakteriologische Sputumuntersuchungen dienen vor allem der Identifizierung von Erregern und einer Resistenzprüfung zur Auswahl eines geeigneten Antibiotikums.

Mit Hilfe der mikroskopischen Untersuchung können Merkmale bestimmter Krankheitsbilder festgestellt werden. Beispiele hierfür sind eosinophile Granulozyten bei allergisch bedingtem Asthma bronchiale und elastische Fasern bei Lungenabszessen.

Für den Nachweis von Krebszellen, zum Beispiel bei Verdacht auf ein Bronchialkarzinom, stellt die zytologische Untersuchung des Sputums eine wichtige diagnostische Maßnahme dar.

22.1.6 Zeitpunkt des Auswurfes

Bei Bronchiektasen, aber auch beim sog. Raucherhusten (chronische Bronchitis), findet sich typischerweise eine vermehrte Auswurfmenge am Morgen. Dieser vermehrte morgendliche Auswurf ist auf eine nächtliche Ansammlung von Sekret zurückzuführen, welches sich insbesondere bei Bronchiektasen in den Ausbuchtungen sammelt.

Daneben können zeitliche Zusammenhänge mit der Inhalation von beispielsweise Staubpartikeln, nach einer Aspiration o. ä. diagnostische Hinweise liefern.

22.2 Ergänzende Beobachtungskriterien

Wichtige weitere Beobachtungspunkte, die im Zusammenhang mit dem Auftreten von Sputum beobachtet werden müssen, sind vor allem Atmung und Husten, da Erkrankungen im Atemwegssystem die häufigsten Ursachen von Sputum darstellen.

Daneben gehören die Vitalzeichen wie Puls, Blutdruck und Körpertemperatur zu den begleitenden Beobachtungspunkten. Aus ihnen ergeben sich Hinweise auf mögliche Infektionen, aber auch beispielsweise auf Herzerkrankungen.

Ein typisches Beispiel hierfür stellt die Linksherzinsuffizienz dar, in deren Folge sich ein Lungenödem mit einem blutig, dünnflüssig-schaumigen Auswurf entwickeln kann.

Bei Menschen, die zu geschwächt sind, das Sputum auszuhusten, muss immer auch eine Kontrolle der Mundhöhle erfolgen. So können Veränderungen und Infektionen der Mundschleimhaut, die durch verbliebenes Sekret und durch Maßnahmen, wie beispielsweise dem Absaugen hervorgerufen werden, vorgebeugt und frühzeitig erkannt werden.

22.3 Besonderheiten bei Kindern

Sigrid Flüeck

Bei Kindern gestaltet sich die Beobachtung des Sputums oftmals schwierig, da insbesondere Neugeborene und Säuglinge noch nicht in der Lage sind, das Sputum gezielt auszuhusten, und Kleinkinder dazu neigen, Schleim und Sekret hinunterzuschlucken.

Eine entsprechende Anleitung und Unterstützung zur Sekretentleerung muss erfolgen, damit eine genaue Betrachtung des Auswurfes möglich ist. Eventuell muss zur Sekretgewinnung eine Absaugung vorgenommen werden.

Neben dem bereits beschriebenen Sputum kann bei Neugeborenen ein blutiges, schaumiges Sekret beobachtet werden. Es ist zumeist auf einen angeborenen Zwerchfelldefekt, eine sog. kongenitale Zwerchfellhernie zurückzuführen.

Eine weitere angeborene Erkrankung, die mit einem sehr zähen Auswurf einhergeht, ist die zystische Fibrose, die auch als Mukoviszidose bezeichnet wird. Bei dieser autosomal-rezessiv vererbten Erkrankung werden – bedingt durch eine Störung des Wasser- und Salzhaushaltes – die Körpersekrete zähflüssig, was eine erschwerte Entleerung zur Folge hat.

Im Verlauf der Erkrankung kommt es häufig zu Bronchiektasen, so dass bei diesen Kindern eine reichliche Menge des zähflüsssigen Sputums am Morgen beobachtet werden kann.

22.4 Besonderheiten bei älteren Menschen

Mit zunehmendem Alter kommt es zumeist auch zu einer allgemeinen Minderung der Leistungsfähigkeit. Hiervon ist häufig auch das Atmungssystem betroffen.

Aus degenerativen Veränderungen zum Beispiel an den Gelenken zwischen Wirbelsäule und Rippen sowie einem Elastizitätsverlust der Ringknorpel kann eine Einschränkung in der Atemfläche resultieren.

Daneben kann oftmals eine Erweiterung der Alveolen festgestellt werden. Das Lungengewebe atrophiert, und zusätzlich lassen die Selbstreinigungsmechanismen der Atemwege nach. Dies führt u. a. zu einer erhöhten Anfälligkeit gegenüber Atemwegserkrankungen, die oftmals mit einem vermehrten Auswurf einhergehen.

Bei dem Auftreten von Sputum, insbesondere im Zusammenhang mit andauerndem Husten, muss auch an ein Bronchialkarzinom gedacht werden. Dessen Altersgipfel liegt im 7. Lebensjahrzehnt. Aber auch eine Herzinsuffizienz, die gerade bei älteren Menschen häufig zu beobachten ist, stellt eine Ursache für Sputum dar.

22.5 Fallstudien und mögliche Pflegediagnosen

Das Auftreten von Sputum ist für die betroffenen Menschen zumeist sehr unangenehm und kann bis hin zu Ekelgefühlen führen. Es können sich aus dem Auftreten von Sputum eine Reihe unterschiedlicher Probleme für den betroffenen Menschen ergeben.

So können Atembehinderungen, aber auch Angst oder Ekelgefühle für den Betroffenen problematisch sein.

Fallstudie Herr Zäh

Herr Zäh, 44 Jahre, leidet seit seiner Jugend unter einem allergisch bedingten Asthma. Vor zwei Tagen erlitt er wieder einen schweren Asthma-Anfall. Herr Zäh leidet unter einer Ruhedyspnoe und ist sehr erschöpft.

Er klagt häufig über einen zähen Schleim, den er nicht aushusten kann. Zur Sekretolyse wurden neben einer oralen Medikation Inhalationen mit physiologischer NaCl-Lösung verordnet.

Einen Auszug aus dem Pflegeplan von Herrn Zäh, der sich auf das ungenügende Abhusten des Schleims bezieht, zeigt die **Tab. 22.1**. Die entsprechende Pflegediagnose könnte folgendermaßen formuliert werden:

Tab. 22.1 Auszug aus dem Pflegeplan von Herrn Zäh

Pflegeproblem	*Ressource*	*Pflegeziele*	*Pflegemaßnahmen*
Herr Zäh leidet unter zähem Schleim, den er nicht aushusten kann, bei Asthma bronchiale	• Kennt Asthma-Anfälle	Herr Zäh • hat verflüssigtes Sekret • trinkt mind. 2,5 l/Tag • kann das Sekret abhusten • inhaliert selbstständig	Information über Maßnahmen der Sekretverflüssigung, -auslösung und Unterstützung des Abhustens: • Trinkmenge von mindest. 2,5 l/Tag, bei Bedarf gemeinsam einen Trinkfahrplan erstellen • 1 × täglich (8:00 h) Einfuhrkontrolle • Anleitung zur Inhalation, Zeiten absprechen (9:00/14:00/19:00 h) • im Anschluss an die Inhalation Thoraxvibration • Anleitung zum schonenden, produktiven Abhusten • Papiertaschentücher und Abwurfmöglichkeit bereitstellen

„Ungenügende Selbstreinigungsfunktion der Atemwege,
beeinflusst durch (b/d):
- unproduktiven Husten,
- vermehrte zähflüssige Sekretion,
- Erschöpfung,

angezeigt durch (a/d):
- Ruhedyspnoe.

Fallstudie Hilke
Hilke leidet unter einer zystischen Fibrose. Aufgrund dieser Erkrankung ist es bei der 6-jährigen Hilke in letzter Zeit zu einer Reihe von Atemwegsinfektionen gekommen, von denen sie sich immer langsamer erholt.
Trotz täglicher Inhalationen, Atemübungen, sportlicher Betätigung, regelmäßiger Thoraxvibration und Lagerungsdrainage (zu Hause: Durchführung, Überwachung durch die Eltern), sowie einer oralen Therapie mit Sekretolytika gelingt es Hilke immer weniger, das zähflüssige Sekret abzuhusten. Hilke klagt immer öfters über eine Belastungs- und zeitweise auch über eine Ruhedyspnoe.
Einen Auszug aus dem Pflegeplan von Hilke, bezogen auf die ungenügende Entleerung, zeigt die **Tab. 22.2**.

Als Pflegediagnose könnte für Hilke folgendes formuliert werden:

Pflegediagnose „Ungenügende Selbstreinigungsfunktion der Atemwege“ (nach Gordon)

Hauptkennzeichen
- Abnormale Atemgeräusche (spezifizierte Lokalisation); Rasseln, Knistern, Giemen, Brummen, Pfeifen,
- Unfähigkeit zur Reinigung der Atemwege (tussive Clearance),

Bis hin zu
- Berichten des Patienten über Kurzatmigkeit/Atembeschwerden,
- Notwendigkeit des häufigen Absaugens,
- Belastungs-/Ruhedyspnoe,
- Atemfrequenzanstieg (Tachypnoe) oder Veränderung der Atemtiefe,
- verminderte Atemgeräusche,
- Hypoxie.

Nebenkennzeichen
- Belastungs-/Ruhedyspnoe,
- Hyperkapnie,
- Zyanose.

Ätiologische oder beeinflussende Faktoren
- Unproduktiver Husten (ineffektive tussive Clearance),
- vermehrte zähflüssige Sekretion,
- Schwinden der Körperkräfte/Erschöpfung,
- Schmerzen (spezifiziere Lokalisation).

Risikogruppen
- Personen mit Obstruktionen der Atemwege,
- Personen mit Infektionen der Atemwege,
- Personen mit perzeptorisch-kognitiven Beeinträchtigungen,
- Verletzte, traumatisierte Personen.

Tab. 22.2 Auszug aus dem Pflegeplan von Hilke

Pflegeproblem	*Ressource*	*Pflegeziele*	*Pflegemaßnahmen*
Hilke kann das vermehrte zähflüssige Sekret bei zystischer Fibrose nur ungenügend aushusten	• Hilke kennt verschiedene Therapiemaßnahmen und führt diese zum Teil selbstständig durch (Inhalationen, Atemübungen, Vibration, Lagerungsdrainage) • Die Eltern unterstützen Hilke bei ihrer Therapie	Hilke • hat flüssigeres Sekret und kann dieses abhusten • erlernt die Technik der autogenen Drainage gemeinsam mit ihren Eltern	• Mit Hilke und ihren Eltern einen Zeitplan zur weiteren Durchführung der bisherigen Maßnahmen erstellen, Plan in das Zimmer von Hilke hängen • Information über die autogene Drainage und zusammen mit Hilke, ihren Eltern und der Physiotherapeutin gemeinsame Termine zur Erlernung der Technik vereinbaren • Beobachtung des Sputums (Menge, Konsistenz, Aussehen) und der Entleerung

Fazit: Ein vermehrtes Bronchialsekret, das als Sputum oder Auswurf bezeichnet wird, stellt immer einen Hinweis auf eine Erkrankung dar. Beobachtet wird das Sputum hinsichtlich Menge, Farbe, Geruch, Konsistenz, Zusammensetzung und des Zeitpunkts des Auswurfes. Die häufigsten Ursachen stellen Erkrankungen des Atemwegsystems dar, doch auch Herz- und Gefäßkrankheiten können eine vermehrte Bronchialsekretion bedingen.

Die Entleerung von Sputum stellt einen wichtigen Faktor zur Vorbeugung weiterer, sich aufpfropfender Infektionen dar. Außerdem kann durch die Ansammlung von reichlichem Sekret eine Atemwegsverlegung erfolgen, die zu einer Minderversorgung des Organismus mit Sauerstoff führen kann. Entsprechende Maßnahmen zur Unterstützung der Sekretentleerung und insbesondere zum Auffangen und Abwurf müssen berücksichtigt werden.

Der Anblick von Sputum ruft bei vielen Menschen Ekelgefühle hervor, so dass ein sachlicher, aber zugleich auch einfühlender Umgang mit den Betroffenen erforderlich ist.

Dahmer, J.: Anamnese und Befund: die ärztliche Untersuchung als Grundlage klinischer Diagnostik, 8. Aufl. Thieme, Stuttgart 1998

Delz, C.: Krankenbeobachtung. Springer, Berlin 1994

Epstein, O., G. D. Perkin, D. P. de Bono, J. Cookson: Bild-Lehrbuch der klinischen Untersuchung. Thieme, Stuttgart 1994

Fockert, de J. A., C. van der Meer, R. Schröder, F. Wagner: Grundlagen der Entstehung und Erkennung von Krankheiten. EICANOS, Bocholt 1995

Geisler, L.: Innere Medizin: Lehrbuch für Pflegeberufe, 17. Aufl. Kohlhammer, Stuttgart 1999

Georg, J., M. Frowin (Hrsg.): PflegeLexikon, Ullstein Medical, Wiesbaden 1999

Gerlach, U., N. van Husen, H. Wagner, M. Wirth: Innere Medizin für Pflegeberufe, 4. Aufl. Thieme, Stuttgart 1994

Gordon, M.: Handbuch Pflegediagnosen, 2. Aufl. Ullstein Medical, Wiesbaden 1998

Hehlmann, A.: Leitsymptome – ein Handbuch für Studenten und Ärzte. Mediscript-Verlag, München 1982

Hertl, M.: Kinderheilkunde und Pflege, 8. Aufl. Thieme, Stuttgart 1996

Hoehl, M., P. Kullick (Hrsg.): Kinderkrankenpflege und Gesundheitsförderung. Thieme, Stuttgart 1998

Juchli, L.: Pflege – Praxis und Theorie der Gesundheits- und Krankenpflege, 8. Aufl. Thieme, Stuttgart 1997

Köther, I., E. Gnamm: Altenpflege in Ausbildung und Praxis, 3. Aufl. Thieme, Stuttgart 1995

Kraus, W.: Kompendium der sensitiven Krankenbeobachtung durch das Krankenpflegepersonal, 3. Aufl. Fresenius AG, Bad Homburg 1989

Kunz: ATL Folienvorlagen Arbeitsbuch für Unterrichtende in der Krankenpflege und Altenpflege, Band 1, Atmen. Brigitte Kunz Verlag, Hagen 1995

Pschyrembel Klinisches Wörterbuch, 258. Aufl. Walter de Gruyter, Berlin 1997

Raue, W., B. Schneeweiß, B. Stück (Hrsg.): Kinderkrankenpflege und spezielle Krankheitslehre, 4. Aufl. Ullstein Mosby, Berlin 1995

Roche-Lexikon Medizin, 3. Aufl. Urban & Fischer, München 1993

Schäffler, A., J. Braun, U. Renz: Klinikleitfaden: Untersuchung, Diagnostik, Therapie, Notfall, 4. Aufl. 1993

Schäffler, A., N. Menche: Pflege konkret Innere Medizin, 2. Aufl. Urban & Fischer, München 1997

Schettler, G., H. Greten: Innere Medizin: Verstehen – Lernen – Anwenden, 9. Aufl. Thieme, Stuttgart 1998

Schwegler, J.: Der Mensch – Anatomie und Physiologie, 2. Aufl. Thieme, Stuttgart 1998

Seel, M.: Die Pflege des Menschen, 3. Aufl. Brigitte Kunz Verlag, Hagen 1998

Siegenthaler, W., W. Ostermayer: Krankheitsbilder, ROCOM, Basel 1981

Sitzmann, F. C. (Hrsg.): Pädiatrie. Hippokrates, Stuttgart 1995

Wegmann, H.: Die professionelle Pflege des kranken Kindes. Urban & Schwarzenberg, München 1997

23 Schmerz

Eva Eißing

Übersicht

Einleitung · 377
23.1 **Schmerzentstehung, -leitung und -wahrnehmung** · 378
23.1.1 **Schmerzhemmsysteme** · 378
23.1.2 **Gestörte Schmerzempfindung** · 380
23.1.3 **Beeinflussende Faktoren** · 380
23.1.4 **Bedeutung von Schmerz** · 381
23.2 **Schmerzarten** · 381
23.2.1 **Nozizeptorschmerz** · 381
23.2.2 **Neurogener Schmerz** · 383
23.2.3 **Zentraler Schmerz** · 383
23.2.4 **Phantomschmerz** · 383
23.2.5 **Psychogener Schmerz** · 384
23.3 **Akuter und chronischer Schmerz** · 384
23.3.1 **Akuter Schmerz** · 384
23.3.2 **Chronischer Schmerz** · 384
23.4 **Beobachtungskriterien** · 385
23.4.1 **Schmerzäußerungen** · 385
23.4.2 **Schmerzlokalisationen** · 387
23.4.3 **Schmerzzeitpunkt** · 387
23.4.4 **Schmerzdauer und -verlauf** · 387
23.4.5 **Schmerzintensität** · 387
23.4.6 **Schmerzqualität** · 387
23.4.7 **Schmerzbegleitende Symptome** · 388
23.5 **Dokumentation** · 388
23.6 **Ergänzende Beobachtungskriterien** · 389
23.7 **Besonderheiten bei Kindern** · 389
23.8 **Besonderheiten bei älteren Menschen** · 392
23.9 **Fallstudien und mögliche Pflegediagnosen** · 392
Fazit · 395
Literatur · 395

Schlüsselbegriffe:

- *Nozizeptorschmerz*
- *Phantomschmerz*
- *Chronischer Schmerz*
- *Neurogener Schmerz*
- *Psychogener Schmerz*
- *Schmerzkrankheit*
- *Zentraler Schmerz*
- *Akuter Schmerz*

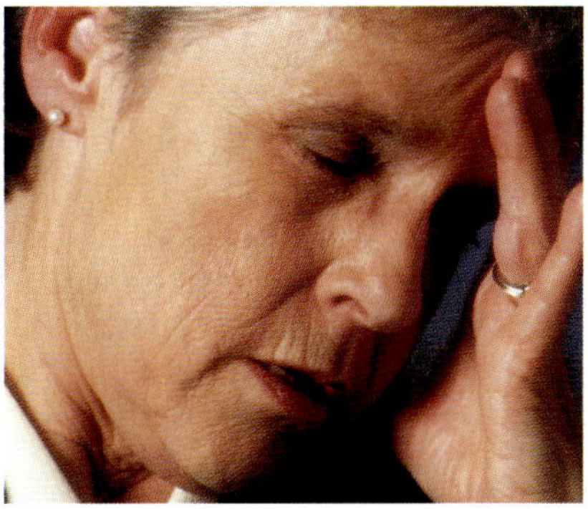

Einleitung

Schmerz ist eine Erfahrung, die nahe zu jeder Mensch kennt und die meist als unangenehmes Ereignis im Gedächtnis gespeichert ist. Die biologische Bedeutung des Schmerzes liegt darin, den Organismus vor schädigenden Einflüssen zu warnen bzw. zu schützen. Nicht ausreichend behandelte Schmerzen bedeuten für den Betroffenen eine große Belastung, die sich auf fast alle Bereiche des täglichen Lebens auswirken.

Da das Schmerzerlebnis und die Bedeutung, die dem Schmerz beigemessen wird, subjektiv und von Mensch zu Mensch verschieden ist, kommt der Beobachtung des Schmerzes eine wichtige Rolle in der pflegerischen Berufsausübung zu.

Schmerzerlebnisse sind komplexe Geschehen und umfassen Phänomene aus allen menschlichen Bereichen. Schmerzbeschreibungen sind immer subjektiv und unvollständig. Folglich lässt sich auch nur schwer eine eindeutige Definition von Schmerz formulieren.

Die Internationale Gesellschaft für das Studium des Schmerzes (International Association for the Study of Pain/ISAP) wurde 1974 mit dem Ziel gegründet, Forschung und multidisziplinäre Ausbildung auf dem Gebiet der Schmerztherapie zu fördern. Sie hat folgende Definition vorgeschlagen:

„Schmerz ist ein unangenehmes Gefühlserlebnis, das mit einer Gewebeschädigung verknüpft ist, aber auch ohne sie auftreten kann oder mit Begriffen einer solchen Schädigung beschrieben wird. Schmerz ist immer subjektiv" (Thomm 1998, S. 17).

23.1 Schmerzentstehung, -leitung und -wahrnehmung

Schmerz ensteht durch Erregung der Schmerzrezeptoren, auch Nozizeptoren genannt. Sie befinden sich überall in der Haut und in den Körperorganen. Ihre Erregung zeigt, dass entweder von außen oder von innen stammende Reize dem Körper schaden.

Die Schmerzrezeptoren bestehen aus freien Nervenendigungen und sind polymodal, d. h. sie werden durch verschiedene Noxen erregt:

- mechanisch z. B. durch Nadelstiche,
- thermisch durch Hitze und Kälte,
- chemisch durch körpereigene Substanzen, die bei einer Gewebeschädigung aus den geschädigten Zellen abgesondert werden.

Hierzu gehören u. a. das Serotonin, Histamin oder Bradykinin. Die Nozizeptoren werden durch die Gewebehormone gereizt und setzen schmerzauslösende Neuropeptide frei, z. B. Prostaglandine und die sog. Substanz P. Die Schmerzreize gelangen über 2 verschiedene Nervenfasern zum Rückenmark. Die A-delta-Fasern haben eine Myelinschicht und sind schnellleitend. Sie bewirken einen gut lokalisierbaren Sofortschmerz und lösen Fluchtreflexe aus, z. B. das Wegziehen der Hand von der Herdplatte bei starker Hitze. Die C-Fasern sind nicht myelisiert und leiten den Schmerzreiz langsam weiter.

Beide Schmerzfaserarten treten über die Hinterwurzeln der Rückenmarksnerven in das Hinterhorn des Rückenmarks ein. Dort erfolgt die erste Umschaltung und Kreuzung auf die andere Seite, um dann entlang der Vorderseitenstrangbahnen des Rückenmarks zur Formatio reticularis, zum Hypothalamus und zur sensorischen Großhirnrinde zu ziehen (**Abb. 23.1**). Die Formatio reticularis steuert die Aufmerksamkeit und den Wachzustand und erklärt auch die Tatsache, dass ein wacher Mensch Schmerzreize intensiver wahrnimmt bzw. Schlaf dadurch verhindert wird. Der Thalamus ist eine wichtige Schaltstelle für sämtliche Wahrnehmungen (s. a. Kap. 1.1).

Ankommende Schmerzreize werden zum limbischen System, zum Hypothalamus und zur sensorischen Großhirnrinde geleitet. Das limbische System ist für den emotionalen Anteil der Schmerzverarbeitung verantwortlich, z. B. für die Entstehung von Angst oder depressiven Gefühlen. Der Hypothalamus beeinflusst die Hormonausschüttung der Hypophyse und das vegetative Nervensystem. Dadurch sind Schweißausbrüche, Erbrechen, Zittern, Puls- und Blutdruckveränderungen als Begleitsymptome des Schmerzes beobachtbar. In der Großhirnrinde wird der Schmerz entsprechend der in **Abb. 1.6** dargestellten Projektion der einzelnen Körperteile bewusst wahrgenommen.

23.1.1 Schmerzhemmsysteme

Der Organismus verfügt über Mechanismen, die die Schmerzempfindung herabsetzen oder blockieren. Die beiden wichtigsten sind:

- Endorphine,
- „Gate-controll".

Endorphine

Endorphine stellen die wichtigsten schmerzhemmenden Stoffe dar. Sie werden vom Körper selbst produziert und kommen im Gehirn, in der Hypophyse, im Rückenmark und in den Organen vor. Sie wirken ähnlich wie Morphium analgetisch und euphorisierend.

Es wird vermutet, dass Endorphine auch in Belastungssituationen, z. B. während körperlicher Anstrengungen beim Sport oder beim Tanzen sowie in Stresssituationen, z. B. bei Unfällen, vermehrt ausgeschüttet werden. Sie ermöglichen lebensrettende Maßnahmen, z. B. die Flucht aus einer Gefahrenzone in entsprechend bedrohlichen Situationen, ohne dass Schmerzen aufgrund vorhandener Verletzungen daran hindern. Auch verletzte Sportler nehmen häufig ihre schmerzenden Körperteile gar nicht oder abgeschwächt wahr, bis der Wettkampf vorbei ist.

„Gate-control"

„Gate-control" ist englisch und heißt übersetzt „Torkontrolle". Die Gate-control-Theorie ist 1965 von den Wissenschaftlern Melzak und Wall entwickelt worden. Sie geht davon aus, dass der menschliche Körper unmöglich den gesamten sensorischen Input bewältigen, d. h. alle auf ihn einströmende Reize verarbeiten kann. Er hat einen Mechanismus in Form einer Schranke entwickelt, in der die Intensität der

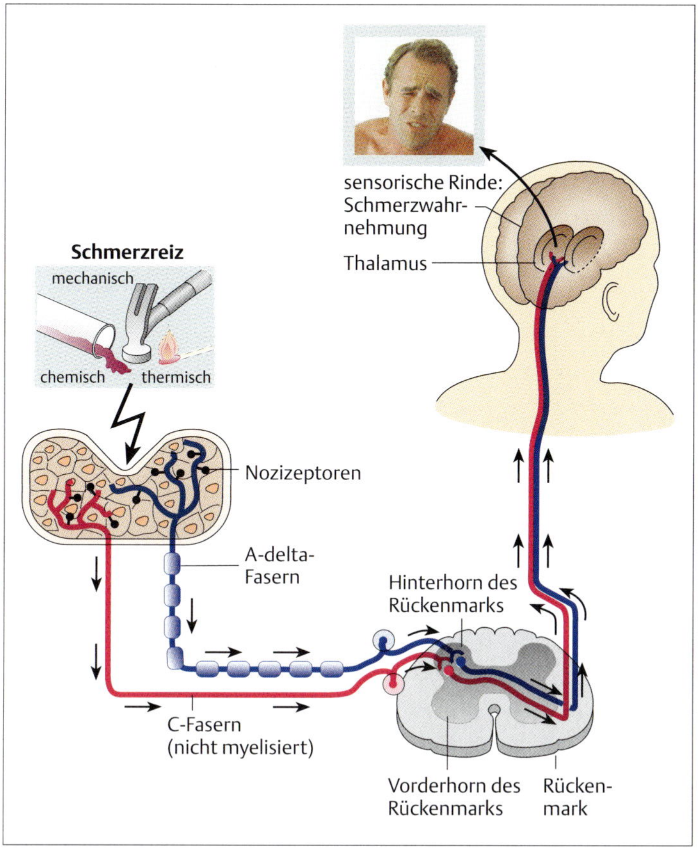

Abb. 23.1 Schmerzentstehung und Schmerzleitung (nach: Kapit, W.: Physiologie – Malatlas, Arcis-Verlag, München 1992).

Schmerzsignale aus der Peripherie abgeschwächt, aber auch verstärkt werden können. Treten zu viele Schmerzimpulse auf, unterbrechen bestimmte Zellen im Rückenmark die Signalübertragung, ähnlich wie das Schließen eines Schleusentors.

Auch hierdurch lässt sich, ähnlich wie bei der Endorphinausschüttung, erklären, warum Sportler nach sehr schmerzhaften Verletzungen den Wettkampf trotzdem beenden.

Das „Schließen" des Schmerztors kann jedoch auch durch andere Sinnesreize ausgelöst werden, z.B. durch Wärme- und Kälteanwendungen, Reiben der verletzten Körperstelle, Massagen oder elektrophysikalische Maßnahmen. Die analgetische Wirkung von Akupunktur stützt sich zum Teil auf die Gate-control-Theorie. Die Reizung der Nozizeptoren, also der Schmerzreize, hören nicht auf, sie werden lediglich an ihrer Weiterleitung zur zentralnervösen Schaltstation im Rückenmark oder Gehirn gehemmt.

Die Hemmung von Schmerzreizen, d.h. das Schließen des „Schmerztores", kann auch durch absteigende Mechanismen des somatosensorischen Systems erfolgen, z.B. durch Entspannungstechniken, Ablenkung oder Suggestion.

Das „Öffnen" des Schmerztores geschieht hauptsächlich durch den Schmerzreiz selbst. Psychische Phänome wie Angst, Unsicherheit, Anspannungen etc. scheinen diesen Mechanismus ebenfalls zu unterstützen.

Die Schmerzrezeptoren haben eine hohe Schwelle, d.h. sie werden nur durch starke oder gewebeschädigende Reize (Noxen) erregt. Normaler Druck auf körperliches Gewebe löst beispielsweise keine Schmerzwahrnehmung aus, sondern erst eine starke Druckerhöhung mit Quetschung von Gewebeanteilen.

Da die Schmerzempfindung individuell unterschiedlich erlebt wird, gestaltet sich auch deren Messung schwierig. Bei der Algesimetrie wird versucht,

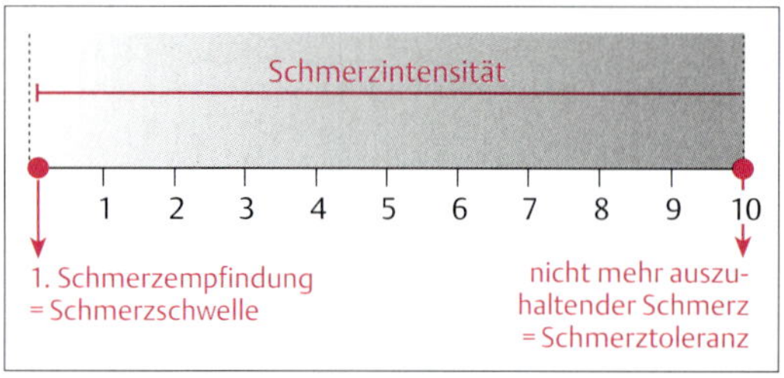

Abb. 23.2 Schmerzschwelle, Schmerzintensität und Schmerztoleranz.

die Schmerzschwelle und die Schmerztoleranz zu messen. Dabei werden dem Menschen Schmerzreize, z. B. in Form von Nadelstichen, gesetzt. Die erste Reaktion auf diesen Schmerzreiz, d. h. der Zeitpunkt der ersten Schmerzwahrnehmung, ist die Schmerzschwelle.

Die Schmerztoleranz beschreibt, wieviel Schmerz der betroffene Mensch ertragen bzw. erleiden kann und bestimmt den maximal auszuhaltenden Schmerz. Die Schmerzempfindung zwischen dem Beginn der Schmerzwahrnehmung und der höchsten Toleranzgrenze ist die Schmerzintensität (**Abb. 23.2**).

Im klinischen Alltag wird in der Regel auf eine Algesimetrie verzichtet zugunsten einer vom Betroffenen durchgeführten subjektiven Selbsteinschätzung anhand einer Schmerzskala (**Abb. 23.4**, Frage 5). Sowohl die Algesimetrie als auch die subjektive Selbsteinschätzung ermitteln einen individuellen Ausgangswert und dienen der Erfolgskontrolle schmerzmindernder Maßnahmen.

23.1.2 Gestörte Schmerzempfindung

Das Schmerzempfinden kann im Sinne von Steigerung oder Verminderung gestört bzw. nicht vorhanden sein. In der Terminologie des Schmerzbereichs werden verschiedene Begriffe unterschieden:

- Allodynie ist die Schmerzauslösung durch einen Reiz, z. B. eine leichte Berührung, der normalerweise keinen Schmerz verursacht.
- Bei einer Analgesie handelt es sich um die Aufhebung der Schmerzempfindung, z. B. durch Schädigung peripherer schmerzleitender Nervenfasern bei Querschnittslähmung oder durch Blockade der Schmerzleitungsbahnen.
- Die Hyperästhesie bezeichnet eine verstärkte Empfindung für schmerzhafte und nicht schmerzhafte Nervenreize durch eine herabgesetzte Schwelle bei Temperatur- und Berührungsreizen, z. B. bei einem Sonnenbrand.
- Die Hypästhesie ist eine herabgesetzte Empfindlichkeit gegenüber Schmerzreizen, insbesondere bei Berührung.
- Mit Hyperalgesie wird eine verstärkte Schmerzempfindlichkeit auf einen schmerzhaften Reiz bezeichnet.
- Eine Hypalgesie ist eine herabgesetzte Schmerzempfindung, z. B. bei Sensibilitätsstörungen.

Schmerzentstehung, -leitung und -wahrnehmung:

- Schmerz entsteht durch Reizung der Nozizeptoren durch Gewebehormone, wobei schmerzauslösende Neuropeptide freigesetzt werden.
- Die Schmerzempfindung kann durch Endorphine oder die „Gate-control", Unterbrechung der Signalübertragung bestimmter Zellen im Rückenmark, herabgesetzt werden.
- Schmerzempfindungen sind sehr individuell.
- In der Terminologie des Schmerzempfindens wird zwischen Allodynie, Analgesie, Hyperästhesie, Hypästhesie, Hyperalgesie, Hypalgesie unterschieden.

23.1.3 Beeinflussende Faktoren

Die Schmerzempfindung ist subjektiv und wird durch zahlreiche Faktoren beeinflusst, wie z. B. durch die individuell unterschiedliche Bewertung von Schmerzschwelle und -toleranz (s. a. 23.3), persönliche Charaktereigenschaften, kulturelle Einflüsse und Erziehung. Auch die Einstellung zur Krankheit, die aktuelle Stimmungs- und Gefühlslage sowie verschiedene Ablenkungsmöglichkeiten, z. B. Hobbies, können die Schmerzwahrnehmung verstärken oder vermindern. Je nachdem, an welcher Körperstelle Schmerzen entstehen, werden sie entsprechend unterschiedlich wahrgenommen. So werden beispielsweise Zahnschmerzen meist quälender empfunden als eine Schürfwunde am Knie.

Ein weiterer Faktor ist die Bedeutung, die dem Schmerz oder dem schmerzenden Körperteil zugesprochen wird. Für einen Pianospieler sind z. B. Verletzungen an den Fingern und Händen mitunter folgenschwer mit einer möglicherweise verstärkten Schmerzwahrnehmung.

23.1.4 Bedeutung von Schmerz

Pflegepersonen werden häufig mit der Frage konfrontiert: „Warum habe ich die Schmerzen? Welchen Sinn haben die Schmerzen?"

Viele Wissenschaften haben sich mit der Sinnhaftigkeit von Schmerzen beschäftigt und ganz verschiedene Theorien entwickelt. Physiologisch und anatomisch gesehen dienen Schmerzen dem Erkennen, Abwehren bzw. Vermeiden von Schädigungen des Organismus und signalisieren eine Gefahr. Sie erhöhen die Aufmerksamkeit, um in bedrohlichen Situationen entsprechend reagieren zu können, z. B. sich ihnen zu entziehen.

Schmerzen führen zur Schonhaltung und Ruhigstellung der betroffenen Körperpartie und fördern so den Heilungsvorgang. Die Wichtigkeit des Schmerzsinns wird besonders deutlich bei der angeborenen Analgie. Das bedeutet, bei Menschen, die keinen Schmerz wahrnehmen, entstehen bereits in der Kindheit zahlreiche Schäden, Verstümmelungen und innere Erkrankungen, die nicht frühzeitig erkannt werden und zum Tode führen.

Chronische Schmerzzustände haben größtenteils ihre Signalfunktion verloren. Sie werden von den Betroffenen ganz unterschiedlich gedeutet und reichen von Schmerzen als Strafe und Sühne für Verfehlungen bis hin zur Sinnlosigkeit.

▸ *Chronische Schmerzen* versetzen Menschen in Krisensituationen und fordern dazu auf, in sich hineinzuhören und auf körperliche, psychische und seelische Reaktionen zu achten. Sie verlangen, das Leben zu überdenken, sich zu verändern sowie nach Möglichkeiten zu suchen, ihre Lebensqualität befriedigend zu gestalten. Dieser Prozess ist immer mit einer persönlichen Weiterentwicklung und Reifung verbunden. Einige Menschen erfahren aufgrund ihrer Schmerzen Zuwendung und Entlastung.

Mancher Mensch gebraucht sie als eine Art „Legitimation zum Rückzug". Diese Art der Zuwendung oder Entlastung wird auch als sekundärer Krankheitsgewinn bezeichnet. Werden Schmerzen allerdings „benutzt" und aufrechterhalten, um Zuwendung und Entlastung zu erhalten, anstatt sich mit dem Schmerzerleben auseinanderzusetzen, wird dies als primärer Krankheitsgewinn bezeichnet. Diese charakteristische Symptomatik sollte innerhalb der therapeutischen Möglichkeiten Berücksichtigung finden, z. B. durch psychologische Begleitung.

Schmerz ist immer ein subjektives Erlebnis mit einer jeweils individuellen Bedeutung für den betroffenen Menschen.

23.2 Schmerzarten

In der Klassifikation von Schmerzarten gibt es weder im medizinischen noch im pflegerischen Fachbereich eine einheitliche Zuordnung. Das liegt zum großen Teil daran, dass das Symptom „Schmerz" einzelnen Krankheitsbildern zugeordnet wird.

Es gibt 4 Schmerzarten, die entsprechend weiter differenziert und in Untergruppen eingeteilt werden: ▸ *Nozizeptorschmerz*, ▸ *neurogener Schmerz*, ▸ *zentraler Schmerz* und ▸ *psychogener Schmerz*. In **Abb. 23.3** sind die Schmerzarten und deren Unterteilungen veranschaulicht.

23.2.1 Nozizeptorschmerz

Beim Nozizeptorschmerz nehmen die Schmerzrezeptoren (Nozizeptoren) Schmerzreize auf und leiten sie über das Rückenmark zum Gehirn.

Entsprechend ihrer Lokalisation und Reizleitung, z. B. in der Haut oder in den Organen, hat die Schmerzwahrnehmung eine unterschiedliche Qualität und wird deshalb weiter differenziert in somatischen und viszeralen Schmerz.

Somatischer Schmerz

Der somatische Schmerz betrifft die Haut, Muskeln, Sehnen, Gelenke und das Bindegewebe und teilt sich nochmals in Oberflächen- und Tiefenschmerz auf.

Oberflächenschmerz

Da die Haut die Oberfläche bildet, wird der dort entstehende Schmerz als Oberflächenschmerz bezeichnet. Die Nozizeptoren der Haut sprechen besonders auf mechanische und Hitzereize an. Die Schmerzreize werden vorwiegend in den relativ rasch leitenden A-delta-Fasern übermittelt; er ist gut lokalisierbar und wird als hell und scharf beschrieben. Der Oberflächenschmerz löst Flucht- oder Abwehrreaktionen aus, z. B. bei einer Hautverletzung durch Verbrennung.

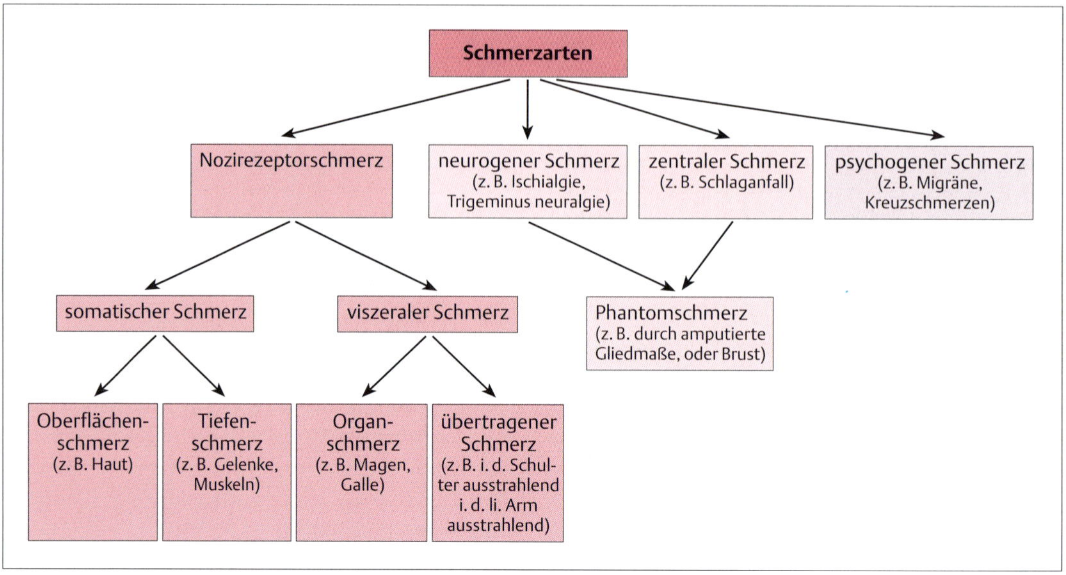

Abb. 23.3 Schmerzarten.

Tiefenschmerz

Mit dem Tiefenschmerz ist die Erregung der Nozizeptoren des Bewegungsapparates gemeint.

Dazu gehören die Muskeln, Sehnen, Gelenke und das Periost. Der Schmerz wird langsamer über A-delta-Fasern und C-Fasern übermittelt, ist schlechter lokalisierbar und hat einen eher dumpfen und bohrenden Charakter. Er strahlt in die Umgebung aus. Beispiele für den Tiefenschmerz sind Gelenkerkrankungen und Kopfschmerzen.

Viszeraler Schmerz

Der viszerale Schmerz beschreibt den typischen Organschmerz und wird auch als Eingeweideschmerz bezeichnet.

Da Schmerzen an inneren Organen dazu neigen, in benachbarte Haut- oder Körperareale auszustrahlen, wird der Organschmerz vom übertragenen Schmerz abgegrenzt.

Organschmerz

Der viszerale Schmerz entsteht bei schneller und starker Dehnung der Hohlorgane, z. B. der Gallenblase. Auch Spasmen oder starke Kontraktionen, besonders in Verbindung mit verminderter Durchblutung werden als schmerzhaft erlebt. Dies ist z. B. bei Darmkrämpfen der Fall. Die Erregungsleitung erfolgt über langsam leitende Fasern und wird wie der Tiefenschmerz als bohrend und dumpf empfunden. Organschmerzen treten oft rhythmisch auf mit vegetativer Begleitsymptomatik wie z. B. Schweißausbruch, Übelkeit, Blutdruck- und Pulsveränderungen. Der viszerale Schmerz äußert sich als Dauerschmerz, z. B. bei Magenschmerzen oder als periodisch wiederkehrender Schmerz wie z. B. bei Koliken.

Übertragener Schmerz

Der übertragene Schmerz ist ein von inneren Organen auf die Haut oder benachbarte Körperareale übertragener Schmerz.

Er entsteht durch eine Verknüpfung zwischen sensiblen Eingeweide- und Hautnerven auf der gleichen Segmentebene im Rückenmark. Das Gehirn kann nicht unterscheiden, ob die Schmerzimpulse aus der Tiefe von den Organen oder aus der Haut bzw. dem benachbarten Körperteil kommen.

Typisch ist beispielsweise die Ausstrahlung (= Übertragung) von Herzschmerzen, ausgelöst durch eine Ischämie der Herzkranzgefäße, in den linken Arm.

Umgekehrt können Reizungen der Haut Erregungen der viszeralen (organischen) Nerven bewirken.

Diese Erkenntnis wird genutzt z.B. durch Anwendung warmer Bauch- oder Brustwickeln bei Leber- oder Lungenerkrankungen. Sie bewirken über die Haut eine vermehrte Durchblutung der Organe sowie Entspannung.

23.2.2 Neurogener Schmerz

Neurogener Schmerz entsteht durch Schädigung des Nervengewebes.

Durch die Schädigung kommt es zu einer abnormen Erregbarkeit des Nervensystems. Dabei können die Impulsmuster verschieden ausgeprägt sein und Schmerzen, aber auch Missempfindungen auslösen. Neurogene Schmerzen bleiben häufig nicht auf ihren Entstehungsort beschränkt, sondern neigen dazu, sich innerhalb des Versorgungsgebietes des Nervens auszubreiten.

Neuralgische Schmerzen sind meist äußerst intensiv und werden als bohrend, reißend oder schneidend beschrieben. Sie treten häufig anfallsartig, unterbrochen von schmerzfreien Intervallen, als sekundenlange, kurzdauernde, blitzartig einschießende Schmerzattacken auf. Auslösende Reize können Kälte, Sprechen, Niesen oder das Berühren bestimmter Körperareale sein.

Ursachen von neurogenen Schmerzen können Infektionen, Durchblutungsstörungen und mechanische Hindernisse, z.B. Tumore oder Quetschungen sein. Nicht selten sind auch krankhafte Stoffwechselprodukte, wie sie beispielsweise bei Leber- oder Nierenversagen auftreten, für Nervenschädigungen mit entsprechender Schmerzsymptomatik verantwortlich.

Typische Beispiele für Neuralgien sind die Trigeminusneuralgie (sensibler Gesichtsnerv) und der Herpes zoster (Gürtelrose). Beim sog. „Hexenschuss" ist der Ischiasnerv durch einen Bandscheibenvorfall oder eine Entzündung gereizt. Der Schmerz kann sich in diesem Fall vom Rücken bis zum Fuß ausbreiten, begleitet von einer erheblichen Mobilitätseinschränkung.

23.2.3 Zentraler Schmerz

Der zentrale Schmerz gehört zu der Gruppe der neuropathischen Schmerzen. Er tritt nach zentralen Läsionen bzw. Verletzungen im Rückenmark und Gehirn auf.

Ist die Ursache ein Apoplex, werden die Schmerzen auf der gegenüberliegenden (kontralateralen) Körperseite entweder halbseitig, häufiger aber im Bereich einer Extremität empfunden.

23.2.4 Phantomschmerz

Der ▸ *Phantomschmerz* ist ein schmerzhaftes Gefühl in den bei Menschen mit amputierten Gliedmaßen nicht mehr vorhandenen Gliedern, z.B. Arme, Brust oder Rektum.

Er wird häufig auch als Scheinschmerz bezeichnet.

Für den Phantomschmerz sind meist mehrere Entstehungsmechanismen verantwortlich. An den durchtrennten Nervenenden entwickelt sich ein pathologischer (nervaler) Stoffwechsel, verbunden mit einer erhöhten Reizbarkeit und entsprechender Ausschüttung schmerzauslösender Substanzen. Die Nervenendigungen aktivieren ihren Reparationsmechanismus und bilden nicht selten Kurzschlüsse mit anderen Neuronen, sozusagen als pathologische Synapsen (Schaltstellen an den Nervenenden). Schmerzimpulse werden infolgedessen fehlgeleitet.

Pathologische Fehlschaltungen setzen sich auf spinaler Ebene im Rückenmark fort und wirken sich auf den physiologischen Schmerzkreislauf von Weiterleitung und Hemmmechanismen aus. Das bedeutet, dass Schmerzen unter Umständen nicht mehr gehemmt werden, weil der Regelkreislauf nicht mehr funktioniert.

Phantomschmerzen können auch zentralnervös bedingt sein (s.a. 23.2.3). Veränderungen im Hypothalamus und sensorischen Hirnareal lassen den amputierten Körperteil als noch vorhanden wahrnehmen. Die nun „arbeitslosen" Nervenzellen mit ihren Synapsen erhalten keine Signale mehr und „erfinden" statt dessen welche oder „erinnern" sich an frühere Schmerzerlebnisse vor der Amputation. Diese Phänome weisen auf das Vorhandensein eines Schmerzgedächtnisses hin.

Auch Schmerzimpulse aus anderen Körperteilen können in den nach der Amputation „ungenutzten" Hirnarealen verarbeitet werden.

Menschen mit Amputationen beschreiben Phantomschmerzen als brennend, stechend, krampfartig oder einschießend. Weitere Phantomsensationen sind Missempfindungen wie Kribbeln, Prickeln oder Empfindungen zu Lage, Größe und Form.

Auslöser von Schmerzen sind häufig Berührungsreize am Stumpf; können aber auch ganz spontan, ohne nachvollziehbare Manipulationen oder Ereignisse auftreten.

23.2.5 Psychogener Schmerz

Der psychogene Schmerz entsteht zentral ohne Zusammenhang mit körperlichen Abläufen, z. B. durch die Reizung von Nozizeptoren oder Nerven. Er wird vom Betroffenen als körperlicher Schmerz empfunden.

Prinzipiell kann jeder Mensch psychogene Schmerzen entwickeln. Voraussetzungen hierfür sind eine biographische Disposition und eine entsprechende Auslösesituation.

Bei der biographischen Disposition ist entscheidend, wie der Betroffene in seiner Entwicklung, besonders während der Kindheit, gelernt hat, mit Belastungssituationen umzugehen und Bewältigungsstrategien zu entwickeln. Krisenhafte Erlebnisse (= Auslösesituationen) wie z. B. Verlust eines geliebten Menschen, Niederlagen oder Schuldgefühle lösen einen psychischen Druck aus, der immer auch (psychisch) schmerzhaft ist. Bei ungenügender Verarbeitung dieser Krisen können sich in künftigen, ähnlich belastenden Lebenssituationen, z. B. berufliche Überforderung oder Ehescheidung, aufgrund des psychischen Drucks organische Schmerzen entwickeln, besonders dann, wenn die normalen Bewältigungsmöglichkeiten versagen. Häufig auftretende psychogene Schmerzen sind beispielsweise Migräne, Kreuzschmerzen oder Magenschmerzen.

Die Schmerzen „verstecken" den eigentlichen seelischen Konflikt und verhindern zunächst seine Lösung. Da keine organische Ursache vorliegt, suchen Betroffene Hilfe bei verschiedenen Ärzten. Das Schmerzerleben ist wie bei den organischen Schmerzen quälend und ernst zunehmen. Eine erfolgreiche Therapie bei psychogenen Schmerzen kann nur, nach vorherigem Ausschluss somatischer Ursachen, durch psychotherapeutische Verfahren erreicht werden.

Schmerzarten:

- Beim Nozizeptorschmerz wird zwischen somatischem (Oberflächen- und Tiefenschmerz) und viszeralem (Organ- und übertragener Schmerz) Schmerz unterschieden.
- Typische Beispiele für neurogenen Schmerz sind Trigeminusneuralgie, Herpes zoster oder Ischias.
- Zentrale Schmerzen werden durch zentrale Läsionen bzw. Verletzungen des Rückenmarks und Gehirns verursacht.
- Schmerzen ohne ursächlichen Zusammenhang mit körperlichen Abläufen werden als psychogene Schmerzen bezeichnet.

23.3 Akuter und chronischer Schmerz

Die Dauer des Schmerzes spielt bei der Bewertung und Einstellung eine große Rolle für den Betroffenen. Schmerzen werden je nach zeitlichem Auftreten, Dauer und Verlauf in akute und chronische unterschieden.

23.3.1 Akuter Schmerz

Der ▸ *akute Schmerz* hat eine lebenswichtige Funktion: er warnt vor Verletzungen und Erkrankungen und signalisiert dem Menschen, dass er sich schonen muss. Abwehrmechanismen wie Angst, Schonhaltung und Muskelverspannung sind demzufolge Begleiterscheinungen und zwingen den Schmerzleidenden zum Rückzug aus seinen Alltagsaktivitäten. Der akute Schmerz ist auf den Entstehungsort begrenzt und meist gut lokalisierbar. Er tritt auf nach Verletzungen, Operationen oder bei Entzündungen. Ist die Schädigung beseitigt bzw. abgeheilt, klingt der Schmerz rasch ab.

23.3.2 Chronischer Schmerz

Bis zu 25 % der Bevölkerung in westlichen Ländern leiden unter chronischen Schmerzzuständen mit häufigen Krankenhausaufenthalten, nicht selten unnötigen Operationen und der Langzeiteinnahme von Schmerzmitteln. Daraus ergeben sich enorme finanzielle und soziale Probleme.

Schmerzzustände sind als chronisch zu bezeichnen, wenn sie mindestens 6 Monate lang dauern oder immer wiederkehren wie z. B. die Migräne. Weitere Merkmale sind die erfolglose Durchführung mehrerer Behandlungsversuche, Beeinträchtigung der Befindlichkeit und Stimmungslage sowie des Denkvermögens des betroffenen Menschen. Ein wichtiges Kriterium stellt auch die herabgesetzte bis aufgehobene Mobilität dar, weil sie nicht selten auch zur Einschränkung sozialer Aktivitäten führt. In extremen Fällen können chronische Schmerzzustände bis hin zur Arbeitsunfähigkeit führen.

Der ▸ *chronische Schmerz* ist ein sehr komplexes Geschehen, dessen Entstehung nicht endgültig geklärt ist. Wahrscheinlich ist davon auszugehen, dass durch permanente Reizung von Nozizeptoren die Nervenzellen überempfindlich reagieren. Es kommt zu pathologischen Fehlentwicklungen innerhalb des neurogenen Stoffwechsels, die die Entstehung von Schmerzsignalen im Nervensystem begünstigen. Das bedeutet, dass Schmerzimpulse auch dann an das Gehirn weitergeleitet werden, wenn der auslösende Schmerzreiz nur noch ganz schwach oder gar nicht mehr vorhanden ist. Ferner können durch chronische Schmerzreize die endogenen Hemmmechanismen, z. B. die Endorphinausschüttung, herabgesetzt werden.

Ähnliche Umbauvorgänge mit ensprechenden Reaktionen können auch im Gehirn entstehen. Der Schmerz hat sich gleichermaßen in das Gedächtnis der Zellen eingegraben. Der Phantomschmerz nach der Amputation einer Gliedmaße ist ein extremes Beispiel für eine derartige Gedächtnisbildung (s. a. 23.2.4).

Nicht unerheblich ist der psychische Einfluss an der chronischen Schmerzbildung. Ca. 80% aller Schmerzen werden durch psychische Faktoren, wie z. B. Stress, Ängste und Depressionen mitbestimmt.

Häufige Ursachen für chronische Schmerzen sind Schmerzen des Bewegungsapparates, Neuralgien, Kopf-, Phantom- und Tumorschmerzen.

Bei der ▸ *Schmerzkrankheit* stellt das Symptom „Schmerz" eine eigene Erkrankung dar. Es handelt sich um andauernde Schmerzzustände, die eine spezielle Schmerztherapie erforderlich machen. Chronische Schmerzen müssen jedoch nicht unbedingt eine Schmerzkrankheit sein. Sie werden es aber, wenn sie ihre biologisch sinnvolle Warn- und Alarmfunktion verlieren und somit vom Symptom zu einer eigenständigen Krankheit wechseln, z. B. bei Phantomschmerzen.

In Abhängigkeit von ihrem zeitlichen Auftreten, der Dauer und dem Verlauf werden akute von chronischen Schmerzen unterschieden.

23.4 Beobachtungskriterien

Beobachtungskriterien des Schmerzes sind:

- Schmerzäußerung,
- Schmerzlokalisation,
- Schmerzzeitpunkt,
- Schmerzdauer,
- Schmerzintensität,
- Schmerzqualität,
- schmerzbegleitende Symptome.

Zur Erleichterung und Unterstützung der Schmerzeinschätzung sowie -beurteilung kann ein Schmerzerhebungsbogen bzw. ein Schmerzanamnesebogen verwendet werden. Verschiedene Institutionen haben entsprechend ihrer Bedürfnisse und Pflegestandards Schmerzerhebungsbögen entwickelt. Die **Abb. 23.4** zeigt einen möglichen Schmerzerhebungsbogen. Wichtig für die Schmerzeinschätzung ist das persönliche Gespräch mit einem hohen Maß an Einfühlungsvermögen.

23.4.1 Schmerzäußerungen

Der Umgang mit Schmerz ist individuell verschieden und abhängig von persönlichen Erfahrungen, soziokulturellen Einflüssen, Erziehung, Alter und Geschlecht. Wie und ob überhaupt Schmerzen geäußert werden, hängt u. a. auch von der aktuellen Situation ab, z. B. Zusammentreffen im Familienkreis, beim Arzt oder unter Arbeitskollegen.

Schmerzäußerungen können verbal oder nonverbal ausgedrückt werden.

Verbale Schmerzäußerungen erfolgen unter Benutzen der Sprache, d. h. der Betroffene spricht über seinen Schmerz. Durch die den Schmerz häufig begleitende veränderte Stimmungslage klingt die Stimmlage meist monoton und leise. Weitere verbale Ausdrucksweisen sind Schreien, Stöhnen, Klagen, Wimmern und Jammern. Während einige Menschen ständig über ihre Schmerzen reden oder auch um Schmerzmittel bitten, überspielen andere ihre Schmerzen durch Heiterkeit oder verleugnen sie gänzlich. Auch hieran wird der individuelle Umgang mit Schmerzen deutlich.

Bei der Schmerzbeobachtung nehmen die nonverbalen Schmerzäußerungen einen besonderen Stellenwert ein. Menschen mit Schmerzen greifen nach der schmerzenden Stelle, um sie schützend ab-

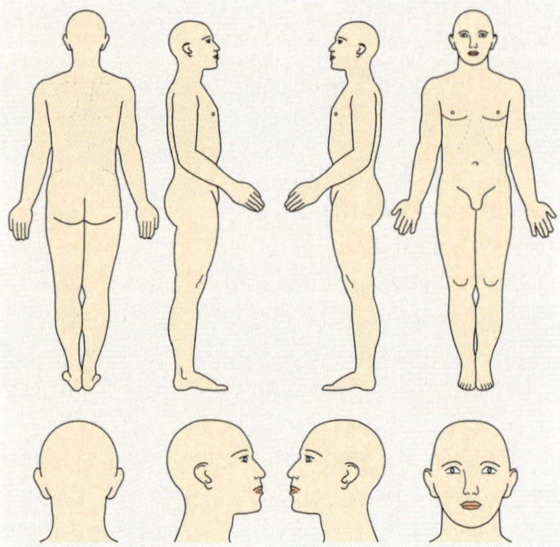

Kernfragen:

1. Wo tut es weh?

Zeichnen Sie bitte in die obrige Zeichnung ein, wo Sie Ihre Schmerzen spüren. Strahlen die Schmerzen in Nachbargebiete aus, z. B. vom Rücken in die Beine, markieren Sie die Ausstrahlung ebenfalls in die obrige Zeichnung durch Pfeile.

Sind die Schmerzen: an der Körperfläche? ☐ im Körperinnern? ☐

2. Wann treten die Schmerzen auf?

Bitte kreuzen Sie alle Möglichkeiten an, die für Sie in Frage kommen.

morgens ☐ mittags ☐
nachmittags ☐ abends ☐ nachts ☐

3. Wie lange dauern die Schmerzen?

Bitte kreuzen Sie alle Möglichkeiten an, die für Sie in Frage kommen.

Sekunden ☐ Minuten ☐ Stunden ☐
Tage ☐ Wochen ☐ dauernd ☐
mit Unterbrechung ☐

4. Seit wann leiden Sie unter Schmerzen?

Tage ☐ Wochen ☐
Monate ☐ Jahre ☐

5. Wie stark sind die Schmerzen?

Markieren Sie bitte auf der Skala die Stärke Ihrer Schmerzen in den letzten Tagen. Kreuzen Sie bitte dazu einen Wert zwischen **0** (gar keine Schmerzen) und **10** (unerträgliche Schmerzen) ein.

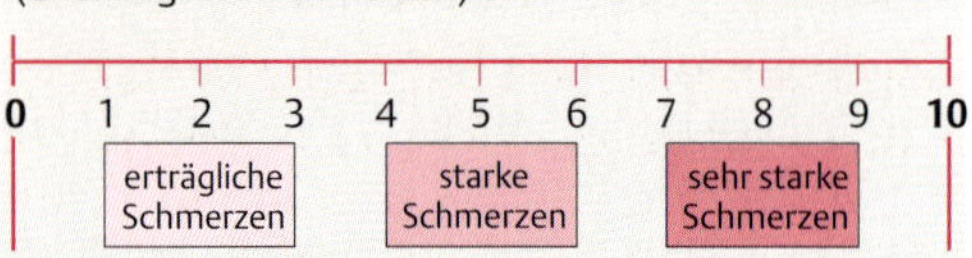

6. Hat sich die Schmerzintensität im Laufe der Zeit verändert?

Nein ☐
Wenn ja:
Schmerzen sind stärker geworden ☐
Schmerzen sind schwächer geworden ☐
Schmerzen sind häufiger aufgetreten ☐
Schmerzen sind seltener geworden ☐

7. Wie würden Sie Ihre Schmerzen beschreiben?

pulsierend ☐ stechend ☐ ziehend ☐
pochend ☐ kribbelnd ☐ zerreißend ☐
hämmernd ☐ beißend ☐ schneidend ☐
bohrend ☐ brennend ☐ dumpf ☐
zwickend ☐ heiß ☐ krampfartig ☐
einschießend ☐ anfallsartig ☐ beklemmend ☐
ausstrahlend ☐ ....

8. Welche Beschwerden treten zusätzlich mit den Schmerzen auf?

Übelkeit ☐ Erbrechen ☐
Appetitlosigkeit ☐ Durchfall ☐
Verstopfung ☐ Magenschmerzen ☐
Schwindel ☐ Angst ☐
Beklemmung ☐ Schweißausbruch ☐
Zittern ☐ Herzjagen ☐
Lichtempfindlichkeit ☐ Lärmempfindlichkeit ☐
Schlafstörungen ☐ ....

9. In welcher Situation treten Schmerzen auf bzw. verstärken sich?

(z. B. nach körperlicher Anstrengung, nach Aufregung usw.)

....

....

10. Was tun Sie selbst gegen Ihre Schmerzen?

Nehmen Sie Schmerzmittel ein? Nein ☐

Wenn ja, welche? ....

In welcher Situation? ....

....

Wie können Sie Ihre Schmerzen ohne Schlafmittel lindern? (z. B. warmes Bad, Ablenkung)

....

....

....

Abb. 23.4 Beispiel für eine Schmerzanamnese. Auszug aus dem Schmerzfragebogen der Deutschen Gesellschaft zum Studium des Schmerzes.

zudecken oder schmerzverringernd daran zu reiben (s. a. 23.1). Häufig ist auch eine motorische Unruhe zu beobachten, z. B. durch Hin- und Herlaufen oder häufigen Lagewechsel, z. B. bei Bettlägerigen. Genauso gibt es Menschen mit Schmerzen, die dazu neigen, sich still und ruhig zurückzuziehen. Der Muskeltonus wird schlaff und die Bewegungen werden langsam und schleppend. Die Gesichtsmuskulatur ist – schmerzverzerrt – angespannt, der Kiefer in Bissstellung und der Gesichtsausdruck wirkt ängstlich. Zu beobachten ist in vielen Fällen auch eine schmerzlindernde oder -vermeidende Schonhaltung bzw. -lage (s. a. Kap. 26.4.3).

23.4.2 Schmerzlokalisation

Die Schmerzlokalisation gibt Auskunft darüber, wo oder in welchem Körperteil der Schmerz auftritt. Hilfreich ist hierbei Markieren des Schmerzortes auf einer Vorder-, Seiten- und Rückenansicht eines Körpers in einem Schmerzanamnesebogen (**Abb. 23.4**, Frage 1).

Oberflächenschmerzen, z. B. von der Haut ausgehend, können besser lokalisiert werden als Tiefenschmerzen aus Muskeln, Sehnen und Gelenken. Organschmerzen sind dumpf, manchmal diffus ausstrahlend, so dass die Abgrenzung von anderen schmerzenden Körperstrukturen nicht immer eindeutig ist, wie z. B. bei Erkrankungen der Genitalorgane. Ausstrahlende Schmerzen in die „Head"-Zonen werden in typische Körperregionen übertragen, z. B. Gallenkoliken in die rechte Schulter, Herzschmerzen in den linken Arm, Oberbauchschmerzen bei der Bauchspeicheldrüsenentzündung gürtel- bzw. ringförmig um den Bauch (s. o.).

23.4.3 Schmerzzeitpunkt

Beim Schmerzzeitpunkt steht die Frage im Vordergrund, wann der Schmerz auftritt: morgens, mittags, abends oder nachts. Für die Beurteilung und Einschätzung ist ferner wichtig, ob der Schmerz zum ersten oder wiederholten Mal aufgetreten ist.

23.4.4 Schmerzdauer und -verlauf

Hierbei gibt der Betroffene die zeitliche Dauer des Schmerzes, ausgehend vom Beginn der Wahrnehmung und dessen Verlauf an. Zu unterscheiden sind akute Schmerzsituationen von chronischen Schmerzen. Die Bewertung von Schmerzdauer und -verlauf ist besonders bei chronischen Schmerzzuständen von Bedeutung.

Schmerzdauer und -verlauf stehen in einem Zusammenhang mit der Schmerzintensität und sind für den Betroffenen bezüglich des Aushaltevermögens sowie möglicher Therapieansätze wichtige Informationen. Diese (Schmerz-)Beobachtungskriterien sollten deshalb immer gemeinsam beobachtet und bewertet werden. Beispielsweise kann ein an einer schmerzhaften chronischen rheumatoiden Arthritis leidender Mensch den morgendlichen Schmerz bei Bewegungen ohne die Gabe von Schmerzmitteln kaum aushalten, während die herabgesetzte Schmerzintensität am Nachmittag ohne Analgetika toleriert werden kann.

23.4.5 Schmerzintensität

Die Hauptfrage hierbei ist, wie stark sind die Schmerzen? Nur derjenige, der die Schmerzen erlebt, kann die Intensität des Schmerzes einschätzen, da Schmerzen, wie bereits erwähnt, ein sehr subjektives Geschehen sind, das von Mensch zu Mensch verschieden erlebt wird. Für die Bewertung der Intensität spielt der Vergleich der aktuellen Schmerzempfindung mit der in der Vergangenheit einschließlich der Folgen eine große Rolle. Er wird hauptsächlich an der im Gedächtnis gespeicherten Schmerzerfahrung gemessen.

Als Hilfsmittel zu Einschätzung eignen sich z. B. numerische Skalen, in der der Betroffene seinen Schmerz von 0 – 10 oder von 0 – 100 einordnet, wobei die Zahl 0 keine Schmerzen bedeutet und die Zahl 10 oder 100 die größte Schmerzintensität entspricht (**Abb. 23.4**, Frage 5). Da es für manche Schmerzpatienten schwierig ist, ihre Schmerzen in ein numerisches System einzuordnen, kann die Einschätzung auch durch Begrifflichkeiten erfolgen wie z. B. keine Schmerzen (0 auf der Schmerzskala), erträgliche Schmerzen (1 – 3 auf der Schmerzskala), starke Schmerzen (4 – 6 auf der Schmerzskala), sehr starke Schmerzen (7 – 9 auf der Schmerzskala) sowie unerträgliche Schmerzen (9 – 10 auf der Schmerzskala).

Die Einteilung nach Begrifflichkeiten und auch die numerische Einteilung werden häufig kombiniert angewendet.

Welche Skala oder Begrifflichkeit für die Schmerzeinschätzung und Dokumentation auch benutzt wird, wichtig ist in erster Linie, dass der Betroffene sie versteht.

Mit zunehmender Schmerzdauer, besonders wenn die Schmerzen eine chronische Form annehmen, wächst auch die Schmerzintensität. Gleichzei-

Tab. 23.1 Schmerzqualitäten

Schmerzqualität/Art	*Typische Beispiele*
Pochend	Abzesse
Einschießend	vom Rücken in das Bein beim Bandscheibenvorfall
Ausstrahlend	in den linken Arm beim Herzinfarkt, in die rechte Schulter bei Gallenkoliken
Stechend	Neurogene Schmerzen – z. B. Zahnschmerzen
Kribbelnd	Neurogene Schmerzen – z. B. Nervenschädigungen
Beißend	Hautverletzungen – z. B. Schürfwunden
Brennend	Entzündungen, Sonnenbrand
Heiß	Endzündungen, Sonnenbrand
Dumpf	Organschmerzen
Anfallsartig	Koliken – z. B. Gallenkolik
Zerreißend	Hautverletzungen
Schneidend	Hautverletzungen
Krampfartig	Magen- oder Darmspastiken
Beklemmend	Herzschmerzen
Ziehend	Schmerzen im gynäkologischen Bereich

tig verringert sich die Bereitschaft, Schmerzen zu ertragen.

23.4.6 Schmerzqualität

Die Schmerzqualität gibt Antwort auf die Frage nach der Schmerzart und kann als klopfend, stechend, brennend, krampfartig usw. beschrieben werden. Die Schmerzart lässt Rückschlüsse auf die Schmerzlokalisation zu. Typische Beispiele sind in **Tab. 23.1** dargestellt.

23.4.7 Schmerzbegleitende Symptome

Durch Überwiegen der sympathischen Tonuslage kommt es zur Erhöhung des Blutdrucks und der Herzfrequenz bis hin zur Schocksymptomatik, zu Atemveränderungen, zur Steigerung der Bewusstseinshelligkeit (Wachheit) und Erhöhung der Abwehr und Fluchtbereitschaft. Übelkeit, Erbrechen und Appetitlosigkeit sind ebenfalls nicht selten auftretende Begleiterscheinungen bei besonders starken Schmerzzuständen, so wie auch Durchfall und Meteorismus. Nächtliche Schmerzen stören den Schlaf. Erhöhter Ruhebedarf am Tag sowie Schlafstörungen können die Folge sein.

Durch die Verknüpfung der Schmerzleitung mit Hirnnervenkernen, z. B. im limbischen System, bekommt der Schmerz seine individuelle begleitende Gefühlsqualität wie Angst, Ekel und u. U. auch Freude.

Bei entzündlichen Erkrankungen im Bauchraum, z. B. einer Blinddarmentzündung, kommt es durch einen reflektorischen Spasmus der Bauchdeckenmuskulatur zur Abwehrspannung bei Druck auf den Bauch.

Migräneartige Kopfschmerzen werden häufig zusätzlich von Licht- und Lärmempfindlichkeit begleitet.

Schmerzen schränken nahezu alle Aktivitäten ein und können in extremen Fällen zu Immobilität führen.

Länger anhaltende Schmerzen führen zu depressiven Zuständen mit entsprechender Auswirkung auf das soziale Umfeld und Vereinsamung.

Akuter und chronischer Schmerz, Beobachtungskriterien:

- Hinsichtlich der Dauer wird zwischen akutem und chronischem (mindestens 6 Monate oder immer wiederkehrendem) Schmerz unterschieden.
- Bei der Schmerzkrankheit stellt das Symptom „Schmerz" eine eigene Erkrankung dar.
- Zur Beurteilung von Schmerz dienen Schmerzäußerungen, -lokalisation, -zeitpunkt, -dauer, -verlauf, -intensität, -qualität sowie schmerzbegleitende Symptome.

23.5 Dokumentation

Um Schmerzen präzise diagnostizieren, deren Verlauf beurteilen und eine effektive Schmerzprophylaxe und -therapie durchführen und überprüfen zu können, müssen sie entsprechend sorgfältig ermittelt und dokumentiert werden. Die Schmerzanamnese stellt in diesem Zusammenhang eine wichtige überprüfbare Ausgangssituation dar.

Für die Dokumentation sind neben den (Schmerz-)Beobachtungskriterien auch Stimmungslage, die Einnahme von Schmerzmitteln und die Beobachtung von Begleitsymptomen wichtige Merkmale zur Einschätzung des Schmerzgeschehens. Da

Schmerztagebuch

Name: .... **Datum:** ....

Uhrzeit	Schmerz-intensität	Schmerz-therapie	Bemerkung/ Aktivität/ Beobachtungen
6.00 Uhr			
7.00 Uhr			
8.00 Uhr			
9.00 Uhr			
10.00 Uhr			
11.00 Uhr			
12.00 Uhr			
13.00 Uhr			
14.00 Uhr			
15.00 Uhr			
16.00 Uhr			
17.00 Uhr			
18.00 Uhr			
19.00 Uhr			
20.00 Uhr			
21.00 Uhr			
22.00 Uhr			
23.00 Uhr			
24.00 Uhr			
1.00 Uhr			
2.00 Uhr			
3.00 Uhr			
4.00 Uhr			
5.00 Uhr			

Abb. 23.5 Beispiel für ein Schmerztagebuch.

Schmerzen häufig in Zusammenhang mit bestimmten Ereignissen oder Aktivitäten auftreten, ist es sinnvoll, sie ebenfalls entsprechend zu vermerken.

Die Schmerzbeobachtung und -einschätzung ist fast ausschließlich von den Äußerungen des schmerzleidenden Menschen abhängig und bedarf deshalb der intensiven Kommunikation zwischen Pflegepersonal, ärztlichem Personal und dem Betroffenen. Bei Menschen mit chronischen Schmerzzuständen empfiehlt sich das Führen eines Schmerztagebuchs oder Schmerzprotokollbogens (**Abb. 23.5**). Sie erleichtern die Selbstbeobachtung und die Verlaufskontrolle der erlebten Schmerzzustände. Die so entstehende Dokumentation zeigt mögliche Zusammenhänge zwischen Schmerz und Alltagserleben auf und gibt Auskunft über den zeitlichen und qualitativen Verlauf der Schmerzereignisse. Der betroffene Schmerzpatient lernt, sich selbst besser zu verstehen, schmerzauslösende Faktoren bewusst wahrzunehmen und schließlich Konsequenzen für sich und sein Leben abzuleiten.

Eine erweiterte Schmerzdokumentation bildet die Basis für eine Schmerzprophylaxe sowie Qualitätssicherung. Das bedeutet, Betroffene bekommen Schmerzmittel regelmäßig und nicht nur „bei Bedarf" mit dem Ergebnis, dass quälende Schmerzzustände gar nicht erst entstehen und die Lebensqualität steigt.

23.6 Ergänzende Beobachtungskriterien

Schmerzzustände sind komplexe Geschehen und umfassen ganzheitlich das körperliche, geistige und seelische Empfinden des Betroffenen. Das Beobachtungsspektrum kann sich je nach Schmerzausprägung auf entsprechend weitere Beobachtungspunkte ausdehnen.

Durch die Verknüpfung der schmerzleitenden Bahnen mit dem vegetativen Nervensystem und anderen Hirnanteilen beeinflussen Schmerzzustände das Kreislaufsystem mit Puls-, Blutdruck-, Atemveränderungen und die Schweißproduktion. Starke Schmerzen werden häufig von Übelkeit, Brechreiz, Erbrechen und Appetitlosigkeit begleitet. Das kann sich, besonders bei Menschen mit chronischen Schmerzen, auf das Körpergewicht und den Ernährungszustand negativ auswirken.

Schmerzen werden meist durch emotionale Anteile wie Angst und Depression begleitet.

Die Beobachtung von Mimik, Gestik, Körperhaltung, Gang, Bewegung, Stimme, Sprache und Bewusstsein sollte deshalb immer mit einbezogen werden. Auch die Motorik ist im Zusammenhang mit schmerzauslösenden bzw. -hemmenden Aktivitäten zu betrachten.

Durch Schmerzen werden die Aufmerksamkeit, der Wachheitszustand und der Schlaf jeweils wechselseitig beeinflusst. Die Einbeziehung dieser Beobachtungspunkte ist besonders bei der Beurteilung von Schmerzdauer-, -verlauf, -intensität und -zeitpunkt des Auftretens von Bedeutung.

23.7 Besonderheiten bei Kindern

Sigrid Flüeck

Das Schmerzempfinden von Kindern ist nicht geringer als das von Erwachsenen. Im Gegenteil, es gibt eine Reihe von Indizien, dass kleine Kinder schmerzempfindlicher sind als größere Kinder. Vieles was bei Erwachsenen keine Schmerzen auslöst, kann bei Kindern Schmerzgefühle hervorrufen. Schmerzen schränken jegliche Lebensaktivität der Kinder ein. Sie haben einen entscheidenden Einfluss auf die weitere körperliche Entfaltung. Aber auch die psychische Entwicklung der Kinder kann durch Schmerzen beeinträchtigt werden. Es kann zu Ängsten, Gefühlen des Alleinseins und des Nicht-Angenommen-Werdens sowie zu depressiven Verstimmungen kommen.

Die zunächst bei der Geburt nicht vollständig vorhandene Umhüllung der Nerven mit einer Myelinschicht wird nach der Geburt schnell vorangetrieben, so dass die Schmerzleitung der A-delta-Fasern (s. a. 23.1) sehr rasch erfolgt. Wissenschaftliche Erkenntnisse haben jedoch u. a. auch gezeigt, dass die Myelinschicht bei Feten und Neugeborenen hinsichtlich der Schmerzübertragung von geringerer Bedeutung ist. Schmerzempfinden ist somit nicht altersabhängig, sondern dient dem ungeborenen Kind bereits im Mutterleib als Schutzfunktion. So reagieren bereits die Feten bei einer Amniozentese mit Abwehr und Fluchtbewegungen innerhalb ihres begrenzten Raumes im Mutterleib.

Neugeborene und Säuglinge reagieren durch Unruhe, wie das Anziehen und Beugen der Extremitäten, durch Veränderung der Gesichtsmimik bis hin zum Schreien und nicht zuletzt durch Veränderung der Herz- und Atemfrequenz auf Schmerzreize. Bei Frühgeborenen kann auch ein Sauerstoffabfall und Kohlendioxidanstieg bei der Blutgasanalyse beobachtet werden.

Tab. 23.2 Schmerzscore für Frühgeborene und reife Neugeborene (nach Wegmann)

Sichtbares Verhalten	*Punkte*
Gesichtsausdruck	
• entspannt, ruhig	0
• beruhigt, abwesend	1
• Grimassieren	2
• massives Grimassieren	3
Bewegungen	
• tief schlafend, keine Bewegungen	0
• spontane Bewegungen	1
• Abwehrbewegungen	2
• heftige Abwehrbewegungen	3
Reaktion auf Berührung (Trostreaktionen)	
• keine Reaktion	0
• normale Reaktion, schnell wieder entspannt	1
• starke Reaktion, nach zwei Minuten wieder ruhig	2
• starke Reaktion, lässt sich nicht beruhigen	3
Muskeltonus, Spannungszustand der Extremitäten	
• geringer bis nicht vorhandener Tonus	0
• normaler Muskeltonus	1
• zunehmende Anspannung, Abwehr bei Bewegung und Berührung	2
• stark hypertone Muskelanspannung	3

Zur Erkennung von Schmerzen bei Frühgeborenen und reifen Neugeborenen kann die Verwendung des in **Tab. 23.2** dargestellten Schmerzscore eine gute Hilfestellung geben. Je höher die ermittelte Punktzahl ist, umso höher ist auch die Wahrscheinlichkeit, dass das Kind unter Schmerzen leidet. Mit zunehmender Entwicklung ist die Aussage des Kindes zum Schmerzempfinden und zur Schmerzentstehung von großer Bedeutung. Je nach Artikulationsmöglichkei-

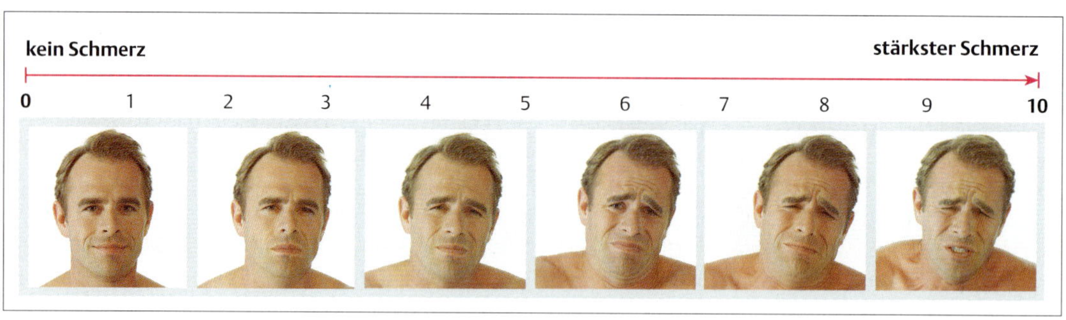

Abb. 23.6 Schmerzeinschätzungsskala (modifiziert nach Wong und Baker), dargestellt bei einem Erwachsenen.

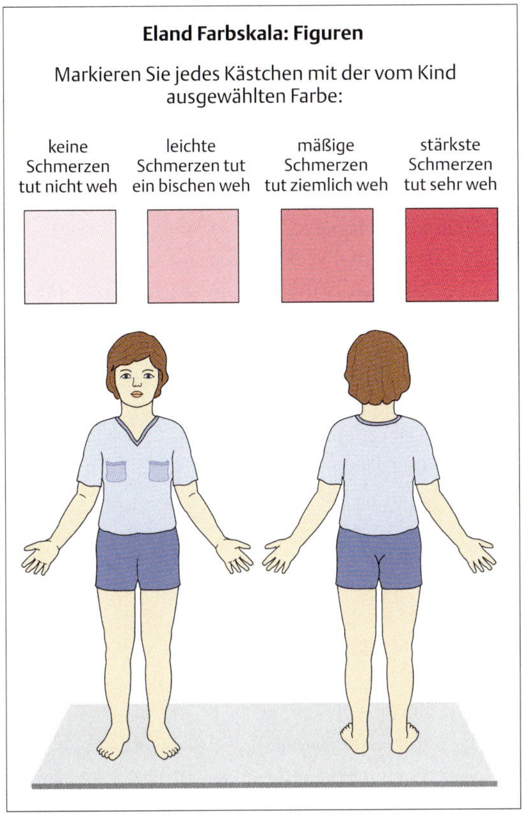

Abb. 23.7 Erfassung der Schmerzlokalisation und -intensität bei Kindern.

ten des Kindes kann die Schmerzäußerung durch Worte wie „aua", „weh" o. ä. erfolgen.

Schwierig wird es, wenn das Kleinkind die Schmerzen lokalisieren, die Dauer und/oder den Zeitpunkt der Schmerzen oder gar die Schmerzintensität und -qualität bestimmen soll. Mit Hilfe von einfachen, offenen Fragen kann versucht werden, die Schmerzen einzuschätzen. Hierbei können auch, je nach Alter des Kindes, verschiedene Darstellungshilfen angewendet werden. Beispiele hierfür zeigen die **Abb. 23.6** und **23.7**.

Um einen Verlauf erkennen zu können, ist es wichtig, bei jeder neuen Schmerzeinschätzung dieselbe Skala zu verwenden. Aber auch durch Gespräche mit den Eltern und anderen Bezugspersonen können wichtige unterschiedliche Informationen über mögliche Schmerzen eines Kindes erfasst werden. In diesen Gesprächen sollte z. B. auch der Umgang der Eltern/Bezugsperson mit Schmerzen, ihre Einstellung zu Schmerzen, der Umgang mit Analgetika erfasst werden und welche Aufmerksamkeit dem Schmerz gegeben wird. Ein wichtiges Hilfsmittel in der Kommunikation zwischen Kindern und Erwachsenen stellt auch die altersentsprechende Anwendung von Spielen dar. Die Kinder können hierbei ihre Gefühle leichter ausdrücken und sie bekommen von den Erwachsenen leichter Informationen über Körperteile, Krankheiten und mögliche Ursachen von Schmerzen vermittelt.

Komponenten eines multidimensionalen Ansatzes zur Schmerzeinschätzung bei Kindern zeigt die folgende Übersicht:

Komponenten eines multidimensionalen Ansatzes zur Schmerzeinschätzung bei Kindern (nach McCaffery, Beebe, Latham)

Regen Sie ein Gespräch über Schmerzen an. Beziehen Sie Kinder (wenn möglich), Eltern und weitere Pflegende in das Gespräch ein.
Versuchen Sie, durch gemeinsames Spielen oder Reden das Kind dazu zu bewegen, selbst Aussagen über seine Schmerzen zu machen. Ziehen Sie den Gebrauch einer oder mehrerer Schmerzskalen in Erwägung.
Klären Sie das Bestehen von Erkrankungen oder möglicher Behandlungen, von denen man weiß, dass sie auch bei anderen Schmerzen verursacht haben.
Beobachten Sie:

- Vokalisierungen/Verbalisierungen,
- Gesichtsausdruck,
- Körperbewegungen,
- autonome Reaktionen,
- Veränderungen in Bezug auf tägliche Aktivitäten und normale Verhaltensweisen.

Erwägen Sie nach Absprache die Gabe einer Versuchsdosis eines Analgetikums und halten Sie die Reaktionen des Kindes schriftlich fest.

Hilfsmittel zur Schmerzerfassung und -einschätzung sind entsprechend dem Alter und der Reife eines Kindes auszuwählen. Um eine konsequente Einschätzung des Schmerzes vornehmen zu können, muss immer das gleiche Hilfsmittel verwendet werden.

Kinder, besonders im Kindergarten- und Grundschulalter, drücken ihre Probleme gelegentlich dadurch aus, dass sie behaupten, sie hätten Bauchschmerzen. In jedem Fall ist es jedoch wichtig, das Kind ernst zu nehmen und zu differenzieren, ob es sich um Schmerzen handelt, denen eine organische Ursache zugrunde liegt und die ggf. eine ärztliche Intervention erfordern, oder ob es sich um Schmerzen handelt, die aufgrund psychischer Belastungssituationen entstanden sind.

Wichtig bei der Pflege und Betreuung von Kindern sind auch Kenntnisse darüber, welche diagnostischen und therapeutischen Maßnahmen mit Schmerzen verbunden sein können sowie über pathologische Prozesse, die unweigerlich mit Schmerzen verbunden sind.

23.8 Besonderheiten bei älteren Menschen

Eva Eißing

Zwar wurden im Bereich des wissenschaftlichen Verständnisses und der klinischen Behandlung von Schmerzen große Fortschritte erzielt, aber leider finden spezifische Bedürfnisse älterer Menschen hierbei kaum Berücksichtigung.

Ältere Menschen meinen häufig, Schmerzen ohne Klagen ertragen zu müssen. Oft herrscht die Überzeugung, Schmerzen im Alter seien unvermeidlich. Eingeschränktes Hör- und Sehvermögen erschweren zudem das Führen eines Schmerztagebuchs. Auch demente Menschen sind oft nicht in der Lage, ihre Schmerzwahrnehmung verbal mitzuteilen. Durch eine einfühlsame Kommunikation und sorgfältige Beobachtung nonverbaler Schmerzäußerungen kann festgestellt werden, wie stark der betroffene ältere Mensch unter seinen Schmerzen leidet. Ein weiterer Grund, weswegen ältere Menschen ihre Schmerzen nicht äußern, ist der Wunsch nach Selbständigkeit. Sie möchten keinem zur Last fallen.

Nicht wenig alte Menschen glauben, Schmerz sei eine natürliche Folge des Alterns und sprechen nicht mehr darüber oder leugnen ihn. Möglich ist auch das absichtliche Vertuschen von Schmerzen, weil damit Konsequenzen verbunden sein können, z.B. noch schmerzhaftere und unangenehme Untersuchungen, Einweisung ins Krankenhaus oder sogar Operationen.

Das Älterwerden allein bedeutet nicht, dass Schmerzen entstehen. Allerdings verursachen chronische Leiden und Multimorbidität verschiedenartige Schmerzempfindungen. Besonders betroffen sind Menschen mit Gelenk-, Knochen-, Muskel- und Nervenerkrankungen. Meist werden auch jahrelang schmerz- und entzündungshemmende Medikamente eingenommen mit entsprechenden Nebenwirkungen, wie z. B. Magenbeschwerden oder Magengeschwüren.

Im Alter entsteht häufig eine Beziehung zwischen Einsamkeit, Depression, Isolation und Schmerz mit entsprechend negativem Einfluss auf die Mobilität und Selbstständigkeit. Diese Phänomene verstärken sich wechselseitig. Viele betroffene ältere Menschen geraten auf diese Art in eine Abhängigkeit, in der sie sich nicht mehr alleine versorgen können oder sogar vollständig hilfsbedürftig werden.

Durch eine herabgesetzte Mobilität werden insbesondere alte Menschen anfällig gegenüber Folgekrankheiten, wie z.B. Druckgeschwüren oder Thrombosen. Diese Wechselwirkung sollte auf mehreren Ebenen unterbrochen werden: durch eine befriedigende Schmerztherapie, einen strukturierten Tagesablauf mit genügend Ablenkung, sozialen Kontaktmöglichkeiten sowie pflegerischen Interventionen nach dem Selbsthilfekonzept unter Berücksichtigung der jeweiligen Ressourcen.

Schmerzanamnese, -dokumentation sowie Besonderheiten bei Kindern und älteren Menschen:

- Die Schmerzanamnese, -beobachtung und -einschätzung und eine erweiterte Schmerzdokumentation bilden die Basis für eine Prophylaxe und Steigerung der Lebensqualität.
- Die psychische und physische Entwicklung von Kindern kann durch Schmerzen, für die sie empfindlicher sind als Erwachsene, beeinträchtigt werden.
- Bei Neu- und Frühgeborenen kann ein Schmerzscore helfen bei der Beurteilung, ob ein Kind unter Schmerzen leidet.
- Schmerzäußerungen bei Kindern sind in jedem Fall ernst zu nehmen und abzuklären.
- Eine Schmerztherapie kann zusammen mit anderen Maßnahmen die Lebensqualität von alten Menschen verbessern.

23.9 Fallstudien und mögliche Pflegediagnosen

Schmerzen bedingen eine Verschlechterung der Lebensqualität und haben Auswirkungen auf fast alle Bereiche des täglichen Lebens. Sie stellen einen häufigen Grund für pflegerische Interventionen dar.

Fallstudie Frau Pein

Bei Frau Pein, 55 Jahre, ist vor 4 Monaten ein Mammakarzinom in der rechten Brust diagnostiziert worden. Es wurde sofort eine Ablatio mammae rechts vorgenommen und anschließend eine Chemotherapie eingeleitet. Trotzdem wurden inzwischen bei Frau Pein multiple Knochenmetastasen festgestellt. Bedingt durch diese Metastasen leidet Frau Pein seit einiger Zeit unter starken Schmerzen, insbesondere im Bereich der Wirbelsäule. Sie klagt immer häufiger über Schmerzen und zeigt vor allem bei Bewegungen ein schmerzverzerrtes Gesicht. Aus Angst vor dem Auftreten von Schmerzen bzw. deren Verstärkung bewegt sich Frau Pein kaum noch. Immer häufiger bittet sie auch aus diesem Grund ihre Besucher, zu gehen. Einen Auszug aus dem Pflegeplan für Frau Pein zeigt **Tab. 23.3**.

Zu der oben aufgeführten Fallstudie von Fr. Pein kann auch eine Pflegediagnose gestellt werden, wie folgende Übersicht zeigt:

Pflegediagnose Mangelndes Schmerzmanagement (akut, chronisch) (nach Gordon)

Definition

Unzureichende Nutzung von Techniken und Hilfsmitteln zur Schmerzkontrolle (z. B. Verlangen von Schmerzmedikamenten, Timing, Lagerung, Ablenkung)

Hauptkennzeichen

- Verzögertes Verlangen nach Schmerzmedikamenten, mangelnde Nutzung von Lagerungsmöglichkeiten, Ablenkung, u. a. Schmerzkontrolltechniken,
- Mitteilung von verbalen oder kodierten Äußerungen über Schmerzen,

Tab. 23.3 Auszug aus dem Pflegeplan von Frau Pein

Pflegeproblem	*Ressource*	*Pflegeziele*	*Pflegemaßnahmen*
Frau Pein leidet unter starken Schmerzen insbesondere im Wirbelsäulenbereich bei metastasierendem Mammakarzinom	• Kennt ihre Diagnose und weiß, woher die Schmerzen stammen • Kann über ihre Schmerzen und ihre Angst vor Schmerzen sprechen	FZ: Frau Pein ist schmerzfrei NZ: Frau Pein: • Hat weniger Schmerzen • Hat keine Angst vor dem Auftreten von Schmerzen • Führt selbstständig ein Schmerztagebuch • Weiß, wann sie ihre Schmerzmedikation einnehmen muss • Kennt schmerzarme, -freie Lagerungs- und Bewegungsmöglichkeiten • Weiß, dass es weitere verschiedene Möglichkeiten zur Unterstützung der Analgetikatherapie gibt und befasst sich damit	• Schmerzäußerungen und Äußerungen über Angst vor Schmerzen von Fr. Pein ernst nehmen und darauf eingehen • Schmerztagebuch: – Informationsgespräch über Sinn und Zweck eines Schmerztagebuchs (Schmerzprophylaxe) – Anleitung zum Führen eines Schmerztagebuchs – Besprechung und Kontrolle der Eintragungen 1 × täglich (10.00 h) • Verabreichung der Schmerzmedikation zur festgesetzten Zeit und Beobachtung hinsichtlich: – Wirkungseintritt – Wirkungsdauer – Wirkungsqualität – Nebenwirkungen • Gemeinsam mit Fr. Pein schmerzarme, -freie Bewegungen und Lagerungen herausfinden, ggf. mit Kissen und anderen Hilfsmitteln unterstützen • Beobachtung von Fr. Pein hinsichtlich Schmerzzeichen bei allen pflegerischen Tätigkeiten • Informationsgespräch (Arzt) über Möglichkeiten zur Unterstützung der Schmerztherapie (z. B.: autogenes Training, Meditation, Akupunktur) • Nach Bedarf Informationsmaterialien zu verschiedenen Alternativen zur Verfügung stellen und entsprechende Kontakte herstellen

und eines oder mehrere der folgenden Kennzeichen:

- Schonhaltung, Schützen der betreffenden Körperpartie,
- starke Selbstbezogenheit,
- eingeengte Sichtweise (veränderte Zeitwahrnehmung, Rückzug von sozialen Kontakten, beeinträchtigte Denkprozesse),
- Ablenkungsverhalten (Stöhnen, Schreien, Weinen, rastlos nach anderen Leuten und/oder Aktivitäten fragen),
- schmerzverzerrtes, maskenhaftes Gesicht (glanzlose Augen, „zerschlagenes, gerädertes Aussehen“, fixierte oder zerstreute Bewegungen, Grimassieren, Stirnrunzeln),
- Erhöhung des Muskeltonus (Starrheit, Steifheit).

Ätiologische oder beeinflussende Faktoren

mangelnde Kenntnisse im Hinblick auf Techniken zur Schmerzkontrolle.

Risikogruppen

- Personen nach einer Operation (z. B. Schmerzen an der OP-Wunde),
- Personen mit Arthritis (z. B. Gelenkschmerz),
- Personen mit koronaren Herzerkrankungen (retrosternaler Brustschmerz),
- Personen, die gefährlichen Agenzien oder Bedingungen ausgesetzt sind (biologisch, chemisch, physikalisch, psychischer Stress),
- Personen nach einem schweren Trauma.

In diesem Fall würde die Pflegediagnose folgendermaßen lauten:
Mangelndes Schmerzmanagement b/d (beeinflusst durch):
mangelnde Kenntnisse im Hinblick auf Techniken zur Schmerzkontrolle a/d (angezeigt durch):

- die verbale Mitteilung über Schmerzen,
- Schonhaltung,
- Rückzug von sozialen Kontakten,
- schmerzverzerrtes Gesicht.

Fallstudie Malte

Bei Malte, 5 Jahre, wurde gestern eine Appendektomie durchgeführt. Der Eingriff verlief komplikationslos und auch die Wunde weist keinerlei Abweichungen vom Normalen auf. Doch Malte klagt über Schmerzen im Wundgebiet. Er weint viel und liegt, mit seinem Kuschelelefanten im Arm, angespannt im Bett. Eine Bedarfsmedikation wurde vom Arzt angeordnet. **Tab. 23.4** zeigt einen Auszug aus Maltes Pflegeplan.
Für Malte kann die in der folgenden Übersicht dargestellte Pflegediagnose gelten:

Pflegediagnose Schmerz (nach Gordon)

Definition

Berichte über starke Beschwerden oder die Anwesenheit von Indikatoren für starke Beschwerden (Schmerzen).

Hauptkennzeichen

Berichte, Klagen über starke Beschwerden (Schmerzen) und eines oder mehrere der folgenden Kennzeichen:

- Schonhaltung, Schützen der betreffenden Körperpartie,
- Erhöhung des Muskeltonus,

Tab. 23.4 Auszug aus dem Pflegeplan von Malte

Pflegeproblem	*Ressource*	*Pflegeziele*	*Pflegemaßnahmen*
Malte leidet unter Schmerzen im Wundgebiet nach Appendektomie	• Hat sein Kuscheltier dabei • Kann seine Schmerzen äußern	Malte: • Schmerzen sind gelindert, fühlt sich wohl • Fühlt sich ernst genommen mit seinen Schmerzen • Findet Ablenkung	• Altersgemäße Information von Malte über: – Ursachen der Schmerzen – dass er sich bei Schmerzen melden soll – Bedarfsmedikation • Knierolle zur Bauchdeckenentlastung anbieten • Eltern nach Lieblingsspielen und -geschichten fragen und bitten, diese mitzubringen • Ablenkung durch z. B. Spiele, Vorlesen

- schmerzverzerrtes, maskenhaftes Gesicht (glanzlose Augen, „zerschlagenes, gerädertes Aussehen", fixierte oder zerstreute Bewegungen, Grimassieren, Stirnrunzeln),
- Unruhe, Reizbarkeit,
- vegetative Reaktionen, die bei chronischen, dauerhaften Schmerzen nicht beobachtet werden (Schwitzen, Veränderungen von Blutdruck und Pulsfrequenz, Erweiterung der Pupillen, erhöhte oder erniedrigte Atemfrequenz),
- Ablenkungsverhalten (Stöhnen, Schreien, Weinen, rastlos, nach anderen Leuten und/oder Aktivitäten fragen),
- starke Selbstbezogenheit,
- eingeengte Sichtweise (veränderte Zeitwahrnehmung, Rückzug von sozialen Kontakten, beeinträchtigte Denkprozesse),
- Teilnahmslosigkeit, Starrheit, Steifheit.

Ätiologische oder beeinflussende Faktoren

mangelnde Kenntnisse im Hinblick auf Techniken zur Schmerzkontrolle.

Risikogruppen

- Personen nach einer Operation (z. B. Schmerzen an der OP-Wunde),
- Personen mit Arthritis (z. B. Gelenkschmerz),
- Personen mit koronaren Herzerkrankungen (retrosternaler Brustschmerz),
- Personen, die gefährlichen Agenzien oder Bedingungen ausgesetzt sind (biologisch, chemisch, physikalisch, psychischer Stress),
- Personen nach einem schweren Trauma.

Im Fall von Malte kann die Pflegediagnose lauten:
Wundschmerz nach Appendektomie beeinflusst durch (b/d):
Mangelnde Kenntnisse im Hinblick auf Techniken zur Schmerzkontrolle angezeigt durch (a/d):

- Klagen über Schmerzen,
- Weinen,
- Erhöhung des Muskeltonus (angespannte Lage im Bett).

Fazit: Der Schmerz ist ein komplexes, unangenehmes Gefühlserlebnis und umfasst Phänome aus allen menschlichen Bereichen: den körperlichen, seelischen und geistigen Bereichen. Seine biologische Bedeutung liegt hauptsächlich darin, den Organismus vor schädigenden Einflüssen zu warnen oder zu schützen. Die Schmerzempfindung ist immer subjektiv und wird durch zahlreiche Faktoren beeinflusst.

Es werden verschiedene Arten von Schmerz unterschieden. Chronische Schmerzen stellen für den Betroffenen eine große Belastung dar, besonders dann, wenn sie nicht ausreichend behandelt werden.

Bei der Schmerzkrankheit handelt es sich um chronische Schmerzzustände, die ihre biologische Warn- und Alarmfunktion verloren haben. Hier wird das Symptom „Schmerz" zu einer eigenständigen Erkrankung.

Wichtig für die Ermittlung des individuellen Schmerzerlebens ist die größtmögliche Objektivierung des Schmerzereignisses.

Schmerzen können bei keiner Altersgruppe eindeutig nachgewiesen, aber auch nie ausgeschlossen werden. Insbesondere bei Kindern kommt jedoch der Beobachtung hinsichtlich möglicher verbaler oder nonverbaler Schmerzäußerungen ein besonderer Wert zu. Es ist sinnvoll, je nach Alter eines Kindes ein entsprechendes Hilfsmittel zur Erfassung und Einschätzung von Schmerzen anzuwenden. Daneben stellt die Kommunikation mit Eltern und anderen Bezugspersonen ein wichtiges Instrument bei der Schmerzerkennung und -beobachtung dar.

Schmerzen entstehen bei älteren Menschen am häufigsten aufgrund von degenerativen Erkrankungen des Bewegungsapparats. Bei hochbetagten Menschen, die unter mehreren Erkrankungen gleichzeitig (Multimorbidität), an veränderten Wahrnehmungsfähigkeiten und Orientierungsstörungen leiden, gestaltet sich die Schmerzbeobachtung und -therapie häufig schwierig und verlangt eine sorgfältige Beobachtung.

Das Pflegepersonal nimmt eine Mittlerposition ein zwischen dem an Schmerzen leidendem Menschen und dem schmerzmittelanordnenden Arzt. Fundierte Kenntnisse über das Phänomen „Schmerz" machen eine fachkundige, gezielte Beobachtung erst möglich und bilden die Basis für therapeutische und pflegerische Interventionen.

Birbaumer, N., R.F. Schmidt: Biologische Psychologie, 2. Aufl., Springer Verlag, Berlin 1991

Gordon, M.: Handbuch Pflegediagnosen, 2. Aufl., Ullstein Mosby, Wiesbaden 1998

Grubitzsch, S., K. Webe (Hrsg.): Psychologische Grundbegriffe, Ein Handbuch, Rowohlt, Reinbek bei Hamburg 1998

Hoehl, M., P. Kullick (Hrsg.): Kinderkrankenpflege und Gesundheitsförderung, Thieme, Stuttgart 1998

Juchli, L.: Pflege – Praxis und Theorie der Gesundheits- und Krankenpflege, 8. überarbeitete Aufl., Thieme, Stuttgart 1997

Kapit, Wynn: Physiologie-Malatlas, Arcis, München 1992

Margulies, A., K. Fellinger, T. Kroner, A. Gaisser (Hrsg.): Onkologische Krankenpflege, 2. korrig. und erweit. Aufl., Springer, Berlin 1997

McCaffey, M., A. Beebe, J. Latham: Schmerz – Ein Handbuch für die Pflegepraxis, Ullstein Mosby, Berlin 1997

Neijenhoff, J.v., K.v.d.M., in Transferpunkt „Unterweisung in Fertigkeiten" Skillslab, Staatliche Universität Limburg, Postbus 616, 6200 MD Maastricht (Hrsg.): Elementare Soziale Fertigkeiten, Uniprint, Maastricht, Niederlande 1994

Schäffler, A., N. Menche, U. Bazlen, T. Kommerell (Hrsg.): Pflege Heute, Lehrbuch und Atlas für Pflegeberufe. Gustav Fischer, Ulm 1998

Schäffler, A., S. Schmidt (Hrsg.): Mensch, Körper, Krankheit; Anatomie, Physiologie, Krankheitsbilder; Lehrbuch und Atlas für die Berufe im Gesundheitswesen, Jungjohann, Neckarsulm 1994

Schönberger, W.: Kinderheilkunde, Gustav Fischer, Stuttgart 1992

Schreiber, A.: Wie entsteht chronischer Schmerz?, ML Mona Lisa FAX-Service, ZDF-Sendung vom 08.02.1998 zum Thema „Schmerz lass nach!"

Seel, M.: Die Pflege des Menschen, 3. Aufl., Brigitte Kunz, Hagen 1998

Spruck, E.: Die Pflege des krebskranken Kindes, Gustav Fischer, Stuttgart 1992

Thomm, M.: Schmerzpatienten in der Pflege, Kohlhammer, Stuttgart 1998

Wegmann, H.: Die professionelle Pflege des kranken Kindes, Urban & Schwarzenberg, München 1997

Zens, M., I. Jurna (Hrsg.): Lehrbuch der Schmerztherapie, Gundlagen, Theorie und Praxis für Aus- und Weiterbildung, Wissenschaftliche Verlagsgesellschaft, Stuttgart 1993

24 Bewegungen

Marion Weichler-Oelschlägel

Übersicht

Einleitung · 397
24.1 Allgemeine Beobachtungskriterien und Beschreibung des Normalzustands · 398
24.2 Abweichungen und Veränderungen der Bewegungen und deren mögliche Ursachen · 399
24.2.1 Störungen der Beweglichkeit · 399
24.2.2 Störungen der Koordination und Zielgerichtetheit · 401
24.2.3 Störungen des Körperschemas · 402
24.3 Ergänzende Beobachtungskriterien · 402
24.4 Besonderheiten bei Kindern · 403
24.5 Besonderheiten bei älteren Menschen · 406
24.6 Fallstudien und mögliche Pflegediagnosen · 407
Literatur · 409

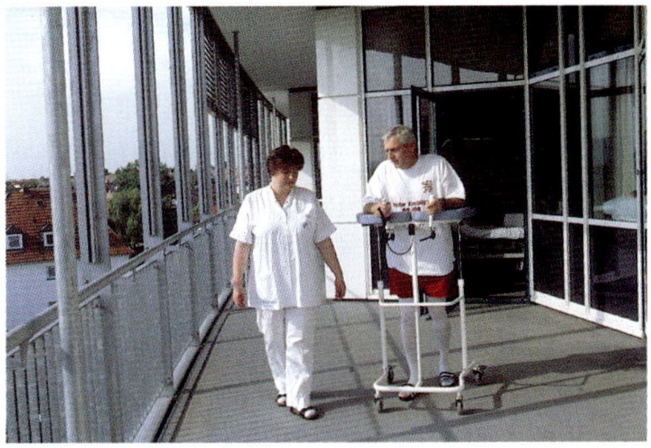

Schlüsselbegriffe:

- ▸ *Körperschema*
- ▸ *Beweglichkeit*
- ▸ *Koordination*

Einleitung

Bewegung kann als Symbol für Entwicklung, Wachstum und Leben gesehen werden. Geistig und körperlich beweglich und flexibel zu sein, sind Eigenschaften, die in unserer Gesellschaft einen hohen Stellenwert genießen. Aktivität über körperliche Bewegungen ist auch für die geistige Entwicklung von Kindern sehr wichtig.

Streng genommen ist keine andere menschliche Tätigkeit ohne das Prinzip der Bewegung möglich. Selbst im Schlaf, in dem Menschen gewöhnlich entspannt und ruhig sind, ist z.B. die Bewegung der Atem- und Herzmuskulatur lebensnotwendig.

Die Fähigkeit zur Ausführung von Bewegungen ist darüber hinaus aber auch eine Voraussetzung für die Gestaltung des Lebens nach eigenen Vorstellungen und wirkt sich dementsprechend entscheidend auf das Wohlbefinden und die Lebensqualität eines Menschen aus.

Die grundlegende Bedeutung der Bewegung wird uns häufig erst dann bewusst, wenn einzelne Bewegungsabläufe aus den verschiedensten Gründen nicht mehr durchführbar sind. Die genaue Beobachtung von Störungen der Bewegungsabläufe und deren Auswirkungen für den betroffenen Menschen ermöglicht die Auswahl spezieller Hilfsmittel und Pflegemaßnahmen zur Aktivierung und Unterstützung.

Den Körper uneingeschränkt bewegen zu können, ist eine der grundlegendsten Fähigkeiten des Menschen. Der gesamte Bereich der verbalen und visuellen Kommunikation, die Mimik, ausdrucksvolle Gestik und die Zeichensprache, die der Mensch für sein Überleben im sozialen Umgang benötigt, wären ohne Bewegung nicht möglich. Bewegungen stellen ein Grundprinzip des Lebens dar.

Es geht bei Bewegung um mehr als nur um Technik und Mechanik; um mehr als nur darum, dass bestimmte Muskeln bestimmte Knochen in einer bestimmten Weise bewegen. Die ▸ *Koordination* dieses Geschehens ist eine ungeheure Leistung des Gehirns, die normalerweise unbewusst abläuft. Sich diese Leistung bewusst zu machen, kann dann wichtig sein, wenn, beispielsweise nach einem apoplektischen Insult, einzelne Bewegungen ausgefallen und neu zu erlernen sind.

Zum Wesen des Sichbewegens lässt sich feststellen, dass die Bewegung zusammen mit der Körperhaltung (s.a. Kap. 26) als wesentliche Grundvoraussetzung für das Wohlbefinden eines Menschen gilt.

Körperlich aktiv zu sein, ist ein grundlegendes menschliches Bedürfnis und hat in allen Altersstufen eine große Bedeutung.

24.1 Allgemeine Beobachtungskriterien und Beschreibung des Normalzustands

Zur Beobachtung der Bewegungen eines Menschen lassen sich folgende Kriterien heranziehen:

Beweglichkeit

Die Muskeln als aktiver Bewegungsapparat auf der einen Seite und Knorpel, Knochen und Gewebe als passiver Bewegungsapparat auf der anderen Seite ermöglichen, wenn sie miteinander in harmonischer Wechselwirkung sind, jene Aktivitäten, die unter dem Begriff „sich bewegen" zusammengefasst sind.

Ein intakter Bewegungsapparat ermöglicht folgende 6 Hauptbewegungen:

- Beugung (Flexion),
- Streckung (Extension),
- Abspreizung (Abduktion),
- Anziehen (Adduktion),
- Außendrehung (Außenrotation),
- Innendrehung (Innenrotation) (**Abb. 24.1**).

Koordination und Zielgerichtetheit

Der gesunde Mensch bewegt seine Skelettmuskeln willkürlich und leicht, seine Bewegungsabläufe sind koordiniert, harmonisch, zielbewusst und haben einen Sinn.

Die gesunde, normale ▸ *Beweglichkeit* ist durch einen leichten, reibungslosen Ablauf von Bewegungen ohne Beschwerden gekennzeichnet.

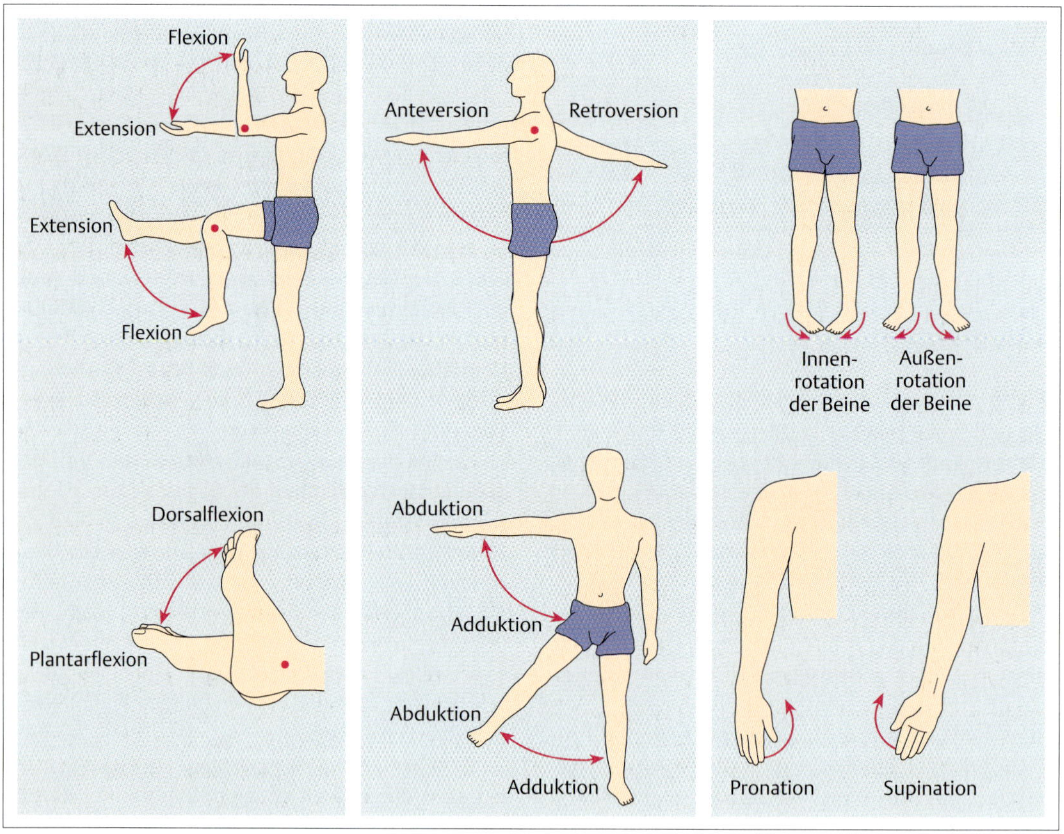

Abb. 24.1 Die Grundbewegungen der oberen und unteren Extremitäten

Bei der Beobachtung der Körperbewegungen werden willkürliche Bewegungen, d. h. bewusste Bewegungen von einzelnen Muskeln oder Muskelgruppen zur sinnvollen, koordinierten Bewegung von den unwillkürlichen Bewegungen unterschieden. Bei Letzteren handelt es sich um unbewusste reflexhafte Bewegungen zur Vermeidung von störenden oder schädigenden Umweltreizen.

Körperschema

Die Fähigkeit des gesunden Menschen seinen Körper empfindungsmäßig, d. h. sowohl bezogen auf die „Grenzen seines Körpers" und als auch lokalisatorisch, d. h. seine „Lage im Raum" richtig erfahren zu können, wird als ▸ *Körperschema* bezeichnet.

Menschen, die über einen langen Zeitraum ohne spürbare Grenzempfindungen weich gelagert wurden, etwa zur Vermeidung eines Dekubitus, laufen Gefahr, ihr Körperschema zu verlieren. Sie wissen nicht mehr „wo sie aufhören". Das Körperschema wird in eine reale und in eine psychische Komponente eingeteilt. Erstere meint die Vorstellung über die Beschaffenheit des eigenen Körpers, die zweite beschreibt die Idealvorstellung eines Menschen, wie sein Körper sein sollte, die sog. „gute Figur".

24.2 Abweichungen und Veränderungen der Bewegungen und deren mögliche Ursachen

Grundsätzlich können in allen genannten Beobachtungskriterien Störungen auftreten, die unterschiedliche Auswirkungen auf die Gesamtbefindlichkeit des Menschen haben.

24.2.1 Störungen der Beweglichkeit

Störungen der Beweglichkeit treten immer dann auf, wenn der natürliche Bewegungsfluss gehemmt ist, d. h. wenn sich Spannung und Lösung nicht mehr in einem Gleichgewicht befinden. Der natürliche Bewegungsfluss wird dann durch Blockaden in verschiedenen muskulären Bereichen gehindert, was letztlich dazu führen kann, dass die gesamte Beweglichkeit des Organismus eingeschränkt wird.

Die individuellen Ursachen dieses Ungleichgewichts sind vielfältig und zahlreich. Die Basis unseres Halte- und Stützapparats wird durch Muskeln, Knochen, Sehnen, Bänder und Gelenke gebildet. In den genannten Bereichen können Entzündungen, Verletzungen oder Verschleißerscheinungen zu Fehlbelastungen, Schmerzen und einer eingeschränkten Beweglichkeit führen. Im Folgenden werden die häufigsten Störungen der Beweglichkeit beschrieben.

Verminderte Beweglichkeit

Sie kann vielfältige Ursachen haben, so z. B. Müdigkeit, altersbedingte Schwäche oder Schwäche als Ausdruck einer bestimmten Erkrankung, Bewusstseinstrübung bis Bewusstlosigkeit, Verletzungen im Bewegungsapparat selbst, Kontrakturen (Fehlstellungen der Gelenke), Krankheiten des Nervensystems, Myopathien (Krankheiten der quergestreiften Muskulatur), Depressionen usw. Der betroffene Mensch weist insgesamt verlangsamte, gehemmte oder vom Normverhalten abweichende, u. U. auffällige Bewegungsabläufe auf.

Lähmungen

Lähmungen gelten als Ausdruck einer zentral gestörten Motorik, die zur Minderung oder zum Verlust der Fähigkeit, einen oder mehrere Muskeln zu bewegen, führen. Sie können unvollständig sein und werden dann als Parese bezeichnet. Vollständige Lähmungen heißen Plegie oder Paralyse. Lähmungen bedeuten für die Betroffenen stets mehr als den Verlust motorischer Fähigkeiten. Vielmehr stellen sie einen Einbruch in die sog. Ganzheitsstruktur dar und wirken sich, je nach Schwere der Lähmung, massiv auf das gesamte Leben aus.

Nach Haas und Martin werden je nach Ausmaß der noch verbliebenen Bewegungsfähigkeiten folgende Lähmungsgrade unterschieden:

6 = normale Kraft,
5 = Bewegung gegen starken Widerstand möglich,
4 = Bewegung nur gegen mäßigen Widerstand möglich,
3 = Bewegung gegen schwache Schwerkraft möglich,
2 = Bewegung nur noch unter Ausschaltung der Schwerkraft möglich,
1 = kein Bewegungseffekt, jedoch noch mit dem Auge wahrnehmbare Muskelkontraktionen,
0 = keinerlei Muskelaktivität.

Demzufolge wären die Lähmungsgrade 0 und 1 als Plegie oder Paralyse einzuteilen , die Grade 2 bis 5 als Parese. Die Unterscheidung der Lähmungen in Abhängigkeit von den betroffenen Körperteilen zeigt **Tab. 24.1**.

Tab. 24.1 Bezeichnung von Lähmungen in Abhängigkeit von den betroffenen Körperteilen

Bezeichnung	*Beschreibung*	*Abbildung*
Monoparese bzw. -plegie	eine Extremität, d. h. 1 Arm oder 1 Bein ist betroffen	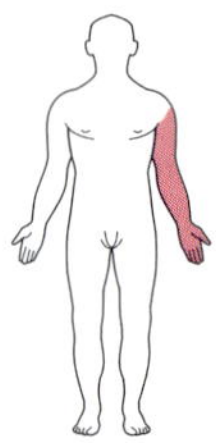
Hemiparese bzw. -plegie	eine Körperhälfte ist betroffen	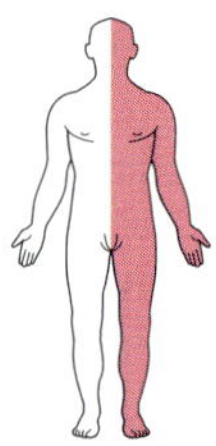
Tetraparese bzw. -plegie	alle 4 Extremitäten sind betroffen (hohe Querschnittlähmung)	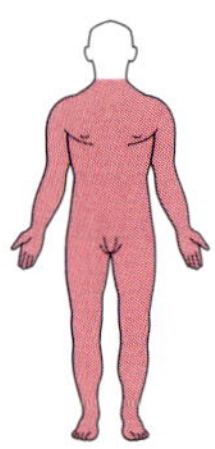
Paraparese bzw. -plegie	2 Extremitäten sind betroffen (in der Regel beide Beine, Querschnittlähmung)	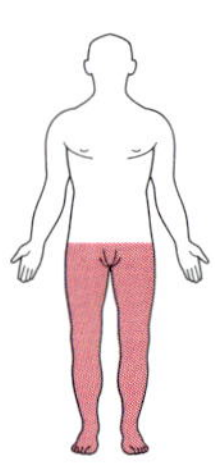

Eine weitere Unterscheidung der Lähmungstypen erfolgt nach der Lokalisation des Lähmungsherds:

Periphere Lähmung – schlaffe Lähmung

Bei der peripheren Lähmung liegt der Lähmungsherd im peripheren motorischen Neuron, welches im Vorderhorn des Rückenmarks verläuft. Eine Unterbrechung dieses Neurons zwischen Vorderhornzelle und Endaufzweigungen der Neuriten führt immer zu einer schlaffen Lähmung.

In der Konsequenz zeigen sich bei den Betroffenen folgende Symptome:

- herabgesetzter Muskeltonus,
- atrophische Muskelfasern,
- Verminderung der groben Kraft (Parese) oder Aufhebung derselben (Paralyse),
- abgeschwächte bis erloschene Reflexe.

Zentrale Lähmung – spastische Lähmung

Hier liegt die Schädigung im Bereich der Pyramidenbahn und kann beispielsweise durch Degenerationserscheinungen, Tumore, Gehirnblutungen oder Traumen ausgelöst sein. Als Hauptsymptom ist die spastische Bewegungsstörung zu beobachten. Bei den betroffenen Menschen sind die Eigenreflexe gesteigert und die Fremdreflexe abgeschwächt.

Es zeigen sich Beeinträchtigungen im feinmotorischen Bereich, eine geminderte Kraft, ein spastisch erhöhter Muskeltonus und eine herabgesetzte grobe Kraft. Da sich die Pyramidenbahnen im verlängerten Mark, der medulla oblongata kreuzen, führen Läsionen in der rechten Gehirnhälfte zu linksseitigen Lähmungen und umgekehrt.

Hypokinesen

Unter einer Hypokinese wird eine Bewegungsarmut verstanden. Hierbei sind die Willkür-, Mit- und Ausdrucksbewegungen eingeschränkt oder erstarrt. Ursachen dieser Bewegungsstörung sind vor allem Stirnhirnerkrankungen und Erkrankungen des extrapyramidalen Systems, z. B. die Parkinsonsche Erkrankung. Die betroffenen Personen wirken verlangsamt, ihre Bewegungen weisen hölzerne und steife Abläufe auf.

Akinesen

Der Begriff Akinese beschreibt eine starke Bewegungsarmut. Zu beobachten sind hierbei neben der Bewegungshemmung des Rumpfes und der Glieder (z. B. fehlende Mitbewegungen der Arme beim Gehen) auch die mangelnden Bewegungen der Gesichtsmuskulatur bis hin zur mimischen Starre. In ausgeprägten Fällen kann die Akinese zum völligen Bewegungsverlust führen.

Wie bei der Hypokinese liegen die Ursachen für die Akinese häufig in Erkrankungen des extrapyramidalen Systems und des Stirnhirns. Ein kompletter Verlust der Bewegungsfähigkeit kann sich aber auch im Rahmen schwerer Depressionen zeigen, bei denen ein Durchbrechen der starren Trauer und eine Belebung der betroffenen Person scheinbar nicht möglich ist. Diese Menschen bewegen sich so gut wie gar nicht mehr.

Hyperkinesen

Hierunter wird eine gesteigerte Beweglichkeit verstanden. Diese überschießende Beweglichkeit drückt sich durch Bewegungen einzelner Gliedmaße oder des gesamten Körpers aus, die unwillkürlich und automatisch ablaufen. Hierzu gehören u.a. Krämpfe im Rahmen epileptischer Anfälle. Liegt die Ursache für die Hyperkinese in einer Störung des extrapyramidalen Systems, kann sie sich z.B. als Tremor (fein- oder grobschlägiges Zittern) zeigen.

Bestimmte Erkrankungen des Nervensystems, wie z.B. der Morbus Parkinson oder die Multiple Sklerose äußern sich in sog. extrapyramidalen Symptomen. Auch Entzugserscheinungen nach Alkohol- oder Drogenmissbrauch, Nervosität, Alter usw. können Ursachen für einen Tremor sein.

Im weiteren Sinne können auch die sog. Tics, unregelmäßige, wiederkehrende Muskelzuckungen eines einzelnen Muskels oder einer ganzen Muskelgruppe als gesteigerte Beweglichkeit beschrieben werden. Sie können sowohl organisch als auch psychogen bedingt sein. Die dabei auftretenden Zuckungen erfolgen zwar unwillkürlich, sind dem Betroffenen jedoch bewusst. Faszikulationen als regellos und blitzartig auftretende Muskelzuckungen einzelner Muskelbündel oder Muskelfasern zählen ebenfalls zu der gesteigerten Beweglichkeit. Sie deuten häufig auf eine neuromuskuläre Erkrankung hin.

Krämpfe

Beim Auftreten von Krämpfen handelt es sich um motorische Reizerscheinungen, die sich als unwillkürliche Muskelkontraktion äußern. Ursachen können epileptische Erkrankungen, Eklampsien, Urämien oder auch psychogene Erkrankungen sein.

Abweichungen und Veränderungen der Bewegungen:

- Kriterien für die Bewegungen eines Menschen sind Beweglichkeit, Koordination und Zielgerichtetheit und Körperschema.
- Störungen in der Beweglichkeit können sich äußern als verminderte Beweglichkeit oder Lähmungen.
- Lähmungstypen werden nach dem Grad der verbliebenen Bewegungsfähigkeit (Plegie/Paralyse bzw. Parese) und nach der Lokalisation des Lähmungsherdes (periphere – schlaffe/zentrale – spastische Lähmung) unterschieden.
- Mit Hyperkinesen und Akinesen werden unterschiedliche Ausprägungen einer Bewegungsarmut beschrieben.
- Eine gesteigerte Beweglichkeit wird als Hyperkinese bezeichnet.
- Kennzeichen eines Krampfes sind unwillkürliche Muskelkontraktionen.

24.2.2 Störungen der Koordination und Zielgerichtetheit

Hypermetrie

Hierbei handelt es sich um überschießende, d.h. über das Ziel hinausschießende Bewegungen.

Die Betroffenen können die Abmessung von Bewegungen z.B. beim Greifen eines Glases o.ä. nicht richtig einschätzen, was häufig dazu führt, dass Gegenstände beim Ergreifen umgestoßen werden. Ursächlich kommen Erkrankungen des Kleinhirns in Betracht.

Hypometrie

Bei der Hypometrie werden die erforderlichen Bewegungen zu kurz bemessen, wobei die ausgeführten Bewegungen häufig vorzeitig gebremst werden.

Auch hierfür sind vor allem Erkrankungen des Klein- und Stirnhirns verantwortlich.

Ataxie

Die Ataxie ist eine Störung der Bewegungskoordination.

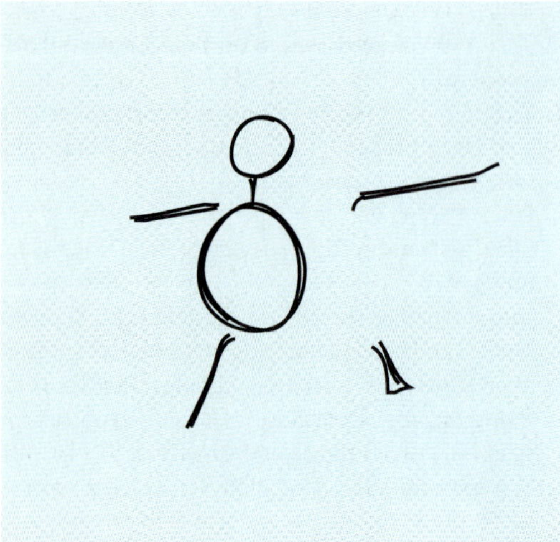

Abb. 24.2 Zeichnung eines Hemiplegiepatienten mit Verlust des intakten Körperschemas

Gezielte, durchdachte Bewegungen sind nicht mehr möglich oder nicht zweckangepasst. Dies ist typischerweise bei Menschen mit der Erkrankung Multiple Sklerose zu beobachten: Die Muskelgruppen sind nicht mehr in der Lage, geordnet zusammen zu spielen, was u. a. zu einer sog. Gangataxie führt, bei der die Betroffenen sich nur noch in torkelnder Art und Weise fortbewegen können. Wird der Stand unsicher, spricht man von der sog. Standataxie. Wenn auch die Hände, die Finger und Füße nicht mehr zielgerichtet bewegt werden können, handelt es sich um lokomotorische Ataxie.

Stereotypie

Damit ist eine Bewegungsstereotypie gemeint, die durch stets wiederholende, gleichförmige Bewegungen gekennzeichnet ist. Diese Bewegungen werden scheinbar ohne Sinn und Ziel wiederholt, sind für die Betroffenen jedoch oft die einzige und letzte Möglichkeit, sich selbst zu erspüren bzw. sich in eine vergangene Welt zurück zu ziehen, in der ihr Leben sinnerfüllt war. Beispielsweise kann das endlose Streicheln der eigenen Hand ein Ausdruck für das Halten und Streicheln eines Babys sein.

24.2.3 Störungen des Körperschemas

Viele Erkrankungen, wie z. B. die Hemiplegie, die Anorexia nervosa, aber auch einschneidende Erlebnisse wie beispielsweise die Erfahrung sexueller Gewalt oder die Amputation von Gliedmaßen, können zu vorübergehenden oder dauerhaften Verlusten eines intakten Körperschemas führen. Hemiplegische Personen „vergessen" z. B. ihre gelähmte Körperhälfte, da sie sie nicht mehr spüren können und als nicht mehr zu ihnen gehörig empfinden.

Würden sie aufgefordert ein Strichmännchen zu zeichnen, so würden sie sehr wahrscheinlich die Zeichnung nur unvollständig beenden können, d. h. der betroffene Arm, das betroffene Bein würden vergessen und demzufolge auch nicht gezeichnet werden (**Abb. 24.2**).

Beinamputierte Personen können unter sog. Phantomschmerzen leiden und tatsächlich Schmerzen am nicht mehr vorhandenen Bein empfinden, wenn ihr Körperschema die Amputation noch nicht nachvollzogen hat. Für die Pflegekräfte ist die Beobachtung solcher Verluste entscheidend wichtig, damit sich die Betroffenen mit ihrer Unterstützung die „vergessenen" Körperteile immer wieder bewusst machen können.

24.3 Ergänzende Beobachtungskriterien

Es ist wichtig, die Bewegungen von gesunden und kranken Menschen immer im Zusammenhang mit der Mimik und Gestik, mit der Körperhaltung, dem Gang und letztlich auch mit der Stimme und Sprache zu beobachten. Alles zusammen betrachtet, lässt vielfältige Aussagen auch über die Stimmung eines Menschen zu.

Es ist wichtig, sich bewusst zu werden, dass ohne die Bewegungsfähigkeit keine andere Aktivität des täglichen Lebens möglich ist.

Die Ausführung der körperlichen Aktivitäten, wie z. B. das Essen und Trinken, das Atmen, die Pflege des Körpers usw., sind abhängig von einer intakten Bewegung.

Einerseits ziehen Störungen in der Aktivität „Bewegung" demzufolge vielfältige Einschränkungen in anderen Lebensbereichen nach sich, die bei der Beobachtung mit zu berücksichtigen sind. Andererseits wirken sich Störungen in anderen Beobachtungsbereichen, wie z. B. Schmerzen oder Bewusstseinstrübungen immer auch auf die Bewegungen eines Menschen aus.

24.4 Besonderheiten bei Kindern

Sigrid Flüeck

Die statomotorische Entwicklung vom Neugeborenen bis zum erwachsenen Menschen ist abhängig von der Reifung des Zentralen Nervensystems in Abhängigkeit vom genetisch festgelegten Entwicklungsmuster. Sie wird beeinflusst von der seelisch-geistigen und sozialen Entwicklung des Kindes und ist somit umwelt- und situationsabhängig. Bereits in der 7. Schwangerschaftswoche sind erste fetale Bewegungen sonografisch nachweisbar, die sich im Verlauf der Schwangerschaft zu einem komplexen Bewegungsmuster steigern.

Der Fetus kann saugen, schlucken, greifen und sich strecken. Er kann Bewegungen isoliert aber auch komplex unter Beteiligung des gesamten Körpers ausführen, und stellt sich auf die Bewegungen der Mutter ein, indem er versucht, Lageveränderungen auszugleichen (s. a. Kap. 5.2.1).

Die Mütter nehmen die ersten Kindsbewegungen zwischen der 16. – 29. Schwangerschaftswoche wahr. Ein Fetus ist motorisch über 3,5 Stunden pro Tag aktiv, besonders am späten Abend und frühen Morgen. Die Bewegungen im Uterus werden jedoch auch von den Bewegungen der Mutter beeinflusst.

Die Aktivität des Fetus nimmt bis zum Ende der Schwangerschaft eher noch zu. Sie gibt u. a. Hinweise über die normale motorische Entwicklung des Kindes. Neurologische Fehlbildungen oder im Wachstum gestörte Kinder zeigen u. a. monotone Bewegungsmuster. Motorisch inaktive Feten (innerhalb der Beobachtungszeit von 2 Std. nur 3 Bewegungen) oder motorisch überaktive Feten (innerhalb der Beobachtungszeit 1 Std. > 40 Bewegungen über 14 Tage) lassen mögliche Störungen der neuromuskulären Entwicklung bereits intrauterin erkennen.

Das ungeborene Kind nimmt im Mutterleib seine natürlichen Begrenzungen wahr. Nach der Geburt kommt es mit einer hohen Bewegungsfähigkeit in eine Umgebung ohne Begrenzungen und lernt nun, sich mit der Einwirkung der Schwerkraft auseinanderzusetzen.

Ein gesundes Neugeborenes liegt zunächst in Beugehaltung in Rücken- sowie in Bauchlage. Bei der Aufstellung mit Halten unter der Achsel belastet das Neugeborene kurzfristig die Beine ohne Gewichtsübernahme, um dann mit gebeugten Knien in sich zusammenzufallen.

In der weiteren Bewegungsentwicklung lernt das Kind sich durch Drehen-Strecken und Drehen-Beugen von Körperteilen aus der Rückenlage in die Bauchlage zu bringen und unter Zuhilfenahme der Ellenbogen stützt es sich stabil ab. Der Kopf wird um 90° angehoben und die Hände werden frei beweglich.

Bis zum 5. Monat erkennt das Kind, dass es 2 Seiten hat (Körperschema). Es lernt oben und unten kennen, die Füße werden angefasst und in den Mund gesteckt. Das Kind hilft beim Hochziehen mit, und es hat eine gute Kopfkontrolle, d. h. Kopf und Rumpf sind in Mittelstellung ausgeglichen. Es geht aus einer asymmetrischen Haltung in eine symmetrische Haltung über. Das Kind ist stabiler geworden, es versucht sich entgegen der Schwerkraft zu bewegen.

Im 6. Monat dreht sich das Kind über beide Seiten vom Rücken auf den Bauch oder von der Bauch- in die Rückenlage und es sitzt für kurze Zeit frei mit Unterstützung der Arme nach vorne. Der Säugling favorisiert jetzt die Bauchlage, die es ihm für wenige Sekunden ermöglicht, mit einer Hand nach einem Gegenstand zu greifen und sich dabei mit der anderen Hand abzustützen.

Des Weiteren kann er die Beine zur Aufrichtung unter den Bauch ziehen und im Fersensitz sitzen, fällt dabei jedoch häufig in die Bauchlage zurück. Das Kind lernt, in bestimmter Weise in der Umgebung zu interagieren, sich zu orientieren und Kopf, Brustkorb und Arme gegen die Schwerkraft in Beziehung zu halten. Über das Rollen von der Rücken- in die Bauchlage beginnt das Kind zu robben, im weiteren Verlauf zu krabbeln, d. h. es läuft auf Händen und Füßen.

Ab dem 8. Lebensmonat kommt das Kind zum Vierfüßlerstand, und über die Seitenverlagerung zum selbständigen Sitzen (s. a. Kap. 27.4).

Ab dem 9. Monat sitzt das Kind stabil, es dreht sich auf dem Gesäß um die eigene Achse. **Abb. 24.3 a – f** zeigt die beschriebenen Bewegungen in der Übersicht. Bieten sich Gegenstände wie z. B. Möbelstücke an, zieht es sich aus der Hocke zum Stand hoch. Der Säugling ist jetzt in ständiger Bewegung. Er bewegt sich robbend oder krabbelnd vorwärts und rückwärts.

Zwischen dem 10. und 12. Monat schaukelt das Kind auf allen Vieren ohne dabei umzufallen, geht an Möbeln entlang und/oder geht mit Unterstützung an einer Hand. So lernt es sich zum Stand empor zu ziehen, die Treppen hinauf zu krabbeln und alleine zu stehen. Die Bewegungsstufen werden besser und die aufrechte Position immer stabiler.

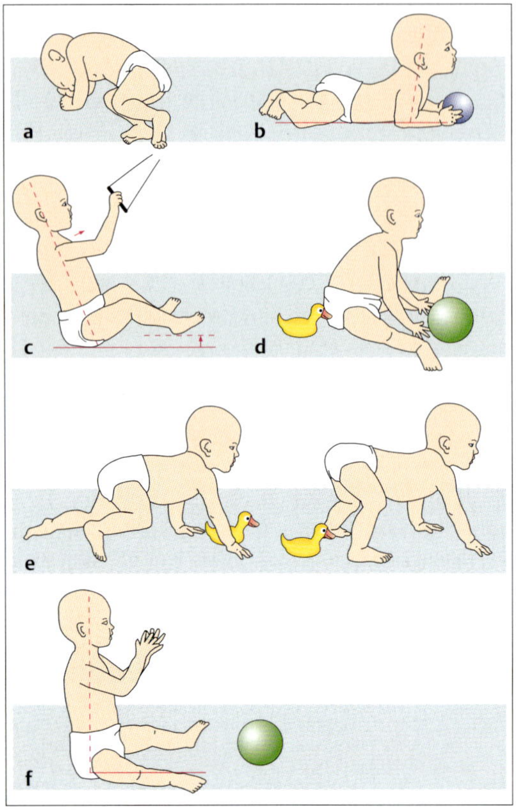

Abb. 24.3 a–f Entwicklungsgemäße Bewegungen beim Säugling **a** Beugehaltung in Bauchlage **b** Bauchlage mit stabiler Kopfhaltung **c** Hochziehen **d** freies Sitzen mit Unterstützung der Arme nach vorne **e** Vierfüßlerstand **f** stabiler Sitz und Gesäßdrehung

Bis zum 12. Monat ist die kindliche Skelettmuskulatur den Verhältnissen bei Erwachsenen vergleichbar. Das Kind geht jetzt an einer Hand, macht unsichere Schritte allein und lernt nach und nach das freie Laufen. Die einzelnen Entwicklungsschritte bei der Entwicklung der Fortbewegung werden in Kap. 27.4. **Abb. 27.3** aufgezeigt.

Das 1. Lebensjahr ist durch eine rasche Entwicklung geprägt. In der weiteren Entwicklung werden koordinierte, den Bedürfnissen angepasste Bewegungsmuster entwickelt. Nur durch ein hohes Maß an Aktivität, d. h. je mehr ein Kind die Möglichkeit zur Bewegung hat, ist es in der Lage, seine Umwelt zu erschließen und bildet sich somit eine Grundlage, um komplizierte und komplexe Bewegungsabläufe wie Klettern, Turnen, Balancieren, Werfen, Fangen etc. zu erlernen.

Die körperliche Entwicklung eines Kindes ist immer in Abhängigkeit von der geistigen Entwicklung zu sehen. Bewegungsfreude und Lernbereitschaft sollten durch unterschiedliche Elementarübungen und Lerngelegenheiten gefördert werden. Dabei sollte der Spaß an der Bewegung im Vordergrund stehen.

24.4.2 Abweichungen und Veränderungen der Bewegung und deren mögliche Ursache

Störungen des Nervensystems

Gestörte Bewegungskoordination

Frühgeborenen, die vor der 34. Schwangerschaftswoche geboren werden, fehlt die Entwicklung der starken intrauterinen Beugung von Kopf, Armen und Rumpf. So ist die Streckung der Extremitäten, begünstigt durch Einwirkung der Schwerkraft, sehr stark ausgeprägt. Die Kinder zeigen die typische „Froschhaltung". Die Bewegungen sind meist ruckar-

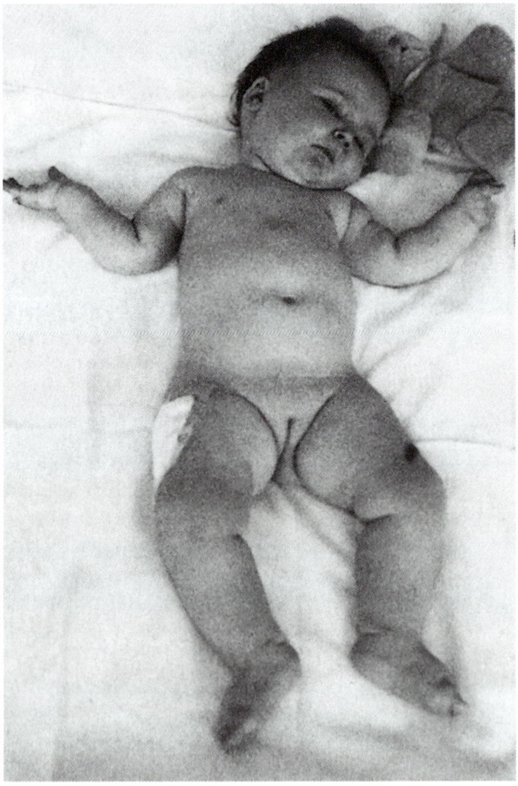

Abb. 24.4 Froschhaltung durch herabgesetzte Muskelspannung (aus Mortier, W.: Muskel- und Nervenerkrankungen im Kindesalter. Thieme, Stuttgart 1994)

tig, ausfahrend und mehrere Extremitäten werden gleichzeitig bewegt. Dieses Bewegungsmuster muss von Zittern oder Krämpfen abgegrenzt werden. Letzteres entsteht u.a. aufgrund einer Hirnblutung (gefürchtete Komplikation bei Frühgeborenen), und es ist deshalb wichtig, dieses Bewegungsmuster sehr differenziert zu betrachten und zu bewerten.

Eine Störung des koordinierten Zusammenwirkens von Muskelgruppen (Ataxie) äußert sich in der Unfähigkeit des Kindes, zielgerichtete Bewegungen auszuführen. Der Ablauf ist nicht flüssig, hinzu kommt ein Muskelzittern. Dieses kann vorkommen bei Kleinhirntumoren, Hirnschädigungen durch Hypoxie, Traumen, Blutungen oder bei Stoffwechselstörungen respektive Vergiftungen.

Eine Fehlkoordination von Bewegung und Haltung bei erhöhtem Muskeltonus, wird als Spastik bezeichnet. Sie tritt in Beuge- und Streckmustern auf. Normale Gleichgewichtsreaktionen sind nicht möglich. Verstärkend wirken u.a. Faktoren wie emotionale Erregungszustände, plötzliche laute Geräusche und Hektik.

Verminderte Beweglichkeit

Die progressive spinale Muskelatrophie, autosomal-rezessiv vererbt, wird nach ihrem Entdecker auch Werdnig-Hoffmann-Muskelatrophie genannt. Durch die herabgesetzte Muskelspannung liegt das Kind meistens in Froschhaltung im Bett und ist inaktiv. Zu beobachten sind Saug-, Schluck- und Atemstörungen (**Abb. 24.4**). Gelegentlich zeigt sich ein Tremor der Finger und Hände.

Eine Erkrankung, die nur bei Jungen auftritt, ist die X-chromosomal rezessiv vererbte Muskeldystrophie, die nach ihrem Entdecker Duchenne benannt wird. Sie tritt meistens zwischen dem 2.–5. Lebensjahr auf, und zeigt sich in einem verzögerten Laufenlernen, in einem unsicheren Watschelgang, Schwierigkeiten beim Aufstehen und Treppensteigen und in einer Hyperlordosierung der LWS.

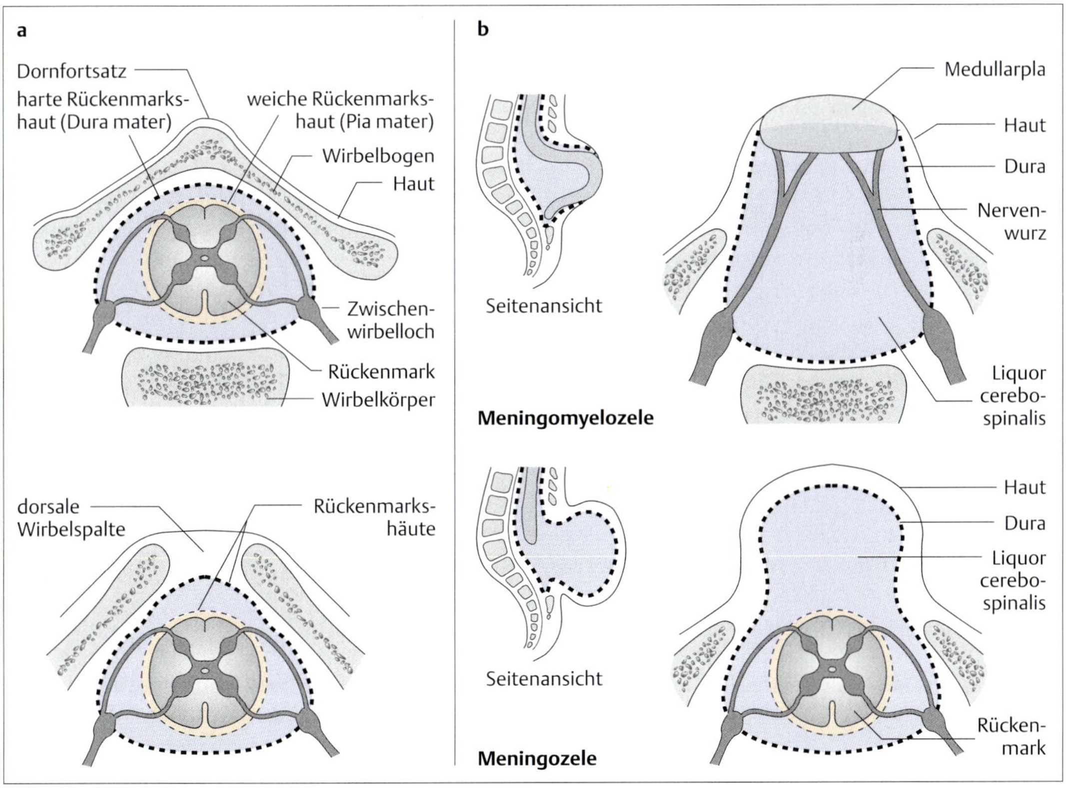

Abb. 24.5 a u. **b** Spina bifida

Lähmungen

Angeborene Querschnittslähmungen gibt es z. B. bei Spina bifida, einer Hemmungsmissbildung der Wirbelsäule. Hierbei können ein oder mehrere Wirbelkörper, meistens im Lumbo- oder Sakralbereich gespalten sein. Diese Fehlbildung kann offen oder gedeckt sein. Je nach Beteiligung der Meningen und Ausmaß der Fehlbildung kommt es zu einer kompletten oder inkompletten Querschnittslähmung (**Abb. 24.5**). Zeichen sind die Blasen- und Darmlähmung, Sensibilitätsstörungen und eine schlaffe Parese.

Das Muskelungleichgewicht führt während des Wachstums zu Deformationen und Kontrakturen. Eine Infektion der motorischen Vorderhornzellen durch Enteroviren führt zum Untergang dieser Zellen und somit zur Kinderlähmung (Poliomyelitis). Die Ansteckung erfolgt über Tröpfcheninfektion von Mensch zu Mensch. Nach grippeähnlichen Beschwerden kommt es zu einer schlaffen Lähmung der am häufigsten betroffenen unteren Extremitäten. Bei schwerem Verlauf besteht aufgrund der Beeinträchtigung der Atemhilfsmuskulatur und Befall des Zwerchfells die Gefahr der Atemlähmung.

Störungen des Bewegungssystems

Periphere Störungen der Muskeln, Sehnen und Gelenke

Zu den angeborenen Störungen des Bewegungssystems gehören Fußfehlstellungen, Hüftgelenksdysplasien (s. a. Kap. 27.4) und Erkrankungen der Wirbelsäule (s. a. Kap. 24). Die Einschränkung der Beweglichkeit ist immer abhängig von der Schwere der Erkrankung. Erworbene Einschränkungen der Beweglichkeit können durch Verletzungen der Muskeln, Sehnen, Gelenke und Knochen hervorgerufen werden. Sie betreffen meistens nur einzelne Elemente des Körpers und die Einschränkung der Beweglichkeit ist bei gutem Verlauf nur vorübergehend.

Bei Autoimmunerkrankungen wie der Monoarthritis oder Polyarthritis können ebenfalls Gelenke, Knochen, Sehnen und Bänder betroffen sein. Sie führen zu Schmerzen eines oder mehrerer Gelenke, die den Bewegungsdrang der Kinder stark einschränken und aufgrund der Schmerzen häufig zu Schonhaltungen der betroffenen Gelenke führen.

24.5 Besonderheiten bei älteren Menschen

Marion Weichler-Oelschlägel

Im fortgeschrittenen Lebensalter nehmen bei den meisten Menschen die Fähigkeiten der ungehinderten Bewegung und auch die Bewegungsfreudigkeit ab. Dies liegt an einer generellen Abnahme der körperlichen Belastbarkeit und einem schnelleren Erreichen eines Erschöpfungszustands. Es kommt zu einer Abnahme der Muskelmasse bei 60-Jährigen bis zu 20 %, bei 70-Jährigen bis zu 30 %, was zur Abnahme der Muskelkraft und Ausdauer führt.

Bei einer großen Anzahl älterer und alter Menschen zeigen sich akute und chronische Entzündungen oder auch Abnutzungserscheinungen in den Gelenken. Dies führt zu Schmerzen, die ihrerseits die Bewegungsmöglichkeiten einschränken. In schweren Fällen kann es zu der Ausbildung von Kontrakturen (Gelenkfehlstellungen) kommen, die dauerhaft zu einer massiven Einschränkung oder zum Verlust der Beweglichkeit führen. Knie- und Hüftgelenkversteifungen sind häufig Folge von Arthrosen. Zur Verformung von Händen und Füßen mit Muskulaturschwund kommt es durch Arthritis.

Alte Menschen, die unter seniler Demenz (Verwirrtheit) leiden, zeigen oft stereotype Bewegungen; sie machen mit dem Kopf und dem Oberkörper immer wiederkehrende, stereotype Bewegungen, nesteln an ihrer Kleidung oder schneiden Grimassen. Oft besteht das Bewegungspotential älterer Menschen im Endstadium der Demenz nur noch aus diesen stereotypen Bewegungen, was häufig zu Komplikationen wie z. B. Kontrakturen führt. Bewegungsstörungen können auch durch die Gabe von Medikamenten, v. a. von Neuroleptika auftreten.

Neurologische Erkrankungen, wie z. B. ein apoplektischer Insult, Morbus Parkinson oder die Multiple Sklerose sind ebenfalls häufige Ursachen für Bewegungsstörungen älterer Menschen. Alle Bewegungsstörungen führen zu Gang- und Standunsicherheiten und erhöhen das Sturzrisiko.

Ergänzende Beobachtungskriterien sowie Besonderheiten bei Kindern und älteren Menschen:

- Störungen der Koordination und Zielgerichtetheit äußern sich als Hypermetrie, Hypometrie, Ataxie oder Stereotypie.

- Störungen des Körperschemas können bspw. durch Erfahrungen sexueller Gewalt oder Amputation von Gliedmaßen entstehen.
- Auch bei Kindern gibt es, gemessen an ihrem Entwicklungsstand, Störungen der Bewegungskoordination, verminderte Beweglichkeit (z. B. Werdnig-Hoffmann-Muskelatrophie) und Lähmungen (z. B. Spina bifida, Kinderlähmung) bzw. periphere Störungen der Muskeln, Sehnen und Gelenke.
- Bewegungsstörungen im Alter treten vor allem durch Abnahme der Bewegungsfreudigkeit, Abnutzungserscheinungen, Arthritis und neurologische Erkrankungen auf.

24.6 Fallstudien und mögliche Pflegediagnosen

Störungen der Beweglichkeit können, insbesondere wenn sie aufgrund von Erkrankungen des Skelettsystems entstehen, mit starken Schmerzen einhergehen. Unabhängig von der jeweils zugrunde liegenden Erkrankung führen sie aber je nach Ausprägung und Schweregrad in nahezu allen Fällen zu einer Einschränkung der Selbstständigkeit der Betroffenen.

Fallstudie Frau Behrens

Frau Behrens ist 52 Jahre alt und leidet unter der Erkrankung Multiple Sklerose im fortgeschrittenen Stadium. Sie lebt mit ihrer Tochter zusammen, die sich rührend um ihre Mutter kümmert. Gang- und Standataxien sind bei Frau Behrens sehr ausgeprägt, sodass sie schon seit mehreren Monaten auf Unterstützung beim Gehen und Stehen angewiesen ist. Auch fällt es ihr immer schwerer, ihre Hände und Finger zielgerichtet zu bewegen. Frau Behrens kann ihre Körperpflege nicht mehr selbstständig durchführen. Vor wenigen Tagen hat sich Frau Behrens eine Lungenentzündung zugezogen, ihr Hausarzt weist sie deshalb in das Krankenhaus ein. Durch die Lungenentzündung fühlt sich Frau Behrens schlapp und ermüdet. **Tab. 24.2** zeigt einen Auszug aus dem Pflegeplan von Frau Behrens.

In diesem Fall könnte die folgende Pflegediagnose zutreffen:

Pflegediagnose Selbstversorgungsdefizit: Baden/Körperpflege (nach Gordon)

Definition

Unfähigkeit, Körperpflegeaktivitäten auszuführen oder zu komplettieren.

Kennzeichen

- eingeschränkte Fähigkeit (oder Widerwille), sich ganz oder teilweise zu waschen,

und eines oder mehrere der folgenden Kennzeichen:

- eingeschränkte Fähigkeit, an Waschwasser zu gelangen,
- eingeschränkte Fähigkeit, sich zu einem Waschbecken, einer Dusche oder Badewanne zu bewegen,
- eingeschränkte Fähigkeit, den Wasserhahn aufzudrehen, den Wasserdurchfluss oder die Wassertemperatur zu regulieren,
- eingeschränkte Fähigkeit, sich selbstständig vom Bett zum Stuhl zu bewegen,
- eingeschränkte Fähigkeit, die Notwendigkeit der Körperpflege wahrzunehmen.

Grad I: benötigt Hilfsmittel oder Geräte
Grad II: benötigt die Hilfe einer oder mehrerer Person(en): Unterstützung, Beaufsichtigung, Anleitung
Grad III: benötigt die Hilfe einer oder mehrerer Person(en) und Hilfsmittel oder Geräte
Grad IV: Ist auf die Hilfe anderer angewiesen und kann nicht selbstständig die Körperpflege durchführen

Ätiologische oder beeinflussende Faktoren

- Aktivitäts-/Belastungsintoleranz, reduzierte Körperkraft und/oder Ausdauer,
- Schmerzen, körperliche Beschwerden, Unbehagen,
- nicht kompensierte perzeptorisch-kognitive Beeinträchtigung (zu spezifizieren),
- nicht kompensierte neuromuskuläre Beeinträchtigung (zu spezifizieren),
- nicht kompensierte Beeinträchtigung des Bewegungsapparats (zu spezifizieren),
- starke Angst,
- Depression,
- Hindernisse in der Umgebung.

Tab. 24.2 Auszug aus dem Pflegeplan von Frau Behrens

Pflegeproblem	*Ressource*	*Pflegeziele*	*Pflegemaßnahmen*
Frau Behrens ist aufgrund der Multiplen Sklerose und der Pneumonie in ihrer Bewegungsfähigkeit eingeschränkt, sie kann ihre Körperpflege nicht selbstständig durchführen	Frau Behrens kann ihre Bedürfnisse hinsichtlich der Körperpflege verbalisieren und möchte so gut mithelfen, wie es ihr aktueller Zustand erlaubt	• Frau Behrens fühlt sich wohl und erfrischt • hat eine intakte, geschmeidige Haut	• 1 × tägl. 8.00 Uhr Hilfestellung bei der Körperpflege im Bett oder im Sitzen am Waschbecken (je nach Befinden von Frau Behrens) • eigene Körperpflegeutensilien bereitstellen bzw. verwenden • Frau Behrens bei der Körperpflege so viel wie möglich selbst durchführen lassen

Für Frau Behrens könnte die Pflegediagnose formuliert werden:
Selbstversorgungsdefizit: Baden/Körperpflege Grad III
b/d (beeinflusst durch) nicht kompensierte neuromuskuläre Beeinträchtigung infolge Multipler Sklerose
a/ d (angezeigt durch)

- eingeschränkte Fähigkeit, sich ganz oder teilweise zu waschen,
- eingeschränkte Fähigkeit, sich zu einem Waschbecken oder einer Dusche zu bewegen,
- eingeschränkte Fähigkeit, den Wasserhahn aufzudrehen.

Fallstudie Robert
Robert, 3 Jahre alt, ist ein sehr bewegungsfreudiges Kind. Am liebsten spielt er draußen auf dem Spielplatz. Bei schlechtem Wetter jedoch ersetzt er das Klettergerüst durch sein Hochbett. Trotz Ermahnungen seiner Eltern springt er in einem unbeaufsichtigten Moment von seinem Hochbett und verletzt sich am Oberschenkel. Mit Verdacht einer Oberschenkelfraktur rechts wird Robert in die kinderchirurgische Ambulanz eingeliefert. Seine Mutter begleitet ihn. Die Diagnose „Fraktur" wird durch mehrere Röntgenaufnahmen gesichert. Nach einem ausführlichen Informationsgespräch zwischen dem Arzt und den Eltern wird eine Extensionsbehandlung durch Anlegen einer Overheadextension durchgeführt. Für Robert bedeutet dies eine starke Einschränkung seiner Bewegungsfreiheit und Beschäftigungsmöglichkeit. Er hat Angst und Schmerzen und möchte nicht im Krankenhaus bleiben.

Für diesen Fall trifft die Pflegediagnose zu, die in der folgenden Übersicht dargestellt ist:

Pflegediagnose: Beeinträchtigte Mobilität im Bett (nach Gordon)

Definition

Eingeschränkte Fähigkeit, unabhängig die Körperposition zu verändern.

Kennzeichen

Hauptkennzeichen

Eines oder mehrere der folgenden Kennzeichen:

- Unfähigkeit, sich von einer zur anderen Seite zu drehen,
- Unfähigkeit, selbstständig im Bett hochzurutschen.

Nebenkennzeichen

- Unfähigkeit, sich aus der Rückenlage aufzusetzen oder sich vom Sitzen in die Rückenlage zu begeben,
- Unfähigkeit, sich aus der Rückenlage auf den Bauch zu drehen oder aus der Bauchlage sich in Rückenlage zu drehen,
- Unfähigkeit, sich aus der Rückenlage zum längeren Sitzen aufzurichten oder sich vom längeren Sitzen in die Rückenlage zu begeben.

Für Robert könnte die Pflegediagnose lauten:
Eingeschränkte Mobilität im Bett
b/d (beeinflusst durch) Overheadextension
a/d (angezeigt durch)

- Unfähigkeit, sich von einer zur anderen Seite zu drehen,
- Unfähigkeit, selbstständig im Bett hochzurutschen.

Fazit: Die Fähigkeit, sich ohne Beeinträchtigungen harmonisch und in physiologischer Weise schmerzfrei bewegen zu können, hat elementare und existentielle Bedeutung für das

Tab. 24.3 Auszug aus dem Pflegeplan von Robert

Pflegeprobleme	*Ressourcen*	*Pflegeziel*	*Pflegemaßnahmen*
Robert leidet unter der Einschränkung seiner Bewegungs- und Beschäftigungsmöglichkeit aufgrund der Overheadextension	• Die Mutter kann bei Robert im Krankenhaus bleiben • Robert verfügt über freie Bewegungsmöglichkeit seines Oberkörpers	• Robert fühlt sich nicht alleine, hat keine Langeweile und kann sich sinnvoll beschäftigen	• Roberts Mutter und anderen Besuchern großzügige Besuchszeiten ermöglichen • spezielles Spielbrett am Bett anbringen, damit Basteln und Spielen möglich sind • in Absprache mit Roberts Mutter Beschäftigung durch den Ergotherapeuten anbieten • Robert in einem Zimmer unterbringen, in dem Kinder sind, mit denen er spielen kann

Wohlbefinden und den Erhalt der Selbstständigkeit eines Menschen.

Störungen in der Beweglichkeit eines Menschen beeinflussen nahezu alle weiteren Bereiche des täglichen Lebens. In Abhängigkeit von der jeweiligen Ursache können sie mit Schmerzen einhergehen.

Neben Störungen der Beweglichkeit lassen sich Störungen der Koordination und Zielgerichtetheit der Bewegungen sowie Störungen des *Körperschemas* beobachten. Bei älteren Menschen führen Störungen der Bewegungen zu einem erhöhten Sturzrisiko.

Amato, M.: Manual der Neonatologie. Thieme, Stuttgart 1996

Brieskorn-Zinke, M.: Körper- und Bewegungsbildung – Bestandteile der Gesundheitspflege, Deutsche Krankenpflege-Zeitschrift 3 (1993) 176

Flehming, I.: Normale Entwicklung des Säuglings und ihre Abweichungen, 5. Aufl., Thieme, Stuttgart 1996

Füsgen, I. (Hrsg.): Der ältere Patient. Problemorientierte Diagnostik und Therapie, 2. Aufl., Urban & Schwarzenberg, München 1996

Gordon, M.: Handbuch Pflegediagnosen. 2. vollst. überarb. u. erw. Aufl., Ullstein Medical Verlagsgesellschaft mbH & Co., Wiesbaden 1998

Haas u. Martin: in Juchli, Sr. L.: Pflege. 8. überarb. Aufl., Thieme, Stuttgart 1997

Hertl, M.: Kinderheilkunde und Pflege, 8. Aufl., Thieme, Stuttgart 1996

Hoehl, M., P. Kullick (Hrsg.): Kindernkrankenpflege und Gesundheitsförderung. Thieme, Stuttgart 1998

Illig, S., S. Spranger: Klinikleitfaden Pädiatrie, 4. Aufl., Gustav Fischer, Stuttgart 1998

Jannek, C.: Kinderchirurgie für Pflegeberufe, 5. Aufl., Thieme, Stuttgart 1997

Jecklin, E.: Arbeitsbuch Krankenbeobachtung. Gustav Fischer, Stuttgart 1988

Juchli, Sr. L.: Pflege. 8. überarb. Aufl., Thieme, Stuttgart 1997

Kühl, G., D. Siepmann, H. Sbotta, J. Bauer, K. Fischer (Hrsg.): Klinikleitfaden Kinderkrankenpflege. Gustav Fischer, Lübeck 1997

Kunz, W.: ATL-Foilienauflagen. Arbeitsbuch für Unterrichtende in der Krankenpflege und in der Altenpflege. Band 3 Sich Bewegen. Brigitte Kunz, Hagen 1995

Köther, I., E.Gnamm: Altenpflege in Ausbildung und Praxis, 3. überarb. Aufl., Thieme, Stuttgart 1995

Mortier, W.: Muskel- und Nervenerkrankungen im Kindesalter. Thieme, Stuttgart 1994

Pschyrembel Klinisches Wörterbuch, 255. Aufl., de Gruyter, Berlin 1986

Roper, N., W.W. Logan, A.J. Tierney: Die Elemente der Krankenpflege, 2. Aufl., RECOM, Basel 1989

Wegmann, H.: Die professionelle Pflege des kranken Kindes. Urban & Schwarzenberg, München 1997

25 Mimik und Gestik

Marion Weichler-Oelschlägel

Übersicht

Einleitung · 410
25.1 **Allgemeine Beobachtungskriterien und Beschreibung des Normalzustands** · 410
25.2 **Abweichungen und Veränderungen der Mimik und Gestik und deren mögliche Ursachen** · 415
25.2.1 **Abweichungen der Mimik** · 415
25.2.2 **Abweichungen der Gestik** · 417
25.3 **Ergänzende Beobachtungskriterien** · 418
25.4 **Besonderheiten bei Kindern** · 418
24.4.1 **Mimikveränderungen bei Kindern** · 419
24.4.2 **Gestikveränderungen bei Kindern** · 419
25.5 **Besonderheiten bei älteren Menschen** · 419
25.6 **Fallstudien und mögliche Pflegediagnosen** · 421
Fazit · 423
Literatur · 423

Schlüsselbegriff:

- *Ausdrucksbewegung*

Einleitung

Mimik und Gestik sind wichtige Elemente der Körpersprache und haben wesentlichen Anteil an der nonverbalen Kommunikation. So kann beipielsweise an dem Mienenspiel eines Menschen seine momentane emotionale Befindlichkeit abgelesen werden. Oftmals stellt der Gesichtsausdruck ein Spiegelbild unseres Inneren dar.

Ebenso aussagekräftig ist die Gestik, die als Ausdrucksbewegung unsere Worte begleitet und unterstützt. Mimik und Gestik tragen entscheidend dazu bei, die Bedürfnisse und die Stimmungslage eines Gegenüber zu erkennen und unterstützen das gezielte Eingehen auf den anderen Menschen. Bei der Interpretation der Ausdrucksbewegungen muss jedoch berücksichtigt werden, dass sie kulturspezifisch geprägt sind.

Auch eine Reihe von Erkrankungen können spezifische Veränderungen von Mimik und Gestik mit sich bringen. Beides kann zu Fehleinschätzungen und Störungen im Rahmen der (nonverbalen Kommunikation) führen. Die Beobachtung und die Interpretation von Gesichtsausdruck und Gestik erfordern viel Übung und Erfahrung sowie eine aufmerksame Haltung gegenüber dem anderen Menschen.

25.1 Allgemeine Beobachtungskriterien und Beschreibung des Normalzustands

Mimik und Gestik, als nonverbale Ausdrucksmöglichkeiten des Menschen, vermögen oft mehr zu beschreiben, als das, was verbal ausgesagt wird.

Unter der Mimik wird der Gesichtsausdruck eines Menschen verstanden. Sie wird auch als „Spiegel der menschlichen Seele" bezeichnet.

Das Gesicht gilt als einer der wichtigsten Bezugspunkte im Rahmen der zwischenmenschlichen Kommunikation. Über sein Gesicht sendet der Mensch unzählige Signale aus und die Mimik ist, mit Ausnahme der Menschenaffen, einzig dem Menschen vorbehalten. Wie vielfältig die mimischen Ausdrucksmöglichkeiten sind, wird durch folgende Auflistung deutlich.

Beschreibungen des Gesichtsausdrucks

(aus Kraus, W.: Kompendium der sensitiven Krankenbeobachtung durch das Krankenpflegepersonal, 3. Aufl., Fresenius AG, Bad Homburg 1989)

A
abgehetzt
abgekämpft
abgespannt
ablehnend
abschätzend
abwägend
abwartend
abwehrend
abweisend
abwesend
ängstlich
ärgerlich
affektiert
aggressiv
albern
allwissend
anbetend
andächtig
angespannt
angewidert
anklagend
anmaßend
apathisch
arrogant
aufdringlich
aufgedunsen
aufgeregt
aufmerksam
ausdruckslos
ausdrucksvoll
ausgeglichen
ausgeruht
ausgetrocknet

B
bärtig
bedrohlich
bedrückt
begeistert
berechnend
besorgt
bewegt
bissig
bittend
blass
blöd
bösartig
böse
boshaft
brutal
beschämt

C
charmant
cool

D
dankbar
demütig
deprimiert
derb
desinteressiert
dramatisch
drohend
dümmlich
dumm

E
eingefallen
empört
entschlossen
entsetzt
entspannt
entstellt
enttäuscht
entzerrt
erfreut
erholt
ernst
erschöpft
erschreckt
erschrocken
erstaunt
erwartungsvoll

F
falsch
faltig
fiebrig
flehend
fordernd
fragend
frech
freudig
freundlich
frisch
fröhlich
froh

G
gebrochen
gedankenversunken
gehässig
geistesabwesend
gelangweilt
gelöst
genusslos
gequält
gereizt
gespannt
gestresst
gierig
giftig
gleichgültig
glotzend
glücklich
grantig
greisenhaft
griesgrämig
grimmig
grinsend
grübelnd

H
hämisch
hart
heiter
hektisch
herablassend
herausfordernd
herzlich
high
hilflos
hinterlistig
hochmütig
hochnäsig
hölzern
hoffend
hohlwangig
hungrig

I
in sich gekehrt
interessiert
ironisch

K
kachektisch
kalt
kess
kindlich
klar
kokett
konzentriert
kritisch

L
lachend
lächelnd
läppisch
lebendig
lebhaft
leer
leidend
lethargisch
leuchtend
liebevoll
lieblich
listig
lustig
lustlos

M
markant
maskenhaft
melancholisch
mild
missmutig
mitleidig
müde
mürrisch
mütterlich
muffig

N
nachdenklich
naiv
neckisch
nervös
nett
neugierig
niedergeschlagen

O
offen

P
pausbäckig
pessimistisch
pfiffig
prüfend

R
ratlos
runzelig

S
satt
schalkhaft
schmachtend
schmerzverzerrt
schmollend
schmunzelnd
schnippisch
schockiert
schüchtern
schuldbewusst
schwachsinnig
selbstbewusst
selbstzufrieden
senil
sensationslüstern
siegesbewusst
sinnlich
skeptisch
sonnig
sorgenvoll
spitzbübisch
spöttisch
starr

staunend
stechend
störrisch
stolz
strafend
strahlend
streng
stumpfsinnig
stur

T
teilnahmslos
traurig
triumphierend
trotzig

U
überheblich
überlegen
überlegend
übernächtigt
überrascht
überspannt
unbeweglich
unbewegt
unfreundlich
ungläubig
uninteressant
unnahbar
unnatürlich
unruhig
unschuldig
unsicher
unzufrieden

V
väterlich
verbiestert
verbissen
verbittert
verführerisch
vergammelt
vergrämt
verhärmt
verrhalten
verheult
verinnerlicht
verklärt
verklemmt
verkniffen
verkrampft
verlebt
verlegen
verletzt
verliebt
verschlafen
verschlagen
verschlossen
verschmitzt
verschnupft
verschreckt
verschwollen
versoffen
versonnen
verspannt
versteinert
verstört
verträumt
vertraut
verwirrt
verzerrt
verzweifelt

W
wächsern
wahnhaft
weich
weinerlich
witzig
würdevoll
wütend

Z
zerfallen
zornig
zufrieden
zutraulich
zuversichtlich
zweifelnd
zwinkernd
zyanotisch
zynisch

Unter der Gestik werden die Bewegungen des menschlichen Körpers, insbesondere der Arme, verstanden.

Die Gestik ist stets verbunden mit der Mimik und den Gebärden eines Menschen, d. h. beim Gesunden lassen sich diese 3 Ausdrucksmöglichkeiten kaum voneinander trennen. Die Gestik und die Gebärden werden hierbei als die Mimik unterstützende ▸ *Ausdrucksbewegungen* betrachtet. Bei der Gestik werden Wortsinn und Intensität durch Bewegungen der Extremitäten sowie durch bestimmte Körperhaltungen bekräftigt.

Im Rahmen der Gestik können 3 Arten von Bewegungen unterschieden werden.

- Embleme sind direkt in Worte übersetzbar, weil sie für sich allein eine Bedeutung besitzen. Hierzu gehören Bewegungen wie das „Zunge-Herausstrecken" oder das Kopfschütteln.
- Illustratoren bekräftigen bzw. verdeutlichen (illustrieren) das gesprochene Wort, während
- Adaptoren unbewusste Handlungen bezeichnen, wie z. B. das Wippen mit den Zehen oder Spielen mit dem Bleistift.

Die jeweilige Bedeutung von Emblemen und Illustratoren ist kulturspezifisch. Das Herausstrecken der Zunge gilt in unserem Kulturkreis beispielsweise als grobe Beleidigung. Während in Südchina auf diese Weise um Entschuldigung gebeten wird, gilt das Zeigen der Zunge in Tibet als Ausdruck der Ehrerbietung.

In Fällen, in denen die verbale Verständigung nicht möglich, aber zwingend notwendig ist, haben sich sog. Zeichensprachen entwickelt. Beispiele hierfür sind die Gebärdensprache gehörloser Menschen oder auch die speziellen Signalsprachen bestimmter Berufsgruppen, beispielsweise der Fluglotsen.

Gestik und Mimik unterstreichen oder ersetzen das gesprochene Wort, sie können ihm ein besonderes Gewicht geben, seinen Sinn verändern oder es abwerten.

Interessanterweise besitzen alle Menschen, unabhängig von ihrer Rasse, dieselben mimischen Ausdrucksbewegungen, um Emotionen wie Angst, Zorn, Trauer, Ärger, Schmerzen und Abkehr aber auch Überraschtsein, Freude, Zustimmung und Zuwendung zu signalisieren. Daher wird vermutet, dass sie angeboren sind.

Gleichwohl weist die Ausdifferenzierung der Gesichtsmuskulatur große Unterschiede zwischen den einzelnen Rassen auf, so sind die Muskeln bei Chinesen und Australiern grober gebündelt als bei Europäern (**Abb. 25.1**). Die Muskulatur der Gesichtsregion dient, neben anderen Aufgaben, wie z. B. Kauen und Sprechen, vor allem der Mimik, also der Kundgabe und Darstellung der Stimmung und Affektlage gegenüber der Umwelt durch eine bestimmte und charakteristische Spannungsverteilung in den Gesichtsmuskeln. Erst die Gesichtsmuskulatur, die durch zahlreiche differenzierte Muskelzüge gekennzeichnet ist, ermöglicht es uns, willkürlich und unwillkürlich bestimmte Teile des Gesichts zu bewegen und so über die dadurch entstehende Mimik unterschiedliche Gemütsverfassungen oder Hervorhebungen auszudrücken, die von dem Gegenüber beobachtbar sind (**Abb. 25.2**).

Bis zu bestimmten Grenzen ist es Menschen möglich, ihre Mimik einer willkürlichen Kontrolle zu unterziehen, sie somit willentlich zu beherrschen und wahre Intentionen unsichtbar zu lassen. Dieser Vorgang wird als sog. Maskierung bezeichnet.

Die Mimik eines Gesunden weist sich v. a. durch folgende zu beobachtende Punkte aus:

- wache, lebendige und aufgeschlossene Gesichtszüge,
- ein ruhiges bis lebhaftes und der Situation angepasstes Mimenspiel.

Eine ausgeprägte Wahrnehmungsfähigkeit gilt als Grundvoraussetzung für die Beobachtung von Mimik und Gestik. Des Weiteren ist die Fähigkeit, das

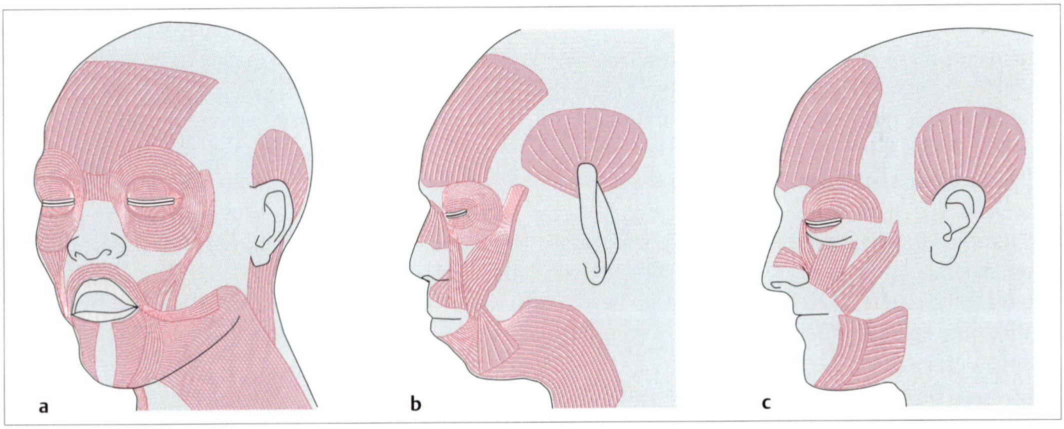

Abb. 25.1 Unterschiedliche Ausgestaltung der Gesichtsmuskulatur bei verschiedenen Menschenrassen **a** Nordchinese **b** Australier **c** Nordeuropäer (nach Eibl-Eibesfeld)

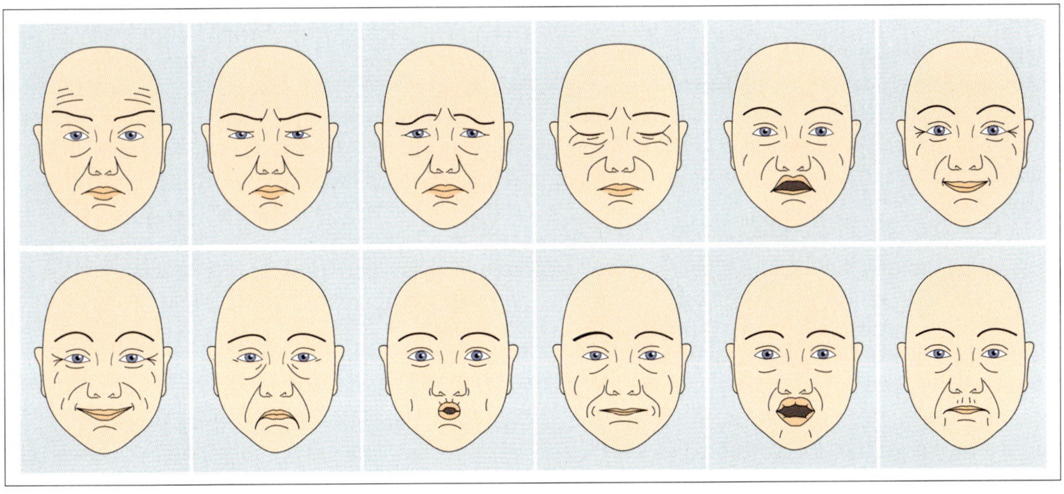

Abb. 25.2 Schematische Darstellung der Auswirkungen der Kontraktionen der verschiedenen Gesichtsmuskeln (nach Eibl-Eibesfeld)

Beobachtete exakt und ohne Interpretationen zu beschreiben, unabdingbar, wenn es zu keinen Fehleinschätzungen kommen soll.

Mimik und Gestik eines Menschen gehören zu den subjektiven Beobachtungskriterien, deshalb muss der gewonnene Eindruck unbedingt auf seine Gültigkeit hin geprüft werden, z. B. durch eine entsprechende Nachfrage bei dem betroffenen Menschen.

Der zwischenmenschliche Blickkontakt und das Aushalten dieses Blickkontaktes zu dem Gegenüber während eines Gesprächs, vermittelt Authentizität und Glaubwürdigkeit. Wer Schwierigkeiten hat, seinen Gesprächspartnern direkt in die Augen zu sehen, wird eher als unsicherer und labiler Mensch beurteilt. Der Blickkontakt zu anderen Menschen ist umso stärker, je sympathischer sich die Personen untereinander sind.

Man spricht von einer sog. Augensprache, die durch den Kontakt zwischen dem Augenweiß und der Farbe der Iris ihre Betonung findet. Durch das Augenweiß wird es möglich, jede Augenbewegung des Gegenübers wahrzunehmen. Auch die Größe der Pupillen bzw. ihre Erweiterung oder Verengung ist bei bestimmten Gefühlslagen beobachtbar. Sind die emotionalen Einflüsse positiver Natur, wird eher eine Pupillenerweiterung zu beobachten sein, negative Stimmungsauslöser führen dagegen zu einer Pupillenverengung.

Der Gesichtsausdruck eines Menschen wird ganz wesentlich von den Augen beeinflusst.

Darüber hinaus kann auch das unmittelbare Umfeld unserer Augen im Rahmen der Augensprache wichtige Informationen über die Befindlichkeit der betreffenden Person liefern; so kann sich die Lidspalte ebenfalls erweitern oder verengen und die Augenbrauen können durch Anhebung vielfältige Aussagen vermitteln.

Zu beobachten sind im Rahmen der Mimik der obere und der untere Gesichtsteil. Ersterer wird von der Mimik der Augenlider, der Augenbrauen und der Stirnfalten geprägt. Hier lassen sich beispielsweise verschiedene Beobachtungen machen.

Augenlider

Sind die Augenlider bis auf einen schmalen Spalt verschlossen, kann dies ein Anzeichen für Nachdenken oder Anstrengung sein, zeigen sie sich halbgeöffnet, so ist der betreffende Mensch sehr wahrscheinlich entspannt, eine normal große Öffnung der Augenlider kennzeichnet die gewöhnliche Lidstellung beim Sprechen mit einem anderen Menschen, weit aufgerissene Lider sind hingegen charakteristisch bei Angst, Erschrecken oder Wut.

Augenbrauen

Heruntergezogene Augenbrauen können Gefühle wie Ärger, Anstrengung oder Nachdenken signalisieren, hochgezogene hingegen Freude, Erstaunen, Neugier.

Stirnfalten

Sind die Stirnfalten heruntergezogen und bilden sich waagerechte Falten zusammen mit senkrechten in der Mitte der Stirn, kann dies eine Ausdrucksbewegung für Kummer, angestrengtes Nachdenken oder auch Grübeln sein. Hingegen sind hochgezogene, waagerechte Falten ohne senkrechte Falte in der Mitte eher als Überraschtsein und Freude zu deuten. Stirnfalten können die augenblickliche Äußerung oder Stimmung unterstreichen, sie können im Alter zusätzlich zu einem bestimmten Gesichtsausdruck beitragen.

Der untere Gesichtsteil wird von der Nase und dem Mund geprägt. Folgende Beobachtungen sind hier beschreibbar:

Nase

Ein Rümpfen der Nase kann als Unentschlossenheit, Abneigung oder auch Ekel gedeutet werden. Geblähte Nasenflügel treten bei freudiger Erregung, aber auch bei Emotionen wie Wut und Erstaunen auf.

Mund

Ein fest zusammen gepresster Mund steht für Trotz, Verbittertsein oder Entschlossenheit. Ein halbgeöffneter Mund ist Ausdrucksbewegung für Entspanntheit, Erstaunen. Heraufgezogene Mundwinkel finden sich bei einer positiven Grundstimmung, bei Freude und Wohlgefallen. Herabgezogene hingegen bei einer negativen Grundstimmung und Zuständen der Trauer.

Allgemeine Beobachtungskriterien:

- Mimik, Gestik und Gebärden sind nonverbale Ausdrucksmöglichkeiten des Menschen, sie gehören zu den subjektiven Beobachtungskriterien.

- Bei den Gesten können Embleme, Illustratoren und Adaptoren unterschieden werden.
- Wird die Mimik willentlich kontrolliert, spricht man von Maskierung.
- Die Augensprache und das Umfeld der Augen sowie einzelne Gesichtspartien liefern wichtige Informationen über die Befindlichkeit eines Menschen.

25.2 Abweichungen und Veränderungen der Mimik und Gestik und deren mögliche Ursachen

Abweichungen und Veränderungen werden sowohl im mimischen wie auch im gestischen Bereich beobachtet.

25.2.1 Abweichungen und Veränderungen der Mimik

Die Stimmung und Gefühlslage eines Menschen kann an seinem Gesichtsausdruck abgelesen werden.

Ausdrucksformen

Folgende Ausdrucksformen können u. a. unterschieden werden:

Schmerzerfüllter Ausdruck

Er kann bei Menschen beobachtet werden, die lange und schwerwiegende Erkrankungen durchleiden oder durchlitten haben. Hierbei werden die Augenbrauen zusammen gezogen und schräg gestellt. Es bilden sich steile Falten über der Nasenwurzel. Häufig sind auch tränengefüllte Augen oder Weinen zu beobachten. **Abb. 25.3** zeigt 8 verschiedene, schmerzerfüllte Gesichtsausdrücke.

Verbitterter Ausdruck

Menschen, die nach schweren Schickssalschlägen resigniert haben und/oder mit unbewältigten seelischen oder körperlichen Leiden kämpfen, erscheinen dem Beobachtenden als verbittert. Ihr Blick wirkt oft verkniffen und richtet sich ins Leere oder starr auf den Boden.

Verkrampfter, verschlossener, abweisender Ausdruck

Eine derartige Mimik ist bei seelischen Erkrankungen, wie beispielsweise Depressionen oder Neurosen beobachtbar. Der Gesichtsausdruck wirkt abweisend auf die Mitmenschen, das Gesicht ist regelrecht „zu" und zeigt keinerlei entgegenkommende oder aufgeschlossene Mimik.

Anzeichen von Erkrankungen

Es gibt ganz bestimmte Erkrankungen, die mit einem sehr spezifischen Gesichtsausdruck einher gehen und im Rahmen der Beobachtung durch die Pflegepersonen mit Hilfe eines geübten Blickes erkannt werden können. Im Einzelnen sind dies:

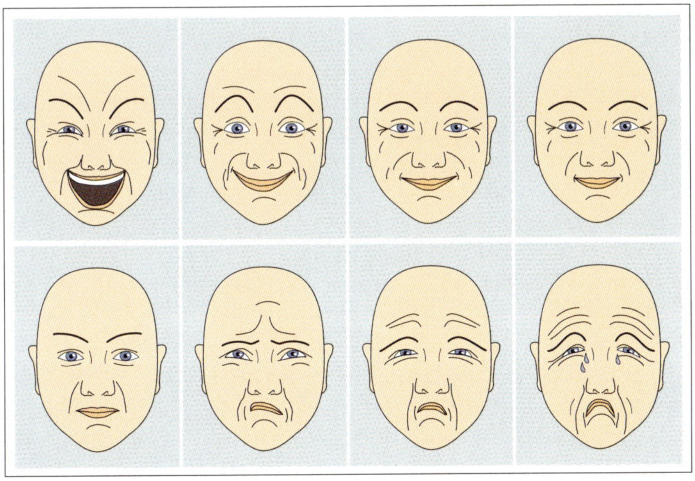

Abb. 25.3 Versuch einer Schmerzquantifizierung anhand von 8 unterschiedlichen Gesichtsausdrücken

Facies abdominalis

Facies (Gesicht), das sich spitz darstellt, mit eingefallenen Wangen und dunkel umrandeten, sog. halonierten Augen, trockenen Lippen und eher ängstlichem und verstörtem Blick Die Nase ist spitz und kalt, das Gesicht livide verfärbt und die Extremitäten sind blass und kalt. Dieses Bild findet sich bei schweren Erkrankungen des Bauchraumes (Abdomens), beispielsweise im Rahmen einer Bauchfellentzündung (Peritonitis) (**Abb. 25.4**).

Facies gastrica

Hier ist ein schmales Gesicht mit eingefallenen, mageren Wangen, einer tiefen Nasolabialfalte und einem bekümmerten Blick zu beobachten. Menschen, die mit einem chronischen Magenleiden leben müssen, weisen diese Art der Mimik auf.

Facies lunata

Die Erkrankung Morbus Cushing (Erkrankung der Nebennierenrinde, bei der es zur Überproduktion von Glukokortikoiden kommt) geht mit dem Auftreten eines sog. Vollmondgesichts, das sich rundlich und aufgetrieben darstellt, einher (**Abb. 25.5**). Ursache für ein Vollmondgesicht ist in vielen Fällen auch eine länger andauernde Behandlung mit dem Präparat Kortison.

Abb. 25.4 Facies abdominalis (aus Hertl, M.: Der Gesichtsausdruck des Kranken. Thieme, Stuttgart 1993)

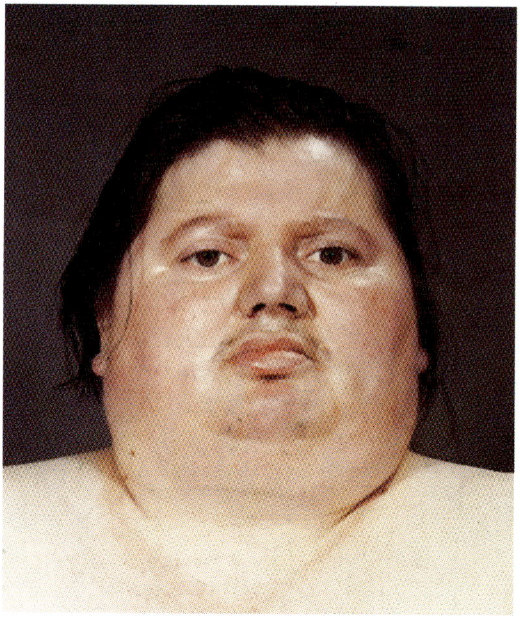

Abb. 25.5 Facies lunata

Facies tetanica

Hier kann im Rahmen eines Wundstarrkrampfs (Tetanus) ein starre Gesichtsmuskulatur beobachtet werden. Diese geht einher mit einer Kieferklemme, die ihrerseits durch einen Krampf der Kaumuskulatur bedingt ist. Der Mund des betroffenen Menschen wirkt verzerrt, als lache dieser, was als sog. sardonisches Grinsen bezeichnet wird (**Abb. 25.6**).

Facies ovarica

Diese Mimik kann bei Tumoren der Eierstöcke (Ovarien) auftreten. Die Wangenknochen treten bei den betroffenen Frauen stark hervor, die Nasenflügel sind herab gezogen, die Stirn ist gerunzelt.

Facies hippocratica

Bei der Erkrankung „akute Peritonitis“ oder kurz vor dem Tode eines Menschen, kann sein Gesichtsausdruck verfallen wirken, es bildet sich eine spitze Nase, die Augen sind eingesunken, kalter Schweiß tritt aus.

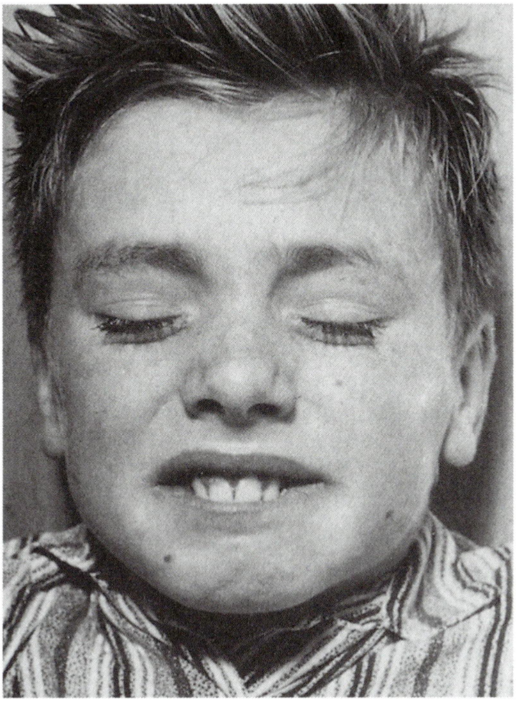

Abb. 25.6 Facies tetanica (aus Hertl, M.: Der Gesichtsausdruck des Kranken. Thieme, Stuttgart 1993)

Facies myopathica

Dieser Gesichtsausdruck tritt bei den sog. progressiven Muskelkrankheiten auf und ist gekennzeichnet durch schlaffe Gesichtszüge als Folge der gelähmten und später rückgebildeten (atrophen) Gesichtsmuskeln. Sind einzelne Gesichtsmuskeln stärker betroffen als andere, so fällt die rüsselartige Vorstülpung der Lippen, sog. „Tapirschnauze" auf. Diese Veränderung wird auch als sog. „Sphinxgesicht" bezeichnet.

Facies paralytica

Es zeigt sich ein schlaffer Gesichtsausdruck infolge von Gesichtslähmungen, beispielsweise bei einer Lähmung des N. fazialis im Rahmen einer Apoplexia cerebri. Hierbei kann auf der betroffenen Seite ein herabhängender Mundwinkel und das Abweichen der Augen und des Kopfes in Richtung der betroffenen Kopfseite (sog. „Herdblick") beobachtet werden. Weiter zeigt sich eine Differenz der Lidspalten und ein insgesamt depressives Aussehen.

Maskengesicht

Als Maskengesicht wird die starre bzw. fehlende Mimik, die sog. Amimie, bezeichnet. Betroffen sind hiervon z. B. Menschen, die unter Morbus Parkinson leiden. Bei dieser Erkrankung kommt es auch zu einer vermehrten Talgabsonderung, die zu einer salbenartig glänzenden Gesichtshaut führt, weshalb auch von einem „Salbengesicht" gesprochen wird.

Menschen mit einem facies myopathica, facies paralytica oder einem Maskengesicht können einen wesentlichen Bereich der nonverbalen Kommunikation nicht bzw. nur eingeschränkt nutzen. Häufig führt diese eingeschränkte Ausdrucksfähigkeit in zwischenmenschlichen Beziehungen zu Missverständnissen, was den Leidensdruck für die Betroffenen zusätzlich erhöht. Durch Beobachtung der Mimik dieser Menschen gewonnene Eindrücke müssen aus diesem Grund unbedingt durch geduldige und einfühlsame Rückfragen auf ihre Gültigkeit hin überprüft werden.

25.2.2 Abweichungen und Veränderungen der Gestik

Gesten können das gesprochene Wort bekräftigen, ersetzen oder seinen Sinn verzerren. Auch in Gesten kommt die Stimmung eines Menschen zum Ausdruck. Die Quantität und die Qualität des Gestikulierens ist dabei individuell verschieden und darüber hinaus von kulturellen Einflüssen geprägt. Südeuropäer untermalen ihre Worte eher stärker mit Gesten als Nordeuropäer. Diese Besonderheiten müssen bei der Beobachtung eines Menschen berücksichtigt werden.

Es gibt im Weiteren eine ganze Reihe psychischer oder neurologischer Erkrankungen, die zu spezifischen Veränderungen der Quantität und Qualität des gestischen Ausdrucks führen können. Hierzu gehören beispielsweise der Morbus Parkinson, alle Arten zentraler und peripherer Lähmungen sowie psychiatrische Erkrankungen. Die speziellen Auswirkungen auf Grob- und Feinmotorik sind in Kap. 24 nachzulesen. Wie auch bei der Mimik, können Einschränkungen im Bereich der Gestik Störungen der Kommunikation und eine Beeinträchtigung von Beziehungen im zwischenmenschlichen Bereich zur Folge haben.

25.3 Ergänzende Beobachtungskriterien

Mimik und Gestik sind in der Regel Ausdruck der Stimmung eines Menschen. Im Zusammenhang mit der Beobachtung der Stimmung eines Menschen sind gleichzeitig Veränderungen der Hauttemperatur und der Pulsfrequenz zu beobachten. Beide Parameter steigen bei freudiger Erregung an und sinken bei dem Empfinden von Widerwillen. Auch ist es nicht möglich, Mimik und Gestik getrennt von Körperbau und Körperhaltung, Tonfall, Sprachrhythmus und Blickkontakt zu dem Betreffenden wahrzunehmen (s. a. Kap. 26.1). Ein schlüssiges Gesamtbild lässt sich häufig nur durch die Kombination dieser Beobachtungen erlangen.

Abweichungen und Veränderungen der Mimik und Gestik:

- Eine Vielzahl von Gesichtsausdrücken zeigen Stimmungen und Gefühle, aber auch bestimmte Krankheiten an.
- Facies abdominalis, -gastrica, -lunata, -tetanica, -ovarica, -hippocratica, -myophatica, -paralytica und das Maskengesicht können voneinander abgegrenzt werden.
- Bei der Beobachtung der Gestik spielen kulturelle Einflüsse und individuelle Besonderheiten eine Rolle.
- Einschränkungen in Mimik und Gestik beeinflussen die Kommunikations- und Beziehungsfähigkeit eines Menschen.

25.4 Besonderheiten bei Kindern

Sigrid Flüeck

Während der Schwangerschaft nimmt das ungeborene Kind bereits die Stimme seiner Mutter wahr. Ein gesundes Neugeborenes wird nach der Geburt auf Brust und Bauch der Mutter gelegt. Hier nimmt es durch den Hautgeruch, den vertrauten, durch Vibration über die Haut weitergeleiteten Herzschlag, und über die bereits intrauterin wahrgenommene Stimme Kontakt zu seiner Mutter auf. Diese schon im Mutterleib begonnene Mutter-Kind-Beziehung wird jetzt durch den Blickkontakt erweitert.

Die Wahrnehmung der Gesichtsmimik, die im Wesentlichen von den Augen beeinflusst wird, spielt in der Mutter-Kind-Beziehung eine große Rolle. Bereits im 1. Monat registriert der Säugling für kurze Zeit das Gesicht der Mutter, wenn ein Abstand von 40 – 50 cm eingehalten wird. Dieser Abstand verringert sich ständig.

Bis Ende des 2. Monats erwidert das Baby flüchtig, bis zum Ende des 3. Monats meistens spontan das Lächeln der Menschen und greift nach ihren Gesichtern. Es erkennt die Mimik der Mutter und entwickelt ein Interesse für alles, was einem Gesicht ähnlich ist. Babys schauen auffallend oft nach dem Gesicht ihrer Bezugsperson, um Hilfen für ihre Interpretation zu erhalten.

So können sie bis zum Ende des 8. Monats bekannte und fremde Gesichter, respektive ihre Mimik unterscheiden und beginnen zu „fremdeln“. Aus der Mimik und Gestik erkennt das Kind die Emotionen der Mutter und bekommt ein zustimmendes oder ablehnendes Signal zur jeweiligen Situation geliefert. Das Kind liest am Mimenspiel der Menschen auch ab, ob sie traurig, ärgerlich, ängstlich oder fröhlich, zuwendend oder überrascht sind. Wie bereits in 25.1 beschrieben, ist es bis zu einer bestimmten Grenze möglich, den spontanen Ausdruck hinter einer Maske zu verbergen.

In einigen Kulturen sind sog. Darstellungsregeln stark vertreten. Eine sozial verankerte Darstellungsregel, die in unserer Kultur Verwendung findet, lautet: „Jungen weinen nicht“, oder „Indianer kennt keinen Schmerz“. Kinder erlernen so die Fähigkeit, den Ausdruck ihrer Emotionen zu verändern, und somit ihre Mimik und Gestik willentlich zu beherrschen. Inkongruentes Verhalten der Erwachsenen im Rahmen der zwischenmenschlichen Kommunikation vermittelt Unsicherheit. In diesem Fall steht das Gesagte nicht in Einklang mit der Mimik und Gestik.

Der Gesichtsausdruck des Kindes wiederum liefert die Rückmeldung dessen, was das Kind empfindet. Es kann freundliche Zuwendung bis zu lebhafter Freude, Aufmerksamkeit, Neugierde, Angst und Schmerzen deutlich zum Ausdruck bringen.

Das Kind erliegt der Suggestion des Gesichtsausdrucks. Es ahmt ein böses Gesicht nach, indem es die Stirn runzelt und ein freundliches Gesicht, indem es lächelt. Gesten, wie das Ausstrecken der Arme, oder Gesten der Flucht sowie der Ablehnung treten eher spontan auf. Gesten wie beispielsweise bitten oder grüßen werden hingegen erlernt.

Vor allem für das Pflegepersonal in den Kinderkliniken ist das Erkennen und Lokalisieren von Schmerzen durch die Interpretation der Mimik und Gestik eines Kindes ganz entscheidend. Früh- sowie reife Neugeborene, Kleinkinder, somnolente und bewusstlose Kinder sind nicht in der Lage, Schmerzen verbal zu äußern und somit auf die Beurteilungen ihrer Mimik und Gestik durch Eltern, Pflegepersonen und Ärzte angewiesen (s. a. Kap. 23.4).

25.4.1 Mimikveränderungen bei Kindern

Eine Veränderung der Mimik kann bei Kindern wie bei Erwachsenen durch emotionale oder traumatische Erlebnisse sowie durch verschiedene Erkrankungen hervorgerufen werden. Einige Beispiele hierfür werden im Folgenden beschrieben.

Angst

Eine von Angst geprägte Mimik bei Kindern kann seelische oder körperliche Ursachen besitzen und maskiert oder unmaskiert auftreten. Der unmaskierte Ausdruck zeigt sich in weit aufgerissenen, wenig bewegten Augen, einem halb geöffneten Mund, verbunden oft mit Geschrei, einer quergefurchten Stirn und in abwehrenden Gesten. Die maskierte Angst zeigt sich zumeist in einem verkrampften, verschlossenen und abweisenden Gesichtsausdruck und kleinen, schwachen Gesten. Sie kann erst durch die behutsame Ermittlung der Ursache gelöst werden.

Behinderungen

Geistige und sprachliche Behinderungen gehen oftmals einher mit Veränderungen der Mimik. Bei einer sprachlichen Behinderung geschieht das Formen der Laute übertrieben und hat somit Auswirkungen auf die Mimik des Kindes. Die geistige Behinderung oder Störungen der Beziehungsaufnahme wie u. a. beim Autismus, lassen vielfältige Mimikveränderungen erkennen: Grimassieren, starrer Gesichtsausdruck, verwirrter oder unbeständiger Blick, keine Reaktion des Lächelns. Sie können von gestischen Veränderungen wie motorischen Stereotypen mit z. B. Fächerbewegungen der Hände vor den Augen begleitet werden.

Fehlbildungen

Auch angeborene Fehlbildungen können die Mimik eines Kindes beeinflussen. Am häufigsten sind dies ein- oder beidseitige Lippen-Kiefer- oder Lippen-Kiefer-Gaumenspalten. Aber auch Fehlbildungen der Ohrmuscheln z. B. fehlende oder mangelhaft entwickelte Ohrmuschelanlagen oder das sog. abstehende Ohr haben Einfluss auf den Gesamtausdruck eines Gesichts.

Aufgrund einer erhöhten Hautspannung bei Ödemen im Gesicht kann die Mimik erschwert oder eingeschränkt sein. Daneben können z. B. Narben oder neurologische Ausfälle beispielsweise nach Gesichts- und/oder Schädelverletzungen eine Störung der mimischen Ausdrucksmöglichkeiten zur Folge haben. Eine mögliche Fazialisparese mit entsprechender Abweichung der Mimik kann bei Neugeborenen mit Hilfe des Glabellareflexes erkannt werden. Bei Druck auf die Mitte der Stirn werden die Augen normalerweise fest zusammengekniffen. Bei veränderter Mimik – z. B. das Neugeborene verzieht auf einer Seite den Mund nicht und schließt das Auge nicht – muss an eine mögliche Fazialisparese gedacht werden (s. a. 25.2.1).

Spezielle Gesichtsausdrücke

Auch bei Kindern können verschiedene spezielle Gesichtsausdrücke beobachtet werden wie z. B. das Facies pertussis und das Greisengesicht.

Beim Facies pertussis (Keuchhustengesicht) sehen die Kinder müde aus, haben geschwollene Augenlider und feuchte, glänzende Augen. Kommt es zur Dyspnoe sind die Augen weit aufgerissen und die Nasenflügel abgespreizt. In diesem Fall ähnelt der Gesichtsausdruck dem Ausdruck bei Angstzuständen.

Ein sog. Greisengesicht ist vor allem bei Kindern mit vermehrten Durchfällen zu beobachten. Der Flüssigkeitsverlust aufgrund der Durchfälle und/oder Erbrechen zeigt sich durch einen verringerten Hautturgor, der insbesondere Säuglingen und Kleinkindern ein greisenartiges Aussehen verleiht.

25.4.2 Gestikveränderungen bei Kindern

Die Veränderungen der Gestik stehen in einem engen Zusammenhang mit der Bewegung, s. deshalb hierfür Kap. 24.

25.5 Besonderheiten bei älteren Menschen

Marion Weichler-Oelschlägel

Wie bei Kindern und Erwachsenen, ist auch bei betagten Menschen das seelische und körperliche Befinden häufig deutlich an der Mimik abzulesen. Na-

Abb. 25.7 Vom Alter geprägt (aus Köther, I., E. Gnamm: Altenpflege in Ausbildung und Praxis, 3. überarb. Aufl., Thieme, Stuttgart 1995)

türlich kann auch der ältere und alte Mensch sich verstellen, jedoch sind bei den meisten Menschen Falten Zeichen von Alter, Sorgen oder auch von Freude und Lachen (**Abb. 25.7**).

Die Gesichter vieler älterer Menschen sind geprägt durch ihre Lebenserfahrung, Erbanlagen und momentane Befindlichkeit. Da einige spezielle Erkrankungen, wie z.B. der Morbus Parkinson oder eine Apoplexia cerebri häufig im höheren Alter auftreten, sind dementsprechend die fehlende, starre Mimik und Facies paralytica bei älteren Menschen eher zu beobachten als bei jüngeren.

Wie bereits erläutert, wird die Mimik eines Menschen entscheidend durch die Augen und den Blick geprägt. Interesse, Wachheitsgrad und Gemütsverfassung sind an der Zielrichtung des Blickes, an den Bewegungen des Augapfels und auch am Glanz der Augen zu erkennen. Im Alter kann der insgesamt herab gesetzte Stoffwechsel degenerative Veränderungen am Auge hervor rufen: der Augapfel wirkt klein, weit zurückgesunken und von vermindertem Glanz, die Lider können schlaff und faltig sein. Dies liegt am Schwund des Fettkörpers in der Augenhöhle und an

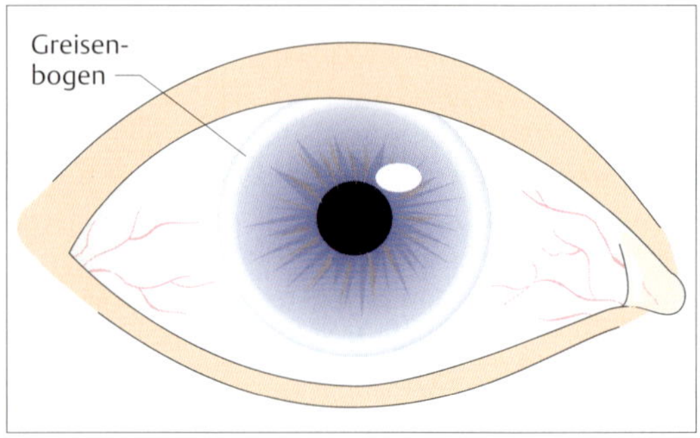

Abb. 25.8 Der Greisenbogen

der Erschlaffung der sie umhüllenden Kapsel. Oft findet sich ein nach außen gestülptes Unterlid, welches seinerseits ein störendes Tränen verursacht.

Im Weiteren wird durch die Einlagerung von fettähnlichen Substanzen ein gelblicher Schimmer der Augenbindehaut und der Lederhaut beobachtet. Auch erscheint die Bindehaut durch Neubildung von Blutgefäßen bei vielen älteren Menschen röter als normalerweise. Dies ist altersphysiologisch und kein Anzeichen für eine Entzündung.

Als sog. Greisenbogen wird eine grauweiße, ringförmige und schmale Trübung der Hornhaut bezeichnet (**Abb. 25.8**). Die Augen können bei Depressionen, großer Schwäche und Altersstar matt wirken, ihr Glanz wie erloschen. Beim sog. grauen Star zeigt sich ein matter, stumpfer Ausdruck, der Linsenkern kann sich getrübt und blaurot gefärbt darstellen.

Zu den Besonderheiten der Gestik im höheren Lebensalter ist anzumerken, dass sich ältere und alte Menschen in der Regel eher langsamer und weniger stark gestikulierend bewegen, als dies in früheren Lebensabschnitten zu beobachten ist. Auch hier gibt es individuell sehr starke Unterschiede, je nach Erhalt der Beweglichkeit und des Gesundheitszustands des alten Menschen insgesamt.

Besonderheiten bei Kindern und älteren Menschen:

- Kinder lernen in der Mutter-Kind-Beziehung die Mimik zu interpretieren und durch Nachahmung Emotionen auszudrücken.
- Angst kann maskiert und unmaskiert zum Ausdruck kommen.
- Geistige und sprachliche Behinderungen können sich in der Mimik zeigen.
- Durch Verletzungen oder angeborene Fehlbildungen wird die Mimik verändert.

- Facies pertussis und Greisengesicht treten bei Kindern bei bestimmten Erkrankungen auf.
- Bei älteren Menschen sind eher eine starre Mimik und Facies paralytica zu beobachten.
- Greisenbogen und grauer Star verändern das Auge bei älteren Menschen.

25.6 Fallstudien und mögliche Pflegediagnosen

Fallstudie Fr. Schaller
Frau Schaller ist 77 Jahre alt. Sie ist verwitwet, kinderlos und lebt seit 3 Jahren in einem Altenpflegeheim. Die früher sehr unternehmungslustige Frau leidet seit gut 5 Jahren unter der Erkrankung Morbus Parkinson. Ihr Gesicht erscheint maskenhaft, die Haut glänzt salbenartig. Bei Frau Schaller besteht eine zunehmende Amimie, die es ihr immer schwerer macht, sich ihren Mitmenschen mimisch mitzuteilen, sie ist dadurch massiv in ihrer nonverbalen Kommunikation beeinträchtigt und wird oft missverstanden. Zudem zeigt sich ein ausgeprägter Pillendrehertremor an beiden Händen. Insgesamt wirken Frau Schallers Bewegungen steif und hölzern, sodass zusätzlich eine sehr gehemmte Gestik beobachtbar ist. Frau Schaller wird von ihren Angehörigen oft besucht und sehr liebevoll und aufmerksam betreut.

Tab. 25.1 stellt einen Auszug aus dem Pflegeplan von Frau Schaller dar.

Eine mögliche Pflegediagnose zeigt die folgende Übersicht:

Pflegediagnose beeinträchtigte soziale Interaktion (nach Gordon)

Definition

Ein ungenügendes oder übergroßes Maß an sozialem Austausch oder eine unwirksame Art des sozialen Austauschs.

Kennzeichen

Hauptkennzeichen

- geäußertes oder beobachtetes Unbehagen in sozialen Situationen (z. B. Unfähigkeit, einen zufriedenstellenden Sinn für Zugehörigkeit, Fürsorge, Interessen oder gemeinsame Geschichte zu erfahren oder zu vermitteln),
- beobachtete Anwendung erfolgloser Verhaltensweisen in sozialen Interaktionen.

Nebenkennzeichen

- gestörte Interaktion mit Gleichaltrigen, der Familie und/oder anderen Personen,
- Aussagen der Familien über Veränderung des Lebensstils oder von Interaktionsmustern.

Tab. 25.1 Auszug aus dem Pflegeplan von Frau Schaller

Pflegeproblem	*Ressourcen*	*Pflegeziele*	*Pflegemaßnahmen*
Fr. Schaller • leidet unter zunehmender Amimie bei Morbus Parkinson mit Einschränkung in der nonverbalen Kommunikation und daraus resultierenden Missverständnissen	• Häufige Besuche und liebevolle, aufmerksame Betreuung durch die Angehörigen	Fr. Schaller • fühlt sich verstanden • kann ihre Bedürfnisse, Stimmungslage deutlich zeigen	• Fr. Schaller immer wieder auffordern, ihre Bedürfnisse, Stimmungslage verbal zu äußern • Keine Interpretationen von Verhalten, Aussagen o. Ä., sondern stetiges einfühlsames Nachfragen • Genaue Beobachtung des Augenausdrucks • Nach Rücksprache mit Fr. Schaller und Arzt Training zum Sprechen mit Mimikeinsatz organisieren
• besitzt eine steife, gehemmte Gestik bei allgemein veränderter Bewegung aufgrund einer Parkinson-Erkrankung		• kennt Bewegungsübungen und führt diese regelmäßig, selbstständig durch • setzt bei der Kommunikation Ausdrucksbewegungen ein	• Anleitung zu Bewegungsübungen (nach Rücksprache KG) • Hinweis, Worte durch Gestik zu unterstreichen • Viel Zeit bei der Kommunikation lassen, Ausdrucksbewegungen abwarten

Ätiologische oder beeinflussende Faktoren

- Mangel an Kenntnissen/Fähigkeiten über Möglichkeiten, den Gemeinschaftssinn zu fördern,
- Kommunikationshindernisse,
- Störung des Selbstkonzepts,
- Abwesenheit verfügbarer Bezugspersonen/Gleichaltriger (mangelnde soziale Unterstützung),
- begrenzte physische Beweglichkeit,
- therapeutische Isolierung,
- soziokulturelle Dissonanz,
- Widerstände in der Umwelt,
- veränderte Denkprozesse,
- sensorische Defizite (Hören, Sehen).

Die Pflegediagnose für Frau Schaller könnte lauten:
Beeinträchtige soziale Interaktion
b/d (beeinflusst durch) Kommunikationshindernisse und begrenzte physische Beweglichkeit
a/d (angezeigt durch)

- geäußertes oder beobachtetes Unbehagen in sozialen Situationen und
- eine gestörte Interaktion mit Gleichaltrigen, der Familie, und/oder anderen Personen.

Fallstudie Kevin

Kevin, 6 Jahre alt, wird von den Eltern als ein sehr lebendiges und aktives Kind beschrieben, das seine Stimmungen spontan und offen zeigt. Sein Gesicht war bis zu dem Unfall ein Spiegelbild seiner jeweiligen Emotionen.
Vor 3 Wochen zog sich Kevin im Garten der Großeltern, beim Anzünden von Gartenlaub durch den Großvater, Verbrennungen 2. Grades im Kopf-, Gesicht- und Halsbereich zu. Die Verbrennungen heilen unter Narbenbildung und Narbenkontrakturen im Gesicht langsam ab, dabei bekommt Kevin einen stark veränderten und teilweise starren Gesichtsausdruck. Er reagiert mit Ablehnung, Trauer und Verzweiflung, was sich vor allem darin zeigt, dass er sich zurückzieht. Zudem spricht Kevin nur noch sehr wenig. Die Eltern und Großeltern, die abwechselnd bei Kevin im Krankenhaus sind, versuchen durch liebevolle Betreuung und Zuwendung ihn zu trösten und bei der Auseinandersetzung mit seinem veränderten Aussehen zu unterstützen. Einen entsprechenden Auszug aus dem Pflegeplan von Kevin zeigt **Tab. 25.2**.

Die in der folgenden Übersicht dagestellte Pflegediagnose könnte auf Kevin zutreffen:

Pflegediagnose reaktive Depression
(nach Gordon)

Definition

Eine akute Minderung der Selbsteinschätzung, des Selbstwerts, des Vertrauens in die eigene Kompetenz und eigene Fähigkeiten in Verbindung mit einer situati-

Tab. 25.2 Auszug aus dem Pflegeplan von Kevin

Pflegeproblem	*Ressourcen*	*Pflegeziel*	*Pflegemaßnahmen*
Kevin leidet unter einem starren Gesichtsausdruck durch Verbrennungen → er ist traurig und verzweifelt → er zieht sich zurück, spricht wenig → eine Einordnung der Schmerzstärke und Stimmungslage ist durch die fehlende/veränderte Mimik nicht möglich	Eltern und Großeltern • sind abwechselnd im Krankenhaus • betreuen Kevin liebevoll • unterstützen Kevin • Kevin kann seine Befindlichkeit verbal äußern	FZ: Kevin • akzeptiert sein verändertes Aussehen und kann damit umgehen • kann seine Emotionen mimisch ausdrücken NZ: • fühlt sich mit seinem verändertes Aussehen angenommen und geliebt • ist offen und äußert seine Befindlichkeit • hat außerhalb der Familie weitere soziale Kontakte	• Information der Eltern und Kevin über Maßnahmen zur positiven Beeinflussung der Narbenbildung (Arzt), Einbeziehung von Kevin in die Planung • 3 × tgl. gymnastische/logopädische Übungen zur Verbesserung der Funktionseinschränkung der Gesichtsmimik durch Logopädin • Einbeziehung der Eltern in die Übungen • genaue Beobachtung der Gestik und des Verhaltens bei allen Maßnahmen mit Rückfragen bei Veränderungen/Auffälligkeiten • Kevin immer wieder auffordern, Bedürfnisse zu äußern • Kevin zu den Mahlzeiten in den Aufenthaltsraum bringen • Familie auffordern, Freunde von Kevin zu Besuchen anzuregen

ven Bedrohung (z. B.: Gesundheitszustand, Behinderung, Verschlechterung des körperlichen Zustandes).

Kennzeichen

Hauptkennzeichen

- Ausdruck von Traurigkeit, Verzweiflung, Hoffnungslosigkeit angesichts einer Situation (spezifizierte Situation),
- fortwährende Infragestellung des Selbstwerts (Selbstachtung) oder Gefühl des Versagens (real oder imaginär),
- pessimistische (Zukunfts)aussichten,

und eines oder mehrere der folgenden Kennzeichen:

- Rückzug von anderen, um einer möglichen Zurückweisung (real oder imaginär) zu entgehen,
- Verdächtigungen und gesteigerte Empfindsamkeit gegenüber Worten und Handlungen anderer, entsprechend einem allgemeinen Mangel an Vertrauen gegenüber anderen,
- Suiziddrohungen oder Suizidversuche (im Falle einer Feststellung – sofortiges Weiterleiten zur ärztlichen Einschätzung),
- extreme Abhängigkeit von anderen mit daraus resultierenden Gefühlen der Hilflosigkeit und des Zorn,
- fehlgeleiteter Zorn (gegen sich selbst),
- allgemeine Reizbarkeit,
- Schuldgefühle,
- Unfähigkeit, sich auf Lesen, Schreiben oder eine Unterhaltung zu konzentrieren,
- Veränderung (gewöhnlich eine Verminderung) der körperlichen Aktivitäten, sexuellen Aktivitäten, Essgewohnheiten, Schlafgewohnheiten (vorzeitiges Erwachen).

Ätiologische oder beeinflussende Faktoren

- Empfindung der Machtlosigkeit,
- Angst.

Risikogruppen

- Personen, die sich einem körperlich sehr anstrengenden chirurgischen Eingriff unterziehen müssen,
- Personen mit neu aufgetretenen körperlichen Behinderungen,
- Personen, die den Verlust einer Bezugsperson erlitten haben.

Für Kevin könnte die Pflegediagnose lauten:
Reaktive Depression bei Verbrennungen des Gesichtes
b/d (beeinflusst durch) Empfindung der Machtlosigkeit
a/d (angezeigt durch):

- Ausdruck von Traurigkeit, Verzweiflung und Hoffnungslosigkeit durch Verbrennungen im Gesicht,
- sozialen Rückzug und
- Reduzierung der körperlichen Aktivitäten.

Fazit: Mimik und Gestik gehören zu den nonverbalen Ausdrucksmöglichkeiten eines Menschen. Sie können wichtige Hinweise auf die Stimmungslage aber auch auf zugrundeliegende Erkrankungen geben. Die Beobachtung von Mimik und Gestik steht im engen Zusammenhang mit der Beobachtung der Körperhaltung, der Bewegungen, der Stimme und der Sprache. Nur zusammen betrachtet ergibt sich ein Gesamtbild.

Da Mimik und Gestik zu den subjektiven Beobachtungskriterien zählen und zudem starke individuelle und kulturspezifische Variationen aufweisen, muss ihre Bedeutung durch Nachfragen bei dem betreffenden Menschen auf Gültigkeit überprüft werden. Dennoch ist die Bedeutung dieser Beobachtungen nicht zu unterschätzen, denn auf ihrer Grundlage lassen sich Anhaltspunkte und Anknüpfungsmöglichkeiten für ein Gespräch und den Aufbau einer Beziehung zu dem zu Pflegenden zu finden.

Dahmer, J.: Anamnese und Befund. Die ärztliche Untersuchung als Grundlage klinischer Diagnostik. 8. überarb. Aufl., Thieme, Stuttgart 1998

Deltz, C.: Krankenbeobachtung, Springer, Berlin 1994

Gordon, M.: Handbuch Pflegediagnosen. 2. vollst. überarb. u. erw. Aufl., Ullstein Medical Verlagsgesellschaft mbH & Co., Wiesbaden 1988

Hertl, M.: Kinderheilkunde und Pflege, 8. Aufl., Thieme, Stuttgart 1996

Hertl, M.: Der Gesichtsausdruck des Kranken. Aussagen zur Diagnose und zum Befinden. Thieme, Stuttgart 1993

Hoffmann-La-Roche AG/Urban & Schwarzenberg: Roche-Lexikon-Medizin. 3. neubearb. Aufl., Urban & Schwarzenberg, München 1993

Hoehl, M., P. Kullick: Kinderkrankenpflege und Gesundheitsförderung. Thieme, Stuttgart 1998

Jannek, C.: Kinderchirurgie für Pflegeberufe, 5. Aufl., Thieme, Stuttgart 1997

Jecklin, E.: Arbeitsbuch Krankenbeobachtung, Gustav Fischer, Stuttgart 1988

Juchli, Sr. L.: Pflege, 8. überarb. Aufl., Thieme, Stuttgart 1997

Köther, I., E. Gnamm: Altenpflege in Ausbildung und Praxis, 3. überarb. Aufl., Thieme, Stuttgart 1995

Kraus, W.: Kompendium der sensitiven Krankenbeobachtung durch Das Krankenpflegepersonal. 3. Aufl., Fresenius AG, Bad Homburg 1989

Lück, H.E.: Einführung in die Psychologie sozialer Prozesse. Kurseinheit 1 bis 4. Fernuniversität Gesamthochschule Hagen, 1987

Oerter, R., L., Montada : Entwicklungspsychologie, 2. Aufl., Beltz, Weinheim 1987

Pschyrembel Klinisches Wörterbuch, 255. Aufl., Walter de Gruyter, Berlin 1986

Seel, M.: Die Pflege des Menschen. 3. Aufl., Brigitte Kunz, Hagen 1998

Seel. M.: Die Pflege des Menschen im Alter, Brigitte Kunz, Hagen 1997

Schäffler, A., S. Schmidt (Hrsg.): Mensch, Körper, Krankheit. Anatomie, Physiologie, Krankheitsbilder. Lehrbuch und Atlas für die Berufe im Gesundheitswesen. Jungjohann, Neckarsulm 1993

Wegmann, H.: Die professionelle Pflege des kranken Kindes, Urban & Schwarzenberg, München 1997

Zimbardo, Philipp G.: Psychologie, 5. Aufl., Springer, Berlin 1992

26 Körperhaltung

Marion Weichler-Oelschlägel

Übersicht

Einleitung · 425
26.1 Allgemeine Beobachtungskriterien und Beschreibung des Normalzustands · 425
26.1.1 Körperhaltung im Sitzen · 429
26.1.2 Körperhaltung im Stehen · 429
26.1.3 Körperhaltung im Liegen · 429
26.2 Abweichungen und Veränderungen der Körperhaltung und deren mögliche Ursachen · 429
26.2.1 Haltungsstörungen · 430
26.2.2 Haltungsschäden · 430
26.2.3 Zwangs- und Schonhaltung · 432
26.2.4 Kontrakturen · 432
26.3 Ergänzende Beobachtungskriterien · 433
26.4 Besonderheiten bei Kindern · 433
26.4.1 Angeborene Haltungsstörungen · 435
26.4.2 Angeborene oder erworbene Haltungsschäden · 435
26.5 Besonderheiten bei älteren Menschen · 435
26.6 Fallstudien und mögliche Pflegediagnose · 437
Fazit · 439
Literatur · 439

Schlüsselbegriffe:

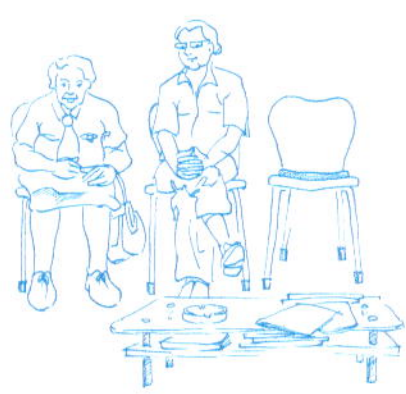

- *Haltungsstörung*
- *Haltungsschaden*
- *Zwangs- und Schonhaltung*
- *Kontraktur*
- *Seniler Haltungsschaden*

Einleitung

Auch die Körperhaltung eines Menschen gehört zu den nonverbalen Ausdrucksmöglichkeiten und wird entsprechend als ein Element der Körpersprache bezeichnet. Dabei spiegelt die „äußere Haltung" ganz wesentlich die „innere Haltung" eines Menschen wieder. Ausdrücke wie „den Halt verlieren" beziehen sich weniger auf körperliche Erfahrungen, als vielmehr auf emotionale Empfindungen.

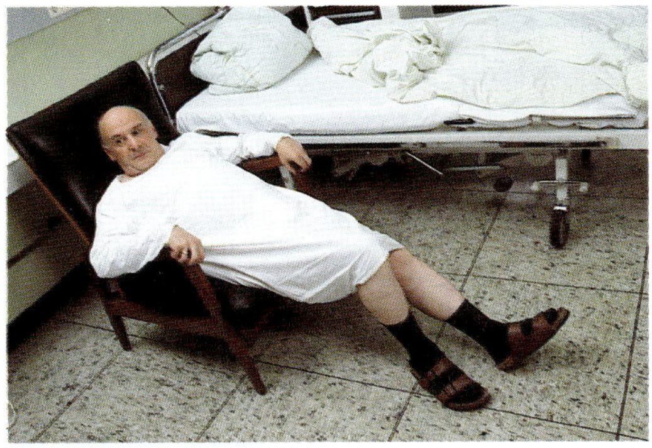

Darüber hinaus kann die Körperhaltung eines Menschen aber auch durch spezifische Erkrankungen des Halte- bzw. Stützapparates beeinflusst werden.

26.1 Allgemeine Beobachtungskriterien und Beschreibung des Normalzustands

Als Körperhaltung wird die Lage des menschlichen Körpers in Abhängigkeit von der Schwerkraft bezeichnet.

Die Körperhaltung eines Menschen bestimmt gemeinsam mit der Mimik und Gestik ganz wesentlich den Eindruck, den ein Mensch bei anderen Menschen hinterlässt. Sie wird bei der ersten Begegnung mit einer bislang unbekannten Person registriert. Dabei stehen die Körperhaltung, das Körpergefühl und das Denken in einer Wechselwirkung und beeinflussen sich gegenseitig

Die Alltagssprache mit Ausdrücken wie: „die Haltung bewahren", „den Halt verlieren" oder „Kopf hoch!" zeigt die große Bedeutung der Körperhaltung. Die Körperhaltung variiert je nach Situation und Stimmung; die „äußere" Haltung wird so zum Spiegel der „inneren" Haltung eines Menschen. Folglich gibt es die „richtige" bzw. „normale" Haltung einer Person nicht. Die Körperhaltung muss immer in Abhängigkeit von der aktuellen Situation eines Menschen gesehen werden (**Abb. 26.1**).

sich streckend,
abwartend
erstaunt, überrascht,
dominant, mißtrauisch,
unentschlossen,
zurückhaltend
neugierig
verwirrt
willkommen
schleichen
schüchtern, unsicher,
schamhaft,
gleichgültig,
darstellend,
resigniert, zweifelnd,
ablehnend
sehr ärgerlich,
wütend
nachdenklich
affektiert
beobachten
selbstzufrieden, ungeduldig,
darstellend, zwanglos,
aufgeregt

◀ **Abb. 26.1** Deutung sprechender Haltungen. Die Haltung muss immer im Zusammenhang mit der Mimik gesehen werden

Die Körperhaltung ist wie die anderen Elemente der Körpersprache Mimik, Gestik, Gang, Stimme und Sprache häufig Ausdruck der emotionalen Stimmung eines Menschen.

Aufgrund ihrer Körperhaltung werden Menschen oftmals bestimmte Charaktereigenschaften zugewiesen, wie z.B. energisch, stolz, selbstbewusst oder herrisch bei einer aufrechten, straffen Körperhaltung. Eine schlaffe, krumme Körperhaltung lässt einen eher traurigen, depressiven, weichen und wenig durchsetzungsfähigen Charakter vermuten.

Die Körperhaltung eines Menschen gibt zusammen mit der Bewegung, der Mimik und Gestik ununterbrochen Signale an seine Mitmenschen ab; beispielsweise drückt eine steife, starre Haltung eher Angespanntheit oder mangelnde Sympathie aus, während eine lockere, ungezwungene Haltung für Offenheit und Wohlbefinden spricht. Mit Hilfe einer Sammlung von Eigenschaftswörtern kann das Beobachtete beschrieben werden, wie die folgende Übersicht zeigt:

Der gesunde Mensch hält sich im Normalfall aufrecht und seine Muskelbewegungen lassen sich als ausgewogen beschreiben. Seine Wirbelsäule weist die physiologischen Krümmungen auf (**Abb. 26.2**). Die Stabilität der Körperhaltung ist abhängig von der Größe der Grundfläche, auf der ein Mensch sich bewegt.

In Abhängigkeit vom Lebensalter verändert sich die Grundfläche, die ein Mensch benötigt, um seine Körperhaltung in eine sichere Position zu bringen (**Abb. 26.3**). Das Kleinkind krabbelt beispielsweise auf allen Vieren, da es eine sehr breite Standfläche benötigt. Der betagte Mensch vergrößert die Grundfläche u.U. mit einer Gehhilfe, um eine zusätzliche Stabilität zu erreichen (s.a. Kap. 27.4 und 26.5).

Je nach der Größe der Fläche, auf der eine Person sich bewegt, ändert sich auch ihre Körperhaltung. So ist es ein Unterschied, ob wir auf einer geraden, ebenen Fläche gehen, eine Treppe hinauf steigen, einen Berg erklimmen oder uns auf einem Trampolin bewegen. Hier wird die große Anpassungsfähigkeit des menschlichen Organismus deutlich.

Die Körperhaltung kann im Sitzen, im Stehen und im Liegen beobachtet werden.

Eigenschaftswörter zur Beschreibung der Körperhaltung

(aus Kraus W.: Kompendium der sensitiven Krankenbeobachtung durch das Krankenpflegepersonal. 3. Aufl., Fresenius AG, Bad Homburg 1989)

A
abgespannt
abwartend
aggressiv
angespannt
aufgebracht
aufrecht

B
bucklig

D
drohend

E
eingeknickt
entspannt

G
gebeugt
gebückt
gedrückt
geduckt
gehemmt
gekrümmt
gelöst
gerade
gespannt
gestreckt
geziert
gezwungen
gleichgültig

H
herausfordernd

K
krumm

L
lässig
leger
leidend
locker
losgelöst

M
müde

N
nachdenklich

R
reserviert

S
salopp
schief
schlaff
schmerzgekrümmt
steif
stolz

U
überstreckt
unruhig
unsicher

V
verängstigt
verführerisch
verklemmt
verkrampft
verlegen
verschlossen
verspannt

W
weich

Z
zappelig
zitternd
zufrieden
zurückgezogen
zurückhaltend
zusammengefallen

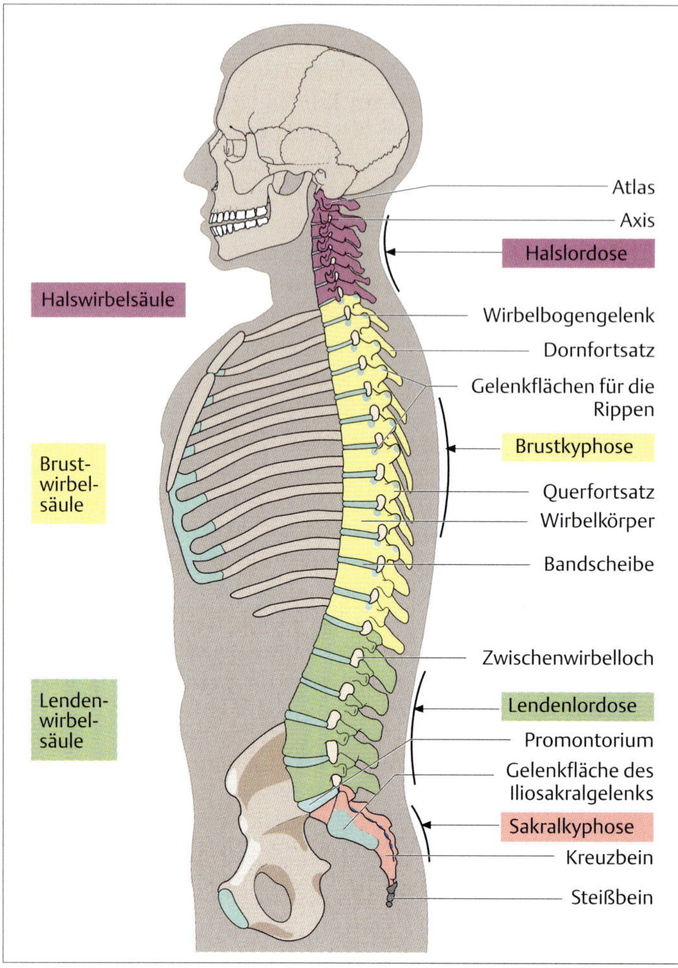

Abb. 26.2 Physiologische Krümmungen der Wirbelsäule (aus Schwegler, J.: Der Mensch – Anatomie und Physiologie. 2. Aufl. Thieme, Stuttgart 1998)

Abb. 26.3 Grundfläche in Abhängigkeit vom Lebensalter

26.1.1 Körperhaltung im Sitzen

Die normale Körperhaltung im Sitzen erfolgt mit aufrechtem Oberkörper, leicht nach vorn zeigenden Schultern und erhobenem Kopf. Die Arme sind im Ellenbogengelenk gebeugt, die Hände befinden sich in Ruhestellung. Die Oberschenkel und Knie sind im rechten Winkel zum Körper gebeugt. Mit lockerem Unterschenkel werden die Füße in der Regel auf dem Boden abgestützt (**Abb. 26.4**).

26.1.2 Körperhaltung im Stehen

Bei der normalen Körperhaltung im Stehen wird der Körper aufrecht gehalten. Der Kopf ist erhoben, die Schultern sind leicht abduziert, der Bauch ist entspannt. Die Arme sind dabei im Ellenbogengelenk leicht gebeugt. Bei gestreckten Handgelenken sind die Finger leicht angewinkelt. Die Beine des stehenden Menschen sind im Kniegelenk leicht und locker gebeugt, die Fußspitzen zeigen nach vorn (**Abb. 26.4**).

26.1.3 Körperhaltung im Liegen

Die normale Körperhaltung im Liegen dient der Regeneration des Körpers. Sie ermöglicht die Entspannung der Muskulatur und der Wirbelsäule und ähnelt äußerlich der Körperhaltung im Stehen.

Unabhängig davon, ob ein Mensch sitzt, steht oder liegt, ist er normalerweise in der Lage, seine Körperhaltung ohne fremde Hilfe in die gewünschte Position zu bringen.

26.2 Abweichungen und Veränderungen der Körperhaltung und deren mögliche Ursachen

Die Körperhaltung ist nicht nur Ausdruck der emotionalen Stimmung eines Menschen. Vielmehr lassen spezifische Beobachtungen an der Körperhaltung Rückschlüsse auf zugrunde liegende Erkrankungen zu. Hierzu gehören neben den ▸ *Haltungsstörungen* und krankhaften Veränderungen an der Wirbelsäule (sog. ▸ *Haltungsschäden*) auch die ▸ *Zwangs- oder Schonhaltungen* und pathologische Veränderungen an den Gelenken (sog. ▸ *Kontrakturen*). Alle diese Veränderungen haben Auswirkungen auf die Körperhaltung der betroffenen Menschen im Sitzen, Stehen und Liegen. Sie lassen die willkürliche, willentliche Veränderung der Körperhaltung nicht mehr bzw. nur noch teilweise zu.

26.2.1 Haltungsstörungen

Unter dem Begriff Haltungsstörungen werden Abweichungen von der Neutral-Null-Stellung des Körpers zusammengefasst.

Sie können angeboren, erworben oder strukturell bedingt sein.

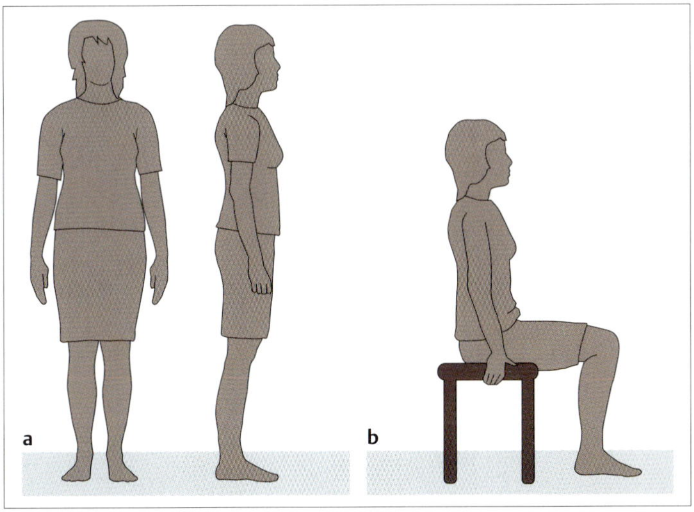

Abb. 26.4 a u. **b** Physiologische Körperhaltung **a** stehend **b** sitzend

Angeborene Haltungsstörungen

Zu den angeborenen Haltungsstörungen werden z. B. die veränderte Körperhaltung beim Morquio-Brailsford-Syndrom, bei der Pfaundler-Hurler-Krankheit und bei der Achondroplasie gerechnet (s. a. 26.4).

Erworbene Haltungsstörungen

Unter erworbenen Haltungsstörungen werden alle Veränderungen der normalen Körperhaltung verstanden, die sich aus funktionellen Einschränkungen ergeben, d. h. spezifische Erkrankungen, bei denen eine Schonhaltung (s. a. 26.2.3) eingenommen wird, um beispielsweise Schmerzen zu lindern.

Hierzu gehören z. B. die Schonhaltung bei Ischiasbeschwerden und der Schiefhals. Letzterer entsteht häufig aufgrund einseitiger funktioneller Belastung von Kopf, Hals und Schultergürtel, beispielsweise durch beruflich bedingte Dauerhaltungen des Kopfes oder beim sog. Zervikobrachialsyndrom, dem eine Schädigung des Plexus cervicalis, Plexus brachialis oder der A. vertebralis vorausgeht. Der Kopf wird dabei zur betroffenen Seite leicht geneigt gehalten, um Schmerzen bei der Bewegung zu vermeiden. Funktionelle Haltungsstörungen können zu einer Insuffizienz der nicht beanspruchten Muskulatur führen und in strukturelle Haltungsstörungen übergehen bzw. sich als Haltungsschäden (s. a. 26.2.2) bemerkbar machen.

Strukturelle Haltungsstörungen

Als strukturelle Haltungsstörungen werden alle Abweichungen von der normalen Körperhaltung bezeichnet, die nicht mehr ausgleichbar sind.

Hierzu gehören sowohl Haltungsschäden und Kontrakturen (s. a. 26.2.3) als auch neurologisch bedingte Veränderungen, wie beispielsweise schlaffe und spastische Lähmungen (s. a. Kap. 24). Ein struktureller Haltungsschaden ergibt sich z. B. nach einem apoplektischen Insult, bei dem die von der Plegie betroffene Körperseite infolge der Lähmung herabhängt.

Bei der Erkrankung Morbus Parkinson ist eine nach vorn gebückte Körperhaltung zu beobachten (**Abb. 26.5**).

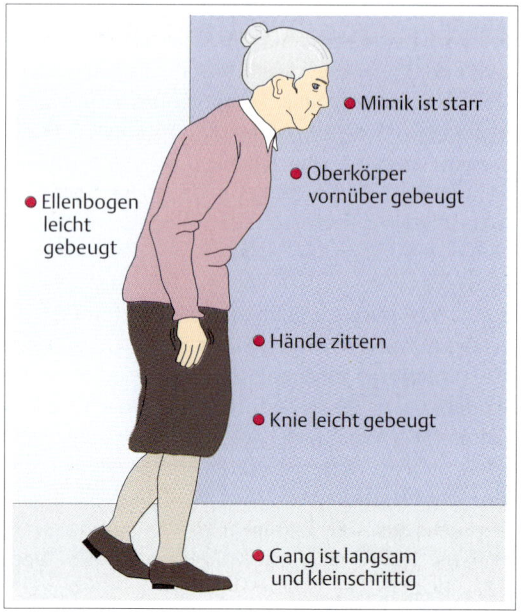

Abb. 26.5 Körperhaltung bei der Parkinson-Krankheit

Körperhaltung und Haltungsstörungen:

- Die Körperhaltung spiegelt die innere Verfassung eines Menschen wider.
- Durch seine Körperhaltung gibt der Mensch Signale, die Rückschlüsse auf seinen Charakter, seine momentane Stimmung zulassen.
- Bei den Haltungsstörungen wird zwischen angeborenen und erworbenen unterschieden.
- Aufgrund von Schonhaltungen infolge von Erkrankungen können funktionelle in strukturelle Haltungsstörungen übergehen.
- Zu den strukturellen Haltungsstörungen gehören Haltungsschäden, Kontrakturen und neurologisch bedingte Veränderungen.

26.2.2 Haltungsschäden

Veränderungen und Abweichungen von der physiologischen Körperhaltung können auch durch krankhafte Veränderungen an der Wirbelsäule selbst hervorgerufen werden und sich als sog. Haltungsschäden bemerkbar machen.

Ein großer Teil der Haltungsschäden, die bereits in der Wachstumsphase eines Menschen entstehen, ist auf das Missverhältnis zwischen bestehender Muskelkraft des Rumpfes und der Belastung der Wirbelsäule zurückzuführen. Andere werden durch degenerative Veränderungen der knöchernen Wirbelsäule verursacht.

Haltungsschäden können Rückenbeschwerden und schnelle Ermüdbarkeit auslösen, in schlimmen Fällen kann bei den Betroffenen die Atmung beeinträchtigt sein. Im Folgenden sind die häufigsten Haltungsschäden aufgeführt.

Kyphose

Unter einer Kyphose wird eine verstärkte, dorsal konvexe (rückenwärts gewölbte) Krümmung der Brustwirbelsäule verstanden.

Eine Kyphose kann angeboren sein, und beispielsweise bei Fehlbildungen eines Wirbelkörpers oder bei Systemerkrankungen auftreten, besonders bei Störungen der Knochen- oder Knorpelbildung. Erworbene Kyphosen werden z. B. durch die Erkrankung Rachitis, Unregelmäßigkeiten der Wirbelkörper (beispielsweise bei der Scheuermann-Erkrankung) oder degenerative Wirbelsäulenerkrankungen durch Abnutzung der Wirbelkörper oder Osteoporose verursacht (**Abb. 26.6**). Zur Kyphose kommt es auch bei der Erkrankung Morbus Bechterew, eines chronisch entzündlichen Leidens des Knochengelenksystems mit Befall der Wirbelsäule. Eine ausgeprägte Kyphose wird als Rundrücken bezeichnet.

Lordose

Bei einer Lordose liegt eine verstärkte Krümmung der Wirbelsäule nach vorn konvex und zwar meist im Lendenabschnitt vor.

Sie wird auch als Hohlkreuz bezeichnet. Dieser Haltungsschaden wird durch eine Senkung des Kreuzbeins verursacht (**Abb. 26.6**). Das gleichzeitige Auftreten einer Brustwirbel-Kyphose und einer Lendenwirbel-Lordose wird als Hohlrundrücken bezeichnet.

Skoliose

Bei der Skoliose liegt eine seitliche Verbiegung der Wirbelsäule mit einer Drehung der einzelnen Wirbelkörper vor. Gleichzeitig kommt es zur Versteifung der Wirbelsäule in diesem Bereich (**Abb. 26.6**).

Die Skoliose kann angeboren sein, aber auch durch Rachitis und unterschiedlich lange Beine mit Beckenschiefstand verursacht werden. Auch Veränderungen der Haut, z. B. starke Narbenbildung im Rückenbereich nach großflächigen Verbrennungen oder Nervenschäden können zu einer Skoliose führen. Liegt neben der seitlichen Verkrümmung der Wirbelsäule gleichzeitig eine Buckelbildung durch eine Kyphose vor, wird dies als Kyphoskoliose bezeichnet.

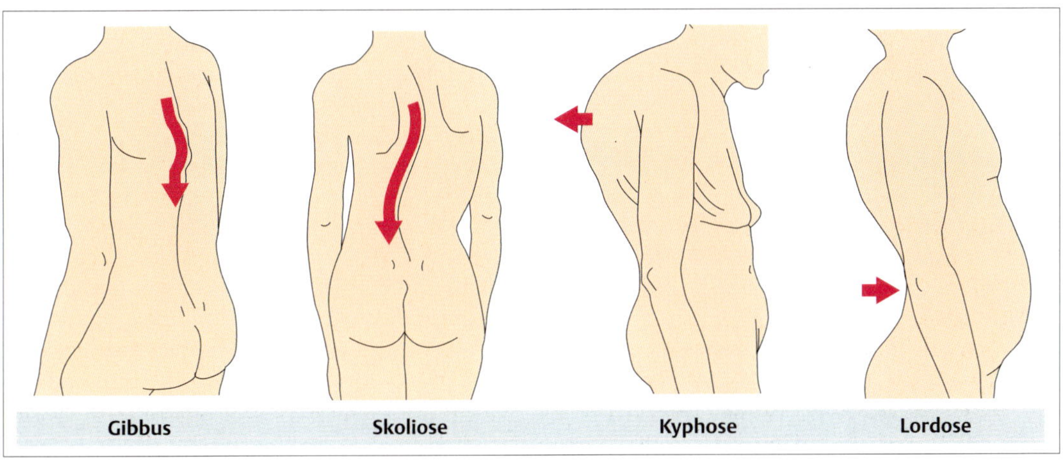

Abb. 26.6 Wirbelsäulenverformungen

Tab. 26.1 Häufige Zwangs- und Schonhaltungen

Zwangs- und Schonhaltung	*Ursachen*	*Zweck der veränderten Körperhaltung*
Sitzen mit aufrechtem Oberkörper und abgestützten Armen	Herz- und Ateminsuffizienz	Vergrößerung des Brustkorbes Atemerleichterung
krampfhaft steile Sitzhaltung	Lumbalgien (Rückenschmerzen)	Schmerzlinderung
Seitenlage mit angezogenen Beinen Rückenlage mit angezogenen Beinen	Abdominale Beschwerden Schmerz nach abdominaler Operation	Schmerzlinderung durch Entspannung der Bauchdecke
Seitenlage auf erkrankter Seite	Pleuritis (Entzündung des Rippenfells)	Schmerzlinderung durch Verhinderung der Ausdehnung der Lunge bei der Atmung (verhinderte Atemextension)
Rückenlage mit leichter Beuge- und Außenrotationsstellung des betroffenen Beines	Ischialgie (Schmerzen im Bereich des N. ischiadicus)	Schmerzlinderung durch Vermeiden der Reizung des N. ischiadicus
überstreckter Nacken	Entzündungen der Hirnhäute (Meningitis) Starre der Nackenmuskeln	Schmerzlinderung durch Unterbinden der Reizung der Meningen
Rückwärtsbeugung des Rumpfes (dorsalkonkav) durch tonischen Krampf der Rückenmuskulatur (= Opisthotonus)	Tetanus (Wundstarrkrampf) Meningitis Epilepsie	Abwehrspannung des Körpers zur Vermeidung einer Dehnung bzw. Reizung der Meningen

Gibbus

Bei dem sog. Gibbus handelt es sich um eine anguläre (winklige) Kyphose, d.h. um einen spitzwinkligen Buckel als Folge einer Knickung der Wirbelsäule (**Abb. 26.6**).

Ursächlich können sowohl der Zusammenbruch von 1 oder 2 Wirbelkörpern auf Grund einer tuberkulösen Spondylitis (Entzündung der Wirbel) als auch eine unfallbedingte Wirbelfraktur sein. Auch die Osteomalazie, bei der es zu Störungen im Knochenwachstum kommt, kann zu einem Gibbus führen.

Flachrücken

Beim sog. Flachrücken ist die mangelnde Ausprägung bzw. das Fehlen der physiologischen Wirbelsäulenkrümmungen zu beobachten.

26.2.3 Zwangs- und Schonhaltung

Unter einer Zwangs- oder Schonhaltung wird die vorübergehende Einnahme einer bestimmten, typischen Haltung oder Lage verstanden, um z.B. Schmerzen zu verringern.

Es handelt sich bei diesen Körperhaltungen nicht um bleibende Haltungsschäden, sondern um Körperhaltungen, die die Betroffenen einnehmen, um einen bestimmten Zustand zu erleichtern. Die häufigsten beobachtbaren Zwangs- und Schonhaltungen mit ihren Ursachen sind in **Tab. 26.1** aufgeführt.

26.2.4 Kontrakturen

Grundsätzlich können Kontrakturen an allen Gelenken des Körpers auftreten, die über längere Zeit nicht bewegt werden.

Durch die mangelnde Bewegung der Gelenke kommt es zu einer Verkürzung der Muskeln und Sehnen und zum Schrumpfen der Gelenkkapsel. Die nachfolgende Funktions- und Bewegungseinschränkung bzw. Versteifung des Gelenks wird als Kontraktur bezeichnet.

Äußerlich sichtbar ist eine Schwellung des betroffenen Gelenks, das vor allem bei ausladenden Bewegungen schmerzt. Je nach Lokalisation der Kontraktur ergeben sich unterschiedlich starke Auswirkungen auf die Körperhaltung eines Menschen. Kontrakturen an den Gelenken der unteren Extremitäten wirken sich neben der Körperhaltung auch auf das Gangbild aus (s.a. Kap. 27).

Kontrakturen können sowohl nach der Gelenkstellung als auch nach der zugrunde liegenden Ursache bzw. der Art des geschädigten Gewebes unterteilt werden.

Einteilung der Kontrakturen

Bei der Einteilung der Kontrakturen nach der Gelenkstellung werden

- die Beugekontraktur (Gelenksteife in Beugestellung),
- die Streckkontraktur (Gelenksteife in Streckstellung) und
- die Abduktionskontraktur (Gelenksteife in Abduktionsstellung) unterschieden.

Nach der Art des geschädigten Gewebes werden dermatogene, tendomyogene, arthrogene und neurogene Kontrakturen unterschieden.

- Dermatogene (hautbedingte) *Kontrakturen*, die auch als Narbenkontrakturen bezeichnet werden, sind häufig Folge einer schweren Hautverletzung, beispielsweise einer Verbrennung, die narbig abheilt und so zu einer eingeschränkten Beweglichkeit über den betroffenen Gelenken führt.
- Tendomyogene (sehnen- und muskelbedingte) *Kontrakturen* werden durch Entwicklungsstörungen mit Knochenbeteiligung oder Verwachsungen von Muskulatur und Faszie verursacht. Sie treten häufig als Begleit- oder Folgeerscheinung von Verletzungen oder Entzündungen der Knochen auf. Die ischämische Muskelkontraktur, auch Volkmannn-*Kontraktur* genannt, ist eine Sonderform der tendomyogenen Kontrakturen. Hier kommt es zu einer Beuge*kontraktur* aufgrund einer Nervenschädigung und der Mangeldurchblutung des Gewebes, beispielsweise durch zu straffe Verbände oder Gipsverbände.
- Arthrogene (gelenkbedingte) *Kontrakturen* entstehen durch Blutergüsse, Gelenkentzündungen oder Gelenkverletzungen.
- Neurogene (nervenbedingte) *Kontrakturen* treten als spastische Gelenkfehlstellungen bei zentralen Nervenschädigungen bzw. als paralytische Gelenkfehlstellungen bei peripheren Nervenschädigungen auf.

Abweichungen von der normalen Körperhaltung eines Menschen können durch *Haltungsstörungen*, *Haltungsschäden*, *Zwangs-* und *Schonhaltungen* oder *Kontrakturen* bedingt sein.

26.3 Ergänzende Beobachtungskriterien

Wie unter 26.1 beschrieben, lässt die Körperhaltung Rückschlüsse auf die Stimmung eines Menschen zu. Ein vollständiges Bild ergibt sich jedoch nur aus der gleichzeitigen Beobachtung der anderen Elemente der Körpersprache: Mimik, Gestik, Gang, Stimme und Sprache einer Person. Grundsätzlich wirken sich alle Erkrankungen, die mit einer Einschränkung der Beweglichkeit einhergehen, auf die Körperhaltung eines Menschen aus. Lähmungen einzelner Gliedmaßen, beispielsweise nach einem apoplektischen Insult oder spezielle Erkrankungen, wie der Morbus Parkinson bewirken charakteristische Veränderungen der Körperhaltung. Deshalb sind im Zusammenhang mit der Körperhaltung immer auch die Bewegungen zu beobachten. Zwangs- und Schonhaltungen sind Ausdruck eines starken Unwohlseins des betroffenen Menschen. Je nach zugrundeliegender Ursache, müssen hier auch die Atmung und evtl. vorliegende Schmerzen beobachtet werden.

Haltungsschäden, Zwangs- und Schonhaltungen, Kontrakturen:

- Die häufigsten *Haltungsschäden* sind Kyphose, Lordose, Skoliose, Gibbus und Flachrücken.
- *Zwangs- oder Schonhaltungen* sind vorübergehende *Haltungsschäden*.
- Bei den *Kontrakturen* werden nach der Gelenkstellung Beuge-, Streck- und Abduktionskontraktur unterschieden.
- Nach der Art des geschädigten Gewebes erfolgt die Einteilung in dermatogene, tendomyogene, arthrogene und neurogene *Kontrakturen*.

26.4 Besonderheiten bei Kindern

Sigrid Flüeck

Bei der Aufrichtung des Menschen vom Vierfüßler zum Zweifüßler kommt im Rahmen der Evolution speziell der weiteren Entwicklung der Wirbelsäule eine ganz besondere Bedeutung zu. Die biomechanischen Verhältnisse der Wirbelsäule verändern sich dabei grundlegend. Die Entwicklung des Skeletts liefert den wichtigsten Beitrag zur Körperhaltung. Bereits im 1. Monat nach der Befruchtung wird das Skelett angelegt. Die Wirbelsäulensegmente entstehen aus den Sklerotomen. Die 32 aufeinanderfolgenden Wirbelbogen umschließen das Rückenmark. Bei der Geburt enthält das Skelett verhältnismäßig viel Knorpel und Bindegewebe. Dadurch ist es beweglicher als das Erwachsenenskelett, jedoch ist die mechanische Belastbarkeit geringer.

Die Knochen des Skeletts wachsen unterschiedlich schnell. So vollzieht sich ein langsamer Wandel in der körperlichen Erscheinung des Kindes. Neugeborene, Säuglinge und Kleinkinder haben einen noch relativ großen Kopf und einen großen Rumpf im Verhältnis zu ihren Extremitäten. Fasst man die Hände eines Neugeborenen an und zieht es hoch, hängt der Kopf nach hinten und wackelt hin und her, die Kopfkontrolle fehlt. Das Neugeborene hat noch keine sichtbaren Vor- und Rückwärtskrümmungen der Wirbelsäule wie sie bei ausgewachsenen Menschen physiologisch sind. Durch Heben des Kopfes bildet sich die Halslordose.

Bereits im 3. Monat hebt das Kind in Bauchlage den Kopf um 45°. Damit beginnt auch die Streckung der Nackenmuskulatur. Im weiteren Verlauf der Entwicklung wird der Kopf in Bauchlage bis 60° angehoben und die Halslordose verstärkt. Durch das Sitzen entsteht die Brustkyphose. Sie ist die Krümmung der Rückenkontur und vergrößert das Volumen im Thoraxraum. Die Brustkyphose sorgt dafür, dass um die Körperlängsachse ein Gleichgewicht besteht. Der Kopf wird bis fast 90° angehoben, beim Hochziehen zum Sitzen hält das Kind den Kopf in Rumpfebene.

Als Folge der Schwerkraft, entsteht durch das Stehen, beeinflusst von der Rückenmuskulatur, die Lendenlordose (**Abb. 26.7 a – c**). Die Beckenkippung hat einen wichtigen Einfluss auf die Tiefe der Wirbelsäulenkrümmung. Im Kleinkindalter stehen die Kinder häufig mit einer verstärkten Lendenlordose und einem vorgestreckten Bauch. Dieser sollte während der weiteren Entwicklung durch Korrektur der Haltung verschwinden.

Ein weiteres zu beobachtendes Merkmal ist die Entwicklung des Beinstandes der Kinder. Bei Neugeborenen und Säuglingen ist ein starker O-Beinstand zu beobachten. Mit ca. 1,5 Jahren sind die Beine des Kindes zunächst gerade. Im weiteren Verlauf der Entwicklung entstehen X-Beine, die bei normalem Entwicklungsverlauf bis zum Alter von 6 Jahren wieder gerade werden (**Abb. 26.8 a – e**).

Nach der Geburt wird der Bewegungsapparat vor allem auf Frakturen und Missbildungen geprüft. Besondere Beachtung wird dem Hüftgelenk wegen der frühzeitigen Erkennung der Hüftgelenksluxation (s. a. Kap. 24) geschenkt.

Durch verminderte Calcium- und Phophatzufuhr fällt bei sehr unreifen Frühgeborenen eine Demineralisation des Skeletts auf. Dabei handelt es sich um eine Verarmung des Organismus an organischen Bestandteilen, die der Fetus normalerweise im letzten Schwangerschaftsdrittel dem mütterlichen Organis-

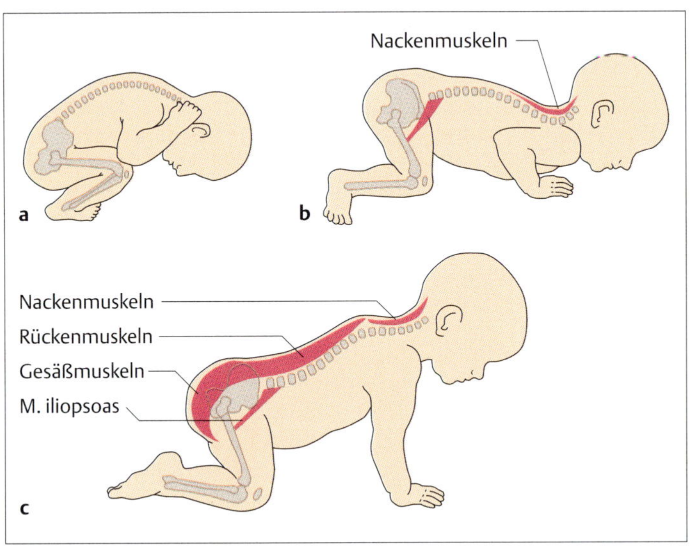

Abb. 26.7 a – c Die Entwicklung der Wirbelsäulenkrümmung
a Neugeborenes
b 1 Monat alt
c 3 Monate alt

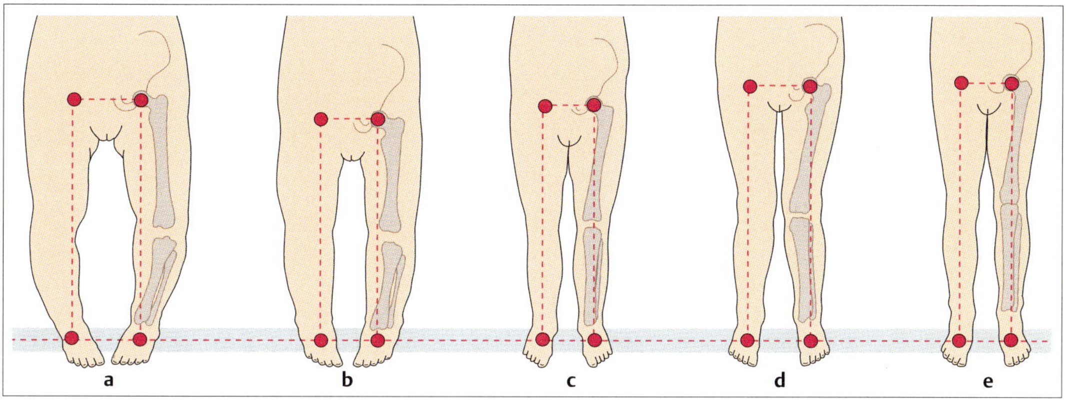

Abb. 26.8 a – e Die normale Entwicklung des Beinstandes **a** Neugeborenes Kind **b** Kind mit 6 Monaten **c** Kind mit 1,5 Jahren **d** Kind mit 2,5 Jahren **e** Kind mit 5 Jahren

mus entzieht. Aufgrund der Demineralisierung treten Knochenbrüche, besonders der Rippen und Extremitäten, sowie Skelettdeformitäten auf.

26.4.1 Angeborene Haltungsstörungen

Zu den angeborenen Haltungsstörungen gehört die Skelettypoplasie. Hierbei handelt es sich um eine anlagebedingte Unterentwicklung des Körpers. Die Kinder werden nach normaler Schwangerschaft mit auffallend zierlichen, jedoch völlig normal geformten Knochen geboren. Der Körperwuchs ist proportioniert und erreicht, wenn er nicht ausgeglichen wird, auch nach Wachstumsabschluss nur eine Länge von ca. 140 – 150 cm. Die Skeletthypoplasie kann isoliert als primordialer Minderwuchs auftreten, oder als ein Symptom bei verschiedenen Syndromen. Hier sei das Silver-Russel-Syndrom genannt, eine Form des intrauterinen Minderwuchses, dessen Ursache nicht bekannt ist.

Eine weitere angeborene Störung ist die Skelettdysplasie, die auf unterschiedliche Defekte im Knorpel- und Knochenaufbau zurückzuführen ist. Der Körperwuchs ist dysproportioniert und hat einen Minderwuchs zur Folge. Eine bekannte Form ist die Chondrodystrophie, eine genetisch bedingte Störung des Längenwachstums innerhalb des Knorpels bei ungestörtem Dickenwachstum der Knochen (s. a. Kap. 14).

26.4.2 Angeborene oder erworbene Haltungsschäden

Skoliotische Fehlhaltungen können als Folge einer schlechten, labilen Haltung, aber auch durch eine Erkrankung hervorgerufen werden. Die starke Wachstumsphase bei Kindern sollte bei vorhandenen Deformatitäten ausgenutzt werden, um Deformationen des Bewegungsapparats zu korrigieren. Der Abschluss des Wachstums wird bei Mädchen zwischen dem 17. und 18. Lebensjahr, bei Jungen zwischen dem 20. und 21. Lebensjahr erwartet.

26.5 Besonderheiten bei älteren Menschen

Marion Weichler-Oelschlägel

Im Alter verändert sich bei einer Vielzahl der Menschen die Körperhaltung. Neben der Verringerung der Körpergröße durch den Flüssigkeitsverlust in den Bandscheiben (s. a. Kap. 14.5), kann bei betagten Menschen auch eine sog. Flexionshaltung, d. h. eine nach vorn gebückte Körperhaltung mit Verlagerung des Körperschwerpunktes nach vorn und zwar sowohl beim Sitzen als auch beim Stehen beobachtet werden. Hierdurch wird die zur Stabilität des Körpers benötigte Grundfläche größer, was häufig die Verwendung von Gehhilfen und das Benutzen von Haltegriffen erforderlich macht (s. a. 26.1).

Die Ursachen für die Flexionshaltung liegen bei älteren Menschen überwiegend im neurologischen und orthopädischen Bereich. Hierzu gehören z. B. degenerative Gelenkveränderungen durch Osteoporose oder Osteomalazie und Muskelschwäche. Aber auch psychische Belastungen, vor allem depressive Zustände, die im Alter häufig auftreten, können zu Veränderungen der Körperhaltung führen.

Der sog. ▸ *senile Haltungsschaden* ist zumeist auf eine Kombination der verschiedenen Ursachen zurückzuführen. Er führt zu einer Unsicherheit beim Stehen und Gehen, was oft mit einer Einschränkung der Balancefähigkeit einhergeht und die Sturzgefahr bei älteren Menschen erhöht. Da Erkrankungen wie beispielsweise Morbus Parkinson oder auch Apoplexia cerebri überwiegend im höheren Lebensalter auftreten, sind die typischen Veränderungen der Körperhaltung entsprechend häufig bei betagten Menschen zu beobachten.

Allgemein ist zu beachten, dass eine zunächst nur geringfügige Haltungsstörung bei älteren Menschen oft nach nur wenigen Tagen der Bettruhe auch bei minimalen Erkrankungen erheblich zunehmen kann. Um eine größtmögliche, physiologische Beweglichkeit erhalten zu können, kommt im Rahmen der pflegerischen Betreuung älterer Menschen der Prophylaxe von Haltungsschäden und Kontrakturen eine herausragende Stellung zu. Am Lebensbogen kommt die veränderte Körperhaltung Betagter auf eine besondere Art und Weise zum Ausdruck (**Abb. 26.9**).

Besonderheiten bei Kindern und älteren Menschen:

- Zu den angeborenen Haltungsstörungen gehören die Skeletthypoplasie und die Chondrodystrophie.
- Bei alten Menschen ist eine Flexionshaltung typisch.
- Dem senilen Haltungsschaden liegt eine Kombination von verschiedenen Ursachen zugrunde.
- Die Prophylaxe von Haltungsschäden und Kontrakturen ist gerade bei älteren Menschen wichtig.

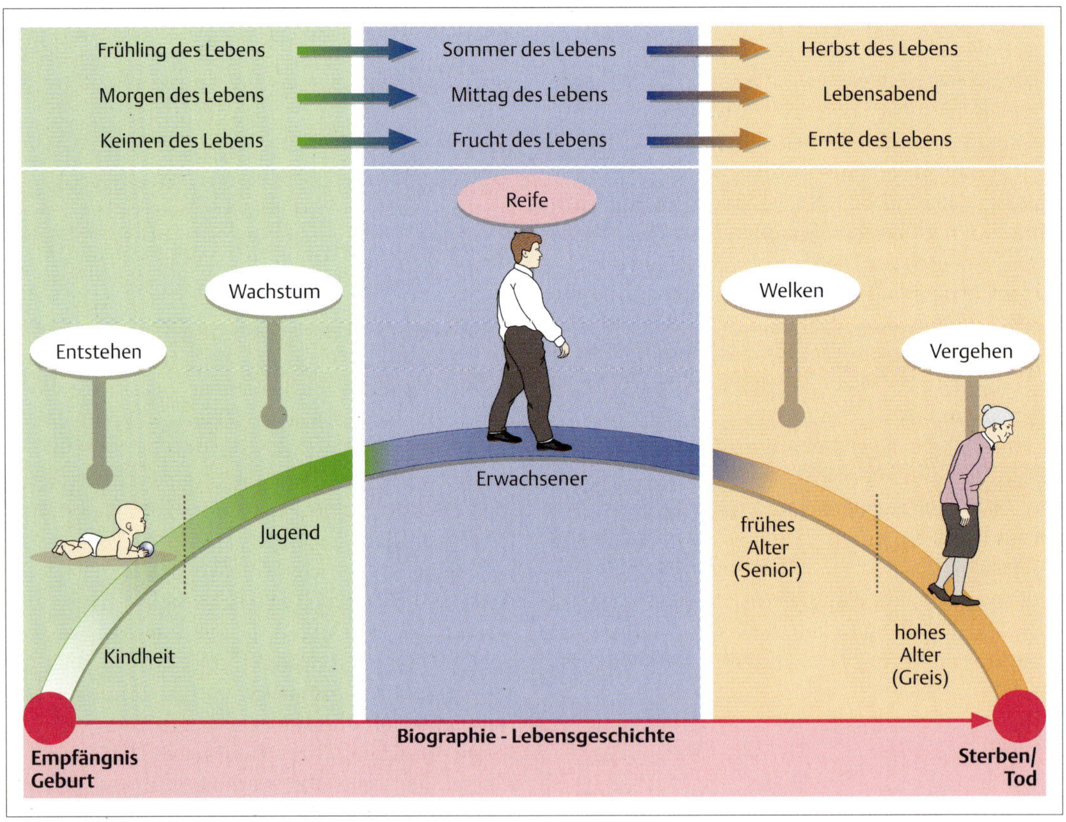

Abb. 26.9 Lebensbogen

26.6 Fallstudien und mögliche Pflegediagnosen

Veränderungen der Körperhaltung gehen zumeist mit Einschränkungen der Beweglichkeit und Schmerzen bei der Ausführung von Bewegungen einher. Dies kann bei jüngeren Menschen bis zur Berufsunfähigkeit führen. Aus Haltungsschäden können je nach Ausprägung und Schweregrad darüber hinaus auch kosmetische Probleme und Störungen der Einstellung zum eigenen Körper entstehen. Besondere Bedeutung in der Pflege hat die Prophylaxe möglicher Kontrakturen.

Fallstudie Herr Sperlich

Herr Sperlich (70 Jahre) wurde mit der Diagnose „Entgleister Diabetes mellitus" in die Klinik eingewiesen. Auffällig ist eine Spastizität der rechten Körperhälfte. Die Ehefrau berichtet, dass ihr Mann vor einigen Wochen einen Schlaganfall erlitten und sich seitdem die Spastizität ausgebildet hat. Frau Sperlich pflegt und unterstützt ihren Mann, der fast den ganzen Tag über im Bett liegt, zu Hause allein. Interessiert schaut Frau Sperlich bei allen pflegerischen Maßnahmen zu und fragt nach Möglichkeiten zur Verminderung und Vermeidung einer weiteren Ausprägung der Spastizität. Tab. **26.2** zeigt einen Auszug aus dem Pflegeplan von Herrn Sperlich.

Die Pflegediagnose sähe für diesen Fall wie in der folgenden Übersicht dargestellt aus:

Pflegediagnose Kontrakturgefahr
(nach Gordon)

Definition

Das Vorliegen von Risikofaktoren, die zu Verkürzungen von Sehnen an den beweglichen Gelenken (Rücken, Nacken, obere und untere Extremitäten) führen.

Risikofaktoren

- Fehlen der willentlichen Kontrolle über die Körperhaltung,
- längerfristiges Beibehalten der Gelenkbeugung in aufrechter, sitzender oder liegender Haltung,
- Spastizität,
- Äußerungen über Schmerzen und Unbehagen bei Bewegungen,
- auferlegte Einschränkungen der Gelenkbeweglichkeit (z. B. durch Gipsverband oder Extension),
- abnormale Körperhaltung als Ergebnis von psychosozialen Faktoren oder kognitiven Defiziten.

Für Herrn Sperlich könnte die Pflegediagnose Kontrakturgefahr b/ d Spastizität" gestellt werden.

Fallstudie Sara

Sara ist ein sehr lebhaftes Kind. Sie besucht mit Begeisterung die Ballettschule und geht regelmäßig zum Bodenturnen. Mit 5 Jahren entdeckte die Mutter bei Sara ein deutliches Hervortreten des rechten Schulterblatts. Der Besuch beim Orthopäden ergab eine Wirbelsäulenverbiegung mit Thorakalauskrümmung auf 17°. Die Diagnose lautete

Tab. 26.2 Auszug aus dem Pflegeplan von Herrn Sperlich

Pflegeproblem	*Ressource*	*Pflegeziele*	*Pflegemaßnahmen*
Kontrakturgefahr aufgrund einer schmerzhaften Spastizität bei Hemiplegie rechts nach Apoplexia cerebri	Ehefrau ist sehr interessiert an allen pflegerischen Maßnahmen, unterstützt ihren Ehemann	• Kennt die Prinzipien des Bobath-Konzeptes • Weiß um die Notwendigkeit der Lagerung und akzeptiert diese • Meldet sich bei Schmerzen	• Information von Herrn Sperlich über: – Bobath-Konzept – Lagerung als Teil des Konzeptes (Spastizitätshemmung) – Hinweis, sich bei lagebedingten Schmerzen zu melden – Entfernen des Patientenaufrichters • Bobath-Lagerung nach Plan (im Zimmer) • Herrn Sperlich zu den Mahlzeiten an den Tisch setzen • Absprache mit Physio- und Ergotherapeuten bzgl. der Mobilisation • Einbezug der Ehefrau bei allen pflegerischen Maßnahmen und Erläuterung des Bobath-Konzeptes

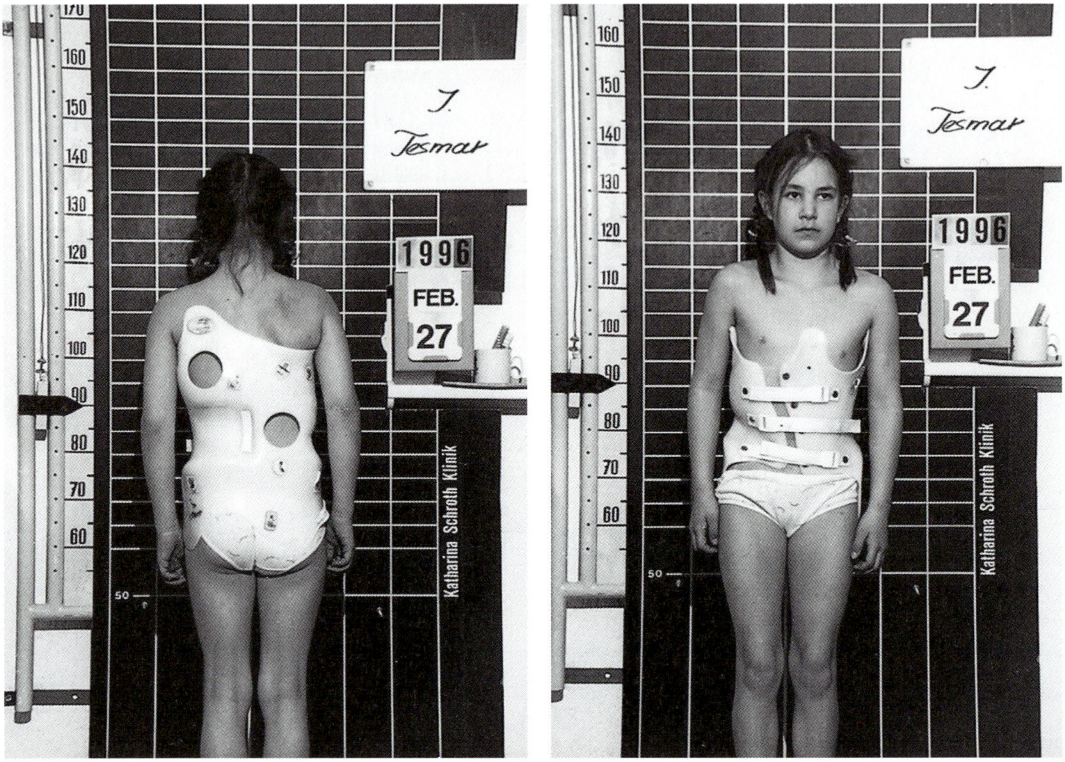

Abb. 26.10 Sara mit einer Cheneau-Korsett-Versorgung

idiopathische Skoliose linkskonvex. Es folgte eine 2-jährige krankengymnastische Therapie, die jedoch ohne Erfolg blieb. Nun hat Sara eine Wirbelsäulenverbiegung thorakal von 31° und Lendenwirbelbereich von 16°, weshalb jetzt eine Therapie mit einem Cheneau-Korsett (**Abb. 26.10**) eingeleitet wurde. Das Korsett soll zunächst 23 Std./Tag getragen werden.

Sara kann aufgrund des Korsetts schlecht einschlafen, da sie ihre normale Schlafposition nicht einnehmen kann. Zudem ist sie sehr traurig, da sie ihren bisherigen Hobbies (Ballett, Turnen) nicht nachgehen kann.

Die Eltern von Sara achten sehr auf das Tragen des Korsetts und versuchen ihre Tochter soweit als möglich zu unterstützen.

Aus der Therapie der Fehlhaltung, dem Tragen des Korsetts, können sich eine Reihe von Problemen ergeben, wobei ein Beispiel hierfür in **Tab. 26.3** dargestellt ist.

Eine mögliche Pflegediagnose für einen solchen Fall zeigt die folgende Übersicht:

Pflegediagnose verändertes Wachstum und Entwicklung (nach Gordon)

Definition

Zustand, bei dem eine Person von altersentsprechenden Normen abweicht.

Kennzeichen

- Verzögerung oder Schwierigkeiten bei der Durchführung von altersentsprechenden Fähigkeiten und Fertigkeiten (motorisch, sozial oder auf das Ausdrucksvermögen bezogen),
- verändertes Körperwachstums,
- Unfähigkeit altersentsprechende Selbstversorgungsaktivitäten oder Aktivitäten zur Selbstkontrolle auszuführen.

Ätiologische oder beeinflussende Faktoren

- unangemessene Pflege/Fürsorge:
  1. Gleichgültigkeit,
  2. Widersprüchliche Reaktionen,
  3. Mehrere Pflege-/Bezugspersonen,

Tab. 26.3 Auszug aus dem Pflegeplan von Sara

Pflegeproblem	*Ressource*	*Pflegeziele*	*Pflegemaßnahmen*
Sara ist traurig, da sie aufgrund des Korsetts ihren Hobbies nicht nachgehen kann	Die Eltern unterstützen Sara	Sara • hat eine ausgeglichene Stimmungslage • akzeptiert das Kosett und sieht die Notwendigkeit ein	• Erklärung der Notwendigkeit des Tragens des Korsetts • gemeinsam mit den Eltern Vorlieben von Sara herausfinden und nach entsprechenden Freizeitangeboten suchen • Einbeziehung von Freundinnen in die Freizeitgestaltung
Sara kann nicht einschlafen, da das Korsett ihre gewohnte Schlafhaltung verhindert		• findet neue Möglichkeiten der Freizeitgestaltung • Sara findet eine Schlafposition, bei der das Korsett sie möglichst wenig behindert	• Sara verschiedene Kissen zur Unterstützung der Schlafposition anbieten • verschiedene Positionen ausprobieren lassen und die jeweilige Lage dabei nach Wunsch durch Kissen unterstützen

- Trennung von Bezugspersonen,
- mangelnde Motivation und Reize aus der Umgebung,
- Auswirkungen von körperlichen Behinderungen,
- verordnete Abhängigkeit, erlernte Hilflosigkeit.

Pflegediagnose könnte für Sara formuliert werden: „Verändertes Wachstum und Entwicklung
b/d (beeinflusst durch) Auswirkungen von körperlichen Behinderungen
a/d (angezeigt durch) Schwierigkeiten bei der Durchführung von altersentsprechenden Fähigkeiten und Fertigkeiten (motorisch, sozial oder auf das Ausdrucksvermögen bezogen)“.

Fazit: Die Körperhaltung ist ein wesentliches Element der Körpersprache eines Menschen. Neben ihrer Ausdrucksfunktion für die emotionale Verfassung, lässt sie auch Rückschlüsse auf verschiedene Erkrankungen zu. Haltungsstörungen, Haltungsschäden, Zwangs- und Schonhaltungen sowie Kontrakturen führen zu Abweichungen von der normalen Körperhaltung. Die hierdurch entstehenden Einschränkungen beziehen sich in erster Linie auf die beeinträchtige und häufig schmerzhafte Beweglichkeit des betroffenen Menschen.

Amato, M.: Manual der Neonatologie, Thieme, Stuttgart 1992
Bergen, P., M. Klinke: Primärprävention im Krankenhaus. Krankenhaushygiene aus pflegerischer Sicht. Brigitte Kunz, Hagen 1997
Davies, P.M.: Wieder Aufstehen. Springer, Berlin 1995
Deltz, C.: Krankenbeobachtung, Springer, Berlin 1994
Flehming, I.: Normale Entwicklung des Säuglings und ihre Abweichungen, 5. Aufl., Thieme, Suttgart 1996
Füsgen, I. (Hrsg.): Der ältere Patient. Problemorientierte Diagnostik und Therapie. 2. Aufl., Urban & Schwarzenberg, München 1996
Gordon, M.: Handbuch Pflegediagnosen, 2. vollst. überarb. u. erw. Aufl., Ullstein Medical, Wiesbaden 1998
Gregoire, L., Ch. Lamers, W. Schaub: Anatomie und Physiologie, EICANOS, Bocholt 1994
Hertl, M.: Kinderheilkunde und Pflege, 8. Aufl., Thieme, Stuttgart 1996
Hoehl, M., P. Kullick (Hrsg.): Kinderkrankenpflege und Gesundheitsförderung, Thieme, Stuttgart 1998
Juchli, L.: Krankenpflege. Praxis und Theorie der Gesundheitsförderung und Pflege Kranker. 5. überar. u. erw. Aufl., Thieme, Stuttgart 1987
Juchli, L.: Pflege, 8. überarb. Aufl., Thieme, Stuttgart 1997
Köther, I., E. Gnamm: Altenpflege in Ausbildung und Praxis, 3. überarb. Aufl., Thieme, Stuttgart 1995
Kraus, W.: Kompendium der sensitiven Krankenbeobachtung durch das Krankenpflegepersonal, 3. Aufl., Fresenius AG, Bad Homburg 1989
Mortier, W.: Muskel- und Nervenerkrankungen im Kindesalter, Thieme, Stuttgart 1994
Pschyrembel Klinisches Wörterbuch. 255., völlig überarb. u. stark erw. Aufl., de Gruyter, Berlin 1986
Schönberger, W.: Kinderheilkunde, Gustav Fischer, Stuttgart 1992
Schwegler, J.S.: Der Mensch – Anatomie und Physiologie. Schritt für Schritt Zusammenhänge verstehen. 2., neubearb. Aufl., Thieme, Stuttgart 1998
Wegmann, H.: Die professionelle Pflege des kranken Kindes, Urban & Schwarzenberg, München 1997
Wirsing, K.: Psychologisches Grundwissen für Altenpflegeberufe, 4. Aufl., Beltz Psychologie Verlags Union, Weinheim 1993

27 Gang

Marion Weichler-Oelschlägel

Übersicht

Einleitung · 441
27.1 **Allgemeine Beobachtungskriterien und Beschreibung des Normalzustands** · 441
27.2 **Abweichungen und Veränderungen des Gangs und deren mögliche Ursachen** · 443
27.2.1 **Spastischer Gang** · 443
27.2.2 **Hinken** · 444
27.2.3 **Steppergang** · 444
27.2.4 **Watschelgang** · 444
27.2.5 **Ataktischer Gang** · 444
27.2.6 **Brachybasie** · 446
27.2.7 **Paretischer Gang** · 446
27.2.8 **Zerebraler Gang** · 446
27.2.9 **Apraktischer Gang** · 446
27.2.10 **Abasie** · 446
27.3 **Ergänzende Beobachtungskriterien** · 446
27.4 **Besonderheiten bei Kindern** · 447
27.5 **Besonderheiten bei älteren Menschen** · 449
27.6 **Fallstudien und mögliche Pflegediagnosen** · 450
Fazit · 452
Literatur · 452

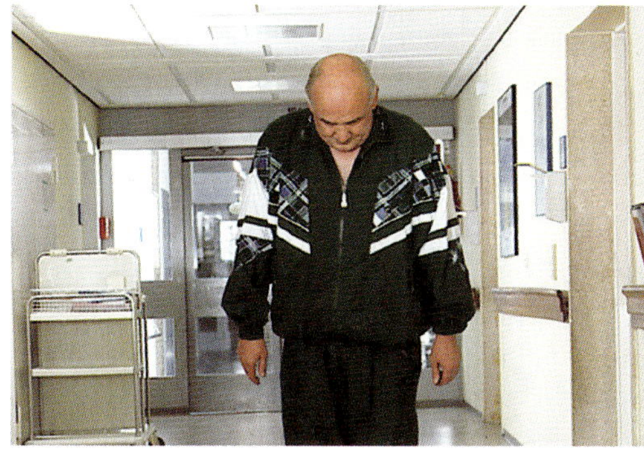

Schlüsselbegriffe:

- *Gangstörungen (Dysbasien)*

Einleitung

Mit der Beobachtung von Körperhaltung und Bewegung ist auch der Gang eng verbunden. Ebenso wie diese beiden Bereiche kann er als ein nonverbales Ausdrucksmittel für die physische und psychische Verfassung eines Menschen angesehen werden. Oftmals können Menschen, die einem gut bekannt sind, bereits von Ferne an ihrem typischen Gang erkannt werden. Dies zeigt, dass der Gang auch die Individualität eines Menschen unterstreicht. Selbst- und Körperbewusstsein spiegeln sich im Gang wider.

Daneben hat er eine weitere Funktion, er bietet nämlich die Möglichkeit der Entwicklung, des Fortschritts. Ausdrücke wie „etwas in Gang bringen", „es geht vorwärts" und „alles wird seinen Weg gehen" zeigen diese Bedeutung auf.

Im nachfolgenden Kapitel sind verschiedene Störungen des Gangs beschrieben, die nicht nur Hinweise auf die Stimmungslage eines Menschen, sondern auch auf mögliche Erkrankungen geben können.

27.1 Allgemeine Beobachtungskriterien und Beschreibung des Normalzustands

Der Gang beim Gesunden ist mehr oder weniger ausgeprägt und individuell, er erweckt nur in seltenen Fällen Aufmerksamkeit. Der Körper ist dabei aufrecht, der Kopf sitzt gerade auf dem Rumpf auf und beide Arme hängen locker an den Körperseiten herab. Bei der normalen, physiologischen Gangart bewegt sich je ein Arm im Rhythmus mit dem gegenüberliegenden Bein vorwärts. Die dabei entstehenden Schritte des Menschen sind mäßig lang und immer gleich weit. Die Füße sind normalerweise leicht nach außen rotiert.

Das Gehirn koordiniert bei jedem Schritt die Bewegungen in der Hüfte, in den Knien und in den Füßen. Erst durch die Anhebung der Hüfte, die visuell kaum erkennbar ist, werden die Füße vom Boden abgerollt. Werden sie wieder aufgesetzt, so berühren zuerst die Fersen den Boden.

Voraussetzung für das normale Gehen ist ein Gleichgewicht und ein Antrieb nach vorn. Beim genauen Beobachten ist festzustellen, dass ein gesunder Gang harmonisch, leicht, rhythmisch und beschwerdefrei ist. Er erlaubt dem Gehenden eine große Variationsbreite und prägt durch den jeweiligen Rhythmus, den Schritt und die Intensität beim Aufsetzen der Füße die Individualität eines Menschen.

Der Gang lässt sich mit vielen Eigenschaftswörtern beschreiben, wie die folgende Übersicht zeigt:

Das Gehen gilt als sog. Urbild eines jeden Prozesses und fordert gleichzeitig unseren ganzen Organismus heraus. Einmal im Kleinkindalter erlernt, geschieht es unwillkürlich und jeder gesunde Mensch geht ganz selbstverständlich und natürlich, ohne dass ihm das Gehen und der dabei von ihm persönlich entwickelte Bewegungsablauf direkt bewusst sind. In der chinesischen Kultur wird der Mensch als ein „Gehender“ bezeichnet (**Abb. 27.1**).

Eigenschaftswörter zur Beschreibung des Gangs

(aus Kraus, W.: Kompendium der sensitiven Krankenbeobachtung durch das Krankenpflegepersonal. 3. Aufl. Fresenius AG, Bad Homburg 1989)

A
ängstlich
andächtig
aufrecht
ausschreitend

B
babyhaft
balancierend
bedächtig
beschwingt

D
damenhaft
dynamisch

E
eckig
eingeknickt
elastisch
elegant
erhaben

F
federnd
fliegend
forsch

G
gebrechlich
gebeugt
gebückt
gedämpft
gehend
gehetzt
gespreizt
getrieben
graziös

H
hastig
hetzend
hinkend
hüpfend
humpelnd

K
kraftlos
kraftvoll
krumm

L
lässig
langsam
latschend
laufend
leichtfüßig
locker

M
marschierend
messend
militärisch
müde

N
nachziehend

P
polternd

R
rasend
rennend
rhythmisch

S
salopp
schaukelnd
schlaff
schlafwandelnd
schlaksig
schleichend
schlendernd
schlenkernd
schleppend
schlurfend
schnell
schreitend
schwankend
schwebend
schwerfällig
schwungvoll
selbstbewusst
sicher
spastisch
spazierend
sportlich
springend
staksend
stampfend
steif
stelzend
stockend
stöckelnd
stolpernd
stolz
stolzierend
strampelnd

T
tänzelnd
tapsend
tastend
taumelnd
torkelnd
trapend
trippelnd

U
ungelenk
unregelmäßig
unrhythmisch
unsicher

V
verführerisch
verkantet
verkrampft
verschoben
verträumt
vorsichtig

W
wandelnd
wankend
watend
watschelnd
wiegend
wippend
würdevoll
würdig
wütend

Z
zackig
zaghaft
ziehend
zielstrebig
zitternd
zögernd
zusammengesackt

Abb. 27.1 Chinesisches Zeichen für Mensch: ein Gehender

Ganz wesentlich wird der Gang durch die Augen kontrolliert. Darüber hinaus sind das Gleichgewichtsorgan im Innenohr sowie Rezeptoren in den Gelenkkapseln, Sehnen und Bändern für die Gangsteuerung zuständig.

Die individuelle Gangart des einzelnen Menschen ist abhängig von unterschiedlichen Faktoren. In der Regel wird der Gang eines jungen Menschen als eher leichtfüßig zu beobachten sein; der eines Betagten hingegen als verhältnismäßig schwer. In einer leichten bzw. schwerfälligen Gangart kommt nicht nur zum Ausdruck, wie der Gehende mit den Bodenverhältnissen zurechtkommt, sondern gleichzeitig seine Stimmung und seine körperliche Konstitution.

Ein fröhlicher Mensch mit einer vornehmlich positiven Lebenseinstellung geht schwingend, der dabei zu beobachtende Bewegungsablauf hat etwas Leichtes und Befreiendes an sich. Ein müder Mensch hat einen eher schleppenden Gang, sein Körper kann leicht nach vorn geneigt sein, seine Füße werden nur wenig vom Boden gehoben. Bei der Beobachtung seines Gangs ist nichts Schwungvolles oder Anmutiges erkennbar.

Im Weiteren kommen auch das Selbstbewusstsein und das Selbstwertgefühl eines Menschen durch die Art seines Gehens zum Ausdruck. Eine sehr selbstbewusste Person tritt fest auf den Boden, eine Person deren Selbstbewusstsein nicht sehr ausgeprägt ist, wird eher alles dafür tun, nicht aufzufallen und sich entsprechend geräuscharm durch das Leben bewegen.

Alle diese Beobachtungen sind richtungsweisende Faktoren. Der Gang ist ein mögliches Kriterium zur Beurteilung der Gestimmtheit eines Menschen. Zur genauen Beurteilung seiner psychischen Verfassung müssen jedoch noch andere Kriterien, wie z. B. Mimik, Gestik und/oder Sprache beachtet werden. Nur so lässt sich ein annähernd vollständiges Bild entwerfen.

Bei der Beobachtung und Einschätzung der Körperbewegung und der psychischen Verfassung eines Menschen ist der Gang ein wichtiges zusätzliches Beobachtungskriterium.

27.2 Abweichungen und Veränderungen des Gangs und deren mögliche Ursachen

Abweichungen vom physiologischen Gang, sog. ▸ *Dysbasien*, können Rückschlüsse über bestimmte Erkrankungen, Behinderungen oder, unter Vorbehalt, über die Stimmung eines Menschen geben.

Veränderungen des Gangbilds können auf folgende Zustände bzw. Erkrankungen hinweisen:

- Nachlässigkeit,
- schlechte Angewohnheit,
- Müdigkeit,
- psychische Erkrankungen wie z. B. Depressionen, Schizophrenie,
- physische Erkrankungen wie z. B. angeborene oder erworbene Skelettsystemerkrankungen, Muskelerkrankungen, Erkrankungen von Nerven oder des Zentralnervensystems, Durchblutungsstörungen.

Störungen des Gangs werden „Dysbasie" genannt und wie folgt bezeichnet und beschrieben:

27.2.1 Spastischer Gang

Der spastische Gang ist eine variable ▸ *Gangstörung* mit mehr oder minder ausgeprägter Verkrampfung (Spastizität) der betroffenen Beinmuskulatur, wie sie bei Hirnschäden, z. B. bei einem Apoplex mit Halbseitenlähmung auftreten kann (s. a. Kap. 24.2).

Beim spastischen Gang ist das betroffene Bein nach außen rotiert und wird unter Beschreibung eines

Halbkreises vom Körper zunächst weg- und danach herangeführt (Zirkumdiktion). Der betroffene Fuß schleift über den Boden hinweg und es ist ein schlürfendes Geräusch zu hören. Der betroffene Arm ist schwach und bis zu einem gewissen Grad steif, gebeugt und schwingt in einer eher unnatürlichen Weise beim spastischen Gehen mit. Der spastische Gang kann als langsam, steif und schlürfend charakterisiert werden (**Abb. 27.2**).

Sind beide Beine von der Spastik betroffen, wird dies auch als paraparetischer Gang bezeichnet. Hierbei ist die gesamte Beugung steif, der Rumpf wird ruckartig bewegt, wodurch die Fortbewegung unterstützt wird. Eine beidseitige Spastik kommt häufig bei Verletzungen des Rückenmarks, der Multiplen Sklerose oder spinalen Tumoren vor.

27.2.2 Hinken

Als Hinken wird die ein- oder beidseitige Gangstörung mit unregelmäßigem Schrittmaß und/oder abnormem Schrittrhythmus bezeichnet.

Das Hinken kann vorübergehend, zeitweise oder auch als Dauerzustand auftreten. In Abhängigkeit von der jeweiligen Ursache wird zwischen einem Verkürzungs-, Versteifungs-, Lähmungs-, oder Schmerzhinken unterschieden.

Das zeitweise Hinken ist eindrücklich bei der Erkrankung Claudicatio intermittens (Schaufensterkrankheit) im Rahmen der arteriellen Verschlusskrankheit (AVK) zu beobachten. Die betroffenen Menschen können nur kurze Strecken gehen, bis durch die arterielle Durchblutungsstörung Schmerzen entstehen und mit dem Hinken des betroffenen Beins reagiert wird. Die durch Arteriosklerose bedingte Gangstörung wird auch als Dysbasia arteriosclerotica bezeichnet.

Eine Schwäche der Hüftabspreizmuskulatur ist verantwortlich für das sog. Insuffizienzhinken. Darüber hinaus sind auch psychogene Ursachen für das Auftreten eines hinkenden Gangs denkbar. Die betroffenen Menschen versuchen während des Gehens mit dem Oberkörper ein gegenregulierendes Pendeln. Sind beide Seiten von der Muskelinsuffizienz betroffen, meist durch Myopathien, ist der typische „Enten- oder Watschelgang" beobachtbar.

Allgemeine Beobachtungskriterien sowie Abweichungen und Veränderungen des Gangs:

- Der Gang wird durch das Gleichgewichtsorgan im Innenohr und Rezeptoren in den Gelenkkapseln, Sehnen und Bändern gesteuert.
- Es besteht ein Zusammenhang zwischen Gang und Stimmung bzw. körperliche Verfassung des Menschen.
- Störungen des Gangs werden Dysbasien genannt und lassen Rückschlüsse auf Stimmung, Behinderung oder Erkrankung eines Menschen zu.
- Der spastische Gang kann einseitig oder beidseitig (paraparetischer Gang) auftreten.
- Beim Hinken unterscheidet man Verkürzungs-, Versteifungs-, Lähmungs- und Schmerzhinken.

27.2.3 Steppergang

Diese Gangstörung tritt bei der Ausbildung eines Spitzfußes auf. Der nach vorn geführte Fuß schleift mit der Zehenspitze auf dem Boden. Häufig werden die Beine von den betroffenen Menschen durch starke Beugung des Hüft- und Kniegelenks extrem angehoben, um dieses Schleifen zu vermeiden. Die Kniegelenke scheren aneinander vorbei.

Bei einseitigem Auftreten ist häufig eine Lähmung des N. peronaeus, welcher für die Versorgung der Muskeln am Schienbein zuständig ist, verantwortlich. Bei beidseitigem Auftreten liegt meist eine Neuropathie zugrunde. Da der herabhängende Fuß mit der Spitze zuerst und nach abnorm starkem Heben des Beins mit einem klappenden Geräusch aufgesetzt wird, wird er als Steppergang bezeichnet (**Abb. 27.2**).

27.2.4 Watschelgang

Beim Watschelgang neigt sich das Becken jeweils zur Seite des sog. Spielbeins, d. h. zu dem gerade nicht belasteten Bein. Eine Schwäche der Glutealmuskeln oder Hüftgelenksverrenkungen gelten als Ursache für diese Gangstörung. Hierbei kann das Becken nicht zusammen mit dem Bein gehoben werden. Es kommt zum „Watscheln" von einer Seite zur anderen.

27.2.5 Ataktischer Gang

Der ataktische Gang wird auch als lokomotorische Ataxie bezeichnet. Diese Gangstörung ist durch einen unsicheren und breitbeinigen Gang zum Ausgleich der Instabilität und durch ausfahrende Beinbewegungen gekennzeichnet. Darüber hinaus zeigt sich ein übertriebenes Anheben und ein hackendes Aufsetzen der Füße.

Weitere beobachtbare Symptome sind abrupte Bewegungen und ein aufmerksames Beobachten des Bodens und der Füße durch die Betroffenen. Kommt die Person zum Gehen, so schnellen ihre Beine abrupt vor- und auswärts. Der Körper ist leicht gebeugt, die Schrittfolge von unterschiedlicher Länge und das Gewicht wird von den Betroffenen teilweise auf einen Gehstock verlagert (**Abb. 27.2**).

Störungen der Sensibilität in den Füßen, chronischer Alkoholkonsum und das Endstadium der Lues sind potentielle Ursachen für die Ataxie. Sie gehen einher mit einem Ausfall peripherer Nerven, so dass die normale Bewegungslage und das Vibrationsempfinden gestört sind. Erkrankungen des Kleinhirns

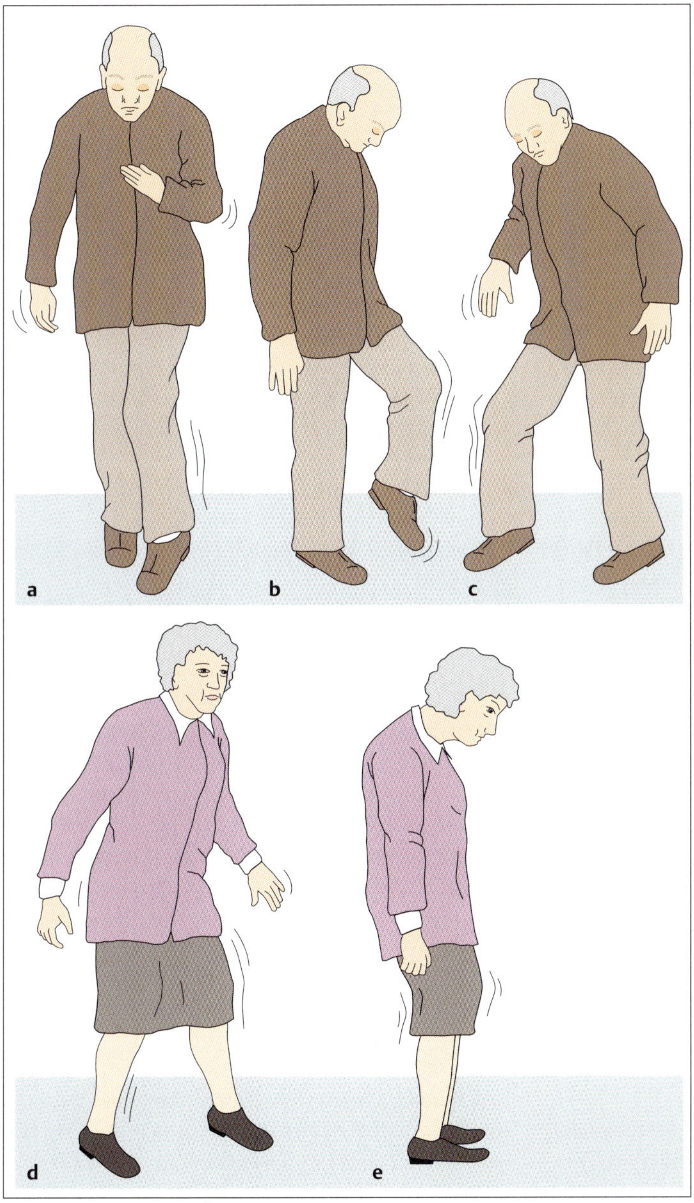

Abb. 27.2 a – e Gangstörungen: **a** spastischer Gang bei Hemiplegie **b** Steppergang **c** sensible Ataxie **d** zerebelläre Ataxie **e** Brachybasie bei Morbus Parkinson

(Zerebellum) führen zur sog. zerebellären Ataxie, bei der das Gangbild ähnlich ist, die Gangunsicherheit aber nicht durch den Blickkontakt auf den Boden gemindert wird (**Abb. 27.2**).

27.2.6 Brachybasie

Als Brachybasie wird ein kleinschrittiger, steifer und schlurfender Gang bezeichnet, der auch festinierender Gang genannt wird.

Er tritt bei der Erkrankung Morbus Parkinson oder auch im sehr hohen Lebensalter auf. Charakteristisch für diese Gangstörung ist eine unfreiwillige Beschleunigung der Ganggeschwindigkeit. Der Oberkörper der Betroffenen ist nach vorn gebeugt, die Arme schwingen nicht mit und die Füße können kaum vom Boden gelöst werden. Zum Umdrehen ist eine vermehrte Anzahl von Schritten erforderlich.

Insgesamt kommen diese Menschen schwer aus dem Stand in die Vorwärtsbewegung. Sind sie jedoch erst einmal am Gehen, werden die Schritte unfreiwillig immer schneller. Es besteht oft das Problem, dass der Gang nicht mehr willentlich beendet werden kann, so dass der Betroffene Gefahr läuft, gegen eine Wand oder Tür zu laufen oder zu fallen (**Abb. 27.2**).

27.2.7 Paretischer Gang

Als paretischer Gang wird eine variable Gangstörung mit schwach ausgeprägter schlaffer Lähmung der zugehörigen Beinmuskulatur, die einen meist schleppenden Gang bewirkt, bezeichnet.

Diese Gangstörung kann bei einer Parese, d.h. einer Lähmung vorkommen (s.a. Kap. 24.2).

27.2.8 Zerebraler Gang

Unter einem zerebralen Gang wird ein taumelnder, unsicherer Gang verstanden, dessen Ursachen in einem übermäßigen Alkoholkonsum, einer Kreislaufregulationsstörung oder einer gestörten Kleinhirnfunktion liegen können.

27.2.9 Apraktischer Gang

Als apraktischer Gang wird die Beeinträchtigung bei der Gangkoordination bezeichnet.

Selbst wenn bestimmte motorische Funktionen der Beine bestehen bleiben, sind die betroffenen Menschen nicht in der Lage, eine Bewegung zu beginnen. Diese Beobachtung kann z.B. bei Personen mit einem normotonen Hydrozephalus gemacht werden.

27.2.10 Abasie

Als Abasie wird die psychisch oder organisch bedingte Gangunfähigkeit bezeichnet.

Sie tritt häufig in Kombination mit der sog. Astasie, der Unfähigkeit oder mangelnden Festigkeit des Stehens auf. Die Kombination wird dann als Astasie-Abasie-Syndrom bezeichnet. Sie kann sowohl psychisch bedingt sein, als auch auf eine Erkrankung des Kleinhirns hinweisen.

Gangstörungen:

- Beim Watschelgang liegt eine Störung der Glutealmuskeln oder eine Hüftgelenksverrenkung vor.
- Beim ataktischen Gang sind die normale Bewegungslage und das Vibrationsempfinden gestört, die zerebelläre Ataxie ist eine durch eine Erkrankung des Kleinhirns ausgelöste spezielle Form.
- Brachybasie ist durch unfreiwillige Beschleunigung der Ganggeschwindigkeit charakterisiert.
- Der paretische Gang tritt als schleppender Gang bei einer Parese auf.
- Kennzeichen eines zerebralen Gangs sind Taumeln und Unsicherheit beim Gehen.
- Die Gangkoordination ist beim apraktischen Gang gestört.
- Eine Gangunfähigkeit wird als Abasie bezeichnet.

27.3 Ergänzende Beobachtungskriterien

Gangstörungen sind häufig Folgen neurologischer Erkrankungen, wie z.B. Morbus Parkinson oder zerebrale Ischämie. Hier kommt es neben Gangstörungen auch zu charakteristischen Veränderungen von Mimik und Gestik (s.a. Kap. 25) sowie der Körperhaltung (s.a. Kap. 26) und der Bewegungen (s.a. Kap. 24). Bei orthopädischen Erkrankungen, wie z.B. Arthrosen, dienen *Gangstörungen* u.a. häufig zur Kompensation von Schmerzen, so dass auch dieses Beobachtungskriterium berücksichtigt werden muss.

Die Beobachtung des Gangs kann nie getrennt werden von der Beobachtung der weiteren Körperbewegungen, wie der Körperhaltung und der Mimik und Gestik. Da Veränderungen des normalen Gangs wichtige diagnostische Hinweise liefern können, sollte seine Beobachtung nicht isoliert erfolgen. Der beobachtende Blick sollte sich vielmehr auf das Erkennen eines Syndroms richten.

27.4 Besonderheiten bei Kindern

Sigrid Flüeck

27.4.1 Physiologie des Gehens

Das Neugeborene ist mit physiologischen Reflexen ausgestattet, die bereits kurz nach der Geburt nachzuweisen sind, dazu gehört u. a. das Schreitphänomen. Es wird ausgelöst, indem das Kind von hinten aufrecht mit beiden Händen unterhalb der Achselhöhlen gehalten wird. Die Fußsohlen berühren dabei eine Unterlage. In aufrechter Haltung macht das Kind Schreitbewegungen mit Streckung des berührenden Beines und Beugung und Streckung des anderen Beines. Dieser Reflex ist bei einer normalen Entwicklung nach 4 Monaten nicht mehr nachweisbar.

Die körperliche Entwicklung eines Kindes ist immer in Abhängigkeit mit der geistigen Entwicklung zu sehen (s. a. Kap. 24.4). Sind die körperlichen Strukturen weit genug entwickelt, benötigen diese Verhaltensweisen eine angemessene Umgebung und einen Spielraum für Übungen, damit sie sich entwickeln können. Die Reihenfolge der körperlichen und geistigen Entwicklung ist durch die Reifung (Prozess der Veränderung in der Organisation der Körperfunktionen) festgelegt. Die einzelnen Entwicklungsschritte bei der Entwicklung der Fortbewegung werden in **Abb. 27.3** aufgezeigt.

Das in Bauchlage mögliche Heben von Kinn und Brust ist bis zum 3. Monat erreicht. Bis zum 4. Monat kann sich das Kind in der Bauchlage auf die Unterarme stützen und mit Unterstützung sitzen. Im 6. Monat dreht es sich vom Rücken auf den Bauch und nach einer Übergangsperiode beginnt es zu krabbeln, d. h. es läuft auf Händen und Füßen.

Ab dem 8. Lebensmonat kommt das Kind zum Vierfüßlerstand und über die Seitenverlagerung zum selbständigen Sitzen. Bieten sich Gegenstände wie z. B. Möbelstücke an, zieht es sich zum Zweifüßlerstand hoch. Zwischen dem 10. und 12. Monat steht das Kind allein, geht an Möbeln entlang und/oder geht mit Unterstützung an einer Hand. So lernt es, sich zum Stand empor zu ziehen, die Treppen hinauf zu krabbeln, alleine zu stehen. Bis zum 12. Monat ist die kindliche Skelettmuskulatur den Verhältnissen bei Erwachsenen vergleichbar.

Mit dem Aufrichten des Menschen vom Vierfüßler zum Zweifüßler erlangt das Hüftgelenk eine zentrale Bedeutung für das Gehen und Stehen sowie für das freie Laufen, was bis zum 15. Monat alleine und in allen Richtungen möglich ist. Ab dem 18. Monat ist das Kind in der Lage, kleine Gegenstände beim Gehen aufzunehmen, mitzunehmen und abzulegen. Das Kind lernt rückwärts zu laufen, und Treppen steigen (**Abb. 27.3**). Die benannten Zeitabläufe und Daten stellen Mittelwerte dar. Es können erhebliche Schwankungen vorkommen.

27.4.2 Gehstörungen

Bestimmte Erfahrungen und/oder Erkrankungen beeinflussen die körperlichen Funktionen und damit die biologische Entwicklung des Gehens. Die Ursachen für Gehstörungen sind vielfältig und für die gesamte Haltung des Kindes entscheidend. Zu den Ursachen zählen u. a. orthopädische Erkrankungen. Bei Kindern mit einer Hüftdysplasie, einer angeborenen Fehlform des Hüftgelenkes, wird besonders bei verspäteter Diagnostik und somit verspätetem Therapiebeginn das Gangbild beeinflusst. Die Kinder lernen verspätet laufen und zeigen einen watschelnden Gang. Bei frühzeitiger Diagnose erfolgt die Behandlung konservativ durch Hüftspreizung unter Anwendung von Spreizhosen und/oder Spreizbandagen. Ist bereits eine Luxation des Hüftgelenkes erfolgt, wird diese operativ reponiert.

Weitere angeborene Haltungsanormalien sind Fehlstellungen der Füße (**Abb. 27.4**). Dazu zählen der Klumpfuß, der Sichelfuß und der Hackenfuß. Trotz einer insgesamt günstigen Prognose kann es bei keiner oder einer erst spät einsetzenden Therapie zu einer Fußdeformität kommen, die eine Beeinträchtigung der Lauflernentwicklung und des Gangbildes zur Folge hat. Auch hier ist der sehr frühe Einstieg in die Therapie wichtig. Vielfach ist eine Langzeitbehandlung in Form von regelmäßiger Fußgymnastik und die Anwendung von orthopädischem Schuhwerk respektive Schienen nötig.

Eine Durchblutungsstörung des Hüftkopfes und der Wachstumsfuge des Oberschenkels im Alter zwischen 3 und 9 Jahren hat einen Morbus Perthes (aseptische Knochennekrose) zur Folge. Hier kommt es zunächst zum Absterben des Knochens, doch durch das Wiedereinsprießen von Blutgefäßen findet ein ständiger Neuaufbau statt. Da dem Abbau ein ständiger

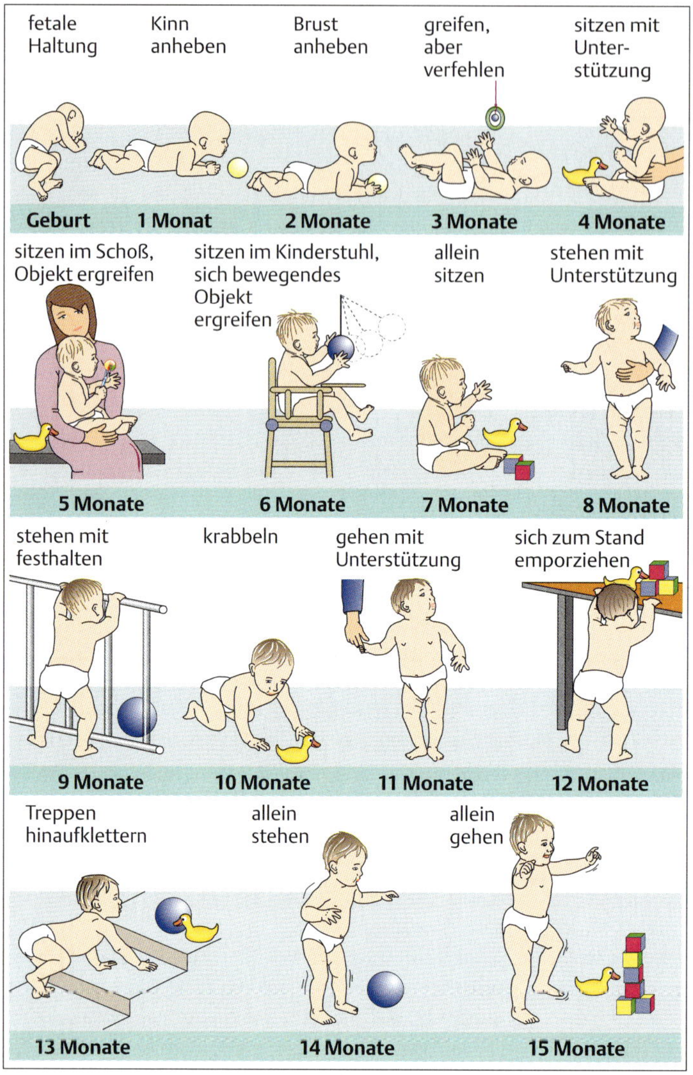

Abb. 27.3 Phasenabfolge bei der Entwicklung des Gehens (aus Kellnhauser u. a.: THIEMEs Pflege. 9. Aufl. Thieme, Stuttgart 2000)

Neuaufbau folgt, kommt es längerfristig zur Verformung des Hüftkopfes (Arthrose). Die Beweglichkeit ist eingeschränkt und aufgrund von Schmerzen im Hüftgelenk kommt es im Gangbild der Kinder zu einem leichten Verkürzungshinken.

Weitere Ursachen für ein hinkendes Gangbild können ebenso wie bei den Erwachsenen auch im Kindesalter vorkommende Schmerzen des Bewegungsapparates sein. Schmerzen sind zu beobachten bei:

- entzündlichen und/oder rheumatischen Gelenkerkrankungen,
- Osteomyelitis,
- Zustand nach Frakturen,
- Luxationen,
- Dystorsionen,
- Weichteilerkrankungen,
- Hämatombildung und
- Knochentumoren.

Weitere Ursachen für Gangauffälligkeiten bei Kinder sind neurologischen Ursprungs. Erkrankungen des Nervensystems führen wie bei der Polyomyelitis, einer Infektionskrankheit des Nervensystems, zur Dysfunktion des Systems und als Folge zum Lähmungshinken. Eine als Ataxie bezeichnete Störung des ge-

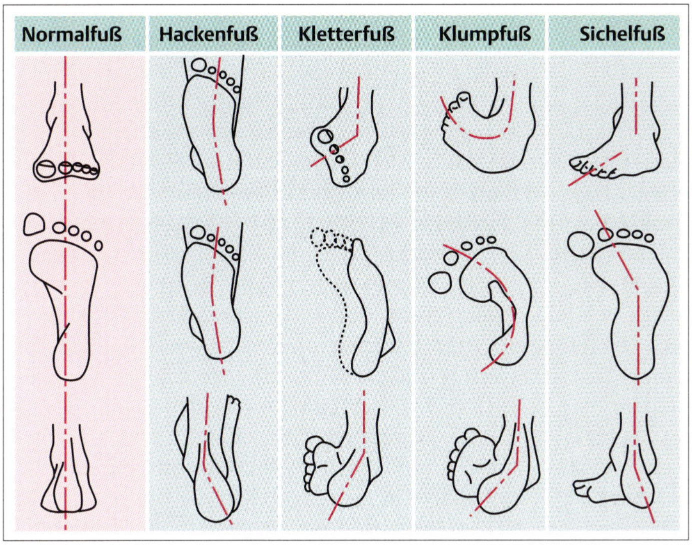

Abb. 27.4 Fußfehlstellungen und Fußfehlhaltungen

ordneten Zusammenwirkens von Muskelgruppen hat einen unsicheren Stand (Standataxie) und einen torkelnden, taumeligen Gang (Gangataxie) zur Folge. Die Ursachen liegen in Erkrankungen und Funktionsstörungen des Kleinhirns, z. B. Hirntumoren, und/ oder des Rückenmarks, z. B. Multiple Sklerose.

27.5 Besonderheiten bei älteren Menschen

Marion Weichler-Oelschlägel

Im Zusammenhang mit beeinträchtigten Bewegungmöglichkeiten im Alter sind auch Veränderungen des Gangs zu beobachten. Insgesamt entwickelt sich mit zunehmenden Alter bei vielen Menschen entsprechend der herabgesetzten Bewegungsfreudigkeit die Ganggeschwindigkeit zurück.

Die herabgesetzte Gelenkbeweglichkeit ist häufig auf degenerative Gelenkveränderungen zurückzuführen, wodurch sich Knie- und Hüftgelenke nicht mehr ganz strecken lassen. Der Gang erscheint dementsprechend vielfach schwerfällig. Auch die Schrittlänge nimmt im Alter ab.

Generell kann es zu Balanceschwierigkeiten kommen, die neben zerebralen (s. a. 27.2) auch orthopädische Ursachen, wie z. B. Gelenkinstabilitäten haben können. Häufig hängen sie auch mit der Minderung des Vibrationsempfindens an Füßen und Knöcheln zusammen. Ebenfalls lässt sich mit zunehmendem Alter eine gewisse Steh- und Gehunsicherheit beobachten, die vor allem bei fehlender Augenkontrolle, z. B. im Dunkeln oder bei beeinträchtigter Sehfähigkeit, auftritt. Dies führt zu Einschränkungen in der Sicherheit des betagten Menschen und nicht selten zu Stürzen. Viele alte Menschen benutzen daher sinnvollerweise Gehhilfen, die ihnen eine größere Standfläche und eine damit verbundene erhöhte Sicherheit ermöglichen.

Besonderheiten bei Kindern und älteren Menschen:

- Die wichtigsten Gangstörungen bei Kindern sind hervorgerufen durch Hüftdysplasie, Fehlstellungen der Füße, Durchblutungsstörung (Morbus Perthes), Schmerzen des Bewegungsapparates oder neurologische Erkrankungen.
- Bei alten Menschen stehen Balanceschwierigkeiten, Unsicherheit durch fehlende Augenkontrolle und herabgesetzte Gelenkbeweglichkeit im Vordergrund als Ursachen für Gangstörungen.

27.6 Fallstudien und mögliche Pflegdiagnosen

Fallstudie Herr Fichtner

Herr Fichtner ist 70 Jahre alt und hat sich vor 3 Wochen beim Fallen von einer Hausleiter, als er neben eine Sprosse trat, einen Oberschenkelhalsbruch zugezogen. Herr Fichtner wurde operiert und mit einer Oberschenkelgipshülse versorgt. Dadurch hat er Schwierigkeiten beim Gehen. Es ist ihm mit den Unterarmgehhilfen nicht möglich Treppen zu steigen und den Stationsflur ohne Unterbrechung einmal auf- und abzugehen (30 m). Herr Fichtner klagt schnell über Erschöpfung, möchte jedoch aktiv an seiner Gesundung mitwirken. Er erhält regelmäßigen Besuch von seiner Ehefrau, seinen beiden Kindern und den Enkelkindern. **Tab. 27.1** zeigt einen Auszug aus dem Pflegeplan von Herrn Fichtner, eine mögliche Pflegediagnose ist in der folgenden Übersicht dargestellt:

Pflegediagnose beeinträchtigte Gehfähigkeit (nach Gordon)

Definition

Eingeschränkte Fähigkeit, sich unabhängig in der Umgebung zu Fuß oder mit einer Prothese zu bewegen.

Kennzeichen

Eines oder mehrere der folgenden Kennzeichen:
- Unfähigkeit, Treppen zu steigen,
- Unfähigkeit, um Kurven zu gehen,
- Unfähigkeit, auf einer ebenen Fläche zu gehen,
- Unfähigkeit, auf einer unebenen Fläche zu gehen,
- Unfähigkeit, über eine erforderliche Strecke zu laufen,
- Unfähigkeit, auf einer ansteigenden oder abschüssigen Strecke zu gehen,
- die erforderliche Gehgeschwindigkeit zu beeinträchtigt.

Für Herrn Fichtner könnte folgende Pflegediagnose gestellt werden:
„Beeinträchtigte Gehfähigkeit"
angezeigt durch (a/d)
- die Unfähigkeit Treppen zu steigen und
- die Unfähigkeit über eine erforderliche Strecke zu laufen.

Fallstudie Thomas

Thomas ist 11 Jahre alt. Nach einem schweren Fahrradunfall wurde er mit einem SHT (Schädel-Hirn-Trauma) 3. Grades auf die Intensivstation aufgenommen. Da er keinen Fahrradhelm trug, kam es bei dem Unfall u. a. zu einer intrazerebralen Blutung mt einer über 7 Tage dauernden Bewusstlosigkeit und sensorischen Ausfällen, bedingt durch eine Funktionsstörung des Kleinhirns. Thomas befindet sich seit 4 Wochen in der Rehabilitationsphase. Seine Sprach- und Artikulationsstörungen nehmen ab, er ist zeitlich und räumlich orientiert. Seine Bewegungsabläufe sind noch unkoordiniert, sein Gang ist torkelnd (Gangataxie) und der Stand unsicher. Thomas akzeptiert die therapeutischen Maßnahmen, er zeigt keine Abwehrreaktionen. **Tab. 27.2** zeigt einen Auszug aus seinem Pflegeplan, eine mögliche Pflegediagnose zeigt die folgende Übersicht:

Pflegediagnose beeinträchtigte körperliche Mobilität (nach Gordon)

Definition

Eingeschränkte Fähigkeit sich unabhängig in der Umgebung zu bewegen.

Kennzeichen

Hauptkennzeichen
- Unfähigkeit, sich unabhängig in der Umgebung zu bewegen (Transfer, Gehen, Fortbewegen, Mobilität im Bett),
- verminderte Bewegungskontrolle, verminderte Muskelmasse und/oder verminderte Muskelkraft,

und/oder
- benötigt Hilfe durch eine oder mehrere Personen und Hilfsmittel, um das Haus/die Institution zu verlassen.

Nebenkennzeichen
- eingeschränkte aktive Beweglichkeit der Gelenke,
- beeinträchtigte Bewegungskoordination,
- verordnete Bewegungseinschränkungen (mechanisch oder durch ärztliche Anordnung).

Grad I: benötigte Hilfsmittel
Grad II: benötigt die Hilfe einer oder mehrerer Personen (Unterstützung, Beaufsichtigung, Anleitung)
Grad III: benötigt die Hilfe einer oder mehrerer Person(en) und Hilfsmittel
Grad IV: ist auf Hilfe angewiesen und kann keine Bewegungen selbständig ausführen

Ätiologische oder beeinflussende Faktoren

- Aktivitätsintoleranz, geringe Belastbarkeit, reduzierte Kraft und Ausdauer,
- Schmerzen; körperliche Beschwerden/Unbehagen,
- nicht kompensierte perzeptorisch-kognitive Beeinträchtigung (zu spezifizieren),
- nicht kompensierte Beeinträchtigung des Bewegungsapparates (zu spezifizieren),
- nicht kompensierte neuromuskuläre Beeinträchtigung (zu spezifizieren),
- Depression,
- starke Angst,
- Hindernisse in der Umgebung.

Risikogruppen

- Personen mit Verletzungen der unteren Körperregion,
- Personen mit Rückenmarksverletzungen,
- Personen mit Amputation vor der Rehabilitation,
- Personen mit beeinträchtigter Koordination,
- Personen mit einem Apoplex vor der Rehabilitation.

Für Thomas könnte die Pflegediagnose lauten: beeinträchtigte körperliche Mobilität
b/d (beeinflusst durch) nicht kompensierte neuromuskuläre Beeinträchtigung in Folge SHT
a/d (angezeigt durch)

- die Unfähigkeit sich unabhängig in der Umgebung zu bewegen und
- verminderte Bewegungskontrolle.

Fazit: Der Gang eines Menschen ist sehr individuell und normalerweise von einer leichten, harmonischen und rhythmischen Bewegung geprägt. Veränderungen des unbeschwerten Gangs werden Dysbasien genannt und können durch verschiedene physische und psychische Erkrankungen ausgelöst werden.

Zusammen mit der Körperhaltung, Mimik und Gestik, liefert der Mensch über seine Gangart viele nonverbale Informationen an seine Umwelt. Somit lässt eine genaue Beobachtung des Gangs auch Aus-

Tab. 27.1 Auszug aus dem Pflegeplan von Herrn Fichtner

Pflegeproblem	*Ressourcen*	*Pflegeziele*	*Pflegemaßnahmen*
Herr Fichtner ist aufgrund der Oberschenkelgipshülse und schneller Ermüdung nicht in der Lage, Treppen zu steigen und eine Wegstrecke von 30 m ohne Unterbrechung zurückzulegen	• Herr Fichtner erhält regelmäßigen Besuch von seiner Familie • Herr Fichtner möchte aktiv an der Gesundung mitwirken	• Herr Fichtner kennt den Umgang mit Unterarmgehhilfen • Herr Fichtner kann Treppen ohne fremde Hilfe steigen • Blutdruck und Puls sind vor/während/nach den Übungen im Normbereich • Herr Fichtner kann eine Wegstrecke von 30 m bis zum Anfang nächster Woche 1 × tgl. ohne Unterbrechung zurücklegen	• Information über und Anleitung zum Umgang mit Unterarmgehhilfen und Treppensteigen • individuelles Übungsprogramm: 3 × tgl. je 15 m Wegstrecke, ab 3. Tag tägl. 5 m steigern, 1 × tgl. Treppenübung durch Physiotherapeut, Angehörige bei Übungen mit einbeziehen • Blutdruck und Puls vor/während/nach der Übung kontrollieren • Beobachtung von Mimik/Gestik und Schweiß auf Erschöpfungszeichen

Tab. 27.2 Auszug aus dem Pflegeplan von Thomas

Pflegeprobleme	*Ressourcen*	*Pflegeziele*	*Pflegemaßnahmen*
• Thomas kann sich noch nicht selbständig fortbewegen, sein Gang ist unsicher, die Schrittfolge unkoordiniert	• Thomas ist zeitlich und räumlich orientiert	• FZ • Thomas bewegt sich sicher • NZ • Kann mit Gehwagen umgehen	• Lauftraining durch: Physiotherapie und KG 3 × tgl. nach Absprache mit Thomas • Gehhilfe mit dreirädrigem Gehwagen, Thomas wird damit vertraut gemacht
• Der Bewegungsspielraum ist eingeschränkt, Thomas ist vorwiegend in seinem Zimmer	• Thomas verständigt sich über einzelne artikulierte Worte • Er erhält oft Besuch von seinen Geschwistern, die Mutter hat sich im Wohnheim eingemietet	• Thomas hat Kontakt zu seinem erweiterten Umfeld • Er beteiligt sich an Stationsaktivitäten	• Besuch durch den Kliniklehrer und die Klassenkameraden organisieren • Mitbewohner im Zimmer • Gemeinsame Essensphasen im Aufenthaltsraum • Anleitung zum selbständigen Aufstehen

sagen über die Gestimmtheit eines Menschen zu und ist bei der Auswahl geeigneter Gehhilfen von entscheidender Wichtigkeit, damit eine effektive Sturzprophylaxe erfolgen kann.

Dahmer, J.: Anamnese und Befund. Die ärztliche Untersuchung als Grundlage klinischer Diagnostik. 8. überarb. und erw. Aufl., Thieme, Stuttgart 1998

Deltz, C.: Krankenbeobachtung, Springer, Berlin 1994

Epstein, O., G.D. Perkin, D.P. de Bono, J. Cookson (Hrsg.): Bild-Lehrbuch der klinischen Untersuchung. Dt. Übers. von H.J. Deuber, Thieme, Stuttgart 1994

Fusgen, I. (Hrsg.): Der ältere Patient. Problemorientierte Diagnostik und Therapie. 2. Aufl., Urban & Schwarzenberg, München 1996

Gordon, M.: Handbuch Pflegediagnosen, 2. vollst. überarb. u. erw. Aufl., Ullstein Medical, Wiesbaden 1998

Hehlmann, A.: Leitsymptome – Ein Handbuch für Studenten und Ärzte. Mediscript, München 1982

Hertl, M.: Kinderheilkunde und Pflege, 8. Aufl., Thieme, Stuttgart 1996

Hoehl, M., P. Kullick (Hrsg.): Kinderkrankenpflege und Gesundheitsförderung, Thieme, Stuttgart 1998

Juchli, Sr. L.: Pflege, 8. überarb. Aufl., Thieme, Stuttgart 1997

Köther, I., E. Gnamm: Altenpflege in Ausbildung und Praxis, 3. überarb. Aufl., Thieme, Stuttgart 1995

Kraus, W.: Kompendium der sensitiven Krankenbeobachtung durch das Krankenpflegepersonal. 3. Aufl., Fresenius AG, Bad Homburg 1989

Kraemer, R.: Berner Datenbuch der Pädiatrie, 5. Aufl., Gustav Fischer, Stuttgart 1997

Kühl, G., D. Siepmann, H. Sbotta, J. Bauer, K. Fischer (Hrsg.): Klinikleitfaden Kinderkrankenpflege, Gustav Fischer, Lübeck 1997

Mortier, W.: Muskel- und Nervenerkrankungen im Kindesalter, Thieme, Stuttgart 1994

Paal, G.: Hexal-Lexikon Neurologie. Hrsg. von der Lexikon-Red. Urban & Schwarzenberg, München 1995

Pschyrembel: Klinisches Wörterbuch, 255. Aufl., de Gruyter, Berlin 1986

Schönberger, W.: Kinderheilkunde, Gustav Fischer, Stuttgart 1992

Wegmann, H.: Die professionelle Pflege des kranken Kindes, Urban & Schwarzenberg, München 1997

Zimbardo, P.G.: Psychologie, 5. Aufl., Springer, Berlin 1992

28 Stimme und Sprache

Marion Weichler-Oelschlägel

Übersicht

Einleitung · 453
28.1 Allgemeine Beobachtungskriterien und Beschreibung des Normalzustands · 453
28.1.1 Stimme · 453
28.1.2 Sprache · 454
28.2 Abweichungen und Veränderungen und deren mögliche Ursachen · 455
28.2.1 Veränderungen der Stimme · 455
28.2.2 Veränderungen der Sprache · 456
28.3 Ergänzende Beobachtungskriterien · 460
28.4 Besonderheiten bei Kindern · 460
28.5 Besonderheiten bei älteren Menschen · 465
28.6 Fallstudien und mögliche Pflegediagnosen · 465
Fazit · 466
Literatur · 467

Schlüsselbegriffe:

- ▸ *Aphasie*
- ▸ *Lautbildung*
- ▸ *Wortschatz*

Einleitung

Die Stimme eines Menschen ist wesentlicher Bestandteil seiner Persönlichkeit. Uns nahestehende Menschen erkennen wir u.a. an der ihnen eigenen Stimme. Ebenso wie die Stimme liefert die Sprache, die ein Mensch benutzt, wichtige Informationen über ihn. Wortschatz, Wortwahl und Artikulation variieren in Abhängigkeit von Bildung und sozialem Umfeld.

Gemeinsam ermöglichen Stimme und Sprache die Verständigung zwischen Menschen. Sie sind als Träger der verbalen Kommunikation die Instrumente, die Menschen zu einem großen Teil in die Lage versetzen, anderen Menschen Nachrichten, aber auch Gefühle und Empfindungen zu übermitteln. Diese Kommunikation ermöglicht nicht zuletzt auch die Aufnahme und Pflege von zwischenmenschlichen Beziehungen. Beeinträchtigungen von Stimme und Sprache ziehen deshalb entsprechend einschneidende Folgen für die betroffenen Menschen nach sich.

Das folgende Kapitel beschreibt die allgemeinen Beobachtungskriterien von Stimme und Sprache und geht auf mögliche Ursachen für Störungen in diesem Beobachtungsbereich ein.

Jeder Mensch besitzt eine individuelle Stimme und Sprache. Mit ihnen kommen gleichzeitig das Fühlen, Wollen und die momentane Stimmungslage des Sprechenden zum Ausdruck (**Tab. 28.1**). Im Sprachalltag weisen Aussagen wie „Es verschlägt mir die Sprache", „Der Mensch ist verstimmt" oder „Das macht mich sprachlos" auf den Zusammenhang zwischen aktueller psychischer Verfassung und Stimme sowie Sprachinhalt hin.

28.1 Allgemeine Beobachtungskriterien und Beschreibung des Normalzustands

28.1.1 Stimme

Unter dem Begriff „Stimme" wird die Lautäußerung mittels des Stimmapparates verstanden.

Neben den Stimmbändern als Lauterzeugungsinstrument gehören hierzu auch die oberen Luftwege

Tab. 28.1 Deutung der Sprechweise (aus Grond, E.: Altenpflege 1985, H.10 in Juchli, L.: Pflege. 8. überarb. Aufl., Thieme, Stuttgart 1997)

	Freude	*Trauer*	*Erregung*	*Ausgeglichenheit*
Tonhöhe	hoch	niedrig	unterschiedlich	mittel
Melodievariationen	stark	gering	stark	mittel
Tonhöhenverlauf	erst auf, dann ab	abwärts	stark auf und ab	gemäßigt
Klangfarbe Obertöne	viele	weniger	kaum	eher mehr
Tempo	schnell	langsam	mittel	mittel
Lautstärke	laut	leise	stark schwankend	mittel
Rhythmus	ungleichmäßig	gleichmäßig	unregelmäßig	gleichmäßig

als Resonanzräume und die Mundpartie als Modulationsinstrument (Abwandlung/Veränderung). Die individuellen anatomischen Gegebenheiten bestimmen die Charakteristik der persönlichen Stimme eines Menschen.

Stimmlage

Die Stimmlage eines Menschen wird durch die Länge und Spannung der Stimmbänder und die Hormonproduktion beeinflusst. Bei Männern sind die Stimmbänder ca. 30% länger als bei Frauen, daher sind männliche Stimmen tiefer als weibliche. In der Pubertät kommt es durch den Einfluss der männlichen und weiblichen Sexualhormone (Androgene und Gestagene) zum Wachstum des Kehlkopfs und zur Vergrößerung der Stimmlippen. Als Folge wird die Stimmlage bei Jungen etwa um eine Oktave, bei Mädchen um einige Töne tiefer. Dieser Vorgang, der zuerst nur bei Jungen deutlich auffällt, wird als Stimmwechsel oder Stimmbruch bzw. als sog. Mutation bezeichnet.

Lautstärke

Die Lautstärke einer Stimme wird durch die Geschwindigkeit der Luftströmung an der Stimmritze bestimmt. Normalerweise kann die Lautstärke der Stimme an die jeweilige Situation angepasst werden. Bei vertraulichen Gesprächen unter vier Augen wird eine entsprechend leise Lautstärke gewählt, während ein Ruf um Hilfe durch eine hohe Geschwindigkeit der Luftströmung sehr laut sein kann.

Stimmklang

Der Stimmklang wird entscheidend von der Anatomie der Hohlräume des Rachens und der Mund- und Nasenhöhle beeinflusst. Sie fungieren als Resonanzboden und modulieren den Kehlkopfton, der dann den individuellen Klang bekommt. Er kann z. B. hart, weich oder voll sein.

Die Beobachtung der Stimme eines Menschen orientiert sich an den Kriterien Stimmlage, Lautstärke und Stimmklang.

28.1.2 Sprache

Unter dem Begriff „Sprache" wird die Zuordnung von Bedeutungen zu akustischen Zeichen, den sog. Lauten verstanden. Menschen bedienen sich ihrer Sprache, um miteinander zu kommunizieren. Die Sprache gilt als eines der ältesten Verständigungsmittel der Menschheit. Über das gesprochene Wort geben wir einander Informationen weiter, pflegen den geistigen Austausch und vermitteln Zu- oder Abneigung. Ein gesunder Mensch kann Worte zu Sätzen formen und diese mühelos, deutlich und in verstehbarer Lautstärke aussprechen. Das Ganze geschieht in der Regel zweckgebunden, d. h. der Sprechende möchte eine Aussage machen oder eine Frage stellen.

Da das gesprochene Wort Sinn machen soll, setzt die Sprache Denkfähigkeit voraus. Entscheidend ist bei der Sprache nicht nur das, was gesagt wird, sondern auch wie dies geschieht. Das Gesagte erhält durch die Sprechgeschwindigkeit, die gewählte Tonhöhe oder durch einen bestimmten Tonfall eine bestimmte Bedeutung. Es ist natürlich nicht nur das gesprochene Wort, das wir beim Kommunizieren akustisch wahrnehmen, vielmehr dient der ganze Körper eines Menschen der Sprache und dem Ausdruck, was als sog. Körpersprache bezeichnet wird (s. a. Kap. 26.1).

Über unsere Sinnesorgane können wir Informationen empfangen, unser Stimmapparat, der sich aus den eigentlichen Sprechorganen zusammensetzt, dient der Formgebung, während die Sprachzentren die Sprache selbst steuern. Der Geist des Menschen wird als Quelle der Sprache verstanden. Aus diesem Grunde stehen Sprache und Sprechen in enger

Wechselwirkung mit unserem Bewusstsein und den Sinnesorganen. Über beide Anteile nehmen wir die Umwelt und alles, was diese ausmacht, wahr. Einem bewusstlosen Menschen steht die Sprache als Kommunikationsmittel nicht zur Verfügung (s. a. Kap. 13.2).

Der Erwerb der Sprache erfolgt im Kindesalter (s. a. 28.4). Der erwachsene Mensch besitzt in seiner Muttersprache einen aktiven ▸ *Wortschatz* von 3000 – 5000 Wörtern. Unter dem aktiven Wortschatz sind die von der sprechenden Person verwendeten Wörter zu verstehen. Der passive Wortschatz hingegen umfasst die von den Sprechenden zwar verstandenen, aber nicht benutzten Wörter. Der Einsatz von Worten wird im Rahmen der körperlichen Faktoren als höchste psychisch-geistige Tätigkeit gesehen. Mit Hilfe welcher Worte ein Mensch sich ausdrückt und wie umfangreich sein Wortschatz ist, wird stark durch das Milieu, in dem er aufwächst und lebt sowie durch sein Ausbildungsniveau beeinflusst, was auch als sog. Standessprache bezeichnet wird.

Die Beobachtungskriterien der Sprache lassen sich in die Bereiche

- Artikulation,
- Sprachfluss und
- Sprachverständnis

einteilen.

Artikulation

Unter der Artikulation ist die Bildung verschiedener Laute (Vokale und Konsonanten) zu verstehen.

Sie erfolgt durch Formveränderungen des Sprechapparates, der seinerseits aus Zunge, Lippen, Mund- und Rachenraum sowie dem Kehlkopf einschließlich der Stimmbänder besteht. Die normale Artikulation ist durch eine deutliche und allgemein verstehbare Sprache, die in einer der Situation angemessenen Lautstärke eingesetzt wird, gekennzeichnet. Die Bildung von Begriffen erfolgt mühelos und die Stimme klingt unauffällig.

Sprachfluss

Der normale Sprachfluss erzeugt einen melodischen, fließenden Klang und erfolgt in einer der Situation entsprechenden Sprechgeschwindigkeit.

Sprachverständnis

Das normale Sprachverständnis ist wesentlicher Teil des Sprachbesitzes, der es dem Gesunden ermöglicht, die Sprache seines Mitmenschen zu verstehen und sich seinerseits diesem verständlich und sinnzusammenhängend mitzuteilen. Voraussetzung hierfür ist die intakte Funktion des zentralen Nervensystems mit seinen sog. Sprachregionen, die auch als Sprachzentrum bezeichnet werden und in der linken Großhirnhälfte lokalisiert sind. Hier koordinieren und kontrollieren sie gemeinsam mit anderen Zentren des Bewusstseins die ▸ *Lautbildung* und sind somit für die Sprachsteuerung verantwortlich.

Die Beobachtung der Sprache eines Menschen orientiert sich an den Kriterien Artikulation, Sprachfluss und Sprachverständnis. Stimme und Sprache sind wesentlicher Bestandteil der Persönlichkeit eines Menschen. Darüber hinaus sind sie elementar wichtig für die verbale Kommunikation.

28.2 Abweichungen und Veränderungen in Stimme und Sprache und deren mögliche Ursachen

28.2.1 Veränderungen der Stimme

Bei Veränderungen der Stimme können entweder pathologische Ursachen an den stimmbildenden Organen vorliegen oder sie können psychisch bedingt sein. Darüber hinaus können Bewegungsstörungen, Entzündungen, Geschwulstbildungen oder eine Über- und Fehlbeanspruchung der Stimmlippen Störungen der Stimme nach sich ziehen.

Veränderungen der Stimmlage

Bei Gesunden erfolgt der Stimmwechsel, auch als Stimmbruch bezeichnet, etwa um das 13. – 14. Lebensjahr. Tritt dieser Wechsel der Stimme nicht ein, wird von einer veränderten Stimmlage gesprochen. Bei Frauen kommt es auch im Zusammenhang mit der hormonellen Umstellung in der Menopause zu einer veränderten Stimmlage. Eine Androgentherapie kann bei Frauen ebenfalls eine Veränderung der Stimmlage hervorrufen.

Veränderungen der Lautstärke

Die Stimme eines Menschen wird v. a. bei Zuständen, die mit Kraftlosigkeit und Schwäche einher gehen sowie durch Atemwegserkrankungen im Sinne einer Herabsetzung der Lautstärke verändert.

Veränderungen des Stimmklanges

Sie treten im Rahmen von grippalen Infekten, wie starkem Schnupfen oder bei angeschwollenen Mandeln auf. Ein nasaler Stimmklang ist bei großen Nasenschleimhautpolypen hörbar. Kommt es nach einer Tonsillektomie (operative Entfernung der Mandeln) zu Schwellungen, kann dies ebenfalls zu Veränderungen des Stimmklanges führen.

Heiserkeit/Belegtheit (Raucedo; Raucidas)

Die Stimme kann sich in vielen Fällen heiser, klanglos, belegt oder rauh anhören, wenn es zu einer Kehlkopfentzündung (Laryngitis) gekommen ist. Die Ursache liegt in einer veränderten Schleimhaut, die ihrerseits die Schwingfähigkeit der Stimmlippen beeinflusst. In den meisten Fällen handelt es sich um eine Begleiterscheinung eines Virusinfektes der oberen und unteren Luftwege, die oft von Schnupfen oder Bronchitis begleitet ist. Denkbar ist auch eine Überbeanspruchung der Stimmbänder durch übermäßiges und lautes Sprechen, Singen, Schreien oder eine Schleimhautreizung durch Rauch und Gase.

Schädigungen der Nerven, die für die Öffnungs- und Schließbewegungen der Stimmlippen verantwortlich sind, führen häufig ebenfalls zu den beschriebenen Symptomen. Die Nerven ihrerseits können durch eine Entzündung, Tumore oder Verletzungen Schaden erlitten haben. Als weitere Ursache für die Heiserkeit sind Lähmungen des N. recurrens, welcher die Kehlkopfmuskeln innerviert, zu nennen. Diese Heiserkeit kann in extremen Fällen in eine regelrechte Tonlosigkeit (Aphonie) übergehen.

Verzerrung

Angeborene Lippen-, Kiefer- oder Gaumenspalten führen zu einem verzerrten Stimmklang.

Klanglosigkeit und Mattigkeit

Die Stimme kann sich bei Erschöpfungszuständen sowie im Rahmen depressiver Verstimmungen oder bei Depressionen selbst klanglos und matt anhören.

Aphonie

Eine Aphonie ist eine Stimmlosigkeit, die oftmals mit einer Heiserkeit beginnt. Ihr können Erkältungskrankheiten oder schwere karzinombedingte Kehlkopferkrankungen zu Grunde liegen. Letztere erfordern eine operative Kehlkopfentfernung (Laryngektomie). Im Weiteren kann es auch auf Grund einer seelischen Verletzung zu der sog. psychogenen Aphonie kommen. Die Betroffenen sind trotz vollkommen intakter Kehlkopfmuskulatur und Nervenleistung nicht in der Lage, die Stimmritze zu schließen.

Verlust der natürlichen Stimme

Zu einem solchen Verlust kann es im Rahmen bösartiger Tumoren des Hypopharynx und Larynx kommen, wenn diese Anlass für eine teilweise oder vollständige Entfernung des Kehlkopfs geben und bei dem Betroffenen ein Tracheostoma angelegt werden muss. Die Stimme klingt durch den Einsatz eines Summgenerators zur Verstärkung der Stimme abgehackt und automatisiert. Muss bei einem Menschen eine Tracheotomie (Luftröhrenschnitt) vorgenommen werden, spricht er mit Hilfe einer Tracheal-Sprechkanüle. Er kann damit nicht mehr stimmhaft sprechen und erlernt eine sog. Ersatzsprache, mit Hilfe derer er sich wieder verständigen kann, jedoch ohne die normale individuelle Tonbildung. Die dabei hörbare Stimme klingt heiser und metallisch.

Abweichungen und Veränderungen der Stimme:

- Zur Charakterisierung einer Stimme gehören Stimmlage, Lautstärke und Klang.
- Sprache wird beurteilt nach Artikulation, Sprachfluss und Sprachverständnis.
- Veränderungen der Stimme können sowohl organische als auch psychische Ursachen besitzen.
- Veränderungen des Stimmklangs können Heiserkeit, Verzerrung, Mattigkeit und Klanglosigkeit sowie Aphonie sein.

28.2.2 Veränderungen der Sprache

Sprachstörungen, die auch als Lalopathien bezeichnet werden, können ursächlich in einer angeborenen Hörstörung und der damit verbundenen fehlerhaften Nachahmung liegen. Weiterhin vermögen auch Hirnschäden und Intelligenzdefekte die Sprachbildung negativ zu beeinflussen. Schäden an Zunge, Lippe oder Gaumen, motorische Ungeschicklichkeiten und schlechte sprachliche Vorbilder sind ebenfalls Gründe für Sprachstörungen.

Artikulationsstörungen

Artikulationsstörungen können sich auf verschiedene Weise darstellen. Unterschieden werden können Dyslalien, Echolalien, Aphrasien, Dysglossien und die kloßige sowie undeutliche Sprache.

Dyslalie

Als Dyslalie wird die Fehlartikulation eines Lautes, mehrerer Laute, Lautverbindungen oder ganzer Lautgruppen verstanden.

Die entsprechenden Laute werden entweder falsch gesprochen, ausgelassen oder durch einen anderen Laut ersetzt. Die Dyslalie wird auch als Stammeln bezeichnet. Häufigste Formen der Dyslalie sind:

- Kappazismus: Stammeln mit Fehlbildung des Lautes >>K<<, welcher ausgelassen oder durch >>T<< ersetzt wird.
- Gammazismus: Stammeln mit Fehlbildung des Lautes >>G<<, der entweder fortgelassen oder durch >>D<< ersetzt wird.
- Sigmatismus: Der Sigmatismus ist die häufigste Form der Dyslalie. Bei dieser auch als Lispeln bezeichneten Sprachstörung wird die Zunge bei der Bildung der S- und Zischlaute fehlerhaft betätigt. Die Ursache kann in einer Hörstörung liegen oder in anatomischen Veränderungen und Defekten an den Lippen oder Zähnen usw.
- Lambdazismus: Stammeln mit Artikulationsstörung des L-Lautes.
- Rhotazismus: Hierbei handelt es sich um teilweises Stammeln mit einer Aussprachestörung des stimmhaften >>V<<.

Normalerweise tritt das Stammeln in einem Übergangsstadium der Sprachentwicklung auf und entsteht in den meisten Fällen durch falsche Gewohnheit. Bis zum Eintritt in die Schule sollten alle Stammelfehler, die durch mangelnde Geschicklichkeit auftreten, vollständig beseitigt sein. Neben diesen physiologischen Stammelformen können aber auch pathologische Ursachen zu einer Dyslalie führen.

Unterschieden werden hierbei 4 Gruppen von Ursachen: Als mechanische Dyslalie wird das Stammeln aufgrund von anatomischen Fehlbildungen und Störungen bzw. Veränderungen an den Artikulationsorganen bezeichnet. Audiogene Dyslalien ergeben sich aus der Einschränkung bzw. dem Fehlen der auditiven Aufnahmefähigkeit und der Eigenkontrolle beim Spracherwerb bei gehörlosen oder schwerhörigen Menschen. Auch zentral-nervöse Störungen können zu einer Dyslalie führen.

Die Dyslalie aufgrund psychischer Traumatisierung oder negativer sprachlicher Vorbilder wird als funktionelle Dyslalie bezeichnet.

Echolalie

Die Betroffenen ahmen Gehörtes echoartig nach. Hierbei handelt es sich um eine funktionelle Störung des Sprechens, die ihre Ursache in einer Schizophrenie haben kann.

Aphrasie

Hierunter wird das Unvermögen verstanden, richtige Sätze zu bilden.

Dysglossie

Unter der Dysglossie wird eine Sprachstörung infolge von Anomalien der peripheren Sprechwerkzeuge, z. B. der Zunge, des Gaumens, der Zähne usw. verstanden.

Kloßige Sprache

Die Sprache hört sich kloßig an bei neurologischen Erkrankungen, die mit einer Sprachmuskellähmung einher gehen.

Undeutliche Sprache

Menschen, die größere Zahnlücken aufweisen, zahnlos sind oder schlecht sitzende Zahnprothesen tragen, können undeutlich und somit in vielen Fällen nur unverständlich sprechen.

Störungen des Sprachflusses bzw. der Koordination

Störungen des Sprachflusses bzw. der Sprachkoordination lassen sich unterteilen in Dysarthrie, Stottern, Poltern und Logoklonien.

Dysarthrie

Das Besondere an dieser Sprachflussstörung ist, dass es sich hierbei, im Gegensatz zur Dyslalie, um eine Störung der gesamten Artikulation handelt. Die Koordination des Sprachvollzugs ist bei dieser zentralnerval bedingten Störung nicht gegeben, d. h. es ist keine Gliederungsfähigkeit der Sprache möglich.

Weiterhin wird eine charakteristische Störung bei sog. Hirnstammsymptomatik mit diesem Begriff bezeichnet, die eine skandierende Sprache verursacht. Hierunter wird das Aussprechen zerhackter Worte verstanden, dessen Ursache in Erkrankungen des Kleinhirns liegen und z. B. bei Multiple-Sklerose-Erkrankten zu beobachten ist. Dabei können Wörter und Sätze nur langsam und schlecht artikuliert ausgesprochen werden, was sich holprig anhört. Lediglich das Aussprechen kurzer Bruchstücke von Sätzen ist möglich.

Stottern (Balbuties)

Im Gegensatz zur Dyslalie liegt bei dieser Sprachstörung, die auch als Stottern bezeichnet wird, eine Störung des gesamten Redeablaufs und der Koordination des komplizierten Zusammenspiels aller beteiligten Muskeln zu Grunde. Es handelt sich um eine Unterbrechung der fließenden Sprache. Hervorgerufen wird diese Sprachstörung durch spastische Bewegungen der Artikulations-, Phonations- und Respirationsmuskulatur. Darüber hinaus wird beim Stottern in die klonische (Wiederholung von Lauten, Silben, Worten) und die tonische (Verlängerung des Anlautes) Form unterschieden. Ursächlich kommen frühkindliche Hirnschäden und ererbte oder erworbene psychogene Fehlhaltungen in Betracht.

Poltern

Diese Redeflussstörung tritt ein, wenn der Redner sprichwörtlich schneller spricht, als er denken kann. Daraus resultiert ein unverständlicher Wortsalat. Zur Ursache s. Balbuties.

Logoklonie

Es kommt zu einer Silbenanhäufung sowie einem taktmäßigen Wiederholen der Endsilben.

Störungen des Sprachverständnisses

Zu den Störungen des Sprachverständnisses werden die Dysphasie, Paraphasien, Neologismen und die verschiedenen Formen der Aphasie gerechnet.

Dysphasie

Hierbei handelt es sich um den kompletten Verlust der Sprache oder auch um eine nach Therapie oder spontaner Rückbildung gebesserte ▸ *Aphasie*. Die Ursache dieser angeborenen oder erworbenen Sprachschwäche liegt in einer zentralen Störung.

Paraphasien

Paraphasien sind Sprachstörungen, die durch eine Verwechslung von Worten (verbale Paraphasie), Silben oder Buchstaben (literale Paraphasie) gekennzeichnet ist. Ist die Paraphasie stärker ausgeprägt, kann es zu einem unverständlichen Kauderwelsch der Sprache kommen (Jargon-Aphasie).

Neologismen

Hier treten Wortneubildungen für bestehende oder neue Begriffe und Vorstellungen für die Betroffenen auf. In seltenen Fällen entsteht dadurch eine völlig „neue" unverständliche Sprache.

Abweichungen und Veränderungen der Sprache:

- Zu den Ursachen von Artikulationsstörungen gehören mechanische, audiogene, zentral-nervöse und funktionelle Störungen.
- Dyslalie, Echolalie, Aphrasie, Dysglossie, kloßige und undeutliche Sprache sind Formen von Artikulationsstörungen.
- Dysarthrie, Stottern (Balbuties), Poltern und Logoklonie sind Störungen des Sprachflusses.
- Unter den Störungen des Sprachverständnisses unterscheidet man Dysphasie, Paraphasie, Neologismen und Aphasie.

Aphasie

Bei der Aphasie handelt es sich um eine zentrale Sprachstörung, innerhalb derer die verschiedenen Komponenten des Sprachsystems (Lautstruktur, Wortwahl, Wort- und Satzbildung) mehr oder weniger stark beeinträchtigt sind.

Betroffen sind hiervon Erwachsene, die vorher die Sprache gut beherrschten und deren Denkvermögen weder formal noch inhaltlich beeinträchtigt ist. Diese aphasischen Störungen beziehen sich auf alle motorischen und sensorischen Modalitäten, d. h. auf das Sprechen und das Verstehen, das Lesen und das Schreiben.

Die Ursache der Aphasie kann in erworbenen, zentralen Lähmungen liegen, die ihrerseits Lähmungen an den sog. Sprechwerkzeugen wie beispielsweise der Zunge oder den Mimikmuskeln nach sich ziehen, z. B. bei einer Hemiplegie nach apoplektischem Insult. Die Aphasien werden in sensorische und motorische Aphasien unterschieden, wobei es häufig zum Auftreten von Kombinationen der beiden Sprachstörungen kommt (**Abb. 28.1**).

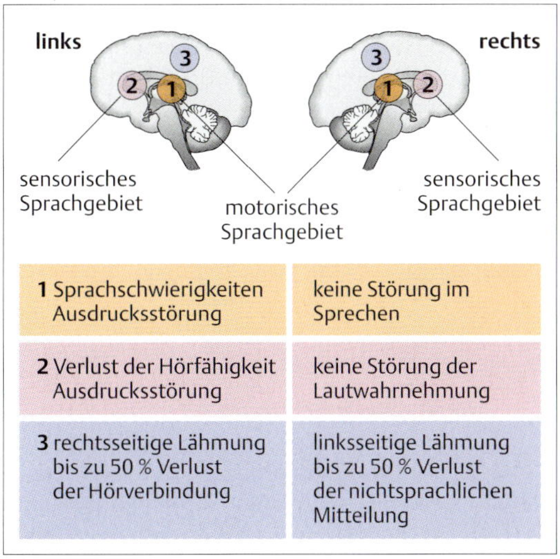

Abb. 28.1 Störungen des Sprachorganismus bei Erkrankungen des Gehirns

Bei der sensorischen Aphasie, die auch als „rezeptive Aphasie" bezeichnet wird, verlieren die Betroffenen das Sprachverständnis.

Sie verstehen nicht, was sie hören und sprechen daher zwar viel und gut artikuliert, jedoch in sinnlosen Zusammenhängen, was häufig zu einem regelrechten „Wortsalat" führt. Der Satzbau ist dabei durch eine fehlerhafte Kombination und Stellung von Wörtern sowie Satzabbrüchen und falschen Endungsformen gekennzeichnet. Ursache der sensorischen Aphasie ist eine Störung im sensorischen Sprachzentrum des Gehirns.

Die motorische Aphasie wird auch unter dem Begriff „expressive Aphasie" geführt. Hierbei verstehen die Betroffenen zwar, was zu ihnen gesagt wird und wissen auch, was sie antworten möchten, sie finden jedoch nicht die passenden Worte. In vielen Fällen kann hierbei ein Sprechen im Telegrammstil beobachtet werden oder die Worte werden aufgeschrieben. Motorische Aphasien haben demzufolge nichts mit einer fehlenden Intelligenz zu tun.

Eine weitere Differenzierung der Aphasie findet in 4 Hauptsyndrome statt.

Die Broca-Aphasie ist durch ein gutes Sprachverständnis und einen erheblich verlangsamten Sprachfluss gekennzeichnet. Verbunden ist diese Sprachstörung mit einer deutlichen Sprachanstrengung bei meist schlechter Artikulation und stark beeinträchtigter Sprachmelodie (Prosodie).

Bei der Wernicke-Aphasie ist ein schlechtes Sprachverständnis bei gut erhaltenem Sprachfluss beobachtbar. Dieser ist häufig von einer überschießenden Sprachproduktion mit zahlreichen phonematischen (lautlichen) und/oder semantischen (inhaltlichen) Paraphasien begleitet.

Menschen, die von einer globalen/totalen Aphasie betroffen sind, verstehen nur wenig von der gesprochenen Sprache; sie können weder lesen noch schreiben. Häufig werden sog. Perseverationen produziert, beispielsweise „nanananananana", d.h. weni-

Tab. 28.2 Die vier Aphasie-Typen nach Leitsymptomen unterteilt (aus Meier-Baumgartner, H.P., R.-M. Schütz: Der Schlaganfall-Patient, Hans Huber, Bern 1994)

Leitsymptom	*amnestische Aphasie*	*Wernicke-Aphasie*	*Broca-Aphasie*	*globale Aphasie*
Sprachverständnis	leicht gestört	stark gestört	leicht gestört	stark gestört
Sprachproduktion	meist flüssig	flüssig, überschießend (Logorrhoe)	gering, verlangsamt	spärlich bis fehlend, Automatismen
Paraphasien und Satzbau	wenig Paraphasien, Satzbau kaum gestört, umschreibende Sätze bei Wortfindungsstörung typisch	reichlich semantische u. phonematische Paraphasien bis hin zu Neologismen (in der stärksten Form semantischer Jargon); Paragrammatismus	oft phonematische Paraphasien, Agrammatismus (Fehlen von Funktionswörtern, d.h. einfache Satzstrukturen)	viele phonematische Paraphasien und Neologismen, Satz hat oft nur Einzelwörter oder Sprachautomatismen
Sprachmelodie und -rhythmus (Prosodie)	erhalten, aber zögernde Sprechweise durch Wortfindungsstörung	erhalten	stark gestört (oft nivellierend), zusätzlich ggf. kortikale Dysarthrie	stark gestört, oft Artikulation dysarthrisch

ge, sich oft wiederholende Laute. Die globale Aphasie wird auch als die schwerste Form der Aphasie bezeichnet, da hierbei sowohl die Sprachproduktion als auch das Sprachverständnis stark reduziert sind.

Bei der amnestischen Aphasie sind in erster Linie Wortfindungsstörungen zu beobachten. Selten können auch Störungen des Sprachverständnisses oder der Artikulation von Worten auftreten. Lesen und Schreiben sind nur gering betroffen. Ebenso ist der Sprachfluss gut erhalten und es überwiegt ein intakter Satzbau. Allen beschriebenen Formen der Aphasie liegt eine Schädigung des Sprachzentrums im Gehirn zugrunde, die in den meisten Fällen auf einen apoplektischen Insult zurückzuführen ist. **Tab. 28.2** zeigt die Leitsymptome der verschiedenen Aphasien im Überblick.

Die schwerste Form einer Sprachstörung, die als Folge einer Hirnschädigung entstanden ist, wird als Aphasie bezeichnet.

Aphasie:

- Bei der sensorischen/rezeptiven Aphasie verlieren die Betroffenen das Sprachverständnis.
- Die motorische/expressive Aphasie äußert sich in der Unfähigkeit, die passenden Worte zu finden.
- Nach den 4 Hauptsyndromen unterscheidet man Broca-, Wernicke-, globale und amnestische Aphasie.

28.3 Ergänzende Beobachtungskriterien

Die meisten Menschen setzen zur Unterstützung ihrer Stimme und Sprache ihre Hände und ihren Körper ein. Daher sind Stimme und Sprache nicht isoliert von der Mimik und Gestik eines Menschen beobachtbar (s. a. Kap. 25.1). Sie qualifizieren das gesprochene Wort zusätzlich. Die Wortwahl ist abhängig von dem Kontext, in dem die jeweilige Kommunikation stattfindet und der Art der Beziehung zwischen den Kommunikationspartnern: Dienstliche Gespräche haben im Allgemeinen einen eher förmlichen Charakter während Gespräche zwischen zwei sich nahe stehenden Menschen sehr privater Natur sein können. Die Stimme variiert vor Allem in Abhängigkeit von der jeweiligen psychischen Verfassung eines Menschen. Emotionale Erregung hat häufig auch Auswirkungen auf die Stimmlage, Tonhöhe und das Sprechtempo. Die Sprache gilt als das wichtigste menschliche Kommunikationsmittel. Um so mehr trifft es Menschen, wenn sie sich sprachlich nur noch eingeschränkt bzw. gar nicht mehr verständigen können. Liegen Störungen der Sprache zentral-nervöse Ursachen zugrunde, wie beispielsweise ein apoplektischer Insult, sind auch Störungen der Bewegungen des betroffenen Menschen zu beobachten.

28.4 Besonderheiten bei Kindern

Sigrid Flüeck

28.4.1 Entwicklungsmäßige Voraussetzungen

Die Voraussetzungen zur sprachlichen Entwicklung eines Kindes sind bereits im Mutterleib vorhanden. Der Embryo trainiert hier schon seine orofasziale Muskulatur (Mundmuskulatur) durch Saugen, Trinken und Daumenlutschen. Eine weitere Voraussetzung ist die ungestörte Entwicklung des Hörvermögens (**Abb. 28.2**). Die Entwicklung des Hörorgans beginnt in der 3. Schwangerschaftswoche und ist bereits in der 1. Hälfte der Schwangerschaft abgeschlossen. Alfred A. Tomatis, ein HNO-Arzt stellte fest, dass ein Fetus bereits im Mutterleib auf die Stimme der Mutter reagiert. Das Gelingen dieses intrauterinen Dialogs ist ein wesentliche Voraussetzung für eine ungestörte Kommunikationsentwicklung.

Während das Hören und die Sprachanlage angeboren sind, muss die Sprache mit Beginn des Lebens erworben werden. Dazu gehören die Wahrnehmung über die Sinne, z. B.:

- Das Hören: Sprachmelodie; das Sehen: Form, Farbe; das Tasten: begreift und fühlt mit den Fingern; das Riechen: riecht das für den Gegenstand typische Aroma, oder riecht nicht; das Schmecken: schmeckt süss, sauer, bitter, salzig usw.
- Die sozioemotionale Entwicklung: Kind schreit, ~ Mutter reagiert und erkennt am Klang die Ursache des Schreiens.
- Die geistige Entwicklung/Hirnreife: Kind nimmt gezielt ein Spielzeug wahr, erkennt es wieder und möchte nur dieses Spielzeug haben.
- Die Entwicklung der Bewegungsfähigkeit (Grob- und Feinmotorik): Um sich die Welt zu erschließen und um die für die Aussprache richtige Stellung und Spannungszustände der Mundmuskulatur zu üben.

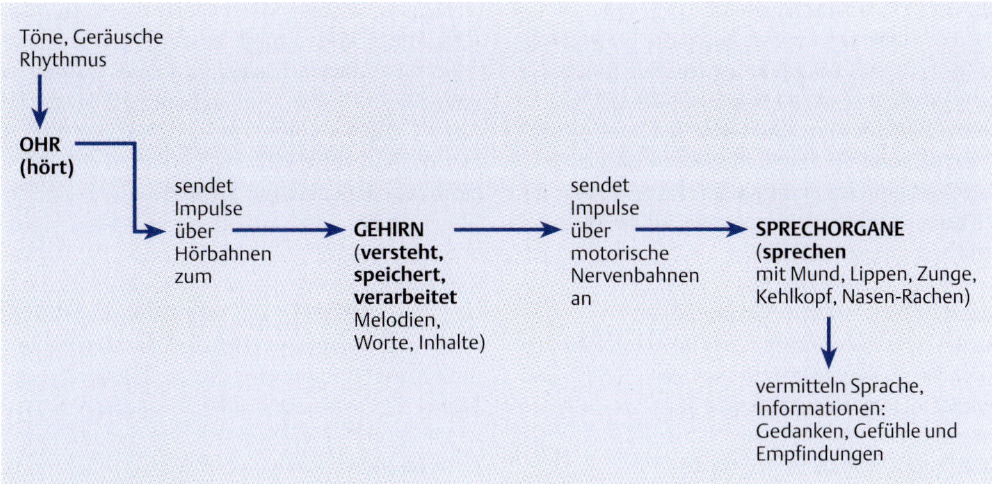

Abb. 28.2 Hören und Sprechen

Die Stimme entfaltet sich über das Schreien des Säuglings, und die Funktion der Stimmbänder werden somit regelmäßig trainiert.

28.4.2 Normale Sprachentwicklung des Kindes

Der Spracherwerb des Kindes erfolgt auf der Basis angeborener und sich entwickelnder Sprachfähigkeiten in Interaktion zwischen Lebensumwelt, Kultur und Gesellschaft. Die Umwelt hat eine auslösende, orientierende und formende Funktion.

- Das Lallstadium beginnt mit dem 4.–5. Monat. Das Baby bringt während des Lallens undifferenzierte Laute hervor. In der weiteren Entwicklung werden diese Laute auf solche reduziert, die das Kind in seiner Umgebung wahrnimmt. Durch das Hervorbringen der Laute und in Verbindung mit dem Trinken und Saugen wird die orofasziale Muskulatur gekräftigt.
- Das Einwortstadium beginnt am Ende des ersten Lebensjahres und ist gekennzeichnet durch den größtmöglichen Kontrast in der Vokalkonsonantverbindung wie z. B. der Lippenschluss (mtp) und die größtmögliche Mundöffnung (a). Es werden Silben verdoppelt und Silbenverbindungen gebildet sowie kleine Aufforderungen verstanden.
- Im darin anschließenden Zweiwortstadium beginnt das Kind mit ca. 18 Monaten 2 sinnvolle Wörter aneinander zu kombinieren, (Ball da/Tee haben). Das Sprachverständnis, der passive Wortschatz, ist dem aktiven Wortschatz weit voraus; d. h. das Kind versteht mehr als es sprechen kann. Sprache wird durch Gestik und Mimik unterstützt.
- Nach dem Zweiwortstadium nimmt der Wortschatz des Kindes enorm zu. Es spricht in kurzen, einfachen Sätzen, Funktionswörter (z. B. der, die, das, von, bei, auf, neben) fehlen noch häufig. Über die Stimme und Intonation (Stimmklanghöhe) wird deutlich, ob es sich um einen Befehl, eine Frage oder eine Aussage handelt, z. B. „Ball haben“ = Frage?, Befehl?, Bitte?. Dieses Stadium wird auch das Stadium des Telegrammstils genannt. Die Artikulation des Kindes wird immer besser und erreicht mit 3 Jahren die Verwendung von Personalpronomen (ich, du, er). Gleichzeitig werden Hilfsverben zur Bildung der Vergangenheit benutzt (z. B. ich habe gegessen). Die Kinder besitzen zunehmend Fähigkeiten, abstrakte Gedankengänge zu verstehen und beginnen Gegensätze (z. B. heiss – kalt; kalt – kälter) anzugeben. Im Verlauf der weiteren Entwicklung werden die Laute und Lautverbindungen der Muttersprache immer konkreter ausgesprochen. Es gibt Erinnerungen an die Vergangenheit und Wünsche an die

Zukunft (Mama war beim Friseur und ich möchte mit Oma ein Eis essen gehen).

- Das Fragealter drückt sich durch die Frage: „WARUM?“ aus, das Kind hinterfragt viele Dinge, die man gar nicht sehen oder anfassen kann. Im Alter von 4 – 6 Jahren spricht das Kind fließend, Gedankengänge und Geschichten werden nacherzählt. Das Kind erkennt und benennt Farben, zählt bis 10, kann telefonieren und unterscheidet Vor- und Nachnamen (**Abb. 28.3**).

28.4.3 Kindliche Sprachstörungen

Kindliche Sprachstörungen werden unterschieden in Sprachentwicklungsverzögerungen (SEV) und Sprachentwicklungsstörungen (SES).

Sprachentwicklungsverzögerung

Von einer Sprachentwicklungsverzögerung spricht man, wenn in den Bereichen: Sprachverständnis, Artikulation, Wortschatz und Grammatik eine zeitliche Verzögerung auftritt.

Die Verzögerung kann in absehbarer Zeit aufgeholt werden.

Sprachentwicklungsstörung

Ist der Rückstand in der Entwicklung deutlich größer als ein 1/2 Jahr, spricht man von einer Sprachentwicklungsstörung. Diese ist gekennzeichnet durch:

- Sprachverständnisstörung,
- Dyslalie,
- eingeschränkten Wortschatz und
- Dysgrammatismus.

Der Störungsgrad der einzelnen Symptome kann unterschiedlich ausgeprägt sein.

Dyslalie

Unter einer Dyslalie wird die Fehlartikulation eines Lautes, mehrerer Laute, Lautverbindungen oder ganzer Lautgruppen verstanden.

Sie zeigt sich in 2 Formen. Bei der ersten Form, der Artikulationsstörung, ist die Sprache richtig erworben. Die Störung liegt in der korrekten Bildung einzelner Laute und Lautverbindungen; d.h. das Sprechen ist gestört.

Die andere Form ist die Lauterwerbsstörung. Das Kind bildet die fehlenden oder fehlerhaft gebildeten Laute nur mit gezielter Unterstützung. In seiner Spontansprache verwendet es diese Laute jedoch nicht. Es lässt einen oder mehrere Laute aus, oder ersetzt Laute oder Lautverbindungen durch andere (z.B. statt „Banane“ sagt das Kind „Nane“; statt „Staubsauger“ sagt es „Taubsauger“; statt „Keks“ „Teks“), was bedeutet, dass der Lauterwerb im Rahmen der Sprachentwicklung bei diesen Kindern noch nicht abgeschlossen ist (s. a. S. 457).

Sigmatismus

Hier handelt es sich um eine spezielle Form der Dyslalie, die bei Kindern zunächst häufig auftritt. Dabei werden „S“-Laute und Zischlaute falsch gebildet, z.B. rutscht die Zunge zwischen die Zähne statt hinter Zähne.

Dysgrammatismus

Unter Dysgrammatismus werden Störungen beim Erwerb und Gebrauch der Grammatik verstanden. Sie zeigen sich im Auslassen von Wörtern und Satzteilen (z.B. „Papa Auto“, „Tom müde“), in der mangelnden Übereinstimmung zwischen Artikel und Substantiv (z.B. „das Junge“, „der Milch“) oder Subjekt und Verb (z.B. „ich spielen“, „du macht“), aber auch in einer falschen Stellung der Wörter innerhalb eines Satzes (z.B. „gestern bei Oma bin gewesen ich“).

Stottern

Bei einer großen Anzahl von Kindern kommt es zwischen dem 3. – 5. Lebensjahr zu einer Art „Stottern“. Es sind Sprechunflüssigkeiten, die entstehen, wenn das Kind seine Gedanken nicht so schnell wie es möchte in eine geordnete Sprache umsetzen kann. Sie gehören zum physiologischen kindlichen Sprechverhalten und sind nicht als eine Störung anzusehen. Es ist sehr schwierig diese physiologische Sprechunflüssigkeit von beginnendem Stottern zu unterscheiden. Bei der altersgemäßen Unflüssigkeit des Sprechens beziehen sich die Wiederholungen insbesondere auf Satzteile („was ist, was ist da, was ist da“) Beim Stottern ist die Wiederholung besonders auf einzelne Laute bezogen. („d-d-das“). Der Unterschied liegt auch in der Dehnung der einzelnen Laute. Diese sind bei der Sprechunflüssigkeit' eher kurz („dddein“); und beim beginnenden Stottern sehr lang („dddddein“) Wichtig ist die Beobachtung der altersgemäßen Sprechunflüssigkeiten. Sie sollten nicht länger als ein 1/2 Jahr dauern.

Eine detaillierte Aufstellung Anhand von Sprechbeispielen über altersgemässe Sprechunflüssigkeit

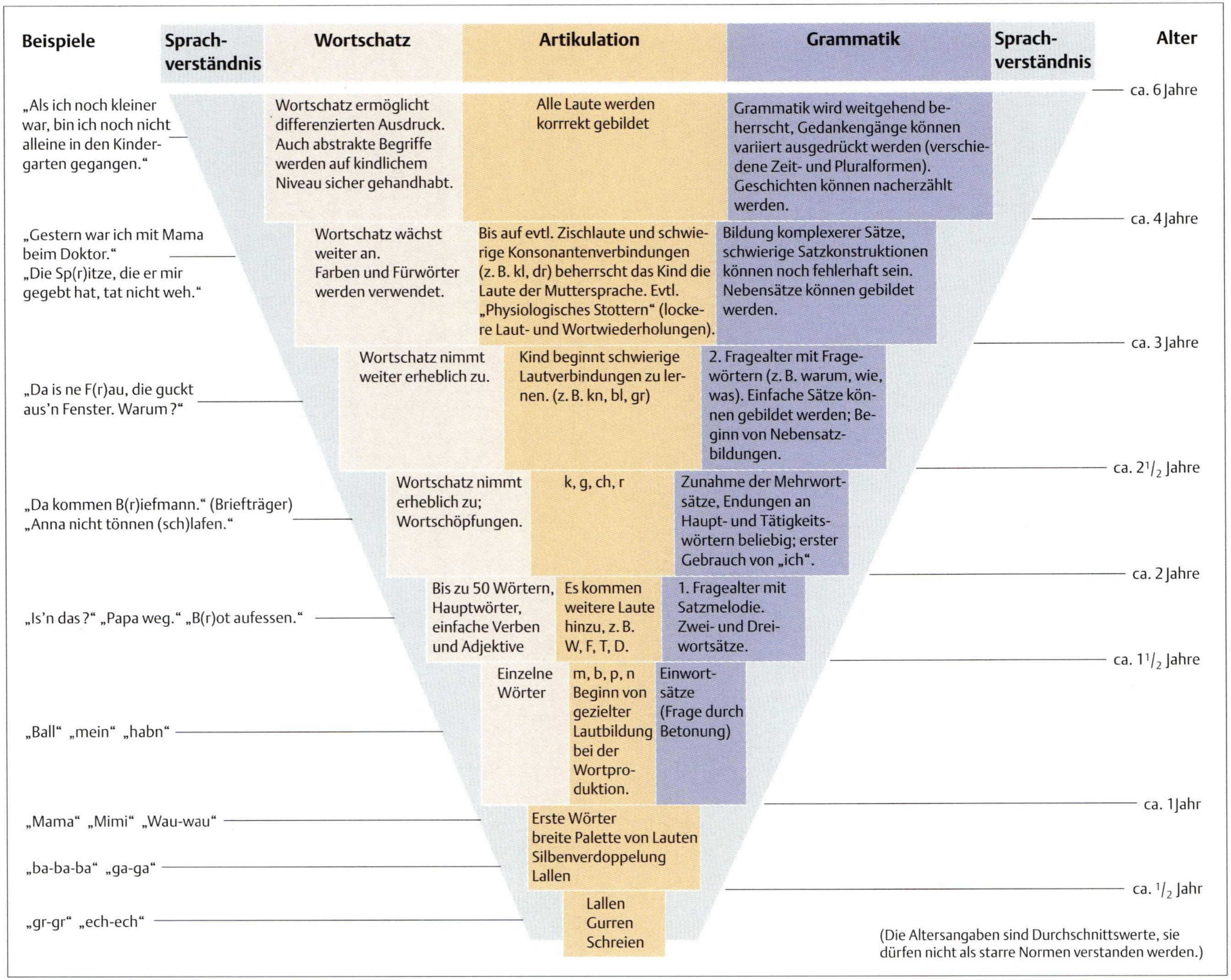

Abb. 28.3 Sprachpyramide (nach Kellnhausen u. a.: THIEMEs Pflege. 9. Aufl. Thieme, Stuttgart 2000)

Tab. 28.3 Altersgemäße Sprechunflüssigkeit, beginnendes Stottern, chronisches Stottern (aus Wendland, W.: Sprachstörungen im Kindesalter, 3. Aufl., Thieme, Stuttgart 1998)

Altersgemäße Sprechunflüssigkeit	*Beginnendes Stottern*[1]	*Chronisches Stottern*[3]	
Wiederholungen – von Satzteilen („Und dann bin ich, und dann bin ich weggerannt!") – von ganzen Wörtern („Ich, ich, ich weiß nicht?") – selten von Silbeln („Ei-Eisenbahn", „Ba-Banane") *Dehnungen (Langziehen)* – eines Lautes, kürzer als 1 Sekunde („mmmein", „aaaber") *Stille Pausen, Abbrüche, Neubeginn* – Vor dem Satz wird gezögert, und/oder einie Äußerung wird abgebrochen und eine Pause eingelegt, in der geeignete Wörter bzw. das richtige Sprachmuster gesucht werden (sprachliche Planung): „Und dann, und dann, dann ist das, das ... Kaninchen gekommen und hat, ... also, es ist mit den Füßen am, also am Gitter so hoch ..., hat sich so hochgestellt und die, die Karotte reingezogen, so mit den, den ... den Zähnen."	*Wiederholungen* – von Silben („Ei-Ei-Ei-Eisenbahn", ggf. Schwa-Laut[2]: „Be-Be-be-Banane") – von Lauten („k-kein", „T-T-Tür", „o-o-ohne") *Dehnungen* – eines Lautes, länger als 1 Sekunde („mmmmmmein", aaaaaaaber") *(Stille) Pausen* – vor oder im Satz – ggf. innerhalb eines Wortes – „Hängenbleiben" an einem Laut: Das Weitersprechen bzw. das Bilden des nächsten Lautes gelingt nicht – ggf. Anzeichen von Verspannungen in der am Sprechen beteiligten Muskulatur (z. B. Pressen der Lippen, Zucken der Augenlider)	*Wiederholungen* – Silben (mit Schwa-Laut: „Be-Be-Be-Be-Banane") – Laute („k-k-k-keine", g-g-g-gar") Frequenz der Wiederholung öfter als 2mal Sprechtempoerhöhungen bei Wiederholungen *Dehnungen* – länger als 1 Sekunde – Anspannungen im Mundbereich, Gesicht, Hals – mit Anstieg der Tonhöhe – mit Anstieg der Lautstärke *Pausen* („Hängenbleiben" an einem Laut) – vor und im Wort – mit und ohne Ton/Stimme – immer verbunden mit Kraft und Anstrengung der am Sprechen beteiligten Muskulatur, z. B. Zittern/Zucken der Lippen *Sprachliches Vermeidungsverhalten* – (ständiges) Umkonstruieren des Satzes (Aussage bleibt teilweise unverständlich) – Wortabbrüche; Verschlucken von Silben/Wörtern Redeabbrüche, Schweigen – Zeichensprache (Zeigen statt Sprechen) – Allgemeine „Sprechfaulheit", Redeunlust, Einsilbigkeit (Wortkargheit kann Eindruck geistiger Undifferenziertheit vermitteln) *Emotionale Beeinträchtigungen* – Erwartungsangst, Misserfolgsvorwegnahme – Ärger- und Wutreaktionen, bezogen auf das eigene Stottern – Peinlichkeits- und Schamgefühle – Angst vor dem Stottern – allgemeine Sprechangst – Logophobie (spezifische Lautangst[4])	*Mitbewegungen* – Bewegungen von Körperpartien, die nicht unmittelbar am Sprechen beteiligt sind (Hände, Arme, Beine, ganzer Körper) *Blickkontakt gestört* – abgewandt bei Symptom – allgemein abgewandt, unstet Starrheit der Körperhaltung erstarrte Mimik und Gestik; „Einfrieren" von Bewegungen im Moment der Symptomproduktion (Fixierungen) *Sprachliches Vermeidungsverhalten* – Ersetzen „schwieriger" Begriffe/Wörter durch gleichartige (Synonyma) – Gebrauch von Flickwörtern („na ja", „also"), Floskeln und stereotypen Redewendungen („gewissermaßen"; „wollen wir mal sagen") *Soziales Vermeidungsverhalten* – Kaschieren der Symptomatik (z. B. Kopf abwenden, Hand vor den Mund nehmen) – Vermeiden von Kommunikation und üblichen Sprechsituationen – andere für sich selbst sprechen lassen – Vermeiden von Kontaktsituationen, soziales Rückzugsverhalten *Störungsbewusstsein* Es liegen in der Regel ein ausgeprägtes Störungsbewusstsein und ein hoher Leidensdruck vor. Es kann zu einer Selbstwertproblematik gekommen sein, die von sozialen Ängsten und negativen Einstellungen sich selbst, anderen Menschen und dem Leben gegenüber geprägt ist.

[1] Störungsbewusstsein muss beim Kind vorliegen.
[2] Schwa-Laut, klingt wie das „e" am Ende von „eine" und „beinahe", gilt als Warnzeichen für den Beginn des Stotterns.
[3] Die hier aufgeführten Merkmale chronischen Stotterns treten nicht immer gemeinsam bei einer Person auf.
[4] Bestimmte Buchstaben werden vom Betroffenen als extrem schwierig erlebt, Wörter mit entsprechenden Anfangslauten als typische Stotterwörter betrachtet.

und beginnendes Stottern sowie chronische Stottern wird in **Tab. 28.3** aufgezeigt.

Kindliche Dysphonie (Stimmstörung)

Der Klang der Stimme, und/oder die Lautstärke und/oder die Tonhöhe zeigen deutliche Abweichungen. Häufig weist der auffällige Klang der Stimme auf einen falschen Gebrauch hin, nur ganz selten sind Fehlbildungen oder Verletzungen der Stimmbänder zu erwarten. Die an der Stimmbildung beteiligte Muskulatur, die Atmung und Klangräume werden falsch eingesetzt und überbeansprucht und lassen die Stimme nach längerem Gebrauch, z.B. am Abend, heiser klingen. Es können an den Stimmlippen kleine Knötchen entstehen, die eine fachärztliche Behandlung erfordern.

28.5 Besonderheiten bei älteren Menschen

Marion Weichler-Oelschlägel

Bei Männern ist ein altersbedingter Stimmwechsel in vielen Fällen erst im hohen Alter zu erwarten. Während bei Frauen die mittlere Sprechstimmlage im Sinne einer Stimmvertiefung mit Beginn der Menopause absinken und unsicher werden kann, erhöht sie sich bei dem betagten Mann und sowohl der Stimmumfang wie auch die Stimmkraft nehmen ab. Jedoch ist es möglich, durch ein gezieltes Stimmtraining eine schöne und kommunikationsfähige Stimme bis zum Lebensende zu erhalten.

Bei der Demenzerkrankung vom Alzheimer-Typ kann es bereits in Stadium II der Erkrankung zu fortschreitenden Sprachstörungen kommen, innerhalb derer die verbale Kommunikation immer mehr auf wenige Worte wie „Ja, nein" reduziert oder von Ausflüchten geprägt ist.

Die unter 28.3 beschriebenen Formen der *Aphasie* treten bei geriatrischen Personen nicht immer in ihrer jeweiligen Reinform auf. Häufig kommen altersbedingte Erkrankungen wie Seh- und Hörstörungen sowie schlecht sitzende Zahnprothesen kommunikationserschwerend hinzu. Darüber hinaus führen multiple kleine Läsionen oder massivere Reinfarkte beim apoplektischen Insult ebenso zu vielfältigen sprachlichen Schwierigkeiten. Besonders häufig sind in der Geriatrie Menschen mit globalen *Aphasien*, aber auch Broca- und Wernicke-Patienten anzutreffen.

Besonderheiten bei Kindern und älteren Menschen:

- Die Sprachentwicklung beim Kind durchläuft das Lall-, das Einwort-, das Zweiwortstadium, das Stadium des Telegrammstils und das Fragealter.
- Störungen werden in Sprachentwicklungsverzögerungen und Sprachentwicklungsstörungen unterteilt.
- Die Dyslalie bei Kindern äußert sich als Artikulations- oder als Lauterwerbsstörung.
- Sigmatismus, Stottern und kindliche Dysphonie sind häufige Erkrankungen bei Kindern.
- Bei älteren Menschen zeigen sich Sprachschwierigkeiten aufgrund altersbedingter Erkrankungen.

28.6 Fallstudien und mögliche Pflegediagnosen

Störungen der Stimme und Sprache ziehen je nach Ausprägung in den meisten Fällen eine Beeinträchtigung der Kommunikationsfähigkeit nach sich.

Fallstudie Frau Kromm

Frau Kromm ist 67 Jahre alt und gestern als Notfallpatientin mit einer Rauchvergiftung in das Krankenhaus aufgenommen worden. Sie selbst konnte auf Grund einer extremen Heiserkeit, die sich inzwischen bis zur Aphonie gesteigert hat, kaum Angaben über das Geschehene machen. Ihre Nachbarin, die sie begleitet hat, berichtete, dass sie plötzlich beißenden Rauch im Treppenhaus wahrgenommen hatte und umgehend die Feuerwehr alarmierte. Frau Kromm wurde in einem Zustand angetroffen, in dem sie nur noch bedingt ansprechbar war. Offenbar hatte sie vergessen, ein Bügeleisen auszuschalten, welches Feuer fing und war auf dem Sofa eingeschlafen.

Frau Kromm lebt allein mit ihren Haustieren in einer kleinen Mietwohnung. Zu der Nachbarin hält sie einen regelmäßigen Kontakt. Der Rauch hat bei ihr eine extreme Schleimhautreizung, die mit einer Aphonie einhergeht, ausgelöst. Frau Kromm ist momentan in ihrer verbalen Kommunikationsfähigkeit massiv eingeschränkt, worunter die kontaktfreudige Frau sehr leidet. Außerdem sorgt sie sich um die Versorgung ihrer Haustiere und den Zustand der Wohnung während ihres Krankenhausaufenthalts.

Tab. 28.4 zeigt einen Auszug aus dem Pflegeplan von Frau Kromm, eine mögliche Pflegediagnose zeigt die folgende Übersicht:

Pflegediagnose beeinträchtigte verbale Kommunikation (nach Gordon)

Definition

Eine verminderte oder nicht vorhandene Fähigkeit, die Sprache in der menschlichen Interaktion zu benutzen.

Kennzeichen

Hauptkennzeichen

- Schwierigkeiten, Gedanken in Worte zu fassen (Stottern, undeutliche Aussprache von Worten oder Sätzen) oder Unfähigkeit zu sprechen

und/oder

- Aussagen über Schwierigkeiten, eine gesprochene Sprache zu verstehen.

Nebenkennzeichen

- unangemessene Äußerungen,
- Dyspnoe,
- Desorientierung,
- Unfähigkeit, die vorherrschende Sprache zu sprechen*.

Ätiologische oder beeinflussende Faktoren

- Psychische Hindernisse (Psychose, Mangel an Anregung),
- Entwicklungsbedingte oder altersbedingte Faktoren.

Risikogruppen

- Personen mit körperlichen, instrumentellen Behinderungen (Hirntumor, Tracheostomie, Intubation),
- Personen aus einem anderen Kulturkreis*,
- Personen mit anatomischen Schädigungen (Gaumenspalte),
- Personen mit einer verminderten Gehirndurchblutung.

* Muss nicht auf eine Pflegediagnose hinweisen – es handelt sich möglicherweise nur um ein Problem von Mitgliedern des Gesundheitsteams, sich mit Hilfe eines Übersetzers oder nonverbaler Kommunikation verständlich zu machen. (Die Anwendung dieser Diagnose im Zusammenhang mit psychiatrischen Erkrankungen oder Copingproblemen erscheint wenig sinnvoll, wenn sich die Pflegeinterventionen auf die Minderung von Halluzinationen, Befürchtungen oder Ängsten richten. In solchen Fällen sind die Pflegediagnosen Angst oder Furcht angemessener. Anm. d. Hrsg.)

Für Frau Kromm könnte die Pflegediagnose lauten:
Beeinträchtigte verbale Kommunikation
beeinflusst durch (b/d)
Aphonie aufgrund einer Rauchvergiftung
angezeigt durch (a/d) die Unfähigkeit zu sprechen.

Fallstudie Linus
Linus ist $4^{1}/_{2}$ Jahre alt. Vormittags besucht er seit einigen Monaten den Kindergarten seines Heimatorts. Von dort wird Linus von Fr. Meier, einer älteren Dame, abgeholt. Nachmittags wird er von ihr in ihrer Wohnung betreut, bis seine Eltern, die ganztägig arbeiten, ihn abholen. Seit einiger Zeit fällt der Mutter ein beginnendes Stottern auf. Es macht sich durch das Langziehen einzelner Anfangsbuchstaben bemerkbar. Linus macht große Sprechpausen und vermittelt einen Ausdruck von körperlicher Anspannung. Er traut sich kaum noch zu sprechen. Die Eltern stellen Linus beim Kinderarzt vor, der sie zunächst zu einem HNO-Arzt und zu einer Sprachheilpädagogin überweist. **Tab. 28.5** zeigt einen Auszug aus dem Pflegeplan von Linus, eine mögliche Pflegediagnose geht aus der oben angeführten Übersicht hervor.

Für Linus könnte folgende Pflegediagnose gestellt werden:
Beeinträchtigte verbale Kommunikation
beeinflusst durch (b/d)
Sprechunflüssigkeit
angezeigt durch (a/d)

- Stottern,
- undeutliche Aussprache von Worten und Sätzen.

Fazit: Eine intakte Stimme und die Möglichkeit, über eine gemeinsame Sprache mit anderen Menschen in Kontakt zu treten, sind entscheidend für das Wohlbefinden und die verbale Kommunikationsfähigkeit. Die normale Stimmbildung ist abhängig von funktionsfähigen anatomisch-physiologischen Gegebenheiten.

Für die gesamte Entwicklung des Kindes ist es von großer Bedeutung, dass das Kind der Welt des Redens und der Sprache mit Neugier und Interesse gegenüberstehen kann. Sprache wird nicht vererbt, daher ist das Sprachbild der Familie und der Erziehungspersonen von zentraler Bedeutung. Sprachauffälligkeiten können durch gezieltes Üben und durch gezielte Anregungen verändert werden.

Tab. 28.4 Auszug aus dem Pflegeplan von Frau Kromm

Pflegeproblem	*Ressourcen*	*Pflegeziele*	*Pflegemaßnahmen*
Frau Kromm leidet aufgrund einer Rauchvergiftung an einer akuten Aphonie und kann sich verbal nicht verständlich machen	Frau Kromm kann ihre Wünsche und Bedürfnisse schriftlich äußern	Frau Kromm • fühlt sich sicher und verstanden • kann Bedürfnisse und Wünsche mitteilen • akzeptiert die Aphonie als vorübergehende Einschränkung	• Frau Kromm überwiegend Fragen stellen, die sie mit Kopfnicken bzw. Kopfschütteln (ja/nein) nonverbal beantworten kann • in der Kommunikation Sprechtafel mit Symbolen einsetzen • Möglichkeit bieten, darüber hinausgehende Bedürfnisse aufzuschreiben • Information über zeitliche Begrenzung der Aphonie
Frau Kromm sorgt sich um die Versorgung ihrer Haustiere und den Zustand ihrer Wohnung	Frau Kromm hat guten Kontakt zu ihrer Nachbarin, die sich während ihres Krankenhausaufenthalts um Wohnung und Tiere kümmern will	Frau Kromm • weiß, dass ihre Tiere und ihre Wohnung gut versorgt sind • kann sich auf ihren Genesungsprozess konzentrieren	• Regelmäßige Kontakte zwischen Frau Kromm und ihrer Nachbarin auch außerhalb der Besuchszeiten ermöglichen • in Absprache mit Frau Kromm den Sozialdienst einschalten

Tab. 28.5 Auszug aus dem Pflegeplan von Linus

Pflegeprobleme	*Ressourcen*	*Pflegeziele*	*Pflegemaßnahmen*
Linus ist in seiner verbalen Kommunikation durch das Stottern eingeschränkt. Er artikuliert sich unter großer Anstrengung und traut sich kaum noch, zu sprechen	Die Eltern regen die Sprachentwicklung an und lassen sich dabei von Fachpersonal unterstützen	Linus • akzeptiert die Fördermaßnahmen zur Verbesserung seiner Kommunikationsmöglichkeiten • nutzt die verbale Kommunikation trotz seines Stotterns	Sprechangst reduzieren durch: • Geduld und Verständnis zeigen • verzögerte Sätze nicht ergänzen Selbstbewusstsein stärken durch: • positive Eigenschaften hervorheben • Fähigkeiten aufzeigen • nicht ständig auf die Störung hinweisen Zusammenarbeit mit Logopäden Eltern über die Möglichkeit psychotherapeutischer Unterstützung informieren Kontakt zu gleichaltrigen Betroffenen ermöglichen

Die Anwendung der Sprache als wichtigstes Kommunikationsmittel der Menschheit setzt hingegen gewisse intellektuelle Fähigkeiten voraus. Das gesprochene Wort soll einen Sinn haben, daher ist die Verständigung über das Sprechen von der Denkfähigkeit der Beteiligten abhängig. Welche Wörter dazu gewählt werden und wie reich der angewandte *Wortschatz* ist, wird maßgeblich durch das Bildungsniveau und das soziale Umfeld des Menschen beeinflusst.

Störungen oder gar der Verlust von Stimme und Sprache können sowohl in einer gestörten Hirnfunktion als auch in anatomischen Fehlanlagen am Sprechapparat ihre Ursache haben. Darüber hinaus können Abweichungen und Veränderungen vom Normalzustand auch psychogen bedingt sein.

Pschyrembel Klinisches Wörterbuch. 255. völlig überarb. u. erw. Aufl., De Gruyter, Berlin 1986

Deltz, C.: Krankenbeobachtung. Springer, Berlin 1994

Fleischer, K.: Hals-Nasen-Ohren-Heilkunde für Krankenpflegeberufe. 5. überarb. Aufl., Thieme, Stuttgart 1988

Gordon, M.: Handbuch Pflegediagnosen. 2., vollst. überarb. u. erw. Aufl., Ullstein Medical, Wiesbaden 1998

Hellekes, D.: HNO kompakt. Ullstein Mosby, Berlin 1996

Jecklin, E.: Arbeitsbuch Krankenbeobachtung. Gustav Fischer, Stuttgart 1988

Juchli, L.: Pflege. 8. überarb. Aufl., Thieme, Stuttgart 1997

Köther, I., E. Gnamm: Altenpflege in Ausbildung und Praxis. 3. Aufl., Thieme, Stuttgart 1995

Kraus, W.: Kompendium der sensitiven Krankenbeobachtung durch das Krankenpflegepersonal. 3. Aufl., Fresenius AG, Bad Homburg 1989

Lexikon Medizin: Seehamer Verlag GmbH, Weyarn. Urban & Schwarzenberg, München

Meier-Baumgartner, H.P., R.-M. Schütz: Der Schlaganfall-Patient. Hans Huber, Bern 1994

Michel, K.: Psychiatrie für Krankenpflegeberufe. Enke, Stuttgart 1989

Seel, M.: Die Pflege des Menschen, 3., vollst. überarb. u. erw. Aufl., Brigitte Kunz,Hagen 1998

Schade, J.P.: Einführung in die Neurologie. 5., bearb. dt. Aufl., Gustav Fischer, Stuttgart 1989

Schwegler, J.S.: Der Mensch – Anatomie und Physiologie. Schritt für Schritt Zusammenhänge verstehen. 2., neubearb. Aufl., Thieme, Stuttgart 1998

Wegmann, H.: Die professionelle Pflege des kranken Kindes. Urban & Schwarzenberg, München 1997

Wendlandt, W.: Sprachstörungen im Kindesalter, 3. Aufl., Thieme, Stuttgart 1998

Wirth, G.: Sprachstörungen, Sprechstörungen, Kindliche Hörstörungen. 3. Aufl., Deutscher Ärzte-Verlag, Köln 1990

Glossar

Abasie (griech. a – ohne, Mangel an; basis – Gang). Psychisch oder organisch bedingte Gangunfähigkeit

Abduktion (lat, ab – von etwas weg; ducere – führen). Bewegung, bei der z. B. eine Extremität vom Körper abgespreizt wird, vom Körper weg geführt wird

Abduktionskontraktur (lat. ab – von etwas weg; ducere – führen, contrahere – steifmachen, zusammenziehen). Versteifung eines Gelenkes in vom Körper abgespreizter Stellung

Absence (lat. absentia – Geistesabwesenheit). Kurze Bewusstseinstrübung

Absolute Arrhythmie (griech. a – ohne, Mangel an; rhythmos – Gleichmaß, Takt). Vollständig unregelmäßig erfolgende und beschleunigte elektrische Herztätigkeit

Abszess (lat. abscedere – absondern). Eiteransammlung in einer nicht vorgebildeten Höhle

Acholie (griech. a – ohne, Mangel an; chole – Galle). Fehlende Absonderung von Gallenflüssigkeit in den Darm

Achondroplasie (griech. a – ohne, Mangel an; chondros – Knorpel; plasis – Bildung, Form). Störung der Knorpelbildung, Synonym für Chondrodystrophie

Adaption (lat. adaptare – anpassen). Anpassungsvermögen von Organen

Adduktion (lat. ad – nach… hin, zu, heran; ducere – führen). Bewegung, bei der z. B. eine Extremität an den Körper herangezogen wird, an den Körper herangeführt wird

Adenom (griech. aden – Drüse; -om – Geschwulstbildung). Eine vom Drüsengewebe ausgehende, gutartige Geschwulst

Adhäsion (lat. adhaesio – Aneinanderhaften, Verklebung, Verhaften). Verklebung, Verwachsung zweier Organe infolge Operationen oder Entzündungen

Adipositas (lat. adiposus – fettreich, verfettet). Fettsucht, Übergewicht von mindestens 20% über Broca-Normalgewicht oder 30 BMI

Adipsie (griech. a- – ohne, Mangel an; dipsa – Durst). Fehlendes Bedürfnis nach Flüssigkeitsaufnahme

Adnexe (lat. adnexum – Anhang, Beigabe). Anhangsgebilde (bei Frauen: Tuben, Ovarien; bei Männern: Prostata, Samenblase)

Aerophagie (griech. aer – Luft; phagein – essen). Verschlucken von Luft

Affektivität (lat. affectus – Gemütsverfassung). Die Gesamtheit des Gefühls-, Gemüts- und Stimmungserlebens

Affektstarre (lat. affectus – Gemütsverfassung). Zustand, der gekennzeichnet ist durch ein Fehlen der affektiven Betonung und eine herabgesetzte affektive Ansprechbarkeit

Ageusie (griech. a- – ohne, Mangel an; geusis – Geschmack). Fehlende Geschmacksempfindung

Agnosie (griech. a- – ohne, Mangel an; gnosis – das Erkennen). Störung des Erkennens bei ungestörter Funktion des entsprechenden Sinnesorgans

Agnosie, auditiv (griech. a- – ohne, Mangel an; gnosis – das Erkennen, lat. audire – hören). Unfähigkeit, Gehörwahrnehmungen mit dem akustischen Erinnerungsgut zu identifizieren

Agnosie, Autotop-(griech. a- – ohne, Mangel an; gnosis – das Erkennen, autos – selbst, unmittelbar; topos – Stelle). Unfähigkeit, trotz erhaltener Oberflächensensibilität die richtige Lokalisation von Hautreizen am Körper vorzunehmen

Agnosie, optisch (griech. a- – ohne, Mangel an; gnosis – das Erkennen; optikos – das Sehen). Unfähigkeit, Sichtwahrnehmungen mit dem optischen Erinnerungsgut zu identifizieren, Synonym: Seelenblindheit; Unterformen stellen die Objektagnosie (Unfähigkeit, Gegenstände visuell zu erkennen) und Prosopagnosie (Störung der Gesichtswahrnehmung)

Agnosie, taktile (griech. a- – ohne, Mangel an; gnosis – das Erkennen; lat. tangere, tactum – berühren). Unfähigkeit, zu einem tastenden Formerkennen bei intakter Sensibilität, Synonym: Astereognosie

Akinesen (griech. a- – ohne, Mangel an; kinesis – Bewegung). Bewegungslosigkeit bzw. Bewegungsarmut; Hemmung der Bewegungen vor allem des Rumpfes und der Gesichtsmuskulatur z. B. bei M. Parkinson

Akne vulgaris (griech. Akne – Spitze, Gipfel; vulgaris – allgemein, gewöhnlich). Erkrankung der Talgdrüsen, die mit einer Knötchen- und Pustelbildung einhergeht, insbesondere während der Pubertät, sog. gewöhnliche Akne

Akromegalie (griech. akron – äußerst; megas, megalos – groß). Erkrankung, bei der die diastalen Körperanteile vergrößert sind

Aktivitätsintoleranz. Von der NANDA anerkannte Pflegediagnose; Definition: Ein Zustand, der einem Menschen nur ungenügende, physische oder psychische Kraft lässt, um die erforderlichen oder erwünschten Aktivitäten des täglichen Lebens zu verkraften oder auszuführen

Albinismus (lat. albus – weiß). Hypopigmentierung der Haut und Schleimhäute aufgrund fehlender Pigmentkörperchen

Algesimetrie (griech. algos – Schmerz, Leid; metron – Maß). Verfahren zur Messung der Schmerzempfindung

Algurie (griech. algos – Schmerz, Leid; ouron – Harn). schmerzhafte Harnentleerung

Alkalose. Anstieg des aktuellen pH-Wertes der extrazellulären Flüssigkeit auf mehr als 7,41

Allgemeinzustand. Eindruck, den ein Mensch bei einer ersten Betrachtung hinterlässt, Abkürzung: AZ

Alopecia areata (griech. alopekia – Haarausfall; lat. area – Fläche, umschriebenes Feld). Kreisrunder Haarausfall

Alopezie (griech. alopekia – Haarausfall). Haarausfall

Alveole (lat. alveolus – kleine Mulde). Lungenbläschen

Amenorrhoe (griech. a- – ohne, Mangel an; men – monat; -rhoe – fließen, Fluss). Ausbleiben der Menstruation

Amnesie, anterograd (griech. a- – ohne, Mangel an; -mnesis – Erinnerung; lat. anterior – vorderer; gradi – laufen, schreiten). Gedächtnislücke für einen Zeitraum nach der Bewusstlosigkeit

Amnesie, psychogen (griech. a- – ohne, Mangel an; -mnesis – Erinnerung; psycho – Seele, Gemüt; -gen – erzeugend, verursachend). Gedächtnislücke, die durch abnorme Erlebnisreaktionen hervorgerufen wird

Amnesie, retrograde (griech. a- – ohne, Mangel an; -mnesis – Erinnerung; lat. retro- – zurück, hinter; gradi – laufen, schreiten). Gedächtnislücke für den Zeitraum vor Eintreten der Bewusstlosigkeit

Amplitude (lat. amplitudo – Umfang, Größe, Weite). Schwingungsweite von Schwingungen oder Wellen

Analfissur (lat. anus – Ring; fissum – Spalt). Schmerzhafter ovaler Längseinriss der Schleimhaut des unteren Analkanals

Analfistel (lat. anus – Ring; fistular – Röhre). Röhrenförmiger Gang zwischen dem After und dem Darmlumen oder der Körperoberfläche

Analgesie (griech. an – ohne, Mangel an; algos – Schmerz). Aufhebung der Schmerzempfindung

Anämie (griech. an – ohne, Mangel an; haima – Blut). Blutarmut, Verminderung der Erythrozyten und/oder des Hämoglobingehaltes, des Hämtokrits

Anästhesie (griech. an – ohne, Mangel an; aisthesis – Empfindung). Völlige Unempfindlichkeit gegenüber Schmerz-, Temperatur- und Berührungsreizen

Anhidrose (griech. an – ohne, Mangel an; hidros – Schweiß). Fehlende Schweißsekretion

Anorexia nervosa (griech. an – ohne, Mangel an; orexis – Verlangen, Begierde; lat. nervosus – sehnig, nervig). Psychisch bedingte Essstörung, die mit einer verzerrten Einstellung gegenüber dem eigenen Körper, der Nahrungsaufnahme und dem Gewicht einhergeht

Anosmie (griech. an – ohne, Mangel an; osme – Geruch). Fehlendes Geruchsvermögen

Anosognosie (griech. a- – ohne, Mangel an; nosos – Krankheit; gnosis – Erkennen). Unfähigkeit, eine eigene Erkrankung bzw. Funktionsausfälle zu erkennen

Antidepressiva (griech. anti – gegen, entgegen; lat. deprimere – niederdrücken). Psychopharmaka mit antriebssteigernder, angstdämpfender und/oder stimmungsaufhellender Wirkung

Antizipation (lat. anticipare – vorwegnehmen). Vorgriff, Vorwegnahme

Anurie (griech. an – ohne, Mangel an; houron – Harn). Geringe Urinausscheidung mit einer Menge von weniger als 100 ml in 24 Stunden

Aortenbogensyndrom (griech. syn – zusammen; dromos – Lauf). Erkrankung infolge fortschreitender Stenosierung (Verengung) bzw. Verschluss eines oder mehrerer der vom Aortenbogen abgehenden großen Gefäße

Aortenisthmusstenose (griech. isthm – schmaler Zugang; stenos – eng). Einengung der thorakalen Aorta zwischen dem Abgang der linken A. subclavia und der Einmündung des Ductus Botalli

Aortenklappeninsuffizienz (lat. insufficere – nicht genügen). Herzklappenfehler mit Schlussunfähigkeit der Aortenklappen

Apallisches Syndrom (lat. pallium – die Hirnrinde; griech. syn – zusammen, mit; dromos – der Lauf). Erkrankung, bei der es zu einer Trennung der Hirnrinde und der übrigen Hirnzentren vom Hirnstamm kommt

Aphasie (griech. a- – ohne, Mangel an; phasis – Sprechen). Unfähigkeit zu Sprechen, bei erhaltener Funktion der Sprechmuskulatur

Aphasie, Broca (griech. a- – ohne, Mangel an; phasis – Sprechen). Nach dem französischen Chirurgen Pierre Broca (1824–1880) benannte zentrale Sprachstörung, die durch ein gutes Sprachverständnis und einen erheblich verlangsamten Sprachfluss gekennzeichnet ist

Aphasie, motorische (griech. a- – ohne, Mangel an; phasis – Sprechen; lat. motor – Beweger). Zentrale Sprachstörung, bei der die Betroffenen zwar verstehen was gesagt wird, wissen, was sie antworten möchten, aber unfähig sind, die passenden Worte zu finden, Synonym: expressive Aphasie

Aphasie, sensorische (griech. a- – ohne, Mangel an; phasis – Sprechen; lat. Sensorius – der Empfindung dienend). Zentrale Sprachstörung, bei der das Sprachverständnis verloren geht, Synonym: rezeptive Aphasie

Aphonie (griech. a- – ohne, Mangel an; phone – Stimme). Stimmlosigkeit

Apnoe (griech. a- – ohne, Mangel an; pneuma – Luft, Atem). Atemstillstand

Apokrin (griech. apokrinein – ausscheiden, absondern). Ausscheidend, absondernd (Drüse)

Apoplexia cerebri (griech. Apolexia – Schlagfluss; lat. cerebrum – Großhirn). Gehirnschlag, Synonyme: Schlaganfall, apoplektischer Insult

Applikation (lat. applicare – anlegen, verwenden). Verabreichung von Medikamenten

Apraxie (griech. a- – ohne, Mangel an; praxis – Tun). Unfähigkeit, bei erhaltener Beweglichkeit sinnvoll und zweckmäßig zu handeln

Apraxie, Ankleide- (griech. a- – ohne, Mangel an; praxis – Tun). Räumliche Orientierungsstörung, bei der keine räumlichen Beziehungen zwischen einem Gegenstand und dem Körper hergestellt werden können

Apraxie, ideatorisch (griech. a- – ohne, Mangel an; praxis – Tun; idee – Inhalt eines Gedankens). Unmöglichkeit, komplexe und differenzierte Handlungen aufgrund einer Störung des Bewegungsentwurfes (Ideation) durchzuführen

Apraxie, ideomotorische (griech. a- – ohne, Mangel an; praxis – Tun, idee – Inhalt eines Gedankens; lat. motor – Beweger). Unfähigkeit, Bewegungen willentlich abzurufen oder auf Aufforderung oder Demonstration zu vollziehen

Apraxie, konstruktive (griech. a- – ohne, Mangel an; praxis – Tun; lat. construere – zusammenschichten, erbauen, errichten). Unfähigkeit, räumlich zu strukturieren ohne dass eine Beeinträchtigung elementarer Bewegungsabläufe vorliegt

Arrhythmie (griech. ar – -un, -los; rhythmos – Gleichmaß, Takt). Zeitlich unregelmäßig erfolgende, elektrische Herztätigkeit

Arterie (griech. arteria). Schlagader

Arterielle Verschlusskrankheit (AVK). Chron. Arterienverschlüsse, Bezeichnung für alle organischen Veränderungen des Gefäßlumens der Arterien, die zur Stenose (Einengung) oder Obliteration (Verschluss) des Durchmessers führen

Arteriosklerose (griech. Arteria – Schlagader; skleros – hart, spröde). Umgangssprachlich „Arterienverkalkung"; wichtigste und häufigste krankhafte Veränderung der Arterien mit Verhärtung, Verdickung, Elastizitätsverlust und Lichtungseinengung

Arthritis (griech. arthron – Gelenk, -itis – Entzündung). Gelenkentzündung

Artikulation (lat. articulatio – Gelenk). Im Zusammenhang mit der Sprache Lautbildung bzw. die deutliche Lautbildung bei Vokalen und Konsonanten

Assimilation (lat. assimilare – angleichen). Aufnahme der Nahrungsstoffe und Umwandlung in körpereigene Stoffe

Asystolie (griech. a – ohne, Mangel an; systole – Zusammenziehung). Fehlende Kontraktion des Herzens, d. h. Herzstillstand

Aszites (griech. askites – Bauchwassersucht). Ansammlung von freier Flüssigkeit in der Bauchhöhle infolge von Stauungen und entzündlichen Erkrankungen im Bereich des Bauchfells

Ataxie (griech. a- – ohne, Mangel an; taxis – Ordnung). Störung der Bewegungskoordination, unterschieden werden Gangataxien und Standataxien

Atelektasen (griech. ateles – unvollständig; ektasis – Ausdehnung). Ein nicht mit Luft gefüllter Lungenabschnitt, bei dem die Alveolarwände aneinanderliegen

Atemfrequenz (lat. frequentia – Häufigkeit). Anzahl der Atemzüge pro Minute

Atmung, asymmetrisch (griech. asymmetria – Ungleichmäßigkeit). Atmung, bei der sich eine Thorxhälfte nicht oder nur in einem verringerten Ausmaß bewegt

Atmung, inverse (lat. inversio – Umkehrung, Umstellung). Atmung, bei der es durch maximale Zwerchfellbewegungen zu einer Vorwölbung des Abdomens und einer Senkung des Thorax bei der Einatmung kommt, bei der Ausatmung kommt es zu einer Einziehung des Abdomens und Hebung des Thorax

Atmung, paradoxe (griech. para – gegen, doxa – Meinung). Atmung, bei der während der Inspiration eine Einwärtsbewegung und bei der Exspiration eine Auswärtsbewegung des beweglichen Thoraxwandanteils (z. B. bei Rippenserienfrakturen) auftritt

Atonie (griech. atonie – Abspannung, Schlaffheit). Herabgesetzter Spannungszustand der Muskeln

Atopie: (griech. atopia – Ungewöhnlichkeit, Seltsamkeit). Bereitschaft, gegen Stoffe aus der natürlichen Umwelt eine Überempfindlichkeit zu entwickeln; z. B. als atopische Dermatitis

Atrophie (griech. a- – ohne, Mangel an; throphe – Ernährung, Nahrung). Rückbildung von Organen, Geweben und Zellen aufgrund eines Ungleichgewichtes zwischen Nahrungsangebot und -bedarf

Auskultation (lat. auscultare – horchen). Abhorchen der im Körper entstehenden Geräusche und Töne, beispielsweise Atmungs-, Darm-, Gefäß- und Herzgeräusche und Herztöne meist mit einem Stethoskop

Autismus (griech. autos – selbst). Psychische Störung, bei der es zu einem Rückzug der Betroffenen in die eigene Phantasiewelt und Unfähigkeit zur Kontaktaufnahme kommt

autosomal – rezessiv (griech. autos – selbst; soma – Körper; lat. recedere – zurückgehen). Erbgang, bei dem eine Krankheit genetisch auf einem Heterosom (kein Geschlechtschromosom) verankert ist und dann in Erscheinung tritt, wenn beide Eltern das betreffende Gen in der Erbmasse besitzen

Autosuggestion (griech. autos – selbst; lat. suggestio – Eingebung). Fähigkeit, sich selbst zu beeinflussen

Auxiliaratmung (lat. auxiliaris – helfend). Atmung unter Einsatz der Atemhilfsmuskulatur

Bakteriurie (griech. houron – Harn). Ausscheidung von Bakterien im Urin

Balbuties (lat. balbutio – Stottern). Stottern

Barba (lat. barba – Bart). Barthaare

Basale Stimulation. Nach Fröhlich und Bienstein ein Konzept, das die frühentwickelten (basalen) Wahrnehmungssysteme stimuliert bei gleichzeitiger Förderung der Reaktionsfähigkeit

Basaltemperatur (lat. basalis – an der Basis liegend, Ausgangswert). Morgendliche Körpertemperatur der Frau, die vor dem Aufstehen zur Feststellung einer Ovulation gemessen wird

Beobachtung. Systematische, planmäßige, zielgerichtete Form der Wahrnehmung

Bewusstsein. Gesamtheit aller gegenwärtig empfundenen psychischen Vorgänge, die verbunden sind mit der Kenntnis über das subjektive Erleben

Bigeminie (lat. bi – doppelt, zweifach; geminus – doppelt). Doppelschlägigkeit, bei der jeder Systole über längere Zeit eine Extrasystole folgt, so dass sich an je zwei dicht aufeinanderfolgende Herzschläge eine Pause anschließt

Bilirubinurie (lat. bilis – Galle; ruber – rot: griech. houron – Harn). Ausscheidung von Bilirubin mit dem Urin

Biot-Atmung. Nach dem französischen Physiker Camille Biot (1774 – 1862) benannte Form der periodischen Atmung, die durch kräftige Atemzüge von gleicher Tiefe gekennzeichnet ist, welche von plötzlich auftretenden Atempausen unterbrochen werden

Blutdruck, diastolisch (griech. diastole – Ausdehnung). In den Blutgefäßen und Herzkammern herrschender Druck bei Kammererschlaffung

Blutdruck, systolisch (griech. systole – zusammenziehen). In den Blutgefäßen und Herzkammern herrschender Druck bei Kammerkontraktion

Blutdruckamplitude (lat. amplitudo – Umfang, Größe, Weite). Differenz zwischen systolischem und diastolischem Blutdruckwert einer Herzaktion

Body-Mass-Index (BMI). Nach dem belgischen Mathematiker und Statistiker L. A. J. Quetelet benannter Index zur Bestimmung des Normalgewichtes (Körpergewicht (Kg): Körperlänge (m^2), Normbereich: zwischen 19 – 30 BMI, Synonym: Quetelet-Index

Brachybasie (griech. brachys – kurz; basis – Gang). Kleinschrittiger, trippelnder Gang, z. B. bei M. Parkinson

Brachymenorrhoe (griech. brachy – kurz; mens – Monat; -rhoe – fließen, Fluss). Verkürzte Menstruation

Bradykardie (griech. brady – verlangsamt; kardia – Herz). Abfall der Herzfrequenz unter 60 Schläge pro Minute

Bradypneu (griech. brady – verlangsamt; pneuma – Luft, Atem). Herabgesetzte Atemfrequenz

Broca-Formel. Nach dem französischen Chirurgen Pierre Broca (1824 – 1880) benannte Formel zur Errechnung des Normalgewichtes (Körpergröße in cm minus 100 = Normalgewicht)

Bromhidrose (griech. bromos – Gestank; hidros – Schweiß). Unangenehm riechende Schweißabsonderung

Bronchialsekret (lat. bronchia – Luftröhrenast; secretum – Absonderung, Ausscheidung). Schleimige Absonderung der Zellen der unteren Atemwege

Bronchiektasen (lat. bronchia – Luftröhrenast; griech. ektasis – Erweiterung). Krankhafte Erweiterungen der Bronchien

Bronchitis (lat. bronchia – Luftröhrenast; griech. -itis – Entzündung). Entzündliche Erkrankung der Bronchialschleimhaut

Brucellose. Sammelbezeichnung für meldepflichtige, subakut – rezidivierende Infektionskrankheiten bei Mensch und Tier, die durch Brucellen ausgelöst werden

Bruxismus (griech. bruxismus – Zähneknirschen). Zähneknirschen, vor allem nachts

Bulbus olfaktorius (lat. bulbus – Zwiebel; lat. olfaktare – an etwas riechen). Riechkolben, Teil des Siebbeins, welcher die Riechnerven aufnimmt

Bulimia nervosa (griech. boulimia – Heißhunger; lat. nervosus – sehnig, nervig). Psychogene Essstörung, bei der dem Körper hochkalorische Nahrungsmengen in kürzester Zeit zugeführt werden, die im Anschluss wieder erbrochen werden, Synonym: Ess-Brechsucht, Fress-Kotzsucht

Caliculi gustatorii (lat. caliculus – kleiner Kelch, Knospe; lat. gustus – Geschmack). Geschmacksknospen der Zunge

Canities (lat. canus – grau). Ergrauen der Haare

Capilli (lat. Capillitum – behaarte Kopfhaut). Kopfhaar

Cheyne-Stokes-Atmung. Nach den irischen Ärzten John Cheyne (1777 – 1836) und William Stokes (1804 – 1878) benannte Form der periodischen Atmung mit rhythmisch wechselnder zu- und abnehmender Atemfrequenz und -amplitude sowie Atempausen

Chloasma gravidarum (griech. chloazein – sprossen, grünen; lat. gravida – schwanger). Hyperpigmentierung im Gesicht und/oder zwischen Bauchnabel und Symphyse während der Schwangerschaft

Chondrodystrophie (griech. chondros – Knorpel; dys – Störung; trophe – Ernährung). Störung der Knorpelbildung, Synonym für Achondroplasie

Chromhidrose (griech. chroma – Farbe; hidros – Schweiß). Sekretion von farbigem Schweiß

Chronobiologische Störungen (griech. chronos – Zeit; bios – Leben). Störungen des zirkadianen Rhythmen des menschlichen Organismus, z. B. Störung des Schlaf-Wachrhythmus

Circulus vitiosus (lat. circulus – Kreis; vitium – Fehler, Schaden). Teufelskreis

Claudicatio intermittens (lat. claudicatio – Hinken; intermittere – unterbrechen). Unterbrochenes Hinken, vor allem bei arterieller Verschlusskrankheit; die Betroffenen können nur kurze Wegstrecken ohne Unterbrechung zurücklegen, Synonym: Schaufensterkrankheit

Colitis ulcerosa (griech. kolon – -darm; -itis – Entzündung; lat. ulcus – Geschwür). Eine entzündliche Erkrankung des Dickdarms, die zu einer geschwürigen Darmwandzerstörung führt

Condelatio (lat. condelare – erfrieren). Lokale Erfrierung

Cor pulmonale (lat. cor – Herz; pulmo – Lunge). Vergrößerung des rechten Herzens aufgrund eines erhöhten Drucks im Lungenkreislauf

Corium (griech. chorion – Leder). Lederhaut

Crepitatio (lat. crepitare – knarren). Feuchtes Atemgeräusch bei Sekretansammlungen in der Lunge, Synonym: Knisterrasseln

Defäkation (lat. defaecatio – Reinigung). Stuhlausscheidung

degenerativ (lat. degenerare – verfallen, verkümmern, sich zurückbilden). Auf einer Rückbildung beruhend, auf dem Zerfall von Zellen beruhend

Dehydratation (lat. de- – ent-; griech. hydro – Wasser). Abnahme oder Verlust eines Organismus an Wasser

Delirium (lat. delirium – Irresein). Unspezifische Reaktion des Gehirns auf Noxen, die zu einer Störung des Bewusstseins führen

Demenz (lat. dementia – Wahnsinn). Verfall der intellektuellen Fähigkeiten, meist kontinuierlich verlaufend

Depersonalisation (lat. de- – ab, ent-; persona – Maske). Störung des Ich-Erlebens, bei der das eigene Ich als fremd, verändert oder auch abgetrennt von der eigenen Person erlebt wird

Derealisation (lat. de- – ab, ent-; realis – sachlich, wesentlich). Störung des Ich-Erlebens, bei der die Umwelt als fremd, verändert und/oder unwirklich erlebt wird

Detrusor vesivae (lat. detrudere – fortdrängen, hinabdrängen; vesica – Blase). Sammelbezeichnung für die die Harnblase entleerende Muskulatur

Diabetes insipidus (griech. diabainein – hindurchgehen; lat. insipidus – unschmackhaft). Übermäßige Harnausscheidung bei Störung der Wasserrückresorption

Diabetes mellitus (griech. diabainein – hindurchgehen; lat. mellitus – mit Honig versüßt). Stoffwechselerkrankung, die mit einem relativen oder absoluten Insulinmangel einhergeht, sog. Zuckerkrankheit

Diaphragma (griech. diaphragma – Scheidewand). Zwerchfell

Diarrhöe (lat. diarrhoea – Durchfluss). Durchfall, mehr als 3 Stühle pro Tag, die eine wässrige, breiige Konsistenz besitzen

Disposition (lat. disposito – planmäßige Anordnung). Die Ansprechbarkeit eines Körpers für Krankheiten

disproportioniert (lat. dis – den Gegenstand bezeichnend; Proportion – das entsprechende Verhältnis). Ohne richtige Proportion

Diuretika (griech. di – hindurch; ouron – Harn). Medikamente, die die Harnausscheidung fördern

Divertikel (lat. diverticulum – Abweichung, Seitenweg). Ausstülpung eines Hohlorgans

Dokumentation (lat. documentum – beweisende Urkunde). Niederschreiben, Dokumentieren von Informationen, Ereignissen etc., Zusammenstellung, Ordnung und Nutzbarmachung von Dokumenten

Drehschwindel. Vom Gleichgewichtsorgan ausgehender Schwindel, bei dem sich die Umwelt um die betroffene Person dreht oder umgekehrt, Synonym: vestibulärer Schwindel, labyrinthärer Schwindel

Du-Bois-Formel. Nach dem deutschen Physiologen Emil Du-Bois benannte Formel zu Errechnung der Körperoberfläche (O = Körperoberfläche, P = Körpergewicht, O = P × Länge × 167,2)

Ductus arteriosus Botalli (lat. ductus – Gang, Kanal). Der kurze Verbindungsgang zwischen der Teilungsstelle des Truncus pulmonalis und dem Aortenbogen. Wird im Normalfall beim Einsetzen der Atmung des Neugeborenen innerhalb von 10 – 15 Stunden stillgelegt und bildet sich innerhalb von 2 – 3 Wochen zum Ligamentum arteriosum zurück

Dysarthrie (griech. dys- – Störung, arthron – Gelenk). Sprachflussstörung, bei der die gesamte Artikulation betroffen ist

Dysbasie (griech. dys- – Störung; basis – Gehen). Gangstörung

Dysgeusie (griech. dys- – Störung; geusis – Geschmack). Störung der Geschmackswahrnehmung

Dysglossie (griech. dys- – Störung; glossa – Sprache). Sprachstörung infolge von Anomalien der peripheren Sprechwerkzeuge

Dysgrammatismus (griech. dys- – Störung; grammata – Grammatik). Sprachstörung, die durch die Unfähigkeit, grammatikalisch korrekte Sätze zu bilden, gekennzeichnet ist

Dyslalie (griech. dys- – Störung; lalein – reden). Sprachstörung, die gekennzeichnet ist durch die Fehlbildung eines oder mehrerer Laute, Lautverbindungen oder ganzer Lautgruppen

Dyslalie, audiogene (griech. dys- – Störung; lalein – reden; -gen – erzeugend, verursachend; lat. audire – hören). Sprachstörung, die aufgrund eines eingeschränkten oder fehlenden Hörvermögens entsteht

Dyslalie, mechanische (griech. dys- – Störung; lalein – reden). Sprachstörung, die aufgrund mechanischer Anomalien der Artikulationsorgane entsteht

Dysmenorrhoe (griech. dys- – Störung; men – ; -rhoe – fließen, Fluss). Schmerzhafte Menstruation

Dysorexie (griech. dys- – Störung; orexis – Verlangen, Begierde). Gestörter Appetit

Dyspepsie (griech. dys- – Störung; pepsis – Verdauung). Störung der Verdauung aufgrund einer Störung der Darmmotilität oder Enzymproduktion

Dyspepsie, Fäulnis- (griech. dys- – Störung; pepsis – Verdauung). Störung der Verdauung, gekennzeichnet durch vermehrte Fäulnisprozesse im

Darm bei mangelhafter Einweißverdauung und -resorption

Dyspepsie, Gärungs- (griech. dys- – Störung; pepsis – Verdauung). Störung der Kohlenhydratverdauung bei Enzymmangel oder vermehrtem Kohlenhydratangebot

Dysphasie (griech. dys- – Störung; -phasis – Reden). Kompletter Verlust der Sprache

Dysphonie (griech. dys- – Störung; phone- Stimme). Stimmstörung, bei der die Stimme heiser, belegt, rauh oder unrein klingen kann

Dyspnoe (griech. dys- – Störung; pneuma – Luft, Atem). Erschwerte Atmung mit subjektiver Atemnot

Dystrophie (griech. dys- – Störung; trophe – Ernährung, Nahrung). Chronische Form der Ernährungsstörung bei Säuglingen

Dysurie (griech. dys- – Störung; ouron – Harn). Erschwerte Harnentleerung, Störung der Harnentleerung

Echolalie (griech. echo – Ton, Schall; lalein – reden). Artikulationsstörung, bei der die Betroffenen Gehörtes echoartig nachahmen

efferent (lat. effere – herausbringen). Von einem Organ kommend

Effloreszenzen (lat. efflorescere – aufblühen). Hautveränderungen, sog. Hautblüten, die in primäre und sekundäre Formen eingeteilt werden

ekkrin (griech. ek- – aus, heraus; -krinein – scheidend, sondernd). Nach außen absondernd

Eklampsie (griech. eklampein – aufleuchten). Auftreten von tonisch-klonischen Krämpfen mit und ohne Bewusstlosigkeit im Verlauf einer Schwangerschaft

Ekzem (griech. ekzema – durch Hitze herausgetriebener Ausschlag, Aufschwellen, Aufkochen). Nicht ansteckende, juckende Entzündungsreaktion der Haut, sog. Juckflechte

Elektroenzephalogram, -graphie (griech. enkephalos – Gehirn; graphein – schreiben). Aufzeichnung der Gehirnströme, Abkürzung: EEG

Elektromyogram, -graphie (griech. myo- – Muskel; graphein – schreiben). Aufzeichnung der Muskelspannung, Abkürzung: EMG

Elektrookulogram, -graphie (lat. oculus – Auge; griech. graphein – schreiben). Untersuchung zur Messung der Augenbewegungen, Abkürzung: EOG

Embolie. Verschleppung von körpereigenen oder -fremden Substanzen mit dem Blutstrom, die sich in einem Blutgefäß festsetzen und zu einer Unterbrechung der Blutversorgung führen, z. B. Thromben, Luft, Fett

Emesis (griech. emesis – Erbrechen). Erbrechen, Synonym: Vomitus

Emotion (lat. emovere – herausbewegen, erschüttern). Seelische Erregung, Gefühl, Gemütsbewegung, Gefühlsregung

Enanthem. Entzündliche Veränderungen der Schleimhaut

endogen (griech. endo – innen; -gen – etwas hervorbringend, verursachend). Im Körper entstehend, nicht durch äußere Einflüsse entstanden, von innen kommend

endokrin (griech. endo – innen, inwendig; krinein – trennen, sondern). Innere Sekretion (von Drüsen)

Endometritis (griech. endo – innen; metra – Gebärmutter; -itis – Entzündung). Entzündung der Gebärmutterschleimhaut

Endorphin (griech. endo – innen). Körpereigene Eiweiße, die eine schmerzstillende Wirkung besitzen

Enteroviren (griech. enteron – Dünndarm; lat. virus – Gift, Schleim, Saft). Kleinste Partikel, die nur auf lebendem Gewebe gedeihen und Darmerkrankungen hervorrufen

Entzündungszeichen. Bei einer Entzündung auftretende Symptome: Rötung (Rubor), Schwellung (Tumor), Überwärmung (Calor), Schmerzen (Dolor), eingeschränkte Funktion (Functio laesa)

Enuresis diurna (griech. en- – innen, hinein, in; ourein – harnen; lat. diurnus – am Tage). Einnässen am Tag

Enuresis nocturna (griech. en- – innen, hinein, in; ourein – harnen; lat. nocturna – nächtlich). Nächtliches Einnässen, Bettnässen

Enzephalitis (griech. encephalon – Gehirn; -itis – Entzündung). Entzündung des Gehirns

Enzephalitis lethargica (griech. encephalon – Gehirn; -itis – Entzündung; lethargia – Schlafsucht). Entzündung des Gehirns, die mit Teilnahmslosigkeit und einer andauernden Schläfrigkeit einhergeht, Synonyme: Europäische Schlafgrippe, Enzephalitis epidemica, ECONOMO-Krankheit

EPH-Gestose (E = edema – Ödem, P = Proteinurie – Eiweißausscheidung im Urin, H = Hypertonie – Bluthochdruck; lat. gestare – tragen). Schwangerschaftsspezifische Erkrankung

Epidermis (griech. epi – auf; derma – Haut). Oberhaut

Epilepsie (griech. epilepsia – Fallsucht). Funktionsstörung, bei der es zu wiederholtem Auftreten zerebraler Krampfanfälle kommt, Anfallsleiden, Fallsucht

Epiphyse (griech. epiphyomai – auf oder an etwas wachsen). Endstücke der langen Röhrenknochen; Gelenkende

Epiphysenfuge (griech. epiphyomai – auf oder an etwas wachsen). Knorpelige Gewebeschicht am Ende eines Röhrenknochens, auch Wachstumsfuge genannt

Ernährungszustand. Ernährungsbedingter Körperzustand; wird beurteilt nach dem Verhältnis von Größe und Gewicht, der Stärke des Hautfettpolsters und dem Hautturgor, Abkürzung: EZ

Erysipel. Infektion der Haut und des Unterhautgewebes, sog. Wundrose

Erythrozyten (griech. erythros – rot; zyt- – Zelle). Rotes Blutkörperchen

Eumenorrhoe (griech. eu- – gut, wohl, normal; men – monat; -rhoe – fließen, Fluss). Normale Menstruation

Evaluation (lat. valere – gelten, wert sein, stark sein). Analyse und Bewertung eines Sachverhaltes mit dem Ziel der Erfolgskontrolle; letzter Schritt des Pflegeprozesses

Evaporation (lat. ex- – aus, von außen; vapor – Dampf). Wärmeverlust durch Verdampfung von Feuchtigkeit über die Haut

Exanthem (lat. exanthema – das Aufgeblühte). Entzündliche Hautveränderung

Exkrement (lat. excrementum – Auswurf, Ausscheidung). Ausscheidung von Kot

exogen (lat. ex – aus, von außen; -gen – hervorbringend, verursachend). Von außen eindringend

Expektoration (lat. ex – aus, heraus; pectus, pectoris – Brust). Ausgehustetes Bronchialsekret, Synonyme: Sputum, Auswurf

Exsikkose (lat. exsiccare – austrocknen). Austrocknung, Abnahme, Verlust eines Organismus an Wasser

Exspiration (lat. ex – aus, heraus, ent-, ver-; respirare – atmen). Ausatmung

Extension (lat. ex- – aus, heraus; tendere – dehnen, strecken, ziehen). Bewegung, bei der z. B. eine Extremität gestreckt wird

Extrasystole (lat. extra – außerhalb, außen, äußerlich; griech. systole – Zusammenziehung). Außerhalb des regulären Grundrhythmus auftretende Herzschläge; vorzeitig oder verspätet, einzeln oder gehäuft auftretend

Facies abdominalis (lat. facies – Gesicht; abdomen – Bauch, Unterleib). Charakteristischer Gesichtsausdruck bei akuter Bauchfellentzündung, Synonym: Facies hippocratica

Facies myopathica (lat. facies – Gesicht; griech. myo – Muskel; pathos – Leiden). Charakteristischer Gesichtsausdruck bei verschiedenen Muskelerkrankungen, Synonym: Sphinxgesicht

Facies ovarica (lat. facies – Gesicht; ovarium – Eierstock). Charakteristischer Gesichtsausdruck bei Erkrankungen (Tumoren) des Eierstocks

Facies paralytica (lat. facies – Gesicht; griech. paralyein – auflösen). Charakteristischer Gesichtsausdruck bei Lähmung der Gesichtsmuskulatur; schlaffe, fehlende Mimik

Facies pertussis (lat. facies – Gesicht; tussis – Husten). Charakteristischer Gesichtsausdruck bei Keuchhusten

Facies tetanica (lat. facies – Gesicht; griech. tetanos – Spannung). Charakteristischer Gesichtsausdruck bei Wundstarrkrampf

Fastilium (lat. fastilium – Gipfel, Höhepunkt). Stadium der Fieberhöhe

Fäzes (lat. faex – Bodensatz). Kot, Stuhlgang

Feedback (engl. Feedback – Rückfütterung). Rückmeldung; im Rahmen der Kommunikation vom Empfänger gesendete Nachricht darüber, wie er die Nachricht des Senders verstanden hat

Fetalperiode (lat. fetus – das Zeugen, Gebären; griech. periodos – das Herumgehen). Abschnitt der pränatalen Entwicklung, die vom Ende der Embryonalzeit (Anfang der 9. Schwangerschaftswoche) bis zur Geburt dauert

Fibrose, cystische (lat. fibrosus – faserreich; griech. kystis – Blase). Autosomal-rezessiv vererbte Stoffwechselerkrankung, bei der es zu einer vermehrten Produktion von zähflüssigem Sekret beispielsweise in der Lunge kommt, Synonym: Mukoviszidose

Fieber, biphasisch (lat. bi – zweifach, doppelt). Fieber, dessen Verlauf durch eine zweigipflige Fieberkurve gekennzeichnet ist

Fieber, intermittierend (lat. intermittere – aussetzen, unterbrechen). Fieber, das durch eine Tagesdifferenz von 1,5 °C und mehr gekennzeichnet ist

Fieber, kontinuierlich (lat. continuare – ohne Unterbrechung fortsetzen). Fieber, dessen Verlauf durch eine gleichmäßig hohe Temperatur von ca. 39,0 °C gekennzeichnet ist

Fieber, rekurrierend (lat. recurrere – zurücklaufen). Fieber, dessen Verlauf durch mehrtägige Fieberschübe im Wechsel mit fieberfreien Intervallen gekennzeichnet ist

Fieber, remittierend (lat. remittere – nachlassen). Fieber, das durch eine Tagesdifferenz von bis zu 1,5 °C gekennzeichnet ist

Fieber, undulierend (lat. unda – Welle). Fieber, das durch einen wellenförmigen Verlauf gekennzeichnet ist

Flexion (lat. flexio – Biegung). Beugungsbewegung

Fluor (lat. fluor – das Fließen). Sekretion aus der Scheide, Synonym: Ausfluss

Foetor (lat. foetor – Gestank). Übler Geruch

Foetor ex ore (lat. feotor – Gestank; ex – aus, heraus; ores – Mund). Übler Mundgeruch

Foetor hepaticus (lat. feotor – Gestank; griech. hepar – Leber). Übler Geruch nach frischer Leber oder Lehmerde

Foetor urämicus (lat. foetor – Gestank; ouron – Harn; haima – Blut). Urinartiger Geruch

Fokussierung (lat. fokus – Herd). Etwas auf einen zentralen Punkt richten

Follikelsprung (lat. folliculus – kleiner Ledersack, -schlauch, Bläschen). Platzen der Zellhülle des gereiften Eies im Ovar

Formatio reticularis (lat. formatio – Bildung, Gebilde; reticularis – netzartig). Netzartige Anordnung von Zellen im Zentralnervensystem, die für die Steuerung des Schlaf-Wach-Rhythmus verantwortlich sind

fötid (lat. foetor – Gestank). Stinkend, übelriechend

Fraktur (lat. fractum – brechen). Knochenbruch

Furunkel. Eitrige Entzündung eines Haarbalgs und seiner Talgdrüse

Gammazismus (griech. Buchstabe „Gamma"). Stammeln mit Fehlbildung des Lautes „G", Artikulationsstörung

Gang, apraktischer (griech. a- – ohne, Mangel an; praxis – Tun). Beeinträchtigung der Gangkoordination

Gang, ataktischer (griech. a- – ohne Mangel an; taxis – Ordnung). Gangstörung, die durch einen unsicheren und breitbeinigen Gang gekennzeichnet ist

Gang, paretischer (griech. paresis – Erschlaffung). Gangstörung mit schwach ausgeprägter, schlaffer Lähmung der zugehörigen Beinmuskulatur, Synonym: lokomotorische Ataxie

Gangrän (lat. gangraena – fressendes Geschwür). Gewebsuntergang aufgrund einer Minderdurchblutung, mechanischer oder thermischer Schädigung

Ganzheitlichkeit. Grundannahme über den Menschen, nach der der Mensch eine Einheit aus Körper, Geist und Seele ist

gastrointestinal (griech. gaster – Magen; lat. intestinum – Darm). Den Magen und Darm betreffend

Geburtstrauma (griech. trauma – Verletzung, Wunde, Gewalteinwirkung). Durch eine Geburt hervorgerufene Verletzung

Gestik (lat. gestus – Haltung, Bewegung, Gebärdenspiel). Gesamtheit von Bewegungen als Ausdruck einer bestimmten (inneren) Haltung

Gibbus (lat.). Buckel

Gigantismus (griech. gigas, gigantos – Riese). Riesenwuchs, Körperlänge ist größer als 200 cm bei Frauen und 210 cm bei Männern

Gingiva. Zahnfleisch

Glandulae sebaceae (lat. glandula – Drüse; lat. sebum – Talg). Talgdrüsen

Glandulae sudoriferae eccrinae (lat. glandula – Drüse; lat. sudor – Schweiß; griech. krinein – absondern). Schweißdrüsen

Golgi-Apparat. Nach dem italienischen Anatom Camillo Golgi (1844 – 1926) benanntes Zellorganell, das Stoffe speichert und aus dem innerplasmatischen zum außerplasmatischen Raum befördert

Gonorrhoe (griech. gone – Samen, Erzeugung, Geschlecht; -rhoe – fließen, Fluss). Geschlechtskrankheit, die sich durch eine Schleimhautinfektion der Harn- und Geschlechtsorgane äußert und durch Neisseria gonorrhoeae (Gonococcus) hervorgerufen wird, Synonym: Tripper

Gravidität (lat. graviditas – Schwangerschaft). Schwangerschaft

Gustatorisch (lat. gustus – Geschmack). Den Geschmackssinn betreffend

Gynatresie (griech. gynaikos – Frau; a- – ohne, Mangel an; tresis – Loch). Angeborener Verschluss der weiblichen Genitalorgane

Gyrus postzentralis (griech. gyrus – Kreis; lat. post – nach, hinter; lat. Zentrum – Mitte). Hintere Zentralwindung des Hirns

Gyrus präzentralis (griech. gyrus – Kreis; lat. prä – vor; Zentrum – Mitte). Vordere Zentralwindung des Hirns

Habituation (lat. habitus – äußere Beschaffenheit). Gewöhnung an einen stets wiederkehrenden Reiz

Halluzination (lat. alucinatio – gedankenloses Reden). Sinnestäuschung, kann optisch, akustisch, olfaktorisch etc. sein

Hämangion (griech. haima – Blut; angeion – Gefäß). Gutartige Blutgefäßgeschwulst, Synonym: Blutschwamm

Hämatemesis (griech. haima – Blut; emesis – Erbrechen). Bluterbrechen

Hämaturie (griech. haima – Blut; houron – Harn). Ausscheidung von Erythrozyten mit dem Urin

Hämoccult®-Test (griech. haima – Blut; lat. occultus – geheim, verborgen). Test, mit dem verstecktes, mit dem bloßen Auge nicht sichtbares Blut im Stuhl nachgewiesen werden kann

Hämoglobin (griech. haima – Blut; lat. globulus – Kügelchen). Blutfarbstoff

Hämolyse (griech. haima – Blut; lysis – Auflösung). Auflösung der Erythrozyten aufgrund einer Zerstörung der Zellmembran

Hämoptoe (griech. haima – Blut; ptyalon (-ptoe) – Speichel). Aushusten oder Ausspucken von blutigem Sputum, bei dem die Blutmenge weniger als 50 ml beträgt

Hämoptyse (griech. haima – Blut; ptyalon (-pty) – Speichel). Aushusten oder Ausspucken von blutigem Sputum, bei dem die Blutmenge weniger als 50 ml beträgt

Hämorrhoiden (griech. haima – Blut; -rhoe – fließen, Fluss). Knotenförmig erweiterte Venen im Anorektalbereich

haptisch-taktil (griech. haptein – haften; lat. tangere, tactum – berühren). Den Tastsinn betreffend

Harnretention (lat. retentio – das Zurückhalten). Harnverhalt, Harnsperre, das Unvermögen, die gefüllte Harnblase spontan zu entleeren

Hautturgor (lat. turgere – anschwellen, geschwollen sein). Spannungszustand der Haut

Hemianopsie (griech. hemi – halb; an – un-, -los; opsis – sehen). Halbseitenblindheit

Hemiparese (griech. hemi – halb; paresis – Erschlaffung). Halbseitenschwäche, leichte Halbseitenlähmung

Hemiplegie (griech. hemi – halb; plege – Schlag, Lähmung). Halbseitenlähmung

Hepatitis (griech. hepar – Leber; -itis – Entzündung). Beim Menschen auftretende, ansteckende Virusinfektion, deren Hauptsymptom die Leberparenchymschädigung ist

Herzinsuffizienz (lat. insufficere – nicht genügen). Herzmuskelschwäche

HGH (engl. Human-Growth-Hormon). Menschliches Wachstumshormon

Hirci (lat. hircus – Ziegenbock). Achselhaare

Histamin (griech. histio – Gewebe; amin – Kennzeichnung für bestimmte Ammoniakverbindungen). Gewebshormon, das aus der körpereigenen Aminosäure Histidin gebildet wird

Homöostase (griech. homoios – ähnlich; stasis – Stand). Gleichgewicht der physiologischen Körperfunktionen

Horror autotoxicus (lat. horror – Schrecken; Angst, griech. autos – selbst; tox – Gift). Angst, sich durch körpereigene Stoffe zu vergiften; ein von dem deutschen Arzt und Biologen Paul Ehrlich (1854 – 1915) geprägter Ausdruck, der bedeutet, dass körpereigene Stoffe normalerweise nicht zu einer Immunisierung führen

Hörsturz. Meist einseitige, plötzlich auftretende Hörminderung

Hüftgelenksdysplasie (griech. dys- – Störung; plassein – bilden). Fehlbildung des Hüftgelenks

Husten, aphonisch (griech. a- – ohne, Mangel an; phone – Stimme). Klangloser, heiserer Husten

Husten, bitonal (lat. bi- – zweifach, doppelt). Husten, der von einem metallisch pfeifenden oder krächzendem Ton begleitet wird

Husten, kupiert (franz. couper – abschneiden). Husten, der zur Vermeidung zusätzlicher Schmerzen abgebrochen wird, vor allem bei schmerzhaften Prozessen im Thorax- und Abdominalbereich

Husten, stakkatoartig (ital. staccato – abgerissen, abgestoßen). Husten, mit rasch aufeinander folgenden Hustenstößen, typisch für Keuchhusten

Hydrops (griech. hydro – Wasser). Vermehrte Füssigkeitsansammlung in Geweben, Gelenken oder Körperhöhlen, sog. Wassersucht

Hydrozephalus (griech. hydro – Wasser, kephale – Kopf). Unnatürlich vergrößerter Schädel, sog. „Wasserkopf"

Hypalgesie (griech. hyp- – unter; algos – Schmerz). Herabgesetzte Schmerzempfindung

Hypästhesie (griech. hyp- – unter; aisthesis – Empfindung). Herabgesetzte Empfindung von Sinnesreizen

Hyperalgesie (griech. hyper – über; algos – Schmerz). Schmerzüberempfindlichkeit

Hyperästhesie (griech. hyper – über; aisthesis – Empfindung). Verstärkte Empfindung von Sinnesreizen

Hyperbilirubinämie (griech. hyper – über; lat. bilis – Galle; ruber – rot; griech. haima – Blut). Erhöhter Bilirubingehalt (rotbrauner Gallenfarbstoff, Abbauprodukt des Harns) im Blut

Hyperglykämie (griech. hyper- – über; glykys – süß; haima – Blut). Erhöhter Zuckergehalt des Blutes

Hyperhidrose (griech. hyper- – über, zuviel; hidros – Schweiß). Vermehrte Schweißsekretion

Hyperkalzurie (griech. hyper – über, zuviel; ouros – Harn). Vermehrte Calciumausscheidung mit dem Urin

Hyperkapnie (griech. hyper – über; kapnos – Gas). Anstieg des CO_2-Gehaltes im arteriellen Blut

Hyperkinesen (griech. hyper – über; kinesis – Bewegung). Gesteigerte, übermäßige Bewegungstätigkeit einzelner Gliedmaßen oder des gesamten Körpers

Hyperlipidämie (griech. hyper – über, zuviel; lipos – Fett; haima – Blut). Fettstoffwechselstörung mit Erhöhung der Blutfette (Cholesterin, Triglyceride)

Hypermenorrhoe (griech. hyper – über, zuviel; men – Monat; -rhoe – fließen, Fluss). Verstärkte Menstruation

Hypermetrie (griech. hyper – über, zuviel; metron – Maß). Über das Ziel hinaus schießende Bewegungen, Störung der Koordination und Zielgerichtetheit von Bewegungen

Hypermnesie (griech. hyper – über; mnesis – Erinnerung). Störung des Gedächtnisses, bei der bestimmte Erinnerungen besonders lebhaft erscheinen

Hyperorexie (griech. hyper- – über; orexis – Verlangen, Begierde). Gesteigerter Appetit, Synonym: Bulimie

Hyperparathyreoidismus (griech. hyper- – über; para- – abseitig, neben, abweichend; thyreos – Schild, Schilddrüse). Überfunktion der Nebenschilddrüsen, die mit vermehrter Bildung von Parathormonen einhergeht

Hyperpigmentierung (griech. hyper – über; lat. pigmentum – Farbe). Übermäßige Hautbräune

Hyperpyrexie (griech. hyper – über; pyretos – Fieber). Anstieg der Körpertemperatur mit Sollwerterhöhung

Hypersthenurie (griech. hyper – über; stheneia – Kraft, Stärke; houron – Harn). Ausscheidung eines stark konzentrierten Urins mit einem spezifischen Gewicht von über 1,025

Hyperthermie (griech. hyper – über; therm- – Wärme). Anstieg der Körpertemperatur ohne Sollwerterhöhung

Hyperthyreose (griech. hyper – über, oberhalb; thyreos – Schild, Schilddrüse). Überfunktion der Schilddrüse

Hypertonie (griech. hyper – über, über – hinaus; tonos – Spannung). Bluthochdruck

Hyperurikämie (griech. hyper – über, zuviel; ourus – Harn; haima – Blut). Erhöhung der Harnsäure im Blut, Synonym: Gicht

Hyperventilation (griech. hyper – über, über – hinaus; lat. ventilare – lüften). Im Verhältnis zum erforderlichen Gasaustausch des Körpers übermäßig gesteigerte Atmung

Hyphophyse (griech. hypo – unter, zu wenig; physalis – Blase). Hirnanhangsdrüse

Hypnotika (griech. hypnos – Schlaf). Schlafmittel

Hypoalgesie (griech. hypo – unter, zu wenig; algos – Schmerz). Verringerte Schmerzempfindlichkeit

Hypogeusie (griech. hypo- – unter, zu wenig; geusis – Geschmack). Herabgesetzte Geschmacksempfindung

Hypoglykämie (griech. hypo- – unter, zu wenig; glykys – süß; haima – Blut). Erniedrigter Zuckergehalt des Blutes

Hypohidrosis (griech. hypo – unter, zu wenig; hidros – Schweiß). Verminderte Schweißsekretion

Hypokinesen (griech. hypo – unter, zu wenig; kinesis – Bewegung). Bewegungsarmut, bei der Willkür-, Mit- und Ausdrucksbewegungen eingeschränkt oder erstarrt sind

Hypomenorrhoe (griech. hypo – unter, zu wenig; men – Monat; -rhoe – fließen, Fluss). Zu seltene Menstruationen

Hypometrie (griech. hypo – unter, zu wenig; metron – Maß). Bewegungsstörung, bei der die erforderlichen Bewegungen zu kurz bemessen werden

Hypomnesie (griech. hypo – unter, zu wenig; mnesis – Erinnerung). Schwächung des Erinnerungsvermögens

Hypopnoe (griech. hypo – unter, zu wenig; pneuma – Luft, Atem). Verminderung des Atemflusses, ohne dass es zu einem Atemstillstand kommt

Hyposmie (griech. hypo – unter, zu wenig; osme – Geruch). Herabgesetztes Geruchsvermögen

Hyposomnie (griech. hypo – unter, zu wenig; lat. somnus der Schlaf). Verminderter Schlaf

Hyposthenurie (griech. hypo – unter, zu wenig; stheneia – Kraft, Stärke; houron – Harn). Ausscheidung eines Urins mit einem spezifischen Gewicht von unter 1,006

Hypothalamus (griech. hypo – unter, zu wenig; thalamus – Lager, Kammer). Teil des Zwischenhirns, der unterhalb des Thalamus, der größten grauen Kernmasse des Zwischenhirns, liegt

Hypothermie (griech. hypo – unter, zu wenig; therm- – Wärme). Verminderte Körpertemperatur unter 35 °C

Hypothermie, akzidentell (griech. hypo – unter, zu wenig; therm- – Wärme; lat. accidere – zufällig vorkommend). Verminderte Körpertemperatur unter 35 °C, die durch unbeabsichtigte Unfälle wie z. B. Berg- und Ertrinkungsunfälle auftritt

Hypothyreose (griech. hypo – unter, zu wenig; thyreos – Schild). Unterfunktion der Schilddrüse

Hypotonie (griech. hypo – unter, zu wenig; tonos – Spannung). Niedriger Blutdruck

Hypoventilation (griech. hypo – unter, zu wenig; lat. ventilare – lüften). Im Verhältnis zum erforderlichen Gasaustausch des Körpers verminderte Atmung bezogen auf Frequenz und Tiefe

Hypovolämie (griech. hypo – unter, zu wenig; lat. volumen – Inhalt, griech. haima – Blut). Verminderte Menge an zirkulierendem Blut (kann bis zum Schock führen)

Hypoxie (griech. hyp- – unter, zu wenig; oxy – Sauerstoff). Mangel an Sauerstoff im Blut bzw. in den Körpergeweben

Ikterus (griech. ikteros – Gelbsucht). Gelbliche Hautfarbe aufgrund eines Übertritts von Gallenbestandteilen ins Blut und in die Haut, sog. Gelbsucht

Ileus (griech. eileos – Verengung, Verschluss). Darmverschluss, Verengung oder Verschluss eines Darmabschnittes

Ileus, mechanischer (griech. eileos – Verengung, Verschluss). Darmverschluss durch Verlegung des Darmlumens aufgrund von z. B. Tumoren, Entzündungen, Adhäsionen

Ileus, paralytischer (griech. eileos – Verengung, Verschluss; paralyein – auflösen). Lähmung der Darmmotilität aufgrund z. B. Peritonitis, Hypokaliämie, Sepsis

Immunreaktion (lat. immunis – rein, frei). Antikörperreaktion des Organismus auf eindringende Antigene

Impetigo (lat.). Entzündliche Hautkrankheit, die mit eitrigen Pusteln und Borkenbildung einhergeht, Eiterflechte

Inappetenz (lat. in- – hinein, nicht; appetere – verlangen). Verminderter Appetit, Synonym: Anorexie

Indikation (lat. indicare – anzeigen). Veranlassung für die Anwendung eines bestimmten Verfahrens oder einer bestimmten Methode

Inkontinenz (lat. in- – nicht (Verneinung), ohne; continentia – bei sich behalten, Zurückhalten, Unterdrücken). Unvermögen, etwas (Stuhl, Urin) bei sich zu behalten

Inkontinenz, Drang- (lat. in- – nicht (Verneinung), ohne; continentia – bei sich behalten, Zurückhalten, Unterdrücken). Unwiderstehlicher Harndrang, bei dem es zu einem unwillkürlichen Urinabgang kommt, meist begleitet von einer Pollakisurie und Nykturie, Synonym: Urgeinkontinenz

Inkontinenz, extraurethrale (lat. in- – nicht (Verneinung), ohne; continentia – bei sich behalten, Zurückhalten, Unterdrücken; extra – außen, außerhalb; griech. ourethral – Harnröhre). Unwillkürlicher Harnabgang außerhalb der Urethra, z. B. durch Blasen- oder Urogenitalfisteln

Inkontinenz, funktionelle (lat. in- – nicht (Verneinung), ohne; continentia – bei sich behalten, Zurückhalten, Unterdrücken; functio – Verrichtung, Geltung, Funktion). Unvermögen, den Harn willkürlich zurückzuhalten bei altersphysiologischer Harnblasenfunktion und dem Fehlen weiterer pathologischer Veränderungen

Inkontinenz, iatrogene (lat. in- – nicht (Verneinung), ohne; continentia – bei sich behalten, Zurückhalten, Unterdrücken; griech. iatros – Arzt; -gen – erzeugend, verursachen). Unvermögen den Urin willkürlich zurückzuhalten aufgrund ärztlicher Maßnahmen, ärztlicher Einwirkungen

Inkontinenz, neurogen (lat. in- – nicht (Verneinung), ohne; continentia – bei sich behalten, Zurückhalten, Unterdrücken; neuron – Nerv; -gen – erzeugend, verursachend). Unvermögen, den Urin willkürlich zurückzuhalten aufgrund einer nervalen Störung

Inkontinenz, Stress- (lat. in- – nicht (Verneinung), ohne; continentia – bei sich behalten, Zurückhalten, Unterdrücken). Unvermögen, Urin bei einer intraabdominellen Druckerhöhung bei sich zu halten

Inkontinenz, Überlauf (lat. in- – nicht (Verneinung), ohne; continentia – bei sich behalten, Zurückhalten, Unterdrücken). Unwillkürlicher Urinabgang bei prall gefüllter Harnblase und überdehnter Blasenwand

Inkubator (lat. incubare – bewachen, bebrüten). Geschlossener, klimatisierter Brutkasten für Früh- und Risikogeborene

Insomnie (lat. in- – nicht, Verneinung; somnus – der Schlaf). Bezeichnung für Ein- und Durchschlafstörungen, die häufig zu einer Verminderung der Gesamtschlafzeit führen

Inspiration (lat. in – in, hinein; respirare – atmen). Einatmung

Inspirationskapazität (lat. in – in, hinein; respirare – atmen; capazitas – Fassungsvermögen). Summe aus Atemzugvolumen und inspiratorischem Reservevolumen, ca. 2500 ml, Abkürzung: IK

intertrigo (lat. intertrigo – wunde, wundgeriebene Stelle). Wundreiben, Wundsein besonders in Hautfalten durch Reibung, Entstehung von feuchten Kammern und Aufweichen des Gewebes sowie Sekundärinfektionen

intrakraniell (lat. intra – innerhalb; in... hinein; cranium – Schädel). Innerhalb des Schädels bzw. in die Schädelhöhle hinein, z.B. Geschwülste, Blutungen

intrauterin (lat. intra – innerhalb; in... hinein; uterus – Gebärmutter). Innerhalb der Gebärmutter

Invagination (lat. in- – in, hinein; vagina – Scheide). Einstülpung eines Darmabschnittes in einen anderen Darmabschnitt

Involution (lat. involvere, involutum – einhüllen). Rückbildung

Isosthenurie (griech. isos – gleich, ähnlich; stheneia – Kraft, Stärke; houron – Harn). Ausscheidung eines Urins mit einem spezifischen Gewicht zwischen 1,010 und 1,012, dass bei Veränderung der Flüssigkeitszufuhr gleich bleibt, sog. Harnstarre

Jactatio capites nocturna (lat. iactare – werfen; caput – Kopf; nocturna – nächtlich). Nächtliches Hin- und Herrollen des Kopfes

Jactatio corpores (lat. iactare – werfen; corpus – Körper). Hin- und Herwerfen des Körpers

Kachexie (griech. kakos – schlecht; hexis – befinden). Starke Abmagerung mit Absinken des Körpergewichtes unter 20% des Normalgewichtes und allgemeinem Kräfteverfall

Kappazismus (griech. Buchstabe „Kappa"). Stammeln mit Fehlbildung des Lautes „K", Artikulationsstörung

Karbunkel (lat. carbunkulus – fressendes Geschwür). Gruppe von Furunkeln

kardial (griech. kardia – Herz). Das Herz betreffend, vom Herzen ausgehend

kardiovaskulär (griech. kardia – Herz; vasculum – kleines Gefäß). Gefäße des Herzens betreffend

Kerntemperatur. Die im Körperinneren (Rumpf, Kopf) herrschende konstante Temperatur von 37,0 bis 37,5 °C

Kinästhesie (griech. kinesis – Bewegung; aisthesis – Empfindung). Bewegungs- und Lagesinn

Kinästhetik (griech. kinesis – Bewegung; aisthesis – Empfindung). Lehre vom Bewegungsempfinden

Kinetosen (griech. kinesis – Bewegung; -ose – nicht entzündliche Krankheit). Bewegungs- oder Reisekrankheit

Kleptomanie (griech. kleptein – stehlen; mania – Raserei, Wahnsinn). Stehlsucht, dranghaftes Stehlen

Klimakterium (lat. climacter – Stufenleiter, kritischer Punkt im menschlichen Leben). Übergangsphase, die mit dem Beginn unregelmäßiger Menstruationsblutungen anfängt und bis zur Postmenopause reicht, Synonyme: Wechseljahre, Klimax

Klitoris (griech. kleitonis – kleiner Hügel). Kitzler, weibliches Geschlechtsorgan, das am vorderen Ende der kleinen Schamlippen liegt, sich bei sexueller Erregung aufrichtet und einen Orgasmus auslöst

Kolik (griech. kolike – Darmleiden). Anfall krampfartiger Leibschmerzen aufgrund spastischer Kontraktionen eines Hohlorganes z.B. der Galle, der Niere, des Darms

Kommunikation (lat. communicatio – Mitteilung, Unterredung). Verständigung durch die Verwendung von Zeichen und Sprache; dient der Übertragung und dem Austausch von Informationen

Kommunikation, verbal (lat. communicatio – Mitteilung, Unterredung; verbum –Wort, Ausspruch). Verständigung durch die Verwendung von Worten, dient der Übertragung und dem Austausch von Informationen

Konduktion (lat. conducere – zusammenführen). Wärmeabgabe durch Wärmeleitung

Konfabulation (lat. konfabulari – vertraulich plaudern). Auffüllen von Erinnerungslücken mit Begebenheiten ohne jeglichen Bezug zur jeweiligen Situation

Kongenital (lat. congenitus – angeboren). Zum Zeitpunkt der Geburt vorhandene Erkrankungen oder Schädigungen, die auf eine Schädigung der Erbanlagen zurückzuführen sind

Konsistenz (lat. consistere – stillstehen, dicht werden). Beschaffenheit bzw. Grad der Festigkeit eines Stoffes

Konsumptionskrankheit (lat. consumptio – Verzehrung). Auszehrende Krankheiten, z. B. Tuberkulose

Kontraktion (lat. contrahere – zusammenziehen, steifmachen). Zusammenziehung, z. B. eines Muskels

Kontraktur (lat. contrahere – zusammenziehen, steifmachen). Funktions- und Bewegungseinschränkung bzw. Versteifung eines Gelenkes aufgrund mangelnder Bewegung und anschließender Verkürzung der Sehnen und Muskeln sowie Schrumpfen der Gelenkkapsel

Kontraktur, arthrogene (lat. contrahere – zusammenziehen, steifmachen; griech. arthros – Gelenk; -gen – erzeugend, verursachend). Kontraktur, die aufgrund von Gelenkverletzungen oder -entzündungen entsteht

Kontraktur, dermatogene (lat. contrahere – zusammenziehen, steifmachen; griech. dermis – Haut; -gen – erzeugend, verursachend). Kontraktur, die infolge einer Hautverletzung mit Narbenbildung entsteht

Kontraktur, neurogene (lat. contrahere – zusammenziehen, steifmachen, griech. neuron – Nerv; -gen – erzeugend, verursachend). Kontraktur, die als spastische Gelenkfehlstellung bei Schädigung des Zentralen Nervensystems bzw. als paralytische Gelenkfehlstellung bei Schädigung peripherer Nerven entsteht

Kontraktur, tendomyogene (lat. contrahere – zusammenziehen, steifmachen; tendo – Sehne; griech. myo – Muskel; -gen – erzeugend, verursachend). Kontraktur, die infolge von Entwicklungsstörungen mit Knochenbeteiligung oder aufgrund von Verwachsungen von Muskulatur und Faszie entsteht

Konvektion (lat. convehere – zusammenbringen). Wärmeabgabe durch Wärmetransport in die umgebende Luft

Koordination (lat. ordinare – ordnen). Harmonischer Bewegungsablauf unter geordnetem Zusammenspiel aller beteiligten Muskeln

Korsakow-Syndrom (griech. syn – zusammen, mit; dromos – der Lauf). Nach dem russischen Psychiater Sergei Korsakow (1854 – 1900) benanntes Syndrom als psychischer Folgezustand nach Hirnschädigungen, z. B. bei Alkoholabusus

Kortex (lat. cortex – Rinde, Schale). Großhirnrinde

kortikal (lat. cortex – Rinde, Schale). Von der Großhirnrinde ausgehend, die Großhirnrinde betreffend

Kreatorrhoe (griech. kreas – Fleisch; rhoe – fließen, Fluss). Ausscheidung von unverdauten Fleischfasern im Stuhl

Krisis (griech. Krisis – Entscheidung). Schneller Fieberabfall innerhalb weniger Stunden

Kussmaul-Atmung. Nach dem deutschen Internisten Adolf Kussmaul (1822 – 1902) benannte rhythmische abnorm tiefe Atmung mit normaler oder erniedrigter Frequenz

Kwashiorkor. Sog. Mehlnährschaden, schwerer Eiweiß- und Vitaminmangelszustand bei älteren Säuglingen und Kleinkindern der tropischen Entwicklungsländer

Kyphose (griech. kyphos – gekrümmt; -ose – nicht entzündliche Krankheit). Buckelbildung, bei dem eine verstärkte rückenwärts konvexe Krümmung der Wirbelsäule zu beobachten ist; eine leichte Kyphose ist physiologisch im Bereich der Brustwirbelsäule

Kyphoskoliose (kyphos – gekrümmt; skolios – krumm, verdreht; -ose – nicht entzündliche Krankheit). Buckelbildung, bei der sowohl eine verstärkte rückenwärts konvexe Krümmung als auch eine seitliche Verschiebung der Wirbelsäule zu beobachten ist

Labien (lat. labium – Lippe). Lippen

Lambdazismus (griech. Buchstabe „Lambda"). Stammeln mit Fehlbildung des Lautes „L", Artikulationsstörung

Lanugobehaarung (lat. lanugo – Wollhärchen). Haarkleid, Flaum des Fetus

Laryngitis (griech. larynx – Kehlkopf; -itis – Entzündung). Entzündung des Kehlkopfes

Läsion (lat. laesum – Verletzung, Schädigung). Schädigung, Verletzung, Störung

Laxantien (lat. laxare – lockern). Abführmittel

Laryngektomie (griech. larynx – Kehlkopf; -ektomie – operative Entfernung). Operative Entfernung des Kehlkopfes

Legionärskrankheit. Infektionskrankheit, die durch das Bakterium Legionella pneumophila hervorgerufen wird und eine Pneumonie verursacht

Leukämie (griech. leukos – weiß; haima – Blut). Vermehrung der weißen Blutzellen

Leukozyten (griech. leukos – weiß; zyt- – Zelle). Weiße Blutkörperchen

Limbisches System (lat. limbus – Saum). Teil des zentralen Nervensystems, das zuständig ist für die emotionalen Reaktionen

Logoklonie (griech. logos – Wort, Lehre; klonos – heftige Bewegung). Störung des Sprachflusses, bei der es zu einer Silbenanhäufung sowie einem taktmäßigen Wiederholen der Endsilben kommt

Lordose (griech. lordos – vorwärts gekrümmt; -ose – nicht entzündliche Krankheit). Bauchwärts konvexe Verbiegung der Wirbelsäule, eine leichte Lordose ist physiologisch im Bereich der Hals- und Lendenwirbelsäule

Lysis (griech. Lys- – Auflösen). Ein über mehrere Tage andauernder Fieberabfall

Makrophagen (griech. makros – groß; phagein – essen). Zu den Fresszellen gehörende Zellen

Makroskopisch (griech. makros – groß; skopein – sehen). Mit dem bloßen Auge sichtbar

Makrosomie (griech. makros – groß; soma – Körper). Hochwuchs, Körperlänge ist größer als 180 cm bei Frauen bzw. 190 cm bei Männern

Malabsorption (lat. mal- – schlecht; absorbere – aufsaugen). Unfähigkeit des Darmes, die in der Nahrung enthaltenen Nährstoffe aufzunehmen

Malassimilationssyndrom (lat. mal- – schlecht; assimilare – angleichen; griech. syn – zusammen, mit; dromos – der Lauf). Oberbegriff, unter dem alle durch eine verminderte Nährstoffausnutzung bedingten Symptome zusammengefasst werden

Maldigestion (lat. mal- – schlecht; digestio – Verdauung). Unfähigkeit des Darmes die Nährstoffe aufzunehmen, da diese aufgrund mangelnder Enzymzufuhr nur ungenügend aufgespalten sind

Malignom (lat. malus – schlecht; griech. -om – Geschwulstbildung). Bösartiger Turmor

Mangelerscheinung. Fehlen eines bestimmten Stoffes mit gesundheitlich ungünstigen Folgen

Marasmus (griech. marasmos – Ausdörren, Verzehren, Schwachwerden). Form der kalorischen Unterernährung, die vor allem Personen mit einem besonders hohen Eiweißbedarf betrifft

Mechanorezeptor (lat. recipere – aufnehmen). Auf mechanische Einwirkungen reagierende Empfangsorgane in der Haut oder in den inneren Organen

Medulla oblongata (lat. medulla – Mark; oblongus – länglich). Verlängertes Mark

Meissner Körperchen. Nach dem Anatom und Physiologen Georg Meissner (1828–1905) benannte Druckrezeptoren in der Haut, Synonym: Tastkörperchen

Mekonium (griech. mekonion – Mohnsaft). Intrauterin gebildeter Stuhl des Kindes, der postnatal ausgeschieden wird und eine schwarz-grünliche Farbe besitzt, Synonym: Kindspech

Melanom (griech. melas – schwarz; -om – Geschwulstbildung). Bösartige Wucherung entarteter Zellen, die Melanin, dunkle Farbpigmente bilden können

Menarche (griech. men – Monat; arche – Anfang). Zeitpunkt der ersten Regelblutung

Meningitis (griech. menigx – Hirnhaut; -itis – Entzündung). Hirnhautentzündung

Menopause (griech. men – Monat; pausis – Ende). Ende der Menstruation, Zeitpunkt, der letzten Regelblutung

Menstruatio praecox (lat. menstruus – monatlich; praecox – vorzeitig, zu früh). Verfrühtes Einsetzen der Menstruation, Synonym: prämature Menarche

Menstruatio tarda (lat. menstruus – monatlich; tardus – langsam, spät). Verspätetes Einsetzen der Menstruation

Menstruation (lat. menstruus – monatlich; griech. men – Monat). Periodisch, ca. alle vier Wochen auftretende Blutung aus der Gebärmutter bei einer Nichtbefruchtung der Eizelle, Synonyme: Menses, Regel, Periode

metabolisch (griech. metabolia – Veränderung). Stoffwechselbedingt, im Stoffwechsel entstanden

Metastase (griech. metastasis – Umstellung, Wanderung, Versetzen). Tochtergeschwulst, die durch Verschleppung von Geschwulstkeimen an einer anderer Stelle als dem Ursprungsort entsteht

Meteorismus (griech. meteorismos – Erhebung, Schwellung). Vermehrte Luft- bzw. Gasansammlung im Magen-Darm-Trakt, Synonym: Blähsucht

mikroskopisch (griech. mikro – klein; skopein – sehen). Nur mit einem Mikroskop sichtbar, winzig, klein

Mikrosomie (griech. mikro – klein; soma – Körper). Kleinwuchs, die Körperlänge liegt unter 140 cm bei Frauen und unter 150 cm bei Männern

Miktion (lat. mictio – Wasserlassen). Blasenentleerung, Harnlassen

Mimik (lat. mimicus – Gebärdenspiel, Mienenspiel). Gesamtheit der Gebärden und vor allem des Gesichtsausdruckes als Ausdruck einer bestimmten (inneren) Haltung

Mini-Mental-Status (engl.). Test zur Beurteilung des kognitiven Leistungsvermögens eines Menschens

Miserere (lat. miserere – erbarme dich). Stuhlerbrechen, Koterbrechen

Mobilisation (lat. mobilis – beweglich). Durchführen von gestuften Bewegungsübungen durch den Patienten (passiv, assistiv oder aktiv), z. B. zur Kontrakturenprophylaxe

Monoarthritis (griech. mono – allein, einzeln; arthron – Gelenk; -itis – Entzündung). Entzündung eines Gelenkes

Monoparese (griech. mono – allein, einzeln; plegie – Schlag, Lähmung). Lähmung einer Extremität

Morbus Addison (lat. morbus – Krankheit). Nach dem englischen Arzt Thomas Addison (1793 – 1860) benannte Erkrankung, bei der es aufgrund einer Insuffizienz der Nebennierenrinde zu einer bronzenen Verfärbung der Haut kommt und die unter anderem zu Müdigkeit, Gewichtsverlust, Anorexie, Hypoglykämie etc. führen kann

Morbus Alzheimer (lat. morbus – Krankheit). Nach dem polnischen Neurologen Alois Alzheimer (1864 – 1915) benannte Form der Demenz, bei der es zur Atrophie der Großhirnrinde kommt

Morbus Bechterew (lat. morbus – Krankheit). Nach dem russischen Neurologen Wladimir von Bechterew (1857 – 1927) benannte Erkrankung, bei der es zu Entzündungen des Knochengelenksystems mit Befall der Wirbelsäule kommt

Morbus Crohn (lat. morbus – Krankheit). Nach dem amerikanischen Arzt Burill B. Crohn (geb. 1884) chronisch-entzündliche Krankheit, die den gesamten Gastrointestinaltrakt befallen kann und mit granulomatösen Veränderungen einhergeht, Synonym: Enteritis regionalis, Ileitis terminalis, Ileitis regionalis

Morbus Cushing (lat. morbus – Krankheit). Nach dem amerikanischen Chirurgen Harvey Cushing (1869 – 1939) benannte Erkrankung, die mit einer Erhöhung von Cortisol im Blut einhergeht und durch Vollmondgesicht, Büffelnacken, Hirsutismus, Hypertonie etc. gekennzeichnet ist

Morbus Meniere (lat. morbus – Krankheit). Nach dem französischen Arzt, Prosper Meniere (1799 – 1862) benannte Erkrankung, die mit Anfällen von Drehschwindel, Ohrensausen, Schallempfindungsschwerhörigkeit einhergeht und durch einen Hydrops des Labyrinths bedingt ist

Morbus Parkinson (lat. morbus – Krankheit). Nach dem englischen Arzt James Parkinson (1755 – 1824) benannte Erkrankung des extrapyramidalen Systems, das durch die Leitsymptome Akinesie, Rigor und Tremor gekennzeichnet ist

Morbus Perthes (lat. morbus – Krankheit). Nach den deutschen Chirurgen Georg Perthes (1868 – 1927) benannte Erkrankung des Hüftgelenks, bei der es im Wachstumsalter zu einer Gelenkknorpelnekrose und Verformung der Gelenkpfanne und des Gelenkkopfes kommt. Synonyme: Perthes-Calve-Legg-Krankheit, Perthes's disease

Morbus Raynaud (lat. morbus – Krankheit). Nach dem französischen Neurologen Maurice Raynaud (1834 – 1881) benannte Erkrankung, bei der anfallsweise aufretende Ischämiezustände an den Arterien der Finger zu beobachten sind

Morquio-Brailsford-Syndrom (griech. syn – zusammen, mit; dromos – der Lauf). Nach dem uruguayanischen Pädiater Louis Morquio-Brailsford (1867 – 1935) benannte Erkrankung, bei der es u. a. zu Wachstumsstörungen der Epi- und Metaphysen der Röhrenknochen sowie Minderwuchs und Kyphose kommt

Motilität (lat. motor – Beweger). Gesamtheit der nicht bewusst gesteuerten Bewegungen der Organe (z. B. Peristaltik), Bewegungsvermögen

Motorik (lat. motor – Beweger). Gesamtheit aller aktiven und willkürlichen Muskelbewegungen

Multimorbidität (lat. multiplex – vielfach; morbus – Krankheit). Das gleichzeitige Vorkommen mehrerer Erkrankungen

Multiple Sklerose (lat. multiplex – vielfach; skleros – spröde, hart, trocken; -ose – nicht entzündliche Krankheit). Erkrankung des Gehirns und Rückenmarks, bei der es zum Untergang der Markscheiden der Neurone kommt, Abkürzung: MS, Synonym: Encephalomyelitis disseminata

Mykose (griech. mykes – Pilz; -ose – nicht entzündliche Krankheit). Durch Pilze verursachte Krankheit

Myokardinfarkt (griech. myo – Muskel; kardia – Herz; infarcire – hineinstopfen). Schwere Schädigung eines Herzmuskelbezirks mit Untergang von Herzmuskelgewebe, Synonym: Herzinfarkt

Myokarditis (griech. myo – Muskel; kardia – Herz; -itis – Entzündung). Entzündliche Erkrankung des Herzmuskels

Myoklonie (griech. myo – Muskel; klonos – heftige Bewegung). Ruckartige heftige Zuckungen einzelner Muskeln

Myom (griech. myo – Muskel; -om – Geschwulstbildung). Gutartiger Tumor aus Muskelgewebe

Myopathie (griech. myo – Muskel; pathos – Leiden). Erkrankung der Muskulatur

Naevus flammeus (lat. naevus – Mal, Muttermal; flagrare – brennen, lodern, glühen). Rötlich blaues Gefäßmal, sog. Feuermal

Naevuszellnaevus (lat. naevus – Mal, Muttermal). Ansammlung von Naevuszellen an der Hautoberfläche, brauner Fleck, Leberfleck

NANDA: Nordamerikanische Pflegediagnosenvereinigung. Gruppe von Pflegepersonen aus den USA und Kanada, die Pflegediagnosen entwickelt, überprüft und klassifiziert

Nanosomie (griech. nanos – Zwerg; soma – Körper). Zwergwuchs, die Körperlänge überschreitet 130 cm nicht

Narkolepsie (griech. narkotikos – betäubend; lepsis – Anfall). Zwanghafter Schlafanfall

Nasolabialfalte (lat. nasus – Nase; labium – Lefze, Lippe). Falte, die von der Nase zur Lippe zieht

Nausea (griech. nausia – Seekrankheit). Übelkeit, Brechreiz

Neisseria. Nach dem Dermatologen Albert L. Neisser (1855 – 1916) benannte Gattung von gramnegativen, paarig angeordneten Bakterien

Nekrose (griech. nekros – tot). Gewebsuntergang, Absterben von Gewebe

Neologismus (griech. neo – neu, jung; logos – Wort, Lehre). Störung des Sprachverständnisses bei der es zu Wortneubildungen kommt

Nephrokalzinose (lat. nephro – Niere; -ose – nicht entzündliche Krankheit). Anhäufung von Calcium in den Nieren, die zu einer Nierenverkalkung führt

Nervus facialis (lat. nervus – Nerv, Sehne, Flechse; facies – Aussehen, Gesicht). „Gesichtsnerv", VII. Hirnnerv

Nervus glossopharyngeus (lat. nervus – Nerv, Sehne, Flechse; griech. glossar – Zunge; pharynx – Rachen, Schlund). IX. Hirnnerv

Nervus olfaktorius (lat. nervus – Nerv, Sehne, Flechse; olfaktare – an etwas riechen). „Riechnerv", I. Hirnnerv

Nervus pudendus (lat. nervus – Nerv, Sehne, Flechte; pudendus – zur Schamgegend gehörend). Schambeinnerv

Nervus vagus (lat. nervus – Nerv, Sehne, Flechse; vagus – der Umherschweifende). X. Hirnnerv, Hauptvertreter des parasympathischen Systems, eines Teils des vegetativen Nervensystems

Nervus vestibulocochlearis (lat. nervus – Nerv, Sehne, Flechse; vestibularis – zum Vorhof gehörend; chochlear – die Schnecke). „Gleichgewichts- und Hörnerv" VIII. Hirnnerv

Neuropathie (griech. neuron – Nerv; pathos – Leiden). Erkrankung peripherer Nerven

Neuropeptid (griech. neuron – Nerv; peptos – gekocht, verdaut). Produkte des Eiweißabbaus, die für die Weiterleitung von Erregungen im Nervensystem zuständig sind

Neuropsychologie (griech. neuron – Nerv; psycho- Seele, Gemüt; logos – Lehre). Lehre von den höheren Hirnleistungen (moderner Ausdruck), untersucht die Zusammenhänge zwischen Nervensystem und psychischen Vorgängen

Non Rapid Eye Movement-Schlaf (engl.). Schlaf, bei dem keine schnellen Augenbewegungen beobachtet werden können, umfasst die Schlafstadien 1 – 4, Synonym: orthodoxer Schlaf, Abkürzung: NREM-Schlaf

Norton-Skala. Nach Doreen Norton benannte Skala zur Einschätzung und Beurteilung der Dekubitusgefährdung eines Menschen

Nozizeptoren (lat. nocere – schaden; recipere – aufnehmen). Schmerzrezeptoren, auf Schmerzen reagierende Empfangsorgane in der Haut oder in den inneren Organen

Nucleus suprachiasmaticus (lat. nucleus – der Kern; supra- – oberhalb, über; griech. chiasma – x-förmige Kreuzung). Kerngebiet im Zwischenhirn, oberhalb der Sehnervenkreuzung, zuständig für die endogene Steuerung des zirkadianen Rhythmus

Nykturie (griech. nykt- – Nacht; ouron – Harn). Nächtliches Wasserlassen

Objektive Daten. Alle durch Messung zu erhebenden Daten

Obstipation (lat. stipare – stopfen). Stuhlverstopfung

Obstruktion (lat. obstruere – versperren). Verstopfung, Verlegung eines Gefäßes, Gangs oder Hohlorganes

occult (lat. occultus – geheim, verborgen). Verborgen

Ödeme (griech. oidema – Geschwulst). Wasseransammlung im Gewebe

Oligohidrose (griech. oligo – wenig; hidros – Schweiß). Geringe Schweißsekretion

Oligomenorrhoe (griech. oligo – wenig; men – monat; -rhoe – fließen, Fluss). Zu seltene Menstruation

Oligurie (griech. oligo – wenig; houron – Harn). Verminderte Urinausscheidung mit einer Menge von weniger als 500 ml in 24 Stunden

Onycholyse (griech onycho – Nagel; lysis – Auflösung). Ablösung des Nagels

Onychorrhexis (griech. onycho – Nagel; rexis – reißen). Erhöhte Brüchigkeit der Nägel

Orthopnoe (griech. ortho – gerade; pneuma – Luft, Atem). Zustand höchster Atemnot, bei dem zur Unterstützung der Atemhilfsmuskulatur eine aufrechte, gerade Körperhaltung eingenommen wird

Ösophagus (griech. oisein – tragen; phagema – Speise). Speiseröhre

Osteomalazie (griech. osteo – Knochen; malakia – Weichheit). Erhöhte Weichheit der Knochen bei ungenügender Mineralisation der Knochenmatrix

Osteomyelitis (griech. osteo – Knochen; myelos – Mark; -itis – Entzündung). Entzündung des Knochenmarks

Osteoporose (griech. osteo – Knochen; poros – Loch). Erkrankung, die mit einer Verminderung des Knochengewebes einhergeht

Ovar (lat. ovarium – Eierstock). Eierstock

Ovulationshemmer (lat. ovulum – kleines Ei). Medikamente, die auf hormonellem Weg eine Schwangerschaft vermeiden

Palpation (lat. palpare – tasten). Untersuchung durch Betasten

Panaritium (lat. panaricium – Krankheit der Nägel). Entzündung des Nagelbettes, Synonym: Nagelgeschwür, Umlauf

paradox (griech. para – abseitig, neben, abweichend; doxa – Meinung). Wiedersinnig, widersprüchlich

Paralyse (griech. paralyein – auflösen). Vollständige Lähmung

Paramnesie (griech. para- – abseitig, neben, abweichend; mnesis – Erinnerung). Erinnerungsverfälschungen, bei denen Gedächtnisinhalte umgestaltet werden, hierzu gehören das Deja-vu-Erlebnis, die Pseudomnesie und die Wahnerinnerung

Paraparese (griech. para – abseitig, neben, abweichend; paresis – Erschlaffung). Schwache Lähmung zweier Extremitäten (i. d. R. beide Beine)

Paraphasie (griech. para – abseitig, neben, abweichend; phasis – Sprechen). Sprachstörung, die durch eine Verwechslung von Worten oder Buchstaben gekennzeichnet ist

Paraplegie (griech. para – abseitig, neben, abweichend; plege – Schlag, Lähmung). Lähmung zweier Extremitäten, i. d. R. beide Beine (sog. Querschnittslähmung)

Parasomnie (griech. para- – abseitig, neben, abweichend; lat. somnus der Schlaf). Vorübergehende körperliche Abläufe während des Schlafes

Parästhesie (griech. par- – abseitig, neben, abweichend; aisthesis – Empfindung). Missempfindung

Parasympathikus (griech. para- – abseitig, neben, abweichend; sympath- – Wortteil mit der Bedeutung mitempfinden, in Wechselwirkung stehen). Teil des vegetativen Nervensystems, der dem Sympathikus entgegen wirkt

Parasympathomimetika (griech. para- – abseitig, neben, abweichend; sympath- – Wortteil mit der Bedeutung mitempfinden, in Wechselwirkung stehen; mimetisch – bewegend, erregend). Medikamente, die Erscheinungen hervorrufen können, wie sie durch eine Erregung des Parasympathikus hervorgerufen werden

Parese (griech. paresis – Erschlaffung). Unvollständige Lähmung

Paronchie (griech par(a)- – abseitig, neben, abweichend; onych- – Nagel). Nagelwallentzündung

Parosmie (griech. par(a) – abseitig, neben, abweichend; osme – Geruch). Geruchliche Fehlwahrnehmungen

Pathologie (griech. pathos – Leiden; logos – Lehre). Lehre von den Krankheiten und zwar ihren Ursachen (Ätiologie), ihren körperlichen Veränderungen (pathologische Anatomie), ihrer Entstehung und ihrem Wesen (Pathogenese) und ihren klinischen Erscheinungen (Symptomatologie, Nosologie)

pathologisch (griech. pathos – Leiden). Krankhaft

Pathophysiologie (griech. pathos – Leiden; logos – Lehre; physio – Natur). Lehre von den krankhaften Lebensvorgängen und gestörten Funktionen des menschlichen Organismus

Pavor nocturnus (lat. pavor – Angst; nocturnus – nächtlich). Nachtangst

percutan (lat. per – durch, hindurch; cutis – Haut). Aufnahme von Stoffen durch die Haut oder Schleimhaut

peripher (griech. peripherein – herumtragen). Außen, am Rande, weg oder fern vom Zentrum

Periphere Lähmung (griech. peripherein – herumtragen). Lähmung, bei der der Lähmungsherd im peripheren motorischen Neuron liegt, schlaffe Lähmung

Peristaltik (griech. peristaltiokos – umfassend und zusammendrückend). Wellenförmig fortschreitende Wandbewegung von Hohlorganen, bei der sich die einzelnen Abschnitte des Organs nacheinander zusammenziehen und so den Inhalt transportieren

Peritonitis (griech. peritonaion – das Herumgespannte; -itis – Entzündung). Entzündung des Bauchfells

persistierend (lat. persistere – anhaltend, andauernd). Anhaltend, andauernd

Perspiratio (lat. per- – (hin)durch; spirare – atmen). Hautatmung

Perspiratio insensibilis (lat. per- – (hin)durch; spirare – atmen; in- – nicht; sensibilis – der Empfindung fähig, empfindbar). Unbemerkte Wasserabgabe über die Haut und Schleimhaut mittels Diffusion und Verdunstung

Perspiratio sensibilis (lat. per- – (hin)durch; spirare – atmen; sensibilis – der Empfindung fähig, empfindbar). Hautausdünstung, Absonderung von Schweiß, Schwitzen, Synonym: Transpiration

Pertussis (lat. tussis – Husten). Keuchhusten

Perzentilenkurve (lat. per – durch; centrum – hundert). Beschreibung zur Verteilung in Hunderstel

Petechien (lat. petigo – Ausschlag). Kleine punktförmige Haut- oder Schleimhautblutungen

Pfaundler-Hurler-Krankheit. Nach dem deutschen Pädiater Meinhard von Pfaundler-Hurler (1872 – 1947) benannte Erkrankung, bei der es u. a. zu einer Störung des Knochenwachstums und Störung des Mukopolysaccharidstoffwechsels, Minderwuchs und Kyphose kommt

Pflegeanamnese. Einschätzen des Pflegebedarfs, Erhebung aller für die Pflege relevanten Daten zur Erfassung der Pflegeprobleme und Ressourcen, erster Schritt des Pflegeprozesses

Pflegediagnose. Formal definiertes Pflegeproblem, klinische Beurteilung der Reaktion von Einzelnen oder Gruppen auf aktuelle oder potentielle Gesundheitsprobleme, Ausgangspunkt für Planung, Durchführung und Evaluation der Pflege

Pflegefachsprache. Innerhalb der pflegerischen Berufsgruppe zur effektiven Kommunikation verwandte pflegespezifische Begriffe

Pflegeplan. Verbindliche Pflegeverordnung, umfasst Pflegeprobleme, Ressourcen, Pflegeziele und -maßnahmen des pflegebedürftigen Menschen

Pflegeproblem. Beeinträchtigung eines Menschen in einem Lebensbereich, die seine Unabhängigkeit einschränkt, belastend auf ihn wirkt und Pflege erforderlich macht

Pflegeprozess. Systematische, zielgerichtete, kontinuierliche und dynamische Methode der Pflege zur Problemlösung; umfasst in Abhängigkeit vom jeweils zugrunde gelegten Modell vier bis sechs Schritte

Pflegeziele. Beschreiben das zu erreichende Ergebnis der Pflege und müssen erreichbar, realistisch und überprüfbar sein

Phäochromozytom (griech. phaios – grau schwärzlich; chroma – Farbe; zyt- Zelle; -om – Geschwulstbildung). Tumor des Nebennierenmarks

Phlebothrombose (griech. phlebo – Vene; thrombos – Blutpfropf). Verschluss der tiefer gelegenen Beinvenen durch einen Blutpfropf

Phlegmone (griech. phlegmone – Entzündung). Flächenhafte Zellgewebsentzündung

Physiologie (griech. physio – Natur; logos – Leiden). Wissenschaft und Lehre von den normalen Lebensvorgängen

Pick-Wick-Syndrom (griech. syn – zusammen, mit; dromos – der Lauf). Erkrankung, die mit hochgradiger Fettsucht, arterieller Hypoxämie, Polyzythämie und Somnolenz einhergeht

Plasmozytom (griech. plasma – Gebilde; zyt- – Zelle; -om – Geschwulstbildung). Vermehrung der Plasmazellen im Knochenmark, Synonyme: multiples Myelom, Kahler-Krankheit

Plazenta (lat. placenta – Kuchen). Schwammiges Organ, welches während der Schwangerschaft gebildet wird, dem Stoffaustausch zwischen Mutter und Fetus dient und nach der Geburt ausgestoßen wird, sog. Mutterkuchen, Nachgeburt

Plegie (griech. plege – Schlag, Lähmung). Motorische Lähmung

Plexus brachialis (lat. plexus – Geflecht; brachium – Arm, Oberarm). Nervengeflecht zwischen Oberarm und Schlüsselbein, sog. Armgeflecht

Plexus cervicalis (lat. plexus – Geflecht; cervix – Nacken, Hals). Nervengeflecht am Hals, sog. Halsgeflecht

Pollakisurie (griech. pollakis- – oft; houron – Harn). Häufige Harnentleerung, zumeist kleiner Mengen

Polyarthritis (griech. poly – viel, zahlreich; arthron – Gelenk; -itis – Entzündung). Entzündung mehrerer Gelenke

Polydipsie (griech. poly – viel; dipsa – Durst). Gesteigertes Durstgefühl mit übermäßiger Flüssigkeitsaufnahme

Polyglobuli (griech. poly – viel, zahlreich; lat. globuli – Kügelchen). Vermehrung der roten Blutkörperchen (Erythrozythen)

Polymenorrhoe (griech. poly – viel, zahlreich; men – Monat; – rhoe – fließen, Fluss). Zu häufige, zu viele Menstruationen

Polyp (griech. polypous – vielfüßig). Gutartige Geschwülste der Schleimhäute

Polyurie (griech. poly – viel, zahlreich; houron – Harn). Vermehrte Urinausscheidung mit mehr als 2000 ml in 24 Stunden

Pons (lat. pons – Brücke). Brücke zwischen den Hirnhälften

postnatal (lat. post- – zeitlich nach, hinter; natalis – zur Geburt gehörend). Nach der Geburt

Postprandiale Müdigkeit (lat. post- – zeitlich nach, hinter; prandium – Mahlzeit). Nach den Mahlzeiten einsetzende Müdigkeit

postrenal (lat. post- – nach, hinter; ren – die Niere). Hinter der Niere gelegen

Präfix (lat. praefigere – vorn anheften). Untrennbare Vorsilbe, die vor ein Wort oder einen Wortstamm gesetzt wird und wodurch ein neues Wort entsteht

pränatal (lat. prae- – vor; natalis – zur Geburt gehörend). Vor der Geburt

prärenal (lat. prae- – vor; ren – die Niere). Vor der Niere gelegen

Präsuizidales Syndrom (lat. prae- – vor; sui – sich selbst; cidere – töten; griech. syn – zusammen, mit; dromos – der Lauf). Symptomenkomplex, der einem Selbstmord vorausgeht, z. B. Depression, Psychose, Autoaggression, Angst etc.

Proktitis (griech. proktos – Mastdarm; -itis – Entzündung). Mastdarmentzündung

Prolaps (lat. pro- – vor; lapsus – Ausgleiten, Fallen). Vorfall, Heraustreten von inneren Organen

Propriozeptor (lat. proprius – eigen; recipere – aufnehmen). Empfangsorgane in der Haut und in inneren Organen, die die Wahrnehmung der Stellung und Bewegung des Körpers im Raum ermöglichen

Prostaglandin (griech. prostates – Vorsteher; lat. glandula – die Drüse). Hormonähnliche Stoffe mit gefäßerweiternder und wehenauslösender Wirkung

Prostataadenom (griech. prostates – Vorsteher; aden – Drüse; -om – Geschwulstbildung). Vergrößerung der Prostata durch Wucherung des Drüsenepithels, Synonym: benigne Prostatahyperplasie

Protein-Energie-Mangelsyndrom (griech. syn- – zusammen, mit; dromos – der Lauf). Bezeichnung für Ernährungskrankheiten, die mit einem Eiweißmangel einhergehen und besonders häufig in den tropischen Entwicklungsländern auftreten, z. B. Kwashiorkor, Marasmus, Abkürzung: PEM

Protozoen (griech. zoon – Tier). Einzeller

Provitamin (lat. pro- – vor, für; vita – Leben). Vorstufe eines Vitamins, einer organischen Verbindung, die als Wirkstoff für die Aufrechterhaltung der Lebensvorgänge im Organismus unentbehrlich sind

Pruritus (lat. pruritum – jucken). Hautjucken

Pseudologica phantastica (griech. pseudos – falsch; logos – Wort; phantasticos – zum Vorstellen befähigt). Krankhaftes Schwindeln, bei dem ausgedachte Erlebnisse als wahre Begebenheiten erzählt werden

Psoriasis (griech. psora – Krätze, Räude; -iasis krankhafter Zustand). Schuppenflechte

Psychopathologie (griech. psycho – Seele, Gemüt; pathos – Leiden; logos – Lehre). Lehre von den seelischen Funktionsstörungen

Psychose (griech. psycho – Seele, Gemüt; -ose – nicht entzündliche Krankheit). Psychische Erkrankung, die zu einer Störung des gesamten Erlebens führt

Psychovegetativ (griech. psycho – Seele, Gemüt; lat. vegere – kräftig, lebhaft sein). Die Psyche und das vegetative Nervensystem betreffend

Pubes (lat.). Schamhaare

pulmonal (lat. pulmo – die Lunge). Zur Lunge gehörend

Puls (lat: pulsus – Stoß). Die durch den systolischen Blutauswurf des Herzens im Kreislauf entstehende Druck- und Volumenschwankung (Welle) im arteriellen Gefäßsystem

Pulsdefizit (lat. pulsus – Stoß; deficit – es fehlt). Periphere, an einer Körperarterie palpierte Pulsfrequenz ist niedriger als die zentrale, über dem Herzen auskultierte

Pulsfrequenz (lat. pulsus – Stoß; frequentia – Häufigkeit). Häufigkeit der Pulswellen pro Minute

Pulsoxymetrie (griech. oxy- – Sauerstoff; -metria – - prüfung, -messung). Verfahren zur nicht invasiven und kontinuierlichen Messung der Sauerstoffsättigung durch Gewebe (z. B. Finger; Fuß) bei gleichzeitiger Messung der Pulsfrequenz

Pulsqualität (lat. pulsus – Stoß; qualitas – Beschaffenheit). Feststellbare Eigenschaften des Pulses (Füllung der Blutgefäße und Härte der Pulswelle)

Pulsrhythmus (lat. pulsus – Stoß; griech. rhythmos – Gleichmaß, Takt). In regelmäßigen Abständen erfolgende Schlagfolge des Herzens

Pylorusstenose (griech. pylon – Tor; griech. stenos – eng). Verengung des Magenausganges

Pyrogene (griech. pyr- – Feuer, Fieber; gen- – hervorbringen, erzeugen). Fiebererzeugende Stoffe, die in endogene und exogene Pyrogene unterschieden werden

Pyromanie (griech. pyr- – Feuer, Fieber; mania – Raserei, Wahnsinn). Triebhaftes Brandstiften

Pyurie (griech. pyon – Eiter; houron – Harn). Eiterausscheidung im Urin

Rachitis (griech. rachi – Rückgrat, Rücken). Vitamin-D-Mangelerkrankung

Radiation (lat. radiatio – das Strahlen). Wärmeabstrahlung

Rapid Eye Movement-Schlaf (engl.). Schlaf, der durch rasche Augenbewegungen gekennzeichnet ist, umfasst das Stadium 5, Synonym: paradoxer Schlaf, Abkürzung: REM-Schlaf

Raucedo (lat. raucus – heiser). Heiserkeit

Reanimation (lat. re- – wieder, zurück; animatio – Belebung). Sog. wiederbelebende Maßnahmen, die geeignet sind, die Sauerstoffversorgung des Zentralnervensystems (ZNS) aufrechtzuerhalten bei Atemstillstand und Herzstillstand, z. B. Beatmung, Herzmassage, Defibrillation

Reflex, Eigen- (lat. reflectere – rückwärts biegen). Physiologische, unwillkürlich ablaufende Vorgänge als Antwort auf einen Reiz, bei dem Reizort und Erfolgsorgan identisch sind, z. B. Patellarsehnenreflex

Reflex, Fremd- (lat. reflectere – rückwärts biegen). Physiologische, unwillkürlich ablaufende Vorgänge als Antwort auf einen Reiz, bei dem der Reizort und das Erfolgsorgan nicht identisch sind, z. B. Würgreflex

Regio olfaktoria (lat. regio – Gegend; olfaktare – an etwas riechen). Das Riechfeld, welches sich im oberen Teil der Nasenhöhle und im Wandbereich des oberen Nasenganges befindet

Regurgitation (lat. re- – wieder, zurück; gurges – Schlund). Zurückströmen von Speisebrei in den Mund

Reizdeprivation (lat. deprivare – berauben). Mangel an äußeren Sinneseindrücken und -wahrnehmungen

Rekonvaleszenz (lat. reconvalescere – genesen). Phase der Genesung, der Wiedergesundung

Relaxation (lat. relaxatio – das Nachlassen, Abspannen). Erschlaffung, Entspannung

Reliabilität. Maß für die Zuverlässigkeit eines Messinstrumentes. Bei Wiederholung des Tests sollen dieselben Messergebnisse erzielt werden

Remission (lat. remissio – Nachlassen). Bezeichnung für das Zurückgehen von Krankheitserscheinungen

renal (lat. ren – die Niere). Zur Niere gehörend

Reposition (lat. re- – wieder, zurück; positio – Lage, Stellung). In die Ausgangslage zurückbringen, Wiedereinrichtung

Reservevolumen, exspiratorisch (lat. ex – aus, heraus, ent-, ver-; respirare – atmen). Bezeichnet das Volumen, welches nach normaler Exspiration noch ausgeatmet werden kann, ca. 1000 bis 2000 ml, Abkürzung: ERV

Reservevolumen, inspiratorisch (lat. in – in, hinein; respirare – atmen). Bezeichnet das Volumen, welches nach normaler Inspiration noch eingeatmet werden kann, ca. 2000 bis 3000 ml, Abkürzung: IAV

Residualkapazität, funktionelle (lat. residuum – das Zurückgebliebene; capazitas – Fassungsvermögen). Summe aus exspiratorischem Reservevolumen und Residualvolumen, ca. 3000 ml

Residualvolumen. Luftmenge, die nach der maximalen Exspiration noch in der Lunge verbleibt, ca. 1000 bis 2000 ml

Resorption (lat. resorbere – wieder einschlürfen). Aufnahme von Stoffen durch die Haut oder Schleimhaut in die Blut- oder Lymphbahn

Resorptionsfieber (lat. resorbere – wieder einschlürfen). Fieber, das durch endogene Pyrogene hervorgerufen wird und nach Gewebsschädigungen auftritt, Synonym: aseptisches Fieber

Respirationsluft (lat. respirare – atmen). Luftmenge, die in Ruhe bei normaler Ein- und Ausatmung in einem Atemzug geatmet wird, ca. 500 ml, Synonym: Atemzugvolumen, Abkürzung: AZV

Respiratorische Arrhythmie (lat. respirare – atmen; griech. a- – ohne, Mangel an; rhythmos – Gleichmaß, Takt). Atemabhängige Veränderung des Herzrhythmus, bei der die Frequenz bei der Einatmung im Gegensatz zur Ausatmung beschleunigt ist

Ressource. Körperliche, ökonomische, persönliche, räumliche, soziale und spirituelle Eigenschaften und Fähigkeiten eines Menschen, die seinen Gesundungsprozess positiv beeinflussen können

Retina (lat. rete – Netz). Die Netzhaut des Auges

Rhagade (griech. rhagas – Riss). Schmerzhafte Risse an den Übergängen zwischen Haut und Schleimhaut

Rhinitis (griech. rhin- – Nase; -itis – Wortteil mit der Bedeutung Entzündung). Nasenkatarrh, Schnupfen

Rhinophym (griech rhin- – Nase, phyma – Gewächs). Knollennase

Rhotazismus (griech. Buchstabe „Rhota"). Stammeln mit Fehlbildung des Lautes „R", Artikulationsstörung

Rotation (lat. rotare – drehen). Drehbewegung

Ruffinikolben. Nach dem italienischen Anatom Angelo Ruffini (1864 – 1929) benannte Nervenendkörperchen, die der Druckempfindung dienen (Mechanozeptoren)

Rumination (lat. ruminatio – Wiederkäuen). Willkürlich ausgelöste Regurgitation, wobei Speisebrei durch Würgen und/oder Manipulationen zurück in den Mund strömt

Säkulare Akzeleration (lat. sakulum – das Jahrhundert; Akzeleration – Beschleunigung). Beschleunigte Entwicklung seit der Jahrhundertwende

Salmonellosen. Durch Salmonellen (Bakterien) ausgelöste Infektionskrankheiten

Schalentemperatur. Die Körpertemperatur in der Haut und den Extremitäten, 28,0 bis 33,0 °C

Schizophrenie (griech. schizein – spalten; phren – Geist, Seele). Sog. Spaltungsirrsein, psychische Erkrankung, die meist in Schüben verläuft und gekennzeichnet ist durch Symptome wie Wahnentwicklung, Halluzinationen, Spracharmut, Willenlosigkeit etc.

Schmerzrezeptoren (lat. recipere – aufnehmen). Auf Schmerzen reagierende Empfangsorgane in der Haut oder in den inneren Organen (Nozizeptoren)

Schnappatmung. Atmung mit kurzen schnappenden und unregelmäßig einsetzenden Einatmungszügen, denen größere Pausen folgen

Seborrhoe (lat. sebum – Talg; griech – rhoe – Fluss). Übermäßige Talgdrüsenproduktion

Sedativa (lat. sedare – beruhigen). Medikamente, die eine beruhigende Wirkung besitzen

Sekretion (lat. secretum – Absonderung, Ausscheidung). Absonderung

Sekretolytika (lat. secretum – Absonderung, Ausscheidung; griech. lysis – Auflösung). Medikamente zur Lösung von Sekreten, Schleim, den Auswurf fördernd

Selektion (lat. selection – Auslese). Auswahl

Senile Demenz (lat. senilitas – Greisenalter; dementia – Wahnsinn). Aufgrund degenerativer Veränderungen entstehendes hirnorganisches Psychosyndrom im höheren Lebensalter mit Verfall der intellektuellen Fähigkeiten, meist kontinuierlich verlaufend

sensorisch (lat. sensus – Sinn, Wahrnehmung). Die Sinnesorgane und die Aufnahme von Sinnesreizen betreffend

Serotonin (lat. serum – Molke, Blutwasser (Wortteil); griech. tonos – Spannung). Hormonähnlicher Stoff, der verschiedene Organfunktionen reguliert, auch Neurotransmitter, die die Sichtweise einer Person beeinflusst, z. B. Stimmungen,

Sigmatismus (griech. Buchstabe „Sigma"). Stammeln mit Fehlbildung des Lautes „S" und der Zischlaute, Artikulationsstörung, Synonym: Lispeln

Simplex (lat. simplex – einfach). Nicht zusammengesetztes und nicht abgeleitetes Wort

Singultus (lat. singultus – Schluckauf). Schluckauf

Sinnesorgane. Organ, das der Aufnahme und Weiterleitung von Sinneseindrücken dient

Skoliose (griech. skolios – krumm). Seitliche Verbiegung der Wirbelsäule mit Drehung der einzelnen Wirbelkörper und Versteifung

Skybala (griech. skybalon – Unrat, Auswurf). Harte Kotballen

Somatogramm (griech. soma – Körper; gramma – Buchstaben, Zeichen, bildliche Darstellung). Tabelle, die die Beziehung zwischen Alter, Größe und Masse darstellt

Somnambulismus (lat. somnus – Schlaf; ambulare – wandeln). Schlafwandeln, Synonym: Noktambulismus

Somniloquie (lat. somnus – Schlaf; loqui – Sprechen). Sprechen im Schlaf

Spastik (griech. spasmus – Krampf). Muskeltonus, der krampfartig erhöht ist

Sphincter ani (griech. sphincter – Schnur; lat. anus – Ring). Ringförmiger Schließmuskel des Rektums

Spina bifida (lat. spina – Stachel; bifidus – zweigeteilt). Angeborene Spaltbildung der Wirbelsäule

Spongiosa (lat. spongiosis – schwammig). Schwammartige Knochensubstanz, Knochenbälkchen

Stadium decrementi (lat. descrescere – abnehmen). Stadium der Abnahme einer Krankheit, Fieberabfall

Stadium incrementi (lat. incrementum – Anwachsen). Stadium des Anstiegs einer Krankheit, Fieberanstieg

Steatorrhoe (griech. stear – Fett; rhoe – fließen, Fluss). Ausscheidung eines Fettstuhls, der gekennzeichnet ist durch ein Erstarren beim Erkalten, eine große Masse, ein salbenartiges Aussehen und einen stinkenden Geruch, Synonyme: Salbenstuhl, Butterstuhl, Pankreasstuhl

Stenose (griech. stenos – eng). Verengung, Einengung

Stereotype (griech. stereos – starr, fest, massiv; typos – Form). Vorgefasste Meinungen und Einstellungen über Merkmale von Mitgliedern einer Gruppe

Stereotypie (griech. stereos – starr, fest, massiv; typos – Form). Pathologisches Wiederholen von sprachlichen Äußerungen oder motorischen Abläufen

STH (Somatotropes Hormon) (griech. somato – Körper, körperlich; trop – auf etwas einwirken). Wachstumshormon

Strangurie (griech. straggos – ausgepresster Tropfen; ouron – Harn). Harnzwang, nicht zu unterdrückender Drang zum Wasserlassen, mit starken Schmerzen einhergehend

Streptokokken (griech. streptas – Kette; Kokkos – Beere). Kugelförmige Bakterien, die in Kettenform vorkommen

Striae (lat. stria – Streifen). Blaurötliche, später gelblich-weiße, strichförmige Hautveränderungen infolge starker Dehnung der Haut

Stridor (lat. stridor – Zischen). Pfeifendes Atemgeräusch, wird unterschieden in eine inspiratorische und exspiratorische Form

Striktur (lat. strictura – Zusammenpressung, Zusammenziehung). Ausgeprägte Verengung eines Hohlorgans

Subcutis (lat. sub- – unter, unterhalb; cutis – Haut). Unterhaut

Subjektive Daten. Nicht messbare Daten, die von der subjektiven Sichtweise einer Person beeinflusst werden, z. B. Stimmungen, Gefühle etc.

sublingual (lat. sub- – unter, unterhalb; lingua – Zunge). Unter der Zunge

submucosa (lat. sub- – unter, unterhalb; mucosa – Schleim, Schleimhaut). Unter der Schleimhaut gelegen

Substanz P. Neuropeptid, das u. a. bei der Schmerzleitung eine Rolle spielt

Suffix (lat. suffigere – unten anheften). Nachsilbe; an ein Wort oder einen Wortstamm angehängte Ableitungssilbe

Suggestion (lat. suggestio – Eingebung). Beeinflussung eines Menschen bezüglich seines Fühlens oder Wollens, mit dem Ziel, den Betreffenden zu einem bestimmten Verhalten zu veranlassen

Suppositorium (lat. suppositorium – das Untersetzte). Zäpfchen

supraventrikulär (lat. supra – oberhalb; ventriculus – Kammer). Oberhalb der Kammer, z. B. supraventrikuläre Extrasystolen, die von Reizbildungszentren im Vorhof (oberhalb der Kammer) ausgehen

Surfactant-Faktor (engl. Surface aktive agent – Oberflächenaktive Substanz). Kleidet die Wände der Lungenbläschen aus, verhindert das Zusammenklappen der Alveolen bei der Exspiration

Sympathikus (griech. sympathein – in Wechselwirkung stehen). Teil des vegetativen Nervensystems

Sympathomimetika (griech. sympath- – Wortteil mit der Bedeutung mitempfinden, in Wechselwirkung stehen; mimetisch – bewegend, erregend). Medikamente, die Erscheinungen hervorrufen können, wie sie durch eine Erregung des Sympathikus hervorgerufen werden

Symptom (griech. symptoma – vorübergehende Eigentümlichkeit, Begleiterscheinung). Begleiterscheinung einer Erkrankung, Krankheitszeichen

Symptombündel (griech. symptoma – vorübergehende Eigentümlichkeit, Begleiterscheinung). Mehrere Begleiterscheinungen einer Erkrankung

Synästhesie (griech. syn – zusammen, mit; aisthesis – Empfindung). Abnorme Mitempfindung

Syndrom-Pflegediagnose. Umfasst eine Gruppe von aktuellen und Risiko-Pflegediagnosen, die aufgrund eines Ereignisses oder einer bestimmten Situation voraussichtlich auftreten

Synkope (griech. synkoptein – zusammenschlagen). Relativ kurzandauernder Bewusstseinsverlust (Sekunden bis Minuten)

Tachyarrhythmie (griech. tachys – schnell; a- – ohne, Mangel an; rhythmos – Gleichmaß, Takt). Zeitlich unregelmäßige und erhöhte Schlagfrequenz des Herzens (> 100 Schläge pro Minute)

Tachykardie (griech. tachys – schnell; kardia – Herz). Anstieg der Herzfrequenz auf mehr als 100 Schläge pro Minute

Tachypnoe (griech. tachy – schnell; pneuma – Luft, Atem). Erhöhte Atemfrequenz

Tenesmus (griech. tenesmus – gespannter Leib, Hartleibigkeit). Anhaltender, schmerzhafter Stuhl- oder Harndrang

Tetanie (griech. Tetanus – Spannung). Anfallsartige neuromuskuläre Übererregbarkeit, die sich in Störungen der Motorik und Sensorik zeigt, Krampfbereitschaft

Tetraparese (griech. tetra – vier; paresis – Erschlaffung). Schwache Lähmung aller vier Extremitäten

Tetraplegie (griech. tetra – vier; plege – Schlag, Lähmung). Lähmung aller vier Extremitäten, sog. hohe Querschnittslähmung

Thermographie (griech. therm- – Wärme, Hitze; graphie- – Darstellungs-, Aufzeichnungsverfahren). Abbildung einer Wärmestrahlung eines Objektes, Wärmebild

Thermolabilität (griech. therm- – Wärme, Hitze; labilis – schwankend, unsicher). Schwankende Temperaturen, häufig bei Frühgeborenen

Thermorezeptoren (griech. therm- – Wärme; lat. recipere – aufnehmen). Empfangsorgane in der Haut oder in den inneren Organen, die die Temperatur bzw. Temperaturveränderungen registrieren

Tinnitus aureum (lat. tinnitus – Geklingel; auris – Ohr). Ohrgeräusche

Tonsillektomie (lat. tonsilla – Mandel; -ektomie – operative Entfernung). Operative Entfernung der Zungen-, Gaumen- und/oder Rachenmandeln

Totalkapazität (capazitas – Fassungsvermögen). Luftmenge, die nach maximaler Inspiration in der Lunge enthalten ist, ca. 6000 ml, Abkürzung: TLK

toxisch (griech. tox – Gift). Giftig

Tracheitis (griech. trachea – Luftröhre; –itis – Entzündung). Entzündung der Luftröhre

Tracheotomie (griech. trachea – Luftröhre; -tomie – Schnitt, Eröffnung). Luftröhrenschnitt

Tranquilizer (lat. tranquillus – ruhig). Medikamente, die eine beruhigende und/oder angst- und spannungslösende Wirkung besitzen

Transpiration (lat. trans- – hindurch, hinüber; spirare – atmen). Hautausdünstung, Absonderung von Schweiß, Schwitzen, Synynom: Perspiratio sensibilis

Trauma (griech. trauma – Verletzung). Verletzung, Gewalteinwirkung, die sowohl physischer als auch psychischer Natur sein kann

Tremor (lat.). Zittern

Tuberkulose (griech. -ose – Krankheit; lat. tuberculum – kleiner Höcker, kleine Schwellung). Eine durch Tuberkelbakterien hervorgerufene Infektionskrankheit, Abkürzung: TB, TBC

Tunica mucosa (lat. tunica – Hülle, Haut; muco- – Schleim, Schleimhaut). Schleimhaut

Typhus abdominalis (griech. typhos – Dunst, Schwindel; lat. abdomen – Bauch, Leib). Melde- und isolierungspflichtige Infektionskrankheit, verursacht durch Salmonella typhi-Bakterien

Ulcus cruris (lat. ulcus – Geschwür; crus – Unterschenkel). Unterschenkelgeschwür

Unguis (lat. unguea – Nagel). Nagel

Urämie (griech. ouron – Harn; haima – Blut). Harnvergiftung, Anstieg der harnpflichtigen Substanzen im Blut

Urhidrose (griech. ouron – Harn; hidros – Schweiß). Absonderung von Schweiß, der harnpflichtige Substanzen enthält

Validität (lat. valere – Wert sein, gültig sein). Gültigkeit, Gütekriterium für Testverfahren

Varizen (lat. varix – Krampfader). Krampfadern, erweiterte oberflächliche Venen, vor allem an den Beinen, die durch eine Schwäche der Venenwand verursacht werden

Vater Pacini Körperchen. Nach dem italienischen Anatom Filippo Pacini (1812 – 1883) benannte lamellösen Nervenfaserendkörperchen, die die Wahrnehmung von Vibrationen ermöglichen

ventrikulär (lat. ventriculus – Kammer). Von der Kammer ausgehend; z. B. ventikuläre Extrasystolen, bei denen die Reizbildung von allen Teilen der Herzkammermuskulatur ausgehen kann

Vibrissae (lat.). Haare am Naseneingang

visuell (lat. visus – das Sehen). Das Sehen betreffend

viszeral (lat. viszera – Eingeweide). Die Eingeweide betreffend

Vitalkapazität (lat. vitalis – leben; capazitas – Fassungsvermögen). Luftvolumendifferenz zwischen maximaler Einatmung und Ausatmung

Vitiligo (lat. vitiligo – Hautflechte). Weißfleckenkrankheit, bei der über den Körper verteilt, aufgrund eines Melaninmangels weiße Flecken auftreten

Vomitus (lat. vomere – sich erbrechen). Erbrechen, Synonym: Emesis

Vorhofflattern. Störung der Tätigkeit der Vorhöfe des Herzens mit Frequenzen von 250 – 300 pro Minute

Vorhofflimmern. Eine der häufigsten Herzrhythmusstörungen mit Flimmerbewegungen der Herzvorhöfe (Frequenzen zwischen 300 – 400 pro Minute), die zu absoluter Arrhythmie der Herzkammern führen

Vulva (lat. vulva – Hülle). Die äußeren weiblichen Geschlechtsorgane

Wahrnehmung. Aufnahme von inneren und äußeren Reizen über die Sinnesorgane

Wahrnehmungsprozess. Verarbeitung des über die Sinnesorgane gewonnenen Informationsmaterials

Wahrnehmungsschwelle. Bezeichnung für die Leistungsgrenzen der Sinnesorgane

Wahrnehmungsverzerrung. Veränderte Wahrnehmung aufgrund störender Einflussfaktoren

Windkesselfunktion. Aufgrund der elastischen Eigenschaften der arteriellen Gefäßwand, besonders der Aorta, bewirkte Glättung der hohen pulsatorischen Ventrikeldruckschwankungen. Die Windkesselfunktion der Arterien ermöglicht den kontinuierlichen Blutfluss

Xanthom (griech. xanthos – gelb; -om – Geschwulstbildung). Gelbrötliche Hauttumore durch Fetteinlagerungen

zentral (lat. centralis – in der Mitte befindlich). Den Mittelpunkt bildend

Zentrale Lähmung (lat. centralis – in der Mitte befindlich). Lähmung infolge einer Schädigung im Bereich der Pyramidenbahn, spastische Lähmung

zerebral (lat. cerebrum – Gehirn). Das Gehirn betreffend

zerebro-vaskulär (lat. cerebrum – Gehirn; vasculum – kleines Gefäß). Gefäße des Gehirns betreffend

Zervikobrachialsyndrom (lat. cervix – Nacken, Hals; brachium – Arm, Oberarm; griech. syn – zusammen, mit; dormos – Lauf). Sammelbegriff für trophische, sensible und motorische Störungen im Bereich des Halses, Schultergürtel und der oberen Extremität durch Irritationen des Plexus cervicalis und brachialis sowie der A. vertebralis

Zilien (lat. cilium – Augenlid). Wimpern

zirkadian (lat. circa – um, ungefähr; dies – Tag). Tagesrhythmus, 24-Stunden-Rhythmus, über den Tag verteilt

Zirkumduktion (lat. circum – um, herum; ducere – führen). Bewegung in einem Gelenk, die kreisförmig verläuft, Führung eines spastisch gelähmten Beines beim Gehen in Form eines Halbbogens

Zyanose (griech. kyanos – blaue Farbe; -ose – nicht entzündliche Krankheit). Blaurote Verfärbung der Haut infolge mangelnder O_2-Sättigung des Blutes

zytologisch (griech. zyt- – Zelle; logos – Wort, Lehre). Lehre vom Bau und den Funktionen der Zellen

Zytostatika (griech. zyt- – Zelle: griech. statikos – zum Stehen bringen). Substanzen, die die Zellteilung durch Beeinflussung des Stoffwechsels verhindern oder erheblich verzögern

Literaturverzeichnis

Duden Fremdwörterbuch, 5. Aufl., Dudenverlag, Mannheim 1990

Georg, J., M. Frowein (Hrsg.): Pflegelexikon, Ullstein Medical, Wiesbaden 1999

Meyers Enzyklopädisches Lexikon: Band 30, Das große Wörterbuch der deutschen Sprache 1 A-F. Bibliographisches Institut, Lexikonverlag, Mannheim 1979

Meyers Enzyklopädisches Lexikon: Band 31, Das große Wörterbuch der deutschen Sprache 2 G-N. Bibliographisches Institut, Lexikonverlag, Mannheim 1979

Meyers Enzyklopädisches Lexikon: Band 31, Das große Wörterbuch der deutschen Sprache 3 O-Z. Bibliographisches Institut, Lexikonverlag, Mannheim 1979

Pschyrembel – Klinisches Wörterbuch, 258. Aufl., de Gruyter, Berlin 1997

Roche Lexikon Medizin, 3. Aufl., Urban & Schwarzenberg, München 1993

Sachverzeichnis

A

Abasie 446
ABCD-Regel 93
Abdomen, akutes 359
Abdominalatmung 184, 187 f
Abduktion 398
Abduktionskontraktur 433
Abendmensch 209 f
Abhängigkeits-/Unabhängigkeitskonflikt 263
Ablenkbarkeit 239
Abneigung
– gegen Fett 288
– gegen Fleisch 288
Abschürfung 88
Absence 245
Abspreizung 398
Abszess 84
Abwehrreaktion 381, 384
Abwehrschwäche 95 f, 288
Abwehrspannung 388
Acetongeruch 197, 342
Achalasie 366
Achondroplasie 255
Adaption 20
Adaptor 412
Addison-Krankheit
– Hyperpigmentierung 76
– Nagelverfärbung 119
Adduktion 398
A-delta-Faser 378 f
Adenosarkom 58
ADH (antidiuretisches Hormon) 283
Adipositas
– Definition 270
– Folgeerkrankung 287 f
– beim Kind 277
– Ursache 271 f
Adipsie 290
Adnexentzündung 352, 363
Adrenogenitales Syndrom 366
Aerophagie 334, 366
Affektinkontinenz 241
Affektivität 240
Affektivitätsstörung
– qualitative 241
– quantitative 240
Affektlabilität 241
Affektstarre 240
Aflatoxin 296
After 72
Afterhaut 75
Ageusie 24
Aggressivität 27
Agnosie 234 f
– Demenz 232
– visuelle 22, 234 f
α-Agonisten 320
β-Agonisten 320
Agrammatismus 459
Akanthose 81
Akinese 400 f
Akne
– im Alter 124
– vulgaris 121
Akrodermatitis enteropathica 300
Akromegalie 254
– Makroglossie 99
Aktivität 39 f, 402
Aktivitätsintoleranz 141
Akupunktur 379
Akutes Abdomen 359
Akzeleration, säkulare 253
Albinismus 76
Algesimetrie 379 f
Algurie 311
Alkalose 191
Alkoholentzugsdelir 228
Alkoholgenuss
– Delirium 227
– Gichtanfall 295
– Hypothermie 174
– Insomnie 212
– Polyurie 314, 320
Alkoholismus
– Demenz 246
– Gangstörung 445 f
Allergen 92
Allergie
– Hautveränderung 80
– Ödembildung 78
Allgemeinzustand 64 ff
Allodynie 380
Alopezia areata 117
Alopezie 116 f
Alter 65
– Blutdruckregulation 156
– Ernährungszustand 300 ff
– Harninkontinenz 319 f
– Körperhaltung 435 f
– Schlafbedarf 209, 219
– Schmerz 392
– Stoffwechsellage 277
– Stuhlausscheidung 335
Altersakne 124
Altersflecken 106
Altershaut 106 f
Alterssichtigkeit 22
Alzheimer-Krankheit (s. auch Demenz) 246
– Essverhalten 301
Amaurosis 22
Amenorrhö 350 f
Amimie 417
Ammoniak 309
Ammoniakgeruch 197
Amnesie 238
– anterograde 238
– psychogene 238
– retrograde 213, 238
Amputation 402
– Phantomschmerz 383
Anagenphase 114
Analabszess 100
Analfistel 100
Analfissur 100
Analgesie 24, 380
Analgie 381
Analprolaps 101
Analschleimhaut 71 f, 75
Anämie 77
– Dyspnoe 190
– Eisenmangel 291
– Hautblässe 76
– Vitaminmangel 292
Anästhetika, Hang-Over-Effekt 271
Angehörige 38
Angespanntheit 427
Angst 73
– maskierte 419
– Mimik 419
– bei Schmerzen 389
– Verwirrtheitszustand 232
Angstanfall 213
Angstneurose 211
Anhidrosis 341
– tropica 343
Ankleideapraxie 229 ff
Anocutane Grenze 72
Anorektum 71
Anorexia nervosa 274 f, 289
– – Amenorrhö 351
– – Körperschemastörung 402
Anorexie 288
– Vitamin-A-Hypervitaminose 295
Anosmie 23
Anosognosie 234 f
Anstrengung, körperliche 135
α-Antagonisten 320
Anti-Baby-Pille s. Ovulationshemmer
Antibiotika 326
Anticholinergika 320
Antidepressiva 152, 320
– Insomnie 213
Antidiuretisches Hormon 283
Antipathie 42
Antipsychotika 320
Antrieb 242
Antriebsminderung 236, 241 f
Antriebssteigerung 241 f
Antriebsstörung 242 f
Anurie 315
Aorta 130
Aortenbogensyndrom 135
Aortenisthmusstenose 152
Aortenklappeninsuffizienz 152, 135
Apallisches Syndrom 226
Aphasie 458 ff
– amnestische 459 f
– Demenz 232
– expressive 459
– globale 459 f, 465
– motorische 459
– sensorische 459
Aphonie 456
Aphrasie 457
Aphthe 95
Apnoe 191, 216
Apoplex
– Aphasie 458, 460
– Gangstörung 443
– Haltungsstörung 430
– Schmerz, zentraler 383
Appetit 272, 283
– Einflußfaktor 302
– beim Kind 297
– vermehrter 287
– verminderter 287
Appetitlosigkeit 278, 295
Apraxie
– Definition 230
– Demenz 232
– ideatorische 229 f
– ideomotorische 229 f
– konstruktive 229 f
Arbeiten 39
– kräfteschonendes 16
– rückenschonendes 16
Arbeitsumsatz 268
Armarterie, Pulslosigkeit 135
Arrhythmie 132
– absolute 136
– Definition 136

- respiratorische 136
Arsenvergiftung 77
- Haarausfall 117
Arteria
- brachialis 130
- - Blutdruckmessung 147 ff
- carotis 130
- dorsalis pedis 130
- femoralis 130
- poplitea 130
- radialis 130 f
- subclavia 130
- temporalis 130
- tibialis posterior 130
- ulnaris 130
- vertebralis 430
Arterienverschluss, akuter 102
Arteriosklerose 152
Arthritis 405 f
- rheumatoide, chronische 387
Arthrose 406
- Gangstörung 446
- Übergewicht 271
Artikulation 455
- beim Kind 463
Artikulationsstörung 457, 462
Ascorbinsäure 292
Aspirationspneumonie 199
Aspirationssyndrom 199
Assimilation 21
Astasie 446
Astereognosie 235
Asthma bronchiale
- - Dyspnoe 189
- - Giemen 195
- - Sputum 371
- - Tachykardie 135
Asystolie 137
Aszites 273
Ataxie 401 f
- Gangstörung 448
- lokomotorische 402, 444
- sensible 445
- Ursache 404
- zerebelläre 445 f
Atelektase 192
Atemantrieb 183, 192
Atemarbeit 189 f
Atembeobachtung 9
Atembewegung 17, 183
- übermäßige 194
- ungenügende 194
Atemfrequenz 184
- erhöhte 174 f, 190
- niedrige 190 f
- Normalwert 187
Atemgeräusch 188, 195
- feuchtes 195
- trockenes 195
Atemgeruch 188, 197
Atemhilfsmuskel 189
- Aktivierung 194
- exspiratorischer 187
- inspiratorischer 187
Atemlähmung 191
Atemmechanik 187
Atemminutenvolumen 192
Atemmuskel 187
Atemnot 189, 271
Atemnotsyndrom 199
- transitorisches 199
Atempause 192 f
Atemrhythmus 187, 192 ff
Atemstillstand 191, 215
- funktioneller 194
Atemstörung, schlafbezogene 215 f
Atemtiefe 184, 187
- geringe 190
- große 191
Atemtyp, pathologischer 192 ff
Atemvolumen 185 ff
- maximales 186
Atemweg
- oberer 182
- Selbstreinigungsfunktion 374
- unterer 182
Atemwegserkrankung 373
Atemzentrum 17, 183
- Beeinträchtigung 190 f
- - Biot-Atmung 193
- - Cheyne-Stokes-Atmung 192
- - Schlafapnoe 216
Atemzug, flacher 192
Atemzugvolumen 185 f
Atemzyklus 184
Atherom 83
Atmen 39
Atmung 182 ff
- abdominale 184, 187 f
- agonale 194
- beim älteren Menschen 200
- asymmetrische 194 f
- intermittierende 193
- inverse 194
- kostale 187 f
- meningitische 193
- paradoxe 194
- periodische 199
- tiefe 192
- unzureichende 200
- Veränderung, pathologische 189 ff
- verlangsamte 210
ATPase 272
Atrichie 117
Atrophie 277, 298
Atropin 341
Aufbissschiene 214
Auffassungsstörung 240
Aufmerksamkeit
- Einflußfaktor 26
- gesteigerte 227
- unwillkürliche 239
- willkürliche 239
Aufmerksamkeitsstörung 227, 239 f
- Verwirrtheitszustand 232
Aufrichten 447
Auge 8 f
- Anpassungsvorgang 20
- haloniertes 416
- Veränderung, altersbedingte 420
- Wahrnehmungsschwelle 20
Augenbewegung, schnelle 208
Augenbindehaut, Gelbfärbung 77, 420
Augenbraue 111, 414
Augenhintergrundveränderung 153
Augenlid 414
Augenmuskel 9
- Lähmung 22
Augensprache 414
Ausdruck
- schmerzerfüllter 415
- verbitterter 415
Ausdrucksbewegung 412
Ausdrucksmittel, nonverbales 441
Auskultation 195
Auskultatorische Lücke 149
Ausscheidung 39 f, 307 ff
- perkutane 70
Außendrehung 398
Auswurf 370
- morgendlicher 372
- zäher 373
Autismus 27, 419
Autogenes Training 182
Autoimmunerkrankung 405
Autotopagnosie 234 f
Avitaminose 291 ff
Azidose 192 f
Azidoseatmung 193

B

Badewassertemperatur 14
Bahaarungsmuster 118
Bakteriurie 317
Balance 449
Balbuties 458
Ballaststoff 325
Bandscheibe 259
Bandscheibenvorfall 383
Bartholin-Drüse 348
Bartholinitis 352
Bartwuchs 115
Basaliom 92
Basalmembran 70
Basaltemperatur 165 f
Bauchatmung 187 f
Bauchdecke, Entspannung 432
Bauchpresse 308, 328
Bauchschmerz 17, 362 f
Bauchspeicheldrüse 286
Bauchspeicheldrüsenerkrankung 363
- Maldigestion 290
- Schmerzausstrahlung 387
Bauchspeicheldrüsengang 17
Bauchwickel 383
Baufett 268
Bau-Reil-Querfurche 120
Bechterew-Krankheit 431
Beckenbodenschwäche 101
Beckenkippung 434
Beckenschiefstand 254, 431
Bedürfnislage, aktuelle 26
Beeinträchtigungswahn 237
Befindlichkeit 42, 414
Behinderung 419
Bein, Längenunterschied 254
Beinstand 434 f
Bekleidung 65
Belastungsdyspnoe 189
Belastungsinkontinenz 311
Benommenheit 224 f
Beobachtung 33 ff
- Anforderung an das Pflegepersonal 45 f
- Datenerhebung 47 f
- Dokumentation 38 f, 44 f
- Einflußfaktor 41 f
- Fokussierung 42
- Formblatt 40 f
- Hilfsmittel 37 ff, 48
- beim Kind 41
- objektive 36
- und pflegerisches Handeln 42 f
- Qualität 44
- Reliabilität 42, 50
- Selektion 42
- subjektive 36
- Systematik 39 ff
- Validität 42, 50
- Zeitpunkt 37
- Ziel 43
Beobachtungsprozess 34 ff
Berührung 12, 70
Berührungshalluzination 228

Berührungsreiz 17
Berührungssinn 8
Beta-Blocker 212
Bettenwaage 265
Bettnässen 207
Beugekontraktur 433
Beugung 398
Bewältigungsverhalten 40
Beweglichkeit 398
- gesteigerte 401
- beim Kind 405
- Störung 399 ff
Bewegung 15, 39, 397 ff
- Beurteilung 65
- stereotype 402, 406
- überschießende 401
- unwillkürliche 399
- willkürliche 399
Bewegungsablauf 15
- gestörter 25
- unkoordinierter 25
Bewegungsapparat 398
- Störung, angeborene 405
Bewegungsarmut 400
Bewegungseinschränkung 23
Bewegungsentwicklung beim Kind 403 f
Bewegungskrankheit 23
Bewegungssinn 8, 15 f
Bewegungsstörung 230 f
- beim älteren Menschen 406
- beim Kind 404 f
- medikamentös bedingte 406
- spastische 400
Bewegungswahrnehmung 8, 10
Bewertung 28
Bewusstlosigkeit 243
- Hitzesynkope 167
Bewusstsein 65, 223 ff
Bewusstseinseinengung 204, 226 f
Bewusstseinserweiterung 227
Bewusstseinslage 224 f
- beim Kind 244 f
- parasomnische 226
Bewusstseinsstörung 243 f
- beim älteren Menschen 245 f
- qualitative 224, 226 f
- quantitative 224 ff
- Schweregrad 224
- Ursache 226
Bewusstseinstrübung 227
Beziehung 40
- pflegerische 36
Beziehungswahn 237
Bigeminie 136 f
Bilanzierung 275
Bilirubin 77
Bilirubinurie 316
Bindegewebsschwäche 100
Bindegewebstumor 92
Bindehaut, Gelbfärbung 77, 420
Biografie 26
Biot-Atmung 193
Biotin 292
Bläschen 82
Blasenbildung 174
Blässe 102, 174 f, 243
- pathologische 76
- physiologische 73
Blattpapille 72
Blaufärbung 74, 76 f
Bleivergiftung 289, 296
Blickkontakt 414
Blinddarmentzündung 388
Blindheit 20, 22
Blutdruck 144 ff
- beim älteren Menschen 156
- diastolischer 145, 148
- - Dokumentation 150 f
- - Erhöhung 151
- erniedrigter 16, 79
- - schlafbedingter 210
- mittlerer 150 f
- Normalwert 151
- - beim Kind 155
- bei Schmerz 388
- Schwankung 151
- systolischer 145, 148
- - Dokumentation 150 f
- - Erhöhung 151
Blutdruckamplitude 145, 151
- große 140
Blutdruckdifferenz 149
Blutdruckmanschette, Größe 149, 154 f
Blutdruckmessgerät 38, 145 f
- nach Recklinghausen 147
Blutdruckmessung 50, 144
- direkte 145, 155
- Dokumentation 149 f
- Indikation 147
- indirekte 145 ff
- - Fehlerquelle 148 f
- beim Kind 154 f
- kontinuierliche 145
- palpatorische 147 f
Blütenpollen 196
Blutgasanalyse 184
Blutgefäß-Naevus 103 f
Blutgerinnung 293
Blutgerinnungsstörung 75
Bluthochdruck s. Hypertonie
Blutosmolarität 284
Bluttransfusion, kalte 136
Blutung
- pulsierende 19
- punktförmige 75, 92
- vaginale
- - azyklische 350
- - menopausale 354
- - postmenstruelle 349 f
- - praemenstruelle 349 f
Blutzirkulation, herabgesetzte 76
Bobath-Konzept 25
Body-Mass-Index 266 f
Bogengang 11
Borreliose 94, 170
Brachybasie 446
Brachymenorrhö 349 f
Bradykardie 133 ff
- Bewusstseinslage 138
- relative 134
- Schlafapnoerisiko 216
Bradypnoe 190 f
Brandblase 82
Brechreflex 358
Brechzentrum 357 ff
Broca-Aphasie 459
Broca-Formel 266
Bromhidrosis 342 f
Bronchialkarzinom 371
- Altersgipfel 373
- Sputumuntersuchung 372
Bronchialsekretion 370 f
Bronchiektase 371 f
Bronchitis 371
- chronische 371 f
- eitrige 371
- spastische 195, 371
Bronchodilatator 212
Brucellose 134
Brustatmung 187 f
Brustkyphose 428, 434
Brustwandflattern 194
Brustwickel 383
Brustwirbelsäule 431
Bruxismus 213
Bulimia nervosa 288
Bulla 82

C

Café-au-lait-Farbe 77
Café-au-lait-Fleck 104
Calciumphosphat 316
Caliper 269
Canities 117
C-Faser 378 f
Charaktereigenschaft 26
Chemorezeptor 17
Chemorezeptoren-Triggerzone 358
Cheneau-Korsett 438
Cheyne-Stokes-Atmung 192 f
Chinidin 136
Chloasma gravidarum 73
Cholera 332
Cholestase 300
Cholesterin 295
Chondrodystrophie 255, 435
Christ-Siemens-Touraine-Syndrom 341
Chrom 293
Chromhidrosis 342
Claudicatio intermittens 444
Cobalamin 292
Colitis ulcerosa 330
Coma vigile 226
Corpus-luteum-Phase 349
Cortisol 254
Cortison 272
Crepitatio 195
Crohn-Krankheit 98, 100
Cushing-Krankheit
- Adipositas 271
- Facies lunata 416
- Striae 76

D

Damenbart 115, 124
Dämmerzustand 207, 226
- Halluzination 228
Dammschweiß 343
Darm
- Atonie 328, 361
- Überblähung 25
Darmentleerung, verzögerte 327
Darmerkrankung, entzündliche
- - Eiweißresorptionsstörung 292
- - Erbrechen 362
Darmmotilitätsstörung 328
Darmstenose 328
Darmteilresektion 290
Darstellungsregel 418
Daten
- objektive 49
- primäre 48
- Reliabilität 49
- sekundäre 48
- subjektive 49
Datenerhebung 47 ff
Datenquelle 48 f
Deadaption 20
Defäkation 75, 325
- schmerzhafte 100
Defäkationsreflex 328
Dehnungsreiz 13, 15
Dehydratation 290
- Fieber 178
- Schweregrade 299

Dehydratationsgefahr 345
Déjà-vu-Erlebnis 239
Dekubitus 92
- 1. Grades 75
- Pflegedokumentation 53 f
Dekubitusprophylaxe 55
Dekubitusrisiko 38
Delir 227, 232
Delta sleep inducing peptide 205
delta-Welle 207
Demenz
- Affektstarre 240
- Bewegung, stereotype 406
- Definition 232
- Harninkontinenz 312
- Mini-Mental-State 233 f
- Nahrungsaufnahme 278
- Orientierungsstörung 232
- primäre 234
- psychopathologische Veränderung 234
- Schlafwandeln 213
- sekundäre 234
- senile 245 f
- Sprachstörung 465
- Stuhlinkontinenz 330
- Ursache 234
Denken 65
- Definition 235
- inkohärentes 236
- unzusammenhängendes 227
Denkfähigkeit 223, 454
Denkhemmung 236
Denkstörung 235 ff
- formale 235 f
- inhaltliche 235, 237 f
- Verwirrtheitszustand 232
Denkverlangsamung 236
Depersonalisation 242
Depression 236, 240
- Antriebsminderung 242
- Bewegungsstörung 401
- Gesichtsausdruck 415
- reaktive 422
- Schlafstörung 211 f
- bei Schmerzen 389
- Wahn 237
Depressives Syndrom 241
Deprivation 27
Derealisation 242
Dermatitis, atopische 104 f
Dermatose, infektiöse 105
Desorientierung 225, 227
- örtliche 231
- persönliche 231 f
- postoperative 38, 54
- situative 231
- zeitliche 231
Diabetes
- insipidus 290, 314
- mellitus
- - Appetitsteigerung 287
- - Fußpflege 124
- - Karbunkel 122
- - Polydipsie 290
- - Polyurie 314
- - Temperaturempfindung 178
Diarrhö s. Durchfall
Diät 272 f
Dickdarmerkrankung 326
Dickdarmschleimhaut 71
Digitalis
- Arrhythmie 136
- Bradykardie 134
- Überdosierung 137, 326
Digitalthermometer 162
Digitalwaage 276
Diphenylhydantoin 212
Diuretika
- Missbrauch 288
- Polyurie 315
Divertikulitis 330
Dokumentation 44 f
- Aspekt, juristischer 55 f
- Informationsweitergabe 51
- als Leistungsnachweis 54
Dopamin 136
Doppelbilder 22
Dorsalflexion 398
Douglas-Abszess 352
Drahtpuls 137
Dranghandlung 243
Dranginkontinenz 311
- motorische 312
- sensorische 312
Drehschwindel 23
Dreimonatskolik 334
Drogenmissbrauch
- Halluzination 229
- Ideenflucht 237
- Wahrnehmungsveränderung 19, 21
Druck
- arterieller, mittlerer 155 f
- hydrostatischer 78
- kolloidosmotischer 78
Druckerhöhung, intraabdominelle 311
Druckpuls 137
Druckreiz 13
Druckwahrnehmung 106
Drüse
- apokrine 113
- ekkrine 113
Du-Bois-Formel 266
Duchenne-Muskeldystrophie 405
Ductus arteriosus Botalli apertus 139
Duftdrüse 339 f
- Abszess 122
- Anatomie 68 f, 113, 116
- beim Kind 344
Dünndarmerkrankung 290
Dünndarmzottenatrophie 292
Duodenalatresie 366
Duodenalstenose 366
Durchblutungsstörung 93 f
- arterielle 93 f, 444
- Gewebedefekt 92
- Missempfindung 24
- Pflegediagnose 157 f
Durchfall 326 f
- Exsikkose 332
- Greisengesicht 419
- Hitzeerschöpfung 167
- beim Kind 334
- Lebensmittelvergiftung 296
- paradoxer 329
- Pflegediagnose 337
- Wasserverlust 291
Durchgangssyndrom 232
Durchhaltevermögen 224
Durchschlafstörung 212, 219
Durst 283 f
Durstfieber 169
Durstgefühl 282
- gesteigertes 289
- vermindertes 290, 301
Dysarthrie 457 f
Dysästhesie 214
- Definition 229
Dysbasia arteriosklerotica 444
Dysbasie 443
Dysgeusie 24
Dysglossie 457
Dyslalie 457, 462
- audiogene 457
- funktionelle 457
- mechanische 457
Dysmenorrhö 351
Dysorexie 287
Dysphasie 458
Dysphonie 462
Dyspnoe 189 f
- Atembewegung, übermäßige 194
- exspiratorische 189, 198
- inspiratorische 189, 198
- kardiale 189
- beim Kind 198
- metabolische 190
- psychische 190
- pulmonale 189
- zirkulatorische 190
Dystrophie 277, 298
Dysuria psychica 311
Dysurie 311
- beim Kind 318

E

Echolalie 234, 245, 457
Effloreszenz
- primäre 79 ff
- sekundäre 79
Eigenwahrnehmung 8
Eindruck, erster 28 f
Eingeweideschmerz 382
Einnässen 44, 218 f
- Ursache 219, 319
Einschlafmyoklonie 214
Einschlafneigung, abnorme 215
Einschlafphase 207
Einschlafritual 218
Einschlafstörung 212, 214
- Pflegediagnose 221
Einstellung 26, 30
Einwortstadium 461
Eisen 293
Eisenmangel 291
- Schleimhautveränderung 95
- Zungenbrennen 98
Eisenmangelanämie 119
Eisprung 347
Eiweiß 253
- Energiegehalt 268
- Muskelaufbau 285
Eiweißbedarf 291
Eiweißmangel 78, 291 f, 294
- Ödembildung 274
Eiweißresorptionsstörung 292
Eiweißumsatz 292
Eiweißverdauung 286
Eiweißverlust 294
Eklampsie 137, 401
Ekzem 75
- endogenes 104
Elektroenzephalogramm 206 ff
Elektrolytverschiebung
- Anorexia nervosa 274
- Bulimia nervosa 288
- Obstipation 328
Elektromyogramm 206 f
Elektrookulogramm 206 f
Ellenarterie 130
Emblem 412
Emotion 67
Enanthem 79
Encephalitis lethargica 211
Endometritis 349
Endorphin 14, 378
Energiebedarf 268
Energiebilanz 268
Energieumsatz 268
Enkopresis 335
Enteritis 327
Enterokolitis 327

Enteropeptidase-Mangel 300
Entfieberung 172
Entspannung 429
Entwicklung
- geistige 259, 404
- körperliche 251 ff, 255, 404
- sozioemotionale 460
- statomotorische 403
- veränderte 438
Entwicklungsverzögerung 255
Entzündung
- flächenhafte 91
- lokale 91
Entzündungszeichen 91
Enuresis 219
- diurna 319
- nocturna 218, 319
- primäre 319
- sekundäre 319
- Ursache 319
Enzephalitis 226
EPH-Gestose 60
Epidermis 68
Epilepsie 401
- Absence 245
- Dämmerzustand 226
- Déjà-vu-Erlebnis 239
- Halluzination 228
Epiphyse, Verkalkung 295
Epiphysenfuge 252
- Verschluss, vorzeitiger 254
Epithelzellen 70
Erbrechen 357 ff
- beim älteren Menschen 367
- anhaltendes 364
- antizipatorisches 360
- Begleitsymptom 363 f
- Beobachtung 41, 361 ff
- blutiges 364
- Bulimie 288
- explosionsartiges 361
- fäkulentes 361
- Hitzeerschöpfung 167
- kaffeesatzartiges 361
- beim Kind 365 ff
- medikamentös bedingtes 367
- morgendliches 362
- periodisches 362
- persistierendes 360
- psychogenes 366
- reflektorisches 360
- im Schwall 366
- Ursache 359, 366
- verzögertes 360
- würgendes 361
- Zeitpunkt 362
- zerebrales 360, 362, 367
- zyklisches 362
Erbrochene
- Farbe 361
- Geruch 362
- Menge 361
Erfrierung 174
Ergosterin 293
Ergotismus 296
Erinnerung 238
Erinnerungsauslöser 11
Erinnerungsverfälschung 239
Erkennen 234
Erkrankung, parasitäre 94
Erleben 223
Ernährung 40, 296
- ballaststoffarme 328
- eiweißreiche 285
- falsche 294 ff
- fettreiche 285, 295
- kohlenhydratreiche 285
- Körperwachstum 253
- schlackenarme 327
Ernährungstagebuch 272 f
Ernährungszustand 275, 281 ff
- beim älteren Menschen 300 ff
- beim Kind 297 ff
- reduzierter 299
- schlechter 288
Erosion 88
Erregung 418
Erröten 73
Ersatzsprache 456
Erscheinungsbild 65
Erschöpfung 211, 228
Erythrozyten 75
Escherichia coli 327
Ess-Brechsucht 288
Essen 39
Esslust 283
Essstörung 274, 288 f
Essverhalten 272
- Beurteilung 284
Esszentrum 283
Eumenorrhö 348, 350
Evaporation 176
Exanthem 75, 79
Exkoriation 88
Expektoration 370
- maulvolle 371
- münzförmige 372
Exsikkose 290, 302
- Durchfall 332
Exspiration 184, 187 f
Extension 398
Extrasystole 136 f
- supraventrikuläre 137
- ventrikuläre 137

F

Fachsprache 56 ff
- falsch eigesetzte 57
- Umgang 57
Facies
- abdominalis 416
- gastrica 416
- hippocratica 417
- lunata 416
- myopathica 417
- ovarica 416
- paralytica 417, 420
- pertussis 419
- tetanica 416 f
Fadenpapille 72
Fähigkeit, kognitive 65
Fallneigung 23
Falschernährung 294 ff
Farbenblindheit 22
Farbensehen 22
Fastigium 172
Faszikulation 401
Fäulnisgeruch 197
Fazialisnerv 12
Fazialisparese 419
Federmanometer nach Recklinghausen 145
Fehlbildung, angeborene 419
Fehlentwicklung, embryonale 103
Fehler, logischer 29
Fehlernährung 282
Ferment, fettspaltendes 286
Fett, Energiegehalt 268
Fettart 268
Fettgewebe 69, 268
- Blutversorgung 270
Fettgewebstumor 92
Fettleber 271
Fettpolster 285
Fettstoffwechselstörung 295
Fettstuhl 330
Fettverteilung 268 f
Fettverteilungstyp 269
Fettzellen 268
Fetus 403
Feuermal 73, 103
Fibrom 92 f
Fieber 9, 35
- aseptisches 169
- Begleitsymptom 174 ff
- biphasisches 170 f
- Definition 167
- vom Dromedartyp 170 f
- Hautrötung 75
- infektiöses 168
- intermittierendes 169 f
- beim Kind 177 f
- kontinuierliches 169
- nachlassendes 169
- Pulsqualität 137
- Pulsfrequenz 134, 136
- rekurrierendes 170
- remittierendes 169 f
- Schweregrad 168
- toxisches 169
- undulierendes 170 f
- Ursache 168 f
- zentrales 169
Fieberabfall 172
Fieberanstieg 171 f
Fieberdelirium 175, 227
Fieberhöhe 172
Fieberkrampf 178
Fiebersenkung 178
Fieberstadium 171 f
Fieberverlaufsform 169 ff
Fingerendarterie, Verengung 94
Fingernagel
- gewölbter 118 f
- kurzer 118
Fischgeruch 342
Fissur 90
Flachrücken 432
Flankenatmung 194
Fleck 80
Fleckfieber 94
Flexion 398
Flexionshaltung 435
Flimmerepithel 71
Fluchtreflex 378, 381
Fluktuation 84
Fluor genitalis 285, 347 ff
- - Farbveränderung 352
- - Geruch 352
- - beim Kind 353 f
- - Konsistenz 352
- - korpuraler 352
- - Menopause 354
- - periovulatorischer 348
- - tubarer 352
- - übelriechender 354
- - vaginaler 352
- - vermehrter 351
- - vestibulärer 352
- - zervikaler 352
Fluormangel 291
Flüssigkeitsaufnahme 282 ff
- Störung 286, 299
- übermässige 289
- verminderte 290
Flüssigkeitsbedarf 297 f
Flüssigkeitseinlagerung 272
Flüssigkeitshaushalt 101
Flüssigkeitsmangel 285
- Fieber 169
- Pflegediagnose 303
Flüssigkeitsverlust 167, 178, 290
Foetor
- ex ore 96, 197

- hepaticus 197
- uraemicus 197
Fokussierung 34, 42
Follikelperistenz 350
Follikelreifungsphase 349
Follikelsprung 166
Folsäure 292
Fontanellenwölbung 365
Formaldehydintoxikation 362
Formatio reticularis 205, 378
Fremdbeobachtung 36
Fremdeln 418
Fremdkörperaspiration 189
Fremdreflex 400
Froschhaltung 404 f
Fruchtwasserg 199, 333
Frühgeborene
- Atemnotsyndrom 199
- Atmung, periodische 199
- Bewegungsstörung 404
- Blutdrucknormalwert 155 f
- Gewicht 257, 276
- Hautbeobachtung 199
- Hirnblutung 404
- Lanugobehaarung 122
- Pulsmessung 139
- Schmerzempfinden 390
- Skelett-Demineralisation 434 f
- Stuhlausscheidung 334
- Temperaturmessung 177
- Trinkschwäche 297
- Wärmeregulation 176
- Wärmeverlust 176
Funktionseinschränkung 91
Funktionspflege 30
Furunkel 122
Fußfehlstellung 405, 447, 449
Fußpflege 124
Fußrückenarterie 130
Fußschweiß 343

G

Gallenerkrankung 363
Gallengangmuskulatur 17
Gallenkolik 387
Gallensaft 286
Gallensteinbildung 271
Gammazismus 457
Gang 65, 441 ff
- im Alter 449
- apraktischer 446
- ataktischer 444 ff
- breitbeiniger 444
- festinierender 446
- hinkender 444, 448
- kleinschrittiger 446
- paraparetischer 444
- paretischer 446
- schleppender 443, 446
- schlürfender 444
- spastischer 443 f
- taumeliger 448
- watschelnder 447
- zerebraler 446
Gangataxie 401, 448
Gangkoordination 446
Gangrän 92 ff
- diabetische 94
Gangstörung 443 ff
Gangunfähigkeit 246, 446
Gänsehaut 21, 112
Ganzkörperplethysmograph 185
Gärungsdyspepsie 331 f
Gasaustausch 183
Gastritis 362 f
Gastroenteritis 300
- Erbrechen 362 f, 366
Gastroenterokolitis 327
Gastrointestinaltrakt 17
- Dehnungsreiz 364
- Erkrankung 359
Gate-Control 378 ff
Gaumen, harter 74
Gebärdensprache 412
Gebärmutter
- Hypoplasie 351
- Karzinom 349 f
Geburtsgewicht 275
- niedriges 276
Gedächtnis 7, 238
Gedächtnisstörung 238 f
- im Alter 245
- Demenz 234
- Verwirrtheitszustand 232
Gedankenabreissen 236
Gedankenausbreitung 242
Gedankeneingebung 242
Gedankenentzug 242
Gedeihstörung 277, 300
Gefäßkrampf 296
Gefäßsklerose 94, 151 f
Gefäßwiderstand 151
Gefühlsausbruch 241
Gehen 65, 447
Gehhilfe 435, 449
Gehirnentzündung 211
Gehirnerkrankung 192
Gehörknöchelchen 10
Gehstörung beim Kind 447 ff
Gelbfärbung 74, 77
- neonatale 104
Gelenk, Versteifung 432
Gelenkerkrankung 287, 448
Gelenkfehlstellung 406
- spastische 433
Gelenkinstabilität 449
Gelenkrezeptor 11
Gelenksinn 8
- Störung 24
Gelenkstellung 15, 229
Geräuschempfindlichkeit 228
Geräuschwahrnehmung 20
Geruch 6
Geruchsempfindlichkeit 23
Geruchsqualität 11
Geruchssinn 7 f, 11 f
Geschlechtsentwicklung 353
Geschlechtshormon
- männliches 116, 118
- weibliches 118
Geschmacksknospe 12, 71 f
Geschmacksqualität 12, 72
Geschmackssinn 8, 12
- Störung 24, 288
Geschwür 89
Gesicht
- blasses 243
- gerötetes 34, 154, 243
Gesichtsausdruck 410, 414
- Angst 419
- Beschreibung 411 f
- Formen 415 ff
- beim Kind 418
Gesichtsfeld 22
Gesichtslähmung 417
Gesichtsmuskulatur 413
- starre 416
Gesichtszug
- schlaffer 417
- Vergröberung 254
Gespräch 48
Gestik 410 ff
- des älteren Menschen 420
- Veränderung 417
Gewebeatmung 183
Gewebedefekt 92
Gewebeschädigung 108, 378
- Fieber 169
Gewichtsabnahme
- im Alter 278
- Anorexia nervosa 274
- Suchtkrankheit 278
- Vitaminmangel 292
Gewichtskontrolle 265
Gewichtsreduktion 272
Gewichtszunahme 267, 273
- praemenstruelles Syndrom 351
Gibbus 431 f
Gicht 295
Gichtanfall 295 f
Gichttophus 295
Giemen 195
Gift, chemisches 296
Gigantismus 254
Gingiva 71
Gingivitis 97
Glabellareflex 419
Glasgow-Koma-Skala 224 f
- Kindesalter 244 f
Glatze 117, 124
Gleichgewichtsnerv 10 f
Gleichgewichtsorgan 11, 23
Gleichgewichtssinn 8, 11
- Störung 23
Gliederschmerz 175
Glomerulopathie 152
Glossitis 294
Glossodynie 98
Gluconeogenese 289
Glukose 309
Glutealmuskel 444
Glykogen 285
Golgi-Sehnenorgan 15
Gonorrhö 352
Greifreflex 226
Greisenbogen 420
Greisengesicht 419
Grenzwerthypertonie 153
Grinsen, sardonisches 416
Größenwahn 237
Großzehengelenk, schmerzhaftes 296
Grundstimmung 240
- traurige 241
Grundumsatz 268
- erniedrigter 274
Gynatresie 350

H

Haar 111 ff
- Befund beim Kind 122 f
- brüchiges 123
- Ergrauen 114, 117, 124
- Körperverteilung 115, 118
- trockenes 123
- Wachstumsgeschwindigkeit 114
Haarausfall 116 f, 123
Haarbalg 68
- Entzündung 122
Haarbeschaffenheit 114 f, 117 f
Haarfarbe 114, 117
Haarmuskel 112
Haarpapille 112, 114
Haarwachstum, Störung 116
Haarwachstumszone 112, 114
Haarwuchsrichtung 115
Haarzellen 10 f
Haarzunge, schwarze 99
Habituation 27 f
Hackenfuß 447, 449
Halbseitenlähmung
- Agnosie 235

Halbseitenlähmung, Bewegungsstörung 25
- Gangstörung 443
- Gleichgewichtsstörung 23
- Körperschemastörung 402
- Orientierungsstörung 24
Halluzination 27, 228f
- Delirium 227
- hypnagoge 215
Halo-Effekt 29
Halslordose 434
Halsschlagader 130
Haltung 15f
- äußere 425
- innere 425
- steife 427
Haltungsschaden 429ff
- beim Kind 435
- seniler 436
Haltungsstörung 430
- angeborene 435
- funktionelle 430
- strukturelle 430
Hämangiom 103f
Hämatemesis 361f
Hämatom 92
Hämaturie 316f
Hämoccult-Test 332
Hämoglobin 139
- vermindertes 76
Hämoglobinurie 316
Hämolyse 316
Hämoptoe 371
Hämoptyse 371
Hämorrhoidalzone 72
Hämorrhoiden 100f
- Schweregrad 101
- thrombosierte 101
Handeln, pflegerisches 42f
Handinnenfläche, Schweißsekretion 343
Handlungsfähigkeit 224
Hang-over-Effekt 271
Harnabflussbehinderung 311
Harnblase
- autonome 312f
- Dehnungsrezeptor 308
- Fassungsvermögen 319
- Füllungsgrad 17, 308
- neuropathische, ungehemmte 312f
- überflüllte 25
Harnblasenentleerung 308
Harnblasenentleerungsstörung 318
Harnblasenentzündung 17, 311
Harnblasenfistel 313
Harnblasenschließmuskel 308
Harnblasenüberdehnung 311
Harndrang 17, 308
- schmerzhafter 311
Harninkontinenz 311ff
- extraurethrale 313
- funktionelle 319f
- - Pflegediagnose 321
- iatrogene 320
- Intertrigo 106
- neurogene 312
- Rückzug, sozialer 307
Harnretention 311
Harnröhre, Striktur 314
Harnröhrenerweiterung 314
Harnröhrenverschlussdruck 313
Harnsäure 295, 309
Harnstoff 309
Harnstottern 314
- beim Kind 319
Harnstrahl
- abgeschwächter 314
- gedrehter 314
Harntraktschleimhaut 71
Harnträufeln 314
Harnverhalt 311
Harnwegsinfekt 317
- beim älteren Menschen 320
- Dranginkontinenz 312
- Enuresis 319
- beim Kind 318
Harnwegsstein 363
Hauptschlagader 130
Haut 8, 67ff
- beim alten Menschen 106f
- Atrophie 106
- Barrierefunktion 103
- Blaufärbung 74, 76f
- elastische 282
- Entzündung 91
- fette 69
- greisenhafte 77
- marmorierte 74, 77
- pH-Wert 69
- Reaktion, allergische 91f
- Säureschutzmantel 339
- Schutzwirkung 69
- Spannungszustand 74, 77f
- trockene 69, 106, 124, 285
- weiße 76
Hautanhangsgebilde 111ff, 122
- beim älteren Menschen 124f
Hautausschlag 75
Hautbeobachtung 41, 72ff
- beim Kind 102ff
Hautblässe 102, 174f, 243
- pathologische 76
- physiologische 73
Hautblüte 79
Hautblutung 92
Hautdrüse 116
- beim Kind 123f
Hautdrüsenerkrankung 121f
Hautdurchblutung 75
Hautentzündung 79
Hauterkrankung
- angeborene 103f
- erworbene 104f
Hautfalte 285
Hautfaltendicke 269f
Hautfarbe 65, 73
- braune 68, 73, 76
- gelbe 74, 77
- - neonatale 104
- graue 76
- kirschrote 75
- rote 73, 75, 175
- Veränderung 75ff
Hautfleck, roter 73
Hautfunktion 69f
Hautgefäß
- Dilatation 73
- Kontraktion 74
Hautkontakt 102
Hautnervengeflecht 103
Hautoberfläche 74
- Veränderung 79
Hautpigmentierung 73
Hautschädigung 109f
Hautschicht 68f
Hautsinn 12ff, 102
- Störung 24
Hautstoffwechsel 101
Hauttemperatur 74
- Erhöhung 74, 78f, 102
- Erniedrigung 74, 79
Hauttemperatursonde 177
Hauttumor 92f
Hautturgor 74, 77f
Hauttyp 69
Head-Zone 387
Heiserkeit 456
Heisshunger 284, 288
Hemianopsie 22
Hemihyperhidrosis 342f
- cruciata 343
Hemiparese 400
Hemiplegie s. Halbseitenlähmung
Hepatitis 134
Herpes
- labialis 96
- solaris 96
- zoster 383
Herzerkrankung 136
Herzfehler 199, 344
Herzfrequenz 129
- Anstieg 140
- verlangsamte 210
Herzinsuffizienz
- Dyspnoe 189
- Himbeerzunge 98
- Hypotonie 153
- Körperhaltung 432
- Nykturie 310
- Ödembildung 78
- Puls, weicher 137
- Schlafapnoerisiko 216
Herzklopfen 16f
Herz-Kreislauf-System 16f
Herzleistung 156
Herzminutenvolumen
- erhöhtes 151
- Verminderung 153
Herzmuskelerschlaffung 145
Herzmuskelkontraktion 145
Herzrhythmusstörung 133, 135ff
- Schlafapnoerisiko 216
Herzschmerz, Ausstrahlung 382, 387
Herzspitzenstoß 17
Herzstillstand 137
Herztätigkeit 16f
Hexenschuss 383
Himbeerzunge 98
Hinken 444, 448
Hinterhorn 378f
Hirnblutung 226
- Erbrechen 367
- Frühgeborene 404
Hirndruck, erhöhter 137
- - Hypertonie 152
- - Vagusreizung 134
Hirnhemisphäre 231
Hirnrinde, sensorische 12f
Hirnschädigung 231
- Anosognosie 235
- Aphasie 460
- Demenz 234
- frühkindliche 458
- hypoxische 404
Hirnstammsymptomatik 458
Hirntumor 312
Hirsutismus 118
Hitzeerschöpfung 167
Hitzekollaps 167
Hitzemuskelkrämpfe 167
Hitzeschlag 167f, 341
Hitzestau 341
Hitzesynkope 167
Hitzewallung 353
Hochwuchs 253
Hodenerkrankung 118
Hofeffekt 29
Höhenaufenthalt 135
Hohlkreuz 431
Hohlnagel 118
Hohlrundrücken 431

Homöostase 16
Homunkulus, sensorischer 12 f
Hören 65
– aufmerksames 37
Hörgerät 22
Hormon, somatotropes 252
Hörnerv 10
Hornzellen 68
Hörorgan 10
Hörsinn 8, 10
Hörsinneszellen 22
Hörstörung 22 f, 456 f
Hörstummheit 234
Hörsturz 22 f
Hörvermögen 460
Hörwahrnehmung 6
Hörzentrum 22
Hüftabspreizmuskulatur 444
Hüftgelenksdysplasie 405, 447
Hüftgelenksluxation 434
Hüftkopf, Durchblutungsstörung 447
Hüftspreizung 447
Human Growth Hormon 252
Hungergefühl 17, 282 f
Hungerkot 330
Hungerödem 294
Hungerzustand 272
Husten 195 ff
Hustenreflex 17
Hyalin-Membrankrankheit 199
Hydrolipidmantel 69
Hydrops tubae profluens 352
Hydrozephalus
– Gang 446
– Makrosomie 254
Hygiene 65
Hypalgesie 24, 228, 380
Hypästhesie 228, 380
Hyperalgesie 24, 380
Hyperämie 73 f
Hyperästhesie 228, 380
Hyperbilirubinämie, neonatale 104
Hyperglykämie 271
Hyperhidrosis 341, 343
Hyperkalzämiesyndrom 290
Hyperkapnie 192
Hyperkinese 401
Hyperlipidämie 295
Hypermenorrhö 349 f
Hypermetrie 401
Hypermnesie 238
Hyperopie 22
Hyperorexie 287
Hyperpigmentierung 73, 76
Hyperpyrexie 168
Hypersomnie 211
Hypersthenurie 317
Hyperthermie 167, 179
Hyperthyreose
– Appetitsteigerung 287
– Arrhythmie 136
– Hauttemperatur 78
– Hypertrichose 117
– Hyperventilation 191
– Makrosomie 254
– Tachykardie 135
Hypertonie 45, 151 ff
– Adipositas 270 f
– Hautrötung 75
– pulmonale 216
– Pulsqualität 137
– Schlafapnoerisiko 216
Hypertrichose 117
Hyperurikämie 295 f
Hyperventilation 191
Hypervitaminose 295
Hypogeusie 24
Hypoglykämie 342
Hypohidrosis 341
Hypokaliämie
– Arrhythmie 136
– Obstipation 328
Hypokapnie 191
Hypokinese 400
Hypomenorrhö 349 f
Hypometrie 401
Hypomnesie 239
Hypophysenadenom 254
Hypopigmentierung 76
Hypopnoe 215 f
Hyposmie 23
Hyposomnie 212
Hyposthenurie 317
Hypothalamus 6, 378
– thermoregulatorisches Zentrum 160
Hypothalamus-Tumor 271
Hypothermie 173 f
– akzidentelle 174
– kontrollierte 174
– zentrale 174
Hypothyreose 173
– Adipositas 271
– Bradykardie 134
– Haar, trockenes 123
– Jodmangel 291
– Obstipation 328
Hypotonie 153 f
– Kachexie 274
– orthostatische 153 f
– Pulsqualität 137
Hypotrichose 117
Hypoventilation 192
– alveoläre 271
Hypovitaminose 291 ff
Hypoxämie 192
Hypoxie
– Arrhythmie 136
– intrauterine 199
– Schnappatmung 193 f

I

Ich-Erlebensstörung 241 f
Idealgewicht 266
Idee, überwertige 238
Ideenflucht 237
Ikterus 77
Ileitis 327
Ileus
– Erbrechen 361, 363, 366
– mechanischer 329
Illusion 229
Illustrator 412
Immobilität 275
– Obstipation 328
– Wahrnehmungsstörung 27
Immobilitätssyndrom 61
Impetigo contagiosa 105
Impulshandlung 243
Inappetenz 288
Indifferenztemperatur 14, 16
Infektanfälligkeit 106, 274, 294
Infektionskrankheit 294
– Bradykardie 134
– Kachexie 289
Information, pflegerelevante 47
Informationsaustausch 38
Informationssammlung 51
Informationsweitergabe 51 ff, 61
– Aspekt
– – juristischer 55
– – qualitativer 54
– – quantitativer 54
Infrarot-Ohrthermometer 163 f, 177
Inkontinenz s. Harninkontinenz, s. Stuhlinkontinenz
Inkubator 276
Innenohr 10, 23
Innenohrdurchblutung 22
Innenrotation 398
Insomnie 212 f
Inspiration 184, 187 f
Inspirationskapazität 186
Insuffizienzhinken 444
Insulin 70
Insulinproduktion, erhöhte 271
Insult, apoplektischer s. Apoplex
Interaktion, soziale 421
Interesse 26
Intertrigo 91, 104 ff, 271
Intoxikation 296
– Erbrechen 366
– Halluzination 228
Introspektion 36
Invagination 335, 366
Ischialgie 432
Isolation 301
Isosthenurie 317

J

Jactatio capitis nocturna 218
Jargon-Aphasie 458
Jet-Lag 213
Jod
– Mangel 291
– Tagesbedarf 293
Jo-Jo-Effekt 272
Juckreiz 106, 123
– Erfrierung 174
– Erkrankung, parasitäre 94

K

Kachexie 273 f, 289, 299
– Hypothermie 173
– senile 289
– Ursache 278
Kadmiumvergiftung 296
Kaffeegenuss 135
Kälteeinwirkung 74
Kälteintoleranz 278
Kälterezeptor 14
Kälteschaden 174
Kältesinn 14
Kältezittern 172 f
Kalzium 191
Kalziumantagonisten 320
Kalzium-Ausscheidung 295
Kalziumhaushalt 253
Kandidose 96
Kapillarwandschaden 78
Kappazismus 457
Karbunkel 122
Kardiainsuffizienz 361
Karies 285, 291
Karotin 74, 293
Karottengenuss 74
Karzinom 24, 288
Käseschmiere 102 f
Katagenphase 114
Katalepsie 215
Kaumuskulatur, Krampf 416
Kehlkopfentzündung 456
Kehlkopfkarzinom 456
Keloid 86, 92
Keratin 68
Kerntemperatur 159
– Messung 164
– Normalwert 166
Ketonkörper 342
Keuchen 195

Keuchhusten 197
Keuchhustengesicht 419
Kieferklemme 416
Kieferschmerz, morgendlicher 214
Kilojoule 268
Kilokalorie 268
Kinästhetik 15 f
Kind
- adipöses 277
- Atemfrequenz 187
- Atmung 198 f
- Bewegungsentwicklung 403 f
- Bewegungsstörung 404 f
- Entwicklungsverlauf 257
- Erbrechen 364 ff
- Ernährungszustand 297 ff
- Flüssigkeitsbedarf 297 f
- Gehen 447 f
- Glasgow-Koma-Skala 244 f
- Hauterkrankung 103 ff
- Herz-Kreislauf-Situation 154 ff
- Körpergewicht 275 ff
- Körpertemperatur 176 f
- Malabsorption 300
- Pulsmessung 136 ff
- Schlafbedarf 209
- Schlafrhythmus 217 f
- Schmerzempfinden 389 ff
- Skelettentwicklung 434 f
- Sprachentwicklung 460 ff
- Stuhlausscheidung 333 ff
Kinderlähmung 405
Kindersterblichkeit 294
Kinderuntersuchungsheft 257, 275
Kinetose 23
Kippfigur 21
Kleiden 39
Kleidung 28
Kleinheitswahn 237
Kleinhirntumor 404
Kleinwuchs 254
Kleptomanie 243
Kletterfuß 449
Klimakterium 347
- Blutung 353
- Hypomenorrhö 349
Klumpfuß 447, 449
Kniearterie 130
Knisterrasseln 195
Knochenabbau 259
Knochenaufbau 259
Knochenbildung 252
Knochennekrose, aseptische 447
Knochenschmerz 294
Knollennase 121
Knoten 81
Kobalt 293
Kochsalzzufuhr, hohe 152, 290
Kognition 40
Kohlendioxid 182
- Abatmen 191
Kohlendioxidgehalt 183, 216
Kohlendioxidnarkose 271
Kohlenhydrate 268, 285
Kohlenmonoxyd-Vergiftung 75
Kokain 227
Kolitis, ischämische 327
Kollaps 137
- orthostatischer 154
Kolon, irritables 326
Kolpitis 352
- senilis 354
Koma 224 f
- diabetisches 197
- - Bewußtlosigkeit 243
- - Kussmaul-Atmung 193
- urämisches 243
Kommunikation 39, 397
- Beurteilung 65
- effiziente 57
- nonverbale 38, 410
- verbale 453, 466
Kommunikationsunfähigkeit 246
Kondition 65
Konduktion 176
Konfabulation 239
Konflikt, seelischer 283
Konsumptionskrankheit 289, 291
Kontaktekzem 75
Kontraktur 405 f, 429, 432 f
Kontrakturgefahr 437
Kontrastfehler 29 f
Konvektion 176
Konzentrationsstörung 239 f
Koordination 397 ff
- Störung 401 f, 404 f
Kopfhaar 114, 116 f
- beim Kind 122
Kopfhaut, Juckreiz 123
Kopfschmerz 75, 382
- morgendlicher 216
Korium 68 f
Korotkoff-Ton 146
Körperbau 28
Körperbehaarung
- verminderte 117
- verstärkte 117
Körperbildstörung 126, 260, 402
- bei Immobilität 27
Körpereigenwahrnehmung 8, 15
Körpergeruch 11, 113, 339
Körpergewicht 264 ff
- Beobachtungskriterium 275
- Einflußfaktor 267
- Ermittlung 265 f
- - beim Kind 275 ff
- normales 266 ff
- Veränderung 268 ff, 277 f
Körpergewicht/Körpergröße-Abhängigkeit 285
Körpergröße 250 ff
- Abweichung 253 ff, 258 f
- Ermittlung 251
- - beim Kind 257 f
- bei Geburt 257
Körperhaltung 425 ff
- im Alter 435 f
- des Kindes 433 ff
- im Liegen 429
- schlaffe 427
- im Sitzen 429
- Stabilität 427
- im Stehen 429
- straffe 427
Körperoberfläche 103, 266
Körperorgan, Untersuchung 39
Körperschema 399, 403
Körperschemastörung 27, 126, 260, 402
Körpersprache 410, 425 ff
Körperstabilität 435
Körpertemperatur 159 ff
- beim älteren Menschen 178 f
- erhöhte 167 ff
- beim Kind 176 ff
- Regulation 39, 160, 340
- Schwankung, tagesrhythmische 166
- subfebrile 168
- Umrechnungsformel 160
- verminderte 173 f
- Zirkadianrhythmus 205
Körperwahrnehmung 6
- Störung 229 f
Körperwuchs, dysproportionierter 435
Körperzusammensetzung 269
Korpuskarzinom 354
Korsakow-Syndrom 239
Kortikosteroide
- Insomnie 212
- Striae 76
- Vollmondgesicht 416
Koterbrechen 361
Kraft 400
Kraftsinn 16
Krallennagel 119, 124
Krampf 401
Krampfader 94
Krankenpflegegesetz 55
Krankheitsgewinn
- primärer 381
- sekundärer 381
Krätzmilbe 94 f
Kreatinin 309
Kreatorrhö 330
Kreislaufschock 102, 342
Kreislaufstörung 25, 77
Kreislaufzentralisation 139
Kreislaufzentrum 16
Kreuzschmerz 384
Krise, hypertensive 153
Krisis 172
Krupp 196
Kruste 85
Kuhmilchprotein-Allergie 334
Kupfer 293
Kurvendokumentation 131
Kurzsichtigkeit 22
Kurzzeitgedächtnis 238
Kussmaul-Atmung 192 f
Kutis 69
Kwashiorkor 294
Kyphose 431, 434
Kyphoskoliose 431

L

Labilität, emotionale 245
Labyrinthausfall 23
Lackzunge 98
Lactasemangel 300
Lageempfindung 11
Lähmung 399 ff
- Gangstörung 446
- Gleichgewichtstörung 23
- beim Kind 405
- periphere 400
- schlaffe 400, 405
- spastische 400 f
- zentrale 400 f
Lähmungsgrad 399
Lähmungshinken 448
Lakritze 152
Laktat 289
Laktatazidose 366
Lallstadium 461
Lalopathie 456
Lambdazismus 457
Lamblia intestinalis 300
Lamina
- muscularis mucosae 70
- propria 70
Landkartenzunge 100
Längenwachstum 253
- Stillstand 254
Langzeitgedächtnis 238
Lanugobehaarung 122
Lärmbelästigung 22
Laryngektomie 456
Laryngitis 456

Laryngospasmus 194
Laufenlernen 405
Läusebefall 123
Lautbildung 455
Lauterwerbsstörung 462
Lautstärke 454, 456
Laxanzienmissbrauch 288, 328 f
Lebensaktivität 39 f
Lebensbogen 436
Lebenserfahrung 26
Lebensmittelvergiftung 296, 360
Leberfleck 92 f
Lebergeruch 197
Leberkoma 243
Leberzirrhose 119
Lederhaut 68 f
Legionärskrankheit 372
Leistenarterie 130
Leistungsminderung 288
- im Alter 200
- Hypotonie 154
Lendenlordose 428, 434
Lesebrille 22
Lethargie 211
Leukämie 341
Leukonychia totalis 119
Lichtexposition 219
Lidödem 74
Liegen 429
Limbisches System 378
Lingua
- geographica 100
- pilosa nigra 99
Linksherzinsuffizienz 78
- Adipositas 271
- Auswurf 373
- Pulsdefizit 135
Links-Rechts-Shunt 140
Lipom 81, 92
Lippen-Kiefer-Gaumen-spalte 456
Lispeln 457
Löffelnagel 118
Logoklonie 245, 458
Lordose 255, 431
Luftnot 17
Lumbalgie 432
Lunge 17, 200
Lungenabszess 197, 372
Lungenblutung 199
Lungenembolie 94, 190
Lungenerkrankung
- obstruktive 189
- restriktive 189
- Uhrglasnagel 118
- Zyanose 76
Lungengangrän 372
Lungeninfarkt 372
Lungenödem 78
- Dyspnoe 189
- Husten 196
- Sputum, schaumiges 371
- Trachealrasseln 195
Lungentuberkulose 371
- Fieber 169
Lungenvolumen 185 ff
Lunula 112 f
Luxation 448
Lymphabfluß 78
Lymphogranulomatose 170 f
Lysis 172

M

Macula 79 f
Magen-Darm-Atonie 361
Magen-Darm-Trakt s. Gastrointestinaltrakt
Mageneingangsstenose 362
Magenentleerungsstörung 364
Magengeschwür 361
Magenkrampf 384
Magenresektion 291, 362
Magersucht s. Anorexia nervosa
Magnesiumphosphat 316
Mahlzeit 284
Makroglossie 99
Makrohämaturie 317
Makrosomie 253 f, 258
Malabsorption 290 f, 330
- beim Kind 300
Malaria 170
Malassimilation 290 f
Maldigestion 290, 300
Mangan 293
Mangelernährung 282, 302
Mangelerscheinung 291 ff, 296 f
Manie 212, 227
- Ideenflucht 237
Manisch-euphorisches Syndrom 241
Marasmus 294
Maschinengeräusch 140
Masern 170
Maskengesicht 417
Maskierung 413
Maßband 258
Maximalthermometer 162
- Desinfektion 164
Mechanorezeptor 8, 13 ff, 17
Medikamentenneben-wirkung
- Durchfall 326
- Erbrechen 367
- Insomnie 212
- Massenstuhl 331
- Obstipation 328
- Wahrnehmungsveränderung 19
- Xerostomie 97
Meinung 30
Meissner-Körperchen 13
Mekonium 199, 333
Melaena 331
Melanin 68, 210
Melaninmangel 76
Melaninproduktion beim Säugling 103
Melanom 93
Melanozyten 68
Menarche 353
- Ausbleiben 353
- prämature 353
Meniere-Krankheit 362
Meningitis
- Biot-Atmung 193
- Erbrechen 360
- Zwangshaltung 432
Meningomyelozele 318, 406
Meningozele 406
Menopause 350
- Blutung, vaginale 354
- Stimmlage 455
Menorrhagie 349 f
Menstruatio tarda 353
Menstruation 347 ff
- Ausbleiben 274, 350 f
- Begleitsymptom 351
- schmerzhafte 351
- verfrühte 353
Menstruationsblutung, erste 353
Menstruationskalender 348
Menstruationsstörung 348 ff, 353
Merkel-Zellen 13
Merkfähigkeit 223, 238
Messinstrument, Validität 50
Messlatte 251
Messmulde 257 f
Messung
- Reliabilität 49 f
- Validität 50
- wiederholte 50
Meteorismus 291
- beim Kind 334
- Obstipation 327
Metrorrhagie 350
Migräne 384, 388
- Erbrechen 362, 366
Mikrohämaturie 317
Mikrosomie 254 f, 258
Miktion 307 f
- Medikamenteneinfluss 320
- schmerzhafte 311
- stakkatoartige 314
Miktionsreflex 308, 312
Miktionsstörung 310 ff
- beim Kind 318 f
- neurologische 313
Miktionsübung 219
Miktionszentrum
- sakrales 308, 312
- zentrales 308
Milbengang 95
Milchschorf 104 f
Miliara 121
Milie 103
Mimik 410 ff, 460
- Abweichung 415 ff
- beim älteren Menschen 419 f
- fehlende 417
- beim Kind 418 f
- starre 420
Minderwuchs 435
Mini-Mental-State 233 f
Minutenvolumenhochdruck 151
Mischhaut 69
Miserere 361
Missempfindung 24
Mitesser 121
Mittelblutung 349
Mitteldruck 150
- erniedrigter 152
Mittelohr 10
Mittelohrentzündung 22
Mittelschmerz 350 f
Mobilität 65
- beeinträchtigte 408, 450
Modulationsinstrument 454
Molybdän 293
Mongolenfleck 104
Monitor 38
Monoparese 400
Monosaccharidmal-absorption 300
Monotonie 27
Morbus (s. auch Eigen-name) 60
Morgenmensch 209
Motivation 26
Motorik 16, 460
- verlangsamte 242
Müdigkeit 154
- postprandiale 211
Mukoviszidose 300, 373
Müller-Lyer-Täuschung 9
Multimorbidität 301
Multiple Sklerose
- - Ataxie 401
- - Bewegungsstörung 25
- - Gang, spastischer 444
- - Harnverhalt 311
- - Sprache 458
- - Tremor 401
Mumifikation 174
Mund, Ausdrucksbewegung 414
Mundgeruch 96, 197
Mundmuskulatur 460

Mundschleimhaut 71, 74
- Altersveränderung 106 f
- Defekt 288
- trockene 97
- Veränderung 95 ff
Mundschleimhautentzündung 96
Mundsoor 96
Mundwinkel, herabhängender 417
Mundwinkelrhagade 294
Musculus
- arrector pili 112
- detrusor vesicae 312
- sphincter
- - ani 71, 75
- - urethrae 312
- - vesicae 312
Muskelatrophie 285
- Mangelernährung 294
- spinale, progressive 405
Muskelaufbau 285
Muskeldehnung 15
Muskeldystrophie, vererbte 405
Muskelkontraktion, unwillkürliche 401
Muskelkontraktur 433
Muskelkrankheit 417
Muskelmasse, Abnahme 277, 406
Muskelrezeptor 11
Muskelschwäche
- Flexionshaltung 435
- Watschelgang 444
Muskelsinn 8
- Störung 24
Muskelspindel 15
Muskeltonus 15, 229
- herabgesetzter 210, 400, 405
- bei Schmerzen 390
- spastisch erhöhter 400
Muskelverspannung 384
Muskelzittern 69, 172, 404
Muskelzuckung 214, 401
Muskulatur 269 f
Mutation 454
Mutter-Kind-Beziehung 418
Mutterkornalkaloide 296
Muttermal 73
Muttermilch 277, 333
Myelin 378, 390
Mykose 271
Myokardinfarkt 134, 136
Myokarditis 136
Myoklonie 206
- nächtliche 214 f
Myoklonusindex 214
Myom 349 f, 353
Myopie 22
Myxödem 99
Myzetismus 296

N

Nachtangst 213
Nachtschweiß 341
Nacken, überstreckter 432
Naevus 103 f
- flammeus 103
Naevuszellnaevus 92 f, 104
Nagel 111 ff
- Beschaffenheit 115 f
- Braunfärbung 119
- brüchiger 119, 123
- eingewachsener 120
- Farbe 115
- gelber 119
- Längsrille 120
- Querrille 120
- Tüpfelung 119 f
- Veränderung, altersbedingte 124
- Wachstumsgeschwindigkeit 115
- Weißfärbung 119
Nagelablösung 120
Nagelbett 113
Nagelbetterkrankung 120
Nagelgeschwür 120
Nägelkauen 123
Nagelmatrix 113
Nagelmykose 119
Nagelwachstum 118
Nagelwallentzündung 120
Nagelwurzel 112 f
Nährstoffaufnahme 285 f
- Störung 290
Nährstoffverwertung 285 f, 290 f
Nahrung 281 f
- Energiegehalt 268
Nahrungsaufnahme 282 ff
- des älteren Menschen 301
- geringe 301
- Störung 286 ff
- - beim Kind 299
- - quantitative 297
Nahrungsmittelallergie 326, 362
Nahrungszusammensetzung 284
Nahsinn 8
Nahtinsuffizienz 271
Nanosomie 255, 258
Narbe 86, 92
Narbenkontraktur 433
Narkolepsie 215
Narkose, Hang-Over-Effekt 271
Nase 8, 414
Nasenflügelatmung 194, 199
Nasenschleimhautpolyp 456
Nasolabialfalte 416
Nausea s. Übelkeit
Nävuszellen 73
Nebennierenrindenerkrankung 76
Neigungswaage 276
Nekrose 87, 93
- trockene 174
Neologismus 458
Nephrokalzinose 295
Nervenfaser 378
Nervensystem, parasympathisches 210
Nervosität 27
Nervus
- facialis 12
- glossopharyngeus 12
- olfactorius 11
- peronaeus 444
- phrenicus 194
- pudendus 72
- recurrens 456
- sympathicus 16
- vagus 12
- - Reizung 134
- vestibulo-cochlearis 10 f
Nesselsucht 80
Netzhaut 9 f
Neugeborene
- Atemfrequenz 187
- Atemnotsyndrom 199
- Atemtätigkeit 198
- Ausfluss, vaginaler 353
- Blutdrucknormalwert 155
- Entwicklung, statomotorische 403
- Erbrechen 366
- Gewichtsabnahme 277
- Gewichtsentwicklung 275
- Glabellareflex 419
- Haarbefund 122
- Hautbeobachtung 102 f
- Hautkontakt 102
- Infektionsrisiko 103
- Körpergewicht 276
- Körpergröße 257 f
- Nasenflügelatmung 199
- Reflexprüfung 244
- Reifezeichen 122
- Schlafbedürfnis 217
- Schmerzempfinden 390
- Schreitphänomen 447
- Sputum 373
- Stuhl, acholischer 335
- Stuhlausscheidung 333
- Temperaturmessung 177
- Urinausscheidung 318
- Wärmestau 344
Neugeborenenbronchitis 199
Neuralgie 383
Neurodermitis 104
Neuron, motorisches 400
Neuropathie 335, 444
Neuropeptide 14, 378
Niacin 292
Nichtigkeitswahn 237
Niere 17, 308
Nierenarterienstenose 152
Niereninsuffizienz 77
- Isosthenurie 317
- Nykturie 310
- Ödembildung 78
- Uringeruch 197
Nierensteinbildung 17
Nikotin 196, 272
- Extrasystole 137
- Insomnie 213
- Kälteschaden 174
Nitrofarbstoff 77
Nitroglyzerin 134
Nomogramm 266 f
Non-rapid-eye-movement-Schlaf 207
Normgewicht, subjektives 267
Norton-Skala 38
Nozizeptor 8, 14, 378
- Reizung, permanente 384
- Sensibilität, gesteigerte 24
Nozizeptorschmerz 381
NREM-Schlaf 207
Nüchternerbrechen 362
Nucleus suprachiasmaticus 205
Null-Diät 268
Nykturie 310 f
Nystagmus 23

O

O-Bein 434
Obelixtyp 216
Oberarmarterie 130
Oberbauchschmerz 362
Oberflächenschmerz 381, 387
Oberflächensensibilität 12
Oberhaut 68
Objektagnosie 235
Obstipation 284, 327 ff
- beim älteren Menschen 335
- Hämorrhoidenbildung 100
- spastische 332
- subjektive 327, 329, 336
- Vitamin-D-Hypervitaminose 295
Obstruktion, intestinale 359
Ödem 74, 78
- Eiweißmangel 274
- Gewichtszunahme 265, 273

– Mimikveränderung 419
Ödemausschwemmung 265
Offenheit 427
Ohnmacht 243
Ohr 8 f
– Wahrnehmungsschwelle 20
Ohrensausen 153
Ohrspeichedrüse 71
Ohrthermometer 163 f
Okulomotorik 245
Okzipitallappen 235
Oligomenorrhö 349 f
Oligurie 315
Ölnagel 123
Onycholyse 120
Onychorrhexis 119
Opisthotonus 432
Organschmerz 382
Organsinn 8
– Störung 25
Orientierung 223 f, 231
Orientierungsstörung 24, 231 ff
– Pflegediagnose 246
– räumliche 229
Orthopnoe 189
– beim Kind 198
Orthostasesyndrom 153
Osmorezeptor 283
– Sensibilität, verminderte 290
Ösophagitis 288
Ösophagusatresie 366
Ösophagusdivertikel 361 f
Ösophagusstenose 362, 366
Ösophagusvarize 362, 366
Ösophagusvarizenblutung 197
Osteomalazie 293, 432
Osteomyelitis 448
Osteoporose 259, 435
Östrogenmangel
– Haarausfall 117, 124
– Kolpitis 354
– Osteoporose 259
Östrogenspiegel
– Abfall 349
– hoher 74
Oszillometrie 156
Ovarialinsuffizienz 349
Ovulation 166
Ovulationsblutung 349 f
Ovulationshemmer
– Gewichtszunahme 272
– Hypertonie 152
– Hypomenorrhö 349
– Pigmentflecken 73
Ovulationsschmerz 351

P

Panaritium 120
Pankreasinsuffizienz 330 f
Pantothensäure 292
Papilla filiformis, Hypertrophie 99
Papillare 68
Papula 81
Paragrammatismus 459
Paralyse 399 f
Paramnesie 239
Paraparese 400
Paraphasie 458
– phonematische 459
– semantische 459
Parasiten 94
Parasomnie 206, 211, 213 f
Parästhesie 229
– Ergotismus 296
– Tetanie 191
Parasympathikus 210
Parathymie 241
Parese 399 f
Pariteallappen 235
Parkinson-Krankheit 60, 400
– Gangstörung 446
– Körperhaltung 430
– Salbengesicht 417
– Tremor 401
Paronychie 120
Parosmie 23
Patientenüberwachung 9, 11
Pavor nocturnus 213
pCO_2-Gehalt 191 f
Peritonitis
– Facies hippocratica 417
– Erbrechen 363
Perseveration 236, 459
Personenbeurteilung 29
Personenwahrnehmung 32
Persönlichkeitsstörung 239
Persönlichkeitsveränderung 232
Perspiratio sensibilis 340
Perthes-Syndrom 447
Pertussis 371
Perzentilenkurve 257
Perzeption 40
Petechien 75, 92
Pflasterallergie 53
Pflegebedürftigkeit 43
Pflegediagnose
– Abhängigkeits-/Unabhängigkeitskonflikt 263
– Aktivitätsintoleranz 141
– Atemvorgang, ungenügender 200
– Atemweg, Selbstreinigungsfunktion, ungenügende 374
– Dehydratationsgefahr 345
– Depression, reaktive 422
– Diarrhö 337
– Durchblutungsstörung 157 f
– Einschlafstörung 221
– Flüssigkeitsmangel 303
– Harninkontinenz, funktionelle 321
– Hautschädigung 109 f
– Herzleistung, verminderte 156
– Hyperthermie 179
– Immobilitätssyndrom 61
– Interaktion, soziale, beeinträchtigte 421
– Klassifikationssystem 40
– Kommunikation, verbale, beeinträchtigte 466
– Kontrakturgefahr 437
– Körperbildstörung 126, 260
– Mobilität, beeinträchtigte 408, 450
– Obstipation, subjektive 336
– Orientierungsstörung 246
– Saug-/Schluckstörung des Säuglings 304
– Schlaf-Wach-Rhythmus-Umkehr 220
– Schmerz 394
– Schmerzmanagement, mangelndes 393
– Selbstversorgungsdefizit 407
– Spontanatmung, ungenügende 202
– Überernährung 278
– Urinausscheidungsmuster, verändertes 322
– Vorteil 56
– Wachstum, verändertes 438
– Wärmeregulation, unwirksame 180, 345
Pflegefachsprache 56 f, 61
Pflegeforschung 57
Pflegekraft, Selbstbeobachtung 36 f
Pflegequalität 54, 56
Pflegetheorie 39 f
Pflegeversicherungsgesetz 55
Pflegewissenschaft 57
Pfötchenstellung 191
Phantomschmerz 383 f
Phäochromozytom 152
Phlebothrombose 94
Phosphaturie 316 pH-Wert 183
– Urin 309 f
Phyllochinon 293
Pickwick-Syndrom 271
Pigmentflecken 73
Pigmentmangel 76
Pigment-Naevus 104
Pigmentveränderung 80
Pilzpapille 72
Pilzvergiftung 296
Plantarflexion 398
Plattenepithel
– unverhorntes 71
– – mehrschichtiges 71
– verhorntes 71
– – mehrschichtiges 68
Plegie 399 f
Pleuraerguss 189
Pleuritis 432
Plexus cervicalis 430
Pneumonie 194, 371 f
pO_2-Gehalt 192
Poliomyelitis 405
Poliosis 117
Pollakisurie 310, 318
Pollenallergie 123
Poltern 458
Polyarthritis 405
Polydipsie 289 f
Polyglobulie 75
Polymenorrhö 349 f
Polyurie 314
Postmenarche 353
Praemenstruelles Syndrom 351
Präfix 58 f
Präsuizidales Syndrom 60
Presbyopie 22
Primärquelle 48
Proktitis 330
Prolaktin 210
Pronation 398
Propriozeptor 8, 14, 229
– veränderter 25
Prosopagnosie 235
Prostaglandin 14
Prostaglandin E 168
Prostatavergrößerung 311, 313
Protein-Energie-Mangelsyndrom 294
Proteinurie 294, 309
Provitamin A 74
Provitamin D 70, 253
Pseudokrupp 196
– Dyspnoe 198
– Stridor 195
Pseudologica phantastica 239
Pseudomnesie 239
Pseudoobstipation 329
Psoriasis vulgaris 86, 91
– – Nagelveränderung 119

Psychoorganisches Syndrom 245
Psychopharmaka 272
Psychose
- Bewusstseinsstörung 226
- Gedächtnisstörung 238 f
- Halluzination 228
- Polydipsie 289
Psychosyndrom, organisches 236, 241
Pubertas
- praecox 353
- tarda 353
Pubertät 121
Pubertätsmagersucht 274
Puls 129 ff
- fadenförmiger 137
- harter 137
- Palpationsstelle 130
- peripherer 130
- springender 139 f
- weicher 137
- zentraler 130
Pulsdefizit 134 f
Pulsfrequenz 129, 132 ff
- beim älteren Menschen 140
- erhöhte 175
- Normalwert beim Kind 139
Pulskurve 131
Pulslosigkeit 135
Pulsmessung 130 ff
- Dokumentation 131 f
- beim Kind 138 f
Pulsoxymeter 139
Pulsqualität 129, 133
- Veränderung 137
Pulsrhythmus 129, 133
- Veränderung 136 f
Pulsuhr 130 f
Pulswelle 17, 129
- arrhythmische 136
Pupille, lichtstarre 137
Pupillenerweiterung 414
Pupillenverengung 414
Purinstoffe 295
Pustel 83
Pyelonephritis 169
Pyknolepsie 245
Pylorusstenose 361 f, 366
Pyometra 352
Pyramidenbahn 400
Pyridoxin 292
Pyrogen 168 f
Pyromanie 243
Pyurie 317

Q

Quaddel 80
Qualitätssicherung 55
Quecksilbersäule nach Riva-Rocci 145
Quecksilberthermometer 162
Querschnittslähmung
- Analgesie 380
- angeborene 405
- hohe 400
Quetelet-Index 266

R

Rachitis 253, 293
- Kyphose 431
Radiation 176
Rapid-eye-movement-Schlaf s. REM-Schlaf
Rasselgeräusch 195
Raucedo 456
Raucherentwöhnung 272
Raucherhusten 371
Raumorientierung 8, 10
Raumsinn 229
Raumsinnstörung 229 f
Raumwahrnehmung 10
Raynaud-Krankheit 94
Reaktion
- allergische 91 f
- motorische 225
Reaktionsfähigkeit 223
Rebound-Insomnie 212
Rechtsherzinsuffizienz 78
Rechts-Links-Shunt 199
Reflex
- abgeschwächter 400
- gesteigerter 400
Reflexblase 312 f
Reflux 313
- gastro-ösophagealer 366
Regurgitation 361
Reife, sexuelle 353
Reisekrankheit 360
Reiz s. Sinnesreiz
Reizentzug 27
Reizhusten 196
Reizüberflutung 6, 27
Reizverarbeitung 19
Rektum, Stenose 332
Rektumkarzinom 331
Rektumprolaps 101
Reliabilität 49 f
REM-Schlaf 207 f, 210
- im Alter 219
Renin-Angiotensin-Aldosteron-Mechanismus 152
Reproduktionsfähigkeit 224
Reservevolumen
- exspiratorisches 185 f
- inspiratorisches 185 f
Residualkapazität, funktionelle 187
Residualvolumen 185 f
Resonanzraum 454
Resorption 69 f
Resorptionsfieber 169
Respiration 183
Ressourcen 43
Restharnbildung 313 f, 319
Restless-legs-Syndrom 214 f
Retinol 293
Rezeptor 5, 8
- exterozeptiver 9
Rhagade 90, 95
Rheumatisches Fieber 169
Rhinophym 121 f
Rhotazismus 457
Rhythmus, zirkadianer 205, 212, 219
Riboflavin 292
Richtungsorientierung 8
Riechepithel 11
Riechnerv 11
Riechzellen 5
Riechzentrum 6
Riesenwuchs 254
Rippenserienfraktur 194
Rosazea 121
Rötung 91
Rückenmark 378 f
Rückenmarksverletzung 328
Rückfallfieber 170
Ruffin-Kolben 13
Ruhedyspnoe 189
Ruhr 332
Rumination 365 f
Rundrücken 259, 431

S

Saccharase-Isolmaltase-Mangel 300
Sakralkyphose 428
Salbengesicht 417
Salmonellose 296, 327
- Bradykardie 134
Sanduhrmagen 361
Sättigungsgefühl 17, 283
Sauerstoffbedarf 190
Sauerstoffgehalt 183
Sauerstoffkonzentration im Blut 216
Sauerstoffmangel 76, 118 f
Sauerstoffverbrauch 174
Sauerstoffversorgung 182
- unzureichende 77, 216
Säugling
- Bewegung 403 f
- Dreimonatskolik 334
- Erbrechen 365 f
- Hautpflege 103
- Pulsmessung 138
- Rumination 365
- Schluckstörung 304
Säuglingsdermatitis, seborrhoische 104 f
Säuglingshaut 102 f
Säuglingsglatze 122
Säuglingssterblichkeit 294
Saugreflex 226
Säureschutzmantel 69, 116
Schädeldeformierung 258
Schädel-Hirn-Trauma 226
- Gedächtnisstörung 238 f
- Singultus 194
Schalentemperatur 74, 159 f
- Einflußfaktor 166
- Messung 164
Schallleitungsstörung 22
Schallverarbeitungsstörung 22
Schallwelle 10
Schambehaarung
- dreieckige 115
- rautenförmige 115
Schambeinnerv 72
Scharlach 98, 169
Schaufensterkrankheit 444
Scheitelhinterhauptlappen 229
Scheitellappen 229
Scheitel-Sohlen-Länge 251
Scherkraft 13
Scheuermann-Erkrankung 431
Schichtdienst 213
Schiefhals 430
Schienbeinarterie 130
Schilddrüsenhormon 210
- Insomnie 213
- Körperwachstum 252
Schilddrüsenüberfunktion s. Hyperthyreose
Schilddrüsenunterfunktion s. Hypothyreose
Schimmelpilz 296
Schizophrenie
- Affektivitätsstörung 240 f
- Antriebsminderung 242
- Bewusstseinsstörung 226 f
- Denkstörung 235 f
- Echolalie 457
- Halluzination 228 f
- Ich-Erlebensstörung 242
- Impulshandlung 243
- Wahn 237
Schlaf 40, 204 ff
- Einflussfaktor 217
- normaler 206
- orthodoxer 207
- paradoxer 207

- physiologische Veränderung 210
Schlafanfall, zwanghafter 215
Schlafapnoe 215 ff
- Myoklonie 214
Schlafbedarf 209
- erhöhter 211
- verminderter 212
Schlafen 40
Schlafeffizienz 219
Schläfenarterie 130
Schläfenlappen 234
Schlaffaktor, endogener 205
Schlafhygiene 212
Schlafkrankheit 211
Schlaflabor 206, 217
Schlaflatenztest, multipler 215
Schlaflosigkeit 212
Schlafmittel 134, 212
Schlafparalyse 208, 215
Schlafrhythmus, gastrischer 205
Schlafstadium 211
Schlafstörung 211 ff
- chronobiologische 213
- beim Kind 218 f
Schlaftagebuch 206
Schlaftypus 209 f
Schlaf-Wach-Rhythmus 217 f
Schlaf-Wach-Rhythmus-Umkehr 219 f
Schlaf-Wach-Rhytmusstörung 213, 218, 232
Schlaf-Wach-Zentrum 205
Schlafwandeln 207, 213
Schlafzyklus 209
Schlaganfall
- Bewusstlosigkeit 243
- Schlafstörung 213
Schleimhaut 70 ff
Schluckauf 194
Schluckstörung 304
Schlüsselbeinarterie 130
Schlüsselkontur 9
Schmerz 91, 377 ff
- akuter 384
- beim älteren Menschen 392
- ausstrahlender 387
- Bedeutung 381
- Begleitsymptom 378, 382, 388
- bohrender 382 f
- brennender 388
- chronischer 381, 384 f
- Dokumentation 388 f
- dumpfer 382
- einschießender 383, 388
- kolikartiger 17
- nächtlicher 388
- neurogener 383
- Pflegediagnose 394
- psychogener 384
- schneidender 383
- somatischer 14, 381 f
- übertragener 382 f
- viszeraler 14, 382 f
- zentraler 383
Schmerzart 381 ff
Schmerzausbruch 382
Schmerzäußerung 385
Schmerzbeurteilung 385
Schmerzdauer 387
Schmerzeinschätzung beim Kind 391
Schmerzeinschätzungsskala 390
Schmerzempfindlichkeit 228
Schmerzempfindung 378 ff
- gestörte 380
- beim Kind 389 f
Schmerzentstehung 378 f
Schmerzerhebungsbogen 385 f
Schmerzgedächtnis 383
Schmerzhemmsystem 378 ff
Schmerzintensität 49, 380, 387
Schmerzkrankheit 385
Schmerzleitung 378 f
Schmerzlinderung 432
Schmerzlokalisation 387
Schmerzmanagement 393
Schmerzprophylaxe 389
Schmerzqualität 387 f
Schmerzquantifierung 415
Schmerzrezeptor s. Nozizeptor
Schmerzschwelle 379 f
Schmerzscore 390
Schmerzskala 49, 380, 387, 390
Schmerztagebuch 389
Schmerztoleranz 380
Schmerzüberempfindlichkeit 24
Schmerzunempfindlichkeit 24
Schmerzverlauf 387
Schmerzwahrnehmung 8, 14, 378 ff
- Einflußfaktor 380
Schmerzzeitpunkt 387
Schnappatmung 193 f
Schnarchen 195, 216
Schnecke 10 f
Schock 76
- hypoglykämischer 243
- hypovolämischer 299
- Pulsqualität 137
Schonatmung 192
Schonhaltung 24, 384, 429 f
- Definition 432
- Ursache 432
Schönheitsideal 264, 267
Schorf 87
Schreitphänomen 447
Schuppe 86
Schuppenflechte 86, 91
Schüttelfrost 169, 172 f
Schwachsinn 243
Schwangerschaft
- Gewichtszunahme 267 f
- Kindsbewegung 403
- Obstipation 328
- Ödembildung 74
- Pigmentflecken 73
- Restless-legs-Syndrom 215
- Striae 73
- Vitaminbedarf 291
Schwangerschaftserbrechen 360 ff
Scwangerschaftshypertonie 152
Schweiß 69 f, 339 ff
- farbiger 342
- fettiger 342
- großperliger, warmer 344
- kleinperliger, kalter 342, 344
Schweißausbruch 353
Schweißdrüse 69, 113, 116, 339
- Fehlen 341
- beim Kind 343
- Lokalisation 340 f
Schweißdrüsenabszess 121 f, 124
Schweißgeruch 339 f, 342
Schweißmenge 113, 340 f
Schweißsekretion 340
- einseitig gesteigerte 342
- fehlende 341
- beim Kind 343 f
- Steigerung 341
Schweißzentrum 340
Schwellung 91
Schwerhörigkeit 22
Schwermetallvergiftung 246
Schwindel 22 f, 153
Schwindeln, krankhaftes 239
Schwitzen 74, 283 f
- Delirium 227
- emotionales 340
- starkes 167
- thermisches 340
Seborrhö 121, 342
Sedativa 320
Seekrankheit 23
Seelenblindheit 22, 234
Seelentaubheit 23, 234
Sehnervenkreuzung 9
Sehsinn 8 ff
- Beeinträchtigung 22
Sehvermögen 65
Sehzentrum 9, 22
Sekundärquelle 48
Selbstbeobachtung 36 f
Selbstbewusstsein 443
Selbstkonzept 40
Selbstversorgungsdefizit 407
Selbstversorgungsgrad 40
Selektion 18
Selen 293
Sensibilität, viszerale 16 f
Sensor
- kardialer 16 f
- pulmonaler 17
- renaler 17
Sepsis 169 f
Serotonin 14, 205
Sexualität 40
Shigellen 327
Sichelfuß 447, 449
Sigmatismus 457, 462
Silver-Russel-Syndrom 435
Simplex 58
Singultus 194 f
Sinn 8
- Entfaltung 20
- sechster, verborgener 15
Sinnesempfindung, veränderte 229
Sinnesorgan 8
- Adaption 20
- Physiologie 9 ff
- Wahrnehmungsschwelle 20
Sinnesreiz 5 f
- akustischer 10, 22
- auditiv-vibratorischer 6
- äußerer 6
- innerer 6
- Selektion 18, 34
- Überempfindlichkeit 228
- Unterempfindlichkeit 228
- Verschmelzung 20 f
Sinnestäuschung 228
Sinneswahrnehmung 69
Sinneszellen 5
Sitzen 429, 434
Sitzhaltung 432
Sitzwaage 265, 276
Skatol 325
Skelettdysplasie 435
Skelettentwicklung 252
Skeletthypoplasie 435
Skelettreifung 253
Sklerenikterus 77
Skoliose 251, 431, 435

Skorbut 292
Skybala 329
Slow-wave-Schlaf 207
Sodbrennen 284
Somatogramm 251, 255 ff
Somnambulismus 213
Somniloquie 214
Somnolenz 224 f
Sonnenbrand 75
Sonnenstich 168
Soorinfektion 96, 352
Sopor 224 f
Soziale Situation 27
Sozialisation 28
Spaltendokumentation 132
Spastik 404, 444
Speichel 71, 285 f
Speicheldrüse 71
Speichelproduktion 106
Speichenarterie 130
Speicherfett 268
Speien 365
Sphinxgesicht 417
Spina bifida 405 f
Spirometer 185 f
Spitzfuß 444
Spondylitis 432
Spontanatmung, ungenügende 202
Sportler 191
Sprache 51, 453 ff
- Beurteilung 65
- Informationsweitergabe 56 ff
- kloßige 457
- skandierende 458
- undeutliche 457
Sprachentwicklung 460 ff
Sprachentwicklungsstörung 462
Sprachentwicklungsverzögerung 462
Sprachfluss 455
- Störung 457 f
- verlangsamter 459
Sprachmelodie 459
Sprachproduktion, überschießende 459
Sprachpyramide 463
Sprachstörung 245, 456 ff
- kindliche 462
- zentrale 458
Sprachverständnis 455
- beim Kind 463
- Störung 458 f
Sprachzentrum 454 f
- sensorisches 459
Sprechapparat 455
Sprechen im Schlaf 214
Sprechgeschwindigkeit 454
Sprechunflüssigkeit 462, 464
Spreizhose 447
Spurenelement, essentielles 293
Spurenelementmangelsyndrom 291
Sputum 370 ff
- blutiges 371 f
- dreischichtiges 372
- beim Kind 373
- schaumiges 371
- wässriges 372
- zähes 372
Stammeln 457
Stammfettsucht 254
Standataxie 402, 448
Standessprache 455
Standfläche 449
Staphylokokken 296
Star, grauer 420
Starre, mimische 400
Stauungsekzem 94
Steatorrhö 300, 330, 332
Stehen 429, 434
Stehwaage 265
Steppergang 444
Sterben 40
Stereotype 30
Stereotypie 402
Sterkobilin 325
Steroidhormon 210
Stiernacken 254
Stillen 298
Stimmband 453
- Überbeanspruchung 456
Stimmbandentzündung 196
Stimmbruch 454 f
Stimme 453 ff
- klanglose 456
- monotone 242
- tiefe 254
- Veränderung 455 f, 465
Stimmenhören 228
Stimmklang 454, 456
Stimmlage 454 f
Stimmlosigkeit 456
Stimmritzenkrampf 191
Stimmstörung 462
Stimmung 415, 418
- Affektivität 240 f
- Beobachtungsbereich 26
- Gangbild 443
- Stimme 453
- Wahrnehmung 65
Stimmwechsel 454 f
- altersbedingter 465
Stimulation, basale 7, 28
Stirnfalte 414
Stirnhirnerkrankung 400
Stoffwechsel
- erhöhter 135
- verlangsamter 277 f
Stoffwechsellage 271 f
Stoffwechselstörung 226
Stöhnen, exspiratorisches 199
Stomatitis 96, 294
Storchenbiss 73, 103
Stottern 458, 462
- beginnendes 462, 464
- chronisches 462, 464
Strahlentherapie 117
Strangurie 311
Streckkontraktur 433
Streckung 398
Streptococcus mutans 285
Streptokokkeninfektion 169
Stressinkontinenz 311 f
Striae 73, 76
Stridor
- exspiratorischer 195
- inspiratorischer 195
Struma 189
- Husten 196
- Jodmangel 291
Stuhl 324 ff
- acholischer 335
- Impaktbildung 329
- pH-Wert 325, 332
- Schafskot-artiger 332
Stuhlauflagerung 332
- blutige 101, 332
Stuhlausscheidung
- beim älteren Menschen 335
- beim Kind 333 ff
Stuhldrang 17, 325
- schmerzhafter 330
Stuhlentleerung 325
- Störung 326 ff
Stuhlentleerungsreflex, Unterdrückung 328
Stuhlfarbe 325, 331
Stuhlgeruch 325, 331
Stuhlinkontinenz 101, 330
- im Alter 335
- beim Kind 335
Stuhlkonsistenz 325, 331 f
Stuhlmenge 325, 330 f
Stuhlzusammensetzung 325, 332
Sturz 449
Subkutis 68 f
Submukosa 70
Substanz P 14, 378
Suchtkrankheit 278
Suffix 58, 60
Supination 398
Surfactant-Faktor-Mangel 199
Sympathie 42
Sympathikus 135
Symptombündel 59 f
Synästhesie 21
Syndrom 59
Syndrom-Pflegediagnose 60
Synkope 136
Syringomyelie 343

T

Tachyarrhythmie 137
Tachykardie 133, 135 f
- Beobachtungskriterium, ergänzendes 138
- Delirium 227
- Ursache 138
Tachypnoe 190
Tagesschläfrigkeit 212, 215 f
Tag-Nacht-Rhythmus 204 f
Talg 116
Talgabsonderung 70
- Nachlassen 124
- vermehrte 115, 121, 417
Talgdrüse 68, 112 f, 116
- beim Kind 123 f
Talgdrüsenerkrankung 121
Tapirschnauze 417
Tasten 37 f
Tastkörperchen 69, 102
Tastsinn 13
Taubheit 23
Taubstummheit 23
Täuschung, optische 9 f
Teerstuhl 331
Telegrammstil 459, 461
Telethermographie 163
Telogenphase 114
Temperaturanstieg 166
Temperaturkurve 131, 166
Temperaturmessung 162 ff
- im äußeren Gehörgang 164 f
- axillare 164 f
- Dokumentation 166
- beim Frühgeborenen 177
- beim Kind 177 f
- orale 164 f
- rektale 165, 177 f
- sublinguale 164 f, 177
- vaginale 165 f
Temperaturregulation 73, 160 f, 339
Temperaturregulationszentrum 69, 167, 169, 176
Temperatursollwert 168, 172
Temperaturwahrnehmung 8, 14
Temperaturzone 161
Tenesmus 330
Terminologie, medizinische 57 ff
Testosteron 269
Teststreifen 38, 316
Tetanie 191
Tetanus 432

Tetralogie, narkoleptische 215
Tetraparese 400
Thalliumintoxikation 117
Thermogenese 272
Thermographie 163
Thermometer, elektronisches 162 f
Thermometerart 162 f
Thermoregulation 69, 73, 160 f, 339
– unwirksame 180, 345
Thermorezeptor 8, 160
Thiamin 292
Thorax, Einziehung, inspiratorische 199
Thoraxatmung 184
Thyroxin 252
Tic 401
Tiefenreflex, früher 226
Tiefenschmerz 382, 387
Tiefensensibilität 12
– Störung 229
Tiefschlaf 207, 210
Tinnitus 23
Tokopherol 293
Tonsur 124
Tonusregulation 8
Totalkapazität 187
Toxin 169, 172, 296
Trachealrasseln 195
Tracheitis 196
Tracheostoma 456
Tracheotomie 456
Trauer 26
Träumen 208
Tremor 227, 401
Trichogramm 116
Trichomonadeninfektion 352
Trichotillomanie 117, 123
Trigeminusneuralgie 383
Trijodthyronin 252
Trimethylaminurie 342
Trinkverhalten 284
Trommelfellschaden 22
Trösten 7
Trypanosomen 211
Tsetsefliege 211
Tubenkarzinom 352
Tuberkulose 169, 341, 371
Tumorerkrankung 24, 288
Tumorkachexie 278, 289
Tumorschmerz 385
Tunica mucosa 70 ff
Tüpfelnagel 123
Typhus abdominalis 332
– – Bradykardie 134
– – Fieber 169

U

Übelkeit 41, 363
– Maldigestion 291
– Schmerz 382
Überempfindlichkeit 228, 240
Überernährung 278, 294 ff
Übergangsepithel 71
Übergangsstuhl 333
Übergewicht 266, 270 ff
– Folgeerkrankung 287 f
Überlauferbrechen 361
Überlaufinkontinenz 313, 320
Überlauf-Stuhlinkontinenz 330, 335
Überwärmung 91
Überzeugung 40
Uhrglasnagel 118
Ulcus
– cruris 89, 92, 94
– duodeni 363
– recti 101
– ventriculi 363
Unruhe 227, 232, 385
Unterernährung 277, 294
– Muskelatrophie 285
– Tumorerkrankung 289
Untergewicht 266, 273 ff
Unterhaut 68 f
Unterhautfettgewebe 70, 268
Unterkieferspeicheldrüse 71
Unterkühlung 162
Unterleibsschmerz 351
Unterschenkelgeschwür s. Ulcus cruris
Unterschenkelödem 78
Untersuchung, körperliche 40 f
Unterzungenspeicheldrüse 71
Urämie 215, 342
Uratablagerung 296
Urethralklappe 319
Urgeinkontinenz 311
Urhidrosis 342
Urin 307 ff
– Aussehen, flockiges 317
– Gewicht, spezifisches 309, 317
– konzentrierter 316
– pH-Wert 309 f
– trüber 316 f
Urinausscheidung
– beim älteren Menschen 319
– beim Kind 318 f
– vermehrte 314 f
– verminderte 315
Urinausscheidungsmuster, verändertes 322
Urinfarbe 308 f
– braune 316
– rötliche 316
– Veränderung 316, 318
Uringeruch 197, 309
– pathologischer 317
Urinmenge 308, 314 f
Urinreaktion 309 f
– alkalische 317
– saure 318
Urinretention 320
Urinzusammensetzung 309, 316 f
Urogenitalfistel 313
Urometer 309
Urteil, soziales 30
Urteilsvermögen 232
Urtica 80
Urtikaria 80
Uterus
– Hypoplasie 351
– Karzinom 349 f
UV-Licht 73, 253

V

Vagina, Atrophie 354
Vaginalkarzinom 352
Vaginose, bakterielle 352
Vagotonie 153
Vagusnerv 12, 134, 283
Validität 50
Varize 94
Vater-Pacini-Körperchen 13, 15
Vellushaare 122
Venenentzündung 94
Venenleiden, chronisches 89
Venenthrombose 94
Venöse Insuffizienz 119
Verdauung 286
Verdauungsbeschwerden 286
– Ergotismus 296
– Maldigestion 291
Verdauungssaft 283
Verdunstungskälte 340
Verfolgungswahn 237
Vergiftung s. Intoxikation
Verhalten, inkongruentes 418
Verhaltensstörung 212
Verkürzungshinken 448
Verlegenheitshüsteln 196
Vernix caseosa 102
Verschlusskrankheit, arterielle 93, 135
Verständigung 56
Verstimmung, depressive 390
Verwirrtheit 28, 232 ff
Vesicula 82
Vestibuläres System 8
Vibration 13
Vibrationsempfinden 449
Vierfüßlerstand 403 f
Virchow-Trias 60
Virilismus 118
Viszerozeptor 8 f, 16 f
Vitalität 242
Vitalkapazität 185 f
Vitalzeichen 129, 132, 182
Vitamin A 293
Vitamin B_1 292
Vitamin B_2 292
Vitamin B_6 292
Vitamin B_{12} 292
Vitamin C 292
Vitamin D 253, 293
Vitamin E 293
Vitamin H 292
Vitamin K 293
Vitamine 292 f
– fettlösliche 291, 293, 295
Vitamin-A-Hypervitaminose 295
Vitamin-B_{12}-Malabsorption 300
Vitamin-B_{12}-Mangel 98
Vitamin-B-Mangel 99
Vitamin-D-Hypervitaminose 295
Vitamin-D-Mangel 253, 294
Vitaminmangel 95 f
Vitaminmangelsyndrom 291 f
Vitiligo 76
Volkmann-Kontraktur 433
Völlegefühl 17, 284, 286
– Obstipation 327
Vollmondgesicht 254, 416
Volumenmangel 290
Vorderhornzellen 405
Vorderseitenstrangbahn 378
Vorhofflimmern 135
Vorurteil 30
Vulvitis 352

W

Waage 265 f, 276
Wachbleibetest, multipler 215
Wachheit 224
Wachstum
– Abschluss 435
– verändertes 438
Wachstumsfuge 252

Wachstumshormon 210, 254
Wachstumsstörung 255
- Beurteilung 250
- Mangelernährung 294
- Vitaminmangel 292
Wadenschmerz 94
Wadenwickel 178
Wahn 237
Wahnerinnerung 239
Wahnphänomen 237
Wahrnehmung 3 ff, 223
- Assimilation 21
- auditive 10
- Definition 5
- Einflußfaktor 19 ff
- - psychischer 25 ff
- Entwicklung 6 f
- Gewöhnungseffekt 20
- gustatorische 12
- haptisch-taktile 13 f
- herabgesetzte 19
- über innere Organe 16 f
- kinästhetische 10, 15 f
- Kontrastierung 21
- olfaktorische 11 f
- physiologische Grundlagen 7 ff
- psychologische Grundlagen 18 f
- soziale 3 f, 28 ff
- Sprachentwicklung 460
- Verschärfung 227
- verzerrte 4
- vestibuläre 11
- viszerale 9
- und Wirklichkeit 31
Wahrnehmungsintensität 228, 241
Wahrnehmungsprozess 5 f, 15, 18 f
Wahrnehmungsschwelle 20
Wahrnehmungsstörung
- qualitative 227 ff
- quantitative 227 f
- visuell-räumliche 229
Wahrnehmungssystem 8
Wahrnehmungstäuschung 9 f, 21
Wahrnehmungsveränderung 21
- viszerale 25
Wahrnehmungsverzerrung 29
Wahrnehmungsvorgang, Verlangsamung 228
Wahrnehmungszeit 228
Wallpapille 72
Wange, eingefallene 416
Wärmeabgabe 73, 167, 176
- vermehrte 272
Wärmeisolation 268
Wärmeregulation 69, 73, 160 f, 339
- unwirksame 180, 345
Wärmeregulationszentrum 69
Wärmerezeptor 14, 69
Wärmesinn 14
Wärmeverlust 176
Wärmezufuhr 167
Warze 92
Wasserbilanz 290
Wasserhaushalt 283
Wasserstoffionenkonzentration 183
Wasserverlust 77
Wasserzufuhr beim Kind 297 f
Watschelgang 405, 444
Wecken 20
Weißfleckenkrankheit 76
Weitsichtigkeit 22
Werdnig-Hoffmann-Muskelatrophie 405
Wernicke-Aphasie 459
Werte 40
Wertvorstellung 26 f
Widerstandshochdruck 151
Widerwillen 418
Windeldermatitis 104 f
Wirbelbogen 434
Wirbelfraktur 432
Wirbelsäule
- Entwicklung 433 f
- Hemmungsmissbildung 405
- Krümmung, physiologische 427 f
- Verbiegung, seitliche 431
- Verformung 259
Wirbelsäulenerkrankung, degenerative 431
Wirklichkeitsfindung 31
Wohlbefinden 397, 427
Wohlfühlgewicht 267
Wortfindungsstörung 234, 245, 460
Wortneubildung 237, 458
Wortschatz 461, 463
- aktiver 455
- passiver 455
Worttaubheit 234
Wortwahl 460
Wulstnarbe 92
Wunde 92
Wundheilung 271
Wundstarrkrampf 416
Würgen 363 f
Würgereiz 361

X

Xanthom 295
X-Bein 434
Xerostomie 97

Y

Yersinien 327

Z

Zahn 285
Zähneknirschen 213 f
Zahnfleisch 71
Zahnfleischentzündung 97
Zahnprothese 301
Zahnschmelz 285
Zahnschmerz 205
Zeckenbiss 94
Zeichensprache 412
Zeitzonenwechsel 213
Zentralwindung
- hintere 12
- vordere 15
Zentrum, vasomotorisches 16
Zerfahrenheit 236 f
Zerstreutheit 226
Zervikobrachialsyndrom 430
Zervixkarzinom 352
Zielgerichtetheit 398 f
- Störung 401 f
Zikatrix 86
Zink 293
Zirkadianrhythmus 205
- gestörter 212, 219
Zirkulationsstörung 93 f
Zirkumdiktion 444
ZNS-Stimulanzien 212
Zöliakie 300
Zone der Indifferenztemperatur 14, 16
Zucker 285
Zuckeraustauschstoff 326
Zunge 8, 71
- Verhornungsstörung 100
Zungenbelag 97
Zungenbrennen 98
Zungenoberfläche 74
Zungenpapille, atrophische 98
Zungen-Schlundnerv 12
Zwangsantrieb 242 f
Zwangshaltung 429, 432
Zwangsidee 237
Zwei-Punkt-Diskriminationsschwelle 12
Zweiwortstadium 461
Zwerchfell 187 f
Zwerchfellhernie 373
Zwerchfellhochstand 25
Zwerchfellkontraktion 194
Zwergwuchs 255
Zwischenblutung 350
Zwischenrippenmuskel 187 f
Zwischenrippenraum, Einsinken 199
Zwölffingerdarm 286
Zyanose 76, 197
Zyklus, anovulatorischer 353
Zylinderepithel 71
Zyste 83
Zytostatika
- Erbrechen 360
- Haarausfall 117
- Nagelveränderung 120